教育部人文社會科學重點研究基地「華東師範大學中國文字研究與應用中心」項目基金資助「基于出土文獻語料庫的魏晉南北朝隋唐五代文字與文化研究（2009JJD740009）」
上海市重點學科漢語言文字學（B403）

編寫：郭瑞　劉元春　李海燕　鄭邵琳　陶霞波　臧克和　鄭婕
編排：郭瑞　劉本才
審讀：臧克和
封面題字：朱葆華

中國石刻叢書

漢魏六朝隋唐五代字形表

臧克和◎主編

南方日報出版社
NANFANG DAILY PRESS
中國·廣州

圖書在版編目（CIP）數據

漢魏六朝隋唐五代字形表 / 臧克和主編. -- 廣州 :南方日報出版社, 2011.3

ISBN 978-7-5491-0188-7

Ⅰ. ①漢… Ⅱ. ①臧… Ⅲ. ①漢字－字形－研究－漢代～五代（907～960） Ⅳ. ①H123

中國版本圖書館CIP數據核字(2011)第029391號

漢魏六朝隋唐五代字形表

臧克和 主編

出版發行：南方日報出版社

地　址：廣州市廣州大道中289號

電　話：（020）83000502

經　銷：全國新華書店

印　刷：廣州市嶺美彩印有限公司

開　本：889mm×1194mm 1/16

印　張：118

字　數：1500千字

版　次：2011年4月第1版

印　次：2011年4月第1次印刷

定　價：680.00圓

投稿熱綫：（020）83000503

讀者熱綫：（020）83000502

網　址：http://nf.nfdaily.cn/press/

發現印裝質量問題，影響閱讀，請與承印廠聯系調換。

目録

凡例說明

〇術語

《漢魏六朝隋唐五代字形表》，以出土實物用字原形材料，構建漢字發展歷程中篆隸楷等主要書體類型實際使用座標。字形表按照篆、隸、楷三種書體分欄，各欄內又以時代先後排列，所列字形標明出處，出處揭示時代屬性和材質類型。

字形與字體。字形體現爲構件成分和構件位置，反映漢字基本屬性；字體指體現各類字形書寫風格的基本體式，即漢字的體態類型。

異體字。異體字往往被籠統定義爲字音字義相同而字形有異，問題是何謂字音，字音又從何而來？何謂字義，字義又從何而來？但從漢字本體屬性而言，本無所謂『異體』，構件成分、構件位置和結構方式有異，就是不同的字形。若干文字學領域使用的術語，本質上都是詞彙學的，異體字通常也是以詞語爲關聯視角的。異體現象，實質就是在漢字字形在長期使用歷史過程中所形成的結構性差異，而這些差異一般並不影響其記詞使用功能。

異體字與碑別字。異體字除了記詞功能相同條件下的形體差異之外，還要考慮歷史的因素；而歷代所慣用的『碑別字』，其實主要還是屬於共時的，如『商-啇』一組，有的時代石刻確實在作爲一個字形使用，但從歷代社會用字實際來看，二字功能還是各有明確分工的。基於此，不宜將各個歷史時期存在的『碑別字』籠統視爲歷史異體字。

①歸字

首先明確某一形體，到底屬於哪個字的某個時代的樣式，這是字形表最基本的認同排列原則。形體輪廓接近而區別度不高的字形混用，往往體現了某個時期社會用字的實際，如：世-卅、世-廿、兩-雨、吏-史、商-啇、义-叉-乂、惱-惚等，歸字儘量反映語料使用實際。至於實物語料帶來的通用等字際關係，如：修-脩、具-俱、倏-儵、制-製等，儘量按照形體屬性加以分別。關注這類字際關係所在語境，可結合本表所依託的『魏晉南北朝隋唐五代石刻語料庫』和『石刻語料引得』加以使用。

異體字組按照現代部首排列，往往散在各部。如石刻語料所用『侄』之于『姪』、『須』之於『湏』之類。爲了呈現形體變異和聯繫，儘量調整集中爲一組排列。

②歸體

篆隸楷之間的歸屬問題。『隸書』的外延在相當長的歷史時期曾經存在不同的理解，這表明『隸變』本質上是一個過程，並非只存在一種書體結果。狹義的『隸書』就是相對區別於草行楷書的『八分』體，廣義的『隸書』曾經包容篆意消解之後的各體。『楷書』（正書）作爲與狹義使用的『隸書』相並列的術語，出現較晚。隸變規整到何等程度才算是『正楷』？在傳播技術停留在個人書寫水準階段，事實上並不存在一個具有可操作性的統一標準。字表篆、隸、楷分欄排列，其實是相對的；說是處置的方便，似乎更加符合實際。

依據歷史實物使用字的主體風格來聚合歸併書體類型。同一種書體中，字形以時代先後排列。字形間差異微小，甚至模糊難辨，影響排版效果者一般不取。至於三體都不能歸屬的其他書體，如草率化的草書一般不取，如某些書寫信息需要保存，則統歸隸、楷體之後。從字表可清楚看出，六朝隋唐時代，各體兼備，使用於不同場合，與各類媒體的發展關係密切。

③取材

本表所取字形，全部來自年代關係明確的經過選擇的實物材料，信息保真，參見材料來源表。取材主體，爲漢魏六朝隋唐五代石刻簡牘類文獻。至於秦漢魏晉主要實物用字類型的簡紙材料，其相對清晰者，也作爲實用字形取材範圍，以便呈現較爲完整的發展系列。對於由於材料取捨所帶來的重要字形的缺漏，隨著出土文字語料庫的加工，我們將進一步補充。睡虎地秦簡從時代屬性上來說，原本不屬於字表取材範圍，但這批出土文獻是反映隸變較早期的大宗材料，爲了完整呈現隸變歷程，本表也將這批文獻排列在隸書前面，以便於使用者觀察比照。另外，像唐代碧落碑文所刻，保存了若干稀奇古怪的『古文』，對照所排比線索，有的可以尋繹出其來源（比如道-衍，碑文[glyph]，或見於戰國楚簡《郭店楚墓竹簡·老子甲》『以道佐人主者，不欲以兵強』作[glyph]），也有的不能明確。這類文獻其實就是宋人所彙輯《汗簡》《古文四聲韻》之類的直接來源，字表也臨時歸類貯存，以便使用者對照。字頭列出宋本《說文解字》小篆，便於使用者對照觀察隸變發展過程。

④標注

每個實物字形都給出時代、材質類型等屬性，時代與材質類型間以空格斷開。如：字形『[glyph]』標注爲『隋 郭休墓誌』；『[glyph]』標注爲『新莽 西守欒器』。時代界限不是特別確定的，則標注大致期間，如武威醫簡中有一批竹簡不能斷定其東漢還是西漢，所以標注爲『兩漢』；再如流沙墜簡中有部分簡紙，不能確定其歸入漢還是魏晉，字形表統一標注爲『漢晉』。

字形的出處名稱一般採取簡稱，具體簡稱方法因材質而異。簡紙類字形出處，標注所見著錄的簡稱，具體簡稱方式爲：『睡虎地秦簡』簡稱『睡』、『居延漢簡』簡稱『居簡』、『居延新簡』簡稱『居新』、『河西簡牘』簡稱『西』、『關沮秦漢墓簡牘』簡稱『關』、『張家山漢墓竹簡』簡稱『張』、『馬王堆漢墓帛書』簡稱『馬』、『武威漢代醫簡』簡稱『武』、『走馬樓吳簡』簡稱『走』、『樓蘭殘紙』簡『樓·紙』、『流沙墜簡』簡稱『流簡紙』等，然後附加該字形所在原文獻的頁碼，如『西漢 居新 123』是指，該字形所見在《居延新簡》的 123 頁；有部分字形無法確定其具體頁碼的，則只能具體到篇目，如『馬王堆漢墓帛書老子甲本』簡稱爲『馬·老甲』。石刻類字形出處則突出碑主名，省略官職、郡望等成分，如：『漢司徒袁安碑』簡稱『袁安碑』、『元凝妃陸順華墓誌』簡稱『陸順華墓誌』、『唐故宣威將軍右驍衛翊府左郎將上柱國李叔夏墓誌』簡稱『李叔夏墓誌』。

⑤分期

從字形表的排列來看，戰國晚期至秦代早期的睡虎地秦墓竹簡，雖然依然帶有若干篆書的成分，但大量隸變筆勢，列在隸書前期。漢代簡牘用字，隸（八分）、楷（正）、行、草各書因素並存。至於三國時期像吳國出土的走馬樓簡其中散簡部分，或散在楷書前期，或列在隸書類；該類實物用字，真實反映了隸變到楷的過渡特徵。至於魏晉時期的樓蘭殘紙，則代表了相當的楷書水準。簡、紙兩類材料相較，鮮明體現了傳播媒介因素對書體演變的影響。南北朝時期的石刻，堪稱楷書成熟類型；北齊天保六年（555）《竇泰墓誌》，字表或歸隸，或屬楷，適爲南北朝石刻兼有隸楷特點書體代表。隋代大量石刻尚流行隸書，這可以看作是某種仿古風尚。各體排列則按照出土實物年代先後爲序，排在最後一欄的有唐五代石刻，其中楷體部分代表了印刷技術通行之前的楷書定型水準。

⑥分部

依照現代漢字部首合併習慣，按 200 部編排，表中會出現一些字形分合現象。異體字組按照現代部首排列，往往存在散在各部的情形。爲了呈現形體變異和聯繫，做了適當調整，集中爲一組排列，參見『歸字』。至於仍舊存在分散各部的情形，則可利用索引提供的路徑，加以聯繫。

⑦功能

假如還無法回答哪個字形在哪個時期出現、哪個時期發生變異及變異的程度等，海量資料支持下完成的字符集研製工具書編纂就無從談起。這表明，真實還原社會用字環境的調查平臺尚存在缺陷。由於實物文字語料庫所選擇文獻材料類型有限，即使入選材料也根據清晰度顯示的要求而作了取捨，因此本字表存在若干缺漏，有待於隨著實物文字語料庫的不斷完善而補充。

字表編排呈現形式，使得書體發展、字形演變、媒介因素，其時代座標，到眼即辨。參考本表可以對照反映包括隸變、楷化、簡化等現象在內的文字演變歷程，補具已經中斷聯繫的所謂『過渡性』形體；對照各個時期媒體介質技術等因素轉化對漢字發展帶來的具體影響；對照有關文字發展線索、漢語史調查分期、文化史藝術史考究座標、媒介技術對漢字發展的影響，各器物實際用字所處階段特徵（變異趨勢）等，本表都具有真實的參考工具功能。

至於異體分形線索，可由此得到恢復聯繫。如義-羛，《說文·我部》『義』篆下所存《墨翟書》從『弗』作『羛』。按字表，『弗』形不過是聲符『我』形秦漢之際隸變草率化結果，參見字表《我部》『義』、《戈部》『我』、《虫部》『蟻』諸條。又捧-拜，《說文·手部》以爲『，首至地也。从手、𠦪，𠦪音忽。，楊雄說：拜从兩手下。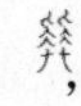，古文拜。』字形表揭示，二者不過一體之變異，參觀《手部》諸條。又旌-旍，參觀字表《方部》『旌』字條。

至於字形內部結構關係類型轉換，也可通過字表觀察實現。如『賊』字是如何實現由從『則』到從『戎』的轉型的，參觀《貝部》『賊』條所排比從西漢居延新簡到唐代《高慈墓誌》字形。

字形表可以作爲調研文字發展歷史分期參照。例如『乂』字形使用的時代關係，字表貯存唐長壽三年（694）《張玄封墓誌》父名用字作『』，或徑以爲『義』之簡化字。但遍稽同時石刻語料，未見作爲『義』字簡化使用情形。蓋唐時用字，尚不存在『乂-㐅-乂』需要區別的問題，也就是說，當時尚未通行作爲『義』字簡化形體的『乂』。對照字表，唐元和五年《郭超岸墓誌》『其先太原之茂族，爲漢魏英乂，晉宋衣冠』，其中『英乂』成詞，字形亦作『』。『艾』字所從『乂』形，爲乂、乂混用狀態，『刈』字所從『乂』形，也處於同樣狀態。分別參見《艸部》『艾』、《刀部》『刈』、《又部》『叉』諸條。

⑧檢索

部首索引表，檢索部首所在頁碼。

筆畫檢字表，提供本書所有字頭及異體字的筆畫檢索。

部首索引表

說明：本表取自《漢語大字典》200部，其中『屮』部下無轄字，省去。部首按照筆畫順序排列，後面數字爲該部所在正文頁碼。

一部

一 一

【篆書】

三國吳 天發神讖碑

【隸書】

秦 睡 43

西漢 馬•病方

西漢 馬•病方

西漢 馬•病方

西漢 馬•病方

西漢 馬•合陰陽

西漢 馬•老乙前

西漢 馬•縱橫

西漢 張•1206

西漢 張•875

西漢 居新•7643

西漢 關蒼•遣策

東漢 乙瑛碑

三國魏 咸熙元年題字

晉 郭槐柩記

北齊 感孝頌

隋 常進通造像

唐 李神符碑

唐 石臺孝經

唐 石臺孝經

唐 楊孝恭碑

唐 楊孝恭碑

【楷書】

三國吳 走•五年

南朝梁 羅浮山銘

南朝梁 陳寶齊造像

北魏 王神虎造像

北魏 趙阿歡等造像記

北魏 元敷墓誌

北魏 元壽安墓誌

東魏 司馬昇墓志銘

隋 馮淹墓誌

唐 石經周易

唐 王天墓誌

唐 崔惟悌墓誌

二 二

【篆書】

三國吳 天發神讖碑

北魏 公孫猗誌蓋

唐 謙卦碑

唐 三墳記陽

【隸書】

秦 睡 143

秦 睡 43

秦 關周•病方

秦 關周•病方

西漢 馬•老乙前

西漢 居新•3474

西漢 居新•4728

西漢 西•過界

西漢 西•候官

西漢 西•馬牘

西漢 西•奏書

東漢 禮器碑側

三國魏 王基斷碑

唐 石臺孝經

唐 石臺孝經

唐 王子麟墓誌

唐 行儼碑

唐 楊孝恭碑

【楷書】

北魏 元敷墓誌

北魏 元敷墓誌

北魏 元壽安墓誌

隋 張貴男墓誌

唐 石經周易

唐 王君妻墓誌

唐 往生社碑

丁 个

【篆書】

秦 睡 113

秦 睡 18

秦 睡 210

秦 西•日書乙

西漢 張•11

西漢 張•11

西漢 張•8

【隸書】

秦 關周•曆譜

秦 關周•曆譜

西漢 張•13

西漢 張•723
西漢 居新•7
東漢 西•推辟
兩漢 西•馬簡
兩漢 西•馬簡
漢晉 流簡紙
西漢 麃孝禹碑
東漢 孔宙碑陰
東漢 禮器碑側
東漢 文叔陽題記
東漢 作封記
晉 徐義墓誌陽

隋 豆盧賓墓誌
隋 段濟墓誌
唐 王子麟墓誌
唐 趙冬曦壙誌

【楷書】

北魏 穆亮墓誌
北魏 元鑒墓誌
北魏 張玄墓誌
唐 崔湛墓誌
唐 宮人丁氏墓誌
唐 掌閨麻氏墓誌

七

【篆書】

東漢 袁安碑
唐 般若臺記

【隸書】

秦 睡108
秦 關周•病方
西漢 居新•2208
西漢 張•15
西漢 張•18
兩漢 西•醫藥
兩漢 西•醫藥
兩漢 西•醫藥

東漢 三老刻石
晉 樂生柩記后
隋 馬稺墓誌
隋 張盛墓誌
唐 褚亮碑
唐 李神符碑
唐 石臺孝經
唐 石臺孝經
唐 楊孝恭碑

【楷書】

三國吳 走•四年

三國吳 走•四年
北魏 元斅墓誌
北魏 元壽安墓誌
隋 何氏墓誌
隋 惠鬱造像記
唐 董希令墓誌
唐 李超墓誌
唐 石經尚書
唐 石經周易

三

【篆書】

三國吳 天發神讖碑
東魏 凝禪寺碑
唐 碧落碑
唐 謙卦碑
唐 三墳記陰

【隸書】

秦 睡50
秦 關周•病方
秦 西•日書乙
西漢 馬•縱横
西漢 馬•縱横

西漢 居新•4847
西漢 居新•5614
兩漢 西•馬簡
兩漢 西•醫藥
東漢 三老刻石
東漢 楊震碑
東漢 乙瑛碑
北魏 元文墓誌
隋 闞明墓誌
唐 八都壇碑

唐 白鹿泉碑陽
唐 高嶸墓誌
唐 石臺孝經
唐 石臺孝經
唐 楊孝恭碑
唐 楊孝恭碑
唐 楊孝恭碑
唐 楊孝恭碑

【楷書】

三國吳 走•四年
晉 黃庭内景經

西漢 馬•縱橫

西漢 張•1005

西漢 張•1141

西漢 居新•5373

西漢 居新•7827

東漢 倉頡廟碑側

東漢 公乘田魴記

東漢 孔宙碑陰

東漢 宋伯望買田券正

北齊 感孝頌

隋 豆盧實墓誌

隋 勝福寺塔銘

下丅

【篆書】

三國吳 天發神讖碑

隋 宋景造像碑

唐 謙卦碑

唐 三墳記陰

唐 峿臺銘

【隸書】

秦 睡 10

秦 睡 13

秦 睡 65

西漢 馬•老乙前

西漢 馬•縱橫

【楷書】

北魏 郭顯墓誌

北魏 胡明相墓誌

北魏 姚伯多供養碑

東魏 呂覎墓誌

唐 高邈墓誌

唐 慶公神祠碑

唐 石經尚書

後梁 謝彥璋墓誌

唐 褚亮碑

唐 告華嶽府君

唐 闞道愛墓誌

唐 劉粲墓誌

唐 石臺孝經

唐 石臺孝經

唐 韋士逸墓誌

唐 楊孝恭碑

唐 楊孝恭碑

東漢 永元六年記

三國魏 張君殘碑

晉 辟雍頌陽

晉 郭槐柩記

晉 石尠墓誌

晉 徐義墓誌陽

北魏 元文墓誌

北周 華嶽頌

隋 豆盧實墓誌

隋 關明墓誌

唐 褚亮碑

西漢 居新•2978

西漢 居新•3765

西漢 居新•7181

東漢 池陽令殘碑

東漢 淮源廟碑

東漢 買田約束石

東漢 孟孝琚碑

東漢 鮮于璜碑陽

東漢 楊震碑

東漢 乙瑛碑

東漢 永壽元年墓記

于亏

【篆書】

東漢 鮮于璜碑額

三國吳 天發神讖碑

三國魏 正始石經

北魏 于景誌蓋

唐 三墳記陰

唐 于孝顯碑額

【隸書】

秦 睡 267

秦 西•日書乙

西漢 馬•老乙前

西漢 張•1051

北魏 元敷墓誌

北齊 房周陁墓誌

唐 劉子墓誌

唐 石經周易

唐 史善法墓誌

唐 孫光墓誌

唐 徐及及妻墓誌

唐 薛參墓誌

唐 張璥墓誌

唐 石臺孝經

唐 楊孝恭碑

唐 楊孝恭碑

唐 楊孝恭碑

【楷書】

魏晉 樓•紙

北魏 李璧墓誌陽

北魏 王神虎造像

北魏 元彬墓誌

北魏 寇猛墓誌

隋 鄧州塔銘

隋 范安貴墓誌

隋 姜敬親墓誌

唐 石經尚書

唐 石經周易

唐 職名殘石

文

【篆書】

唐 峿臺銘

【隸書】

秦 睡 244

西漢 馬•縱横

西漢 馬•縱横

西漢 張•1126

西漢 張•990

東漢 西•病書

東漢 何君閣道銘

東漢 佐孟機題記

隋 澧水石橋碑

唐 戴令言墓誌

【楷書】

三國吳 走•五年

三國吳 走•五年

晉 華芳墓誌陽

晉 黄庭内景經

北魏 元順平妻王墓誌

北魏 薛慧命墓誌

隋 王光墓誌

唐 郭本墓誌

唐 玄秘塔碑

上

【篆書】

東漢 群臣上醻碑

三國魏 上尊號碑額

三國吳 天發神讖碑

唐 碧落碑

唐 多寶佛塔銘

唐 寂照墓碑額

唐 李勣碑

唐 李勣碑

唐 謙卦碑

唐 謙卦碑

唐 三墳記陰

唐 峿臺銘

【隸書】

秦 睡 48

秦 睡 51

西漢 馬•老乙前

西漢 馬•老乙前

西漢 張•1131

西漢 居新•7229

東漢 西•遷補

兩漢 西•懸簡

西漢 楚王墓塞石

東漢 倉頡廟碑側

東漢 禮器碑

東漢 三老刻石

東漢 宋伯望買田券正

東漢 鮮于璜碑陽

東漢 鮮于璜碑陰

東漢 乙瑛碑

東漢 造土牛碑

東漢 鄭固碑

三國魏 曹真殘碑陽

三國吳 天發神讖碑

北齊 竇泰墓誌

隋 暴永墓誌

隋 申穆及妻墓誌

隋 申穆及妻墓誌

隋 口靜墓誌

唐 李神符碑

唐 石臺孝經

唐 石臺孝經

不 𠀚

【篆書】

東漢 馮孺人題記

三國魏 正始石經

三國魏 正始石經

唐 碧落碑

唐 謙卦碑

唐 謙卦碑

唐 謙卦碑

唐 謙卦碑

【隸書】

秦 睡 15

秦 睡 51

丏 𠀀

【隸書】

唐 柳偘妻墓誌

丏

【楷書】

唐 屈元壽墓誌

隋 郭王墓誌

【楷書】

魏晉 樓•紙

北魏 石婉墓誌

北魏 楊大眼造像

北魏 元嵩墓誌

隋 劉德墓誌

唐 劉祿墓誌

唐 康續墓誌

唐 裴咸墓誌

云 𠀅

【篆書】

隋 吳嚴墓誌

唐 三墳記陽

【隸書】

秦 睡 54

西漢 馬•老甲

西漢 馬•老乙

西漢 馬•老乙

西漢 居新•10

西漢 居新•3430

漢晉 流簡紙

東漢 鮮于璜碑陽

東漢 史晨後碑

東漢 史晨後碑

東漢 熹平石經易

隋 豆盧實墓誌

隋 修孔子廟碑

唐 李神符碑

【楷書】

北魏 元略墓誌

唐 石經周易

唐 王之渙墓誌

井 丼

【篆書】

唐 多寶佛塔銘

【隸書】

秦 睡 105

秦 關周•病方

西漢 馬•老子甲後

西漢 馬•天下

西漢 居新•7614

西漢 居新•9234

東漢 西•推辟

漢晉 流簡紙

漢晉 流簡紙

唐 楊孝恭碑

唐 楊孝恭碑

唐 尹尊師碑

三國吳 走•五年

【楷書】

隋 鄧州塔銘

唐 法藏塔銘

唐 張京墓誌

秦 關周•病方
西漢 馬•老甲
西漢 馬•老乙前
西漢 張•167
西漢 張•624
西漢 張•758
西漢 居新•1421
西漢 西•候官
東漢 西•寇恩
東漢 西•死駒

東漢 西•文書
東漢 西•醫藥
兩漢 西•醫藥
漢晉 流簡紙
漢晉 流簡紙
三國吳 走•五年
西漢 楚王墓塞石
東漢 曹全碑陽
東漢 朝侯小子碑
東漢 從事馮君碑

東漢 樊敏碑
東漢 肥致碑
東漢 郙閣頌
東漢 公乘田魴記
東漢 華山廟碑陽
東漢 禮器碑
東漢 孟孝琚碑
新莽 禳盜刻石
東漢 三老刻石
東漢 鮮于璜碑陽
東漢 薌他君題記

東漢 楊震碑
東漢 楊震碑
東漢 造土牛碑
晉 郭槐柩記
隋 關明墓誌
隋 郭休墓誌
隋 宋仲墓誌
隋 王楚英墓誌
唐 北獄廟碑
唐 褚亮碑
唐 石臺孝經
唐 石臺孝經

唐 行儼碑
唐 行儼碑
唐 楊孝恭碑
唐 楊孝恭碑
唐 楊孝恭碑
唐 尹尊師碑
唐 張漼墓誌
唐 張漼墓誌

【楷書】

三國吳 走•五年
三國吳 走•五年
北魏 爾朱紹墓誌

北魏 馮邕妻墓誌
北魏 寇慰墓誌
北魏 寇霄墓誌
北魏 元彬墓誌
北魏 元端墓誌
唐 李壽墓誌
唐 石經尚書
唐 石經周易
唐 邢彥褒墓誌

唐 张崇墓誌
唐 張去奢墓誌
後唐 王璠墓誌

五 㐅

【篆書】

東漢 馮孺人題記
東漢 袁安碑
三國吳 天發神讖碑
唐 碧落碑
唐 盧仝等題名
唐 謙卦碑

【隸書】

秦 睡108
秦 關周•日書
西漢 馬•合陰陽
西漢 馬•縱橫

西漢 馬•繳橫
西漢 張•943
西漢 居新•5539
漢晉 流簡紙
西漢 李后墓塞石
東漢 簿書殘碑
東漢 蒼山元嘉題記
東漢 淮源廟碑
東漢 淮源廟碑
東漢 禮器碑側

東漢 禮器碑側
東漢 三老刻石
東漢 石門頌
東漢 鮮于璜碑陰
東漢 永壽元年墓記
東漢 圉令趙君碑
東漢 元初五年記
三國魏 何晏墓誌
晉 郭槐柩記
晉 王君侯碑陽

北魏 元文墓誌
隋 爾朱敞墓誌
隋 劉寶及妻墓誌
隋 申穆及妻墓誌
隋 勝福寺塔銘
隋 王楚英墓誌
隋 口靜墓誌
隋 謝岳墓誌
唐 石臺孝經
唐 石臺孝經

唐 譚伍墓誌
唐 行儼碑
唐 楊孝恭碑
唐 楊孝恭碑

【楷書】

三國吳 走•四年
北魏 胡明相墓誌
北魏 元斅墓誌
北魏 元斅墓誌
北魏 張玄墓誌
北齊 口德造像

隋 高緊墓誌
隋 梁坦墓誌
隋 張伏敬墓誌
唐 李俟墓誌
唐 呂君妻李墓誌
唐 石經尚書
唐 石經周易
唐 楊君妻孫墓誌
唐 源公廟詩刻

屯

【隸書】

西漢 張•475
西漢 張•549
西漢 張•549
西漢 張•550
西漢 張•551
西漢 居新•5365
西漢 居新•7537
東漢 曹全碑陰
東漢 沈府君神道闕
晉 魯詮墓表

隋 爾朱端墓誌
隋 默曹殘碑
隋 趙朗墓誌
唐 白鹿泉碑陽
唐 李貞墓誌
唐 徐盼墓誌

【楷書】

晉 華芳墓誌陰
北魏 侯剛墓誌
北魏 胡屯進墓誌
北齊 竇泰墓誌

東魏 馮令華墓誌
隋 沈氏墓誌
唐 解斯政則墓誌
唐 石經五經
唐 石經周易
唐 石經周易
唐 陶英妻墓誌
唐 王素墓誌
唐 尉遲敬德墓誌

互

【楷書】

北齊 婁黑女墓誌

北齊 僧靜明造像

北齊 司馬遵業墓誌

唐 吉渾墓誌

唐 劉滑墓誌

唐 石經九經

唐 唐嘉會墓誌

唐 趙令則墓誌

丑

【篆書】

東漢 袁安碑

三國魏 正始石經

唐 峿臺銘

【隸書】

秦 關周•曆譜

西漢 張•15

西漢 居新•3475

西漢 居新•7077

西漢 居新•7279

西漢 居新•7460

西漢 居新•8767

兩漢 西•馬簡

漢晉 流簡紙

漢晉 流簡紙

漢晉 流簡紙

漢晉 流簡紙

東漢 三老刻石

東漢 文叔陽題記

東漢 楊統碑陽

東漢 永元九年記

東漢 作封記

三國魏 王基斷碑

晉 徐文墓碣

北魏 涿縣磚刻

隋 元鐘墓誌

唐 高元珪墓誌

唐 唐世榮墓誌

【楷書】

魏晉 樓•紙

北魏 盧令媛墓誌

北魏 司馬氏墓誌

北齊 王福芝造像

隋 龐長娘墓誌

隋 勝福寺塔銘

唐 孟孝立墓誌

唐 李頎及妻墓誌

唐 邢仙姖墓誌

唐 鄧君妻王墓誌

世

【篆書】

唐 三墳記陽

【隸書】

西漢 馬•老乙前

西漢 馬•老乙前

西漢 馬•老子甲後

西漢 馬•縱橫

西漢 馬•縱橫

西漢 居新•3521

漢晉 流簡紙

漢晉 流簡紙

西漢 楚王墓塞石

東漢 曹全碑陽

東漢 池陽令殘碑

東漢 從事馮君碑

東漢 黨錮殘碑

東漢 肥致碑

東漢 孔宙碑陽

東漢 禮器碑側

東漢 禮器碑陰

東漢 利水大道記

東漢 孟孝琚碑

東漢 裴岑紀功碑

東漢 熹平石經殘

東漢 夏承碑

東漢 鮮于璜碑陽

東漢 許阿瞿題記

東漢 楊震碑

東漢 楊震碑

東漢 楊著碑陽

東漢 乙瑛碑

東漢 乙瑛碑

東漢 尹宙碑

東漢 永壽元年墓記

東漢 元和三年記

東漢 趙寬碑

東漢 鄭固碑

東漢 鄭固碑

三國魏 曹真殘碑陽

三國魏 張君殘碑

晉 辟雍頌陽

晉 郭槐柩記

晉 石尠墓誌

晉 王君侯碑陽

北齊 竇泰墓誌

北齊 竇泰墓誌

北齊 感孝頌

隋 陳常墓誌

隋 段濟墓誌

隋 爾朱端墓誌

隋 關明墓誌

隋 郭休墓誌

隋 任顯及妻誌

隋 申穆及妻墓誌

隋 申穆及妻墓誌

隋 勝福寺塔銘

隋 蘇恒墓誌

隋 口和墓誌

隋 口和墓誌

隋 口靜墓誌

隋 謝岳墓誌

隋 謝岳墓誌

唐 蔡君妻墓誌

唐 高元珪墓誌

唐 高元珪墓誌

唐 京兆金氏墓誌

唐 石臺孝經

唐 唐世榮墓誌

唐 趙冬曦壙誌

唐 趙冬曦壙誌

【楷書】

三國吳 走•五年

北魏 爾朱襲墓誌

北魏 寇慰墓誌

北魏 寇霄墓誌

北魏 吐谷渾璣墓誌

北魏 薛孝通券

北魏 元纖墓誌

北魏 元文墓誌

北齊 司馬遵業墓誌

北齊 司馬遵業墓誌

隋 叱李綱子墓誌

隋 鄧昞墓誌

隋 獨孤羅墓誌

隋 范安貴墓誌

隋 馬長和造像

隋 默曹殘碑

隋 橋紹墓誌

隋 王楚英墓誌

隋 吳嚴墓誌

隋 蕭翹墓誌

唐 范安及墓誌

唐 郭超岸墓誌

唐 胡肅墓誌

唐 羅池廟碑

唐 石經九經

唐 石經九經

唐 石經尚書

唐 石經周易

唐 往生社碑

唐 魏公韋氏墓誌

唐 元伏和墓誌

唐 趙行悉造像

丙丙

【篆書】

東漢 群臣上醻碑

東漢 袁安碑

【隸書】

秦 睡153

秦 睡67

秦 關周•曆譜

秦 關周•曆譜

秦 關周•曆譜

西漢 張•1088

西漢 張•11

西漢 張•12

西漢 張•642

新莽 西•守御器

漢晉 流簡紙

東漢 肥致碑

東漢 公乘田魴記

東漢 桓弄食堂記

東漢 孟孝琚碑

東漢 乙瑛碑

東漢 永壽元年墓記

東漢 造土牛碑

晉 辟雍頌陽

隋 任顯及妻誌

唐 唐世榮墓誌

【楷書】

北魏 李蕤墓誌

北魏 秦洪墓誌

北魏 帥僧達造像

北魏 于仙墓誌

北魏 元鑒墓誌

北魏 元均之墓誌

北齊 暢洛生造像

北齊 法量造像

北齊 王福芝造像

隋 王楚英墓誌

唐 陳叔度墓誌

丕

【篆書】

唐 謙卦碑

唐 謙卦碑

【隸書】

唐 黃石公祠記

【楷書】

北魏 笱景墓誌

北魏 元繼墓誌

東魏 侯海墓誌陽

唐 李景陽墓誌

唐 石經尚書

唐 石經五經

唐 石經五經

唐 王遂墓誌

且

【隸書】

秦 睡58

秦 睡67

西漢 馬•合陰陽

西漢 馬•老乙前

西漢 馬•老乙前

西漢 張•736

西漢 西•馬牘

西漢 西•馬簡牘

東漢 曹全碑陽

東漢 鄐他君題記

東漢 楊統碑陽

東漢 楊震碑

隋 爾朱敞墓誌

隋 爾朱敞墓誌

隋 默曹殘碑

隋 蘇恒墓誌

唐 石臺孝經

【楷書】

北魏 公孫猗墓誌

北魏 李蕤墓誌

北魏 薛慧命墓誌

北魏 元侔墓誌陽

北齊 高湝墓誌

北齊 無量義經

東魏 元湛墓誌

隋 張壽墓誌

唐 盧君妻崔墓誌

唐 石經周易

西漢 張•305
西漢 張•41
西漢 居延新简補
西漢 居新•7849
西漢 居新•7849
東漢 蒼山元嘉題記
東漢 曹全碑陽
東漢 景君碑陽
東漢 景君碑陰
東漢 孔宙碑陽
東漢 孔宙碑陰

叀

【篆書】

東漢 韓仁銘額
東漢 祀三公山碑
東漢 鄭季宣碑
三國吳 天發神讖碑
唐 高元裕碑額
唐 三墳記陽

【隸書】

秦 睡 15
秦 睡 59
西漢 張•27
西漢 張•304

亘

【隸書】

西漢 馬•事語
西漢 馬•事語
唐 文宣王廟門碑
唐 義福禪師碑

【楷書】

南朝梁 舊館壇碑
唐 王玄墓誌

唐 馬公亮墓誌
唐 沈士公墓誌
唐 石經尚書
唐 石經五經
唐 石經五經
唐 石經周易
唐 姚軫墓誌

唐 白鹿泉碑陰
唐 尹尊師碑

【楷書】

三國吳 走•五年
三國吳 走•五年
三國吳 走•五年
北魏 鮮于仲兒墓誌
北魏 于纂墓誌
北魏 元繼墓誌
隋 賈玄贊墓誌
唐 韓氏合葬誌

北齊 司馬遵業墓誌
隋 郭王墓誌
隋 侯肇墓誌
隋 皇甫深墓誌
隋 牛諒墓誌
隋 口和墓誌
隋 口靜墓誌
隋 口靜墓誌
隋 蕭瑾墓誌
隋 謝岳墓誌

東漢 孔宙碑陰
東漢 禮器碑側
東漢 孟孝琚碑
新莽 禳盜刻石
東漢 尚博殘碑
東漢 宋伯望買田券正
東漢 薌他君題記
三國吳 買冢城磚
晉 辟雍頌陽
北齊 感孝頌

丘

【篆書】

三國魏 霍君神道
三國魏 正始石經

【隸書】

秦 睡 242
西漢 馬•老乙前
西漢 馬•養生
西漢 馬•縱横
西漢 居新•2162
西漢 居新•8176
東漢 景君碑陰
東漢 孔宙碑陰

東漢 孔宙碑陰

東漢 利水大道記

東漢 史晨後碑

東漢 鮮于璜碑陽

東漢 延光四年殘

東漢 乙瑛碑

東漢 乙瑛碑

東漢 造土牛碑

東漢 造土牛碑

東漢 造土牛碑

隋 豆盧實墓誌

隋 豆盧實墓誌

隋 爾朱敞墓誌

隋 修孔子廟碑

唐 褚亮碑

唐 李神符碑

唐 宴濟瀆序陰額

【楷書】

三國吳 走•二年

三國吳 走•四年

三國吳 走•五年

三國吳 走•五年

北魏 和醜仁墓誌

東魏 陸順華墓誌

隋 伍道進墓誌

唐 崔湛墓誌

唐 石經九經

丞

【篆書】

東漢 開母廟闕銘

東漢 少室石闕銘

東漢 祀三公山碑

三國吳 天發神讖碑

北魏 元天穆誌蓋

唐 溫佶墓碑額

唐 張九齡碑額

【隸書】

秦 睡39

秦 睡50

西漢 張•305

西漢 張•353

西漢 居新•2199

西漢 居新•7537

西漢 西•詔書

西漢 西•奏書

漢晉 流簡紙

東漢 白石神君碑

東漢 蒼山元嘉題記

東漢 曹全碑陽

東漢 淮源廟碑

東漢 禮器碑側

東漢 南陽石柱題名

東漢 石門頌

東漢 通閣道記

東漢 鮮于璜碑陰

東漢 楊淮表記

東漢 乙瑛碑

東漢 造土牛碑

晉 辟雍頌陽

晉 辟雍頌陰

晉 石尠墓誌

東魏 宗欣墓誌

隋 高虬墓誌

隋 劉寶及妻墓誌

隋 宋景造像碑

隋 蕭瑾墓誌

隋 修孔子廟碑

唐 崔泰之墓誌

唐 高元珪墓誌

唐 唐直墓誌

唐 楊孝恭碑

【楷書】

三國吳 走•五年

三國吳 走•五年

北魏 茍景墓誌

北魏 寇憑墓誌

北魏 穆彥墓誌

北魏 元維墓誌

北魏 元維墓誌

北齊 爾朱元靜墓誌

北周 高妙儀墓誌

隋 張波墓誌

隋 張枰墓誌

唐 杜日榮墓誌

唐 賈欽惠墓誌

唐 劉慎墓誌

唐 譚伍墓誌

唐 王府君墓誌

唐 薛贖墓誌

唐 張道昇墓誌

唐 朱照墓誌

更

【篆書】

三國吳 天發神讖碑

【隸書】

秦 睡198

秦 睡28

西漢 馬•病方

西漢 馬•老乙前

西漢 馬•老乙前

西漢 馬•縱橫

西漢 張•1098

西漢 張•1098

西漢 居新•7480

西漢 居新•7490

西漢 居新•7812

東漢 李孟初神祠碑

東漢 禮器碑

東漢 石門頌

東漢 夏承碑

東漢 延平元年記

東漢 永壽元年墓記

隋 侯肇墓誌

隋 宋仲墓誌

隋 蘇恒墓誌

唐 抱腹寺碑

唐 高元珪墓誌

唐 盧行毅墓誌

唐 史思禮墓誌

唐 韋士逸墓誌

唐 尉迟迴碑陰

唐 張叡墓誌

唐 張翼墓誌

【楷書】

北魏 元端墓誌

北魏 元乂墓誌

北齊 司馬遵業墓誌

隋 羊瑋墓誌

唐 石經九經

唐 石經九經

唐 楊佰隴墓誌

唐 張敬忠謝表

甫

【隸書】

東漢 曹全碑陽

東漢 景君碑陰

東漢 孔宙碑陰

東漢 禮器碑陰

東漢 西狹頌

東漢 行事渡君碑

東漢 楊著碑陽

東漢 尹宙碑

東漢 趙菿殘碑

隋 馬穉墓誌

唐 董虔運墓誌

唐 柳偘妻墓誌

唐 石臺孝經

唐 尹尊師碑

唐 張騷墓誌

唐 張翼墓誌

【楷書】

北魏 楊乾墓誌

北魏 元敷墓誌

北齊 司馬遵業墓誌

唐 崔師墓誌

唐 石經九經

唐 石經九經

唐 唐嘉會墓誌

表

【篆書】

秦 睡100

西漢 馬•天下

東漢 西狹頌額

唐 碧落碑

【隸書】

西漢 馬•老甲

西漢 馬•老乙前

西漢 張•439

西漢 居新•1425

西漢 居新•7229

西漢 居新•8931

西漢 西•善劍

漢晉 流簡紙

漢晉 流簡紙

東漢 倉頡廟碑側

東漢 從事馮君碑

東漢 樊敏碑

東漢 肥致碑

東漢 淮源廟碑

東漢 孔宙碑陰

東漢 禮器碑

東漢 鮮于璜碑陽

東漢 鮮于璜碑陽

東漢 楊淮表記

東漢 張遷碑額

三國魏 王基斷碑

晉 辟雍頌陽

晉 石尠墓誌

晉 石尠墓誌

北齊 感孝頌

後秦 呂憲墓表額

隋 符盛及妻墓誌

隋 郭達墓誌

隋 侯肇墓誌

隋 謝岳墓誌

隋 修孔子廟碑

隋 張景略墓誌

唐 李神符碑

唐 李神符碑

唐 史思禮墓誌

唐 蘇洪姿墓誌

唐 宴濟瀆序陰額

唐 趙冬曦壙誌

【楷書】

魏晉 樓•紙

南朝梁 羅浮山銘

北魏 韓顯宗墓誌

北魏 元弘嬪侯墓誌

北齊 竇泰墓誌

北齊 竇泰墓誌

北齊 感孝頌

東魏 高翻碑

東魏 元悰墓誌

隋 陳叔榮墓誌

隋 高緊墓誌

隋 馬少敏墓誌

隋 任顯及妻誌

隋 口靜墓誌

隋 吳嚴墓誌

唐 霍行成墓誌

唐 石經尚書

亞

【隸書】

西漢 馬•老乙

西漢 馬•老乙前

西漢 馬•老乙前

東漢 尹宙碑

東魏 元悰墓誌

唐 倪彬墓誌

唐 韋士逸墓誌

唐 朱崇慶墓誌

【楷書】

北魏 王誦墓誌

北魏 元譚墓誌

隋 魏氏墓誌

唐 李三十三娘墓誌

唐 談昕墓誌

唐 顏家廟碑

兩

【篆書】

唐 碧落碑

【隸書】

秦 睡43

西漢 馬•老乙前

西漢 馬•老子甲後

西漢 張•1076

西漢 張•1130

西漢 張•1131

西漢 張•723

西漢 西•善劍

東漢 西•病書

魏晉 殘紙

東漢 肥致碑

東漢 劉熊碑

東漢 西狹頌

晉 辟雍頌陽

北齊 竇泰墓誌

北齊 竇泰墓誌

北齊 司馬遵業墓誌

隋 高虬墓誌

隋 蘇恒墓誌

隋 趙朗墓誌

唐 闞道愛墓誌

唐 史思禮墓誌

唐 楊孝恭碑

唐 楊孝恭碑

唐 貞一廟碑

【楷書】

三國吳 走•二年

北魏 宮內司楊墓誌

北魏 元繼墓誌

北魏 元詮墓誌

隋 吳嚴墓誌

唐 房瑒墓誌

唐 李倓墓誌

唐 石經尚書

事

【篆書】

東漢 袁安碑

東魏 高翻碑額

東魏 高盛墓碑額

北魏 温泉頌額

唐 碧落碑

唐 多寶佛塔銘

【隸書】

秦 睡267

秦 關周•病方

秦 關周•日書

西漢 馬•縱橫

西漢 張•125

西漢 張•204

西漢 居新•2605

西漢 居新•5547

西漢 居新•5568

西漢 西•律令

東漢 西•文書

東漢 西•文書

東漢 曹全碑陽

東漢 從事馮君碑

東漢 華山廟碑陽

東漢 淮源廟碑

東漢 禮器碑陰

東漢 禮器碑陰

東漢 石門頌

東漢 陶洛殘碑陽

東漢 鮮于璜碑陽

東漢 鮮于璜碑陽

東漢 鮮于璜碑陰

東漢 許安國題記

東漢 乙瑛碑

東漢 乙瑛碑

東漢 永壽元年墓記

東漢 造土牛碑

東漢 鄭固碑

晉 辟雍頌陽

晉 華芳墓誌陽

北齊 竇泰墓誌

隋 申穆及妻墓誌

隋 宋仲墓誌

隋 口靜墓誌
隋 張儉及妻墓誌
唐 蔡君妻墓誌
唐 李神符碑
唐 石臺孝經
唐 石臺孝經
唐 石臺孝經
唐 行儼碑
唐 楊孝恭碑
唐 尹尊師碑

唐 尹尊師碑
【楷書】
魏晉 樓•紙
北魏 王蕃墓誌
北齊 竇泰墓誌
唐 石經尚書
唐 石經周易
唐 石經周易
唐 史君妻墓誌
唐 周敬本墓誌

亟

【隸書】
秦 睡61
秦 關周•日書
西漢 張•719
東漢 西•寇恩
兩漢 西•馬簡
晉 郛休碑陽
北齊 司馬遵業墓誌
隋 姬威墓誌
【楷書】
北魏 山徽墓誌
北魏 元徽墓誌

北魏 鄭君妻墓誌
東魏 王僧墓誌
隋 張壽墓誌
隋 張濤妻墓誌
唐 高瀚墓誌
唐 李修已墓誌
唐 李震墓誌
唐 毗伽特勤墓誌
唐 石經五經
唐 王媛墓誌陰

唐 薛迅墓誌
唐 楊佰醜墓誌
唐 周惠墓誌
後梁 韓仲舉妻墓誌

甚

【隸書】
秦 睡250
西漢 馬•老子甲後
西漢 馬•養生
西漢 馬•縱横
西漢 馬•縱横
西漢 馬•縱横
西漢 張•795
西漢 居新•2847
漢晉 流簡紙
漢晉 流簡紙

漢晉 流簡紙
漢晉 流簡紙
東漢 曹全碑陽
東漢 從事馮君碑
東漢 七言摩崖記
東漢 鄐他君題記
東漢 鄐他君題記
東漢 延熹三年記
東漢 延熹三年記
三國魏 孔羨碑

晉 辟雍頌陽
北魏 上尊號碑
北齊 司馬遵業墓誌
北齊 司馬遵業墓誌
隋 豆盧實墓誌
隋 姬威墓誌
隋 李元墓誌
隋 橋紹墓誌
隋 口靜墓誌
唐 崔泰之墓誌

爾

唐 潘基墓誌

唐 石臺孝經

唐 石臺孝經

唐 楊孝恭碑

【楷書】

魏晉 樓•紙

北魏 爾朱襲墓誌

北魏 馮邕妻墓誌

北齊 無量義經

隋 盧文構墓誌

隋 王楚英墓誌

唐 劉栖楚墓誌

唐 柳昱墓誌

唐 僧突墓誌

唐 王協墓誌

唐 惟貞廟碑陽

【隸書】

西漢 馬•老子甲後

漢晉 流簡紙

漢晉 流簡紙

西漢 石墻村刻石

東漢 曹全碑陽

東漢 石門頌

東漢 鮮于璜碑陽

東漢 校官碑

東漢 楊叔恭殘碑

東漢 楊統碑陽

北魏 上尊號碑

北齊 司馬遵業墓誌

隋 豆盧實墓誌

隋 爾朱敞墓誌

隋 闞明墓誌

隋 郭達墓誌

隋 宋景造像碑

隋 王榮及妻墓誌

隋 王榮及妻墓誌

隋 蕭瑾墓誌

隋 張儉及妻墓誌

唐 北獄廟碑

唐 李貞墓誌

唐 石臺孝經

唐 徐盼墓誌

唐 楊孝恭碑

唐 朱君妻王墓誌

【楷書】

魏晉 樓•紙

南朝梁 舊館壇碑

北魏 弔比干文陽

北魏 李蕤墓誌

北魏 元固墓誌

北魏 元洛神墓誌

北魏 元瞻墓誌

北齊 竇泰墓誌

隋 橋紹墓誌

隋 蕭瑒墓誌

隋 張濤妻墓誌

唐 成朗墓誌

唐 佛頂經幢

唐 劉元超墓誌

唐 裒氏墓誌

唐 騫紹業墓誌

唐 石經尚書

唐 石經周易

唐 要殤女墓誌

唐 源光俗妻墓誌

隋 張濤妻墓誌

唐 鄭中基墓誌

唐 職名殘石

丨部

中 ⊕

【篆書】

西漢 石墻村刻石
東漢 袁安碑
東漢 趙菿殘碑額
三國魏 謝君神道
東魏 長孫囧碑額
東魏 封延之誌蓋
東魏 高翻碑額
東魏 高盛墓碑額
北魏 嵩高靈廟碑額
北魏 元壽安誌蓋

隋 孟顯達碑額
唐 碧落碑
唐 法果寺碑額
唐 馬周碑額
唐 謙卦碑
唐 謙卦碑
唐 張九齡碑額

【隸書】

秦 睡 257
秦 睡 268
秦 睡 68

秦 關周•病方
西漢 馬•老乙前
西漢 張•1131
西漢 居新•7603
西漢 居新•7673
西漢 居新•7709
兩漢 西•醫藥
漢晉 流簡紙
西漢 中殿石題字
東漢 朐忍令碑

東漢 夏承碑
東漢 鮮于璜碑陽
東漢 鮮于璜碑陰
東漢 楊震碑
東漢 佐孟機題記
三國魏 張君殘碑
晉 劉韜墓志

【楷書】

三國吳 天發神讖碑
北魏 高珪墓誌
北魏 楊阿難墓誌

北齊 崔頠墓誌
北周 寇胤哲蓋
北周 盧蘭墓誌
北周 盧蘭墓誌
北周 普安壯公墓誌
唐 夫子廟堂碑
唐 郭五墓誌
唐 盧宏及妻墓誌
唐 石經尚書
唐 石經周易

唐 石臺孝經
唐 石臺孝經
唐 石臺孝經
唐 史思禮墓誌
唐 行儼碑
唐 行儼碑
唐 行儼碑
唐 楊孝恭碑
唐 尹尊師碑

凸

【楷書】

唐 大岯山銘

丵 丵

【楷書】

隋 翟突娑墓誌

丿部

乂

【隸書】

東漢 白石神君碑

東漢 趙菿殘碑

北周 華嶽頌

隋 段濟墓誌

隋 高虬墓誌

【楷書】

三國吳 走•四年

北齊 鄭天柱山銘

隋 張壽墓誌

唐 郭超岸墓誌

唐 韓君妻張墓誌

隋 李元墓誌

唐 楊君妻孫墓誌

唐 石經尚書

唐 張玄封墓誌

乃

【篆書】

東漢 祀三公山碑

三國魏 正始石經

唐 城隍廟碑

唐 峿臺銘

【隸書】

秦 睡231

秦 睡55

西漢 馬•合陰陽

西漢 馬•老乙前

西漢 馬•縱橫

西漢 居新•3644

東漢 西•寇恩

東漢 西•寇恩

漢晉 流簡紙

東漢 池陽令殘碑

東漢 景君碑陽

東漢 孔宙碑陽

東漢 孔宙碑陽

東漢 禮器碑

東漢 西狹頌

東漢 楊震碑

東漢 鄭固碑

三國魏 王基斷碑

三國魏 張君殘碑

晉 辟雍頌陽

隋 宋景造像碑

隋 宋仲墓誌

隋 元鐘墓誌

唐 褚亮碑

唐 李神符碑

唐 楊孝恭碑

【楷書】

北魏 馮季華墓誌

北魏 王翊墓誌

北魏 元誨墓誌

隋 楊真墓誌

隋 張盛墓誌

唐 葛路墓誌

唐 石經尚書

唐 石經周易

唐 王大劍墓誌

唐 趙宗祜墓誌

川

【篆書】

北魏 元煥誌蓋

唐 李孝同碑額

唐 謙卦碑

【隸書】

西漢 馬•老乙前

西漢 馬•縱橫

西漢 居新•7462

東漢 西•寇恩

東漢 華山廟碑陽

東漢 禮器碑

東漢 禮器碑陰

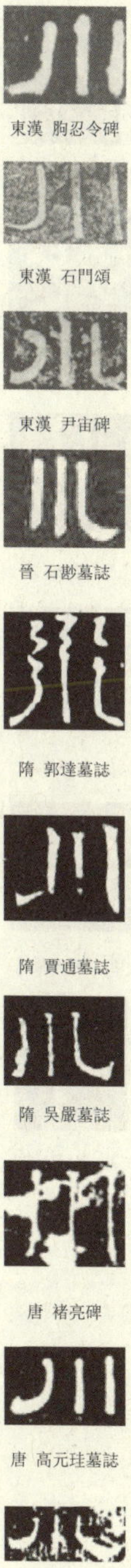

東漢 朐忍令碑
東漢 石門頌
東漢 尹宙碑
晉 石尠墓誌
隋 郭達墓誌
隋 賈通墓誌
隋 吳嚴墓誌
唐 褚亮碑
唐 高元珪墓誌
唐 告華嶽府君

唐 史思禮墓誌

【楷書】

北齊 定國寺塔碑
北齊 竇泰墓誌
隋 陳叔榮墓誌
隋 口和墓誌
隋 張軻墓誌
唐 劉通墓誌
唐 石經尚書
唐 石經周易
唐 許義誠墓誌

丸

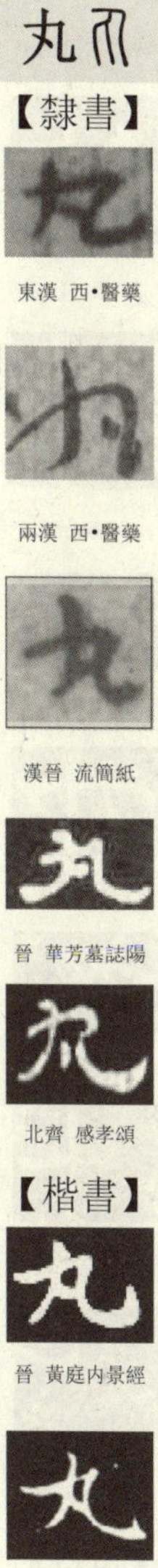

【隸書】

東漢 西•醫藥
兩漢 西•醫藥
漢晉 流簡紙
晉 華芳墓誌陽
北齊 感孝頌

【楷書】

晉 黃庭內景經
唐 劉祿墓誌

及

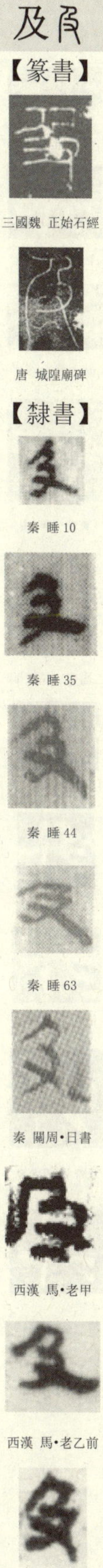

【篆書】

三國魏 正始石經
唐 城隍廟碑

【隸書】

秦 睡 10
秦 睡 35
秦 睡 44
秦 睡 63
秦 關周•日書
西漢 馬•老甲
西漢 馬•老乙前
西漢 馬•養生

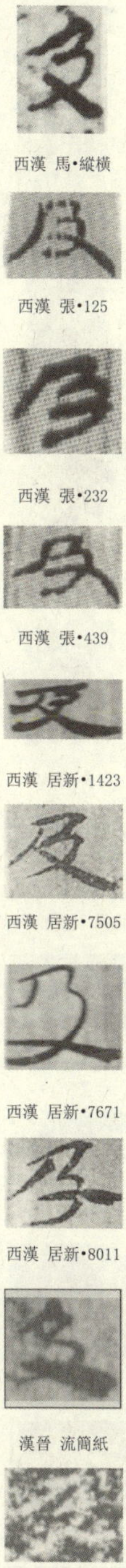

西漢 馬•縱橫
西漢 張•125
西漢 張•232
西漢 張•439
西漢 居新•1423
西漢 居新•7505
西漢 居新•7671
西漢 居新•8011
漢晉 流簡紙
西漢 石墻村刻石

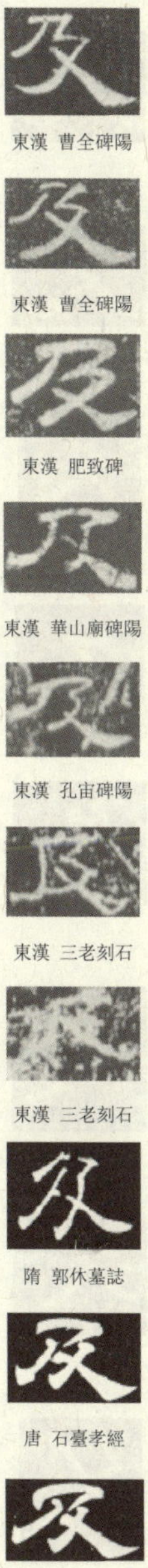

東漢 曹全碑陽
東漢 曹全碑陽
東漢 肥致碑
東漢 華山廟碑陽
東漢 孔宙碑陽
東漢 三老刻石
東漢 三老刻石
隋 郭休墓誌
唐 石臺孝經
唐 石臺孝經

唐 楊孝恭碑
唐 楊孝恭碑
唐 尹尊師碑
唐 尹尊師碑

【楷書】

魏晉 樓•紙
北齊 竇泰墓誌
北周 李明顯造象
東魏 盧貴蘭墓誌
隋 暴永墓誌
隋 孔神通墓誌

唐 李神符碑
隋 馬長和造像
隋 勝福寺塔銘
隋 張盛墓誌
唐 程君妻墓誌
唐 石經尚書
唐 石經尚書

久

【篆書】

唐 碧落碑

【隸書】

秦 睡116

秦 睡23

西漢 馬•合陰陽

西漢 馬•合陰陽

西漢 馬•天下

西漢 馬•縱橫

西漢 馬•足臂

漢晉 流簡紙

漢晉 流簡紙

東漢 倉頡廟碑

東漢 景君碑陰

東漢 景君碑陰

東漢 許阿瞿題記

晉 辟雍頌陽

晉 王君侯碑陽

隋 豆盧實墓誌

隋 李使君墓碑

隋 任軌墓誌

【楷書】

南朝梁 舊館壇碑

北魏 司馬氏墓誌

北周 寇胤哲墓誌

唐 崔公妻墓誌

唐 多寶塔碑

唐 石經九經

唐 石經周易

唐 石經周易

唐 萬壽寺記

唐 張智慧墓誌

後周 智堅塔記

升

【隸書】

秦 睡43

秦 關周•病方

西漢 馬•養生

西漢 張•879

西漢 居新•9076

西漢 居新•9077

西漢 居新•9079

東漢 西•寇恩

東漢 曹全碑陰

東漢 孔宙碑陰

東漢 孔宙碑陰

東漢 馬姜墓記

東漢 朐忍令碑

東漢 石門頌

三國魏 王基斷碑

晉 辟雍頌陽

晉 辟雍頌陽

北魏 上尊號碑

北齊 竇泰墓誌

隋 豆盧實墓誌

隋 姬威墓誌

隋 勝福寺塔銘

唐 抱腹寺碑

唐 石臺孝經

唐 嵩陽觀碑

唐 行儼碑

唐 貞一廟碑

【楷書】

三國吳 走•四年

三國吳 走•五年

三國吳 走•五年

晉 黃庭內景經

北魏 元欽墓誌

北魏 元彝墓誌

隋 陳常墓誌

隋 何氏墓誌

隋 李氏墓誌

隋 寧贙墓碑

隋 楊通墓誌

唐 來僧墓誌

唐 裴撝墓誌

唐 沙陁公妻墓誌

唐 石經尚書

唐 石經五經

唐 石經周易

唐 唐嘉會墓誌

唐 鄭紀墓誌

之

【隸書】

西漢 馬•老乙前

西漢 張•290

西漢 張•426

西漢 張•705

西漢 張•705

西漢 居新•1032

西漢 居新•8143

唐 八都壇碑

【楷書】

魏晉 樓•紙

東魏 義橋石像碑

隋 李元墓誌

唐 丁佑及妻合祔誌

唐 石經九經

唐 石經九經

唐 石經五經

[illegible]

【楷書】

唐 蓋暢墓誌

唐 石經周易

唐 王晛墓誌

乍

【隸書】

隋 郭休墓誌

唐 劉粲墓誌

【楷書】

晉 洛神十三行

北周 步孤須蜜多墓誌

隋 陶貴墓誌

唐 程知節墓誌

唐 石經九經

唐 石經九經

卮

【楷書】

唐 石經五經

乎

【篆書】

三國吳 天發神讖碑

唐 碧落碑

唐 碧落碑

【隸書】

西漢 馬•老甲

西漢 馬•老乙前

西漢 馬•老乙前

西漢 馬•事語

西漢 馬•縱橫

西漢 居新•2798

漢晉 流簡紙

東漢 孔宙碑陽

東漢 鮮于璜碑陽

晉 郭槐柩記

北齊 西門豹碑陽

隋 郭達墓誌

唐 告華嶽府君

唐 柳偘妻墓誌

唐 潘基墓誌

唐 石臺孝經

唐 石臺孝經

唐 楊孝恭碑

唐 楊孝恭碑

【楷書】

北魏 元繼墓誌

北魏 元融墓誌

北魏 鄭羲上碑

唐 宮官司設墓誌

唐 盧子鶱墓誌

唐 契苾夫人墓誌

唐 石經尚書

唐 石經周易

唐 石經周易

唐 張洛墓誌

後唐 康贊羗墓誌

丱

【隸書】

隋 叱李綱子墓誌

隋 侯肇墓誌

唐 常存法師墓誌

【楷書】

北魏 元純陁墓誌

北魏 元仙墓誌

東魏 元顯墓誌

隋 伍道進墓誌

唐 豆盧妻薛墓誌

唐 石經五經

唐 石經五經

唐 孫審象墓誌

唐 楊昇墓誌

唐 于尚範墓誌

年

【篆書】

東漢 馮孺人題記

東漢 群臣上醻碑

東漢 袁安碑

東漢 袁安碑

東漢 袁安碑

東漢 袁安碑

三國吳 天發神讖碑

三國魏 正始石經

三國魏 正始石經

唐 般若臺記

唐 城隍廟碑

唐 盧仝等題名

唐 三墳記陰

唐 三墳記陰

【隸書】

秦 睡106

秦 西·日書乙

西漢 馬·老乙前

西漢 馬·老乙前

西漢 馬·事語

西漢 張·555

西漢 居新·8422

西漢 西·候官

新莽 西·守御器

東漢 西·寇恩

東漢 西·遷補

漢晉 流簡紙

西漢 買山地記

西漢 買山地記

東漢 白石神君碑

東漢 白石神君碑

東漢 倉頡廟碑側

東漢 蒼山元嘉題記

東漢 曹全碑陽

東漢 曹全碑陽

東漢 曹全碑陽

東漢 曹全碑陽

東漢 大吉山刻石

東漢 肥致碑

東漢 公乘田魴記

東漢 公乘田魴記

東漢 韓仁銘

東漢 何君閣道銘

東漢 和平元年記

東漢 淮源廟碑

東漢 淮源廟碑

東漢 皇女殘碑

東漢 建初四年記

東漢 建寧殘碑

東漢 景君碑陽

東漢 孔德讓碑

東漢 孔宙碑陽
新莽 萊子侯刻石
東漢 李冰石像銘
東漢 李孟初神祠碑
東漢 路公食堂記
東漢 買田約束石
東漢 岐子根記
東漢 朐忍令碑
東漢 三老刻石
東漢 三老石堂記

東漢 石門闕銘
東漢 石門頌
東漢 石門頌
東漢 史晨後碑
東漢 孫仲陽題記
東漢 孫仲隱墓刻
東漢 田文成題記
東漢 王得元題記
東漢 王暉石棺銘
東漢 西狹頌

東漢 熹平殘石
東漢 夏承碑
東漢 鮮于璜碑陽
東漢 鮮于璜碑陽
東漢 鮮于璜碑陽
東漢 薌他君題記
東漢 薌他君題記
東漢 薌他君題記
東漢 許安國題記
東漢 延平元年記

東漢 陽嘉二年記
東漢 楊著碑陽
東漢 乙瑛碑
東漢 乙瑛碑
東漢 尹宙碑
東漢 永和一年記
東漢 永平四年記
東漢 永平四年記
東漢 永壽元年墓記
東漢 造土牛碑

東漢 趙寬碑
東漢 趙寬碑
東漢 正直殘碑
東漢 子游殘碑
東漢 佐孟機題記
三國魏 何晏墓誌
晉 郭槐柩記
晉 和國仁墓碑
晉 欒生柩記后
晉 魯詮墓表

晉 魯詮墓表
晉 王君殘墓誌
晉 王君殘墓誌
晉 楊陽墓闕
北魏 涿縣磚刻
北齊 感孝頌
北周 華嶽頌
北齊 馬天祥造像
北齊 王福芝造像
東魏 元悰墓誌

隋 叱李綱子墓誌
隋 爾朱敞墓誌
隋 關明墓誌
隋 郭休墓誌
隋 郭休墓誌
隋 劉珍墓誌
隋 馬長和造像
隋 橋紹墓誌
隋 橋紹墓誌
隋 任顯及妻誌

隋 申穆及妻墓誌
隋 申穆及妻墓誌
隋 申穆及妻墓誌
隋 申穆及妻墓誌
隋 蘇恒墓誌
隋 蘇恒墓誌
隋 蘇恒墓誌
隋 蘇恒墓誌
隋 王楚英墓誌
隋 □靜墓誌

隋 元鐘墓誌
隋 張儉及妻墓誌
隋 張儉及妻墓誌
隋 張姜墓誌
隋 張姜墓誌
隋 張姜墓誌
隋 張盛墓誌
隋 張盛墓誌
唐 李神符碑
唐 柳偘妻墓誌

唐 盧君妻墓誌
唐 石臺孝經
唐 史思禮墓誌
唐 唐世榮墓誌
唐 韋士逸墓誌
唐 行儼碑
唐 楊孝恭碑
唐 楊孝恭碑
唐 張頎墓誌

【楷書】

三國吳 走•四年

三國吳 走•五年
三國吳 走•五年
三國吳 走•五年
東漢 司馬長元記
晉 黃庭經
南朝梁 陳寶齊造像
南朝梁 羅浮山銘
北魏 賈景造像記
北魏 寇臻墓誌
北魏 李頣墓誌

北魏 劉江女磚誌
北魏 孟元華墓誌
北魏 萬福榮造像
北魏 楊範墓誌
北魏 元斆墓誌
北魏 元簡殘石
北魏 元尴墓誌
北魏 元子永墓誌
北魏 張整墓誌
北魏 鄭黑墓誌

東魏 呂覎墓誌
東魏 元均及妻墓誌
隋 囗徹墓誌
隋 成公氏墓誌
隋 獨孤羅墓誌
隋 段模墓誌
隋 段模墓誌
隋 盧文機墓誌
隋 羅寶奴造像
隋 潘善利墓誌

隋 勝福寺塔銘
隋 張伏敬墓誌
唐 崔湛墓誌
唐 李琮墓誌
唐 李瓘墓誌
唐 李壽墓誌
唐 李修已墓誌
唐 李楨題名
唐 劉娘子墓誌
唐 劉世通夫人誌

唐 尼金氏柩銘
唐 石經九經
唐 石經九經
唐 石經周易
唐 萬壽寺記
唐 王協墓誌
唐 王訓墓誌
唐 鄭準墓誌
唐 朱清墓誌

乖

【楷書】

南朝陳 巡狩碑
北魏 劉阿素墓誌
北魏 元詳墓誌
隋 潘善利墓誌
唐 公孫達墓誌
唐 郭傳則墓誌
唐 石經九經
唐 石經九經
唐 陽氏合祔誌
唐 鄭儉墓誌

唐 俎威墓誌

禹

【隸書】

秦 睡228

秦 關周•病方

秦 關周•病方

西漢 馬•天下

西漢 張•1191

西漢 居新•1905

兩漢 西•醫藥

漢晉 流簡紙

西漢 麃孝禹碑

東漢 樊敏碑

東漢 淮源廟碑

東漢 景君碑陰

東漢 孔宙碑陰

東漢 門生字殘碑

東漢 朐忍令碑

東漢 尚博殘碑

東漢 石門頌

東漢 四神刻石

東漢 西狹頌

三國魏 孔羨碑

隋 關明墓誌

唐 戴令言墓誌

唐 夫子廟堂碑

唐 關道愛墓誌

唐 牛氏像龕碑

【楷書】

北魏 元引墓誌

隋 盧文構墓誌

唐 盧嶠墓誌

唐 石經尚書

亂

【隸書】

西漢 武•有司甲

東漢 趙菿殘碑

三國魏 孔羨碑

晉 郭槐柩記

隋 段濟墓誌

隋 關明墓誌

隋 郭休墓誌

隋 侯肇墓誌

隋 張姜墓誌

唐 張休光墓誌

【楷書】

北魏 馮會萇墓誌

北魏 高珪墓誌

北魏 寇憑墓誌

北魏 寇臻墓誌

北魏 蘭將墓誌

北魏 吐谷渾氏墓誌

北魏 于纂墓誌

北魏 元瞻墓誌

隋 段威墓誌

隋 陶貴墓誌

隋 王楚英墓誌

隋 吳嚴墓誌

隋 元鐘墓誌

隋 張虔墓誌

唐 景公直墓誌

唐 李潘墓誌

唐 裴婉墓誌

唐 石經尚書

唐 石經五經

唐 張澤墓誌

丶部

之 㞢

【篆書】

東漢 孔宙碑額

東漢 趙菿殘碑額

三國魏 范式碑額

三國魏 霍君神道

三國魏 謝君神道

三國魏 正始石經

晉 成晃碑額

北魏 東巡碑額

北齊 夫子廟碑額

晉 郛休碑陰

北周 華嶽頌額

北齊 劉雙仁誌蓋

北魏 穆彥誌蓋

東魏 凝禪寺碑

北魏 溫泉頌額

東魏 元湛誌蓋

隋 賀若誼碑額

隋 李氏像碑額

隋 孟顯達碑額

唐 碧落碑

唐 碧落碑

唐 碧落碑

唐 碧落碑

唐 碧落碑

唐 碧落碑

唐 碧落碑

唐 碧落碑

唐 碧落碑

唐 長明燈樓頌

唐 等慈寺碑額

唐 段志玄碑額

唐 多寶佛塔銘

唐 法果寺碑額

唐 慧炬寺碑額

唐 紀德碑額

唐 紀慎妃碑額

唐 李夫人誌蓋

唐 李滔墓誌

唐 劉士準誌蓋

唐 馬周碑額

唐 契苾明碑額

唐 謙卦碑

唐 三墳記陽

唐 三墳記陰

唐 孫壬林碑額

唐 太上老君像

唐 陶大舉碑額

唐 王慶墓碣

唐 文宣王廟碑額

唐 新三門記額

唐 姚仲文經幢

唐 峿臺銘

唐 張胤墓碑額

【隸書】

秦 睡 40

秦 睡 45

秦 睡 88

秦 關周•病方

秦 關周•日書

秦 關周•日書

西漢 馬•老子甲後

西漢 馬•天下

西漢 馬•縱橫

西漢 張•128

西漢 張•128

西漢 張•822

西漢 張•828

西漢 張•828

西漢 西•候官

西漢 西•候官

東漢 西•病書

東漢 西•寇恩

東漢 西•死駒

東漢 西文書

漢晉 流簡紙

漢晉 流簡紙

漢晉 流簡紙

西漢 楚王墓塞石

東漢 池陽令殘碑

東漢 公乘田鲂記

東漢 馬姜墓記

東漢 秦君神道刻字

新莽 褱盜刻石

東漢 石門頌

東漢 石人胸前字

東漢 侍御史李公闕

東漢 王舍人碑

東漢 夏承碑

東漢 鮮于璜碑陽

東漢 楊震碑

東漢 楊震碑

東漢 楊著碑陽

東漢 乙瑛碑

東漢 張遷碑陽

東漢 鄭固碑

三國吴 谷朗碑

三國吴 谷朗碑

三國魏 何晏墓誌

三國魏 張君殘碑

北魏 于景誌蓋

北齊 房周陁墓誌

隋 郭休墓誌

隋 郭休墓誌

隋 口靜墓誌

唐 李神符碑

唐 李神符碑

唐 李神符碑

唐 李神符碑

唐 石臺孝經

唐 史思禮墓誌

唐 行儼碑

唐 行儼碑

唐 楊孝恭碑

唐 尹尊師碑

唐 尹尊師碑

唐 尹尊師碑

【楷書】

魏晉 樓•紙

北魏 常季繁墓誌

北魏 赫連悅墓誌

北魏 王翊墓誌

北魏 元斆墓誌

北魏 元誨墓誌

北魏 元乂墓誌

北魏 元誘墓誌

北齊 宇文誠墓誌

隋 暴永墓誌

隋 范安貴墓誌

隋 郭休墓誌

隋 默曹殘碑

隋 默曹殘碑

隋 勝福寺塔銘

隋 張禮墓誌

唐 竇真墓誌

唐 雷大岑造像

唐 石經尚書

唐 石經周易

唐 史興墓詠

唐 元瑛墓誌

後晉 王君妻闞墓誌

丹

【篆書】

三國吴 天發神讖碑

【隸書】

秦 睡23

西漢 馬•老子甲後

西漢 居新•7245

西漢 居新•8214

東漢 禮器碑陰

晉 郭休碑陰

北齊 司馬遵業墓誌

北齊 司馬遵業墓誌

隋 爾朱敞墓誌

隋 爾朱端墓誌
隋 申穆及妻墓誌
隋 宋景造像碑
隋 口和墓誌
隋 蕭瑾墓誌
唐 史思禮墓誌
唐 楊孝恭碑
唐 楊孝恭碑
唐 尹尊師碑

【楷書】

北魏 元欽墓誌

北齊 牛景悅記
隋 鄧昞墓誌
隋 王楚英墓誌
隋 楊通墓誌
唐 阿史那貞忠墓誌
唐 六品亡宮墓誌
唐 石經尚書

卞

【隸書】

東漢 禮器碑側
東漢 禮器碑陰
東漢 楊淮表記
東漢 乙瑛碑
唐 張休光墓誌

【楷書】

晉 華芳墓誌陽
唐 田在卞墓誌

主

【篆書】

北齊 畢文造像
隋 馬長和造像
隋 宋仲墓誌
唐 李敬碑額
唐 清源縣主誌蓋
唐 三墳記陰

【隸書】

秦 睡45
秦 睡71
秦 關周•日書
西漢 馬•老乙前
西漢 馬•老乙前
西漢 馬•老子甲後
西漢 馬•老子甲後
西漢 張•822
西漢 張•825
西漢 居新•962
漢晉 流簡紙
東漢 倉頡廟碑側
東漢 蒼山元嘉題記
東漢 曹全碑陽
東漢 池陽令殘碑
東漢 何君閣道銘
東漢 華山廟碑陽
東漢 淮源廟碑
東漢 景君碑陽
東漢 禮器碑陰
東漢 買田約束石
東漢 石門頌
東漢 楊著碑陽
東漢 乙瑛碑
三國魏 張君殘碑
晉 石尠墓誌
北齊 馬天祥造像
隋 苻盛及妻墓誌
隋 劉珍墓誌
隋 申穆及妻墓誌
唐 告華嶽府君
唐 石臺孝經
唐 鄎國長公主碑
唐 尹文操碑

【楷書】

三國吳 走•四年
北魏 韓顯祖造像
北魏 胡屯進墓誌
北魏 介休等造像
北魏 寇霄墓誌
北魏 穆纂墓誌
東魏 呂覎墓誌
北齊 姚景等造像
東魏 造須弥塔記
唐 佛頂經幢

唐 石經尚書

唐 石經周易

唐 孔望回墓誌

唐 王鍊墓誌

唐 崔柔儀墓誌

半 𠁱

【篆書】

唐 三墳記陽

唐 峿臺銘

【隸書】

秦 睡 36

秦 關周•日書

西漢 馬•老乙前

西漢 馬•老子甲後

西漢 馬•養生

西漢 馬•養生

西漢 張•173

西漢 張•254

西漢 張•860

西漢 居新•7483

西漢 居新•7533

兩漢 西•醫藥

漢晉 流簡紙

隋 李使君墓碑

隋 任軌墓誌

唐 白鹿泉碑陽

唐 崔祐甫墓誌

唐 史思禮墓誌

唐 尹尊師碑

【楷書】

北魏 楊乾墓誌

北齊 婁黑女墓誌

唐 李敬墓誌

唐 盧緘妻墓誌

唐 石經九經

唐 石經九經

州 𠱁

【篆書】

東漢 景君碑額

東漢 魏元丕碑額

北魏 公孫猗誌蓋

北魏 寇治墓誌

北魏 李遵誌蓋

北魏 温泉頌額

北魏 温泉頌額

北魏 元煥誌蓋

東魏 宗欣誌蓋

隋 陳茂墓碑額

隋 澧水石橋碑額

隋 郭達墓誌

隋 賀若誼碑額

隋 劉寶及妻墓誌

隋 馬長和造像

隋 孟顯達碑額

隋 宋仲墓誌

唐 長明燈樓頌

唐 陳君殘碑額

唐 狄知愻碑額

唐 竇叔向墓誌額

唐 段志玄碑額

唐 法果寺碑額

唐 陶大舉碑額

唐 王震墓誌

唐 文宣王廟碑額

【隸書】

秦 睡 61

西漢 馬•老乙前

西漢 張•470

西漢 居新•6105

西漢 居新•7540

漢晉 流簡紙

西漢 買山地記

東漢 從事馮君碑

東漢 郙閣頌

東漢 華山廟碑陽

東漢 禮器碑陰

東漢 秦君神道刻字

東漢 朐忍令碑

東漢 夏承碑

東漢 鮮于璜碑陰

東漢 陽嘉殘碑陽

東漢 楊震碑

北魏 涿縣磚刻

北齊 感孝頌

隋 關明墓誌

隋 郭王墓誌

隋 郭休墓誌

隋 默曹殘碑

唐 李神符碑

唐 史思禮墓誌

唐 行儼碑

唐 行儼碑

唐 行儼碑

唐 尹尊師碑

【楷書】

魏晉 樓•紙

北魏 高珪墓誌

北魏 寇臻墓誌

北魏 穆亮墓誌

北魏 元彬墓誌

北魏 元鸞墓誌

北魏 張整墓誌

北周 獨孤信墓誌

北周 賀屯植墓誌

隋 程諧墓誌

隋 賈玄贊墓誌

隋 勝福寺塔銘

唐 石經尚書

唐 石經尚書

唐 石經五經

乙部

乙

【篆書】

東漢 袁安碑

三國魏 正始石經

【隸書】

秦 睡113

秦 睡53

西漢 居新•3544

西漢 居新•3586

西漢 居新•3678

西漢 居新•7460

西漢 西•馬牘

東漢 淮源廟碑

東漢 熹平殘石

東漢 乙瑛碑

東漢 乙瑛碑

唐 高元珪墓誌

晉 王君殘墓誌

後秦 呂憲墓表陽

【楷書】

北魏 鄭月光磚誌

東魏 宗欣墓誌

隋 勝福寺塔銘

隋 宋睦墓誌

隋 元智墓誌

隋 張盛墓誌

唐 崔纁墓誌

唐 石經周易

唐 張餘墓誌

九

【篆書】

三國吳 天發神讖碑

唐 多寶佛塔銘

唐 謙卦碑

【隸書】

秦 睡108

秦 關周•日書

西漢 馬•十問

西漢 馬•縱橫

西漢 張•15

西漢 居新•9080

西漢 居新•9087

兩漢 武•王杖

東漢 禮器碑

東漢 三老刻石

東漢 鮮于璜碑陽

東漢 乙瑛碑

北齊 感孝頌

隋 劉珍墓誌

隋 謝岳墓誌

隋 謝岳墓誌

唐 褚亮碑

唐 李彥墓誌

唐 石臺孝經

唐 史思禮墓誌

唐 楊孝恭碑

唐 楊孝恭碑

唐 楊孝恭碑

唐 楊孝恭碑

【楷書】

三國吳 走•四年

三國吳 走•五年

北魏 李頤墓誌

北魏 王翊墓誌

隋 張怦墓誌

唐 石經尚書

唐 石經尚書

唐 石經尚書

唐 石經周易

唐 楊逸墓誌

了

【隸書】

隋 元鐘墓誌

隋 鄭令妃墓誌

【楷書】

晉 黃庭内景經

隋 宋景造像碑

隋 鄭善妃墓誌

唐 多寶塔碑

乞

【隸書】

兩漢 西•馬簡

東漢 樊敏碑

東漢 造土牛碑

東漢 造土牛碑

【楷書】

北魏 乞伏保達誌蓋

北魏 元茂墓誌

唐 馮安墓誌

唐 苗弘本墓誌

唐 張漪墓誌

唐 趙珪墓誌

也

【篆書】

北魏 寇治墓誌

唐 碧落碑

唐 謙卦碑

唐 謙卦碑

唐 謙卦碑

唐 謙卦碑

唐 謙卦碑

唐 謙卦碑

唐 謙卦碑

唐 謙卦碑

唐 三墳記陽

唐 峿臺銘

【隸書】

秦 睡 102

秦 睡 228

秦 睡 23

西漢 馬•老子甲後

西漢 張•665

西漢 張•846

西漢 張•852

西漢 居新•1424

西漢 居新•1873

西漢 居新•7487

西漢 居新•7847

西漢 楚王墓塞石

東漢 池陽令殘碑

東漢 皇女殘碑

東漢 買田約束石

東漢 三老刻石

東漢 尚博殘碑

東漢 王舍人碑

東漢 鮮于璜碑陽

東漢 行事渡君碑

東漢 楊著碑陽

三國魏 王基斷碑

三國魏 張君殘碑

晉 劉韜墓志

北魏 元文墓誌

隋 爾朱端墓誌

隋 蘇恒墓誌

隋 趙朗墓誌

唐 黃石公祠記

唐 李神符碑

唐 李貞墓誌

唐 龐履温碑

唐 石臺孝經

唐 王子麟墓誌

唐 行儼碑

唐 修定寺記碑

唐 楊孝恭碑

唐 楊孝恭碑

唐 尹尊師碑

【楷書】

魏晉 樓•紙

魏晉 樓•紙

北魏 元敷墓誌

北齊 高湝墓誌

隋 楊通墓誌

唐 禪師方墳記

唐 石經尚書

唐 石經周易

唐 于士恭墓誌

尤

【隸書】

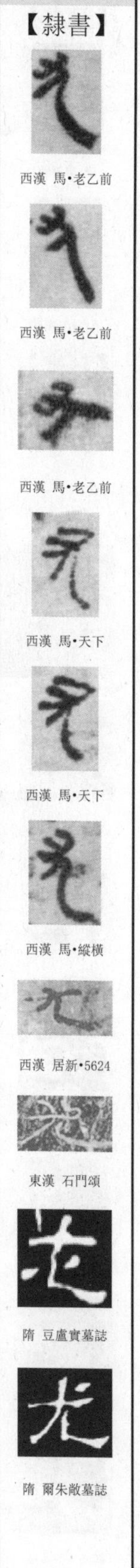

西漢 馬•老乙前
西漢 馬•老乙前
西漢 馬•老乙前
西漢 馬•天下
西漢 馬•天下
西漢 馬•縱橫
西漢 居新•5624
東漢 石門頌
隋 豆盧實墓誌
隋 爾朱敞墓誌

隋 苻盛及妻墓誌
隋 姬威墓誌
隋 王榮及妻墓誌
唐 豆盧建墓誌
唐 龐履温碑
唐 石臺孝經

【楷書】

北魏 元乂墓誌
唐 石經周易
唐 姚忠節墓誌
唐 張洛墓誌

予

【篆書】

三國吳 天發神讖碑

【隸書】

秦 關周•病方
西漢 馬•老子甲後
西漢 馬•老子甲後
西漢 張•1073
西漢 張•116
西漢 居新•3349
西漢 居新•7479
西漢 居新•7481
東漢 肥致碑

唐 崔祐甫墓誌
唐 告華嶽府君

【楷書】

北魏 元頊墓誌
唐 劉慎墓誌
唐 石經九經
唐 石經九經
唐 石經尚書
唐 石經尚書
唐 張洛墓誌

乩

【楷書】

唐 王及德墓誌

甬

【隸書】

秦 睡43
西漢 馬•天下
西漢 張•1116
西漢 張•1140
西漢 張•1141
西漢 居新•7770

【楷書】

後晉 袁從章墓誌

乳

【隸書】

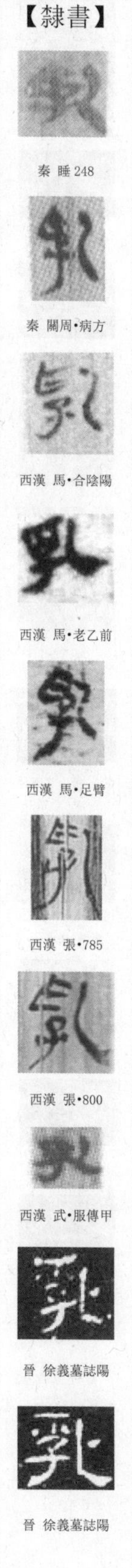

秦 睡248
秦 關周•病方
西漢 馬•合陰陽
西漢 馬•老乙前
西漢 馬•足臂
西漢 張•785
西漢 張•800
西漢 武•服傳甲
晉 徐義墓誌陽
晉 徐義墓誌陽

隋 蕭瑾墓誌
隋 修孔子廟碑
唐 崔祐甫墓誌

【楷書】

北魏 元延明墓誌
唐 程君妻墓誌
唐 王庭芝墓誌
唐 陳崇本墓誌

承

【篆書】

東漢 祀三公山碑

【隸書】

西漢 馬•病方

西漢 馬•老乙前

西漢 居新•3108

西漢 居新•5282

西漢 居新•5393

西漢 居新•7537

西漢 居新•7787

西漢 居新•8425

漢晉 流簡紙

漢晉 流簡紙

東漢 曹全碑陽

東漢 曹全碑陽

東漢 從事馮君碑

東漢 華山廟碑陽

東漢 華山廟碑陽

東漢 禮器碑

東漢 禮器碑

東漢 石門頌

東漢 史晨後碑

東漢 史晨前碑

新莽 蘇馬灣刻石

東漢 乙瑛碑

晉 辟雍頌陽

晉 郛休碑陰

隋 爾朱端墓誌

隋 爾朱端墓誌

隋 關明墓誌

隋 任軌墓誌

隋 蘇恒墓誌

隋 蘇恒墓誌

隋 趙朗墓誌

唐 褚亮碑

唐 崔泰之墓誌

唐 高元珪墓誌

唐 京兆金氏墓誌

唐 盧宏及妻墓誌

唐 潘基墓誌

唐 鄎國長公主碑

【楷書】

魏晉 樓•紙

北魏 馮會萇墓誌

北魏 秦洪墓誌

北魏 鄯乾墓誌

北魏 唐雲墓誌

北魏 元弼墓誌

北魏 元彬墓誌

北魏 元誨墓誌

北齊 婁黑女墓誌

北齊 石龕門銘

隋 口曈及妻墓誌

隋 劉珍墓誌

隋 王光墓誌

隋 楊通墓誌

隋 楊真墓誌

隋 張景略墓誌

唐 霍行戚墓誌

唐 盧全操墓誌

唐 麻姑仙壇記

唐 權開善墓誌

唐 石經九經

唐 石經九經

唐 石經尚書

唐 石經五經

唐 石經周易

唐 辛庭墓誌

唐 燕君妻姜墓誌

後唐 毛璋墓誌

乾

【篆書】

唐 碧落碑

唐 城隍廟碑

【隸書】

秦 睡135

西漢 馬•合陰陽

西漢 馬•天下

西漢 馬•養生

西漢 馬•縱橫

西漢 馬•縱橫

西漢 馬•縱橫

西漢 馬•縱橫

西漢 馬•縱橫
西漢 張•924
西漢 張•927
西漢 居新•3858
東漢 曹全碑陽
東漢 石門頌
東漢 熹平石經易
東漢 鮮于璜碑陰
東漢 楊震碑
東漢 楊著碑陽

東漢 乙瑛碑
三國魏 孔羨碑
晉 郛休碑陽
晉 石尠墓誌
北齊 夫子廟碑
北齊 司馬遵業墓誌
隋 爾朱敞墓誌
隋 趙朗墓誌
唐 蔡君妻墓誌
唐 李貞墓誌

唐 史思禮墓誌
唐 楊孝恭碑

【楷書】

北魏 丘哲墓誌
北魏 吳光墓誌
北魏 楊乾墓誌
北魏 元昉墓誌
北魏 元文墓誌
北魏 元緦墓誌
北魏 元周安墓誌
隋 橋紹墓誌

隋 元氏墓誌
隋 元鐘墓誌
唐 李承乾墓誌
唐 羅沖廟碑
唐 石經穀梁傳
唐 石經九經
唐 石經周易
唐 雁塔聖教序
唐 張玄封墓誌

亂

【篆書】

秦 關周•日書
三國魏 正始石經

【隸書】

秦 睡255
秦 睡97
西漢 馬•老子甲後
西漢 馬•事語
西漢 張•1063
西漢 張•1087
西漢 張•1194
西漢 張•814

漢晉 流簡紙
東漢 曹全碑陽
三國魏 孔羨碑
三國魏 孔羨碑
晉 魯詮墓表
晉 徐義墓誌陽
北魏 上尊號碑
隋 豆盧實墓誌
隋 豆盧實墓誌
隋 劉珍墓誌

隋 馬長和造像
隋 王榮及妻墓誌
唐 石臺孝經
唐 石臺孝經
唐 石臺孝經
唐 史思禮墓誌
唐 張顏墓誌

【楷書】

晉 華芳墓誌陰
北魏 爾朱紹墓誌
北魏 赫連悅墓誌

北魏 嵩高靈廟碑陽
北魏 元壽安墓誌
北魏 元演墓誌
北齊 竇泰墓誌
隋 宋玉艷墓誌
唐 崔紹墓誌
唐 李壽墓誌
唐 李玄福墓誌
唐 石經尚書
唐 石經周易

十部

十 十

【篆書】

三國吳 天發神讖碑

唐 三墳記陽

唐 峿臺銘

【隸書】

秦 睡 43

秦 關周•病方

西漢 居新•4932

西漢 居新•5565

兩漢 西•馬簡

三國吳 走•五年

西漢 李后墓塞石

東漢 乙瑛碑

唐 石臺孝經

唐 楊孝恭碑

唐 楊孝恭碑

唐 楊孝恭碑

唐 楊孝恭碑

【楷書】

晉 黃庭內景經

北魏 元敷墓誌

北魏 元敷墓誌

唐 申好墓誌

千 𠦃

【篆書】

東漢 馮孺人題記

唐 多寶佛塔銘

【隸書】

秦 睡 44

秦 睡 72

西漢 馬•老乙前

西漢 張•1135

西漢 居新•1113

西漢 西•馬牘

東漢 西•寇恩

三國吳 走•四年

東漢 簿書殘碑

東漢 何君閣道銘

東漢 禮器碑陰

東漢 禮器碑陰

東漢 禮器碑陰

三國魏 王基斷碑

晉 徐義墓誌陽

北齊 司馬遵業墓誌

隋 爾朱敞墓誌

隋 任軌墓誌

隋 張景略墓誌

唐 李神符碑

唐 石臺孝經

唐 石臺孝經

唐 楊孝恭碑

唐 楊孝恭碑

唐 尹尊師碑

【楷書】

三國吳 走•五年

東漢 永平四年記

北魏 荀景墓誌

北魏 元均之墓誌

唐 崔素墓誌

唐 羅池廟碑

唐 馬進朝墓誌

唐 石經尚書

唐 唐思禮妻墓誌

廿 𠦃

【篆書】

三國吳 天發神讖碑

唐 三墳記陽

唐 峿臺銘

【隸書】

秦 睡 44

秦 關周•日書

西漢 馬•合陰陽

西漢 張•902

西漢 居新•756

西漢 居新•7618

西漢 居新•7790

卌

【隸書】

秦 睡21

西漢 張•238

西漢 居新•2678

西漢 居新•2805

西漢 居新•7466

西漢 西•候官

西漢 西•候官

東漢 西•寇恩

漢晉 流簡紙

漢晉 流簡紙

卉

【楷書】

北魏 元斌墓誌

北魏 元瞻墓誌

北周 華嶽頌

唐 石經尚書

唐 浯溪記

唐 顏仁楚墓誌

隋 蕭瑒墓誌

唐 李敬墓誌

唐 盧瞻妻墓誌

唐 裴沙墓誌

唐 屈突通墓誌

唐 石經五經

東漢 溥書殘碑

東漢 韓仁銘

東漢 許安國題記

晉 華芳墓誌陽

晉 徐文墓碣

唐 張翼墓誌

【楷書】

南朝梁 舊館壇碑

北魏 吐谷渾璣墓誌

北魏 薛伯徽墓誌

北周 盧蘭墓誌

卅

【隸書】

秦 睡30

西漢 馬•縱橫

西漢 馬•縱橫

西漢 居新•7483

西漢 居新•7591

西漢 居新•7593

西漢 居新•7614

東漢 西•推辟

東漢 西•推辟

三國吳 走•五年

北魏 于纂墓誌

北魏 元敷墓誌

北魏 元煥墓誌

隋 橋紹墓誌

唐 包筠墓誌

唐 馮明墓誌

唐 李芳墓誌

唐 劉胡墓誌

唐 尼金氏柩銘

唐 石經尚書

北齊 感孝頌

隋 爾朱端墓誌

隋 郭休墓誌

隋 蘇恒墓誌

隋 王楚英墓誌

唐 崔志墓誌

唐 告華嶽府君

【楷書】

三國吳 走•五年

北魏 吐谷渾璣墓誌

北魏 鮮于仲兒墓誌

西漢 西•醫藥

漢晉 流簡紙

漢晉 流簡紙

東漢 淮源廟碑

東漢 三老刻石

東漢 鮮于璜碑陰

東漢 楊著碑陽

東漢 乙瑛碑

東漢 造土牛碑

晉 郭槐柩記

西漢 買山地記
東漢 簿書殘碑
東漢 王舍人碑
東漢 乙瑛碑
晉 管洛墓誌陽
隋 段濟墓誌
隋 爾朱端墓誌
唐 沈知敏墓誌

【楷書】

三國吳 走•五年
北魏 王翊墓誌

北魏 元簡殘石
北魏 元譚墓誌
北魏 元乂墓誌
隋 李肅墓誌
隋 牛方大墓誌
唐 王君及妻墓誌
唐 楊承福墓誌
唐 楊清墓誌
唐 張時譽墓誌
唐 朱仁表墓誌

直

【篆書】

唐 碧落碑
唐 三墳記陽

【隸書】

秦 睡 229
秦 睡 229
秦 睡 70
秦 關周•日書
秦 關周•日書
西漢 馬•合陰陽
西漢 馬•合陰陽
西漢 馬•老乙

西漢 馬•老乙前
西漢 馬•老子甲後
西漢 馬•天下
西漢 張•1029
西漢 張•139
西漢 張•882
西漢 張•989
西漢 居新•2686
西漢 居新•7470
西漢 居新•7470

西漢 居新•8836
西漢 西•過界
西漢 西•馬簡牘
兩漢 西•醫藥
兩漢 西•醫藥
漢晉 流簡紙
漢晉 流簡紙
東漢 簿書殘碑
東漢 蒼山元嘉題記
東漢 曹全碑陽

東漢 肥致碑
東漢 禮器碑側
東漢 孫仲陽題記
東漢 銅山大廟記
東漢 文叔陽題記
東漢 西狹頌
東漢 熹平石經易
新莽 羊竇頭刻石
東漢 陽嘉二年記
東漢 楊統碑陽

東漢 楊震碑
東漢 楊震碑
東漢 乙瑛碑
東漢 永和元年記
東漢 永平四年記
東漢 張文思題記
東漢 鄭固碑
晉 石尠墓誌
北齊 竇泰墓誌
東魏 元悰墓誌

隋 爾朱敞墓誌
隋 高虬墓誌
隋 姬威墓誌
隋 劉多墓誌
隋 蘇恒墓誌
隋 蘇恒墓誌
隋 王榮及妻墓誌
隋 謝岳墓誌
唐 豆盧建墓誌
唐 告華嶽府君

唐 告華嶽府君

唐 盧行毅墓誌

唐 史思禮墓誌

唐 唐直墓誌

唐 楊孝恭碑

唐 尹尊師碑

唐 貞一廟碑

【楷書】

三國吴 走·四年

北魏 慈慶墓誌

北魏 馮邕妻墓誌

北魏 薛慧命墓誌

北魏 楊大眼造像

北魏 元貴妃墓誌

北魏 元茂墓誌

東魏 法香建塔記

東魏 龍華浮圖銘

隋 張貴男墓誌

唐 裴涓墓誌

唐 石經九經

唐 石經九經

唐 石經尚書

唐 石經周易

唐 石經周易

唐 索崇墓誌

唐 楊佰隴墓誌

唐 周藻墓誌

協 𢣀

【隸書】

東漢 封龍山頌

東漢 趙寬碑

晉 辟雍頌陽

隋 宋景造像碑

唐 崔暟墓誌陽

唐 屈突通墓誌

唐 楊孝恭碑

【楷書】

北魏 穆亮墓誌

北魏 姚伯多供養碑

北魏 元洛神墓誌

北魏 元乂墓誌

北齊 竇泰墓誌

北齊 高淯墓誌

北齊 司馬遵業墓誌

隋 李氏墓誌

唐 石經九經

唐 石經尚書

唐 石經尚書

唐 石經五經

唐 王協墓誌

唐 楊昊生墓誌

唐 趙叡沖碑

卓 𣅀

【隸書】

西漢 馬·老子甲後

東漢 景君碑陰

東漢 朐忍令碑

東漢 石門頌

東漢 武榮碑

東漢 卓異殘碑

隋 馬穉墓誌

隋 牛諒墓誌

隋 蕭瑾墓誌

唐 崔祐甫墓誌

唐 玄元靈應頌

唐 楊孝恭碑

唐 鄭忠墓碑

【楷書】

北魏 封昕墓誌

北魏 寇慰墓誌

北魏 王瑍墓誌

北魏 吴光墓誌

北魏 元昉墓誌

北魏 元顯儁墓誌

北魏 元信墓誌

北魏 元誘墓誌

北周 時珍墓誌

東魏 司馬昇墓誌

隋 蕭瑒墓誌

唐 石經五經

唐 石經五經

卑

【篆書】

唐 法果寺碑額

唐 謙卦碑

唐 謙卦碑

唐 謙卦碑

【隸書】

西漢 馬•老乙前

西漢 馬•縱橫

西漢 張•1048

西漢 張•1104

兩漢 西•懸簡

漢晉 流簡紙

東漢 石門頌

東漢 王舍人碑

東漢 尹宙碑

唐 劉慎墓誌

唐 柳偘妻墓誌

唐 盧宏及妻墓誌

唐 盧宏及妻墓誌

唐 史思禮墓誌

唐 郎國長公主碑

【楷書】

魏晉 樓•紙

北魏 元彥墓誌

北齊 梁子彥墓誌

隋 張貴男墓誌

唐 李壽墓誌

唐 石經九經

唐 石經周易

卒

【篆書】

三國魏 正始石經

三國魏 正始石經

【隸書】

秦 睡63

西漢 馬•合陰陽

西漢 馬•老乙前

西漢 馬•老乙前

西漢 馬•事語

西漢 馬•縱橫

西漢 張•1064

西漢 張•165

西漢 居新•1968

西漢 居新•2116

西漢 居新•8227

漢晉 流簡紙

東漢 公乘田魴記

東漢 公乘田魴記

東漢 景君碑陽

東漢 李孟初神祠碑

東漢 馬姜墓記

東漢 朐忍令碑

東漢 孫仲隱墓刻

東漢 王晖石棺銘

東漢 夏承碑

東漢 鮮于璜碑陽

東漢 薌他君題記

東漢 許安國題記

東漢 楊著碑陽

東漢 乙瑛碑

東漢 乙瑛碑

東漢 尹宙碑

東漢 永壽元年墓記

東漢 圉令趙君碑

三國魏 何晏墓誌

北齊 乞伏保達墓誌

北齊 邢夫人墓誌

隋 叱李綱子墓誌

隋 關明墓誌

隋 劉珍墓誌

隋 任軌墓誌

隋 申穆及妻墓誌

隋 蘇恒墓誌

隋 趙朗墓誌

唐 崔沔墓誌陰

【楷書】

三國吳 走•四年

北魏 董偉墓誌

北魏 封昕墓誌

北魏 郭顯墓誌

北魏 康健墓誌

北魏 李謀墓誌

北魏 劉阿素墓誌

北魏 劉玉墓誌

北魏 盧令媛墓誌

北魏 王禎墓誌

北魏 吳高黎墓誌

北魏 奚真墓誌

北魏 楊範墓誌

北魏 于纂墓誌

北魏 元斌墓誌

北魏 元崇業墓誌

北魏 元鸞墓誌

北魏 元悛墓誌

北魏 元誘妻墓誌

北魏 鄭道忠墓誌

西魏 鄧君墓誌

北齊 法懃塔銘

北齊 房周陁墓誌

東魏 侯海墓誌

東魏 李艷華墓誌

東魏 穆子巖墓誌

北周 普安壯公墓誌

北周 時珍墓誌

東魏 王僧墓誌

東魏 王偃墓誌

北周 文帝廟造像碑

東魏 張瓘墓誌

隋 陳氏墓誌

隋 范安貴墓誌

隋 郭寵墓誌

隋 橋紹墓誌

隋 蕭氏墓誌

唐 崔紹墓誌

唐 賈信墓誌

唐 劉通墓誌

唐 秦進儀墓誌

唐 僧突墓誌

唐 石經尚書

唐 石經五經

唐 鄭參墓誌

南

【篆書】

東漢 袁安碑

東漢 袁安碑

晉 郭休碑陰

北魏 濟南王誌蓋

隋 澧水石橋碑額

唐 三墳記陰

唐 峿臺銘

【隸書】

秦 睡 143

秦 睡 261

秦 睡 268

西漢 張•566

西漢 張•567

西漢 張•691

西漢 居新•1948

西漢 居新•7168

西漢 居新•767

西漢 居新•8419

東漢 西•寇恩

漢晉 流簡紙

漢晉 流簡紙

漢晉 流簡紙

東漢 曹全碑陽

東漢 封龍山頌

東漢 淮源廟碑

東漢 孔宙碑陽

東漢 孔宙碑陰

東漢 李孟初神祠碑

東漢 禮器碑側

東漢 禮器碑側

東漢 禮器碑陰

東漢 三老刻石

東漢 石門頌

東漢 石門頌

東漢 史晨後碑

東漢 史晨後碑

東漢 宋伯望買田券正

新莽 蘇馬灣刻石

東漢 薌他君題記

東漢 楊震碑

晉 郭槐柩記

北魏 元文墓誌

隋 符盛及妻墓誌

隋 郭王墓誌

隋 郭休墓誌

隋 劉寶及妻墓誌

唐 李神符碑

唐 柳偘妻墓誌

唐 盧宏及妻墓誌

唐 石臺孝經

唐 行儼碑

唐 楊孝恭碑

【楷書】

三國吳 走•五年

北魏 郭顯墓誌

北魏 寇慰墓誌

北魏 寇演墓誌

北魏 穆纂墓誌

北魏 鮮于仲兒墓誌

北魏 元保洛墓誌

北魏 元敷墓誌

北魏 元朗墓誌

北魏 元悛墓誌

隋 樊敬賢造像

隋 張怦墓誌

唐 觀音石像銘

唐 裴氏墓誌

唐 石經尚書

唐 石經周易

唐 王海朝墓誌

唐 脩多羅墓誌

唐 楊清墓誌

博 𢟍

【篆書】

唐 三墳記陽

【隸書】

西漢 馬•老乙前

西漢 馬•老子甲後

西漢 居新•2191

西漢 居新•5576

西漢 居新•7192

西漢 居新•7723

漢晉 流簡紙

東漢 曹全碑陰

東漢 曹全碑陰

東漢 池陽令殘碑

東漢 封龍山頌

東漢 孔宙碑陰

東漢 孔宙碑陰

東漢 劉君殘碑

東漢 魯峻碑陽

東漢 孟孝琚碑

東漢 尚博殘碑

東漢 西狹頌

東漢 楊震碑

東漢 圉令趙君碑

東漢 趙寬碑

三國魏 張君殘碑

晉 辟雍頌陽

晉 辟雍頌陽

北齊 司馬遵業墓誌

隋 段濟墓誌

隋 爾朱敞墓誌

隋 爾朱敞墓誌

隋 澧水石橋碑

隋 任軌墓誌

隋 宋景造像碑

唐 褚亮碑

唐 崔祐甫墓誌

唐 李神符碑

唐 李神符碑

唐 盧行毅墓誌

唐 屈突通墓誌

唐 石臺孝經

唐 楊孝恭碑

唐 張休光墓誌

【楷書】

北魏 郭顯墓誌

北魏 元寶月墓誌

北魏 元純陁墓誌

北魏 元秀墓誌

東魏 元睟墓誌

隋 賈玄贊墓誌

隋 姜敬親墓誌

隋 宋玉艷墓誌

隋 楊厲墓誌

唐 夫子殘碑

唐 李壽墓誌

唐 石經五經

唐 石經周易

唐 王訓妻墓誌

纛

【隸書】

唐 大忍寺碑

【楷書】

唐 崔鞏墓誌

厂部

厄

【隸書】

隋 段濟墓誌

隋 修孔子廟碑

【楷書】

北魏 劉璿造像記

唐 崔倚墓誌

唐 古弘節墓誌

唐 石經五經

厎

【楷書】

唐 石經尚書

唐 石經五經

唐 夏侯氏墓誌

厓

【隸書】

西漢 武•特牲甲

【楷書】

唐 關師墓誌

厔

【楷書】

唐 孟頊墓誌

厒

【楷書】

唐 石經五經

厖

【隸書】

東漢 衡方碑

【楷書】

唐 石經五經

唐 王齊丘墓誌

厚

【隸書】

西漢 馬•老甲

西漢 馬•老乙前

西漢 馬•老子甲後

西漢 張•984

西漢 居新•1020

西漢 居新•1118

西漢 居新•323

西漢 居新•5613

漢晉 流簡紙

三國吳 走•五年

三國吳 走•五年

西漢 李后墓塞石

東漢 禮器碑側

東漢 洛陽黃腸石二

東漢 史晨前碑

東漢 西狹頌

晉 辟雍頌陽

北齊 司馬遵業墓誌

北齊 司馬遵業墓誌

北齊 司馬遵業墓誌

隋 豆盧實墓誌

隋 賈通墓誌

隋 牛諒墓誌

隋 任顯及妻誌

隋 口和墓誌

隋 口靜墓誌

隋 張姜墓誌

唐 豆盧建墓誌

唐 潘基墓誌

唐 石臺孝經

唐 王晉俗墓誌

唐 尹尊師碑

【楷書】

北魏 常季繁墓誌

北魏 鮮于仲兒墓誌

北魏 鄭黑墓誌

北齊 高淯墓誌

隋 李則墓誌

唐 李盈墓誌

唐 石經尚書

唐 石經周易

唐 玄秘塔碑

唐 楊曜生墓誌

唐 朱簡墓誌

厝

【隸書】

北齊 竇泰墓誌

隋 任軌墓誌

隋 王榮及妻墓誌

唐 張顔墓誌

唐 趙冬曦壙誌

【楷書】

北魏 寇臻墓誌

北魏 元欽墓誌

隋 段威墓誌

隋 孔神通墓誌

隋 王楚英墓誌

唐 齊子墓誌

唐 石經五經

唐 孫文任墓誌

厞

【楷書】

唐 石經五經

厜

【楷書】

唐 石經五經

原

【篆書】

唐 故筓女誌蓋

【隸書】

秦 睡69

秦 西•日書乙

西漢 馬•老乙前

西漢 馬•老子甲後

西漢 張•468

西漢 居新•7161

兩漢 西•馬簡

兩漢 西•馬簡

西漢 霍去病墓字

東漢 華山廟碑陽

東漢 建寧三年殘碑

東漢 禮器碑陰

東漢 石門頌

東漢 鮮于璜碑陰

東漢 乙瑛碑

東漢 張遷碑陰

晉 辟雍頌陽

晉 辟雍頌陽

晉 辟雍頌陽

晉 郛休碑陰

晉 郭槐柩記

北齊 法懃塔銘

北齊 感孝頌

北齊 司馬遵業墓誌

隋 暴永墓誌

隋 澧水石橋碑

隋 郭達墓誌

隋 郭王墓誌

隋 郭休墓誌

隋 王楚英墓誌

隋 楊真墓誌

唐 戴令言墓誌

唐 高元珪墓誌

唐 李貞墓誌

唐 史思禮墓誌

唐 王子麟墓誌

唐 興寺碑

【楷書】

三國吳 走•四年

北魏 高廣墓誌

北魏 李蕤墓誌

北魏 于纂墓誌

北魏 元敷墓誌

北魏 元悛墓誌

北魏 元引墓誌

隋 陳花樹墓誌

隋 獨孤羅墓誌

隋 吳嚴墓誌

唐 崔素墓誌

唐 孔君墓誌

唐 李壽墓誌

唐 李壽墓誌

唐 李仙蕙志

唐 劉通墓誌

唐 石經尚書

唐 石經周易

唐 亡七品誌銘

唐 王協墓誌

厥

【篆書】

三國魏 正始石經

三國魏 正始石經

【隸書】

西漢 馬•老乙前

西漢 張•1191

西漢 居新•5563

西漢 武•泰射甲

西漢 武•特牲甲

東漢 朝侯小子碑

東漢 從事馮君碑

東漢 樊敏碑

東漢 景君碑陽

東漢 景君碑陰

東漢 禮器碑

東漢 尚博殘碑

東漢 石門頌

東漢 石門頌

東漢 石門頌

東漢 鮮于璜碑陽

東漢 薌他君記額

北魏 元恭墓誌

北齊 竇泰墓誌

隋 王弘墓誌

隋 楊厲墓誌

唐 石經五經

唐 石經周易

唐 周惠墓誌

隋 豆盧實墓誌

隋 馬穉墓誌

隋 默曹殘碑

隋 宋景造像碑

隋 王榮及妻墓誌

唐 司馬寔墓誌

【楷書】

魏晉 樓•紙

魏晉 樓•紙

晉 華芳墓誌陰

北魏 爾朱紹墓誌

厲厲

【隸書】

西漢 馬•養生

西漢 馬•縱横

西漢 張•790

東漢 韓仁銘

東漢 舉孝廉殘碑

東漢 朐忍令碑

東漢 石門頌

東漢 武榮碑

東漢 熹平石經易

隋 豆盧實墓誌

唐 劉妙姜墓誌

唐 齊子墓誌

唐 契苾李墓誌

唐 石經尚書

唐 石經五經

唐 石經周易

唐 王容墓誌

唐 鄭中基墓誌

唐 朱庭瑾墓誌

後梁 蕭符墓誌

北魏 王普賢墓誌

北魏 元恭墓誌

北魏 元暄墓誌

北魏 元天穆墓誌

北魏 張寧墓誌

東魏 陸順華墓誌

東魏 元仲英墓誌

隋 段威墓誌

唐 程知節墓誌

唐 藺夫人龕銘

唐 司馬寔墓誌

唐 王子麟墓誌

唐 勿部將軍碑

唐 尹尊師碑

唐 張侔墓誌

唐 張休光墓誌

唐 朱君妻王墓誌

【楷書】

三國吳 走•四年

北魏 劉玉墓誌

北魏 鄯乾墓誌

隋 澧水石橋碑

隋 澧水石橋碑

隋 馬長和造像

隋 蕭瑾墓誌

隋 張儉及妻墓誌

唐 崔沔墓誌陰

唐 牛氏像龕碑

唐 沈知敏墓誌

唐 石臺孝經

唐 史思禮墓誌

東漢 楊淮表記

東漢 楊統碑陽

東漢 楊著碑陽

東漢 張遷碑陽

東漢 趙菿殘碑

東漢 趙寬碑

三國魏 孔羨碑

晉 郭槐柩記

北齊 司馬遵業墓誌

隋 豆盧實墓誌

厭

【篆書】

唐 峿臺銘

【隸書】

西漢 馬·天下

西漢 馬·縱橫

西漢 西·候官

漢晉 流簡紙

三國吳 走·二年

晉 石尠墓誌

北齊 司馬遵業墓誌

隋 賈通墓誌

隋 趙朗墓誌

唐 崔暟墓誌陽

唐 崔祐甫墓誌

唐 李貞墓誌

唐 宴濟瀆序陰額

唐 義福禪師碑

【楷書】

三國吳 走·四年

北魏 宋靈妃墓誌

北魏 元廞墓誌

唐 崔千里墓誌

唐 多寶塔碑

唐 范安及墓誌

唐 郭賓墓誌

唐 盧璠墓誌

唐 苗弘本墓誌

唐 沈士公墓誌

唐 石經五經

唐 石經五經

唐 宋遙墓誌

唐 田嵩墓誌

唐 亡尼七品誌

⿸厂義

【楷書】

唐 石經五經

匚部

匹

【篆書】
東漢 袁安碑

【隸書】
秦 睡66
西漢 居新•1213
西漢 居新•2597
西漢 居新•3012
西漢 西•馬牘
三國吳 走•五年
三國吳 走•五年
晉 郭休碑陰
晉 徐義墓誌陽
北齊 竇泰墓誌
隋 叱李綱子墓誌
隋 侯肇墓誌
隋 默曹殘碑
隋 王楚英墓誌
隋 張儉及妻墓誌
隋 張儉及妻墓誌
唐 蘇洪姿墓誌

【楷書】
北魏 韓震墓誌陽
北魏 鮮于仲兒墓誌
北魏 元詮墓誌
東魏 李憲墓誌
隋 蕭瑾墓誌
唐 阿史那貞忠墓誌
唐 曹欽墓誌
唐 崔鉀墓誌
唐 崔玄藉妻墓誌
唐 段秀墓誌
唐 多寶塔碑
唐 李符妻摯墓誌
唐 李淑姿墓誌
唐 劉胡墓誌
唐 騫思玄墓誌
唐 屈元壽墓誌
唐 石經五經
唐 王大劍墓誌
唐 尉遲敬德墓誌
唐 楊執一墓誌
唐 執失善光

巨

【篆書】
唐 碧落碑
唐 三墳記陽

【隸書】
秦 睡10
西漢 馬•老子甲後
西漢 馬•縱橫
西漢 馬•縱橫
西漢 西•馬牘
西漢 霍去病墓字
東漢 買田約束石
東漢 買田約束石
東漢 秦君神道刻字
晉 郭休碑陰
北齊 竇泰墓誌
北齊 法懃塔銘
北齊 感孝頌
隋 豆盧實墓誌
隋 爾朱敞墓誌
隋 郭休墓誌
唐 石臺孝經
唐 史思禮墓誌

【楷書】
魏晉 樓•紙
北魏 元悌墓誌
北齊 高湝墓誌
北齊 高湝墓誌
唐 李福墓誌
唐 盧珍墓誌

匝

【楷書】

北魏 檀賓墓誌

北魏 元鑒墓誌

隋 張儉及妻墓誌

唐 常舉墓誌

唐 廣濟橋碑

唐 敬能經幢

唐 東良墓誌

唐 楊淡造經幢

唐 鄭君妻趙墓誌

匜

【隸書】

西漢 武•特牲甲

【楷書】

唐 豆盧妻薛墓誌

唐 石經五經

後周 李公妻朱墓誌

匡

【隸書】

西漢 馬•合陰陽

西漢 居新•7556

東漢 西•病書

東漢 西•死駒

東漢 西•推辟

漢晉 流簡紙

東漢 夏承碑

東漢 楊震碑

東漢 張壽殘碑

東漢 趙寬碑

晉 徐義墓誌陽

北齊 竇泰墓誌

隋 爾朱敞墓誌

隋 鄭令妃墓誌

唐 崔祐甫墓誌

唐 崔志墓誌

唐 石臺孝經

【楷書】

北魏 苟景墓誌

北魏 元寶月墓誌

北魏 元靈曜墓誌

隋 惠鬱造像記

唐 庫狄真相墓誌

唐 屈突通墓誌

唐 趙知慎墓誌

唐 柳延宗墓誌

唐 清真殘塔銘

唐 石經五經

唐 石經五經

匠

【篆書】

唐 多寶佛塔銘

【隸書】

秦 睡28

西漢 馬•老甲

西漢 馬•老甲

西漢 張•483

西漢 居新•4830

東漢 楊淮表記

東漢 造土牛碑

東漢 造土牛碑

隋 高虬墓誌

隋 任軌墓誌

唐 大忍寺碑

唐 張騷墓誌

【楷書】

三國吳 走•四年

北魏 元固墓誌

東魏 劉雙周塔記

隋 高緊墓誌

唐 程寶安墓誌

唐 劉慎墓誌

匣

【隸書】

西漢 張•352

【楷書】

隋 李元墓誌

唐 陳泰墓誌

唐 董明墓誌

唐 慕容瑾墓誌

唐 張澤墓誌

區

【篆書】

唐 多寶佛塔銘

【隸書】

秦 關周·曆譜

西漢 居新·1008

西漢 居新·4349

兩漢 西·懸簡

東漢 簿書殘碑

東漢 張遷碑陽

三國魏 孔羨碑

北魏 翟普林造像

北齊 司馬遵業墓誌

匭

【楷書】

唐 石經尚書

唐 法玩塔銘

唐 石經五經

唐 吳孝墓誌

匿

【隸書】

秦 睡45

西漢 馬·老乙前

西漢 馬·老子甲後

西漢 張·281

西漢 張·567

西漢 張·611

東漢 朝侯小子碑

隋 修孔子廟碑

【楷書】

隋 蕭翹墓誌

唐 崔紹墓誌

唐 石經周易

唐 張須墓誌

隋 高虯墓誌

隋 宋景造像碑

隋 宋仲墓誌

唐 孔子廟碑

唐 石臺孝經

唐 行儼碑

唐 楊孝恭碑

【楷書】

南朝陳 劉猛進碑

北魏 元謐墓誌

隋 范安貴墓誌

匪

【篆書】

唐 碧落碑

【隸書】

西漢 武·特牲甲

西漢 武·有司甲

東漢 淮源廟碑

東漢 淮源廟碑

東漢 建寧元年殘碑

東漢 朐忍令碑

東漢 石門頌

晉 徐義墓誌陽

北齊 竇泰墓誌

匽

【隸書】

秦 睡255

西漢 馬·事語

西漢 張·1116

西漢 居新·313

東漢 禮器碑側

東漢 禮器碑側

【楷書】

唐 石經五經

(continued)

隋 馬穉墓誌

唐 北嶽廟碑

唐 史思禮墓誌

【楷書】

三國吳 走•四年

北魏 元恭墓誌

北魏 造天尊像記

東魏 杜文雍造像

北齊 王福芝造像

東魏 元悰墓誌

隋 齊頓造像記

(continued)

隋 鄭惠好造像

唐 葛亮祠堂碑

唐 犖氏造像記

唐 石經九經

滙

【楷書】

唐 石經尚書

唐 石經五經

唐 韋墳墓誌

匰

【楷書】

唐 石經五經

匱

【隸書】

西漢 張•352

東漢 石門頌

東漢 鮮于璜碑陽

晉 管洛墓誌陽

唐 司馬意墓誌

唐 楊孝恭碑

【楷書】

晉 華芳墓誌陰

北魏 公孫猗墓誌

東魏 馮令華墓誌

隋 伍道進墓誌

(continued)

唐 劉奇秀墓誌

唐 趙佺墓誌

匳

【楷書】

唐 崔玄陽墓誌

唐 河南元氏墓誌

唐 李仙蕙志

唐 孟孝敏妻墓誌

唐 王才及妻墓誌

唐 王脩本妻墓誌

匴

【楷書】

唐 石經五經

卜部

卜

【篆書】

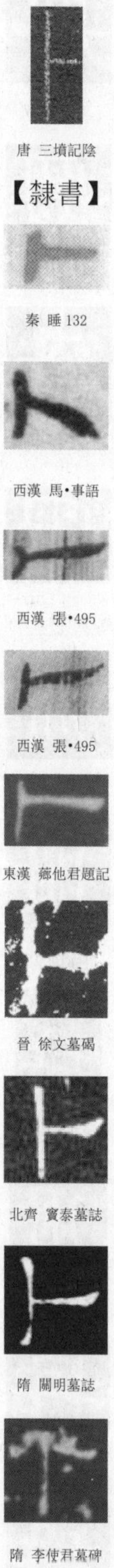

唐 三墳記陰

【隸書】

秦 睡132

西漢 馬•事語

西漢 張•495

西漢 張•495

東漢 鄐他君題記

晉 徐文墓碣

北齊 竇泰墓誌

隋 闞明墓誌

隋 李使君墓碑

隋 王楚英墓誌

唐 石臺孝經

【楷書】

北魏 鄭乾墓誌

東魏 公孫甑生墓誌

唐 李蕚墓誌

唐 盧宏及妻墓誌

唐 石經尚書

唐 張瓛墓誌

占

【篆書】

唐 三墳記陰

【隸書】

秦 睡51

秦 關周•日書

西漢 張•558

西漢 張•575

東漢 趙寬碑

【楷書】

北魏 高珪墓誌

唐 阿史那貞忠墓誌

唐 石經尚書

卦

【隸書】

秦 西•日書乙

西漢 武•少牢甲

西漢 武•特牲甲

東漢 熹平石經易

東漢 熹平石經易

東漢 作封記

【楷書】

唐 孔桃栓墓誌

唐 石經尚書

卨

【楷書】

唐 郭密之妻墓誌

唐 李三十三娘墓誌

唐 王望之墓誌

唐 朱清墓誌

冂部

内

【篆書】

東漢 馮孺人題記

唐 李敬實墓誌

【隸書】

秦 睡116

秦 睡35

西漢 馬•合陰陽

西漢 馬•足臂

西漢 張•1180

西漢 張•140

西漢 居新•6670

西漢 居新•7505

東漢 西•死駒

東漢 熹平殘石

東漢 鮮于璜碑陽

東漢 鄐他君題記

晉 辟雍頌陽

晉 左棻墓誌陽

北齊 感孝頌

隋 任顯及妻誌

隋 勝福寺塔銘

唐 石臺孝經

唐 石臺孝經

唐 石臺孝經

唐 尹文操碑

【楷書】

北魏 王禎墓誌

北魏 元天穆墓誌

隋 陳花樹墓誌

唐 李修已墓誌

唐 石經周易

唐 楊佰隴墓誌

冊

【隸書】

三國魏 王基斷碑

北齊 司馬遵業墓誌

隋 姬威墓誌

隋 蕭瑾墓誌

隋 謝岳墓誌

唐 安天王廟碑

唐 崔祐甫墓誌

唐 孔子廟碑

唐 庫狄真相墓誌

唐 司馬寔墓誌

唐 尹尊師碑

唐 掌微墓誌

【楷書】

北魏 胡明相墓誌

北魏 穆亮妻墓誌

北魏 元順墓誌

隋 董敬墓誌

隋 范安貴墓誌

隋 高緊墓誌

唐 趙知慎墓誌

唐 安珍墓誌

唐 殘塔銘

唐 封抱墓誌

唐 紇干承基墓誌

唐 賈隱及妻墓誌

唐 李壽墓誌

唐 劉通墓誌

唐 王師感墓誌

唐 無上道誌

唐 张崇墓誌

唐 執失善光

冉

【隸書】

西漢 馬•老乙前

西漢 馬•老乙前

西漢 居新•2605

隋 李元墓誌

隋 李元墓誌

【楷書】

北魏 長孫瑱墓誌

隋 蘇慈墓誌

唐 朗寧公主墓誌

唐 石經九經

唐 石經九經

用

【篆書】

三國魏 正始石經

唐 碧落碑

唐 謙卦碑

唐 謙卦碑

唐 謙卦碑

唐 謙卦碑

唐 謙卦碑

【隸書】

秦 睡50

西漢 馬•老乙前

西漢 馬•老子甲後

西漢 張•276

西漢 張•277

東漢 西•死駒

東漢 西•醫藥

東漢 何君閣道銘

東漢 淮源廟碑

新莽 萊子侯刻石

東漢 石門頌

東漢 鮮于璜碑陰

三國魏 王基斷碑

晉 辟雍頌陽

北周 華嶽頌

北齊 司馬遵業墓誌

隋 豆盧實墓誌

隋 豆盧實墓誌

隋 爾朱敞墓誌

隋 張盛墓誌

唐 褚亮碑

唐 崔志墓誌

唐 盧君妻墓誌

唐 石臺孝經

唐 石臺孝經

唐 石臺孝經

唐 史思禮墓誌

唐 辛雲京妻墓誌

唐 楊孝恭碑

【楷書】

魏晉 樓•紙

北魏 元繼墓誌

隋 王楚英墓誌

唐 劉寂墓誌

唐 石經尚書

唐 石經周易

唐 石經周易

唐 張安墓誌

再

【篆書】

唐 功德碑額

唐 三門碑額

【隸書】

秦 睡101

西漢 馬•合陰陽

西漢 馬•合陰陽

西漢 馬•十問

西漢 張•255

西漢 張•725

西漢 居新•7162

漢晉 流簡紙

漢晉 流簡紙

漢晉 流簡紙

東漢 尚博殘碑

東漢 通閣道記

晉 辟雍頌額

晉 辟雍頌陽

晉 郛休碑陽

晉 呂望表

晉 石尠墓誌

北齊 司馬遵業墓誌

隋 劉多墓誌

唐 安天王廟碑

唐 闞道愛墓誌

唐 龐履温碑

唐 楊孝恭碑

唐 尹文操碑

【楷書】

北魏 爾朱紹墓誌

北魏 寇治墓誌

北魏 元恭墓誌

唐 獨孤驥墓誌

唐 李庭玉改葬誌

唐 李獻墓誌

唐 石經尚書

唐 石經周易

唐 史興墓詠

唐 司馬銓墓誌

唐 宋莊墓誌

唐 真義女碑銘

唐 鄭濆墓誌

冏

【隸書】

東漢 趙儀碑

隋 蘇恒墓誌

【楷書】

北魏 元簡殘石

北魏 元湛墓誌

唐 口師藏形記

唐 石經尚書

人部

【隸書】

西漢 馬•事語

西漢 馬•事語

西漢 馬•縱橫

西漢 居新•2686

西漢 居新•8729

西漢 居新•8931

漢晉 流簡紙

北齊 法懃塔銘

北齊 感孝頌

隋 豆盧實墓誌

隋 爾朱敞墓誌

唐 楊孝恭碑

唐 楊孝恭碑

【楷書】

三國吳 走•五年

三國吳 走•五年

北魏 侯剛墓誌

隋 馬少敏墓誌

唐 石經尚書

唐 石經周易

唐 趙保隆墓誌

【篆書】

東漢 馮孺人題記

東漢 馮孺人題記

東漢 郭夫人題記

東漢 鄭季宣碑

三國吳 天發神讖碑

三國魏 正始石經

北周 步孤氏誌蓋

北魏 薛慧命誌蓋

唐 碧落碑

唐 陳君妻趙誌蓋

唐 李夫人誌蓋

唐 李公妻戴墓誌

唐 李璆妻墓誌

唐 梁備禮妻墓誌

唐 謙卦碑

唐 三墳記陽

唐 三墳記陰

唐 魏夫人祠碑額

唐 吳夫人誌蓋

唐 蕭公妻墓誌

【隸書】

秦 睡255

秦 睡45

秦 關周•日書

西漢 馬•老甲

西漢 馬•天下

西漢 馬•縱橫

西漢 居新•5399

西漢 居新•5746

東漢 史晨後碑

東漢 造土牛碑

東漢 佐孟機題記

晉 劉韜墓志

唐 李神符碑

唐 盧行毅墓誌

唐 盧行毅墓誌

唐 石臺孝經

唐 韋士逸墓誌

唐 楊孝恭碑

唐 楊孝恭碑

唐 尹尊師碑

【楷書】

北魏 高珪墓誌

北魏 元敷墓誌

北魏 元文墓誌

唐 李鉥程氏誌蓋

唐 石經尚書

唐 石經周易

仄 仄

【隸書】

西漢 居新•2846

【楷書】

東魏 蕭正表墓誌

唐 報德記

唐 石經五經

仁 仁

【篆書】

東漢 韓仁銘額

三國吳 天發神讖碑

唐 三墳記陽

【隸書】

秦 睡21

西漢 馬•老甲

西漢 馬•老乙

西漢 馬•老子甲後

西漢 馬•縱橫

西漢 張•1083

西漢 居新•6760

西漢 居新•7179

西漢 居新•7191

東漢 景君碑陽

東漢 禮器碑

東漢 禮器碑側

東漢 石門頌

東漢 夏承碑

東漢 楊叔恭殘碑

東漢 楊震碑

東漢 楊著碑陽

晉 辟雍頌陽

北齊 房周陁墓誌

隋 爾朱端墓誌

隋 灃水石橋碑

隋 郭達墓誌

隋 申穆及妻墓誌

隋 宋仲墓誌

隋 張盛墓誌

唐 褚亮碑

唐 京兆金氏墓誌

唐 李神符碑

唐 石臺孝經

唐 史思禮墓誌

唐 楊孝恭碑

唐 趙冬曦壙誌

【楷書】

魏晉 樓•紙

北魏 範國仁造像

北魏 于景墓誌

北魏 元斆墓誌

北魏 元斆墓誌

唐 石經周易

唐 石經周易

唐 石經周易

唐 魏德墓誌

什 什

【隸書】

秦 睡51

西漢 馬•老乙前

西漢 馬•縱横

兩漢 西•馬簡

漢晉 流簡紙

東漢 造土牛碑

唐 孔子廟碑

唐 王泠然墓誌

【楷書】

北魏 元暐墓誌

唐 盧梵兒墓誌

仃

【楷書】

唐 房有非及妻墓誌

仍

【隸書】

西漢 居新•6574

東漢 曹全碑陽

東漢 曹全碑陽

東漢 郙閣頌

東漢 楊著碑陽

東漢 圉令趙君碑

晉 郭槐柩記

北齊 司馬遵業墓誌

唐 李神符碑

唐 史思禮墓誌

【楷書】

三國吳 走•四年

北魏 和醜仁墓誌

北魏 楊大眼造像

隋 宋玉艷墓誌

唐 柳傴妻墓誌

唐 石經尚書

唐 石經周易

唐 朱行斌墓誌

仇

【隸書】

西漢 馬•縱横

西漢 馬•縱横

東漢 倉頡廟碑側

東漢 池陽令殘碑

東漢 史晨後碑

東漢 西狹頌

三國魏 張君殘碑

隋 侯肇墓誌

隋 趙朗墓誌

唐 蔡君妻墓誌

仡

【楷書】

唐 安思節墓誌

唐 石經五經

化

【篆書】

唐 碧落碑

【隸書】

西漢 馬•老甲

西漢 馬•老乙

西漢 馬•老子甲後

西漢 張•783

東漢 倉頡廟碑

東漢 曹全碑陰

東漢 肥致碑

東漢 庾恭字殘碑

東漢 三老刻石

東漢 夏承碑

東漢 鮮于璜碑陽

東漢 楊震碑

北齊 馬天祥造像

隋 爾朱敞墓誌

隋 爾朱端墓誌

隋 郭休墓誌

隋 馬長和造像

隋 默曹殘碑

隋 宋仲墓誌

唐 北嶽廟碑

唐 石臺孝經

【楷書】

三國吳 走•二年

東漢 楊統碑陽

東漢 楊著碑陽

北魏 元項墓誌

北魏 鄭黑墓誌

東魏 凝禪寺碑

隋 陳常墓誌

唐 石經五經

唐 石經周易

唐 張隴墓誌

以

【篆書】

東漢 祀三公山碑

東漢 袁安碑

三國吳 天發神讖碑

三國魏 正始石經

唐 碧落碑

唐 碧落碑

唐 碧落碑

唐 碧落碑

唐 碧落碑

唐 碧落碑

【楷書】

魏晉 樓•紙

北魏 元略墓誌

北周 盧蘭墓誌

隋 任軌墓誌

隋 張喬墓誌

隋 張盛墓誌

唐 竇真墓誌

唐 石經尚書

唐 石經五經

東漢 華山廟碑陽

東漢 李孟初神祠碑

東漢 石門頌

東漢 西狹頌

三國魏 張君殘碑

隋 郭休墓誌

唐 北嶽廟碑

唐 李神符碑

唐 石臺孝經

唐 楊孝恭碑

今

【篆書】

唐 三墳記陰

唐 峿臺銘

【隸書】

西漢 馬•老甲

西漢 馬•老乙前

西漢 張•723

西漢 居新•4743

西漢 居新•5041

西漢 居新•5211

西漢 居新•7664

漢晉 流簡紙

唐 趙冬曦壙誌

【楷書】

晉 華芳墓誌陰

北魏 王基墓誌

隋 劉多墓誌

唐 盧璠墓誌

唐 石經周易

唐 尉遲敬德墓誌

介

【篆書】

唐 碧落碑

【隸書】

秦 睡70

秦 睡70

西漢 馬•老甲

西漢 武•泰射甲

西漢 西•律令

東漢 朝侯小子碑

唐 抱腹寺碑

唐 屈突通墓誌

唐 尹尊師碑

隋 修孔子廟碑

隋 張盛墓誌

唐 張去逸墓誌

唐 尹尊師碑

【楷書】

三國吳 走•五年

南朝陳 劉猛進碑

北魏 高珪墓誌

北魏 元譚墓誌

北魏 元湛墓誌

東魏 王僧墓誌

東魏 元仲英墓誌

隋 郭達墓誌

隋 宋仲墓誌

唐 城隍廟碑
唐 謙卦碑
唐 謙卦碑
唐 謙卦碑
唐 三墳記陽
唐 三墳記陽
唐 三墳記陽
唐 峿臺銘
唐 峿臺銘

【隸書】

秦 睡 113
秦 睡 57
秦 睡 86
西漢 馬•合陰陽
西漢 馬•天下
西漢 張•576
西漢 居新•7616
西漢 居新•7626
西漢 居新•7676
西漢 居新•7676
西漢 居新•7697
西漢 西•馬牘
東漢 西•文書
兩漢 西•馬簡
漢晉 流簡紙
漢晉 流簡紙
東漢 倉頡廟碑
東漢 倉頡廟碑側
東漢 淮源廟碑
東漢 景君碑陽
東漢 景君碑陽
東漢 孔宙碑陽
東漢 買田約束石
東漢 石門頌
東漢 石門頌
東漢 宋伯望買田券背
新莽 蘇馬灣刻石
東漢 鮮于璜碑陽
東漢 薌他君題記
東漢 許安國題記
東漢 楊統碑陽
東漢 尹宙碑
東漢 永元十年記
東漢 造土牛碑
東漢 鄭固碑
東漢 鄭固碑
三國魏 王基斷碑
晉 辟雍頌陽
晉 石尠墓誌
北魏 寇治墓誌
北魏 元秀墓誌
北齊 感孝頌
北齊 感孝頌
隋 豆盧實墓誌
隋 高緊墓誌
隋 馬長和造像
隋 默曹殘碑
隋 任軌墓誌
隋 宋景造像碑
隋 王楚英墓誌
隋 謝岳墓誌
東魏 元均及妻墓誌
隋 張姜墓誌
隋 張姜墓誌
唐 李神符碑
唐 李神符碑
唐 石臺孝經
唐 史思禮墓誌
唐 史思禮墓誌
唐 王震墓誌
唐 韋士逸墓誌
唐 行儼碑
唐 玄元靈應頌
唐 楊孝恭碑
唐 楊孝恭碑
唐 尹尊師碑
唐 尹尊師碑

【楷書】

魏晉 樓•紙
魏晉 樓•紙
魏晉 樓•紙
晉 黃庭内景經

北魏 于景墓誌
北魏 元彬墓誌
北魏 元端墓誌
北魏 元斆墓誌
北魏 元斆墓誌
北齊 婁黑女墓誌
北齊 僧靜明造像
隋 陳常墓誌
隋 陳君妻王墓誌
隋 修梵石室誌

唐 禪師方墳記
唐 竇真墓誌
唐 孔桃栓墓誌
唐 李密墓誌
唐 石經尚書
唐 石經周易
唐 邢彥褒墓誌
唐 薛世感墓誌
唐 張騷墓誌
後梁 韓仲舉妻墓誌

代

【隸書】

秦 睡116
秦 睡173
西漢 馬•老乙前
西漢 馬•老子甲後
西漢 馬•縱横
西漢 居新•3424
西漢 居新•3707
西漢 居新•7725
西漢 居新•8168
東漢 西•遷補

漢晉 流簡紙
東漢 華山廟碑陽
東漢 禮器碑
東漢 三老刻石
東漢 薌他君題記
晉 石尠墓誌
唐 鄎國長公主碑
唐 行儼碑
唐 行儼碑
唐 楊孝恭碑

唐 楊孝恭碑

【楷書】

魏晉 樓•紙
北魏 康健墓誌
北魏 山暉墓誌
北魏 薛法紹造像
北齊 竇泰墓誌
北齊 法懃塔銘
隋 暴永墓誌
隋 賈玄贊墓誌
隋 任軌墓誌

隋 吳嚴墓誌
隋 張景略墓誌
唐 車益墓誌
唐 郭壽墓誌
唐 石經尚書
唐 石經周易
唐 吳吉甫造像

仕

【篆書】

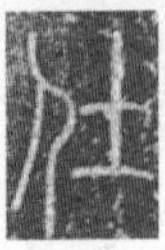

唐 三墳記陰

【隸書】

漢晉 流簡紙
東漢 衡方碑
東漢 孔德讓碑
東漢 孔宙碑陽
東漢 朐忍令碑
東漢 尚博殘碑
東漢 薌他君題記
東漢 薌他君題記
東漢 校官碑

東漢 楊統碑陽
東漢 楊著碑陽
東漢 尹宙碑
三國魏 管寧墓誌
三國魏 王基斷碑
北齊 司馬遵業墓誌
隋 爾朱敞墓誌
隋 郭達墓誌
隋 賈通墓誌
隋 馬少敏墓誌

人部

仞			他	仟	付	仗	

仞

【隸書】

西漢 馬•縱横

隋 豆盧實墓誌

隋 姬威墓誌

唐 懷古詩刻

唐 文宣王廟門碑

唐 楊孝恭碑

【楷書】

東魏 元寶建墓誌

隋 吴嚴墓誌

唐 來香皃墓誌

唐 石經九經

唐 王有口造像

唐 闞道愛墓誌

唐 石臺孝經

唐 石臺孝經

唐 趙冬曦壙誌

唐 貞一廟碑

【楷書】

三國吴 走•五年

魏晉 樓•紙

北魏 元謐墓誌

唐 劉裕墓誌

唐 盧宏及妻墓誌

他

【隸書】

西漢 居新•2039

西漢 居新•5877

西漢 西•馬牘

新莽 西•守御器

漢晉 流簡紙

東漢 薌他君記額

東漢 乙瑛碑

東漢 造土牛碑

晉 郛休碑陰

唐 大忍寺碑

仟

【隸書】

西漢 居新•1213

【楷書】

東魏 檻仟造像

唐 楊珽墓誌

付

【隸書】

西漢 馬•陰陽甲

西漢 張•297

西漢 居新•7483

西漢 居新•7615

西漢 居新•7615

東漢 西•寇恩

唐 義福禪師碑

【楷書】

三國吴 走•四年

北魏 慈慶墓誌

唐 宋山墓誌

仗

【隸書】

秦 睡 31

西漢 張•376

東漢 許阿瞿題記

唐 褚亮碑

【楷書】

晉 華芳墓誌陰

北魏 長孫瑱墓誌

東魏 盧貴蘭墓誌

隋 橋紹墓誌

唐 張遊恪墓誌

唐 崔沔墓誌陰

唐 京兆金氏墓誌

唐 尹尊師碑

【楷書】

北魏 王翊墓誌

東魏 劉懿墓誌

唐 鄭儉墓誌

令

【篆書】

東漢 郭夫人題記

東漢 祀三公山碑

東漢 徐無令題記

東漢 袁安碑

東漢 張遷碑額

三國吳 天發神讖碑

三國魏 正始石經

唐 城隍廟碑

唐 于孝顯碑額

唐 張九齡碑額

【隸書】

秦 睡226

秦 睡45

秦 關周•病方

西漢 馬•老乙前

西漢 馬•縱橫

西漢 馬•縱橫

西漢 張•575

西漢 居新•2828

西漢 居新•8014

西漢 居新•897

東漢 西•奉例

漢晉 流簡紙

西漢 楚王墓塞石

東漢 華山廟碑陽

東漢 建寧三年殘碑

東漢 禮器碑側

東漢 魯峻碑陽

東漢 秦君神道刻字

新莽 禳盜刻石

東漢 尚博殘碑

東漢 沈府君神道闕

東漢 夏承碑

東漢 鮮于璜碑陽

東漢 楊震碑

東漢 楊子輿題記

東漢 乙瑛碑

東漢 乙瑛碑

東漢 永壽元年墓記

東漢 造土牛碑

東漢 造土牛碑

三國吳 買冢城磚

隋 任顯及妻誌

隋 宋仲墓誌

隋 蘇恒墓誌

唐 褚亮碑

唐 京兆金氏墓誌

唐 京兆金氏墓誌

唐 盧君妻墓誌

唐 石臺孝經

唐 王子麟墓誌

【楷書】

北齊 感孝頌

北魏 王翊墓誌

北魏 元斅墓誌

北魏 元文墓誌

北魏 元誘墓誌

北魏 趙口造像

北齊 無量義經

北齊 趙振題字

隋 劉淵墓誌

隋 橋紹墓誌

隋 申穆及妻墓誌

隋 口靜墓誌

隋 張盛墓誌

唐 李侯墓誌

唐 李君妻裴墓誌

唐 石經尚書

唐 石經五經

唐 鄭瑨墓誌

俫

【楷書】

唐 石經五經

伏

【篆書】

唐 碧落碑

【隸書】

秦 睡 134

西漢 馬•病方

西漢 馬•老乙前

西漢 馬•老子甲後

西漢 張•1071

西漢 居新•5566

西漢 居新•8217

漢晉 流簡紙

漢晉 流簡紙

伉

【隸書】

東漢 石門頌

隋 張儉及妻墓誌

【楷書】

晉 華芳墓誌陰

北魏 李元姜墓誌

北魏 宋靈妃墓誌

北魏 薛伯徽墓誌

唐 韓思墓誌

唐 李鳳妃墓誌

唐 盧子蓍妻墓誌

唐 張隴墓誌

唐 王海朝墓誌

唐 王君墓誌

唐 趙君妻李墓誌

北魏 元子正墓誌

北魏 元子正墓誌

隋 樊敬賢造像

隋 澧水石橋碑

唐 荊從皐墓誌

唐 劉胡墓誌

唐 石經尚書

唐 石經五經

唐 石經五經

唐 石經周易

唐 史思禮墓誌

唐 史思禮墓誌

唐 行儼碑

唐 楊孝恭碑

【楷書】

魏晉 樓•紙

晉 黃庭内景經

北魏 蘭將墓誌

北魏 李媛墓誌

北魏 山徽墓誌

北魏 元誨墓誌

東漢 尚博殘碑

東漢 石門頌

東漢 張遷碑陽

晉 辟雍頌陰

晉 徐義墓誌陽

隋 爾朱端墓誌

隋 郭休墓誌

唐 北獄廟碑

唐 褚亮碑

唐 高嶸墓誌

休

【篆書】

唐 城隍廟碑

【隸書】

西漢 馬•養生

西漢 馬•縱横

西漢 居新•7644

東漢 曹全碑陰

東漢 朝侯小子碑

東漢 肥致碑

東漢 肥致碑

東漢 封龍山頌

東漢 郙閣頌

份

【楷書】

唐 楊珽墓誌

人部

東漢 白石神君碑
東漢 景君碑陽
東漢 馬姜墓記
東漢 史晨前碑
東漢 鮮于璜碑陽
東漢 楊震碑
晉 辟雍頌陽
晉 徐義墓誌陽
隋 符盛及妻墓誌
隋 姬威墓誌

隋 姬威墓誌
唐 史思禮墓誌
唐 史思禮墓誌
唐 王震墓誌

【楷書】

魏晉 樓•紙
北魏 胡明相墓誌
北魏 賈瑾墓誌
北齊 道明墓誌
北齊 殷恭安造像
隋 段模墓誌

隋 樊敬賢造像
隋 元智墓誌
隋 元鐘墓誌
唐 石經尚書
唐 張叡墓誌

伓

【隸書】

西漢 馬•老乙前
西漢 馬•老乙前
西漢 武•少牢甲
漢晉 流簡紙
隋 爾朱端墓誌
唐 石經尚書

【楷書】

唐 田文雅墓銘

佌

【隸書】

東漢 蒼山元嘉題記

【楷書】

北齊 僧靜明造像

伍

【隸書】

秦 睡51
西漢 張•162
西漢 西•候官
東漢 肥致碑
東漢 造土牛碑
東漢 造土牛碑
東漢 趙儀碑
北齊 竇泰墓誌
隋 爾朱端墓誌
唐 蔡君妻墓誌

唐 譚伍墓誌

【楷書】

三國吳 走•五年
北魏 鞠彥雲墓誌
唐 張某墓誌

伐

【篆書】

三國魏 正始石經
三國魏 正始石經
唐 謙卦碑
唐 謙卦碑

【隸書】

秦 睡113
秦 睡12
西漢 馬•老甲
西漢 馬•老甲
西漢 馬•老乙前
西漢 馬•縱橫

西漢 馬·縱橫

西漢 張·270

西漢 張·970

西漢 武·少牢甲

西漢 武·有司甲

東漢 西·四時

西漢 石墻村刻石

東漢 楊統碑陽

東漢 圉令趙君碑

晉 呂望表

晉 石尠墓誌

唐 李神符碑

【楷書】

北魏 王元詳題記

東魏 法香建塔記

唐 崔哲妻墓誌

唐 石經尚書

唐 石經周易

伎

【楷書】

北齊 梁子彥墓誌

唐 古弘節墓誌

唐 王君墓誌

仰

【篆書】

唐 碧落碑

【隸書】

東漢 肥致碑

東漢 孔宏碑

東漢 史晨前碑

東漢 武榮碑

三國魏 王基斷碑

北齊 司馬遵業墓誌

北齊 西門豹碑陽

隋 澧水石橋碑

隋 馬長和造像

唐 安天王廟碑

唐 王震墓誌

唐 義福碑陰

唐 張叡墓誌

【楷書】

北魏 慈香惠造像

北魏 法璨造像

北魏 馮邕妻墓誌

北魏 和醜仁墓誌

北魏 寇憑墓誌

北魏 榮九州造像

北魏 萬福榮造像

北魏 王神虎造像

北魏 元斆墓誌

北魏 元顯儁墓誌

北魏 元乂墓誌

北魏 元引墓誌

北周 董道生造像

北齊 高僧護墓誌

北齊 姜纂造像記

北周 李元海造像

東魏 龍華浮圖銘

北齊 張世寶造塔

隋 寧贊墓碑

隋 宋景造像碑

隋 王楚英墓誌

隋 口和墓誌

隋 張貴男墓誌

隋 張壽墓誌

唐 李神符碑

唐 盧君妻墓誌

唐 盧知宗墓誌

唐 陽濟墓誌

唐 鄭濆墓誌

仲

【篆書】

三國魏 正始石經

唐 三墳記陰

【隸書】

西漢 居新•3615

西漢 居新•4939

西漢 西•馬簡牘

兩漢 西•馬簡

兩漢 西•醫藥

漢晉 流簡紙

東漢 淮源廟碑

東漢 孔宙碑陰

東漢 禮器碑側

東漢 禮器碑陰

東漢 利水大道記

東漢 三老刻石

東漢 尚博殘碑

東漢 少室闕題名

東漢 石門闕銘

東漢 石門頌

東漢 孫仲陽題記

東漢 夏承碑

三國魏 管寧墓誌

隋 宋仲墓誌

唐 高元珪墓誌

唐 盧宏及妻墓誌

唐 張休光墓誌

【楷書】

三國吳 走•四年

三國魏 張君殘碑

晉 郭槐柩記

北魏 唐耀墓誌

北魏 元纖墓誌

北魏 元舉墓誌

北魏 元悛墓誌

北魏 元愔墓誌

北齊 馬天祥造像

隋 段濟墓誌

唐 盧宏及妻墓誌

隋 任軌墓誌

唐 沈浩禕墓誌

唐 石臺孝經

价

【楷書】

唐 石經五經

唐 石經五經

仵

【楷書】

北齊 惠遠造像記

唐 王同人墓誌

任

【隸書】

秦 睡49

西漢 馬•老乙前

西漢 馬•老乙前

西漢 馬•縱橫

西漢 居新•6120

西漢 居新•8130

漢晉 流簡紙

東漢 倉頡廟碑側

東漢 曹全碑陰

東漢 何君閣道銘

東漢 淮源廟碑

東漢 景君碑陽

東漢 西狹頌

東漢 夏承碑

東漢 延平元年記

晉 孫氏碑額

北齊 竇泰墓誌

北齊 司馬遵業墓誌

隋 郭王墓誌

隋 劉寶及妻墓誌

唐 告華嶽府君

唐 李神符碑

【楷書】

北魏 淨悟浮圖記

北魏 王翊墓誌

北魏 元嵩墓誌

北齊 竇泰墓誌

唐 暴賢墓誌

唐 石經尚書

唐 石經尚書

唐 石經五經

仿

【楷書】

晉 洛神十三行

唐 陳利見妻墓誌

唐 石經五經

伊

【篆書】

唐 碧落碑

【隸書】

秦 睡 2

西漢 馬•老子甲後

西漢 馬•老子甲後

西漢 馬•老子甲後

西漢 馬•老子甲後

西漢 馬•老子甲後

東漢 楊著碑陽

晉 華芳墓誌陰

北齊 法懃塔銘

隋 爾朱敞墓誌

隋 任軌墓誌

隋 口靜墓誌

隋 張景略墓誌

唐 京兆金氏墓誌

【楷書】

北魏 元謐墓誌

北齊 司馬遵業墓誌

唐 石經尚書

唐 王佺墓誌

伋

【隸書】

西漢 居新•6553

漢晉 流簡紙

【楷書】

唐 郭班墓誌

唐 王德表墓誌

唐 顏勤禮碑陰

似

【隸書】

西漢 馬•縱橫

漢晉 流簡紙

北齊 司馬遵業墓誌

隋 劉多墓誌

隋 口和墓誌

唐 關道愛墓誌

【楷書】

北魏 寇霄墓誌

隋 段威墓誌

隋 爾朱端墓誌

隋 灃水石橋碑

唐 張滂墓誌

唐 朱行墓誌

全

【隸書】

秦 睡 255

西漢 馬•事語

西漢 馬•事語

西漢 馬•縱橫

西漢 馬•縱橫

西漢 居新•5633

西漢 居新•8425

兩漢 傳馬名籍

東漢 肥致碑

東漢 郙閣頌

佑

【隸書】

東漢 華山廟碑陽

唐 興寺碑

【楷書】

唐 丁佑及妻合祔誌

佋 㑽

【楷書】

唐 源光乘墓誌

唐 張道昇墓誌

你

【楷書】

唐 喬進臣買地券

唐 陀羅尼經碑

件 𠎝

【楷書】

北魏 張安姬墓誌

唐 光福寺額勅

企 𠈘

【隸書】

東漢 肥致碑

唐 柳偘妻墓誌

【楷書】

魏晉 樓•紙

北魏 于景墓誌

東魏 淨智塔銘

唐 石經五經

唐 唐嘉會墓誌

唐 張廉穆墓誌

唐 石經五經

唐 石經五經

北魏 元繼墓誌

北魏 元彧墓誌

北齊 高淯墓誌

北齊 趙道德墓誌

東魏 高盛墓碑

東魏 高湛墓誌

東魏 南宗和尚塔銘

唐 韓神墓誌

唐 清真寺碑

唐 李珪墓誌

東漢 三老石堂記

東漢 張遷碑陽

晉 徐義墓誌陽

北齊 夫子廟碑

隋 馬長和造像

唐 史思禮墓誌

唐 楊孝恭碑

唐 趙冬曦壙誌

【楷書】

晉 黃庭內景經

北魏 淨悟浮圖記

北魏 元思墓誌

佐

【篆書】

東漢 少室石闕銘

【隸書】

秦 睡 10

秦 睡 45

秦 睡 66

西漢 馬•老甲

西漢 張•503

西漢 張•723

西漢 居新•7541

西漢 居新•8247

西漢 李后墓塞石

東漢 蒼山元嘉題記

東漢 樊敏碑

東漢 華山廟碑陽

東漢 景君碑陰

東漢 景君碑陰

東漢 孟孝琚碑

東漢 秦君神道刻字

東漢 石門頌

東漢 史晨後碑

東漢 薌他君題記

東漢 楊震碑

東漢 佐孟機題記

晉 郛休碑陽

隋 蘇恒墓誌

隋 蘇恒墓誌

隋 蕭瑾墓誌

唐 安天王廟碑

唐 褚亮碑

唐 大忍寺碑

唐 李神符碑

唐 史思禮墓誌

唐 尹文操碑

【楷書】

三國吳 走•二年

南朝梁 羅浮山銘

北魏 和邃墓誌

北魏 李璧墓誌陽

北魏 穆亮墓誌

北魏 楊乾墓誌

北魏 于景墓誌

北魏 元恪嬪墓誌

北魏 元愔墓誌

北魏 鄭君妻墓誌

東魏 元晬墓誌

東魏 元湛墓誌

隋 劉則墓誌

唐 安元壽墓誌

唐 陶英妻墓誌

唐 張隴墓誌

佶 佶

【楷書】

三國吳 走•四年

唐 盧沇妻墓誌

唐 顔勤禮碑

何 何

【篆書】

唐 碧落碑

【隸書】

西漢 馬•老乙前

西漢 馬•事語

西漢 張•954

西漢 張•974

西漢 居新•2952

西漢 居新•7726

西漢 居新•7736

漢晉 流簡紙

漢晉 流簡紙

東漢 何君閣道銘

東漢 桓孨食堂記

東漢 孟孝琚碑

東漢 鮮于璜碑陽

東漢 鮮于璜碑陰

東漢 薌他君題記

東漢 楊著碑陽

三國魏 何晏墓誌

唐 盧宋及妻墓誌

唐 石臺孝經

【楷書】

三國吳 走•二年

三國吳 走•二年

北魏 元嵩墓誌

隋 蕭氏墓誌

隋 元鍾墓誌

唐 石經尚書

唐 石經周易

佔

【楷書】

隋 楊厲墓誌

佃

【楷書】

唐 張炅墓誌

攸

【隸書】

西漢 張•690

西漢 張•698

東漢 曹全碑陽

東漢 池陽令殘碑

東漢 景君碑陽

東漢 孔宏碑

東漢 石門頌

東漢 熹平石經易

東漢 楊統碑陽

三國魏 張君殘碑

晉 辟雍頌陽

隋 郭達墓誌

隋 姬威墓誌

隋 口膻及妻墓誌

隋 宋景造像碑

隋 蘇恒墓誌

隋 口和墓誌

隋 蕭瑾墓誌

隋 謝岳墓誌

唐 李神符碑

唐 李神符碑

唐 史思禮墓誌

【楷書】

晉 華芳墓誌陰

南朝梁 羅浮山銘

北魏 楊泰墓誌

北魏 姚伯多供養碑

北魏 元壽安墓誌

北魏 元誘墓誌

北魏 元瞻墓誌

北魏 元鑽遠墓誌

西魏 鄧君墓誌

西魏 鄧君墓誌

北齊 司馬遵業墓誌

東魏 蕭正表墓誌

隋 澧水石橋碑

隋 宋玉艷墓誌

隋 元氏墓誌

隋 元鍾墓誌

唐 裴首兒墓誌

唐 石經尚書

唐 石經五經

唐 石經周易

唐 楊志眺誌銘

但

【隸書】

秦 關周•曆譜

西漢 張•745

西漢 居新•6523

西漢 武•泰射甲

兩漢 西•馬簡

東漢 三老刻石

隋 郭達墓誌

隋 默曹殘碑

隋 宋景造像碑

隋 元鐘墓誌

【楷書】

三國吳 走•四年

魏晉 樓•紙

北魏 爾朱襲墓誌

北魏 元均之墓誌

北周 馬龜墓誌

隋 孔神通墓誌

隋 吳嚴墓誌

隋 張濤妻墓誌

唐 鄭君妻盧墓誌

唐 鄭子容墓誌

伹

【楷書】

唐 朱照墓誌

佃

【楷書】

三國吳 走•四年

三國吳 走•五年

三國吳 走•五年

唐 師弘禮墓誌

伯

【篆書】

三國魏 正始石經

唐 三墳記陰

【隸書】

西漢 馬•老子甲後

西漢 馬•事語

西漢 馬•縱橫

西漢 居新•3902

西漢 居新•5565

西漢 居新•6518

西漢 武•少牢甲

西漢 武•王杖

西漢 西•馬牘

兩漢 武•王杖

兩漢 西•馬簡

西漢 霍去病墓字

東漢 倉頡廟碑側

東漢 景君碑陽

東漢 孔宙碑陰

東漢 禮器碑陰

東漢 任城黃腸石

東漢 三老刻石

東漢 三老刻石

東漢 石門頌

東漢 史晨後碑

東漢 楊震碑

東漢 永元九年記

晉 劉韜墓志

晉 王君殘墓誌

隋 爾朱端墓誌

隋 修孔子廟碑

唐 石臺孝經

唐 史思禮墓誌

唐 行儼碑

【楷書】

三國吳 走•四年

三國吳 走•四年

北魏 鄭月光磚誌

北齊 竇泰墓誌

北齊 元賢墓誌

隋 姚伯兒造像

唐 寇堮墓誌

唐 石經尚書

（作，續）

西漢 居新•354
西漢 居新•4486
西漢 居新•7475
西漢 居新•7477
西漢 居新•7486
漢晉 流簡紙
漢晉 流簡紙
漢晉 流簡紙
漢晉 流簡紙
西漢 買山地記

作

【篆書】
東漢 祀三公山碑
北魏 韓顯宗額
唐 般若臺記
唐 峿臺銘
【隸書】
秦 睡105
秦 睡156
西漢 馬•合陰陽
西漢 馬•合陰陽
西漢 馬•老乙前
西漢 張•118

佞

【隸書】
東漢 楊震碑
唐 尹文操碑
【楷書】
北魏 元瞻墓誌
唐 程思義墓誌
唐 馬浩墓誌
唐 石經公羊傳
唐 石經五經
唐 張乘運墓誌
後漢 祭瀆記

伶

【楷書】
北魏 封魔奴墓誌
隋 姜氏墓誌

伽

【隸書】
隋 馬穉墓誌
唐 劉粲墓誌
【楷書】
北魏 侯義墓誌
北齊 僧靜明造像
唐 姫推墓誌
唐 玄秘塔碑
唐 張騷墓誌

佚

【隸書】
唐 倪彬墓誌
【楷書】
北魏 元壽安墓誌
唐 周紹業墓誌

低

【隸書】
隋 姬威墓誌
唐 王崇禮墓誌
【楷書】
北魏 司馬氏墓誌
北周 馬龜墓誌
唐 李孟姜墓誌
唐 陰客墓誌
唐 鄭儉墓誌

亻瓜

【楷書】
唐 石經五經

位

【篆書】

唐 碧落碑

【隸書】

西漢 馬•老乙前

西漢 馬•老子甲後

西漢 馬•縱横

西漢 居新•3597

西漢 居新•5808

西漢 武•服傳甲

東漢 曹全碑陽

東漢 池陽令殘碑

東漢 石門頌

佗

【楷書】

唐 石經五經

北魏 元文墓誌

北魏 元湛墓誌

東魏 呂覎墓誌

隋 口悦昂墓誌

唐 裘婉墓誌

唐 清河張氏墓誌

唐 屈元壽墓誌

唐 石經尚書

唐 石經周易

唐 石經周易

唐 石臺孝經

唐 楊孝恭碑

唐 尹尊師碑

【楷書】

魏晉 樓•紙

北魏 胡明相墓誌

北魏 李頤墓誌

北魏 秦洪墓誌

北魏 王神虎造像

北魏 薛伯徽墓誌

北魏 元寶月墓誌

隋 王榮及妻墓誌

隋 蕭瑾墓誌

隋 修孔子廟碑

隋 楊真墓誌

隋 張盛墓誌

唐 蔡君妻墓誌

唐 高元珪墓誌

唐 京兆金氏墓誌

唐 李貞墓誌

唐 牛氏像龕碑

三國吳 買冢城磚

晉 辟雍頌陽

北齊 竇泰墓誌

北周 華嶽頌

北齊 司馬遵業墓誌

隋 段濟墓誌

隋 爾朱敞墓誌

隋 符盛及妻墓誌

隋 默曹殘碑

隋 任軌墓誌

東漢 延平元年記

東漢 陽嘉二年記

東漢 楊淮表記

東漢 楊叔恭殘碑

東漢 楊著碑陽

東漢 乙瑛碑

東漢 乙瑛碑

東漢 造土牛碑

東漢 張文思題記

東漢 鄭固碑

東漢 景君碑陽

東漢 禮器碑

東漢 禮器碑

東漢 尚博殘碑

東漢 石門頌

東漢 史晨後碑

東漢 史晨前碑

東漢 王舍人碑

東漢 熹平石經易

東漢 鮮于璜碑陽

東漢 石門頌
東漢 祀三公山碑
東漢 行事渡君碑
三國魏 張君殘碑
晉 辟雍頌陽
隋 暴永墓誌
隋 爾朱敞墓誌
隋 澧水石橋碑
隋 任軌墓誌
隋 宋仲墓誌

唐 石臺孝經

【楷書】

魏晉 樓·紙
魏晉 樓·紙
北魏 元寧墓誌
北魏 元瞻墓誌
隋 吳嚴墓誌
唐 喬崇隱墓誌
唐 石經周易
唐 張侯墓誌

伴

【楷書】

魏晉 樓·紙
唐 成淑墓誌
唐 張君妻田墓誌

住

【篆書】

唐 阿育王寺碑額
唐 多寶佛塔銘

【隸書】

漢晉 流簡紙
隋 澧水石橋碑
唐 盧宏及妻墓誌
唐 勿部將軍碑
唐 義福禪師碑
唐 貞一廟碑

【楷書】

北魏 陳天寶造像
北魏 寗懋墓誌
北魏 王昌墓誌
東魏 比邱道匠記
東魏 元仲英墓誌
隋 宋玉艷墓誌
唐 于賁墓誌

佇

【隸書】

東漢 陽嘉殘碑陽
隋 爾朱敞墓誌
唐 程俊墓誌陰
唐 李神符碑
唐 李神符碑
唐 盧行毅墓誌
唐 任城橋亭記

【楷書】

北魏 慈慶墓誌
北魏 吐谷渾氏墓誌
北魏 王誦墓誌
北魏 元暐墓誌
隋 孔神通墓誌
唐 房孚墓誌
後唐 毛璋妻墓誌

佾

【楷書】

唐 阿史那貞忠墓誌
唐 秦佾墓誌
唐 仙宮銘

侅

【楷書】

唐 馬進朝墓誌

唐 石經五經

佽

【楷書】

北齊 朱氏等造像

佛

【篆書】

唐 姚仲文經幢

【隸書】

北魏 翟普林造像

隋 郭休墓誌

隋 馬長和造像

隋 勝福寺塔銘

隋 王榮及妻墓誌

隋 張儉及妻墓誌

唐 崔沔墓誌陰

【楷書】

南朝宋 □熊造像記

南朝宋 佛女買地券

北魏 比邱惠合記

北魏 常文遠造像

北魏 陳天寶造像

北魏 尉遲氏造像

東魏 南宗和尚塔銘

北齊 邑義等造像

北齊 張龍伯造像

北齊 張龍伯造像

隋 樊尚造像

隋 李領萬造像

隋 姚伯兒造像

唐 范安及墓誌

唐 盧公則墓誌

後梁 山可球造像

伺

【隸書】

西漢 居新•6199

北齊 法懃塔銘

唐 八都壇碑

【楷書】

北魏 元瞻墓誌

唐 盧昂墓誌

余

【隸書】

秦 睡 110

西漢 馬•老乙

西漢 馬•老乙前

西漢 馬•縱橫

西漢 張•475

東漢 石門頌

唐 徐盼墓誌

唐 玄巖銘

【楷書】

晉 華芳墓誌陰

北魏 元端墓誌

北魏 元譚墓誌

北齊 雋敬碑

隋 蕭翹墓誌

唐 僧奕墓誌

燕 馬淩虛墓誌

伸

【篆書】

唐 峿臺銘

【隸書】

東漢 孟孝琚碑

東漢 楊震碑

唐 貞一廟碑

【楷書】

唐 李眈墓誌

佰

【隸書】

秦 睡58

西漢 張•267

漢晉 流簡紙

東漢 景君碑陰

東漢 景君碑陰

東漢 景君碑陰

隋 申穆及妻墓誌

隋 趙朗墓誌

唐 楊孝恭碑

【楷書】

魏晉 樓•紙

北齊 僧靜明造像

唐 吳志墓誌

侹

【楷書】

唐 孫公妻墓誌

唐 張君妻墓誌

來

【篆書】

三國魏 正始石經

三國魏 正始石經

【隸書】

秦 睡136

秦 睡51

秦 關周•日書

西漢 馬•老乙前

西漢 馬•老子甲後

西漢 張•1073

西漢 張•724

西漢 居新•2586

西漢 居新•7484

漢晉 流簡紙

漢晉 流簡紙

東漢 蒼山元嘉題記

東漢 肥致碑

東漢 公乘田魴記

東漢 衡方碑

東漢 淮源廟碑

東漢 禮器碑

東漢 史晨後碑

東漢 祀三公山碑

東漢 西狹頌

東漢 許安國題記

東漢 乙瑛碑

東漢 趙菿殘碑

三國魏 孔羨碑

三國魏 孔羨碑

三國魏 王基斷碑

晉 辟雍頌陽

晉 石尠墓誌

隋 爾朱敞墓誌

隋 姬威墓誌

隋 王榮及妻墓誌

隋 謝岳墓誌

唐 石臺孝經

唐 石臺孝經

唐 郎國長公主碑

唐 義福碑陰

【楷書】

魏晉 樓•紙

晉 郭槐柩記

西漢 武威医简45

西漢 居简甲乙编

西漢 居新•7845

西漢 西•候官

東漢 華山廟碑陽

新莽 萊子侯刻石

新莽 禳盜刻石

東漢 鮮于璜碑陽

東漢 鮮于璜碑陽

晉 辟雍頌陽

晉 劉韜墓志

東魏 叔孫固墓誌

唐 李敬實墓誌

唐 李元諒頌額

【隸書】

秦 睡52

西漢 馬•合陰陽

西漢 馬•老甲

西漢 馬•老乙前

西漢 張•1073

西漢 張•1084

西漢 罗布淖简12

西漢 罗布淖简8

使

【篆書】

三國魏 正始石經

北魏 公孫猗誌蓋

北魏 荀景誌蓋

北魏 李遵誌蓋

北齊 劉雙仁誌蓋

北魏 温泉頌額

東魏 宗欣誌蓋

隋 陳茂墓碑額

隋 賀若誼碑額

隋 賀若誼碑額

佴

【隸書】

西漢 馬•老乙前

西漢 馬•事語

西漢 馬•事語

西漢 張•495

西漢 張•501

【楷書】

唐 臧懷恪墓碑

唐 白公濟墓誌

唐 暴賢墓誌

唐 七品亡宮墓誌

唐 王素墓誌

佳

【隸書】

西漢 居新•7687

兩漢 傳馬名籍

東漢 耿勳碑

隋 李使君墓碑

隋 宋仲墓誌

唐 李彥墓誌

唐 王子麟墓誌

【楷書】

魏晉 樓•紙

北魏 長孫子澤墓誌

隋 元氏墓誌

隋 宋景造像碑

隋 宋景造像碑

隋 張景略墓誌

隋 張軻墓誌

隋 張盛墓誌

唐 崔暈墓誌

唐 裴沙墓誌

唐 匹婁思墓誌

唐 石經尚書

唐 石經周易

北魏 吐谷渾氏墓誌

北魏 元顯魏墓誌

北魏 元子直墓誌

北齊 竇泰墓誌

北齊 竇泰墓誌

北齊 司馬遵業墓誌

隋 高緊墓誌

隋 闞明墓誌

隋 侯肇墓誌

隋 任顯及妻誌

隋 劉寶及妻墓誌

隋 馬長和造像

隋 宋仲墓誌

唐 李神符碑

唐 史思禮墓誌

唐 行儼碑

唐 楊孝恭碑

唐 楊孝恭碑

唐 楊孝恭碑

唐 雲居寺殘碑

唐 趙冬曦壙誌

【楷書】

魏晉 樓•紙

魏晉 樓•紙

北魏 韓震墓誌陰

北魏 李謀墓誌

北魏 王翊墓誌

北魏 王翊墓誌

東魏 廉富造像陽

隋 尉富娘墓誌

隋 楊通墓誌

隋 張壽墓誌

隋 程氏墓誌

唐 石經周易

唐 王景秀墓誌

侉

【隸書】

東漢 池陽令殘碑

三國魏 張君殘碑

【楷書】

唐 石經五經

侍

【篆書】

東漢 袁敞殘碑

東魏 封延之誌蓋

東魏 高翻碑額

東魏 高盛墓碑額

北魏 溫泉頌額

東魏 元光基誌蓋

北魏 元壽安誌蓋

唐 碧落碑

唐 李敬實墓誌

唐 三墳記陽

【隸書】

西漢 馬•老乙前

西漢 馬•老乙前

西漢 馬•縱橫

西漢 張•1072

西漢 居新•7628

西漢 居新•7633

西漢 居新•7635

漢晉 流簡紙

漢晉 流簡紙

東漢 淮源廟碑

東漢 禮器碑陰

東漢 買田約束石

東漢 侍御史李公闕

東漢 薌他君題記

東漢 許安國題記

東漢 楊淮表記

東漢 楊震碑

東漢 乙瑛碑

晉 徐義墓誌陽

隋 郭王墓誌

隋 蕭瑾墓誌

唐 褚亮碑

唐 褚亮碑

唐 石臺孝經

唐 史思禮墓誌

唐 行儼碑

唐 趙冬曦壙誌

【楷書】

北魏 元保洛墓誌

北魏 元端墓誌

北魏 元壽安墓誌

北魏 元順墓誌

隋 段威墓誌

侗

【楷書】

唐 楊珽墓誌

侃

【隸書】

隋 段濟墓誌

隋 爾朱端墓誌

【楷書】

北魏 張寧墓誌

隋 王曜墓誌

唐 劉皆磚誌

唐 石經五經

唐 越國太妃墓誌

佪

【隸書】

東漢 許安國題記

東漢 景君碑陽

北齊 感孝頌

隋 爾朱敞墓誌

唐 義福禪師碑

【楷書】

北魏 爾朱紹墓誌

北魏 咎雙仁墓誌

隋 陳氏墓誌

隋 楊厲墓誌

唐 崔弘禮墓誌

唐 秦沖墓誌

唐 楊仲嗣墓誌

唐 張朏墓誌

侄

【隸書】

隋 王榮及妻墓誌

隋 鄭令妃墓誌

唐 王媛墓誌陽

唐 行儼碑

唐 尹尊師碑

【楷書】

北魏 胡明相墓誌

北魏 元譚墓誌

隋 蕭濱墓誌

隋 潘善利墓誌

唐 李宏墓誌

唐 劉祿墓誌

侀

【楷書】

唐 石經五經

唐 八品亡宮墓誌

唐 憫忠寺藏舍利記

供

【隸書】

西漢 居新•8824

東漢 曹全碑陽

唐 京兆金氏墓誌

唐 龐履温碑

唐 尹文操碑

唐 尹尊師碑

【楷書】

北魏 袁超造像記

北周 李道和像記

隋 □徹墓誌

隋 姚長寬造像

隋 潘善利墓誌

侁

【隸書】

唐 崔祐甫墓誌

【楷書】

唐 田侁妻祔誌

佸

【楷書】

唐 石經五經

佮

【楷書】

唐 石經五經

佻

【隸書】

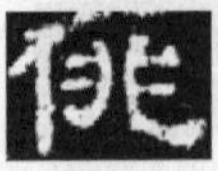

唐 懷古詩刻

【楷書】

唐 石經五經

侜

【楷書】

唐 石經五經

佺

【隸書】

唐 嵩陽觀碑

【楷書】

唐 趙佺墓誌

佹

【隸書】

唐 紀信墓碑

例

【隸書】

隋 豆盧寔墓誌

隋 段濟墓誌

唐 崔泰之墓誌

唐 王震墓誌

【楷書】

北魏 乞伏寶墓誌

北魏 于景墓誌

北魏 元誘墓誌

唐 宋莊墓誌

唐 邢德弼墓誌

侘

【楷書】

北魏 弔比干文陽

北魏 元壽安墓誌

北魏 元液墓誌

北齊 竇泰墓誌

北齊 法懃塔銘

北齊 宋敬業塔頌

隋 賈玄贊墓誌

隋 王楚英墓誌

隋 元鐘墓誌

唐 李元璥墓誌

唐 石經尚書

隋 郭休墓誌

隋 劉多墓誌

隋 宋景造像碑

隋 宋景造像碑

隋 宋仲墓誌

隋 蘇恒墓誌

隋 張儉及妻墓誌

唐 關道愛墓誌

唐 尹文操碑

【楷書】

晉 華芳墓誌陰

依

【隸書】

秦 睡255

西漢 馬•老甲

西漢 居新•7501

東漢 西•四時

東漢 白石神君碑

東漢 白石神君碑

東漢 史晨後碑

東漢 鮮于璜碑陽

東漢 薌他君題記

晉 郭槐柩記

唐 皇甫璧墓誌

唐 孫君妻李墓誌

唐 王玄起墓誌

佩

【隸書】

秦 睡213

西漢 馬•縱橫

西漢 張•767

西漢 居新•2343

隋 牛諒墓誌

唐 王震墓誌

【楷書】

南朝梁 羅浮山銘

北魏 元靈曜墓誌

北魏 元彝墓誌

北齊 道政造像陰

侈

【隸書】

唐 王震墓誌

唐 貞一廟碑

【楷書】

北魏 元壽安墓誌

唐 梁令珣墓誌

侐

【楷書】

唐 石經五經

佯

【楷書】

北齊 元賢墓誌

唐 曹慶妻祔誌

佽

【楷書】

唐 石經五經

侂

【篆書】

唐 碧落碑

侔

【隸書】

北齊 婁黑女墓誌

隋 豆盧實墓誌

隋 王楚英墓誌

唐 抱腹寺碑

唐 崔沔墓誌陽

唐 闞道愛墓誌

唐 李彥墓誌

唐 張侔墓誌

【楷書】

北魏 元寶月墓誌

北魏 元暉墓誌

隋 張濤妻墓誌

唐 李壽墓誌

唐 孫惠及妻墓誌

偏

【楷書】

唐 李獻墓誌

便

【隸書】

秦 睡10

西漢 馬•縱橫

西漢 馬•縱橫

西漢 馬•縱橫

西漢 馬•縱橫

西漢 馬•縱橫

西漢 居新•1873

西漢 居新•5219

西漢 居新•7533

西漢 居新•8351

西漢 西•詔書

東漢 西•奉例

兩漢 西•醫藥

漢晉 流簡紙

漢晉 流簡紙

東漢 蒼山元嘉題記

東漢 蒼山元嘉題記

東漢 肥致碑

東漢 郙閣頌

東漢 趙儀碑

隋 豆盧實墓誌

隋 豆盧實墓誌

隋 姬威墓誌

隋 馬少敏墓誌

隋 馬穉墓誌

隋 趙朗墓誌

唐 戴令言墓誌

唐 王媛墓誌陰

唐 尹尊師碑

【楷書】

北魏 張玄墓誌

北齊 司馬遵業墓誌

北齊 司馬遵業墓誌

北齊 司馬遵業墓誌

唐 呼延章墓誌

唐 盧璠墓誌

唐 万俟氏墓誌

唐 王協墓誌

俅

【楷書】

唐 劉君妻王墓誌

俌

【楷書】

唐 楊珽墓誌

俹

【篆書】

唐 碧落碑

俠

【隸書】

西漢 居新•1872

西漢 武•燕禮甲

東漢 元嘉三年記

隋 姬威墓誌

唐 戴令言墓誌

【楷書】

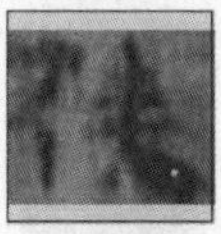

三國吳 走•五年

三國吳 走•五年

北魏 吳光墓誌

東魏 李挺墓誌

東魏 王僨墓誌

唐 暴賢墓誌

唐 王惠墓誌

俜

【楷書】

北魏 封魔奴墓誌

唐 梁令珣墓誌

唐 盧昂墓誌

侶

【隸書】

隋 劉多墓誌

隋 宋景造像碑

唐 白鹿泉碑陽

唐 義福禪師碑

【楷書】

北魏 曹天度造像

北魏 元顯儁墓誌

東魏 侯海墓誌陽

東魏 王偃墓誌

隋 高緊墓誌

唐 道因法師碑

保

【篆書】

東漢 開母廟闕銘

東漢 祀三公山碑

三國魏 正始石經

北魏 常氏誌蓋

【隸書】

秦 睡78

西漢 馬•老甲

西漢 馬•老乙

西漢 馬•縱横

西漢 居新•1425

漢晉 流簡紙

西漢 買山地記

東漢 池陽令殘碑

東漢 利水大道記

東漢 薌他君題記

東漢 子游殘碑

三國魏 張君殘碑

晉 辟雍頌陽

晉 徐義墓誌陽

北周 華嶽頌

北齊 司馬遵業墓誌

隋 爾朱端墓誌

隋 關明墓誌

隋 任顯及妻誌

隋 宋景造像碑

隋 王楚英墓誌

隋 王榮及妻誌

隋 口靜墓誌

唐 李貞墓誌

唐 盧宏及妻墓誌

唐 石臺孝經

唐 石臺孝經

【楷書】

北魏 王神虎造像

北魏 元保洛墓誌

北魏 元簡殘石

北齊 竇泰墓誌

北齊 婁黑女墓誌

北齊 殷恭安造像

隋 郭世昌墓誌

隋 孔神通墓誌

隋 寇遵考墓誌

隋 尉富娘墓誌

隋 尉富娘墓誌

唐 石經九經

唐 石經九經

唐 石經周易

唐 于尚範墓誌

唐 元罕墓誌

俚

【楷書】

唐 浯溪記

促

【篆書】

唐 峿臺銘

【隸書】

東漢 西狹頌

唐 豆盧建墓誌

唐 豆盧建墓誌

唐 潘基墓誌

唐 張佯墓誌

【楷書】

北魏 和邃墓誌

北魏 元顥平妻墓誌

唐 李氏室女墓誌

唐 李庭訓墓誌

唐 李賢墓誌

唐 李雅墓誌

唐 吕常侍妻墓誌

唐 张崇墓誌

俔

【楷書】

唐 袁公瑜墓誌

修

【隸書】

隋 爾朱端墓誌

隋 牛諒墓誌

隋 宋景造像碑

隋 修孔子廟碑

隋 修孔子廟碑

唐 關道愛墓誌

唐 柳偘妻墓誌

唐 史思禮墓誌

唐 楊孝恭碑

【楷書】

北魏 長孫子澤墓誌

北魏 穆紹墓誌

北魏 王翊墓誌

北魏 元恭墓誌

東魏 李憲墓誌

隋 暴永墓誌

隋 寇遵考墓誌

隋 梁坦墓誌

隋 陶貴墓誌

隋 羊本墓誌

隋 元鐘墓誌

隋 志修塔記

唐 曹謙墓誌

唐 劉公綽墓誌

唐 魯郡夏氏墓誌

唐 清河張氏墓誌

唐 石經尚書

唐 石經五經

唐 寺僧殘塔銘

唐 唐思禮墓誌

唐 王卿及妻墓誌

唐 顔勤禮碑陰

唐 張審文墓誌

俏

【楷書】

北魏 寇霄墓誌

俁

【楷書】

唐 石經五經

偟

【楷書】

晉 洛神十三行

俛

【隸書】

唐 告華嶽府君

【楷書】

北齊 朱岱林墓誌

唐 白義實墓誌

俄

【篆書】

唐 碧落碑

【隸書】

北齊 感孝頌

北齊 司馬遵業墓誌

隋 豆盧實墓誌

隋 劉寶及妻墓誌

隋 任軌墓誌

隋 任顯及妻誌

隋 宋仲墓誌

隋 張景略墓誌

唐 李神符碑

唐 王震墓誌

【楷書】

北魏 王翊墓誌

北魏 于纂墓誌

北魏 元悌墓誌

隋 口愢昂墓誌

隋 范安貴墓誌

隋 口鍾葵墓誌

唐 蓋暢墓誌

唐 皇甫德相墓誌

唐 陽濟墓誌

俈

【隸書】

隋 豆盧實墓誌

俗

【篆書】

唐 城隍廟碑

唐 峿臺銘

【隸書】

秦 睡10

西漢 馬•老乙前

西漢 馬•老乙前

西漢 馬•縱橫

東漢 池陽令殘碑

東漢 衡方碑

東漢 夏承碑

東漢 楊統碑陽

三國魏 張君殘碑

北齊 法懃塔銘

北齊 感孝頌

隋 豆盧實墓誌

隋 郭王墓誌

隋 郭休墓誌

隋 李使君墓碑

隋 劉寶及妻墓誌

隋 任軌墓誌

隋 張姜墓誌

唐 白鹿泉碑陰

唐 李神符碑

唐 李貞墓誌

唐 石臺孝經

唐 史思禮墓誌

唐 尹尊師碑

【楷書】

三國吳 走•五年

三國吳 走•五年

北魏 封魔奴墓誌

北魏 李端墓誌

信

【篆書】

隋 宋仲墓誌

唐 彌陀像碑額

唐 三墳記陽

【隸書】

秦 睡 85

西漢 馬•合陰陽

西漢 馬•老甲

西漢 馬•老乙前

西漢 馬•老子甲後

西漢 馬•事語

西漢 馬•天下

侮

【隸書】

北齊 竇泰墓誌

北齊 西門豹碑陽

隋 豆盧實墓誌

唐 董虔運墓誌

唐 史思禮墓誌

【楷書】

北魏 元悌墓誌

唐 阿史那貞忠墓誌

唐 盧萬春墓誌

唐 石經五經

俙

【楷書】

唐 楚金禪師碑

唐 石經五經

唐 石經周易

唐 思恒墓誌

唐 楊玄略墓誌

唐 張三英墓記

係

【隸書】

秦 關周•病方

西漢 張•1131

東漢 張遷碑陽

唐 京兆金氏墓誌

唐 貞一廟碑

【楷書】

北齊 僧靜明造像

東魏 張瓘墓誌

隋 尉富娘墓誌

唐 邊誠夫人墓誌

唐 柳昱墓誌

俘

【隸書】

唐 司馬寔墓誌

【楷書】

北魏 元端墓誌

唐 楊佰隴墓誌

西魏 靈巖寺沙門

隋 段威墓誌

隋 惠鬱造像記

隋 嚴元貴墓誌

唐 禪師方墳記

唐 樊廉墓誌

唐 李瓛墓誌

北魏 李遵墓誌

北魏 劉玉墓誌

北魏 王誦墓誌

北魏 元敷墓誌

北魏 元暐墓誌

北魏 元襲墓誌

北魏 元瑱墓誌

北魏 元彥墓誌

北魏 元悅墓誌

北齊 等慈寺塔銘

西漢 馬•縱橫
西漢 張•1101
西漢 張•1108
西漢 張•641
西漢 居新•7706
漢晉 流簡紙
東漢 公乘田魴記
東漢 華山廟碑陽
東漢 建寧三年殘碑
東漢 景君碑陽

東漢 禮器碑側
東漢 魯峻碑陽
北魏 元文墓誌
隋 爾朱敞墓誌
隋 爾朱端墓誌
隋 王楚英墓誌
隋 張姜墓誌
唐 京兆金氏墓誌
唐 行儼碑

【楷書】

北魏 侯□和造像

北魏 楊乾墓誌
隋 澧水石橋碑
隋 吳嚴墓誌
唐 寇堮墓誌
唐 石經周易

侯

【篆書】

三國魏 正始石經
三國魏 正始石經
晉 郛休碑陰
東魏 侯海誌蓋

【隸書】

秦 睡 49
西漢 馬•老乙前
西漢 馬•老子甲後
西漢 馬•縱橫
西漢 馬•縱橫
西漢 張•388

西漢 居新•1375
漢晉 流簡紙
東漢 華山廟碑陽
東漢 華山廟碑陽
新莽 萊子侯刻石
東漢 禮器碑側
東漢 馬姜墓記
東漢 買田約束石
東漢 三老刻石
東漢 宋伯望買田券左

東漢 楊震碑
東漢 楊著碑陽
東漢 楊著碑陽
東漢 乙瑛碑
東漢 尹宙碑
東漢 永壽元年墓記
東漢 元和三年記
東漢 趙寬碑
晉 劉韜墓志
晉 王君侯碑陽

晉 徐義墓誌陽
北齊 司馬遵業墓誌
隋 姬威墓誌
隋 口墮及妻墓誌
隋 牛暉墓誌
隋 任軌墓誌
隋 任軌墓誌
隋 謝岳墓誌
唐 褚亮碑
唐 石臺孝經

唐 石臺孝經
唐 楊孝恭碑
唐 楊孝恭碑
唐 楊孝恭碑
唐 楊孝恭碑
唐 掌徹墓誌

【楷書】

三國吳 走•五年
南朝梁 楊公則誌
北魏 高樹造像記
北魏 王基墓誌

侵

【篆書】

三國魏 正始石經

唐 謙卦碑

唐 謙卦碑

【隸書】

西漢 馬•老子甲後

西漢 馬•老子甲後

西漢 馬•事語

西漢 張•266

西漢 居新•1948

西漢 居新•3129

西漢 居新•5560

唐 羅端墓誌

唐 石經尚書

唐 石經五經

唐 石經五經

唐 唐嘉會墓誌

唐 蕭公夫人墓誌

唐 蕭思一墓誌

唐 陰客墓誌

唐 鄭温球墓誌

北齊 元賢墓誌

隋 寇遵考墓誌

隋 王世琛墓誌

隋 吳嚴墓誌

隋 伍道進墓誌

隋 蕭翹墓誌

隋 元智墓誌

隋 張怦墓誌

唐 費智海墓誌

唐 李爽墓誌

唐 崔祐甫墓誌

【楷書】

北魏 元敷墓誌

北魏 元繼墓誌

北魏 元茂墓誌

北魏 元悛墓誌

北魏 張寧墓誌

北魏 高廣墓誌

東魏 侯海墓誌陽

北齊 雋敬碑

東魏 李挺墓誌

俊

【篆書】

東漢 開母廟闕銘

東漢 少室石闕銘

【隸書】

秦 關周•病方

東漢 白石神君碑

東漢 曹全碑陽

東漢 趙寬碑

三國魏 王基斷碑

晉 辟雍頌陽

北齊 司馬遵業墓誌

隋 郭王墓誌

唐 張俟墓誌

唐 張仲暉墓誌

唐 趙宗祐墓誌

隋 吳嚴墓誌

唐 暴賢墓誌

唐 宮官司設墓誌

唐 石經九經

唐 石經尚書

唐 石經周易

唐 石經周易

唐 王大劍墓誌

唐 温煒妻墓誌

唐 蕭公夫人墓誌

北魏 元恩墓誌

北魏 元恩墓誌

北魏 元悌墓誌

北齊 竇泰墓誌

隋 陳常墓誌

隋 范安貴墓誌

隋 陶貴墓誌

隋 王楚英墓誌

隋 口靜墓誌

隋 口靜墓誌

東漢 西•劾狀
兩漢 武•王杖
兩漢 西•廩食
東漢 史晨後碑
東漢 尹宙碑
晉 辟雍頌陽
隋 段濟墓誌
隋 馬穉墓誌
唐 高元珪墓誌
唐 懷古詩刻

【楷書】
北魏 長孫瑱墓誌
北魏 王誦妻墓誌
北魏 元端墓誌
北魏 元液墓誌
北魏 元子永墓誌
北齊 竇泰墓誌
東魏 陸順華墓誌
東魏 元顯墓誌
隋 成公氏墓誌
隋 范安貴墓誌

隋 元智墓誌
唐 安元壽墓誌
唐 石經五經
唐 石經周易
唐 孫氏女墓誌

俟

【隸書】
西漢 武•士相見
兩漢 西•士相見
兩漢 西•士相見
東漢 禮器碑
東漢 楊統碑陽
東漢 楊著碑陽
隋 賈通墓誌
隋 任軌墓誌
唐 北獄廟碑
唐 張休光墓誌

【楷書】
北魏 韓震墓誌陰
北魏 胡明相墓誌
北魏 元寧墓誌
北魏 元天穆墓誌
隋 白仵貴墓誌
隋 蕭瑒墓誌
唐 狄玄愬墓誌
唐 桓琮妻墓誌
唐 石經五經
唐 張叡墓誌

俞

【隸書】
西漢 馬•老甲
西漢 馬•老乙前
西漢 馬•天下
西漢 馬•縱橫

【楷書】
北魏 元洛神墓誌
唐 强偉墓誌
唐 石經尚書
唐 石經五經
唐 石經五經
唐 顏仁楚墓誌

俎

【隸書】
秦 睡 55
西漢 張•711
西漢 武•少牢甲
三國魏 孔羡碑
晉 辟雍頌陽
北齊 西門豹碑陽
唐 八都壇碑
唐 孔子廟碑
唐 尹尊師碑

【楷書】
北魏 寇臻墓誌
北魏 李遵墓誌
北魏 奚真墓誌
北魏 元純陀墓誌
北魏 張盧墓誌
北周 盧蘭墓誌
北齊 邢夫人墓誌
北齊 元賢墓誌
隋 張伏敬墓誌
唐 石經五經
唐 張楚璋墓誌

倀

【楷書】

唐 李愍墓誌

倰

【楷書】

唐 崔偃墓誌

倒

【隸書】

東漢 景君碑陽

【楷書】

北魏 穆纂墓誌

隋 呂胡墓誌

倖

【楷書】

唐 楊吴生墓誌

俴

【楷書】

唐 石經五經

倅

【隸書】

唐 崔祐甫墓誌

【楷書】

唐 石經五經

唐 王叔寧墓誌

唐 王翼墓誌

後唐 孫拙墓誌

傳

【楷書】

唐 石經五經

佌

【楷書】

唐 石經五經

脩

【篆書】

唐 功德碑額

【隸書】

秦 睡137

西漢 馬•合陰陽

西漢 馬•合陰陽

西漢 馬•老乙前

西漢 馬•老乙前

西漢 馬•老子甲後

西漢 馬•老子甲後

西漢 馬•事語

西漢 張•499

北齊 趙道德墓誌

隋 龍池寺舍利塔記

隋 王世琛墓誌

隋 嚴元貴墓誌

隋 楊厲墓誌

唐 房敬墓誌

後周 宋彥筠墓誌

後唐 王璠墓誌

值

【隸書】

漢晉 流簡紙

晉 石尠墓誌

北齊 司馬遵業墓誌

隋 口曈及妻墓誌

隋 勝福寺塔銘

【楷書】

魏晉 樓•紙

北魏 慈慶墓誌

東魏 馬都愛造像

北齊 殷恭安造像

東魏 張僧安造像

唐 楊孝恭碑

唐 尹文操碑

唐 趙冬曦壙誌

【楷書】

北魏 胡明相墓誌

隋 口怳昂墓誌

隋 段模墓誌

倚

【篆書】

唐 碧落碑

【隸書】

西漢 馬•老甲

西漢 馬•老乙前

西漢 馬•老子甲後

西漢 馬•老子甲後

兩漢 西•羌律

唐 崔祐甫墓誌

唐 楊孝恭碑

唐 楊孝恭碑

唐 楊孝恭碑

唐 史思禮墓誌

唐 尹尊師碑

【楷書】

北齊 竇泰墓誌

東魏 叔孫固墓誌

唐 楊執一墓誌

唐 張安墓誌

唐 執失善光

借

【篆書】

唐 峿臺銘

【隸書】

西漢 居新•7482

西漢 居新•7483

西漢 居新•7488

東漢 西•寇恩

東漢 西•死駒

北齊 司馬遵業墓誌

隋 修孔子廟碑

唐 崔沔墓誌陽

唐 柳偘妻墓誌

倩

【隸書】

西漢 居新•3716

西漢 居新•4346

西漢 居新•7050

漢晉 流簡紙

隋 豆盧實墓誌

隋 馬穉墓誌

【楷書】

晉 黃庭內景經

隋 張業墓誌

唐 白光倩墓誌

西漢 張•682
西漢 張•700
西漢 居新•1003
西漢 居新•4798
西漢 居新•5563
西漢 居新•7626
西漢 居新•7635
西漢 武•少牢甲
西漢 武•特牲甲
西漢 西•馬簽

西漢 習字觚
東漢 西•文書
兩漢 西•羌律
漢晉 流簡紙
東漢 白石神君碑
東漢 曹全碑陽
東漢 從事馮君碑
東漢 封龍山頌
東漢 衡方碑
東漢 華山廟碑陽

東漢 華山廟碑陽
東漢 華山廟碑陽
東漢 孔宙碑陰
東漢 史晨後碑
東漢 温江墓門記
東漢 鮮于璜碑陽
東漢 薌他君題記
東漢 許安國題記
東漢 楊統碑陽
東漢 楊震碑

東漢 乙瑛碑
東漢 永壽元年銘
東漢 圉令趙君碑
晉 辟雍頌陽
晉 辟雍頌陽
晉 管洛墓誌陽
晉 石尠墓誌
晉 石尠墓誌
隋 侯肇墓誌
隋 馬長和造像

隋 申穆及妻墓誌
隋 宋景造像碑
隋 口靜墓誌
隋 蕭瑾墓誌
隋 張盛墓誌
唐 盧行毅墓誌
唐 石臺孝經
唐 石臺孝經
唐 王泠然墓誌
唐 王震墓誌

唐 興寺碑
唐 張濬墓誌

【楷書】

三國吳 走•五年
晉 華芳墓誌陰
北魏 胡明相墓誌
北魏 賈良造像記
北魏 李媛墓誌
北魏 奚真墓誌
北魏 嚴震墓誌
北魏 元順墓誌

北魏 元鑒墓誌
東魏 馮令華墓誌
東魏 陸順華墓誌
東魏 元睟墓誌
北齊 元賢墓誌
隋 張喬墓誌
唐 崔廷妻墓誌
唐 崔智墓誌
唐 梁公妻墓誌
唐 林寺戒壇銘

唐 劉密妻崔墓誌
唐 敏之墓誌
唐 石經周易
唐 王太真墓誌
唐 嚴令元墓誌
唐 支訢妻墓誌
後唐 王璠墓誌

倡

【隸書】

西漢 張•722

西漢 張•723

西漢 張•724

西漢 張•726

東漢 蒼山元嘉題記

【楷書】

唐 姚存古墓誌

倶

【隸書】

西漢 馬•老乙前

西漢 馬•事語

西漢 馬•縱橫

西漢 居新•7484

漢晉 流簡紙

東漢 郙閣頌

東漢 桓孨食堂記

東漢 許安國題記

東漢 趙菿殘碑

晉 王君殘墓誌

北齊 感孝頌

北齊 西門豹碑陽

隋 澧水石橋碑

隋 姬威墓誌

隋 劉寶及妻墓誌

隋 牛諒墓誌

隋 宋景造像碑

隋 蘇恒墓誌

隋 王榮及妻墓誌

隋 張盛墓誌

唐 楊孝恭碑

【楷書】

北魏 穆亮妻墓誌

北魏 元彝墓誌

北魏 張玄墓誌

北齊 竇泰墓誌

北周 李雄墓誌

隋 尉富娘墓誌

隋 姚伯兒造像

隋 張伏敬墓誌

唐 李鼎墓誌

個

【楷書】

唐 石經五經

倬

【楷書】

唐 多寶塔碑

唐 張貞愼墓誌

俶

【隸書】

西漢 武•士相見

隋 爾朱敞墓誌

唐 玄元靈應頌

【楷書】

北魏 馮會葚墓誌

隋 董美人墓誌

隋 范安貴墓誌

唐 李鳳墓誌

唐 石經尚書

唐 元瑛墓誌

後周 蕭處仁墓誌

後梁 築新子墻記

倕

【隸書】

唐 刻石記

唐 刻石記

【楷書】

唐 盧就墓誌

倜

【隸書】

唐 蘇洪姿墓誌

【楷書】

北魏 元鑽遠墓誌

唐 李壽墓誌

唐 楊順墓誌

倭

【楷書】

東魏 蕭正表墓誌

唐 石經五經

俾

【隸書】

東漢 簿書殘碑

東漢 史晨後碑

東漢 西狹頌

東漢 楊統碑陽

三國魏 孔羨碑

晉 郛休碑陽

晉 石尠墓誌

隋 謝岳墓誌

唐 寒亭記

唐 史思禮墓誌

唐 王媛墓誌陰

唐 楊孝恭碑

唐 尹尊師碑

【楷書】

晉 華芳墓誌陰

北魏 元誨墓誌

唐 崔元二墓誌

唐 法玩塔銘

唐 石浮圖銘

唐 石經尚書

倏

【篆書】

唐 碧落碑

【楷書】

晉 黄庭内景經

唐 劉媛墓誌

唐 蘇斌墓誌

唐 尉遲敬德墓誌

唐 張寬墓誌

唐 趙智侃墓誌

倫

【篆書】

唐 碧落碑

【隸書】

東漢 卓異殘碑

晉 辟雍頌陽

晉 石尠墓誌

隋 爾朱端墓誌

隋 郭王墓誌

隋 默曹殘碑

隋 張姜墓誌

唐 蔡君妻墓誌

唐 褚亮碑

唐 潘基墓誌

唐 沈知敏墓誌

唐 蘇洪姿墓誌

唐 玄元靈應頌

唐 趙冬曦壙誌

【楷書】

北魏 馮邕妻墓誌

北魏 元誨墓誌

隋 段模墓誌

隋 王楚英墓誌

隋 王楚英墓誌

隋 薛保興墓誌
唐 郭君妻墓誌
唐 屈突通墓誌
唐 石經尚書

倪

【隸書】
唐 倪彬墓誌
唐 趙冬曦壙誌
【楷書】
北魏 元倪墓誌
北齊 僧靜明造像
隋 張濤妻墓誌
唐 無上道誌

候

【隸書】
秦 睡 69
西漢 馬•事語
西漢 馬•天下
西漢 張•467
西漢 張•467
西漢 居新•2619
西漢 居新•3047
西漢 居新•3433
西漢 居新•4422
西漢 居新•7162

西漢 居新•7162
西漢 居新•7945
東漢 西•寇恩
東漢 蒼山元嘉題記
隋 豆盧實墓誌
唐 史思禮墓誌
唐 行儼碑
唐 玄元靈應頌
【楷書】
北魏 高珪墓誌
北魏 郭顯墓誌

東魏 元悰墓誌
隋 王楚英墓誌
唐 卜璀墓誌
唐 曹慶妻祔誌
唐 李休墓誌
唐 盧珍墓誌
唐 羅池廟碑
唐 馬君妻董墓誌
後晉 袁從章墓誌

倦

【隸書】
東漢 尚博殘碑
東漢 子游殘碑
唐 徐盼墓誌
唐 義福禪師碑
唐 植松柏碑
【楷書】
北魏 司馬氏墓誌
北魏 元子直墓誌
隋 陳叔榮墓誌
隋 成公氏墓誌
隋 諸葛子恒碑

唐 李壽墓誌
唐 石經尚書
唐 張餘墓誌

倣

【隸書】
唐 崔漢衡題名
【楷書】
唐 張審文墓誌

東漢 倉頡廟碑側

東漢 蒼山元嘉題記

東漢 王舍人碑

東漢 西狹頌

東漢 熹平殘石

東漢 鮮于璜碑陽

東漢 楊著碑陽

北魏 上尊號碑

隋 馬穉墓誌

【楷書】

三國吳 走•四年

倉

【篆書】

隋 宋仲墓誌

【隸書】

秦 睡 14

秦 睡 15

西漢 馬•老乙前

西漢 張•470

西漢 居新•3847

西漢 居新•6950

西漢 居新•7543

西漢 居新•7626

東漢 西•奉例

健

【隸書】

漢晉 流簡紙

漢晉 流簡紙

唐 崔沔墓誌陽

【楷書】

三國吳 走•五年

北魏 康健墓誌

隋 張盈墓誌

唐 八都壇碑

唐 獨孤驤墓誌

唐 房敬墓誌

唐 石經周易

倨

【楷書】

北齊 婁黑女墓誌

唐 崔哲妻墓誌

北魏 元融墓誌

唐 孫嗣初妻墓誌

唐 孫師歧墓誌

倍

【篆書】

三國魏 正始石經

【隸書】

西漢 馬•縱横

西漢 居新•5674

東漢 禮器碑

晉 辟雍頌陽

隋 蕭瑾墓誌

隋 張儉及妻墓誌

唐 大忍寺碑

【楷書】

魏晉 樓•紙

北魏 元靈曜墓誌

俯

【篆書】

唐 碧落碑

【隸書】

東漢 史晨前碑

東漢 夏承碑

東漢 鄭固碑

三國魏 王基斷碑

隋 任軌墓誌

唐 沈夫人墓誌

【楷書】

晉 蘭亭序真本

北魏 元欽墓誌

唐 盧知宗墓誌

倓

【隸書】

西漢 居新•2278

【楷書】

魏晉 樓•紙

（續）

三國吳 走•五年

北魏 穆亮妻墓誌

北魏 元彬墓誌

隋 翟突娑墓誌

唐 魯郡夏氏墓誌

唐 石經五經

倴

【隸書】

隋 修孔子廟碑

唐 龐履温碑

【楷書】

唐 張軫墓誌

偵偵

【楷書】

唐 白羨言墓誌

偃偃

【隸書】

西漢 張•1157

西漢 居新•4847

西漢 習字觚

漢晉 流簡紙

北齊 法懃塔銘

北齊 司馬遵業墓誌

隋 修孔子廟碑

隋 趙朗墓誌

唐 陳憲墓誌

唐 大忍寺碑

唐 文宣王廟門碑

唐 楊孝恭碑

唐 張休光墓誌

【楷書】

南朝陳 劉猛進碑

南朝梁 羅浮山銘

北魏 奚真墓誌

北魏 元斌墓誌

北齊 邢多等造像

東魏 元湛墓誌

隋 郭寵墓誌

隋 呂胡墓誌

隋 蕭翹墓誌

唐 多寶塔碑

唐 敬覺墓誌

唐 劉子墓誌

唐 石經五經

唐 楊貴墓誌

偰僁

【楷書】

唐 石經五經

偪

【楷書】

唐 石經五經

偲

【楷書】

唐 石經五經

隋 宋仲墓誌

隋 張姜墓誌

唐 崔泰之墓誌

【楷書】

北魏 元纂墓誌

北齊 竇泰墓誌

北齊 竇泰墓誌

隋 程諧墓誌

唐 石經尚書

唐 石經尚書

唐 石經尚書

側

【隸書】

西漢 馬•合陰陽

東漢 淮源廟碑

東漢 景君碑陰

東漢 三公山碑

東漢 鮮于璜碑陽

晉 石尠墓誌

北齊 感孝頌

隋 豆盧實墓誌

隋 澧水石橋碑

隋 李元墓誌

偶

【隸書】

西漢 武•泰射甲

唐 豆盧建墓誌

唐 掌徹墓誌

唐 鄭忠墓碑

【楷書】

北魏 元倖墓誌陽

隋 范安貴墓誌

隋 伍道進墓誌

唐 盧含墓誌

唐 石經五經

傷

【隸書】

秦 睡 150

西漢 馬•十問

俘

【楷書】

北魏 元珍墓誌

唐 崔沔墓誌陽

唐 蘇洪姿墓誌

唐 張翼墓誌

【楷書】

魏晉 樓•紙

北魏 馮邕妻墓誌

唐 李鳳妃墓誌

唐 石經周易

偕

【隸書】

秦 睡 16

西漢 馬•老子甲後

西漢 張•565

西漢 張•566

西漢 張•692

西漢 張•79

西漢 居新•4340

隋 侯簫墓誌

隋 牛諒墓誌

隋 蘇恒墓誌

偽

【隸書】

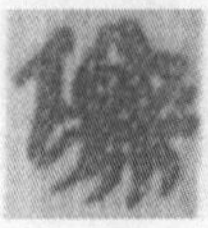
秦 睡 51

西漢 馬•老乙前

西漢 馬•老子甲後

西漢 張•606

西漢 張•607

東漢 景君碑陽

隋 爾朱敞墓誌

唐 沈知敏墓誌

唐 石臺孝經

唐 司馬寔墓誌

停

【隸書】

隋 張姜墓誌

唐 白鹿泉碑陰

唐 潘基墓誌

唐 屈突通墓誌

唐 趙冬曦壙誌

【楷書】

北魏 元瞻墓誌

隋 李則墓誌

隋 吳嚴墓誌

唐 白光倩墓誌

唐 王協墓誌

偫

【隸書】

東漢 張壽殘碑

【楷書】

唐 張士貴墓誌

偋

【楷書】

唐 崔芑合祔誌

唐 沈士公墓誌

唐 于季文墓誌

傁

【楷書】

唐 石經五經

偑

【隸書】

西漢 張•760

西漢 張•765

【楷書】

唐 劉密妻崔墓誌

傀

【楷書】

唐 石經五經

唐 王晛墓誌

偈

【隸書】

北齊 鏤石班經記

唐 興寺碑

唐 義福碑陰

唐 義福禪師碑

【楷書】

北齊 出涅槃經

東魏 南宗和尚塔銘

唐 多寶塔碑

唐 韓神墓誌

人部

（續）

唐 鄭忠墓碑

【楷書】

魏晉 樓•紙

北魏 寇演墓誌

北魏 穆纂墓誌

唐 陳立行墓誌

唐 杜文貢墓誌

唐 劉濬墓誌

唐 顏人墓誌

偯

【楷書】

唐 段晏墓誌

偏

【隸書】

西漢 張•197

西漢 張•758

西漢 張•89

西漢 居新•7537

東漢 石門頌

晉 吕望表

北齊 竇泰墓誌

隋 段濟墓誌

隋 宋仲墓誌

隋 趙朗墓誌

唐 盧君妻墓誌

唐 玄元靈應頌

唐 鄭忠墓碑

【楷書】

北魏 馮邕妻墓誌

北魏 荀景墓誌

北魏 李謀墓誌

北魏 張盧墓誌

隋 王世琛墓誌

隋 魏氏墓誌

隋 伍道進墓誌

唐 屈澄墓誌

唐 石經五經

唐 王惠墓誌

唐 王慎疑妻墓誌

唐 張楚璋墓誌

唐 支子珪墓誌

傞

【楷書】

唐 石經五經

偓

【隸書】

唐 嵩陽觀碑

【楷書】

唐 鄭偓佺妻墓誌

假

【篆書】

東魏 元湛誌蓋

隋 孟顯達碑額

【隸書】

西漢 馬•縱横

西漢 張•40

西漢 居新•7799

西漢 居新•8247

兩漢 西•馬簡

漢晉 流簡紙

漢晉 流簡紙

東漢 倉頡廟碑側

東漢 華山廟碑陽
東漢 景君碑陽
東漢 岐子根記
東漢 史晨後碑
東漢 熹平石經易
東漢 鮮于璜碑陽
東漢 趙寬碑
隋 段濟墓誌
隋 段濟墓誌
隋 關明墓誌

隋 牛諒墓誌
隋 蘇恒墓誌
唐 北獄廟碑
唐 豆盧建墓誌
唐 司馬寔墓誌
唐 尹尊師碑
西漢 居新•7676
東漢 西•死駒

【楷書】

北魏 寇憑墓誌
北魏 寇慰墓誌

北魏 寇演墓誌
北魏 山徽墓誌
北魏 元恭墓誌
北魏 元懷墓誌
北魏 元茂墓誌
北魏 元文墓誌
北魏 元襲墓誌
北魏 元謐墓誌
北魏 元秀墓誌
東魏 馮令華墓誌

北齊 婁黑女墓誌
北齊 司馬遵業墓誌
隋 口怳昂墓誌
隋 段威墓誌
隋 吳嚴墓誌
唐 崔廷妻墓誌
唐 盧宏及妻墓誌
唐 駱氏墓誌
唐 苗弘本墓誌
唐 石經尚書

唐 石經五經
唐 石經周易
唐 蕭公夫人墓誌

偉

【隸書】

西漢 居新•2698
晉 郭休碑陰
晉 華芳墓誌陰
隋 豆盧實墓誌
隋 豆盧實墓誌
隋 爾朱敞墓誌
隋 高虬墓誌
唐 夫子廟堂碑
唐 李彥墓誌
唐 尹尊師碑

【楷書】

北魏 鮮于仲兒墓誌
隋 蕭翹墓誌
唐 傅思諫墓誌
唐 李從證墓誌
唐 譚伍墓誌
唐 王震墓誌

[illegible]

【楷書】

唐 石經五經
唐 石經尚書

偷

【篆書】

唐 碧落碑

【隸書】

唐 李神符碑

【楷書】

北魏 元朗墓誌

隋 口悅昂墓誌

唐 韋塤墓誌

傃

【楷書】

唐 李護墓誌

唐 任德墓誌

傋

【楷書】

後唐 西方鄴墓誌

傎

【楷書】

唐 石經五經

傔

【楷書】

唐 故亡宮九品墓誌

唐 李雖墓誌

唐 梁元翰墓誌

備

【篆書】

唐 碧落碑

【隸書】

秦 睡 15

秦 睡 45

西漢 馬•合陰陽

西漢 馬•老乙前

西漢 馬•縱橫

西漢 張•1086

西漢 張•622

西漢 居新•8430

東漢 白石神君碑

東漢 景君碑陰

東漢 禮器碑

東漢 禮器碑

東漢 立朝字殘碑

東漢 西狹頌

東漢 楊統碑陽

東漢 乙瑛碑

晉 辟雍頌陽

晉 辟雍頌陽

晉 辟雍頌陽

北齊 鏤石班經記

隋 灃水石橋碑

隋 高虬墓誌

隋 姬威墓誌

隋 姬威墓誌

隋 蘇恒墓誌

隋 蕭瑾墓誌

隋 張景略墓誌

隋 趙朗墓誌

唐 北獄廟碑

唐 崔祐甫墓誌
唐 京兆金氏墓誌
唐 盧宏及妻墓誌
唐 石臺孝經
唐 石臺孝經
唐 石臺孝經
唐 嵩陽觀碑
唐 朱君妻王墓誌

【楷書】

魏晉 樓•紙
晉 華芳墓誌陰
北魏 陳天寶造像
北魏 馮迎男妻墓誌
北魏 耿壽姬墓誌
北魏 寇慰墓誌
北魏 楊乾墓誌
北魏 元維墓誌
北魏 元瞻墓誌
北魏 元周安墓誌
北魏 元子正墓誌
東魏 元湛墓誌
隋 鄧昞墓誌
隋 侯氏墓誌
隋 劉德墓誌
唐 王法墓誌
隋 王世琛墓誌
隋 吳儼墓誌
隋 元鐘墓誌
隋 張業墓誌
隋 鄭善妃墓誌
唐 崔元二墓誌
唐 崔湛墓誌
唐 高彥墓誌
唐 韓神墓誌
唐 李庭玉改葬誌
唐 李遠墓誌
唐 呂常侍妻墓誌
唐 孟維墓誌
唐 石經五經
唐 石經五經
唐 石經周易
唐 王賓墓誌
唐 王思訥墓誌
唐 王素臣墓誌
唐 王玄裕墓誌
唐 蕭公夫人墓誌
唐 穎忠謹墓誌
唐 張某墓誌

傅

【篆書】

北周 匹婁歡誌蓋

【隸書】

秦 睡228
西漢 馬•病方
西漢 馬•合陰陽
西漢 張•385
西漢 居新•2125
東漢 孔宙碑陽
東漢 禮器碑側
東漢 禮器碑側
東漢 史晨前碑
東漢 趙儀碑
隋 爾朱端墓誌
隋 賈通墓誌
唐 京兆金氏墓誌
唐 韋士逸墓誌

【楷書】

北魏 薛伯徽墓誌
北魏 元珽墓誌
北魏 元乂墓誌
北魏 元誘妻墓誌
隋 李則墓誌
隋 蕭翹墓誌
唐 石經五經
唐 楊乾光墓誌
唐 幼覺大師墓誌

傑

【隸書】

東漢 朐忍令碑

北齊 司馬遵業墓誌

隋 豆盧實墓誌

隋 豆盧實墓誌

隋 爾朱端墓誌

隋 澧水石橋碑

隋 蕭瑾墓誌

唐 女天土廟碑

唐 崔祐甫墓誌

唐 戴令言墓誌

唐 紀信墓碑

唐 李貞墓誌

唐 張翼墓誌

【楷書】

北齊 竇泰墓誌

北齊 竇泰墓誌

北齊 竇泰墓誌

北齊 高淯墓誌

東魏 元湛墓誌

隋 陳叔明墓誌

隋 段威墓誌

隋 元鐘墓誌

隋 張盈墓誌

唐 鞏氏墓誌

唐 李鼎墓誌

唐 李修已墓誌

唐 劉妙姜墓誌

唐 柳正確墓誌

唐 石經五經

唐 王翼墓誌

唐 魏公韋氏墓誌

唐 鄭仲連墓誌

後唐 毛璋妻墓誌

傲

【隸書】

唐 崔沔墓誌陽

唐 戴令言墓誌

【楷書】

北魏 元緒墓誌

唐 劉祿墓誌

唐 石經尚書

唐 趙南山墓誌

傒

【楷書】

北魏 奚真墓誌

唐 梁瑍墓誌

唐 石經五經

傚

【楷書】

唐 李推賢墓誌

傍

【隸書】

北齊 感孝頌

隋 李元墓誌

唐 北獄廟碑

唐 北獄廟碑

【楷書】

南朝宋 佛女買地券

北魏 蘭將墓誌

隋 段威墓誌

隋 張軻墓誌

唐 麻姑仙壇記

	傳	傿	債	倚			禽
東漢 淮源廟碑	【篆書】	【隸書】	【楷書】	【楷書】	東魏 元湛墓誌	隋 謝岳墓誌	【隸書】
東漢 桓莽食堂記	隋 宋仲墓誌	西漢 居新•2722	唐 大周智惠墓誌	隋 翟突娑墓誌	北齊 朱曇思造塔	唐 柳偘妻墓誌	西漢 馬•老乙前
東漢 禮器碑	唐 碧落碑	東漢 尹宙碑			隋 段威墓誌	唐 修定寺記碑	西漢 馬•事語
東漢 尚博殘碑	【隸書】				唐 賈元恭墓誌	唐 楊孝恭碑	西漢 馬•縱横
東漢 夏承碑	秦 睡 10				唐 李爽墓誌	唐 張淪墓誌	西漢 居新•549
東漢 許安國題記	秦 睡 16				唐 李愍墓誌	【楷書】	漢晉 流簡紙
東漢 楊著碑陽	西漢 馬•老乙前				唐 李愍墓誌	北魏 元寶月墓誌	東漢 倉頡廟碑側
東漢 乙瑛碑	西漢 馬•縱横				唐 石經五經	北魏 元崇業墓誌	東漢 淮源廟碑
東漢 永和二年記	西漢 西•車騎				唐 石經周易	北魏 元乂墓誌	東漢 延光四年殘
東漢 永元六年記	漢晉 流簡紙					北齊 畢文造像	東漢 張遷碑陽
	東漢 華山廟碑陽					東魏 王偃墓誌	北齊 感孝頌
	東漢 淮源廟碑						

東漢 造土牛碑

東漢 鄭固碑

晉 辟雍頌陽

隋 爾朱敞墓誌

隋 任軌墓誌

隋 任顯及妻誌

隋 申穆及妻墓誌

隋 口和墓誌

唐 石臺孝經

唐 石臺孝經

唐 史思禮墓誌

唐 楊孝恭碑

【楷書】

北魏 高珪墓誌

北魏 郭顯墓誌

北齊 高淯墓誌

北齊 僧靜明造像

隋 王楚英墓誌

東魏 王令媛墓誌

隋 暴永墓誌

隋 李則墓誌

隋 明質墓誌

隋 王光墓誌

唐 石經尚書

唐 石經五經

唐 王素墓誌

後周 智堅塔記

僓

【楷書】

北魏 元緒墓誌

僌

【楷書】

唐 石經五經

僅

【篆書】

唐 三墳記陰

【楷書】

東魏 高盛墓碑

隋 張怦墓誌

唐 石經五經

唐 王玄起墓誌

唐 張玄弼墓誌

僄

【楷書】

唐 石經五經

唐 姚珝墓誌

傈

【楷書】

唐 石經公羊傳

唐 石經五經

僂

【隸書】

秦 睡254

傾

【隸書】

東漢 建寧元年殘碑

東漢 石門頌

三國魏 孔羡碑

晉 徐義墓誌陽

北齊 司馬遵業墓誌

隋 爾朱敞墓誌

隋 爾朱端墓誌

隋 澧水石橋碑

隋 馬穉墓誌

隋 蕭瑾墓誌

唐 李神符碑

唐 倪彬墓誌

唐 史思禮墓誌

【楷書】

北魏 寇臻墓誌

北魏 唐耀墓誌

北魏 元誨墓誌

北魏 元楨墓誌

北齊 竇泰墓誌

隋 尉富娘墓誌

唐 竇真墓誌

唐 韓長墓誌

唐 呂思禮墓誌

唐 石經尚書

唐 石經五經

唐 石經周易

唐 宋朝日墓誌

唐 趙君妻張墓誌

像

【篆書】

隋 李氏像碑額

唐 彌陀像碑額

唐 太上老君像

【隸書】

東漢 白石神君碑

東漢 從事馮君碑

東漢 五瑞圖摩崖

晉 王君殘墓誌

北魏 翟普林造像

北齊 馬天祥造像

北齊 馬天祥造像

隋 暴永墓誌

隋 澧水石橋碑

隋 馬長和造像

隋 馬穉墓誌

隋 宋景造像碑

隋 宋景造像碑

唐 疊綵山題記

唐 關道愛墓誌

唐 任城橋亭記

唐 修定寺記碑

唐 雲居寺殘碑

【楷書】

三國吳 走•四年

南朝梁 陳寶齊造像

南朝梁 天監造像

南朝齊 王敬則造像

北魏 陳天寶造像

北魏 王基墓誌

北魏 姚伯多供養碑

北魏 欲會造像記

北周 白景造像

東魏 成休祖造像

北齊 淳于元皓墓誌

東魏 道穎造像

東魏 劉目蓮造像

東魏 孫思賓造像

北齊 張氏郝造像

隋 高緊墓誌

隋 郭世昌墓誌

隋 羅寶奴造像

隋 為二息造像

唐 陳氏造像

唐 大德超寂墓誌

唐 法玩塔銘

唐 光福寺額勅

後唐 竪立生臺記

僚

【楷書】

北魏 弔比干文陽

僬

【楷書】

北魏 王基墓誌

傷 𫢩

【隸書】

秦 睡 137

秦 睡 245

秦 睡 64

西漢 馬•老甲

西漢 馬•老甲

西漢 居新•8735

西漢 張•196

西漢 張•27

西漢 張•589

西漢 張•589

西漢 張•590

西漢 張•590

漢晉 流簡紙

漢晉 流簡紙

東漢 朝侯小子碑

東漢 建寧三年殘碑

新莽 禳盜刻石

東漢 夏承碑

東漢 薌他君題記

東漢 楊統碑陽

東漢 楊著碑陽

北魏 上尊號碑

隋 姬威墓誌

隋 馬穉墓誌

唐 柳偘妻墓誌

唐 盧宏及妻墓誌

唐 石臺孝經

唐 史思禮墓誌

唐 修定寺記碑

唐 鄭忠墓碑

【楷書】

北魏 吐谷渾璣墓誌

北魏 吳光墓誌

北魏 元敷墓誌

北魏 元誨墓誌

北魏 元始和墓誌

北魏 元彝墓誌

北魏 張玄墓誌

隋 田光山妻墓誌

隋 楊厲墓誌

唐 盧憕墓誌

唐 師弘禮墓誌

唐 石經五經

唐 石經周易

唐 孫公夫人墓誌

唐 王永訔妻墓誌

唐 支訢妻墓誌

後梁 崔崇素墓誌

傪

【楷書】

唐 李璀墓誌

唐 趙珪墓誌

傭

【楷書】

唐 崔鸞墓誌

唐 崔訥墓誌

唐 石經五經

僇

【隸書】

西漢 馬•老乙前

西漢 馬•老乙前

西漢 馬•老乙前

西漢 馬•老子甲後

僉

【隸書】

西漢 馬•老乙前

漢晉 流簡紙

東漢 樊敏碑

隋 高虬墓誌

隋 郭達墓誌

唐 董虔運墓誌

唐 王崇禮墓誌

唐 興寺碑

【楷書】

北魏 元乂墓誌

東魏 高盛墓碑

隋 伍道進墓誌

唐 賈温墓誌

唐 石經尚書

唐 石經五經

傴

【隸書】

東漢 肥致碑

【楷書】

唐 李庭玉改葬誌

傕

【隸書】

唐 張滄墓誌

【楷書】

北魏 元顥墓誌

唐 張氏夫人墓誌

僃

【隸書】

秦 睡29

西漢 馬•縱横

西漢 馬•縱横

西漢 馬•縱横

西漢 居新•3167

僕

【篆書】

東漢 袁安碑

東魏 封延之誌蓋

唐 高元裕碑額

唐 李元諒頌額

【隸書】

秦 睡51

西漢 馬•縱橫

西漢 馬•縱橫

西漢 馬•縱橫

西漢 張•288

俾

【隸書】

東漢 買田約束石

【楷書】

唐 石經五經

僭

【楷書】

北魏 高廣墓誌

唐 樊涚墓誌

唐 石經五經

唐 于賁墓誌

唐 張昱墓誌

儌

【隸書】

唐 貞一廟碑

【楷書】

唐 崔公妻墓誌

唐 崔順墓誌

唐 石經尚書

##

唐 盧播墓誌

唐 孟貞墓誌

唐 石經尚書

唐 石經五經

##

北魏 寇憑墓誌

北魏 寇演墓誌

北魏 吐谷渾璣墓誌

北魏 元馗墓誌

北魏 元平墓誌

北魏 元肅墓誌

北魏 元順魏墓誌

北魏 真君墓誌

隋 王袞墓誌

隋 伍道進墓誌

僚

【隸書】

東漢 曹全碑陽

東漢 曹全碑陽

東漢 朝侯小子碑

北齊 感孝頌

隋 豆盧實墓誌

唐 褚亮碑

唐 崔暟墓誌陽

唐 紀信墓碑

唐 潘基墓誌

【楷書】

北魏 爾朱襲墓誌

僰

【楷書】

唐 道因法師碑

唐 騫思泰墓誌

唐 石經五經

僕（續）

西漢 張·753

漢晉 流簡紙

東漢 尚博殘碑

東漢 楊震碑

三國魏 鮑捐神坐

晉 管洛墓誌陽

北魏 上尊號碑

北齊 感孝頌

北齊 感孝頌

北齊 感孝頌

隋 段濟墓誌

隋 高虬墓誌

唐 尹尊師碑

唐 趙冬曦壙誌

唐 朱君妻王墓誌

【楷書】

三國吳 走·五年

北魏 侯剛墓誌

北魏 王蕃墓誌

北魏 奚智墓誌

北魏 元崇業墓誌

北魏 元瞻墓誌

北齊 爾朱元靜墓誌

東魏 李挺墓誌

北齊 司馬遵業墓誌

隋 王楚英墓誌

隋 元智墓誌

唐 郭敬墓記

唐 李敬墓誌

唐 柳默然墓誌

唐 祁日進墓誌

唐 石經五經

唐 石經五經

唐 王府君墓誌

唐 王宏墓誌

唐 袁仁墓誌

唐 張去奢墓誌

唐 張去逸墓誌

唐 鄭仲連墓誌

後晉 王君妻闞墓誌

闖 造義井記

僓

【楷書】

唐 邊誠夫人墓誌

僶

【隸書】

隋 豆盧實墓誌

唐 告華嶽府君

【楷書】

唐 石經五經

唐 王景之墓誌

唐 楊佰隴墓誌

僑

【隸書】

秦 睡57

東漢 曹全碑陰

唐 程俊墓誌陰

唐 司馬寔墓誌

【楷書】

北齊 牛永福造像

唐 黄羅漢墓誌

唐 李道因墓誌

唐 石經五經

僥

【隸書】

西漢 馬·老乙前

【楷書】

北魏 王基墓誌

唐 楊吳生墓誌

唐 姚珝墓誌

僮

【隸書】

西漢 馬•老乙前

東漢 蒼山元嘉題記

東漢 肥致碑

晉 辟雍頌陽

隋 馬穉墓誌

【楷書】

三國吳 走•五年

北魏 元維墓誌

唐 石經九經

唐 張審文墓誌

僧

【隸書】

隋 劉多墓誌

隋 張僧殷墓銘

唐 關道愛墓誌

【楷書】

南朝宋 義明塔記

北魏 常文遠造像

北魏 賈景造像記

北魏 張好郎造像

西魏 合邑造像記

北齊 靜深造像記

東魏 王蓋周造像

隋 勝福寺塔銘

隋 王楚英墓誌

隋 吳嚴墓誌

隋 夏樹造像記

隋 鄭善妃墓誌

隋 志修塔記

唐 多寶塔碑

唐 高儼仁墓誌

唐 堅行塔銘

唐 玄秘塔碑

唐 蔣氏子墓記

唐 张崇墓誌

僔

【楷書】

北魏 元乂墓誌

唐 石經五經

僦

【隸書】

漢晉 流簡紙

唐 崔暟墓誌陽

【楷書】

唐 盧景修墓誌

唐 裴澣妻墓誌

唐 張進及妻誌

僎

【楷書】

唐 崔虞廷墓誌

唐 石經五經

僨

【隸書】

西漢 張•745

西漢 張•750

西漢 張•790

唐 紀信墓碑

【楷書】

唐 崔泌墓誌

僊

【篆書】

唐 碧落碑

唐 碧落碑

【隸書】

東漢 肥致碑

東漢 華山廟碑陽

東漢 會仙友題刻

東漢 唐公房碑陽

東漢 尹宙碑

北周 華嶽頌

北齊 西門豹碑陽

隋 郭休墓誌

隋 任軌墓誌

隋 王榮及妻墓誌

隋 張姜墓誌

唐 李貞墓誌

唐 王媛墓誌陰

唐 修定寺記碑

唐 尹文操碑

唐 尹尊師碑

唐 張叡墓誌

唐 貞一廟碑

【楷書】

三國吳 走•五年

晉 黃庭經

南朝梁 羅浮山銘

北魏 宋靈妃墓誌

北魏 楊範墓誌

北魏 楊胤墓誌

北魏 元湛墓誌

北齊 宋敬業塔頌

隋 皇甫深墓誌

隋 王世琛墓誌

隋 趙齡墓誌

唐 石經五經

唐 王素墓誌

唐 張須墓誌

儥

【楷書】

唐 石經五經

價

【隸書】

隋 爾朱敞墓誌

唐 大忍寺碑

唐 楊孝恭碑

唐 楊孝恭碑

唐 張叡墓誌

【楷書】

北魏 元瞻墓誌

唐 崔琪墓誌

唐 朱齊之墓誌

儌

【楷書】

唐 石經五經

儇

【隸書】

西漢 武•有司甲

【楷書】

北魏 元略墓誌

唐 崔儇墓誌

儌

【隸書】

西漢 居新•2043

西漢 居新•7208

西漢 居新•7709

西漢 居新•7847

東漢 西狹頌

【楷書】

唐 闞儉墓誌

儉

【隸書】

東漢 白石神君碑

東漢 朝侯小子碑

東漢 樊敏碑

東漢 郙閣頌

東漢 孔宙碑陽

東漢 孔宙碑陽

東漢 孔宙碑陰

東漢 禮器碑

東漢 鮮于璜碑陽

東漢 楊著碑陽

東漢 尹宙碑

東漢 永壽元年墓記

東漢 圉令趙君碑

三國魏 王基斷碑

晉 郛休碑陽

隋 修孔子廟碑

隋 張儉及妻墓誌

唐 京兆金氏墓誌

唐 李彥墓誌

唐 王泠然墓誌

唐 張翼墓誌

【楷書】

晉 華芳墓誌陰

北魏 和醜仁墓誌

北魏 赫連悅墓誌

北魏 元斅墓誌

北魏 元茂墓誌

東魏 呂覎墓誌

隋 宋玉艷墓誌

唐 翟淑墓誌

唐 高應墓誌

唐 祁日進墓誌

唐 石經周易

唐 蘇斌墓誌

唐 朱君妻趙墓誌

僾

【隸書】

東漢 史晨後碑

【楷書】

唐 李震墓誌

唐 石經五經

儀

【篆書】

三國吳 天發神讖碑

北魏 爾朱襲誌蓋

北魏 笱景誌蓋

唐 碧落碑

唐 碧落碑

唐 碧落碑

唐 碧落碑

唐 碧落碑

【隸書】

西漢 武•士相見

西漢 武•有司甲

兩漢 西•士相見

漢晉 流簡紙

東漢 景君碑陽

東漢 孔宙碑陽

東漢 禮器碑陰

東漢 馬姜墓記

東漢 三老刻石

東漢 西狹頌

東漢 趙儀碑

北齊 法懃塔銘

億

【隸書】

東漢 淮源廟碑

東漢 禮器碑

東漢 朐忍令碑

東漢 石門頌

東漢 石門頌

東漢 史晨後碑

東漢 西狹頌

東漢 鮮于璜碑陽

北周 華嶽頌

唐 平蠻頌

僵

【隸書】

唐 懷古詩刻

【楷書】

南朝梁 羅浮山銘

唐 杜孚墓誌

唐 石經五經

唐 杜日榮墓誌

隋 郭寵墓誌

唐 李君妻劉墓誌

唐 劉暉墓誌

唐 秦公夫人墓誌

唐 司製何氏墓誌

唐 張楚璋墓誌

唐 鄭法明妻墓誌

西魏 陳神姜造像

東魏 馮令華墓誌

東魏 陸順華墓誌

東魏 叔孫固墓誌

東魏 元鷙墓誌

隋 陳花樹墓誌

隋 成公氏墓誌

隋 盧文機墓誌

隋 盧旋芷墓誌

隋 橋紹墓誌

北魏 王禎墓誌

北魏 姚伯多供養碑

北魏 元保洛墓誌

北魏 元崇業墓誌

北魏 元敷墓誌

北魏 元融墓誌

北魏 元壽安墓誌

北魏 元文墓誌

北魏 元文墓誌

北魏 元文墓誌

唐 王震墓誌

唐 行儼碑

唐 玄元靈應頌

唐 尹尊師碑

【楷書】

三國吳 走•五年

三國吳 走•五年

三國吳 走•五年

三國吳 走•五年

北魏 王基墓誌

北魏 王誦妻墓誌

隋 牛暉墓誌

隋 宋仲墓誌

隋 王楚英墓誌

隋 口靜墓誌

隋 趙朗墓誌

唐 褚亮碑

唐 褚亮碑

唐 高元珪墓誌

唐 石臺孝經

唐 蘇洪姿墓誌

北齊 感孝頌

北周 華嶽頌

北齊 司馬遵業墓誌

隋 叱李綱子墓誌

隋 郭王墓誌

隋 郭王墓誌

隋 口暀及妻墓誌

隋 李元墓誌

隋 馬長和造像

隋 馬少敏墓誌

儒

【篆書】

唐 碧落碑

【隸書】

西漢 武•服傳甲

東漢 曹全碑陽

東漢 曹全碑陰

東漢 孔宙碑陽

東漢 尚博殘碑

東漢 王舍人碑

東漢 楊著碑陽

三國魏 管寧墓誌

晉 辟雍頌陽

㒓

【隸書】

東漢 張遷碑陽

北魏 元颺墓誌

隋 宋玉艷墓誌

隋 張喬墓誌

唐 薛迅墓誌

唐 張審文墓誌

唐 鄭温球墓誌

唐 周敬本墓誌

儔

【篆書】

唐 三墳記陰

【隸書】

隋 蕭瑾墓誌

隋 趙朗墓誌

隋 鄭令妃墓誌

唐 豆盧建墓誌

唐 懷古詩刻

唐 屈突通墓誌

唐 行儼碑

【楷書】

北魏 咎雙仁墓誌

儗

【隸書】

東漢 郙閣頌

【楷書】

唐 郭克勤墓誌

唐 李壽墓誌

唐 石經五經

唐 楊思立墓誌

後唐 孫拙墓誌

儋

【隸書】

西漢 張•693

西漢 張•705

西漢 張•705

晉 辟雍頌陽

僻

【隸書】

唐 宴濟瀆序陰額

【楷書】

南朝陳 衛和墓誌

唐 蕭令臣墓誌

唐 楊思立墓誌

唐 嵩陽觀碑

【楷書】

北魏 康健墓誌

東魏 道穎造像

唐 崔植墓誌

唐 敬覺墓誌

唐 石經九經

唐 石經九經

唐 石經周易

隋 郭休墓誌

隋 郭休墓誌

隋 賈通墓誌

隋 劉多墓誌

隋 口和墓誌

隋 修孔子廟碑

唐 石臺孝經

【楷書】

北魏 于纂墓誌

北魏 元秀墓誌

北齊 高湝墓誌

東魏 王僧墓誌

隋 王楚英墓誌

隋 王弘墓誌

隋 蕭瑒墓誌

唐 石經尚書

唐 石經尚書

唐 石經五經

唐 辛庭墓誌

唐 嚴識玄墓誌

儛

【隸書】

北齊 司馬遵業墓誌

【楷書】

北魏 元新成妃墓誌

儕

【隸書】

北齊 竇泰墓誌

隋 王榮及妻墓誌

【楷書】

北魏 元顯魏墓誌

東魏 元仲英墓誌

隋 劉則墓誌

唐 曹慶妻祔誌

唐 孔君墓誌

唐 李眈墓誌

唐 盧翊墓誌

唐 王貞墓誌

優

【隸書】

西漢 馬•老乙前

東漢 曹全碑陰

東漢 尚博殘碑

東漢 圉令趙君碑

東漢 趙寬碑

隋 關明墓誌

唐 元鐘墓誌

隋 張景略墓誌

唐 白鹿泉碑陽

唐 史思禮墓誌

唐 修定寺記碑

唐 楊孝恭碑

唐 楊孝恭碑

【楷書】

晉 華芳墓誌陽

北魏 韓顯宗墓誌

北魏 元平墓誌

北魏 元悌墓誌

隋 默曹殘碑

隋 姚太墓誌

隋 張喬墓誌

隋 張濤妻墓誌

唐 皇甫造像記

唐 閻肇墓誌

唐 越國太妃墓誌

儢

【楷書】

唐 徐承嗣墓誌

償

【隸書】

西漢 張•116

西漢 張•118

西漢 居新•7489

西漢 居新•7981

東漢 西•寇恩

【楷書】

魏晉 樓•紙

北魏 寇憑墓誌

北齊 竇泰墓誌

隋 范安貴墓誌

儲

【隸書】

新莽 西•守御器

東漢 張壽殘碑

東漢 鄭固碑

晉 辟雍頌陽

隋 段濟墓誌

唐 孔子廟碑

唐 朱君妻王墓誌

【楷書】

北魏 元誘墓誌

唐 李道因墓誌

儦

【楷書】

唐 石經五經

儵

【隸書】

隋 闞明墓誌

隋 宋仲墓誌

隋 宋仲墓誌

唐 李彥墓誌

唐 劉粲墓誌

唐 張翼墓誌

【楷書】

北魏 寇治墓誌

北魏 元項墓誌

東魏 公孫甑生墓誌

北齊 姜纂造像記

北齊 僂婆姨造像陽

隋 何氏墓誌

隋 仲思那等造橋碑

唐 李氏墓誌

唐 吉渾墓誌

儭

【楷書】

唐 重藏舍利記

儳

【楷書】

唐 石經五經

儹

【楷書】

唐 盧懷俊墓誌

儼

【隸書】

東漢 許安國題記

唐 蔡君妻墓誌

唐 崔暟墓誌陽

唐 崔祐甫墓誌

唐 戴令言墓誌

唐 嵩陽觀碑

唐 楊孝恭碑

唐 尹尊師碑

【楷書】

北魏 公孫猗墓誌

北魏 檀賓墓誌

北魏 元湛墓誌

東魏 元湛墓誌

隋 張貴男墓誌

唐 李肅邕墓誌

唐 劉攬墓誌

唐 張滂墓誌

唐 張信墓誌

儷

【隸書】

北齊 西門豹碑陽

隋 張儉及妻墓誌

隋 張盛墓誌

【楷書】

晉 華芳墓誌陰

北魏 馮會萇墓誌

北魏 宋靈妃墓誌

隋 羊本墓誌

唐 韓思墓誌

唐 石經五經

儻

【隸書】

隋 爾朱敞墓誌

唐 崔祐甫墓誌

唐 豆盧建墓誌

唐 蘇洪姿墓誌

唐 植松柏碑

【楷書】

北魏 元尚之墓誌

北周 賀屯植墓誌

隋 董美人墓誌

隋 范安貴墓誌

隋 梁邕墓誌

唐 楊順墓誌

唐 張審文墓誌

八部

八

【篆書】

東漢 袁安碑

三國吳 天發神讖碑

隋 蘇恒墓誌

【隸書】

秦 睡116

秦 睡125

秦 睡43

秦 西•日書乙

西漢 馬•合陰陽

西漢 馬•老乙前

西漢 居新•5539

西漢 居新•7476

西漢 居新•7481

隋 蘇恒墓誌

唐 李神符碑

唐 李貞墓誌

唐 石臺孝經

【楷書】

三國吳 走•四年

北齊 高淯墓誌

唐 竇真墓誌

唐 趙保隆墓誌

兮

【隸書】

漢晉 流簡紙

東漢 郙閣頌

東漢 淮源廟碑

東漢 景君碑陽

東漢 景君碑陽

東漢 孔彪碑陽

東漢 三老刻石

東漢 鮮于璜碑陽

東漢 行事渡君碑

東漢 行事渡君碑

東漢 作封記

三國魏 何晏墓誌

隋 口隨及妻墓誌

隋 趙朗墓誌

【楷書】

晉 洛神十三行

北魏 宮内司楊墓誌

北魏 元寧墓誌

唐 安延墓誌

唐 呼延章墓誌

唐 羅池廟碑

唐 瘞琴銘

唐 趙安墓誌

唐 趙君妻李墓誌

公

【篆書】

東漢 祀三公山碑

東漢 袁安碑

三國魏 正始石經

三國魏 正始石經

東魏 高翻碑額

東魏 高盛墓碑額

北齊 皇甫琳額

北魏 溫泉頌額

北魏 薛慧命誌蓋

隋 陳茂墓碑額

隋 宋仲墓誌

隋 蕭瑾墓誌

唐 段志玄碑額

唐 高元裕碑額

唐 紀信墓碑額

唐 李勣碑

唐 李勣碑

唐 李敬碑額

唐 李敬實墓誌

唐 李孝同碑額

唐 李元諒頌額
唐 契苾明碑額
唐 三墳記陽
唐 楊公碑額
唐 臧懷亮誌蓋
唐 周公祠碑額
【隸書】
秦 睡 10
秦 睡 12
西漢 馬•老甲
西漢 馬•事語

西漢 馬•縱橫
西漢 馬•縱橫
西漢 馬•縱橫
西漢 張•1080
西漢 張•154
西漢 居新•5270
西漢 居新•5400
西漢 居新•7284
漢晉 流簡紙
漢晉 流簡紙

東漢 蒼山元嘉題記
東漢 公乘田魴記
東漢 孔宙碑陽
東漢 孔宙碑陰
東漢 禮器碑陰
東漢 路公食堂記
東漢 石門頌
東漢 侍御史李公闕
東漢 陶洛殘碑陽
東漢 張遷碑陽

三國魏 曹真殘碑陽
三國魏 曹真殘碑陽
三國魏 王基斷碑
三國魏 張君殘碑
晉 郭槐柩記
北齊 司馬遵業墓誌
隋 李使君墓碑
隋 蘇恒墓誌
唐 京兆金氏墓誌
唐 石臺孝經

唐 石臺孝經
唐 行儼碑
唐 行儼碑
唐 楊孝恭碑
唐 楊孝恭碑
唐 尹尊師碑
【楷書】
三國吳 走•二年
北魏 尉遲氏造像
唐 孔桃栓墓誌
唐 梁公妻墓誌

唐 裴首皃墓誌
唐 温煒妻墓誌
唐 張京墓誌
唐 鄭仁泰墓誌

六

【篆書】
東漢 袁安碑
三國魏 正始石經
唐 碧落碑
唐 陳君殘碑額
唐 謙卦碑
唐 謙卦碑
唐 謙卦碑
唐 謙卦碑
【隸書】
秦 睡 267
秦 睡 43

秦 關周•曆譜
秦 關周•日書
秦 關周•日書
秦 關周•日書
西漢 馬•老乙前
西漢 張•305
西漢 居新•1424
西漢 居新•1946
西漢 居新•8290
西漢 居新•8429

西漢 居新•7709	兵	唐 褚亮碑	東漢 永元六年記	西漢 居新•8904	共	唐 楊孝恭碑	西漢 居新•9080
漢晉 流簡紙	【隸書】	【楷書】	晉 辟雍頌陽	漢晉 流簡紙	【篆書】	唐 楊孝恭碑	西漢 西•過界
漢晉 流簡紙	秦 睡 106	魏晉 樓•紙	隋 澧水石橋碑	漢晉 流簡紙	三國吳 天發神讖碑	【楷書】	漢晉 流簡紙
東漢 朝侯小子碑	秦 睡 165	北魏 荀景墓誌	隋 符盛及妻墓誌	東漢 曹全碑陽	【隸書】	三國吳 走•四年	西漢 李后墓塞石
東漢 孔宙碑陽	秦 睡 23	北魏 韓曳雲造像	隋 劉寶及妻墓誌	東漢 大吉山刻石	秦 睡 43	北魏 元斆墓誌	東漢 司馬長元記
三國魏 王基斷碑	西漢 馬•老甲	北齊 竇泰墓誌	隋 馬長和造像	東漢 華山廟碑陽	西漢 馬•老甲	北魏 元壽安墓誌	東漢 乙瑛碑
晉 郛休碑陰	西漢 馬•老甲	隋 蕭瑒墓誌	隋 任軌墓誌	東漢 李孟初神祠碑	西漢 馬•老乙前	隋 勝福寺塔銘	唐 李神符碑
晉 石尠墓誌	西漢 馬•縱橫	唐 石經尚書	隋 宋景造像碑	東漢 買田約束石	西漢 馬•老乙前	唐 董希令墓誌	唐 石臺孝經
晉 徐義墓誌陽	西漢 馬•縱橫	唐 王素墓誌	隋 王榮及妻墓誌	東漢 楊震碑	西漢 馬•老子甲後	唐 李元確墓誌	唐 行儼碑
北齊 竇泰墓誌	西漢 馬•縱橫		唐 北嶽廟碑	東漢 楊震碑	西漢 馬•縱橫	唐 石經周易	唐 行儼碑
	西漢 馬•縱橫				西漢 張•432		
	西漢 馬•縱橫				西漢 張•627		
					西漢 居新•7838		

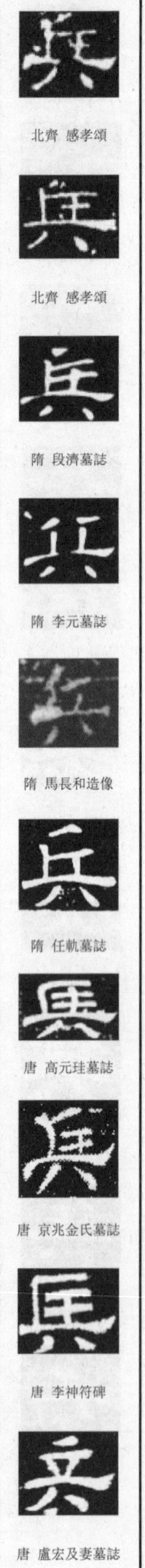
北齊 感孝頌
北齊 感孝頌
隋 段濟墓誌
隋 李元墓誌
隋 馬長和造像
隋 任軌墓誌
唐 高元珪墓誌
唐 京兆金氏墓誌
唐 李神符碑
唐 盧宏及妻墓誌

唐 石臺孝經
唐 史思禮墓誌

【楷書】

三國吳 走•五年
魏晉 樓•紙
北魏 萬福榮造像
北魏 鄭黑墓誌
北齊 竇泰墓誌
隋 惠鬱造像記
唐 李招兒墓誌

弟

【隸書】

秦 睡49
秦 關周•日書
西漢 馬•老子甲後
西漢 居新•2483
西漢 居新•5558
漢晉 流簡紙
東漢 曹全碑陽
東漢 大吉山刻石
東漢 黨錮殘碑
東漢 洛陽黃腸石四

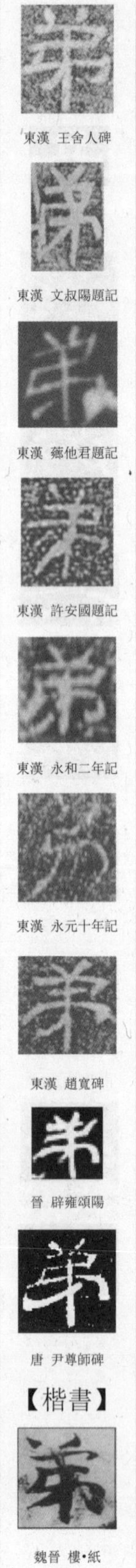
東漢 王舍人碑
東漢 文叔陽題記
東漢 薌他君題記
東漢 許安國題記
東漢 永和二年記
東漢 永元十年記
東漢 趙寬碑
晉 辟雍頌陽
唐 尹尊師碑

【楷書】

魏晉 樓•紙

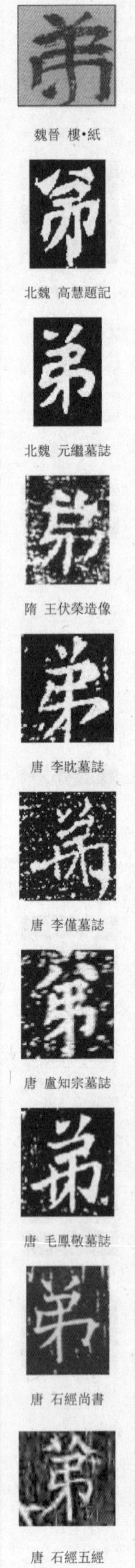
魏晉 樓•紙
北魏 高慧題記
北魏 元繼墓誌
隋 王伏榮造像
唐 李眈墓誌
唐 李僅墓誌
唐 盧知宗墓誌
唐 毛鳳敬墓誌
唐 石經尚書
唐 石經五經

唐 石經周易
唐 石經周易
後唐 西方鄴墓誌

其

【篆書】

東漢 祀三公山碑
東漢 袁敞殘碑
三國魏 正始石經
三國魏 正始石經
三國魏 正始石經
唐 碧落碑
唐 碧落碑
唐 城隍廟碑
唐 多寶佛塔銘
唐 謙卦碑

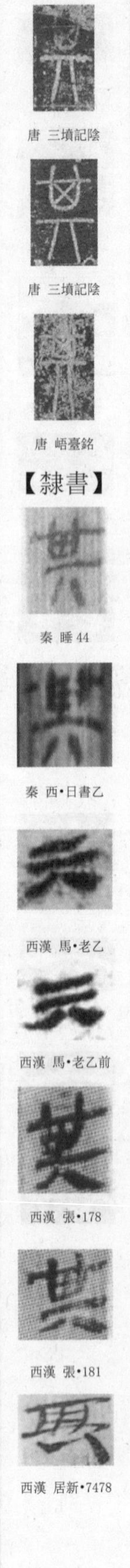
唐 三墳記陰
唐 三墳記陰
唐 峿臺銘

【隸書】

秦 睡44
秦 西•日書乙
西漢 馬•老乙
西漢 馬•老乙前
西漢 張•178
西漢 張•181
西漢 居新•7478

西漢 居新·7486
漢晉 流簡紙
漢晉 流簡紙
漢晉 流簡紙
西漢 石墻村刻石
東漢 蒼山元嘉題記
東漢 蒼山元嘉題記
東漢 蒼山元嘉題記
東漢 朝侯小子碑
東漢 從事馮君碑

東漢 從事馮君碑
東漢 肥致碑
東漢 封龍山頌
東漢 公乘田魴記
東漢 華山廟碑陽
東漢 華山廟碑陽
東漢 淮源廟碑
東漢 淮源廟碑
東漢 淮源廟碑
東漢 建寧三年殘碑

東漢 孔宙碑陽
東漢 禮器碑
東漢 尚博殘碑
東漢 石門頌
東漢 陶洛殘碑陽
東漢 五瑞圖摩崖
東漢 夏承碑
東漢 鮮于璜碑陽
東漢 鮮丁璜碑陽
東漢 鮮于璜碑陽

東漢 鮮于璜碑陽
東漢 鮮于璜碑陽
東漢 鮮于璜碑陽
東漢 許安國題記
東漢 楊統碑陽
東漢 楊震碑
東漢 楊震碑
東漢 圉令趙君碑
東漢 鄭固碑
三國吳 谷朗碑

晉 辟雍頌陽
北魏 元文墓誌
北齊 馬天祥造像
北齊 司馬遵業墓誌
北齊 司馬遵業墓誌
隋 爾朱敞墓誌
隋 爾朱敞墓誌
隋 郭休墓誌
隋 任顯及妻墓誌
隋 申穆及妻墓誌

隋 申穆及妻墓誌
隋 謝岳墓誌
隋 鄭令妃墓誌
隋 鄭令妃墓誌
隋 鄭令妃墓誌
唐 蔡君妻墓誌
唐 蔡君妻墓誌
唐 豆盧建墓誌
唐 夫子廟堂碑
唐 高元珪墓誌

唐 闞道愛墓誌
唐 李神符碑
唐 李神符碑
唐 李神符碑
唐 李神符碑
唐 李神符碑
唐 盧宏及妻墓誌
唐 石臺孝經
唐 石臺孝經
唐 石臺孝經

唐 王震墓誌
唐 王子麟墓誌
唐 韋士逸墓誌
唐 行儼碑
唐 行儼碑
唐 楊孝恭碑
唐 楊孝恭碑
唐 楊孝恭碑
唐 楊孝恭碑
唐 楊孝恭碑

典

【篆書】

三國吳 天發神讖碑

三國魏 謝君神道

唐 碧落碑

【隸書】

秦 睡 51

西漢 張•350

西漢 居新•5563

西漢 居新•7210

東漢 西•推辟

漢晉 流簡紙

東漢 朝侯小子碑

唐 尹尊師碑

【楷書】

北魏 司馬紹墓誌

唐 崔素墓誌

唐 崔湛墓誌

唐 石經九經

唐 石經九經

唐 石經尚書

唐 石經周易

東漢 史晨前碑

東漢 夏承碑

東漢 楊德安題記

東漢 楊震碑

東漢 楊著碑陽

隋 蘇恒墓誌

唐 褚亮碑

唐 京兆金氏墓誌

唐 楊孝恭碑

唐 楊孝恭碑

西漢 馬•十問

西漢 馬•事語

西漢 張•145

西漢 居新•1032

西漢 西•候官

西漢 習字觚

東漢 西•文書

漢晉 流簡紙

漢晉 流簡紙

東漢 禮器碑陰

尚

【篆書】

東漢 尚博殘碑額

東魏 封延之誌蓋

東魏 高翻碑額

東魏 高盛墓碑額

唐 高元裕碑額

唐 高元裕碑額

唐 三墳記陰

唐 張九齡碑額

唐 張胤墓碑額

【隸書】

秦 睡 51

隋 劉德墓誌

隋 元智墓誌

唐 崔素墓誌

唐 崔纁墓誌

唐 郭君妻墓誌

唐 李密墓誌

唐 李壽墓誌

唐 石經尚書

唐 石經周易

三國吳 走•五年

三國吳 走•五年

北魏 侯愔墓誌

北魏 寇治墓誌

北魏 山暉墓誌

北魏 元繼墓誌

北魏 元仙墓誌

北齊 竇泰墓誌

東魏 叔孫固墓誌

隋 高緊墓誌

唐 楊孝恭碑

唐 楊孝恭碑

唐 楊孝恭碑

唐 楊孝恭碑

唐 楊孝恭碑

唐 楊孝恭碑

唐 楊孝恭碑

唐 尹尊師碑

唐 張翼墓誌

【楷書】

三國吳 走•五年

東漢 景君碑陰

東漢 孔宙碑陽

東漢 朐忍令碑

東漢 尚博殘碑

東漢 鮮于璜碑陽

東漢 鮮于璜碑陰

東漢 鮮于璜碑陰

東漢 行事渡君碑

東漢 楊統碑陽

東漢 楊著碑陽

東漢 乙瑛碑

三國魏 曹真殘碑陽

三國魏 王基斷碑

三國魏 王基斷碑

晉 辟雍頌陽

晉 辟雍頌陽

晉 華芳墓誌陰

北齊 司馬遵業墓誌

隋 豆盧實墓誌

隋 姬威墓誌

隋 馬穉墓誌

隋 趙朗墓誌

唐 告華嶽府君

唐 李貞墓誌

唐 盧行毅墓誌

唐 屈突通墓誌

唐 楊孝恭碑

【楷書】

魏晉 樓·紙

北魏 馮迎男妻墓誌

北魏 穆亮墓誌

北魏 元誨墓誌

北魏 元鸞墓誌

北魏 元周安墓誌

北齊 竇泰墓誌

北齊 婁黑女墓誌

隋 口悋昂墓誌

隋 嚴元貴墓誌

唐 權開善墓誌

唐 石經尚書

唐 温煒妻墓誌

具

【篆書】

唐 城隍廟碑

【隸書】

秦 睡 10

西漢 馬·老乙前

西漢 馬·老子甲後

西漢 張·229

西漢 張·290

西漢 居新·2846

西漢 居新·4676

西漢 居新·5094

西漢 西·候官

兩漢 西·懸檢

漢晉 流簡紙

漢晉 流簡紙

漢晉 流簡紙

東漢 白石神君碑

東漢 石門頌

東漢 史晨前碑

晉 辟雍頌陽

晉 郛休碑陽

北齊 夫子廟碑

北齊 司馬遵業墓誌

隋 段濟墓誌

隋 爾朱敞墓誌

隋 關明墓誌

隋 姬威墓誌

隋 馬穉墓誌

唐 李神符碑

唐 石臺孝經

唐 石臺孝經

唐 楊孝恭碑

【楷書】

北魏 劉華仁墓誌

北魏 元貴妃墓誌

北魏 元誘墓誌

隋 孔神通墓誌

隋 姚太墓誌

隋 元鐘墓誌

隋 張貴男墓誌

唐 李庭訓墓誌

唐 石經尚書

唐 韋公妻墓誌

並幷

【篆書】

三國吳 天發神讖碑

三國魏 正始石經

【隸書】

秦 睡30

秦 睡52

秦 睡53

西漢 馬•天下

西漢 馬•養生

西漢 馬•養生

西漢 張•878

西漢 居新•116

西漢 居新•1370

西漢 居新•1898

西漢 居新•1968

西漢 居新•7469

西漢 居新•7472

西漢 居新•7486

西漢 居新•767

西漢 居新•7677

西漢 居新•7744

西漢 居新•8767

西漢 居新•9090

漢晉 流簡紙

東漢 簿書殘碑

東漢 簿書殘碑

東漢 曹全碑陽

東漢 朝侯小子碑

東漢 開通褒斜道

東漢 禮器碑

東漢 禮器碑

東漢 朐忍令碑

東漢 尚博殘碑

東漢 史晨後碑

東漢 史晨後碑

東漢 太室石闕銘

東漢 西狹頌

東漢 許安國題記

東漢 造土牛碑

三國魏 曹真殘碑陽

晉 辟雍頌陽

北周 華嶽頌

北齊 司馬遵業墓誌

隋 暴永墓誌

隋 叱李綱子墓誌

隋 澧水石橋碑

隋 郭休墓誌

隋 姬威墓誌

隋 任軌墓誌

隋 王榮及妻墓誌

隋 王榮及妻墓誌

隋 鄭令妃墓誌

唐 北嶽廟碑

唐 董虔運墓誌

唐 李神符碑

唐 李神符碑

唐 盧行毅墓誌

唐 史思禮墓誌

唐 楊孝恭碑

唐 楊孝恭碑

唐 張偉墓誌

【楷書】

魏晉 樓•紙

晉 黃庭內景經

南朝梁 舊館壇碑

南朝陳 衛和墓誌

北魏 韓震墓誌陰

北魏 胡明相墓誌

北魏 李媛墓誌

北魏 元倖墓誌陽

北齊 竇泰墓誌

北齊 高淯墓誌

隋 鞏賓墓誌

隋 皇甫深墓誌

隋 沈氏墓誌

隋 勝福寺塔銘

隋 張波墓誌

唐 程知節墓誌

唐 董懷義墓誌

唐 桓彥墓誌

唐 李君妻裴墓誌

唐 劉胡墓誌

唐 劉通墓誌

唐 慕容曉墓誌

唐 權奉常墓誌

唐 石經九經

唐 石經九經

唐 石經九經

唐 石經九經

唐 石經尚書

唐 石經尚書

唐 田侁墓誌

唐 王景之墓誌

唐 王仁淑墓誌

唐 魏體玄墓誌

唐 吳孝墓誌

唐 顏家廟碑

唐 顏相墓誌

唐 瘞琴銘

唐 張惟妻合誌

唐 俎威墓誌

前肖

【篆書】

唐 碧落碑

唐 峿臺銘

【隸書】

秦 睡220

秦 關周•病方

秦 關周•病方

西漢 馬•合陰陽

西漢 馬•老甲

西漢 馬•老乙前

西漢 馬•老子甲後

西漢 張•1146

西漢 張•664

西漢 張•688

西漢 張•699

西漢 張•719

西漢 居新•2213

漢晉 流簡紙

漢晉 流簡紙

漢晉 流簡紙

東漢 蒼山元嘉題記

東漢 蒼山元嘉題記

東漢 曹全碑陽

東漢 肥致碑

東漢 衡方碑

東漢 華山廟碑陽

東漢 石門頌

東漢 夏承碑

東漢 乙瑛碑

東漢 趙寬碑

東漢 趙寬碑

晉 辟雍頌陽

北魏 上尊號碑

北齊 感孝頌

北齊 司馬遵業墓誌

北齊 司馬遵業墓誌

北齊 司馬遵業墓誌

隋 段濟墓誌

隋 關明墓誌

隋 宋景造像碑

隋 王榮及妻墓誌

唐 北獄廟碑

唐 褚亮碑

唐 豆盧建墓誌

唐 紀信墓碑

唐 紀信墓碑

唐 四望山題記

唐 鄎國長公主碑

唐 楊孝恭碑

唐 楊孝恭碑

唐 張濬墓誌

唐 張翼墓誌

【楷書】

南朝陳 衛和墓誌

北魏 元懷墓誌

隋 郭達墓誌

隋 橋紹墓誌

隋 蘇威妻墓誌

隋 元鐘墓誌

隋 元鐘墓誌

唐 崔傑墓誌

唐 竇真墓誌

唐 石經九經

唐 石經九經

唐 石經九經

唐 王協墓誌

兹

【篆書】

北魏 馮邕妻墓誌

隋 口和墓誌

隋 蕭瑾墓誌

唐 碧落碑

唐 譚伍墓誌

唐 峿臺銘

【隸書】

秦 睡 88

西漢 馬•老乙前

西漢 馬•養生

西漢 馬•縱橫

西漢 張•1070

西漢 居新•3447

漢晉 流簡紙

東漢 從事馮君碑

東漢 肥致碑

東漢 華山廟碑陽

東漢 淮源廟碑

東漢 孔宙碑陽

東漢 朐忍令碑

東漢 楊統碑陽

東漢 楊著碑陽

東漢 楊著碑陽

東漢 永壽元年墓記

晉 辟雍頌陽

北齊 竇泰墓誌

北周 華嶽頌

北齊 司馬遵業墓誌

北齊 司馬遵業墓誌

隋 豆盧實墓誌

隋 高虬墓誌

隋 劉多墓誌

隋 牛暉墓誌

隋 宋景造像碑

隋 王楚英墓誌

隋 王楚英墓誌

唐 崔沔墓誌陰

唐 告華嶽府君

唐 柳偘妻墓誌

唐 史思禮墓誌

唐 趙叡沖碑

唐 貞一廟碑

【楷書】

北魏 慈慶墓誌

北魏 和醜仁墓誌

北魏 元敷墓誌

北魏 元融墓誌

北魏 元頊墓誌

北齊 畢文造像

東魏 馮令華墓誌

隋 成公氏墓誌

隋 高緊墓誌

隋 王世琛墓誌

隋 元智墓誌

唐 劉智墓誌

唐 柳昱妻墓誌

唐 石經周易

唐 東良墓誌

唐 王思齊墓誌

唐 薛華墓誌

唐 張氏墓誌

燕 馬淩虛墓誌

真

【篆書】

唐 碧落碑

唐 碧落碑

唐 碧落碑

唐 碧落碑

唐 碧落碑

唐 多寶佛塔銘

【隸書】

秦 睡 57

西漢 馬•老甲

西漢 張•126

西漢 居新•7725

東漢 朝侯小子碑
東漢 肥致碑
東漢 孔宙碑陽
東漢 禮器碑側
晉 郛休碑陰
北齊 法懃塔銘
北齊 馬天祥造像
北齊 司馬遵業墓誌
隋 段濟墓誌
隋 爾朱敞墓誌

隋 李元墓誌
隋 宋景造像碑
隋 宋景造像碑
隋 楊真墓誌
唐 韋士逸墓誌
唐 興寺碑
唐 楊孝恭碑
唐 楊孝恭碑
唐 尹尊師碑
唐 尹尊師碑

唐 尹尊師碑
唐 貞一廟碑

【楷書】

三國吳 走•二年
南朝梁 羅浮山銘
北魏 爾朱紹墓誌
北魏 惠詮造像記
北魏 淨悟浮圖記
北魏 寇演墓誌
北齊 高清墓誌
北齊 韓山剛造像

隋 李則墓誌
隋 蕭翹墓誌
唐 崔倚墓誌
唐 房光庭墓誌
唐 彭氏墓誌
唐 石經五經
唐 石經五經
唐 無上道誌
唐 玄秘塔碑
唐 鎮墓符命刻石

兼隸

【篆書】

唐 般若臺記
唐 碧落碑

【隸書】

秦 睡30
西漢 馬•老乙前
西漢 馬•縱横
西漢 馬•足臂
西漢 居新•2300
西漢 居新•5570
西漢 居新•5671
西漢 西•馬簡牘

漢晉 流簡紙
東漢 衡方碑
東漢 孔宙碑陽
東漢 尚博殘碑
東漢 夏承碑
東漢 尹宙碑
晉 辟雍頌陽
北齊 竇泰墓誌
隋 豆盧實墓誌
隋 爾朱敞墓誌

隋 爾朱端墓誌
隋 姬威墓誌
隋 口墮及妻墓誌
隋 任軌墓誌
隋 口和墓誌
唐 崔志墓誌
唐 李神符碑
唐 石臺孝經
唐 嵩陽觀碑
唐 楊孝恭碑

唐 尹尊師碑
唐 趙冬曦壙誌

【楷書】

三國吳 走•五年
北魏 馮邕妻墓誌
北魏 和醜仁墓誌
北魏 元寶月墓誌
北魏 元誨墓誌
北魏 元均及妻墓誌
北魏 元茂墓誌
北魏 元欽墓誌

北魏 元順墓誌
北魏 元詳墓誌
北魏 元新成妃墓誌
北魏 元誘墓誌
北齊 司馬遵業墓誌
北齊 司馬遵業墓誌
隋 李虎墓誌
隋 吳嚴墓誌
隋 元智墓誌
唐 李智墓誌

唐 石經五經
唐 石經周易
唐 楊孝直墓誌
唐 元伏和墓誌
唐 元玄慶墓誌
唐 源君妻墓誌
唐 張叔遵墓誌
唐 趙岯墓誌
唐 鄭志題名
後唐 吳君妻曹墓誌

後梁 蕭符墓誌

與

【篆書】

唐 城隍廟碑
唐 城隍廟碑
唐 峿臺銘

【隸書】

秦 睡15
秦 睡45
西漢 馬•老乙前
西漢 馬•老乙前
西漢 馬•老子甲後
西漢 馬•縱横
西漢 張•153

西漢 張•689
西漢 張•800
西漢 居新•7162
西漢 居新•7490
西漢 西•善劍
東漢 西•寇恩
東漢 西•寇恩
東漢 西•寇恩
漢晉 流簡紙
漢晉 流簡紙

東漢 曹全碑陽
東漢 封龍山頌
東漢 封龍山頌
東漢 淮源廟碑
東漢 淮源廟碑
東漢 景君碑陽
東漢 禮器碑
東漢 石門頌
東漢 鮮于璜碑陽
新莽 羊窩頭刻石

東漢 楊震碑
晉 辟雍頌陽
北齊 竇泰墓誌
隋 姬威墓誌
隋 任軌墓誌
隋 任顯及妻誌
隋 申穆及妻墓誌
隋 宋景造像碑
隋 宋景造像碑
隋 口和墓誌

隋 謝岳墓誌
隋 元鐘墓誌
隋 張盛墓誌
隋 鄭令妃墓誌
唐 褚亮碑
唐 崔泰之墓誌
唐 懷古詩刻
唐 龐履温碑
唐 石臺孝經
唐 石臺孝經

唐 蘇洪姿墓誌
唐 楊孝恭碑

【楷書】

魏晉 樓•紙
魏晉 樓•紙
北魏 封昕墓誌
北魏 馮會莀墓誌
北魏 石婉墓誌
北魏 王翊墓誌
北魏 于景墓誌
北魏 元文墓誌

北魏 元乂墓誌
北魏 鄭君妻墓誌
東魏 淨智塔銘
隋 皇甫深墓誌
隋 宋玉艷墓誌
隋 蘇慈墓誌
隋 韋略墓誌
隋 尉富娘墓誌
唐 陳商題名
唐 孔桃栓墓誌

唐 羅池廟碑
唐 石經周易
唐 魏靖墓誌
唐 支訢妻墓誌
唐 執失善光
唐 朱庭玘墓誌
後唐 王璠墓誌
後唐 西方鄴墓誌

冀

【篆書】

東漢 少室石闕銘
唐 碧落碑

【隸書】

漢晉 流簡紙
東漢 曹全碑陽
東漢 從事馮君碑
東漢 從事馮君碑
東漢 景君碑陰
東漢 禮器碑陰
東漢 朐忍令碑
東漢 夏承碑

東漢 鮮于璜碑陽
東漢 薌他君題記
三國魏 范式碑陽
北齊 司馬遵業墓誌
北齊 司馬遵業墓誌
隋 牛諒墓誌
隋 任軌墓誌
隋 張儉及妻墓誌
唐 北嶽廟碑
唐 盧行毅墓誌

唐 倪彬墓誌
唐 張休光墓誌

【楷書】

北魏 韓顯宗墓誌
北魏 元鑒墓誌
北魏 元湛墓誌
北魏 鄭黑墓誌
北齊 竇泰墓誌
北周 高妙儀墓誌
東魏 元均及妻墓誌
隋 高緊墓誌

隋 李肅墓誌
隋 王楚英墓誌
唐 姚如衡墓誌
唐 馮善廓塔銘
唐 李立言墓誌
唐 裴行著墓誌
唐 石經九經
唐 石經九經
唐 石經尚書
唐 孫公夫人墓誌

唐 亡尼墓誌
後唐 康贊羑墓誌

興

【篆書】

東漢 少室石闕銘

東漢 祀三公山碑

北魏 溫泉頌額

唐 碧落碑

【隸書】

秦 睡131

秦 睡27

西漢 馬•老乙前

西漢 馬•縱橫

西漢 張•1054

西漢 張•704

西漢 張•82

西漢 武•有司甲

東漢 蒼山元嘉題記

東漢 曹全碑陽

東漢 池陽令殘碑

東漢 華山廟碑陽

東漢 華山廟碑陽

東漢 淮源廟碑

東漢 景君碑陰

東漢 景君碑陰

東漢 景君碑陰

東漢 李孟初神祠碑

東漢 禮器碑側

東漢 朐忍令碑

東漢 石門頌

東漢 王誠興題記

東漢 薌他君題記

東漢 許安國題記

東漢 楊震碑

東漢 乙瑛碑

東漢 張遷碑陽

東漢 趙寬碑

三國魏 張君殘碑

晉 辟雍頌額

晉 石尠墓誌

北齊 司馬遵業墓誌

東魏 宗欣墓誌

隋 暴永墓誌

隋 馬長和造像

隋 宋景造像碑

隋 宋仲墓誌

唐 李神符碑

唐 李神符碑

唐 石臺孝經

唐 石臺孝經

唐 楊孝恭碑

唐 楊孝恭碑

唐 楊孝恭碑

唐 楊孝恭碑

【楷書】

魏晉 樓•紙

北魏 馮季華墓誌

北魏 耿氏墓誌

北魏 寇偘墓誌

北魏 馬振拜造像

北魏 王翊墓誌

北魏 元纂墓誌

北齊 高湝墓誌

東魏 盧貴蘭墓誌

東魏 孫思賓造像

隋 鄧州塔銘

隋 孔神通墓誌

隋 明雲騰墓誌

隋 張壽墓誌

唐 李鎬墓誌

唐 神策軍碑

唐 石經九經

唐 石經尚書

唐 萬壽寺記

唐 夏侯氏墓誌

後晉 權君妻崔墓誌

勹部

勺

【隸書】

西漢 馬•縱橫

西漢 馬•縱橫

西漢 馬•縱橫

西漢 馬•縱橫

西漢 馬•縱橫

西漢 馬•縱橫

西漢 馬•縱橫

西漢 武•特牲甲

西漢 武•特牲甲

東漢 西•醫藥

東漢 倉頡廟碑側

東漢 華岳廟碑陰

唐 楊孝恭碑

【楷書】

唐 嬰殤女墓誌

匀

【楷書】

後唐 王璠墓誌

勿

【隸書】

秦 睡 131

秦 睡 64

西漢 馬•合陰陽

西漢 張•85

西漢 張•91

西漢 居新•3477

漢晉 流簡紙

東漢 池陽令殘碑

東漢 桓孨食堂記

東漢 朐忍令碑

東漢 薌他君題記

東漢 永壽元年墓記

三國魏 張君殘碑

隋 默曹殘碑

唐 楊孝恭碑

唐 楊孝恭碑

【楷書】

北魏 慈慶墓誌

隋 吳嚴墓誌

隋 楊厲墓誌

唐 石經周易

包

【隸書】

秦 睡 58

西漢 馬•老乙前

西漢 馬•雜療

西漢 馬•縱橫

西漢 張•779

東漢 熹平石經易

東魏 元均及妻墓誌

隋 豆盧實墓誌

隋 李使君墓碑

唐 高嶸墓誌

【楷書】

晉 華芳墓誌陰

北齊 高湝墓誌

北齊 張世寶造塔

唐 皇甫誕碑

唐 石經尚書

唐 石經尚書

唐 石經五經

唐 石經周易

唐 蕭公夫人墓誌

唐 張毖墓誌

匈

【隸書】

西漢 張•1192

西漢 居新•2431

西漢 居新•7163

西漢 居新•7554

西漢 居新•7697

西漢 居新•7698

西漢 居新•7701

西漢 居新•7707

東漢 西•病書

漢晉 流簡紙

【楷書】

晉 華芳墓誌陽

北魏 高珪墓誌

隋 曹海凝墓誌

唐 石經五經

唐 田仁墓誌

甫

【隸書】

漢晉 流簡紙

唐 王震墓誌

唐 趙冬曦壙誌

【楷書】

唐 崔哲妻墓誌

唐 石經穀梁傳

唐 石經五經

芻

【隸書】

秦 睡 15

秦 睡 255

西漢 馬•老乙

西漢 張•262

西漢 張•262

唐 任城橋亭記

唐 鄭忠墓碑

【楷書】

唐 柳昱墓誌

唐 石經九經

唐 張嬰墓誌

畐

【隸書】

唐 王震墓誌

唐 趙冬曦壙誌

【楷書】

魏晉 樓•紙

唐 李宏墓誌

唐 李賢墓誌

唐 馬進朝墓誌

唐 石經穀梁傳

唐 石經五經

匕部

匕

【隸書】

秦 關周•病方

西漢 張•1217

【楷書】

唐 石經周易

北

【篆書】

東漢 馮孺人題記

東漢 景君碑額

東漢 群臣上醻碑

【隸書】

秦 睡 118

秦 睡 135

秦 睡 268

西漢 馬•天下

西漢 馬•縱横

西漢 馬•縱横

西漢 張•677

西漢 居新•7673

西漢 居新•7675

漢晉 流簡紙

西漢 李后墓塞石

西漢 李后墓塞石

東漢 景君碑陽

東漢 孔宙碑陰

東漢 禮器碑側

東漢 石門頌

東漢 史晨後碑

東漢 宋伯望買田券左

三國魏 管寧墓誌

北齊 感孝頌

北齊 司馬遵業墓誌

隋 郭達墓誌

隋 張盛墓誌

唐 李神符碑

唐 石臺孝經

唐 史思禮墓誌

唐 楊孝恭碑

唐 鄭忠墓碑

【楷書】

北魏 王翊墓誌

隋 申穆及妻墓誌

唐 口模墓誌

唐 石經周易

唐 孫備墓誌

唐 王行果墓誌

唐 楊越墓誌

唐 張三英墓記

後周 蕭處仁墓誌

匘

【隸書】

東漢 劉熊碑

【楷書】

北魏 元暐墓誌

北齊 宇文誠墓誌

唐 李賢墓誌

唐 石經九經

唐 石經周易

匙

【楷書】

唐 瀆廟祭器銘

儿部

兀

【楷書】

北魏 李蕤墓誌

元

【篆書】

東漢 袁安碑

東漢 袁安碑

三國吳 天發神讖碑

三國魏 正始石經

北魏 溫泉頌額

北魏 薛慧命誌蓋

北魏 元壽安誌蓋

唐 盧仝等題名

唐 三墳記陰

唐 峿臺銘

【隸書】

秦 睡1

秦 睡6

西漢 張•646

西漢 居新•1164

西漢 居新•1525

西漢 居新•2510

西漢 居新•2609

西漢 居新•2704

西漢 居新•2806

西漢 西•詔書

兩漢 武•王杖

漢晉 流簡紙

漢晉 流簡紙

漢晉 流簡紙

東漢 孔宙碑陰

東漢 禮器碑

東漢 禮器碑側

東漢 三老刻石

東漢 三老刻石

東漢 史晨後碑

東漢 楊震碑

東漢 乙瑛碑

東漢 乙瑛碑

東漢 鄭固碑

晉 辟雍頌陽

晉 郭槐柩記

隋 謝岳墓誌

唐 鄎國長公主碑

唐 行儼碑

唐 楊孝恭碑

唐 楊孝恭碑

【楷書】

北魏 馮會萇墓誌

北魏 元敷墓誌

北魏 元湛墓誌

隋 郭世昌墓誌

隋 勝福寺塔銘

隋 王楚英墓誌

唐 寇鐈墓誌

唐 沙陁公妻墓誌

唐 石經九經

唐 石經尚書

唐 石經尚書

唐 石經周易

唐 王脩本妻墓誌

唐 薛巽墓誌

允

【隸書】

西漢 馬•老乙前

東漢 池陽令殘碑

東漢 郙閣頌

東漢 建寧三年殘碑

東漢 景君碑陰

東漢 景君碑陰

東漢 孔宙碑陽

東漢 夏承碑

三國魏 張君殘碑

北齊 司馬遵業墓誌

隋 姬威墓誌

隋 宋景造像碑

隋 口和墓誌

唐 褚亮碑

唐 蘇洪姿墓誌

【楷書】

北魏 寇偘墓誌

北魏 元瞻墓誌

北齊 竇泰墓誌

北齊 婁黑女墓誌

隋 鮑氏墓誌

隋 王楚英墓誌

隋 吳嚴墓誌

隋 蕭紡性墓誌

唐 石經九經

唐 石經尚書

唐 石經周易

兄

【篆書】

三國魏 正始石經

【隸書】

秦 睡136

西漢 馬•老乙前

西漢 馬•老子甲後

西漢 馬•老子甲後

西漢 馬•縱橫

西漢 馬•縱橫

西漢 張•571

西漢 張•62

西漢 居新•7812

西漢 居新•8903

漢晉 流簡紙

東漢 薌他君題記

東漢 永和二年記

東漢 作封記

三國魏 王基斷碑

三國魏 張君殘碑

晉 徐義墓誌陽

隋 李元墓誌

唐 石臺孝經

唐 石臺孝經

【楷書】

北魏 馮季華墓誌

北魏 耿壽姬墓誌

隋 宋睦墓誌

唐 崔孝昌墓誌

唐 石經五經

唐 石經周易

唐 孫公夫人墓誌

光

【篆書】

隋 宋仲墓誌

隋 宋仲墓誌

隋 蘇恒墓誌

隋 蕭瑾墓誌

唐 碧落碑

唐 謙卦碑

唐 三墳記陰

唐 張琮墓誌額

【隸書】

秦 睡142

西漢 馬•合陰陽

西漢 馬•老甲

西漢 馬•老乙

西漢 張•487

西漢 居新•3819

西漢 居新•3845

西漢 居新•4932

西漢 武•日忌

西漢 西•詔書

東漢 封龍山頌

東漢 高頤闕銘西

東漢 華山廟碑陽
東漢 禮器碑陰
東漢 石門頌
東漢 鮮于璜碑陽
東漢 延光四年殘
東漢 楊震碑
晉 辟雍頌陽
北魏 涿縣磚刻
北齊 司馬遵業墓誌
唐 白鹿泉碑陰

唐 褚亮碑
唐 李神符碑
唐 李神符碑
唐 史思禮墓誌
唐 楊孝恭碑
唐 楊孝恭碑
唐 楊孝恭碑
唐 尹尊師碑

【楷書】

三國吳 走•五年
三國吳 走•五年

北魏 侯愔墓誌
北魏 薛孝通券
北魏 元斆墓誌
北魏 元文墓誌
北齊 婁黑女墓誌
隋 田光山妻墓誌
隋 王楚英墓誌
隋 吳嚴墓誌
隋 張伏敬墓誌
唐 范重明墓誌

唐 石經尚書
唐 石經五經
唐 石經五經
唐 石經周易
唐 顏勤禮碑陰

先

【篆書】

唐 紀慎妃碑額
唐 三墳記陽

【隸書】

秦 睡136
秦 睡21
秦 關周•病方
西漢 馬•老甲
西漢 馬•老甲
西漢 馬•老乙
西漢 馬•老子甲後
西漢 馬•老子甲後

西漢 張•399
西漢 張•826
兩漢 武•王杖
東漢 肥致碑
東漢 馬姜墓記
東漢 三老刻石
東漢 西狹頌
東漢 夏承碑
東漢 楊震碑
東漢 乙瑛碑

東漢 乙瑛碑
東漢 乙瑛碑
三國吳 谷朗碑
三國吳 谷朗碑
晉 郭槐柩記
隋 爾朱端墓誌
隋 郭休墓誌
隋 任顯及妻誌
隋 元鐘墓誌
唐 石臺孝經

唐 石臺孝經
唐 鄎國長公主碑
唐 楊孝恭碑
唐 楊孝恭碑
唐 楊孝恭碑
唐 尹尊師碑

【楷書】

北魏 馮會萇墓誌
隋 段威墓誌
唐 卜素墓誌
唐 何行感造像

唐 李戢墓誌
唐 石經尚書
唐 石經周易
唐 石經周易
唐 宋山墓誌
唐 蘇斌墓誌
唐 孫惠及妻墓誌

充

【隸書】

西漢 馬•老子甲後
西漢 居新•3806
西漢 居新•4246
西漢 居新•5389
西漢 西•律令
漢晉 流簡紙
漢晉 流簡紙
東漢 白石神君碑
東漢 石門頌
晉 辟雍頌陽

隋 豆盧實墓誌
隋 郭休墓誌
隋 張儉及妻墓誌
唐 劉粲墓誌
唐 楊孝恭碑
唐 楊孝恭碑
唐 楊孝恭碑

【楷書】

北魏 盧令媛墓誌
隋 成公氏墓誌
隋 劉明及妻墓誌

隋 馬稱心墓誌
唐 竇真墓誌
唐 石經五經
後唐 康贊羨墓誌

兆

【隸書】

秦 睡135
秦 睡135
西漢 居新•1028
東漢 白石神君碑
東漢 白石神君碑
東漢 華山廟碑陽
東漢 禮器碑陰
東漢 牛公產題記
東漢 張遷碑陽
晉 辟雍頌陽

晉 郭槐柩記
北周 華嶽頌
北齊 司馬遵業墓誌
隋 爾朱端墓誌
隋 高虯墓誌
隋 關明墓誌
隋 姬威墓誌
隋 修孔子廟碑
唐 石臺孝經
唐 史思禮墓誌

唐 韋士逸墓誌
唐 楊孝恭碑
唐 張頎墓誌
唐 張翼墓誌

【楷書】

北魏 慈慶墓誌
北魏 胡明相墓誌
北魏 寇演墓誌
北魏 丘哲墓誌
北魏 元維墓誌
北魏 元毓墓誌

北齊 竇泰墓誌
隋 郭王墓誌
隋 寇奉叔墓誌
隋 申穆及妻墓誌
唐 樊康墓誌
唐 李訥妃墓誌
唐 劉胡墓誌
唐 劉栖楚墓誌
唐 盧贍妻墓誌
唐 那提墓誌

唐 騫思玄墓誌

唐 清河張氏墓誌

唐 任君妻王墓誌

唐 孫君妻李墓誌

唐 姚君妻墓誌

唐 張道墓誌

克

【篆書】

三國魏 正始石經

唐 碧落碑

唐 碧落碑

【隸書】

西漢 馬•老乙前

西漢 馬•事語

漢晉 流簡紙

東漢 封龍山頌

東漢 裴岑紀功碑

東漢 三老刻石

東漢 尚博殘碑

東漢 史晨後碑

東漢 西狹頌

東漢 夏承碑

東漢 鮮于璜碑陰

東漢 楊震碑

東漢 元嘉三年記

東漢 張遷碑陽

三國魏 王基斷碑

三國魏 王基斷碑

晉 郭槐柩記

隋 段濟墓誌

隋 蕭瑾墓誌

隋 趙朗墓誌

唐 蔡君妻墓誌

唐 盧宏及妻墓誌

唐 史思禮墓誌

唐 王子麟墓誌

唐 鄎國長公主碑

唐 宴濟瀆序陰額

唐 楊孝恭碑

唐 楊孝恭碑

唐 楊孝恭碑

唐 楊孝恭碑

唐 張叡墓誌

【楷書】

北魏 郭顯墓誌

北魏 元貴妃墓誌

北魏 元謐墓誌

北齊 婁黑女墓誌

隋 曹海凝墓誌

隋 范安貴墓誌

隋 吳嚴墓誌

唐 呂君妻李墓誌

唐 敏之墓誌

唐 石經尚書

唐 石經周易

唐 張士陵墓誌

兇

【隸書】

秦 睡270

東漢 孔宙碑陽

隋 豆盧實墓誌

唐 楊孝恭碑

【楷書】

東魏 劉懿墓誌

東魏 元悰墓誌

唐 丁貴娘墓誌

唐 高像護墓誌

唐 牛阿師墓誌

唐 石經五經

唐 王士林墓誌

兔

【隸書】

秦 睡254

西漢 馬•病方

西漢 馬•合陰陽

西漢 居新•7542

隋 劉多墓誌

隋 牛諒墓誌

唐 崔暟墓誌陰

【楷書】

東魏 高盛墓碑

隋 獨孤羅墓誌

唐 靖策墓誌

隋 宋玉艷墓誌

唐 郭克勤墓誌

唐 孟孝敏妻墓誌

唐 石經五經

唐 孫讜墓誌

唐 王敏墓誌

後晉 袁從章墓誌

北齊 感孝頌

隋 郭達墓誌

隋 修孔子廟碑

唐 刻石記

唐 庫狄真相墓誌

【楷書】

魏晉 樓•紙

北魏 鮮于仲兒墓誌

北魏 元端墓誌

東魏 李次明造像

隋 韋賓墓誌

兒

【隸書】

秦 睡248

西漢 馬•老甲

西漢 馬•老甲

西漢 馬•天下

西漢 馬•天下

西漢 居新•2008

西漢 居新•7908

漢晉 流簡紙

東漢 蒼山元嘉題記

東漢 薌他君題記

唐 崔暟墓誌陽

唐 盧君妻墓誌

【楷書】

北魏 元昭墓誌

唐 賈從贇墓誌

唐 萬壽寺記

唐 楊宇墓誌

後周 宋彥筠墓誌

西漢 西•候官

西漢 西•律令

東漢 西•遷補

東漢 陶洛殘碑陽

東漢 鮮于璜碑陽

晉 徐義墓誌陽

北齊 師道造象陽

隋 澧水石橋碑

隋 李元墓誌

唐 崔暟墓誌陽

免

【隸書】

秦 睡35

秦 睡44

秦 睡65

西漢 馬•縱橫

西漢 馬•縱橫

西漢 張•10

西漢 張•1194

西漢 居新•1005

西漢 居新•2667

西漢 居新•2949

兑

【隸書】

秦 睡254

西漢 馬•老乙

西漢 馬•縱橫

【楷書】

北齊 畢文造像

唐 李審規墓記

唐 李仙蕙志

唐 石經五經

唐 石經五經

唐 石經周易

唐 南玄暕墓誌

唐 喬娥墓誌

唐 鄭仁泰墓誌

兜

【隸書】

西漢 居新·8958

漢晉 流簡紙

漢晉 流簡紙

【楷書】

北魏 陳天寶造像

北魏 樊奴子造像

北魏 薛法紹造像

北魏 元昭墓誌

唐 僧突墓誌

唐 石經尚書

後晉 袁從章墓誌

兟

【篆書】

唐 碧落碑

【隸書】

唐 安天王廟碑

唐 崔暟墓誌陰

【楷書】

唐 崔縕墓誌

唐 周孟瑤墓誌

兢

【隸書】

唐 蔡君妻墓誌

唐 柳偘妻墓誌

唐 石臺孝經

【楷書】

南朝陳 巡狩碑

北魏 元昉墓誌

唐 神策軍碑

唐 石經五經

唐 袁景慎墓誌

几部

几	凡				凰	凱
【篆書】	【篆書】				【隸書】	【隸書】
唐 碧落碑	唐 多寶佛塔銘	西漢 居新•3008	唐 石臺孝經	北齊 定國寺塔碑	三國吳 買冢城磚	隋 張儉及妻墓誌
【隸書】	【隸書】	西漢 西•過界	唐 徐盼墓誌	隋 楊厲墓誌	隋 李元墓誌	【楷書】
西漢 馬•老乙前	秦 睡 100	漢晉 流簡紙	唐 義福碑陰	隋 元氏墓誌	隋 口和墓誌	北魏 秦洪墓誌
西漢 馬•老乙前	秦 睡 35	東漢 樊敏碑	唐 趙冬曦壙誌	隋 張虔墓誌	唐 盧宏及妻墓誌	北魏 王普賢墓誌
西漢 居新•633	秦 關周•日書	東漢 石門頌	唐 鄭忠墓碑	唐 石經尚書	【楷書】	隋 皇甫深墓誌
西漢 居新•8163	西漢 馬•合陰陽	東漢 史晨後碑	【楷書】	唐 石經五經	北齊 乞伏保達墓誌	唐 蘇斌墓誌
西漢 武•少牢甲	西漢 馬•老乙前	東漢 楊震碑	三國吳 走•五年	唐 王芳媚墓誌	隋 衛美墓誌	唐 鄭仁泰墓誌
東漢 史晨前碑	西漢 馬•老子甲後	東漢 楊著碑陽	晉 華芳墓誌陰	後唐 王瑨墓誌	唐 李鳳妃墓誌	
唐 孔子廟碑	西漢 馬•老子甲後	北齊 司馬遵業墓誌	北魏 郭法洛造像		唐 李訥妃墓誌	
【楷書】	西漢 張•1004	唐 北獄廟碑	北魏 寇臻墓誌		唐 王師墓誌	
北魏 王誦墓誌	西漢 張•1045		北魏 元斌墓誌		唐 張氏墓誌	
唐 趙越賓墓誌						

亠部

亡

【隸書】

秦 睡66

秦 關周•日書

西漢 張•72

西漢 居新•7166

西漢 居新•7234

西漢 居新•7750

兩漢 西•馬簡

兩漢 西•馬簡

兩漢 西•懸簡

漢晉 流簡紙

東漢 曹全碑陽

東漢 封龍山頌

東漢 華山廟碑陽

東漢 桓孨食堂記

東漢 趙寬碑

魏晉 樓•紙

三國魏 王基斷碑

北齊 西門豹碑陽

隋 郭達墓誌

隋 姬威墓誌

隋 馬長和造像

隋 王榮及妻墓誌

隋 口和墓誌

隋 吳嚴墓誌

隋 元鐘墓誌

隋 張盛墓誌

唐 石臺孝經

唐 楊孝恭碑

唐 楊孝恭碑

【楷書】

南朝陳 劉猛進碑

北魏 崔承宗造像

北魏 李媛墓誌

北魏 姚伯多供養碑

北魏 姚伯多供養碑

北齊 許儁等造像

隋 羅寶奴造像

唐 賈隱及妻墓誌

唐 李鎬墓誌

唐 七品亡宮墓誌

唐 石經九經

唐 石經九經

唐 石經尚書

唐 石經周易

唐 石經周易

唐 楊客僧墓誌

唐 鄭逢墓誌

亢

【隸書】

秦 睡121

秦 睡132

秦 關周•日書

秦 關周•日書

漢晉 流簡紙

東漢 華山廟碑陽

東漢 禮器碑側

東漢 西狹頌

東漢 子游殘碑

唐 龐履温碑

唐 興寺碑

唐 張叡墓誌

【楷書】

南朝宋 佛女買地券

北魏 弔比干文陽

北魏 霍揚碑陽

北魏 元誕墓誌

北魏 元欽墓誌

北周 華嶽頌

隋 殷洪纂造像

隋 諸葛子恆碑

交

【篆書】

唐 碧落碑

【隸書】

秦 睡 104

秦 睡 156

西漢 馬•合陰陽

西漢 馬•老子甲後

西漢 居新•2678

西漢 居新•4876

西漢 居新•540

西漢 居新•6572

西漢 武•有司甲

唐 石經周易

唐 楊孝恭碑

唐 楊孝恭碑

唐 楊孝恭碑

唐 尹尊師碑

【楷書】

北魏 元斅墓誌

北魏 元恭墓誌

北魏 元纂墓誌

隋 姜敬親墓誌

唐 石經尚書

唐 石經周易

東魏 叔孫固墓誌

隋 王楚英墓誌

隋 口靜墓誌

隋 楊真墓誌

唐 崔沔墓誌陽

唐 豆盧建墓誌

唐 李彥墓誌

唐 王震墓誌

唐 玄元靈應頌

東漢 禮器碑

東漢 三老刻石

東漢 史晨後碑

東漢 武榮碑

東漢 許安國題記

東漢 楊震碑

東漢 楊著碑陽

東漢 乙瑛碑

晉 辟雍頌陽

北齊 馬天祥造像

東漢 肥致碑

西漢 馬•合陰陽

西漢 馬•合陰陽

西漢 馬•老甲

西漢 馬•老甲

西漢 居新•3047

西漢 居新•7542

西漢 居新•8211

漢晉 流簡紙

漢晉 流簡紙

東漢 白石神君碑

玄

【篆書】

東漢 尹宙碑

隋 宋仲墓誌

隋 蕭瑾墓誌

唐 安天王廟碑

唐 碧落碑

唐 碧落碑

唐 碧落碑

唐 玄元靈應頌

唐 宴濟瀆序陰額

【隸書】

秦 睡 168

唐 荇肅墓誌

唐 郭瑤墓誌

唐 盧璠墓誌

唐 石經九經

唐 石經周易

唐 楊執一墓誌

亥

【隸書】

秦 睡 104

秦 睡 111

秦 睡 116

西漢 張•15

西漢 張•18

西漢 居新•7575

西漢 居新•7723

西漢 居新•9081

西漢 西•馬牘

西漢 西•馬牘

唐 陳皆墓誌

唐 苗弘本墓誌

唐 石經周易

唐 王待徵墓誌

唐 王公妻墓誌

唐 楊佰隴墓誌

唐 張敬忠謝表

唐 張氏墓誌

唐 趙冬曦壙誌

【楷書】

魏晉 樓•紙

晉 黃庭內景經

南朝梁 舊館壇碑

北魏 元朗墓誌

北魏 元乂墓誌

北齊 竇泰墓誌

東魏 廉富造像陽

東魏 呂覎墓誌

隋 賈玄贇墓誌

晉 呂望表

北周 華嶽頌

隋 叱李綱子墓誌

隋 馬穉墓誌

隋 宋景造像碑

隋 蕭瑾墓誌

唐 戴令言墓誌

唐 石臺孝經

唐 楊孝恭碑

唐 楊孝恭碑

西漢 西•馬牘

西漢 西•馬牘

兩漢 西•馬簡

漢晉 流簡紙

東漢 從事馮君碑

東漢 孟孝琚碑

東漢 鮮于璜碑陽

東漢 楊震碑

東漢 永壽元年墓記

東漢 圉令趙君碑

亦

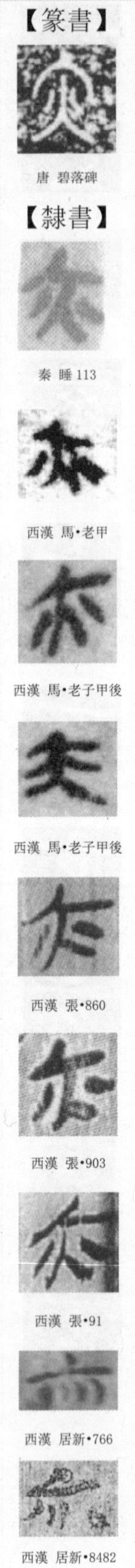

【篆書】

唐 碧落碑

【隸書】

秦 睡 113

西漢 馬•老甲

西漢 馬•老子甲後

西漢 馬•老子甲後

西漢 張•860

西漢 張•903

西漢 張•91

西漢 居新•766

西漢 居新•8482

隋 蕭瑾墓誌

唐 王震墓誌

【楷書】

北魏 胡明相墓誌

唐 竇娘子墓誌

唐 葛亮祠堂碑

唐 石經尚書

唐 石經周易

唐 石經周易

唐 鄭儉墓誌

東漢 孔宙碑陽

東漢 沈府君神道闕

東漢 尹宙碑

三國魏 曹真殘碑陽

三國吳 買冢城磚

三國魏 王基斷碑

晉 辟雍頌陽

北齊 感孝頌

隋 闞明墓誌

隋 口和墓誌

東漢 西•病書
漢晉 流簡紙
西漢 麃孝禹碑
東漢 曹全碑陽
東漢 朐忍令碑
晉 楊陽墓闕
隋 爾朱敞墓誌
隋 勝福寺塔銘
隋 張儉及妻墓誌
隋 趙朗墓誌

【楷書】
三國吳 走•五年
北魏 胡明相墓誌
北齊 竇泰墓誌
唐 杜濟墓誌
唐 苻璘墓誌
唐 石經九經
唐 石經九經

㐬

【楷書】
北魏 張神洛買田
唐 石經五經

亨

【篆書】
唐 謙卦碑

【隸書】
西漢 馬•病方
東漢 華山廟碑陽
東漢 朐忍令碑
東漢 熹平石經易
晉 辟雍頌陽
唐 戴令言墓誌
唐 豆盧建墓誌
唐 李神符碑
唐 楊孝恭碑

唐 石臺孝經
唐 楊孝恭碑
唐 朱君妻王墓誌

【楷書】
北魏 元乂墓誌
唐 蓋暢墓誌
唐 韓承墓誌
唐 柳延宗墓誌
唐 祁惠墓誌
唐 石經周易
唐 史君妻墓誌

㐬

【楷書】
唐 石經五經

享

【隸書】
西漢 張•310
西漢 張•310
西漢 武•特牲甲
東漢 禮器碑
東漢 史晨後碑
東漢 張遷碑陽
三國魏 何晏墓誌
晉 辟雍頌陽
唐 告華嶽府君
唐 潘基墓誌

唐 張叡墓誌

【楷書】
北魏 李媛墓誌
北魏 元弘嬪侯墓誌
唐 劉智墓誌
唐 石經九經

京

【篆書】

唐 三墳記陽

【隸書】

西漢 居新•1028

西漢 居新•417

西漢 居新•9143

漢晉 流簡紙

東漢 白石神君碑

東漢 華山廟碑陽

東漢 禮器碑

東漢 禮器碑側

東漢 禮器碑陰

東漢 楊震碑

晉 辟雍頌陽

北齊 邢夫人墓誌

隋 爾朱端墓誌

隋 郭休墓誌

隋 姬威墓誌

唐 告華嶽府君

唐 李神符碑

唐 史思禮墓誌

唐 史思禮墓誌

唐 楊孝恭碑

唐 楊孝恭碑

唐 楊孝恭碑

唐 趙冬曦壙誌

【楷書】

三國吳 走•五年

北魏 元悌墓誌

北魏 元願平妻墓誌

北魏 鄭黑墓誌

北齊 竇泰墓誌

唐 賈隱及妻墓誌

唐 九品亡宮墓誌

唐 李壽墓誌

唐 石經九經

唐 蘇嗣君墓誌

唐 魏公韋氏墓誌

唐 向清墓誌

唐 張去奢墓誌

夜

【篆書】

唐 三墳記陽

【隸書】

秦 睡239

秦 西•日書甲

西漢 馬•養生

西漢 馬•足臂

西漢 張•1138

東漢 西•死駒

漢晉 流簡紙

漢晉 流簡紙

東漢 衡方碑

東漢 淮源廟碑

東漢 孟孝琚碑

東漢 西狹頌

東漢 許阿瞿題記

東漢 作封記

晉 吕望表

前秦 鄧艾祠碑

北齊 感孝頌

北齊 司馬遵業墓誌

隋 澧水石橋碑

隋 蘇恒墓誌

隋 王楚英墓誌

隋 趙朗墓誌

唐 屈突通墓誌

唐 石臺孝經

唐 王崇禮墓誌

【楷書】

晉 吕望表

北魏 司馬氏墓誌

北魏 元昭墓誌

西魏 鄧君墓誌

東魏 呂覎墓誌

隋 暴永墓誌

隋 義造橋殘碑

隋 元鐘墓誌

隋 張虔墓誌

唐 胡明期母墓誌

唐 石經九經

唐 石經九經

唐 石經尚書

兖

【隸書】

東漢 曹全碑陽

東漢 禮器碑側

東漢 王稚子闕

東漢 夏承碑

隋 爾朱敞墓誌

隋 爾朱端墓誌

隋 口和墓誌

【楷書】

北魏 刁遵墓誌

北魏 郭顯墓誌

北魏 賈思伯碑額

北魏 寇演墓誌

北魏 穆彥墓誌

北魏 元侔墓誌陰

北魏 元肅墓誌

北魏 元纘遠墓誌

東魏 陸順華墓誌

東魏 張滿墓誌

隋 元智墓誌

隋 元鐘墓誌

隋 張喬墓誌

唐 李壽墓誌

唐 馬君妻董墓誌

唐 石經尚書

亮

【隸書】

東漢 封龍山頌

東漢 景君碑陰

東漢 禮器碑陰

東漢 趙儀碑

三國魏 王基斷碑

晉 辟雍頌陽

隋 郭王墓誌

隋 侯肇墓誌

隋 謝岳墓誌

隋 修孔子廟碑

唐 蔡君妻墓誌

唐 史思禮墓誌

唐 譚伍墓誌

【楷書】

三國吳 走•五年

南朝宋 口熊造像記

北魏 寇演墓誌

北魏 宋虎墓誌

北魏 宋靈妃墓誌

北魏 元壽妃墓誌

隋 張喬墓誌

唐 石經尚書

唐 許遂忠墓誌

亭 𠅏

【篆書】

唐 峿臺銘

【隸書】

秦 睡 47

西漢 張•492

西漢 張•608

西漢 居新•909

西漢 西•候官

西漢 西•馬牘

西漢 西•奏書

東漢 西•劾狀

東漢 西•遷補

東漢 西•死駒

漢晉 流簡紙

漢晉 流簡紙

東漢 蒼山元嘉題記

東漢 蒼山元嘉題記

東漢 曹全碑陽

東漢 公乘田魴記

東漢 華山廟碑陽

東漢 開通褒斜道

東漢 史晨後碑

東漢 宋伯望買田劵正
晉 辟雍頌陽
唐 陳泰墓誌
唐 疊綵山題記
唐 李彥墓誌
唐 劉粲墓誌

【楷書】

北魏 元崇業墓誌
隋 陶貴墓誌
隋 田德元墓誌

亳

【隸書】

唐 李神符碑
唐 趙冬曦壙誌

【楷書】

隋 蕭翹墓誌
唐 石經尚書
唐 仵願德墓誌

率

【篆書】

三國魏 正始石經

【隸書】

西漢 居新•9045
漢晉 流簡紙
漢晉 流簡紙
漢晉 流簡紙
新莽 禳盜刻石
晉 辟雍頌陽
晉 石尠墓誌
隋 爾朱端墓誌
隋 姬威墓誌

隋 姬威墓誌
隋 劉多墓誌
隋 任軌墓誌
唐 高元珪墓誌
唐 潘基墓誌
唐 唐直墓誌

【楷書】

北魏 慈慶墓誌
北魏 韓顯祖造像
北魏 元寶月墓誌
北魏 元誨墓誌

北齊 韓山剛造像
北齊 婁黑女墓誌
東魏 元仲英墓誌
北齊 暈禪師造像陽
隋 蕭瑒墓誌
隋 蕭翹墓誌
唐 苗君妻楊墓誌
唐 石經尚書
唐 石經五經
唐 脩多羅墓誌

唐 張去奢墓誌
唐 張先墓誌

商

【隸書】

西漢 馬•老子甲後
西漢 馬•老子甲後
隋 宋仲墓誌
隋 蕭瑾墓誌

【楷書】

北魏 王基墓誌
隋 范高墓誌
唐 于士恭墓誌

商

【隸書】

秦 睡217
西漢 馬•縱橫
西漢 張•472
西漢 居新•2118
西漢 居新•7482
東漢 西•寇恩
東漢 西•寇恩
東漢 西•寇恩
東漢 曹全碑陽
東漢 曹全碑陰

東漢 華山廟碑陽

東漢 建寧元年殘碑

東漢 景君碑陽

東漢 石門頌

三國魏 孔羨碑

晉 呂望表

北齊 司馬遵業墓誌

隋 段濟墓誌

唐 北獄廟碑

唐 興寺碑

【楷書】

北魏 元纂墓誌

隋 □悰昂墓誌

唐 葛亮祠堂碑

唐 石經尚書

唐 石經五經

唐 石經周易

唐 石經周易

唐 王則墓誌

亶亶

【隸書】

西漢 馬·合陰陽

西漢 張·503

西漢 西·車鞶

晉 華芳墓誌陰

唐 趙叡沖碑

【楷書】

北魏 慈慶墓誌

唐 盧君妻墓誌

唐 慶公神祠碑

唐 石經尚書

冫部

冱

【楷書】

唐 馬浩墓誌

決

【隸書】

西漢 馬•合陰陽

西漢 馬•合陰陽

西漢 馬•縱橫

西漢 張•136

西漢 張•48

東漢 西•寇恩

東漢 西•寇恩

冰

【篆書】

唐 般若臺記

唐 城隍廟碑

唐 謙卦碑

唐 三墳記陰

【隸書】

西漢 居新•5906

東漢 景君碑陰

東漢 孔宙碑陰

晉 徐義墓誌陽

北齊 感孝頌

隋 高虬墓誌

隋 宋景造像碑

唐 白鹿泉碑陽

唐 李貞墓誌

唐 屈突通墓誌

唐 石臺孝經

唐 譚伍墓誌

唐 貞一廟碑

【楷書】

北魏 侯太妃造像

北魏 司馬顯姿墓誌

北魏 元敷墓誌

北魏 元秀墓誌

北齊 竇泰墓誌

北齊 婁黑女墓誌

隋 李肅墓誌

隋 張虔墓誌

隋 張濤妻墓誌

唐 能政墓誌

唐 石經五經

唐 石經周易

唐 石經周易

唐 張伯墓誌

唐 張須墓誌

冷

【楷書】

唐 劉珪墓誌

唐 石經五經

唐 王君及妻墓誌

唐 閻志雄墓誌

冶

【隸書】

秦 關周•病方

西漢 馬•合陰陽

西漢 馬•天下

西漢 馬•天下

西漢 馬•天下

西漢 馬•縱橫

漢晉 流簡紙

東漢 蕩陰字殘

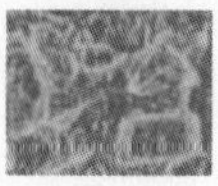

東漢 開通褒斜道

唐 崔暟墓誌陽

【楷書】

唐 鄧夫人墓誌

唐 石經五經

洌

【楷書】

唐 石經周易

唐 王海朝墓誌

唐 張忠義墓誌

凊

【楷書】

唐 石經五經

凍

【楷書】

北魏 爾朱紹墓誌

北魏 元仙墓誌

唐 胡君妻墓誌

唐 李君殘墓誌

唐 石經九經

淩

【楷書】

唐 大德超寂墓誌

唐 石經五經

唐 王素墓誌

凋

【隸書】

唐 盧宏及妻墓誌

唐 辛雲京妻墓誌

【楷書】

唐 崔千里墓誌

唐 崔緄墓誌

唐 申好墓誌

唐 石經五經

唐 張伯墓誌

凓

【楷書】

唐 石經五經

凜

【隸書】

唐 戴令言墓誌

唐 紀信墓碑

唐 掌徹墓誌

【楷書】

東魏 南宗和尚塔銘

東魏 南宗和尚塔銘

唐 程知節墓誌

唐 荇進昌墓誌

唐 李清禪墓誌

唐 李賢墓誌

唐 盧子騖墓誌

唐 石經五經

唐 石經五經

唐 張方墓誌

唐 志晉墓誌

後梁 崔崇素墓誌

凝

【篆書】

東魏 凝禪寺碑

唐 碧落碑

【隸書】

東漢 趙寬碑

隋 爾朱端墓誌

隋 張盛墓誌

唐 北嶽廟碑

唐 陳泰墓誌

唐 李神符碑

唐 龐履溫碑

唐 蘇洪姿墓誌

【楷書】

北魏 爾朱紹墓誌

北魏 寇演墓誌

北魏 吐谷渾璣墓誌

北魏 奚真墓誌

北魏 元崇業墓誌

北魏 元崇業墓誌

北魏 元純阤墓誌

北魏 元毓墓誌

北周 僧和造像記

東魏 王令媛墓誌

東魏 元悰墓誌

隋 李元墓誌

隋 田光山妻墓誌

隋 王楚英墓誌

唐 李宏墓誌

唐 齊朗墓誌

唐 石經尚書

唐 石經五經

唐 石經周易

唐 石經周易

唐 蘇斌墓誌

唐 王鴻裕藏

唐 蕭令臣墓誌

唐 張騷墓誌

冖部

冗

【隸書】

秦 睡51

西漢 張•500

西漢 張•500

【楷書】

北魏 侯剛墓誌

唐 崔隋妻墓誌

唐 李雅墓誌

唐 仵顒德墓誌

冠 𠕁

【篆書】

唐 碧落碑

唐 三墳記陽

【隸書】

西漢 馬•老子甲後

西漢 馬•縱横

西漢 張•564

西漢 張•724

西漢 居新•3862

西漢 居新•610

西漢 西•候官

東漢 朝侯小子碑

東漢 樊敏碑

東漢 華山廟碑陽

東漢 景君碑陽

東漢 朐忍令碑

東漢 西狹頌

東漢 校官碑

東漢 陽嘉殘碑陽

三國魏 受禪碑

北齊 司馬遵業墓誌

東魏 宗欣墓誌

隋 豆盧實墓誌

隋 爾朱敞墓誌

隋 爾朱端墓誌

隋 符盛及妻墓誌

隋 符盛及妻墓誌

隋 郭王墓誌

隋 郭休墓誌

隋 口墮及妻墓誌

隋 馬稺墓誌

隋 任顯及妻誌

唐 陳泰墓誌

唐 李神符碑

唐 李貞墓誌

唐 盧君妻墓誌

唐 牛氏像龕碑

唐 韋士逸墓誌

唐 尹尊師碑

唐 張休光墓誌

唐 朱君妻王墓誌

【楷書】

南朝梁 羅浮山銘

北魏 鞠彥雲墓誌

北魏 寇偘墓誌

北魏 寇慰墓誌

北魏 寇臻墓誌

北魏 李渠蘭墓誌

北魏 元煥墓誌

北魏 元思墓誌

北魏 元彥墓誌

北魏 鄭黑墓誌

東魏 馮令華墓誌

隋 程諧墓誌

隋 樊氏墓誌

隋 澧水石橋碑

隋 李元墓誌

隋 王楚英墓誌

隋 吳嚴墓誌

隋 蕭瑒墓誌

隋 張壽墓誌

唐 呂行端墓誌

唐 石經五經

唐 王希俊墓誌

唐 張洛墓誌

唐 趙知慎墓誌

冢

【隸書】

秦 睡68

西漢 張•87

東漢 西•四時

東漢 西•四時

東漢 大吉山刻石

東漢 蕩陰字殘

東漢 鄧景達題記

東漢 公乘田魴記

東漢 建和三年記

東漢 史晨後碑

東漢 王景信題記

東漢 薌他君題記

東漢 永壽元年墓記

東漢 元和三年記

東漢 佐孟機題記

三國吳 買冢城磚

北周 華嶽頌

唐 崔泰之墓誌

唐 史思禮墓誌

【楷書】

北魏 元譚墓誌

北魏 元緒墓誌

北魏 鄭君妻墓誌

唐 崔黌墓誌

唐 石經尚書

唐 石經尚書

唐 石經五經

唐 孫公妻墓誌

唐 王鍊墓誌

唐 楊承胤墓誌

後唐 崔崇素墓誌

冥

【篆書】

唐 碧落碑

【隸書】

西漢 馬•病方

西漢 馬•老乙前

西漢 馬•天下

西漢 馬•縱橫

西漢 西•奏書

兩漢 西•懸檢

東漢 蒼山元嘉題記

東漢 肥致碑

東漢 石門頌

東漢 楊統碑陽

東漢 楊震碑

晉 辟雍頌陽

晉 管洛墓誌陰

北齊 馬天祥造像

隋 叱李綱子墓誌

隋 豆盧實墓誌

隋 馬穉墓誌

隋 張景略墓誌

唐 高嶸墓誌

唐 告華嶽府君

唐 潘基墓誌

唐 王子麟墓誌

唐 徐盼墓誌

唐 楊孝恭碑

唐 楊孝恭碑

唐 尹尊師碑

唐 尹尊師碑

【楷書】

南朝宋 石駟銘

北魏 寇猛墓誌

北魏 李元姜墓誌

北魏 劉華仁墓誌

北魏 薛慧命墓誌

北魏 元貴妃墓誌

北魏 元繼墓誌

北魏 元簡殘石

北魏 元詮墓誌

北魏 元仙墓誌

北魏 元子永墓誌

北魏 元子永墓誌

北齊 高湝墓誌

北齊 姜纂造像記

北齊 司馬遵業墓誌

北齊 司馬遵業墓誌

隋 段模墓誌

隋 鄭善妃墓誌

唐 暴賢墓誌

隋 常泰妻墓誌

唐 蓋氏墓誌

唐 弓君及妻墓誌

唐 石經五經

唐 石經周易

唐 石經周易

唐 思恆墓誌

唐 王潤墓記銘

唐 楊乾光墓誌

唐 楊訓墓誌

唐 楊宇墓誌

唐 楊執一墓誌

唐 元真墓誌

唐 臧懷亮墓誌

唐 張渙墓誌

唐 張洛墓誌

唐 張氏墓誌

後唐 康贊羑墓誌

冤

【隸書】

西漢 馬•養生

西漢 居新•8252

東漢 蒼山元嘉題記

東漢 夏承碑

晉 郛休碑陽

唐 黃石公祠記

唐 李貞墓誌

唐 柳偘妻墓誌

【楷書】

北魏 吊比干文

北魏 薛伯徽墓誌

北魏 元項墓誌

北魏 元誘墓誌

北魏 元子永墓誌

東魏 邑主造石像

隋 孔神通墓誌

隋 梁環墓誌

隋 盧文構墓誌

隋 蕭球墓誌

唐 崔詹墓誌

唐 李璜墓誌

唐 石經九經

唐 楊逸墓誌

後唐 西方鄴墓誌

鼏

【楷書】

唐 石經儀禮

冪

【隸書】

新莽 西•守御器

【楷書】

隋 張貴男墓誌

唐 段簡璧墓誌

唐 石經五經

唐 張順墓誌

凵部

凶

【隸書】

秦 睡121

秦 睡136

秦 睡141

秦 睡268

西漢 馬•老子甲後

西漢 張•1062

西漢 居新•1426

西漢 西•善劍

東漢 蒼山元嘉題記

東漢 從事馮君碑

東漢 華山廟碑陽

東漢 王舍人碑

東漢 鮮于璜碑陽

東漢 鄭固碑

北齊 感孝頌

唐 北嶽廟碑

唐 石臺孝經

唐 王崇禮墓誌

唐 張翼墓誌

唐 鄭忠墓碑

唐 鄭忠墓碑

【楷書】

晉 石尠墓誌

北魏 胡明相墓誌

北魏 元融墓誌

北魏 元天穆墓誌

北齊 竇泰墓誌

北齊 西門豹碑陽

隋 豆盧實墓誌

隋 劉珍墓誌

唐 崔紹墓誌

唐 高慈墓誌

唐 葛路墓誌

唐 李壽墓誌

唐 呂氏墓誌

唐 石經周易

唐 袁仁爽墓誌

後晉 感夢伽藍記

後唐 毛璋妻墓誌

出

【篆書】

三國魏 正始石經

三國魏 正始石經

唐 峿臺銘

【隸書】

秦 睡111

秦 睡45

秦 睡65

秦 關周•病方

西漢 馬•足臂

西漢 張•531

西漢 張•609

西漢 張•622

西漢 居新•9094

西漢 居新•92

西漢 西•馬簡牘

兩漢 西•馬簡

兩漢 西•懸簡

兩漢 西•醫藥

漢晉 流簡紙

漢晉 流簡紙

東漢 蒼山元嘉題記

東漢 曹全碑陽

東漢 禮器碑

東漢 三老刻石

東漢 石門頌

東漢 楊震碑

東漢 楊著碑陽

東漢 乙瑛碑

東漢 佐孟機題記

三國魏 王基斷碑

隋 豆盧實墓誌

隋 蕭瑾墓誌

隋 趙朗墓誌

唐 史思禮墓誌

唐 史思禮墓誌

唐 王震墓誌
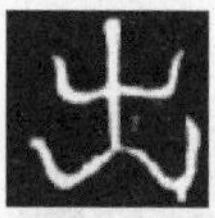
唐 王震墓誌

唐 尹尊師碑

【楷書】

魏晉 樓•紙

晉 華芳墓誌陰

北魏 姚伯多供養碑

北魏 元保洛墓誌

北齊 竇泰墓誌

隋 爾朱敞墓誌

隋 馬少敏墓誌

隋 張伏敬墓誌

唐 神瞻影塔銘

唐 石經九經

唐 石經周易

唐 顏元貞墓誌

唐 張叡墓誌

函 圅

【篆書】

唐 碧落碑

【隸書】

西漢 張•523

西漢 居新•572

漢晉 流簡紙

唐 宴濟瀆序陰額

唐 尹尊師碑

【楷書】

三國吳 走•五年

北齊 竇泰墓誌

東魏 高盛墓碑

唐 多寶塔碑

唐 李麗質墓誌

唐 李瑱墓誌

唐 田仁墓誌

唐 田在卞墓誌

唐 張楚璋墓誌

唐 重藏舍利記

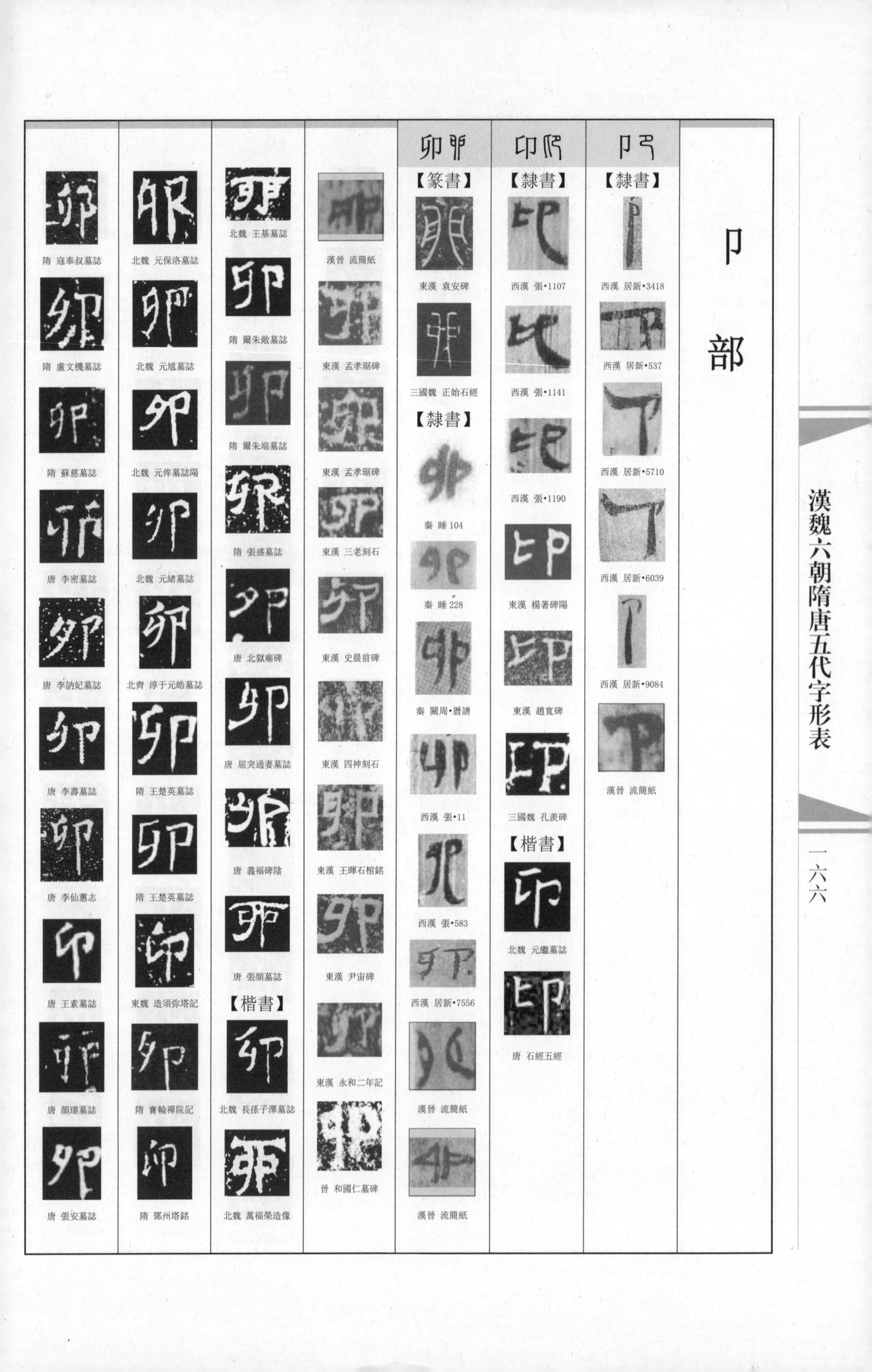

卩部

卩

【隸書】

西漢 居新•3418

西漢 居新•537

西漢 居新•5710

西漢 居新•6039

西漢 居新•9084

漢晉 流簡紙

印

【隸書】

西漢 張•1107

西漢 張•1141

西漢 張•1190

東漢 楊著碑陽

東漢 趙寬碑

三國魏 孔羨碑

【楷書】

北魏 元繼墓誌

唐 石經五經

卯

【篆書】

東漢 袁安碑

三國魏 正始石經

【隸書】

秦 睡104

秦 睡228

秦 關周•曆譜

西漢 張•11

西漢 張•583

西漢 居新•7556

漢晉 流簡紙

漢晉 流簡紙

漢晉 流簡紙

東漢 孟孝琚碑

東漢 孟孝琚碑

東漢 三老刻石

東漢 史晨前碑

東漢 四神刻石

東漢 王暉石棺銘

東漢 尹宙碑

東漢 永和二年記

晉 和國仁墓碑

北魏 王基墓誌

隋 爾朱敞墓誌

隋 爾朱端墓誌

隋 張盛墓誌

唐 北嶽廟碑

唐 屈突通妻墓誌

唐 義福碑陰

唐 張顏墓誌

【楷書】

北魏 長孫子澤墓誌

北魏 萬福榮造像

北魏 元保洛墓誌

北魏 元馗墓誌

北魏 元侔墓誌陽

北魏 元緒墓誌

北齊 淳于元皓墓誌

隋 王楚英墓誌

隋 王楚英墓誌

東魏 造須弥塔記

隋 寶輪禪院記

隋 鄧州塔銘

隋 寇奉叔墓誌

隋 盧文機墓誌

隋 蘇慈墓誌

唐 李密墓誌

唐 李訥妃墓誌

唐 李壽墓誌

唐 李仙蕙志

唐 王素墓誌

唐 顏瓌墓誌

唐 張安墓誌

即

【篆書】

三國魏 正始石經

【隸書】

秦 睡59

秦 睡65

秦 關周•病方

西漢 馬•事語

西漢 張•1005

西漢 張•1028

西漢 張•353

西漢 張•754

西漢 張•907

卵

【隸書】

秦 睡137

西漢 馬•天下

西漢 馬•養生

東漢 郙閣頌

北齊 司馬遵業墓誌

【楷書】

北魏 王基墓誌

北魏 元暐墓誌

唐 石經九經

唐 石經九經

唐 崔祐甫墓誌

唐 史思禮墓誌

唐 司馬寔墓誌

唐 義福碑陰

【楷書】

北魏 元瞻墓誌

唐 多寶塔碑

唐 多寶塔碑

唐 史信墓誌

唐 王京墓誌

西漢 居新•7626

西漢 西•奏書

東漢 西•文書

漢晉 流簡紙

東漢 蒼山元嘉題記

東漢 夏承碑

東漢 造土牛碑

三國魏 王基斷碑

北齊 司馬遵業墓誌

隋 姬威墓誌

印

【隸書】

秦 睡45

秦 睡64

西漢 馬•老甲

西漢 張•1158

西漢 張•158

西漢 張•353

西漢 張•37

西漢 居新•2130

西漢 居新•4939

西漢 居新•5263

唐 四望山題記

【楷書】

北魏 陳天寶造像

北魏 元端墓誌

北魏 元誘墓誌

北齊 竇泰墓誌

隋 范安貴墓誌

唐 故亡宮九品墓誌

唐 石經尚書

唐 石經周易

唐 王大劍墓誌

東漢 石門頌

東漢 石門頌

東漢 西狹頌

晉 石尠墓誌

晉 徐義墓誌陽

隋 爾朱敞墓誌

隋 澧水石橋碑

隋 郭王墓誌

唐 石臺孝經

唐 史思禮墓誌

危

【隸書】

秦 睡111

秦 關周•日書

西漢 馬•老乙前

西漢 馬•縱橫

西漢 馬•縱橫

西漢 張•1084

西漢 張•1174

西漢 張•1181

漢晉 流簡紙

東漢 郙閣頌

東漢 鮮于璜碑陰以上為前頁續：

西漢 居新•2114

西漢 居新•7463

東漢 肥致碑

東漢 利水大道記

東漢 買田約束石

東漢 孟孝琚碑

東漢 石門頌

東漢 史晨後碑

東漢 史晨前碑

東漢 鮮于璜碑陰

東漢 校官碑

東漢 乙瑛碑

東漢 尹宙碑

唐 褚亮碑

唐 高元珪墓誌

唐 京兆金氏墓誌

唐 柳偘妻墓誌

唐 蘇洪姿墓誌

唐 唐直墓誌

【楷書】

三國吳 走•五年

魏晉 樓•紙

魏晉 樓•紙

北魏 慈慶墓誌

北魏 郭法洛造像

北齊 夫子廟碑

隋 劉多墓誌

隋 默曹殘碑

北齊 司馬遵業墓誌

隋 陳常墓誌

隋 高緊墓誌

隋 郭休墓誌

隋 馬少敏墓誌

隋 申穆及妻墓誌

隋 王楚英墓誌

隋 吳嚴墓誌

唐 陳守素妻墓誌

唐 李壽墓誌

唐 龍泉記

唐 石經尚書

唐 石經周易

卷

【篆書】

唐 三墳記陽

【隸書】

秦 睡183

西漢 馬•事語

西漢 張•1199

西漢 張•477

東漢 孟孝琚碑

北齊 法懃塔銘

北齊 司馬遵業墓誌

北齊 西門豹碑陽

隋 豆盧實墓誌

唐 口靜墓誌

唐 陳憲墓誌

唐 褚亮碑

唐 崔沔墓誌陰

唐 孔子廟碑

唐 趙冬曦壙誌

【楷書】

三國吳 浩宗買地券

北魏 丘哲墓誌

北魏 吐谷渾氏墓誌

北魏 鄭黑墓誌

隋 鄭善妃墓誌

唐 蓋暢墓誌

唐 石經尚書

唐 石經五經

卸

【楷書】

唐 梁守謙墓誌

唐 石經五經

卻

【隸書】

秦 睡76

西漢 馬•十問

西漢 馬•事語

西漢 張•1048

西漢 張•1066

西漢 張•1074

西漢 居新•3684

西漢 居新•7182

東漢 西•㓲狀

東漢 西•寇恩

東漢 肥致碑

東漢 桓孨食堂記

東漢 史晨前碑

隋 爾朱敞墓誌

隋 馬穉墓誌

隋 王榮及妻墓誌

隋 蕭瑾墓誌

唐 任城橋亭記

唐 勿部將軍碑

【楷書】

北魏 元暐墓誌

隋 獨孤羅墓誌

隋 澧水石橋碑

隋 楊居墓誌

唐 慶公神祠碑

唐 石經五經

唐 陽昕墓誌

卿

【篆書】

三國魏 上尊號碑額

唐 三墳記陽

唐 三墳記陰

【隸書】

秦 睡152

西漢 馬•老甲

西漢 張•276

西漢 居新•7533

漢晉 流簡紙

東漢 蒼山元嘉題記

東漢 肥致碑

東漢 皇聖卿闕銘

東漢 景君碑陰

東漢 禮器碑陰

東漢 買田約束石

東漢 朐忍令碑

東漢 楊震碑

東漢 乙瑛碑

東漢 元嘉三年記

東漢 張遷碑陰

東漢 趙寬碑

東漢 趙寬碑

晉 辟雍頌陽

晉 徐義墓誌陽

隋 澧水石橋碑

隋 郭達墓誌

隋 姬威墓誌

隋 蘇恒墓誌

唐 北獄廟碑

唐 李神符碑

唐 王子麟墓誌

唐 楊孝恭碑

唐 楊孝恭碑

唐 趙冬曦壙誌

【楷書】

北魏 司馬氏墓誌

北魏 張整墓誌

東魏 陸順華墓誌

東魏 元悰墓誌

隋 皇甫深墓誌

隋 劉珍墓誌

隋 盧文構墓誌

隋 王楚英墓誌

隋 元智墓誌

唐 李壽墓誌

唐 李瑱墓誌

唐 麻姑仙壇記

唐 石經五經

唐 石經五經

唐 楊仲雅墓誌

唐 張瓛墓誌

刀部

刀

【隸書】

秦 睡248

西漢 馬•天下

西漢 張•711

西漢 張•746

西漢 張•761

西漢 張•770

西漢 居新•1424

西漢 居新•2360

西漢 居新•5617

西漢 西•候官

兩漢 西•羌律

隋 爾朱敞墓誌

隋 張儉及妻墓誌

唐 崔志墓誌

唐 王震墓誌

唐 興寺碑

【楷書】

魏晉 樓•紙

北魏 寇憑墓誌

唐 古弘節墓誌

唐 張義墓誌

刃

【隸書】

秦 睡75

西漢 馬•老乙前

西漢 馬•天下

西漢 馬•縱橫

西漢 西•候官

漢晉 流簡紙

漢晉 流簡紙

東漢 趙寬碑

隋 豆盧實墓誌

隋 爾朱端墓誌

唐 豆盧建墓誌

【楷書】

魏晉 樓•紙

北魏 爾朱紹墓誌

唐 張翊墓誌

切

【篆書】

唐 碧落碑

唐 碧落碑

【隸書】

西漢 張•711

西漢 武•有司甲

西漢 武•有司甲

東漢 朐忍令碑

晉 王君殘墓誌

隋 豆盧實墓誌

隋 劉寶及妻墓誌

隋 馬穉墓誌

唐 崔志墓誌

唐 張濬墓誌

【楷書】

魏晉 樓•紙

北魏 比邱法轉記

北魏 敬羽高衡造像

北魏 萬福榮造像

北魏 王誦墓誌

北魏 元悛墓誌

北魏 元瞻墓誌

北齊 竇泰墓誌

東魏 杜文雍造像

隋 高虬墓誌

隋 勝福寺塔銘

隋 王楚英墓誌

隋 張軻墓誌

唐 阿史那貞忠墓誌

唐 崔元二墓誌

唐 李君墓誌

唐 柳偘妻墓誌

唐 柳順墓誌

刊

【篆書】

東漢 祀三公山碑

唐 碧落碑

【隸書】

秦 睡246

西漢 張•515

東漢 倉頡廟碑側

東漢 肥致碑

東漢 封龍山頌

東漢 建寧三年殘碑

東漢 孔宙碑陽

東漢 魯峻碑陽

北魏 元纂墓誌

北齊 竇泰墓誌

隋 □徹墓誌

隋 皇甫深墓誌

隋 寇遵考墓誌

隋 張壽墓誌

唐 董留夫人墓誌

唐 石經尚書

唐 楊承胤墓誌

唐 張渙墓誌

唐 京兆金氏墓誌

唐 李神符碑

唐 石臺孝經

唐 石臺孝經

唐 唐直墓誌

唐 宴濟瀆序陰額

【楷書】

魏晉 樓•紙

南朝宋 佛女買地券

北魏 元斌墓誌

北魏 元肅墓誌

北齊 感孝頌

北齊 司馬遵業墓誌

隋 暴永墓誌

隋 爾朱端墓誌

隋 高虯墓誌

隋 李使君墓碑

隋 劉珍墓誌

隋 申穆及妻墓誌

隋 謝岳墓誌

唐 北嶽廟碑

西漢 居新•7615

三國吳 走•四年

三國吳 走•四年

三國吳 走•四年

東漢 建寧三年殘碑

東漢 景君碑陽

新莽 禳盜刻石

東漢 尹宙碑

晉 辟雍頌陽

晉 徐義墓誌陽

分

【篆書】

唐 碧落碑

【隸書】

秦 睡43

秦 睡64

西漢 馬•老子甲後

西漢 張•1003

西漢 張•1004

西漢 張•161

西漢 張•845

西漢 張•846

西漢 居新•1423

刈

【隸書】

東漢 校官碑

隋 趙朗墓誌

【楷書】

北魏 咎雙仁墓誌

唐 張寶墓誌

唐 張俊墓誌

唐 石經九經

唐 石經周易

唐 魏仲俛墓誌

唐 張楚璋墓誌

列

【篆書】

唐 碧落碑

唐 碧落碑

【隸書】

秦 睡19

秦 睡19

西漢 馬•老乙前

西漢 馬•老子甲後

西漢 張•281

西漢 居新•7697

西漢 居新•9041

東漢 曹全碑陽

唐 石臺孝經

【楷書】

魏晉 樓•紙

北魏 薛伯徽墓誌

北齊 竇泰墓誌

東魏 元悰墓誌

唐 葛亮祠堂碑

唐 李壽墓誌

唐 石經尚書

唐 石經周易

東漢 朐忍令碑

東漢 尚博殘碑

東漢 楊著碑陽

東漢 永和二年記

三國魏 王基斷碑

晉 石尠墓誌

隋 修孔子廟碑

唐 崔泰之墓誌

唐 高元珪墓誌

唐 李神符碑

刑

【隸書】

秦 睡68

西漢 馬•合陰陽

西漢 馬•老乙前

西漢 馬•老乙前

西漢 馬•老子甲後

西漢 馬•縱橫

西漢 張•128

西漢 張•135

西漢 居新•6566

漢晉 流簡紙

刉

【楷書】

唐 石經五經

唐 石經五經

唐 郭君妻墓誌

唐 呂君妻李墓誌

唐 石經九經

唐 石經九經

唐 石經尚書

唐 大忍寺碑

唐 紀信墓碑

【楷書】

北魏 元鸞墓誌

北魏 元悌墓誌

北魏 鄭黑墓誌

北齊 竇泰墓誌

隋 高虬墓誌

隋 賈通墓誌

隋 李肅墓誌

隋 馬少敏墓誌

東漢 朐忍令碑

東漢 史晨後碑

東漢 鮮于璜碑陽

東漢 楊著碑陽

東漢 張遷碑陽

東漢 趙寬碑

東漢 鄭固碑

晉 辟雍頌陽

北齊 夫子廟碑

北齊 鏤石班經記

東漢 肥致碑
東漢 景君碑陽
東漢 景君碑陰
東漢 三老刻石
東漢 史晨後碑
東漢 夏承碑
東漢 薌他君題記
東漢 楊叔恭殘碑
東漢 尹宙碑
東漢 造土牛碑

晉 辟雍頌陽
隋 爾朱敞墓誌
唐 李神符碑
唐 李貞墓誌
唐 柳偘妻墓誌
唐 盧行毅墓誌
唐 潘基墓誌
唐 史思禮墓誌
唐 楊孝恭碑
唐 楊孝恭碑

【楷書】

三國吳 走•二年
三國吳 走•四年
北魏 元思墓誌
北齊 高湝墓誌
唐 逯貞墓誌
唐 能政墓誌
唐 石經周易
唐 宋莊墓誌
唐 掌徹墓誌

刖

【隸書】

秦 睡 82

【楷書】

唐 李眈墓誌
唐 石經周易

刎

【楷書】

北齊 報德像碑
唐 毗伽特勤墓誌
唐 石經五經

刪

【隸書】

西漢 居新•3124
唐 文宣王廟門碑

【楷書】

北魏 趙光墓誌
唐 石經五經
唐 石經五經
唐 石經五經
唐 石經五經
唐 王惠墓誌
唐 周師墓誌

別

【篆書】

東漢 祀三公山碑

【隸書】

秦 睡 256
秦 睡 62
西漢 馬•老乙前
西漢 馬•老子甲後
西漢 張•689
西漢 居新•224
西漢 居新•7541
西漢 居新•7638
西漢 居新•8095

漢晉 流簡紙
漢晉 流簡紙
東漢 朐忍令碑
東漢 任城黃腸石
東漢 宋伯望買田券背
東漢 鮮于璜碑陰
隋 郭休墓誌
隋 宋景造像碑
隋 王榮及妻墓誌
唐 北獄廟碑

初

【篆書】

東漢 袁安碑

唐 謙卦碑

【隸書】

秦 睡132

西漢 馬•事語

西漢 張•724

西漢 居新•2806

西漢 居新•3107

西漢 居新•4540

西漢 西•馬牘

漢晉 流簡紙

判

【隸書】

東漢 尹宙碑

隋 高虬墓誌

唐 崔沔墓誌陰

唐 崔泰之墓誌

唐 鄭忠墓碑

【楷書】

北魏 胡明相墓誌

唐 韓忠節墓誌

唐 鄭諶墓誌

唐 玄秘塔碑

唐 玄秘塔碑

唐 石經周易

北魏 郭顯墓誌

北魏 公孫猗墓誌

北魏 石婉墓誌

北魏 淨悟浮圖記

北齊 水牛山經刻

北周 輔蘭意造像

隋 劉淵墓誌

隋 勝福寺塔銘

唐 慧照塔銘

唐 淨善塔銘

西漢 居新•1425

東漢 簿書殘碑

新莽 禳盜刻石

東漢 石門頌

東漢 史晨後碑

東漢 乙瑛碑

東漢 張遷碑陰

三國魏 王基斷碑

隋 趙朗墓誌

唐 石臺孝經

【楷書】

三國吳 走•五年

南朝梁 羅浮山銘

利

【篆書】

隋 宋仲墓誌

唐 謙卦碑

唐 謙卦碑

唐 謙卦碑

【隸書】

秦 睡107

秦 關周•病方

西漢 馬•老甲

西漢 馬•老乙前

西漢 馬•縱橫

西漢 張•1073

北魏 楊府君墓誌

北齊 司馬遵業墓誌

隋 口墮及妻墓誌

隋 申穆及妻墓誌

隋 蕭氏墓誌

隋 楊厲墓誌

唐 石經九經

唐 石經九經

唐 石經尚書

唐 臧懷恪墓碑

唐 石臺孝經

唐 石臺孝經

唐 史思禮墓誌

唐 王媛墓誌陰

唐 尹尊師碑

【楷書】

三國吳 走•四年

三國吳 走•四年

魏晉 樓•紙

北魏 馮迎男墓誌

北魏 司馬氏墓誌

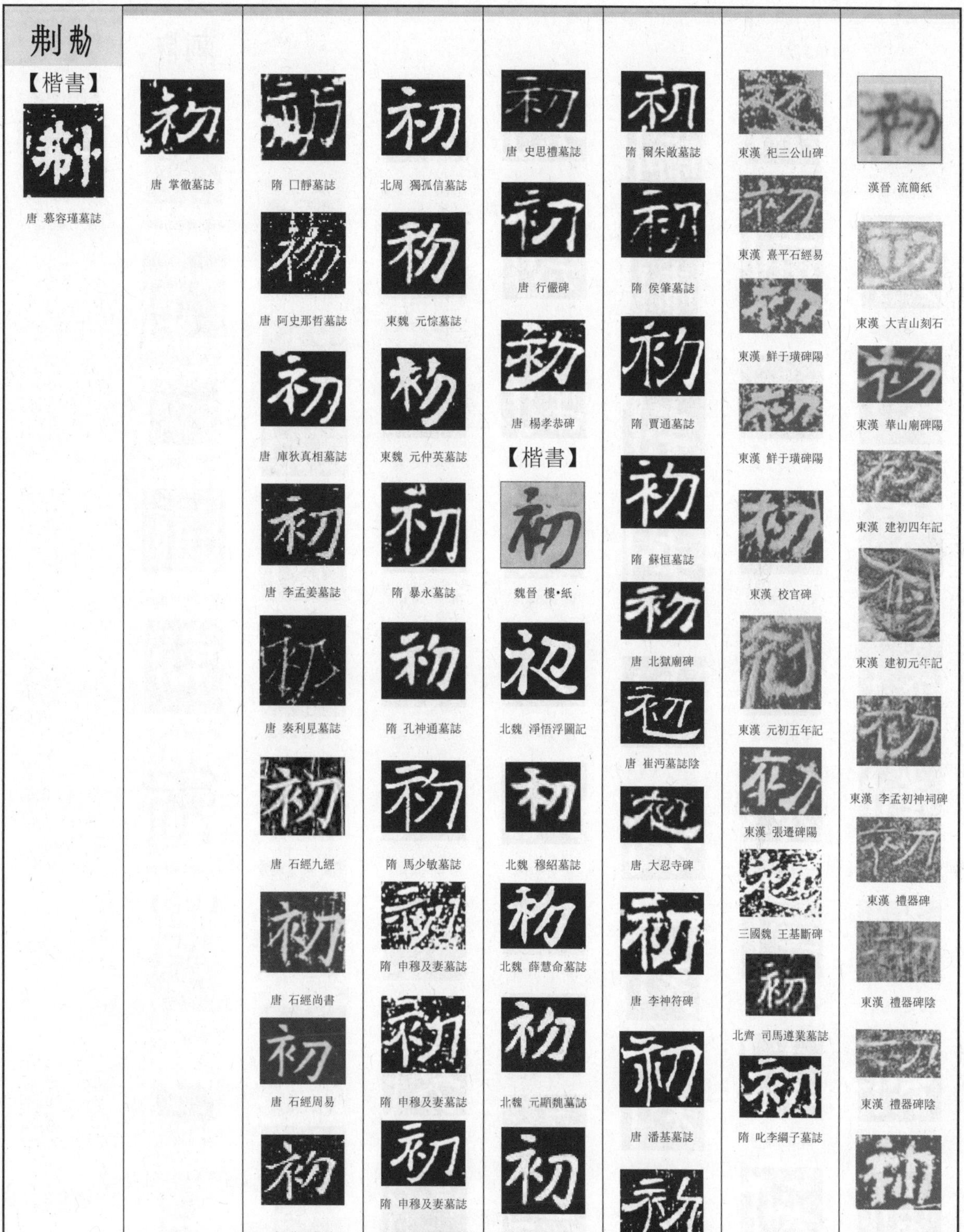

漢晉 流簡紙
東漢 大吉山刻石
東漢 華山廟碑陽
東漢 建初四年記
東漢 建初元年記
東漢 李孟初神祠碑
東漢 禮器碑
東漢 禮器碑陰
東漢 禮器碑陰
東漢 司馬長元記

東漢 祀三公山碑
東漢 熹平石經易
東漢 鮮于璜碑陽
東漢 鮮于璜碑陽
東漢 校官碑
東漢 元初五年記
東漢 張遷碑陽
三國魏 王基斷碑
北齊 司馬遵業墓誌
隋 叱李綱子墓誌

隋 爾朱敞墓誌
隋 侯肇墓誌
隋 賈通墓誌
隋 蘇恒墓誌
唐 北嶽廟碑
唐 崔沔墓誌陰
唐 大忍寺碑
唐 李神符碑
唐 潘基墓誌
唐 沈知敏墓誌

唐 史思禮墓誌
唐 行儼碑
唐 楊孝恭碑

【楷書】

魏晉 樓•紙
北魏 淨悟浮圖記
北魏 穆紹墓誌
北魏 薛慧命墓誌
北魏 元顒魏墓誌
北魏 元誘墓誌
北齊 竇泰墓誌

北周 獨孤信墓誌
東魏 元悰墓誌
東魏 元仲英墓誌
隋 暴永墓誌
隋 孔神通墓誌
隋 馬少敏墓誌
隋 申穆及妻墓誌
隋 申穆及妻墓誌
隋 申穆及妻墓誌
隋 王楚英墓誌

隋 口靜墓誌
唐 阿史那哲墓誌
唐 庫狄真相墓誌
唐 李孟姜墓誌
唐 秦利見墓誌
唐 石經九經
唐 石經尚書
唐 石經周易
唐 蘇斌墓誌
唐 王齊丘墓誌

唐 掌徹墓誌

剃 剃

【楷書】

唐 慕容瑾墓誌

封

【楷書】

唐 石經五經

刺

【篆書】

東漢 魏元丕碑額

北魏 溫泉頌額

北魏 元煥誌蓋

隋 孟顯達碑額

唐 狄知愻碑額

唐 陶大舉碑額

【隸書】

秦 睡243

西漢 馬•老乙

西漢 張•770

西漢 居新•2513

西漢 居新•4811

西漢 居新•7912

西漢 西•候官

東漢 蒼山元嘉題記

東漢 池陽令殘碑

東漢 尚博殘碑

東漢 石門頌

東漢 王稚子闕

東漢 楊震碑

東漢 趙寬碑

三國魏 王基斷碑

三國魏 張君殘碑

北齊 感孝頌

隋 爾朱敞墓誌

隋 爾朱敞墓誌

隋 爾朱敞墓誌

隋 爾朱端墓誌

隋 郭休墓誌

隋 宋仲墓誌

隋 蘇恒墓誌

隋 王榮及妻墓誌

隋 口靜墓誌

隋 楊真墓誌

唐 崔志墓誌

唐 李神符碑

唐 李神符碑

唐 李貞墓誌

唐 沈知敏墓誌

唐 史思禮墓誌

唐 行儼碑

【楷書】

北魏 寇偘墓誌

北魏 寇治墓誌

北魏 元彬墓誌

北魏 元均之墓誌

北魏 元略墓誌

北魏 元秀墓誌

北魏 元楨墓誌

北魏 張玄墓誌

北齊 竇泰墓誌

東魏 李艷華墓誌

北齊 彭城寺碑陽

東魏 叔孫固墓誌

北齊 邢夫人墓誌

東魏 張滿墓誌

隋 程諧墓誌

隋 龍藏寺碑額

隋 盧旋芷墓誌

隋 馬穉墓誌

隋 口靜墓誌

隋 口靜墓誌

隋 口靜墓誌

隋 姚太墓誌

唐 崔惟悌墓誌

唐 高瀚墓誌

唐 李超墓誌

唐 石經五經

唐 石經五經

唐 石經五經

唐 石經五經

唐 許行本合誌

制

【篆書】

唐 詩書碑額

【隸書】

秦 睡132

西漢 馬•老乙前

西漢 馬•老乙前

西漢 馬•老子甲後

西漢 馬•十問

西漢 張•32

西漢 居新•2155

東漢 華山廟碑陽

東漢 景君碑陰

東漢 桓孨食堂記

東漢 夏承碑

東漢 鮮于璜碑陰

東漢 乙瑛碑

唐 史思禮墓誌

唐 王泠然墓誌

【楷書】

北魏 元壽安墓誌

隋 鄧昞墓誌

唐 崔惟悌墓誌

唐 朱仁表墓誌

東漢 西•死駒

東漢 西•死駒

東漢 西•文書

漢晉 流簡紙

漢晉 流簡紙

漢晉 流簡紙

漢晉 流簡紙

漢晉 流簡紙

東漢 韓仁銘

東漢 華山廟碑陽

到

【篆書】

東漢 祀三公山碑

唐 三墳記陰

【隸書】

秦 睡43

秦 關周•日書

西漢 張•1076

西漢 張•968

西漢 居新•3121

西漢 居新•5671

西漢 居新•7472

西漢 居新•7482

剞

【隸書】

唐 孔子廟碑

【楷書】

魏晉 樓•紙

南朝陳 劉猛進碑

唐 李璆墓誌

唐 李霞光墓誌

唐 石經尚書

唐 石經五經

唐 石經五經

後晉 世尊經殘石

刹

【篆書】

唐 多寶佛塔銘

【隸書】

隋 宋景造像碑

唐 興寺碑

唐 修定寺記碑

【楷書】

東魏 南宗和尚塔銘

北周 普安壯公墓誌

唐 崔嚴墓誌

唐 敬能經幢

唐 善悟塔銘

唐 宇文氏墓誌

唐 於遂古墓誌

唐 於遂古墓誌

券

【隸書】

秦 睡 65

西漢 張•35

西漢 張•355

西漢 張•356

西漢 張•450

西漢 張•73

西漢 張•749

西漢 張•749

西漢 張•752

西漢 居新•7912

唐 楊孝恭碑

【楷書】

北魏 韓震墓誌陽

北魏 元略墓誌

唐 茹氏墓誌

唐 孫讜墓誌

唐 王恆汎墓誌

唐 向清墓誌

唐 張怙墓誌

東漢 馬姜墓記

東漢 朐忍令碑

東漢 石門闕銘

東漢 西狹頌

北齊 感孝頌

隋 修孔子廟碑

隋 修孔子廟碑

唐 高元珪墓誌

唐 孔子廟碑

唐 勿部將軍碑

刻

【篆書】

三國吳 天發神讖碑

唐 三墳記陰

唐 峿臺銘

【隸書】

秦 睡 35

西漢 張•611

西漢 張•624

西漢 張•681

東漢 白石神君碑

東漢 封龍山頌

東漢 華山廟碑陽

唐 樊廉墓誌

唐 葛亮祠堂碑

唐 劉妙姜墓誌

唐 石浮圖銘

唐 石經五經

唐 王震墓誌

唐 邢仙姖墓誌

唐 執失善光

後梁 蕭符墓誌

唐 貞一廟碑

【楷書】

北魏 馮邕妻墓誌

北魏 李渠蘭墓誌

北魏 劉玉墓誌

北魏 元寧墓誌

北魏 元暐墓誌

北齊 西門豹碑陽

東魏 元悰墓誌

隋 范安貴墓誌

隋 田光山妻墓誌

晉 郭槐柩記

隋 宋仲墓誌

隋 張儉及妻墓誌

唐 褚亮碑

唐 褚亮碑

唐 大忍寺碑

唐 高元珪墓誌

唐 石臺孝經

唐 楊孝恭碑

唐 趙冬曦壙誌

東漢 禮器碑

東漢 禮器碑

東漢 禮器碑

東漢 史晨後碑

東漢 史晨前碑

東漢 許安國題記

東漢 楊著碑陽

東漢 乙瑛碑

東漢 乙瑛碑

晉 辟雍頌陽

則

【篆書】

三國魏 正始石經

唐 碧落碑

唐 多寶佛塔銘

唐 謙卦碑

唐 峿臺銘

【隸書】

秦 睡10

西漢 馬•老甲

西漢 馬•老甲

西漢 馬•老乙前

西漢 馬•老子甲後

唐 盧宏及妻墓誌

唐 任城橋亭記

【楷書】

北魏 爾朱紹墓誌

唐 王玄墓誌

削

【隸書】

秦 睡49

西漢 馬•老乙前

西漢 馬•老乙前

西漢 馬•老子甲後

西漢 武•服傳甲

北周 華嶽頌

隋 姬威墓誌

隋 李元墓誌

隋 修孔子廟碑

唐 戴令言墓誌

隋 暴永墓誌

隋 高緊墓誌

隋 鄭善妃墓誌

唐 齊子墓誌

唐 王君殘墓誌

晉 華芳墓誌陰

北魏 劉根造像記

北魏 盧令媛墓誌

北魏 丘哲墓誌

北魏 王僧男墓誌

北魏 王元詳題記

北魏 姚伯多供養碑

北齊 竇泰墓誌

隋 王楚英墓誌

東魏 王僧墓誌

剋

【隸書】

東漢 景君碑陽

隋 豆盧實墓誌

隋 爾朱敞墓誌

隋 侯肇墓誌

隋 姬威墓誌

隋 劉珍墓誌

隋 宋景造像碑

唐 屈突通墓誌

唐 義福禪師碑

【楷書】

三國吳 走•二年

刷

【楷書】

北齊 司馬遵業墓誌

北齊 元賢墓誌

唐 劉彥之墓誌

唐 石經五經

唐 石經五經

唐 石經五經

唐 張士貴墓誌

【楷書】

晉 楊紹地莂

北魏 薛孝通券

北魏 元昭墓誌

唐 馮安墓誌

唐 石經五經

唐 石經五經

唐 執失善光

西漢 馬·縱横

西漢 張·804

東漢 淮源廟碑

東漢 禮器碑陰

東漢 西狹頌

東漢 西狹頌

東漢 鮮于璜碑陰

東漢 永壽元年墓記

東漢 鄭固碑

晉 辟雍頌陽

隋 任軌墓誌

隋 宋仲墓誌

唐 高嶸墓誌

唐 李神符碑

唐 石臺孝經

唐 石臺孝經

唐 蘇洪姿墓誌

唐 楊孝恭碑

唐 楊孝恭碑

唐 楊孝恭碑

唐 楊孝恭碑

唐 楊孝恭碑

【楷書】

魏晉 樓·紙

北魏 元靈曜墓誌

隋 陶貴墓誌

隋 王楚英墓誌

唐 祁惠墓誌

唐 石經周易

唐 石經周易

唐 楊佰隴墓誌

衂

【楷書】

唐 鄭仁泰墓誌

剃

【楷書】

隋 志修塔記

唐 實照墓誌

後周 智堅塔記

剟

【楷書】

唐 唐思禮妻墓誌

剞

【隸書】

唐 修定寺記碑

剢

【隸書】

東漢 池陽令殘碑

三國魏 張君殘碑

唐 李神符碑

唐 張濬墓誌

【楷書】

唐 龍泉記

唐 趙宗墓誌

剔

【楷書】

唐 王士林墓誌

剛

【隸書】

秦 睡 255

西漢 馬•老乙

西漢 馬•老乙前

西漢 馬•老乙前

西漢 馬•老子甲後

東漢 熹平石經易

晉 郛休碑陽

隋 口和墓誌

唐 崔暟墓誌陽

唐 崔沔墓誌陰

唐 盧君妻墓誌

唐 王震墓誌

唐 宴濟瀆序陰額

【楷書】

三國吳 走•二年

三國吳 走•二年

北魏 寇霄墓誌

北魏 劉根造像記

北魏 元順墓誌

北魏 元思墓誌

北魏 元嵩墓誌

北齊 高湝墓誌

北周 華嶽頌

西魏 介媚光造像

東魏 廉富造像陽

北齊 西門豹碑陽

北齊 趙道德墓誌

隋 豆盧實墓誌

隋 臧質墓誌

唐 强偉墓誌

唐 剡國長公主墓誌

唐 石經尚書

唐 石經五經

唐 石經五經

唐 石經周易

唐 元婉墓誌

唐 越國太妃墓誌

唐 張先墓誌

後梁 惠光舍利塔銘

後晉 權君妻崔墓誌

釗

【楷書】

唐 趙君旨墓誌

後唐 竪立生臺記

剖

【隸書】

東漢 校官碑

三國魏 王基斷碑

北齊 司馬遵業墓誌

隋 宋仲墓誌

【楷書】

北魏 元暐墓誌

隋 暴永墓誌

隋 默曹殘碑

唐 蘇嗣君墓誌

剡

【隸書】

唐 朱君妻王墓誌

【楷書】

南朝梁 舊館壇碑

唐 景氏墓誌

創

【篆書】

唐 碧落碑

【隸書】

西漢 居新•2954

西漢 居新•7317

西漢 居新•7333

東漢 西•醫藥

東漢 西•醫藥

東漢 西狹頌

隋 段濟墓誌

唐 崔祐甫墓誌

【楷書】

北魏 元略墓誌

剿

【隸書】

秦 睡 62

東漢 熹平石經易

剪

【隸書】

唐 譚伍墓誌

唐 王崇禮墓誌

【楷書】

北魏 元顯儁墓誌

東魏 李挺墓誌

唐 郭克全墓誌

唐 柳昱妻墓誌

唐 王素墓誌

副

【隸書】

西漢 張•35

西漢 張•683

西漢 居新•7537

漢晉 流簡紙

東漢 曹全碑陽

東漢 建寧三年殘碑

東漢 三老刻石

東漢 史晨後碑

東漢 楊耿伯題記

東漢 楊統碑陽

唐 魏仲連墓誌

唐 韓懷墓誌

唐 楊德墓誌

隋 豆盧實墓誌

隋 王榮及妻墓誌

唐 史思禮墓誌

唐 勿部將軍碑

【楷書】

魏晉 樓•紙

北魏 檀賓墓誌

北魏 元壽安墓誌

北齊 石窟門銘

隋 張伏敬墓誌

隋 王世琛墓誌

剫

【楷書】

唐 石經五經

唐 石經五經

剝

【隸書】

東漢 景君碑陽

【楷書】

魏晉 樓•紙

晉 徐義墓誌陰

唐 李鎬墓誌

唐 石經周易

北魏 元天穆墓誌
隋 王楚英墓誌
唐 郭壽墓誌
唐 馬君妻董墓誌
唐 石經尚書
唐 石經五經
唐 向清墓誌

割

【隸書】
秦 睡82
西漢 馬•老子甲後
西漢 馬•縱橫
西漢 馬•縱橫
東漢 景君碑陰
隋 段濟墓誌
隋 馬長和造像
隋 鄭令妃墓誌
唐 修定寺記碑

【楷書】
晉 黃庭內景經

北魏 寇憑墓誌
北魏 元譚墓誌
北齊 法懃塔銘
北周 寇胤哲墓誌
北齊 西門豹碑陽
隋 高緊墓誌
隋 王世琛墓誌
唐 蔣婉墓誌
唐 石經尚書
唐 石經五經

蒯

【楷書】
唐 史待賓墓誌

剸

【隸書】
西漢 馬•老乙前
西漢 馬•老子甲後
西漢 馬•老子甲後
西漢 馬•老子甲後
西漢 馬•老子甲後
西漢 馬•縱橫

【楷書】
後唐 張積墓誌

剽

【隸書】
秦 睡110
西漢 居新•2597
兩漢 傳馬名籍
兩漢 傳馬名籍
唐 李貞墓誌

【楷書】
北魏 元壽安墓誌
北魏 元天穆墓誌
唐 樊說墓誌
唐 石經爾雅
唐 石經五經

唐 石經五經
唐 王秦客墓誌

剷

【楷書】
南朝宋 石驪銘

劂

【楷書】

唐 唐儉墓誌

劃

【隸書】

唐 北獄廟碑

【楷書】

唐 范安及墓誌

唐 劍閣詩刻

劇

【楷書】

唐 元思忠墓誌

劇

【篆書】

唐 三墳記陽

【隸書】

西漢 馬•老子甲後

西漢 張•1198

西漢 居新•8755

漢晉 流簡紙

東漢 景君碑陰

東漢 景君碑陰

東漢 景君碑陰

東漢 景君碑陰

東漢 孔宙碑陰

東漢 禮器碑側

東漢 許安國題記

東漢 楊著碑陽

唐 盧行毅墓誌

唐 趙叡沖碑

【楷書】

北魏 元延明墓誌

隋 豆盧實墓誌

隋 盧文構墓誌

隋 張喬墓誌

唐 崔羨墓誌

唐 李弘亮墓誌

唐 李愍墓誌

唐 石經五經

唐 石經五經

唐 石經五經

唐 石經五經

劍

【隸書】

秦 睡244

西漢 馬•老子甲後

西漢 馬•老子甲後

西漢 馬•縱橫

西漢 張•1240

西漢 張•48

西漢 張•590

西漢 居新•1421

西漢 居新•1424

西漢 居新•1424

西漢 西•候官

東漢 西•勃狀

隋 爾朱端墓誌

隋 任軌墓誌

隋 修孔子廟碑

隋 張儉及妻墓誌

隋 趙朗墓誌

唐 董虔運墓誌

唐 李神符碑

唐 史思禮墓誌

唐 蘇洪姿墓誌

【楷書】

南朝梁 喬進臣地券

北魏 乞伏寶墓誌

北魏 元平墓誌

北魏 元誘墓誌

北齊 竇泰墓誌

北齊 高淯墓誌

北齊 司馬遵業墓誌

北齊 司馬遵業墓誌

隋 范安貴墓誌

隋 高緊墓誌

隋 橋紹墓誌

隋 口靜墓誌

唐 高岑墓誌

唐 劉濬墓誌

唐 陸振威妻墓誌

唐 石經五經

唐 石經五經

唐 石經五經

唐 石經五經

唐 張登山墓誌

後梁 謝彥璋墓誌

劊

【隸書】

東漢 熹平石經易

劉

【篆書】

北齊 劉雙仁誌蓋

唐 劉士準誌蓋

【隸書】

西漢 居新•8168

西漢 居新•9049

東漢 曹全碑陰

東漢 淮源廟碑

東漢 禮器碑側

東漢 禮器碑側

東漢 禮器碑陰

東漢 劉漢劉漢

東漢 馬姜墓記

東漢 史晨後碑

東漢 陽嘉殘碑陰

東漢 陽嘉殘碑陰

東漢 趙儀碑

晉 辟雍頌陽

晉 辟雍頌陽

晉 劉韜墓志

隋 劉寶及妻墓誌

隋 劉寶及妻墓誌

隋 宋仲墓誌

隋 王榮及妻墓誌

隋 王榮及妻墓誌

唐 劉慎墓誌

唐 石臺孝經

【楷書】

三國吳 走•五年

三國吳 走•五年

魏晉 樓•紙

晉 華芳墓誌陽

北魏 靈山寺塔銘

北魏 劉阿素墓誌

北魏 劉根造像記

北魏 劉雄造像

北魏 劉玉墓誌

北魏 王翊墓誌

北魏 王翊墓誌

北魏 元壽安墓誌

東魏 李挺墓誌

北周 劉敬愛造像

東魏 劉目蓮造像

毚

【隸書】

秦 睡53

秦 關周·病方

西漢 馬·老乙前

【楷書】

北魏 李媛墓誌

唐 石經五經

劑

【楷書】

北魏 慈慶墓誌

唐 韋公妻墓誌

劓

【隸書】

西漢 張·109

西漢 張·109

【楷書】

南朝梁 羅浮山銘

唐 石經五經

唐 石經周易

⿰需刂

【楷書】

唐 石經五經

劈

【楷書】

唐 楊執一墓誌

（劉）

唐 劉娘子墓誌

唐 劉奇秀墓誌

唐 劉通墓誌

唐 劉子墓誌

唐 邵才志墓誌

唐 司馬齊卿墓誌

唐 孫公夫人墓誌

唐 王怡政夫人墓誌

唐 昝斌墓誌

唐 張去奢墓誌

隋 申穆及妻墓誌

隋 韋略墓誌

唐 安延墓誌

隋 常德將墓誌

唐 陳秀墓誌

唐 崔公妻墓誌

唐 崔載墓誌

唐 董葵墓誌

唐 劉廣威蓋

唐 劉節墓誌

北齊 劉僧信造像

東魏 馬都愛造像

北齊 僧靜明造像

東魏 王令媛墓誌

北齊 許儁等造像

北齊 姚景等造像

北齊 趙桃椒妻造像

隋 段威墓誌

隋 劉珍墓誌

隋 馬長和造像

劘

【楷書】

唐 唐思禮墓誌

釁

【隸書】

東漢 趙寬碑

東漢 趙寬碑

唐 史思禮墓誌

【楷書】

北魏 元延明墓誌

北魏 元纂墓誌

北齊 竇泰墓誌

北齊 司馬遵業墓誌

東魏 元均及妻墓誌

隋 翟突娑墓誌

唐 李密墓誌

唐 李壽墓誌

唐 路巖墓誌

唐 石經五經

唐 唐儉墓誌

唐 張素墓誌

唐 鄭瑺合祔誌

唐 俎威墓誌

力部

力

【篆書】

唐 峿臺銘

【隸書】

秦 睡 81

西漢 馬•老乙前

西漢 張•1159

西漢 居新•5981

西漢 居新•6575

【楷書】

北齊 竇泰墓誌

北齊 竇泰墓誌

唐 石經尚書

唐 石經尚書

功

【篆書】

三國吳 天發神讖碑

隋 宋仲墓誌

唐 功德碑額

唐 李元諒頌額

【隸書】

西漢 馬•老乙前

西漢 馬•老子甲後

西漢 張•724

西漢 張•725

西漢 張•83

西漢 居新•5399

漢晉 流簡紙

漢晉 流簡紙

東漢 倉頡廟碑側

東漢 蒼山元嘉題記

東漢 封龍山頌

東漢 何君閣道銘

東漢 淮源廟碑

東漢 淮源廟碑

東漢 景君碑陽

東漢 開通褒斜道

東漢 孔宙碑陽

東漢 石門頌

東漢 是吾殘碑

東漢 鮮于璜碑陽

東漢 許安國題記

東漢 楊震碑

東漢 乙瑛碑

東漢 永元六年記

東漢 造土牛碑

三國魏 王基斷碑

晉 辟雍頌陽

晉 石尠墓誌

晉 徐義墓誌陽

北齊 夫子廟碑

隋 爾朱敞墓誌

隋 符盛及妻墓誌

隋 高虯墓誌

隋 劉珍墓誌

唐 黃石公祠記

唐 李神符碑

唐 李神符碑

唐 史思禮墓誌

唐 行儼碑

唐 楊孝恭碑

唐 趙冬曦壙誌

【楷書】

北魏 于纂墓誌

北魏 于纂墓誌

北齊 竇泰墓誌

隋 暴永墓誌

隋 馬長和造像

隋 馬長和造像

隋 默曹殘碑

隋 任顯及妻誌

隋 蕭瑒墓誌

隋 張盈墓誌

唐 李昕墓誌

唐 石經尚書

唐 石經五經

唐 石經五經

唐 石經周易

加

【篆書】

東漢 袁安碑

【隸書】

西漢 馬•老乙前

西漢 馬•老子甲後

西漢 馬•縱横

西漢 居新•8755

東漢 西•病書

兩漢 西•醫藥

東漢 封龍山頌

東漢 華山廟碑陽

東漢 禮器碑陰

東漢 楊震碑

晉 郭槐柩記

隋 李使君墓碑

隋 張盛墓誌

唐 石臺孝經

唐 石臺孝經

唐 石臺孝經

唐 行儼碑

唐 楊孝恭碑

唐 楊孝恭碑

【楷書】

魏晉 樓•紙

北魏 穆亮墓誌

隋 橋紹墓誌

唐 逯貞墓誌

劣

【隸書】

東漢 尹宙碑

唐 盧君妻墓誌

【楷書】

三國吳 走•五年

北魏 乞伏寶墓誌

隋 張喬墓誌

唐 石經五經

唐 石經五經

唐 韋豫墓誌

劫

【隸書】

西漢 馬•老乙前

西漢 張•92

西漢 張•93

西漢 張•93

隋 劉多墓誌

唐 李貞墓誌

唐 尹文操碑

唐 尹尊師碑

【楷書】

北魏 侯太妃造像

北魏 劉璿造像記

北涼 渠安周造像

隋 鄧昞墓誌

唐 燈功德經幢

唐 何行感造像

唐 石經五經

唐 石經五經

助

【隸書】

秦 睡 100

西漢 馬•十問

西漢 居新•7615

西漢 居新•7751

西漢 西•馬牘

兩漢 西•馬簡

兩漢 西•羌律

晉 辟雍頌陽

隋 任軌墓誌

隋 宋景造像碑

唐 北獄廟碑

唐 朱君妻王墓誌

【楷書】

北魏 元平墓誌

北魏 元廞墓誌

東魏 馮令華墓誌

東魏 王蓋周造像

唐 房有非墓誌

唐 契苾夫人墓誌

唐 石經五經

唐 王大劍墓誌

劬

【隸書】

東漢 馬姜墓記

東魏 宗欣墓誌

唐 沈夫人墓誌

唐 王媛墓誌陽

【楷書】

北魏 爾朱紹墓誌

北齊 竇泰墓誌

北齊 元賢墓誌

隋 卜鑒墓誌

唐 長孫安墓誌

唐 尉遲敬德墓誌

唐 鄭子容墓誌

後唐 康贊羨墓誌

劭

【篆書】

唐 碧落碑

【隸書】

唐 司馬寔墓誌

唐 朱君妻王墓誌

北魏 李渠蘭墓誌

【楷書】

東魏 元鷙墓誌

隋 盧文構墓誌

唐 阿史那貞忠墓誌

唐 柳偘妻墓誌

唐 潘氏墓誌

唐 陽昕墓誌

劼

【楷書】

東魏 廉富造像陽

唐 石經五經

唐 石經五經

劾

【隸書】

秦 睡 47

西漢 張•133

西漢 張•201

西漢 張•531

西漢 張•628

西漢 居新•7836

西漢 居新•7847

西漢 居新•8431

西漢 居新•979

兩漢 武•王杖

唐 崔暟墓誌陽

【楷書】

隋 寧贙墓碑

唐 和守陽墓誌

唐 石經五經

勃

【隸書】

西漢 馬•合陰陽

東漢 劉熊碑

東魏 宗欣墓誌

唐 盧倜墓誌

唐 楊孝恭碑

【楷書】

北魏 封魔奴墓誌

北魏 高珪墓誌

北魏 耿壽姬墓誌

北魏 石婉墓誌

北齊 高僧護墓誌

東魏 高盛墓碑

北齊 高清墓誌

東魏 劉懿墓誌

隋 王楚英墓誌

唐 崔紹墓誌

唐 李鎬墓誌

唐 張叔遵墓誌

唐 周惠墓誌

唐 朱懷智墓誌

勁

【隸書】

西漢 馬•縱橫

西漢 馬•縱橫

東漢 尚博殘碑

隋 高虬墓誌

隋 侯肇墓誌

隋 口隨及妻墓誌

隋 任軌墓誌

隋 張儉及妻墓誌

唐 紀信墓碑

【楷書】

北魏 元暐墓誌

北魏 元纂墓誌

隋 寧贊墓碑

唐 元鍾墓誌

唐 葛亮祠堂碑

唐 江璀墓誌

唐 李翼墓誌

唐 慕容曉墓誌

唐 沈士公墓誌

唐 石經五經

唐 孫讜墓誌

唐 趙莊墓誌

唐 惟岳神道碑

唐 張登山墓誌

勉

【篆書】

唐 碧落碑

【隸書】

秦 睡 52

西漢 馬•老乙前

西漢 馬•事語

西漢 張•652

西漢 張•681

西漢 居新•2277

兩漢 西•馬簡

漢晉 流簡紙

東漢 孟孝琚碑

東漢 朐忍令碑

東漢 許安國題記

東漢 許安國題記

東漢 乙瑛碑

隋 豆盧實墓誌

【楷書】

晉 華芳墓誌陰

北魏 宮內司楊墓誌

北魏 元朗墓誌

北齊 畢文造像

東魏 邑主造像訟

唐 王芳媚墓誌

唐 张崇墓誌

勇

【篆書】

唐 多寶佛塔銘

【隸書】

秦 睡 152

西漢 馬•老甲

西漢 馬•老子甲後

西漢 居新•5390

西漢 居新•5551

西漢 居新•5691

東漢 西•醫藥

東漢 西•醫藥

東漢 西•醫藥

兩漢 西•醫藥

東漢 孔彪碑陽

東漢 趙寬碑

隋 口和墓誌

唐 董虔運墓誌

唐 史思禮墓誌

唐 勿部將軍碑

唐 張休光墓誌

【楷書】

三國吳 走•五年

北魏 爾朱襲墓誌

勒

【隸書】

西漢 馬•老乙前

西漢 馬•事語

西漢 馬•事語

西漢 居新•1900

西漢 西•馬簡牘

東漢 曹全碑陽

東漢 封龍山頌

東漢 華山廟碑陽

東漢 孔宙碑陽

東漢 史晨後碑

勘

【隸書】

三國吳 走•五年

【楷書】

北魏 檀賓墓誌

北齊 元賢墓誌

唐 内莊宅使牒

後梁 蕭符墓誌

勔

【篆書】

唐 碧落碑

【隸書】

唐 朱君妻王墓誌

【楷書】

唐 孫光墓誌

唐 趙冬曦壙誌

【楷書】

三國吳 走•五年

魏晉 樓•紙

魏晉 樓•紙

北魏 爾朱襲墓誌

北魏 馮迎男墓誌

隋 盧文構墓誌

隋 張濤妻墓誌

唐 馬壽墓誌

唐 楊乾光墓誌

東漢 張遷碑陽

晉 辟雍頌陽

隋 豆盧實墓誌

隋 宋仲墓誌

隋 蕭瑾墓誌

唐 褚亮碑

唐 崔祐甫墓誌

唐 李神符碑

唐 柳偘妻墓誌

唐 行儼碑

務

【隸書】

秦 睡 22

西漢 馬•老子甲後

西漢 馬•老子甲後

西漢 張•1084

西漢 居新•2277

西漢 居新•7771

東漢 西•文書

東漢 樊敏碑

東漢 造土牛碑

東漢 造土牛碑

勍

【楷書】

北魏 高樹造像記

唐 石經五經

唐 石經五經

唐 田通墓誌

後梁 惠光舍利塔銘

北魏 元暐墓誌

北齊 竇泰墓誌

北齊 竇泰墓誌

北齊 司馬遵業墓誌

隋 高緊墓誌

隋 張伏敬墓誌

唐 李休墓誌

唐 石經五經

唐 楊瞻墓誌

勖

【隸書】

東漢 韓仁銘

東漢 孟孝琚碑

東漢 鄭固碑

唐 龐履温碑

【楷書】

北魏 慈慶墓誌

北魏 馮季華墓誌

北魏 淨悟浮圖記

北齊 司馬遵業墓誌

唐 段簡璧墓誌

唐 盧正道勑

唐 石經尚書

唐 石經周易

唐 嬰殤女墓誌

唐 任城橋亭記

唐 鄎國長公主碑

唐 楊孝恭碑

【楷書】

三國吳 走•四年

北魏 穆亮墓誌

北魏 薛慧命墓誌

北齊 竇泰墓誌

北齊 竇泰墓誌

北齊 無量義經

隋 王楚英墓誌

東漢 夏承碑

東漢 夏承碑

北齊 司馬遵業墓誌

隋 爾朱端墓誌

隋 關明墓誌

隋 郭休墓誌

隋 蘇恒墓誌

唐 褚亮碑

唐 崔沔墓誌陽

唐 紀信墓碑

動

【篆書】

唐 碧落碑

【隸書】

西漢 馬•合陰陽

西漢 馬•老乙前

西漢 馬•老乙前

西漢 居新•7709

漢晉 流簡紙

東漢 曹全碑陽

東漢 曹全碑陰

東漢 朝侯小子碑

東漢 西狹頌

唐 契苾夫人墓誌

唐 索崇墓誌

唐 王仁口墓誌

唐 王協墓誌

唐 魏仲俛墓誌

隋 爾朱端墓誌

隋 宋景造像碑

唐 史思禮墓誌

【楷書】

北魏 慈慶墓誌

北魏 王君造像

北魏 元文墓誌

北魏 袁超造像記

北齊 高湝墓誌

隋 橋紹墓誌

唐 卜素墓誌

東漢 王舍人碑

東漢 夏承碑

東漢 鮮于璜碑陽

東漢 楊淮表記

東漢 楊統碑陽

東漢 楊震碑

東漢 楊著碑陽

東漢 尹宙碑

東漢 鄭固碑

東漢 子游殘碑

唐 石經五經

唐 石經五經

唐 蘇氏墓誌

唐 朱君妻王墓誌

募

【隸書】

秦 睡51

兩漢 西•馬簡

漢晉 流簡紙

隋 豆盧實墓誌

【楷書】

唐 李修已墓誌

唐 王思訥墓誌

勞

【篆書】

唐 碧落碑

唐 謙卦碑

唐 謙卦碑

【隸書】

秦 睡50

西漢 馬•老乙前

西漢 馬•老子甲後

西漢 張•503

西漢 居新•1879

西漢 居新•216

西漢 居新•4479

兩漢 西•馬簡

漢晉 流簡紙

漢晉 流簡紙

東漢 熹平石經殘

東漢 楊震碑

東漢 造土牛碑

北齊 司馬遵業墓誌

隋 口靜墓誌

唐 趙冬曦壙誌

【楷書】

晉 華芳墓誌陰

北魏 慈慶墓誌

北魏 侯義墓誌

北魏 寇慰墓誌

北齊 元賢墓誌

唐 崔千里墓誌

唐 侯績墓誌

唐 石經周易

勢

【篆書】

唐 峿臺銘

【隸書】

隋 爾朱端墓誌

隋 郭休墓誌

隋 宋景造像碑

唐 八都壇碑

唐 北嶽廟碑

唐 修定寺記碑

唐 楊孝恭碑

【楷書】

北魏 爾朱襲墓誌

北魏 元融墓誌

北魏 元襲墓誌

北魏 元瞻墓誌

東魏 廉富造像陽

隋 段威墓誌

隋 范安貴墓誌

隋 寇遵考墓誌

隋 義造橋殘碑

唐 高知行墓誌

唐 廣濟橋碑

唐 婁君妻周墓誌

唐 石經五經

唐 石經五經

唐 陽濟墓誌

勤

【隸書】

西漢 馬•縱橫
漢晉 流簡紙
東漢 倉頡廟碑側
東漢 朝侯小子碑
東漢 從事馮君碑
東漢 郙閣頌
東漢 孔宙碑陽
東漢 禮器碑
東漢 石門頌
東漢 太室石闕銘

東漢 鳴咽泉題記
東漢 夏承碑
東漢 鮮于璜碑陰
東漢 楊震碑
東漢 趙寬碑
隋 爾朱敞墓誌
隋 劉多墓誌
隋 宋景造像碑
隋 張姜墓誌
唐 史思禮墓誌

唐 勿部將軍碑
唐 鄭忠墓碑

【楷書】

北魏 劉華仁墓誌
北魏 楊乾墓誌
北魏 元純陁墓誌
北魏 張整墓誌
北齊 竇泰墓誌
北齊 法懃塔銘
北齊 高淯墓誌
北齊 無量義經

隋 □徹墓誌
隋 卜鑒墓誌
隋 姬威墓誌
隋 李氏墓誌
隋 蕭餝性墓誌
隋 元鐘墓誌
隋 諸葛子恆碑
唐 杜日榮墓誌
唐 范安及墓誌
唐 房懷亮墓誌

唐 李彙墓誌
唐 劉娘子墓誌
唐 七品亡宮墓誌
唐 祁惠墓誌
唐 三品亡宮墓誌
唐 石經尚書
唐 石經五經
唐 石經五經
唐 惟貞廟碑陽
唐 徐承嗣墓誌

唐 圓濟塔銘
唐 張難墓誌
唐 趙令則墓誌
後梁 崔崇素墓誌

勣

【隸書】

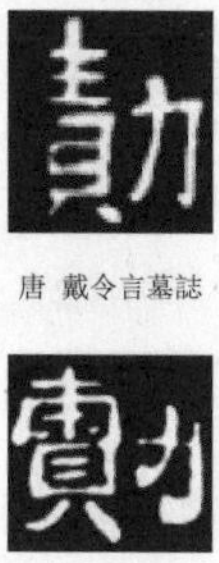

唐 戴令言墓誌
唐 張翼墓誌

【楷書】

北周 賀屯植墓誌
唐 安元壽墓誌
唐 邢德弼墓誌

勠

【楷書】

唐 李尚墓誌

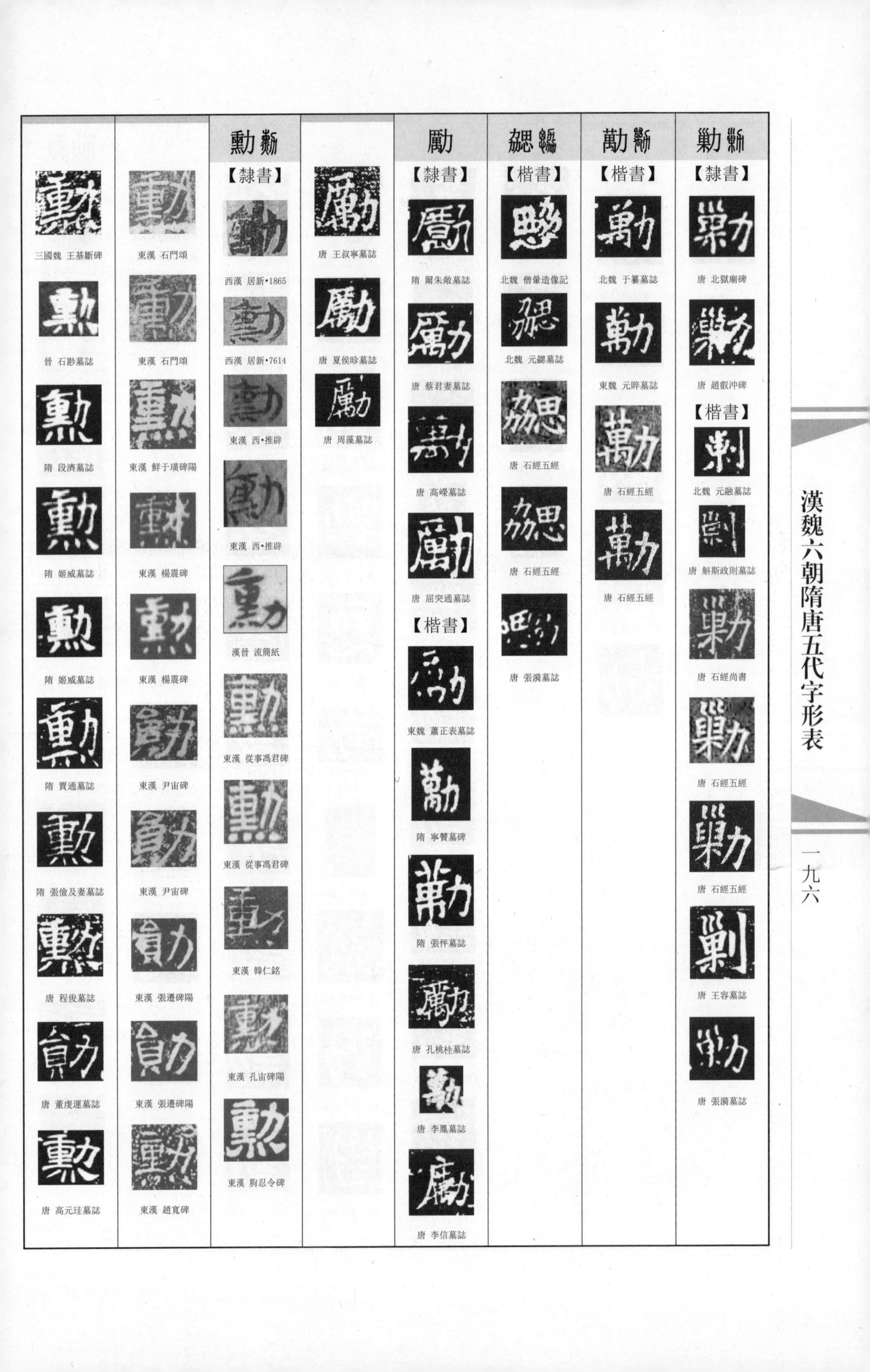

勦	勱	勰	勵		勳		
【隸書】	【楷書】	【楷書】	【隸書】		【隸書】		
唐 北獄廟碑	北魏 于纂墓誌	北魏 僧暈造像記	隋 爾朱敞墓誌	唐 王叔寧墓誌	西漢 居新•1865	東漢 石門頌	三國魏 王基斷碑
唐 趙叡沖碑	東魏 元睟墓誌	北魏 元勰墓誌	唐 蔡君妻墓誌	唐 夏侯昣墓誌	西漢 居新•7614	東漢 石門頌	晉 石尠墓誌
【楷書】	唐 石經五經	唐 石經五經	唐 高嶸墓誌	唐 周藻墓誌	東漢 西•推辟	東漢 鮮于璜碑陽	隋 段濟墓誌
北魏 元融墓誌	唐 石經五經	唐 石經五經	唐 屈突通墓誌		東漢 西•推辟	東漢 楊震碑	隋 姬威墓誌
唐 斛斯政則墓誌		唐 張漪墓誌	【楷書】		漢晉 流簡紙	東漢 楊震碑	隋 姬威墓誌
唐 石經尚書			東魏 蕭正表墓誌		東漢 從事馮君碑	東漢 尹宙碑	隋 賈通墓誌
唐 石經五經			隋 寧贙墓碑		東漢 從事馮君碑	東漢 尹宙碑	隋 張儉及妻墓誌
唐 石經五經			隋 張怦墓誌		東漢 韓仁銘	東漢 張遷碑陽	唐 程俊墓誌
唐 王容墓誌			唐 孔桃栓墓誌		東漢 孔宙碑陽	東漢 張遷碑陽	唐 董虔運墓誌
唐 張漪墓誌			唐 李鳳墓誌		東漢 朐忍令碑	東漢 趙寬碑	唐 高元珪墓誌
			唐 李信墓誌				

唐 孔子廟碑

唐 龐履温碑

唐 史思禮墓誌

唐 朱君妻王墓誌

【楷書】

三國吳 走•五年

晉 徐義墓誌陽

北魏 寇臻墓誌

北魏 上尊號碑

北魏 元子直墓誌

北齊 司馬遵業墓誌

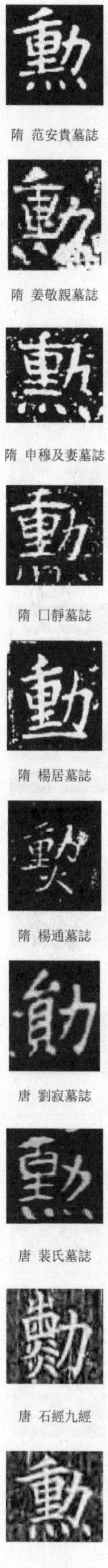

隋 范安貴墓誌

隋 姜敬親墓誌

隋 申穆及妻墓誌

隋 口靜墓誌

隋 楊居墓誌

隋 楊通墓誌

唐 劉寂墓誌

唐 裴氏墓誌

唐 石經九經

唐 石經九經

勶

【隸書】

秦 睡173

秦 關周•日書

西漢 馬•老甲

勸

【隸書】

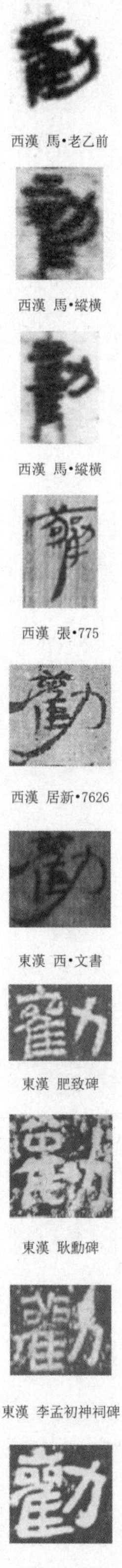

西漢 馬•老乙前

西漢 馬•縱橫

西漢 馬•縱橫

西漢 張•775

西漢 居新•7626

東漢 西•文書

東漢 肥致碑

東漢 耿勳碑

東漢 李孟初神祠碑

東漢 朐忍令碑

晉 辟雍頌陽

隋 豆盧實墓誌

隋 灃水石橋碑

隋 修孔子廟碑

隋 趙朗墓誌

唐 朱君妻王墓誌

【楷書】

晉 華芳墓誌陰

北魏 劉根造像記

北魏 檀賓墓誌

東魏 殘磚記

隋 龍藏寺碑額

唐 董希令墓誌

唐 韓承墓誌

唐 石經尚書

唐 石經周易

唐 蘇卿墓誌

唐 張去奢墓誌

唐 張去奢墓誌

厶部

厶

【楷書】

唐 馬君妻董墓誌

唐 張氏墓誌

厷

【隸書】

晉 華芳墓誌陰

厹

【楷書】

唐 荊從皐墓誌

去

【隸書】

秦 睡44

秦 睡44

西漢 馬•老甲

西漢 馬•縱橫

西漢 張•1062

西漢 張•1199

西漢 張•556

西漢 張•763

西漢 居新•7484

東漢 西•死駒

東漢 西•推辟

漢晉 流簡紙

西漢 楚王墓塞石

東漢 公乘田魴記

東漢 史晨後碑

東漢 鮮于璜碑陽

東漢 楊淮表記

東漢 乙瑛碑

晉 徐文墓碣

隋 豆盧實墓誌

隋 劉寶及妻墓誌

隋 蘇恒墓誌

隋 張景略墓誌

隋 張盛墓誌

唐 京兆金氏墓誌

唐 石臺孝經

唐 王震墓誌

唐 楊孝恭碑

【楷書】

魏晉 樓•紙

北魏 丘哲墓誌

隋 姚太墓誌

唐 竇真墓誌

唐 石經尚書

唐 孫何師墓誌

唐 張去奢墓誌

參

【篆書】

唐 碧落碑

【隸書】

秦 睡 120

秦 睡 129

秦 睡 20

秦 睡 229

西漢 馬•老乙前

西漢 馬•縱横

西漢 馬•縱横

西漢 張•1111

西漢 張•254

西漢 張•880

西漢 居新•2211

西漢 居新•7958

西漢 西•奏書

西漢 習字觚

漢晉 流簡紙

漢晉 流簡紙

東漢 曹全碑陽

東漢 池陽令殘碑

東漢 景君碑陽

東漢 史晨後碑

東漢 魏元丕碑

東漢 許安國題記

東漢 楊著碑陽

三國魏 張君殘碑

晉 郛休碑陰

北齊 感孝頌

東魏 宗欣墓誌

隋 郭休墓誌

隋 賈通墓誌

隋 劉多墓誌

隋 馬長和造像

隋 任軌墓誌

隋 任軌墓誌

隋 王榮及妻墓誌

唐 八都壇碑

唐 褚亮碑

唐 高元珪墓誌

唐 李神符碑

唐 石臺孝經

唐 王震墓誌

唐 楊孝恭碑

唐 張翼墓誌

唐 張翼墓誌

【楷書】

魏晉 樓•紙

北魏 崔懃造像

北魏 韓震墓誌陰

北魏 寇演墓誌

北魏 鄯乾墓誌

北魏 鮮于仲兒墓誌

北魏 元保洛墓誌

北魏 元馗墓誌

北魏 元馗墓誌

北魏 元纂墓誌

北魏 張玄墓誌

北魏 鄭黑墓誌

北魏 鄭君妻墓誌

北齊 竇泰墓誌

北齊 竇泰墓誌

北周 李雄墓誌

北齊 司馬遵業墓誌

東魏 元仲英墓誌

北齊 趙桃椒妻造像

隋 鞏賓墓誌

隋 郭達墓誌

隋 郭達墓誌

隋 皇甫深墓誌

隋 盧文構墓誌

隋 馬少敏墓誌

隋 寧贙墓碑

隋 橋紹墓誌

隋 謝岳墓誌

隋 楊通墓誌

隋 元鐘墓誌

隋 張怦墓誌

隋 張僧殷墓銘

唐 崔琪墓誌

唐 李道因墓誌

唐 李頵及妻墓誌

唐 李湍墓誌

唐 盧士瓊墓誌

唐 苗藩墓誌

唐 匹婁思墓誌

唐 唐嘉會墓誌

唐 王君墓誌

唐 王仲堪墓誌

唐 尉遲敬德墓誌

唐 鄭戎墓誌

揭

【楷書】

唐 吴德鄘妻墓誌

又部

又

【篆書】

唐 碧落碑

【隸書】

秦 睡165

西漢 馬•老乙前

西漢 馬•天下

西漢 馬•天下

西漢 居新•1422

西漢 居新•1951

東漢 西•寇恩

東漢 史晨後碑

三國魏 王基斷碑

隋 宋仲墓誌

唐 石臺孝經

唐 王震墓誌

唐 韋士逸墓誌

【楷書】

魏晉 樓•紙

北魏 鄭黑墓誌

唐 解摩墓誌

唐 石經尚書

唐 石經尚書

唐 石經周易

又

【楷書】

唐 敬能經幢

唐 石經五經

唐 王公妻崔墓誌

唐 澄空塔銘

友

【篆書】

唐 三墳記陰

【隸書】

秦 睡241

西漢 馬•縱横

西漢 居新•7927

漢晉 流簡紙

東漢 池陽令殘碑

東漢 從事馮君碑

東漢 鮮于璜碑陽

東漢 張遷碑陽

三國魏 王基斷碑

三國魏 張君殘碑

晉 郛休碑陰

北齊 司馬遵業墓誌

隋 段濟墓誌

隋 牛諒墓誌

隋 口和墓誌

隋 蕭瑾墓誌

唐 李彥墓誌

唐 石臺孝經

唐 史思禮墓誌

唐 唐直墓誌

唐 楊孝恭碑

唐 張濬墓誌

唐 張休光墓誌

【楷書】

北魏 寇憑墓誌

北魏 于纂墓誌

北魏 元繼墓誌

北魏 元子正墓誌

北魏 元子直墓誌

隋 郭達墓誌

隋 王袞墓誌

隋 蕭瑒墓誌

隋 蕭瑒墓誌

隋 楊通墓誌

隋 張壽墓誌

唐 李鳳妃墓誌

唐 石經五經

唐 石經五經

後梁 崔崇素墓誌

反

【隸書】

秦 睡143

西漢 馬•老乙前

西漢 張•795

東漢 西•寇恩

東漢 西•寇恩

兩漢 西•馬簡

漢晉 流簡紙

漢晉 流簡紙

東漢 孔宙碑陽

東漢 三老刻石

東漢 史晨後碑

東漢 熹平石經易

東漢 薌他君題記

東漢 許安國題記

東漢 趙儀碑

晉 石尠墓誌

北齊 西門豹碑陽

唐 崔祐甫墓誌

唐 楊孝恭碑

【楷書】

晉 黃庭內景經

北魏 元誨墓誌

隋 盧文機墓誌

隋 申穆及妻墓誌

隋 尉富娘墓誌

唐 石經尚書

唐 石經五經

唐 石經周易

唐 石經周易

唐 鄭道墓誌

叉

【楷書】

唐 石經五經

叒

【隸書】

唐 楊孝恭碑

取

【篆書】

唐 峿臺銘

【隸書】

秦 睡119

秦 睡66

秦 關周•病方

西漢 馬•合陰陽

西漢 馬•老子甲後

西漢 馬•天下

西漢 馬•縱橫

西漢 馬•縱橫

西漢 居新•6773

西漢 居新•6892

西漢 居新•7673

西漢 居新•7682

西漢 居新•7684

西漢 居新•7687

漢晉 流簡紙

漢晉 流簡紙

東漢 肥致碑

東漢 淮源廟碑

東漢 劉熊碑

東漢 熹平石經易

東漢 鮮于璜碑陽

東漢 鮮于璜碑陰

東漢 薌他君題記

北齊 司馬遵業墓誌

隋 豆盧實墓誌

隋 豆盧實墓誌

隋 鄭令妃墓誌

唐 石臺孝經

唐 史思禮墓誌

唐 趙冬曦壙誌

【楷書】

北魏 元繼墓誌

東魏 陸順華墓誌

隋 范安貴墓誌

隋 李氏墓誌

唐 李彥墓誌

唐 石經五經

唐 石經周易

唐 薛華墓誌

叔 𠦑

【篆書】

唐 三墳記陰

【隸書】

秦 睡 113

秦 睡 65

秦 關周•病方

西漢 居新•2665

西漢 武•服傳甲

東漢 簿書殘碑

東漢 曹全碑陽

東漢 華岳廟碑陰

東漢 桓孨食堂記

東漢 景君碑陰

東漢 孔宙碑陰

東漢 禮器碑

東漢 禮器碑側

東漢 禮器碑側

東漢 朐忍令碑

東漢 三公山碑

東漢 文叔陽題記

東漢 西狹頌

東漢 許安國題記

東漢 張遷碑陰

東漢 張遷碑陰

東漢 趙寬碑

晉 劉韜墓志

北齊 司馬遵業墓誌

北齊 西門豹碑陽

隋 郭休墓誌

隋 李元墓誌

隋 王楚英墓誌

隋 口和墓誌

隋 口靜墓誌

隋 修孔子廟碑

隋 張儉及妻墓誌

唐 崔沔墓誌陰

唐 屈突通墓誌

唐 楊孝恭碑

【楷書】

北魏 爾朱紹墓誌

北魏 寇治墓誌

北魏 檀賓墓誌

北魏 元靈曜墓誌

東魏 陸順華墓誌

東魏 任神奴題名

隋 陳叔榮墓誌

隋 范安貴墓誌

唐 李訥妃墓誌

唐 李賢墓誌

唐 李賢墓誌

唐 盧初墓誌

唐 石經尚書

唐 石經五經

唐 石經五經

唐 袁秀巖墓誌

唐 張叔遵墓誌

叕 𠬸

【隸書】

秦 睡 134

西漢 馬•老子甲後

受

【篆書】

東漢 祀三公山碑

三國魏 正始石經

唐 三墳記陽

唐 三墳記陰

【隸書】

秦 睡144

秦 睡144

秦 睡144

秦 睡21

秦 睡86

西漢 馬•老甲

西漢 馬•老乙前

西漢 馬•縱橫

西漢 馬•縱橫

西漢 張•376

西漢 居新•1946

西漢 居新•8435

西漢 居新•8946

東漢 西•推辟

兩漢 武•王杖

漢晉 流簡紙

漢晉 流簡紙

漢晉 流簡紙

東漢 曹全碑陽

東漢 朝侯小子碑

東漢 肥致碑

東漢 淮源廟碑

東漢 石門頌

東漢 史晨前碑

東漢 夏承碑

東漢 鮮于璜碑陽

東漢 張遷碑陽

三國魏 何晏墓誌

三國魏 孔羨碑

晉 吕望表

隋 劉珍墓誌

隋 默曹殘碑

隋 蘇恒墓誌

隋 口靜墓誌

隋 謝岳墓誌

唐 李神符碑

唐 李神符碑

唐 石臺孝經

唐 張翼墓誌

【楷書】

北魏 封魔奴墓誌

北魏 奚智墓誌

北魏 元斑墓誌

東魏 吳叔悅造像

隋 范安貴墓誌

隋 賈通墓誌

隋 申穆及妻墓誌

隋 張壽墓誌

唐 法澄塔銘

唐 石經尚書

唐 石經五經

唐 石經周易

叛

【隸書】

唐 崔泰之墓誌

【楷書】

三國吳 走•二年

北魏 慈慶墓誌

北魏 嚴震墓誌

東魏 王僧墓誌

隋 段威墓誌

段

【隸書】

秦 睡101

秦 睡51

秦 關周•病方

西漢 馬•老乙前

西漢 馬•十問

叟

【隸書】

唐 孔子廟碑

【楷書】

隋 張壽墓誌

唐 石經五經

唐 石經五經

燮

【隸書】

唐 庫狄真相墓誌

【楷書】

北魏 爾朱紹墓誌

北魏 王元燮題記

北魏 元纖墓誌

北魏 元茂墓誌

唐 李紹墓誌

唐 石經尚書

唐 石經五經

唐 楊佰隴墓誌

唐 朱照墓誌

叢

【隸書】

秦 睡246

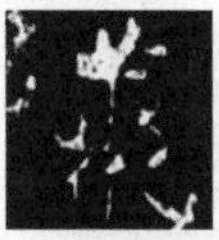
晉 郭槐柩記

隋 豆盧寶墓誌

隋 劉賓及妻墓誌

隋 謝岳墓誌

【楷書】

北魏 龍泉古井銘

北魏 王翊墓誌

東魏 王令媛墓誌

唐 韓曉墓誌

唐 呼延章墓誌

唐 裴瑾墓誌

唐 七品亡宮墓誌

唐 石經尚書

唐 石經五經

唐 石經周易

唐 史懷訓墓誌

唐 趙本質墓誌

後唐 毛璋妻墓誌

後晉 權君妻崔墓誌

廴部

廷

【篆書】

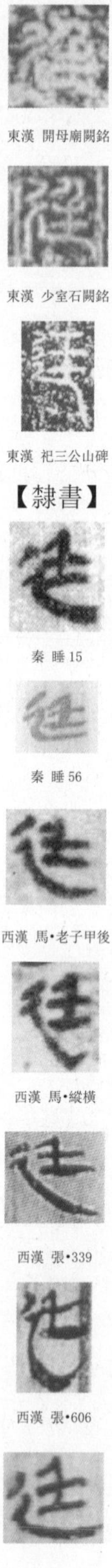

東漢 開母廟闕銘
東漢 少室石闕銘
東漢 祀三公山碑

【隸書】

秦 睡 15
秦 睡 56
西漢 馬•老子甲後
西漢 馬•縱橫
西漢 張•339
西漢 張•606
西漢 張•737

西漢 張•739
西漢 居新•7460
西漢 居新•7489
西漢 武•王杖
東漢 曹全碑陽
東漢 淮源廟碑
東漢 景君碑陽
東漢 三老石堂記
東漢 薌他君題記
東漢 楊統碑陽

晉 石尠墓誌
北齊 司馬遵業墓誌
北齊 司馬遵業墓誌
隋 謝岳墓誌
唐 陳憲墓誌

【楷書】

北魏 山徽墓誌
北魏 元譚墓誌
北魏 元纂墓誌
北周 寇熾墓誌
唐 苻肅墓誌

唐 李壽墓誌
唐 石經五經
唐 王同人墓誌
唐 袁公瑜墓誌
後唐 張滌妻高墓誌

延

【篆書】

東漢 袁敞殘碑
唐 碧落碑

【隸書】

秦 睡 250
西漢 馬•老乙前
西漢 張•25
西漢 居新•2199
西漢 居新•2222
西漢 居新•2288
西漢 居新•3424
西漢 居新•5365

西漢 居新•5373
西漢 居新•5539
西漢 居新•7665
東漢 西•奉例
東漢 西•奉例
東漢 倉頡廟碑側
東漢 淮源廟碑
東漢 孟孝琚碑
東漢 史晨後碑
東漢 田文成題記

東漢 鮮于璜碑陽
東漢 鮮于璜碑陽
東漢 鮮于璜碑陽
東漢 行事渡君碑
東漢 許安國題記
東漢 延光四年殘
東漢 延平元年記
東漢 延熹二年記
東漢 造土牛碑
東漢 佐孟機題記

晉 辟雍頌陽

北齊 馬天祥造像

北齊 司馬遵業墓誌

唐 蔡君妻墓誌

唐 褚亮碑

唐 孔子廟碑

唐 李彥墓誌

唐 行儼碑

【楷書】

北魏 成氏墓誌

北魏 侯太妃造像

北魏 寇慰墓誌

北魏 劉洛眞造像

北魏 穆亮墓誌

北魏 鄭乾墓誌

北魏 鄭乾墓誌

北魏 于景墓誌

北魏 元仙墓誌

北魏 元彝墓誌

北魏 元顥平妻墓誌

北魏 元湛墓誌

北齊 道明墓誌

隋 陳花樹墓誌

隋 申穆及妻墓誌

隋 王世琛墓誌

隋 元氏墓誌

唐 崔素墓誌

唐 韓玄墓誌

唐 李貞墓誌

唐 劉阿延墓誌

唐 曲元縝妻墓誌

唐 石經五經

唐 王崇禮墓誌

唐 顏人墓誌

唐 陽濟妻墓誌

唐 張道墓誌

後梁 蕭符墓誌

建

【篆書】

東漢 馮孺人題記

三國吳 天發神讖碑

三國吳 天發神讖碑

唐 三墳記陰

唐 三門碑額

【隸書】

秦 睡 105

秦 睡 255

西漢 馬•老甲

西漢 馬•老乙前

西漢 馬•老乙前

西漢 馬•老乙前

西漢 張•614

西漢 居新•8770

新莽 西•守御器

東漢 曹全碑陽

東漢 曹全碑陰

東漢 曹全碑陰

東漢 池陽令殘碑

東漢 大吉山刻石

東漢 何君閣道銘

東漢 建初四年記

東漢 建初元年記

東漢 建寧殘碑

東漢 建寧三年殘碑

東漢 景君碑陰

新莽 萊子侯刻石

東漢 李冰石像銘

東漢 禮器碑側

東漢 禮器碑陰

東漢 洛陽黃腸石四

東漢 孟孝琚碑

東漢 三老刻石

東漢 三老刻石

東漢 石門闕銘

東漢 石門頌

東漢 石門頌

東漢 史晨後碑

東漢 史晨前碑

東漢 司馬長元記

新莽 蘇馬灣刻石

東漢 王暉石棺銘
東漢 文叔陽題記
東漢 夏承碑
東漢 楊統碑陽
東漢 永平四年記
東漢 張遷碑陽
東漢 張文思題記
東漢 趙寬碑
東漢 趙寬碑
東漢 趙儀碑

晉 辟雍頌陽
晉 郭槐柩記
隋 任軌墓誌
唐 楊孝恭碑

【楷書】

三國魏 呂猛妻磚誌
晉 黃庭内景經
北魏 郭顯墓誌
北魏 胡明相墓誌
北魏 穆亮妻墓誌
北魏 元崇業墓誌

北魏 元恭墓誌
北齊 竇泰墓誌
東魏 王偃墓誌
北齊 許儁等造像
隋 段威墓誌
隋 關明墓誌
隋 侯肇墓誌
隋 默曹殘碑
隋 任顯及妻誌
隋 宋景造像碑

隋 蕭餝性墓誌
隋 謝岳墓誌
隋 楊通墓誌
隋 姚太墓誌
唐 李貽孫題名
唐 龍泉記
唐 石經尚書
唐 石經五經
唐 石經周易
唐 王寬墓誌

唐 浯溪記
唐 張騷墓誌

干部

干

【篆書】

北魏 弔比干文額

【隸書】

秦 睡45

西漢 馬•老乙前

西漢 馬•老子甲後

西漢 張•1005

西漢 居新•1903

西漢 居新•4061

漢晉 流簡紙

東漢 曹全碑陽

隋 橋紹墓誌

隋 宋仲墓誌

唐 崔泰之墓誌

唐 高元珪墓誌

【楷書】

北魏 弔比干文陽

唐 葛亮祠堂碑

唐 石經尚書

午

【篆書】

東漢 袁安碑

東漢 袁安碑

【隸書】

秦 睡268

秦 關周•曆譜

西漢 張•15

西漢 張•18

西漢 居新•3872

東漢 西•病書

東漢 西•遷補

漢晉 流簡紙

漢晉 流簡紙

東漢 曹全碑陰

東漢 肥致碑

東漢 公乘田魴記

東漢 和平元年記

東漢 景君碑陰

東漢 石門頌

東漢 孫仲隱墓刻

東漢 薌他君題記

北魏 涿縣磚刻

隋 任軌墓誌

隋 宋仲墓誌

隋 王楚英墓誌

隋 張儉及妻墓誌

唐 沈夫人墓誌

唐 譚伍墓誌

【楷書】

北魏 李頤墓誌

北魏 元斅墓誌

唐 □模墓誌

唐 毛鳳敬墓誌

平

【篆書】

東漢 馮孺人題記

東漢 郭夫人題記

東漢 袁安碑

三國吳 天發神讖碑

北魏 宋靈妃誌蓋

隋 王光墓誌

唐 程修己誌蓋

唐 謙卦碑

【隸書】

秦 睡45

秦 關周•曆譜

西漢 馬•老乙前

西漢 馬•縱橫

西漢 居新•7424

東漢 西•寇恩

漢晉 流簡紙

漢晉 流簡紙

西漢 麃孝禹碑

西漢 霍去病墓字

東漢 何君閣道銘

東漢 和平元年記

東漢 孔宙碑陰

東漢 禮器碑側

東漢 禮器碑陰

東漢 石門頌

東漢 楊德安題記

東漢 乙瑛碑

東漢 乙瑛碑

東漢 永平四年記

東漢 永元九年記

晉 辟雍頌陽

北齊 司馬遵業墓誌

隋 劉寶及妻墓誌

隋 劉寶及妻墓誌

隋 任軌墓誌

隋 宋仲墓誌

隋 王楚英墓誌

隋 口靜墓誌

隋 謝岳墓誌

唐 褚亮碑

唐 李神符碑

唐 石臺孝經

唐 史思禮墓誌

唐 尹尊師碑

【楷書】

三國吳 走•五年

南朝陳 衛和墓誌

北魏 常文遠造像

北魏 高珪墓誌

北魏 元頊墓誌

北齊 淳于元皓墓誌

北齊 郭季遵造像

隋 范安貴墓誌

隋 楊通墓誌

隋 翟突娑墓誌

唐 范安及墓誌

唐 李洪鈞墓誌

唐 李清墓誌

唐 石經尚書

唐 石經尚書

唐 石經尚書

唐 石經周易

幵 幵

【楷書】

唐 董幵墓誌

幹

【隸書】

東漢 楊著碑陽

東漢 張遷碑陽

隋 爾朱敞墓誌

隋 高虯墓誌

隋 劉寶及妻墓誌

隋 張盛墓誌

唐 楊孝恭碑

唐 趙叡沖碑

【楷書】

北魏 長孫瑱墓誌

北魏 馮迎男墓誌

北魏 秦洪墓誌

北魏 宋虎墓誌

北魏 元敷墓誌

北魏 元思墓誌

北魏 張玄墓誌

隋 段濟墓誌

隋 伍道進墓誌

唐 安元壽墓誌

唐 石經周易

唐 屠暉光墓誌

唐 徐綜墓誌

唐 張興墓誌

工部

工

【篆書】
三國吳 天發神讖碑
【隸書】
秦 睡 151
秦 睡 26
西漢 馬•老乙前
西漢 馬•老乙前
西漢 馬•老子甲後
西漢 張•299
西漢 居新•2232
西漢 武•少牢甲
兩漢 西•馬簡

漢晉 流簡紙
西漢 李后墓塞石
西漢 石墻村刻石
東漢 曹全碑陽
東漢 郙閣頌
東漢 禮器碑
東漢 任城黃腸石
東漢 永和二年記
晉 辟雍頌陽
北齊 夫子廟碑

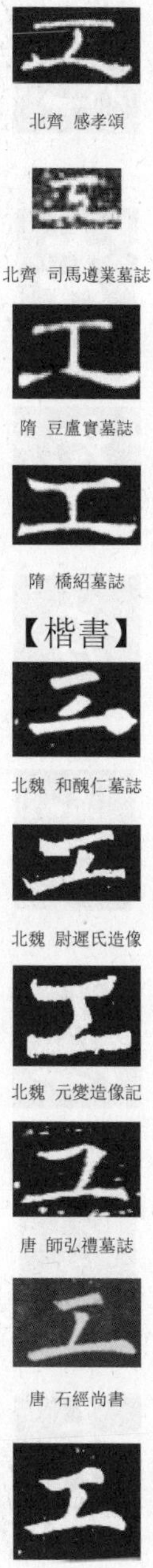

北齊 感孝頌
北齊 司馬遵業墓誌
隋 豆盧實墓誌
隋 橋紹墓誌
【楷書】
北魏 和醜仁墓誌
北魏 尉遲氏造像
北魏 元燮造像記
唐 師弘禮墓誌
唐 石經尚書
唐 要嫋女墓誌

巧

【篆書】
三國吳 天發神讖碑
【隸書】
秦 睡 100
秦 睡 121
西漢 馬•老乙前
西漢 張•700
西漢 張•773
西漢 居新•5766
隋 元鐘墓誌
唐 李貞墓誌
【楷書】
北魏 宮內司楊墓誌

北魏 檀賓墓誌
北齊 劉碑造像銘
北齊 僊婆姨造像陽
唐 石經尚書
唐 王季初墓誌
唐 張興墓誌

左

【篆書】
東漢 霍去病墓字
東魏 封延之誌蓋
唐 竇叔向墓誌額
唐 李孝同碑額
唐 三墳記陽
唐 三墳記陽
唐 峿臺銘
【隸書】
秦 睡 200
秦 睡 57
秦 關周•病方

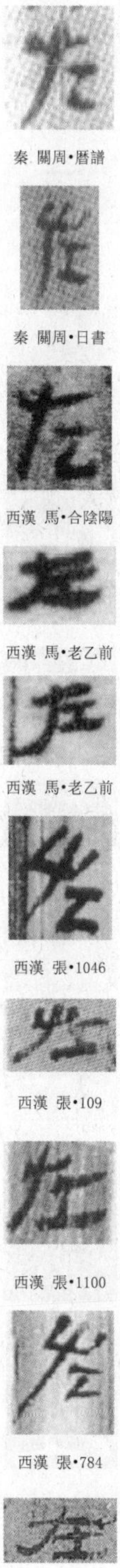

秦 關周•曆譜
秦 關周•日書
西漢 馬•合陰陽
西漢 馬•老乙前
西漢 馬•老乙前
西漢 張•1046
西漢 張•109
西漢 張•1100
西漢 張•784
西漢 居新•2597

西漢 居新•7771

西漢 居新•8792

漢晉 流簡紙

東漢 華山廟碑陽

東漢 禮器碑側

東漢 禮器碑側

東漢 買田約束石

東漢 買田約束石

東漢 佐孟機題記

三國魏 張君殘碑

北魏 元文墓誌

北齊 感孝頌

隋 關明墓誌

隋 牛諒墓誌

隋 申穆及妻墓誌

隋 蘇恒墓誌

隋 王楚英墓誌

隋 王榮及妻墓誌

隋 趙朗墓誌

唐 行儼碑

唐 楊孝恭碑

唐 楊孝恭碑

唐 楊孝恭碑

唐 張翼墓誌

唐 張翼墓誌

【楷書】

三國吳 走•二年

晉 黃庭内景經

晉 洛神十三行

北魏 高樹造像記

北魏 胡明相墓誌

北魏 穆亮墓誌

北魏 姚伯多供養碑

北魏 元崇業墓誌

北魏 元朗墓誌

北魏 元誘墓誌

西魏 杜魯清造像

北齊 高淯墓誌

東魏 陸順華墓誌

北周 邵道生造像

北齊 雲峯山題記

隋 楊厲墓誌

隋 元智墓誌

唐 段承宗墓誌

唐 賈令琬墓誌

唐 石經尚書

唐 石經周易

唐 許摳墓誌

後梁 蕭符墓誌

巠 巠

【隸書】

西漢 馬•老甲

西漢 馬•老甲

西漢 馬•老甲

【楷書】

唐 石經五經

巫 巫

【篆書】

三國魏 正始石經

【隸書】

秦 睡 136

西漢 馬•老子甲後

西漢 張•469

西漢 張•539

東漢 樊敏碑

隋 張儉及妻墓誌

唐 京兆金氏墓誌

【楷書】

北魏 胡明相墓誌

東魏 王令媛墓誌

隋 豆盧氏墓誌

唐 石經周易

唐 史待賓墓誌

唐 王緩墓誌

唐 王天墓誌

差 

【隸書】

西漢 馬•老子甲後

西漢 居新•7543

東漢 西•奉例

東漢 薌他君題記

東漢 薌他君題記

東漢 許安國題記

晉 辟雍頌陽

隋 默曹殘碑

唐 北獄廟碑

【楷書】

晉 黃庭經

北魏 元欽墓誌

北魏 元子直墓誌

東魏 廉富造像記

隋 皇甫深墓誌

隋 盧旋芷墓誌

唐 明俊墓誌

唐 石經九經

唐 石經九經

後唐 崔崇素墓誌

後梁 蕭符墓誌

土部

土土

【篆書】

三國魏 正始石經
唐 碧落碑
唐 多寶佛塔銘
唐 三墳記陰
唐 天王碑額

【隸書】

秦 睡122
西漢 馬•老乙前
西漢 居新•5399
西漢 居新•7423
西漢 武•少牢甲
漢晉 流簡紙
東漢 從事馮君碑
東漢 肥致碑
東漢 公乘田魴記
東漢 禮器碑
東漢 利水大道記
東漢 石門頌
東漢 史晨前碑
東漢 西狹頌
東漢 鮮于璜碑陽
東漢 鮮于璜碑陽
東漢 薌他君題記
東漢 許安國題記
東漢 陽嘉殘碑陰
東漢 造土牛碑
隋 暴永墓誌
隋 暴永墓誌
隋 劉寶及妻墓誌
隋 任顯及妻誌
隋 申穆及妻墓誌
隋 王楚英墓誌
唐 李彥墓誌
唐 楊孝恭碑

【楷書】

魏晉 樓•紙
北魏 李遵墓誌
北魏 萬福榮造像
北魏 嚴震墓誌
隋 盧文機墓誌
唐 李君妻裴墓誌
唐 石經尚書

土土

【篆書】

東漢 鄭季宣碑
晉 成晃碑額
唐 伯夷叔齊碑
唐 王慶墓碣

【隸書】

秦 睡228
西漢 馬•老乙前
西漢 馬•十問
西漢 馬•縱橫
漢晉 流簡紙
東漢 樊敏碑
東漢 魯峻碑陽
東漢 三老刻石
東漢 三老刻石
東漢 許安國題記
東漢 楊震碑
晉 辟雍頌陽
隋 爾朱端墓誌
隋 符盛及妻墓誌
隋 姬威墓誌
隋 李使君墓碑
隋 口和墓誌
隋 趙朗墓誌
唐 褚亮碑
唐 石臺孝經
唐 石臺孝經
唐 史思禮墓誌
唐 行儼碑
唐 楊孝恭碑
唐 尹尊師碑
唐 趙冬曦壙誌

圪

【楷書】

唐 石經九經

唐 石經九經

均

【楷書】

北魏 元順墓誌

圭

【篆書】

唐 傳法碑額

【隸書】

西漢 居新•1425

東漢 西•醫藥

隋 修孔子廟碑

唐 李彥墓誌

【楷書】

三國吳 走•五年

北魏 李媛墓誌

唐 石經尚書

唐 王進墓誌

唐 無上道誌

圬

【楷書】

唐 石經五經

唐 浯溪記

圠

【楷書】

唐 爨右墓誌

東漢 鮮于璜碑陽

東漢 楊著碑陽

東漢 乙瑛碑

三國吳 買冢城磚

隋 任軌墓誌

【楷書】

魏晉 樓•紙

北魏 元保洛墓誌

北齊 竇泰墓誌

隋 李肅墓誌

唐 石經尚書

壬

【隸書】

秦 睡 228

秦 關周•曆譜

西漢 張•1088

西漢 居新•1066

東漢 西•病書

漢晉 流簡紙

三國吳 走•五年

東漢 桓孨食堂記

東漢 三老刻石

東漢 西狹頌

【楷書】

三國吳 走•五年

北魏 元敷墓誌

北魏 元愔墓誌

北齊 畢文造像

唐 陳叔度墓誌

唐 韓子墓誌

唐 劉寂墓誌

唐 石經尚書

唐 石經尚書

圾

【楷書】

北魏 唐耀墓誌

圮

【隸書】

東漢 曹全碑陽

東漢 趙菿殘碑

唐 李神符碑

唐 楊孝恭碑

【楷書】

北魏 元子正墓誌

唐 孟師墓誌

唐 沈士公墓誌

唐 石經尚書

唐 石經五經

唐 嚴識玄墓誌

唐 張士龍墓誌

地

【篆書】

唐 碧落碑

唐 謙卦碑

唐 謙卦碑

唐 謙卦碑

【隸書】

秦 睡 75

秦 關周・病方

西漢 馬・合陰陽

西漢 馬・老甲

西漢 馬・老乙

西漢 馬・天下

西漢 馬・縱横

西漢 張・1036

西漢 張・704

兩漢 西・馬簡

漢晉 流簡紙

漢晉 流簡紙

東漢 曹全碑陽

東漢 蕩陰字殘

東漢 鄐閣頌

東漢 華山廟碑陽

東漢 淮源廟碑

東漢 淮源廟碑

東漢 延熹三年記

東漢 乙瑛碑

晉 辟雍頌陽

隋 爾朱敞墓誌

隋 爾朱敞墓誌

隋 張儉及妻墓誌

唐 李神符碑

唐 李神符碑

唐 柳偘妻墓誌

唐 石臺孝經

唐 王崇禮墓誌

唐 徐盼墓誌

唐 楊孝恭碑

唐 張翼墓誌

【楷書】

北魏 穆纂墓誌

北魏 元子正墓誌

隋 劉珍墓誌

北齊 婁黑女墓誌

隋 任顯及妻誌

隋 李肅墓誌

隋 默曹殘碑

隋 謝岳墓誌

隋 楊居墓誌

隋 張軻墓誌

唐 李修已墓誌

唐 石經周易

唐 王素墓誌

唐 趙全泰妻墓誌

圯

【楷書】

唐 李令崇墓誌

在

【篆書】

東漢 祀三公山碑

三國吳 天發神讖碑

三國魏 正始石經

唐 峿臺銘

【隸書】

秦 睡 136

秦 睡 243

秦 西•日書乙

秦 西•日書乙

西漢 馬•老甲

西漢 馬•老乙前

西漢 馬•十問

西漢 馬•縱横

西漢 馬•縱横

西漢 張•783

西漢 居新•5570

兩漢 武•王杖

兩漢 西•馬簡

漢晉 流簡紙

東漢 曹全碑陽

東漢 薰鋼殘碑

東漢 肥致碑

東漢 華山廟碑陽

東漢 孔宏碑

東漢 孔宙碑陽

東漢 三老刻石

東漢 宋伯望買田券正

東漢 夏承碑

東漢 鮮于璜碑陽

東漢 鮮于璜碑陰

東漢 許安國題記

東漢 楊統碑陽

東漢 楊震碑

東漢 永和二年記

東漢 永壽元年墓記

東漢 趙儀碑

東漢 作封記

三國魏 王基斷碑

晉 辟雍頌陽

晉 石尠墓誌

晉 王君侯碑陽

晉 徐義墓誌陽

隋 爾朱敞墓誌

唐 京兆金氏墓誌

唐 李神符碑

唐 石臺孝經

唐 石臺孝經

唐 王子麟墓誌

唐 行儼碑

唐 宴濟瀆序陰額

唐 楊孝恭碑

唐 趙冬曦壙誌

【楷書】

魏晉 樓•紙

魏晉 樓•紙

北魏 和醜仁墓誌

北魏 丘哲墓誌

北魏 姚伯多供養碑

北魏 元周安墓誌

北魏 張相隊造像

北齊 竇泰墓誌

隋 陳花樹墓誌

隋 任顯及妻誌

唐 賈隱及妻墓誌

唐 苗善物墓誌

唐 石經尚書

唐 石經五經

唐 石經周易

唐 唐思禮墓誌

唐 尉遲敬德墓誌

唐 張德操墓誌

坂	坎	垉		均	坤	圻	址
【楷書】  北魏 張玄墓誌  北魏 張玄墓誌  唐 安師墓誌  唐 張道墓誌	【隸書】  唐 白鹿泉碑陽  唐 勿部將軍碑 【楷書】  南朝陳 劉猛進碑  北魏 侯剛墓誌  唐 呂君妻李墓誌  唐 石經周易  唐 楊曜生墓誌  唐 楊宇墓誌	【楷書】  隋 楊居墓誌	 隋 修孔子廟碑  唐 鄎國長公主碑  唐 朱崇慶墓誌 【楷書】  北魏 楊乾墓誌  北魏 元寶月墓誌  北齊 法懃塔銘  北齊 劉雙仁墓誌  東魏 劉雙周塔記  唐 張須墓誌  唐 鄭仁泰墓誌	【隸書】  秦 睡68 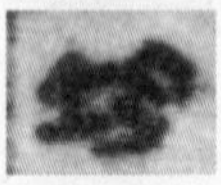 西漢 馬•老乙前 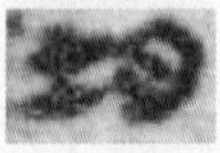 西漢 馬•老乙前  兩漢 西•懸檢 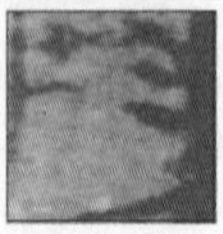 漢晉 流簡紙  東漢 郙閣頌  三國魏 曹真殘碑陰  北齊 司馬遵業墓誌  隋 豆盧實墓誌  隋 馬穉墓誌	【楷書】  唐 曹讓墓誌	【楷書】  唐 盧萬春墓誌  後晉 王君妻闞墓誌	【楷書】  唐 李正卿墓誌  閻 堅牢塔記

坍

【隸書】

東漢 利水大道記

坽

【楷書】

唐 石經五經

坊坊

【隸書】

三國魏 曹真殘碑陽

晉 辟雍頌陽

唐 朱君妻王墓誌

【楷書】

北魏 李端墓誌

北魏 元誘墓誌

隋 張盈墓誌

唐 多寶塔碑

坑

【隸書】

晉 呂望表

【楷書】

北魏 元延明墓誌

東魏 張滿墓誌

唐 移碑題名

坥坥

【楷書】

北齊 道明墓誌

坐堊

【隸書】

秦 睡 20

秦 睡 44

西漢 張•1143

西漢 張•1149

西漢 張•89

西漢 居新•1981

西漢 居新•2130

西漢 居新•7601

漢晉 流簡紙

東漢 蒼山元嘉題記

東漢 肥致碑

東漢 繆宇墓誌

東漢 尚博殘碑

東漢 薌他君題記

東漢 楊耿伯題記

三國魏 鮑寄神坐

三國魏 曹真殘碑陽

晉 郛休碑陽

東魏 馮令華墓誌

隋 段濟墓誌

隋 馬穉墓誌

隋 元鐘墓誌

唐 陳泰墓誌

唐 李神符碑

唐 石臺孝經

唐 王媛墓誌陰

唐 行儼碑

唐 宴濟瀆序陰額

唐 楊孝恭碑

唐 楊孝恭碑

唐 義福禪師碑

【楷書】

魏晉 樓•紙

魏晉 樓•紙

晉 蘭亭序真本

晉 石座題字

北魏 大般若經

北魏 封魔奴墓誌

北魏 侯剛墓誌

北魏 賈良造像記

北魏 賈良造像記

北魏 李超墓誌

北魏 元朗墓誌

北魏 元仙墓誌

北魏 元秀墓誌

北魏 元愔墓誌

北齊 畢文造像

北齊 梁子彥墓誌

北周 馬龜墓誌

東魏 叔孫固墓誌

北齊 宋賢伯造像陰

北齊 殷恭安造像

隋 李則墓誌

隋 田德元墓誌

唐 王脩福墓誌

唐 雍如珪墓誌

唐 于士恭墓誌

唐 張渙墓誌

唐 執失奉節

㘴

【楷書】

唐 路全交墓誌

唐 重藏舍利記

壯

【篆書】

北周 匹婁歡誌蓋

【隸書】

秦 睡 254

西漢 馬•老甲

西漢 馬•十問

西漢 馬•養生

西漢 張•636

西漢 居新•1868

西漢 居新•2723

西漢 西•律令

西漢 西•馬簡牘

東漢 趙寬碑

隋 爾朱端墓誌

隋 李使君墓碑

隋 橋紹墓誌

隋 任軌墓誌

隋 趙朗墓誌

唐 史思禮墓誌

唐 楊孝恭碑

唐 張翼墓誌

【楷書】

南朝陳 劉猛進碑

北魏 爾朱襲墓誌

北魏 元顥墓誌

北魏 元順墓誌

北魏 元液墓誌

北齊 梁子彥墓誌

北周 普安壯公墓誌

北齊 趙道德墓誌

隋 范安貴墓誌

隋 張伏敬墓誌

唐 崔弘禮墓誌

唐 牛阿師墓誌

唐 石經五經

唐 石經周易

唐 袁秀巌墓誌

唐 張漪墓誌

坤

【隸書】

東漢 石門頌

東漢 熹平石經易

東漢 鮮于璜碑陰

東漢 乙瑛碑

三國魏 孔羨碑

隋 蘇恒墓誌

唐 北嶽廟碑

唐 王泠然墓誌

唐 楊孝恭碑

【楷書】

晉 黃庭經

北魏 寇偘墓誌

北魏 元懷墓誌

北魏 元舉墓誌

北魏 元文墓誌

北魏 元毓墓誌

北魏 張玄墓誌

隋 馬穉墓誌

唐 石經周易

唐 史君妻墓誌

唐 王約墓誌

块

【楷書】

北魏 元瞻墓誌

唐 爨右墓誌

坰

【楷書】

北魏 元楨墓誌

隋 成公氏墓誌

唐 報德記

唐 房懷亮墓誌

唐 石經尚書

坯

【隸書】

唐 貞一廟碑

【楷書】

三國魏 管寧墓誌

唐 石經五經

唐 顏相墓誌

唐 趙孝顒墓誌

坪

【隸書】

唐 韋士逸墓誌

坷

【楷書】

唐 陽濟墓誌

坳

【楷書】

唐 皇甫璧墓誌

唐 王行果墓誌

坦

【隸書】

唐 豆盧建墓誌

唐 豆盧建墓誌

【楷書】

南朝陳 劉猛進碑

北魏 慈慶墓誌

唐 崔孝昌墓誌

唐 石經尚書

唐 石經周易

唐 玄秘塔碑

後梁 謝彥璋墓誌

坫

【隸書】

西漢 武•泰射甲

西漢 武•泰射甲

【楷書】

唐 石經儀禮

坻

【隸書】

唐 北獄廟碑

【楷書】

唐 獨孤開遠墓誌

唐 石經五經

唐 張去奢墓誌

坼

【楷書】

唐 樊廉墓誌

唐 石經九經

唐 石經九經

唐 石經周易

唐 東良墓誌

唐 游石橋記

唐 張肅墓誌

幸

【隸書】

西漢 馬•老乙前

西漢 馬•事語

西漢 張•691

西漢 居新•10

西漢 居新•2121

漢晉 流簡紙

漢晉 流簡紙

漢晉 流簡紙

東漢 曹全碑陽

東漢 韓仁銘

晉 辟雍頌陽

隋 豆盧實墓誌

隋 符盛及妻墓誌

隋 王楚英墓誌

唐 王晉俗墓誌

【楷書】

北魏 元宥墓誌

東魏 李挺墓誌

東魏 叔孫固墓誌

隋 段濟墓誌

隋 盧文構墓誌

隋 蕭翹墓誌

唐 盧嶠墓誌

唐 神策軍碑

唐 石經五經

唐 石經五經

闕 堅牢塔記

坡

【隸書】

西漢 馬•十問

西漢 馬•十問

西漢 馬•十問

【楷書】

唐 段會墓誌

唐 鄭君妻李墓誌

垂

【篆書】

三國吳 天發神讖碑

【隸書】

西漢 張•1143

西漢 武•服傳甲

漢晉 流簡紙

東漢 景君碑陰

東漢 石門頌

東漢 夏承碑

東漢 鮮于璜碑陽

東漢 楊震碑

東漢 楊震碑

東漢 乙瑛碑

東漢 張遷碑陽

東漢 趙寬碑

東漢 鄭固碑

晉 辟雍頌陽

隋 段濟墓誌

隋 爾朱端墓誌

隋 爾朱端墓誌

隋 劉賓及妻墓誌

隋 馬穉墓誌

隋 王榮及妻墓誌

隋 張景略墓誌

唐 高元珪墓誌

唐 李神符碑

唐 李神符碑

唐 盧君妻墓誌

唐 潘基墓誌

唐 石臺孝經

唐 楊孝恭碑

唐 尹尊師碑

唐 尹尊師碑

【楷書】

魏晉 樓•紙

北魏 慈慶墓誌

北魏 皇甫驎墓誌

北魏 李媛墓誌

北魏 秦洪墓誌

北魏 王基墓誌

北魏 元煥墓誌

北魏 元寧墓誌

北魏 鄭黑墓誌

東魏 王僧墓誌

北齊 朱曇思造塔

隋 劉明及妻墓誌

隋 申穆及妻墓誌

隋 陶貴墓誌

唐 崔素墓誌

唐 多寶塔碑

唐 公祠靈泉記

唐 賈隱及妻墓誌

唐 劉定師墓誌

唐 潘衡墓誌

唐 石經周易

唐 閻肇墓誌

型

【楷書】

北魏 侯愔墓誌

垗

【楷書】

唐 解斯政則墓誌

城垪

【篆書】

東漢 袁安碑

東漢 張遷碑額

唐 多寶佛塔銘

唐 三墳記陽

【隸書】

秦 睡50

秦 睡53

西漢 馬•縱橫

西漢 張•107

西漢 張•734

西漢 居新•1487

西漢 居新•2120

東漢 西•奉例

東漢 西•推辟

東漢 西•文書

漢晉 流簡紙

東漢 曹全碑陽

東漢 景君碑陽

東漢 景君碑陽

東漢 孔宙碑陽

東漢 孔宙碑陰

東漢 禮器碑側

東漢 禮器碑陰

東漢 繆宇墓誌

東漢 朐忍令碑

東漢 三老刻石

東漢 史晨後碑

東漢 楊震碑

東漢 楊震碑

東漢 楊著碑陽

東漢 圉令趙君碑

三國魏 王基斷碑

晉 郭槐柩記

晉 石尠墓誌

晉 孫氏碑額

隋 爾朱敞墓誌

隋 灃水石橋碑

隋 闞明墓誌

隋 劉珍墓誌

隋 馬少敏墓誌

隋 任顯及妻誌

隋 蘇恒墓誌

隋 口靜墓誌

隋 張儉及妻墓誌

隋 張姜墓誌

唐 李神符碑

唐 史思禮墓誌

【楷書】

北魏 寇霄墓誌

北魏 僧暈造像記

北魏 王誦妻元墓誌

北魏 元保洛墓誌

北齊 竇泰墓誌

東魏 王偃墓誌

隋 暴永墓誌

隋 成公氏墓誌

隋 申穆及妻墓誌

隋 元氏墓誌

唐 李壽墓誌

唐 石經尚書

唐 石經周易

唐 張素墓誌

垣垣

【隸書】

秦 睡17

秦 關周•病方

西漢 馬•縱橫

西漢 張•435

西漢 西•奏書

東漢 華山廟碑陽

東漢 李孟初神祠碑

東漢 史晨後碑

北齊 司馬遵業墓誌

隋 口靜墓誌

隋 張儉及妻墓誌

唐 北嶽廟碑

唐 大忍寺碑

唐 楊孝恭碑

【楷書】

北齊 道政造像陰

北齊 僧靜明造像

隋 楊厲墓誌

唐 張潽墓誌

垠

【楷書】

北齊 傅隆顯墓誌

唐 匹婁思妻墓誌

唐 王季初墓誌

垓

【隸書】

東漢 石門頌

東漢 楊震碑

【楷書】

唐 梁元翰墓誌

唐 李滿藏墓誌

唐 騫紹業墓誌

唐 玉永嘗妻墓誌

唐 許公妻墓誌

唐 掌徹墓誌

後唐 吳君妻曹墓誌

埏

【隸書】

隋 牛暉墓誌

唐 關道愛墓誌

唐 孔子廟碑

【楷書】

北魏 韓氏墓誌

北魏 元朗墓誌

北魏 元嵩墓誌

北魏 元秀墓誌

北魏 鄭君妻墓誌

隋 郭寵墓誌

唐 宮官司設墓誌

坸

【楷書】

唐 王晛墓誌

垢

【隸書】

唐 柳偘妻墓誌

唐 辛雲京妻墓誌

唐 尹尊師碑

【楷書】

北魏 劉璿造像記

北齊 歐伯羅造像

北齊 無量義經

唐 多寶塔碑

唐 房惠琳墓誌

垝

【楷書】

唐 東方朔墓誌

唐 石經爾雅

唐 石經五經

垤

【隸書】

秦 關周•病方

【楷書】

北齊 竇泰墓誌

唐 多寶塔碑

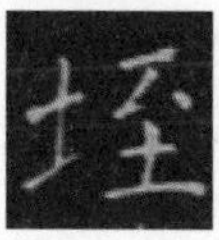
唐 張怙墓誌

垙

【楷書】

唐 掌思明墓誌

垈

【楷書】

唐 潘衡墓誌

垍

【楷書】

唐 孫君妻盧墓誌

埉

【隸書】

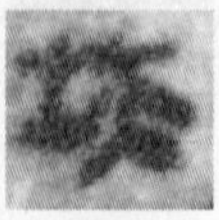

西漢 馬·老子甲後

西漢 馬·老子甲後

【楷書】

北齊 梁子彥墓誌

埋

【隸書】

北齊 感孝頌

隋 劉多墓誌

隋 牛諒墓誌

【楷書】

南朝陳 衛和墓誌

北魏 山徽墓誌

北魏 和醜仁墓誌

北魏 元倪墓誌

隋 □徹墓誌

隋 李則墓誌

北周 馬龜墓誌

隋 王楚英墓誌

隋 王楚英墓誌

唐 張鍾葵墓誌

埇

【楷書】

唐 石經五經

垸

【楷書】

唐 石經五經

土部

埃 𡍞

【隸書】

西漢 張•1062

西漢 張•1063

西漢 張•1063

隋 張盛墓誌

唐 徐盼墓誌

唐 徐盼墓誌

唐 趙冬曦壙誌

【楷書】

北魏 陸紹墓誌

北魏 穆纂墓誌

北魏 山徽墓誌

北魏 元端墓誌

北魏 元恩墓誌

北魏 趙充華墓誌

北齊 爾朱元靜墓誌

隋 沈氏墓誌

唐 李鳳妃墓誌

埒 埓

【隸書】

西漢 居新•629

北齊 婁黑女墓誌

隋 口和墓誌

【楷書】

北魏 王紹墓誌

唐 李眈墓誌

墽 墽

【楷書】

唐 石經五經

埵 埵

【楷書】

唐 段常省塔銘

後唐 張思錄經幢

垩 垩

【楷書】

唐 石經爾雅

域 域

【篆書】

唐 碧落碑

唐 碧落碑

【隸書】

西漢 西•馬簡牘

兩漢 西•馬簡

兩漢 西•馬簡

漢晉 流簡紙

東漢 白石神君碑

東漢 曹全碑陽

東漢 石門頌

晉 辟雍頌陽

晉 辟雍頌陽

晉 王君殘墓誌

北齊 司馬遵業墓誌

北齊 司馬遵業墓誌

隋 趙朗墓誌

隋 趙朗墓誌

唐 京兆金氏墓誌

唐 李神符碑

唐 行儼碑

唐 張休光墓誌

埠

【楷書】

北魏 元暉墓誌

隋 姚太墓誌

唐 常協墓誌

唐 薛參墓誌

埳

【楷書】

隋 程諧墓誌

隋 楊厲墓誌

堒

【楷書】

東魏 王蓋周造像

埛

【楷書】

唐 祁惠墓誌

埴

【隸書】

西漢 馬•老甲

【楷書】

唐 姖推墓誌

唐 黎燧墓誌

唐 明演塔銘

唐 石經尚書

唐 石經五經

堵

【隸書】

秦 睡 52

西漢 馬•老子甲後

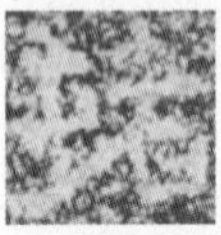
東漢 宋伯望買田券右

北魏 韓君神道碑

唐 文宣王廟門碑

【楷書】

北魏 元顯魏墓誌

唐 石經五經

唐 王元明經幢

唐 文鑒經幢

唐 鄭魯墓誌

域

唐 安元壽墓誌

唐 霍行威墓誌

唐 盧知宗墓誌

唐 王履清墓碑

唐 王卿及妻墓誌

唐 薛華墓誌

【楷書】

魏晉 樓•紙

南朝梁 舊館壇碑

北魏 寇霄墓誌

北魏 元顯墓誌

北魏 元始和墓誌

北周 馬龜墓誌

隋 段威墓誌

隋 姬威墓誌

隋 羊本墓誌

隋 楊厲墓誌

培 墒

【楷書】

北魏 元誕墓誌

隋 梁瓌墓誌

唐 段承宗墓誌

唐 石經五經

唐 石經五經

唐 石經周易

唐 王惠墓誌

唐 魏仲俛墓誌

唐 燕君妻姜墓誌

唐 楊曜生墓誌

唐 張去逸墓誌

唐 鄭中基墓誌

唐 朱君妻王墓誌

【楷書】

北魏 郭顯墓誌

北魏 元新成妃墓誌

北魏 元誘墓誌

北魏 元子直墓誌

北齊 西門豹碑陽

隋 劉珍墓誌

隋 申穆及妻墓誌

隋 韋略墓誌

唐 卜素墓誌

北齊 感孝頌

隋 牛諒墓誌

隋 蕭瑾墓誌

唐 蔡君妻墓誌

唐 崔暟墓誌陰

唐 崔祐甫墓誌

唐 高元珪墓誌

唐 盧宏及妻墓誌

唐 蘇洪姿墓誌

唐 尹尊師碑

三國吳 走•五年

東漢 蒼山元嘉題記

東漢 樊敏碑

東漢 封龍山頌

東漢 石門頌

東漢 史晨後碑

東漢 夏承碑

東漢 鮮于璜碑陽

東漢 尹宙碑

晉 辟雍頌陽

執 𡍮

【隸書】

秦 睡 143

秦 睡 61

西漢 馬•老乙前

西漢 馬•老乙前

西漢 馬•老子甲後

西漢 馬•老子甲後

西漢 馬•縱橫

西漢 居新•6759

西漢 武•特牲甲

漢晉 流簡紙

堋 𡓰

【隸書】

西漢 馬•縱橫

【楷書】

北魏 耿氏墓誌

北魏 元壽妃墓誌

唐 董惟靖墓誌

唐 田在卞墓誌

唐 楊佰隴墓誌

唐 石經五經

堆

【隸書】

漢晉 流簡紙

【楷書】

北魏 丘哲墓誌

唐 朱照墓誌

埤

【隸書】

秦 睡 52

西漢 馬•老乙前

西漢 張•1099

西漢 居新•3445

東漢 西狹頌

唐 修定寺記碑

【楷書】

北魏 李遵墓誌

隋 王弘墓誌

埭

【楷書】

唐 薛文昭墓誌

堇

【隸書】

秦 睡 181

秦 西•日書乙

西漢 馬•病方

西漢 馬•老甲

晉 郛休碑陽

【楷書】

唐 賈楚墓誌

唐 石經五經

唐 楊魯士妻墓誌

基

【篆書】

三國魏 正始石經

【隸書】

西漢 馬•老乙前

西漢 馬•老乙前

東漢 華山廟碑陽

東漢 石門闕銘

東漢 石門頌

東漢 楊統碑陽

東漢 楊著碑陽

東漢 張遷碑陽

三國魏 曹真殘碑陽

隋 爾朱敞墓誌

隋 爾朱端墓誌

隋 姬威墓誌

隋 馬穉墓誌

隋 王榮及妻墓誌

隋 蕭瑾墓誌

唐 張叡墓誌

【楷書】

晉 華芳墓誌陰

北魏 山暉墓誌

東魏 叔孫固墓誌

北齊 司馬遵業墓誌

東魏 元寶建墓誌

東魏 元光基墓誌

隋 楊居墓誌

隋 張禮墓誌

唐 石經尚書

唐 張茂弘墓誌

埻

【楷書】

唐 王守質墓誌

堅

【隸書】

秦 睡 75

西漢 馬•合陰陽

西漢 馬•老乙前

西漢 馬•養生

西漢 馬•養生

西漢 張•635

西漢 居新•1423

漢晉 流簡紙

東漢 簿書殘碑

東漢 景君碑陰

東漢 景君碑陰
東漢 禮器碑陰
東漢 繆宇墓誌
東漢 武榮碑
東漢 西狹頌
東漢 許安國題記
東漢 造土牛碑
東漢 趙儀碑
晉 郭休碑陽
晉 郭槐柩記

北齊 司馬遵業墓誌
北齊 西門豹碑陽
唐 崔祐甫墓誌
唐 慧堅碑額
唐 興寺碑
唐 鄭忠墓碑

【楷書】

三國吳 走•五年
北魏 爾朱襲墓誌
北魏 介休等造像
北魏 淨悟浮圖記

北魏 元瞻墓誌
隋 惠鬱造像記
唐 和幹墓誌
唐 喬進臣地券
唐 剡國長公主墓誌
唐 石經周易
唐 石經周易
唐 孫光墓誌
後晉 王君妻闞墓誌

堂

【篆書】

東漢 祀三公山碑
唐 紀德碑額
唐 三墳記陰
唐 峿臺銘

【隸書】

秦 睡77
西漢 張•1052
西漢 張•1094
西漢 張•1189
西漢 張•730
西漢 居新•6587

西漢 居新•6587
西漢 居新•7162
西漢 居新•7330
西漢 居新•8861
西漢 武•少牢甲
西漢 西•奏書
漢晉 流簡紙
西漢 石墻村刻石
東漢 蒼山元嘉題記
東漢 華山廟碑陽

東漢 孔德讓碑
東漢 孔宙碑陰
東漢 路公食堂記
東漢 三老石堂記
東漢 石門頌
東漢 史晨後碑
東漢 史晨後碑
東漢 文叔陽題記
東漢 薌他君題記
東漢 永和元年記

東漢 永壽元年墓記
晉 徐義墓誌陽
北齊 感孝頌
隋 侯肇墓誌
隋 馬長和造像
隋 任軌墓誌
隋 宋仲墓誌
隋 元鐘墓誌
唐 石臺孝經

【楷書】

晉 黃庭內景經

北魏 和醜仁墓誌
北魏 元懷墓誌
北魏 元煥墓誌
隋 樊氏墓誌
隋 張壽墓誌
隋 張盈墓誌

埶

【隸書】

西漢 馬•合陰陽

西漢 馬•老乙前

西漢 馬•老乙前

西漢 馬•老乙前

西漢 馬•老乙前

西漢 馬•縱橫

西漢 張•1038

西漢 武•特牲甲

【楷書】

唐 石經五經

唐 石經五經

[illegible]

【楷書】

北魏 元平墓誌

北魏 元子正墓誌

北魏 元子直墓誌

北齊 竇泰墓誌

唐 王仁墓誌

場

【楷書】

唐 權開善墓誌

唐 石經五經

堪

【隸書】

秦 睡 137

西漢 西•詔書

隋 段濟墓誌

隋 獸曹殘碑

隋 楊真墓誌

【楷書】

魏晉 樓•紙

北魏 唐耀墓誌

東魏 杜文雍造像

北齊 趙振題字

隋 楊厲墓誌

隋 張伏敬墓誌

唐 常文才造像

唐 梁曒墓誌

唐 嚴氏玄堂銘

唐 陽昕墓誌

唐 左太君墓誌

堞

【隸書】

西漢 居新•3445

【楷書】

北魏 吳光墓誌

北魏 奚智墓誌

東魏 淨智塔銘

隋 寇奉叔墓誌

隋 劉德墓誌

唐 李敬墓誌

唐 石經五經

唐 薛參墓誌

塔

【篆書】

唐 多寶佛塔銘

【隸書】

隋 靜證塔記

唐 修定寺記碑

唐 鄭忠墓碑

【楷書】

北魏 靈山寺塔銘

東魏 淨智塔銘

東魏 王蓋周造像

北齊 張世寶造塔

隋 勝福寺塔銘

隋 勝福寺塔銘

唐 殘塔銘

唐 淨善塔銘

唐 玄秘塔碑

唐 玄秘塔碑

後周 智堅塔記

塲塲

【篆書】

唐 碧落碑

【隸書】

東漢 華山廟碑陽

東漢 淮源廟碑

東漢 鮮于璜碑陽

晉 呂望表

北齊 司馬遵業墓誌

唐 龐履温碑

唐 修定寺記碑

【楷書】

北魏 淨悟浮圖記

北魏 謝伯違造像

堤堤

【隸書】

秦 睡14

西漢 張•1052

漢晉 流簡紙

【楷書】

北魏 叔孫協墓誌

唐 口殷墓誌

唐 鄭君妻盧墓誌

堣堣

【楷書】

北魏 胡明相墓誌

北魏 元悌墓誌

北魏 元緒墓誌

隋 李氏墓誌

唐 程希詮墓誌

唐 劉庭訓墓誌

唐 裴遵妻墓誌

唐 石經尚書

唐 石經五經

唐 張道墓誌

後唐 康贊羑墓誌

堯堯

【隸書】

兩漢 西•懸簡

北魏 上尊號碑

隋 修孔子廟碑

唐 李彥墓誌

唐 劉慎墓誌

唐 鄎國長公主碑

唐 玄元靈應頌

【楷書】

北魏 弔比干文陽

北魏 王璨墓誌

北魏 元寧墓誌

堙

【隸書】

唐 戒壇碑

【楷書】

北魏 馮迎男墓誌

北魏 宋靈妃墓誌

北魏 元恩墓誌

東魏 李憲墓誌

唐 崔倚墓誌

唐 柳昱墓誌

唐 石經五經

唐 宋守一墓誌

唐 張之緒妻墓誌

堧

【楷書】

唐 李弘亮墓誌

堰

【隸書】

隋 宋仲墓誌

唐 任城橋亭記

【楷書】

北魏 穆夫人墓誌

唐 黎幹墓誌

唐 彭氏墓誌

(場)

北魏 元純陁墓誌

北魏 元維墓誌

北魏 元愔墓誌

北齊 竇泰墓誌

隋 樊氏墓誌

隋 申穆及妻墓誌

唐 崔延墓誌

唐 多寶塔碑

唐 韓懷墓誌

唐 李賢墓誌

唐 柳昱墓誌

唐 盧自省墓誌

唐 石經五經

唐 玄秘塔碑

唐 元希古墓誌

後梁 蕭符墓誌

堮

【楷書】

唐 寇堮墓誌

塊凷

【隸書】

西漢 馬•天下

西漢 居新•1921

西漢 武•服傳甲

唐 張倖墓誌

【楷書】

北魏 元誕墓誌

北魏 元朗墓誌

唐 曹琳墓誌

唐 何楚章墓誌

唐 韋孟明墓誌

唐 魏孝本墓誌

垣

【楷書】

唐 石經五經

報

【隸書】

秦 睡 38

西漢 馬•老乙前

西漢 馬•縱橫

西漢 張•114

西漢 居新•3433

西漢 居新•5318

西漢 西•善劍

東漢 西•寇恩

兩漢 武•王杖

兩漢 西•懸檢

東漢 白石神君碑

東漢 曹全碑陽

東漢 肥致碑

東漢 華山廟碑陽

東漢 華山廟碑陽

東漢 淮源廟碑

東漢 孟孝琚碑

東漢 鮮于璜碑陰

東漢 乙瑛碑

東漢 趙菿殘碑

東漢 趙寬碑

三國魏 孔羨碑

晉 辟雍頌陽

隋 豆盧寶墓誌

隋 爾朱敞墓誌

隋 闞明墓誌

隋 郭休墓誌

隋 劉多墓誌

隋 馬長和造像

隋 宋景造像碑

壺

【篆書】

唐 碧落碑

【隸書】

秦 睡16

秦 關周•病方

西漢 馬•老子甲後

西漢 武•柩銘

西漢 武•特牲甲

西漢 西•馬簽

東漢 禮器碑

隋 暴永墓誌

隋 暴永墓誌

堷

【楷書】

唐 張氏墓誌

【楷書】

北魏 元寧墓誌

北齊 姜纂造像記

東魏 元悰墓誌

隋 伍道進墓誌

唐 劉子墓誌

唐 石二娘墓誌

唐 趙南山墓誌

唐 俎威墓誌

唐 陳憲墓誌

唐 大忍寺碑

唐 夫子廟堂碑

唐 夫子廟堂碑

唐 沈知敏墓誌

唐 楊孝恭碑

唐 楊孝恭碑

唐 尹文操碑

唐 張翼墓誌

唐 張翼墓誌

東漢 李冰石像銘

晉 辟雍頌陽

北齊 感孝頌

隋 爾朱敞墓誌

隋 高虬墓誌

隋 闞明墓誌

隋 李元墓誌

隋 劉多墓誌

隋 馬穉墓誌

隋 張儉及妻墓誌

壹

【篆書】

唐 碧落碑

唐 峿臺銘

【隸書】

秦 睡250

西漢 馬•老乙前

西漢 馬•老子甲後

西漢 馬•天下

西漢 張•1146

東漢 西•奉例

東漢 白石神君碑

東漢 華山廟碑陽

北魏 山徽墓誌

北魏 元敷墓誌

北魏 元天穆墓誌

北齊 高淯墓誌

隋 程諧墓誌

隋 盧文構墓誌

唐 法玩塔銘

唐 李道因墓誌

唐 劉密妻崔墓誌

唐 羅池廟碑

隋 宋景造像碑

隋 張儉及妻墓誌

唐 北獄廟碑

唐 紀信墓碑

唐 京兆金氏墓誌

唐 史思禮墓誌

唐 嵩陽觀碑

唐 王崇禮墓誌

【楷書】

魏晉 樓•紙

北魏 筍景墓誌

塡 塡

【隸書】

西漢 張•1062

唐 戒壇碑

【楷書】

北魏 韓曳雲造像

東魏 元悰墓誌

隋 劉則墓誌

唐 廿九女墓誌

塓 塓

【楷書】

唐 石經五經

唐 浯溪記

壂

【楷書】

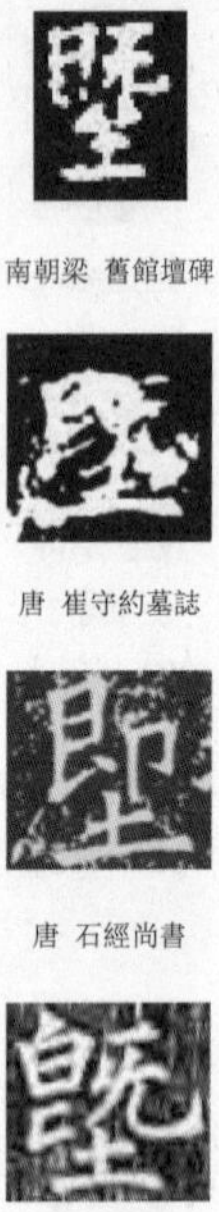

南朝梁 舊館壇碑

唐 崔守約墓誌

唐 石經尚書

唐 石經五經

堡

【楷書】

唐 慕容懷固

唐 鄭堡墓誌

堠

【隸書】

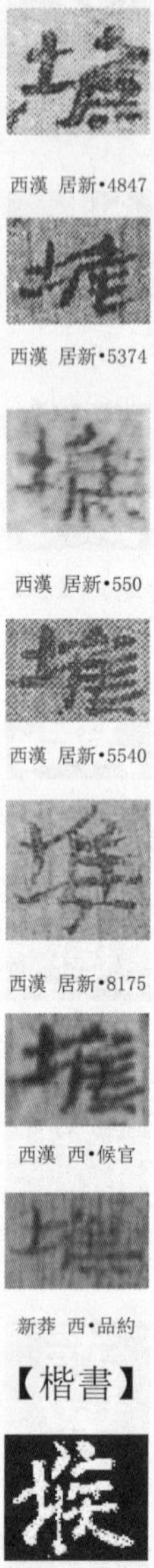

西漢 居新•4847

西漢 居新•5374

西漢 居新•550

西漢 居新•5540

西漢 居新•8175

西漢 西•候官

新莽 西•品約

【楷書】

南朝宋 湖城縣界石

唐 許公妻墓誌

唐 許行本合誌

唐 袁君墓誌

唐 張伽墓誌

唐 執失善光

後唐 毛璋墓誌

後梁 蕭符墓誌

唐 郭克勤墓誌

唐 韓忠節墓誌

唐 居實墓銘

唐 苗藩墓誌

唐 石經尚書

唐 石經五經

唐 宋度夫人墓誌

唐 王進墓誌

唐 王韶墓誌

唐 王詢墓誌

隋 劉多墓誌

隋 申穆及妻墓誌

隋 申穆及妻墓誌

唐 戴令言墓誌

唐 豆盧建墓誌

唐 張休光墓誌

【楷書】

隋 獨孤羅墓誌

隋 李氏墓誌

唐 陳崇本墓誌

唐 董希令墓誌

塌

【楷書】

唐 龍泉記

塏塏

【隸書】

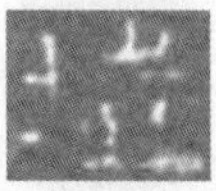
隋 宋景造像碑

隋 蕭瑾墓誌

【楷書】

隋 段模墓誌

唐 石經五經

塡

【楷書】

北魏 元純陁墓誌

東魏 公孫甑生墓誌

唐 張英墓誌

㙈

【楷書】

唐 李繼叔墓誌

塢

【隸書】

西漢 居新•2529

西漢 居新•5545

西漢 居新•631

西漢 居新•7229

西漢 居新•7748

新莽 西•守御器

新莽 西•守御器

【楷書】

北齊 韓山剛造像

唐 李鳳墓誌

壼

【隸書】

唐 豆盧建墓誌

唐 柳偘妻墓誌

【楷書】

東魏 公孫甑生墓誌

北齊 雋敬碑

唐 崔載墓誌

唐 房惠琳墓誌

唐 李鉢夫人墓誌

唐 柳昱墓誌

唐 孟秀榮墓誌

唐 苗鼎墓誌

唐 石經五經

唐 夏侯氏墓誌

唐 鄭淑墓誌

塉

【楷書】

唐 賈府君墓誌

墎

【隸書】

北齊 夫子廟碑

隋 元鐘墓誌

唐 闞道愛墓誌

【楷書】

北魏 寇演墓誌

北魏 王翊墓誌

唐 宋豐墓誌

塘 塘

【楷書】

南朝梁 舊館壇碑

唐 皇甫璧墓誌

唐 徐君妻朱墓誌

唐 薛參墓誌

唐 薛華墓誌

墒 墒

【隸書】

東漢 建墒刻石

墓 墓

【篆書】

北周 步孤氏誌蓋

東魏 長孫冏碑額

北魏 爾朱襲誌蓋

東魏 封延之誌蓋

北魏 笱景誌蓋

北魏 韓顯宗額

東魏 侯海誌蓋

北魏 李遵誌蓋

北齊 劉雙仁誌蓋

北魏 穆彥誌蓋

北周 匹婁歡誌蓋

北魏 宋靈妃誌蓋

北魏 薛慧命誌蓋

北魏 楊乾誌蓋

北魏 于景誌蓋

東魏 元光基誌蓋

北魏 元煥誌蓋

北魏 元壽安誌蓋

北魏 元天穆誌蓋

北魏 趙王誌蓋

東魏 宗欣誌蓋

東魏 祖氏誌蓋

隋 蕭瑾墓誌

唐 程修己誌蓋

唐 董文萼誌蓋

唐 樊君誌蓋

唐 高可方誌蓋

唐 故笄女誌蓋

唐 李夫人誌蓋

唐 李公妻戴墓誌

唐 李稷及妻

唐 李敬賓墓誌

唐 李琢妻墓誌

唐 李溶墓誌

唐 李暎墓誌

唐 梁備禮妻墓誌

唐 劉士準誌蓋

唐 秦朝儉誌蓋

唐 清源縣主誌蓋

唐 王涓墓誌

唐 王明哲誌蓋

唐 王叔寧誌蓋

唐 吳夫人誌蓋

唐 蕭公妻墓誌

唐 許遂忠墓誌

唐 臧懷亮誌蓋

唐 張榮恩誌蓋

【隸書】

西漢 馬•縱横

東漢 景君碑陰

東漢 岐子根記

東漢 石門闕銘
東漢 薌他君題記
東漢 楊宗闕
東漢 永元六年記
三國魏 王基斷碑
後秦 吕憲墓表額
隋 橋紹墓誌
隋 口静墓誌
隋 張姜墓誌
唐 楊孝恭碑

【楷書】
北魏 長孫子澤墓誌
北魏 元敷墓誌
北魏 元嵩墓誌
北魏 元珽誌蓋
北魏 張玄墓誌
北齊 和紹隆墓誌
東魏 陸順華墓誌
北齊 邢夫人墓誌
隋 王楚英墓誌
隋 徐氏墓誌

唐 陳諭墓誌
唐 李璥墓誌
唐 李貞墓誌
唐 劉智墓誌
唐 契苾夫人誌蓋
唐 鮮于氏墓誌
唐 薛君妻柳墓誌
唐 姚恭墓誌
唐 張俟墓誌
唐 張騷墓誌

塑

【楷書】
後唐 行鈞塔銘

塞

【隸書】
秦 睡 52
秦 關周•病方
西漢 馬•合陰陽
西漢 馬•老子甲後
西漢 馬•事語
西漢 張•1123
西漢 張•1130
西漢 張•544
西漢 張•784
西漢 居新•2146

西漢 居新•3557
西漢 居新•5567
東漢 西•劾狀
兩漢 西•馬簡
漢晉 流簡紙
東漢 曹全碑陰
東漢 宋伯望買田券正
東漢 楊統碑陽
東漢 趙寬碑
三國魏 王基斷碑

晉 辟雍頌陽
晉 辟雍頌陽
北周 華嶽頌
北齊 西門豹碑陽
隋 豆盧實墓誌
隋 段濟墓誌
隋 關明墓誌
唐 辛雲京妻墓誌
唐 尹尊師碑
唐 張翼墓誌

【楷書】
北魏 李媛墓誌
北魏 穆亮妻墓誌
北魏 王基墓誌
隋 范安貴墓誌
隋 王楚英墓誌
唐 李信墓誌
唐 石經九經
唐 石經九經
唐 石經尚書
唐 石經周易

塗

【隸書】

西漢 馬·合陰陽

西漢 馬·天下

西漢 居新·4847

西漢 居新·8792

東漢 西·醫藥

漢晉 流簡紙

東漢 石門頌

東漢 史晨後碑

東漢 熹平石經易

東漢 趙儀碑

晉 郭休碑陽

隋 勝福寺塔銘

隋 宋仲墓誌

隋 蕭瑾墓誌

隋 修孔子廟碑

唐 王崇禮墓誌

【楷書】

北魏 吳屯造像記

北魏 元斑墓誌

東魏 元仲英墓誌

隋 段模墓誌

隋 明雲騰墓誌

隋 楊居墓誌

唐 元鐘墓誌

唐 李紹墓誌

唐 李壽墓誌

唐 劉彥之墓誌

唐 秦進儀墓誌

唐 石經禮記

唐 石經尚書

唐 石經尚書

唐 石經五經

唐 石經周易

塋

【篆書】

唐 三墳記陰

【隸書】

東漢 孟孝琚碑

東漢 溫江墓門記

唐 李彥墓誌

唐 楊孝恭碑

唐 張騷墓誌

【楷書】

北魏 長孫子澤墓誌

北魏 赫連悅墓誌

北魏 元纂墓誌

隋 王楚英墓誌

隋 蕭瑒墓誌

唐 三品亡宮墓誌

唐 王豫墓誌

唐 張翔墓誌

唐 宗夫人墓誌

塽

【楷書】

唐 郭壽墓誌

墁

【楷書】

唐 唐思禮墓誌

墋

【楷書】

唐 獨孤開遠墓誌

墊

【篆書】

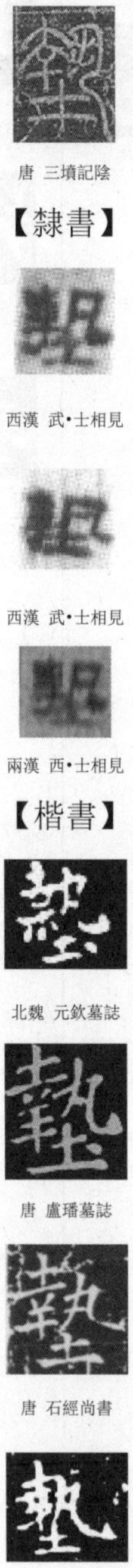

唐 三墳記陰

【隸書】

西漢 武·士相見

西漢 武·士相見

兩漢 西·士相見

【楷書】

北魏 元欽墓誌

唐 盧播墓誌

唐 石經尚書

唐 蕭言思墓誌

壽

【篆書】

東漢 少室石闕銘

東漢 孫大壽碑額

【隸書】

秦 睡118

秦 關周·日書

西漢 馬·老乙前

西漢 馬·十問

西漢 馬·縱橫

西漢 居新·3766

西漢 居新·4749

西漢 居新·4751

西漢 武·少牢甲

漢晉 流簡紙

漢晉 流簡紙

漢晉 流簡紙

東漢 倉頡廟碑側

東漢 蒼山元嘉題記

東漢 封龍山頌

東漢 景君碑陽

東漢 景君碑陰

東漢 景君碑陰

東漢 禮器碑

東漢 禮器碑側

東漢 禮器碑側

東漢 史晨後碑

東漢 王舍人碑

東漢 文叔陽題記

東漢 武榮碑

東漢 薌他君題記

東漢 許安國題記

東漢 許安國題記

東漢 許安國題記

東漢 永壽元年墓記

東漢 張壽殘碑

東漢 趙寬碑

晉 辟雍頌陽

晉 管洛墓誌陽

隋 符盛及妻墓誌

隋 郭休墓誌

隋 馬少敏墓誌

隋 任軌墓誌

隋 申穆及妻墓誌

隋 勝福寺塔銘

隋 張儉及妻墓誌

隋 張儉及妻墓誌

隋 張姜墓誌

隋 張姜墓誌

隋 趙朗墓誌

隋 趙朗墓誌

唐 崔暟墓誌陽

唐 崔祐甫墓誌

唐 李神符碑

唐 史思禮墓誌

唐 史思禮墓誌

唐 楊孝恭碑

唐 楊孝恭碑

唐 張翼墓誌

唐 貞一廟碑

唐 朱君妻王墓誌

【楷書】

南朝梁 陳寶齊造像

北魏 長孫子澤墓誌

北魏 程法珠墓誌
北魏 高珪墓誌
北魏 李元姜墓誌
北魏 王誦墓誌
北魏 于纂墓誌
北魏 元端妻墓誌
北魏 張玄墓誌
北齊 淳于元皓墓誌
北齊 道明墓誌
北齊 高僧護墓誌

隋 寶輪禪院記
隋 寶輪禪院記
隋 陳花樹墓誌
隋 羊本墓誌
隋 姚太墓誌
唐 崔眷妻墓誌
唐 崔千里墓誌
唐 賈雄墓誌
唐 羅池廟碑
唐 石經五經

唐 石經五經
唐 孫嗣初妻墓誌
唐 王大劍墓誌
唐 王忠信題名
唐 夏侯氏墓誌
唐 薛世感墓誌
唐 楊佰隴墓誌
唐 張公佐墓誌
唐 張渙墓誌
唐 張京墓誌

唐 趙宗祐墓誌
唐 支成墓誌
後唐 崔崇素墓誌
吳越 投龍玉簡
後唐 西方鄴墓誌

境

【篆書】
唐 城隍廟碑

【隸書】
北齊 司馬遵業墓誌
隋 澧水石橋碑
隋 趙朗墓誌
唐 豆盧建墓誌
唐 楊孝恭碑

【楷書】
北魏 耿氏墓誌
北魏 寇憑墓誌
北魏 檀賓墓誌
北魏 楊乾墓誌
隋 宋睦墓誌
隋 蕭翹墓誌
唐 段會墓誌

墆

【楷書】
唐 苗蕃妻墓誌

墐

【楷書】
石經五經

隋 張盛墓誌

【楷書】

北魏 穆亮墓誌

北魏 元悌墓誌

北魏 元乂墓誌

北齊 竇泰墓誌

東魏 李憲墓誌

北齊 婁黑女墓誌

東魏 馬都愛造像

北齊 優婆姨造像陽

隋 六品宮人墓誌

塵

【隸書】

西漢 馬•老乙

西漢 馬•老乙

西漢 居新•541

北齊 法懃塔銘

北齊 感孝頌

北齊 司馬遵業墓誌

隋 爾朱敞墓誌

隋 姬威墓誌

隋 牛諒墓誌

隋 蕭瑾墓誌

塾

【隸書】

唐 孔子廟碑

【楷書】

北魏 元華光墓誌

唐 祁惠墓誌

唐 顏瓌墓誌

塸

【楷書】

北魏 元思墓誌

北魏 元演墓誌

墅

【隸書】

三國魏 王基斷碑

唐 李貞墓誌

【楷書】

唐 李氏室女墓誌

唐 劉冰墓誌

唐 廿九女墓誌

唐 仙宮銘

唐 鄭中基墓誌

塹

【隸書】

西漢 張•745

【楷書】

唐 慶公神祠碑

唐 石經五經

墉

【隸書】

唐 北獄廟碑

【楷書】

北魏 于仙墓誌

北魏 元恭墓誌

北齊 牛景悅記

唐 陳秀墓誌

唐 段贖妻墓誌

唐 段贖妻墓誌

唐 石經周易

塼

【楷書】

三國吳 走

北魏 介休

北齊 張世

唐 内莊宅

隋 橋紹墓誌

隋 沈氏墓誌

隋 王世琛墓誌

隋 卜氏墓誌

唐 鄧夫人墓誌

唐 段簡璧墓誌

唐 高氏墓誌

唐 李福墓誌

唐 李惟一墓誌

唐 石經五經

隋 王通墓誌

唐 王游藝墓誌

唐 許行本合誌

隋 楊居墓誌

唐 雍如珪墓誌

唐 鄭知賢墓誌

唐 竹妙墓誌

墮

【隸書】

三國魏 孔羡碑

隋 口墮及妻墓誌

唐 修定寺記碑

唐 植松柏碑

【楷書】

北魏 寇霄墓誌

東魏 高盛墓碑

東魏 元仲英墓誌

唐 崔延墓誌

唐 杜德墓誌

唐 敬能經幢

唐 李道因墓誌

唐 石經五經

唐 楊珽墓誌

唐 俎威墓誌

隧隧

【隸書】

北齊 法懃塔銘

隋 爾朱敞墓誌

隋 高虬墓誌

隋 任軌墓誌

隋 蘇恒墓誌

隋 吳儼墓誌

隋 張盛墓誌

唐 李彥墓誌

唐 楊孝恭碑

唐 楊孝恭碑

【楷書】

北魏 爾朱紹墓誌

北魏 馮迎男墓誌

北魏 耿氏墓誌

北魏 山暉墓誌

北魏 楊乾墓誌

北魏 楊泰墓誌

北魏 元簡殘石

北魏 元思墓誌

北魏 元彥墓誌

北魏 元楨墓誌

北齊 竇泰墓誌

東魏 高湛墓誌

東魏 盧貴蘭墓誌

東魏 王僧墓誌

北齊 邢夫人墓誌

隋 高緊墓誌

隋 盧文機墓誌

隋 尉富娘墓誌

隋 羊本墓誌

隋 元鐘墓誌

隋 元鐘墓誌

唐 石經尚書

唐 蘇斌墓誌

唐 陶英妻墓誌

唐 王賓墓誌

唐 姚晅墓誌

唐 張去奢墓誌

唐 張騷墓誌

墳

【篆書】

唐 三墳記陰

唐 三墳記陰

【隸書】

東漢 温江墓門記

東漢 許安國題記

東漢 楊震碑

東漢 趙寬碑

三國魏 王基斷碑

晉 辟雍頌陽

隋 郭王墓誌

隋 修孔子廟碑

隋 張儉及妻墓誌

唐 李神符碑

唐 史思禮墓誌

唐 楊孝恭碑

唐 楊孝恭碑

【楷書】

北魏 封昕墓誌

北魏 王誦妻元氏墓誌

北魏 元弼墓誌

北魏 元昉墓誌

隋 皇甫深墓誌

隋 姬威墓誌

隋 申穆及妻墓誌

隋 口靜墓誌

唐 陳守素妻墓誌

唐 李其墓誌

唐 石經尚書

唐 石經尚書

唐 薛華墓誌

唐 張肅墓誌

墠

【隸書】

唐 王晉俗墓誌

【楷書】

唐 慶公神祠碑

墟

【隸書】

北涼 渠安周造像

唐 張濬墓誌

【楷書】

北魏 王基墓誌

北魏 元彥墓誌

隋 田德元墓誌

唐 房孚墓誌

唐 關師墓誌

唐 張五墓誌

墹

【楷書】

北齊 道政造像陰

墦

【隸書】

唐 程俊墓誌陰

【楷書】

隋 諸葛子恆碑

增

【隸書】

秦 睡52

西漢 馬•縱橫

西漢 張•1046

西漢 居新•7700

西漢 居新•7709

東漢 淮源廟碑

東漢 利水大道記

東漢 許阿瞿題記

三國魏 王基斷碑

隋 姬威墓誌

唐 告華嶽府君
唐 李貞墓誌
唐 行儼碑
唐 張翼墓誌
唐 趙冬曦壙誌
【楷書】
三國吳 走•五年
晉 華芳墓誌陰
北魏 慈慶墓誌
北魏 馮邕妻墓誌
北魏 劉華仁墓誌

北魏 丘哲墓誌
北魏 元誨墓誌
北齊 竇泰墓誌
隋 吳嚴墓誌
隋 蕭餝性墓誌
隋 張貴男墓誌
唐 李翹墓誌
唐 許公妻墓誌
後唐 孫拙墓誌

墀
【隸書】
隋 高虬墓誌
唐 王崇禮墓誌
唐 徐盼墓誌
唐 張翼墓誌
【楷書】
北魏 蘇屯墓誌
北魏 于景墓誌
北魏 元誘墓誌
隋 高緊墓誌
隋 張軻墓誌
唐 董力墓誌

唐 靖策墓誌
唐 李敬瑜墓誌
唐 劉元超墓誌
唐 任明墓誌
唐 司製何氏墓誌
唐 王景曜墓誌
唐 王素墓誌
唐 徐承嗣墓誌
唐 徐買墓誌
唐 徐思倩墓誌

唐 元希古墓誌
唐 張須墓誌
唐 張遊恪墓誌
唐 趙克廉墓誌

墫
【楷書】
唐 石經五經

墨
【隸書】
秦 睡269
西漢 張•799
西漢 居新•216
西漢 居新•9118
漢晉 流簡紙
漢晉 流簡紙
東漢 尚博殘碑
北齊 感孝頌
北齊 司馬遵業墓誌
北齊 西門豹碑陽

唐 闞道愛墓誌
唐 盧行毅墓誌
唐 龐履温碑
唐 義福碑陰
【楷書】
北魏 薛伯徽墓誌
北齊 竇泰墓誌
唐 高木盧墓誌
唐 耿文訓墓誌
唐 李從證墓誌
唐 朱行斌墓誌

墾 墾

【楷書】

唐 張方墓誌

唐 張之緒妻墓誌

唐 鄭魯墓誌

壈

【楷書】

唐 盧懷俊墓誌

墼 墼

【隸書】

西漢 居新•5585

漢晉 流簡紙

漢晉 流簡紙

唐 顏仁楚墓誌

唐 楊君妻孫墓誌

唐 元希古墓誌

唐 鄭中基墓誌

唐 戒壇碑

唐 嵩陽觀碑

唐 王媛墓誌陰

唐 祥應記額

唐 玄元靈應頌

【楷書】

北魏 北山門題字

北魏 郭法洛造像

唐 李紘墓誌

唐 李壽墓誌

唐 如願律師墓誌

壇 壇

【篆書】

唐 碧落碑

唐 姚仲文經幢

【隸書】

東漢 白石神君碑

東漢 祀三公山碑

東漢 華山廟碑陽

東漢 鮮于璜碑陽

晉 呂望表

北周 華嶽頌

北齊 馬天祥造像

北齊 司馬遵業墓誌

墿

【楷書】

唐 王守質墓誌

壒 壒

【楷書】

唐 祖君妻楊墓誌

壙	壎	壁（續）	壁（續）	壁	壂	壄	[illegible]
【隸書】	【楷書】	唐 内莊宅使牒	唐 董虔運墓誌	【篆書】	【隸書】	【隸書】	【隸書】
唐 義福禪師碑	唐 李總持墓誌	唐 石經尚書	唐 史思禮墓誌	唐 峿臺銘	漢晉 流簡紙	秦 睡 136	西漢 馬·老乙前
【楷書】		唐 楊士墓誌	【楷書】	【隸書】	東漢 華山廟碑陽		西漢 馬·老乙前
北齊 高淯墓誌		唐 執失善光	北魏 長孫子澤墓誌	秦 睡 269	唐 大忍寺碑		隋 宋景造像碑
隋 薛保興墓誌		後唐 西方鄴墓誌	北魏 元略墓誌	西漢 張·1126	【楷書】		唐 任城橋亭記
			北魏 元湛墓誌	東漢 封龍山頌	北魏 元寧墓誌		
			北魏 元子永墓誌	東漢 三公山碑			
			北周 華嶽頌	東漢 西狹頌			
			東魏 元湛墓誌	北齊 感孝頌			
			唐 崔羨墓誌	隋 馬少敏墓誌			
			唐 光福寺額勅	隋 修孔子廟碑			
				隋 修孔子廟碑			

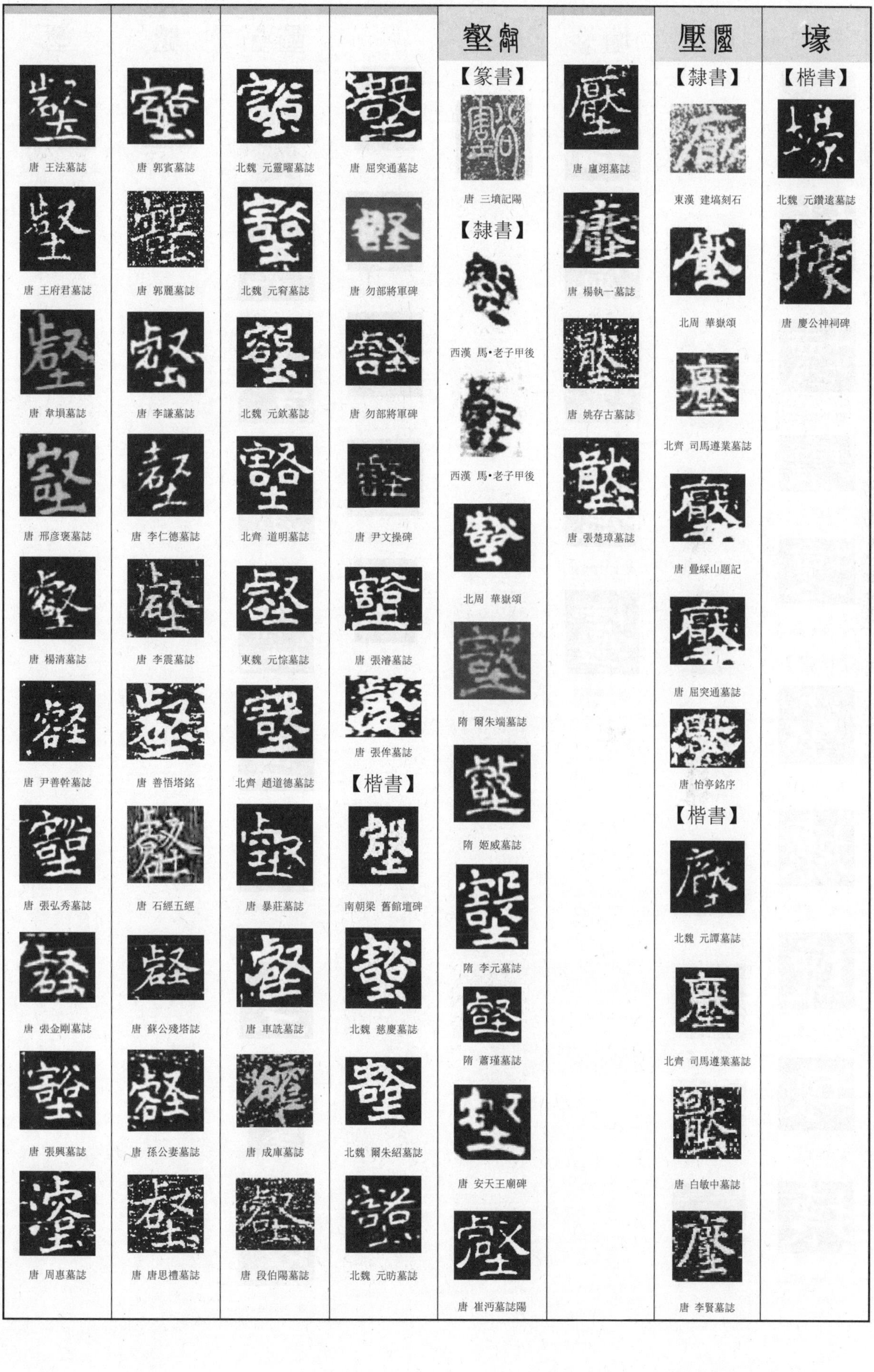

壈

【楷書】

北魏 元鑽遠墓誌

唐 慶公神祠碑

壓

【隸書】

東漢 建塙刻石

北周 華嶽頌

北齊 司馬遵業墓誌

唐 疊綵山題記

唐 屈突通墓誌

唐 怡亭銘序

【楷書】

北魏 元譚墓誌

北齊 司馬遵業墓誌

唐 白敏中墓誌

唐 李賢墓誌

唐 盧翊墓誌

唐 楊執一墓誌

唐 姚存古墓誌

唐 張楚璋墓誌

壑

【篆書】

唐 三墳記陽

【隸書】

西漢 馬·老子甲後

西漢 馬·老子甲後

北周 華嶽頌

隋 爾朱端墓誌

隋 姬威墓誌

隋 李元墓誌

隋 蕭瑾墓誌

唐 安天王廟碑

唐 崔沔墓誌陽

唐 屈突通墓誌

唐 勿部將軍碑

唐 勿部將軍碑

唐 尹文操碑

唐 張濬墓誌

唐 張侔墓誌

【楷書】

南朝梁 舊館壇碑

北魏 慈慶墓誌

北魏 爾朱紹墓誌

北魏 元昉墓誌

北魏 元靈曜墓誌

北魏 元寧墓誌

北魏 元欽墓誌

北齊 道明墓誌

東魏 元悰墓誌

北齊 趙道德墓誌

唐 暴莊墓誌

唐 車詵墓誌

唐 成庫墓誌

唐 段伯陽墓誌

唐 郭賓墓誌

唐 郭麗墓誌

唐 李謙墓誌

唐 李仁德墓誌

唐 李震墓誌

唐 善悟塔銘

唐 石經五經

唐 蘇公殘塔誌

唐 孫公妻墓誌

唐 唐思禮墓誌

唐 王法墓誌

唐 王府君墓誌

唐 韋頊墓誌

唐 邢彥褒墓誌

唐 楊清墓誌

唐 尹善幹墓誌

唐 張弘秀墓誌

唐 張金剛墓誌

唐 張興墓誌

唐 周惠墓誌

壍

【楷書】

北凉 渠安周造像

壝

【楷書】

唐 李凰墓誌

壘

【隸書】

西漢 張•1068

北齊 竇泰墓誌

隋 段濟墓誌

隋 張儉及妻墓誌

唐 董虔運墓誌

唐 史思禮墓誌

唐 行儼碑

【楷書】

北魏 元寶月墓誌

北魏 元融墓誌

唐 河源題字

唐 劉胡墓誌

唐 孫公夫人墓誌

唐 王齊丘墓誌

唐 王翼墓誌

唐 王貞墓誌

嚭

【楷書】

唐 石經五經

壚

【楷書】

北魏 元楨墓誌

隋 馬少敏墓誌

唐 石經尚書

唐 張敬祖塔銘

唐 周藻墓誌

壞

【隸書】

秦 睡 116

秦 睡 131

秦 睡 268

西漢 馬•縱橫

西漢 張•203

西漢 張•431

西漢 居新•1086

新莽 萊子侯刻石

東漢 史晨後碑

隋 灃水石橋碑

隋 宋仲墓誌

隋 修孔子廟碑

唐 李彦墓誌

唐 倪彬墓誌

唐 楊孝恭碑

【楷書】

北魏 乞伏寶墓誌

北魏 元朗墓誌

北周 十六佛名號

隋 賈玄贊墓誌

唐 秦暕墓誌

唐 石經尚書

後唐 王禹墓誌

壟

【隸書】

北齊 西門豹碑陽

隋 任顯及妻誌

唐 戴令言墓誌

唐 王子麟墓誌

【楷書】

北魏 馮邕妻墓誌

北魏 李渠蘭墓誌

北魏 李蕤墓誌

北魏 王誦妻元墓誌

北魏 于景墓誌

北魏 元斌墓誌

北魏 元靈曜墓誌

隋 樊氏墓誌

隋 高緊墓誌

隋 呂胡墓誌

隋 蕭翹墓誌

唐 安孝臣墓誌

唐 崔君妻朱墓誌

唐 鄧夫人墓誌

唐 梁師亮墓誌

唐 劉益錢墓誌

唐 甯思真墓誌

唐 石經五經

唐 王宏墓誌

唐 韋公妻墓誌

唐 閻志雄墓誌

唐 元真墓誌

唐 張騷墓誌

唐 支訢妻墓誌

唐 賈元叡墓誌

唐 支懷墓誌

壤

【隸書】

西漢 馬·縱橫

北齊 司馬遵業墓誌

隋 符盛及妻墓誌

隋 高虬墓誌

隋 侯肇墓誌

隋 任顯及妻誌

唐 李彥墓誌

唐 李彥墓誌

唐 倪彬墓誌

唐 史思禮墓誌

唐 張休光墓誌

【楷書】

北魏 公孫猗墓誌

北魏 王基墓誌

北魏 元誨墓誌

北魏 元思墓誌

北魏 元秀墓誌

北齊 道明墓誌

北齊 竇泰墓誌

隋 曹海凝墓誌

隋 楊厲墓誌

隋 張伏敬墓誌

隋 張盈墓誌

唐 關師墓誌

唐 李仙蕙志

唐 裴瑾墓誌

唐 石經尚書

唐 石經尚書

唐 石經尚書

唐 張敞墓誌

唐 張道昇墓誌

唐 張澤墓誌

寸部

寸

【篆書】

東漢 祀三公山碑

【隸書】

秦 睡19

西漢 馬•老甲

西漢 張•279

西漢 張•719

西漢 張•882

西漢 張•994

西漢 居新•5399

西漢 居新•7317

西漢 居新•7333

西漢 李后墓塞石

西漢 李后墓塞石

唐 張翼墓誌

【楷書】

三國吳 走•四年

三國吳 走•四年

晉 黃庭內景經

北魏 元敷墓誌

隋 張濤妻墓誌

唐 郭豐登題名

寺

【篆書】

東魏 凝禪寺碑

唐 阿育王寺碑額

唐 長明燈樓頌

唐 等慈寺碑額

唐 法果寺碑額

唐 慧炬寺碑額

唐 寂照墓碑額

唐 彌陀像碑額

唐 三門碑額

唐 天王碑額

唐 新三門記額

【隸書】

秦 睡37

西漢 馬•老甲

西漢 馬•老乙前

西漢 馬•老乙前

西漢 馬•老乙前

西漢 居新•4798

西漢 武•泰射甲

東漢 曹全碑陽

東漢 開通褒斜道

東漢 史晨後碑

北齊 法懃塔銘

隋 符盛及妻墓誌

隋 勝福寺塔銘

唐 慧堅碑額

【楷書】

北魏 慈慶墓誌

隋 □悅昂墓誌

隋 龍藏寺碑額

唐 樊驪墓誌

唐 李善智墓誌

尋

【楷書】

唐 慶公神祠碑

封

【篆書】

東魏 封延之誌蓋

唐 三墳記陰

【隸書】

秦 睡45

西漢 馬•天下

西漢 馬•縱橫

西漢 馬•縱橫

西漢 馬•縱橫

西漢 張•1029

西漢 居新•2660

西漢 居新•3861

西漢 西•奏書
東漢 西•文書
漢晉 流簡紙
東漢 白石神君碑
東漢 封龍山頌
東漢 華山廟碑陽
東漢 朐忍令碑
東漢 尚博殘碑
東漢 作封記
三國魏 王基斷碑

北齊 司馬遵業墓誌
北齊 司馬遵業墓誌
隋 暴永墓誌
隋 段濟墓誌
隋 高虯墓誌
隋 宋仲墓誌
隋 宋仲墓誌
隋 蘇恒墓誌
隋 口静墓誌
隋 張姜墓誌

唐 王崇禮墓誌

【楷書】

北魏 元文墓誌
北齊 高湝墓誌
隋 范安貴墓誌
隋 寇奉叔墓誌
隋 任顯及妻誌
唐 石經五經
唐 石經五經
唐 朱行墓誌

專

【篆書】

唐 碧落碑

射

【篆書】

東魏 封延之誌蓋
唐 高元裕碑額
唐 李元諒頌額

【隸書】

秦 睡255
秦 睡51
西漢 馬•老子甲後
西漢 居新•4263
西漢 居新•4932
西漢 居新•5394
新莽 西•守御器

兩漢 西•馬簡
兩漢 西•馬簡
東漢 封龍山頌
東漢 三老刻石
東漢 尚博殘碑
東漢 鮮于璜碑陽
晉 辟雍頌陽
北齊 感孝頌
隋 澧水石橋碑
隋 高虯墓誌

隋 蘇恒墓誌
隋 謝岳墓誌
隋 張盛墓誌
隋 趙朗墓誌
唐 崔沔墓誌陽
唐 蘇洪姿墓誌
唐 楊孝恭碑
唐 尹尊師碑

【楷書】

北魏 元恭墓誌
北魏 元洛神墓誌

北齊 竇泰墓誌
隋 孔神通墓誌
隋 王楚英墓誌
唐 王嘉墓誌
唐 張道昇墓誌
唐 鄭儉墓誌

專

【篆書】

隋 宋仲墓誌

【隸書】

西漢 馬•老乙前

西漢 武•服傳甲

東漢 楊統碑陽

北齊 司馬遵業墓誌

隋 蘇恒墓誌

隋 蕭瑾墓誌

隋 張儉及妻墓誌

唐 北獄廟碑

唐 石臺孝經

【楷書】

三國吳 走•五年

北魏 司馬顯姿墓誌

北魏 王㮚墓誌

北魏 元恭墓誌

北魏 元信墓誌

北魏 元遙墓誌

北齊 劉僧信造像

東魏 盧貴蘭墓誌

北周 祁令和造像

北齊 宋賢伯造像陽

東魏 王偃墓誌

隋 王光墓誌

隋 元鍾墓誌

唐 李壽墓誌

唐 盧緘妻墓誌

尉

【篆書】

東漢 孔宙碑額

東漢 太尉府門記

東漢 鄭季宣碑

東魏 高翻碑額

唐 李勣碑

唐 李勣碑

唐 三墳記陽

唐 三墳記陽

唐 三墳記陽

唐 于孝顯碑額

【隸書】

秦 睡 47

西漢 張•161

西漢 張•305

西漢 張•736

西漢 張•737

西漢 居新•1872

西漢 居新•2972

西漢 居新•5263

西漢 居新•539

西漢 居新•542

西漢 居新•7526

東漢 西•奉例

東漢 倉頡廟碑側

東漢 蒼山元嘉題記

東漢 韓仁銘

東漢 華山廟碑陽

東漢 華岳廟碑陰

東漢 孔宙碑陽

東漢 禮器碑側

東漢 禮器碑側

東漢 禮器碑陰

東漢 任城黄腸石

東漢 任城黄腸石

東漢 史晨後碑

東漢 史晨前碑

東漢 通閣道記

東漢 鮮于璜碑陽

東漢 鮮于璜碑陰

東漢 鮮于璜碑陰

東漢 薌他君題記

東漢 楊淮表記

東漢 楊震碑

東漢 楊著碑陽

東漢 趙寬碑

東漢 振武將軍碑

晉 辟雍頌陽

晉 石尠墓誌

晉 楊陽墓闕

隋 任軌墓誌

隋 任軌墓誌

隋 王榮及妻墓誌
隋 口和墓誌
隋 謝岳墓誌
隋 張景略墓誌
唐 屈突通墓誌
唐 史思禮墓誌
唐 史思禮墓誌
唐 韋士逸墓誌
唐 楊孝恭碑
唐 楊孝恭碑

唐 鄭虔題名

【楷書】

魏晉 樓•紙
魏晉 樓•紙
北魏 段峻德墓誌
北魏 寇演墓誌
北魏 吐谷渾璣墓誌
北魏 元謐墓誌
北魏 元文墓誌
北齊 竇泰墓誌
東魏 盧貴蘭墓誌

東魏 王偃墓誌
隋 陳叔明墓誌
隋 薛保興墓誌
隋 元鍾墓誌
唐 嚴識玄墓誌
唐 張騫墓誌
唐 朱仁表墓誌

尊

【篆書】

三國魏 上尊號碑額
唐 碧落碑
唐 桓尊師碑額
唐 謙卦碑
唐 姚仲文經幢

【隸書】

秦 睡82
西漢 馬•老甲
西漢 馬•老乙前
西漢 馬•老子甲後
西漢 馬•縱橫

西漢 馬•縱橫
西漢 馬•縱橫
西漢 居新•4739
西漢 居新•5906
西漢 居新•7317
西漢 居新•7320
西漢 居新•7330
西漢 居新•8011
西漢 西•車輦
漢晉 流簡紙

漢晉 流簡紙
東漢 蒼山元嘉題記
東漢 曹全碑陰
東漢 何君閣道銘
東漢 華山廟碑陽
東漢 淮源廟碑
東漢 淮源廟碑
東漢 孔宙碑陽
東漢 禮器碑
東漢 三老刻石

東漢 石門頌
東漢 乙瑛碑
東漢 永壽元年墓記
晉 辟雍頌陽
晉 徐義墓誌陽
北齊 馬天祥造像
隋 暴永墓誌
隋 侯肇墓誌
隋 申穆及妻墓誌
隋 口靜墓誌

隋 蕭瑾墓誌
隋 修孔子廟碑
唐 盧君妻墓誌
唐 石臺孝經
唐 石臺孝經
唐 尹尊師碑

【楷書】

南朝梁 天監造像
南朝齊 維衛尊佛記
北魏 大般若經
北魏 樊奴子造像

北魏 範國仁造像
北魏 耿氏墓誌
北魏 賈良造像記
北魏 李媛墓誌
北魏 尼法照題記
北魏 秦洪墓誌
北魏 僧達四十人造像
北魏 山徽墓誌
北魏 孫寶憘造像
北魏 薛慧命墓誌

北魏 元繼墓誌
北魏 元繼墓誌
北魏 元舉墓誌
北魏 元暐墓誌
北魏 鄭君妻墓誌
東魏 道穎造像
東魏 道穎造像
東魏 馮令華墓誌
東魏 高歸彥造像
北齊 高淯墓誌

北齊 姜纂造像記
東魏 李次明造像
西魏 靈巖寺沙門
北周 盧蘭墓誌
東魏 張瓘墓誌
隋 宋玉艷墓誌
隋 張壽墓誌
唐 崔虞延墓誌
唐 霍氏墓誌
唐 石經五經

尋

【隸書】

西漢 居新•1038
西漢 居新•5983
西漢 居新•6622
西漢 西•馬牘
東漢 夏承碑
北齊 法懃塔銘
北齊 司馬遵業墓誌
北齊 司馬遵業墓誌
隋 爾朱敞墓誌
隋 高虬墓誌

隋 口墮及妻墓誌
隋 宋景造像碑
隋 王榮及妻墓誌
隋 修孔子廟碑
隋 元鐘墓誌
隋 張盛墓誌
唐 李神符碑
唐 史思禮墓誌
唐 王子麟墓誌

【楷書】

晉 黃庭內景經

北魏 封魔奴墓誌
北魏 檀賓墓誌
北魏 王璨墓誌
北魏 王翊墓誌
北魏 姚伯多供養碑
北魏 于纂墓誌
北魏 元寶月墓誌
北魏 元誨墓誌
北魏 元略墓誌
北魏 元欽墓誌

北魏 元肅墓誌
北魏 元襲墓誌
北魏 元廞墓誌
北魏 元液墓誌
北魏 元乂墓誌
北魏 元周安墓誌
北魏 張寧墓誌
北齊 道明墓誌
北齊 竇泰墓誌
北齊 竇泰墓誌

北齊 法懃塔銘
北齊 邑義等造像
隋 楊厲墓誌
隋 元智墓誌
唐 李壽墓誌
唐 盧岑改葬墓誌
唐 石經九經
唐 石經九經
唐 尉遲敬德墓誌
唐 元希古墓誌

對

【隸書】

西漢 馬•老乙前
西漢 馬•老子甲後
西漢 馬•老子甲後
西漢 馬•事語
西漢 馬•縱橫
西漢 居新•2513
西漢 居新•3122
西漢 居新•8096
東漢 蒼山元嘉題記
東漢 肥致碑

東漢 西狹頌
東漢 張遷碑陽
隋 李使君墓碑
隋 馬穉墓誌
隋 宋仲墓誌
隋 蘇恒墓誌
隋 張儉及妻墓誌
唐 戴令言墓誌
唐 李貞墓誌
唐 嵩陽觀碑

唐 蘇洪姿墓誌
唐 楊孝恭碑
唐 趙冬曦壙誌
唐 趙冬曦壙誌

【楷書】

北魏 元誘墓誌
北齊 道明墓誌
北齊 竇泰墓誌
北齊 劉雙仁墓誌
北齊 無量義經
東魏 元湛墓誌

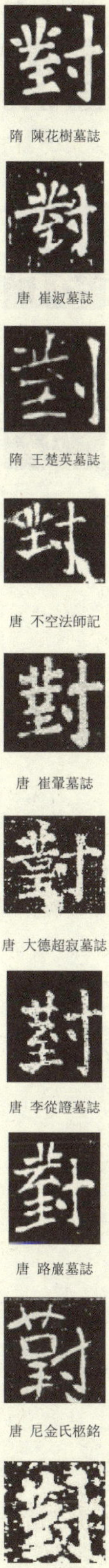

隋 陳花樹墓誌
唐 崔淑墓誌
隋 王楚英墓誌
唐 不空法師記
唐 崔暈墓誌
唐 大德超寂墓誌
唐 李從證墓誌
唐 路巖墓誌
唐 尼金氏柩銘
唐 齊子墓誌

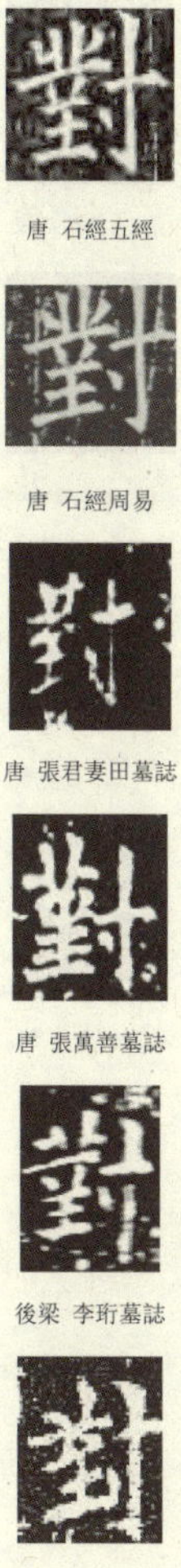

唐 石經五經
唐 石經周易
唐 張君妻田墓誌
唐 張萬善墓誌
後梁 李珩墓誌
後梁 謝彥璋墓誌

導

【篆書】

西漢 武•柩銘
唐 碧落碑

【隸書】

東漢 淮源廟碑
東漢 史晨後碑
東漢 鄭固碑
晉 馮恭石槨字
晉 郭槐柩記
晉 徐義墓誌陽
晉 徐義墓誌陽
隋 澧水石橋碑

隋 任軌墓誌
隋 修孔子廟碑
唐 盧行毅墓誌
唐 潘基墓誌
唐 沈知敏墓誌
唐 石臺孝經
唐 張叡墓誌

【楷書】

三國吳 走•四年
三國吳 走•五年
北魏 敬羽高衡造像

北魏 元朗墓誌
北魏 元茂墓誌
北魏 元爽墓誌
北齊 高僧護墓誌
唐 白知禮墓誌
唐 崔孝昌墓誌
唐 石經尚書

廾部

弁

【隸書】

西漢 馬·天下

【楷書】

北魏 帝寺造像

北魏 元固墓誌

唐 石經九經

唐 石經九經

唐 重藏舍利記

弄

【隸書】

秦 睡254

晉 辟雍頌陽

隋 任軌墓誌

唐 庫狄真相墓誌

【楷書】

北魏 爾朱紹墓誌

北魏 高廣墓誌

北魏 乞伏寶墓誌

北魏 楊乾墓誌

北魏 元誘墓誌

東魏 元賓建墓誌

隋 常德將墓誌

隋 蕭氏墓誌

唐 董希令墓誌

唐 越國太妃墓誌

弇

【隸書】

唐 行儼碑

【楷書】

唐 幼覺大師墓誌

唐 張萬善墓誌

弈

【隸書】

晉 華芳墓誌陰

隋 申穆及妻墓誌

隋 蕭瑾墓誌

唐 蔡君妻墓誌

唐 李貞墓誌

唐 柳偘妻墓誌

唐 張翼墓誌

唐 趙冬曦壙誌

【楷書】

北魏 盧令媛墓誌

北魏 司馬氏墓誌

北魏 元新成妃墓誌

隋 李元墓誌

隋 呂胡墓誌

隋 王世琛墓誌

唐 常畢墓誌

唐 石經九經

唐 王惠墓誌

唐 吳孝墓誌

唐 顔人墓誌

唐 楊佰隴墓誌

弊

【隸書】

隋 修孔子廟碑

唐 崔沔墓誌陰

【楷書】

北魏 寇臻墓誌

北魏 元尚之墓誌

北齊 感孝頌

隋 段濟墓誌

唐 黃羅漢墓誌

唐 楊知退妻墓誌

後梁 築新子墻記

大部

大

【篆書】

東漢 馮孺人題記

東漢 孫大壽碑額

三國吳 天發神讖碑

北周 步孤氏誌蓋

東魏 長孫囧碑額

北魏 元煥誌蓋

北魏 元天穆誌蓋

隋 郭休墓誌

隋 賀若誼碑額

隋 馬長和造像

隋 孟顯達碑額

唐 般若臺記

唐 長明燈樓頌

唐 狄知愻碑額

唐 法果寺碑額

唐 李公妻戴墓誌

唐 李勣碑

唐 李孝同碑額

唐 契苾明碑額

唐 謙卦碑

唐 三墳記陰

唐 王涓墓誌

唐 王明哲誌蓋

唐 新三門記額

唐 許遂忠墓誌

唐 臧懷亮誌蓋

唐 張榮恩誌蓋

【隸書】

秦 睡48

秦 關周·病方

秦 關周·曆譜

西漢 馬·合陰陽

西漢 馬·老乙前

西漢 馬·老乙前

西漢 馬·十問

西漢 張·470

西漢 居新·7470

漢晉 流簡紙

東漢 禮器碑

東漢 三老刻石

晉 郭槐柩記

唐 慧堅碑額

唐 石臺孝經

唐 石臺孝經

唐 行儼碑

唐 行儼碑

唐 楊孝恭碑

唐 楊孝恭碑

唐 尹尊師碑

【楷書】

北魏 苟景墓誌

北魏 元敷墓誌

北魏 元文墓誌

北齊 竇泰墓誌

隋 勝福寺塔銘

隋 孫先造像

隋 姚長寬造像

唐 阿史那貞忠墓誌

唐 石經周易

唐 尹尊師碑

天

【篆書】

三國吳 天發神讖碑

三國吳 天發神讖碑

三國魏 正始石經

唐 碧落碑

唐 碧落碑

唐 碧落碑

唐 碧落碑

唐 謙卦碑

唐 謙卦碑

唐 三墳記陽

唐 詩書碑額
唐 天王碑額

【隸書】

秦 睡257
西漢 馬•老甲
西漢 馬•老乙前
西漢 居新•4378
東漢 西•死駒
西漢 楚王墓塞石
東漢 華山廟碑陽
新莽 萊子侯刻石

東漢 鮮于璜碑陽
東漢 行事渡君碑
東漢 乙瑛碑
唐 石臺孝經
唐 楊孝恭碑
唐 尹尊師碑

【楷書】

晉 黄庭内景經
北魏 淨悟浮圖記
隋 成公氏墓誌
唐 李神符碑

唐 李神符碑
唐 石經尚書
唐 石經周易
唐 于賁墓誌
唐 鄭逢墓誌

夫 朩

【篆書】

東漢 郭夫人題記
北周 步孤氏誌蓋
北魏 薛慧命誌蓋
北魏 元煥誌蓋
隋 孟顯達碑額
唐 李夫人誌蓋
唐 李璆妻墓誌
唐 梁備禮妻墓誌
唐 三墳記陰
唐 魏夫人祠碑額

唐 温佶墓碑額
唐 吳夫人誌蓋
唐 蕭公妻墓誌

【隸書】

秦 睡44
秦 關周•病方
西漢 馬•合陰陽
西漢 馬•合陰陽
西漢 馬•合陰陽
西漢 馬•老甲
西漢 馬•老甲

西漢 馬•老乙前
西漢 馬•十問
西漢 馬•縱横
西漢 馬•縱横
西漢 張•710
西漢 張•712
西漢 張•839
西漢 居新•3144
東漢 西•推辟
漢晉 流簡紙

西漢 楚王墓塞石
東漢 馬姜墓記
晉 郭槐柩記
晉 劉韜墓志
隋 橋紹墓誌
隋 張盛墓誌
唐 石臺孝經
唐 楊孝恭碑
唐 尹尊師碑

【楷書】

三國吳 走•五年

北魏 長孫子澤墓誌
北魏 元敫墓誌
北魏 元文墓誌
唐 董希令墓誌
唐 何知猛墓誌
唐 石經五經
唐 石經周易
唐 王素墓誌
唐 嚴識玄墓誌

失

【隸書】

秦 睡152

西漢 馬•老甲

西漢 馬•事語

西漢 馬•事語

西漢 馬•縱橫

西漢 張•116

西漢 張•128

西漢 張•25

西漢 張•690

西漢 居新•7799

北魏 李媛墓誌

北魏 元宥墓誌

東魏 王僧墓誌

唐 沈士公墓誌

唐 王建墓誌

唐 姚君妻墓誌

央

【隸書】

西漢 馬•老乙前

西漢 馬•縱橫

西漢 張•1052

西漢 張•470

西漢 居新•7009

西漢 西•候官

東漢 任城黃腸石

隋 口瓊及妻墓誌

唐 李彥墓誌

【楷書】

北魏 爾朱紹墓誌

北魏 元誨墓誌

北魏 元瞻墓誌

唐 杜日榮墓誌

唐 河南元氏墓誌

唐 寇墹墓誌

唐 李敬墓誌

唐 石經九經

唐 細人孫氏墓誌

唐 要殤女墓誌

夭

【隸書】

東漢 公乘田魴記

東漢 石門頌

東漢 夏承碑

唐 豆盧建墓誌

唐 豆盧建墓誌

唐 徐盼墓誌

唐 植松柏碑

【楷書】

三國吳 走•四年

晉 華芳墓誌陰

北魏 司馬氏墓誌

唐 尹尊師碑

唐 尹尊師碑

【楷書】

三國吳 走•四年

北魏 元敷墓誌

北魏 元敷墓誌

北魏 元文墓誌

北齊 婁黑女墓誌

唐 石經尚書

唐 瘞琴銘

晉 和國仁墓碑

隋 爾朱端墓誌

隋 郭休墓誌

隋 馬穉墓誌

隋 勝福寺塔銘

唐 褚亮碑

唐 高元珪墓誌

唐 楊孝恭碑

唐 楊孝恭碑

唐 楊孝恭碑

太

【篆書】

三國魏 范式碑額

北魏 常氏誌蓋

晉 郭休碑陰

東魏 高翻碑額

北齊 皇甫琳額

北魏 元天穆誌蓋

唐 溫佶墓碑額

【隸書】

西漢 西•詔書

東漢 倉頡廟碑側

東漢 楊震碑

漢晉 流簡紙
漢晉 流簡紙
東漢 鄐閣頌
東漢 建寧三年殘碑
東漢 朐忍令碑
東漢 三老刻石
東漢 楊淮表記
東漢 元嘉三年記
東漢 鄭固碑
北齊 感孝頌

隋 李使君墓碑
唐 石臺孝經
唐 楊孝恭碑
唐 趙冬曦壙誌

【楷書】

魏晉 樓•紙
晉 華芳墓誌陰
晉 黃庭内景經
北齊 無量義經
隋 口徹墓誌
隋 陳常墓誌

隋 吳嚴墓誌
唐 李敬墓誌
唐 劉通墓誌
唐 石經周易

夸

【隸書】

秦 睡86
西漢 馬•老乙前
西漢 張•1143
西漢 張•1174

【楷書】

唐 阿史那貞忠墓誌
唐 唐嘉會墓誌

夷

【篆書】

唐 碧落碑
唐 伯夷叔齊碑

【隸書】

西漢 馬•縱横
西漢 張•1037
西漢 張•40
西漢 張•477
兩漢 西•馬簡
東漢 曹全碑陽
東漢 鄐閣頌
東漢 衡方碑

東漢 石門頌
東漢 西狹頌
東漢 趙寬碑
三國魏 孔羨碑
晉 辟雍頌陽
北魏 上尊號碑
北齊 司馬遵業墓誌
隋 豆盧實墓誌
隋 豆盧實墓誌
唐 高元珪墓誌

唐 闞道愛墓誌
唐 盧行毅墓誌
唐 史思禮墓誌
唐 史思禮墓誌
唐 宴濟瀆序陰額
唐 楊孝恭碑

【楷書】

魏晉 樓•紙
北魏 鞏伏龍造像
北魏 皇甫驎墓誌
北魏 宋靈妃墓誌

北魏 奚智墓誌
北魏 于纂墓誌
北魏 元寶月墓誌
北魏 元繼墓誌
北魏 元誘墓誌
北魏 元瞻墓誌
北齊 竇泰墓誌
北齊 婁黑女墓誌
東魏 元悰墓誌
隋 盧文構墓誌

唐 陸紹墓誌

隋 蘇威妻墓誌

隋 張怦墓誌

唐 崔延墓誌

唐 李壽墓誌

唐 李修已墓誌

唐 盧含墓誌

唐 石經尚書

唐 石經五經

唐 石經周易

唐 王素墓誌

唐 温煒妻墓誌

唐 楊萬榮墓誌

唐 楊越墓誌

唐 張騷墓誌

唐 鄭温球墓誌

尖

【楷書】

隋 盧旋芷墓誌

夾 夾

【隸書】

秦 睡 223

西漢 馬•老子甲後

西漢 馬•陰陽乙

西漢 馬•足臂

西漢 張•1141

西漢 張•814

漢晉 流簡紙

東漢 蒼山元嘉題記

東漢 曹全碑陽

東魏 元悰墓誌

【楷書】

北魏 元鑽遠墓誌

唐 樊涚墓誌

唐 傅思諫墓誌

唐 石經九經

唐 石經尚書

唐 史懷訓墓誌

唐 楊清墓誌

奉 奉

【篆書】

唐 碧落碑

唐 多寶佛塔銘

【隸書】

西漢 馬•老乙

西漢 馬•老乙前

西漢 馬•老乙前

西漢 馬•縱横

西漢 張•1141

西漢 居新•2215

西漢 居新•8904

漢晉 流簡紙

東漢 倉頡廟碑側

東漢 淮源廟碑

東漢 淮源廟碑

東漢 淮源廟碑

東漢 禮器碑陰

東漢 石門頌

東漢 史晨後碑

東漢 鮮于璜碑陰

東漢 楊震碑

東漢 楊震碑

東漢 乙瑛碑

東漢 乙瑛碑

東漢 造土牛碑

東漢 鄭固碑

三國魏 曹真殘碑陰

隋 勝福寺塔銘

隋 張儉及妻墓誌

唐 告華嶽府君

唐 史思禮墓誌

唐 行儼碑

唐 楊孝恭碑

【楷書】

魏晉 樓•紙

北魏 胡明相墓誌

北齊 竇泰墓誌

隋 陳花樹墓誌

隋 鄧州塔銘

隋 王光墓誌

唐 石經尚書

唐 石經周易

奈

【隸書】

西漢 馬•老甲

西漢 馬•縱橫

西漢 馬•縱橫

西漢 居新•2586

西漢 居新•6137

西漢 居新•7436

西漢 西•善劍

東漢 景君碑陽

東漢 鮮于璜碑陰

東漢 薌他君題記

唐 崔祐甫墓誌

【楷書】

漢晉 流簡紙

漢晉 流簡紙

唐 李璸墓誌

唐 石經尚書

唐 王容墓誌

唐 张崇墓誌

奇

【篆書】

唐 嶍臺銘

【隸書】

秦 睡139

秦 睡244

西漢 馬•老乙前

西漢 馬•十問

西漢 馬•事語

西漢 張•760

西漢 武•泰射甲

漢晉 流簡紙

東漢 趙寬碑

隋 姬威墓誌

隋 張盛墓誌

唐 史思禮墓誌

唐 楊孝恭碑

【楷書】

北魏 元顒儁墓誌

隋 董敬墓誌

唐 房光庭墓誌

唐 康悊墓誌

唐 李洪鈞墓誌

奔

【篆書】

三國魏 正始石經

唐 碧落碑

【隸書】

秦 睡63

西漢 居新•2111

西漢 居新•4766

西漢 居新•6560

晉 辟雍頌陽

隋 灃水石橋碑

唐 崔暟墓誌陽

唐 紀信墓碑

唐 修定寺記碑

唐 朱君妻王墓誌

【楷書】

北魏 穆纂墓誌

北魏 元恭墓誌

北齊 竇泰墓誌

隋 張禮墓誌

唐 宮官司設墓誌

唐 石經尚書

唐 石經五經

唐 石經五經

唐 石經周易

奄

【篆書】

唐 碧落碑

【隸書】

秦 睡37

東漢 樊敏碑

東漢 華山廟碑陽

東漢 景君碑陽

東漢 孟孝琚碑

晉 石尠墓誌

北魏 上尊號碑

北齊 司馬遵業墓誌

隋 爾朱敞墓誌

隋 關明墓誌

隋 劉寶及妻墓誌

隋 任軌墓誌

隋 謝岳墓誌

唐 戴令言墓誌

唐 盧君妻墓誌

唐 朱君妻王墓誌

【楷書】

魏晉 樓•紙

北魏 爾朱紹墓誌

北魏 寇憑墓誌

北魏 李榘蘭墓誌

北魏 山暉墓誌

北魏 元珽墓誌

北齊 竇泰墓誌

東魏 陸順華墓誌

隋 口靜墓誌

隋 張伏敬墓誌

唐 屈氏合祔誌

唐 石經尚書

唐 石經五經

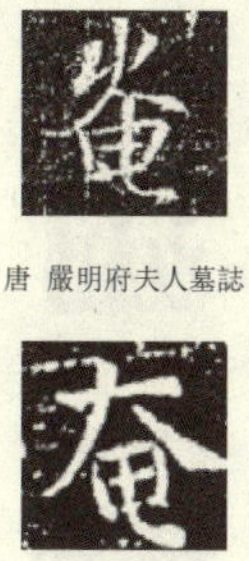

唐 嚴明府夫人墓誌

唐 支子珪墓誌

契

【篆書】

唐 碧落碑

唐 契苾明碑額

【隸書】

秦 睡238

隋 張儉及妻墓誌

唐 北獄廟碑

唐 陳泰墓誌

唐 崔沔墓誌陽

唐 崔祐甫墓誌

唐 闞道愛墓誌

唐 李神符碑

唐 尹尊師碑

【楷書】

晉 華芳墓誌陰

北魏 慈慶墓誌

北魏 姚伯多供養碑

北魏 元天穆墓誌

北齊 竇泰墓誌

隋 段模墓誌

隋 惠鬱造像記

唐 阿史那貞忠墓誌

唐 成惲墓誌

唐 大德超寂墓誌

唐 獨孤開遠墓誌

唐 李瓌墓誌

唐 李三十三娘墓誌

唐 石經尚書

唐 石經五經

唐 薛賾墓誌

唐 袁秀巖墓誌

唐 朱庭玘墓誌

唐 朱行斌墓誌

奏

【隸書】

秦 睡11

西漢 馬•合陰陽

西漢 馬•十問

西漢 馬•足臂

西漢 張•1189

西漢 張•353

西漢 張•523

西漢 張•615

西漢 居新•1151

西漢 居新•3436

西漢 西·詔書
東漢 西·寇恩
東漢 石門頌
東漢 薌他君題記
東漢 乙瑛碑
隋 豆盧實墓誌
隋 高虬墓誌
唐 崔祐甫墓誌
唐 蘇洪姿墓誌
唐 趙冬曦壙誌

【楷書】
北魏 馮季華墓誌
北魏 鮮于仲兒墓誌
北魏 薛慧命墓誌
北魏 元顥墓誌
北魏 元壽安墓誌
北魏 元爽墓誌
北魏 元秀墓誌
北魏 元颺墓誌
北魏 張安姬墓誌
北齊 道明墓誌

北齊 司馬遵業墓誌
唐 蘭達墓誌
唐 石經尚書
唐 魏靖墓誌

奎

【隸書】
秦 睡119
秦 關周·日書
東漢 史晨前碑
【楷書】
北魏 寇霄墓誌
隋 段威墓誌
唐 石經五經
唐 支成墓誌

奐

【篆書】
唐 碧落碑
【隸書】
唐 抱腹寺碑
唐 趙冬曦壙誌
【楷書】
北魏 王翊墓誌
東魏 王令媛墓誌
隋 李氏墓誌
唐 李勣墓誌
唐 孟俊墓誌
唐 向晉妻宋墓誌
唐 張洛墓誌

奕

【隸書】
東漢 尹宙碑
隋 修孔子廟碑
【楷書】
唐 麻姑仙壇記
唐 石經五經

奘

【楷書】
唐 雁塔聖教序
唐 雁塔聖教序

奚

【隸書】
西漢 馬·老子甲後
西漢 馬·縱橫
東漢 曹全碑陽
東漢 楊震碑
東漢 張遷碑陽
東漢 子游殘碑
晉 辟雍頌陽
北魏 王基墓誌
隋 賈通墓誌
隋 口和墓誌

奢

【隸書】

東漢 白石神君碑

唐 高元珪墓誌

【楷書】

北魏 元彥墓誌

唐 張去奢墓誌

唐 竇娘子墓誌

唐 道因法師碑

唐 李彥墓誌

唐 張本墓誌

唐 鄭温球墓誌

北魏 李渠蘭墓誌

北魏 元融墓誌

北魏 元液墓誌

北齊 竇泰墓誌

東魏 陸順華墓誌

東魏 呂覎墓誌

隋 段模墓誌

隋 伍道進墓誌

隋 羊本墓誌

隋 張濤妻墓誌

隋 蕭瑾墓誌

隋 元鍾墓誌

隋 張姜墓誌

隋 鄭令妃墓誌

唐 褚亮碑

唐 闞道愛墓誌

唐 史思禮墓誌

唐 王媛墓誌陰

唐 張叡墓誌

【楷書】

北魏 郭顯墓誌

爽

【篆書】

唐 碧落碑

【隸書】

西漢 馬•老乙前

西漢 馬•縱橫

東漢 孔彪碑陽

晉 徐義墓誌陽

北魏 元文墓誌

隋 灃水石橋碑

隋 郭達墓誌

隋 任顯及妻誌

隋 宋景造像碑

匏

【楷書】

唐 源光乘墓誌

北周 獨孤信墓誌

東魏 王僧墓誌

隋 何氏墓誌

唐 杜忠良墓誌

唐 張柔範墓誌

唐 史思禮墓誌

唐 楊孝恭碑

唐 楊孝恭碑

唐 楊孝恭碑

【楷書】

北魏 慈慶墓誌

北魏 馮迎男墓誌

北魏 王悅及妻墓誌

北魏 奚智墓誌

北魏 元恩墓誌

北魏 元乂墓誌

齋

【楷書】

唐 崔君妻鄭墓誌

唐 楊承福墓誌

唐 張炅墓誌

唐 張翊墓誌

唐 鄭子容墓誌

後唐 毛璋墓誌

奪

【楷書】

魏晉 樓•紙

北魏 李頤墓誌

北魏 元純陁墓誌

北魏 元纂墓誌

隋 范安貴墓誌

唐 崔千里墓誌

唐 高慈墓誌

唐 韓仁惠墓誌

唐 石經尚書

唐 石經五經

奪 𡙁

【隸書】

秦 睡105

西漢 馬•老乙前

西漢 馬•老乙前

西漢 張•207

西漢 張•281

西漢 居新•4322

東漢 景君碑陽

隋 豆盧實墓誌

唐 司馬寔墓誌

唐 尹尊師碑

戴

【隸書】

秦 關周•病方

隋 王袞墓誌

隋 衛美墓誌

隋 吳嚴墓誌

唐 高儼仁墓誌

唐 荊肆墓誌

唐 李崗墓誌

唐 石經九經

唐 石經尚書

唐 薛華墓誌

唐 張氏墓誌

奠 𡚁

【隸書】

東漢 倉頡廟碑

東漢 尚博殘碑

隋 侯肇墓誌

隋 蕭瑾墓誌

唐 抱腹寺碑

唐 李彥墓誌

唐 蘇洪姿墓誌

唐 譚伍墓誌

【楷書】

北魏 元彝墓誌

北魏 元瞻墓誌

臭

【楷書】

唐 石經五經

奧

【隸書】

東漢 禮器碑

三國魏 范式碑陽

北齊 司馬遵業墓誌

唐 孔子廟碑

唐 張顏墓誌

【楷書】

南朝梁 舊館壇碑

北魏 劉雄造像

北魏 檀賓墓誌

北魏 吐谷渾氏墓誌

北齊 竇泰墓誌

北齊 高僧護墓誌

東魏 淨智塔銘

唐 葛亮祠堂碑

唐 裴咸墓誌

唐 七品亡宮墓誌

唐 石經尚書

唐 石經五經

奭

【隸書】

北周 華嶽頌

【楷書】

北魏 元暐墓誌

唐 李常墓誌

唐 董惟靖墓誌

唐 黑齒俊墓誌

唐 李敬墓誌

唐 李敬墓誌

唐 劉義弘墓誌

唐 石經九經

唐 石經九經

唐 石經尚書

奮

【隸書】

秦 睡243

西漢 馬•老乙前

西漢 馬•老子甲後

東漢 楊叔恭殘碑

三國魏 曹真殘碑陽

隋 豆盧實墓誌

隋 張儉及妻墓誌

唐 王崇禮墓誌

唐 尉迟迥碑陰

唐 張休光墓誌

【楷書】

北齊 竇泰墓誌

北周 神通摩崖

隋 口徹墓誌

隋 張伏敬墓誌

唐 程覽墓誌

唐 段沿墓誌

唐 何楚章墓誌

唐 李瑱墓誌

唐 李盈墓誌

唐 石經尚書

唐 石經五經

唐 石經周易

唐 王鍊墓誌

唐 尉遲敬德墓誌

唐 徐思倩墓誌

唐 姚希直墓誌

後晉 權君妻崔墓誌

尢部

尨

【隸書】

唐 北嶽廟碑

唐 孔子廟碑

唐 李貞墓誌

【楷書】

唐 石經九經

尯

【楷書】

唐 石經五經

唐 石經周易

尰

【楷書】

唐 石經九經

就

【篆書】

三國吳 天發神讖碑

【隸書】

秦 睡 173

西漢 馬•縱横

西漢 馬•縱横

西漢 馬•縱横

西漢 張•1062

西漢 張•787

西漢 居新•2222

西漢 居新•7465

西漢 居新•7482

東漢 西•寇恩

東漢 西•寇恩

東漢 倉頡廟碑側

東漢 蒼山元嘉題記

東漢 蒼山元嘉題記

東漢 曹全碑陰

東漢 曹全碑陰

東漢 何君閣道銘

東漢 華山廟碑陽

東漢 建寧三年殘碑

東漢 景君碑陰

東漢 孔宙碑陽

東漢 石門頌

東漢 西狹頌

東漢 許阿瞿題記

東漢 楊統碑陽

東魏 宗欣墓誌

隋 豆盧寔墓誌

隋 馬穉墓誌

隋 任軌墓誌

隋 宋景造像碑

隋 王榮及妻墓誌

唐 陳泰墓誌

唐 崔祐甫墓誌

唐 豆盧建墓誌

唐 懷古詩刻

唐 李彦墓誌

唐 劉憤墓誌

唐 王震墓誌

唐 行儼碑

唐 楊孝恭碑

【楷書】

北魏 劉華仁墓誌

北魏 王元詳題記

北魏 元文墓誌

北魏 元顯儁墓誌

北齊 暢洛生造像

隋 口靜墓誌

隋 楊厲墓誌

唐 韓政墓誌

唐 李眈墓誌

唐 李景陽墓誌

唐 李睦墓誌

唐 李惟一墓誌

唐 權順墓誌

唐 石經周易

唐 石經周易

唐 太君陳氏墓誌

唐 尉遲敬德墓誌

唐 魏公韋氏墓誌

唐 張樹生墓誌

後唐 孫拙墓誌

後唐 王禹墓誌

弋部

弋

【隸書】

秦 睡165

晉 左棻墓誌陰

唐 司馬寔墓誌

【楷書】

北魏 元誘墓誌

唐 屈澄墓誌

式

【篆書】

唐 碧落碑

【隸書】

秦 睡19

西漢 馬•老甲

西漢 馬•縱橫

西漢 張•833

西漢 居新•4043

西漢 西•奏書

東漢 史晨後碑

東漢 趙寬碑

東漢 鄭固碑

晉 辟雍頌陽

晉 石尠墓誌

北齊 感孝頌

北齊 司馬遵業墓誌

隋 高虬墓誌

隋 關明墓誌

隋 姬威墓誌

隋 李使君墓碑

隋 蕭瑾墓誌

唐 潘基墓誌

唐 楊孝恭碑

【楷書】

北魏 韓顯宗墓誌

北魏 元彬墓誌

北魏 元順墓誌

北魏 鄭黑墓誌

隋 常德將墓誌

隋 丁氏墓誌

隋 劉尚食墓誌

隋 元智墓誌

唐 王府君墓誌

唐 張洛墓誌

唐 張騷墓誌

弒

【隸書】

唐 紀信墓碑

【楷書】

唐 石經周易

唐 石經周易

唐 惟貞廟碑陽

小部

小

【篆書】

三國魏 正始石經

唐 三墳記陰

唐 峿臺銘

【隸書】

秦 睡21

秦 關周•病方

西漢 馬•老子甲後

西漢 馬•天下

西漢 馬•養生

西漢 馬•縱橫

西漢 居新•7483

漢晉 流簡紙

東漢 三老刻石

東漢 鮮于璜碑陽

東漢 薌他君題記

東漢 造土牛碑

三國魏 張君殘碑

唐 石臺孝經

唐 蘇洪姿墓誌

唐 楊孝恭碑

【楷書】

魏晉 樓•紙

北魏 司馬顯姿墓誌

北齊 竇泰墓誌

唐 石經尚書

唐 石經周易

唐 支子璋誌蓋

少

【篆書】

北周 匹婁歡誌蓋

唐 三墳記陽

【隸書】

秦 睡36

西漢 馬•老乙前

西漢 馬•事語

西漢 張•503

西漢 居新•2846

西漢 居新•3536

西漢 居新•7483

漢晉 流簡紙

漢晉 流簡紙

東漢 禮器碑陰

東漢 任城黃腸石

東漢 三老刻石

東漢 尚博殘碑

東漢 陽嘉殘碑陽

東漢 乙瑛碑

東漢 永平四年記

隋 豆盧實墓誌

隋 姬威墓誌

隋 任軌墓誌

唐 京兆金氏墓誌

唐 李神符碑

唐 行儼碑

唐 楊孝恭碑

【楷書】

晉 蘭亭序真本

北齊 竇泰墓誌

唐 蓋暢墓誌

唐 石經尚書

唐 張去奢墓誌

㝹

【篆書】

唐 多寶佛塔銘

口部

口

【篆書】

西漢 楚王墓塞石

西漢 馬•老子甲後

【隸書】

秦 睡10

秦 睡153

秦 西•日書乙

西漢 居新•6516

東漢 淮源廟碑

晉 徐義墓誌陽

隋 澧水石橋碑

隋 郭休墓誌

唐 李貞墓誌

唐 石臺孝經

【楷書】

三國吳 走•二年

晉 黃庭經

唐 石經尚書

唐 石經周易

唐 石經周易

唐 楊清墓誌

可

【篆書】

唐 碧落碑

唐 謙卦碑

【隸書】

秦 睡257

秦 睡55

秦 關周•日書

西漢 張•837

西漢 居新•2163

西漢 西•車鞏

西漢 西•詔書

漢晉 流簡紙

漢晉 流簡紙

東漢 石門頌

東漢 鮮于璜碑陽

東漢 薌他君題記

東漢 乙瑛碑

東漢 乙瑛碑

晉 辟雍頌陽

北齊 竇泰墓誌

隋 李使君墓碑

隋 楊真墓誌

唐 石臺孝經

唐 楊孝恭碑

【楷書】

北魏 慈慶墓誌

北魏 元斁墓誌

唐 石經尚書

唐 石經周易

唐 趙爽墓誌

古

【篆書】

唐 碧落碑

唐 碧落碑

唐 王慶墓碣

【隸書】

秦 睡68

西漢 馬•老甲

西漢 馬•老甲

西漢 馬•老甲

西漢 馬•老乙前

西漢 馬•老子甲後

西漢 居新•3478

西漢 居新•5880

西漢 楚王墓塞石

東漢 樊敏碑

東漢 淮源廟碑

東漢 禮器碑

東漢 鮮于璜碑陽

東漢 乙瑛碑

隋 宋仲墓誌

唐 盧君妻墓誌

唐 石臺孝經

唐 楊孝恭碑

【楷書】

三國吳 走•五年

北魏 元誘墓誌

唐 伯夷叔齊碑

唐 石經尚書

唐 楊清墓誌

叵

【楷書】

北齊 優婆姨造像陽

唐 沈士公墓誌

右

【篆書】

唐 阿史那忠碑額

唐 段志玄碑額

唐 高元裕碑額

唐 李元諒頌額

唐 李元諒頌額

唐 三墳記陽

唐 張九齡碑額

【隸書】

秦 睡 50

秦 關周•日書

西漢 馬•合陰陽

西漢 馬•老乙前

西漢 馬•老子甲後

西漢 張•109

西漢 張•1146

西漢 張•484

西漢 張•784

西漢 張•784

西漢 居新•1139

西漢 居新•1424

東漢 西•奉例

漢晉 流簡紙

東漢 禮器碑側

東漢 三老刻石

東漢 史晨後碑

東漢 鮮于璜碑陽

東漢 造士牛碑

東漢 佐孟機題記

北齊 感孝頌

隋 蘇恒墓誌

唐 告華嶽府君

唐 行儼碑

唐 楊孝恭碑

唐 楊孝恭碑

唐 尹尊師碑

【楷書】

晉 華芳墓誌陰

北魏 司馬紹墓誌

北魏 雲峰山題字

唐 崔眘妻墓誌

唐 石經尚書

唐 石經尚書

史

【篆書】

東漢 少室石闕銘

東漢 魏元丕碑額

三國吳 天發神讖碑

北魏 温泉頌額

北魏 元爍誌蓋

北魏 張寧誌蓋

隋 孟顯達碑額

唐 阿史那忠碑額

唐 般若臺記

唐 狄知愻碑額

唐 竇叔向墓誌額

唐 三墳記陽

唐 陶大舉碑額

【隸書】

秦 睡 35

秦 睡 64

西漢 張•253

西漢 張•495

西漢 張•622

西漢 張•639

西漢 居新•1496

西漢 居新•2940
西漢 居新•5778
西漢 西•馬牘
東漢 西•寇恩
東漢 何君閣道銘
東漢 淮源廟碑
東漢 淮源廟碑
東漢 景君碑陰
東漢 尚博殘碑
東漢 史晨後碑

東漢 侍御史李公闕
東漢 鮮于璜碑陰
東漢 鮮于璜碑陰
東漢 許安國題記
東漢 楊震碑
東漢 乙瑛碑
三國魏 孔羡碑
三國魏 張君殘碑
隋 豆盧實墓誌
隋 爾朱端墓誌

隋 郭休墓誌
隋 劉珍墓誌
隋 申穆及妻墓誌
隋 修孔子廟碑
唐 京兆金氏墓誌
唐 李神符碑
唐 石臺孝經
唐 鄎國長公主碑
唐 行儼碑
唐 行儼碑

【楷書】

三國吳 走•五年
北魏 胡明相墓誌
北魏 寇偘墓誌
北齊 竇泰墓誌
隋 暴永墓誌
隋 皇甫深墓誌
隋 賈通墓誌
隋 馬少敏墓誌
隋 王楚英墓誌
唐 石經九經

唐 石經九經
唐 元婉墓誌

叶 叶

【篆書】

唐 碧落碑

【隸書】

北周 華嶽頌
隋 澧水石橋碑
隋 劉珍墓誌
唐 李神符碑

【楷書】

北魏 元徽墓誌
唐 李修已墓誌
唐 趙嘉及妻墓誌

叱 叱

【隸書】

三國吳 走•四年
隋 叱李綱子墓誌
隋 李元墓誌
隋 張儉及妻墓誌

【楷書】

晉 筆陣圖
北魏 元侔墓誌陰
唐 崔廷妻墓誌
唐 慕容思廉墓誌

只 只

【隸書】

唐 勿部將軍碑

【楷書】

北魏 王禎墓誌
唐 王公度墓誌

司

【篆書】

東漢 霍去病墓字

東漢 袁安碑

東魏 封延之誌蓋

東魏 元光基誌蓋

北魏 元壽安誌蓋

唐 陳君殘碑額

唐 李勣碑

唐 李勣碑

【隸書】

秦 睡 50

西漢 馬•老甲

北魏 元舉墓誌

北齊 竇泰墓誌

唐 董惟靖墓誌

唐 李勣墓誌

唐 陀羅尼經碑

句

【隸書】

秦 睡 84

西漢 馬•合陰陽

西漢 馬•合陰陽

西漢 張•1135

西漢 張•1149

隋 李元墓誌

唐 刻石記

唐 孔子廟碑

唐 石臺孝經

【楷書】

南朝梁 舊館壇碑

叨

【隸書】

唐 掌徹墓誌

【楷書】

北魏 法生造像

唐 李惟一墓誌

唐 石經尚書

唐 王景秀墓誌

叫

【隸書】

東漢 楊著碑陽

唐 龐履温碑

唐 勿部將軍碑

唐 尹文操碑

【楷書】

北魏 于景墓誌

北魏 元彝墓誌

隋 橋紹墓誌

唐 崔宣之墓誌

唐 石經五經

唐 石經五經

東漢 西•死駒

東漢 西•推辟

漢晉 流簡紙

東漢 乙瑛碑

北周 華嶽頌

唐 盧君妻墓誌

【楷書】

北魏 唐耀墓誌

唐 房光庭墓誌

唐 張惟妻合誌

叩

【隸書】

西漢 居新•1005

西漢 居新•1007

西漢 居新•1021

西漢 居新•1124

西漢 居新•1214

西漢 居新•1866

西漢 居新•2847

西漢 居新•3603

西漢 居新•3761

西漢 居新•8206

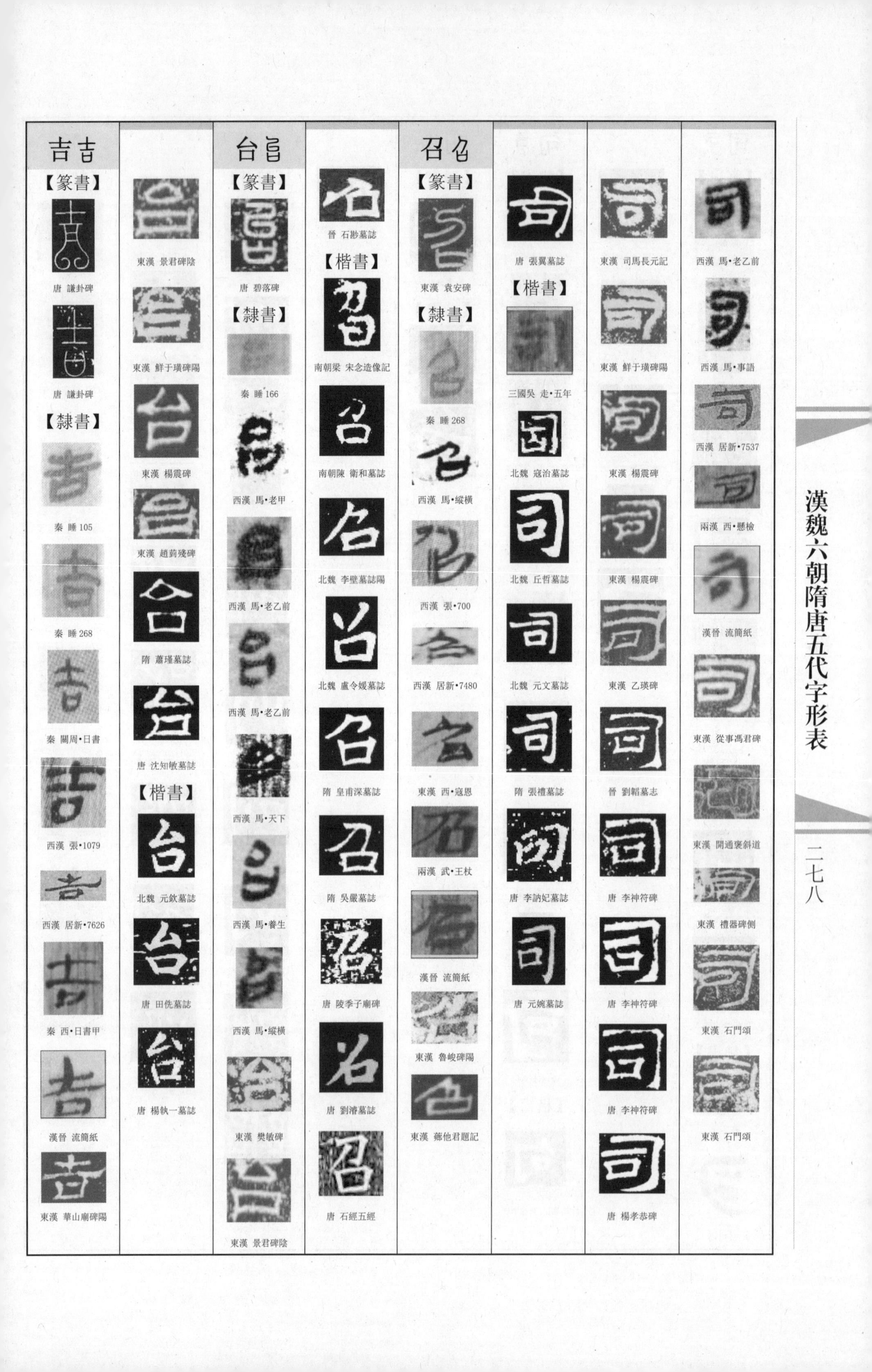

吉

【篆書】

唐 謙卦碑

唐 謙卦碑

【隸書】

秦 睡 105

秦 睡 268

秦 關周•日書

西漢 張•1079

西漢 居新•7626

秦 西•日書甲

漢晉 流簡紙

東漢 華山廟碑陽

東漢 景君碑陰

東漢 鮮于璜碑陽

東漢 楊震碑

東漢 趙菿殘碑

隋 蕭瑾墓誌

唐 沈知敏墓誌

【楷書】

北魏 元欽墓誌

唐 田侁墓誌

唐 楊執一墓誌

台

【篆書】

唐 碧落碑

【隸書】

秦 睡 166

西漢 馬•老甲

西漢 馬•老乙前

西漢 馬•老乙前

西漢 馬•天下

西漢 馬•養生

西漢 馬•縱橫

東漢 樊敏碑

東漢 景君碑陰

晉 石尠墓誌

【楷書】

南朝梁 宋念造像記

南朝陳 衛和墓誌

北魏 李璧墓誌陽

北魏 盧令媛墓誌

隋 皇甫深墓誌

隋 吳嚴墓誌

唐 陵季子廟碑

唐 劉濬墓誌

唐 石經五經

召

【篆書】

東漢 袁安碑

【隸書】

秦 睡 268

西漢 馬•縱横

西漢 張•700

西漢 居新•7480

東漢 西•寇恩

兩漢 武•王杖

漢晉 流簡紙

東漢 魯峻碑陽

東漢 薌他君題記

唐 張翼墓誌

【楷書】

三國吳 走•五年

北魏 寇治墓誌

北魏 丘哲墓誌

北魏 元文墓誌

隋 張禮墓誌

唐 李訥妃墓誌

唐 元婉墓誌

東漢 司馬長元記

東漢 鮮于璜碑陽

東漢 楊震碑

東漢 楊震碑

東漢 乙瑛碑

晉 劉韜墓志

唐 李神符碑

唐 李神符碑

唐 李神符碑

唐 楊孝恭碑

西漢 馬•老乙前

西漢 馬•事語

西漢 居新•7537

兩漢 西•懸檢

漢晉 流簡紙

東漢 從事馮君碑

東漢 開通褒斜道

東漢 禮器碑側

東漢 石門頌

東漢 石門頌

東漢 華岳廟碑陰
東漢 熹平石經易
東漢 熹平石經易
東漢 鄐他君記額
北齊 鏤石班經記
隋 爾朱敞墓誌
隋 郭王墓誌
隋 任顯及妻誌
隋 蕭瑾墓誌
唐 北獄廟碑

唐 告華嶽府君
唐 李神符碑

【楷書】

南朝梁 羅浮山銘
北魏 高珪墓誌
北齊 竇泰墓誌
隋 王楚英墓誌
唐 董希令墓誌
唐 清真寺碑
唐 石經周易
唐 王思齊墓誌

同 同

【篆書】

北魏 爾朱襲誌蓋
北魏 笱景誌蓋
唐 碧落碑
唐 多寶佛塔銘

【隸書】

秦 睡121
秦 睡44
西漢 馬•老甲
西漢 馬•老乙
西漢 馬•老乙前
西漢 馬•老子甲後

西漢 張•95
西漢 張•96
西漢 張•97
西漢 居新•7998
西漢 西•善劍
東漢 西•醫藥
漢晉 流簡紙
東漢 石門頌
東漢 嗚咽泉題記
東漢 夏承碑

東漢 鮮于璜碑陰
東漢 許安國題記
東漢 楊淮表記
東漢 楊震碑
東漢 楊震碑
晉 辟雍頌陽
隋 宋仲墓誌
隋 蕭瑾墓誌
隋 張盛墓誌
唐 石臺孝經

唐 史思禮墓誌
唐 行儼碑

【楷書】

三國吳 走•五年
北魏 王翊墓誌
北魏 元珂墓誌
北魏 元文墓誌
北周 賀屯植墓誌
東魏 叔孫固墓誌
隋 勝福寺塔銘
唐 石經尚書

唐 石經五經
唐 石經周易
唐 石經周易
唐 趙莊墓誌
唐 宇文氏墓誌
唐 張安墓誌

吁 吁

【隸書】

東漢 行事渡君碑
唐 抱腹寺碑

【楷書】

唐 苗蕃妻墓誌
唐 石經穀梁傳
唐 石經尚書
唐 石經五經
唐 王望之墓誌
唐 張三英墓記

吐

【篆書】

唐 碧落碑

【隸書】

東漢 禮器碑

東漢 楊震碑

晉 徐義墓誌陽

北齊 司馬遵業墓誌

隋 侯肇墓誌

隋 張儉及妻墓誌

唐 李貞墓誌

唐 任城橋亭記

唐 尉迟迥碑陰

唐 趙冬曦壙誌

【楷書】

晉 黃庭內景經

北魏 寇猛墓誌

隋 董美人墓誌

唐 張璬墓誌

吒

【隸書】

隋 張儉及妻墓誌

唐 韓宥經幢額

【楷書】

北周 文帝廟造像碑

東魏 蕭正表墓誌

唐 韓恆墓誌

唐 陀羅尼經碑

吔

【隸書】

西漢 馬·老甲

西漢 馬·天下

向

【篆書】

東漢 少室石闕銘

【隸書】

西漢 馬·老乙前

東漢 景君碑陽

隋 灃水石橋碑

隋 郭休墓誌

隋 劉多墓誌

隋 馬穉墓誌

隋 默曹殘碑

隋 默曹殘碑

隋 宋景造像碑

唐 楊孝恭碑

【楷書】

三國吳 走·五年

北魏 元靈曜墓誌

北齊 僧靜明造像

隋 楊居墓誌

后

【篆書】

唐 詩書碑額

【隸書】

西漢 馬·老乙前

西漢 馬·老乙前

西漢 馬·老乙前

西漢 居新·2842

東漢 曹全碑陽

東漢 馬姜墓記

東漢 西狹頌

東漢 陽嘉殘碑陰

東漢 楊震碑

三國魏 孔羡碑

晉 郭槐柩記

晉 徐義墓誌陽

北齊 感孝頌

隋 灃水石橋碑

隋 鄭令妃墓誌

唐 關道愛墓誌

唐 石臺孝經

唐 唐直墓誌

唐 楊孝恭碑

東漢 景君碑陽
東漢 三老刻石
東漢 三老刻石
東漢 石門頌
東漢 夏承碑
東漢 楊著碑陽
東漢 乙瑛碑
隋 符盛及妻墓誌
隋 任軌墓誌
隋 任軌墓誌

兩漢 西•馬簡
兩漢 西•馬簡
兩漢 西•懸簡
兩漢 西•醫藥
漢晉 流簡紙
東漢 倉頡廟碑側
東漢 曹全碑陽
東漢 肥致碑
東漢 封龍山頌
東漢 公乘田魴記

名

【篆書】

唐 多寶佛塔銘
唐 慧炬寺碑額
唐 三墳記陽

【隸書】

秦 睡 255
西漢 馬•病方
西漢 馬•老甲
西漢 張•581
西漢 居新•5021
西漢 居新•5394
西漢 居新•7499

唐 行儼碑
唐 行儼碑
唐 楊孝恭碑

【楷書】

三國吳 走•四年
北魏 胡明相墓誌
北魏 元文墓誌
隋 王楚英墓誌
隋 張虔墓誌
唐 石經尚書
唐 石經周易

東漢 淮源廟碑
東漢 禮器碑
東漢 石門頌
東漢 楊震碑
東漢 餘草字殘碑
晉 辟雍頌陽
北齊 西門豹碑陽
隋 郭休墓誌
隋 馬長和造像
隋 宋景造像碑

合

【篆書】

三國吳 天發神讖碑
唐 碧落碑
唐 城隍廟碑

【隸書】

秦 睡 268
西漢 張•1073
西漢 西•善劍
東漢 西•寇恩
漢晉 流簡紙
東漢 曹全碑陽
東漢 封龍山頌

唐 王齊丘墓誌
唐 王有口造像
唐 于尚範墓誌

【楷書】

北魏 賈良造像記
北魏 元略墓誌
北魏 元壽安墓誌
北齊 畢文造像
北齊 竇泰墓誌
北齊 竇泰墓誌
隋 勝福寺塔銘
唐 石經周易
唐 石經周易
唐 孫公乂墓誌

- 東漢 張遷碑陽
- 北齊 感孝頌
- 唐 高元珪墓誌
- 唐 闞道愛墓誌
- 唐 京兆金氏墓誌
- 唐 石臺孝經
- 唐 石臺孝經

【楷書】

- 魏晉 樓•紙
- 東魏 南宗和尚塔銘
- 唐 蘇嗣君墓誌

吾

【隸書】

- 秦 睡248
- 西漢 馬•合陰陽
- 西漢 馬•老甲
- 西漢 馬•老子甲後
- 西漢 馬•老子甲後
- 西漢 張•1070
- 西漢 武•士相見
- 東漢 是吾殘碑
- 東漢 武榮碑
- 東漢 尹宙碑

吞

【隸書】

- 西漢 居新•1974
- 西漢 居新•5570
- 東漢 西•死駒
- 東漢 西•死駒
- 兩漢 西•醫藥
- 唐 北嶽廟碑
- 唐 崔祐甫墓誌

【楷書】

- 魏晉 樓•紙
- 北魏 元顥墓誌
- 隋 曹海凝墓誌

- 唐 石臺孝經

【楷書】

- 魏晉 樓•紙
- 北魏 李媛墓誌
- 北魏 元繼墓誌
- 唐 石經尚書
- 唐 石經周易
- 唐 朱照墓誌

- 西漢 居新•7601
- 西漢 居新•8028
- 兩漢 西•醫藥
- 漢晉 流簡紙
- 東漢 曹全碑陽
- 東漢 史晨後碑
- 東漢 乙瑛碑
- 晉 辟雍頌陽
- 隋 澧水石橋碑
- 唐 李神符碑

各

【隸書】

- 秦 睡45
- 秦 關周•病方
- 秦 關周•病方
- 西漢 馬•老甲
- 西漢 馬•老乙前
- 西漢 馬•老子甲後
- 西漢 馬•養生
- 西漢 張•132
- 西漢 張•207
- 西漢 居新•5208

- 隋 王袞墓誌
- 隋 魏氏墓誌
- 隋 楊通墓誌
- 唐 王季初墓誌

- 隋 宋景造像碑
- 隋 楊真墓誌
- 唐 褚亮碑
- 唐 石臺孝經
- 唐 史思禮墓誌
- 唐 楊孝恭碑

【楷書】

- 三國吳 走•四年
- 北魏 元寧墓誌
- 北魏 元新成妃墓誌
- 隋 橋紹墓誌

否

【隸書】

東漢 朝侯小子碑

東漢 池陽令殘碑

東漢 從事馮君碑

東漢 孔彪碑陽

東漢 子游殘碑

三國魏 張君殘碑

隋 劉多墓誌

隋 口和墓誌

唐 辛雲京妻墓誌

唐 修定寺記碑

【楷書】

北魏 檀賓墓誌

東魏 李挺墓誌

唐 崔孝昌墓誌

唐 石經尚書

唐 石經五經

唐 石經周易

吮

【楷書】

唐 耿文訓墓誌

吸

【隸書】

西漢 張•1143

西漢 張•1194

西漢 張•1198

唐 貞一廟碑

【楷書】

晉 黃庭內景經

唐 程思義墓誌

吠

【隸書】

唐 李貞墓誌

【楷書】

北魏 元朗墓誌

北魏 元瞻墓誌

隋 梁坦墓誌

隋 申穆及妻墓誌

唐 盧初墓誌

唐 石經五經

唐 石經五經

唐 鄭仁泰墓誌

呈

【隸書】

漢晉 流簡紙

東漢 衡方碑

東漢 趙寬碑

北魏 寇慰墓誌

北齊 高僧護墓誌

隋 宋仲墓誌

隋 吳嚴墓誌

唐 義福禪師碑

【楷書】

三國吳 走•四年

隋 曹海凝墓誌

吟

【篆書】

唐 峿臺銘

【隸書】

東漢 趙寬碑

北齊 法懃塔銘

隋 符盛及妻墓誌

隋 牛諒墓誌

隋 蘇恒墓誌

唐 李神符碑

【楷書】

北魏 馮邕妻墓誌

北魏 李渠蘭墓誌

隋 暴永墓誌

隋 蕭氏墓誌

吽

【隸書】

唐 韓宥經幢額

吪

【楷書】

唐 石經五經

呂

【隸書】

秦 西•日書乙

西漢 馬•老子甲後

西漢 馬•縱横

西漢 居新•116

西漢 居新•2137

西漢 居新•3044

西漢 居新•4517

西漢 居新•6950

西漢 居新•7683

西漢 居新•8769

漢晉 流簡紙

東漢 景君碑陰

東漢 景君碑陰

東漢 孔宙碑陰

東漢 禮器碑陰

東漢 禮器碑陰

東漢 呂仲刻石

東漢 繆宇墓誌

晉 郛休碑陰

晉 王君殘墓誌

隋 劉多墓誌

隋 劉多墓誌

【楷書】

三國吳 走•五年

北魏 元湛墓誌

東魏 呂覎墓誌

唐 石經九經

唐 石經九經

唐 尉遲敬德墓誌

唐 張軫墓誌

咆

【楷書】

唐 張思鼎墓誌

吹

【隸書】

西漢 馬•陰陽甲

西漢 張•799

西漢 張•810

西漢 武•服傳甲

東漢 蒼山元嘉題記

東漢 史晨後碑

唐 陳泰墓誌

唐 褚亮碑

唐 楊孝恭碑

唐 張翼墓誌

唐 貞一廟碑

【楷書】

北魏 元弼墓誌

北魏 元維墓誌

東魏 元仲英墓誌

隋 成公氏墓誌

唐 翛多羅墓誌

吻

【隸書】

唐 八都壇碑

【楷書】

唐 邊誠夫人墓誌

唐 楊承胤墓誌

唐 崔洧墓誌

北魏 元液墓誌

北魏 元子永墓誌

東魏 劉懿墓誌

北齊 司馬遵業墓誌

東魏 元光基墓誌

隋 陳氏墓誌

隋 陶貴墓誌

唐 麻姑仙壇記

唐 沈士公墓誌

唐 蕭言思墓誌

隋 蕭瑾墓誌

隋 蕭瑾墓誌

隋 修孔子廟碑

隋 張儉及妻墓誌

【楷書】

三國吳 走·二年

三國吳 走·五年

三國吳 走·五年

三國吳 走·五年

三國吳 走·五年

北魏 寇治墓誌

西漢 居新·5008

西漢 居新·6937

西漢 西·候官

兩漢 武·王杖

東漢 曹全碑陰

東漢 孔宙碑陰

晉 郛休碑陰

北齊 司馬遵業墓誌

隋 爾朱敞墓誌

隋 姬威墓誌

隋 劉多墓誌

吳

【篆書】

東漢 祀三公山碑

三國吳 天發神讖碑

東魏 元光基誌蓋

唐 城隍廟碑

唐 吳夫人誌蓋

【隸書】

西漢 馬·事語

西漢 馬·縱横

西漢 馬·縱横

西漢 居新·2233

吲

【楷書】

隋 張濤妻墓誌

吼

【隸書】

唐 抱腹寺碑

【楷書】

隋 義造橋殘碑

告

【篆書】

唐 城隍廟碑

【隸書】

秦 睡101

秦 睡51

秦 關周•日書

西漢 馬•縱橫

西漢 張•601

西漢 張•624

西漢 居新•7632

東漢 西•寇恩

漢晉 流簡紙

東漢 曹全碑陽

東漢 淮源廟碑

東漢 孔宙碑陽

東漢 許安國題記

東漢 楊著碑陽

東漢 造土牛碑

東漢 鄭固碑

晉 石尠墓誌

隋 暴永墓誌

隋 爾朱端墓誌

隋 符盛及妻墓誌

隋 申穆及妻墓誌

隋 蘇恒墓誌

隋 口靜墓誌

隋 蕭瑾墓誌

隋 趙朗墓誌

唐 高元珪墓誌

唐 告華嶽府君

唐 楊孝恭碑

唐 尹尊師碑

【楷書】

魏晉 樓•紙

南朝陳 巡狩碑

北魏 慈慶墓誌

唐 阿史那貞忠墓誌

唐 崔師墓誌

唐 石經九經

唐 石經九經

唐 石經尚書

唐 石經周易

唐 王玄起墓誌

含

【篆書】

唐 碧落碑

唐 三墳記陰

【隸書】

東漢 朝侯小子碑

東漢 封龍山頌

東漢 熹平石經易

東漢 夏承碑

東漢 鮮于璜碑陽

東漢 尹宙碑

東漢 趙寬碑

北魏 王基墓誌

隋 姬威墓誌

隋 張儉及妻墓誌

唐 李神符碑

唐 史思禮墓誌

唐 文宣王廟門碑

【楷書】

北魏 乞伏寶墓誌

北魏 司馬氏墓誌

北魏 欲會造像記

北魏 元文墓誌

北周 董道生造像

北齊 爾朱元靜墓誌

北周 普安壯公墓誌

東魏 王僧墓誌

東魏 元光基墓誌

東魏 張願德造像

隋 陳花樹墓誌

隋 蕭氏墓誌

隋 翟突娑墓誌

唐 李弘亮墓誌

唐 梁有意墓誌

唐 盧緘妻墓誌

唐 孟頭墓誌

唐 石經五經

唐 石經周易

唐 宋五娘墓誌

唐 張騷墓誌

唐 張五墓誌

唐 趙宗墓誌

漢晉 流簡紙
漢晉 流簡紙
漢晉 流簡紙
漢晉 流簡紙
漢晉 流簡紙
東漢 從事馮君碑
東漢 何君閣道銘
東漢 淮源廟碑
東漢 淮源廟碑
東漢 景君碑陰

【隸書】

秦 睡 270
秦 睡 51
西漢 馬•事語
西漢 馬•縱横
西漢 張•1083
西漢 張•709
西漢 居新•1208
西漢 居新•1214
西漢 居新•7491
東漢 西•寇恩

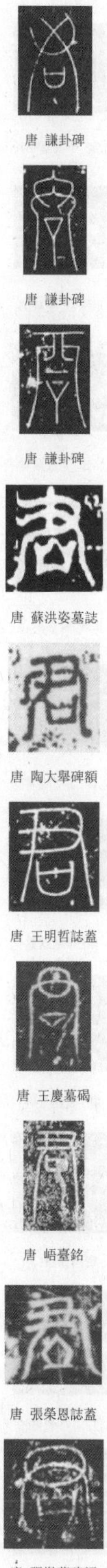

唐 謙卦碑
唐 謙卦碑
唐 謙卦碑
唐 蘇洪姿墓誌
唐 陶大舉碑額
唐 王明哲誌蓋
唐 王慶墓碣
唐 峿臺銘
唐 張榮恩誌蓋
唐 張胤墓碑額

唐 程修己誌蓋
唐 樊君誌蓋
唐 李稷及妻
唐 李孝同碑額
唐 臨終口授銘
唐 劉士準誌蓋
唐 契苾明碑額
唐 謙卦碑
唐 謙卦碑
唐 謙卦碑

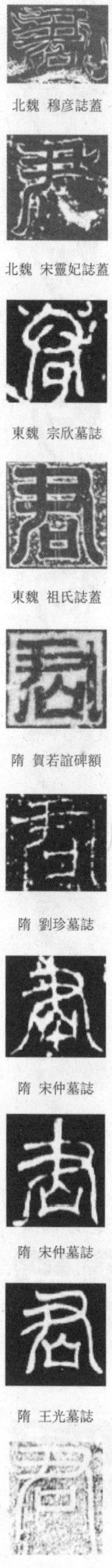

北魏 穆彦誌蓋
北魏 宋靈妃誌蓋
東魏 宗欣墓誌
東魏 祖氏誌蓋
隋 賀若誼碑額
隋 劉珍墓誌
隋 宋仲墓誌
隋 宋仲墓誌
隋 王光墓誌
唐 陳君殘碑額

君

【篆書】

東漢 馮儒人題記
東漢 鮮于璜碑額
東漢 趙菿殘碑額
三國魏 范式碑額
三國魏 謝君神道
晉 郛休碑陰
北魏 笱景誌蓋
北魏 韓顯宗額
北魏 李遵誌蓋
北齊 劉雙仁誌蓋

唐 石經五經
唐 石經周易
唐 張思鼎墓誌

吝

【隸書】

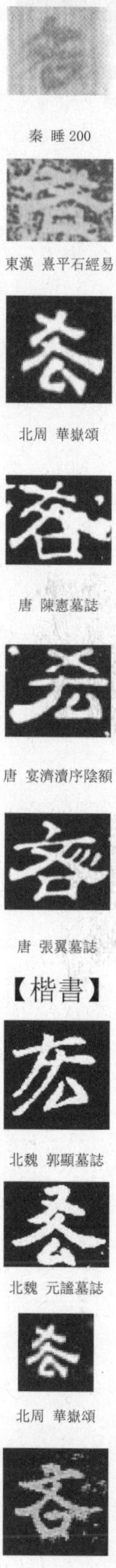

秦 睡 200
東漢 熹平石經易
北周 華嶽頌
唐 陳憲墓誌
唐 宴濟瀆序陰額
唐 張翼墓誌

【楷書】

北魏 郭顯墓誌
北魏 元謐墓誌
北周 華嶽頌
唐 廣濟橋碑

口部

東漢 孔宙碑陽
東漢 孔宙碑陽
東漢 禮器碑
東漢 禮器碑
東漢 秦君神道刻字
東漢 三老刻石
東漢 石門頌
東漢 鮮于璜碑陽
東漢 乙瑛碑
東漢 永元九年記

東漢 作封記
晉 郭槐柩記
隋 劉珍墓誌
隋 申穆及妻墓誌
隋 口靜墓誌
隋 張景略墓誌
唐 石臺孝經
唐 楊孝恭碑
唐 楊孝恭碑

【楷書】
北魏 宋虎墓誌

北魏 于纂墓誌蓋
北魏 元斅墓誌
北魏 元斅墓誌
北齊 竇泰墓誌
北齊 房周陁墓誌
隋 李則誌蓋
唐 石經五經
唐 石經周易
唐 王大劍墓誌
唐 姚如衡墓誌

味

【隸書】
西漢 馬·老甲
西漢 馬·老子甲後
東漢 許安國題記
唐 劉粲墓誌
唐 尹尊師碑

【楷書】
北魏 元願平妻墓誌
隋 龍華碑
唐 法玩塔銘
唐 張氏墓誌

呵

【隸書】
西漢 馬·合陰陽
西漢 馬·老甲
西漢 馬·老甲
西漢 馬·老甲
西漢 馬·老甲
西漢 馬·老乙
西漢 馬·老乙

【楷書】
唐 白敏中墓誌
唐 一字王咒

咀

【隸書】
漢晉 流簡紙

【楷書】
北魏 弔比干文陽
唐 道因法師碑

呻

【楷書】
唐 楊佰隴墓誌

呬

【隸書】
唐 勿部將軍碑

和	咈	呱				呼	咒

和

【篆書】

東漢 袁安碑

隋 灃水石橋碑額

隋 宋仲墓誌

唐 寂照墓碑額

唐 盧仝等題名

【隸書】

秦 睡60

西漢 馬•老甲

西漢 馬•老乙前

西漢 馬•天下

西漢 馬•縱橫

咈

【楷書】

唐 石經尚書

唐 石經五經

呱

【隸書】

唐 崔暟墓誌陽

唐 張倖墓誌

【楷書】

唐 長孫眄墓誌

唐 蘭陵蕭氏墓誌

唐 石經尚書

唐 石經五經

唐 孫光墓誌

北齊 道明墓誌

北周 寇胤哲墓誌

北齊 雲峯山題記

隋 口徹墓誌

隋 王弘墓誌

唐 李仙蕙志

唐 馬進朝墓誌

唐 能師墓誌

唐 裴遵妻墓誌

隋 牛諒墓誌

隋 張景略墓誌

唐 蔡君妻墓誌

唐 柳偘妻墓誌

唐 史思禮墓誌

唐 唐直墓誌

唐 行儼碑

【楷書】

北魏 元寧墓誌

北魏 元頊墓誌

北魏 元纂墓誌

東漢 朐忍令碑

東漢 王暉石棺銘

東漢 夏承碑

東漢 鄐他君題記

東漢 鄐他君題記

東漢 作封記

晉 管洛墓誌陰

晉 徐義墓誌陽

隋 郭達墓誌

隋 姬威墓誌

呼

【隸書】

秦 關周•病方

秦 關周•病方

西漢 馬•天下

西漢 居新•1761

西漢 居新•3422

東漢 西•死駒

漢晉 流簡紙

漢晉 流簡紙

東漢 樊敏碑

東漢 建寧三年殘碑

咒

【隸書】

唐 貞一廟碑

【楷書】

唐 皇甫誕碑

唐 禮佛圖陰

唐 密多心經碑

西漢 張•39
西漢 居新•2054
西漢 居新•2510
兩漢 西•馬簡
漢晉 流簡紙
東漢 曹全碑陽
東漢 淮源廟碑
東漢 淮源廟碑
東漢 石門闕銘
東漢 石門頌

東漢 孫仲陽題記
東漢 嗚咽泉題記
東漢 夏承碑
東漢 鮮于璜碑陰
東漢 永和一年記
東漢 作封記
三國魏 王基斷碑
晉 辟雍頌陽
北魏 上尊號碑
隋 爾朱敞墓誌

隋 侯肇墓誌
隋 劉多墓誌
唐 豆盧建墓誌
唐 高嶸墓誌
唐 石臺孝經
唐 王媛墓誌陽
唐 楊孝恭碑
唐 楊孝恭碑

【楷書】

魏晉 樓•紙
北魏 高珪墓誌

北齊 優婆姨造像陽
隋 王世琛墓誌
唐 卜素墓誌
唐 曹氏墓誌
唐 劉通妻墓誌
唐 石經尚書
唐 石經周易
唐 元婉墓誌

命

【篆書】

三國吳 天發神讖碑
三國魏 正始石經
三國魏 正始石經
三國魏 正始石經

【隸書】

秦 睡 102
秦 睡 132
秦 睡 196
秦 睡 50
秦 關周•日書
西漢 馬•老子甲後

西漢 馬•老子甲後
西漢 馬•十問
西漢 張•1046
西漢 張•1046
西漢 張•174
西漢 張•883
西漢 張•899
西漢 居新•5806
三國吳 走•五年
東漢 韓仁銘

東漢 華山廟碑陽
東漢 岐子根記
東漢 秦君神道刻字
東漢 三老刻石
東漢 尚博殘碑
東漢 石門頌
東漢 鮮于璜碑陽
東漢 楊震碑
東漢 楊震碑
東漢 鄭固碑

三國魏 孔羨碑
三國魏 孔羨碑
晉 辟雍頌陽
晉 郛休碑陽
晉 郛休碑陽
隋 劉多墓誌
唐 京兆金氏墓誌
唐 李神符碑
唐 石臺孝經
唐 史思禮墓誌

唐 唐直墓誌

唐 楊孝恭碑

唐 張翼墓誌

【楷書】

漢晉 流簡紙

北魏 郭顯墓誌

北魏 穆亮墓誌

北魏 姚伯多供養碑

北魏 元斅墓誌

北魏 元朗墓誌

北魏 元順墓誌

北魏 元毓墓誌

隋 皇甫深墓誌

隋 盧文構墓誌

隋 申穆及妻墓誌

唐 石經尚書

唐 石經五經

唐 石經周易

周

【篆書】

三國魏 正始石經

北周 步孤氏誌蓋

北周 匹婁歡誌蓋

唐 峿臺銘

唐 周公祠碑額

【隸書】

秦 睡 245

秦 關周•日書

秦 關周•日書

西漢 馬•合陰陽

西漢 馬•老甲

西漢 馬•老乙前

西漢 馬•縱橫

西漢 張•473

西漢 張•992

西漢 居新•5642

東漢 西•寇恩

東漢 西•寇恩

東漢 簿書殘碑

東漢 池陽令殘碑

東漢 淮源廟碑

東漢 建和三年記

東漢 孔宙碑陰

東漢 孔宙碑陰

東漢 買田約束石

東漢 尹宙碑

東漢 造土牛碑

三國魏 張君殘碑

晉 辟雍頌陽

晉 郭休碑陰

晉 郭槐柩記

北齊 司馬遵業墓誌

隋 劉寶及妻墓誌

隋 謝岳墓誌

隋 修孔子廟碑

唐 李神符碑

唐 李神符碑

唐 李彥墓誌

唐 柳偘妻墓誌

唐 石臺孝經

唐 史思禮墓誌

唐 史思禮墓誌

唐 楊孝恭碑

唐 楊孝恭碑

唐 趙冬曦壙誌

【楷書】

三國吳 走•五年

三國吳 走•五年

北魏 康健墓誌

北魏 寇憑墓誌

北魏 李媛墓誌

北魏 蘇屯墓誌

北魏 王禎墓誌

北魏 元懷墓誌

北魏 元孟輝墓誌

北魏 元乂墓誌

北魏 元子直墓誌

北齊 竇泰墓誌

東魏 馮令華墓誌

北齊 高湝墓誌

東魏 元鷙墓誌

隋 暴永墓誌

隋 暴永墓誌
隋 陳常墓誌
隋 皇甫深墓誌
隋 申穆及妻墓誌
唐 崔湛墓誌
唐 崔哲妻墓誌
唐 石經尚書
唐 石經五經
唐 王師墓誌
唐 惟貞廟碑陽

咎

【篆書】

唐 碧落碑
唐 三墳記陰

【隸書】

秦 睡229
西漢 馬•老甲
西漢 馬•老乙前
西漢 馬•十問
西漢 馬•縱橫
西漢 居新•6105
西漢 武•服傳甲
西漢 武•服傳甲
東漢 熹平石經易
東漢 鮮于璜碑陽
東漢 正直殘碑
晉 郛休碑陽
唐 崔暟墓誌陽
唐 尉迟迥碑陰

【楷書】

北魏 寇霄墓誌
北魏 李遵墓誌
唐 崔孝昌墓誌
唐 李蕁墓誌
唐 石經尚書
唐 石經五經
唐 石經周易
唐 石經周易
唐 宋遙墓誌

咄

【楷書】

北魏 元舉墓誌
唐 張興墓誌

哉

【篆書】

唐 碧落碑
唐 多寶佛塔銘

【隸書】

西漢 馬•老甲
西漢 馬•十問
西漢 馬•縱橫
西漢 馬•縱橫
西漢 張•719
西漢 張•875
西漢 張•877
西漢 居新•3303
西漢 西•候官
漢晉 流簡紙
東漢 曹全碑陽
東漢 肥致碑
東漢 建寧三年殘碑
東漢 孟孝琚碑
東漢 石門頌
東漢 王暉石棺銘
東漢 鮮于璜碑陽
東漢 鮮于璜碑陽
東漢 鮮于璜碑陰
東漢 薌他君題記
東漢 許阿瞿題記
東漢 楊德安題記
東漢 作封記
晉 辟雍頌陽
晉 管洛墓誌陰
北齊 法懃塔銘
北齊 馬天祥造像
北齊 司馬遵業墓誌

隋 姬威墓誌
隋 劉賓及妻墓誌
隋 王楚英墓誌
隋 張景略墓誌
唐 盧宏及妻墓誌
唐 石臺孝經
唐 史思禮墓誌
唐 蘇洪姿墓誌
唐 蘇洪姿墓誌
唐 唐直墓誌

唐 行儼碑
唐 玄元靈應頌
唐 楊孝恭碑
唐 楊孝恭碑
唐 楊孝恭碑
唐 張翼墓誌
唐 貞一廟碑

【楷書】

北魏 穆纂墓誌
北魏 司馬紹墓誌
北魏 王基墓誌

北魏 元謐墓誌
隋 口徹墓誌
隋 成公氏墓誌
隋 皇甫深墓誌
隋 李則墓誌
隋 劉淵墓誌
隋 元鐘墓誌
唐 白羡言墓誌
唐 胡君妻墓誌
唐 康智墓誌

唐 柳昱墓誌
唐 石經尚書
唐 石經五經
唐 石經五經
唐 石經周易
唐 蘇斌墓誌
唐 王協墓誌
唐 真義女碑銘
唐 鄭堡墓誌

咸咸

【篆書】

三國吴 天發神讖碑
三國魏 正始石經

【隸書】

秦 睡21
秦 關周•病方
西漢 張•653
西漢 居新•7537
西漢 居新•8822
漢晉 流簡紙
漢晉 流簡紙
東漢 曹全碑陽

東漢 池陽令殘碑
東漢 石門頌
東漢 石門頌
東漢 史晨後碑
東漢 史晨後碑
東漢 楊震碑
三國魏 孔羡碑
三國魏 張君殘碑
晉 辟雍頌陽
隋 任軌墓誌

隋 宋景造像碑
隋 張儉及妻墓誌
唐 褚亮碑
唐 高元珪墓誌
唐 李神符碑
唐 史思禮墓誌
唐 楊孝恭碑

【楷書】

三國魏 咸熙元年題字
南朝梁 慧影造像
北魏 李頤墓誌

北魏 元壽安墓誌
北齊 竇泰墓誌
隋 王楚英墓誌
唐 解摩墓誌
唐 石經尚書
唐 石經尚書
唐 石經周易
唐 思恒墓誌
唐 陶後興墓誌
唐 楊執一墓誌

唐 張京墓誌

呰 𠷎

【楷書】

北周 文帝廟造像碑

咥

【楷書】

隋 梁瓌墓誌

唐 石經五經

唐 石經周易

⿰口朿

【隸書】

唐 韓宥經幢額

哂

【楷書】

南朝陳 劉猛進碑

唐 東方朔畫讚

咺

【篆書】

三國魏 正始石經

【楷書】

北魏 李超墓誌

品

【隸書】

西漢 居新•3466

西漢 居新•5793

西漢 居新•626

東漢 華山廟碑陽

東漢 楊震碑

晉 辟雍頌陽

【楷書】

三國吳 走•二年

晉 王君殘墓誌

北魏 王璨墓誌

東魏 宗欣墓誌

隋 豆盧實墓誌

唐 李神符碑

唐 李貞墓誌

隋 王楚英墓誌

隋 王榮及妻墓誌

隋 修孔子廟碑

隋 楊居墓誌

唐 石經尚書

唐 石經尚書

唐 石經周易

東漢 蒼山元嘉題記

東漢 朝侯小子碑

東漢 公乘田魴記

東漢 桓矝食堂記

東漢 建寧三年殘碑

東漢 景君碑陽

東漢 景君碑陽

東漢 景君碑陽

東漢 立朝字殘碑

東漢 朐忍令碑

哀

【篆書】

唐 碧落碑

唐 碧落碑

【隸書】

秦 睡 82

西漢 馬•老子甲後

西漢 馬•縱橫

西漢 居新•2820

西漢 居新•3786

西漢 居新•6563

西漢 居新•6648

兩漢 武•王杖

咳

【隸書】

東漢 夏承碑

隋 郭達墓誌

【楷書】

北魏 薛慧命墓誌

北齊 竇泰墓誌

唐 崔元二墓誌

咷

【隸書】

東漢 夏承碑

晉 管洛墓誌陰

【楷書】

北魏 元彝墓誌

東魏 叔孫固墓誌

唐 荊從皋墓誌

唐 李鎬墓誌

唐 石經五經

唐 石經周易

唐 趙越賓墓誌

咮

【楷書】

唐 石經五經

哆

【楷書】

唐 石經五經

後唐 豎立生臺記

唐 孟玄一墓誌

唐 韋珪墓誌

咽

【隸書】

西漢 馬•合陰陽

西漢 張•1144

東漢 朐忍令碑

隋 姬威墓誌

【楷書】

晉 黃庭內景經

北魏 元彌墓誌

北魏 元舉墓誌

北魏 元延明墓誌

隋 陶貴墓誌

隋 張伏敬墓誌

隋 張喬墓誌

東漢 王暉石棺銘

東漢 武榮碑

東漢 鮮于璜碑陰

東漢 許阿瞿題記

東漢 許安國題記

東漢 許安國題記

東漢 許安國題記

東漢 子游殘碑

東漢 作封記

三國魏 王基斷碑

晉 管洛墓誌陰

北魏 元文墓誌

隋 暴永墓誌

隋 任軌墓誌

隋 謝岳墓誌

唐 褚亮碑

唐 盧宏及妻墓誌

唐 石臺孝經

唐 石臺孝經

唐 郎國長公主碑

唐 張翼墓誌

【楷書】

北魏 慈慶墓誌

北魏 爾朱紹墓誌

北魏 耿氏墓誌

北魏 和邃墓誌

北魏 寇慰墓誌

北魏 寇臻墓誌

北魏 李頤墓誌

北魏 穆亮墓誌

北魏 秦洪墓誌

北魏 檀賓墓誌

北魏 吐谷渾氏墓誌

北魏 王翊墓誌

北魏 元彬墓誌

北魏 元煥墓誌

北魏 元煥墓誌

北魏 元寧墓誌

北魏 元嵩墓誌

北魏 元彝墓誌

北魏 元暐墓誌

北魏 元纂墓誌

北周 步孤須蜜多墓誌

北齊 道明墓誌

北齊 竇泰墓誌

北周 寇熾墓誌

北齊 婁黑女墓誌

北齊 婁黑女墓誌

北周 時珍墓誌

東魏 元睟墓誌

隋 申穆及妻墓誌

隋 陶貴墓誌

隋 王楚英墓誌

隋 薛保興墓誌

隋 楊厲墓誌

唐 胡明期母墓誌

唐 魯謙墓誌

唐 王脩本妻墓誌

唐 薛華墓誌

唐 薛華墓誌

唐 姚常一墓誌

咨

【隸書】

東漢 郙閣頌

東漢 華山廟碑陽

東漢 皇女殘碑

東漢 鮮于璜碑陽

東漢 校官碑

三國魏 孔羨碑

晉 辟雍頌陽

唐 抱腹寺碑

唐 北嶽廟碑

唐 紀信墓碑

唐 辛雲京妻墓誌

唐 楊孝恭碑

【楷書】

北魏 賈瑾墓誌

北魏 穆紹墓誌

北魏 元繼墓誌

北魏 元熙墓誌

東魏 盧貴蘭墓誌

東魏 盧貴蘭墓誌

唐 石經尚書

唐 石經周易

唐 楊思立墓誌

咫

【隸書】

北周 華嶽頌

唐 白鹿泉碑陰

唐 懷古詩刻

【楷書】

北魏 元譚墓誌

後唐 張滌妻高墓誌

哲

【隸書】

東漢 白石神君碑

東漢 池陽令殘碑

東漢 淮源廟碑

東漢 景君碑陽

東漢 朐忍令碑

東漢 楊著碑陽

東漢 張遷碑陽

三國魏 張君殘碑

晉 呂望表

隋 段濟墓誌

隋 爾朱敞墓誌

隋 關明墓誌

隋 姬威墓誌

隋 劉寶及妻墓誌

隋 牛暉墓誌

隋 牛諒墓誌

隋 宋景造像碑

隋 宋景造像碑

隋 修孔子廟碑

隋 張盛墓誌

唐 陳泰墓誌

唐 告華嶽府君

唐 李貞墓誌

唐 潘基墓誌

唐 石臺孝經

唐 史思禮墓誌

唐 尹尊師碑

【楷書】

南朝陳 劉猛進碑

北魏 石婉墓誌

北魏 于纂墓誌

北魏 元敫墓誌

北魏 元敫墓誌

北魏 元文墓誌

北齊 高淯墓誌

北齊 僧靜明造像

東魏 員光造像記

隋 卜鑒墓誌

隋 橋紹墓誌

隋 吳嚴墓誌

隋 羊瑋墓誌

隋 元智墓誌

唐 柏虔玉墓誌

唐 崔勗墓誌

唐 董开墓誌

唐 范安及墓誌

唐 韓氏合葬誌

唐 劉通墓誌

唐 石經尚書

唐 石經五經

唐 宋儼墓誌

唐 魏孝本墓誌

唐 越國太妃墓誌

哥

【隸書】

秦 睡165

北周 華嶽頌

隋 劉寶及妻墓誌

隋 任顯及妻誌

隋 口靜墓誌

【楷書】

北齊 鄭天柱山銘

唐 陶英妻墓誌

唇

【隸書】

秦 睡59

西漢 馬•合陰陽

唐 豆盧建墓誌

唐 豆盧建墓誌

【楷書】

北魏 郭顯墓誌

北魏 元誨墓誌

北魏 元順墓誌

北齊 無量義經

東魏 元悰墓誌

隋 蘇慈墓誌

唐 多寶塔碑

唐 封無遣墓誌

唐 史懷訓墓誌

哺

【隸書】

東漢 秦君神道刻字

唐 崔暟墓誌陽

唐 張倂墓誌

【楷書】

隋 潘善利墓誌

唐 左光胤墓誌

哮

【楷書】

唐 黑齒常之墓誌

哽

【楷書】

北魏 馮迎男墓誌

北齊 雲峯山題記

唐 桓鋭墓誌

哶

【楷書】

隋 皇甫深墓誌

哩

【楷書】

唐 陀羅尼經碑

員

【隸書】

秦 睡28

西漢 馬•老乙前

西漢 馬•老子甲後

西漢 馬•十問

西漢 居新•6084

西漢 居新•7917

西漢 居新•801

東漢 尚博殘碑

東漢 史晨後碑

隋 任軌墓誌

隋 口和墓誌

唐 崔沔墓誌陰

唐 尹尊師碑

唐 趙冬曦壙誌

【楷書】

三國吳 走•五年

南朝梁 羅浮山銘

北魏 檀賓墓誌

北魏 元頊墓誌

隋 馬少敏墓誌

隋 薛保興墓誌

唐 石經九經

唐 石經九經

唐 元希古墓誌

唐 執失善光

唄

【楷書】

後晉 感夢伽藍記

哨

【楷書】

唐 石經五經

哭

【隸書】

秦 睡140

西漢 馬•縱横

西漢 張•730

西漢 張•831

西漢 武•服傳甲

西漢 武•服傳甲

東漢 孟孝琚碑

東漢 鮮于璜碑陰

東漢 張文思題記

東漢 鄭固碑

北齊 司馬遵業墓誌

隋 李元墓誌

隋 王楚英墓誌

唐 柳偘妻墓誌

唐 石臺孝經

唐 尉迟迥碑陰

【楷書】

北魏 馮季華墓誌

北魏 劉華仁墓誌

北魏 元純阤墓誌

北周 步孤須蜜多墓誌

北周 盧蘭墓誌

隋 明雲騰墓誌

隋 橋紹墓誌

唐 崔芑合祔誌

唐 高捧墓誌

唐 李鳳妃墓誌

唐 彭氏墓誌

唐 賫朗墓誌

唐 石經禮記

唐 石經五經

唐 宋山墓誌

唐 陶英妻墓誌

唐 蕭惠媄墓誌

唁

【楷書】

唐 杜行方墓誌

唧

【楷書】

北魏 元舉墓誌

唎

【楷書】

唐 文鑒經幢

唏

【楷書】

唐 王叔寧墓誌

唐 蕭子昂祔誌

唐

【篆書】

唐 阿史那忠碑額

唐 般若臺記

唐 碧落碑

唐 長明燈樓頌

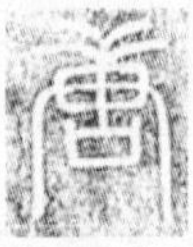
唐 陳君殘碑額

唐 陳君妻趙誌蓋

唐 程修己誌蓋

唐 傳法碑額

唐 等慈寺碑額

唐 狄知愻碑額

唐 法果寺碑額

唐 高元裕碑額

唐 功德碑額

唐 故笄女誌蓋

唐 慧炬寺碑額

唐 紀慎妃碑額

唐 寂照墓碑額

唐 李夫人誌蓋

唐 李勣碑

唐 李勣碑

唐 李敬碑額

唐 李敬實墓誌

唐 李璆妻墓誌

唐 李孝同碑額

唐 李暎墓誌

唐 李元諒頌額

唐 梁備禮妻墓誌

唐 劉士準誌蓋

唐 馬周碑額

唐 契苾明碑額

唐 謙卦碑

唐 清源縣主誌蓋

唐 太上老君像

唐 王涓墓誌

唐 王明哲誌蓋

唐 王慶墓碣

唐 吳夫人誌蓋

唐 許遂忠墓誌

唐 楊公碑額

唐 臧懷亮誌蓋

唐 張琮墓誌額

唐 張九齡碑額

唐 張榮恩誌蓋

【隸書】

西漢 張•783

西漢 張•810

西漢 張•970

西漢 居新•2932

東漢 從事馮君碑

東漢 華山廟碑陽

東漢 華山廟碑陽

東漢 禮器碑側

東漢 立朝字殘碑

東漢 任城黃腸石

東漢 尚博殘碑

東漢 乙瑛碑

晉 辟雍頌陽

北魏 上尊號碑

北魏 涿縣磚刻

隋 修孔子廟碑

唐 慧堅碑額

唐 李神符碑

唐 屈突通墓誌

唐 任城橋亭記

唐 唐世榮墓誌

唐 行儼碑

唐 楊孝恭碑

唐 楊孝恭碑

唐 楊孝恭碑

唐 楊孝恭碑

唐 掌徹墓誌

【楷書】

三國吳 走•四年

晉 華芳墓誌陰

北魏 王基墓誌

北魏 元寧墓誌

北魏 元維墓誌

唐 竇季餘墓誌

唐 李超墓誌

唐 李洪鈞墓誌

唐 李瓘墓誌

唐 李鉢程氏誌蓋

唐 劉基墓誌

唐 石經尚書

唐 邢彥褒墓誌

唐 造石仙宮銘

後唐 毛璋墓誌

哿

【楷書】

唐 楊思立墓誌

喉

【楷書】

隋 陶貴墓誌

唐 劉智墓誌

唫

【楷書】

唐 石經五經

唱

【隸書】

東漢 池陽令殘碑

三國魏 張君殘碑

唐 義福禪師碑

【楷書】

北魏 元悌墓誌

唐 陳守素妻墓誌

啞

【楷書】

唐 戚高墓誌

唐 石經周易

啄

【楷書】

唐 石經五經

唶

【楷書】

唐 石經五經

唐 張景之墓誌

啉

【楷書】

唐 戚高墓誌

㖿

【楷書】

唐 勝陁僵尼經

唵

【隸書】

唐 韓宥經幢額

【楷書】

唐 寺尼心印記

啗

【隸書】

西漢 馬•縱橫

【楷書】

唐 和守陽墓誌

唐 李推賢墓誌

唐 石經五經

唐 張士貴墓誌

唯

【隸書】

秦 睡134

西漢 馬•老甲

西漢 馬•老乙前

西漢 馬•縱橫

西漢 馬•縱橫

西漢 居新•3110

西漢 武•燕禮甲

兩漢 西•馬簡

東漢 從事馮君碑

東漢 薌他君題記

【楷書】

晉 華芳墓誌陰

北魏 笱景墓誌

北魏 石婉墓誌

北齊 竇泰墓誌

隋 李領萬造像

隋 張伏敬墓誌

唐 裴首兒墓誌

唐 石經五經

唐 石經周易

唐 王協墓誌

東漢 張遷碑陽

隋 侯肇墓誌

隋 李使君墓碑

隋 申穆及妻墓誌

隋 蘇恒墓誌

隋 修孔子廟碑

唐 告華嶽府君

唐 唐直墓誌

唐 行儼碑

唐 尹尊師碑

唾

【隸書】

西漢 馬•合陰陽

西漢 馬•縱橫

唐 植松柏碑

【楷書】

北齊 竇泰墓誌

唐 白敏中墓誌

唐 蘭英墓誌

唐 石經五經

啁

【楷書】

北魏 元崇業墓誌

啖

【隸書】

漢晉 流簡紙

【楷書】

唐 李勣墓誌

啐

【楷書】

唐 石經五經

唐 謁嶽廟文

啜

【楷書】

北魏 元順墓誌

唐 王豫墓誌

啎

【楷書】

唐 竇季餘墓誌

售

【楷書】

魏晉 樓•紙

唐 崔璘墓誌

唐 李眈墓誌

唐 石經九經

唐 唐嘉會墓誌

唼

【楷書】

晉 黄庭内景經

啓

【隸書】

秦 睡 136

秦 睡 254

西漢 馬•事語

西漢 馬•縱横

西漢 張•1189

西漢 張•601

西漢 張•601

西漢 張•833

東漢 肥致碑

東漢 虔恭字殘碑

北齊 感孝頌

北齊 司馬遵業墓誌

北齊 西門豹碑陽

隋 豆盧實墓誌

隋 郭休墓誌

隋 侯肇墓誌

隋 蕭瑾墓誌

隋 修孔子廟碑

隋 張儉及妻墓誌

隋 趙朗墓誌

唐 褚亮碑

唐 崔沔墓誌陰

唐 李神符碑

唐 牛氏像龕碑

唐 沈知敏墓誌

唐 譚伍墓誌

唐 王子麟墓誌

唐 楊孝恭碑

唐 楊孝恭碑

唐 張休光墓誌

唐 張翼墓誌

唐 趙冬曦壙誌

唐 朱崇慶墓誌

唐 朱君妻王墓誌

【楷書】

魏晉 樓•紙

晉 華芳墓誌陽

北魏 長孫子澤墓誌

北魏 寇臻墓誌

北魏 山徽墓誌

北魏 檀賓墓誌

北魏 元順墓誌
北魏 元天穆墓誌
北魏 元文墓誌
北魏 元詳墓誌
北魏 元新成妃墓誌
北魏 元子正墓誌
北齊 高湝墓誌
隋 暴永墓誌
隋 鞏賓墓誌
隋 申穆及妻墓誌

隋 宋玉艷墓誌
隋 王楚英墓誌
隋 吴嚴墓誌
唐 丁佑及妻合祔誌
唐 高木盧墓誌
唐 郭瑤墓誌
唐 姬温墓誌
唐 賈隱及妻墓誌
唐 李崗墓誌
唐 李壽墓誌

唐 柳侃妻墓誌
唐 逯貞墓誌
唐 苗蕃妻墓誌
唐 石經尚書
唐 石經五經
唐 王大劍墓誌
唐 王延墓誌
唐 張叡墓誌
唐 張騷墓誌
唐 支子璋墓誌

喜

【隸書】

秦 睡 138
西漢 馬•老乙前
西漢 馬•陰陽甲
西漢 張•1197
西漢 居新•3756
西漢 居新•4250
西漢 西•馬牘
東漢 從事馮君碑
東漢 孔宙碑陽
東漢 薌他君題記

北齊 婁黑女墓誌
唐 盧君妻墓誌
唐 龐履温碑
唐 屈突通墓誌
唐 蘇洪姿墓誌

【楷書】

三國吴 走•五年
北齊 道明墓誌
東魏 李挺墓誌
北齊 三十五佛名
隋 馬稱心墓誌

隋 宋玉艷墓誌
隋 羊瑋墓誌
唐 敬能經幢
唐 李元璥墓誌
唐 劉冰墓誌
唐 石經尚書
唐 石經周易
唐 孫君妻盧墓誌
唐 張三英墓記

喪

【篆書】

唐 碧落碑

【隸書】

秦 睡 140
西漢 張•733
西漢 張•733
東漢 曹全碑陽
東漢 朝侯小子碑
東漢 從事馮君碑
東漢 孟孝琚碑
東漢 王舍人碑
東漢 夏承碑

東漢 夏承碑
東漢 鮮于璜碑陽
東漢 鮮于璜碑陰
東漢 鮮于璜碑陰
東漢 薌他君題記
東漢 楊德安題記
東漢 楊淮表記
東漢 楊著碑陽
晉 郭休碑陽
晉 石尠墓誌

北齊 法懃塔銘
隋 豆盧實墓誌
隋 姬威墓誌
隋 王榮及妻墓誌
隋 口和墓誌
隋 吳嚴墓誌
隋 修孔子廟碑
隋 張儉及妻墓誌
唐 北獄廟碑
唐 紀信墓碑

唐 石臺孝經
唐 石臺孝經
唐 史思禮墓誌
唐 王崇禮墓誌
唐 王震墓誌
唐 王子麟墓誌
唐 行儼碑
唐 楊孝恭碑
唐 尹尊師碑
唐 張頴墓誌

【楷書】
北魏 高廣墓誌
北魏 韓震墓誌陰
北魏 穆亮墓誌
北魏 元恩墓誌
北魏 元毓墓誌
北魏 張寧墓誌
東魏 廉富造像陽
東魏 元賓建墓誌
東魏 元湛墓誌
隋 范安貴墓誌

隋 姬威墓誌
唐 曹氏墓誌
唐 程知節墓誌
唐 崔程墓誌
唐 崔滄墓誌
唐 段承宗墓誌
唐 皇甫弘敬墓誌
唐 李鳳妃墓誌
唐 李壽墓誌
唐 劉通墓誌

唐 盧憕墓誌
唐 盧士瓊墓誌
唐 吕常侍妻墓誌
唐 衺婉墓誌
唐 清河張氏墓誌
唐 曲元縝妻墓誌
唐 石經尚書
唐 石經五經
唐 石經五經
唐 石經周易

唐 石經周易
唐 陶英妻墓誌
唐 王太真墓誌
唐 魏孝本墓誌
唐 西河藺氏墓誌
唐 夏侯氏墓誌
唐 顔家廟碑
唐 楊逈墓誌
唐 楊執一墓誌
唐 翟六娘墓誌

唐 趙珪墓誌
唐 鄭中基墓誌

喝

【楷書】

唐 支敬倫墓誌

單

【隸書】

秦 睡113

西漢 馬•老乙前

西漢 馬•縱横

西漢 居新•3620

西漢 居新•3620

西漢 居新•8164

漢晉 流簡紙

東漢 買田約束石

東漢 鮮于璜碑陰

三國魏 受禪碑

喘

【篆書】

唐 碧落碑

【隸書】

唐 京兆金氏墓誌

【楷書】

唐 高懲墓誌

喫

【楷書】

唐 法澄塔銘

喋

【隸書】

東漢 張遷碑陽

【楷書】

唐 范信墓誌

唐 牛秀墓誌

嚹

【楷書】

唐 陀羅尼經碑

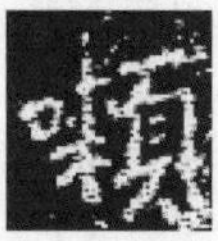

後唐 豎立生臺記

後梁 謝彥璋墓誌

喃

【楷書】

唐 文鑒經幢

喈

【楷書】

北魏 元延明墓誌

唐 高懲墓誌

啼

【隸書】

東漢 薌他君題記

北齊 法懃塔銘

隋 蘇恒墓誌

唐 李神符碑

【楷書】

北魏 元端墓誌

唐 石經九經

唐 石經九經

唐 張安墓誌

喚

【楷書】

唐 敬昭道墓誌

喉

【隸書】

西漢 張•898

西漢 西•候官

北齊 司馬遵業墓誌

隋 蕭瑾墓誌

【楷書】

晉 黃庭經

北魏 郭顯墓誌

東魏 元悰墓誌

隋 樊氏墓誌

唐 陽濟墓誌

喤

【楷書】

唐 石經五經

啾

【楷書】

北魏 弔比干文陽

隋 惠鬱造像記

隋 王世琛墓誌

唐 李信墓誌

唐 石經九經

喻

【隸書】

北齊 司馬遵業墓誌

隋 豆盧實墓誌

隋 馬穉墓誌

唐 北獄廟碑

唐 孔子廟碑

唐 孔子廟碑

唐 平蠻頌

唐 雲居寺殘碑

【楷書】

北魏 馮迎男墓誌

北魏 寇治墓誌

喟

【隸書】

唐 抱腹寺碑

唐 王媛墓誌陰

唐 韋士逸墓誌

【楷書】

隋 董敬墓誌

北齊 司馬遵業墓誌

【楷書】

魏晉 樓•紙

北魏 寇憑墓誌

北魏 元天穆墓誌

北魏 元珍墓誌

隋 田德元墓誌

唐 李清墓誌

唐 石經尚書

唐 王瑗達墓誌

唐 張茂弘墓誌

嗟

【隸書】

西漢 馬·老子甲後

西漢 馬·老子甲後

西漢 馬·老子甲後

西漢 馬·老子甲後

東漢 曹全碑陽

東漢 公乘田魴記

東漢 熹平石經殘

東漢 鄭固碑

三國魏 孔羨碑

晉 辟雍頌陽

晉 石尠墓誌

北齊 感孝頌

隋 高虬墓誌

隋 郭休墓誌

隋 姬威墓誌

隋 張儉及妻墓誌

隋 張姜墓誌

唐 蔡君妻墓誌

唐 大忍寺碑

唐 高嶸墓誌

唐 庫狄真相墓誌

唐 石臺孝經

唐 徐昐墓誌

唐 徐昐墓誌

唐 徐昐墓誌

唐 張叡墓誌

唐 張休光墓誌

【楷書】

北魏 慈慶墓誌

北魏 司馬氏墓誌

北魏 元茂墓誌

北魏 元悌墓誌

東魏 王令媛墓誌

隋 張喬墓誌

隋 諸葛子恒碑

唐 白知禮墓誌

唐 崔湛墓誌

唐 竇真墓誌

唐 李壽墓誌

唐 石經尚書

唐 石經周易

唐 王海朝墓誌

唐 王君妻墓誌

唐 張騷墓誌

喑

【隸書】

東漢 朐忍令碑

唐 李貞墓誌

【楷書】

隋 梁瓌墓誌

喧

【隸書】

隋 姬威墓誌

唐 崔漢衡題名

唐 孔子廟碑

【楷書】

東魏 元仲英墓誌

唐 孫君妻盧墓誌

喙

【隸書】

漢晉 流簡紙

【楷書】

北魏 山徽墓誌

唐 李兒墓誌

唐 石經五經

喬 喬

【隸書】

隋 馬穉墓誌

隋 牛諒墓誌

唐 孔子廟碑

【楷書】

三國吳 走•四年

南朝梁 喬進臣地券

北齊 竇泰墓誌

北齊 宋賢伯造像陰

隋 張喬墓誌

唐 喬進臣地券

唐 石經尚書

唐 石經五經

唐 韋珪墓誌

啻 啻

【隸書】

秦 睡133

西漢 馬•縱橫

【楷書】

唐 崔琪墓誌

善 譱 善

【篆書】

唐 碧落碑

唐 多寶佛塔銘

【隸書】

秦 睡10

秦 關周•日書

西漢 馬•老子甲後

西漢 馬•十問

西漢 馬•縱橫

西漢 馬•縱橫

西漢 馬•縱橫

西漢 張•1072

西漢 張•1130

西漢 張•719

漢晉 流簡紙

漢晉 流簡紙

漢晉 流簡紙

東漢 朝侯小子碑

東漢 從事馮君碑

東漢 韓仁銘

東漢 孟孝琚碑

東漢 朐忍令碑

新莽 禳盜刻石

東漢 熹平石經易

東漢 夏承碑

東漢 鮮于璜碑陽

東漢 楊著碑陽

東漢 張遷碑陽

東漢 子游殘碑

隋 豆盧實墓誌

隋 豆盧實墓誌

隋 爾朱敞墓誌

隋 澧水石橋碑

隋 闞明墓誌

隋 姬威墓誌

隋 賈通墓誌

隋 劉寶及妻墓誌

隋 宋景造像碑

隋 宋仲墓誌

隋 蘇恒墓誌

隋 王榮及妻墓誌

隋 鄭令妃墓誌

唐 李彥墓誌

唐 石臺孝經

唐 石臺孝經

唐 史思禮墓誌

唐 譚伍墓誌

唐 文宣王廟門碑

唐 郞國長公主碑

唐 楊孝恭碑

唐 楊孝恭碑

唐 尹尊師碑

唐 張濬墓誌

唐 趙冬曦壙誌

唐 朱君妻王墓誌

【楷書】

魏晉 樓•紙

北魏 韓顯宗墓誌

北魏 和醜仁墓誌

北魏 康健墓誌

北魏 李媛墓誌

北魏 山徽墓誌

北魏 萬福榮造像

北魏 王神虎造像

北魏 鮮于仲兒墓誌

北魏 元斅墓誌

北魏 元融墓誌

北魏 元順墓誌

北魏 元悅墓誌

北周 寇熾墓誌

東魏 盧貴蘭墓誌

北周 神通摩崖

北齊 無量義經

東魏 元寶建墓誌

隋 陳叔榮墓誌

隋 傅叔墓誌

隋 劉明及妻墓誌

隋 王光墓誌

隋 吳嚴墓誌

隋 元鍾墓誌

唐 竇真墓誌

唐 庫狄真相墓誌

唐 李福墓誌

唐 李其墓誌

唐 劉子墓誌

唐 石浮圖銘

唐 石經尚書

唐 石經五經

唐 石經五經

唐 石經周易

唐 石經周易

唐 孫君妻李墓誌

唐 王宏墓誌

唐 王容墓誌

唐 王晛墓誌

唐 顏家廟碑

唐 雍如珪墓誌

唐 張澤墓誌

嗇

【隸書】

秦 睡 45

秦 睡 57

西漢 居新•7488

東漢 西•推辟

兩漢 西•馬簡

兩漢 西•懸簡

東漢 曹全碑陰

東漢 文叔陽題記

東漢 鮮于璜碑陰

東漢 張遷碑陽

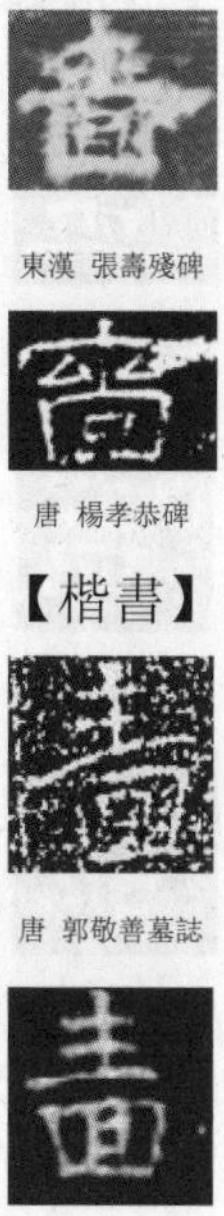

東漢 張壽殘碑

唐 楊孝恭碑

【楷書】

唐 郭敬善墓誌

唐 楊訓墓誌

嗃

【楷書】

唐 劉冰墓誌

唐 石經五經

唐 石經周易

嗜

【隸書】

唐 告華嶽府君

唐 告華嶽府君

唐 貞一廟碑

【楷書】

唐 羅端墓誌

唐 石經尚書

唐 石經五經

唐 王振墓誌

唐 嚴氏玄堂銘

嗑

【楷書】

唐 崔順墓誌

唐 石經周易

唐 司馬元禮墓誌

嗤

【隸書】

隋 修孔子廟碑

【楷書】

北魏 元繼墓誌

唐 元伏和墓誌

唐 張君妻田墓誌

喿

【隸書】

秦 睡243

西漢 張•1076

隋 暴永墓誌

隋 高虬墓誌

隋 宋仲墓誌

【楷書】

唐 慧照塔銘

嗣

【篆書】

唐 三墳記陽

【隸書】

西漢 居新•2277

西漢 武•特牲甲

東漢 朐忍令碑

東漢 鮮于璜碑陽

三國魏 孔羡碑

晉 石尠墓誌

北齊 法懃塔銘

北齊 感孝頌

隋 爾朱敞墓誌

隋 牛諒墓誌

隋 任軌墓誌

隋 任顯及妻誌

唐 崔沔墓誌陰

唐 高元珪墓誌

唐 京兆金氏墓誌

唐 蘇洪姿墓誌

唐 王子麟墓誌

唐 楊孝恭碑

唐 楊孝恭碑

唐 楊孝恭碑

【楷書】

晉 華芳墓誌陰

北魏 于纂墓誌

北魏 元乂墓誌

北齊 婁黑女墓誌

東魏 元仲英墓誌

隋 潘善利墓誌

隋 王楚英墓誌

唐 崔琪墓誌

唐 侯子妻墓誌

唐 李昕墓誌

唐 吕氏墓誌

唐 裴涓墓誌

唐 師弘禮墓誌

唐 石經尚書

唐 石經尚書

唐 王君及妻墓誌

唐 楊執一墓誌

⿰口展

【隸書】

唐 白鹿泉碑陰

嗛

【篆書】

唐 謙卦碑

唐 謙卦碑

【隸書】

東漢 許安國題記

唐 王媛墓誌陽

嗌

【隸書】

西漢 馬•合陰陽

西漢 馬•陰陽甲

西漢 張•816

西漢 張•816

【楷書】

唐 石經五經

嗅

【楷書】

唐 多寶塔碑

唐 多寶塔碑

唐 石經五經

唐 石經五經

唐 高彥墓誌

唐 李公政墓誌

唐 李仙蕙志

唐 李修已墓誌

唐 孫君妻張墓誌

唐 王郊墓誌

唐 王師墓誌

唐 張威墓誌

唐 宗夫人墓誌

後梁 穆君弘墓誌

隋 張儉及妻墓誌

隋 張景略墓誌

唐 唐直墓誌

唐 行儼碑

【楷書】

北魏 寇憑墓誌

北魏 元寧墓誌

北魏 元寧墓誌

隋 曹海凝墓誌

隋 寧贙墓碑

隋 張喬墓誌

嗚

【隸書】

西漢 馬•老甲

東漢 孔宙碑陽

東漢 岐子根記

東漢 王暉石棺銘

東漢 夏承碑

東漢 薌他君題記

東漢 作封記

隋 郭逵墓誌

隋 姬威墓誌

隋 楊真墓誌

嗂

【楷書】

北魏 元悌墓誌

嗷

【楷書】

唐 盧伯卿妻墓誌

唐 石經五經

嘌

【楷書】

唐 勝陁儸尼經

嘷

【篆書】

唐 碧落碑

【隸書】

東漢 許安國題記

【楷書】

北魏 奚真墓誌

唐 劉通墓誌

唐 石經五經

嘉

【隸書】

秦 關周•曆譜

秦 關周•曆譜

西漢 張•652

西漢 居新•2514

西漢 居新•3045

西漢 居新•3934

西漢 西•候官

西漢 西•馬簡牘

東漢 蒼山元嘉題記

東漢 曹全碑陽

東漢 肥致碑

東漢 封龍山頌

東漢 華山廟碑陽

東漢 淮源廟碑

東漢 景君碑陽

東漢 景君碑陰

東漢 繆宇墓誌

東漢 史晨後碑

東漢 五瑞圖摩崖

東漢 西狹頌

東漢 西狹頌

東漢 鮮于璜碑陽

東漢 楊震碑

東漢 乙瑛碑

東漢 趙寬碑

東漢 趙儀碑

晉 辟雍頌陽

晉 徐義墓誌陽

隋 暴永墓誌

隋 爾朱敞墓誌

隋 關明墓誌

隋 申穆及妻墓誌

隋 修孔子廟碑

隋 楊真墓誌

唐 褚亮碑

唐 褚亮碑

唐 盧宏及妻墓誌

唐 史思禮墓誌

唐 王子麟墓誌

唐 趙冬曦壙誌

【楷書】

三國吳 走•二年

三國吳 走•四年

三國吳 走•五年

魏晉 樓•紙

北魏 赫連悅墓誌

北魏 寇演墓誌

北魏 穆亮妻墓誌

北魏 元恩墓誌

北魏 張整墓誌

北周 馬龜墓誌

北齊 元賢墓誌

隋 寇奉叔墓誌

隋 田氏墓誌

隋 張濤妻墓誌

唐 胡儼墓誌

唐 李辛女墓誌

唐 石浮圖銘

唐 石經尚書

唐 石經周易

唐 蘇斌墓誌

嘏

【隸書】

東漢 孔宙碑陽

【楷書】

晉 華芳墓誌陰

北魏 元楨墓誌

北齊 劉雙仁墓誌

唐 崔延墓誌

唐 李鳳妃墓誌

嘖

【隸書】

東漢 王舍人碑

【楷書】

唐 石經五經

嗎

【楷書】

唐 苑玄亮墓誌

嘈

【楷書】

唐 李嗣莊墓誌

嗽

【楷書】

唐 沈師黃墓誌

嘔

【隸書】

晉 辟雍頌陽

【楷書】

唐 劉撝妻墓誌

嘒

【楷書】

北魏 司馬顯姿墓誌

噴 𡃷	嗦	嘧	嘹	噉	嘅 𠹎	嗾 𠻕	嗿 𠹉
【隸書】  唐 戒壇碑  唐 李貞墓誌 【楷書】  唐 闞師墓誌	【楷書】  隋 張波墓誌	【楷書】  唐 楊淡造經幢	【楷書】  唐 李勣墓誌	【楷書】  北齊 劉雙仁墓誌  北齊 張子昂造像  隋 盧文構墓誌  唐 王士林墓誌	【楷書】  唐 石經五經	【楷書】  唐 石經五經	【楷書】  唐 石經五經

嗡

【隸書】

東漢 岐子根記

【楷書】

晉 黃庭經

唐 楊萼墓誌

噍

【楷書】

北魏 元崇業墓誌

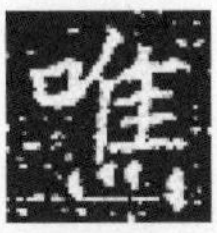

唐 毗伽特勤墓誌

唐 石經五經

噓

【隸書】

東漢 岐子根記

【楷書】

晉 黃庭經

唐 程思義墓誌

唐 韓仁惠墓誌

嘿

【楷書】

北魏 元懷墓誌

隋 董敬墓誌

隋 伍道進墓誌

唐 柳偘妻墓誌

嘻

【隸書】

東漢 熹平石經易

【楷書】

唐 柳默然墓誌

唐 盧全操墓誌

唐 石經周易

嘲

【楷書】

北魏 寇憑墓誌

唐 沈中黃墓誌

嘵

【楷書】

唐 石經五經

噎

【隸書】

唐 豆盧建墓誌

【楷書】

北魏 馮迎男墓誌

隋 □徹墓誌

唐 魏孝本墓誌

噣（篆）	嚩	噰	噩	嘶	嘬	噒	噂（篆）
【楷書】  唐 石經五經	【楷書】  唐 勝陁佛頂尼經  唐 文鑒經幢  唐 楊淡造經幢	【楷書】  唐 劉奇秀墓誌  唐 平昌孟氏墓誌	【隸書】  東漢 楊德安題記 【楷書】  唐 石經五經  唐 守忠龕塋記	【隸書】  唐 王崇禮墓誌 【楷書】  北魏 王誦墓誌  唐 姚恭墓誌	【隸書】  西漢 馬·合陰陽	【楷書】  隋 楊厲墓誌	【楷書】  唐 石經五經

噪

【隸書】

隋 蘇恒墓誌

【楷書】

唐 僧突墓誌

嘌

【楷書】

唐 石經五經

器 𡘆

【篆書】

唐 李敬實墓誌

【隸書】

秦 睡20

秦 睡21

秦 睡66

西漢 張•762

西漢 居新•1426

西漢 居新•7473

新莽 西•守御器

東漢 西•寇恩

東漢 西•寇恩

兩漢 西•馬簡

漢晉 流簡紙

漢晉 流簡紙

東漢 池陽令殘碑

東漢 禮器碑

東漢 馬姜墓記

東漢 夏承碑

東漢 楊統碑陽

東漢 乙瑛碑

東漢 趙寬碑

三國魏 孔羨碑

晉 辟雍頌陽

晉 徐義墓誌陰

隋 澧水石橋碑

隋 符盛及妻墓誌

隋 高虬墓誌

隋 李元墓誌

隋 馬穉墓誌

隋 任軌墓誌

隋 宋仲墓誌

隋 元鐘墓誌

隋 張景略墓誌

唐 李神符碑

唐 李神符碑

唐 楊孝恭碑

唐 楊孝恭碑

唐 尹尊師碑

唐 趙冬曦壙誌

【楷書】

北魏 宋虎墓誌

北魏 元恭墓誌

北魏 元繼墓誌

北魏 元尚之墓誌

北齊 竇泰墓誌

隋 皇甫深墓誌

隋 劉淵墓誌

隋 王楚英墓誌

隋 吳嚴墓誌

隋 楊厲墓誌

唐 阿史那貞忠墓誌

唐 崔鉀墓誌

唐 石經尚書

唐 石經周易

唐 石經五經

噬

【隸書】

隋 蕭瑾墓誌

【楷書】

北魏 元融墓誌

唐 關師墓誌

唐 李柔墓誌

唐 石經周易

唐 宋儼墓誌

噲

【隸書】

西漢 張•750

西漢 張•763

【楷書】

北齊 元賢墓誌

唐 劉府君墓誌

噭

【隸書】

西漢 馬•老乙

唐 張濬墓誌

【楷書】

隋 王世琛墓誌

唐 秦進儀墓誌

唐 石經五經

噫

【隸書】

西漢 馬•陰陽甲

唐 陳憲墓誌

唐 李貞墓誌

【楷書】

隋 皇甫深墓誌

唐 盧直墓誌

唐 石經尚書

嘯

【隸書】

唐 尹文操碑

唐 尹尊師碑

唐 尹尊師碑

【楷書】

晉 洛神十三行

南朝梁 羅浮山銘

隋 橋紹墓誌

唐 杜秀墓誌

唐 韓政墓誌

唐 劉祿墓誌

唐 尚弘簡墓誌

唐 石經五經

唐 王感墓誌

隋 羊瑋墓誌

唐 張綱墓誌

唐 張逸墓誌

唐 執失善光

嚇

【楷書】

唐 王公素墓誌

嚌

【隸書】

西漢 武•有司甲

【楷書】

唐 石經儀禮

西漢 居新•1950

西漢 居新•2114

西漢 居新•5558

西漢 居新•5880

西漢 西•候官

西漢 西•候官

西漢 西•候官

兩漢 西•懸檢

東漢 西狹頌

東漢 乙瑛碑

東漢 造土牛碑

嚴巖

【篆書】

東漢 少室石闕銘

唐 碧落碑

唐 多寶佛塔銘

唐 盧仝等題名

唐 王軒等題名

【隸書】

秦 睡 95

西漢 馬•老子甲後

西漢 馬•老子甲後

西漢 居新•1209

嚧

【楷書】

後唐 竪立生臺記

後唐 張思錄經幢

嚟

【楷書】

唐 二娘造浮圖銘

嚜

【隸書】

隋 爾朱敞墓誌

唐 紀信墓碑

【楷書】

唐 王師墓誌

嚏

【楷書】

唐 石經五經

唐 石經五經

唐 薛華墓誌

嚮

【篆書】

唐 碧落碑

【隸書】

晉 辟雍頌陽

隋 楊真墓誌

【楷書】

北魏 謝伯違造像

東魏 馮令華墓誌

東魏 呂覣墓誌

唐 樊浣墓誌

唐 石經周易

唐 薛參墓誌

晉 徐義墓誌陽
北齊 鏤石班經記
隋 關明墓誌
隋 劉寶及妻墓誌
隋 默曹殘碑
隋 宋景造像碑
隋 宋景造像碑
隋 蕭瑾墓誌
隋 修孔子廟碑
唐 李神符碑

唐 沈夫人墓誌
唐 石臺孝經
唐 史思禮墓誌
唐 司馬寔墓誌
唐 修定寺記碑
唐 楊孝恭碑

【楷書】

北魏 寇霄墓誌
北魏 寇臻墓誌
北魏 王誦妻元墓誌
北魏 于纂墓誌

北魏 元信墓誌
北魏 張玄墓誌
隋 陶貴墓誌
隋 吳嚴墓誌
唐 徐買墓誌
唐 蔣敏妻墓誌
唐 李君妻田墓誌
隋 李鈫墓誌
唐 盧珍墓誌
唐 苗弘本墓誌

唐 石浮圖銘
唐 石經五經
唐 石經周易
唐 王大劍墓誌
唐 尉遲敬德墓誌
唐 玄秘塔碑
唐 袁弘毅墓誌
後梁 山可球造像

嚬

【楷書】

東魏 李艷華墓誌
唐 羅池廟碑
唐 張須墓誌

嚨

【楷書】

晉 黃庭經
晉 黃庭經

嚱

【楷書】

唐 段文絢墓誌
唐 鄭濆墓誌
唐 周惠墓誌

嚶

【楷書】

北魏 元演墓誌
唐 潘衡墓誌
唐 石經五經
唐 辛驥墓誌

嚼

【楷書】

北魏 吊比干文

唐 石經五經

唐 石經五經

唐 實照墓誌

嚳

【隸書】

隋 段濟墓誌

【楷書】

北魏 張寧墓誌

隋 元智妻墓誌

唐 祁惠墓誌

唐 王則墓誌

囀

【楷書】

唐 沈士公墓誌

囇

【楷書】

唐 勝陁儸尼經

囂

【隸書】

西漢 武•泰射甲

隋 蕭瑾墓誌

唐 張休光墓誌

唐 趙冬曦壙誌

唐 趙叡沖碑

唐 植松柏碑

【楷書】

南朝陳 劉猛進碑

北魏 元瞻墓誌

唐 盧直墓誌

唐 石經尚書

唐 石經尚書

唐 張法真墓誌

唐 張洛墓誌

囊

【隸書】

秦 睡 228

秦 睡 270

西漢 張•1204

西漢 居新•6670

西漢 西•馬簽

漢晉 流簡紙

三國吳 走•五年

隋 馬穉墓誌

唐 植松柏碑

【楷書】

北魏 檀賓墓誌

北魏 元子正墓誌

北齊 等慈寺塔銘

北齊 劉雙仁墓誌

隋 張壽墓誌

唐 石經五經

唐 石經五經

唐 石經周易

唐 石經周易

唐 蕭言思墓誌

唐 玄秘塔碑

唐 張玄弼墓誌

唐 鄭法明妻墓誌

囉

【楷書】

後唐 竪立生臺記

囓

【楷書】

唐 蘇恩妻墓誌

囕

【楷書】

唐 陀羅尼經碑

後唐 張思錄經幢

囑

【隸書】

東漢 蒼山元嘉題記

隋 鄭令妃墓誌

【楷書】

北魏 侯太妃造像

北魏 穆彥墓誌

北魏 司馬顯姿墓誌

北齊 李子休造像

東魏 南宗和尚塔銘

隋 高緊墓誌

唐 高木盧墓誌

唐 善悟塔銘

口部

囚 ㊇

【隸書】

秦 睡17

西漢 張•705

西漢 居新•5753

漢晉 流簡紙

東漢 張遷碑陽

隋 修孔子廟碑

【楷書】

北魏 檀賓墓誌

唐 石經尚書

唐 趙慧墓誌

四 ㊃

【篆書】

東漢 袁安碑

東漢 袁安碑

唐 謙卦碑

唐 三墳記陽

唐 峿臺銘

【隸書】

秦 睡51

秦 關周•曆譜

秦 關周•日書

西漢 馬•合陰陽

西漢 馬•十問

西漢 馬•天下

西漢 張•1012

西漢 張•1015

西漢 張•992

西漢 居新•5678

西漢 居新•7592

西漢 居新•7967

西漢 居新•7989

西漢 西•適界

兩漢 西•馬簡

兩漢 西•醫藥

西漢 李后墓塞石

東漢 景君碑陽

東漢 禮器碑

東漢 孟孝琚碑

東漢 孟孝琚碑

東漢 朐忍令碑

東漢 延光四年殘

東漢 乙瑛碑

東漢 佐孟機題記

三國魏 王基斷碑

晉 魯詮墓表

北齊 法勲塔銘

北周 華嶽頌

北齊 司馬遵業墓誌

隋 任軌墓誌

隋 宋景造像碑

隋 蘇恒墓誌

隋 謝岳墓誌

唐 李神符碑

唐 劉慎墓誌

唐 石臺孝經

唐 石臺孝經

唐 石臺孝經

唐 王子麟墓誌

唐 宴濟瀆序陰額

唐 楊孝恭碑

唐 趙冬曦壙誌

唐 貞一廟碑

【楷書】

三國吳 走•四年

北魏 寇慰墓誌

北魏 元斆墓誌

北齊 竇泰墓誌

東魏 陸順華墓誌

隋 申穆及妻墓誌

唐 陳君妻王墓誌

唐 崔哲妻墓誌

唐 石經尚書

唐 石經周易

因

【篆書】

唐 碧落碑

唐 碧落碑

【隸書】

秦 睡 10

秦 關周•病方

西漢 馬•老乙前

西漢 馬•老子甲後

西漢 馬•縱橫

西漢 馬•縱橫

西漢 張•1028

西漢 張•1143

西漢 張•970

東漢 西•寇恩

東漢 西•寇恩

漢晉 流簡紙

東漢 白石神君碑

東漢 建寧元年殘碑

東漢 石門闕銘

東漢 史晨後碑

東漢 史晨後碑

新莽 蘇馬灣刻石

東漢 西狹頌

新莽 羊窩頭刻石

東漢 永壽元年墓記

三國魏 孔羨碑

晉 郭槐柩記

隋 澧水石橋碑

隋 關明墓誌

隋 宋景造像碑

隋 蘇恒墓誌

隋 謝岳墓誌

隋 修孔子廟碑

唐 石臺孝經

唐 石臺孝經

唐 尹尊師碑

唐 尹尊師碑

【楷書】

魏晉 樓•紙

北魏 劉華仁墓誌

北魏 姚伯多供養碑

北魏 元壽安墓誌

北齊 李買造象記

隋 申穆及妻墓誌

隋 口靜墓誌

唐 暴賢墓誌

唐 傅交益墓誌

唐 霍氏墓誌

唐 石經尚書

唐 石經五經

唐 石經周易

唐 王宏墓誌

唐 張楚璋墓誌

回

【篆書】

唐 峿臺銘

【隸書】

秦 睡 31

西漢 馬•事語

西漢 馬•縱橫

西漢 張•1062

西漢 張•1062

西漢 居新•3612

漢晉 流簡紙

東漢 利水大道記

東漢 孟孝琚碑

東漢 尚博殘碑

晉 石尠墓誌

唐 戒壇碑

唐 劉粲墓誌

唐 尹文操碑

唐 尹尊師碑

【楷書】

三國吳 走•五年

晉 黃庭經

北齊 竇泰墓誌

隋 樊敬賢造像

隋 張壽墓誌

唐 喬崇隱墓誌

唐 石經五經

唐 辛驥墓誌

後梁 賈郃墓誌

囟

【楷書】

唐 石經九經

唐 石經九經

困

【隸書】

秦 睡 90

西漢 馬•老乙前

西漢 馬•縱橫

西漢 居新•1905

西漢 居新•5560

兩漢 西•馬簡

兩漢 西•馬簡

東漢 郙閣頌

東漢 孔宙碑陽

東漢 孟孝琚碑

隋 馬穉墓誌

【楷書】

魏晉 樓•紙

北齊 竇泰墓誌

唐 喬崇隱墓誌

唐 石經尚書

唐 石經周易

固

【篆書】

唐 碧落碑

唐 盧仝等題名

【隸書】

秦 睡 100

西漢 馬•老乙

西漢 馬•縱橫

西漢 張•469

西漢 居新•3471

東漢 西狹頌

晉 辟雍頌陽

隋 爾朱端墓誌

隋 郭王墓誌

隋 蕭瑾墓誌

隋 張儉及妻墓誌

唐 李神符碑

唐 李貞墓誌

【楷書】

北魏 慈慶墓誌

北魏 石定姬磚誌

北齊 竇泰墓誌

隋 段威墓誌

唐 石經周易

囷

【隸書】

秦 睡 196

秦 關周•病方

西漢 張•989

【楷書】

三國吳 走•五年

唐 張軫墓誌

囹

【隸書】

隋 澧水石橋碑

隋 修孔子廟碑

【楷書】

北齊 竇泰墓誌

北齊 竇泰墓誌

隋 寇遵考墓誌

囿

【隸書】

秦 睡 92

西漢 馬•縱橫

西漢 馬•縱橫

東漢 西•四時

唐 趙冬曦壙誌

【楷書】

北魏 穆紹墓誌

唐 張肅珪墓誌

圄

【隸書】

隋 澧水石橋碑

隋 修孔子廟碑

【楷書】

北齊 竇泰墓誌

唐 程思義墓誌

圃

【隸書】

東漢 孔宙碑陽

唐 任城橋亭記

唐 楊孝恭碑

【楷書】

北魏 元斌墓誌

北魏 元暐墓誌

隋 張伏敬墓誌

唐 崔嚴墓誌

唐 掌徹墓誌

國

【篆書】

北周 步孤氏誌蓋

北魏 元天穆誌蓋

隋 賀若誼碑額

唐 寂照墓碑額

唐 李勣碑

唐 李元諒頌額

唐 契苾明碑額

唐 謙卦碑

唐 謙卦碑

【隸書】

西漢 馬•老乙前

西漢 馬•縱横

西漢 馬•縱横

西漢 馬•縱横

西漢 馬•縱横

西漢 馬•縱横

西漢 居新•7709

新莽 西•守御器

東漢 西•奉例

漢晉 流簡紙

漢晉 流簡紙

漢晉 流簡紙

東漢 封龍山頌

新莽 萊子侯刻石

東漢 禮器碑

東漢 禮器碑陰

新莽 蘇馬灣刻石

東漢 鮮于璜碑陽

東漢 許安國題記

東漢 趙寬碑

東漢 趙儀碑

東漢 振武將軍碑

東漢 鄭固碑

晉 郭槐柩記

晉 郭槐柩記

晉 劉韜墓志

晉 石尠墓誌

晉 石尠墓誌

北齊 司馬遵業墓誌

隋 暴永墓誌

隋 侯肇墓誌

隋 口墮及妻墓誌

隋 口墮及妻墓誌

隋 馬長和造像

隋 任軌墓誌

隋 謝岳墓誌

唐 褚亮碑

唐 褚亮碑

唐 李神符碑

唐 李神符碑

唐 李神符碑

唐 石臺孝經

唐 石臺孝經

唐 蘇洪姿墓誌

唐 楊孝恭碑

唐 尹尊師碑

【楷書】

北魏 高珪墓誌

北魏 吐谷渾璣墓誌

北魏 王基墓誌

北魏 元彬墓誌

北魏 張元祖妻記

北齊 道明墓誌
北齊 竇泰墓誌
北周 獨孤信墓誌
東魏 龍華浮圖銘
東魏 孫思賓造像
隋 郭世昌墓誌
隋 李肅墓誌
隋 申穆及妻墓誌
隋 王楚英墓誌
唐 常德妻墓誌

唐 傅思諫墓誌
唐 賈令琬墓誌
唐 石經尚書
唐 石經周易
唐 石經周易
後梁 蕭符墓誌

圉

【篆書】

唐 碧落碑

【隸書】

西漢 馬•老子甲後
西漢 張•477
東漢 圉令趙君碑

【楷書】

北魏 元貴妃墓誌
唐 陽濟墓誌

圈

【隸書】

秦 睡233
西漢 馬•天下

【楷書】

北魏 元遙墓誌
唐 李鳳墓誌
唐 孟孝敏妻墓誌

圍

【篆書】

三國魏 正始石經

【隸書】

秦 睡51
西漢 馬•縱橫
西漢 居新•8227
漢晉 流簡紙
東漢 石門頌
晉 石尠墓誌
隋 王榮及妻墓誌
唐 安天王廟碑

【楷書】

北魏 元詮墓誌

唐 韓恆墓誌
唐 姬温墓誌
唐 臧曄墓誌

園

【隸書】

秦 睡50
西漢 張•450
西漢 居新•2286
西漢 居新•3606
東漢 馬姜墓記
隋 爾朱端墓誌
隋 郭王墓誌
隋 劉多墓誌
隋 王榮及妻墓誌
隋 謝岳墓誌

唐 牛氏像龕碑
唐 楊孝恭碑
唐 楊孝恭碑

【楷書】

北魏 元詮墓誌
隋 張伏敬墓誌
唐 柳延宗墓誌
唐 石經周易
唐 鄭戎墓誌

圓

【隸書】

北齊 司馬遵業墓誌

隋 高虬墓誌

隋 修孔子廟碑

唐 勿部將軍碑

唐 楊孝恭碑

唐 貞一廟碑

【楷書】

南朝宋 劉懷民墓誌

隋 口暨及妻墓誌

唐 石經五經

唐 王容墓誌

團

【楷書】

北魏 李媛墓誌

隋 孔神通墓誌

隋 劉氏墓誌

隋 臧質墓誌

唐 韓承墓誌

唐 羅池廟碑

唐 石經五經

唐 唐小姑墓誌

唐 玄秘塔碑

唐 張隴墓誌

圖

【篆書】

東魏 凝禪寺碑

唐 碧落碑

唐 碧落碑

【隸書】

西漢 馬•老子甲後

西漢 馬•老子甲後

西漢 馬•老子甲後

西漢 馬•事語

西漢 馬•事語

漢晉 流簡紙

東漢 景君碑陽

東漢 禮器碑

東漢 禮器碑

東漢 五瑞圖摩崖

東漢 西狹頌

東漢 趙寬碑

晉 徐義墓誌陽

北魏 翟普林造像

北周 華嶽頌

北齊 司馬遵業墓誌

隋 澧水石橋碑

隋 姬威墓誌

隋 馬少敏墓誌

隋 牛諒墓誌

隋 宋仲墓誌

隋 口靜墓誌

隋 張景略墓誌

隋 張景略墓誌

隋 張盛墓誌

隋 鄭令妃墓誌

唐 蔡君妻墓誌

唐 崔泰之墓誌

唐 告華嶽府君

唐 李彥墓誌

唐 譚伍墓誌

唐 郎國長公主碑

唐 辛雲京妻墓誌

【楷書】

魏晉 樓•紙

北魏 陳天寶造像

北魏 馮會萇墓誌

北魏 赫連悅墓誌

北魏 胡明相墓誌

北魏 寇憑墓誌

北魏 寇臻墓誌

北魏 寇治墓誌

北魏 元弼墓誌

北魏 元謐墓誌

北魏 元熙墓誌

北魏 元周安墓誌

北魏 張玄墓誌

北齊 竇泰墓誌

北齊 高淯墓誌

北齊 牛景悅記

東魏 王僧墓誌

隋 郭王墓誌

隋 盧文機墓誌

隋 橋紹墓誌

隋 王通墓誌

隋 伍道進墓誌

隋 蕭瑒墓誌

隋 楊居墓誌

隋 元鐘墓誌

隋 元鐘墓誌

隋 張貴男墓誌

隋 鄭善妃墓誌

隋 諸葛子恆碑

唐 李鳳妃墓誌

唐 李愍墓誌

唐 吕行端墓誌

唐 那提墓誌

唐 石經尚書

唐 石經五經

唐 孫師歧墓誌

唐 尉遲敬德墓誌

唐 張禮墓誌

圜

【篆書】

東漢 少室石闕銘

【隸書】

西漢 張•469

西漢 張•994

西漢 張•995

東漢 公乘田魴記

東漢 郭仲理記

東漢 郭仲理記

東漢 田文成題記

隋 爾朱敞墓誌

【楷書】

唐 石經五經

圛

【楷書】

唐 石經五經

巾部

巾

【隸書】

西漢 居新•2661

西漢 居新•4840

西漢 武•特牲甲

東漢 衡方碑

晉 辟雍頌陽

北齊 感孝頌

隋 李元墓誌

隋 橋紹墓誌

隋 任顯及妻誌

唐 徐盼墓誌

【楷書】

北魏 元斌墓誌

隋 張禮墓誌

布

【隸書】

秦 睡 21

秦 睡 60

秦 關周•病方

西漢 馬•老乙前

西漢 馬•老子甲後

西漢 馬•天下

西漢 張•1206

西漢 張•279

西漢 居新•3619

西漢 居新•3620

西漢 居新•5711

西漢 居新•5718

西漢 楚王墓塞石

東漢 倉頡廟碑側

東漢 曹全碑陽

東漢 曹全碑陽

東漢 肥致碑

東漢 朐忍令碑

東漢 陶洛殘碑陽

東漢 許安國題記

東漢 楊震碑

東漢 楊著碑陽

晉 辟雍頌陽

北齊 竇泰墓誌

隋 澧水石橋碑

隋 郭休墓誌

隋 馬稱墓誌

隋 張儉及妻墓誌

隋 張景略墓誌

隋 鄭令妃墓誌

唐 安天王廟碑

【楷書】

三國吳 走•四年

三國吳 走•五年

晉 黃庭內景經

北魏 爾朱紹墓誌

北魏 元繼墓誌

隋 范安貴墓誌

唐 石經九經

唐 石經九經

唐 鄭逢墓誌

市

【篆書】

唐 峿臺銘

【隸書】

秦 睡 67

秦 關周•日書

西漢 馬•天下

西漢 馬•縱横

西漢 張•435

西漢 張•733

西漢 居新•4733

西漢 居新•4851

西漢 西•律令

帖 帖

【楷書】

唐 魯謙墓誌

唐 石經九經

帙 帙

【楷書】

北魏 公孫猗墓誌

北魏 元寧墓誌

隋 田德元墓誌

隋 楊居墓誌

唐 道因法師碑

唐 賈栖汭墓誌

唐 李推賢墓誌

唐 石經五經

唐 楊承胤墓誌

東魏 邑主造像訟

東魏 元湛墓誌

隋 尉富娘墓誌

隋 義造橋殘碑

唐 崔眷妻墓誌

唐 樂玄德墓誌

唐 石經尚書

唐 元希古墓誌

唐 張騷墓誌

隋 宋仲墓誌

唐 程俊墓誌

唐 石臺孝經

唐 史思禮墓誌

唐 修定寺記碑

唐 宴濟瀆序陰額

【楷書】

北魏 皇甫驎墓誌

北魏 司馬氏墓誌

東魏 李憲墓誌

北齊 僧靜明造像

希

【篆書】

東漢 祀三公山碑

唐 碧落碑

【隸書】

秦 睡254

西漢 馬•合陰陽

西漢 馬•老乙前

西漢 張•1070

西漢 張•1094

兩漢 西•馬簡

漢晉 流簡紙

晉 辟雍頌陽

帆

【楷書】

唐 沈師黃墓誌

唐 石經五經

唐 王公素墓誌

唐 涪溪記

隋 牛諒墓誌

隋 修孔子廟碑

唐 唐直墓誌

【楷書】

魏晉 樓•紙

北魏 範國仁造像

北齊 暢洛生造像

唐 梁守謙墓誌

唐 王素墓誌

唐 蕭煉墓誌

漢晉 流簡紙

東漢 曹全碑陽

東漢 曹全碑陰

東漢 史晨後碑

東漢 薌他君題記

北齊 司馬遵業墓誌

隋 灃水石橋碑

隋 闞明墓誌

隋 李元墓誌

隋 馬穉墓誌

帕

【楷書】

北魏 吊比干文

帔

【楷書】

唐 温煒妻墓誌

唐 任紫宸墓誌

帛

【隸書】

秦 睡 72

西漢 馬•老子甲後

西漢 居新•1496

西漢 居新•5861

西漢 居新•617

西漢 居新•8480

東漢 白石神君碑

東漢 華山廟碑陽

晉 辟雍頌陽

隋 李元墓誌

隋 謝岳墓誌

【楷書】

三國吳 走•五年

北魏 元敷墓誌

北魏 元寧墓誌

北魏 元信墓誌

東魏 道穎造像

北齊 竇泰墓誌

唐 苗弘本墓誌

唐 明俊墓誌

唐 石經周易

帚

【隸書】

西漢 馬•天下

西漢 馬•天下

西漢 居新•9235

新莽 西•守御器

唐 王媛墓誌陽

唐 朱君妻王墓誌

【楷書】

唐 申屠君及妻墓誌

唐 石經五經

唐 許琮妻墓誌

唐 楊清墓誌

帑

【楷書】

唐 李彥崇墓誌

唐 石經尚書

唐 石經五經

唐 張善墓誌

[illegible]

【楷書】

唐 石經五經

帥

【隸書】

秦 睡 156

前涼 西•木牘

東漢 從事馮君碑

東漢 景君碑陽

東漢 孔宙碑陽

東漢 鮮于璜碑陽

東漢 楊統碑陽

晉 辟雍頌陽

隋 豆盧實墓誌

唐 蘇洪姿墓誌

唐 唐直墓誌

【楷書】

三國吳 走•二年

北魏 元液墓誌

隋 范安貴墓誌

隋 梁瓌墓誌

隋 申穆及妻墓誌

唐 杜孚墓誌

唐 魯郡夏氏墓誌

唐 石經五經

唐 石經周易

唐 臧懷恪墓碑

唐 鄭中基墓誌

帝

【隸書】

隋 馬少敏墓誌

【楷書】

唐 宮官司設墓誌

唐 秦寶墓誌

唐 石經五經

帝

【篆書】

東漢 袁安碑

三國魏 正始石經

北魏 弔比干文額

北魏 東巡碑額

唐 碧落碑

唐 碧落碑

唐 等慈寺碑額

【隸書】

西漢 馬•老甲

西漢 馬•老乙

西漢 馬•老乙前

西漢 馬•老子甲後

西漢 馬•縱橫

西漢 張•30

西漢 武•王杖

西漢 西•奏書

漢晉 流簡紙

東漢 肥致碑

東漢 淮源廟碑

東漢 景君碑陽

東漢 石門頌

東漢 石門頌

東漢 史晨前碑

東漢 四神刻石

東漢 鮮于璜碑陽

東漢 楊震碑

東漢 楊著碑陽

東漢 張遷碑陽

東漢 鄭固碑

三國魏 何晏墓誌

南朝梁 太祖建陵記

隋 勝福寺塔銘

唐 安天王廟碑

唐 李神符碑

唐 李神符碑

唐 石臺孝經

唐 楊孝恭碑

【楷書】

北魏 馬□造像記

北魏 丘哲墓誌

北魏 元定墓誌

北魏 元定墓誌

北魏 元斅墓誌

北魏 元謐墓誌

北齊 王鴨臉造像

唐 石經尚書

唐 石經周易

唐 蘇斌墓誌

帣
【隸書】
西漢 馬•足臂
西漢 關蕭•遣策

帤
【楷書】
晉 黃庭內景經

帨
【楷書】
北魏 元純阤墓誌
唐 李氏墓誌
唐 毛公夫人

師
【篆書】
三國魏 正始石經
三國魏 正始石經
三國魏 正始石經
東魏 高盛墓碑額
唐 傳法碑額
唐 桓尊師碑額
唐 紀德碑額
唐 謙卦碑
唐 謙卦碑
唐 三墳記陽

【隸書】
秦 睡 50
西漢 馬•老甲
西漢 馬•老乙前
西漢 馬•老子甲後
西漢 馬•十問
西漢 馬•縱橫
西漢 馬•縱橫
西漢 馬•縱橫
西漢 張•386
兩漢 西•馬簡

東漢 曹全碑陽
東漢 樊敏碑
東漢 禮器碑側
東漢 劉漢劉漢
東漢 洛陽黃腸石八
東漢 裴岑紀功碑
東漢 鮮于璜碑陽
東漢 薌他君題記
東漢 薌他君題記
東漢 校官碑

東漢 許安國題記
東漢 陽嘉二年記
東漢 楊統碑陽
東漢 楊震碑
東漢 楊著碑陽
東漢 乙瑛碑
東漢 永元六年記
三國魏 孔羨碑
三國魏 王基斷碑
北齊 法懃塔銘

北齊 鏤石班經記
北齊 馬天祥造像
北齊 西門豹碑陽
隋 段濟墓誌
隋 爾朱端墓誌
隋 靜證塔記
隋 任軌墓誌
隋 口和墓誌
隋 口靜墓誌
隋 楊真墓誌

隋 張儉及妻墓誌
唐 安天王廟碑
唐 崔祐甫墓誌
唐 董虔運墓誌
唐 董虔運墓誌
唐 高元珪墓誌
唐 慧堅碑額
唐 石臺孝經
唐 王媛墓誌陰
唐 尹尊師碑

唐 尹尊師碑

【楷書】

三國吳 走•二年
魏晉 樓•紙
晉 黃庭内景經
南朝宋 義明塔記
北魏 鞏伏龍造像
北魏 侯義墓誌
北魏 侯義墓誌
北魏 慧暢造像記
北魏 寇憑墓誌

北魏 馬□造像記
北魏 丘哲墓誌
北魏 僧達四十人造像
北魏 元寧墓誌
北魏 元欽墓誌
北魏 元文墓誌
北齊 竇泰墓誌
北齊 竇泰墓誌
北齊 優婆姨造像陽
北齊 優婆姨造像陽

隋 寶輪禪院記
隋 伍道進墓誌
隋 張貴男墓誌
唐 李三墓誌
唐 強君妻杜墓誌
唐 神瞻影塔銘
唐 石經尚書
唐 石經周易
唐 仙宮銘

席席

【隸書】

秦 睡134
秦 睡49
秦 關周•病方
西漢 馬•合陰陽
西漢 張•718
西漢 武•少牢甲
兩漢 西•醫藥
東漢 繆宇墓誌
東漢 尚博殘碑
東漢 夏承碑

東漢 鮮于璜碑陽
東漢 薌他君題記
三國魏 曹真殘碑陰
晉 郭休碑陽
北周 華嶽頌
北齊 西門豹碑陽
隋 段濟墓誌
隋 爾朱端墓誌
隋 李元墓誌
唐 石臺孝經

唐 文宣王廟門碑
唐 修定寺記碑
唐 玄元靈應頌

【楷書】

北魏 公孫猗墓誌
北魏 吐谷渾璣墓誌
北魏 王誦墓誌
北魏 楊何真造像
北魏 元徽墓誌
北魏 元譿墓誌
北魏 元子直墓誌

東魏 高湛墓誌
北齊 僧靜明造像
東魏 王令媛墓誌
隋 皇甫深墓誌
隋 寇奉叔墓誌
隋 元鐘墓誌
唐 元鐘墓誌
唐 崔弘禮墓誌
唐 瀆廟祭器銘
唐 甘朗墓誌

唐 和守陽墓誌

唐 李道因墓誌

唐 劉廣威蓋

唐 吕氏墓誌

唐 石經九經

唐 石經五經

唐 張須墓誌

後周 安重遇墓誌

帶

【隸書】

秦 睡132

西漢 馬•縱横

西漢 居新•1425

西漢 居新•3620

西漢 居新•5537

西漢 居新•7169

西漢 居新•9069

西漢 西•候官

西漢 西•候官

西漢 西•善劍

漢晉 流簡紙

東漢 楊著碑陽

東漢 元嘉三年記

東漢 張遷碑陽

北魏 翟普林造像

北齊 法懃塔銘

北齊 感孝頌

隋 爾朱端墓誌

隋 澧水石橋碑

隋 關明墓誌

隋 王榮及妻墓誌

唐 闞道愛墓誌

唐 司馬寔墓誌

【楷書】

晉 蘭亭序真本

北魏 弔比干文陽

北魏 赫連悦墓誌

北魏 元誨墓誌

北齊 元賢墓誌

隋 吕胡墓誌

隋 橋紹墓誌

隋 楊厲墓誌

唐 阿史那貞忠墓誌

唐 李道因墓誌

唐 李愍墓誌

唐 石經五經

常

【篆書】

東漢 祀三公山碑

北魏 常氏誌蓋

北魏 温泉頌額

唐 阿育王寺碑額

唐 多寶佛塔銘

唐 盧仝等題名

唐 温佶墓碑額

【隸書】

秦 睡106

西漢 馬•合陰陽

西漢 馬•老甲

西漢 馬•老乙前

西漢 張•305

西漢 居新•1968

西漢 西•馬簡牘

東漢 淮源廟碑

東漢 淮源廟碑

東漢 買田約束石

東漢 石門頌

東漢 西狹頌

東漢 鮮于璜碑陽

東漢 鄐他君記額

東漢 楊震碑

東漢 乙瑛碑

三國魏 王基斷碑

晉 辟雍頌陽

晉 王君侯碑陽

隋 高虬墓誌

隋 郭休墓誌

隋 申穆及妻墓誌

隋 宋景造像碑

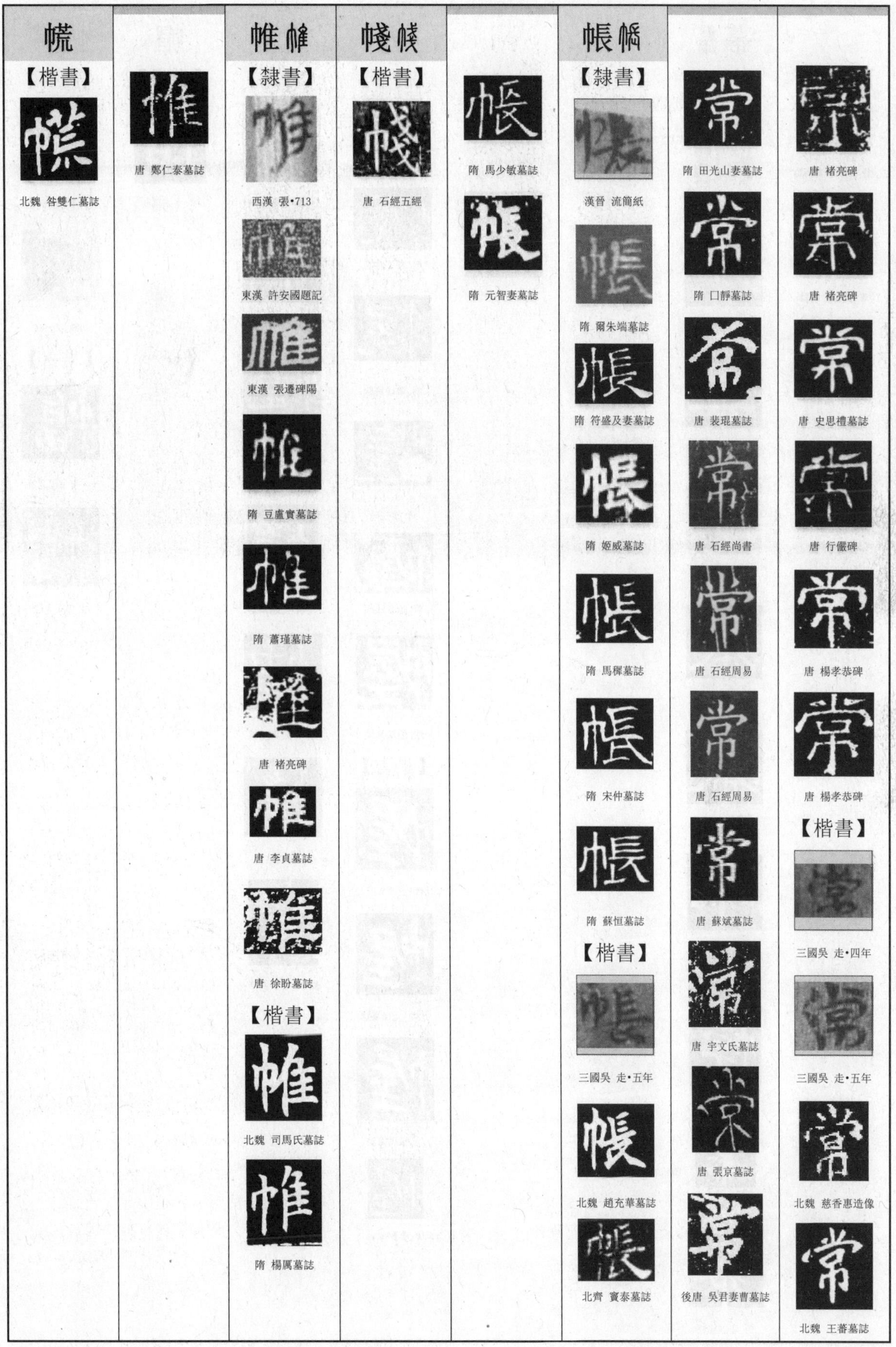

[illegible]

【楷書】

北魏 咎雙仁墓誌

唐 鄭仁泰墓誌

帷

【隸書】

西漢 張•713

東漢 許安國題記

東漢 張遷碑陽

隋 豆盧實墓誌

隋 蕭瑾墓誌

唐 褚亮碑

唐 李貞墓誌

唐 徐盼墓誌

【楷書】

北魏 司馬氏墓誌

隋 楊厲墓誌

帴

【楷書】

唐 石經五經

隋 馬少敏墓誌

隋 元智妻墓誌

帳

【隸書】

漢晉 流簡紙

隋 爾朱端墓誌

隋 符盛及妻墓誌

隋 姬威墓誌

隋 馬穉墓誌

隋 宋仲墓誌

隋 蘇恒墓誌

【楷書】

三國吳 走•五年

北魏 趙充華墓誌

北齊 竇泰墓誌

隋 田光山妻墓誌

隋 口靜墓誌

唐 裴琨墓誌

唐 石經尚書

唐 石經周易

唐 石經周易

唐 蘇斌墓誌

唐 宇文氏墓誌

唐 張京墓誌

後唐 吳君妻曹墓誌

唐 褚亮碑

唐 褚亮碑

唐 史思禮墓誌

唐 行儼碑

唐 楊孝恭碑

唐 楊孝恭碑

【楷書】

三國吳 走•四年

三國吳 走•五年

北魏 慈香惠造像

北魏 王蕃墓誌

幅幅

【隸書】

西漢 張•902

西漢 張•902

【楷書】

唐 李玄福墓誌

唐 執失奉節

帽

【楷書】

唐 支訥墓誌

幃幃

【隸書】

東漢 朐忍令碑

隋 劉寶及妻墓誌

隋 鄭令妃墓誌

【楷書】

北魏 寇憑墓誌

隋 王楚英墓誌

隋 蕭氏墓誌

唐 何楚章墓誌

幄

【隸書】

北齊 司馬遵業墓誌

隋 高虬墓誌

隋 蕭瑾墓誌

唐 褚亮碑

唐 怡亭銘序

唐 張濬墓誌

【楷書】

北魏 劉華仁墓誌

北魏 元悌墓誌

隋 楊厲墓誌

唐 李勣墓誌

唐 張歆墓誌

唐 掌思明墓誌

幈

【楷書】

北周 時珍墓誌

幕幕

【隸書】

西漢 張•713

漢晉 流簡紙

東漢 張遷碑陽

東漢 鄭固碑

隋 豆盧賓墓誌

隋 郭達墓誌

唐 鄭忠墓碑

【楷書】

北魏 元誨墓誌

北魏 元壽安墓誌

唐 崔湛墓誌

唐 王才及妻墓誌

唐 鄭瑄合祔誌

幌

【隸書】

唐 崔沔墓誌陰

【楷書】

唐 路基妻墓誌

唐 王素墓誌

幎

【楷書】

唐 石經五經

幔

【隸書】

唐 徐盼墓誌

【楷書】

唐 楊執一墓誌

幘

【楷書】

唐 王貞墓誌

幣

【隸書】

西漢 馬•老甲

西漢 居新•1423

西漢 居新•1424

西漢 居新•4396

西漢 居新•5401

西漢 居新•7491

西漢 西•善劍

東漢 西•寇恩

東漢 孔宙碑陽

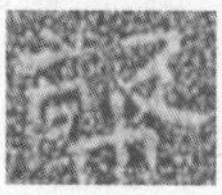

東漢 許安國題記

隋 口和墓誌

唐 大忍寺碑

唐 龐履温碑

【楷書】

北魏 封魔奴墓誌

唐 阿史那貞忠墓誌

唐 瀆廟祭器銘

唐 石經禮記

唐 石經尚書

唐 石經五經

幩

【楷書】

唐 石經五經

幝

【楷書】

唐 石經九經

幡

【隸書】

西漢 居新·7312

西漢 居新·7312

漢晉 流簡紙

唐 戒壇碑

【楷書】

北魏 元敷墓誌

隋 寶輪禪院記

唐 郭賓墓誌

唐 石經五經

幢

【篆書】

唐 姚仲文經幢

【楷書】

北齊 等慈寺塔銘

東魏 高歸彥造像

隋 陳叔明墓誌

唐 安孝臣墓誌

唐 重藏舍利記

幟

【隸書】

東漢 新津崖墓記

【楷書】

隋 劉德墓誌

隋 寗贙墓碑

幠

【楷書】

唐 石經五經

幧

【楷書】

唐 建章墓誌陽

幨

【楷書】

唐 李鳳墓誌

唐 苗蕃妻墓誌

[illegible]

【楷書】

唐 郭瑤墓誌

幦

【楷書】

唐 石經五經

幬

【隸書】

晉 辟雍頌陽

【楷書】

北魏 登百峯山詩

唐 石經五經

幭

【楷書】

唐 石經五經

幰

【楷書】

隋 王袞墓誌

唐 姬温墓誌

唐 陸客墓誌

唐 張滿墓誌

山部

山 屾

【篆書】

秦 睡228

秦 睡27

西漢 馬•老子甲後

西漢 馬•縱横

西漢 馬•縱横

西漢 馬•縱横

西漢 馬•縱横

西漢 張•270

西漢 張•691

東漢 華山廟碑額

東漢 孔宙碑額

東漢 祀三公山碑

東漢 祀三公山碑

東漢 夏承碑

北周 華嶽頌額

隋 蘇恒墓誌

唐 碧落碑

唐 褚亮碑

唐 法果寺碑額

唐 謙卦碑

唐 三墳記陽

唐 峿臺銘

【隸書】

秦 關周•病方

秦 關周•病方

西漢 馬•合陰陽

西漢 居新•5365

西漢 西•詔書

西漢 習字觚

東漢 曹全碑陽

東漢 淮源廟碑

東漢 孔宙碑陽

東漢 孔宙碑陰

東漢 禮器碑側

東漢 禮器碑側

東漢 禮器碑陰

新莽 蘇馬灣刻石

新莽 羊窩頭刻石

東漢 楊統碑陽

北齊 法懃塔銘

北齊 鏤石班經記

東魏 宗欣墓誌

隋 郭休墓誌

隋 馬少敏墓誌

隋 申穆及妻墓誌

隋 勝福寺塔銘

隋 謝岳墓誌

隋 張盛墓誌

唐 告華嶽府君

唐 李神符碑

唐 行儼碑

唐 楊孝恭碑

唐 楊孝恭碑

唐 張翼墓誌

【楷書】

三國吳 走•四年

北魏 穆亮妻墓誌

北魏 吐谷渾璣墓誌

北魏 奚真墓誌

北魏 元乂墓誌

北齊 實泰墓誌

隋 皇甫深墓誌

隋 楊真墓誌

唐 京兆金氏墓誌

唐 石經周易

唐 史思禮墓誌

唐 張詵妻墓誌

隋 宋仲墓誌
隋 蘇恒墓誌
隋 張儉及妻墓誌
唐 崔志墓誌
唐 李貞墓誌
唐 唐直墓誌
【楷書】
北魏 康健墓誌
北魏 元誘墓誌
北魏 元昭墓誌
北魏 張寧墓誌

岐

【篆書】

北魏 張寧誌蓋
【隸書】
西漢 張•477
東漢 華山廟碑陽
東漢 岐子根記
東漢 王舍人碑
東漢 鮮于璜碑陽
東漢 張遷碑陽
北齊 司馬遵業墓誌
東魏 宗欣墓誌
隋 段濟墓誌

岠

【楷書】

唐 崔揆母墓誌
唐 石經爾雅
唐 臧懷恪墓碑

唐 越國太妃墓誌

屺

【隸書】

唐 柳偘妻墓誌
唐 王震墓誌
唐 勿部將軍碑
唐 張休光墓誌
唐 趙冬曦壙誌
【楷書】
唐 房懷亮墓誌
唐 苻肅墓誌
唐 李萼妻墓誌
唐 李鳳墓誌
唐 顏相墓誌

屹

【楷書】

北魏 元液墓誌
唐 賈政墓誌

岌

【隸書】

隋 默曹殘碑
唐 任城橋亭記
唐 張滲墓誌
【楷書】
北魏 元弼墓誌蓋
東魏 李憲墓誌
唐 高義忠墓誌
唐 賈令珪墓誌
唐 投龍記

屼

【楷書】

隋 程諧墓誌

唐 顏勤禮碑陽

唐 元思忠墓誌

岷

【隸書】

唐 李貞墓誌

【楷書】

北魏 元平墓誌

北魏 元願平妻墓誌

隋 張壽墓誌

唐 樊涚墓誌

唐 黎幹墓誌

唐 劉儉墓誌

唐 騫思泰墓誌

唐 石經尚書

唐 顏勤禮碑

岩

【楷書】

唐 韓承墓誌

唐 李公政墓誌

【楷書】

三國吳 走•五年

南朝梁 羅浮山銘

北魏 秦洪墓誌

隋 何氏墓誌

唐 多寶塔碑

唐 裴瑾墓誌

岑岑

【隸書】

秦 睡 83

西漢 居新•6533

西漢 居新•7614

西漢 習字觚

東漢 簿書殘碑

東漢 裴岑紀功碑

北齊 西門豹碑陽

隋 馬長和造像

唐 北嶽廟碑

唐 文宣王廟門碑

岏

【隸書】

唐 玄巖銘

岍

【楷書】

唐 石經尚書

隋 鞏賓墓誌

隋 張喬墓誌

唐 石經尚書

唐 石經五經

唐 石經周易

唐 韋□題名

岢

【隸書】

隋 姬威墓誌

【楷書】

北齊 劉雙仁墓誌

唐 梁令直墓誌

岸岸

【隸書】

西漢 居新•1264

西漢 居新•4323

西漢 居新•7232

隋 高虬墓誌

隋 郭休墓誌

隋 任顯及妻誌

隋 趙朗墓誌

唐 白鹿泉碑陰

唐 戴令言墓誌

唐 史思禮墓誌

唐 唐直墓誌

唐 宴濟瀆序陰額

【楷書】

晉 黃庭內景經

北魏 郭顯墓誌

北魏 孫寶憘造像

北魏 王誦妻墓誌

北魏 元颺墓誌

北魏 元誘墓誌

東魏 道奣造像

北齊 邸明玉造像

北齊 竇泰墓誌

北齊 高湝墓誌

北周 祁令和造像

北齊 僧靜明造像

隋 蘇豐國造像

隋 張濤妻墓誌

隋 朱定國造像

唐 陸日晛妻墓誌

唐 朱行斌墓誌

岵岵

【隸書】

唐 王震墓誌

【楷書】

北魏 元延明墓誌

唐 石經九經

唐 楊承福墓誌

唐 鄭仁泰墓誌

岯

【楷書】

後周 勅不停廢記

岫岫

【隸書】

北齊 法懃塔銘

北周 華嶽頌

唐 北獄廟碑

唐 興寺碑

【楷書】

北魏 元純陁墓誌

唐 王素臣墓誌

唐 魏靖墓誌

岨岨

【楷書】

東魏 叔孫固墓誌

隋 義造橋殘碑

唐 石經五經

岡

【隸書】

唐 義福禪師碑

唐 朱君妻王墓誌

【楷書】

晉 華芳墓誌陰

唐 淨善塔銘

唐 劉彥之墓誌

唐 沈士公墓誌

唐 石經五經

唐 張道昇墓誌

唐 朱簡墓誌

岱

【隸書】

漢晉 流簡紙

東漢 華山廟碑陽

晉 郛休碑陰

隋 任顯及妻誌

唐 北嶽廟碑

唐 常存法師墓誌

唐 崔志墓誌

唐 京兆金氏墓誌

唐 史思禮墓誌

【楷書】

北魏 李璧墓誌陽

北魏 王璨墓誌

北魏 元緒墓誌

東魏 元悰墓誌

北齊 朱岱林墓誌

唐 安元壽墓誌

唐 扈小沖墓誌

唐 江璀墓誌

唐 石經尚書

峘

【楷書】

北魏 元繼墓誌

唐 崔慎思墓誌

峙

【隸書】

北齊 西門豹碑陽

隋 爾朱端墓誌

隋 爾朱端墓誌

隋 郭達墓誌

唐 闞道愛墓誌

唐 修定寺記碑

【楷書】

北魏 元纂墓誌

隋 元鐘墓誌

唐 孔氏墓誌

唐 許行本合誌

峒

【隸書】

唐 嵩陽觀碑

【楷書】

唐 李瞻墓銘

峋

【楷書】

唐 史從慶墓誌

峉

【楷書】

唐 李璆墓誌

峨嵯

【隸書】

東漢 曹全碑陽

東漢 封龍山頌

北周 華嶽頌

隋 豆盧實墓誌

唐 大忍寺碑

唐 大忍寺碑

唐 告華嶽府君

【楷書】

北魏 康健墓誌

北魏 元項墓誌

隋 澧水石橋碑

峴

【隸書】

北齊 感孝頌

北周 華嶽頌

唐 李神符碑

【楷書】

唐 韓仁惠墓誌

峭

【隸書】

北魏 王基墓誌

北周 華嶽頌

北齊 司馬遵業墓誌

北齊 司馬遵業墓誌

唐 闞道愛墓誌

【楷書】

北齊 婁黑女墓誌

東魏 呂覎墓誌

唐 苻肅墓誌

峌

【楷書】

隋 衛美墓誌

峿

【篆書】

唐 峿臺銘

唐 峿臺銘

唐 峿臺銘

峽

【隸書】

唐 高嶸墓誌

【楷書】

北魏 元子直墓誌

唐 程思義墓誌

唐 魏體玄墓誌

峞

【楷書】

唐 嚴識玄墓誌

峉

【楷書】

唐 暴莊墓誌

隋 默曹殘碑
隋 張壽墓誌
唐 薛迅墓誌
唐 于士恭墓誌

峰

【篆書】

唐 傳法碑額
唐 岵臺銘

【隸書】

隋 闞明墓誌
隋 姬威墓誌
隋 劉寶及妻墓誌
唐 北獄廟碑
唐 崔志墓誌
唐 孔子廟碑
唐 屈突通墓誌
唐 鄭忠墓碑

【楷書】

北魏 馮季華墓誌
北魏 郭顯墓誌
北魏 檀賓墓誌
北魏 王紹墓誌
北魏 王誦墓誌
北魏 元斌墓誌
北魏 元欽墓誌
北魏 元維墓誌
北魏 元仙墓誌
北魏 元周安墓誌

北魏 元子直墓誌
北齊 報德像碑
北齊 畢文造像
隋 翟突娑墓誌
隋 張伏敬墓誌
唐 馮廓墓誌
唐 敬節塔銘
唐 李君妻田墓誌
唐 楊承胤墓誌

峻

【隸書】

東漢 封龍山頌
東漢 華山廟碑陽
東漢 淮源廟碑
東漢 石門頌
東漢 西狹頌
晉 左棻墓誌陽
北周 華嶽頌
隋 闞明墓誌
隋 姬威墓誌
隋 劉寶及妻墓誌

隋 任軌墓誌
隋 口和墓誌
唐 崔暟墓誌陽
唐 崔沔墓誌陽
唐 李神符碑
唐 李神符碑
唐 楊孝恭碑
唐 楊孝恭碑
唐 張濬墓誌
唐 張叡墓誌

【楷書】

北魏 郭顯墓誌
北魏 穆彥墓誌
北魏 于景墓誌
北魏 元昉墓誌
北魏 元詮墓誌
北魏 元順墓誌
北魏 元彥墓誌
北魏 元暐墓誌
北齊 竇泰墓誌
北齊 姜纂造像記

東魏 司馬昇墓誌
隋 卜鑒墓誌
隋 鄧昞墓誌
隋 房古墓誌
隋 皇甫深墓誌
隋 伍道進墓誌
隋 鄭善妃墓誌
唐 韓子墓誌
唐 越國太妃墓誌
閩 堅牢塔記

島

【楷書】

南朝梁 羅浮山銘

北魏 元瞻墓誌

隋 孔神通墓誌

唐 崔延墓誌

唐 樊廉墓誌

唐 韓邏墓誌

唐 裴同墓誌

唐 石經尚書

唐 石經五經

唐 鄭儉墓誌

崟

【楷書】

北魏 元昭墓誌

唐 段承宗墓誌

唐 蕭惠娭墓誌

唐 玄秘塔碑

崎

【隸書】

東漢 淮源廟碑

隋 豆盧實墓誌

唐 告華嶽府君

唐 李彥墓誌

【楷書】

南朝梁 羅浮山銘

東魏 杜文雍造像

唐 李翼墓誌

崖

【篆書】

唐 峿臺銘

【隸書】

西漢 居新•4766

西漢 李后墓塞石

西漢 李后墓塞石

東漢 郙閣頌

東漢 西狹頌

隋 爾朱端墓誌

唐 戒壇碑

唐 唐直墓誌

唐 玄元靈應頌

【楷書】

北魏 元繼墓誌

北魏 元維墓誌

北齊 竇泰墓誌

唐 房有非墓誌

唐 馮貞墓誌

唐 鄭偓佺妻墓誌

崦

【隸書】

隋 姬威墓誌

唐 張濬墓誌

【楷書】

北齊 元賢墓誌

隋 陳常墓誌

隋 段模墓誌

隋 姜敬親墓誌

隋 吳嚴墓誌

唐 許擸墓誌

崇

【隸書】

秦 西•日書乙

西漢 居新•5608

東漢 西•奉例

漢晉 流簡紙

東漢 華山廟碑陽

東漢 舉孝廉殘碑

東漢 孔宙碑陰

東漢 孟孝琚碑

東漢 嗚咽泉題記

東漢 西狹頌

東漢 鮮于璜碑陽

東漢 乙瑛碑

三國魏 孔羨碑

三國魏 張君殘碑

晉 辟雍頌陽

北齊 馬天祥造像

隋 牛諒墓誌

隋 任顯及妻誌

隋 申穆及妻墓誌

隋 口靜墓誌

隋 蕭瑾墓誌
唐 北嶽廟碑
唐 大忍寺碑
唐 盧君妻墓誌
唐 修定寺記碑
唐 楊孝恭碑
唐 楊孝恭碑
唐 楊孝恭碑
唐 楊孝恭碑
唐 楊孝恭碑

唐 楊孝恭碑
唐 楊孝恭碑
唐 尹尊師碑
唐 張騷墓誌

【楷書】

南朝陳 劉猛進碑
北魏 慈慶墓誌
北魏 慈香惠造像
北魏 李渠蘭墓誌
北魏 于纂墓誌
北魏 元懷墓誌

北齊 姚景等造像
北齊 張世寶造塔
北齊 趙桃椒妻造像
隋 鄧州塔銘
隋 劉淵墓誌
唐 陳君妻王墓誌
唐 石經尚書
唐 石經周易
唐 閻肇墓誌
唐 張去奢墓誌

崐

【隸書】

東漢 肥致碑
北齊 西門豹碑陽
隋 口墮及妻墓誌
隋 宋仲墓誌
隋 張景略墓誌
唐 劉粲墓誌
唐 張濬墓誌

【楷書】

晉 黃庭經
北魏 寇治墓誌
北魏 元斌墓誌

北魏 元朗墓誌
北魏 元仙墓誌
北魏 元颺墓誌
東魏 陸順華墓誌
隋 盧文構墓誌
隋 田光山妻墓誌
隋 楊厲墓誌
唐 李賢墓誌
唐 石經五經
唐 王素墓誌

唐 張琛墓誌

崗

【隸書】

北魏 王基墓誌
北齊 司馬遵業墓誌
唐 豆盧建墓誌
唐 豆盧建墓誌
唐 張倖墓誌
唐 趙冬曦壙誌
唐 植松柏碑

【楷書】

北魏 馮邕妻墓誌
北魏 郭顯墓誌
北魏 李壁墓誌陽

北魏 鄯乾墓誌
北魏 石婉墓誌
北魏 王誦墓誌
北魏 元恭墓誌
北魏 元鑒墓誌
北魏 元朗墓誌
北魏 元倖墓誌陰
北魏 元嵩墓誌
北魏 元秀墓誌
北魏 元羽墓誌

山部

三五三

	崩	崥	崘		崔		
北魏 元瞻墓誌	【隸書】	【楷書】	【隸書】	【楷書】	【篆書】	唐 柳昱墓誌	東魏 陸順華墓誌
隋 □徹墓誌	東漢 肥致碑	唐 蘭達墓誌	東漢 肥致碑	北魏 盧令媛墓誌	唐 三墳記陽	唐 守忠龕塋記	北齊 僧靜明造像
唐 多寶塔碑	晉 辟雍頌陽		北齊 西門豹碑陽	隋 封依德墓誌	【隸書】	唐 王府君墓誌	北齊 司馬遵業墓誌
唐 石經尚書	北周 華嶽頌		唐 尹文操碑		西漢 居新•1872	唐 支懷墓誌	隋 曹海凝墓誌
唐 張澤墓誌	北齊 西門豹碑陽		【楷書】		西漢 居新•2141	唐 支子珪墓誌	隋 段威墓誌
	隋 馬長和造像		北魏 元弼墓誌蓋		東漢 西狹頌		唐 狄玄愬墓誌
	隋 馬稚墓誌		唐 傅思諫墓誌		晉 辟雍頌陽		唐 樊玄紀墓誌
	隋 修孔子廟碑		唐 朗寧公主墓誌		隋 爾朱端墓誌		唐 景公直墓誌
	隋 張儉及妻墓誌		唐 石經尚書		唐 京兆金氏墓誌		唐 李翹墓誌
	唐 王震墓誌		唐 石經五經		唐 郎國長公主碑		唐 劉祿墓誌
	【楷書】				唐 楊孝恭碑		
	北魏 檀賓墓誌				唐 趙冬曦壙誌		

嵌	嵒	崳	崛	崆	崪	崤	崢
【楷書】  唐 王禮墓誌	【楷書】  北魏 元順墓誌  唐 南溪詩刻  唐 石經九經  後梁 惠光舍利塔銘	【楷書】  唐 李顒墓誌  唐 姚軫墓誌	【楷書】  唐 柏虔玉墓誌  唐 多寶塔碑  唐 李賢墓誌  唐 掌徹墓誌	【楷書】  唐 斛斯政則墓誌	【楷書】  唐 陳周子墓誌	【隸書】  東漢 五瑞圖摩崖 【楷書】  北齊 鄭天柱山銘  唐 周漢墓誌	【隸書】  東漢 白石神君碑  唐 白鹿泉碑陽  唐 懷古詩刻 【楷書】  北魏 元壽安墓誌  唐 龍泉記  唐 玄秘塔碑

嵫

【隸書】

隋 吳嚴墓誌

【楷書】

北魏 弔比干文陽

北齊 元賢墓誌

隋 段模墓誌

唐 李三墓誌

唐 牛秀墓誌

嵯

【隸書】

東漢 曹全碑陽

東漢 封龍山頌

唐 大忍寺碑

唐 告華嶽府君

【楷書】

東魏 邑主造像訟

唐 苗君妻劉墓誌

唐 王守質墓誌

唐 無上道誌

嵬

【隸書】

東漢 西狹頌

【楷書】

東魏 盧貴蘭墓誌

隋 范安貴墓誌

嵏

【楷書】

唐 石經五經

嵐

【隸書】

隋 姬威墓誌

隋 默曹殘碑

唐 白鹿泉碑陰

【楷書】

北齊 劉雙仁墓誌

唐 趙知慎墓誌

後梁 賈郃墓誌

崱

【楷書】

唐 孟頭墓誌

嵎

【隸書】

晉 辟雍頌陽

晉 辟雍頌陽

【楷書】

北魏 元弼墓誌蓋

唐 石經尚書

唐 燕君妻姜墓誌

崿

【隸書】

北周 華嶽頌

唐 北獄廟碑

【楷書】

北魏 寇治墓誌

北魏 穆亮妻墓誌

北魏 薛慧命墓誌

北魏 元彥墓誌

唐 王嘉墓誌

唐 張渙墓誌

唐 朱貞墓誌

嶔	嶤	嶒	嶕	嶞	嵻	嶂	⿱山累
【隸書】  東漢 五瑞圖摩崖	【楷書】  北魏 穆彥墓誌	【楷書】  北魏 元瞻墓誌	【楷書】  北魏 穆彥墓誌	【楷書】  唐 石經五經	【楷書】  北魏 元禮之墓誌	【隸書】  唐 任城橋亭記	【楷書】  唐 王仲建墓誌
【楷書】  北魏 元昭墓誌	 唐 韓承墓誌	 後唐 西方鄴墓誌	 唐 清河張氏墓誌			【楷書】  唐 高靈勝詩刻	
 唐 崔廷墓誌	 唐 李孟姜墓誌		 唐 仙宮銘			 唐 荀懷節墓誌	
 唐 石經九經	 唐 清河張氏墓誌						
	 唐 仙宮銘						
	 唐 楊承胤墓誌						

嶇

【隸書】

東漢 淮源廟碑

隋 豆盧寶墓誌

唐 告華嶽府君

【楷書】

北魏 元緒墓誌

北齊 定國寺塔碑

東魏 杜文雍造像

北齊 僧靜明造像

唐 李翼墓誌

唐 祁惠墓誌

嵸

【楷書】

唐 屈元壽墓誌

嵩

唐 張戩墓誌

【楷書】

三國吳 走•二年

北魏 李頤墓誌

北魏 元文墓誌

北魏 元昭墓誌

隋 傅叔墓誌

隋 皇甫深墓誌

隋 申穆及妻墓誌

唐 石經五經

唐 史信墓誌

【篆書】

北魏 嵩高靈廟碑額

唐 三墳記陽

【隸書】

東漢 淮源廟碑

東漢 立朝字殘碑

東漢 趙寬碑

隋 郭達墓誌

隋 宋仲墓誌

隋 口和墓誌

隋 口靜墓誌

唐 孔子廟碑

嵠

【隸書】

唐 北獄廟碑

【楷書】

東魏 廉富造像陽

北齊 雲峯山題記

嵾

【楷書】

北魏 論經書詩

嵑

【楷書】

北魏 元繼墓誌

峻

【楷書】

唐 孟孝立墓誌

唐 鄭仁泰墓誌

嶬

【隸書】

唐 李彥墓誌

嶼

【楷書】

唐 龍泉記

嶮

【隸書】

隋 趙朗墓誌

【楷書】

北魏 李謀墓誌

北魏 元延明墓誌

東魏 叔孫固墓誌

唐 李密墓誌

唐 張楚璋墓誌

唐 趙仁表磚誌

嶧

【楷書】

唐 崔暈墓誌

唐 石經尚書

唐 石經五經

唐 元振墓誌

唐 張點墓誌

嶙

【楷書】

唐 袁君墓誌

嶠

【隸書】

北齊 司馬遵業墓誌

唐 平蠻頌

【楷書】

北魏 元顥墓誌

北齊 婁黑女墓誌

唐 皇甫弘敬墓誌

唐 李英墓誌

唐 劉府君墓誌

嶓

【楷書】

北魏 元緒墓誌

唐 李福墓誌

唐 石經尚書

唐 石經尚書

巂

【隸書】

西漢 居新·7542

【楷書】

唐 黎幹墓誌

唐 李偘偘墓誌

唐 許摳墓誌

嶪

【楷書】

唐 重藏舍利記

嶷

【隸書】

東漢 淮源廟碑

東漢 王舍人碑

隋 段濟墓誌

隋 爾朱敞墓誌

隋 宋仲墓誌

隋 宋仲墓誌

隋 張儉及妻墓誌

唐 關道愛墓誌

唐 李彥墓誌

唐 李貞墓誌

唐 唐直墓誌

【楷書】

北魏 王基墓誌

北魏 楊府君墓誌

北魏 楊乾墓誌

北魏 元純陁墓誌

北魏 元毓墓誌

隋 董敬墓誌

隋 蕭翹墓誌

隋 張喬墓誌

唐 崔光嗣墓誌

唐 杜醜墓誌

唐 石經五經

唐 楊贍墓誌

唐 張滂墓誌

嶽

【篆書】

東漢 華山廟碑額

北周 華嶽頌額

北魏 嵩高靈廟碑額

唐 紀德碑額

【隸書】

東漢 曹全碑陽

東漢 封龍山頌

東漢 華山廟碑陽

東漢 淮源廟碑

東漢 魯峻碑陽

東漢 楊震碑

北齊 司馬遵業墓誌

北齊 西門豹碑陽

隋 豆盧實墓誌

隋 爾朱敞墓誌

隋 爾朱端墓誌

隋 符盛及妻墓誌

隋 劉寶及妻墓誌

隋 宋仲墓誌

隋 口和墓誌

隋 口和墓誌

隋 謝岳墓誌

隋 元鐘墓誌

唐 北獄廟碑

唐 常存法師墓誌

唐 崔志墓誌

唐 李神符碑

唐 倪彬墓誌

唐 王子麟墓誌

唐 楊孝恭碑

唐 楊孝恭碑

唐 張叡墓誌

唐 趙冬曦壙誌

【楷書】

北魏 荀景墓誌

北魏 穆彥墓誌

北魏 王蕃墓誌

北魏 薛伯徽墓誌

北魏 元悌墓誌

北魏 元羽墓誌

隋 高緊墓誌

隋 郭達墓誌

唐 石經五經

隋 皇甫深墓誌
隋 劉則墓誌
隋 伍道進墓誌
隋 薛保興墓誌
唐 崔延墓誌
唐 范安及墓誌
唐 封溫墓誌
唐 蓋暢墓誌
唐 蓋暢墓誌
唐 石經五經

唐 石經五經
唐 孫讓墓誌
唐 王明墓誌
唐 王協墓誌
唐 徐漢墓誌
唐 楊溫墓誌
唐 張義墓誌
後唐 王禹墓誌

嶺

【隸書】

隋 王榮及妻墓誌
唐 京兆金氏墓誌

【楷書】

北魏 高珪墓誌
北魏 論經書詩
北魏 元熙墓誌
北齊 道明墓誌
隋 樊氏墓誌
隋 羊瑋墓誌
唐 梁方及妻墓誌

嶸

【隸書】

北周 華嶽頌
唐 高嶸墓誌

【楷書】

北魏 元壽安墓誌
唐 玄秘塔碑

巀

【隸書】

北周 華嶽頌

嶲

【楷書】

唐 石經五經

嶝

【隸書】

東漢 白石神君碑

巄

【楷書】

北魏 元徽墓誌
唐 屈元壽墓誌

巍

【篆書】

三國魏 霍君神道

三國魏 謝君神道

東魏 長孫囧碑額

東魏 高翻碑額

東魏 高盛墓碑額

北魏 荀景誌蓋

北魏 韓顯宗額

北魏 濟南王誌蓋

北魏 穆彥誌蓋

北魏 薛慧命誌蓋

北魏 于景誌蓋

東魏 元光基誌蓋

北魏 元煥誌蓋

東魏 元湛誌蓋

東魏 宗欣誌蓋

東魏 祖氏誌蓋

隋 陳茂墓碑額

唐 三墳記陽

【隸書】

西漢 馬•縱橫

西漢 馬•縱橫

西漢 馬•縱橫

西漢 馬•縱橫

西漢 馬•縱橫

西漢 馬•縱橫

西漢 馬•縱橫

西漢 馬•縱橫

西漢 馬•縱橫

西漢 馬•縱橫

西漢 習字觚

兩漢 西•馬簡

東漢 從事馮君碑

東漢 肥致碑

東漢 孔宙碑陰

東漢 孔宙碑陰

東漢 禮器碑側

東漢 尚博殘碑

東漢 石門頌

東漢 史晨前碑

東漢 乙瑛碑

三國魏 孔羡碑

晉 辟雍頌陽

晉 徐義墓誌陽

北魏 翟普林造像

北魏 涿縣磚刻

隋 郭王墓誌

隋 郭王墓誌

隋 郭休墓誌

隋 劉寶及妻墓誌

隋 劉多墓誌

隋 張儉及妻墓誌

隋 張儉及妻墓誌

唐 高嶸墓誌

唐 闞道愛墓誌

唐 闞道愛墓誌

【楷書】

晉 黃庭内景經

北魏 長孫子澤墓誌

北魏 慈香惠造像

北魏 淨悟浮圖記

北魏 楊範墓誌

北魏 楊宣碑

北魏 元暉墓誌

北魏 元爽墓誌

北魏 元斑誌蓋

北魏 元文墓誌

北魏 元子直墓誌

北齊 竇泰墓誌

東魏 張願德造像

隋 暴永墓誌

隋 梁坦墓誌

隋 橋紹墓誌

隋 申穆及妻墓誌

隋 申穆及妻墓誌

隋 元鐘墓誌

隋 諸葛子恆碑

唐 潘氏墓誌

唐 吳德鄺妻墓誌

唐 趙進墓誌

後漢 祭瀆記

巉

【隸書】

唐 關道愛墓誌

【楷書】

北魏 張猛龍碑陽

唐 程騖墓誌

唐 李晝墓誌

唐 石經五經

唐 浯溪記

巇

【楷書】

晉 黃庭內景經

巋

【隸書】

唐 北嶽廟碑

唐 孔子廟碑

【楷書】

唐 段干木廟碑

唐 馮僊師墓誌

唐 石經五經

唐 王公素墓誌

唐 王韶墓誌

唐 宇文氏墓誌

巒

【隸書】

西漢 西•奏書

北周 華嶽頌

唐 宴濟瀆序陰額

【楷書】

北魏 笱景墓誌

北魏 李榘蘭墓誌

唐 寇章墓誌

唐 馬延徵墓誌

巔

【篆書】

唐 城隍廟碑

唐 峿臺銘

唐 峿臺銘

【隸書】

唐 寒亭記

【楷書】

北魏 李榘蘭墓誌

隋 潘善利墓誌

唐 棲巖寺詩刻

巖

【隸書】

東漢 白石神君碑

東漢 華山廟碑陽

東漢 魯峻碑陽

東漢 魯峻碑陽

東漢 繆宇墓誌

北齊 法懃塔銘

隋 牛暉墓誌

隋 謝岳墓誌

唐 戴令言墓誌

唐 劉粲墓誌

唐 牛氏像龕碑

唐 屈突通墓誌

唐 張滄墓誌

【楷書】

北魏 淨悟浮圖記

北魏 司馬氏墓誌

北魏 楊乾墓誌

北魏 元熷墓誌

北魏 元愔墓誌

東魏 侯海墓誌陰

北齊 僧靜明造像

東魏 王偃墓誌

隋 范高墓誌

隋 寇奉叔墓誌

隋 梁邕墓誌

隋 橋紹墓誌

唐 畢正義墓誌

唐 甘基墓誌

唐 李仙蕙志

唐 石經尚書

唐 王禮墓誌

唐 浯溪記

唐 張洛墓誌

唐 掌徹墓誌

巑

【隸書】

唐 玄巖銘

【楷書】

隋 程諧墓誌

巘

【隸書】

唐 褚亮碑

【楷書】

南朝梁 羅浮山銘

北涼 渠安周造像

東魏 盧貴蘭墓誌

唐 成德墓誌

唐 崔煜墓誌

唐 李麗質墓誌

唐 岐慈墓誌

唐 周師墓誌

彳部

行

【篆書】

三國吳 天發神讖碑

三國吳 天發神讖碑

唐 碧落碑

唐 謙卦碑

唐 謙卦碑

唐 三墳記陽

唐 三墳記陰

唐 峿臺銘

【隸書】

秦 睡 53

秦 關周•日書

西漢 馬•老乙前

西漢 張•584

西漢 居新•2236

東漢 西•勑狀

東漢 西•寇恩

東漢 西•死駒

東漢 西•死駒

漢晉 流簡紙

漢晉 流簡紙

漢晉 流簡紙

東漢 倉頡廟碑側

東漢 公乘田魴記

東漢 衡方碑

東漢 景君碑陽

東漢 景君碑陰

東漢 孔宙碑陽

東漢 石門頌

東漢 石門頌

東漢 史晨後碑

東漢 宋伯望買田券正

東漢 鮮于璜碑陰

東漢 許安國題記

東漢 乙瑛碑

東漢 乙瑛碑

東漢 元和三年記

東漢 造土牛碑

東漢 佐孟機題記

晉 辟雍頌陽

晉 辟雍頌陽

晉 華芳墓誌陰

晉 石尠墓誌

北齊 司馬遵業墓誌

隋 任顯及妻誌

唐 褚亮碑

唐 龐履溫碑

唐 石臺孝經

唐 石臺孝經

唐 楊孝恭碑

唐 尹尊師碑

【楷書】

北魏 長孫瑱墓誌

北魏 奚智墓誌

北魏 元壽安墓誌

隋 劉淵墓誌

唐 李從證墓誌

唐 盧初墓誌

唐 慕容瑾墓誌

唐 石經尚書

唐 石經周易

唐 王師墓誌

彴

【楷書】

唐 廣濟橋碑

唐 石經五經

役

【隸書】

西漢 馬•老子甲後

西漢 馬•老子甲後

西漢 馬•老子甲後

西漢 馬•縱橫

東漢 曹全碑陽

東漢 熹平石經易

隋 修孔子廟碑

唐 北嶽廟碑

唐 嵩陽觀碑

唐 王媛墓誌陰

唐 修定寺記碑

唐 尹文操碑

唐 朱君妻王墓誌

【楷書】

晉 黃庭經

北魏 長孫子澤墓誌

北魏 元茂墓誌

北魏 元瞻墓誌

北齊 元賢墓誌

唐 崔夷甫墓誌

唐 范安及墓誌

唐 光福寺額勅

唐 李金墓誌

唐 李偘偘墓誌

唐 石經尚書

唐 石經五經

唐 石經五經

唐 惟岳神道碑

唐 楊思立墓誌

唐 張楚璋墓誌

唐 鄭儉墓誌

後唐 王璠墓誌

彷

【楷書】

唐 李鎬墓誌

征

【篆書】

唐 謙卦碑

唐 謙卦碑

唐 謙卦碑

【隸書】

西漢 西•善劍

東漢 曹全碑陽

東漢 楊統碑陽

三國魏 王基斷碑

三國魏 張君殘碑

晉 石尠墓誌

北齊 司馬遵業墓誌

北齊 司馬遵業墓誌

隋 暴永墓誌

隋 姬威墓誌

隋 口墮及妻墓誌

隋 李元墓誌

隋 口和墓誌

隋 口靜墓誌

隋 張盛墓誌

【楷書】

魏晉 樓•紙

北魏 慈慶墓誌

北魏 元保洛墓誌

北魏 元頊墓誌

東魏 元光基墓誌

東魏 元暐墓誌

隋 梁坦墓誌

隋 盧文構墓誌

隋 張壽墓誌

唐 阿史那貞忠墓誌

唐 劉濬墓誌

唐 石經周易

唐 翟惠隱墓誌

唐 張難墓誌

唐 趙嘉及妻墓誌

徂

【隸書】

東漢 伯興妻殘碑

東漢 朐忍令碑

東漢 趙寬碑

東漢 趙寬碑

北齊 鏤石班經記

隋 蘇恒墓誌

唐 孔子廟碑

唐 楊孝恭碑

【楷書】

北魏 王基墓誌

北魏 于纂墓誌

北魏 元詮墓誌

北魏 元文墓誌

隋 張虔墓誌

唐 石經尚書

唐 石經五經

往

【隸書】

秦 睡134

西漢 馬•老乙前

西漢 馬•縱横

西漢 張•677

西漢 居新•8008

漢晉 流簡紙

東漢 石門頌

東漢 熹平石經易

東漢 薌他君題記

晉 華芳墓誌陰

北周 華嶽頌

北齊 司馬遵業墓誌

隋 爾朱敞墓誌

隋 爾朱敞墓誌

隋 爾朱端墓誌

隋 劉多墓誌

隋 馬長和造像

隋 蕭瑾墓誌

隋 張景略墓誌

隋 張盛墓誌

隋 鄭令妃墓誌

唐 抱腹寺碑

唐 大忍寺碑

唐 戒壇碑

唐 盧行毅墓誌

唐 任城橋亭記

唐 嵩陽觀碑

唐 楊孝恭碑

唐 尹文操碑

【楷書】

漢晉 流簡紙

魏晉 樓殘紙

北魏 王基墓誌

北魏 元繼墓誌

北魏 元顯魏墓誌

北魏 元乂墓誌

北魏 元毓墓誌

隋 高緊墓誌

隋 吳嚴墓誌

唐 劉子墓誌

唐 盧士瓊墓誌

唐 石經九經

唐 石經九經

唐 石經尚書

唐 石經周易

唐 王景曜墓誌

彼 𢔶

【隸書】

秦 睡 100

西漢 馬•老乙

西漢 馬•天下

西漢 馬•養生

西漢 張•665

東漢 淮源廟碑

東漢 孔宙碑陽

東漢 孔宙碑陽

東漢 史晨後碑

東漢 王舍人碑

東漢 校官碑

北齊 司馬遵業墓誌

東魏 宗欣墓誌

隋 爾朱端墓誌

隋 爾朱端墓誌

隋 澧水石橋碑

隋 郭休墓誌

隋 謝岳墓誌

隋 張盛墓誌

隋 趙朗墓誌

隋 鄭令妃墓誌

唐 崔志墓誌

唐 告華嶽府君

唐 史思禮墓誌

唐 史思禮墓誌

唐 王子麟墓誌

唐 植松柏碑

【楷書】

魏晉 樓•紙

北魏 李謀墓誌

北魏 劉阿素墓誌

北魏 穆纂墓誌

北魏 吳光墓誌

北魏 元寶月墓誌

北魏 元謐墓誌

東魏 杜文雍造像

北齊 無量義經

隋 范安貴墓誌

隋 劉則墓誌

隋 橋紹墓誌

隋 楊居墓誌

衎 𢓵

【楷書】

唐 李昊墓誌

唐 石經周易

待 𢓷

【隸書】

西漢 居新•1105

西漢 居新•7960

西漢 居新•8055

漢晉 流簡紙

東漢 蒼山元嘉題記

東漢 肥致碑

晉 王君侯碑陽

晉 徐義墓誌陽

北齊 竇泰墓誌

隋 爾朱端墓誌

隋 郭達墓誌

隋 李元墓誌

隋 修孔子廟碑

隋 元鐘墓誌

唐 高元珪墓誌

唐 李神符碑

【楷書】

北魏 元侔墓誌陽

唐 蓋暢墓誌

徊

【楷書】

北齊 高湝墓誌

唐 柳昱墓誌

徇	⿰彳各	衍			徉	律	
【隸書】	【楷書】	【隸書】			【隸書】	【隸書】	
西漢 張•1077	唐 藺夫人龕銘	西漢 馬•天下	唐 劉慎墓誌	隋 元智妻墓誌	唐 文宣王廟門碑	秦 睡 10	兩漢 西•懸檢
西漢 居新•2816		西漢 張•472	唐 鄭國長公主碑	唐 古衍墓誌		秦 睡 45	漢晉 流簡紙
北魏 王基墓誌		西漢 張•473	唐 張顏墓誌	唐 梁暾墓誌		秦 睡 59	漢晉 流簡紙
唐 陳泰墓誌		西漢 居新•3677	【楷書】	唐 石經五經		西漢 張•128	東漢 樊敏碑
唐 紀信墓碑		漢晉 流簡紙	晉 華芳墓誌陰	唐 石經周易		西漢 張•705	東漢 史晨後碑
唐 楊孝恭碑		東漢 曹全碑陰	北魏 王璨墓誌	唐 王敬仲墓誌		西漢 居新•7494	東漢 造土牛碑
【楷書】		東漢 景君碑陽	北魏 于纂墓誌	唐 王心自在墓誌		西漢 居新•7524	隋 段濟墓誌
隋 范安貴墓誌		東漢 熹平石經易	北魏 元嵩墓誌	唐 楊知退妻墓誌		東漢 西•寇恩	隋 宋景造像碑
唐 范安及墓誌		晉 辟雍頌陽	東魏 元睟墓誌	唐 張點墓誌		東漢 西•寇恩	唐 行儼碑
唐 石經五經		北齊 竇泰墓誌	東魏 元睟墓誌	後唐 張積墓誌		兩漢 西•馬簡	唐 修定寺記碑
唐 嬰嬪女墓誌			東魏 元湛墓誌				

唐 張叡墓誌

【楷書】

北魏 元純阤墓誌

北齊 竇泰墓誌

東魏 高盛墓碑

隋 張壽墓誌

唐 丁貴娘墓誌

唐 石經尚書

唐 石經周易

唐 孫君妻張墓誌

後 後

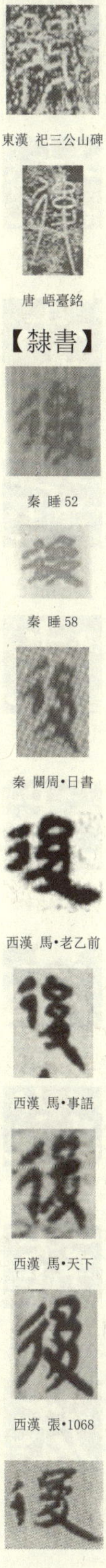

【篆書】

東漢 祀三公山碑

唐 峿臺銘

【隸書】

秦 睡 52

秦 睡 58

秦 關周•日書

西漢 馬•老乙前

西漢 馬•事語

西漢 馬•天下

西漢 張•1068

西漢 張•399

西漢 張•736

西漢 張•745

西漢 居新•7467

西漢 居新•7482

東漢 西•死駒

漢晉 流簡紙

西漢 楚王墓塞石

東漢 蒼山元嘉題記

東漢 蒼山元嘉題記

東漢 蒼山元嘉題記

東漢 曹全碑陽

東漢 從事馮君碑

東漢 黨錮殘碑

東漢 華山廟碑陽

東漢 桓孖食堂記

新莽 萊子侯刻石

東漢 利水大道記

東漢 買田約束石

東漢 朐忍令碑

新莽 禳盜刻石

東漢 石門頌

東漢 石門頌

東漢 史晨後碑

東漢 夏承碑

東漢 夏承碑

東漢 鮮于璜碑陽

東漢 楊震碑

東漢 楊著碑陽

東漢 永平四年記

東漢 永壽元年墓記

東漢 餘草字殘碑

東漢 圉令趙君碑

東漢 造土牛碑

東漢 張遷碑陽

三國魏 曹真殘碑陽

三國魏 管寧墓誌

晉 石尠墓誌

隋 暴永墓誌

隋 豆盧實墓誌

隋 段濟墓誌

隋 橋紹墓誌

隋 任軌墓誌

隋 蕭瑾墓誌

唐 褚亮碑

唐 石臺孝經

唐 石臺孝經

唐 楊孝恭碑

唐 尹尊師碑

唐 尹尊師碑

唐 掌徹墓誌

【楷書】

魏晉 樓•紙

北魏 韓震墓誌陽

北魏 薛孝通券

北魏 元茂墓誌

北魏 元周安墓誌

北魏 張安姬墓誌

北齊 出涅槃經

北齊 道明墓誌

北齊 維摩經碑

隋 元鐘墓誌

唐 崔眷妻墓誌

唐 高懲墓誌

唐 梁秀墓誌

唐 敏之墓誌

唐 石經尚書

唐 石經周易

唐 蕭公夫人墓誌

唐 重藏舍利記

唐 周敬本墓誌

後梁 賈郊墓誌

很

【楷書】

唐 石經五經

徒

【篆書】

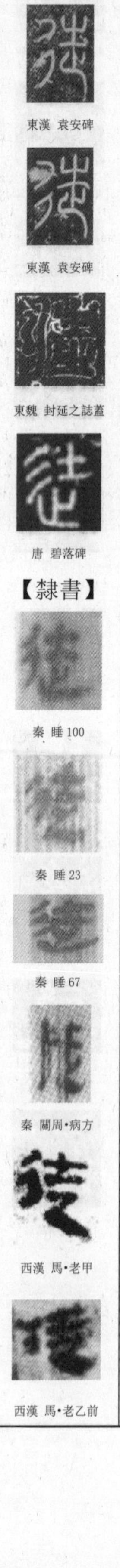

東漢 袁安碑

東漢 袁安碑

東魏 封延之誌蓋

唐 碧落碑

【隸書】

秦 睡100

秦 睡23

秦 睡67

秦 關周·病方

西漢 馬·老甲

西漢 馬·老乙前

西漢 馬·老乙前

西漢 張·270

西漢 張·603

西漢 居新·5399

西漢 居新·7537

兩漢 西·懸簡

東漢 曹全碑陽

東漢 樊敏碑

東漢 何君閣道銘

東漢 開通褒斜道

東漢 禮器碑側

東漢 尚博殘碑

東漢 楊統碑陽

東漢 楊震碑

東漢 楊著碑陽

東漢 乙瑛碑

東漢 趙寬碑

三國魏 王基斷碑

晉 辟雍頌陽

晉 徐義墓誌陽

北齊 竇泰墓誌

北齊 竇泰墓誌

隋 叱李綱子墓誌

隋 豆盧寶墓誌

隋 豆盧寶墓誌

隋 爾朱端墓誌

隋 郭達墓誌

隋 姬威墓誌

隋 李元墓誌

隋 劉多墓誌

隋 馬長和造像

隋 任軌墓誌

隋 宋景造像碑

隋 口靜墓誌

隋 謝岳墓誌

隋 張景略墓誌

隋 趙朗墓誌

唐 蘇洪姿墓誌

唐 蘇洪姿墓誌

唐 張濬墓誌

【楷書】

晉 筆陣圖

北魏 寇治墓誌

北魏 王誦妻墓誌

北魏 王誦妻元墓誌

北魏 姚伯多供養碑

北魏 元誨墓誌

北魏 元顯魏墓誌

北齊 司馬遵業墓誌

北齊 司馬遵業墓誌

隋 董美人墓誌

隋 高虬墓誌
隋 明質墓誌
隋 宋玉艷墓誌
隋 陶貴墓誌
隋 王弘墓誌
唐 李賢墓誌
唐 石經尚書
唐 石經周易
後唐 毛璋妻墓誌
後梁 謝彥璋墓誌

徑

【隸書】

西漢 馬•老乙前
西漢 馬•養生
西漢 張•996
東漢 伯興妻殘碑
東漢 肥致碑
東漢 薌他君題記
晉 華芳墓誌陽
隋 牛諒墓誌
唐 潘基墓誌
唐 文宣王廟門碑

【楷書】

北魏 爾朱襲墓誌
北魏 元倪墓誌
隋 蕭氏墓誌
隋 張怦墓誌
唐 盧萬春墓誌
唐 剡國長公主墓誌
唐 沈士公墓誌
唐 石經五經
唐 薛賾墓誌
唐 袁仁墓誌

徐

【篆書】

東漢 徐無令題記

【隸書】

秦 睡192
西漢 馬•合陰陽
西漢 馬•老乙前
西漢 馬•縱橫
西漢 居新•7836
東漢 封龍山頌
東漢 景君碑陰
晉 劉韜墓志
隋 爾朱敞墓誌
隋 爾朱端墓誌
隋 劉寶及妻墓誌
隋 宋仲墓誌
隋 張盛墓誌
唐 李貞墓誌
唐 玄元靈應頌

【楷書】

三國吳 走•四年
北魏 寇霄墓誌
北魏 王基墓誌
北魏 元恭墓誌
北魏 元顥墓誌
北魏 元子正墓誌
東魏 叔孫固墓誌
隋 劉德墓誌
隋 王楚英墓誌
唐 劉公權厝誌
唐 石經尚書
唐 石經五經
唐 石經周易
唐 王素墓誌

徛

【楷書】

唐 石經五經

徠

【隸書】

東漢 石門闕銘

術 𧗿

【篆書】

唐 碧落碑

【隸書】

西漢 馬•縱横

西漢 張•869

西漢 居新•1642

東漢 衡方碑

東漢 朐忍令碑

晉 辟雍頌陽

北齊 司馬遵業墓誌

北齊 西門豹碑陽

隋 爾朱敞墓誌

隋 申穆及妻墓誌

隋 楊真墓誌

唐 張休光墓誌

【楷書】

三國吳 走•五年

北魏 李謀墓誌

北魏 元液墓誌

北魏 元乂墓誌

隋 常德將墓誌

隋 陳叔榮墓誌

隋 王世琛墓誌

唐 石經九經

唐 惟岳神道碑

徒 𨑒

【隸書】

秦 睡 150

秦 睡 44

西漢 張•371

西漢 張•523

西漢 張•571

西漢 居新•1257

西漢 居新•8164

東漢 石門闕銘

東漢 石門頌

東漢 永壽元年墓記

東漢 趙寬碑

東漢 趙寬碑

北齊 司馬遵業墓誌

唐 崔志墓誌

唐 司馬寔墓誌

唐 興寺碑

唐 楊孝恭碑

唐 張叡墓誌

【楷書】

北魏 封魔奴墓誌

北魏 馮邕妻墓誌

北魏 王紹墓誌

北魏 奚智墓誌

北魏 元思墓誌

隋 潘善利墓誌

隋 田光山妻墓誌

隋 田光山妻墓誌

唐 淳于氏墓誌

唐 石經五經

唐 薛迅墓誌

唐 張道墓誌

唐 張運才墓誌

唐 執失善光

唐 朱仁表墓誌

徘

【隸書】

北齊 感孝頌

隋 爾朱敞墓誌

唐 嵩陽觀碑

唐 義福禪師碑

【楷書】

晉 黄庭内景經

北魏 元鑽遠墓誌

唐 姚恭墓誌

唐 執失善光

徜

【隸書】

唐 文宣王廟門碑

得

【篆書】

唐 碧落碑

唐 議卦碑

唐 議卦碑

唐 三墳記陰

唐 峿臺銘

【隸書】

秦 睡134

秦 睡18

秦 關周•日書

西漢 馬•合陰陽

西漢 馬•老子甲後

西漢 馬•縱横

西漢 張•135

西漢 居新•7488

西漢 居新•7489

東漢 西•寇恩

東漢 西•寇恩

漢晉 流簡紙

三國吳 走•五年

西漢 石墻村刻石

東漢 從事馮君碑

東漢 肥致碑

東漢 華山廟碑陽

東漢 禮器碑

東漢 石門頌

東漢 史晨前碑

東漢 王得元題記

東漢 薌他君題記

東漢 薌他君題記

東漢 許安國題記

東漢 楊統碑陽

晉 辟雍頌陽

北齊 竇泰墓誌

北齊 師道造象陽

北齊 司馬遵業墓誌

隋 豆盧實墓誌

隋 高虬墓誌

隋 劉多墓誌

隋 任軌墓誌

隋 申穆及妻墓誌

隋 口靜墓誌

隋 蕭瑾墓誌

隋 蕭瑾墓誌

唐 盧君妻墓誌

唐 屈突通墓誌

唐 石臺孝經

唐 石臺孝經

唐 鄎國長公主碑

唐 宴濟瀆序陰額

唐 楊孝恭碑

唐 楊孝恭碑

唐 尹尊師碑

唐 張休光墓誌

唐 趙冬曦壙誌

【楷書】

魏晉 樓•紙

魏晉 樓•紙

北魏 李頤墓誌

北魏 元弼墓誌

北魏 元謐墓誌

北魏 元子正墓誌

東魏 元悰墓誌

隋 高緊墓誌

隋 嚴元貴墓誌

隋 朱氏墓誌

唐 杜孚墓誌

唐 石經五經

唐 石經五經

唐 石經周易

唐 石經周易

唐 顏相墓誌

唐 張遊藝墓誌

從

【篆書】

東漢 尹宙碑額

唐 碧落碑

唐 峿臺銘

【隸書】

秦 睡 136

秦 睡 24

秦 睡 254

秦 睡 49

西漢 馬•老甲

西漢 馬•老乙前

西漢 馬•老乙前

西漢 馬•老乙前

西漢 張•1004

西漢 張•746

西漢 張•902

西漢 張•903

西漢 居新•7541

西漢 居新•7543

西漢 居新•7553

西漢 居新•7664

漢晉 流簡紙

漢晉 流簡紙

東漢 倉頡廟碑側

東漢 倉頡廟碑側

東漢 蒼山元嘉題記

東漢 蒼山元嘉題記

東漢 蒼山元嘉題記

東漢 從事馮君碑

東漢 高頤闕銘東

東漢 淮源廟碑

東漢 孔宙碑陽

東漢 禮器碑陰

東漢 史晨後碑

東漢 武榮碑

東漢 鮮于璜碑陽

東漢 許安國題記

東漢 楊著碑陽

東漢 尹宙碑

東漢 永壽元年墓記

東漢 鄭固碑

三國吳 買冢城磚

晉 辟雍頌陽

晉 石尠墓誌

晉 徐義墓誌陽

北齊 鏤石班經記

北齊 司馬遵業墓誌

隋 豆盧實墓誌

隋 爾朱敞墓誌

隋 爾朱端墓誌

隋 李元墓誌

隋 任顯及妻誌

隋 任顯及妻誌

隋 宋仲墓誌

隋 宋仲墓誌

隋 口和墓誌

隋 謝岳墓誌

隋 楊真墓誌

隋 張姜墓誌

隋 張景略墓誌

隋 張盛墓誌

唐 褚亮碑

唐 崔志墓誌

唐 闞道愛墓誌

唐 李神符碑

唐 柳偘妻墓誌

唐 石臺孝經

唐 史思禮墓誌

唐 行儼碑

唐 楊孝恭碑

唐 楊孝恭碑

唐 尹尊師碑

唐 尹尊師碑

唐 尹尊師碑

唐 張滔墓誌

唐 朱君妻王墓誌

【楷書】

魏晉 樓•紙

北魏 陳天寶造像

北魏 慈香惠造像

北魏 耿伏奴題字

北魏 元乂墓誌

北魏 趙囗造像

西漢 馬•老子甲後

西漢 馬•縱横

西漢 張•513

西漢 張•541

西漢 居新•4810

西漢 居新•4848

西漢 西•詔書

漢晉 流簡紙

漢晉 流簡紙

漢晉 流簡紙

御

【篆書】

東漢 祀三公山碑

唐 般若臺記

唐 碧落碑

唐 詩書碑額

【隸書】

秦 睡 137

秦 睡 41

秦 關周•日書

西漢 馬•老甲

西漢 馬•老乙前

西漢 馬•老乙前

徨

【楷書】

唐 李鎬墓誌

衖

【隸書】

秦 睡 255

街

【隸書】

秦 關周•病方

西漢 馬•足臂

唐 北嶽廟碑

【楷書】

唐 楚金禪師碑

唐 杜忠良墓誌

唐 玄秘塔碑

唐 翟慶全墓誌

衕

【隸書】

隋 李元墓誌

【楷書】

唐 慕容君妻墓誌

唐 石經尚書

唐 石經周易

唐 王協墓誌

唐 張謙墓誌

唐 張騷墓誌

唐 鄭子容墓誌

後周 宋彦筠墓誌

後唐 王璠墓誌

北齊 道明墓誌

東魏 李挻墓誌

隋 陳叔榮墓誌

隋 陳叔榮墓誌

隋 范安貴墓誌

隋 李則墓誌

隋 蕭翹墓誌

唐 盧景修墓誌

唐 呂思禮墓誌

唐 三品亡尼墓誌

東漢 禮器碑陰
東漢 魯峻碑陽
東漢 侍御史李公闕
東漢 唐公房碑陽
東漢 楊淮表記
東漢 張遷碑陽
晉 管洛墓誌陽
晉 石尠墓誌
晉 徐義墓誌陽
北齊 竇泰墓誌

北齊 竇泰墓誌
北齊 竇泰墓誌
隋 豆盧實墓誌
隋 豆盧實墓誌
隋 姬威墓誌
隋 橋紹墓誌
隋 王榮及妻墓誌
隋 趙朗墓誌
隋 趙朗墓誌
唐 北獄廟碑

唐 崔泰之墓誌
唐 戴令言墓誌
唐 董虔運墓誌
唐 高元珪墓誌
唐 京兆金氏墓誌
唐 李神符碑
唐 盧宏及妻墓誌
唐 史思禮墓誌
唐 張濬墓誌
唐 趙冬曦壙誌

唐 趙冬曦壙誌
【楷書】
魏晉 樓•紙
晉 華芳墓誌陰
北魏 耿氏墓誌
北魏 韓震墓誌陽
北魏 侯剛墓誌
北魏 侯剛墓誌
北魏 劉阿素墓誌
北魏 司馬顯姿墓誌
北魏 元恭墓誌

北魏 元暉墓誌
北魏 元繼墓誌
北魏 元朗墓誌
北魏 元延明墓誌
北魏 元子正墓誌
北魏 張安姬墓誌
隋 陳叔明墓誌
北齊 法懃塔銘
隋 皇甫深墓誌
隋 王善來墓誌

隋 元智墓誌
隋 張壽墓誌
唐 安思節墓誌
唐 陳諭墓誌
唐 程知節墓誌
唐 崔鞏墓誌
唐 崔夐墓誌
唐 獨孤開遠墓誌
唐 李鳳墓誌
唐 李庭玉改葬誌

唐 李植題名
唐 梁守謙墓誌
唐 劉如璋墓誌
唐 柳延宗墓誌
唐 柳昱墓誌
唐 盧萬春墓誌
唐 陸振墓誌
唐 裴咸墓誌
唐 秦進儀墓誌
唐 權順墓誌

唐 石經尚書
唐 石經五經
唐 石經周易
唐 石經周易
唐 思恆墓誌
唐 魏靖墓誌
唐 吴巽墓誌
唐 嚴識玄墓誌
唐 楊乾光墓誌
唐 楊乾光墓誌

唐 張信墓誌

唐 張信墓誌

後梁 國礶誌銘

後唐 孫拙墓誌

循

【篆書】

東漢 韓仁銘額

唐 碧落碑

【隸書】

秦 睡 68

秦 關周•日書

西漢 馬•老乙前

西漢 馬•老乙前

西漢 馬•縱横

西漢 馬•足臂

西漢 張•1189

西漢 居新•7626

西漢 居新•7633

西漢 西•馬牘

東漢 西•文書

東漢 西•文書

漢晉 流簡紙

漢晉 流簡紙

東漢 華山廟碑陽

東漢 石門頌

東漢 石門頌

東魏 宗欣墓誌

隋 爾朱敞墓誌

隋 姬威墓誌

唐 安天王廟碑

唐 八都壇碑

唐 北獄廟碑

唐 陳泰墓誌

唐 屈突通墓誌

唐 郞國長公主碑

【楷書】

北魏 常季繁墓誌

北魏 元純陁墓誌

唐 樊廉墓誌

唐 李立言墓誌

唐 盧昂墓誌

唐 石經五經

唐 張翔墓誌

復

【篆書】

三國吳 天發神讖碑

三國魏 正始石經

唐 碧落碑

唐 三墳記陽

【隸書】

秦 睡 111

秦 睡 164

秦 睡 31

秦 睡 63

秦 睡 78

秦 關周•日書

西漢 馬•合陰陽

西漢 馬•老乙前

西漢 馬•老子甲後

西漢 馬•養生

西漢 馬•縱横

西漢 張•1006

西漢 張•1154

西漢 張•1212

西漢 張•300

西漢 張•587

西漢 張•691

西漢 居新•3620

漢晉 流簡紙

東漢 蒼山元嘉題記

東漢 曹全碑陽

東漢 曹全碑陽

東漢 樊敏碑

東漢 淮源廟碑

東漢 桓孨食堂記

東漢 李孟初神祠碑

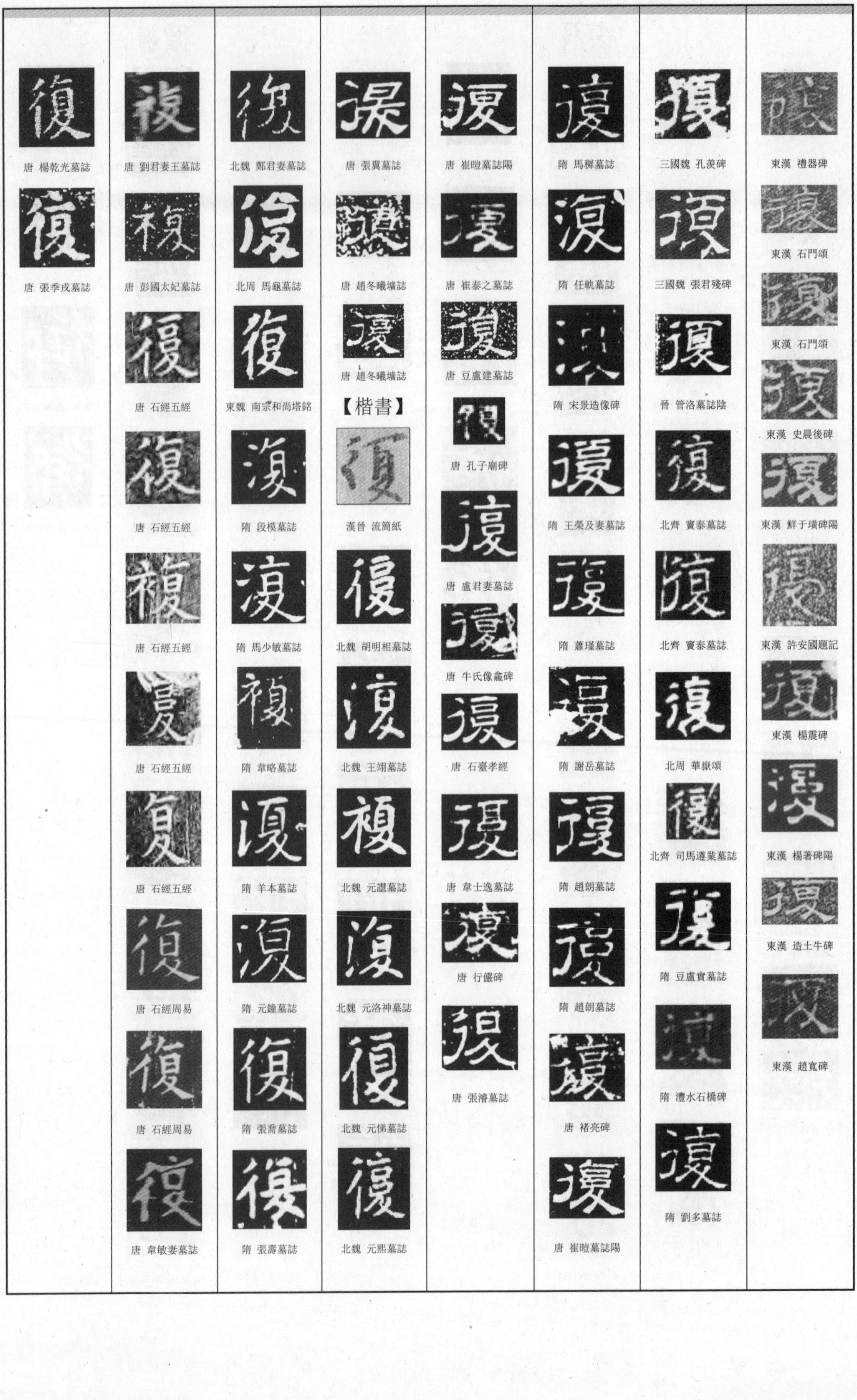

東漢 禮器碑
東漢 石門頌
東漢 石門頌
東漢 史晨後碑
東漢 鮮于璜碑陽
東漢 許安國題記
東漢 楊震碑
東漢 楊著碑陽
東漢 造土牛碑
東漢 趙寬碑

三國魏 孔羨碑
三國魏 張君殘碑
晉 管洛墓誌陰
北齊 竇泰墓誌
北齊 竇泰墓誌
北周 華嶽頌
北齊 司馬遵業墓誌
隋 豆盧實墓誌
隋 澧水石橋碑
隋 劉多墓誌

隋 馬穉墓誌
隋 任軌墓誌
隋 宋景造像碑
隋 王榮及妻墓誌
隋 蕭瑾墓誌
隋 謝岳墓誌
隋 趙朗墓誌
隋 趙朗墓誌
唐 褚亮碑
唐 崔暟墓誌陽

唐 崔暟墓誌陽
唐 崔泰之墓誌
唐 豆盧建墓誌
唐 孔子廟碑
唐 盧君妻墓誌
唐 牛氏像龕碑
唐 石臺孝經
唐 韋士逸墓誌
唐 行儼碑
唐 張濬墓誌

唐 張翼墓誌
唐 趙冬曦壙誌
唐 趙冬曦壙誌

【楷書】

漢晉 流簡紙
北魏 胡明相墓誌
北魏 王翊墓誌
北魏 元譿墓誌
北魏 元洛神墓誌
北魏 元悌墓誌
北魏 元熙墓誌

北魏 鄭君妻墓誌
北周 馬龜墓誌
東魏 南宗和尚塔銘
隋 段模墓誌
隋 馬少敏墓誌
隋 韋略墓誌
隋 羊本墓誌
隋 元鐘墓誌
隋 張喬墓誌
隋 張壽墓誌

唐 劉君妻王墓誌
唐 彭國太妃墓誌
唐 石經五經
唐 石經五經
唐 石經五經
唐 石經五經
唐 石經五經
唐 石經周易
唐 石經周易
唐 韋敏妻墓誌

唐 楊乾光墓誌
唐 張季戎墓誌

假

【楷書】

唐 石經五經

衙

【篆書】

三國魏 正始石經

【隸書】

西漢 張•469

西漢 居新•4709

新莽 西•守御器

新莽 西•守御器

東漢 倉頡廟碑側

東漢 倉頡廟碑側

東漢 倉頡廟碑側

東漢 倉頡廟碑側

東漢 倉頡廟碑側

東漢 景君碑陽

東漢 石門頌

三國魏 曹真殘碑陰

唐 行儼碑

【楷書】

北魏 弔比干文陽

唐 暴賢墓誌

唐 蓋暢墓誌

徵

【篆書】

唐 碧落碑

【隸書】

西漢 馬•合陰陽

西漢 馬•老甲

西漢 馬•老甲

西漢 馬•老乙前

西漢 馬•天下

西漢 居新•5239

東漢 西•寇恩

東漢 景君碑陽

東漢 武榮碑

東漢 鮮于璜碑陽

東漢 楊震碑

東漢 趙寬碑

東漢 作封記

北齊 夫子廟碑

北齊 感孝頌

隋 豆盧實墓誌

隋 符盛及妻墓誌

隋 宋景造像碑

隋 宋仲墓誌

隋 蕭瑾墓誌

唐 戴令言墓誌

唐 李貞墓誌

唐 盧君妻墓誌

唐 盧行毅墓誌

唐 石臺孝經

唐 史思禮墓誌

唐 唐世榮墓誌

唐 阜士逸墓誌

唐 修定寺記碑

唐 楊孝恭碑

唐 張叡墓誌

【楷書】

魏晉 樓•紙

北魏 馮會萇墓誌

北魏 洪懋造象銘

北魏 姚伯多供養碑

北魏 元鑒墓誌

北魏 元襲墓誌

東魏 高盛墓碑

北齊 邑義等造像

隋 賈玄贊墓誌

隋 寇遵考墓誌

隋 馬少敏墓誌

隋 王楚英墓誌

隋 蕭瑒墓誌

隋 嚴元貴墓誌

唐 封抱墓誌

唐 韓氏合葬誌

唐 李霞光墓誌

唐 李震墓誌

唐 苗弘本墓誌

唐 石經尚書

唐 石經五經

唐 石經左傳

唐 顏家廟碑

唐 顏相墓誌

唐 掌徵墓誌

唐 周義墓誌

後梁 崔崇素墓誌

闕 堅牢塔記

徯 𢔂

【楷書】

唐 石經尚書

傜

【楷書】

唐 崔夷甫墓誌

唐 張去奢墓誌

德 𢛳

【篆書】

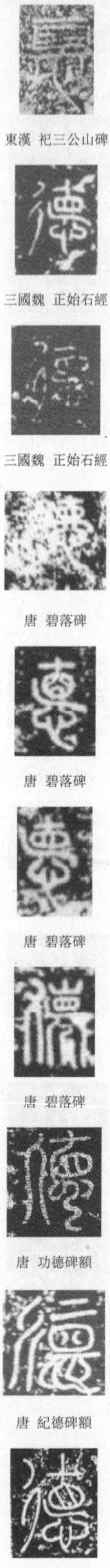

東漢 祀三公山碑

三國魏 正始石經

三國魏 正始石經

唐 碧落碑

唐 碧落碑

唐 碧落碑

唐 碧落碑

唐 功德碑額

唐 紀德碑額

唐 李元諒頌額

唐 三墳記陽

唐 三墳記陰

唐 陶大舉碑額

唐 王審知碑額

唐 楊公碑額

【隸書】

西漢 馬•老甲

西漢 馬•老甲

西漢 馬•老乙前

西漢 馬•老乙前

西漢 馬•老子甲後

西漢 馬•老子甲後

西漢 馬•老子甲後

西漢 馬•老子甲後

西漢 馬•事語

西漢 馬•事語

西漢 馬•縱横

西漢 張•1036

西漢 居新•5363

西漢 西•候官

西漢 西•馬牘

西漢 西•馬牘

漢晉 流簡紙

東漢 倉頡廟碑

東漢 倉頡廟碑側

東漢 從事馮君碑

東漢 從事馮君碑

東漢 封龍山頌

東漢 淮源廟碑

東漢 淮源廟碑

東漢 景君碑陽

東漢 景君碑陰

東漢 禮器碑

東漢 禮器碑側

東漢 馬姜墓記

東漢 馬姜墓記

東漢 三老刻石

東漢 三老刻石

東漢 石門頌

東漢 石門頌

東漢 唐公房碑陽

彳部

東漢 王舍人碑
東漢 西狹頌
東漢 夏承碑
東漢 夏承碑
東漢 鮮于璜碑陽
東漢 鮮于璜碑陽
東漢 鮮于璜碑陽
東漢 楊震碑
東漢 楊震碑

東漢 楊震碑
東漢 楊著碑陽
東漢 尹宙碑
東漢 圉令趙君碑
東漢 張遷碑陽
東漢 趙寬碑
東漢 鄭固碑
三國魏 張君殘碑
晉 郭槐柩記
晉 王君侯碑陽

北齊 感孝頌
隋 侯肇墓誌
隋 賈通墓誌
隋 李元墓誌
隋 馬長和造像
隋 默曹殘碑
隋 任軌墓誌
隋 任顯及妻誌
隋 任顯及妻誌
隋 申穆及妻墓誌

隋 申穆及妻墓誌
隋 申穆及妻墓誌
隋 王楚英墓誌
隋 王楚英墓誌
隋 口靜墓誌
隋 口靜墓誌
隋 口靜墓誌
隋 口靜墓誌
隋 張姜墓誌
隋 張姜墓誌

隋 鄭令妃墓誌
唐 北獄廟碑
唐 董虔運墓誌
唐 慧堅碑額
唐 李神符碑
唐 李神符碑
唐 盧行毅墓誌
唐 石臺孝經
唐 石臺孝經
唐 石臺孝經

唐 史思禮墓誌
唐 行儼碑
唐 行儼碑
唐 楊孝恭碑
唐 楊孝恭碑
唐 楊孝恭碑
唐 尹尊師碑
唐 張翼墓誌

【楷書】

魏晉 樓•紙
北魏 常文遠造像

北魏 馮會甚墓誌
北魏 和醜仁墓誌
北魏 三寶造像記
北魏 叔孫協墓誌
北魏 吐谷渾璣墓誌
北魏 薛伯徽墓誌
北魏 元昉墓誌
北魏 元敷墓誌
北魏 元敷墓誌
北魏 元周安墓誌

北魏 鄭君妻墓誌
東魏 馮令華墓誌
北周 輔蘭意造像
北周 高妙儀墓誌
東魏 公孫甑生墓誌
北周 馬龜墓誌
西魏 任氏墓誌
北周 曇樂造像
北齊 顏玉光墓誌
隋 成公氏墓誌

隋 杜相夫造像

隋 梁瓌墓誌

隋 梁瓌墓誌

隋 橋紹墓誌

隋 田光山妻墓誌

隋 吳嚴墓誌

隋 楊厲墓誌

隋 張喬墓誌

隋 張壽墓誌

唐 段璋墓誌

唐 李君妻裴墓誌

唐 石經尚書

唐 石經五經

唐 石經周易

唐 王法墓誌

唐 王感墓誌

唐 姚如衡墓誌

唐 張去奢墓誌

唐 張信墓誌

徵

【篆書】

東漢 袁安碑

唐 碧落碑

唐 臨終口授銘

【隸書】

西漢 馬•合陰陽

西漢 馬•合陰陽

西漢 馬•合陰陽

西漢 張•204

西漢 張•204

西漢 張•253

西漢 張•752

西漢 居新•9241

西漢 武•王杖

東漢 西•醫藥

兩漢 武•王杖

漢晉 流簡紙

東漢 曹全碑陰

東漢 衡方碑

東漢 景君碑陰

東漢 禮器碑側

東漢 虔恭字殘碑

東漢 尚博殘碑

東漢 尚博殘碑

東漢 楊統碑陽

東漢 楊震碑

東漢 造土牛碑

東漢 張遷碑陽

三國魏 曹真殘碑陽

三國魏 孔羨碑

晉 馮恭石槨字

北齊 竇泰墓誌

北齊 司馬遵業墓誌

北齊 司馬遵業墓誌

隋 爾朱端墓誌

隋 郭達墓誌

隋 宋仲墓誌

隋 宋仲墓誌

隋 張景略墓誌

唐 告華嶽府君

唐 闞道愛墓誌

唐 屈突通墓誌

唐 楊孝恭碑

唐 張休光墓誌

【楷書】

北魏 王瑈墓誌

北魏 元斆墓誌

北魏 元馗墓誌

北魏 元尚之墓誌

北魏 元天穆墓誌

隋 暴永墓誌

隋 段模墓誌

隋 范高墓誌

隋 郭寵墓誌

隋 吳嚴墓誌

隋 張壽墓誌

隋 鄭善妃墓誌

唐 崔千里墓誌

唐 房瑒墓誌

唐 公祠靈泉記

唐 石經尚書

唐 吳孝墓誌

唐 張武哲墓誌

衝

【隸書】

秦 睡110

北齊 竇泰墓誌

北齊 司馬遵業墓誌

隋 段濟墓誌

隋 姬威墓誌

隋 修孔子廟碑

唐 高元珪墓誌

唐 史思禮墓誌

唐 王崇禮墓誌

【楷書】

北魏 元固墓誌

北齊 殷恭安造像

隋 張伏敬墓誌

唐 石經九經

唐 石經九經

唐 宋義及妻墓誌

唐 王協墓誌

徹

【篆書】

唐 三墳記陽

【隸書】

秦 睡112

西漢 馬•十問

西漢 張•31

西漢 武•泰射甲

西漢 武•泰射甲

西漢 武•特牲甲

東漢 肥致碑

東漢 鮮于璜碑陽

隋 張儉及妻墓誌

隋 張儉及妻墓誌

唐 譚伍墓誌

唐 郞國長公主碑

唐 掌徹墓誌

【楷書】

魏晉 樓•紙

北魏 常文遠造像

北魏 封魔奴墓誌

北魏 元寶月墓誌

北齊 高湝墓誌

北齊 紀僧諮造像

隋 張虔墓誌

唐 崔淑墓誌

唐 韓通墓誌

唐 石經五經

唐 浯溪記

唐 顔人墓誌

衛

【篆書】

三國魏 正始石經

三國魏 正始石經

三國魏 正始石經

三國魏 正始石經

北魏 于景誌蓋

唐 阿史那忠碑額

唐 李孝同碑額

唐 三墳記陽

【隸書】

秦 睡255

西漢 馬•事語

西漢 馬•縱橫

西漢 馬•縱橫

西漢 居新•7533

東漢 蒼山元嘉題記

東漢 肥致碑

東漢 西狹頌

東漢 鮮于璜碑陰

東漢 趙菿殘碑

隋 爾朱端墓誌

隋 關明墓誌

隋 馬長和造像

唐 史思禮墓誌

唐 史思禮墓誌

唐 行儼碑

唐 楊孝恭碑

唐 楊孝恭碑

唐 楊孝恭碑

唐 楊孝恭碑

【楷書】

三國吳 走•四午

北魏 元繼墓誌

徵 𢔦

【隸書】

秦 睡110

西漢 張•296

西漢 張•425

西漢 張•82

西漢 張•95

兩漢 武•王杖

漢晉 流簡紙

東漢 倉頡廟碑側

東漢 蒼山元嘉題記

晉 左棻墓誌陽

唐 李則政墓誌

唐 石經尚書

唐 石經五經

唐 王協墓誌

唐 蕭言思墓誌

唐 薛世感墓誌

唐 張伽墓誌

唐 張嵓妻墓誌

唐 趙珪墓誌

北魏 高珪墓誌

北魏 寇憑墓誌

北魏 奚真墓誌

北魏 于纂墓誌

北魏 元徽墓誌

北魏 元順墓誌

北齊 高湝墓誌

隋 賈通墓誌

隋 寇奉叔墓誌

唐 楚金禪師碑

北齊 司馬遵業墓誌

隋 豆盧實墓誌

隋 灃水石橋碑

隋 任顯及妻誌

隋 張儉及妻墓誌

唐 高元珪墓誌

唐 李貞墓誌

唐 潘基墓誌

唐 張翼墓誌

【楷書】

三國吳 走•五年

衡 𧗠

西漢 武•有司甲

東漢 尚博殘碑

東漢 武榮碑

東漢 西狹頌

東漢 鮮于璜碑陰

東漢 楊震碑

東漢 尹宙碑

三國魏 孔羨碑

晉 辟雍頌陰

北齊 感孝頌

【隸書】

秦 睡43

西漢 馬•老乙前

西漢 馬•老乙前

西漢 馬•老乙前

西漢 馬•老子甲後

西漢 馬•老子甲後

西漢 馬•縱横

西漢 武•特牲甲

西漢 武•有司甲

西漢 武•有司甲

唐 石經九經

唐 石經尚書

唐 石經周易

北魏 元尚之墓誌

東魏 元悰墓誌

隋 王光墓誌

隋 義造橋殘碑

隋 張伏敬墓誌

唐 鄭仁穎墓誌

唐 傅思諫墓誌

唐 高懲墓誌

唐 沈浩禕墓誌

唐 石經九經

隋 段模墓誌

隋 賈玄贊墓誌

唐 皇甫誕碑

唐 石經周易

衢

【篆書】

唐 多寶佛塔銘

【隸書】

東漢 淮源廟碑

北魏 上尊號碑

隋 宋仲墓誌

唐 崔志墓誌

唐 豆盧建墓誌

唐 楊孝恭碑

【楷書】

北魏 元寧墓誌

北魏 元子正墓誌

東魏 劉雙周塔記

衛

【隸書】

秦 睡 101

西漢 馬•事語

西漢 馬•縱横

西漢 張•299

西漢 張•467

西漢 張•485

西漢 張•675

西漢 居新•5568

西漢 西•過界

唐 張濬墓誌

唐 楊佰隴墓誌

唐 張洛墓誌

隋 王楚英墓誌

隋 鄭善妃墓誌

唐 阿史那貞忠墓誌

唐 皇甫弘敬墓誌

唐 劉妙姜墓誌

唐 三品亡宫墓誌

唐 石經尚書

唐 石經五經

唐 司製何氏墓誌

唐 田仁墓誌

唐 屈突通墓誌

【楷書】

北魏 胡明相墓誌

北魏 王誦妻元墓誌

北齊 竇泰墓誌

東魏 杜文雍造像

東魏 馮令華墓誌

東魏 王僧墓誌

北齊 邢夫人墓誌

隋 高緊墓誌

隋 王楚英墓誌

徽

【篆書】

唐 碧落碑

唐 闞道愛墓誌

【隸書】

漢晉 流簡紙

東漢 劉熊碑

隋 郭王墓誌

隋 姬威墓誌

隋 馬少敏墓誌

唐 褚亮碑

唐 李彦墓誌

唐 李彦墓誌

【楷書】

晉 左棻墓誌陽

北魏 法生造像

唐 陳崇本墓誌

唐 秦暕墓誌

唐 石經五經

唐 支成墓誌

彡部

形 形

【隸書】

東漢 朝侯小子碑

東漢 楊震碑

東漢 趙寬碑

三國魏 王基斷碑

晉 辟雍頌陽

北齊 法懃塔銘

北齊 馬天祥造像

隋 豆盧實墓誌

隋 爾朱端墓誌

隋 郭休墓誌

隋 劉寶及妻墓誌

隋 馬長和造像

隋 馬穉墓誌

隋 牛諒墓誌

隋 宋景造像碑

唐 褚亮碑

唐 戴令言墓誌

唐 董虔運墓誌

唐 石臺孝經

唐 怡亭銘序

唐 尹尊師碑

唐 張翼墓誌

【楷書】

晉 黃庭內景經

南朝梁 羅浮山銘

北齊 竇泰墓誌

北齊 感孝頌

東魏 尼曇會題記

隋 暴永墓誌

隋 卜鑒墓誌

隋 段威墓誌

隋 口和墓誌

隋 口靜墓誌

唐 石經五經

唐 王協墓誌

唐 趙留四墓誌

彤 彤

【隸書】

隋 高虬墓誌

唐 庫狄真相墓誌

唐 王崇禮墓誌

唐 辛雲京妻墓誌

【楷書】

北魏 元順墓誌

東魏 元悰墓誌

隋 宋玉艷墓誌

隋 王楚英墓誌

隋 席氏墓誌

唐 獨孤開遠墓誌

唐 闞師墓誌

唐 三品亡宮墓誌

唐 石經五經

唐 萬蘭墓誌

彨

【楷書】

唐 皇甫誕碑

彥

【隸書】

漢晉 流簡紙

東漢 曹全碑陰

東漢 朝侯小子碑

東漢 孟孝琚碑

東漢 武榮碑

三國魏 曹真殘碑陰

晉 辟雍頌陰

晉 辟雍頌陰

晉 左棻墓誌陰

隋 段濟墓誌

隋 爾朱端墓誌

隋 賈通墓誌

隋 劉多墓誌

隋 張儉及妻墓誌

唐 崔暟墓誌陰

唐 崔泰之墓誌

唐 盧行毅墓誌

【楷書】

北魏 穆彥墓誌

北魏 元斆墓誌

北魏 元思墓誌

北齊 劉雙仁墓誌

東魏 劉懿墓誌

隋 韋略墓誌

隋 楊厲墓誌

隋 元智墓誌

唐 段慈順墓誌

唐 郭宣墓誌

唐 石經五經

唐 王積善墓誌

唐 惟貞廟碑陽

唐 吳江墓誌

唐 顏勤禮碑

唐 姚君妻墓誌

唐 於遂古墓誌

彧

【楷書】

北魏 李媛墓誌

唐 崔婉墓誌

唐 秦進儀墓誌

彭

【楷書】

北涼 沮渠安周造像

彬

【隸書】

三國魏 孔羨碑

唐 倪彬墓誌

唐 司馬寔墓誌

【楷書】

北魏 元舉墓誌

唐 崔琪墓誌

唐 王素墓誌

彩

【篆書】

唐 碧落碑

【隸書】

隋 澧水石橋碑

隋 劉賓及妻墓誌

隋 蘇恒墓誌

隋 謝岳墓誌

隋 張景略墓誌

隋 張盛墓誌

唐 盧行毅墓誌

唐 蘇洪姿墓誌

【楷書】

北魏 慈慶墓誌

彰 彰

【篆書】

唐 峿臺銘

【隸書】

東漢 孔宙碑陽

東漢 鮮于璜碑陽

東漢 楊叔恭殘碑

晉 徐義墓誌陽

隋 爾朱敞墓誌

隋 澧水石橋碑

隋 澧水石橋碑

隋 李元墓誌

隋 宋景造像碑

影

【隸書】

唐 司馬寔墓誌

【楷書】

北魏 王翊墓誌

東魏 王令媛墓誌

隋 段模墓誌

唐 張寬墓誌

彭 彭

北魏 王誦妻元墓誌

北魏 元鑒墓誌

北齊 竇泰墓誌

唐 賈雄墓誌

唐 劉達墓誌

唐 劉椽墓誌

唐 石經尚書

唐 石經周易

唐 孫嗣初妻墓誌

唐 尉遲敬德墓誌

晉 華芳墓誌陽

隋 爾朱端墓誌

隋 關明墓誌

隋 宋仲墓誌

隋 趙朗墓誌

唐 李彥墓誌

唐 史思禮墓誌

唐 王崇禮墓誌

【楷書】

三國吳 走•四年

三國吳 走•五年

彭 彭

【篆書】

三國魏 正始石經

唐 三墳記陰

【隸書】

西漢 馬•事語

西漢 張•1091

西漢 居新•2684

西漢 習字觚

東漢 禮器碑側

東漢 繆宇墓誌

三國魏 曹真殘碑陰

晉 辟雍頌陽

東魏 呂覎墓誌

唐 騫紹業墓誌

唐 石經五經

唐 楊宇墓誌

彫 彫

【隸書】

東漢 孔宙碑陽

東漢 趙寬碑

隋 牛諒墓誌

隋 宋仲墓誌

隋 宋仲墓誌

唐 蘇洪姿墓誌

【楷書】

北魏 薛伯徽墓誌

北魏 元文墓誌

北魏 元珍墓誌

北齊 崔棠造像

北魏 王誦妻元墓誌

北魏 元文墓誌

北齊 高清墓誌

隋 楊厲墓誌

唐 高漆娘墓誌

唐 劉通墓誌

唐 麻姑仙壇記

唐 雁塔聖教序

唐 楊宇墓誌

隋 蘇恒墓誌
隋 修孔子廟碑
唐 北獄廟碑
唐 柳偘妻墓誌
唐 石臺孝經
【楷書】
北魏 馮邕妻墓誌
北魏 元始和墓誌
北魏 元思墓誌
隋 成公氏墓誌
隋 王楚英墓誌

唐 元鐘墓誌
唐 崔元二墓誌
唐 李瑱墓誌
唐 劉珵墓誌
唐 石經九經

影

【篆書】
唐 紀德碑額
【隸書】
北齊 法懃塔銘
北齊 法懃塔銘
隋 劉寶及妻墓誌
隋 趙朗墓誌
唐 劉粲墓誌
唐 盧宏及妻墓誌
【楷書】
南朝梁 羅浮山銘
北魏 寇霄墓誌
北魏 吐谷渾璣墓誌

北魏 元顥墓誌
東魏 南宗和尚塔銘
唐 曹琳墓誌
唐 崔千里墓誌
隋 姜敬親墓誌
唐 盧宏及妻墓誌
唐 祁惠墓誌
唐 石經尚書
唐 孫君妻李墓誌
唐 王君及妻墓誌

唐 王仁墓誌
唐 脩多羅墓誌
唐 張敬祖塔銘
唐 張審文墓誌
唐 朱懷智墓誌

彲

【楷書】
唐 段簡璧墓誌

鬱 鬱

【篆書】
東漢 馮孺人題記
【隸書】
晉 郛休碑陽
晉 郛休碑陽
北魏 上尊號碑
隋 叱李綱子墓誌
隋 郭達墓誌
隋 馬少敏墓誌
隋 宋仲墓誌
隋 口和墓誌
隋 口和墓誌

隋 蕭瑾墓誌
唐 蔡君妻墓誌
唐 尹尊師碑
【楷書】
北魏 爾朱紹墓誌
北魏 寇治墓誌
北魏 王誦妻元墓誌
北魏 元固墓誌
北魏 元肅墓誌
北魏 元珽墓誌
北魏 元文墓誌

北魏 張玄墓誌

東魏 公孫甑生墓誌

隋 段模墓誌

隋 呂胡墓誌

隋 元鍾墓誌

唐 陳恭墓誌

唐 杜舉墓誌

唐 李鳳妃墓誌

唐 李瑱墓誌

唐 麻姑仙壇記

唐 石經九經

唐 石經九經

唐 石經尚書

唐 蘇嗣君墓誌

唐 王進墓誌

唐 王慶墓誌

唐 王元墓誌

唐 吳達墓誌

唐 吳達墓誌

唐 蕭思一墓誌

唐 邢德弼墓誌

唐 張騷墓誌

唐 張騷墓誌

夕部

夕

【隸書】

秦 睡108

秦 西•日書甲

西漢 馬•老甲

西漢 馬•事語

西漢 馬•天下

西漢 馬•天下

秦 西•日書甲

東漢 熹平石經易

隋 豆盧實墓誌

隋 劉多墓誌

隋 蘇恒墓誌

隋 張姜墓誌

【楷書】

東魏 盧貴蘭墓誌

唐 白光倩墓誌

唐 石經九經

唐 石經周易

外

【隸書】

秦 睡63

秦 睡82

西漢 馬•老乙前

西漢 馬•縱橫

西漢 馬•足臂

西漢 張•470

東漢 蒼山元嘉題記

東漢 劉漢劉漢

東漢 尚博殘碑

東漢 史晨後碑

東漢 西狹頌

東漢 鮮于璜碑陽

東漢 楊統碑陽

東漢 造土牛碑

晉 辟雍頌陽

晉 徐義墓誌陽

隋 豆盧實墓誌

隋 郭休墓誌

隋 勝福寺塔銘

隋 蘇恒墓誌

隋 蘇恒墓誌

唐 告華嶽府君

唐 史思禮墓誌

唐 行儼碑

唐 行儼碑

唐 趙冬曦壙誌

【楷書】

北魏 韓顯宗墓誌

北魏 寇演墓誌

北魏 元寧墓誌

北齊 道明墓誌

北齊 竇泰墓誌

唐 石經九經

唐 石經九經

唐 石經尚書

唐 石經周易

唐 太君陳氏墓誌

唐 張京墓誌

唐 鄭珍墓誌

唐 朱清墓誌

後唐 孫拙墓誌

夙

【隸書】

秦 睡244

秦 睡255

漢晉 流簡紙

東漢 景君碑陽

東漢 夏承碑

東漢 鮮于璜碑陽

隋 趙朗墓誌

唐 八都壇碑

唐 戴令言墓誌

唐 李彥墓誌

唐 屈突通墓誌
唐 石臺孝經
【楷書】
北魏 常季繁墓誌
北魏 封魔奴墓誌
北魏 檀賓墓誌
北魏 于纂墓誌
北魏 趙充華墓誌
東魏 元仲英墓誌
隋 暴永墓誌
隋 王世琛墓誌

隋 張軻墓誌
唐 房懷亮墓誌
唐 房基墓誌
唐 孟玉康塔銘
唐 牛阿師墓誌
唐 石經九經
唐 石經九經
唐 石經尚書
唐 王協墓誌
唐 俈多羅墓誌

唐 臧懷恪墓碑
唐 張騷墓誌
唐 周漢墓誌

舛
【隸書】
隋 李元墓誌
唐 孔子廟碑
唐 趙叡沖碑
【楷書】
北魏 元簡殘石
北魏 元緒墓誌
北齊 雲峯山題記
隋 高緊墓誌
唐 崔素臣墓誌
唐 獨孤驤墓誌
唐 開休元墓誌

唐 嚴識玄墓誌

多
【篆書】
三國吳 天發神讖碑
隋 宋景造像碑
唐 碧落碑
唐 多寶佛塔銘
唐 謙卦碑
【隸書】
秦 睡43
秦 關周•病方
西漢 馬•老乙前
西漢 馬•老乙前
西漢 張•92

西漢 張•927
西漢 居新•8011
東漢 溥書殘碑
東漢 蒼山元嘉題記
東漢 孔彪碑陽
東漢 延熹三年記
東漢 尹宙碑
東漢 永壽元年墓記
東漢 張遷碑陽
晉 郭槐柩記

北齊 感孝頌
北周 華嶽頌
唐 京兆金氏墓誌
唐 史思禮墓誌
唐 楊孝恭碑
唐 張翼墓誌
【楷書】
魏晉 樓•紙
北魏 唐雲墓誌
北魏 元端妻墓誌
北魏 元融墓誌

北魏 鄭黑墓誌
隋 劉明及妻墓誌
隋 吳嚴墓誌
隋 元鐘墓誌
隋 張喬墓誌
唐 石經尚書
唐 石經周易
唐 陀羅尼經碑

夢

【隸書】
秦 睡138
秦 睡138
西漢 馬•老乙前
西漢 馬•老乙前
隋 爾朱敞墓誌
隋 宋景造像碑
唐 崔祐甫墓誌
唐 庫狄真相墓誌
唐 興寺碑
唐 玄元靈應頌

【楷書】
三國吳 走•五年
北魏 元舉墓誌
北魏 元瞻墓誌
隋 陳叔明墓誌
隋 元鐘墓誌
唐 崔守約墓誌
唐 崔素墓誌
唐 東方朔墓誌
唐 多寶塔碑
唐 劉通墓誌

唐 龍泉記
唐 孟頭墓誌
唐 苗君妻劉墓誌
唐 石經九經
唐 石經九經
唐 石經尚書
唐 王太貞墓誌
唐 支子璋墓誌
後晉 權君妻崔墓誌
後唐 張稹墓誌

舞

【隸書】
東漢 華山廟碑陽
晉 郛休碑陽
隋 宋仲墓誌
隋 蘇恒墓誌
唐 崔祐甫墓誌
唐 楊孝恭碑
唐 尹文操碑
唐 張翼墓誌

【楷書】
晉 黃庭內景經
北魏 寇偘墓誌

隋 鄧昞墓誌
隋 高緊墓誌
隋 元氏墓誌
隋 張達墓誌
唐 曲元績妻墓誌
唐 石經尚書
唐 石經五經
唐 顏家廟碑
唐 張滂墓誌
唐 張貞墓誌

夥

【楷書】
唐 張元墓誌

夤

【隸書】
西漢 馬•縱橫
隋 段濟墓誌

【楷書】
北魏 元譿墓誌
隋 何氏墓誌
唐 李勣墓誌
唐 石經周易

夊部

冬

【篆書】

唐 董虔運墓誌

【隸書】

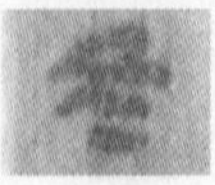
秦 睡175

秦 睡228

西漢 馬•老甲

西漢 馬•老乙前

西漢 馬•老乙前

西漢 馬•老乙前

西漢 馬•天下

西漢 張•1088

西漢 居新•2216

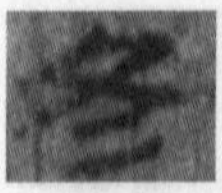
西漢 西•詔書

東漢 石門頌

東漢 唐公房碑陽

東漢 楊著碑陽

東漢 圉令趙君碑

晉 辟雍頌陽

隋 爾朱端墓誌

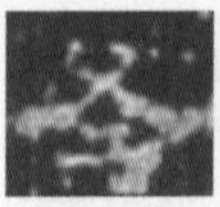
隋 灃水石橋碑

隋 劉多墓誌

隋 趙朗墓誌

唐 崔祐甫墓誌

唐 張翼墓誌

【楷書】

三國吳 走•二年

北魏 元顥平妻墓誌

唐 梁有意墓誌

唐 石經九經

唐 王府君墓誌

唐 王仲堪墓誌

夅

【楷書】

唐 石經五經

唐 石經五經

夆

【楷書】

唐 石經五經

唐 石經五經

夋

【楷書】

唐 石經五經

[illegible]

【楷書】

唐 石經五經

夏

【篆書】

東漢 少室石闕銘

三國魏 正始石經

三國魏 正始石經

三國魏 正始石經

【隸書】

秦 睡131

秦 睡228

西漢 馬•老乙前

西漢 馬•縱横

西漢 張•440

西漢 居新•3665

西漢 居新•8749

西漢 習字觚

漢晉 流簡紙

漢晉 流簡紙

漢晉 流簡紙

東漢 朝侯小子碑

東漢 孔宙碑陽

東漢 請雨銘

東漢 朐忍令碑

東漢 薌他君題記

東漢 尹宙碑

東漢 圉令趙君碑

東漢 鄭固碑

三國魏 孔羨碑

晉 辟雍頌陽

晉 辟雍頌陽

北齊 司馬遵業墓誌

隋 關明墓誌

隋 侯肇墓誌

隋 謝岳墓誌

隋 謝岳墓誌

隋 趙朗墓誌

唐 崔暟墓誌陽

唐 李神符碑

唐 行儼碑

唐 楊孝恭碑

唐 尹尊師碑

【楷書】

北魏 寇治墓誌

北魏 穆亮妻墓誌

北魏 元騺墓誌

北魏 元融墓誌

北魏 元瞻墓誌

東魏 元悰墓誌

隋 王楚英墓誌

隋 伍道進墓誌

隋 楊厲墓誌

隋 元鐘墓誌

唐 崔元二墓誌

唐 石經尚書

夐

【楷書】

北魏 封魔奴墓誌

北魏 元彝墓誌

隋 嚴元貴墓誌

唐 暴賢墓誌

唐 劉智墓誌

唐 師弘禮墓誌

唐 石經五經

唐 王禮墓誌

唐 迴紇瓊墓誌

唐 韋晃墓誌

唐 邢德弼墓誌

夔

【隸書】

唐 平蠻頌

唐 行儼碑

【楷書】

隋 蘇威妻墓誌

唐 曹慶妻祔誌

唐 楚金禪師碑

唐 賈令琬墓誌

唐 李道因墓誌

唐 石經尚書

唐 石經尚書

唐 石經五經

唐 惟貞廟碑陽

唐 趙睿墓誌

後唐 西方鄴墓誌

广部

庀

【隸書】

唐 崔暄墓誌陽

唐 孔子廟碑

唐 文宣王廟門碑

【楷書】

唐 崔贜妻合誌

唐 王芳媚墓誌

庌

【楷書】

唐 石經九經

庋

【隸書】

唐 安天王廟碑

庇

【隸書】

唐 戴令言墓誌

【楷書】

北齊 孫阡等造像

東魏 元湛墓誌

唐 崔孝昌墓誌

序

【篆書】

唐 峿臺銘

【隸書】

西漢 武•特牲甲

西漢 武•特牲甲

東漢 白石神君碑

東漢 石門頌

東漢 石門頌

東漢 楊震碑

晉 辟雍頌陽

晉 辟雍頌陽

隋 豆盧實墓誌

隋 申穆及妻墓誌

唐 豆盧建墓誌

唐 石臺孝經

唐 史思禮墓誌

唐 宴濟瀆序陰額

唐 張漸墓誌

唐 朱君妻王墓誌

【楷書】

北魏 爾朱紹墓誌

北魏 陸紹墓誌

北魏 王僧男墓誌

北魏 王僧男墓誌

北魏 元顥墓誌

隋 豆盧氏墓誌

隋 范高墓誌

唐 秦氏墓誌

唐 石經尚書

唐 石經尚書

唐 石經周易

唐 石經周易

唐 衛義妻墓誌

店

【楷書】

唐 李眈墓誌

底

【篆書】

唐 峿臺銘

【隸書】

唐 戴令言墓誌

唐 文宣王廟門碑

唐 興寺碑

北魏 元壽安墓誌

【楷書】

北魏 元羽墓誌

隋 潘善利墓誌

隋 張壽墓誌

唐 葛亮祠堂碑

唐 馬進朝墓誌

唐 勝陁儸尼經

唐 石經尚書

唐 石經五經

唐 文鑒經幢

後唐 張思錄經幢

庖

【楷書】

唐 慧照塔銘

唐 吴德鄘妻墓誌

唐 陽昕墓誌

府

【篆書】

東漢 太尉府門記

三國魏 范式碑額

三國魏 謝君神道

晉 郛休碑陰

唐 阿史那忠碑額

唐 陳君殘碑額

唐 程修己誌蓋

唐 狄知愻碑額

唐 董文萼誌蓋

唐 高可方誌蓋

唐 李孝同碑額

唐 李暎墓誌

唐 劉士準誌蓋

唐 契苾明碑額

唐 三墳記陽

唐 陶大舉碑額

唐 王涓墓誌

唐 王明哲誌蓋

唐 王叔寧誌蓋

唐 臧懷亮誌蓋

唐 張榮恩誌蓋

【隸書】

秦 睡 50

西漢 馬•合陰陽

西漢 張•109

西漢 張•195

東漢 西•四時

東漢 西•四時

東漢 西•推辟

漢晉 流簡紙

漢晉 流簡紙

東漢 華山廟碑陽

東漢 淮源廟碑

東漢 景君碑陽

東漢 景君碑陽

東漢 禮器碑

東漢 繆宇墓誌

東漢 史晨後碑

東漢 夏承碑

東漢 夏承碑

東漢 鮮于璜碑陽

東漢 鮮于璜碑陰

東漢 薌他君題記

東漢 楊震碑

東漢 乙瑛碑

隋 口靜墓誌

唐 李神符碑

唐 李神符碑

唐 王崇禮墓誌

唐 行儼碑

唐 楊孝恭碑

唐 楊孝恭碑

唐 楊孝恭碑

唐 楊孝恭碑

唐 張翼墓誌

【楷書】

北魏 鞠彥雲墓誌

北魏 寇演墓誌

北魏 寇臻墓誌

北魏 李頤墓誌

北魏 山徽墓誌

北魏 鮮于仲兒墓誌

北魏 元保洛墓誌

北魏 元尚之墓誌

北齊 慕容士造像

隋 惠鬱造像記

唐 李鉢程氏誌蓋

庚

【篆書】

東漢 袁安碑

東漢 袁安碑

東漢 袁安碑

【隸書】

秦 睡113

秦 睡152

秦 關周•曆譜

西漢 張•15

西漢 居新•1552

西漢 居新•3701

西漢 居新•7167

西漢 西•馬簡牘

漢晉 流簡紙

漢晉 流簡紙

東漢 離石題記

東漢 三老刻石

晉 徐義墓誌陽

隋 爾朱端墓誌

隋 宋仲墓誌

隋 張儉及妻墓誌

隋 張姜墓誌

唐 高元珪墓誌

唐 李彥墓誌

唐 史思禮墓誌

唐 史思禮墓誌

唐 譚伍墓誌

【楷書】

南朝陳 衛和墓誌

北魏 劉阿素墓誌

北魏 僧欣造象記

北魏 唐耀墓誌

北魏 元[九道]墓誌

北魏 元繼墓誌

北魏 元嵩墓誌

北齊 婁黑女墓誌

北齊 歐伯羅造像

北齊 王有存妻造像

東魏 源磨耶壙志

隋 王楚英墓誌

隋 諸葛子恆碑

唐 孟孝立墓誌

唐 苗善物墓誌

唐 石經周易

唐 尉遲敬德墓誌

唐 姚君妻墓誌

唐 張琛墓誌

後周 智堅塔記

度㡯

【篆書】

唐 李元諒頌額

唐 三墳記陽

【隸書】

秦 睡 100

秦 睡 35

西漢 馬•老乙前

西漢 張•262

西漢 張•830

漢晉 流簡紙

漢晉 流簡紙

東漢 朝侯小子碑

東漢 樊敏碑

東漢 肥致碑

東漢 景君碑陰

東漢 禮器碑側

東漢 尚博殘碑

東漢 石門頌

東漢 石門頌

東漢 史晨後碑

東漢 史晨前碑

東漢 鮮于璜碑陽

東漢 楊震碑

東漢 趙寬碑

東漢 趙儀碑

三國魏 孔羨碑

晉 辟雍頌陽

北齊 司馬遵業墓誌

東魏 宗欣墓誌

隋 爾朱敞墓誌

隋 爾朱敞墓誌

隋 符盛及妻墓誌

隋 侯肇墓誌

隋 劉多墓誌

隋 任軌墓誌

隋 蘇恒墓誌

隋 蕭瑾墓誌

隋 張儉及妻墓誌

唐 石臺孝經

唐 石臺孝經

唐 郎國長公主碑

唐 尹尊師碑

唐 張休光墓誌

【楷書】

晉 黃庭經

北魏 笱景墓誌

北魏 穆纂墓誌

北魏 王誦墓誌

北魏 元定墓誌

北魏 元平墓誌

北魏 元瞻墓誌

北齊 道明墓誌

東魏 陸順華墓誌

東魏 王令媛墓誌

隋 陳叔明墓誌

隋 王楚英墓誌

隋 王楚英墓誌

隋 諸葛子恆碑

唐 多寶塔碑

唐 李叔夏墓誌

唐 盧翊墓誌

唐 石經尚書

唐 石經五經

唐 石經周易

唐 楊執一墓誌

後唐 毛璋墓誌

後晉 世尊經殘石

庤㡯

【楷書】

唐 盧君妻崔墓誌

唐 石經五經

庠庠

【隸書】

晉 辟雍頌陽

晉 郛休碑陽

唐 孔子廟碑

唐 文宣王廟門碑

【楷書】

北魏 元繼墓誌

北魏 元彝墓誌

唐 楊執一墓誌

唐 元瑛墓誌

唐 李玄德墓誌

唐 毗伽特勤墓誌

唐 石經周易

唐 王卿及妻墓誌

唐 尉遲敬德墓誌

唐 顏相墓誌

唐 元襄墓誌

唐 張京墓誌

唐 掌闈麻氏墓誌

唐 執失善光

北魏 元子直墓誌

東魏 馮令華墓誌

北齊 趙振題字

隋 陳氏墓誌

隋 梁瓌墓誌

隋 王楚英墓誌

唐 陳晉墓誌

唐 宮人丁氏墓誌

唐 李道因墓誌

唐 李仙蕙志

唐 潘基墓誌

唐 王泠然墓誌

唐 楊孝恭碑

【楷書】

北魏 寇偘墓誌

北魏 宋虎墓誌

北魏 嚴震墓誌

北魏 元彬墓誌

北魏 元斌墓誌

北魏 元纈墓誌

北魏 元子正墓誌

北齊 感孝頌

隋 關明墓誌

隋 姬威墓誌

隋 劉寶及妻墓誌

隋 蘇恒墓誌

隋 蕭瑾墓誌

隋 修孔子廟碑

唐 褚亮碑

唐 疊綵山題記

唐 李神符碑

庭庭

【篆書】

唐 碧落碑

【隸書】

西漢 居新•5746

西漢 居新•5785

西漢 居新•964

東漢 曹全碑陽

東漢 肥致碑

東漢 西狹頌

東漢 鮮于璜碑陽

晉 辟雍頌陽

晉 徐義墓誌陽

庥庥

【楷書】

唐 楊宇墓誌

庢庢

【楷書】

北魏 元瞻墓誌

庇

【楷書】

唐 石經五經

庮𢈆

【楷書】

唐 石經五經

庫庫

【隸書】

秦 睡 50

西漢 馬•老乙前

西漢 張•482

西漢 居新•7047

唐 崔暟墓誌陽

唐 戴令言墓誌

唐 庫狄真相墓誌

唐 李神符碑

唐 楊孝恭碑

【楷書】

三國吳 走•四年

三國吳 走•四年

三國吳 走•四年

北魏 王禎墓誌

隋 劉則墓誌

唐 安元壽墓誌

唐 宋度夫人墓誌

庪庪

【隸書】

西漢 習字觚

【楷書】

唐 石經爾雅

唐 石經五經

座

【隸書】

北齊 石柱頌

隋 澧水石橋碑

隋 蕭瑾墓誌

唐 李神符碑

唐 李貞墓誌

唐 興寺碑

唐 尹尊師碑

【楷書】

北魏 李挺墓誌

北魏 王普賢墓誌

北魏 元顥墓誌

東魏 元睟墓誌

隋 高緊墓誌

隋 呂胡墓誌

唐 苗善物墓誌

後梁 山可球造像

㢋㢋

【楷書】

唐 石經九經

庶

【篆書】

三國魏 正始石經

唐 碧落碑

唐 碧落碑

【隸書】

秦 睡 63

西漢 張•174

西漢 張•336

西漢 張•635

西漢 張•639

西漢 居新•7669

西漢 居新•7697

漢晉 流簡紙

東漢 曹全碑陽

東漢 石門頌

東漢 石門頌

東漢 太室石闕銘

東漢 夏承碑

東漢 楊統碑陽

東漢 楊著碑陽

晉 辟雍頌陽

晉 石尠墓誌

晉 徐義墓誌陽

北齊 竇泰墓誌

北齊 感孝頌

北齊 司馬遵業墓誌

隋 高虬墓誌

隋 郭王墓誌

隋 姬威墓誌

隋 馬長和造像

隋 申穆及妻墓誌

隋 勝福寺塔銘

隋 口靜墓誌

隋 蕭瑾墓誌

隋 修孔子廟碑

唐 北嶽廟碑

唐 崔祐甫墓誌

唐 石臺孝經

唐 石臺孝經

唐 王媛墓誌陰

唐 楊孝恭碑

【楷書】

北魏 侯剛墓誌

北魏 元朗墓誌

北魏 元襲墓誌

北魏 元楨墓誌

東魏 馮令華墓誌

東魏 龍華浮圖銘

北齊 僧靜明造像

東魏 王僓墓誌

隋 卜鑒墓誌

隋 張壽墓誌

唐 房敬墓誌

唐 高懲墓誌

唐 侯智元妻墓誌

唐 荊從皋墓誌

唐 李仙蕙志

唐 石經尚書

唐 石經尚書

唐 石經尚書

唐 石經五經

唐 石經周易

唐 惟貞廟碑陽

庾

【隸書】

西漢 馬•老子甲後

東漢 西狹頌

唐 北嶽廟碑

【楷書】

唐 賈令琬墓誌

唐 劉慎墓誌

後唐 王禹墓誌

庳

【隸書】

西漢 馬•事語

西漢 張•315

廋			康			庸	廊
【楷書】			【隸書】			【隸書】	【隸書】
唐 石經五經	北齊 竇泰墓誌	隋 馬穉墓誌	西漢 馬•老乙前	唐 石經五經	唐 崔祐甫墓誌	西漢 馬•縱橫	東漢 曹全碑陽
	唐 李謙墓誌	唐 戴令言墓誌	西漢 西•馬簡牘	唐 石經五經	唐 李貞墓誌	西漢 張•417	隋 爾朱敞墓誌
	唐 李壽墓誌	唐 石臺孝經	漢晉 流簡紙	唐 石經周易	唐 張翼墓誌	東漢 西•寇恩	隋 宋景造像碑
	唐 李元璥墓誌	唐 楊孝恭碑	東漢 華山廟碑陽	唐 楊珽墓誌	【楷書】	兩漢 西•馬簡	唐 八都壇碑
	唐 沈士公墓誌	唐 張頵墓誌	東漢 孔宙碑陽		北魏 穆亮妻墓誌	漢晉 流簡紙	唐 行儼碑
	唐 石經尚書	【楷書】	東漢 文叔陽題記		北魏 元暐墓誌	東漢 上庸長等殘	【楷書】
	唐 石經周易	三國吳 走•五年	東漢 鮮于璜碑陰		北齊 竇泰墓誌	隋 段濟墓誌	北齊 高湝墓誌
	唐 石經周易	北魏 介休等造像	東漢 永元六年記		隋 盧文機墓誌	隋 爾朱敞墓誌	隋 薛保興墓誌
	唐 姚忠節墓誌	北魏 司馬氏墓誌	晉 郭槐柩記		隋 臧質墓誌	隋 澧水石橋碑	唐 崔翬墓誌
	唐 重藏舍利記	北魏 元純阤墓誌	隋 郭休墓誌		唐 崔鉧墓誌	隋 馬少敏墓誌	
		北魏 元緒墓誌			唐 石經尚書		

廂

【楷書】

唐 郭順墓誌

唐 張道昇墓誌

後晉 權君妻崔墓誌

廁

【隸書】

秦 睡140

西漢 馬•老子甲後

西漢 張•1171

西漢 張•1189

漢晉 流簡紙

【楷書】

唐 張怙墓誌

廆

【隸書】

西漢 西•律令

【楷書】

唐 慕容思廉墓誌

廄

【隸書】

秦 睡13

秦 睡254

西漢 馬•老乙前

西漢 張•470

西漢 張•470

西漢 張•484

西漢 居新•7535

西漢 居新•7542

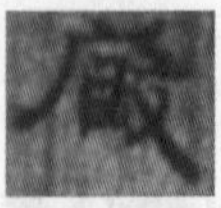
兩漢 傳馬名籍

兩漢 傳馬名籍

兩漢 西•懸簡

唐 史思禮墓誌

【楷書】

唐 路徹墓誌

唐 桑粵墓誌

唐 石經五經

唐 楊執一墓誌

唐 周惠墓誌

後晉 王君妻關墓誌

廬

【隸書】

唐 宴濟瀆序陰額

【楷書】

唐 龍泉記

廙

【楷書】

唐 王貞墓誌

廈

【楷書】

唐 嚴識玄墓誌

唐 袁仁墓誌

唐 周孟瑶墓誌

唐 朱仁表墓誌

廓

【篆書】

唐 碧落碑

【隸書】

東漢 曹全碑陽

東漢 曹全碑陽

北周 華嶽頌

北齊 馬天祥造像

隋 張儉及妻墓誌

唐 北嶽廟碑

唐 北嶽廟碑

唐 張翼墓誌

【楷書】

北魏 穆亮墓誌

北魏 奚智墓誌

隋 段威墓誌

唐 元鐘墓誌

唐 尉遲敬德墓誌

唐 張怙墓誌

廉

【篆書】

東漢 袁安碑

唐 碧落碑

【隸書】

秦 睡10

西漢 馬•陰陽甲

西漢 居新•1250

西漢 居新•4737

漢晉 流簡紙

東漢 曹全碑陽

東漢 高頤闕銘西

新莽 禳盜刻石

東漢 鮮于璜碑陽

東漢 乙瑛碑

東漢 永壽元年銘

東漢 趙菿殘碑

三國魏 王基斷碑

隋 澧水石橋碑

隋 澧水石橋碑

隋 闢明墓誌

隋 姬威墓誌

隋 馬穉墓誌

唐 崔祐甫墓誌

唐 闞道愛墓誌

唐 史思禮墓誌

唐 王震墓誌

【楷書】

三國吳 走•五年

北魏 弔比干文陽

北魏 宋虎墓誌

北魏 元尚之墓誌

北魏 元襲墓誌

北齊 竇泰墓誌

隋 蕭瑒墓誌

隋 張壽墓誌

隋 張濤妻墓誌

唐 崔載墓誌

唐 李敬墓誌

唐 盧璠墓誌

唐 王府君墓誌

唐 俆承嗣墓誌

唐 許義誠墓誌

唐 嚴識玄墓誌

廕

【楷書】

晉 黃庭內景經

唐 崔植墓誌

鷹

【隸書】

唐 北嶽廟碑

唐 戴令言墓誌

唐 唐直墓誌

【楷書】

北齊 婁黑女墓誌

東魏 王令媛墓誌

隋 王光墓誌

唐 崔魯墓誌

唐 石經五經

唐 張嘉珪墓誌

廛

【楷書】

唐 石經五經

廣

【篆書】

三國吳 天發神讖碑

北魏 宋靈妃誌蓋

東魏 王令媛誌蓋

北魏 元煥誌蓋

東魏 元湛誌蓋

唐 程修己誌蓋

唐 多寶佛塔銘

【隸書】

秦 睡 19

西漢 馬•老乙前

西漢 張•1003

西漢 張•1004

西漢 居新•3194

漢晉 流簡紙

漢晉 流簡紙

西漢 李后墓塞石

西漢 王陵塞石

東漢 曹全碑陽

東漢 封龍山頌

東漢 淮源廟碑

東漢 景君碑陰

東漢 景君碑陰

東漢 開通褒斜道

東漢 孔宙碑陰

東漢 禮器碑側

東漢 禮器碑陰

東漢 洛陽黃腸石一

東漢 孟孝琚碑

東漢 請雨銘

東漢 尚博殘碑

東漢 石門闕銘

東漢 西狹頌

三國魏 孔羨碑

晉 辟雍頌陽

晉 石尠墓誌

北齊 司馬遵業墓誌

隋 馬穉墓誌

唐 北獄廟碑

唐 石臺孝經

唐 石臺孝經

唐 石臺孝經

唐 王媛墓誌陰

唐 行儼碑

唐 楊孝恭碑

【楷書】

三國吳 走•二年

三國吳 走•五年

北魏 範國仁造像

北魏 侯太妃墓誌

北魏 李渠蘭墓誌

北魏 元悌墓誌

北齊 竇泰墓誌

北齊 棠□造像

隋 賈玄贊墓誌

隋 王楚英墓誌

唐 石經尚書

唐 朱簡墓誌

廎

【隸書】

東漢 樊敏碑

廙

【楷書】

唐 朱貞墓誌

廖

【隸書】

西漢 居新·5384

西漢 居新·5623

【楷書】

三國吳 走·四年

三國吳 走·五年

廝

【楷書】

唐 孫讜墓誌

唐 王脩本妻墓誌

廟

【篆書】

東漢 華山廟碑額

東漢 少室石闕銘

北魏 嵩高靈廟碑額

唐 城隍廟碑

唐 文宣王廟碑額

【隸書】

西漢 馬·老乙前

西漢 馬·縱橫

西漢 居新·763

西漢 武·服傳甲

西漢 武·特牲甲

東漢 淮源廟碑

東漢 淮源廟碑

東漢 禮器碑

東漢 史晨後碑

東漢 銅山大廟記

東漢 乙瑛碑

東漢 乙瑛碑

東漢 乙瑛碑

東漢 乙瑛碑

三國魏 孔羨碑

北周 華嶽頌

隋 爾朱敞墓誌

隋 姬威墓誌

隋 修孔子廟碑

隋 修孔子廟碑

唐 程俊墓誌

唐 崔祐甫墓誌

唐 高嶸墓誌

唐 告華嶽府君

唐 石臺孝經

唐 石臺孝經

唐 石臺孝經

唐 嵩陽觀碑

唐 王媛墓誌陰

唐 文宣王廟門碑

唐 楊孝恭碑

【楷書】

北魏 爾朱襲墓誌

北魏 丘哲墓誌

北魏 元徽墓誌

北魏 元謐墓誌

東魏 高盛墓碑

隋 明質墓誌

唐 趙知慎墓誌

唐 李滿藏墓誌

唐 柳昱墓誌

唐 石經五經

唐 石經五經

唐 石經周易

唐 石經周易

唐 嚴令元墓誌

唐 楊宇墓誌

唐 張君妻田墓誌

唐 張軫墓誌

廚

【隸書】

西漢 張•486

西漢 張•492

東漢 蒼山元嘉題記

【楷書】

北魏 元悌墓誌

隋 卜鑒墓誌

唐 阿史那貞忠墓誌

唐 石經五經

唐 顏惟貞廟碑

廛

【篆書】

唐 碧落碑

【楷書】

北魏 穆亮妻墓誌

北魏 于纂墓誌

隋 劉則墓誌

隋 張伏敬墓誌

隋 董美人墓誌

唐 賈温墓誌

唐 劉儉墓誌

唐 石經五經

唐 宋義及妻墓誌

廞

【楷書】

北魏 元廞墓誌

唐 安思節墓誌

唐 石經五經

廡

【隸書】

秦 睡234

西漢 武•泰射甲

唐 戴令言墓誌

唐 嵩陽觀碑

唐 王泠然墓誌

唐 勿部將軍碑

【楷書】

北魏 元朗墓誌

隋 張貴男墓誌

唐 李謙墓誌

唐 石經尚書

唐 萬壽寺記

廢

【隸書】

西漢 馬•老乙前

西漢 馬•老乙前

西漢 馬•老乙前

西漢 馬•縱横

西漢 馬•足臂

西漢 西•候官

東漢 朝侯小子碑

東漢 華山廟碑陽

東漢 淮源廟碑

東漢 尚博殘碑

東漢 石門頌

三國魏 孔羨碑

晉 辟雍頌陽

隋 段濟墓誌

隋 宋景造像碑

唐 褚亮碑

唐 崔祐甫墓誌

唐 修定寺記碑

唐 張顏墓誌

【楷書】

北魏 穆紹墓誌

慶

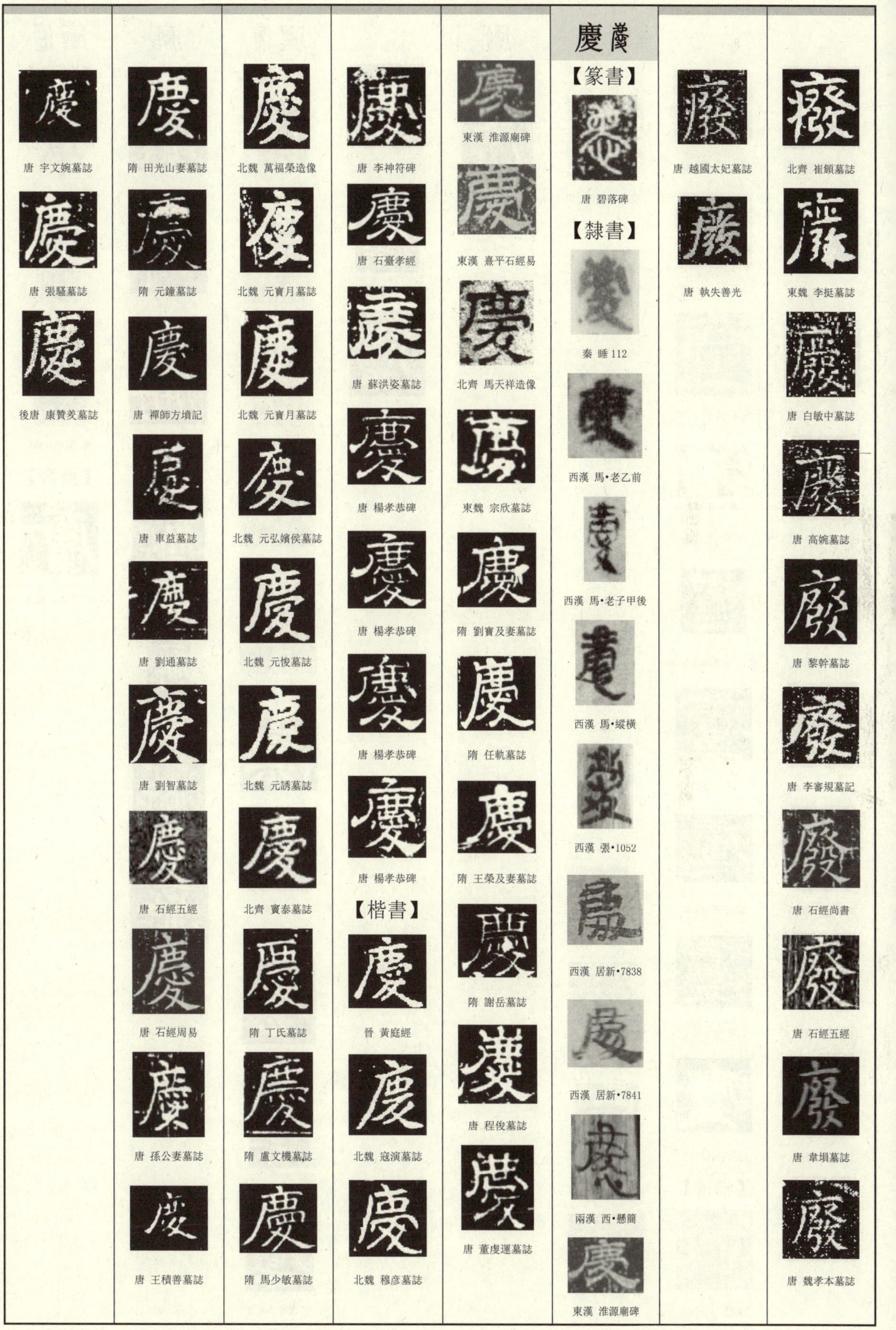

北齊 崔頠墓誌
東魏 李挺墓誌
唐 白敏中墓誌
唐 高婉墓誌
唐 黎幹墓誌
唐 李審規墓記
唐 石經尚書
唐 石經五經
唐 韋塤墓誌
唐 魏孝本墓誌

唐 越國太妃墓誌
唐 執失善光

【篆書】

唐 碧落碑

【隸書】

秦 睡 112
西漢 馬•老乙前
西漢 馬•老子甲後
西漢 馬•縱橫
西漢 張•1052
西漢 居新•7838
西漢 居新•7841
兩漢 西•懸簡
東漢 淮源廟碑

東漢 淮源廟碑
東漢 熹平石經易
北齊 馬天祥造像
東魏 宗欣墓誌
隋 劉寶及妻墓誌
隋 任軌墓誌
隋 王榮及妻墓誌
隋 謝岳墓誌
唐 程俊墓誌
唐 董虔運墓誌

唐 李神符碑
唐 石臺孝經
唐 蘇洪姿墓誌
唐 楊孝恭碑
唐 楊孝恭碑
唐 楊孝恭碑
唐 楊孝恭碑

【楷書】

晉 黃庭經
北魏 寇演墓誌
北魏 穆彥墓誌

北魏 萬福榮造像
北魏 元寶月墓誌
北魏 元寶月墓誌
北魏 元弘嬪侯墓誌
北魏 元悛墓誌
北魏 元誘墓誌
北齊 竇泰墓誌
隋 丁氏墓誌
隋 盧文機墓誌
隋 馬少敏墓誌

隋 田光山妻墓誌
隋 元鐘墓誌
唐 禪師方墳記
唐 車益墓誌
唐 劉通墓誌
唐 劉智墓誌
唐 石經五經
唐 石經周易
唐 孫公妻墓誌
唐 王積善墓誌

唐 宇文婉墓誌
唐 張騷墓誌
後唐 康贊羙墓誌

廥

【隸書】

秦 睡35

秦 關周•病方

秦 關周•曆譜

【楷書】

唐 盧踐言墓誌

廨

【隸書】

唐 柳偘妻墓誌

唐 盧君妻墓誌

唐 唐直墓誌

【楷書】

隋 盧文構墓誌

唐 孟十一娘墓誌

唐 歐陽瑛妻墓誌

唐 王府君墓誌

廩

【隸書】

西漢 馬•老乙前

西漢 居新•116

西漢 居新•2303

西漢 居新•5690

西漢 居新•5797

唐 崔暟墓誌陽

唐 貞一廟碑

【楷書】

北魏 元詮墓誌

唐 崔芑合祔誌

唐 段承宗墓誌

唐 和守陽墓誌

唐 李璀墓誌

唐 史待賓墓誌

广亶

【楷書】

唐 魏德墓誌

廬

【篆書】

三國魏 范式碑額

【隸書】

西漢 馬•縱横

西漢 張•1045

西漢 張•1068

西漢 張•1079

西漢 張•788

西漢 西•馬簡牘

漢晉 流簡紙

東漢 蒼山元嘉題記

東漢 孔宙碑陰

東漢 禮器碑側

東漢 史晨後碑

東漢 鮮于璜碑陰

三國魏 范式碑陽

北齊 司馬遵業墓誌

唐 褚亮碑

唐 史思禮墓誌

唐 玄巖銘

唐 義福禪師碑

【楷書】

三國吳 走•五年

晉 黄庭經

晉 黄庭經

北魏 元文墓誌

東魏 陸順華墓誌

唐 李爽墓誌

唐 石經周易

唐 楊曜生墓誌

唐 餘當墓誌

唐 餘當墓誌

唐 張渙墓誌

廱[illegible]	廯	廳					
【楷書】  唐 石經五經	【楷書】  唐 東良墓誌	【隸書】  唐 行儼碑 【楷書】  唐 顏惟貞廟碑  唐 元伏和墓誌					

宀部

它

【隸書】

秦 睡 35

秦 睡 57

西漢 馬•老子甲後

西漢 張•184

西漢 張•647

西漢 張•690

西漢 張•992

【楷書】

唐 石經周易

宄

【楷書】

北魏 元壽安墓誌

唐 程知節墓誌

唐 石經尚書

唐 石經五經

守

【篆書】

東漢 鮮于璜碑額

東漢 袁安碑

晉 郛休碑陰

北齊 皇甫琳額

北魏 楊乾誌蓋

唐 三墳記陽

【隸書】

秦 睡 51

西漢 馬•老甲

西漢 馬•老乙前

西漢 張•86

西漢 居新•1487

西漢 居新•3433

西漢 居新•5700

兩漢 西•馬簡

兩漢 西•懸檢

漢晉 流簡紙

東漢 倉頡廟碑側

東漢 公乘田魴記

東漢 何君閣道銘

東漢 華山廟碑陽

東漢 淮源廟碑

東漢 景君碑陽

東漢 禮器碑側

東漢 繆宇墓誌

東漢 尚博殘碑

東漢 石門頌

東漢 田文成題記

東漢 楊震碑

東漢 乙瑛碑

三國魏 張君殘碑

晉 辟雍頌陽

晉 郭槐柩記

隋 侯肇墓誌

隋 宋仲墓誌

唐 褚亮碑

唐 李神符碑

唐 石臺孝經

唐 石臺孝經

唐 石臺孝經

唐 王崇禮墓誌

【楷書】

魏晉 樓•紙

唐 行儼碑

北魏 元敷墓誌

北魏 張玄墓誌

隋 王曜墓誌

唐 解斯政則墓誌

唐 李公政墓誌

唐 石經尚書

唐 石經周易

唐 張去奢墓誌

安

【篆書】

東漢 袁安碑

三國魏 謝君神道

北周 匹婁歡誌蓋

北魏 溫泉頌額

隋 宋仲墓誌

唐 長明燈樓頌

唐 寂照墓碑額

唐 李濬墓誌

唐 三墳記陽

【隸書】

秦 睡66

北齊 竇泰墓誌

東魏 元光基墓誌

隋 暴永墓誌

隋 成公氏墓誌

隋 段模墓誌

唐 榮行富墓碑

唐 石經尚書

唐 石經周易

隋 侯肇墓誌

隋 口墮及妻墓誌

唐 北獄廟碑

唐 崔志墓誌

唐 牛暉墓誌

唐 石臺孝經

唐 楊孝恭碑

【楷書】

北魏 鄯乾墓誌

北魏 于景墓誌

北魏 元弼墓誌

漢晉 流簡紙

東漢 禮器碑

東漢 禮器碑

東漢 石門闕銘

東漢 史晨前碑

東漢 王得元題記

東漢 乙瑛碑

晉 徐義墓誌陽

北齊 司馬遵業墓誌

隋 闢明墓誌

宅

【篆書】

東漢 郭夫人題記

東漢 徐無令題記

唐 碧落碑

【隸書】

秦 睡239

西漢 馬•縱橫

西漢 張•195

西漢 張•335

西漢 張•336

西漢 居新•4349

西漢 武•日忌

【楷書】

北魏 于仙墓誌

北魏 元崇業墓誌

北齊 感孝頌

唐 長孫盱墓誌

唐 石經尚書

唐 石經五經

隋 高虬墓誌

隋 李使君墓碑

隋 馬長和造像

隋 鄭令妃墓誌

唐 崔暟墓誌陰

唐 李神符碑

唐 李彥墓誌

唐 柳偘妻墓誌

唐 楊孝恭碑

北魏 奚真墓誌

字

【隸書】

秦 睡152

秦 睡153

西漢 馬•老乙前

東漢 華山廟碑陽

東漢 李孟初神祠碑

東漢 禮器碑

東漢 繆宇墓誌

東漢 鮮于璜碑陽

晉 辟雍頌陽

北齊 感孝頌

秦 西•日書甲
西漢 馬•老甲
西漢 馬•老乙前
西漢 馬•老子甲後
西漢 馬•十問
西漢 馬•十問
西漢 馬•十問
西漢 馬•天下
西漢 馬•縱橫
西漢 馬•縱橫

西漢 張•476
西漢 張•762
西漢 居新•4896
西漢 居新•5276
西漢 居新•5397
漢晉 流簡紙
漢晉 流簡紙
漢晉 流簡紙
東漢 倉頡廟碑側
東漢 曹全碑陽

東漢 和平元年記
東漢 淮源廟碑
東漢 淮源廟碑
東漢 孔宙碑陰
東漢 孔宙碑陰
東漢 禮器碑
東漢 禮器碑側
東漢 石門頌
東漢 石門頌
東漢 是吾殘碑

東漢 鮮于璜碑陽
東漢 許安國題記
東漢 楊德安題記
三國魏 王基斷碑
隋 任軌墓誌
隋 任顯及妻誌
隋 勝福寺塔銘
隋 王楚英墓誌
隋 王榮及妻墓誌
隋 張景略墓誌

唐 李彥墓誌
唐 盧宏及妻墓誌
唐 石臺孝經
唐 行儼碑
唐 楊孝恭碑
唐 楊孝恭碑
唐 楊孝恭碑
唐 尹尊師碑
唐 趙冬曦壙誌

【楷書】

三國吳 走•五年
魏晉 樓•紙

南朝梁 羅浮山銘
北魏 鄧定安造像
北魏 董偉墓誌
北魏 段峻德墓誌
北魏 公孫猗墓誌
北魏 寇慰墓誌
北魏 李超墓誌
北魏 李渠蘭墓誌
北魏 元斆墓誌

北魏 元斆墓誌
北魏 元楨墓誌
西魏 鄧君墓誌
北齊 竇泰墓誌
北齊 劉雙仁墓誌
東魏 陸順華墓誌
北齊 王有存妻造像
北齊 元賢墓誌
隋 寧贙墓碑
唐 李道因墓誌

唐 李壽墓誌
唐 石經五經
唐 石經周易
唐 史興墓詠
唐 王大劍墓誌

宋

【篆書】

北魏 宋靈妃誌蓋

【隸書】

秦 睡248

西漢 馬•事語

西漢 馬•縱橫

西漢 馬•縱橫

漢晉 流簡紙

東漢 禮器碑陰

東漢 宋伯望買田券正

隋 爾朱敞墓誌

隋 澧水石橋碑

隋 符盛及妻墓誌

隋 馬穉墓誌

隋 宋景造像碑

隋 宋仲墓誌

隋 趙朗墓誌

唐 行儷碑

唐 趙冬曦壙誌

【楷書】

三國吳 走•四年

魏晉 樓•紙

魏晉 樓•紙

晉 華芳墓誌陽

北魏 馮邕妻墓誌

北魏 奚智墓誌

北魏 元舉墓誌

北齊 宋賢伯造像陽

東魏 王令媛墓誌

唐 李道因墓誌

後梁 蘇蕪墓誌

完

【隸書】

秦 睡32

秦 睡59

西漢 馬•養生

西漢 馬•縱橫

西漢 張•197

西漢 張•33

西漢 張•724

西漢 居新•2712

西漢 居新•2713

西漢 居新•3422

西漢 西•候官

西漢 西•候官

漢晉 流簡紙

漢晉 流簡紙

東漢 曹全碑陽

東漢 史晨後碑

北齊 司馬遵業墓誌

【楷書】

三國吳 走•五年

晉 黃庭經

北魏 李璧墓誌陽

唐 石經五經

唐 楊仲雅墓誌

宏

【隸書】

西漢 居新•757

兩漢 西•馬簡

東漢 楊震碑

隋 李元墓誌

唐 盧宏及妻墓誌

【楷書】

北魏 康健墓誌

北魏 吐谷渾璣墓誌

隋 蕭瑒墓誌

隋 張喬墓誌

唐 馮淹之墓誌

唐 桓表墓誌

唐 李震夫人墓誌

唐 張騷墓誌

宕

【隸書】

東漢 樊敏碑

【楷書】

北魏 慈慶墓誌

唐 梁琠墓誌

唐 楊君妻孫墓誌

宛

【篆書】

唐 碧落碑

唐 多寶佛塔銘

【隸書】

秦 睡 139

西漢 馬•老乙前

西漢 馬•老乙前

西漢 張•468

西漢 居新•9033

西漢 居新•9033

漢晉 流簡紙

東漢 淮源廟碑

東漢 淮源廟碑

東漢 淮源廟碑

東漢 禮器碑陰

東漢 立朝字殘碑

東漢 造土牛碑

北齊 西門豹碑陽

隋 豆盧實墓誌

隋 段濟墓誌

唐 玄元靈應頌

【楷書】

北魏 李媛墓誌

北魏 元貴妃墓誌

北魏 元謐墓誌

北魏 元颺墓誌

北周 盧蘭墓誌

北齊 僧靜明造像

隋 段威墓誌

唐 李鉢夫人墓誌

唐 石經五經

唐 張素墓誌

唐 張昱墓誌

唐 趙璧墓誌

後唐 張積墓誌

宓

【隸書】

東漢 樊敏碑

唐 李彦墓誌

【楷書】

唐 石經五經

定

【篆書】

唐 傳法碑額

唐 法果寺碑額

【隸書】

秦 睡 63

西漢 馬•老甲

西漢 馬•老乙前

西漢 馬•縱橫

西漢 馬•縱橫

西漢 張•694

西漢 張•982

西漢 張•983

西漢 居新•7461

西漢 居新•7480

西漢 居新•7666

漢晉 流簡紙

漢晉 流簡紙

三國吳 走•四年

三國吳 走•四年

三國吳 走•四年

東漢 曹全碑陽

東漢 曹全碑陰

東漢 和平元年記

東漢 淮源廟碑

東漢 景君碑陰

東漢 禮器碑

東漢 石門闕銘

東漢 石門頌

東漢 石門頌

東漢 史晨前碑

東漢 史晨前碑

東漢 熹平石經易

東漢 鮮于璜碑陽

東漢 許安國題記

東漢 楊著碑陽

東漢 張遷碑陽

東漢 張遷碑陰

晉 石尠墓誌

晉 石尠墓誌

北齊 感孝頌

北齊 鏤石班經記

隋 爾朱端墓誌

隋 爾朱端墓誌

隋 符盛及妻墓誌

隋 郭休墓誌

隋 侯肇墓誌

隋 姬威墓誌

隋 馬長和造像

隋 口靜墓誌

隋 張儉及妻墓誌

隋 張儉及妻墓誌

隋 張儉及妻墓誌

唐 李神符碑

唐 蘇洪姿墓誌

【楷書】

三國吳 走·四年

三國吳 走·五年

北魏 山徽墓誌

北魏 元定墓誌

北魏 元新成妃墓誌

北魏 元乂墓誌

北齊 竇泰墓誌

北齊 竇泰墓誌

北齊 竇泰墓誌

北周 賀屯植墓誌

東魏 吳叔悅造像

隋 暴永墓誌

隋 陶貴墓誌

唐 李仁德墓誌

唐 石經尚書

唐 石經五經

唐 石經周易

唐 宋山墓誌

唐 魏稱繼妻墓誌

唐 元希古墓誌

唐 張智慧墓誌

宗

【篆書】

三國魏 正始石經

三國魏 正始石經

東魏 宗欣誌蓋

唐 碧落碑

唐 功德碑額

唐 太上老君像

【隸書】

西漢 馬·合陰陽

西漢 馬·老甲

西漢 馬·老甲

西漢 馬·老乙前

西漢 馬·老乙前

西漢 居新·1167

西漢 居新·4267

西漢 居新·4338

西漢 居新·7539

兩漢 西·懸簡

東漢 白石神君碑

東漢 倉頡廟碑

東漢 曹全碑陽

東漢 淮源廟碑

西漢 張•588
西漢 居新•7535
東漢 西•奉例
東漢 西•奉例
漢晉 流簡紙
東漢 簿書殘碑
東漢 池陽令殘碑
東漢 封龍山頌
東漢 秦君神道刻字
東漢 尚博殘碑

宜

【篆書】

唐 三墳記陰
唐 峿臺銘

【隸書】

秦 睡233
西漢 馬•老甲
西漢 馬•老乙前
西漢 馬•老子甲後
西漢 馬•老子甲後
西漢 馬•縱横
西漢 馬•縱横
西漢 張•469

宙

【隸書】

東漢 孔宙碑陽
隋 楊真墓誌
唐 李神符碑

【楷書】

北魏 元顥墓誌
北魏 元暉墓誌
北魏 元思墓誌
東魏 高湛墓誌
隋 姜敬親墓誌
唐 如願律師墓誌

唐 思德妻造像

北周 盧蘭墓誌
北齊 僧靜明造像
北齊 優婆姨造像陽
東魏 元晔墓誌
東魏 張願德造像
隋 程諧墓誌
隋 衛美墓誌
唐 秦氏墓誌
唐 石經尚書
唐 石經周易

北魏 王琛墓誌
北魏 王夫人墓誌
北魏 奚智墓誌
北魏 楊泰墓誌
北魏 元敷墓誌
北魏 元譚墓誌
北魏 元詳墓誌
北魏 元愔墓誌
北魏 鄭君妻墓誌
北齊 高淯墓誌

唐 褚亮碑
唐 褚亮碑
唐 石臺孝經
唐 石臺孝經
唐 楊孝恭碑
唐 楊孝恭碑

【楷書】

三國吳 走•五年
北魏 爾朱紹墓誌
北魏 孟元華墓誌
北魏 宋靈妃墓誌

東漢 景君碑陰
東漢 景君碑陰
東漢 孔宙碑陰
東漢 三老刻石
東漢 鮮于璜碑陽
東漢 乙瑛碑
北齊 馬天祥造像
北周 普安壯公墓誌
隋 賈通墓誌
隋 劉多墓誌

東漢 宋伯望買田券正

東漢 通閣道記

東漢 鮮于璜碑陽

東漢 尹宙碑

晉 管洛墓誌陽

晉 郭槐柩記

北魏 上尊號碑

北齊 竇泰墓誌

隋 豆盧實墓誌

隋 段濟墓誌

隋 爾朱敞墓誌

隋 關明墓誌

隋 郭達墓誌

隋 侯肇墓誌

隋 口墮及妻墓誌

隋 宋景造像碑

隋 張儉及妻墓誌

隋 張盛墓誌

隋 趙朗墓誌

隋 趙朗墓誌

隋 鄭令妃墓誌

唐 蔡君妻墓誌

唐 褚亮碑

唐 鄖國長公主碑

【楷書】

魏晉 樓•紙

北魏 李頤墓誌

北魏 元平墓誌

隋 口愷昂墓誌

隋 宋玉艷墓誌

唐 段簡璧墓誌

唐 劉智墓誌

唐 石經尚書

唐 石經五經

唐 石經五經

唐 石經周易

唐 張洛墓誌

後唐 張積墓誌

官 𠂤

【篆書】

東漢 少室石闕銘

唐 城隍廟碑

【隸書】

秦 睡 43

秦 睡 60

秦 關周•曆譜

西漢 馬•老子甲後

西漢 張•281

西漢 張•288

西漢 張•398

西漢 張•41

西漢 居新•5293

西漢 居新•7602

東漢 西•四時

東漢 西•文書

漢晉 流簡紙

漢晉 流簡紙

東漢 倉頡廟碑側

東漢 倉頡廟碑側

東漢 從事馮君碑

東漢 淮源廟碑

東漢 開通褒斜道

東漢 禮器碑

東漢 禮器碑

東漢 七言摩崖記

東漢 石門頌

隋 灃水石橋碑

隋 任軌墓誌

隋 任顯及妻誌

隋 勝福寺塔銘

隋 宋仲墓誌

唐 褚亮碑

唐 盧宏及妻墓誌

唐 石臺孝經

唐 司馬寔墓誌

唐 楊孝恭碑

唐 楊孝恭碑

唐 趙冬曦壙誌

【楷書】

三國吳 走•四年

三國魏 五官掾功碑

北魏 韓震墓誌陽

宥

【隸書】

西漢 馬•天下

兩漢 傅馬名籍

唐 劉粲墓誌

唐 王宥等題名

【楷書】

北魏 元宥墓誌

唐 石經尚書

唐 石經周易

唐 張去奢墓誌

北魏 元始和墓誌

北齊 竇泰墓誌

北齊 竇泰墓誌

東魏 杜文雍造像

北齊 婁黑女墓誌

隋 □愢昂墓誌

隋 張壽墓誌

唐 石經尚書

唐 許攌墓誌

三國魏 王基斷碑

三國魏 張君殘碑

北魏 上尊號碑

隋 任軌墓誌

唐 石臺孝經

唐 楊孝恭碑

唐 楊孝恭碑

唐 張休光墓誌

唐 趙冬曦壙誌

【楷書】

北魏 淨悟浮圖記

東漢 公乘田魴記

東漢 田文成題記

東漢 王得元題記

東漢 夏承碑

東漢 鮮于璜碑陽

東漢 鮮于璜碑陰

東漢 楊震碑

東漢 楊著碑陽

東漢 永平四年記

東漢 元和三年記

室

【篆書】

東漢 郭夫人題記

【隸書】

秦 睡132

秦 睡267

秦 關周•病方

秦 關周•日書

西漢 馬•縱横

西漢 張•713

西漢 居新•7505

漢晉 流簡紙

東漢 蒼山元嘉題記

隋 任軌墓誌

隋 宋景造像碑

唐 盧君妻墓誌

唐 潘基墓誌

【楷書】

北魏 和邃墓誌

北魏 鄯乾墓誌

北魏 元子直墓誌

隋 盧文構墓誌

唐 桑貞墓誌

唐 石經五經

宧

【隸書】

秦 睡133

秦 關周•日書

西漢 張•487

東漢 薌他君題記

東漢 楊耿伯題記

北魏 上尊號碑

隋 豆盧實墓誌

隋 豆盧實墓誌

隋 高虬墓誌

隋 關明墓誌

北齊 竇泰墓誌

隋 元智墓誌

隋 張禮墓誌

唐 石經尚書

唐 石經周易

宣

【篆書】

三國吳 天發神讖碑

東魏 高翻碑額

北魏 趙王誌蓋

唐 文宣王廟碑額

【隸書】

西漢 張•106

西漢 居新•2121

西漢 居新•2701

西漢 居新•2917

西漢 居新•4980

西漢 居新•9123

漢晉 流簡紙

東漢 白石神君碑

東漢 從事馮君碑

東漢 華山廟碑陽

東漢 景君碑陽

東漢 禮器碑側

東漢 禮器碑陰

東漢 石門頌

東漢 太室石闕銘

東漢 楊叔恭殘碑

東漢 楊震碑

東漢 尹宙碑

東漢 張遷碑陽

東漢 張遷碑陰

東漢 鄭固碑

晉 辟雍頌陽

晉 辟雍頌陽

晉 徐義墓誌陽

北齊 司馬遵業墓誌

隋 姬威墓誌

隋 宋景造像碑

隋 口和墓誌

隋 張儉及妻墓誌

唐 京兆金氏墓誌

唐 史思禮墓誌

唐 辛雲京妻墓誌

唐 楊孝恭碑

唐 楊孝恭碑

唐 尹尊師碑

唐 張休光墓誌

【楷書】

北魏 寇憑墓誌

北魏 穆亮墓誌

北魏 元敷墓誌

北齊 竇泰墓誌

北齊 竇泰墓誌

唐 李夢墓誌

唐 石經九經

唐 石經九經

唐 石經尚書

宬

【楷書】

唐 諸葛澄墓誌

客

【隸書】

秦 睡 64

秦 關周•日書

秦 關周•日書

西漢 馬•老子甲後

西漢 居新•7488

東漢 利水大道記

東漢 買田約束石

晉 辟雍頌陽

北齊 感孝頌

隋 郭休墓誌

隋 馬穉墓誌

【楷書】

魏晉 樓•紙

北魏 元子正墓誌

隋 馬少敏墓誌

隋 橋紹墓誌

隋 王楚英墓誌

隋 元鐘墓誌

唐 石經周易

唐 孫嗣初妻墓誌

唐 王大禮墓誌

宮

【隸書】

秦 睡 68

西漢 馬•縱橫

西漢 居新•7488

西漢 居新•7533

西漢 武•少牢甲

東漢 西•寇恩

東漢 西•寇恩

西漢 李后墓塞石

西漢 李后墓塞石

東漢 衡方碑

唐 石經尚書

唐 王宏墓誌

唐 重藏舍利記

宵

【隸書】

秦 睡 78

西漢 馬•老甲

西漢 馬•老乙前

西漢 馬•老乙前

西漢 張•725

西漢 武•泰射甲

東漢 景君碑陽

唐 盧行毅墓誌

唐 尉迟迥碑陰

【楷書】

北魏 馮邕妻墓誌

北魏 元暐墓誌

北齊 無量義經

隋 宋玉艷墓誌

唐 李彙墓誌

唐 石經尚書

唐 石經五經

唐 石經周易

唐 顔勤禮碑

唐 楊昇墓誌

後蜀 蜀石經

東漢 朐忍令碑

東漢 西狹頌

晉 吕望表

隋 豆盧實墓誌

隋 侯肇墓誌

唐 北嶽廟碑

唐 崔祐甫墓誌

唐 石臺孝經

【楷書】

北魏 元欽墓誌

北魏 元融墓誌

西漢 馬•事語

西漢 馬•縱横

西漢 張•832

西漢 居新•7666

東漢 白石神君碑

東漢 白石神君碑

東漢 曹全碑陽

東漢 淮源廟碑

東漢 孟孝琚碑

東漢 裴岑紀功碑

害

【篆書】

唐 謙卦碑

唐 三墳記陰

【隸書】

秦 睡 10

秦 睡 156

秦 睡 192

秦 關周•日書

西漢 馬•老甲

西漢 馬•老乙前

西漢 馬•老乙前

西漢 馬•老子甲後

[illegible]

【楷書】

唐 石經五經

唐 石經五經

東漢 華山廟碑陽

東漢 淮源廟碑

東漢 禮器碑

東漢 乙瑛碑

北齊 司馬遵業墓誌

隋 蕭瑾墓誌

隋 謝岳墓誌

唐 告華嶽府君

唐 李神符碑

唐 王泠然墓誌

【楷書】

三國吳 走•五年

三國吳 走•五年

北魏 慈慶墓誌

東魏 元寶建墓誌

隋 陳花樹墓誌

隋 樊敬賢造像

唐 石經九經

唐 石經九經

唐 石經尚書

唐 石經周易

宧𡨧

【楷書】

唐 石經爾雅

唐 石經五經

宸𡪿

【隸書】

北齊 西門豹碑陽

隋 蕭瑾墓誌

唐 崔泰之墓誌

唐 李神符碑

唐 義福碑陰

【楷書】

北魏 胡明相墓誌

北魏 元肅墓誌

北魏 元襲墓誌

唐 多寶塔碑

唐 荊從臯墓誌

唐 李賢墓誌

唐 任紫宸墓誌

家𡧢

【篆書】

唐 三墳記陰

唐 三墳記陰

【隸書】

秦 睡121

秦 睡132

秦 關周•日書

西漢 馬•老甲

西漢 馬•老甲

西漢 馬•老乙前

西漢 馬•老子甲後

西漢 張•737

西漢 居新•7764

漢晉 流簡紙

東漢 蒼山元嘉題記

東漢 曹全碑陽

東漢 皇聖卿闕銘

東漢 建寧三年殘碑

東漢 君郎字刻石

東漢 禮器碑

東漢 尚博殘碑

東漢 鮮于璜碑陽

東漢 許安國題記

東漢 乙瑛碑

東漢 造士牛碑

東漢 造士牛碑

東漢 鄭固碑

三國魏 張君殘碑

晉 辟雍頌陽

晉 郭槐柩記

晉 郭槐柩記

北齊 馬天祥造像

隋 豆盧實墓誌

隋 爾朱敞墓誌

隋 爾朱端墓誌

隋 爾朱端墓誌

隋 劉多墓誌

隋 劉多墓誌

隋 蘇恒墓誌

隋 蘇恒墓誌

隋 王榮及妻墓誌

隋 張儉及妻墓誌

隋 張景略墓誌

唐 褚亮碑

唐 褚亮碑

唐 龐履温碑

唐 石臺孝經

唐 王震墓誌

唐 行儼碑

唐 行儼碑

唐 楊孝恭碑

【楷書】

三國吳 走•二年

三國吳 走•四年

三國吳 走•四年

魏晉 樓•紙

南朝梁 慧影造像

南朝梁 楊公則誌

北魏 康健墓誌

北魏 元顥墓誌

北魏 元茂墓誌

北齊 竇泰墓誌

東魏 杜文雍造像

北齊 王有存妻造像

東魏 元寶建墓誌

隋 暴永墓誌

隋 申穆及妻墓誌

隋 元鐘墓誌

唐 崔嚴墓誌

唐 石經尚書

唐 石經周易

後周 李公妻朱墓誌

宲

【隸書】

秦 睡 239

宴

【隸書】

西漢 武•士相見

兩漢 西•士相見

隋 李元墓誌

隋 宋景造像碑

隋 蘇恒墓誌

唐 潘基墓誌

唐 王震墓誌

唐 張翼墓誌

【楷書】

北魏 赫連悅墓誌

北魏 穆夫人墓誌

北魏 元彝墓誌

北魏 元乂墓誌

北魏 元子正墓誌

隋 沈氏墓誌

隋 魏氏墓誌

唐 苗弘本墓誌

唐 石經五經

唐 石經五經

唐 石經周易

唐 趙五娘墓誌

唐 高義忠墓誌

後唐 張滌妻高墓誌

容

【篆書】

北魏 温泉頌額

唐 碧落碑

唐 碧落碑

【隸書】

秦 睡72

西漢 馬•老甲

西漢 馬•老甲

西漢 馬•縱橫

西漢 居新•7533

東漢 西狹頌

東漢 校官碑

東漢 張遷碑陰

晉 石尠墓誌

北齊 司馬遵業墓誌

隋 爾朱敞墓誌

隋 爾朱端墓誌

隋 馬長和造像

隋 任軌墓誌

隋 王榮及妻墓誌

唐 石臺孝經

唐 石臺孝經

【楷書】

北魏 馮會萇墓誌

北魏 賈良造像記

北齊 等慈寺塔銘

北齊 竇泰墓誌

北齊 竇泰墓誌

東魏 杜文雍造像

北周 盧蘭墓誌

隋 宋玉艷墓誌

唐 石經周易

唐 石經周易

唐 亡宮三品墓誌

唐 王則墓誌

宰

【篆書】

北魏 元天穆誌蓋

唐 碧落碑

唐 三墳記陰

【隸書】

西漢 馬•天下

西漢 張•709

西漢 居新•5671

西漢 武•少牢甲

東漢 西•醫藥

東漢 曹全碑陽

東漢 鮮于璜碑陰

東漢 楊震碑

東漢 乙瑛碑

東漢 尹宙碑

晉 徐義墓誌陽

隋 豆盧實墓誌

隋 劉多墓誌

隋 宋景造像碑

隋 王榮及妻墓誌

隋 蕭瑾墓誌

隋 修孔子廟碑

唐 崔暟墓誌陽

【楷書】

北齊 竇泰墓誌

北齊 高湝墓誌

唐 劉建墓誌

唐 任君妻王墓誌

宭

【隸書】

西漢 馬•老甲

西漢 馬•老乙前

西漢 馬•老乙前

西漢 馬•老乙前

西漢 馬•老乙前

西漢 武•泰射甲

寄

【篆書】

唐 碧落碑

唐 碧落碑

【隸書】

秦 睡132

西漢 馬•老子甲後

西漢 西•馬簡牘

兩漢 西•廩食

漢晉 流簡紙

三國魏 鮑寄神坐

晉 辟雍頌陽

晉 華芳墓誌陰

北齊 司馬遵業墓誌

隋 豆盧寶墓誌

隋 爾朱端墓誌

隋 闞明墓誌

隋 馬少敏墓誌

隋 張儉及妻墓誌

隋 鄭令妃墓誌

唐 李神符碑

唐 蘇洪姿墓誌

唐 楊孝恭碑

【楷書】

北魏 吐谷渾璣墓誌

東魏 馮令華墓誌

東魏 淨智塔銘

唐 李專妻墓誌

寇

【篆書】

東漢 祀三公山碑

【隸書】

秦 睡132

秦 睡52

秦 西•日書乙

西漢 馬•老子甲後

西漢 居新•7160

東漢 西•寇恩

東漢 西•寇恩

東漢 西•寇恩

兩漢 西•馬簡

東漢 郙閣頌

東漢 尚博殘碑

東漢 熹平石經殘

東漢 熹平石經易

東漢 鮮于璜碑陽

三國魏 通閣道題名

晉 辟雍頌陽

隋 澧水石橋碑

隋 郭王墓誌

隋 淳于儉墓誌

隋 張儉及妻墓誌

唐 崔祐甫墓誌

唐 高元珪墓誌

唐 牛氏像龕碑

唐 史思禮墓誌

唐 趙叡沖碑

【楷書】

三國吳 走•五年

魏晉 樓•紙

北魏 慈慶墓誌

北魏 崔懃造像

北魏 耿壽姬墓誌

北魏 寇偘墓誌

北魏 寇憑墓誌

北魏 寇慰墓誌

北魏 寇演墓誌

北魏 寇臻墓誌

北魏 元朗墓誌

北魏 元詮墓誌

北魏 元壽安墓誌

北魏 元纘遠墓誌

東魏 高盛墓碑

北周 寇嶠妻蓋

隋 賈玄贊墓誌

隋 寇奉叔墓誌

隋 寇遵考墓誌

隋 寇遵考誌蓋

唐 安元壽墓誌

唐 安元壽墓誌

唐 崔哲妻墓誌

唐 葛亮祠堂碑

唐 胡明明期母墓誌
唐 李勣墓誌
唐 李愍墓誌
唐 梁秀墓誌
唐 梁義方墓誌
唐 盧昂墓誌
唐 牛秀墓誌
唐 裴同墓誌
唐 師弘禮墓誌
唐 石經五經

唐 石經周易
唐 蘇興墓誌
唐 孫審象墓誌
唐 吳達墓誌
唐 楊乾光墓誌
唐 臧曄墓誌
唐 張進及妻誌

密

【隸書】

西漢 張•479
西漢 武•有司甲
東漢 樊敏碑
東漢 華山廟碑陽
北齊 司馬遵業墓誌
隋 豆盧實墓誌
隋 侯肇墓誌
隋 宋景造像碑
隋 蕭瑾墓誌
隋 蕭瑾墓誌

唐 崔沔墓誌陽

【楷書】

晉 黄庭内景經
北魏 高珪墓誌
北齊 婁黑女墓誌
北齊 優婆姨造像陰
隋 陳花樹墓誌
隋 陳花樹墓誌
隋 張濤妻墓誌
唐 阿史那貞忠墓誌
唐 崔詹墓誌

唐 李蕚墓誌
唐 閻知誠墓誌
唐 石經尚書
唐 石經五經
唐 石經周易
後唐 王璠墓誌

寅

【篆書】

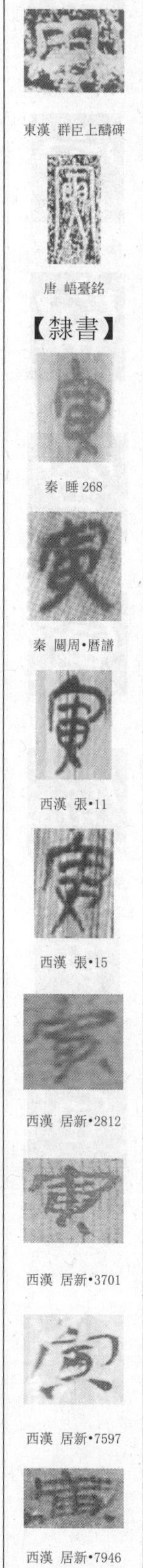

東漢 群臣上醻碑
唐 峿臺銘

【隸書】

秦 睡268
秦 關周•曆譜
西漢 張•11
西漢 張•15
西漢 居新•2812
西漢 居新•3701
西漢 居新•7597
西漢 居新•7946

新莽 西•守御器
漢晉 流簡紙
漢晉 流簡紙
漢晉 流簡紙
西漢 巨野黄腸石
東漢 曹全碑陽
東漢 衡方碑
東漢 建寧三年殘碑
東漢 西狹頌
東漢 薌他君題記

東漢 許阿瞿題記
東漢 許安國題記
東漢 楊著碑陽
東漢 乙瑛碑
東漢 永壽元年墓記
東漢 圉令趙君碑
東漢 元嘉三年記
晉 徐義墓誌陽
隋 爾朱敞墓誌
隋 爾朱端墓誌

隋 口墮及妻墓誌
隋 默曹殘碑
隋 任顯及妻誌
唐 王子麟墓誌

【楷書】

北魏 長孫子澤墓誌
北魏 郭顯墓誌
北魏 淨悟浮圖記
北魏 康健墓誌
北魏 寇臻墓誌
北魏 蘭將墓誌

北魏 唐耀墓誌
北魏 于纂墓誌
北魏 元彬墓誌
北魏 元純阤墓誌
北魏 元朗墓誌
北魏 元融墓誌
北齊 董洪達造像銘
北周 劉敬愛造像
北周 劉敬愛造像
東魏 張瓘墓誌

唐 李彥墓誌
隋 馬憐造像記
隋 口靜墓誌
隋 姚太墓誌
唐 封揆墓誌
唐 郭順墓誌
唐 石經尚書
唐 張遊恪墓誌

寁

【楷書】

唐 石經五經

寂

【篆書】

唐 碧落碑

【隸書】

北齊 感孝頌
北周 華嶽頌
隋 叱李綱子墓誌
隋 澧水石橋碑
隋 郭達墓誌
隋 牛暉墓誌
隋 宋仲墓誌
唐 王子麟墓誌
唐 辛雲京妻墓誌

唐 尹文操碑

【楷書】

北魏 爾朱紹墓誌
北魏 馮會萇墓誌
北魏 淨悟浮圖記
北魏 宋虎墓誌
北魏 元朗墓誌
北魏 元嵩墓誌
東魏 淨智塔銘
隋 曹海凝墓誌
隋 成公氏墓誌

隋 郭寵墓誌
唐 法玩塔銘
唐 和守陽墓誌
唐 李宏墓誌
唐 劉裕墓誌
唐 劉子墓誌
唐 駱氏墓誌
唐 石經五經
唐 石經五經
唐 思恆墓誌

唐 王君殘墓誌
唐 徐君通墓誌

宿 𡩟

【隸書】

秦 睡51

秦 關周•病方

秦 關周•曆譜

西漢 馬•養生

西漢 居新•545

西漢 居新•7533

漢晉 流簡紙

漢晉 流簡紙

西漢 霍去病墓字

東漢 西狹頌

東漢 鮮于璜碑陰

東漢 張遷碑陽

東漢 趙寬碑

北周 華嶽頌

隋 姬威墓誌

隋 劉多墓誌

隋 宋景造像碑

隋 宋景造像碑

隋 蘇恒墓誌

唐 白鹿泉碑陽

唐 史思禮墓誌

唐 王媛墓誌陰

唐 楊孝恭碑

唐 鄭忠墓碑

【楷書】

北魏 陳天寶造像

北魏 慈慶墓誌

北魏 王僧男墓誌

北魏 姚伯多供養碑

北齊 吳洛族造像

隋 皇甫深墓誌

隋 元氏墓誌

唐 李壽墓誌

唐 僧突墓誌

唐 石經五經

唐 石經五經

唐 孫讜墓誌

唐 王大劍墓誌

寒 𡫳

【隸書】

秦 睡21

秦 睡240

西漢 馬•老乙前

西漢 張•307

西漢 張•832

西漢 居新•1873

西漢 居新•7760

西漢 西•候官

漢晉 流簡紙

漢晉 流簡紙

東漢 孟孝琚碑

東漢 石門頌

東漢 熹平石經易

隋 郭王墓誌

隋 馬穉墓誌

隋 王榮及妻墓誌

隋 元鐘墓誌

唐 李神符碑

【楷書】

晉 黃庭内景經

南朝梁 羅浮山銘

北魏 笱景墓誌

北魏 元暐墓誌

隋 橋紹墓誌

隋 王楚英墓誌

隋 張虔墓誌

唐 石經九經

唐 石經九經

唐 石經周易

唐 史興墓詠

後晉 王君妻闞墓誌

寓 𡨴

【隸書】

秦 睡173

西漢 馬•天下

東漢 南陽石柱題名

晉 徐義墓誌陽

隋 趙朗墓誌

唐 崔祐甫墓誌

唐 戴令言墓誌

唐 李彥墓誌

唐 柳偘妻墓誌

【楷書】

北魏 于仙墓誌

北魏 張寧墓誌

隋 張貴男墓誌

唐 長孫盻墓誌

唐 董明墓誌

唐 契苾夫人墓誌

唐 袁相墓誌

富

【篆書】

唐 謙卦碑

【隸書】

秦 睡 140

秦 睡 143

秦 睡 143

秦 睡 152

秦 睡 98

秦 關周•病方

西漢 馬•老乙前

西漢 馬•老乙前

西漢 馬•縱横

西漢 張•1079

西漢 居新•3557

西漢 西•詔書

三國吳 走•五年

三國吳 走•五年

東漢 熹平石經易

東漢 薌他君題記

東漢 楊統碑陽

東漢 楊震碑

晉 王君殘墓誌

北齊 司馬遵業墓誌

隋 爾朱端墓誌

隋 侯肇墓誌

唐 崔祐甫墓誌

唐 豆盧建墓誌

唐 石臺孝經

唐 楊孝恭碑

【楷書】

北魏 封魔奴墓誌

北魏 司馬氏墓誌

北魏 元茂墓誌

北齊 竇泰墓誌

唐 崔倚墓誌

唐 韓曉墓誌

唐 李清墓誌

唐 石經五經

唐 石經周易

唐 夏侯昣墓誌

唐 頠人墓誌

寋

【隸書】

東漢 熹平石經易

東漢 許安國題記

【楷書】

唐 石經五經

寎

【楷書】

唐 石經五經

寐

【隸書】

唐 崔祐甫墓誌

唐 石臺孝經

唐 玄元靈應頌

【楷書】

晉 黃庭内景經

北魏 馬鳴寺碑

北魏 唐耀墓誌

北魏 元寧墓誌

北魏 元子直墓誌

北魏 元鑽遠墓誌

隋 楊厲墓誌

唐 杜行方墓誌

唐 多寶塔碑

唐 盧子嶜妻墓誌

唐 石經五經

唐 楊瑤墓誌

唐 于季文墓誌

寔

【隸書】

東漢 樊敏碑

東漢 封龍山頌

東漢 封龍山頌

東漢 淮源廟碑

東漢 景君碑陽

東漢 校官碑

東漢 楊震碑

東漢 圉令趙君碑

東漢 鄭固碑

晉 辟雍頌陽

晉 辟雍頌陽

隋 爾朱敞墓誌

隋 姬威墓誌

隋 口墮及妻墓誌

隋 任軌墓誌

隋 張景略墓誌

隋 鄭令妃墓誌

唐 李貞墓誌

唐 張延賞殘碑

【楷書】

北魏 慈慶墓誌

北魏 元定墓誌

北魏 元子直墓誌

東魏 元悰墓誌

隋 王楚英墓誌

唐 荀君妻楊墓誌

唐 張才墓誌

唐 張騫墓誌

唐 張元墓誌

寓

【隸書】

東漢 史晨前碑

東漢 張遷碑陽

東漢 趙菿殘碑

晉 辟雍頌陽

北周 華嶽頌

唐 戴令言墓誌

唐 張佚墓誌

【楷書】

南朝梁 舊館壇碑

北魏 元始和墓誌

東魏 房周陁墓誌

隋 伍道進墓誌

唐 安元壽墓誌

唐 曹惠琳墓版

唐 陳崇本墓誌

唐 崔夷甫墓誌

唐 高邈墓誌

唐 賈府君墓誌

唐 靖徹墓誌

唐 李勣墓誌

唐 敏之墓誌

唐 石經五經

寞

【隸書】

唐 王子麟墓誌

【楷書】

北魏 陸紹墓誌

隋 張禮墓誌

唐 曹惠琳墓版

唐 王怡政夫人墓誌

唐 張文珪墓誌

寬

【篆書】

唐 三墳記陰

【隸書】

秦 睡 95

西漢 居新•4940

西漢 居新•5569

西漢 居新•5569

西漢 居新•5889

西漢 習字觚

漢晉 流簡紙

東漢 池陽令殘碑

東漢 從事馮君碑

唐 清真寺碑

唐 石經尚書

唐 石經五經

唐 石經五經

唐 石經周易

唐 孫君妻李墓誌

唐 王履清墓碑

唐 徐思倩墓誌

唐 掌徹墓誌

唐 鄭党五墓誌

唐 張頵墓誌

【楷書】

北魏 爾朱襲墓誌

北魏 和醜仁墓誌

北魏 侯剛墓誌

北魏 元誨墓誌

唐 車詵墓誌

唐 陳利見妻墓誌

唐 崔千里墓誌

唐 劉昇朝墓誌

唐 柳昱妻墓誌

東漢 是吾殘碑

東漢 西狹頌

東漢 薌他君題記

三國魏 張君殘碑

隋 爾朱端墓誌

隋 李元墓誌

隋 蕭瑾墓誌

唐 崔祐甫墓誌

唐 石臺孝經

唐 石臺孝經

寡

【篆書】

唐 謙卦碑

【隸書】

秦 睡 165

西漢 馬•縱橫

西漢 馬•縱橫

西漢 張•397

西漢 張•400

西漢 武•士相見

東漢 曹全碑陽

東漢 池陽令殘碑

東漢 景君碑陽

寖

【隸書】

西漢 武•服傳甲

西漢 武•燕禮甲

東漢 華山廟碑陽

晉 徐義墓誌陽

【楷書】

唐 盧昂墓誌

唐 盧含墓誌

唐 石經五經

唐 石經五經

唐 鄭魯墓誌

唐 鄭諶墓誌

寘

【篆書】

唐 碧落碑

【隸書】

秦 西•日書乙

西漢 馬•縱橫

【楷書】

北魏 劉玉墓誌

北齊 婁黑女墓誌

隋 范安貴墓誌

隋 元智墓誌

唐 王宏墓誌

唐 張道昇墓誌

唐 張去奢墓誌

東漢 衡方碑
東漢 寬以殘碑
東漢 嗚咽泉題記
東漢 鮮于璜碑陰
東漢 楊統碑陽
東漢 楊震碑
東漢 張遷碑陽
東漢 趙寬碑
三國魏 張君殘碑
隋 爾朱敞墓誌

隋 爾朱敞墓誌
隋 姬威墓誌
隋 劉寶及妻墓誌
隋 任顯及妻誌
隋 吳嚴墓誌
隋 謝岳墓誌
唐 蔡君妻墓誌
唐 李神符碑
唐 龐履温碑
唐 王媛墓誌陰

唐 行儼碑
唐 張翼墓誌
唐 朱君妻王墓誌

【楷書】

三國吳 走•四年
北魏 慈慶墓誌
北魏 寇霄墓誌
北魏 吐谷渾璣墓誌
北魏 元寶月墓誌
北魏 元融墓誌
北魏 元乂墓誌

北魏 元瞻墓誌
北魏 元湛墓誌
北齊 竇泰墓誌
隋 陳常墓誌
隋 寇遵考墓誌
隋 馬稱心墓誌
隋 姚長寬造像
唐 阿史那貞忠墓誌
唐 崔湛墓誌
唐 石經尚書

唐 石經五經
唐 石經周易
唐 王宏墓誌
唐 王敬仲墓誌
唐 魏處旻造像
唐 楊思立墓誌
唐 張海墓誌
唐 張叡墓誌

寠

【隸書】

秦 睡173

【楷書】

唐 支成墓誌

寧

【篆書】

東漢 祀三公山碑
三國魏 正始石經
北魏 元煥誌蓋

【隸書】

秦 睡140
西漢 馬•老乙前
西漢 馬•事語
西漢 馬•事語
西漢 馬•事語
西漢 居新•2609
西漢 居新•2736

西漢 居新•3511
西漢 居新•3595
西漢 居新•4505
漢晉 流簡紙
漢晉 流簡紙
東漢 曹全碑陽
東漢 曹全碑陽
東漢 從事馮君碑
東漢 肥致碑
東漢 建寧殘碑

實

【隸書】

秦 睡110	唐 許遂忠墓誌	唐 劉府君墓誌	隋 梁坦墓誌	南朝梁 舊館壇碑	隋 郭達墓誌	東漢 文叔陽題記	東漢 景君碑陽
秦 睡70	唐 于尚範墓誌	唐 盧子驁墓誌	隋 張貴男墓誌	北魏 段峻德墓誌	隋 申穆及妻墓誌	東漢 夏承碑	東漢 孔宙碑陽
西漢 馬•老乙前	唐 臧懷恪墓碑	唐 石經尚書	隋 張怦墓誌	北魏 郭顯墓誌	隋 口靜墓誌	東漢 永壽元年墓記	東漢 孔宙碑陽
西漢 馬•老乙前	唐 趙孝顒墓誌	唐 石經五經	唐 陳懿妻墓誌	北魏 李渠蘭墓誌	隋 鄭令妃墓誌	三國魏 管寧墓誌	東漢 孔宙碑陰
西漢 馬•老子甲後	後梁 崔崇素墓誌	唐 石經五經	唐 戴滿墓誌	北魏 吐谷渾璣墓誌	唐 北獄廟碑	三國魏 王基斷碑	東漢 李冰石像銘
西漢 馬•十問		唐 石經周易	唐 韓氏合葬誌	北魏 王禎墓誌	唐 高元珪墓誌	晉 辟雍頌陽	東漢 石門闕銘
西漢 馬•縱横		唐 石經周易	唐 洪君妻墓誌	北魏 元寧墓誌	唐 史思禮墓誌	晉 馮恭石槨字	東漢 石門頌
西漢 張•1027		唐 石經周易	唐 呼延章墓誌	北齊 竇泰墓誌	唐 史思禮墓誌	晉 魯詮墓表	東漢 石門頌
西漢 張•581		唐 夏侯氏墓誌	唐 李爽墓誌	隋 口悰昂墓誌	【楷書】 三國魏 呂猛妻磚誌	北齊 法懃塔銘	東漢 史晨後碑
西漢 張•870		唐 蕭惠媄墓誌	唐 李賢墓誌	隋 曹海凝墓誌	晉 馮恭石槨字	北周 華嶽頌	東漢 史晨前碑

西漢 居新•5392
西漢 居新•546
東漢 西•寇恩
漢晉 流簡紙
東漢 朐忍令碑
東漢 熹平石經易
東漢 鮮于璜碑陽
東漢 楊震碑
北齊 司馬遵業墓誌
隋 爾朱端墓誌

唐 李神符碑
唐 楊孝恭碑
唐 楊孝恭碑
唐 楊孝恭碑
唐 楊孝恭碑
唐 楊孝恭碑
唐 尹尊師碑
唐 趙冬曦壙誌

【楷書】

北魏 吐谷渾氏墓誌
北魏 于纂墓誌

北魏 元項墓誌
北魏 元誘墓誌
北齊 竇泰墓誌
隋 王楚英墓誌
隋 吳嚴墓誌
隋 伍道進墓誌
唐 劉娘子墓誌
唐 申好墓誌
唐 石經五經
唐 石經周易

寢

【隸書】

西漢 武•燕禮甲
東漢 史晨前碑
東漢 尹宙碑
晉 郭槐柩記
晉 徐義墓誌陽
北齊 司馬遵業墓誌
隋 馬穉墓誌
隋 修孔子廟碑
隋 趙朗墓誌
唐 八都壇碑

唐 崔泰之墓誌
唐 崔祐甫墓誌
唐 董虔運墓誌
唐 王泠然墓誌
唐 王媛墓誌陰
唐 王震墓誌

【楷書】

北魏 長孫瑱墓誌
北魏 馮迎男妻墓誌
北魏 郭顯墓誌
北魏 寇臻墓誌

北魏 穆亮墓誌
北魏 秦洪墓誌
北魏 蘇屯墓誌
北魏 于纂墓誌
北魏 元暉墓誌
北魏 元倪墓誌
北魏 元珽墓誌
北魏 元仙墓誌
北魏 張玄墓誌
北齊 崔頠墓誌

北周 賀屯植墓誌
東魏 叔孫固墓誌
東魏 元仲英墓誌
隋 獨孤羅墓誌
隋 段模墓誌
隋 段威墓誌
隋 王世琛墓誌
隋 楊厲墓誌
唐 安思節墓誌
唐 獨孤開遠墓誌

唐 杜君妻墓誌
隋 段威墓誌
唐 封抱墓誌
唐 高岑墓誌
唐 高義忠墓誌
唐 賈府君墓誌
唐 敬氏墓誌
唐 李從證墓誌
唐 李立言墓誌
唐 李壽墓誌

晉 楊陽墓闕

北齊 司馬遵業墓誌

隋 豆盧實墓誌

隋 口和墓誌

唐 關道愛墓誌

唐 石臺孝經

唐 石臺孝經

唐 王震墓誌

唐 趙冬曦壙誌

【楷書】

魏晉 樓•紙

東漢 倉頡廟碑側

東漢 尚博殘碑

東漢 石門頌

東漢 王舍人碑

東漢 夏承碑

東漢 鮮于璜碑陽

東漢 楊統碑陽

東漢 乙瑛碑

晉 石尠墓誌

晉 石尠墓誌

寮

【篆書】

唐 般若臺記

【隸書】

秦 睡 52

西漢 馬•合陰陽

西漢 馬•老乙前

西漢 馬•縱橫

西漢 馬•縱橫

西漢 居新•3492

西漢 居新•7628

西漢 居新•7835

漢晉 流簡紙

唐 石經五經

寤

【隸書】

東漢 從事馮君碑

東漢 楊震碑

北齊 西門豹碑陽

隋 高虬墓誌

唐 崔祐甫墓誌

【楷書】

北魏 元純陁墓誌

北魏 元子直墓誌

隋 常德將墓誌

隋 楊厲墓誌

唐 獨孤驥墓誌

唐 張茂墓誌

唐 張叡墓誌

唐 張審文墓誌

唐 張審文墓誌

唐 張氏夫人墓誌

唐 趙君妻麴墓誌

唐 鄭君妻盧墓誌

唐 朱清墓誌

後梁 國礧誌銘

唐 孫公乂墓誌

唐 索崇墓誌

唐 索崇墓誌

唐 唐嘉會墓誌

唐 衛義妻墓誌

唐 魏公韋氏墓誌

唐 蕭公夫人墓誌

唐 嚴令元墓誌

唐 楊清墓誌

唐 姚君妻墓誌

唐 李系墓誌

唐 梁公妻墓誌

唐 盧岑改葬墓誌

唐 閭丘氏墓誌

隋 呂胡墓誌

唐 裴瑾墓誌

唐 平昌孟氏墓誌

唐 甯思玄墓誌

唐 石經五經

唐 史興墓詠

北魏 奚真墓誌
北魏 元子正墓誌
北齊 竇泰墓誌
北齊 竇泰墓誌
唐 李壽墓誌
隋 劉德墓誌
唐 毗伽特勤墓誌
唐 石經五經
唐 石經周易
唐 王協墓誌

唐 浯溪記
唐 元希古墓誌
唐 張嘉福墓誌
後漢 祭瀆記

寥

【篆書】

唐 碧落碑

【隸書】

北齊 感孝頌
北周 華嶽頌
隋 叱李綱子墓誌
隋 牛暉墓誌
隋 宋仲墓誌
唐 楊孝恭碑
唐 楊孝恭碑
唐 尹尊師碑
唐 張翼墓誌

【楷書】

北魏 楊府君墓誌
北魏 于纂墓誌
北魏 鄭君妻墓誌
北齊 高消墓誌
隋 段模墓誌
隋 傅叔墓誌
唐 多寶塔碑
唐 王氏墓誌

寮

【隸書】

東漢 衡方碑
東漢 衡方碑
隋 澧水石橋碑
隋 馬穉墓誌
唐 八都壇碑
唐 崔祐甫墓誌
唐 紀信墓碑
唐 史思禮墓誌
唐 嵩陽觀碑

【楷書】

北魏 爾朱紹墓誌

北魏 元斌墓誌
北魏 張安姬墓誌
東魏 高盛墓碑
北齊 高清墓誌
唐 長孫盱墓誌
唐 崔志道墓誌
唐 李璀墓誌
唐 裴咸墓誌
唐 石經九經
唐 石經九經

審宷

【隸書】

秦 睡 51
西漢 馬•老乙前
西漢 張•114
西漢 張•136
西漢 居新•7524
西漢 西•候官
西漢 西•候官
西漢 西•候官
漢晉 流簡紙
東漢 西狹頌

東漢 造土牛碑
三國魏 曹真殘碑陰
唐 戴令言墓誌

【楷書】

北魏 薛慧命墓誌
隋 陳花樹墓誌
唐 曹氏墓誌
唐 南玄暕墓誌
唐 祁惠墓誌
唐 石經五經

寫

【篆書】

唐 碧落碑

【隸書】

秦 睡57

西漢 馬•十問

西漢 張•158

西漢 居新•1973

西漢 居新•3534

東漢 西•病書

東漢 西•寇恩

東漢 西•寇恩

漢晉 流簡紙

漢晉 流簡紙

東漢 石門頌

東漢 造土牛碑

北齊 司馬遵業墓誌

隋 默曹殘碑

唐 石臺孝經

唐 修定寺記碑

唐 尹文操碑

【楷書】

北魏 楊乾墓誌

北魏 張寧墓誌

東魏 叔孫固墓誌

隋 賈玄贊墓誌

唐 楚金禪師碑

唐 范安及墓誌

唐 李眈墓誌

唐 李敬墓誌

唐 李淑姿墓誌

唐 石經五經

唐 宋義及妻墓誌

唐 魏叔元墓誌

後唐 行鈞塔銘

寰

【隸書】

北齊 司馬遵業墓誌

唐 安天王廟碑

唐 戴令言墓誌

唐 孔子廟碑

唐 劉慎墓誌

唐 貞一廟碑

【楷書】

北魏 元彥墓誌

北魏 元羽墓誌

北齊 韓山剛造像

唐 李慇墓誌

唐 張須墓誌

唐 宗夫人墓誌

寱

【楷書】

唐 寇章墓誌

寵

【篆書】

三國吳 天發神讖碑

【隸書】

秦 睡151

西漢 居新•4246

兩漢 西•馬簡

東漢 靜仁字殘碑

東漢 馬姜墓記

東漢 夏承碑

東漢 楊著碑陽

東漢 乙瑛碑

晉 徐義墓誌陽

北齊 司馬遵業墓誌

隋 豆盧實墓誌

隋 爾朱敞墓誌

隋 姬威墓誌

隋 王榮及妻墓誌

隋 蕭瑾墓誌

唐 褚亮碑

唐 潘基墓誌

唐 潘基墓誌

唐 史思禮墓誌

唐 史思禮墓誌
唐 王震墓誌
唐 楊孝恭碑
唐 楊孝恭碑
唐 楊孝恭碑
唐 楊孝恭碑
唐 楊孝恭碑

【楷書】

北魏 李媛墓誌
北魏 鄭乾墓誌
北魏 王誦墓誌

北魏 元悌墓誌
北魏 元文墓誌
北魏 元詳墓誌
北魏 元誘墓誌
北魏 張盧墓誌
東魏 高盛墓碑
北齊 婁黑女墓誌
北齊 王鴨臉造像
隋 范安貴墓誌
隋 王世琛墓誌

隋 口靜墓誌
唐 崔紹墓誌
唐 杜日榮墓誌
唐 盧昂墓誌
唐 石經五經
唐 石經周易
唐 楊君妻墓誌
唐 越國太妃墓誌

寶

【篆書】

東漢 開母廟闕銘
東漢 少室石闕銘
唐 碧落碑
唐 姚仲文經幢

【隸書】

西漢 居新•2722
漢晉 流簡紙
東漢 景君碑陰
東漢 禮器碑
東漢 石門頌
東漢 西狹頌

東漢 夏承碑
東漢 張遷碑陰
東漢 趙寬碑
晉 郛休碑陰
隋 劉多墓誌
隋 劉多墓誌
隋 張姜墓誌
隋 趙朗墓誌
唐 高元珪墓誌
唐 盧僎墓誌

唐 史思禮墓誌
唐 史思禮墓誌
唐 蘇洪姿墓誌
唐 楊孝恭碑
唐 楊孝恭碑
唐 尹尊師碑
唐 張休光墓誌
唐 貞一廟碑

【楷書】

北魏 陳天寶造像
北魏 元謐墓誌

北魏 元文墓誌
北齊 竇泰墓誌
北齊 高湝墓誌
東魏 王蓋周造像
北齊 元賢墓誌
唐 程鍾墓誌
隋 段模墓誌
隋 段威墓誌
隋 犖賓墓誌
隋 王楚英墓誌

隋 王楚英墓誌
唐 劉通墓誌
唐 盧自省墓誌
唐 裴處璡墓誌
唐 强偉墓誌
唐 石經尚書
唐 石經五經
唐 玄秘塔碑
唐 重藏舍利記
唐 重藏舍利記

彐部

彖

【篆書】

唐 謙卦碑

【楷書】

北魏 元彬墓誌

唐 劉琬墓誌

唐 石經五經

唐 石經周易

彗

【隸書】

唐 李貞墓誌

【楷書】

唐 石經五經

唐 石經五經

彘

【隸書】

西漢 馬•天下

西漢 馬•天下

西漢 馬•天下

西漢 張•274

西漢 居新•761

【楷書】

唐 石經爾雅

唐 王智本墓誌

彙

【隸書】

唐 牛氏像龕碑

【楷書】

東魏 李挺墓誌

唐 神策軍碑

唐 石經九經

唐 石經九經

唐 石經周易

彝

【隸書】

東漢 孔宙碑陽

三國魏 孔羨碑

晉 辟雍頌陽

唐 褚亮碑

唐 崔沔墓誌陰

唐 玄元靈應頌

【楷書】

北魏 寇偘墓誌

北魏 元詮墓誌

北魏 元壽安墓誌

北魏 元襲墓誌

北魏 元楨墓誌

北齊 婁黑女墓誌

隋 范安貴墓誌

隋 房吉墓誌

唐 李福墓誌

唐 劉彥之墓誌

唐 石經尚書

唐 石經五經

唐 蕭季江墓誌

唐 楊乾光墓誌

尸部

【隸書】

秦 睡191

西漢 馬•老子甲後

西漢 張•507

東漢 趙寬碑

唐 孔子廟碑

唐 張翼墓誌

【楷書】

晉 華芳墓誌陰

北魏 元瞻墓誌

隋 鄧昞墓誌

唐 李壽墓誌

唐 盧昂墓誌

唐 石經周易

唐 張從古墓誌

【篆書】

東漢 馮繙人題記

東漢 馮繙人題記

東漢 袁安碑

【隸書】

西漢 馬•老子甲後

西漢 馬•老子甲後

西漢 居新•7537

西漢 居新•7537

兩漢 西•懸簡

漢晉 流簡紙

漢晉 流簡紙

東漢 華山廟碑陽

東漢 華山廟碑陽

東漢 李冰石像銘

東漢 買田約束石

東漢 朐忍令碑

晉 石尠墓誌

隋 姬威墓誌

唐 石臺孝經

【楷書】

魏晉 樓•紙

北魏 元悌墓誌

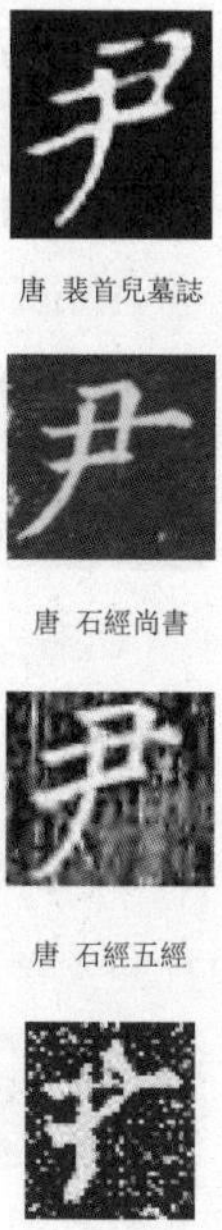

唐 裴首兒墓誌

唐 石經尚書

唐 石經五經

唐 張去奢墓誌

【篆書】

唐 峿臺銘

【隸書】

秦 睡18

秦 睡53

西漢 馬•老甲

西漢 馬•老乙前

西漢 馬•十問

西漢 張•277

西漢 張•303

西漢 張•882

西漢 居新•319

西漢 居新•5398

漢晉 流簡紙

三國吳 走•五年

西漢 李后墓塞石

西漢 李后墓塞石

東漢 佐孟機題記

北齊 司馬遵業墓誌

北齊 司馬遵業墓誌

隋 段濟墓誌

隋 馬穉墓誌

隋 謝岳墓誌

唐 懷古詩刻

唐 楊孝恭碑

唐 張翼墓誌

【楷書】

三國吳 走•四年

北魏 李璧墓誌陽

唐 王仁墓誌

尼

【篆書】

唐 姚仲文經幢

【隸書】

西漢 張•1190

東漢 淮源廟碑

東漢 孔德讓碑

東漢 孟孝琚碑

東漢 尚博殘碑

東漢 史晨前碑

東漢 西狹頌

三國魏 孔羨碑

晉 辟雍頌陽

晉 徐義墓誌陽

隋 李元墓誌

隋 宋景造像碑

唐 韓宥經幢額

唐 石臺孝經

唐 趙冬曦壙誌

【楷書】

北魏 長孫瑱墓誌

北魏 慈慶墓誌

北魏 慈香惠造像

北魏 萬福榮造像

北齊 三十五佛名

隋 寶輪禪院記

唐 崔孝昌墓誌

唐 留仵造像記

唐 盧子鸞墓誌

唐 清真殘塔銘

尾

【隸書】

秦 睡121

秦 睡168

秦 睡168

西漢 馬•合陰陽

西漢 馬•天下

西漢 馬•縱橫

東漢 石門頌

【楷書】

三國吳 走•五年

北魏 元昭墓誌

唐 石經尚書

唐 石經五經

唐 石經五經

唐 石經周易

唐 仙宮銘

局

【篆書】

唐 峿臺銘

【隸書】

秦 睡100

東漢 蒼山元嘉題記

隋 侯肇墓誌

唐 潘基墓誌

唐 張渚墓誌

【楷書】

北魏 馮邕妻墓誌

北魏 李渠蘭墓誌

東魏 劉懿墓誌

東魏 修孔子廟碑陰

東魏 元悰墓誌

隋 暴永墓誌

隋 盧文構墓誌

隋 羊本墓誌

唐 程知節墓誌

唐 劉祿墓誌

唐 石經五經

唐 王公素墓誌

唐 荀懷節墓誌

唐 顏勤禮碑

唐 楊珽墓誌

居 𡰯

【篆書】

唐 碧落碑

【隸書】

秦 睡 20

秦 關周•日書

秦 關周•日書

西漢 馬•老甲

西漢 馬•老甲

西漢 馬•老子甲後

西漢 張•1131

西漢 張•399

西漢 張•758

西漢 居新•7309

西漢 居新•7493

東漢 西•奉例

漢晉 流簡紙

漢晉 流簡紙

東漢 曹全碑陽

東漢 肥致碑

東漢 禮器碑

東漢 三老石堂記

東漢 是吾殘碑

東漢 鳴咽泉題記

東漢 熹平石經易

東漢 趙菿殘碑

三國魏 王基斷碑

晉 徐義墓誌陽

北齊 竇泰墓誌

隋 豆盧實墓誌

隋 爾朱敞墓誌

隋 爾朱敞墓誌

隋 爾朱端墓誌

隋 關明墓誌

隋 姬威墓誌

隋 任軌墓誌

隋 吳嚴墓誌

隋 蕭瑾墓誌

唐 李神符碑

唐 李神符碑

唐 李神符碑

唐 柳偘妻墓誌

唐 盧君妻墓誌

唐 石臺孝經

唐 石臺孝經

唐 石臺孝經

唐 史思禮墓誌

唐 史思禮墓誌

唐 行儼碑

唐 楊孝恭碑

唐 楊孝恭碑

唐 尹尊師碑

【楷書】

北魏 吐谷渾氏墓誌

北魏 王翊墓誌

隋 段模墓誌

隋 孔神通墓誌

隋 龍華碑

隋 田光山妻墓誌

唐 曹惠琳墓版

唐 沈士公墓誌

唐 石經尚書

唐 石經周易

屆 𡱈

【隸書】

隋 趙朗墓誌

唐 劉粲墓誌

【楷書】

北魏 元朗墓誌

隋 成公氏墓誌

唐 石經尚書

唐 陶禹墓誌

屈

【隸書】

秦 睡244

秦 睡82

西漢 馬•老乙前

西漢 馬•老乙前

漢晉 流簡紙

東漢 石門頌

東漢 夏承碑

東漢 校官碑

東漢 鄭固碑

三國魏 孔羨碑

晉 辟雍頌陽

北周 華嶽頌

北齊 司馬遵業墓誌

隋 豆盧實墓誌

隋 李元墓誌

唐 褚亮碑

唐 李神符碑

【楷書】

南朝陳 劉猛進碑

北魏 王翊墓誌

北魏 元融墓誌

東魏 李憲墓誌

唐 王真墓誌

屋

【隸書】

秦 睡131

西漢 馬•老子甲後

西漢 馬•縱橫

西漢 居新•3357

西漢 武•日忌

東漢 曹全碑陽

東漢 朐忍令碑

東漢 史晨後碑

東漢 造土牛碑

隋 爾朱敞墓誌

隋 宋景造像碑

唐 庫狄真相墓誌

唐 貞一廟碑

【楷書】

北魏 胡明相墓誌

唐 安元壽墓誌

唐 霍行威墓誌

唐 石經尚書

唐 蕭貞亮墓誌

屑

【楷書】

唐 石經五經

屎

【楷書】

唐 石經五經

屏

【隸書】

秦 睡270

秦 西•日書乙

東漢 白石神君碑

東漢 從事馮君碑

東漢 景君碑陽

東漢 史晨後碑

東漢 史晨前碑

隋 謝岳墓誌

隋 修孔子廟碑

唐 陳泰墓誌

（屏）

唐 龐履溫碑

唐 譚伍墓誌

【楷書】

北魏 元寶月墓誌

北齊 竇泰墓誌

隋 橋紹墓誌

唐 陳守素妻墓誌

唐 石經尚書

唐 鄭道妻墓誌

展

【篆書】

唐 碧落碑

【隸書】

漢晉 流簡紙

漢晉 流簡紙

東漢 華山廟碑陽

唐 安天王廟碑

唐 李神符碑

唐 柳偘妻墓誌

唐 史思禮墓誌

唐 徐盼墓誌

【楷書】

北魏 崔承宗造像

北魏 和醜仁墓誌

北魏 元維墓誌

北齊 司馬遵業墓誌

隋 高緊墓誌

隋 賈通墓誌

隋 橋紹墓誌

隋 魏氏墓誌

隋 鄭善妃墓誌

唐 董氏墓誌

唐 李三十三娘墓誌

唐 劉慎墓誌

唐 石經五經

唐 石經五經

唐 石經五經

唐 王素墓誌

唐 張帘墓誌

後唐 康贊羑墓誌

屑

【隸書】

東漢 史晨後碑

唐 戴令言墓誌

唐 盧宏及妻墓誌

唐 韋士逸墓誌

【楷書】

北魏 元詮墓誌

唐 石經五經

唐 鄭遵墓誌

屖

【楷書】

北魏 弔比干文陽

屠

【隸書】

東漢 白石神君碑

唐 史思禮墓誌

唐 修定寺記碑

【楷書】

北魏 元暐墓誌

唐 獨孤氏墓誌

屝

【楷書】

唐 石經五經

屢

【篆書】

東漢 祀三公山碑

【隸書】

西漢 居新•5563

西漢 武•士相見

西漢 武•士相見

東漢 西狹頌

東漢 鮮于璜碑陽

東漢 子游殘碑

三國魏 王基斷碑

晉 辟雍頌陽

晉 石尠墓誌

晉 石尠墓誌

北周 華嶽頌

隋 口和墓誌

隋 蕭瑾墓誌

隋 謝岳墓誌

唐 八都壇碑

唐 戴令言墓誌

【楷書】

北魏 爾朱紹墓誌

北魏 李媛墓誌

北魏 劉玉墓誌

北魏 石婉墓誌

北魏 宋虎墓誌

北魏 元朗墓誌

北魏 元演墓誌

北魏 元液墓誌

北周 普安壯公墓誌

唐 董嫈墓誌

隋 盧文構墓誌

唐 曹氏墓誌

隋 姜敬親墓誌

唐 李通墓誌

隋 盧文構墓誌

唐 石經尚書

唐 尉遲敬德墓誌

唐 元瑛墓誌

唐 周思忠墓誌

屣

【隸書】

北齊 感孝頌

【楷書】

北魏 元愔墓誌

北魏 元誘墓誌

隋 暴永墓誌

隋 段模墓誌

隋 呂胡墓誌

唐 樊秀墓誌

唐 梁凝達墓誌

唐 邢德弼墓誌

履

【隸書】

秦 睡66

西漢 馬•老乙前

西漢 張•1216

西漢 居新•4940

西漢 居新•5562

西漢 武•泰射甲

東漢 從事馮君碑

東漢 三老刻石

東漢 尚博殘碑

東漢 石門頌

東漢 夏承碑

東漢 楊震碑

隋 爾朱端墓誌

隋 高虬墓誌

隋 賈通墓誌

隋 任軌墓誌

隋 宋景造像碑

隋 謝岳墓誌

唐 蔡君妻墓誌

唐 崔志墓誌

唐 董虔運墓誌

唐 闞道愛墓誌

唐 李神符碑

唐 李神符碑

唐 龐履温碑

唐 屈突通墓誌

唐 石臺孝經

唐 王媛墓誌陽

唐 楊孝恭碑

【楷書】

晉 王僧墓誌

屬	屩	屨	[illegible]	層			

【篆書】
唐 峿臺銘
【隸書】
秦 睡42
秦 睡47
西漢 馬•老甲
西漢 馬•老乙前
西漢 馬•事語
西漢 馬•縱橫
西漢 張•1125
西漢 張•507
西漢 居新•7541

【楷書】
唐 苗弘本墓誌
唐 騫紹業墓誌

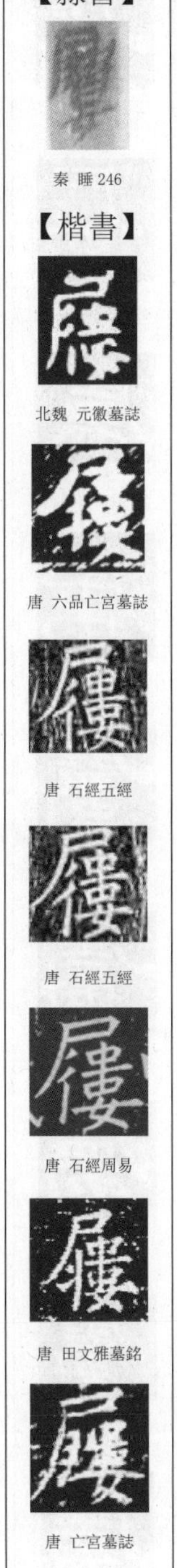

【隸書】
秦 睡246
【楷書】
北魏 元徽墓誌
唐 六品亡宮墓誌
唐 石經五經
唐 石經五經
唐 石經周易
唐 田文雅墓銘
唐 亡宮墓誌

【楷書】
唐 石經五經

【篆書】
唐 多寶佛塔銘
【隸書】
隋 默曹殘碑
唐 庫狄真相墓誌
唐 王子麟墓誌
【楷書】
北魏 元純陁墓誌
北魏 元羽墓誌
東魏 呂覎墓誌
隋 元氏墓誌
唐 石浮圖銘
闕 堅牢塔記

唐 潘基墓誌
唐 祁惠墓誌
唐 石經五經
唐 石經五經
唐 石經周易
唐 石經周易
唐 王宏墓誌
唐 王仁則墓誌
唐 楊乾光墓誌
唐 張去逸墓誌

隋 沈氏墓誌
隋 吳嚴墓誌
隋 吳嚴墓誌
隋 吳嚴墓誌
隋 元鐘墓誌
唐 元鐘墓誌
唐 車益墓誌
唐 李月相墓誌
唐 李震墓誌
唐 馬君妻董墓誌

北魏 寇慰墓誌
北魏 寇臻墓誌
北魏 于纂墓誌
北魏 元勰墓誌
北齊 婁黑女墓誌
北齊 雲峯山題記
隋 盧文機墓誌
隋 申穆及妻墓誌
隋 申穆及妻墓誌
隋 申穆及妻墓誌

西漢 居新•7543
漢晉 流簡紙
東漢 簿書殘碑
東漢 曹全碑陽
東漢 淮源廟碑
東漢 石門頌
東漢 宋伯望買田券背
東漢 鮮于璜碑陽
東漢 趙儀碑
晉 王君殘墓誌

北齊 司馬遵業墓誌
隋 豆盧實墓誌
隋 姬威墓誌
隋 姬威墓誌
隋 口璺及妻墓誌
隋 王榮及妻墓誌
隋 蕭瑾墓誌
唐 高元珪墓誌
唐 李神符碑
唐 盧君妻墓誌

唐 石臺孝經
唐 史思禮墓誌
唐 蘇洪姿墓誌
唐 王震墓誌
唐 楊孝恭碑
唐 楊孝恭碑
唐 張濬墓誌
唐 張休光墓誌
唐 張延賞殘碑
唐 張翼墓誌

【楷書】

魏晉 樓•紙
北魏 法雲造像記
北魏 韓顯宗墓誌
北魏 元純阤墓誌
北魏 元融墓誌
北齊 畢文造像
東魏 道穎造像
北齊 竇泰墓誌
北齊 竇泰墓誌
北齊 竇泰墓誌

北周 高樹造像記
東魏 惠好等造像
北周 劉敬愛造像
東魏 劉懿墓誌
北周 普安壯公墓誌
東魏 吳叔悅造像
北周 薛迴顯造像
東魏 元均及妻墓誌
北齊 造雙像記
北齊 張景量造像

東魏 張滿墓誌
北齊 趙桃椒妻造像
隋 董敬墓誌
隋 皇甫深墓誌
隋 王弘墓誌
隋 王蘭茺造像
隋 元鍾墓誌
隋 張貴男墓誌
唐 樊庭觀墓誌
唐 李蟾墓誌

唐 李俟七墓誌
唐 石經尚書
唐 石經五經
唐 尉遲敬德墓誌
唐 許君妻樊墓誌
唐 張茂弘墓誌
後周 李公妻朱墓誌
後周 舍利塔磚記

屭

【楷書】

唐 多寶塔碑
唐 多寶塔碑

己部

己

【篆書】

東漢 袁安碑

三國吳 天發神讖碑

唐 三墳記陰

【隸書】

秦 睡 122

秦 睡 140

西漢 馬•老乙前

西漢 張•15

西漢 居新•3325

西漢 居新•7630

西漢 居新•7689

西漢 居新•7811

西漢 居新•7816

漢晉 流簡紙

漢晉 流簡紙

漢晉 流簡紙

東漢 景君碑陽

東漢 三老刻石

東漢 夏承碑

東漢 鮮于璜碑陽

東漢 楊震碑

東漢 永元九年記

晉 馮恭石槨字

隋 爾朱敞墓誌

隋 爾朱端墓誌

隋 郭王墓誌

隋 李元墓誌

唐 告華嶽府君

唐 石臺孝經

唐 楊孝恭碑

【楷書】

北魏 苟景墓誌

北魏 元文墓誌

隋 暴永墓誌

隋 高緊墓誌

隋 申穆及妻墓誌

唐 盧公則墓誌

唐 石經尚書

唐 石經尚書

唐 周敬本墓誌

已

【篆書】

唐 三墳記陽

【隸書】

漢晉 流簡紙

北齊 司馬遵業墓誌

北齊 司馬遵業墓誌

隋 爾朱敞墓誌

隋 王榮及妻墓誌

唐 崔祐甫墓誌

唐 京兆金氏墓誌

唐 李神符碑

唐 石臺孝經

【楷書】

南朝梁 舊館壇碑

隋 段威墓誌

隋 口靜墓誌

唐 桓鋭墓誌

唐 苗藩墓誌

唐 善興寺舍利塔記

巳

【篆書】

東漢 馮孺人題記

東漢 袁安碑

三國魏 正始石經

三國魏 正始石經

【隸書】

秦 睡 122

秦 關周•病方

秦 關周•病方

秦 關周•曆譜

秦 關周•曆譜

秦 關周•曆譜

隋 田氏墓誌

唐 李壽墓誌

唐 石經周易

唐 王端墓誌

唐 顏人墓誌

巷

【隸書】

西漢 張•266

西漢 張•487

西漢 張•745

東漢 曹全碑陽

三國魏 通閣道題名

隋 謝岳墓誌

唐 盧宏及妻墓誌

【楷書】

北魏 元敷墓誌

北魏 元悌墓誌

隋 橋紹墓誌

隋 張壽墓誌

唐 史待賓墓誌

巴

【篆書】

東漢 樊敏碑額

【隸書】

西漢 張•728

東漢 西•醫藥

西漢 買山地記

東漢 華岳廟碑陰

東漢 開通褒斜道

東漢 朐忍令碑

晉 楊陽墓闕

唐 李貞墓誌

【楷書】

北魏 元宥墓誌

唐 呂讓墓誌

唐 秦進儀墓誌

唐 吳續墓誌

隋 張姜墓誌

唐 劉慎墓誌

【楷書】

魏晉 樓•紙

北魏 胡明相墓誌

北魏 李超墓誌

北齊 傅隆顯墓誌

東魏 元光基墓誌

北齊 張思文造像

隋 王楚英墓誌

唐 劉妙姜墓誌

西漢 李后墓塞石

東漢 朝侯小子碑

東漢 西狹頌

東漢 夏承碑

東漢 鮮于璜碑陽

東漢 乙瑛碑

東漢 永壽元年墓記

晉 辟雍頌陽

晉 王君殘墓誌

隋 豆盧實墓誌

西漢 張•564

西漢 張•615

西漢 居新•4838

西漢 居新•5551

西漢 居新•5560

西漢 居新•7816

漢晉 流簡紙

漢晉 流簡紙

漢晉 流簡紙

西漢 楚王墓塞石

巹

【隸書】

唐 闞道愛墓誌

唐 張仵墓誌

【楷書】

北魏 馮邕妻墓誌

隋 羊本墓誌

唐 陳叔度墓誌

唐 董氏墓誌

唐 曲元縝妻墓誌

唐 向清墓誌

唐 張澤墓誌

後梁 韓仲舉妻墓誌

巽

【隸書】

西漢 馬•老乙前

西漢 馬•老子甲後

東漢 封龍山頌

東漢 淮源廟碑

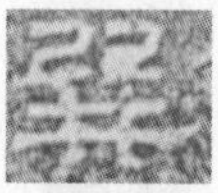
東漢 熹平石經易

東漢 陽嘉殘碑陰

北魏 上尊號碑

唐 崔沔墓誌陽

唐 王泠然墓誌

【楷書】

唐 石經周易

唐 張公自妻墓誌

弓部

弓

【隸書】

西漢 馬•老子甲後
西漢 馬•老子甲後
西漢 武•泰射甲
西漢 西•馬牘
西漢 西•馬牘
漢晉 流簡紙
隋 豆盧實墓誌
隋 爾朱敞墓誌
隋 爾朱端墓誌
隋 高虬墓誌

隋 口靜墓誌
隋 張儉及妻墓誌

【楷書】

北魏 元鑽遠墓誌
唐 楊執一墓誌
唐 張道昇墓誌

引

【篆書】

唐 三墳記陰

【隸書】

秦 關周•日書
西漢 張•1101
東漢 熹平石經殘
晉 辟雍頌陽
北齊 法懃塔銘
北齊 夫子廟碑
隋 豆盧實墓誌
隋 澧水石橋碑
隋 蘇恒墓誌

隋 張盛墓誌
唐 蘇洪姿墓誌

【楷書】

魏晉 樓•紙
北魏 奚真墓誌
北魏 姚伯多供養碑
北魏 元敷墓誌
北齊 高湝墓誌
隋 高緊墓誌
隋 王世琛墓誌
唐 石經尚書

唐 石經尚書
唐 張京墓誌
唐 支子珪墓誌

弔

【篆書】

北魏 弔比干文額

【隸書】

西漢 武•服傳甲
東漢 衡方碑
東漢 夏承碑
隋 段濟墓誌
隋 爾朱敞墓誌
唐 崔祐甫墓誌
唐 屈突通墓誌
唐 司馬寔墓誌

【楷書】

晉 爨寶子碑

南朝陳 衛和墓誌
北魏 胡明相墓誌
北魏 元弘嬪侯墓誌
北魏 元平墓誌
北魏 元緒墓誌
北齊 竇泰墓誌
隋 寇奉叔墓誌
隋 橋紹墓誌
隋 宋玉艷墓誌
唐 李謙墓誌

唐 石經五經

唐 王大禮墓誌

唐 韋珪墓誌

唐 惟岳神道碑

唐 吳達墓誌

唐 嚴識玄墓誌

唐 陽氏合祔誌

唐 支訢妻墓誌

唐 執失善光

唐 周惠墓誌

弗 (弗)

【篆書】

秦 睡 131

三國魏 正始石經

【隸書】

秦 關周•日書

西漢 馬•事語

西漢 張•1078

東漢 淮源廟碑

東漢 景君碑陽

東漢 尚博殘碑

東漢 尚博殘碑

東漢 石門頌

東漢 熹平石經易

晉 王君侯碑陽

北齊 感孝頌

隋 吳嚴墓誌

唐 潘基墓誌

【楷書】

北魏 咎雙仁墓誌

隋 范安貴墓誌

隋 元氏墓誌

唐 石經尚書

唐 石經周易

弘 (弘)

【篆書】

隋 郭休墓誌

唐 三墳記陽

【隸書】

西漢 馬•老子甲後

西漢 馬•縱横

西漢 居新•2296

西漢 居新•2803

西漢 居新•2812

西漢 西•詔書

東漢 曹全碑陰

東漢 華山廟碑陽

東漢 淮源廟碑

東漢 開通褒斜道

東漢 孔宙碑陽

東漢 石門頌

東漢 鮮于璜碑陽

東漢 乙瑛碑

東漢 圉令趙君碑

晉 郭休碑陰

晉 郭槐柩記

隋 豆盧實墓誌

隋 高虬墓誌

隋 口墮及妻墓誌

隋 牛暉墓誌

隋 宋景造像碑

隋 王榮及妻墓誌

隋 楊真墓誌

隋 元鐘墓誌

唐 褚亮碑

唐 李神符碑

唐 李神符碑

唐 楊孝恭碑

唐 楊孝恭碑

唐 趙冬曦壙誌

【楷書】

魏晉 樓•紙

北魏 楊範墓誌

北魏 于景墓誌

北魏 元襲墓誌

北魏 鄭君妻墓誌

北齊 竇泰墓誌

隋 楊厲墓誌

唐 和守陽墓誌

唐 石經尚書

唐 石經五經

唐 石經周易

唐 索崇墓誌

唐 王海朝墓誌

唐 張伯墓誌

弩

【隸書】

秦 睡49

西漢 馬•老子甲後

西漢 張•435

西漢 居新•3422

西漢 居新•4495

西漢 居新•5393

西漢 居新•7769

西漢 居新•7797

西漢 居新•7906

西漢 西•馬牘

【楷書】

三國吳 走•五年

三國吳 走•五年

三國吳 走•五年

北魏 寇憑墓誌

隋 董敬墓誌

隋 董美人墓誌

隋 橘紹墓誌

唐 石經五經

唐 石經五經

唐 田侁墓誌

弦

【隸書】

秦 睡166

西漢 張•675

西漢 居新•5676

西漢 居新•7787

西漢 居新•7789

西漢 西•馬牘

漢晉 流簡紙

東漢 張遷碑陽

東漢 趙寬碑

隋 宋景造像碑

弧

【楷書】

北魏 元天穆墓誌

北齊 竇泰墓誌

北齊 竇泰墓誌

東魏 侯海墓誌陽

隋 張波墓誌

隋 張盈墓誌

唐 師弘禮墓誌

唐 石經五經

唐 張毖墓誌

唐 張萬善墓誌

弨

【楷書】

唐 李鳳墓誌

唐 石經五經

弢

【楷書】

唐 路徹墓誌

唐 石經五經

唐 蕭惠媄墓誌

唐 楊執一墓誌

唐 瘞琴銘

弛

【隸書】

西漢 馬•縱橫

兩漢 西•馬簡

東漢 淮源廟碑

北齊 司馬遵業墓誌

隋 郭達墓誌

唐 崔泰之墓誌

唐 龐履溫碑

【楷書】

北魏 穆纂墓誌

北魏 元顥墓誌

唐 石經五經

張

【篆書】

東漢 少室石闕銘

東漢 張遷碑額

北魏 張寧誌蓋

隋 蘇恒墓誌

唐 碧落碑

唐 張琮墓誌額

唐 張九齡碑額

唐 張榮恩誌蓋

唐 張胤墓碑額

【隸書】

秦 睡 120

唐 王仲堪墓誌

唐 蕭言思墓誌

唐 張楚墓誌

唐 朱庭玘墓誌

【楷書】

北魏 成氏墓誌

北魏 爾朱紹墓誌

北魏 鞠彥雲墓誌

隋 橋紹墓誌

唐 崔千里墓誌

唐 李惟一墓誌

唐 石經尚書

唐 石經五經

唐 石經五經

唐 石經周易

東漢 景君碑陽

東漢 朐忍令碑

東漢 西狹頌

北齊 司馬遵業墓誌

隋 爾朱敞墓誌

隋 劉珍墓誌

隋 牛諒墓誌

隋 王榮及妻墓誌

唐 蘇洪姿墓誌

唐 趙冬曦壙誌

西漢 馬•老子甲後

西漢 馬•天下

西漢 張•780

西漢 居新•5537

西漢 西•善劍

兩漢 西•馬簡

兩漢 西•醫藥

東漢 蒼山元嘉題記

東漢 淮源廟碑

東漢 建寧元年殘碑

弱

【篆書】

隋 蘇恒墓誌

唐 碧落碑

唐 三墳記陽

【隸書】

秦 睡 38

秦 睡 90

秦 關周•病方

西漢 馬•病方

西漢 馬•老甲

西漢 馬•老甲

西漢 馬•老乙

弭

【隸書】

東漢 白石神君碑

北齊 感孝頌

北齊 西門豹碑陽

唐 關道愛墓誌

唐 懷古詩刻

唐 史思禮墓誌

【楷書】

東魏 元湛墓誌

唐 程知節墓誌

西漢 西•馬簡牘

漢晉 流簡紙

三國吳 走•四年

東漢 蒼山元嘉題記

【楷書】

北周 獨孤信墓誌

隋 姚太墓誌

秦 睡257

西漢 馬•合陰陽

西漢 馬•老甲

西漢 馬•十問

西漢 馬•養生

西漢 馬•縱横

西漢 張•788

西漢 居新•3530

西漢 居新•3677

西漢 居新•7284

西漢 居新•7537

西漢 居新•7541

東漢 曹全碑陽

東漢 封龍山頌

東漢 景君碑陰

東漢 孔宙碑陰

東漢 孔宙碑陰

東漢 禮器碑側

東漢 禮器碑陰

東漢 禮器碑陰

東漢 任城黃腸石

東漢 許安國題記

東漢 造土牛碑

東漢 張文思題記

東漢 趙儀碑

隋 豆盧實墓誌

隋 蘇恒墓誌

隋 張景略墓誌

唐 史思禮墓誌

唐 楊孝恭碑

【楷書】

三國吳 走•四年

三國吳 走•四年

三國吳 走•五年

三國吳 走•五年

北魏 爾朱紹墓誌

唐 苗藩墓誌

唐 王仲堪墓誌

唐 张崇墓誌

唐 張洛墓誌

唐 張騷墓誌

弸

【楷書】

唐 苗縝墓誌

强

【篆書】

唐 三墳記陰

【隸書】

秦 睡139

秦 睡15

西漢 馬•合陰陽

西漢 馬•老甲

西漢 馬•老乙

西漢 馬•縱横

西漢 馬•縱横

西漢 居新•2186

西漢 居新•242

西漢 居新•2586

西漢 居新•2972

西漢 居新•9045

西漢 西•善劍

漢晉 流簡紙

東漢 景君碑陽

東漢 朐忍令碑

東漢 石門頌

東漢 石門頌

東漢 西狹頌

東漢 校官碑

東漢 許安國題記

東漢 張遷碑陽

北齊 馬天祥造像

隋 豆盧實墓誌

隋 蘇恒墓誌

隋 修孔子廟碑

唐 戴令言墓誌

唐 戴令言墓誌

唐 李彥墓誌

唐 趙冬曦壙誌

【楷書】

三國吳 走•五年

三國吳 走•五年

北魏 長孫瑱墓誌

北魏 爾朱襲墓誌

北魏 元瞻墓誌

東魏 杜文雍造像

東魏 李次明造像

東魏 元悰墓誌

隋 段威墓誌

隋 高緊墓誌

隋 寇奉叔墓誌

隋 李欽墓誌

隋 姚伯兒造像

隋 姚太墓誌

唐 元鐘墓誌

隋 張濤妻墓誌

唐 崔訥墓誌

唐 李辛女墓誌

唐 孟孝立墓誌

唐 秦公夫人墓誌

唐 石經五經

唐 石經五經

唐 石經周易

唐 田侁妻祔誌

唐 王鍊墓誌

唐 韋塤墓誌

唐 趙珪墓誌

唐 趙佺墓誌

弻

【隸書】

東漢 楊淮表記

東漢 張遷碑陽

晉 徐義墓誌陽

北周 華嶽頌

隋 澧水石橋碑

唐 崔祐甫墓誌

唐 史思禮墓誌

唐 趙叡沖碑

唐 趙叡沖碑

【楷書】

三國吳 走•五年

北魏 元乂墓誌

北齊 竇泰墓誌

隋 賈通墓誌

隋 勝福寺塔銘

唐 李鳳妃墓誌

唐 魯郡夏氏墓誌

唐 石經尚書

唐 石經尚書

唐 石經五經

唐 石經五經

弽

【隸書】

西漢 居新•309

彀

【楷書】

唐 劉玶墓誌

唐 石經五經

唐 姚存古墓誌

彆

【楷書】

唐 石經五經

彄

【楷書】

唐 臧懷恪墓碑

彈

【隸書】

西漢 馬•老甲

東漢 曹全碑陽

東漢 黨錮殘碑

東漢 尚博殘碑

東漢 夏承碑

東漢 鮮于璜碑陽

北齊 司馬遵業墓誌

隋 豆盧實墓誌

隋 關明墓誌

隋 趙朗墓誌

唐 李彥墓誌

【楷書】

三國吳 走•五年

三國吳 走•五年

北魏 元延明墓誌

北魏 張寧墓誌

東魏 元仲英墓誌

隋 蕭瑒墓誌

唐 侯忠墓誌

唐 王憎墓誌

唐 楊士墓誌

彌

【篆書】

唐 彌陀像碑額

【隸書】

西漢 馬•老甲

西漢 馬•老乙前

東漢 禮器碑

東漢 石門頌

東漢 史晨後碑

東漢 乙瑛碑

三國魏 王基斷碑

晉 辟雍頌陽

北齊 感孝頌

北齊 馬天祥造像

隋 豆盧實墓誌

隋 元鐘墓誌

唐 元鐘墓誌

唐 崔泰之墓誌

唐 豆盧建墓誌

唐 夫子廟堂碑

唐 闞道愛墓誌

唐 史思禮墓誌

唐 司馬寔墓誌

唐 勿部將軍碑

唐 行儼碑

【楷書】

漢晉 流簡紙

晉 華芳墓誌陰

晉 洛神十三行

南朝梁 舊館壇碑

北魏 馮迎男墓誌

北魏 盧令媛墓誌

北魏 張整墓誌

東魏 陸順華墓誌

北齊 吳洛族造像

隋 蕭球墓誌

唐 庫狄真相墓誌

唐 柳偘妻墓誌

唐 譚伍墓誌

唐 王同人墓誌

唐 瘞琴銘

唐 鄭君妻李墓誌

彎

【隸書】

隋 張儉及妻墓誌

【楷書】

東魏 程哲碑

唐 靖策墓誌

唐 潘氏墓誌

唐 張去逸墓誌

唐 趙本質墓誌

子部

子

【篆書】

西漢 武•柩銘

東漢 嗚咽泉題記

東漢 袁安碑

三國魏 正始石經

隋 宋仲墓誌

隋 蕭瑾墓誌

唐 碧落碑

唐 功德碑額

唐 謙卦碑

唐 謙卦碑

唐 謙卦碑

唐 謙卦碑

唐 謙卦碑

唐 三墳記陽

【隸書】

秦 睡 110

秦 睡 135

秦 睡 257

秦 關周•曆譜

西漢 馬•老甲

西漢 馬•老甲

西漢 馬•老子甲後

西漢 馬•十問

西漢 馬•事語

西漢 張•830

西漢 居新•7841

西漢 西•馬簡牘

西漢 西•奏書

東漢 西•死駒

漢晉 流簡紙

東漢 建寧元年殘碑

新莽 萊子侯刻石

新莽 萊子侯刻石

東漢 禮器碑

東漢 禮器碑側

東漢 禮器碑側

東漢 禮器碑側

東漢 三老刻石

東漢 三老刻石

東漢 石門頌

東漢 鮮于璜碑陽

東漢 楊震碑

東漢 乙瑛碑

東漢 永平四年記

東漢 造土牛碑

東漢 張文思題記

三國吳 谷朗碑

三國吳 浩宗買地券

三國吳 浩宗買地券

晉 劉韜墓志

北齊 馬天祥造像

北齊 馬天祥造像

北齊 王子椿經刻

隋 郭達墓誌

隋 郭休墓誌

隋 任顯及妻誌

隋 勝福寺塔銘

隋 蕭瑾墓誌

隋 謝岳墓誌

唐 李神符碑

唐 石臺孝經

唐 楊孝恭碑

唐 楊孝恭碑

唐 尹尊師碑

唐 尹尊師碑

唐 尹尊師碑

【楷書】

三國吳 走•四年

晉 張伯通造像

南朝梁 陳寶齊造像

南朝梁 楊公則誌

北魏 鮑纂造像

北魏 長孫子澤墓誌
北魏 高樹造像記
北魏 高兒造像記
北魏 李頤墓誌
北魏 穆亮墓誌
北魏 薛孝通券
北魏 元靈曜墓誌
北魏 元引墓誌
北魏 元誘墓誌
北齊 草臺造像

西魏 陳神姜造像
東魏 高盛墓碑
西魏 介媚光造像
北齊 梁子彥墓誌
唐 石經尚書
唐 石經周易
唐 石經周易
唐 孫君妻李墓誌
唐 王大劍墓誌
唐 王海朝墓誌

子

【楷書】

唐 崔湛墓誌

孔

【篆書】

東漢 孔宙碑額
唐 碧落碑

【隸書】

秦 睡 254
西漢 馬•老甲
西漢 張•759
西漢 居新•2682
西漢 居新•2682
西漢 居新•6557
西漢 居新•6558
東漢 曹全碑陽

東漢 曹全碑陰
東漢 孔宙碑陽
東漢 孔宙碑陽
東漢 孔宙碑陽
東漢 禮器碑
東漢 禮器碑
東漢 禮器碑
東漢 禮器碑側
東漢 禮器碑陰
東漢 孟孝琚碑

東漢 尚博殘碑
東漢 史晨前碑
東漢 楊震碑
東漢 乙瑛碑
東漢 乙瑛碑
隋 爾朱敞墓誌
隋 澧水石橋碑
隋 修孔子廟碑
隋 趙朗墓誌
唐 楊孝恭碑

【楷書】

北魏 賈良造像記
北魏 元寶月墓誌
北魏 元文墓誌
隋 橋紹墓誌
隋 口靜墓誌
隋 羊本墓誌
唐 崔素臣墓誌
唐 石經尚書
唐 石經尚書

孕

【隸書】

北齊 司馬遵業墓誌
北齊 司馬遵業墓誌
隋 劉多墓誌

【楷書】

北魏 長孫子澤墓誌
隋 段威墓誌
唐 石經五經
唐 石經周易
唐 張運才墓誌

存

【篆書】

唐 碧落碑

隋 劉珍墓誌

【隸書】

秦 睡85

西漢 馬•合陰陽

西漢 馬•老甲

西漢 馬•老乙前

西漢 馬•縱横

西漢 張•125

漢晉 流簡紙

東漢 曹全碑陽

東漢 華山廟碑陽

東漢 景君碑陽

東漢 孟孝琚碑

晉 管洛墓誌陽

北齊 竇泰墓誌

隋 郭休墓誌

隋 馬穉墓誌

隋 宋景造像碑

唐 豆盧建墓誌

唐 京兆金氏墓誌

唐 石臺孝經

唐 楊孝恭碑

【楷書】

晉 華芳墓誌陰

北魏 介休等造像

北齊 僧翫造像記

隋 口靜墓誌

唐 石經五經

唐 石經周易

唐 石經周易

唐 張安墓誌

唐 諸葛澄墓誌

後梁 崔崇素墓誌

字

【篆書】

三國吳 天發神讖碑

三國吳 天發神讖碑

隋 口悅昂

唐 三墳記陽

唐 三墳記陰

【隸書】

秦 睡224

西漢 張•205

西漢 張•496

西漢 張•785

西漢 居新•4939

西漢 居新•5565

西漢 居新•8733

漢晉 流簡紙

東漢 景君碑陰

東漢 景君碑陰

東漢 孔宙碑陽

東漢 孔宙碑陰

東漢 禮器碑

東漢 繆宇墓誌

東漢 三老刻石

東漢 石門頌

東漢 石門頌

東漢 楊震碑

東漢 乙瑛碑

東漢 永元九年記

晉 郭槐柩記

晉 劉韜墓志

北齊 感孝頌

北齊 馬天祥造像

隋 郭休墓誌

隋 劉寶及妻墓誌

隋 任軌墓誌

隋 申穆及妻墓誌

隋 修孔子廟碑

隋 趙朗墓誌

唐 李神符碑

唐 史思禮墓誌

唐 蘇洪姿墓誌

唐 唐直墓誌

唐 行儼碑

唐 楊孝恭碑

唐 尹尊師碑

【楷書】

南朝梁 楊公則誌

北魏 侯愔墓誌

北魏 寇猛墓誌

北魏 秦洪墓誌

北魏 石婉墓誌

北魏 司馬紹墓誌

北魏 宋虎墓誌

北魏 奚智墓誌

北魏 薛孝通券

北魏 薛孝通券

北魏 元敷墓誌

北魏 元鑒墓誌

北魏 元簡殘石

北魏 元壽安墓誌

北魏 元文墓誌

北魏 張整墓誌

北齊 道明墓誌

東魏 高盛墓碑

東魏 侯海墓誌

北周 寇熾墓誌

北齊 梁子彥墓誌

北齊 劉雙仁墓誌

北周 馬龜墓誌

唐 石經周易

唐 薛文昭墓誌

唐 元婉墓誌

孝

【篆書】

東漢 袁安碑

東漢 袁安碑

東魏 高翻碑額

北魏 元煥誌蓋

唐 三墳記陰

【隸書】

秦 睡 88

西漢 馬•縱横

西漢 馬•縱横

西漢 張•1079

西漢 張•733

西漢 居新•7729

西漢 居新•7730

西漢 居新•7838

漢晉 流簡紙

西漢 石墻村刻石

東漢 倉頡廟碑側

東漢 池陽令殘碑

東漢 從事馮君碑

東漢 景君碑陽

東漢 景君碑陽

東漢 景君碑陽

東漢 孔宙碑陽

東漢 孟孝琚碑

東漢 孟孝琚碑

新莽 禳盜刻石

東漢 尚博殘碑

東漢 通閣道記

東漢 鮮于璜碑陽

東漢 鮮于璜碑陽

東漢 鮮于璜碑陽

東漢 許安國題記

東漢 許安國題記

東漢 許安國題記

東漢 乙瑛碑

東漢 乙瑛碑

東漢 元嘉三年記

東漢 張遷碑陽

東漢 張文思題記

三國魏 張君殘碑

晉 楊陽墓闕

北齊 感孝頌

隋 郭休墓誌

隋 郭休墓誌

隋 牛諒墓誌

隋 任顯及妻誌

唐 李神符碑

唐 李神符碑

唐 石臺孝經

唐 石臺孝經

唐 石臺孝經

唐 楊孝恭碑

唐 楊孝恭碑

唐 楊孝恭碑

唐 楊孝恭碑

唐 尹尊師碑

【楷書】

北魏 丘哲墓誌

北魏 元弼墓誌

北魏 元孟輝墓誌

北魏 元壽安墓誌

北魏 元文墓誌

東魏 劉懿墓誌

隋 元鐘墓誌

唐 李月相墓誌

唐 石經五經

唐 鄭逢墓誌

後梁 穆君弘墓誌

孚

【篆書】

唐 三墳記陽

【隸書】

兩漢 西•馬簡

兩漢 西•馬簡

東漢 熹平石經易

晉 辟雍頌陽

唐 北嶽廟碑

唐 陳憲墓誌

唐 黃石公祠記

【楷書】

北魏 韓顯宗墓誌

北周 寇熾墓誌

唐 李讓墓誌

唐 石經五經

唐 石經周易

唐 石經周易

孜

【隸書】

東漢 劉熊碑

【楷書】

三國吳 走•五年

唐 龍泉記

唐 石經尚書

季

【篆書】

隋 宋仲墓誌

隋 宋仲墓誌

唐 三墳記陽

【隸書】

秦 睡228

西漢 張•723

西漢 居新•1085

西漢 居新•6557

西漢 居新•6758

西漢 居新•9076

西漢 武•少牢甲

西漢 習字觚

兩漢 西•馬簡

漢晉 流簡紙

東漢 倉頡廟碑側

東漢 曹全碑陽

東漢 景君碑陰

東漢 景君碑陰

東漢 孔宙碑陽

東漢 禮器碑側

東漢 禮器碑側

東漢 禮器碑陰

東漢 禮器碑陰

東漢 買田約束石

東漢 朐忍令碑

東漢 尚博殘碑

東漢 石門頌

東漢 溫江墓門記

晉 郭槐柩記

北魏 上尊號碑

北齊 感孝頌

北齊 司馬遵業墓誌
隋 高虬墓誌
隋 蘇恒墓誌
隋 謝岳墓誌
唐 蘇洪姿墓誌
唐 楊孝恭碑

【楷書】

北魏 元斁墓誌
北魏 元顯儁墓誌
隋 盧文機墓誌
唐 賀蘭君妻墓誌

孟

【篆書】

隋 孟顯達碑額

【隸書】

秦 睡105
西漢 馬•老乙
西漢 馬•老乙前
西漢 居新•3346
東漢 西•死駒
東漢 倉頡廟碑側
東漢 景君碑陰
東漢 禮器碑陰
東漢 虔恭字殘碑
東漢 少室闕題名
東漢 石門闕銘
東漢 石門頌
東漢 張遷碑陰
東漢 趙寬碑
東漢 鄭固碑
東漢 鄭固碑
東漢 佐孟機題記
東漢 作封記
北涼 渠安周造像
北齊 司馬遵業墓誌
隋 符盛及妻墓誌
隋 劉多墓誌
隋 任顯及妻誌
隋 勝福寺塔銘
唐 告華嶽府君
唐 牛氏像龕碑
唐 楊孝恭碑

【楷書】

北魏 石婉墓誌
北魏 王瑑墓誌
北齊 劉僧信造像
北齊 西門豹碑陰
東魏 趙喗等造像
唐 曹氏墓誌
唐 李超墓誌
唐 孟孝敏妻墓誌
唐 石浮圖銘
唐 石經尚書
唐 石經尚書

孤

【篆書】

唐 碧落碑

【隸書】

秦 睡151
秦 睡90
西漢 馬•老乙前
西漢 馬•事語
西漢 居新•5678
西漢 居新•6924
西漢 居新•7529
西漢 居新•9086
東漢 建寧三年殘碑
東漢 秦君神道刻字
東漢 熹平石經易
東漢 夏承碑
東漢 薌他君題記
東漢 薌他君題記
東漢 校官碑
東漢 作封記
北魏 上尊號碑
隋 郭達墓誌
隋 蘇恒墓誌
唐 崔祐甫墓誌
唐 史思禮墓誌
唐 楊孝恭碑
唐 楊孝恭碑
唐 張濬墓誌
唐 張翼墓誌

【楷書】

魏晉 樓•紙
北魏 笱景墓誌
北魏 劉阿素墓誌
北魏 元鷙墓誌

東漢 三老刻石
東漢 三老刻石
東漢 石門闕銘
東漢 夏承碑
東漢 夏承碑
東漢 鮮于璜碑陽
東漢 乙瑛碑
東漢 尹武孫題記
東漢 尹宙碑
東漢 永和二年記

東漢 華山廟碑陽
東漢 桓孖食堂記
東漢 景君碑陰
東漢 景君碑陰
東漢 景君碑陰
東漢 孔宙碑陽
新莽 萊子侯刻石
東漢 秦君神道刻字
東漢 任城黃腸石
東漢 三老刻石

西漢 居新•1865
西漢 居新•5539
西漢 居新•5615
西漢 居新•5701
東漢 西•遷補
兩漢 西•馬簡
兩漢 西•馬簡
兩漢 西•懸簡
三國吳 走•五年
三國吳 走•五年
東漢 和平元年記

孫

【篆書】

東漢 孫大壽碑額
三國魏 正始石經
三國魏 正始石經
東魏 長孫囧碑額
北魏 宋靈妃誌蓋
唐 孫壬林碑額

【隸書】

秦 睡 101
西漢 馬•縱橫
西漢 張•106

孖

【隸書】

東漢 桓孖食堂記

【楷書】

唐 包篘墓誌

孩

【隸書】

西漢 居新•10
晉 徐義墓誌陽
北魏 元文墓誌

【楷書】

南朝陳 劉猛進碑
唐 崔蹈規墓誌
唐 來治安妻墓誌
唐 馬君妻董墓誌
唐 趙貨墓誌

唐 石經周易
唐 蕭公夫人墓誌
唐 顏元貞墓誌
唐 張端墓誌

北魏 元彥墓誌
隋 程諧墓誌
隋 姬威墓誌
隋 申穆及妻墓誌
唐 道因法師碑
唐 秦朗墓誌
唐 權順墓誌
唐 石經尚書
唐 石經五經
唐 石經周易

東漢 永平四年記

東漢 張遷碑陽

三國魏 孔羨碑

晉 徐義墓誌陽

隋 豆盧實墓誌

隋 勝福寺塔銘

隋 楊真墓誌

唐 高元珪墓誌

唐 李神符碑

唐 史思禮墓誌

唐 行儼碑

【楷書】

三國吳 走•五年

三國吳 走•五年

北魏 劉雄造像

北魏 奚智墓誌

北魏 元彬墓誌

北魏 元敷墓誌

北魏 元譿墓誌

北魏 元文墓誌

北魏 元熙墓誌

北魏 元顯魏墓誌

北齊 竇泰墓誌

隋 王楚英墓誌

唐 綦賢墓誌

唐 石經五經

唐 吴守忠墓誌

唐 鄭逢墓誌

後梁 謝彥璋墓誌

後晉 袁從章墓誌

孰

【隸書】

西漢 馬•老甲

西漢 馬•老甲

西漢 馬•老乙前

西漢 馬•老乙前

西漢 馬•縱横

西漢 馬•縱横

西漢 馬•縱横

西漢 張•1036

西漢 武•服傳甲

三國吳 走•五年

三國吳 走•五年

東漢 鮮于璜碑陰

東漢 延熹三年記

東漢 趙寬碑

唐 北嶽廟碑

唐 京兆金氏墓誌

唐 石臺孝經

唐 貞一廟碑

【楷書】

三國吳 走•五年

北魏 元信墓誌

東魏 南宗和尚塔銘

東魏 元湛墓誌

唐 崔載墓誌

唐 李僅墓誌

唐 吕常侍妻墓誌

唐 姚鈐墓誌

後唐 王禹墓誌

孳

【隸書】

東漢 曹全碑陰

【楷書】

唐 石經尚書

唐 石經五經

孱

【隸書】

西漢 馬•事語

西漢 張•477

【楷書】

唐 苗蕃妻墓誌

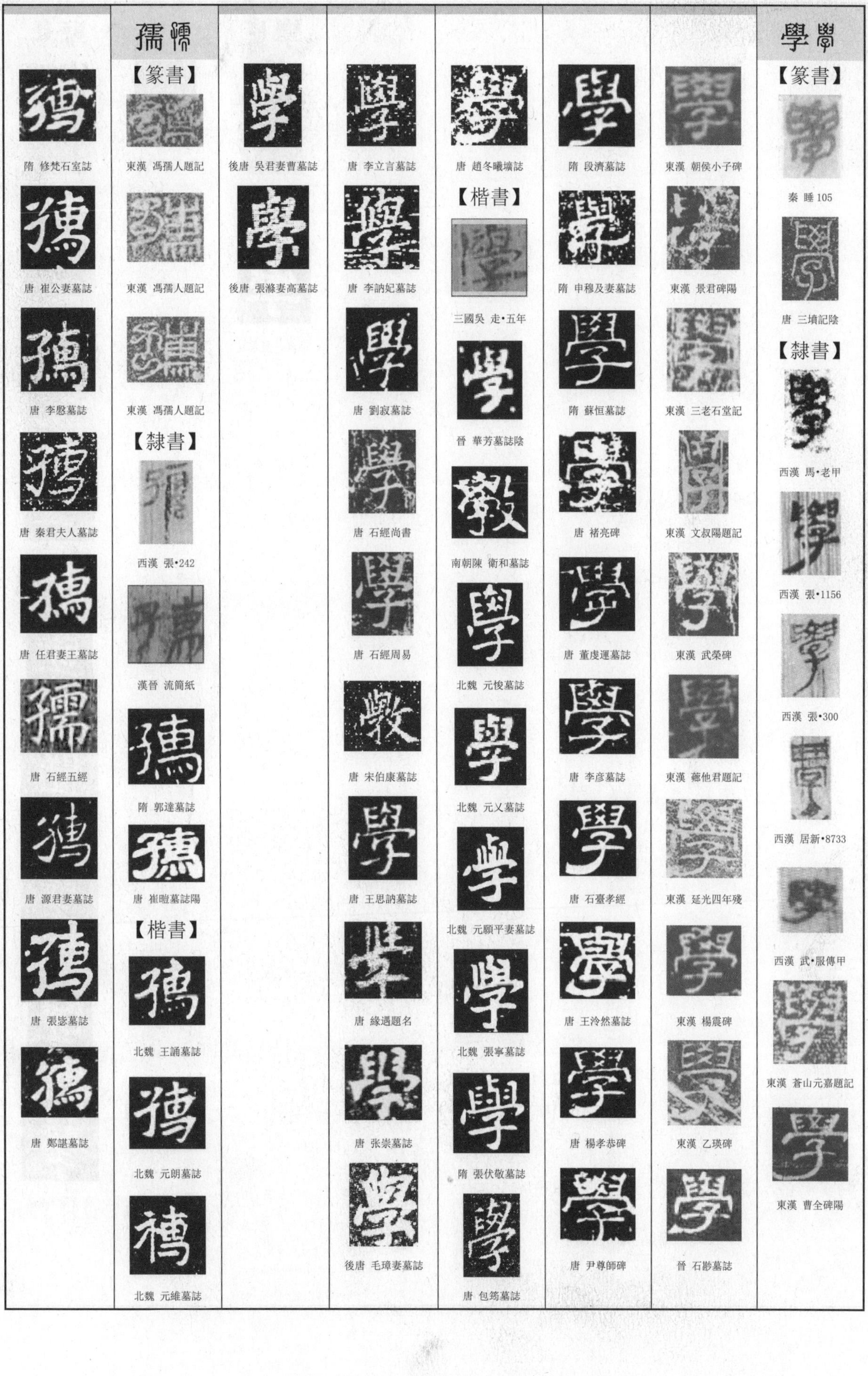

學

【篆書】

秦 睡105

唐 三墳記陰

【隸書】

西漢 馬•老甲

西漢 張•1156

西漢 張•300

西漢 居新•8733

西漢 武•服傳甲

東漢 蒼山元嘉題記

東漢 曹全碑陽

東漢 朝侯小子碑

東漢 景君碑陽

東漢 三老石堂記

東漢 文叔陽題記

東漢 武榮碑

東漢 薌他君題記

東漢 延光四年殘

東漢 楊震碑

東漢 乙瑛碑

晉 石尠墓誌

隋 段濟墓誌

隋 申穆及妻墓誌

隋 蘇恒墓誌

唐 褚亮碑

唐 董虔運墓誌

唐 李彥墓誌

唐 石臺孝經

唐 王泠然墓誌

唐 楊孝恭碑

唐 尹尊師碑

唐 趙冬曦壙誌

【楷書】

三國吳 走•五年

晉 華芳墓誌陰

南朝陳 衛和墓誌

北魏 元悛墓誌

北魏 元乂墓誌

北魏 元顥平妻墓誌

北魏 張寧墓誌

隋 張伏敬墓誌

唐 包筠墓誌

唐 李立言墓誌

唐 李訥妃墓誌

唐 劉寂墓誌

唐 石經尚書

唐 石經周易

唐 宋伯康墓誌

唐 王思訥墓誌

唐 緣遇題名

唐 张崇墓誌

後唐 毛璋妻墓誌

後唐 吳君妻曹墓誌

後唐 張滌妻高墓誌

孺

【篆書】

東漢 馮孺人題記

東漢 馮孺人題記

東漢 馮孺人題記

【隸書】

西漢 張•242

漢晉 流簡紙

隋 郭達墓誌

唐 崔暟墓誌陽

【楷書】

北魏 王誦墓誌

北魏 元朗墓誌

北魏 元維墓誌

隋 修梵石室誌

唐 崔公妻墓誌

唐 李慇墓誌

唐 秦君夫人墓誌

唐 任君妻王墓誌

唐 石經五經

唐 源君妻墓誌

唐 張毖墓誌

唐 鄭諶墓誌

孽

【隸書】

秦 睡82

西漢 張•1037

西漢 張•382

唐 高嶸墓誌

【楷書】

唐 李壽墓誌

唐 石經五經

唐 石經五經

唐 陀羅尼經碑

唐 王公素墓誌

唐 王玄起墓誌

孿

【隸書】

西漢 張•1063

【楷書】

北齊 元賢墓誌

女部

女 𡚤

【篆書】

東漢 袁安碑

隋 郭達墓誌

【隸書】

秦 睡 132

秦 睡 66

秦 闞周•病方

秦 闞周•病方

西漢 武•服傳甲

東漢 西•死駒

兩漢 西•醫藥

漢晉 流簡紙

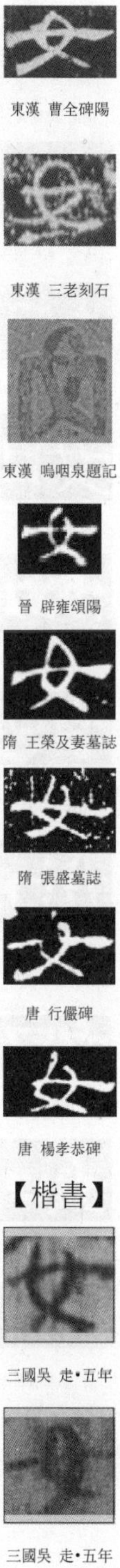

東漢 曹全碑陽

東漢 三老刻石

東漢 嗚咽泉題記

晉 辟雍頌陽

隋 王榮及妻墓誌

隋 張盛墓誌

唐 行儼碑

唐 楊孝恭碑

【楷書】

三國吳 走•五年

三國吳 走•五年

北魏 張玄墓誌

隋 鄭善妃墓誌

唐 皇甫瑶墓誌

唐 石經尚書

唐 石經周易

奴 𡚦

【隸書】

秦 睡 30

秦 睡 64

西漢 馬•縱橫

西漢 張•128

西漢 張•587

西漢 張•588

西漢 張•590

西漢 居新•4036

西漢 居新•5269

漢晉 流簡紙

三國吳 走•五年

東漢 簿書殘碑

東漢 成奴題字

東漢 淮源廟碑

【楷書】

北魏 高珪墓誌

唐 喬進臣地券

唐 張去逸墓誌

妄 𡚾

【隸書】

西漢 馬•老甲

兩漢 武•王杖

東漢 公乘田魴記

隋 段濟墓誌

【楷書】

魏晉 樓•紙

東魏 惠好等造像

北齊 無量義經

唐 苗弘本墓誌

唐 石經周易

唐 園濟塔銘

奸 𡚸

【隸書】

秦 睡 59

西漢 馬•縱橫

西漢 張•195

西漢 張•214

西漢 張•567

東漢 西•四時

東漢 朝侯小子碑

東漢 熹平石經殘

東漢 夏承碑

東漢 楊震碑

妃

【篆書】

北魏 常氏誌蓋

東魏 王令媛誌蓋

唐 碧落碑

唐 紀慎妃碑額

【隸書】

東漢 郭仲理記

東漢 禮器碑

晉 郭槐柩記

晉 徐義墓誌陽

北齊 感孝頌

唐 郎國長公主碑

【楷書】

北魏 元端墓誌

北齊 婁黑女墓誌

隋 申穆及妻墓誌

隋 張伏敬墓誌

唐 董希令墓誌

唐 石經尚書

唐 石經周易

如

【隸書】

東漢 鄭固碑

三國魏 張君殘碑

隋 馬長和造像

隋 謝岳墓誌

隋 張盛墓誌

唐 北獄廟碑

唐 李神符碑

唐 石臺孝經

唐 行儼碑

唐 楊孝恭碑

西漢 居新•8258

兩漢 西•馬簡

兩漢 西•馬簡

漢晉 流簡紙

東漢 從事馮君碑

東漢 買田約束石

東漢 鮮于璜碑陽

東漢 楊著碑陽

東漢 乙瑛碑

東漢 元和三年記

【隸書】

秦 睡 44

秦 關周•病方

秦 關周•病方

西漢 馬•老子甲後

西漢 馬•天下

西漢 馬•天下

西漢 馬•養生

西漢 張•1025

西漢 張•928

西漢 居新•5111

奸

【篆書】

三國魏 正始石經

三國魏 正始石經

隋 宋仲墓誌

隋 蕭瑾墓誌

隋 翟突娑墓誌

唐 碧落碑

唐 多寶佛塔銘

唐 多寶佛塔銘

唐 峿臺銘

唐 峿臺銘

唐 房基墓誌

唐 盧伯卿墓誌

唐 石經尚書

唐 石經尚書

唐 石經五經

唐 石經五經

唐 王行果墓誌

唐 許公及妻墓誌

唐 楊康墓誌

唐 張亮墓誌

東漢 楊著碑陽

隋 豆盧實墓誌

隋 豆盧實墓誌

隋 灃水石橋碑

隋 修孔子廟碑

唐 高元珪墓誌

唐 張倖墓誌

【楷書】

北魏 元熙墓誌

東魏 元悰墓誌

隋 梁瓌墓誌

唐 尹文操碑

【楷書】

北魏 石婉墓誌

北魏 元新成妃墓誌

唐 吉渾墓誌

唐 石經五經

唐 倚多羅墓誌

好

【篆書】

唐 蘇洪姿墓誌

唐 謙卦碑

唐 峿臺銘

【隸書】

秦 睡 10

秦 睡 151

秦 關周•日書

西漢 馬•合陰陽

西漢 馬•老甲

西漢 馬•老子甲後

西漢 馬•老子甲後

漢晉 流簡紙

東漢 淮源廟碑

東漢 淮源廟碑

東漢 建寧三年殘碑

東漢 建寧三年殘碑

東漢 景君碑陽

三國魏 管寧墓誌

晉 辟雍頌陽

北齊 竇泰墓誌

隋 馬長和造像

隋 宋景造像碑

隋 元鐘墓誌

唐 告華嶽府君

唐 石臺孝經

【楷書】

北魏 馮季華墓誌

隋 申穆及妻墓誌

隋 蕭翹墓誌

唐 石經尚書

妒

【隸書】

秦 睡 120

西漢 馬•縱横

唐 趙冬曦壙誌

【楷書】

東魏 馮令華墓誌

唐 房敬墓誌

唐 石經五經

晏

【楷書】

唐 石經五經

妓

【楷書】

唐 朱齊之墓誌

妝

【楷書】

唐 工素墓誌

妍

【隸書】

隋 叱李綱子墓誌

唐 豆盧建墓誌

唐 豆盧建墓誌

唐 徐盼墓誌

【楷書】

北魏 宋靈妃墓誌

隋 王光墓誌

妣

【隸書】

東漢 朐忍令碑

東漢 夏承碑

隋 張儉及妻墓誌

唐 牛氏像龕碑

【楷書】

北魏 馮會萇墓誌

唐 石經尚書

唐 蘇嗣君墓誌

妙

【篆書】

唐 姚仲文經幢

【隸書】

晉 王君殘墓誌

晉 徐義墓誌陽

北齊 司馬遵業墓誌

隋 豆盧實墓誌

隋 符盛及妻墓誌

隋 劉多墓誌

隋 勝福寺塔銘

隋 蕭瑾墓誌

隋 修孔子廟碑

唐 李貞墓誌

唐 修定寺記碑

唐 張翼墓誌

【楷書】

南朝梁 羅浮山銘

北魏 元崇業墓誌

隋 元鐘墓誌

唐 李敬墓誌

唐 契苾夫人墓誌

唐 司製何氏墓誌

姗

【楷書】

唐 蘇興墓誌

妖

【隸書】

隋 張儉及妻墓誌

唐 劉粲墓誌

唐 司馬寔墓誌

唐 朱崇慶墓誌

【楷書】

北魏 元朗墓誌

北魏 元悌墓誌

北魏 元天穆墓誌

東魏 元均及妻墓誌

隋 劉德墓誌

隋 張壽墓誌

唐 高捧墓誌

唐 梁守謙墓誌

唐 石經五經

唐 鄭仁泰墓誌

妐

【楷書】

隋 潘善利墓誌

妊

【楷書】

唐 多寶塔碑

唐 多寶塔碑

唐 石經五經

姊

【隸書】

西漢 張•136

西漢 張•62

西漢 居新•2288

西漢 武•服傳甲

西漢 西•律令

東漢 馬姜墓記

晉 石尠墓誌

唐 王媛墓誌陰

【楷書】

晉 華芳墓誌陰

晉 華芳墓誌陰

北魏 馮季華墓誌

北魏 李渠蘭墓誌

北魏 李媛墓誌

東魏 賓藏造像

東魏 馮令華墓誌

東魏 劉雙周塔記

東魏 馬都愛造像

北齊 僧翫造像記

東魏 吳叔悅造像

北周 楊曇景造像

北齊 智滿造像

唐 阿史那貞忠墓誌

唐 崔暹墓誌

唐 石經五經

唐 楊宇墓誌

妨

【楷書】

北魏 王阿善造像

唐 蕭煉墓誌

姒

【楷書】

北魏 蘭將墓誌

北魏 薛慧命墓誌

北魏 元洛神墓誌

隋 王楚英墓誌

隋 叱李綱子墓誌

唐 清河張氏墓誌

唐 史思禮墓誌

妤

【楷書】

唐 尼金氏柩銘

唐 尼金氏柩銘

唐 三品亡尼墓誌

妮

【楷書】

東魏 員光造像記

妻

【隸書】

秦 睡113

西漢 馬•合陰陽

西漢 馬•老乙前

西漢 馬•縱橫

西漢 張•178

西漢 張•196

西漢 張•196

西漢 張•567

西漢 張•59

西漢 居新•2121

西漢 居新•7483

西漢 居新•7682

西漢 居新•7684

兩漢 西•馬簡

晉 王君殘墓誌

東魏 宗欣墓誌

隋 蘇恒墓誌

隋 王楚英墓誌

隋 鄭令妃墓誌

唐 史思禮墓誌

唐 張翼墓誌

【楷書】

三國吳 走•二年

晉 張伯通造像

北魏 段峻德墓誌

北魏 郭顯墓誌

北魏 元遙墓誌

北魏 元遙妻梁墓誌

北魏 張玄墓誌

北魏 張元祖妻記

東魏 陳平整墓誌

北齊 婁黑女墓誌

北齊 僧靜明造像

東魏 孫妃造像記

東魏 田鸞墓碑

北齊 張龍伯造像

東魏 趙暉等造像

北齊 趙桃椒妻造像

隋 董暉賓造像

隋 宋玉艷墓誌

唐 房孚墓誌

唐 劉子墓誌

唐 石經周易

唐 蘇斌墓誌

唐 蘇洪姿墓誌

唐 孫公夫人墓誌

委

【篆書】

隋 宋仲墓誌

【隸書】

西漢 張•433

西漢 武•泰射甲

西漢 武•特牲甲

東漢 孔宙碑陽

東漢 許安國題記

東漢 楊統碑陽

晉 徐義墓誌陽

北齊 馬天祥造像

北齊 司馬遵業墓誌

北齊 西門豹碑陽

隋 郭休墓誌

隋 默曹殘碑

隋 張盛墓誌

唐 史思禮墓誌

唐 王震墓誌

唐 楊孝恭碑

【楷書】

魏晉 樓•紙

北魏 檀賓墓誌

隋 高緊墓誌

⿱付女

【楷書】

唐 石經五經

妾

【隸書】

秦 睡152

秦 睡63

秦 睡78

西漢 張•144

西漢 張•722

西漢 西•奏書

晉 徐義墓誌陽

唐 石臺孝經

【楷書】

三國吳 走•五年

北魏 鄭長猷題字

唐 劉濬墓誌

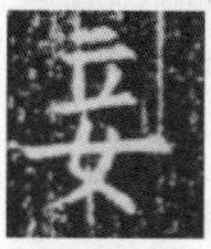

唐 石經周易

妹

【隸書】

西漢 武•服傳甲

唐 盧僩墓誌

【楷書】

漢晉 流簡紙

東魏 馮令華墓誌

隋 王楚英墓誌

唐 柳老師墓誌

唐 毛鳳敬墓誌

唐 石經周易

姑

【隸書】

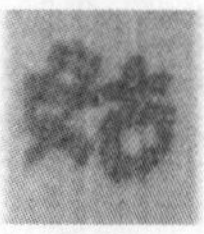

秦 睡52

西漢 馬•合陰陽

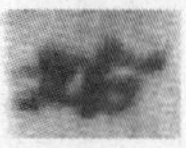

西漢 武•服傳甲

兩漢 西•馬簡

兩漢 西•懸檢

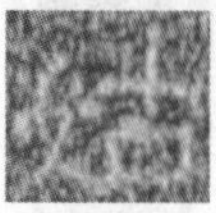

東漢 永壽元年銘

晉 管洛墓誌陽

隋 叱李綱子墓誌

隋 段濟墓誌

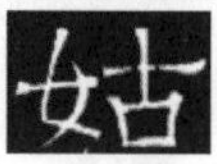

隋 劉寶及妻墓誌

唐 蔡君妻墓誌

唐 朱君妻王墓誌

【楷書】

魏晉 樓•紙

北魏 元誘妻墓誌

唐 王容墓誌

姐

【楷書】

北魏 馬□造像記

唐 張嬋墓誌

姝

【楷書】

隋 楊居墓誌

唐 張餘墓誌

媢

【楷書】

唐 石經九經

姓

【篆書】

唐 太上老君像

【隸書】

秦 睡 19

西漢 馬•老乙前

西漢 居新•3588

西漢 居新•7480

西漢 西•候官

西漢 西•詔書

漢晉 流簡紙

東漢 倉頡廟碑側

東漢 封龍山頌

東漢 禮器碑

東漢 尚博殘碑

東漢 史晨後碑

東漢 行事渡君碑

晉 王君殘墓誌

晉 徐義墓誌陽

隋 爾朱端墓誌

隋 申穆及妻墓誌

隋 申穆及妻墓誌

隋 囗靜墓誌

唐 石臺孝經

唐 行儼碑、

【楷書】

三國吳 走•四年

晉 黃庭内景經

北魏 元嵩墓誌

隋 陳花樹墓誌

隋 丁氏墓誌

隋 田光山妻墓誌

唐 胡質墓誌

唐 石經尚書

姆

【隸書】

唐 蔡君妻墓誌

【楷書】

北周 盧蘭墓誌

唐 河南元氏墓誌

唐 李鳳妃墓誌

唐 石經五經

唐 石經五經

始

【篆書】

東漢 馮孺人題記

東漢 少室石闕銘

唐 三墳記陽

隋 宋仲墓誌

隋 宋仲墓誌

【隸書】

秦 睡 120

秦 關周•日書

西漢 馬•合陰陽

西漢 馬•老甲

西漢 馬•老子甲後

西漢 馬•養生

西漢 張•881

西漢 張•881

西漢 居新•1080

西漢 居新•5801

西漢 居新•8793

漢晉 流簡紙

漢晉 流簡紙

漢晉 流簡紙

新莽 萊子侯刻石

東漢 武榮碑

東漢 楊震碑

東漢 乙瑛碑

晉 辟雍頌陽

北齊 西門豹碑陽

隋 囗靜墓誌

隋 蕭瑾墓誌

隋 張儉及妻墓誌

唐 石臺孝經

唐 尹尊師碑

唐 趙冬曦壙誌

【楷書】

北魏 孫大光題記

北魏 元敷墓誌

北魏 元繼墓誌

隋 成公氏墓誌

隋 梁坦墓誌

隋 王弘墓誌

唐 石經尚書

唐 石經周易

唐 石經周易

㚰

【楷書】

晉 洛神十三行

威

【篆書】

晉 郛休碑陰

【隸書】

秦 睡100

西漢 馬•老子甲後

西漢 馬•十問

西漢 張•154

西漢 居新•1365

兩漢 西•懸檢

漢晉 流簡紙

漢晉 流簡紙

東漢 曹全碑陽

東漢 曹全碑陽

東漢 樊敏碑

東漢 景君碑陽

東漢 禮器碑陰

東漢 裴岑紀功碑

東漢 西狹頌

東漢 鮮于璜碑陽

東漢 鮮于璜碑陽

東漢 鮮于璜碑陽

東漢 顏威山題記

東漢 楊震碑

東漢 楊著碑陽

三國魏 王基斷碑

晉 辟雍頌陽

隋 馬長和造像

隋 宋仲墓誌

隋 宋仲墓誌

隋 趙朗墓誌

唐 褚亮碑

唐 史思禮墓誌

唐 史思禮墓誌

唐 楊孝恭碑

唐 楊孝恭碑

【楷書】

晉 黃庭內景經

北魏 山徽墓誌

北魏 元斆墓誌

北魏 元禮之墓誌

北齊 竇泰墓誌

隋 李則墓誌

隋 呂胡墓誌

隋 楊通墓誌

唐 石經周易

唐 陶英妻墓誌

唐 王逖墓誌

姿

【隸書】

東漢 孔宙碑陽

東漢 西狹頌

東漢 鮮于璜碑陽

三國魏 王基斷碑

唐 李貞墓誌

【楷書】

晉 爨寶子碑

北魏 陳天寶造像

北魏 馮迎男墓誌

北魏 韓震墓誌陽

北魏 盧令媛墓誌

北魏 孟元華墓誌

北魏 王普賢墓誌

北魏 兄弟姐妹記

北魏 元恩墓誌

北魏 元懷墓誌

北魏 元文墓誌

北魏 元誘妻墓誌

北魏 元暐墓誌

北齊 竇泰墓誌

東魏 呂覎墓誌

姑

【楷書】

唐 韓通墓誌

唐 楊瑩墓誌

姨

【隸書】

隋 爾朱端墓誌

【楷書】

北齊 婁黑女墓誌

唐 高氏墓誌

唐 劉珵墓誌

唐 劉密妻崔墓誌

唐 苗君妻楊墓誌

唐 王芳媚墓誌

娃

【楷書】

唐 王大禮墓誌

姮

【楷書】

唐 孫幼實墓誌

娜

【楷書】

唐 崔玄藉妻墓誌

唐 張餘墓誌

後唐 張思錄經幢

隋 張姜墓誌

唐 王媛墓誌陰

唐 朱君妻王墓誌

【楷書】

北魏 尹愛姜造像

北魏 元純陁墓誌

北周 寇熾墓誌

隋 王楚英墓誌

隋 蕭球墓誌

唐 李景逸墓誌

姜

【篆書】

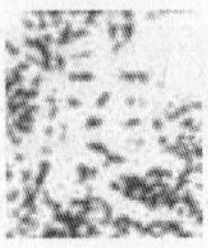
三國吳 天發神讖碑

【隸書】

兩漢 西•馬簡

東漢 池陽令殘碑

東漢 禮器碑陰

東漢 馬姜墓記

東漢 西狹頌

三國魏 曹真殘碑陰

三國魏 張君殘碑

隋 申穆及妻墓誌

隋 蘇恒墓誌

北齊 牛永福造像

唐 盧思莊墓誌

閩 堅牢塔記

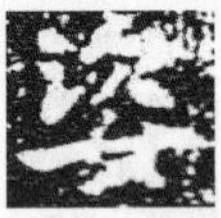
燕 馬淩虛墓誌

姻

【隸書】

晉 管洛墓誌陽

晉 管洛墓誌陰

唐 豆盧建墓誌

唐 趙冬曦壙誌

唐 朱君妻王墓誌

【楷書】

北魏 孟敬訓墓誌

北魏 鮮于仲兒墓誌

東魏 李挺墓誌

隋 王楚英墓誌

唐 崔玄藉妻墓誌

唐 蘇斌墓誌

唐 蕭公夫人墓誌

姤

【楷書】

北魏 馮迎男墓誌

隋 口徹墓誌

隋 高緊墓誌

唐 姤神祠碑額

唐 石經五經

唐 石經周易

姚

【隸書】

秦 睡 98

西漢 馬・十問

東漢 曹全碑陰

東漢 曹全碑陰

東漢 景君碑陰

唐 張倖墓誌

【楷書】

晉 洛神十三行

北魏 薛孝通券

北魏 張盧墓誌

北齊 姚景等造像

隋 姚伯兒造像

唐 景公直墓誌

唐 李審規墓記

唐 李玄福墓誌

唐 往生社碑

唐 姚功德藏墓誌

唐 姚君妻墓誌

唐 姚軫墓誌

後梁 惠光舍利塔銘

姝

【楷書】

北魏 于仙墓誌

唐 馬君妻董墓誌

奼

【楷書】

唐 陀羅尼經碑

後唐 張思錄經幢

姱

【楷書】

北魏 盧令媛墓誌

娑

【隸書】

隋 澧水石橋碑

【楷書】

北齊 姜纂造像記

隋 寶輪禪院記

唐 姚重曒墓誌

娠

【楷書】

隋 張濤妻墓誌

唐 崔霞墓誌

唐 多寶塔碑

姬

【隸書】

西漢 張•242

前凉 西•木牘

東漢 嗚咽泉題記

晉 徐義墓誌陽

隋 郭王墓誌

隋 姬威墓誌

隋 劉寶及妻墓誌

隋 蘇恒墓誌

隋 修孔子廟碑

隋 張姜墓誌

唐 柳偘妻墓誌

唐 王媛墓誌陰

【楷書】

南朝梁 羅浮山銘

北魏 馮邕妻墓誌

北魏 寇演墓誌

北魏 元顥墓誌

北魏 元譿墓誌

北魏 元繼墓誌

北魏 元誘妻墓誌

北魏 元願平妻墓誌

北齊 暢洛生造像

東魏 馮令華墓誌

隋 鄧昞墓誌

隋 樊敬賢造像

隋 席氏墓誌

隋 蕭餝性墓誌

隋 元氏墓誌

唐 程知節墓誌

唐 崔素臣墓誌

唐 郭克勤墓誌

唐 李密墓誌

唐 劉搢妻墓誌

唐 石經公羊傳

唐 石經五經

唐 陶後興墓誌

唐 王令墓誌

唐 蕭公夫人墓誌

唐 邢芳墓誌

娙

【楷書】

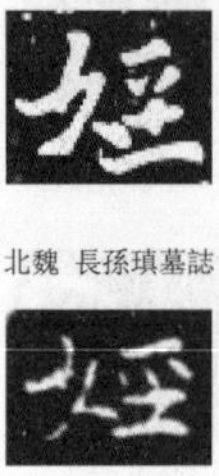

北魏 長孫瑱墓誌

隋 諸葛子恆碑

娌

【楷書】

唐 黄郡駱氏墓誌

娣

【隸書】

東漢 熹平石經易

隋 叱李綱子墓誌

【楷書】

北魏 蘭將墓誌

北魏 鮮于仲兒墓誌

北魏 趙光墓誌

隋 王楚英墓誌

唐 賈令琬墓誌

唐 荊肆墓誌

唐 石經周易

唐 王訓妻墓誌

唐 無上道誌

娥

【隸書】

東漢 鮮于璜碑陽

隋 侯肇墓誌

隋 蘇恒墓誌

唐 蔡君妻墓誌

唐 鄎國長公主碑

【楷書】

北魏 韓震墓誌陰

北魏 吐谷渾氏墓誌

北魏 元誘妻墓誌

隋 魏氏墓誌

唐 史君妻墓誌

娩

【隸書】

隋 任軌墓誌

【楷書】

北魏 馮會長墓誌

北魏 趙充華墓誌

隋 賈氏墓誌

唐 安珍墓誌

唐 陳君妻王墓誌

唐 高隆基墓誌

唐 石經五經

唐 細人孫氏墓誌

唐 鄭珍墓誌

娛

【隸書】

隋 李元墓誌

唐 常存法師墓誌

唐 宴濟瀆序陽

【楷書】

晉 蘭亭序真本

東魏 元寶建墓誌

東魏 元悰墓誌

隋 梁坦墓誌

唐 權奉常墓誌

娟

【楷書】

隋 張貴男墓誌

唐 張澤墓誌

娉

【隸書】

西漢 居新•7505

晉 徐義墓誌陽

晉 徐義墓誌陽

【楷書】

北魏 元瞻墓誌

唐 房璵墓誌

唐 閭丘氏墓誌

唐 沈師黃墓誌

唐 石經五經

唐 宋山墓誌

唐 姚弟墓誌

⿰女呈

【楷書】

唐 華歆墓誌

婁	婪	娶	娵	娭	姛	娘	
【隸書】	【楷書】	【隸書】	【楷書】	【楷書】	【楷書】	【楷書】	 唐 源光俗妻墓誌
 秦 睡 119	 唐 盧昂墓誌	 東漢 孟孝琚碑	 唐 潘智昭墓誌	 唐 馬公亮墓誌	 唐 張餘墓誌	 南朝梁 陳寶齊造像	 唐 鄭敬墓誌
 秦 關周·日書		 唐 王晉俗墓誌				 唐 王大劍墓誌	
 三國吳 走·四年		【楷書】					
 三國吳 走·四年		 北魏 韓震墓誌陰					
 東漢 朐忍令碑		 唐 石經尚書					
 東漢 史晨前碑		 唐 史興墓詠					
 隋 澧水石橋碑		 唐 王大劍墓誌					
 唐 程俊墓誌陰		 後梁 李珩墓誌					
 唐 鄭虔題名		 後晉 袁從章墓誌					
【楷書】							
 北魏 李渠蘭墓誌							

北齊 婁黑女墓誌

北周 普安壯公墓誌

唐 匹婁淨德墓誌

唐 匹婁思妻墓誌

唐 石經五經

婼

【楷書】

唐 石經五經

姻

【楷書】

唐 石經五經

娙

【楷書】

唐 石經五經

婆

【篆書】

唐 多寶佛塔銘

【楷書】

北齊 姜纂造像記

北齊 維那四十人造像

唐 劉通墓誌

唐 顔人墓誌

婓

【隸書】

東漢 曹全碑陽

婭

【楷書】

北魏 元洛神墓誌

唐 楊約墓誌

娬

【楷書】

唐 蘇斌墓誌

婢

【隸書】

西漢 張•143

西漢 張•60

西漢 居新•1940

西漢 居新•4036

西漢 居新•6120

東漢 簿書殘碑

東漢 簿書殘碑

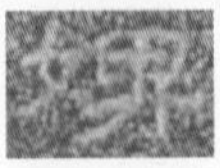
東漢 簿書殘碑

東漢 肥致碑

【楷書】

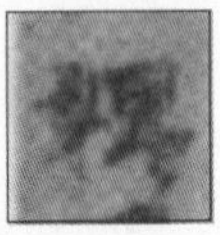
三國吳 走•二年

唐 陽氏合祔誌

唐 張楚墓誌

婚

【楷書】

北魏 韓震墓誌陰

北魏 劉玉墓誌

隋 尉富娘墓誌

唐 崔齊榮墓誌

唐 竇真墓誌

唐 苻進昌墓誌

唐 石經尚書

唐 石經五經

唐 石經周易

唐 顏襄子銘

娓

【隸書】

隋 趙朗墓誌

【楷書】

北魏 元譚墓誌

隋 羊本墓誌

唐 郭賓墓誌

唐 楊佰隴墓誌

媧

【楷書】

晉 洛神十三行

唐 梁无量墓誌

婌

【楷書】

隋 豆盧氏墓誌

唐 陳察墓誌

唐 段會墓誌

婥

【楷書】

唐 邊誠夫人墓誌

婕

【楷書】

唐 尼金氏柩銘

唐 尼金氏柩銘

唐 三品亡尼墓誌

唐 元超墓誌

南朝梁 喬進臣地券

隋 王楚英墓誌

唐 房敬墓誌

唐 紇干承基墓誌

唐 喬進臣地券

婉

【篆書】

隋 宋仲墓誌

【隸書】

隋 牛諒墓誌

隋 任軌墓誌

隋 任顯及妻誌

唐 崔祐甫墓誌

唐 王子麟墓誌

【楷書】

北魏 咎雙仁墓誌

北魏 司馬氏墓誌

北齊 顔玉光墓誌

隋 樊氏墓誌

隋 賈氏墓誌

隋 王楚英墓誌

唐 崔元二墓誌

唐 李道因墓誌

唐 劉達墓誌

唐 契苾夫人墓誌

唐 王則墓誌

唐 元婉墓誌

婞

【楷書】

北魏 元順墓誌

婦

【隸書】

秦 睡 131

秦 睡 165

秦 睡 228

西漢 馬•合陰陽

西漢 馬•縱橫

西漢 張•154

兩漢 西•醫藥

東漢 蒼山元嘉題記

東漢 曹全碑陽

東漢 朐忍令碑

晉 徐義墓誌陽

隋 符盛及妻墓誌

隋 牛諒墓誌

隋 王榮及妻墓誌

隋 吳嚴墓誌

隋 趙朗墓誌

唐 盧君妻墓誌

【楷書】

北魏 慈慶墓誌

東魏 公孫甑生墓誌

北齊 婁黑女墓誌

隋 王楚英墓誌

隋 鄭善妃墓誌

唐 崔琪墓誌

唐 苻載妻墓誌

唐 李鳳妃墓誌

唐 劉濬墓誌

唐 石經周易

隋 張濬墓誌

媢

【楷書】

唐 石經五經

媚

【楷書】

唐 石經九經

媄

【楷書】

唐 蕭惠媄墓誌

媒

【隸書】

西漢 馬·老乙前

隋 爾朱端墓誌

隋 李元墓誌

【楷書】

唐 李立言墓誌

唐 石經五經

唐 王素墓誌

媪

【隸書】

西漢 馬·縱横

西漢 馬·縱横

【楷書】

隋 成公氏墓誌

媞

【楷書】

東魏 盧貴蘭墓誌

唐 李賢墓誌

唐 石經五經

媺

【楷書】

唐 石經五經

媛

【隸書】

東漢 馬姜墓記

晉 左棻墓誌陰

隋 張盛墓誌

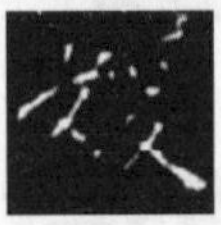

唐 陳泰墓誌

唐 庫狄真相墓誌

唐 王媛墓誌陽

【楷書】

北魏 吐谷渾氏墓誌

北齊 婁黑女墓誌

隋 常泰妻墓誌

隋 元氏墓誌

唐 李氏娘墓誌

唐 呂媛墓誌

唐 裴昭墓誌

唐 蘇斌墓誌

媢

【隸書】

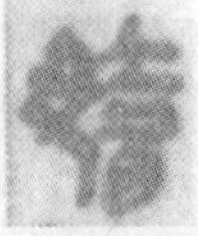
秦 睡152

西漢 張•558

西漢 張•710

唐 李彦墓誌

【楷書】

北魏 馮會蒖墓誌

唐 多寶塔碑

唐 周師墓誌

媁

【楷書】

晉 張伯通造像

媨

【楷書】

唐 楊伯隴墓誌

唐 張法真墓誌

嬀

【隸書】

隋 修孔子廟碑

唐 賈循禍祠記

唐 龐履温碑

【楷書】

北魏 常季繁墓誌

東魏 公孫甑生墓誌

隋 田德元墓誌

唐 陳叔度墓誌

唐 程知節墓誌

唐 袁公瑜墓誌

唐 越國太妃墓誌

婾

【楷書】

唐 賈令琬墓誌

嫂

【隸書】

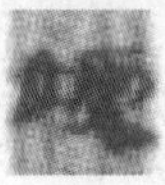
西漢 武•服傳甲

晉 左棻墓誌陰

唐 崔暟墓誌陽

【楷書】

北魏 姚伯多供養碑

唐 石經五經

唐 石經五經

唐 王容墓誌

㛐

【楷書】

唐 棲巖寺詩刻

婿		婺		媾		媲	嫄
【隸書】	唐 陽氏合祔誌	【隸書】	唐 宗夫人墓誌	【楷書】	唐 趙珪墓誌	【楷書】	【楷書】
晉 管洛墓誌陽	唐 陽氏合祔誌	秦 睡 121		隋 王楚英墓誌		北齊 司馬遵業墓誌	唐 仇氏墓誌
唐 崔暟墓誌陽	唐 趙秀墓誌	秦 關周•日書		唐 蔡君妻墓誌		隋 王楚英墓誌	唐 石經五經
【楷書】	唐 支訢妻墓誌	唐 朱崇慶墓誌		唐 崔黌墓誌		唐 呂君妻李墓誌	唐 鄭珍墓誌
唐 崔湛墓誌	後梁 蕭符墓誌	【楷書】		唐 康威墓誌		唐 石經五經	
唐 雷定真墓誌		北魏 元新成妃墓誌		唐 盧君妻崔墓誌		後唐 毛璋妻墓誌	
唐 李敬墓誌		北魏 元誘妻墓誌		唐 路全交墓誌			
唐 李君妻盧墓誌		唐 鄧君妻墓誌		唐 石經五經			
唐 李庭訓墓誌		唐 三品亡尼墓誌		唐 石經周易			
唐 石經禮記		唐 姚君妻墓誌		唐 王君妻墓誌			
唐 石經五經		唐 陰客墓誌					
唐 王仲堪墓誌		唐 越國太妃墓誌					

嫕

【隸書】

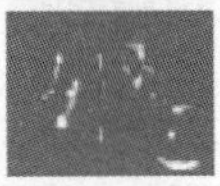

唐 柳偘妻墓誌

【楷書】

晉 華芳墓誌陰

隋 李氏墓誌

唐 竇娘子墓誌

唐 李鳳妃墓誌

唐 李淑姿墓誌

唐 劉娘子墓誌

唐 孫君妻李墓誌

唐 王君妻墓誌

唐 王延墓誌

嫣

【楷書】

唐 陳叔度墓誌

嫳

【楷書】

唐 石經五經

嫠

【楷書】

唐 賈令琬墓誌

唐 劉惟正墓誌

唐 韋埍墓誌

唐 鄭魯墓誌

嫋

【楷書】

唐 蘇興墓誌

嫉

【隸書】

東漢 楊震碑

唐 崔暟墓誌陽

【楷書】

北魏 元昭墓誌

唐 張審文墓誌

嫁

【隸書】

秦 睡112

秦 關周•日書

西漢 馬•事語

西漢 張•576

西漢 張•738

西漢 居新•7504

兩漢 西•醫藥

【楷書】

唐 豆盧建墓誌

唐 蘇嗣君墓誌

嫌

【楷書】

北魏 元融墓誌

唐 崔玄藉妻墓誌

唐 石經穀梁傳

唐 石經周易

唐 王君殘墓誌

唐 惟岳神道碑

唐 宇文氏墓誌

唐 張漪墓誌

嬌

【楷書】

北齊 優婆姨造像陰

唐 獨孤開遠墓誌

唐 李元福墓誌

唐 吴德鄘妻墓誌

唐 執失善光

唐 楊君妻孫墓誌

嫡

【隸書】

唐 崔暟墓誌陰

唐 崔暟墓誌陰

唐 王媛墓誌陰

【楷書】

北魏 元略墓誌

北魏 元熙墓誌

北魏 趙光墓誌

隋 王光墓誌

唐 柳延宗墓誌

唐 石經五經

唐 王鴻祔藏

嫜

【楷書】

唐 羅士則墓誌

嫖

【楷書】

唐 尼金氏柩銘

唐 臧協妻墓誌

嫮

【楷書】

唐 騫思哲誌銘

嫗

【楷書】

唐 浯溪記

唐 楊珽墓誌

唐 張某墓誌

唐 張氏女殤墓誌

唐 張先墓誌

唐 鄭濆墓誌

唐 竹妙墓誌

嬐

【隸書】

西漢 張•608

西漢 張•609

嬙

【楷書】

北魏 王僧男墓誌

隋 王楚英墓誌

唐 二品昭儀誌

唐 李侹妻韋墓誌

嬖

【隸書】

唐 崔泰之墓誌

【楷書】

唐 韋埛墓誌

嬴

【隸書】

北齊 司馬遵業墓誌

【楷書】

北魏 王誦墓誌

唐 梁渙墓誌

唐 路巖墓誌

唐 裴行著墓誌

唐 石經五經

嬋

【楷書】

北魏 穆亮妻墓誌

北魏 元斌墓誌

唐 崔繦墓誌

唐 劉揩妻墓誌

嫺

【楷書】

隋 寇奉叔墓誌

唐 段慈順墓誌

唐 李阜妻墓誌

嬉

【隸書】

北周 華嶽頌

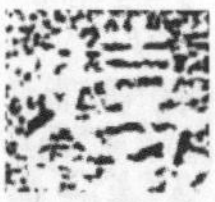

唐 白鹿泉碑陰

唐 尹尊師碑

【楷書】

晉 洛神十三行

北魏 李壁墓誌陽

隋 盧文機墓誌

唐 李三墓誌

唐 苗弘本墓誌

嬈

【楷書】

北齊 許儁等造像

嬰

【隸書】

秦 睡19

西漢 馬·合陰陽

西漢 馬·老子甲後

西漢 馬·老子甲後

西漢 西·律令

西漢 習字觚

漢晉 流簡紙

東漢 許安國題記

隋 侯肇墓誌

唐 崔祐甫墓誌

唐 李彥墓誌

唐 張翼墓誌

【楷書】

晉 黄庭内景經

北魏 薛慧命墓誌

北魏 元寶月墓誌

北魏 元弼墓誌

唐 崔玄藉墓誌

唐 盧知宗墓誌

唐 苗善物墓誌

唐 石經五經

唐 宋練墓誌

唐 王豫墓誌

唐 楊佰隴墓誌

唐 于士恭墓誌

嬮

【楷書】

唐 郭阿獲墓誌

[illegible]

【楷書】

唐 石經九經

嬉

【楷書】

唐 靖策墓誌

嬪

【篆書】

唐 碧落碑

【隸書】

晉 郭槐柩記

唐 蔡君妻墓誌

唐 鄎國長公主碑

【楷書】

晉 郭槐柩記

北魏 韓氏墓誌

北魏 司馬氏墓誌

北魏 元寶月墓誌

隋 王楚英墓誌

唐 李仙蕙志

唐 越國太妃墓誌

嬼

【楷書】

唐 七品宫人墓誌

嬿

【隸書】

隋 牛諒墓誌

【楷書】

唐 韓氏合葬誌

唐 毛公夫人

唐 苑玄亮墓誌

孀

【隸書】

唐 陳泰墓誌

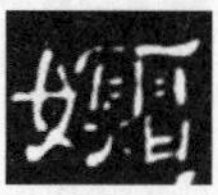

唐 張翼墓誌

【楷書】

北魏 封魔奴墓誌

北魏 元彝墓誌

北齊 婁黑女墓誌

隋 王世琛墓誌

唐 耿氏墓誌

唐 李超墓誌

唐 匹婁思妻墓誌

唐 宋度夫人墓誌

唐 王君殘墓誌

唐 西河蘭氏墓誌

唐 閻肇墓誌

孅

【楷書】

唐 二品昭儀誌

孃

【楷書】

北齊 許儁等造像

隋 龐畏娘墓誌

孌

【楷書】

隋 衛美墓誌

唐 陳君妻王墓誌

唐 劉智墓誌

唐 石經五經

唐 王凝華墓誌

幺部

幻

【隸書】

唐 抱腹寺碑

唐 盧君妻墓誌

唐 興寺碑

【楷書】

北齊 姚景等造像

唐 石經九經

唐 石經九經

唐 唐小姑墓誌

唐 張京墓誌

唐 朱簡墓誌

幼

【隸書】

秦 睡240

西漢 居新•2277

西漢 武•王杖

漢晉 流簡紙

三國吳 走•四年

三國吳 走•五年

東漢 肥致碑

東漢 馬姜墓記

東漢 西狹頌

三國魏 管寧墓誌

隋 段濟墓誌

隋 劉寶及妻墓誌

隋 任軌墓誌

隋 張盛墓誌

隋 趙朗墓誌

唐 董虔運墓誌

唐 高元珪墓誌

唐 石臺孝經

唐 王媛墓誌陽

【楷書】

北魏 爾朱紹墓誌

北魏 馮季華墓誌

北魏 吐谷渾璣墓誌

北魏 于仙墓誌

北魏 元洛神墓誌

北魏 元文墓誌

北魏 元瑱墓誌

北魏 元昭墓誌

北齊 竇泰墓誌

隋 馬少敏墓誌

隋 明雲騰墓誌

隋 橋紹墓誌

隋 申穆及妻墓誌

隋 王楚英墓誌

隋 元鐘墓誌

隋 張貴男墓誌

隋 張怦墓誌

唐 阿史那貞忠墓誌

唐 韓暹墓誌

唐 開國殘石

唐 李璀墓誌

唐 李鳳妃墓誌

唐 李壽墓誌

唐 契苾夫人墓誌

唐 清河張氏墓誌

唐 石經九經

唐 王之渙墓誌

唐 王仲堪墓誌

唐 朱君妻趙墓誌

幽

【篆書】

東漢 秦君神道刻字

東漢 祀三公山碑

唐 長明燈樓頌

唐 峿臺銘

【隸書】

東漢 蒼山元嘉題記

東漢 孟孝琚碑

東漢 朐忍令碑

東漢 夏承碑

東漢 鮮于璜碑陰

東漢 乙瑛碑

麼

【楷書】

唐 段貞墓誌

唐 陀羅尼經碑

後唐 張思錄經幢

唐 石經尚書

唐 石經周易

唐 石經周易

唐 石經周易

唐 石經周易

唐 王君妻墓誌

唐 西河藺氏墓誌

唐 楊佰隴墓誌

北魏 于景墓誌

北魏 元恭墓誌

北魏 元乂墓誌

北魏 元昭墓誌

北齊 韓山剛造像

東魏 元湛墓誌

唐 崔紹墓誌

唐 鄧君妻墓誌

唐 賈温墓誌

唐 石浮圖銘

隋 牛諒墓誌

隋 蘇恒墓誌

隋 蘇恒墓誌

唐 褚亮碑

唐 崔沔墓誌陰

唐 石臺孝經

唐 史思禮墓誌

【楷書】

北魏 丘哲墓誌

北魏 司馬顯姿墓誌

北魏 王禎墓誌

幾

【篆書】

唐 碧落碑

【隸書】

秦 睡65

西漢 馬•老乙前

西漢 馬•縱横

西漢 張•879

西漢 張•925

西漢 張•954

西漢 張•974

隋 段濟墓誌

唐 李術墓誌

唐 契苾夫人墓誌

唐 石經尚書

唐 石經周易

唐 史思禮墓誌

唐 史思禮墓誌

唐 楊孝恭碑

唐 張翼墓誌

【楷書】

北魏 元楨墓誌

北魏 元纂墓誌

北齊 竇泰墓誌

東魏 元均及妻墓誌

隋 申穆及妻墓誌

隋 薛保興墓誌

晉 辟雍頌陽

北齊 感孝頌

北齊 馬天祥造像

隋 高虬墓誌

隋 闞明墓誌

隋 侯肇墓誌

隋 勝福寺塔銘

隋 宋景造像碑

隋 吳嚴墓誌

唐 李貞墓誌

巛部

巛

【楷書】

唐 石經五經

巢

【隸書】

西漢 馬·老乙前

東漢 禮器碑側

唐 孔子廟碑

唐 平蠻頌

唐 楊孝恭碑

唐 掌徹墓誌

【楷書】

北魏 元暐墓誌

北齊 竇泰墓誌

東魏 李憲墓誌

唐 李紹墓誌

唐 強君妻杜墓誌

唐 石經尚書

唐 嚴識玄墓誌

唐 雍如珪墓誌

唐 張伽墓誌

巤

【楷書】

唐 高德墓誌

王部

王王

【篆書】

北魏 常氏誌蓋

北魏 元光基誌蓋

北魏 元煥誌蓋

北魏 元天穆誌蓋

東魏 元湛誌蓋

北魏 趙王誌蓋

唐 阿育王寺碑額

唐 多寶佛塔銘

唐 李夫人誌蓋

唐 李濬墓誌

唐 臨終口授銘

唐 王涓墓誌

唐 王慶墓碣

唐 王叔寧誌蓋

唐 王軒等題名

唐 文宣王廟碑額

【隸書】

秦 睡55

西漢 馬•老甲

西漢 馬•縱横

西漢 居新•3529

東漢 西•推辟

漢晉 流簡紙

西漢 楚王墓塞石

東漢 韓仁銘

東漢 禮器碑

東漢 禮器碑陰

東漢 石門頌

東漢 夏承碑

東漢 陽嘉二年記

東漢 楊震碑

東漢 乙瑛碑

東漢 張文思題記

晉 郭槐柩記

北齊 馬天祥造像

唐 懷古詩刻

唐 李神符碑

唐 李神符碑

唐 石臺孝經

唐 石臺孝經

唐 行儼碑

唐 楊孝恭碑

唐 張翼墓誌

【楷書】

魏晉 樓•紙

北魏 王禎墓誌

北魏 元斅墓誌

北魏 元文墓誌

唐 賈欽惠墓誌

唐 李鳳墓誌

唐 石經尚書

唐 石經周易

玉王

【篆書】

唐 碧落碑

【隸書】

秦 睡64

兩漢 西•醫藥

漢晉 流簡紙

漢晉 流簡紙

漢晉 流簡紙

漢晉 流簡紙

西漢 楚王墓塞石

東漢 白石神君碑

東漢 從事馮君碑

東漢 華山廟碑陽

東漢 七言摩崖記

東漢 石門頌

東漢 史晨前碑

東漢 宋伯望買田券正

東漢 楊著碑陽

晉 郭休碑陰

晉 華芳墓誌陰

北齊 竇泰墓誌

北齊 司馬遵業墓誌

玩
【隸書】
西漢 馬•老乙前
西漢 馬•老乙前
唐 八都壇碑
唐 鄎國長公主碑
【楷書】
北魏 李渠蘭墓誌
隋 元智墓誌
唐 九成宮銘
唐 往生社碑

尪
【隸書】
隋 鄭令妃墓誌
唐 崔泰之墓誌
【楷書】
北魏 陳天寶造像
唐 高欽德墓誌
唐 石經九經
唐 石經九經

玕
【隸書】
漢晉 流簡紙
漢晉 流簡紙
唐 嵩陽觀碑
【楷書】
晉 黄庭内景經
唐 屈氏合祔誌
唐 石經尚書

玘
【楷書】
唐 張滂墓誌

玖
【隸書】
唐 京兆金氏墓誌
【楷書】
唐 内莊宅使牒
唐 王積善墓誌

玗
【楷書】
唐 元結墓碑陽

（玉）
【楷書】
北魏 長孫子澤墓誌
北魏 元融墓誌
北齊 邸明玉造像
唐 阿史那貞忠墓誌
唐 石經尚書
唐 趙留四墓誌
唐 朱仁表墓誌
後梁 謝彦璋墓誌

隋 叱李綱子墓誌
隋 郭休墓誌
隋 任軌墓誌
隋 任顯及妻誌
唐 董虔運墓誌
唐 高嶸墓誌
唐 李神符碑
唐 屈突通墓誌
唐 楊孝恭碑
唐 楊孝恭碑

珊 珊

【楷書】

北齊 彭城寺碑陽

唐 文鑒經幢

玦 玦

【楷書】

唐 師全介墓誌

玲 玲

【楷書】

唐 黃摀妻龕銘

玫 玫

【隸書】

漢晉 流簡紙

【楷書】

北魏 于仙墓誌

唐 李晝墓誌

玠 玠

【隸書】

隋 蕭瑾墓誌

【楷書】

北魏 王紹墓誌

北魏 元徽墓誌

唐 姚恭墓誌

玢

【楷書】

唐 李瑱墓誌

唐 張方墓誌

玞

【楷書】

唐 王仁口墓誌

玭 玭

【隸書】

唐 戴令言墓誌

【楷書】

唐 萬壽寺記

（續）

唐 楊孝恭碑

唐 尹尊師碑

唐 趙冬曦壙誌

【楷書】

漢晉 流簡紙

魏晉 樓•紙

北魏 劉阿素墓誌

北魏 元純陁墓誌

北魏 元昭墓誌

北齊 暢洛生造像

東魏 王令媛墓誌

珍

【篆書】

唐 三墳記陽

【隸書】

東漢 孟孝琚碑

東漢 鮮于璜碑陽

東漢 許安國題記

東漢 張遷碑陰

晉 郛休碑陽

北魏 上尊號碑

北齊 感孝頌

隋 爾朱端墓誌

唐 北獄廟碑

玳

【楷書】

隋 蕭翹墓誌

唐 柳昱墓誌

珀

【楷書】

東魏 道奣造像

玷

【隸書】

隋 馬少敏墓誌

唐 盧行毅墓誌

唐 鄭忠墓碑

【楷書】

晉 華芳墓誌陰

北魏 元純陁墓誌

北齊 竇泰墓誌

唐 牛阿師墓誌

珇

【楷書】

唐 雞元慶墓誌

珏

【楷書】

唐 石經五經

唐 石經五經

唐 孫公乂墓誌

唐 王大禮墓誌

唐 韋堉墓誌

珂

【楷書】

北齊 無量義經

唐 李鼎墓誌

東魏 元悰墓誌

隋 馬少敏墓誌

隋 王楚英墓誌

隋 元智墓誌

唐 崔素墓誌

唐 劉定師墓誌

唐 石經五經

唐 嬰殤女墓誌

玲

【楷書】

唐 高靈勝詩刻

唐 李壽墓誌

珌

【楷書】

唐 石經五經

唐 石經五經

唐 王芳媚墓誌

玹

【楷書】

唐 鄭秀實墓誌

珈

【楷書】

唐 大長公主墓誌

珉

【篆書】

唐 峿臺銘

【隸書】

北齊 感孝頌

唐 史思禮墓誌

唐 王子麟墓誌

唐 徐盼墓誌

【楷書】

北魏 陸紹墓誌

北齊 韓山剛造像

唐 蔡君妻墓誌

唐 崔琪墓誌

唐 劉府君墓誌

唐 契苾李墓誌

唐 石經五經

唐 辛庭墓誌

唐 元郇墓誌

唐 張漸墓誌

唐 趙慧墓誌

後梁 崔崇素墓誌

珥

【隸書】

秦 睡 59

東漢 七言摩崖記
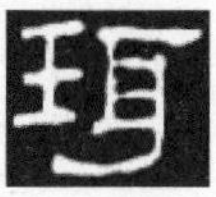
隋 蕭瑾墓誌

隋 蕭瑾墓誌

【楷書】

北魏 爾朱紹墓誌

東魏 高盛墓碑

隋 元智墓誌

唐 張毖墓誌

珣

【隸書】

三國吳 走•五年

三國吳 走•五年

珪

【隸書】

東漢 白石神君碑

東漢 曹全碑陰

東漢 封龍山頌

東漢 淮源廟碑

東漢 三公山碑

東漢 楊淮表記

東漢 張遷碑陽

隋 豆盧實墓誌

隋 爾朱端墓誌

隋 符盛及妻墓誌

隋 口暨及妻墓誌

隋 劉多墓誌

隋 口和墓誌

隋 張景略墓誌

唐 高元珪墓誌

唐 李神符碑

唐 史思禮墓誌

唐 徐盼墓誌

【楷書】

北魏 鮮于仲兒墓誌

北魏 元珽墓誌

北齊 竇泰墓誌

東魏 陸順華墓誌

隋 卜鑒墓誌

隋 孔神通墓誌

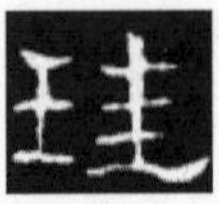

隋 王楚英墓誌

隋 張貴男墓誌

唐 石經尚書

唐 楊佰隴墓誌

珙

【隸書】

唐 崔沔墓誌陽

【楷書】

唐 盧贍妻墓誌

玼

【隸書】

唐 王崇禮墓誌

唐 朱崇慶墓誌

【楷書】

唐 邊氏墓誌

唐 崔文修墓誌

玴

【楷書】

唐 李訥妃墓誌

珽

【隸書】

晉 郛休碑陽

唐 盧行毅墓誌

【楷書】

北魏 穆夫人墓誌

北魏 元珽誌蓋

唐 盧昂墓誌

珠

【隸書】

秦 睡92

西漢 馬•老乙前

東漢 倉頡廟碑側

東漢 七言摩崖記

北齊 法懃塔銘

北齊 司馬遵業墓誌

隋 爾朱敞墓誌

隋 澧水石橋碑

隋 符盛及妻墓誌

隋 劉多墓誌

隋 修孔子廟碑

隋 張景略墓誌

唐 唐直墓誌

唐 楊孝恭碑

【楷書】

三國吳 走•五年

魏晉 樓•紙

晉 華芳墓誌陰

北魏 公孫猗墓誌

北魏 韓顯宗墓誌

北魏 檀賓墓誌

北魏 唐耀墓誌

北魏 王翊墓誌

北魏 元仙墓誌

北魏 元秀墓誌

北魏 元瞻墓誌

北魏 元暐墓誌

北齊 高湝墓誌

北齊 邢夫人墓誌

隋 吳嚴墓誌

隋 蕭氏墓誌

隋 元鍾墓誌

隋 鄭善妃墓誌

唐 那提墓誌

唐 石經尚書

珦

【楷書】

唐 蘇兗墓誌

珞

【楷書】

唐 蘭陵蕭氏墓誌

珣

【隸書】

唐 勿部將軍碑

唐 宴濟瀆序陰額

【楷書】

唐 周敬本墓誌

珩

【隸書】

隋 姬威墓誌

唐 蘇洪姿墓誌

【楷書】

晉 華芳墓誌陰

東魏 王令媛墓誌

北魏 元譿墓誌

東魏 公孫甑生墓誌

唐 薛瑤華墓誌

珮

【隸書】

東漢 張遷碑陽

隋 侯肇墓誌

隋 張儉及妻墓誌

隋 趙朗墓誌

唐 蘇洪姿墓誌

【楷書】

北魏 鮮于仲兒墓誌

北魏 元誨墓誌

東魏 李艷華墓誌

隋 姬威墓誌

隋 宋玉艷墓誌

隋 王楚英墓誌

隋 元智妻墓誌

隋 鄭善妃墓誌

唐 高君妻墓誌

班

【隸書】

西漢 居新·96

東漢 楊統碑陽

東漢 楊著碑陽

北齊 司馬遵業墓誌

隋 爾朱敞墓誌

隋 蘇恒墓誌

唐 李神符碑

唐 史思禮墓誌

唐 張休光墓誌

唐 朱君妻王墓誌

【楷書】

北魏 李頤墓誌

北魏 元肅墓誌

北魏 元悌墓誌

隋 蕭餝性墓誌

唐 房惠琳墓誌

唐 李修已墓誌

唐 呂讓墓誌

唐 七品典籤墓誌

唐 石經尚書

唐 石經五經

唐 石經周易

唐 魏公韋氏墓誌

唐 張柔範墓誌

珧

【隸書】

晉 辟雍頌陽

琉

【楷書】

唐 邢芳墓誌

瑎

【楷書】

唐 石經五經

琁琁

【隸書】

東漢 孟孝琚碑

唐 孔子廟碑

唐 興寺碑

【楷書】

北魏 元暐墓誌

隋 蕭翹墓誌

唐 姬素墓誌

唐 趙肅墓誌

現

【隸書】

晉 王君殘墓誌

隋 澧水石橋碑

唐 闞道愛墓誌

唐 義福禪師碑

【楷書】

西魏 合邑造像記

北齊 無量義經

唐 玄秘塔碑

北魏 元誘墓誌

北齊 竇泰墓誌

北齊 竇泰墓誌

東魏 元湛墓誌

隋 王楚英墓誌

唐 崔君妻朱墓誌

唐 盧公則墓誌

唐 石經周易

後周 石金俊妻合誌

晉 郭槐柩記

北魏 上尊號碑

隋 任顯及妻誌

隋 宋仲墓誌

唐 石臺孝經

唐 史思禮墓誌

唐 興寺碑

唐 楊孝恭碑

唐 貞一廟碑

【楷書】

北魏 元文墓誌

理理

【篆書】

唐 碧落碑

【隸書】

西漢 馬•合陰陽

西漢 馬•老乙前

西漢 馬•老子甲後

西漢 張•1189

東漢 池陽令殘碑

東漢 封龍山頌

東漢 景君碑陰

東漢 石門頌

三國魏 張君殘碑

球球

【隸書】

隋 劉寶及妻墓誌

唐 安天王廟碑

唐 程俊墓誌

【楷書】

北魏 唐耀墓誌

隋 侯肇墓誌

唐 盧宏及妻墓誌

唐 魯謙墓誌

唐 石經尚書

後梁 惠光舍利塔銘

琄

【楷書】

唐 李訥妃墓誌

珝珝

【楷書】

唐 張滂墓誌

琛

【篆書】

唐 碧落碑

【楷書】

東魏 王令媛墓誌

北齊 元賢墓誌

隋 申穆及妻墓誌

隋 王世琛墓誌

隋 王世琛墓誌

唐 李肅邕墓誌

唐 李庭玉改葬誌

唐 田侁墓誌

唐 張琛墓誌

珵

【楷書】

東魏 道俗等造像

唐 程君妻墓誌

珸

【楷書】

東魏 張瓘墓誌

唐 張興墓誌

琉

【隸書】

唐 戒壇碑

【楷書】

唐 玄秘塔碑

唐 重藏舍利記

唐 重藏舍利記

隋 陳氏墓誌

隋 郭氏墓誌

隋 楊厲墓誌

唐 王鴻袝藏

唐 顏元貞墓誌

晉 辟雍頌陽

晉 石尠墓誌

北魏 王基墓誌

北齊 司馬遵業墓誌

唐 嵩陽觀碑

【楷書】

北魏 司馬氏墓誌

北魏 司馬顯姿墓誌

北魏 元平墓誌

東魏 王令媛墓誌

隋 □怳昂墓誌

琅

【篆書】

東漢 劉君石柱殘

唐 碧落碑

唐 三墳記陽

唐 王審知碑額

【隸書】

西漢 西•奏書

漢晉 流簡紙

漢晉 流簡紙

新莽 蘇馬灣刻石

新莽 羊窩頭刻石

東漢 陽嘉殘碑陰

琇

【楷書】

晉 華芳墓誌陽

東魏 陸順華墓誌

唐 敬之廟碑陰

唐 齊子墓誌

唐 石經五經

唐 石經五經

瑯

【篆書】

唐 王審知碑額

【隸書】

北魏 王基墓誌

【楷書】

北魏 司馬氏墓誌

北魏 檀賓墓誌

隋 曹海凝墓誌

唐 白知禮墓誌

唐 王禮墓誌

唐 許公妻墓誌

琦

【隸書】

東漢 孔宙碑陰

【楷書】

唐 魏仲俛墓誌

琪

【楷書】

唐 崔琪墓誌

唐 劉廣威蓋

琠

【楷書】

唐 魏公韋氏墓誌

珷

【楷書】

唐 包筠墓誌

唐 王仁□墓誌

琫

【隸書】

東漢 曹全碑陽

東漢 樊敏碑

隋 皇甫深墓誌

唐 喬崇隱墓誌

唐 石經尚書

琳

【篆書】

唐 碧落碑

【隸書】

隋 爾朱敞墓誌

隋 侯肇墓誌

隋 劉賓及妻墓誌

唐 嵩陽觀碑

唐 尹文操碑

【楷書】

北魏 檀賓墓誌

北魏 奚真墓誌

北魏 元譚墓誌

北齊 元賢墓誌

琮

【隸書】

東漢 史晨後碑

東漢 孫琮題記

北齊 感孝頌

【楷書】

唐 劉祿墓誌

唐 于申墓誌

琯

【隸書】

北齊 西門豹碑陽

唐 司馬寔墓誌

【楷書】

唐 豆盧妻薛墓誌

琴

北魏 王翊墓誌

隋 張盛墓誌

隋 鄭令妃墓誌

唐 段承宗墓誌

唐 劉子墓誌

唐 石經尚書

唐 孫讜墓誌

唐 王震墓誌

唐 瘞琴銘

琴

【隸書】

漢晉 流簡紙

隋 爾朱端墓誌

隋 侯肇墓誌

隋 口墮及妻墓誌

隋 任顯及妻誌

隋 修孔子廟碑

隋 張儉及妻墓誌

【楷書】

南朝梁 羅浮山銘

北魏 石婉墓誌

北魏 吐谷渾璣墓誌

琱

【隸書】

唐 義福禪師碑

【楷書】

唐 劉祿墓誌

琥

【楷書】

唐 和守陽墓誌

琨

【隸書】

唐 張觀墓誌

唐 張翼墓誌

【楷書】

北魏 穆亮墓誌

北魏 穆亮妻墓誌

東魏 張瓘墓誌

唐 石經尚書

唐 王禮墓誌

琡

【楷書】

唐 石經爾雅

琬 琬

【隸書】

晉 辟雍頌陰

北魏 王基墓誌

隋 楊真墓誌

唐 李神符碑

唐 潘基墓誌

唐 石臺孝經

【楷書】

三國吳 走•二年

北魏 元煥墓誌

北齊 婁黑女墓誌

隋 盧旋芷墓誌

唐 董希令墓誌

唐 蓋暢墓誌

唐 敏之墓誌

唐 石經五經

後唐 毛璋妻墓誌

琰 琰

【隸書】

隋 楊真墓誌

唐 孔子廟碑

唐 石臺孝經

唐 義福禪師碑

【楷書】

北魏 元乂墓誌

北齊 婁黑女墓誌

隋 嚴元貴墓誌

唐 韓忠節墓誌

斑

【隸書】

東漢 郙閣頌

東漢 趙寬碑

三國魏 孔羨碑

晉 辟雍頌陽

隋 豆盧實墓誌

唐 八都壇碑

唐 李貞墓誌

【楷書】

北魏 赫連悅墓誌

北魏 山徽墓誌

北魏 王僧男墓誌

北魏 薛慧命墓誌

隋 樊氏墓誌

隋 宋玉艷墓誌

唐 宮官司設墓誌

唐 石經五經

唐 王君妻薛墓誌

唐 顔家廟碑

唐 張氏夫人墓誌

瑑 瑑

【篆書】

唐 峿臺銘

【隸書】

東漢 校官碑

唐 八都壇碑

【楷書】

北魏 洪懋造象銘

北魏 元略墓誌

北魏 元文墓誌

東魏 邑主造像訟

東魏 張滿墓誌

隋 皇甫深墓誌

隋 伍道進墓誌

唐 秦暕墓誌

唐 石經五經

唐 左光胤墓誌

琲 琲

【楷書】

北魏 王普賢墓誌

唐 朱簡墓誌

瑕

【篆書】
三國魏 正始石經
唐 三墳記陰
【隸書】
東漢 景君碑陰
東漢 孔宙碑陰
東漢 禮器碑側
唐 興寺碑
【楷書】
北魏 元舉墓誌
北齊 竇泰墓誌
唐 盧伯卿墓誌
唐 張審文墓誌

唐 石經尚書

瑟

【隸書】
西漢 武·少牢甲
西漢 武·泰射甲
東漢 禮器碑
隋 叱李綱子墓誌
隋 口蹬及妻墓誌
隋 張盛墓誌
隋 鄭令妃墓誌
唐 王震墓誌
【楷書】
北魏 元固墓誌
北齊 元賢墓誌

瑊

【楷書】
唐 楊瑊墓誌

瑚

【隸書】
唐 興寺碑
【楷書】
北魏 王璨墓誌
北魏 元融墓誌
隋 陶貴墓誌
唐 石經五經
唐 石經五經

琚

【隸書】
東漢 孟孝琚碑
東漢 孟孝琚碑
唐 宴濟瀆序陽
【楷書】
唐 李惟一墓誌

瑛

【隸書】
東漢 建寧元年殘碑
東漢 乙瑛碑
東漢 乙瑛碑
晉 華芳墓誌陽
【楷書】
北魏 王普賢墓誌
唐 李德義墓誌
唐 元瑛墓誌

瑒

【楷書】

隋 蕭瑒墓誌

隋 張喬墓誌

唐 王京墓誌

瑞

【隸書】

東漢 五瑞圖摩崖

東漢 西狹頌

東漢 西狹頌

三國魏 孔羨碑

三國魏 孔羨碑

北魏 上尊號碑

北齊 司馬遵業墓誌

隋 符盛及妻墓誌

隋 高虬墓誌

隋 王楚英墓誌

隋 修孔子廟碑

【楷書】

北魏 淨悟浮圖記

東魏 道穎造像

隋 吳嚴墓誌

隋 蕭瑒墓誌

唐 狄玄懃墓誌

唐 劉祿墓誌

唐 石經尚書

瑁

【楷書】

唐 柳昱墓誌

瑐

【楷書】

北魏 元文墓誌

瑖

【楷書】

東魏 王偃墓誌

瑀

【隸書】

唐 趙叡沖碑

【楷書】

北魏 張盧墓誌

唐 何洪墓誌

唐 楊達妻墓誌

瑗

【隸書】

東漢 淮源廟碑

東漢 陽嘉殘碑陰

唐 崔暟墓誌陰

【楷書】

北魏 元洛神墓誌

唐 封溫墓誌

唐 盧崎墓誌

唐 盧榮娘墓誌

唐 張澤墓誌

瑙

【楷書】

北齊 高淯墓誌

瑑

【楷書】

北魏 元斅墓誌

北魏 元悛墓誌

北魏 元顥儁墓誌

北魏 元延明墓誌

唐 景公直墓誌

唐 盧知宗墓誌

唐 石經五經

唐 譚伍墓誌

瑋

【隸書】

東漢 白石神君碑

東漢 封龍山頌

東漢 西狹頌

東漢 張遷碑陽

東漢 鄭固碑

三國魏 曹真殘碑陰

唐 李彥墓誌

【楷書】

北魏 元弼墓誌

北魏 元寧墓誌

唐 王慎疑妻墓誌

後晉 袁從章墓誌

⿰王叟

【篆書】

唐 碧落碑

【隸書】

東漢 曹全碑陰

瑳

【隸書】

北齊 司馬遵業墓誌

【楷書】

北魏 元瞻墓誌

唐 石經五經

唐 石經五經

瑜

【隸書】

前涼 西·木牘

晉 郛休碑陰

【楷書】

北魏 元秀墓誌

北魏 元瞻墓誌

隋 張軻墓誌

唐 甘基墓誌

唐 玄秘塔碑

唐 玄秘塔碑

唐 袁承嘉墓誌

唐 張去奢墓誌

瑝

【楷書】

唐 李潘墓誌

（續上頁）

隋 高緊墓誌

唐 盧萬春墓誌

唐 裴咸墓誌

唐 沈士公墓誌

唐 石經五經

唐 石經周易

唐 楊玄略墓誌

瑣

【隸書】

西漢 馬·老子甲後

唐 楊孝恭碑

【楷書】

北魏 元顥墓誌

北魏 元暐墓誌

北魏 元暐墓誌

北魏 元顯魏墓誌

北魏 元愔墓誌

北魏 元誘墓誌

北魏 元子直墓誌

東魏 元睟墓誌

璉

【隸書】

東漢 曹全碑陰

北齊 司馬遵業墓誌

【楷書】

北魏 王翊墓誌

北魏 元壽安墓誌

東魏 程哲碑

唐 安元壽墓誌

唐 石經五經

唐 石經五經

瑋

【楷書】

北魏 程法珠墓誌

瑨

【楷書】

唐 程思慶墓誌

唐 高義忠墓誌

瑰

唐 王豫墓誌

唐 越國太妃墓誌

唐 張妃墓誌

唐 張女羨墓誌

唐 張遊恪墓誌

燕 馬凌虛墓誌

隋 梁瓌墓誌

隋 梁瓌墓誌

隋 盧文構墓誌

隋 楊居墓誌

唐 崔琪墓誌

唐 靖徹墓誌

唐 龍泉記

唐 石經五經

唐 石經五經

唐 孫讜墓誌

【隸書】

西漢 武·泰射甲

漢晉 流簡紙

北齊 高淯墓誌

唐 紀信墓碑

唐 李彥墓誌

【楷書】

北魏 元爓墓誌

北魏 元嵩墓誌

北魏 元頊墓誌

北齊 竇泰墓誌

東魏 元悰墓誌

瑤 瑶

【隸書】

東漢 公乘田魴記

東漢 華山廟碑陽

唐 常存法師墓誌

唐 徐盼墓誌

唐 張翼墓誌

【楷書】

北魏 穆亮墓誌

北魏 司馬氏墓誌

北魏 楊胤季女墓誌

北魏 楊胤墓誌

北魏 元尚之墓誌

北魏 元珽墓誌

北魏 元新成妃墓誌

北魏 元彥墓誌

北魏 元宥墓誌

隋 田光山妻墓誌

隋 蕭瑒墓誌

唐 賈統墓誌

隋 梁邕墓誌

唐 喬娥墓誌

唐 石經尚書

唐 薛瑤華墓誌

瑲 瑲

【楷書】

唐 石經五經

唐 石經五經

璃

【隸書】

唐 戒壇碑

【楷書】

唐 楚金禪師碑

唐 玄秘塔碑

唐 重藏舍利記

瑢

【楷書】

隋 口忄弘昂墓誌

瑭

【楷書】

後梁 國礶誌銘

瑠

【楷書】

唐 黎幹墓誌

⿰王崇

【隸書】

東漢 禮器碑側

璀

【楷書】

北魏 元順儁墓誌

唐 程思義墓誌

瑾

【篆書】

唐 峿臺銘

【隸書】

東漢 西狹頌

北周 華嶽頌

隋 蕭瑾墓誌

【楷書】

北魏 寇治墓誌

隋 董美人墓誌

隋 皇甫深墓誌

隋 蕭氿墓誌

唐 李弘亮墓誌

唐 李賢墓誌

璜

【隸書】

東漢 曹全碑陰

東漢 孔宙碑陰

東漢 鮮于璜碑陽

東漢 趙寬碑

唐 崔志墓誌

【楷書】

北齊 僧靜明造像

隋 元氏墓誌

唐 崔宜之墓誌

唐 李紹墓誌

唐 薛嗣君墓誌

璂

【楷書】

唐 石經五經

唐 石經五經

瑽

【楷書】

隋 口悦昂墓誌

唐 王宏墓誌

瑱

【隸書】

東漢 孔宙碑陰

東漢 禮器碑陰

【楷書】

北魏 長孫瑱墓誌

北魏 元恩墓誌

北魏 元敷墓誌

北魏 元珍墓誌

北齊 婁黑女墓誌

北齊 僧靜明造像

唐 范信墓誌

唐 李瑱墓誌

璁

【楷書】

北魏 元引墓誌

北齊 崔頠墓誌

唐 薛瑤華墓誌

璡

【隸書】

唐 大忍寺碑

【楷書】

唐 苗善物墓誌

唐 源杲墓誌

璋

【隸書】

東漢 孔宙碑陰

隋 符盛及妻墓誌

隋 劉多墓誌

隋 王榮及妻墓誌

隋 口和墓誌

隋 蕭瑾墓誌

隋 謝岳墓誌

隋 張景略墓誌

唐 庫狄真相墓誌

唐 劉慎墓誌

【楷書】

北魏 乞伏寶墓誌

北魏 元珽墓誌

東魏 高盛墓碑

北周 寇熾墓誌

隋 王楚英墓誌

唐 元鐘墓誌

隋 鄭善妃墓誌

唐 李其墓誌

唐 李愍墓誌

唐 孫君妻李墓誌

璊

【楷書】

唐 石經五經

唐 石經五經

璆

【隸書】

東漢 華山廟碑陽

隋 爾朱敞墓誌

唐 懷古詩刻

唐 京兆金氏墓誌

【楷書】

南朝陳 劉猛進碑

北齊 元賢墓誌

唐 李璆墓誌

唐 石經尚書

後唐 張滌妻高墓誌

瑩

【隸書】

西漢 馬•老子甲後

東漢 從事馮君碑

東漢 楊著碑陽

北齊 感孝頌

北齊 鏤石班經記

隋 牛諒墓誌

唐 關道愛墓誌

唐 修定寺記碑

【楷書】

西魏 口延造像

北齊 吴洛族造像

隋 田德元墓誌

唐 多寶塔碑

唐 多寶塔碑

唐 重藏舍利記

璞

【隸書】

晉 郛休碑陽

隋 修孔子廟碑

【楷書】

北魏 楊府君墓誌

北魏 元悛墓誌

隋 段威墓誌

唐 崔齊榮墓誌

唐 敬覺墓誌

唐 石浮圖銘

唐 張伯通墓誌

唐 張素墓誌

璠

【隸書】

東漢 楊統碑陽

【楷書】

北魏 司馬紹墓誌

北魏 元嵩墓誌

唐 盧宏及妻墓誌

唐 魯謙墓誌

璣

【隸書】

東漢 七言摩崖記

【楷書】

晉 華芳墓誌陰

北魏 寇猛墓誌

北魏 吐谷渾璣墓誌

北魏 吐谷渾璣墓誌

隋 楊厲墓誌

唐 馮貞墓誌

唐 石經尚書

唐 石經五經

唐 顔相墓誌

璲

【楷書】

北魏 穆纂墓誌

唐 于季文墓誌

璘

【隸書】

隋 牛諒墓誌

【楷書】

唐 李瑱墓誌

唐 曲元縝妻墓誌

唐 鄭恕己墓誌

璥

【楷書】

唐 李元璥鄭墓誌

璙

【楷書】

唐 史從慶墓誌

唐 史從慶墓誌

璟

【楷書】

唐 段洽墓誌

唐 李邕墓誌

唐 徐及及妻墓誌

（續）

【楷書】

北魏 盧令媛墓誌

東魏 僧崇題名

東魏 王令媛墓誌

隋 宋玉艷墓誌

隋 王楚英墓誌

唐 鄧君妻墓誌

唐 樊廉墓誌

唐 朗寧公主墓誌

唐 於遂古墓誌

後唐 康贊羑墓誌

環

【隸書】

秦 睡 255

秦 睡 61

秦 關周•病方

西漢 馬•老甲

西漢 馬•老乙前

西漢 馬•老子甲後

西漢 馬•縱横

西漢 張•1038

西漢 武•泰射甲

唐 義福禪師碑

璫

【隸書】

隋 蕭瑾墓誌

唐 李神符碑

【楷書】

北魏 薛慧命墓誌

北魏 元乂墓誌

隋 宋玉艷墓誌

唐 李昕墓誌

璐

【楷書】

唐 獨孤澄墓誌

璩

【楷書】

唐 權奉常墓誌

唐 惟貞廟碑陽

（續）

唐 屠暉光墓誌

璪

【隸書】

隋 牛諒墓誌

唐 義福禪師碑

【楷書】

北魏 王璪墓誌

北魏 元顯儁墓誌

北齊 牛景悦記

隋 樊敬賢造像

隋 盧旋芷墓誌

唐 常協墓誌

唐 成淑墓誌

唐 魯謙墓誌

⿰王蒦

【楷書】

北魏 寇演墓誌

北魏 元敷墓誌

北魏 元敷墓誌

瓊

【隸書】

隋 張儉及妻墓誌

隋 張姜墓誌

唐 戒壇碑

唐 屈突通墓誌

【楷書】

北魏 元純陁墓誌

北魏 元謐墓誌

北魏 元順墓誌

北魏 元嵩墓誌

北魏 元顯儁陽

唐 石經五經

唐 王同人墓誌

唐 朱陽墓誌

璿

【篆書】

唐 三墳記陰

【隸書】

三國魏 受禪碑

唐 崔暟墓誌陽

唐 崔泰之墓誌

【楷書】

北魏 劉璿造像記

北魏 元寶月墓誌

唐 韓思墓誌

唐 李賢墓誌

唐 秦公夫人墓誌

唐 石經尚書

璹

【楷書】

唐 王慎疑妻墓誌

唐 陽氏合祔誌

瓀

【楷書】

隋 成公氏墓誌

唐 董晉夫人墓誌

瓍

【楷書】

東魏 王偃墓誌

璵

【隸書】

東漢 楊統碑陽

【楷書】

北魏 元煥墓誌

北魏 元襲墓誌

唐 董惟靖墓誌

唐 石浮圖銘

唐 王貞墓誌

唐 顔人墓誌

璪

【楷書】

唐 石經五經

唐 張曬墓誌

唐 楊迴墓誌
唐 楊智積墓誌
隋 張濬墓誌
隋 張濬墓誌
唐 張逸墓誌
唐 張義墓誌
唐·張元墓誌
唐 趙摩墓誌

北魏 元瑱墓誌
北魏 元彥墓誌
隋 賈通墓誌
隋 張喬墓誌
隋 常泰妻墓誌
唐 段簡璧墓誌
唐 馮安墓誌
唐 蓋暢墓誌
隋 侯氏墓誌
唐 荊肆墓誌

唐 敬覺墓誌
唐 李鳳妃墓誌
唐 李仙蕙志
隋 劉明及妻墓誌
唐 彭義墓誌
唐 石經五經
隋 唐氏墓誌
唐 王惠墓誌
唐 王令墓誌
隋 蕭濱墓誌

璧壁

【隸書】

西漢 馬·老子甲後
西漢 馬·縱橫
東漢 白石神君碑
東漢 倉頡廟碑
東漢 朐忍令碑
東漢 史晨後碑
隋 宋仲墓誌
唐 張休光墓誌

【楷書】

北魏 石婉墓誌
北魏 叔孫協墓誌

北魏 檀賓墓誌
北魏 元固墓誌
東魏 高翻碑
隋 李則墓誌
隋 王袞墓誌
隋 張貴男墓誌
隋 張喬墓誌
唐 陳守素妻墓誌
唐 崔珏墓誌
唐 皇甫誕碑

唐 李眈墓誌
唐 李訥妃墓誌
唐 姚希直墓誌

瓄

【楷書】

唐 孫君妻張墓誌

璽

【篆書】

三國吳 天發神讖碑

【隸書】

秦 睡 243
秦 睡 65
西漢 馬·老子甲後
西漢 馬·十問
西漢 馬·縱橫
西漢 張·30
東漢 景君碑陽
東漢 鮮于璜碑陽
唐 戴令言墓誌

唐 王子麟墓誌

唐 楊孝恭碑

唐 貞一廟碑

【楷書】

北魏 李蕤墓誌

北魏 于纂墓誌

北齊 婁黑女墓誌

隋 樊氏墓誌

隋 李氏墓誌

隋 楊居墓誌

唐 楊執一墓誌

瓏 瓏

【楷書】

唐 高靈勝詩刻

唐 李壽墓誌

瓘 瓘

【楷書】

晉 華芳墓誌陽

東魏 穆子巖墓誌

東魏 張瓘墓誌

唐 段慈順墓誌

唐 多寶塔碑

唐 石經五經

唐 元思忠墓誌

唐 元貞墓誌

唐 元真墓誌

唐 張興墓誌

瓔

【楷書】

唐 觀音石像銘

瓓

【楷書】

唐 李元簡墓誌

⿰王離

【楷書】

東魏 榮遷等造像

瓚 瓚

【隸書】

唐 安天王廟碑

唐 李神符碑

【楷書】

隋 申穆及妻墓誌

唐 越國太妃墓誌

瓛 瓛

【楷書】

北齊 高淯墓誌

隋 陳叔榮墓誌

无部

既

【篆書】

三國魏 正始石經

唐 三墳記陽

【隸書】

秦 睡98

西漢 馬•老乙前

西漢 馬•老子甲後

西漢 馬•老子甲後

西漢 馬•老子甲後

西漢 馬•老子甲後

西漢 馬•老子甲後

西漢 武•服傳甲

東漢 曹全碑陽

東漢 池陽令殘碑

東漢 從事馮君碑

東漢 封龍山頌

東漢 郙閣頌

東漢 華山廟碑陽

東漢 景君碑陰

東漢 孔宙碑陽

東漢 朐忍令碑

東漢 史晨後碑

東漢 楊統碑陽

東漢 張遷碑陽

東漢 張遷碑陽

東漢 趙寬碑

三國魏 孔羨碑

晉 辟雍頌陽

晉 辟雍頌陽

晉 郭槐柩記

隋 段濟墓誌

隋 爾朱敞墓誌

隋 馬穉墓誌

隋 牛暉墓誌

隋 任軌墓誌

隋 宋景造像碑

隋 蘇恒墓誌

隋 蕭瑾墓誌

隋 修孔子廟碑

唐 崔沔墓誌陰

唐 高元珪墓誌

唐 柳偘妻墓誌

唐 屈突通墓誌

唐 石臺孝經

唐 譚伍墓誌

唐 楊孝恭碑

唐 尹尊師碑

唐 張休光墓誌

【楷書】

魏晉 樓•紙

南朝宋 石驪銘

北魏 韓顯宗墓誌

北魏 李謀墓誌

北魏 王誦妻元墓誌

北魏 于景墓誌

北魏 元繼墓誌

北魏 元欽墓誌

北魏 元維墓誌

北魏 元文墓誌

北魏 元子直墓誌

北魏 鄭君妻墓誌

北齊 畢文造像

北齊 竇泰墓誌

北齊 高湝墓誌

北齊 司馬遵業墓誌

東魏 元悰墓誌

隋 程諧墓誌

隋 董美人墓誌

隋 王世琛墓誌

唐 口滿墓誌

唐 程知節墓誌

唐 李鳳妃墓誌

唐 李壽墓誌

唐 李顯墓誌

唐 石經尚書

唐 石經尚書

唐 石經周易

唐 石經周易

唐 蘇恩妻墓誌

唐 王氏墓誌

唐 王頎墓誌

唐 魏德墓誌

唐 張柔範墓誌

後晉 權君妻崔墓誌

後唐 張滌妻高墓誌

木部

木

【篆書】

隋 蘇恒墓誌

唐 碧落碑

唐 多寶佛塔銘

唐 魏夫人祠碑額

【隸書】

秦 睡261

秦 睡60

秦 關周•病方

西漢 馬•老乙前

西漢 馬•老子甲後

西漢 張•73

西漢 張•799

東漢 西•四時

東漢 西•推辟

漢晉 流簡紙

東漢 西狹頌

三國魏 通閣道題名

隋 任軌墓誌

唐 李神符碑

唐 史思禮墓誌

【楷書】

北魏 鄭黑墓誌

隋 宋玉艷墓誌

唐 董希令墓誌

唐 胡肅墓誌

唐 石經尚書

唐 石經周易

末

【隸書】

秦 睡228

秦 關周•日書

西漢 馬•天下

西漢 馬•天下

西漢 馬•縱橫

西漢 居新•3543

西漢 居新•4332

東漢 白石神君碑

東漢 倉頡廟碑

東漢 三老刻石

隋 馬長和造像

唐 石臺孝經

【楷書】

三國吳 走•四年

北魏 元馗墓誌

北魏 張整墓誌

隋 丁氏墓誌

隋 寧贙墓碑

唐 石經周易

未

【篆書】

三國吳 天發神讖碑

隋 馬長和造像

唐 謙卦碑

唐 三墳記陽

唐 三墳記陽

唐 三墳記陽

唐 三墳記陰

唐 峿臺銘

【隸書】

秦 睡51

秦 關周•病方

西漢 馬•老甲

西漢 馬•老乙

西漢 馬•老子甲後

西漢 馬•縱橫

西漢 張•111

西漢 張•763

西漢 居新•1422

西漢 西•馬牘

漢晉 流簡紙

漢晉 流簡紙

東漢 華山廟碑陽
東漢 孔宙碑陽
東漢 朐忍令碑
東漢 三老刻石
北齊 司馬遵業墓誌
隋 宋景造像碑
唐 豆盧建墓誌
唐 石臺孝經
唐 徐昐墓誌
唐 楊孝恭碑

唐 楊孝恭碑
唐 楊孝恭碑
唐 尹尊師碑

【楷書】

魏晉 樓•紙
北魏 寇治墓誌
北魏 元敷墓誌
隋 郭世昌墓誌
唐 秦朗墓誌
唐 石經周易
唐 張倹墓誌

术

【隸書】

秦 關周•日書
西漢 張•1004
西漢 張•1027
西漢 張•879

【楷書】

唐 裴沙墓誌

本

【篆書】

唐 三墳記陽

【隸書】

秦 睡 16
秦 睡 88
秦 關周•病方
西漢 馬•合陰陽
西漢 馬•老甲
西漢 馬•老乙
西漢 馬•老乙前
西漢 馬•天下
西漢 馬•天下

西漢 馬•天下
西漢 居新•3432
兩漢 西•馬簡
漢晉 流簡紙
東漢 華山廟碑陽
東漢 景君碑陰
東漢 石門闕銘
東漢 石門頌
東漢 鮮于璜碑陰
東漢 楊震碑

晉 辟雍頌陽
北齊 司馬遵業墓誌
隋 爾朱端墓誌
隋 姬威墓誌
隋 任軌墓誌
隋 吳嚴墓誌
隋 謝岳墓誌
唐 褚亮碑
唐 高元珪墓誌
唐 告華嶽府君

唐 李貞墓誌
唐 石臺孝經
唐 石臺孝經
唐 司馬寔墓誌
唐 趙冬曦壙誌

【楷書】

三國吳 走•四年
魏晉 樓•紙
北魏 寇演墓誌
北魏 穆亮墓誌
北魏 元斌墓誌

北魏 元文墓誌
北齊 竇泰墓誌
隋 陳花樹墓誌
隋 楊厲墓誌
唐 石經五經
唐 石經周易
唐 萬壽寺記
唐 許緒墓誌

杋

【隸書】

西漢 馬•老乙前

机

【隸書】

西漢 張•1238

【楷書】

三國吳 走•五年

隋 王光墓誌

（續）

唐 索崇墓誌

北魏 穆纂墓誌

北魏 元詮墓誌

北魏 張列華墓誌

北齊 彭城寺碑陽

東魏 叔孫固墓誌

東魏 志朗造像

隋 李氏墓誌

隋 張波墓誌

唐 公祠靈泉記

唐 七品亡宮墓誌

隋 馬少敏墓誌

隋 王楚英墓誌

唐 倪彬墓誌

唐 史思禮墓誌

唐 唐世榮墓誌

唐 徐盼墓誌

唐 宴濟瀆序陽

唐 楊孝恭碑

【楷書】

北魏 爾朱襲墓誌

北魏 韓顯宗墓誌

朽

【隸書】

秦 睡 44

漢晉 流簡紙

東漢 從事馮君碑

東漢 孔宙碑陽

東漢 請雨銘

東漢 夏承碑

晉 辟雍頌陽

晉 郛休碑陽

晉 王君侯碑陽

北齊 感孝頌

朾

【楷書】

唐 石經五經

札

【隸書】

秦 睡 46

西漢 居新•8920

漢晉 流簡紙

東漢 華山廟碑陽

東漢 趙菿殘碑

隋 蕭瑾墓誌

唐 蘇洪姿墓誌

【楷書】

北魏 元天穆墓誌

唐 權奉常墓誌

唐 張伽墓誌

杌

【楷書】

唐 石經九經

朱

【篆書】

三國吳 天發神讖碑

北魏 爾朱襲誌蓋

【隸書】

秦 睡43

西漢 馬•老子甲後

西漢 張•279

西漢 張•892

西漢 居新•4717

漢晉 流簡紙

東漢 蒼山元嘉題記

東漢 曹全碑陽

東漢 景君碑陽

東漢 景君碑陰

東漢 馬姜墓記

東漢 朐忍令碑

東漢 朱君長刻石

三國魏 王基斷碑

北齊 司馬遵業墓誌

隋 澧水石橋碑

隋 劉多墓誌

隋 蘇恒墓誌

唐 高元珪墓誌

唐 倪彬墓誌

唐 楊孝恭碑

唐 楊孝恭碑

【楷書】

三國吳 走•五年

晉 黃庭内景經

北魏 穆纂墓誌

北魏 秦洪墓誌

北魏 王誦妻元墓誌

北魏 元悌墓誌

北魏 元維墓誌

北魏 元遙墓誌

北魏 元楨墓誌

北齊 姜瑞雲造像

東魏 盧貴蘭墓誌

北齊 元賢墓誌

東魏 朱舍造寺記

北齊 朱曇思造塔

隋 段威墓誌

唐 石經尚書

朵

【楷書】

唐 高達墓誌

唐 石經五經

唐 石經周易

唐 司馬銓墓誌

椵

【楷書】

唐 石經五經

杜

【隸書】

西漢 馬•養生

西漢 張•735

西漢 西•候官

兩漢 西•懸檢

兩漢 西•懸簡

兩漢 西•醫藥

漢晉 流簡紙

三國吳 走•四年

東漢 倉頡廟碑側

東漢 曹全碑陰

東漢 趙寬碑

東漢 趙寬碑

晉 辟雍頌陰

北齊 西門豹碑陽

【楷書】

東魏 杜文雍造像

隋 劉則墓誌

唐 崔載墓誌

唐 董歼墓誌

唐 甘基墓誌

唐 柳偘妻墓誌

枎 𣏌

【隸書】

秦 睡 30

【楷書】

唐 石經五經

杇 𣏓

【隸書】

北齊 法懃塔銘

【楷書】

唐 石經五經

杖 𣏏

【隸書】

西漢 武•服傳甲

西漢 武•服傳甲

西漢 武•服傳乙

兩漢 武•王杖

兩漢 西•馬簡

漢晉 流簡紙

隋 豆盧實墓誌

隋 爾朱敞墓誌

唐 司馬寔墓誌

唐 朱君妻王墓誌

【楷書】

北魏 司馬顯姿墓誌

北齊 竇泰墓誌

北齊 司馬遵業墓誌

隋 馬穉墓誌

隋 口靜墓誌

唐 樊廉墓誌

唐 劉椽墓誌

唐 屠暉光墓誌

杌

【楷書】

唐 石經尚書

唐 石經左傳

唐 玄秘塔碑

材 𣏗

【篆書】

唐 三墳記陰

【隸書】

秦 睡 156

秦 睡 57

西漢 馬•縱橫

西漢 張•270

西漢 張•873

西漢 居新•8815

漢晉 流簡紙

東漢 史晨後碑

北齊 司馬遵業墓誌

隋 高虬墓誌

【楷書】

北魏 馮邕妻墓誌

北魏 孔閏生墓碣

北齊 竇泰墓誌

隋 賈玄贊墓誌

唐 明俊墓誌

唐 朱仁表墓誌

杞

【篆書】

唐 三墳記陰

【隸書】

西漢 馬•天下

隋 爾朱敞墓誌

隋 灃水石橋碑

隋 侯肇墓誌

隋 張儉及妻墓誌

唐 楊孝恭碑

【楷書】

北魏 馮邕妻墓誌

東魏 元睟墓誌

隋 陳叔榮墓誌

杓

【隸書】

秦 睡 268

【楷書】

唐 瀆廟祭器銘

唐 石經五經

杉

【楷書】

北齊 暈禪師造像陽

唐 麻姑仙壇記

杋

【楷書】

北魏 陸紹墓誌

杏

【隸書】

西漢 馬•天下

唐 孔子廟碑

【楷書】

唐 獨孤澄墓誌

杙

【楷書】

唐 郭豐登題名

村

【隸書】

隋 郭王墓誌

隋 王榮及妻墓誌

【楷書】

南朝陳 衛和墓誌

北魏 元襲墓誌

隋 賈玄贊墓誌

唐 苗君墓誌

杠

【楷書】

唐 李鳳墓誌

唐 石經五經

隋 陶貴墓誌

唐 石經周易

唐 王宏墓誌

唐 向晉妻宋墓誌

杍

【隸書】

唐 大忍寺碑

唐 孔子廟碑

【楷書】

唐 楚金禪師碑

杝

【楷書】

唐 石經五經

李

【篆書】

北魏 李遵誌蓋

隋 宋仲墓誌

唐 般若臺記

唐 碧落碑

唐 功德碑額

唐 李敬實墓誌

唐 李孝同碑額

唐 李暎墓誌

唐 李元諒頌額

唐 謙卦碑

唐 王軒等題名

【隸書】

秦 睡 113

西漢 馬•老乙前

西漢 馬•老乙前

西漢 馬•老子甲後

西漢 馬•老子甲後

西漢 馬•事語

西漢 馬•天下

西漢 馬•縱橫

西漢 居新•5363

西漢 居新•7811

漢晉 流簡紙

三國吳 走•四年

三國吳 走•四年

東漢 孔宙碑陰

東漢 李孟初神祠碑

東漢 禮器碑陰

東漢 侍御史李公闕

隋 馬長和造像

隋 馬穉墓誌

隋 申穆及妻墓誌

隋 蘇恒墓誌

唐 行儼碑

【楷書】

北魏 元新成妃墓誌

隋 何氏墓誌

唐 姚君妻墓誌

束

【隸書】

秦 睡 12

西漢 張•829

西漢 居新•3610

西漢 居新•4074

西漢 居新•6624

漢晉 流簡紙

東漢 肥致碑

東漢 利水大道記

東漢 買田約束石

東漢 鮮于璜碑陽

【楷書】

晉 辟雍頌陽

隋 謝岳墓誌

唐 闞道愛墓誌

唐 李彥墓誌

【楷書】

北魏 元鑽遠墓誌

隋 元智妻墓誌

唐 石經周易

柿

【楷書】

唐 石經五經

唐 石經五經

枉

【隸書】

西漢 馬•老甲

西漢 張•81

東漢 鮮于璜碑陽

隋 豆盧實墓誌

【楷書】

北魏 楊乾墓誌

北齊 竇泰墓誌

唐 崔齊榮墓誌

唐 房敬墓誌

唐 闞師墓誌

枑

【楷書】

隋 段威墓誌

唐 竇誕墓誌

唐 石經五經

枇

【楷書】

唐 石經五經

林

【篆書】

東漢 少室石闕銘

東漢 少室石闕銘

隋 蘇恒墓誌

唐 三墳記陽

【隸書】

秦 睡 12

西漢 馬•縱橫

西漢 張•270

西漢 居新•2831

西漢 居新•3224

西漢 居新•7173

西漢 西•律令

東漢 西•劾狀

東漢 西•劾狀

兩漢 西•醫藥

東漢 張遷碑陽

唐 高元珪墓誌

唐 李神符碑

唐 蘇洪姿墓誌

【楷書】

三國吳 走•五年

北魏 康健墓誌

北魏 元文墓誌

北齊 鏤石班經記

北齊 司馬遵業墓誌

隋 馬少敏墓誌

隋 任顯及妻誌

隋 張姜墓誌

隋 張喬墓誌

唐 沈中黃墓誌

唐 石經周易

唐 楊越墓誌

杶

【楷書】

唐 石經尚書

唐 石經五經

柜

【隸書】

西漢 馬•老乙前

西漢 居新•5539

西漢 居新•5553

東漢 尚博殘碑

新莽 蘇馬灣刻石

東漢 許安國題記

【楷書】

唐 石經五經

枝

【篆書】

唐 碧落碑

【隸書】

西漢 馬•縱横

西漢 馬•足臂

東漢 曹全碑陽

東漢 劉熊碑

隋 豆盧實墓誌

隋 爾朱端墓誌

隋 張盛墓誌

唐 李神符碑

唐 李貞墓誌

唐 譚伍墓誌

【楷書】

北魏 封魔奴墓誌

北魏 王基墓誌

北魏 元天穆墓誌

北魏 元文墓誌

北魏 張玄墓誌

隋 暴永墓誌

隋 暴永墓誌

隋 明質墓誌

隋 王楚英墓誌

隋 口靜墓誌

隋 鄭善妃墓誌

唐 黄郡騶氏墓誌

唐 李眈墓誌

唐 蕭遇墓誌

唐 楊仲雅墓誌

唐 張雖墓誌

杯

【隸書】

秦 關周•病方

秦 關周•病方

秦 關周•病方

西漢 馬•天下

西漢 馬•天下

西漢 馬•養生

西漢 馬•養生

西漢 馬•養生

西漢 馬•雜療

西漢 張•782

西漢 居新•856

東漢 蒼山元嘉題記

唐 興寺碑

唐 修定寺記碑

【楷書】

隋 高緊墓誌

唐 阿史那貞忠墓誌

唐 樊端墓誌

唐 郭藥師墓誌

唐 麻姑仙壇記

唐 张崇墓誌

杪

【楷書】

隋 沈氏墓誌

唐 盧知宗墓誌

唐 石經五經

唐 楊訓墓誌

杳
【隸書】

東魏 宗欣墓誌

唐 大忍寺碑

唐 孔子廟碑

【楷書】

北魏 胡明相墓誌

隋 李則墓誌

唐 康智墓誌

唐 李神符碑

杫
【楷書】

東魏 元晔墓誌

柳
【楷書】

北魏 元延明墓誌

東魏 馮令華墓誌

隋 寇遵考墓誌

唐 李福墓誌

板
【隸書】

西漢 居新•5266

西漢 居新•5266

新莽 西•守御器

兩漢 西•馬簡

隋 劉賓及妻墓誌

唐 李神符碑

唐 盧君妻墓誌

【楷書】

北魏 荀景墓誌

隋 李則墓誌

唐 多寶塔碑

唐 韓懷墓誌

唐 賈從贊墓誌

唐 柳偘妻墓誌

枌
【隸書】

唐 戴令言墓誌

【楷書】

隋 陳叔明墓誌

唐 孟頫墓誌

唐 石經五經

枚
【隸書】

西漢 張•719

西漢 張•749

西漢 居新•5266

西漢 居新•5711

東漢 西•寇恩

漢晉 流簡紙

漢晉 流簡紙

唐 元鐘墓誌

唐 褚亮碑

唐 柳偘妻墓誌

【楷書】

三國吳 走•二年

北魏 穆纂墓誌

東魏 叔孫固墓誌

隋 張軻墓誌

唐 石經尚書

杵

【隸書】

秦 睡250

唐 尹文操碑

唐 朱崇慶墓誌

【楷書】

隋 李則墓誌

唐 張善墓誌

枎

【楷書】

唐 石經九經

⿰木乏

【隸書】

東漢 禮器碑

松

【篆書】

唐 峿臺銘

【隸書】

西漢 居新•313

東漢 肥致碑

東漢 禮器碑側

東漢 禮器碑陰

東漢 禮器碑陰

東漢 薌他君題記

北齊 感孝頌

隋 爾朱端墓誌

隋 任顯及妻誌

隋 蘇恒墓誌

隋 蘇恒墓誌

唐 李神符碑

唐 屈突通墓誌

唐 蘇洪姿墓誌

唐 鄎國長公主碑

唐 楊孝恭碑

唐 張翼墓誌

【楷書】

三國吳 走•五年

北魏 寇慰墓誌

北魏 張玄墓誌

隋 梁瓌墓誌

隋 張伏敬墓誌

隋 張喬墓誌

唐 李弘亮墓誌

唐 石經尚書

唐 宋山墓誌

唐 楊宇墓誌

析

【隸書】

西漢 馬•養生

西漢 張•478

西漢 武•泰射甲

東漢 郙閣頌

東漢 西狹頌

東漢 張遷碑陽

東漢 張遷碑陽

三國魏 王基斷碑

北齊 司馬遵業墓誌

唐 闞道愛墓誌

【楷書】

南朝陳 劉猛進碑

北魏 元寶墓誌

北魏 元維墓誌

北魏 元宥墓誌

東魏 元均及妻墓誌

唐 崔嚴墓誌

唐 高誠墓誌

唐 李岐墓誌

唐 沈中黃墓誌

唐 石經尚書

杼

【隸書】

東漢 曹全碑陰

東漢 舉孝廉殘碑

唐 北獄廟碑

【楷書】

北魏 元略墓誌

東魏 姜夫人墓誌

北齊 邢夫人墓誌

隋 張貴男墓誌

唐 孟孝敏妻墓誌

唐 祁惠墓誌

唐 石經五經

杻

【楷書】

北魏 元昭墓誌

唐 唐嘉會墓誌

##

東魏 王令媛墓誌

隋 張虔墓誌

隋 張壽墓誌

唐 段秀墓誌

唐 多寶塔碑

唐 盧嗣冶墓誌

唐 牛延宗墓誌

唐 茹氏墓誌

唐 石經周易

唐 趙本質墓誌

枕

【隸書】

西漢 張•1139

西漢 武•服傳甲

東漢 樊敏碑

晉 徐義墓誌陽

唐 北嶽廟碑

唐 闞道愛墓誌

唐 張休光墓誌

【楷書】

北魏 元楨墓誌

北周 華嶽頌

北周 盧蘭墓誌

枋

【隸書】

西漢 馬•老乙前

西漢 馬•老乙前

西漢 武•少牢甲

西漢 武•有司甲

【楷書】

北魏 元固墓誌

東魏 高翻碑

唐 常協墓誌

唐 石經五經

##

唐 張柔範墓誌

唐 趙仙童墓誌

後梁 李珩墓誌

杭

【隸書】

東漢 蒼山元嘉題記

北周 十六佛名號

唐 尹尊師碑

唐 朱君妻王墓誌

【楷書】

唐 乘著墓誌

唐 崔君妻李墓誌

唐 盧當墓誌

唐 盧沇妻墓誌

唐 唐思禮妻墓誌

唐 元真墓誌

析

唐 石經五經

唐 王豫墓誌

唐 韋敏妻墓誌

唐 蕭貞亮墓誌

唐 徐思倩墓誌

杷

【楷書】

唐 石經五經

東

【篆書】

東漢 袁安碑

三國吳 天發神讖碑

唐 三墳記陰

唐 峿臺銘

唐 臧懷亮誌蓋

【隸書】

秦 睡 136

秦 關周·病方

秦 關周·日書

西漢 馬·合陰陽

西漢 馬·縱橫

西漢 張·608

西漢 居新·5268

西漢 居新·5891

秦 西·日書甲

西漢 西·奏書

前涼 西·木牘

漢晉 流簡紙

漢晉 流簡紙

漢晉 流簡紙

漢晉 流簡紙

漢晉 流簡紙

西漢 李后墓塞石

西漢 李后墓塞石

東漢 公乘田魴記

東漢 景君碑陽

東漢 景君碑陰

東漢 孔宙碑陽

東漢 孔宙碑陰

東漢 禮器碑側

東漢 禮器碑陰

東漢 石門闕銘

東漢 史晨後碑

東漢 宋伯望買田券正

東漢 夏承碑

東漢 許安國題記

三國魏 王基斷碑

晉 辟雍頌陽

晉 郭槐柩記

晉 劉韜墓志

隋 牛暉墓誌

隋 謝岳墓誌

唐 褚亮碑

唐 李神符碑

唐 盧宏及妻墓誌

唐 石臺孝經

唐 王泠然墓誌

唐 楊孝恭碑

唐 楊孝恭碑

【楷書】

魏晉 樓·紙

北魏 張玄墓誌

北齊 姜纂造像記

隋 申穆及妻墓誌

隋 楊居墓誌

隋 楊通墓誌

唐 石經尚書

唐 石經尚書

唐 石經周易

唐 石經周易

唐 王護墓誌

唐 張鳳憐墓誌

果

【篆書】

唐 法果寺碑額

【隸書】

秦 睡 228

西漢 馬·老甲

西漢 馬·老乙前

西漢 馬·老子甲後

西漢 馬·縱橫

西漢 馬·縱橫

東漢 建寧三年殘碑

東漢 永和一年記

東漢 趙寬碑

(果, continued)

北齊 馬天祥造像

隋 郭休墓誌

隋 口和墓誌

隋 張盛墓誌

唐 史思禮墓誌

唐 王子麟墓誌

【楷書】

三國吳 走•五年

北魏 韓震墓誌陰

北魏 姚伯多供養碑

北魏 元湛墓誌

隋 勝福寺塔銘

隋 陶貴墓誌

隋 魏氏墓誌

唐 侯方墓誌

唐 權順墓誌

唐 權順墓誌

唐 石經五經

唐 石經周易

唐 石經周易

唐 元真墓誌

杲

【楷書】

三國吳 走•五年

北魏 長孫子澤墓誌

北魏 元天穆墓誌

唐 柳昱墓誌

唐 顏勤禮碑

唐 顏勤禮碑陰

柷

【楷書】

唐 包筠墓誌

唐 石經爾雅

唐 石經尚書

唐 石經五經

唐 源公廟詩刻

枼

【隸書】

秦 睡136

西漢 居新•2878

北魏 元舉墓誌

【楷書】

唐 王素墓誌

某

【隸書】

秦 睡101

秦 睡35

秦 關周•病方

秦 關周•病方

西漢 馬•縱橫

西漢 居新•5622

【楷書】

唐 王信威墓誌

唐 張某墓誌

柰

【隸書】

西漢 馬•事語

西漢 居新•1425

西漢 居新•5577

【楷書】

唐 禪師之塔銘

唐 李氏娘墓誌

唐 李壽墓誌

唐 無上道誌

柳

【楷書】

唐 石經五經

柯

【隸書】

西漢 馬·事語

西漢 居新·7542

東漢 曹全碑陰

北齊 師道造象陽

隋 申穆及妻墓誌

【楷書】

北魏 寇霄墓誌

北魏 奚真墓誌

北魏 元斆墓誌

北齊 竇泰墓誌

隋 羊瑋墓誌

柄

【隸書】

秦 睡100

西漢 西·候官

北齊 感孝頌

唐 崔泰之墓誌

唐 崔祐甫墓誌

唐 貞一廟碑

唐 孫審象墓誌

唐 楊擇文墓誌

【楷書】

北魏 元乂墓誌

隋 寇遵考墓誌

唐 劉智墓誌

唐 姚希直墓誌

柘

【隸書】

隋 豆盧寔墓誌

【楷書】

北魏 宮內司楊墓誌

唐 王宏墓誌

唐 顔襄子銘

柩

【隸書】

三國魏 何晏墓誌

晉 郭槐柩記

晉 欒生柩記前

隋 王榮及妻墓誌

唐 京兆金氏墓誌

隋 韓叔鸞柩記

隋 呂胡墓誌

唐 房有非及妻墓誌

唐 桓鋭墓誌

唐 盧初墓誌

唐 路基妻墓誌

唐 石經五經

唐 石經五經

唐 士尉神柩記

唐 唐世榮墓誌

【楷書】

晉 華芳墓誌陰

北魏 馮邕妻墓誌

北魏 趙充華墓誌

東魏 元均及妻墓誌

隋 郭王墓誌

枯

【隸書】

秦 睡250

西漢 馬·老乙前

西漢 馬·老子甲後

西漢 武·特牲甲

隋 姬威墓誌

唐 張休光墓誌

唐 蘭陵蕭氏墓誌

唐 石經周易

【楷書】

北周 盧蘭墓誌

隋 程諧墓誌

隋 范安貴墓誌

唐 馮明墓誌

柵

【楷書】

北魏 元端墓誌

北魏 元龔墓誌

唐 卜璀墓誌

唐 高慈墓誌

枵

【隸書】

唐 安天王廟碑

唐 楊孝恭碑

【楷書】

北魏 趙光墓誌

東魏 侯海墓誌陽

東魏 隗念天墓誌

唐 乘著墓誌

唐 石經五經

查

【楷書】

唐 王大禮墓誌

唐 袁君墓誌

柙

【隸書】

西漢 居新•615

西漢 武•泰射甲

西漢 武•泰射甲

東漢 西狹頌

【楷書】

唐 石經五經

柚

【楷書】

北齊 董淵造像

隋 劉則墓誌

唐 石經尚書

唐 石經五經

枳

【隸書】

秦 睡 173

西漢 張•48

晉 楊陽墓闕

唐 北嶽廟碑

唐 李神符碑

【楷書】

東魏 元悰墓誌

唐 牛阿師墓誌

唐 陀羅尼經碑

柶

【隸書】

西漢 武•少牢甲

【楷書】

唐 石經儀禮

唐 李鳳妃墓誌

唐 盧沇妻墓誌

[illegible]

【楷書】

唐 李璆墓誌

唐 石經五經

唐 石經五經

柤

【隸書】

西漢 武•少牢甲

西漢 武•少牢甲

西漢 武•特牲甲

西漢 武•特牲甲

東漢 禮器碑

枸

【隸書】

秦 睡 30

西漢 居新•4340

西漢 西•律令

柢

【隸書】

秦 睡 10

秦 關周•日書

西漢 馬•縱横

【楷書】

北魏 弔比干文陽

隋 段威墓誌

柏

【隸書】

秦 睡 238

西漢 馬•老子甲後

西漢 馬•十問

兩漢 西•醫藥

東漢 淮源廟碑

東漢 淮源廟碑

東漢 任城黃腸石

東漢 許安國題記

北齊 感孝頌

北周 華嶽頌

隋 爾朱端墓誌

隋 符盛及妻墓誌

隋 姬威墓誌

隋 李元墓誌

唐 柳侶妻墓誌

【楷書】

魏晉 樓•紙

北魏 郭顯墓誌

北魏 元瞻墓誌

唐 郭五墓誌

唐 和幹墓誌

唐 李承乾墓誌

唐 逯貞墓誌

唐 莫義墓誌

唐 石經尚書

唐 石經五經

唐 王怡政夫人墓誌

唐 張滿墓誌

唐 掌徹墓誌

枹

【隸書】

西漢 馬•老乙前

西漢 張•711

【楷書】

北齊 僧靜明造像

唐 安思節墓誌

唐 石經五經

唐 袁景慎墓誌

柃

【隸書】

西漢 居新•2211

東漢 蒼山元嘉題記

柳

【隸書】

秦 睡29

秦 關周•日書

西漢 張•723

晉 郭休碑陰

隋 姬威墓誌

隋 馬稺墓誌

隋 任顯及妻誌

隋 蘇恒墓誌

唐 安天王廟碑

唐 柳偘妻墓誌

唐 司馬寔墓誌

【楷書】

北魏 爾朱襲墓誌

北魏 鞏伏龍造像

北魏 昝雙仁墓誌

北魏 司馬氏墓誌

北齊 朱曇思造塔

隋 明雲騰墓誌

隋 王世琛墓誌

唐 董氏墓誌

唐 黃郡駱氏墓誌

唐 李璀墓誌

唐 柳偘妻墓誌

唐 羅池廟碑

唐 石經爾雅

唐 石經五經

唐 石經五經

唐 萬壽寺記

唐 顏家廟碑

唐 顏勤禮碑陰

唐 姚恭墓誌

柎

【隸書】

西漢 馬•合陰陽

【楷書】

北魏 元弼墓誌蓋

唐 陳周子墓誌

唐 石經五經

唐 石經儀禮

柧

【隸書】

西漢 武•少牢甲

西漢 武•泰射甲

西漢 武•泰射甲

西漢 武•泰射甲

西漢 武•泰射甲

西漢 武•特牲甲

西漢 西•律令

桅

【楷書】

唐 石經五經

柝

【隸書】

西漢 張•816

東漢 趙寬碑

【楷書】

隋 暴永墓誌

隋 段威墓誌

唐 解斯政則墓誌

唐 盧昂墓誌

唐 石經五經

唐 石經五經

栟

【楷書】

唐 牛秀墓誌

枱

【隸書】

秦 睡 247

柲

【楷書】

唐 石經五經

柱

【楷書】

北魏 李頣墓誌

北魏 孫秋生造像

北周 郭賢造象

唐 常德妻墓誌

唐 李修已墓誌

唐 裴鎬墓誌

唐 石經尚書

東漢 尚博殘碑

東漢 夏承碑

北魏 上尊號碑

北齊 竇泰墓誌

北齊 感孝頌

隋 灃水石橋碑

唐 高元珪墓誌

唐 尹尊師碑

【楷書】

三國吳 走•四年

北魏 荀景墓誌

柱

【篆書】

北魏 元天穆誌蓋

唐 李勣碑

【隸書】

西漢 馬•老子甲後

西漢 張•829

西漢 居新•1376

西漢 居新•733

西漢 武•服傳甲

西漢 西•候官

東漢 西•醫藥

東漢 蒼山元嘉題記

柈

【隸書】

東漢 蒼山元嘉題記

柁

【隸書】

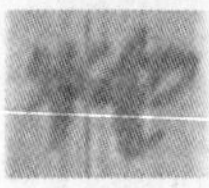
秦 睡 196

【楷書】

南朝陳 劉猛進碑

柀

【隸書】

秦 睡44

秦 睡55

西漢 馬•養生

柅

【楷書】

唐 石經周易

唐 玄秘塔碑

唐 玄秘塔碑

唐 張運才墓誌

柬

【隸書】

唐 八都壇碑

唐 史思禮墓誌

唐 張翼墓誌

【楷書】

唐 崔孝昌墓誌

唐 石經五經

棜

【楷書】

唐 石經五經

架

【楷書】

東魏 侯海墓誌陽

唐 法玩塔銘

唐 石經五經

枲

【隸書】

秦 睡21

西漢 馬•天下

西漢 居新•4940

西漢 居新•7789

西漢 西•馬牘

漢晉 流簡紙

【楷書】

北魏 元洛神墓誌

唐 盧伯卿墓誌

唐 石經尚書

唐 石經五經

柔

【篆書】

唐 三墳記陰

【隸書】

秦 睡82

西漢 馬•老甲

西漢 馬•老甲

西漢 馬•老乙

西漢 馬•老子甲後

西漢 武•少牢甲

東漢 淮源廟碑

東漢 西狹頌

東漢 楊著碑陽

晉 辟雍頌陽

晉 管洛墓誌陽

晉 郭槐柩記

隋 郭達墓誌

隋 任軌墓誌

隋 蕭瑾墓誌

隋 張儉及妻墓誌

唐 崔沔墓誌陰

唐 盧君妻墓誌

唐 盧行毅墓誌

（柔，續）

唐 史思禮墓誌

【楷書】

北魏 司馬氏墓誌

北魏 于纂墓誌

北魏 元恪嬪墓誌

北魏 趙充華墓誌

東魏 公孫甑生墓誌

北魏 元侔墓誌陽

隋 尉富娘墓誌

唐 郭班墓誌

唐 霍行威墓誌

唐 李淑姿墓誌

唐 李雅夫人墓誌

唐 石經周易

唐 鄭進墓誌

唐 鄭濆墓誌

栧

【楷書】

唐 賈琁墓誌

栰

【楷書】

北齊 張起墓誌

唐 思恒墓誌

裁

【隸書】

東漢 趙菿殘碑

北齊 感孝頌

【楷書】

晉 呂望表陽

南朝梁 舊館壇碑

北魏 王紹墓誌

唐 李君妻田墓誌

唐 石經五經

唐 王仁淑墓誌

唐 張元墓誌

梢

【楷書】

北魏 元寧墓誌

唐 竇真墓誌

唐 石經五經

唐 田仁墓誌

桂

【隸書】

西漢 馬·天下

西漢 馬·養生

兩漢 西·醫藥

漢晉 流簡紙

三國吳 谷朗碑

隋 馬穉墓誌

隋 張姜墓誌

唐 李貞墓誌

唐 柳偘妻墓誌

唐 平蠻頌

【楷書】

北魏 程法珠墓誌

北魏 王基墓誌

北魏 元願平妻墓誌

東魏 馮令華墓誌

隋 陶貴墓誌

隋 楊厲墓誌

隋 元鐘墓誌

唐 元鐘墓誌

唐 暴賢墓誌

唐 李瑱墓誌

梧 𣘉	栯	桔 𣑁			栖	栲	
【隸書】	【楷書】	【隸書】	唐 石經五經	唐 盧宏及妻墓誌	【篆書】	【楷書】	唐 羅池廟碑
西漢 馬•縱橫	唐 李蟾墓誌	秦 睡 121	唐 孫嬰墓誌	唐 修定寺記碑	唐 碧落碑	北魏 寇霄墓誌	
北魏 上尊號碑		西漢 居新•831	唐 姚恭墓誌	唐 掌徹墓誌	【隸書】	唐 石經五經	
唐 盧宏及妻墓誌		漢晉 流簡紙	唐 尹善幹墓誌	【楷書】	西漢 馬•縱橫		
唐 史思禮墓誌		【楷書】	唐 元婉墓誌	北魏 慈慶墓誌	西漢 居新•2272		
【楷書】		唐 石經尚書	唐 越國太妃墓誌	北魏 元斌墓誌	北齊 法懃塔銘		
北魏 弔比干文陽			唐 張須墓誌	北魏 元華光墓誌	隋 爾朱敞墓誌		
唐 八都壇碑			唐 張逸墓誌	東魏 叔孫固墓誌	隋 牛諒墓誌		
唐 臧曄墓誌				隋 劉淵墓誌	隋 口靜墓誌		
				唐 程知節墓誌	隋 蕭瑾墓誌		
				唐 劉栖楚墓誌	唐 蔡君妻墓誌		
					唐 闞道愛墓誌		

桓

【篆書】

唐 桓尊師碑額

【隸書】

西漢 居新•4551

漢晉 流簡紙

東漢 樊敏碑

東漢 桓孨食堂記

東漢 孔彪碑陽

東漢 禮器碑側

東漢 鮮于璜碑陽

北齊 司馬遵業墓誌

唐 褚亮碑

唐 高元珪墓誌

唐 張休光墓誌

【楷書】

北魏 穆纂墓誌

唐 石經九經

唐 石經九經

唐 石經尚書

唐 石經周易

唐 惟貞廟碑陽

唐 鄭戎墓誌

栱

【楷書】

東魏 李艷華墓誌

隋 宋玉艷墓誌

唐 石經五經

唐 徐師墓誌

栵

【楷書】

東魏 杜文雍造像

隋 梁坦墓誌

唐 石經九經

唐 石經九經

栻

【楷書】

唐 劉建墓誌

唐 石經五經

桎

【楷書】

唐 桑貞墓誌

唐 石經周易

唐 智悟墓誌

桐

【隸書】

秦 睡 250

西漢 馬•老乙前

西漢 居新•2707

東漢 淮源廟碑

東漢 淮源廟碑

東漢 史晨後碑

晉 郛休碑陽

隋 叱李綱子墓誌

隋 口和墓誌

隋 修孔子廟碑

唐 盧宏及妻墓誌

唐 王崇禮墓誌

【楷書】

北魏 張玄墓誌

隋 馬穉墓誌

唐 段承宗墓誌

唐 石經尚書

唐 王慎疑妻墓誌

株

【隸書】

西漢 馬•老子甲後

西漢 居新•3754

唐 植松柏碑

【楷書】

北魏 于纂墓誌

隋 口鍾葵墓誌

唐 石經周易

唐 楊仲雅墓誌

栘

【楷書】

隋 獨孤羅墓誌

唐 石經五經

栢

【楷書】

北齊 元賢墓誌

梃

【隸書】

秦 睡 60

西漢 馬•天下

東漢 朐忍令碑

【楷書】

唐 李審規墓記

格

晉 辟雍頌陽

唐 崔泰之墓誌

唐 蘇洪姿墓誌

【楷書】

北齊 竇泰墓誌

東魏 王僧墓誌

隋 陳叔明墓誌

隋 張伏敬墓誌

唐 崔琪墓誌

唐 石經尚書

【篆書】

唐 三墳記陰

【隸書】

西漢 馬•老甲

西漢 張•173

西漢 張•592

西漢 居新•1031

西漢 居新•5398

東漢 淮源廟碑

東漢 石門頌

東漢 王舍人碑

三國魏 王基斷碑

梴

【隸書】

西漢 居新•615

【楷書】

唐 長孫氏墓誌

唐 石經五經

梩

【隸書】

東漢 蒼山元嘉題記

桁

【楷書】

唐 石經五經

桃

【隸書】

秦 睡238

西漢 居新·7778

西漢 武·有司甲

東漢 曹全碑陽

北齊 西門豹碑陽

隋 牛諒墓誌

隋 宋仲墓誌

隋 蘇恒墓誌

唐 唐世榮墓誌

唐 宴濟瀆序陽

唐 張翼墓誌

唐 植松柏碑

【楷書】

南朝梁 羅浮山銘

北魏 馮季華墓誌

北魏 馮迎男墓誌

北魏 宋靈妃墓誌

北魏 元悛墓誌

隋 程諧墓誌

隋 何氏墓誌

隋 劉則墓誌

唐 鄧夫人墓誌

唐 樊涚墓誌

唐 李招兒墓誌

唐 石經尚書

唐 石經五經

唐 石經五經

唐 陽氏合祔誌

唐 姚君妻墓誌

栝

【隸書】

西漢 馬·老乙前

東漢 趙菿殘碑

【楷書】

北魏 元襲墓誌

隋 張伏敬墓誌

唐 白敏中墓誌

唐 石經尚書

唐 石經五經

唐 石經五經

唐 元伏和墓誌

栴

【隸書】

唐 戒壇碑

【楷書】

唐 道因法師碑

核

【楷書】

唐 道因法師碑

梡

【楷書】

唐 石經五經

校

【篆書】

東漢 袁敞殘碑

三國吳 天發神讖碑

三國吳 天發神讖碑

【隸書】

秦 睡78

西漢 張•623

西漢 張•627

西漢 張•639

西漢 張•735

西漢 居新•3620

西漢 居新•7919

東漢 韓仁銘

東漢 史晨後碑

東漢 楊淮表記

東漢 楊淮表記

隋 高虬墓誌

唐 史思禮墓誌

唐 行儼碑

唐 趙冬曦壙誌

【楷書】

三國吳 走•四年

三國吳 走•五年

北魏 元彬墓誌

北魏 元崇業墓誌

北齊 竇泰墓誌

隋 寇奉叔墓誌

隋 王袞墓誌

隋 元鍾墓誌

唐 安元壽墓誌

唐 馮安墓誌

唐 高岑墓誌

唐 李審規墓記

唐 李修已墓誌

唐 李招兒墓誌

唐 石經五經

唐 石經五經

唐 石經周易

唐 蘇嗣君墓誌

唐 王海朝墓誌

唐 鄭仁泰墓誌

唐 周藻墓誌

後唐 康贊羑墓誌

根

【隸書】

西漢 馬•老甲

西漢 馬•老乙前

西漢 馬•天下

西漢 居新•3192

西漢 居新•3611

東漢 曹全碑陽

東漢 曹全碑陽

東漢 岐子根記

晉 郛休碑陰

北齊 感孝頌

【楷書】

北魏 韓氏墓誌

隋 楊厲墓誌

隋 元鍾墓誌

唐 崔師墓誌

唐 崔饟妻合誌

唐 王協墓誌

北周 華嶽頌

北齊 司馬遵業墓誌

隋 郭王墓誌

隋 劉多墓誌

隋 馬長和造像

隋 宋仲墓誌

隋 張姜墓誌

唐 行儼碑

唐 趙叡沖碑

唐 貞一廟碑

栩

【楷書】

唐 石經五經

栗

【篆書】

唐 三墳記陰

唐 三墳記陰

【隸書】

西漢 張•1190

西漢 居新•974

西漢 武•特牲甲

西漢 武•有司甲

北齊 西門豹碑陽

【楷書】

三國吳 走•五年

北魏 宋靈妃墓誌

唐 崔公妻墓誌

唐 石經尚書

唐 石經五經

唐 石經五經

唐 鄭煉妻孫墓誌

柴

【隸書】

北周 華嶽頌

隋 口和墓誌

唐 崔沔墓誌陰

唐 司馬寔墓誌

【楷書】

北魏 吐谷渾璣墓誌

隋 董敬墓誌

隋 橋紹墓誌

唐 解進墓誌

唐 明希晉墓誌

唐 榮脩墓誌

唐 石經尚書

唐 薛君妻元墓誌

唐 張時譽墓誌

唐 趙宗祐墓誌

後漢 祭瀆記

後唐 王禹墓誌

栭

【隸書】

唐 文宣王廟門碑

【楷書】

唐 石經五經

梨

【篆書】

唐 多寶佛塔銘

【隸書】

兩漢 西•馬簡

兩漢 西•馬簡

東漢 楊震碑

晉 辟雍頌陽

【楷書】

三國吳 走•四年

北齊 定國寺塔碑

北齊 高僧護墓誌

唐 石經五經

唐 文鑒經幢

條

【篆書】

東漢 祀三公山碑

【隸書】

西漢 居新•8757

西漢 居新•9039

西漢 武•服傳甲

漢晉 流簡紙

東漢 白石神君碑

東漢 封龍山頌

東漢 楊統碑陽

東漢 趙寬碑

晉 石尠墓誌

北齊 感孝頌

北齊 司馬遵業墓誌

北齊 司馬遵業墓誌

隋 豆盧實墓誌

隋 段濟墓誌

隋 爾朱敞墓誌

隋 高虬墓誌

隋 口和墓誌

隋 修孔子廟碑

唐 崔志墓誌

案

【隸書】

秦 睡10

西漢 馬•縱橫

西漢 張•530

西漢 張•735

西漢 居新•5400

東漢 蒼山元嘉題記

東漢 華山廟碑陽

東漢 李孟初神祠碑

東漢 石門頌

東漢 薌他君題記

[illegible]

【楷書】

唐 劉公綽墓誌

唐 盧伯卿墓誌

唐 石經五經

唐 張懷文墓誌

唐 鄭仁泰墓誌

【楷書】

北魏 寇霄墓誌

北魏 王普賢墓誌

北魏 元延明墓誌

北魏 元珍墓誌

東魏 呂覎墓誌

北周 馬龜墓誌

隋 鄧昞墓誌

隋 梁瓌墓誌

隋 申穆及妻墓誌

唐 阿史那貞忠墓誌

桀

【隸書】

秦 睡180

西漢 馬•老乙前

西漢 馬•老子甲後

西漢 馬•縱横

兩漢 西•馬簡

兩漢 西•馬簡

東漢 尚博殘碑

晉 辟雍頌陽

隋 郭王墓誌

唐 崔祐甫墓誌

唐 陵季子廟碑

唐 盧緘妻墓誌

唐 石經尚書

唐 司馬和銘墓誌

唐 王恭墓誌

唐 王游藝墓誌

唐 邢芳墓誌

唐 元希古墓誌

唐 掌徹墓誌

唐 朱庭玘墓誌

北齊 許儁等造像

東魏 元湛墓誌

隋 范安貴墓誌

隋 王楚英墓誌

隋 蕭翹墓誌

隋 薛保興墓誌

隋 楊厲墓誌

唐 董氏墓誌

唐 黎幹墓誌

唐 李壽墓誌

唐 李神符碑

唐 石臺孝經

唐 王子麟墓誌

【楷書】

三國吳 走•二年

漢晉 流簡紙

北魏 高英墓誌

北魏 郭顯墓誌

北魏 姚伯多供養碑

北魏 元煥墓誌

北魏 元融墓誌

東漢 乙瑛碑
北齊 司馬遵業墓誌
隋 爾朱敞墓誌
唐 戴令言墓誌
【楷書】
三國吳 走•二年
東魏 元湛墓誌
隋 王楚英墓誌
隋 張貴男墓誌
唐 李起宗墓誌
唐 文鑒經幢

後梁 謝彥璋墓誌

桑

【隸書】
秦 睡113
秦 睡244
秦 關周•病方
西漢 馬•老子甲後
西漢 張•712
東漢 華山廟碑陽
晉 石尠墓誌
隋 高虬墓誌
隋 馬長和造像
隋 蘇恒墓誌

隋 趙朗墓誌
唐 安天王廟碑
【楷書】
三國吳 走•四年
北魏 元純陁墓誌
東魏 元光基墓誌
隋 元智墓誌
唐 呼延章墓誌
唐 皇甫瑶墓誌
唐 陸日峴妻墓誌
唐 石經尚書

唐 石經五經
唐 石經周易
唐 史興墓誌
唐 孫文任墓誌
唐 楊佰隴墓誌
唐 瘗琴銘
唐 張道墓誌
唐 張壽墓誌
唐 鄭金墓誌
唐 周村造像

梵

【隸書】
唐 抱腹寺碑
唐 大忍寺碑
唐 興寺碑
【楷書】
三國吳 走•五年
東魏 南宗和尚塔銘
北齊 無量義經
北齊 朱曇思造塔
隋 陶貴墓誌
隋 修梵石室誌
唐 盧梵兒墓誌

唐 玄秘塔碑

菜

【隸書】
西漢 西•律令
晉 左棻墓誌陽
唐 楊孝恭碑
【楷書】
唐 韓仁惠墓誌

桼

【隸書】

西漢 馬•老子甲後

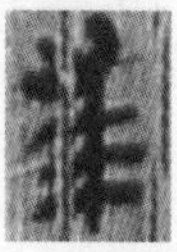
西漢 張•900

西漢 張•907

西漢 居新•5861

西漢 居新•6023

西漢 居新•7536

東漢 孔宙碑陽

械

【隸書】

西漢 居新•7635

【楷書】

唐 馮暉墓誌

唐 楊士墓誌

梪

【隸書】

西漢 武•士相見

兩漢 西•士相見

東漢 禮器碑

梐

【楷書】

隋 段威墓誌

唐 石經五經

梜

【楷書】

唐 石經五經

梗

【隸書】

秦 睡254

漢晉 流簡紙

北周 華嶽頌

隋 段濟墓誌

唐 高元珪墓誌

【楷書】

北魏 苟景墓誌

北魏 秦洪墓誌

北齊 竇泰墓誌

隋 王袞墓誌

唐 梁師亮墓誌

唐 劉祿墓誌

唐 趙安墓誌

棟

【楷書】

唐 石經五經

梯

【楷書】

北魏 侯剛墓誌

北齊 司馬遵業墓誌

隋 寧贙墓碑

唐 廣濟橋碑

唐 李賢墓誌

梏

【楷書】

唐 李君妻楊墓誌

唐 桑貞墓誌

唐 石經五經

唐 石經周易

梅

【篆書】

三國吳 天發神讖碑

【楷書】

三國吳 走·四年

三國吳 走·五年

北魏 穆紹墓誌

北魏 元宥墓誌

東魏 高盛墓碑

唐 蓋暢墓誌

唐 石經五經

唐 宋練墓誌

桵

【楷書】

唐 石經五經

桴

【隸書】

隋 蕭瑾墓誌

【楷書】

北齊 竇泰墓誌

東魏 元湛墓誌

隋 盧文構墓誌

唐 姬温墓誌

唐 劉栖楚墓誌

唐 石經五經

桷

【隸書】

東漢 史晨前碑

隋 修孔子廟碑

【楷書】

唐 石經五經

唐 石經周易

唐 張利賓墓誌

桍

【楷書】

唐 禪師之塔銘

桯

【隸書】

西漢 馬·老乙前

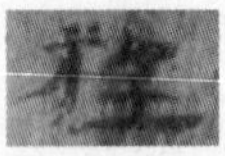
新莽 西·守御器

【楷書】

唐 石經五經

梓

【篆書】

唐 三墳記陰

【隸書】

西漢 居新·3144

東漢 寬以殘碑

東漢 朐忍令碑

東漢 史晨後碑

隋 爾朱敞墓誌

隋 侯肇墓誌

隋 張儉及妻墓誌

唐 崔泰之墓誌

唐 李神符碑

【楷書】

北魏 高貞碑

北魏 赫連悅墓誌

北魏 李榘蘭墓誌

北齊 劉忻墓誌

北齊 婁黑女墓誌

北周 盧蘭墓誌

東魏 元仲英墓誌

北齊 鄭天柱山銘

隋 陳叔榮墓誌

唐 梁有意墓誌

唐 裴簡妻墓誌

唐 王宏墓誌

梳

【楷書】

唐 王懷璧墓誌

唐 楊知退妻墓誌

梫

【楷書】

唐 石經五經

梭

【楷書】

唐 李仙蕙志

唐 執失善光

梟

【隸書】

東漢 景君碑陽

唐 劉粲墓誌

【楷書】

北齊 邢多等造像

東魏 元悰墓誌

隋 張壽墓誌

唐 李仁德墓誌

唐 權順墓誌

唐 石經五經

唐 王敏墓誌

梱

【楷書】

唐 石經五經

唐 鄭珍墓誌

梁

【篆書】

隋 陳茂墓碑額

隋 宋仲墓誌

【隸書】

西漢 馬•縱橫

西漢 居新•1872

西漢 居新•8011

西漢 習字觚

漢晉 流簡紙

東漢 倉頡廟碑

東漢 肥致碑

東漢 華山廟碑陽

東漢 淮源廟碑

東漢 孔宙碑陰

東漢 孔宙碑陰

東漢 石門頌

東漢 石門頌

東漢 造土牛碑

晉 辟雍頌陽

北魏 王基墓誌

北齊 感孝頌

隋 叱李綱子墓誌

隋 澧水石橋碑

隋 侯肇墓誌

隋 橋紹墓誌

隋 任軌墓誌

隋 宋景造像碑

隋 宋景造像碑

隋 宋景造像碑

隋 宋仲墓誌

隋 宋仲墓誌

隋 蕭瑾墓誌

隋 謝岳墓誌

隋 張姜墓誌

隋 張盛墓誌

唐 褚亮碑

唐 李彥墓誌

唐 徐盼墓誌

【楷書】

南朝梁 羅浮山銘

北魏 和醜仁墓誌

北魏 鄯乾墓誌

北魏 元譿墓誌

北魏 元維墓誌

北魏 鄭黑墓誌

北齊 僧靜明造像

隋 王楚英墓誌

隋 羊瑋墓誌

隋 張貴男墓誌

唐 李蕁妻墓誌

唐 石經尚書

唐 石經五經

唐 惟貞廟碑陽

後梁 惠光舍利塔銘

後唐 王禹墓誌

椀

【楷書】

北周 邵道生造像

唐 瀆廟祭器銘

唐 沈浩禕墓誌

棸

【楷書】

唐 棸慶磚誌

棗

【隸書】

秦 睡113

西漢 馬•養生

西漢 張•787

西漢 武•有司甲

東漢 肥致碑

【楷書】

晉 華芳墓誌陽

北周 盧蘭墓誌

隋 成公氏墓誌

唐 崔公妻墓誌

唐 梁渙墓誌

唐 劉茂貞墓誌

唐 唐嘉會墓誌

唐 鄭戎墓誌

棧

【隸書】

唐 寒亭記

唐 李貞墓誌

【楷書】

唐 陳皆墓誌

唐 石經爾雅

唐 石經五經

唐 鄭君妻趙墓誌

棱

【隸書】

唐 植松柏碑

【楷書】

唐 劉德墓誌

唐 潘孝基墓誌

唐 石經五經

唐 魏君妻雷墓誌

棖

【楷書】

唐 石經爾雅

唐 石經五經

楝

【隸書】

北齊 感孝頌

北周 華嶽頌

北齊 司馬遵業墓誌

隋 謝岳墓誌

隋 楊真墓誌

隋 張盛墓誌

【楷書】

三國吳 走•五年

三國吳 走•五年

北魏 和醜仁墓誌

北魏 元謐墓誌

唐 石經周易

唐 田仁墓誌

唐 鄭宇墓誌

棼

【隸書】

西漢 馬•老乙前

西漢 馬•縱橫

西漢 馬•縱橫

唐 張頠墓誌

【楷書】

隋 白仵貴墓誌

唐 騫思泰墓誌

唐 石經五經

椽 𣙷

【楷書】

唐 石經尚書

唐 石經五經

棋 㭬

【楷書】

晉 洛神十三行

北魏 韓震墓誌陰

北魏 元延明墓誌

隋 董美人墓誌

唐 李從證墓誌

唐 亡宮三品墓誌

棒

【楷書】

北齊 許儁等造像

唐 房誕墓誌

椅 𣗥

【楷書】

唐 契苾夫人墓誌

唐 張某墓誌

椒 𣓌

【楷書】

唐 石經五經

植 𣙰

【篆書】

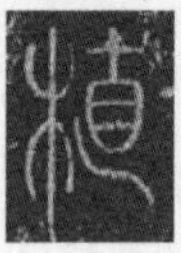
唐 三墳記陽

【隸書】

西漢 馬•縱橫

北周 華嶽頌

北周 華嶽頌

隋 姬威墓誌

隋 鄭令妃墓誌

唐 崔暟墓誌陰

唐 崔志墓誌

唐 戒壇碑

唐 盧行毅墓誌

唐 義福禪師碑

唐 尹尊師碑

【楷書】

北魏 侯剛墓誌

北魏 元演墓誌

北周 賀屯植墓誌

東魏 元賓建墓誌

隋 董敬墓誌

隋 張虔墓誌

唐 崔載墓誌

唐 李賢墓誌

唐 盧昂墓誌

唐 史待賓墓誌

唐 宋度夫人墓誌

唐 陽氏合祔誌

唐 張詵妻墓誌

椒

【隸書】

西漢 馬•養生

兩漢 西•醫藥

隋 牛暉墓誌

隋 宋仲墓誌

隋 謝岳墓誌

隋 修孔子廟碑

唐 蔡君妻墓誌

唐 李貞墓誌

唐 鄭忠墓碑

【楷書】

北魏 成氏墓誌

棹

【隸書】

唐 戴令言墓誌

【楷書】

唐 李昕墓誌

唐 騫思哲誌銘

唐 王訓墓誌

椇

【楷書】

唐 霍氏墓誌

楮

【隸書】

秦 睡200

西漢 馬•老甲

北魏 上尊號碑

森

【隸書】

隋 趙朗墓誌

唐 楊孝恭碑

唐 楊孝恭碑

【楷書】

北魏 元維墓誌

隋 鄭善妃墓誌

唐 曲元縝妻墓誌

棫

【隸書】

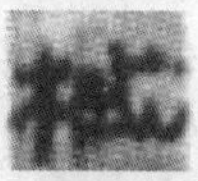
西漢 武•特牲甲

唐 楊孝恭碑

【楷書】

唐 石經五經

唐 唐嘉會墓誌

棕

【楷書】

隋 陳黑闥造像

楛

【隸書】

西漢 居新•2831

晉 辟雍頌陽

【楷書】

唐 石經尚書

唐 石經五經

唐 張武哲墓誌

北魏 耿氏墓誌
北魏 王誦妻元墓誌
北魏 元恪嬪墓誌
北齊 趙桃椒妻造像
隋 獨孤羅墓誌
隋 楊厲墓誌
隋 元氏墓誌
隋 鄭善妃墓誌
唐 崔公妻墓誌
唐 李君妻裴墓誌

椇

【楷書】
唐 石經五經

椑

【隸書】
秦 睡 91

【楷書】
北魏 弔比干文陽
唐 石經禮記
唐 石經五經

椆

【隸書】
秦 關周•病方

【楷書】
三國吳 走•五年
北魏 元珍墓誌

椎

【隸書】
秦 睡 238
西漢 居新•2606
新莽 西•守御器
新莽 西•守御器

【楷書】
三國吳 走•五年
北魏 封魔奴墓誌
唐 石經五經
唐 石經五經
唐 越國太妃墓誌
唐 張怙墓誌

棺

【隸書】
西漢 張•1158
西漢 張•305
西漢 張•310
西漢 楚王墓塞石
隋 段濟墓誌
唐 石臺孝經
唐 義福禪師碑

【楷書】
北齊 劉雙仁墓誌
東魏 張瑾墓誌
唐 重藏舍利記

椌

【楷書】
北齊 定國寺塔碑
隋 橋紹墓誌
唐 石經五經

棓

【隸書】
西漢 張•1094
新莽 西•守御器

椁

【隸書】

【楷書】

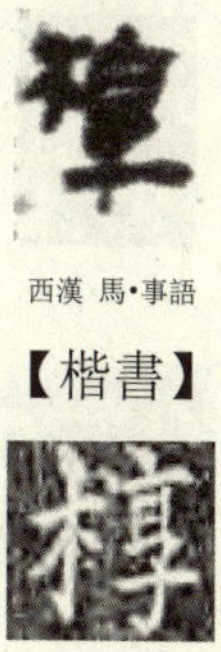

西漢 馬·事語

唐 石經五經

棣

【楷書】

北魏 楊保元妻誌

北魏 元緒墓誌

唐 崔弘禮墓誌

唐 石經五經

唐 王傑墓誌

唐 王遜墓誌

唐 元婉墓誌

楗

【篆書】

唐 三墳記陰

【隸書】

東漢 何君閣道銘

東漢 石門頌

東漢 楊統碑陽

東漢 永元九年記

東漢 趙儀碑

唐 貞一廟碑

【楷書】

唐 石經五經

唐 鄭遵墓誌

椔

【楷書】

唐 石經五經

極

【篆書】

唐 碧落碑

唐 碧落碑

【隸書】

西漢 馬·合陰陽

西漢 馬·老乙前

西漢 張·1141

西漢 張·1157

西漢 武·泰射甲

東漢 曹全碑陽

東漢 肥致碑

東漢 華山廟碑陽

東漢 淮源廟碑

東漢 禮器碑

東漢 禮器碑

東漢 石門頌

東漢 史晨後碑

新莽 羊窩頭刻石

東漢 楊震碑

東漢 乙瑛碑

東漢 趙菿殘碑

晉 辟雍頌陽

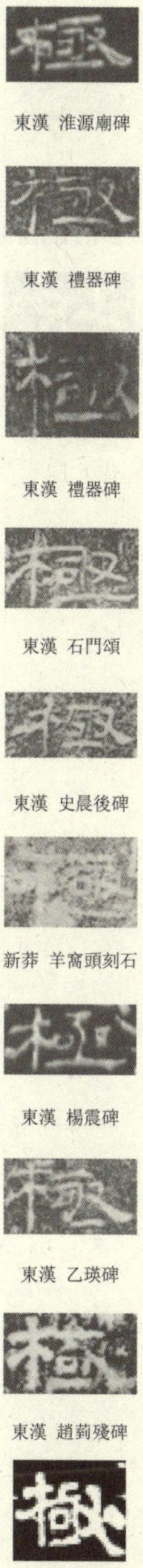

晉 辟雍頌陽

晉 管洛墓誌陽

北魏 王基墓誌

隋 宋景造像碑

隋 宋仲墓誌

隋 蕭瑾墓誌

隋 張儉及妻墓誌

隋 張景略墓誌

唐 李神符碑

唐 楊孝恭碑

【楷書】

魏晉 樓·紙

北魏 暉福寺碑

北魏 王翊墓誌

北魏 薛慧命墓誌

北魏 元恭墓誌

北魏 元謐墓誌

北魏 元襲墓誌

北魏 元詳墓誌

北魏 元勰墓誌

北齊 高湝墓誌

棠

【隸書】

東漢 景君碑陽

東漢 魯峻碑陽

東漢 張遷碑陽

東漢 張遷碑陽

北齊 西門豹碑陽

唐 李神符碑

【楷書】

三國吳 走•四年

三國吳 走•五年

北魏 鞏伏龍造像

北魏 穆彥墓誌

棐

【隸書】

晉 辟雍頌陰

【楷書】

三國吳 走•五年

唐 石經尚書

唐 侯方墓誌

隋 侯肇墓誌

唐 柳偘妻墓誌

唐 盧君妻墓誌

唐 路巖墓誌

唐 石經周易

唐 田侁墓誌

唐 言禪師塔銘

唐 張貴墓誌

唐 鄭懷墓誌

北魏 嚴震墓誌

北魏 元定墓誌

北魏 元端墓誌

北魏 元廞墓誌

北魏 元乂墓誌

北魏 元子正墓誌

東魏 劉懿墓誌

隋 梁環墓誌

隋 橋紹墓誌

隋 張貴男墓誌

棘

【隸書】

秦 睡239

西漢 馬•縱橫

東漢 封龍山頌

晉 郛休碑陽

隋 澧水石橋碑

隋 宋仲墓誌

唐 盧君妻墓誌

【楷書】

北魏 高珪墓誌

北魏 韓震墓誌陽

北魏 王瑧墓誌

椐

【隸書】

西漢 武•少牢甲

【楷書】

唐 石經五經

唐 石經周易

唐 魏孝本墓誌

唐 蕭令臣墓誌

後梁 韓仲舉妻墓誌

後唐 毛璋妻墓誌

隋 梁環墓誌

隋 王世琛墓誌

唐 崔志墓誌

唐 高靈勝詩刻

唐 李立言墓誌

唐 李修已墓誌

唐 秦進儀墓誌

唐 權葬石表

唐 石二娘墓誌

唐 石經五經

北魏 元熙墓誌

隋 段濟墓誌

唐 盧璠墓誌

唐 蕭令臣墓誌

棄 𣏂

【隸書】

秦 睡229

西漢 馬•老甲

西漢 張•109

西漢 張•1094

西漢 張•65

西漢 張•737

西漢 武•王杖

兩漢 西•馬簡

漢晉 流簡紙

漢晉 流簡紙

東漢 曹全碑陽

東漢 景君碑陽

東漢 鮮于璜碑陰

東漢 酈他君題記

隋 高虬墓誌

隋 郭達墓誌

隋 宋景造像碑

唐 盧君妻墓誌

唐 蘇洪姿墓誌

唐 譚伍墓誌

唐 韋士逸墓誌

唐 楊孝恭碑

唐 義福禪師碑

【楷書】

晉 洛神十三行

北魏 馮邕妻墓誌

北魏 高珪墓誌

北魏 元純陁墓誌

唐 葛亮祠堂碑

唐 李迪進墓誌

唐 呂氏墓誌

唐 石經尚書

唐 石經周易

唐 孫光墓誌

唐 張安都墓誌

唐 真義女碑銘

唐 周村造像

檫

【隸書】

隋 段濟墓誌

唐 蔡君妻墓誌

【楷書】

唐 新建天王記

唐 楊玄略墓誌

唐 張去奢墓誌

棱

【楷書】

唐 王君墓誌

楹

【隸書】

西漢 武•泰射甲

西漢 武•有司甲

隋 侯肇墓誌

隋 修孔子廟碑

唐 北嶽廟碑

唐 寒亭記

唐 孔子廟碑

唐 楊孝恭碑

【楷書】

北魏 王蕃墓誌

北魏 元詮墓誌

北齊 鄭天柱山銘

唐 孟頫墓誌

唐 田志承墓誌

唐 鄭敬墓誌

榅

【楷書】

唐 石經五經

椿

【隸書】

北齊 王子椿經刻

唐 孔子廟碑

【楷書】

北魏 楊乾墓誌

隋 張喬墓誌

唐 成願壽墓誌

唐 孫備墓誌

唐 索玄愛墓銘

唐 張騷墓誌

楚

【篆書】

東漢 袁安碑

三國魏 正始石經

【隸書】

秦 睡 152

西漢 馬•縱横

西漢 馬•縱横

西漢 馬•縱横

西漢 馬•縱横

西漢 張•556

西漢 楚王墓塞石

東漢 樊敏碑

東漢 郙閣頌

東漢 石門頌

東漢 西狹頌

東漢 薌他君題記

東漢 行事渡君碑

北魏 翟普林造像

隋 叱李綱子墓誌

隋 爾朱敞墓誌

隋 高虬墓誌

隋 關明墓誌

隋 賈通墓誌

隋 趙朗墓誌

唐 程俊墓誌陰

唐 崔祐甫墓誌

唐 李彥墓誌

唐 王子麟墓誌

【楷書】

魏晉 樓•紙

北魏 元略墓誌

北魏 元詮墓誌

北魏 元維墓誌

北魏 元廞墓誌

北魏 元悅墓誌

北齊 爾朱元靜墓誌

隋 陳叔明墓誌

隋 梁瓌墓誌

隋 王楚英墓誌

隋 王楚英墓誌

隋 口和墓誌

唐 戴令言墓誌

唐 多寶塔碑

唐 李弘亮墓誌

唐 李睦墓誌

唐 石經五經

唐 田侁墓誌

唐 惟貞廟碑陽

唐 張去奢墓誌

楷

【篆書】

三國吳 天發神讖碑

【隸書】

東漢 王舍人碑

隋 爾朱端墓誌

隋 口墮及妻墓誌

唐 沈知敏墓誌

【楷書】

北魏 元項墓誌

東魏 盧貴蘭墓誌

東魏 張瓘墓誌

隋 橋紹墓誌

唐 安靜墓誌

唐 石經五經

唐 嚴識玄墓誌

唐 張君表墓誌

後唐 張滌妻高墓誌

椹

【隸書】

東漢 熹平石經殘

隋 馬長和造像

【楷書】

隋 口悰昂墓誌

唐 陳叔度墓誌

唐 石經五經

[illegible]

【楷書】

北魏 楊乾墓誌

隋 楊居墓誌

楞

【楷書】

北魏 劉根造像記

楫

【隸書】

隋 爾朱端墓誌

【楷書】

北魏 元徽墓誌

北魏 元肅墓誌

北魏 元乂墓誌

北魏 元子正墓誌

北齊 高湝墓誌

唐 崔琪墓誌

唐 何剛之墓誌

唐 侯方墓誌

唐 石經五經

唐 太君陳氏墓誌

唐 王大禮墓誌

唐 王待徵墓誌

唐 浯溪記

後周 王進威墓誌

後唐 吳君妻曹墓誌

楬

【楷書】

唐 石經五經

椯

【隸書】

西漢 馬•老甲

西漢 馬•天下

【楷書】

唐 石經五經

唐 臧曄墓誌

楊

【篆書】

唐 段志玄碑額

唐 楊公碑額

【隸書】

西漢 張•635

西漢 張•952

西漢 居新•4429

東漢 倉頡廟碑側

東漢 曹全碑陽

東漢 禮器碑側

東漢 石門頌

東漢 楊德安題記

東漢 楊元昭題記

東漢 楊震碑

東漢 楊著碑陽

東漢 楊子輿題記

東漢 趙儀碑

東漢 鄭固碑

晉 楊陽墓闕

隋 馬長和造像

隋 口和墓誌

唐 李神符碑

唐 行儼碑

唐 楊孝恭碑

唐 楊孝恭碑

【楷書】

三國吳 走•五年

北魏 爾朱襲墓誌

北魏 郭法洛造像

北魏 穆亮妻墓誌

北魏 楊範墓誌

隋 申穆及妻墓誌

隋 王楚英墓誌

隋 口靜墓誌

隋 魏氏墓誌

唐 郭傳則墓誌

唐 劉冰墓誌

唐 秦公夫人墓誌

唐 石經五經

唐 石經周易

唐 楊佰隴墓誌

唐 楊宇墓誌

後梁 惠光舍利塔銘

楨

【隸書】

東漢 樊敏碑

唐 董虔運墓誌

唐 高嶸墓誌

【楷書】

北魏 元徽墓誌

北魏 元楨墓誌

唐 陳君妻楊墓誌

唐 宇文氏墓誌

唐 袁仁墓誌

榀

【楷書】

北魏 慈香惠造像

楯

【隸書】

東漢 造土牛碑

東漢 造土牛碑

【楷書】

唐 廣濟橋碑

唐 柳昱墓誌

唐 石經五經

北魏 于纂墓誌
北魏 元崇業墓誌
北魏 元定墓誌
隋 梁環墓誌
唐 石經五經
唐 石經五經
唐 王豫墓誌

槐

【隸書】
西漢 居新•1968
東漢 曹全碑陽
東漢 曹全碑陽
東漢 韓仁銘
東漢 景君碑陰
隋 爾朱敞墓誌
隋 侯肇墓誌
隋 姬威墓誌
唐 王震墓誌
【楷書】
北魏 寇臻墓誌

楓

【楷書】
唐 李則政墓誌
唐 張暉墓誌

楀

【楷書】
唐 石經五經

東魏 高翻碑
隋 盧旋芷墓誌
唐 樊秀墓誌
唐 田佚墓誌
唐 楊瑤墓誌
唐 袁承嘉墓誌
唐 鄭忠墓碑

榆

【隸書】
秦 睡113
西漢 馬•老子甲後
西漢 馬•縱橫
西漢 居新•5096
漢晉 流簡紙
隋 段濟墓誌
隋 蘇恒墓誌
唐 李神符碑
唐 張漕墓誌
【楷書】
北魏 元願墓誌

楥

【楷書】
隋 董敬墓誌
唐 高慈墓誌
唐 李晟碑

楸

【隸書】
隋 馬少敏墓誌
唐 崔志墓誌
唐 王崇禮墓誌
【楷書】
北魏 元頊墓誌
北齊 劉雙仁墓誌
隋 張壽墓誌
唐 越國太妃墓誌

唐 侈多羅墓誌

唐 張旼墓誌

唐 朱君妻趙墓誌

概

【隸書】

隋 謝岳墓誌

隋 修孔子廟碑

唐 潘基墓誌

唐 文宣王廟門碑

唐 張叡墓誌

【楷書】

北魏 郭顯墓誌

北魏 寇演墓誌

北魏 元暐墓誌

唐 石經五經

唐 王法墓誌

椽

【篆書】

唐 三墳記陽

【隸書】

西漢 居新•6672

唐 譚伍墓誌

【楷書】

唐 石經五經

唐 王府君墓誌

唐 王公度墓誌

唐 鄭元璲墓誌

椸

【楷書】

唐 苗縝墓誌

槎

【楷書】

唐 石經五經

唐 楊承胤墓誌

楑

【楷書】

唐 石經五經

楎

【楷書】

唐 石經五經

楢

【楷書】

北魏 元謐墓誌

唐 石經五經

唐 石經五經

唐 許行本合誌

楪
【楷書】
唐 瀆廟祭器銘

楣
【楷書】
東魏 穆子巖墓誌

楄
【隸書】
西漢 武•服傳甲
【楷書】
唐 陳周子墓誌

楔
【楷書】
唐 石經五經

業
【篆書】
三國吳 天發神讖碑
唐 三墳記陰
【隸書】
西漢 馬•縱橫
西漢 馬•縱橫
西漢 居新•7471
西漢 居新•7484
西漢 居新•7484
漢晉 流簡紙
東漢 華山廟碑陽
東漢 孔宙碑陽
東漢 朐忍令碑
東漢 三老刻石
東漢 熹平石經易
東漢 鮮于璜碑陽
東漢 趙寬碑
東漢 鄭固碑
晉 辟雍頌陽
北齊 竇泰墓誌
北齊 馬天祥造像
北齊 司馬遵業墓誌
北齊 司馬遵業墓誌
隋 暴永墓誌
隋 豆盧實墓誌
隋 爾朱敞墓誌
隋 爾朱端墓誌
隋 郭王墓誌
隋 馬穉墓誌
隋 牛暉墓誌
隋 任軌墓誌
隋 任軌墓誌
隋 任軌墓誌
隋 宋景造像碑
隋 王楚英墓誌
隋 王榮及妻墓誌
隋 蕭瑾墓誌
隋 張儉及妻墓誌
隋 趙朗墓誌
隋 鄭令妃墓誌
唐 高元珪墓誌
唐 李神符碑

橐

【楷書】

唐 石經尚書

唐 石經五經

榦

【隸書】

秦 睡 50

西漢 馬•老乙前

北齊 西門豹碑陽

【楷書】

唐 石經尚書

唐 石經五經

北魏 元天穆墓誌

唐 何剛之墓誌

唐 苗善物墓誌

後梁 韓仲舉妻墓誌

唐 張仁師墓誌

棨

【楷書】

唐 石經五經

梗

【楷書】

唐 成淑墓誌

唐 李璆墓誌

唐 石經五經

楻

【楷書】

唐 王玭墓誌

唐 石經尚書

唐 石經五經

唐 石經五經

唐 石經周易

唐 蘇斌墓誌

唐 孫嗣初妻墓誌

唐 楊乾光墓誌

唐 張毖墓誌

唐 張去奢墓誌

後唐 康贊羑墓誌

北周 馬龜墓誌

隋 囗悃昂墓誌

隋 陳花樹墓誌

隋 高緊墓誌

隋 田光山妻墓誌

隋 王光墓誌

隋 吳嚴墓誌

隋 張怦墓誌

唐 李仲昌題名

唐 那提墓誌

唐 屈突通墓誌

唐 石臺孝經

唐 譚伍墓誌

唐 唐世榮墓誌

唐 行儼碑

【楷書】

北魏 胡明相墓誌

北魏 劉華仁墓誌

北魏 萬福榮造像

北魏 元子正墓誌

北齊 竇泰墓誌

槢

【隸書】

唐 義福禪師碑

【楷書】

唐 李濤墓誌

唐 楊承胤墓誌

模

【隸書】

東漢 從事馮君碑

晉 辟雍頌陽

晉 辟雍頌陽

晉 徐義墓誌陽

隋 宋景造像碑

唐 修定寺記碑

【楷書】

三國吳 走•二年

北魏 陳天寶造像

東魏 盧貴蘭墓誌

隋 橋紹墓誌

唐 李賢墓誌

唐 石經五經

唐 張君表墓誌

欅

【楷書】

唐 石經五經

榎

【楷書】

唐 石經五經

楮

【楷書】

唐 石經五經

榛

【隸書】

唐 張休光墓誌

【楷書】

北周 賀屯植墓誌

東魏 王令媛墓誌

唐 光福寺額勅

唐 霍氏墓誌

唐 石經九經

唐 石經九經

後唐 王璠墓誌

構

【隸書】

東漢 楊統碑陽

東漢 楊震碑

東漢 趙菿殘碑

北齊 司馬遵業墓誌

北齊 司馬遵業墓誌

隋 高虬墓誌

隋 宋景造像碑

隋 田光山妻墓誌

隋 謝岳墓誌

唐 陳泰墓誌

榻

【隸書】

唐 陳泰墓誌

唐 崔沔墓誌陰

唐 戴令言墓誌

【楷書】

唐 惟貞廟碑陽

唐 蕭貞亮墓誌

唐 徐思倩墓誌

唐 顏家廟碑

欙

【楷書】

南朝梁 舊館壇碑

樓

【楷書】

唐 石經爾雅

榼

【隸書】

兩漢 西•懸简

漢晉 流簡紙

【楷書】

北齊 許儁等造像

唐 段瓊墓誌

唐 石經五經

唐 掌徹墓誌

唐 執失善光

唐 執失善光

闕 堅牢塔記

唐 來香兒墓誌

唐 李庭玉改葬誌

唐 劉娘子墓誌

唐 師弘禮墓誌

唐 石經五經

唐 唐嘉會墓誌

唐 許公妻墓誌

唐 陽濟墓誌

唐 袁弘毅墓誌

唐 袁仁墓誌

唐 郾國長公主碑

唐 興寺碑

【楷書】

晉 華芳墓誌陰

北魏 和醜仁墓誌

北魏 司馬氏墓誌

北魏 元子正墓誌

北周 高妙儀墓誌

東魏 呂覎墓誌

東魏 蕭正表墓誌

東魏 張瓘墓誌

唐 崔暟墓誌陽

唐 崔祐甫墓誌

唐 大忍寺碑

唐 闞道愛墓誌

唐 庫狄真相墓誌

唐 李神符碑

唐 李彥墓誌

唐 潘基墓誌

唐 王震墓誌

唐 王子麟墓誌

槐

【楷書】

唐 楊康墓誌

唐 張廉穆墓誌

榽

【楷書】

唐 石經五經

樧

【楷書】

唐 石經五經

槍

【隸書】

秦 睡 91

新莽 西•守御器

東漢 石門頌

【楷書】

東魏 叔孫固墓誌

東魏 元均及妻墓誌

唐 孔君墓誌

唐 李玄德墓誌

唐 石經五經

唐 尉遲敬德墓誌

榣

【隸書】

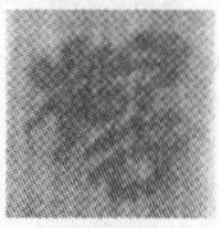
秦 睡 168

西漢 馬•十問

西漢 張•1076

西漢 張•1124

西漢 張•690

榭

【隸書】

唐 任城橋亭記

【楷書】

隋 何氏墓誌

唐 石經尚書

唐 趙君旨墓誌

唐 朱貞墓誌

槄

【楷書】

唐 石經五經

樤

【隸書】

西漢 武•泰射甲

【楷書】

北魏 李璧墓誌陽

北魏 元顯儁陽

北魏 元誘妻墓誌

榷

【楷書】

北魏 李超墓誌

東魏 馮令華墓誌

東魏 馮令華墓誌

唐 盧伯卿墓誌

唐 慶公神祠碑

唐 石經五經

唐 孫公乂墓誌

唐 姚重曒墓誌

唐 張素墓誌

槉

【楷書】

唐 石經爾雅

樆

【楷書】

唐 石經五經

樟

【隸書】

西漢 武•泰射甲

【楷書】

隋 王袞墓誌

榜

【隸書】

北齊 西門豹碑陽

【楷書】

東魏 元寶建墓誌

隋 王楚英墓誌

唐 王君妻姜墓誌

唐 張士高墓誌

槨

【隸書】

東漢 郭仲理記

唐 石臺孝經

唐 司馬寔墓誌

【楷書】

南朝梁 報德像碑

北魏 姚伯多供養碑

唐 程思義墓誌

唐 李超墓誌

唐 孟頂墓誌

唐 趙五娘墓誌

唐 重藏舍利記

榱

【隸書】

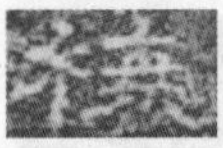
東漢 史晨前碑

北周 華嶽頌

【楷書】

北魏 元延明墓誌

唐 張利賓墓誌

榹

【楷書】

唐 石經五經

榠

【楷書】

北魏 元昭墓誌

檛

【楷書】

唐 常畢墓誌

槁

【隸書】

西漢 居新•9078

【楷書】

北魏 元順墓誌

唐 白敏中墓誌

唐 敬之廟碑陽

槷 𣠔

【隸書】

兩漢 西•馬簡

【楷書】

後梁 謝彥璋墓誌

榮 𣡌

【篆書】

唐 三墳記陰

【隸書】

秦 睡255

西漢 馬•老乙前

西漢 張•493

西漢 居新•7746

西漢 習字觚

東漢 樊敏碑

東漢 公乘田魴記

東漢 景君碑陽

東漢 景君碑陰

東漢 孔宙碑陽

東漢 朐忍令碑

東漢 石門頌

東漢 石門頌

東漢 史晨後碑

東漢 薌他君題記

東漢 許阿瞿題記

東漢 楊震碑

東漢 楊著碑陽

東漢 張遷碑陰

東漢 子游殘碑

三國魏 王基斷碑

晉 呂望表

北齊 司馬遵業墓誌

隋 爾朱敞墓誌

隋 高虬墓誌

隋 郭休墓誌

隋 任軌墓誌

隋 宋景造像碑

隋 宋仲墓誌

隋 蘇恒墓誌

隋 張儉及妻墓誌

唐 史思禮墓誌

唐 唐世榮墓誌

唐 楊孝恭碑

唐 尹尊師碑

唐 趙冬曦壙誌

【楷書】

北魏 元悌墓誌

北魏 元子永墓誌

北齊 報德像碑

樠

【楷書】

唐 石經五經

唐 石經五經

唐 談昕墓誌

唐 尹文操碑

【楷書】

北魏 王蕃墓誌

北魏 元順墓誌

北魏 元弼墓誌

北魏 王蕃墓誌

北魏 元乂墓誌

隋 張虔墓誌

隋 張盈墓誌

唐 李鳳妃墓誌

唐 李文獎墓誌

樞

【隸書】

漢晉 流簡紙

東漢 王舍人碑

東漢 王舍人碑

北齊 司馬遵業墓誌

隋 口靜墓誌

唐 庫狄真相墓誌

唐 李神符碑

唐 李神符碑

唐 倪彬墓誌

唐 石臺孝經

槧

【篆書】

唐 碧落碑

【隸書】

西漢 馬·繆橫

【楷書】

唐 口模墓誌

唐 韓政墓誌

唐 趙越賓墓誌

樗

【楷書】

唐 石經五經

唐 王惠墓誌

唐 尉遲敬德墓誌

寨

【楷書】

唐 李審規墓記

唐 朱瞻墓誌

北齊 道榮造像

北齊 竇泰墓誌

北齊 僧靜明造像

北齊 元賢墓誌

隋 鄭善妃墓誌

唐 盧士瓊墓誌

唐 石經周易

唐 姚君妻墓誌

唐 趙留四墓誌

槸

【楷書】

唐 石經五經

唐 石經五經

横

【隸書】

西漢 馬•老子甲後

西漢 馬•縱横

西漢 居新•3418

西漢 武•泰射甲

東漢 曹全碑陽

東漢 楊震碑

晉 辟雍頌陽

北齊 司馬遵業墓誌

隋 劉寶及妻墓誌

隋 謝岳墓誌

唐 蔡君妻墓誌

唐 闞道愛墓誌

唐 李神符碑

唐 李神符碑

【楷書】

北魏 爾朱紹墓誌

北魏 韓氏墓誌

北魏 元悌墓誌

北魏 元悌墓誌

北齊 竇泰墓誌

隋 段威墓誌

隋 范安貴墓誌

隋 寇遵考墓誌

唐 張沖兒墓誌

唐 李侯墓誌

唐 石經五經

唐 王思訥墓誌

唐 王嵩墓誌

槾

【楷書】

唐 石經五經

[illegible]

【楷書】

唐 石經五經

標

【篆書】

唐 三墳記陽

【隸書】

北齊 司馬遵業墓誌

隋 段濟墓誌

隋 爾朱敞墓誌

隋 馬少敏墓誌

隋 蘇恒墓誌

唐 白鹿泉碑陰

唐 崔沔墓誌陽

唐 李貞墓誌

唐 屈突通墓誌

唐 嵩陽觀碑

【楷書】

北魏 耿氏墓誌

北魏 和醜仁墓誌

北魏 寇憑墓誌

北魏 于纂墓誌

北魏 元弼墓誌

北魏 元肅墓誌

北魏 元頊墓誌

北齊 竇泰墓誌

北齊 高清墓誌

北齊 梁子彥墓誌

隋 暴永墓誌

隋 獨孤羅墓誌

隋 高緊墓誌

隋 馬穉墓誌

隋 陶貴墓誌

隋 張伏敬墓誌

隋 張喬墓誌

唐 安元壽墓誌

唐 陳守素妻墓誌

唐 崔湛墓誌

唐 李淑姿墓誌

唐 李修已墓誌

唐 李愍墓誌

唐 牛秀墓誌

唐 石經五經

唐 王僧墓誌

唐 張叡墓誌

槿

【隸書】

西漢 馬•老甲

隋 牛諒墓誌

隋 宋仲墓誌

隋 蘇恒墓誌

【楷書】

唐 燕君妻姜墓誌

唐 楊擇文墓誌

樕

【楷書】

唐 石經五經

樸

【隸書】

西漢 張•522

西漢 張•522

【楷書】

唐 劉政墓誌

櫡

【楷書】

唐 石經五經

樓

【篆書】

唐 長明燈樓頌

【隸書】

秦 睡 91

漢晉 流簡紙

北齊 司馬遵業墓誌

唐 北嶽廟碑

唐 興寺碑

【楷書】

魏晉 樓•紙

晉 黃庭經

北齊 道明墓誌

北周 賀屯植墓誌

隋 蕭翹墓誌
唐 安珍墓誌
唐 崔千里墓誌
唐 斛斯君妻墓誌
唐 李才仁墓誌
唐 李勣墓誌
唐 石經五經
唐 石經五經
唐 亡宮五品墓誌

檑

【楷書】

唐 石經五經

唐 石經五經

樟

【隸書】

唐 龐履温碑

【楷書】

唐 白知禮墓誌

橰

【楷書】

唐 石經五經

【楷書】

三國吴 走•四年

魏晉 樓•紙

南朝陳 劉猛進碑

北魏 寇霄墓誌

東魏 公孫甑生墓誌

隋 樊敬賢造像

隋 樊氏墓誌

唐 樊涚墓誌

唐 李鳳妃墓誌

樊

【篆書】

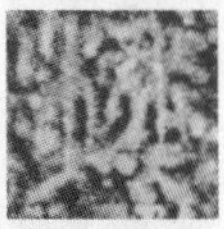

東漢 樊敏碑額

【隸書】

西漢 居新•2215

西漢 居新•4737

東漢 白石神君碑

東漢 禮器碑側

東漢 嗚咽泉題記

晉 華芳墓誌陽

隋 段濟墓誌

隋 劉多墓誌

唐 大忍寺碑

橡

【隸書】

東漢 蒼山元嘉題記

東漢 蒼山元嘉題記

樅

【楷書】

唐 石經五經

唐 鄭憬墓誌

標

【楷書】

唐 石經五經

樛

【隸書】

西漢 習字觚

【楷書】

北魏 元珍墓誌

東魏 馮令華墓誌

唐 董希令墓誌

唐 契苾夫人墓誌

唐 契苾夫人墓誌

唐 石經五經

唐 薛豆盧夫人墓誌

樸

【楷書】

北魏 元朗墓誌

北魏 元新成妃墓誌

唐 石經五經

樂

【篆書】

東漢 徐無令題記

唐 三墳記陽

唐 孫壬林碑額

【隸書】

秦 睡 152

秦 睡 165

秦 關周•病方

西漢 馬•合陰陽

西漢 馬•縱橫

西漢 張•470

西漢 居新•5889

西漢 習字觚

西漢 霍去病墓字

東漢 肥致碑

東漢 華山廟碑陽

東漢 淮源廟碑

東漢 淮源廟碑

東漢 建寧三年殘碑

東漢 孔宙碑陰

東漢 禮器碑

東漢 禮器碑

東漢 禮器碑

東漢 禮器碑陰

東漢 石門頌

東漢 史晨後碑

東漢 史晨後碑

東漢 張壽殘碑

三國魏 張君殘碑

晉 辟雍頌陽

晉 樂生柩記后

北齊 感孝頌

隋 暴永墓誌

隋 馬少敏墓誌

隋 牛諒墓誌

隋 任軌墓誌

隋 宋仲墓誌

隋 蘇恒墓誌

隋 口靜墓誌

隋 元鐘墓誌

隋 張儉及妻墓誌

唐 盧宏及妻墓誌

唐 潘基墓誌

唐 石臺孝經

唐 史思禮墓誌

唐 趙冬曦壙誌

【楷書】

三國吳 走•五年

三國吳 走•五年

北魏 李媛墓誌

北魏 元弼墓誌

北魏 元斅墓誌

北魏 元斅墓誌

北魏 元斅墓誌

北魏 元思墓誌

北齊 竇泰墓誌

東魏 李挺墓誌

東魏 員光造像記

隋 高緊墓誌

隋 王光墓誌

隋 薛保與墓誌

唐 大德超寂墓誌

唐 樊涚墓誌

唐 盧直墓誌

唐 路徹墓誌

唐 石經尚書

唐 石經五經

唐 石經周易

唐 萬壽寺記

唐 趙留四墓誌

檠

【楷書】

唐 石經五經

橑

【楷書】

唐 石經五經

樹

【隸書】

秦 關周·日書

西漢 馬·老子甲後

西漢 馬·縱横

西漢 居新·7518

東漢 西·四時

東漢 池陽令殘碑

東漢 肥致碑

東漢 景君碑陰

東漢 李孟初神祠碑

東漢 楊震碑

東漢 楊著碑陽

東漢 張遷碑陽

三國魏 張君殘碑

晉 辟雍頌陽

晉 魯詮墓表

北周 華嶽頌

隋 爾朱端墓誌

隋 灃水石橋碑

隋 郭王墓誌

隋 申穆及妻墓誌

隋 蕭瑾墓誌

隋 張盛墓誌

唐 董虔運墓誌

唐 李神符碑

唐 龐履温碑

唐 史思禮墓誌

唐 唐直墓誌

唐 王媛墓誌陰

唐 玄元靈應頌

唐 楊孝恭碑

唐 楊孝恭碑

唐 尹尊師碑

【楷書】

晉 魯詮墓表

北魏 郭顯墓誌

北魏 李渠蘭墓誌

北魏 元鸞墓誌

北魏 元維墓誌

隋 □悦昂墓誌

隋 李虎墓誌

隋 明質墓誌

隋 □静墓誌

隋 元鐘墓誌

隋 張喬墓誌

唐 紇干承基墓誌

唐 孔氏墓誌

唐 李招兒墓誌

唐 羅池廟碑

唐 王通墓誌

唐 王玄起墓誌

唐 周敬本墓誌

橋 𣞣

【篆書】

隋 灃水石橋碑額

【隸書】

秦 睡 91

西漢 馬•縱橫

西漢 張•435

西漢 居新•9079

東漢 蒼山元嘉題記

東漢 開通褒斜道

東漢 石門頌

隋 灃水石橋碑

隋 郭休墓誌

樿 𣙥

【楷書】

唐 石經五經

唐 蘭陵蕭氏墓誌

唐 石經五經

唐 鄭逢墓誌

唐 周惠墓誌

樸 𣚍

【隸書】

西漢 居新•2285

兩漢 西•醫藥

唐 石臺孝經

唐 嵩陽觀碑

唐 楊孝恭碑

【楷書】

北魏 蘇屯墓誌

北魏 元順墓誌

隋 張軻墓誌

唐 長孫安墓誌

唐 崔克讓妻墓誌

𣚘

【楷書】

隋 寶輪禪院記

㯋

【楷書】

唐 石經五經

橈 𣚮

【楷書】

唐 馬攸墓誌

唐 石經五經

唐 石經周易

唐 尉遲敬德墓誌

橛

【楷書】

北魏 尉遲氏造像

唐 孔桃栓墓誌

唐 萬壽寺記

樽	樴	檖	榼	橁	樵	檇	

樽

【隸書】

晉 辟雍頌陽

【楷書】

北魏 元子正墓誌

北齊 元賢墓誌

唐 曹欽墓誌

唐 董本墓誌

唐 石經周易

唐 王頠墓誌

唐 吳達墓誌

唐 掌徹墓誌

樴

【楷書】

唐 石經爾雅

唐 石經五經

檖

【楷書】

唐 王詢墓誌

榼

【楷書】

唐 石經五經

橁

【楷書】

唐 石經五經

樵

【隸書】

唐 修定寺記碑

【楷書】

三國吳 走·五年

北魏 鄭道忠墓誌

隋 暴永墓誌

唐 賈令琬墓誌

唐 劉益錢墓誌

唐 石經五經

唐 浯溪記

唐 姚恭墓誌

檇

【楷書】

唐 石經五經

隋 劉寶及妻墓誌

隋 橋紹墓誌

【楷書】

北魏 元純陁墓誌

北齊 竇泰墓誌

北齊 竇泰墓誌

東魏 元湛墓誌

唐 康智墓誌

唐 寇鐫墓誌

唐 無上道誌

唐 楊執一墓誌

樣

【楷書】

唐 曹慶妻祔誌

唐 職名殘石

閻 堅牢塔記

橘

【隸書】

唐 戴令言墓誌

【楷書】

北齊 高僧護墓誌

隋 傅叔墓誌

唐 李智墓誌

唐 臧曄墓誌

機

【篆書】

唐 碧落碑

唐 多寶佛塔銘

唐 三墳記陽

【隸書】

西漢 馬•老子甲後

西漢 張•272

東漢 曹全碑陽

東漢 鮮于璜碑陽

東漢 鮮于璜碑陽

東漢 佐孟機題記

晉 郭槐柩記

晉 魯詮墓表

晉 徐義墓誌陽

北齊 馬天祥造像

北齊 司馬遵業墓誌

北齊 司馬遵業墓誌

北齊 司馬遵業墓誌

東魏 元悰墓誌

隋 豆盧實墓誌

隋 段濟墓誌

隋 高虬墓誌

隋 李元墓誌

隋 劉多墓誌

隋 馬穉墓誌

隋 修孔子廟碑

隋 張儉及妻墓誌

隋 張姜墓誌

唐 李神符碑

唐 柳偘妻墓誌

唐 王震墓誌

【楷書】

北魏 和邃墓誌

北魏 穆亮墓誌

北魏 丘哲墓誌

北魏 檀賓墓誌

東魏 杜文雍造像

北齊 高湝墓誌

隋 范安貴墓誌

隋 任顯及妻誌

隋 王楚英墓誌

隋 楊居墓誌

隋 楊厲墓誌

唐 盧初墓誌

唐 裴裕墓誌

唐 石經五經

唐 石經周易

唐 閻子光合葬

唐 雁塔聖教序

唐 張亮墓誌

唐 張氏夫人墓誌

唐 朱清墓誌

後唐 王璠墓誌

槖

【隸書】

秦 睡50

秦 關周•病方

西漢 張•1201

西漢 張•458

西漢 居新•3952

新莽 西•守御器

東漢 西•寇恩

漢晉 流簡紙

漢晉 流簡紙

櫝

【隸書】

隋 口和墓誌

唐 崔志墓誌

【楷書】

北魏 元維墓誌

東魏 元仲英墓誌

隋 程諧墓誌

隋 吳嚴墓誌

唐 鶱思玄墓誌

唐 西河藺氏墓誌

檣

【楷書】

唐 李昊墓誌

唐 慶公神祠碑

檉

【楷書】

唐 劉密妻崔墓誌

[illegible]

【楷書】

北魏 李端墓誌

北魏 王基墓誌

唐 顏人墓誌

唐 王太真墓誌

唐 武珍妻墓誌

唐 越國太妃墓誌

唐 張亮墓誌

後周 蕭處仁墓誌

櫛

【隸書】

晉 辟雍頌陽

北魏 上尊號碑

唐 蔡君妻墓誌

唐 辛雲京妻墓誌

【楷書】

唐 崔公妻墓誌

唐 李鳳妃墓誌

唐 匹婁淨德墓誌

唐 匹婁思妻墓誌

唐 石經五經

唐 石經五經

樲

【楷書】

唐 石經五經

【楷書】

唐 多寶塔碑

唐 盧子諅妻墓誌

唐 石經五經

唐 韋洞墓誌

檀

【篆書】

唐 多寶佛塔銘

【隸書】

東漢 池陽令殘碑

三國魏 張君殘碑

隋 爾朱端墓誌

隋 馬穉墓誌

隋 蕭瑾墓誌

唐 崔沔墓誌陰

唐 牛氏像龕碑

唐 王震墓誌

唐 張休光墓誌

檕

【楷書】

唐 石經五經

北齊 崔頠墓誌

隋 范安貴墓誌

唐 阿史那貞忠墓誌

檄

【隸書】

西漢 居新•2187

西漢 居新•3602

西漢 居新•7610

西漢 居新•7669

東漢 曹全碑陽

北齊 司馬遵業墓誌

唐 司馬寔墓誌

唐 張叡墓誌

【楷書】

北魏 元馗墓誌

北魏 元昭墓誌

檐

【隸書】

北齊 感孝頌

北齊 感孝頌

唐 大忍寺碑

唐 文宣王廟門碑

【楷書】

北齊 牛景悦記

唐 石經五經

唐 史信墓誌

唐 阿史那貞忠墓誌

唐 多寶塔碑

唐 房孚墓誌

唐 郭超岸墓誌

唐 荊從皐墓誌

唐 李招兒墓誌

唐 石經五經

唐 張安墓誌

後周 蕭處仁墓誌

檢

【隸書】

西漢 居新•313

西漢 居新•7770

西漢 居新•8096

兩漢 西•馬簡

東漢 造土牛碑

隋 豆盧實墓誌

唐 北獄廟碑

唐 高元珪墓誌

唐 史思禮墓誌

【楷書】

北魏 穆紹墓誌

檡

【楷書】

隋 董敬墓誌

唐 石經九經

唐 張騷墓誌

【楷書】

北魏 淨悟浮圖記

北魏 淨悟浮圖記

北魏 檀賓墓誌

北齊 吳洛族造像

東魏 志朗造像

隋 張貴男墓誌

唐 盧子蓍妻墓誌

唐 石經五經

唐 史懷訓墓誌

唐 王豫墓誌

唐 朱簡墓誌

後唐 行鈞塔銘

後周 智堅塔記

檥

【楷書】

北魏 李端墓誌

北齊 朱曇思造塔

檕

【楷書】

唐 石經五經

檗

【楷書】

唐 楊思立墓誌

橚

【隸書】

唐 大忍寺碑

檮

【隸書】

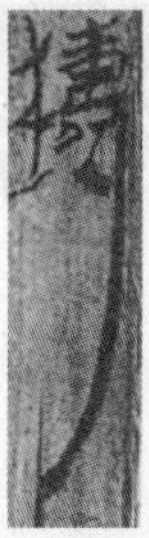
西漢 居新•2181

西漢 居新•2183

【楷書】

三國吳 走•五年

唐 石經五經

唐 石經左傳

檻

【隸書】

西漢 居新•733

唐 寒亭記

唐 修定寺記碑

【楷書】

唐 尼金氏柩銘

唐 石經五經

唐 玄秘塔碑

唐 楊執一墓誌

唐 楊執一墓誌

唐 朱光宙墓誌

檯	櫅	櫂	檵	檿	櫌	櫝	櫖
【楷書】	【楷書】	【楷書】	【楷書】	【楷書】	【楷書】	【隸書】	【楷書】

唐 王端墓誌	唐 劉景嗣墓誌	隋 寧贙墓碑	唐 石經五經	唐 石經五經	唐 石經五經	秦 睡30	唐 石經五經

		唐 石經五經				西漢 張•522	
						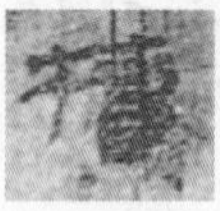	
						西漢 居新•3466	

						唐 李神符碑	

						唐 李彥墓誌	
						【楷書】	

						南朝陳 劉猛進碑	

						唐 高木盧墓誌	

						唐 李仙蕙志	
						【楷書】	

						唐 石經五經	

檻

【楷書】

東魏 檻仟造像

櫬

【隸書】

唐 崔沔墓誌陰

唐 京兆金氏墓誌

唐 張濬墓誌

唐 張翼墓誌

【楷書】

北魏 元楨墓誌

隋 董美人墓誌

唐 劉阿延墓誌

唐 劉通墓誌

唐 馬壽墓誌

櫳

【楷書】

東魏 王令媛墓誌

唐 李君妻田墓誌

櫨

【隸書】

西漢 居新•733

【楷書】

唐 造石仙宮銘

櫪

【楷書】

唐 史懷訓墓誌

櫜

【楷書】

唐 石經五經

櫓

【楷書】

唐 崔植墓誌

唐 盧含墓誌

櫟

【隸書】

西漢 張•239

【楷書】

北魏 元楨墓誌

唐 劉寂墓誌

唐 盧八墓誌

唐 石經五經

唐 嚴識玄墓誌

權

【篆書】

唐 三墳記陰

【隸書】

秦 睡76

秦 睡87

西漢 馬•老乙前

西漢 馬•老乙前

西漢 馬•老子甲後

西漢 馬•事語

西漢 馬•縱橫

東漢 鮮于璜碑陽

東漢 楊統碑陽

東漢 張遷碑陽

晉 石尠墓誌

北齊 感孝頌

北齊 司馬遵業墓誌

北齊 司馬遵業墓誌

隋 豆盧實墓誌

隋 段濟墓誌

隋 郭王墓誌

隋 馬少敏墓誌

隋 任軌墓誌

隋 王榮及妻墓誌

隋 蕭瑾墓誌

隋 楊真墓誌

隋 張儉及妻墓誌

唐 程俊墓誌陰

唐 高元珪墓誌

唐 刻石記

唐 庫狄真相墓誌

唐 唐直墓誌

唐 張滑墓誌

唐 張休光墓誌

唐 張頠墓誌

【楷書】

北魏 李璧墓誌陽

北魏 吳高黎墓誌

北魏 元誨墓誌

北魏 元子直墓誌

北齊 竇泰墓誌

北齊 竇泰墓誌

東魏 劉懿墓誌

北齊 司馬遵業墓誌

隋 郭世昌墓誌

隋 孟孝敏妻墓誌

隋 田光山妻墓誌

隋 王楚英墓誌

隋 蕭餝性墓誌

隋 張伏敬墓誌

唐 車詵墓誌

唐 盧璠墓誌

唐 石經五經

唐 史懷訓墓誌

唐 吳孝墓誌

唐 于士恭墓誌

唐 支成墓誌

唐 朱照墓誌

後唐 王禹墓誌

後梁 謝彥璋墓誌

檽

【楷書】

北魏 元昭墓誌

欄

【隸書】

東漢 造土牛碑

唐 任城橋亭記

唐 修定寺記碑

【楷書】

唐 李賢墓誌

唐 莫義墓誌

唐 司馬元禮墓誌

欒

【隸書】

東漢 曹全碑陽

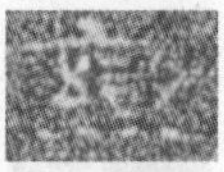
東漢 許安國題記

唐 戴令言墓誌

唐 李貞墓誌

唐 柳偘妻墓誌

唐 辛雲京妻墓誌

【楷書】

北魏 爾朱紹墓誌

唐 祁惠墓誌

唐 契苾夫人墓誌

唐 王之渙墓誌

欑

【楷書】

北魏 常季繁墓誌

北魏 李渠蘭墓誌

唐 李鳳妃墓誌

唐 石經五經

唐 田待墓誌

唐 楊康墓誌

欐

【楷書】

唐 薛巽墓誌

欇

【楷書】

唐 石經五經

欄

【隸書】

隋 默曹殘碑

欀

【楷書】

唐 張登山墓誌

欃

【楷書】

東魏 叔孫固墓誌

東魏 元均及妻墓誌

唐 石經五經

櫻

【楷書】

唐 越國太妃墓誌

欘	
【楷書】	

唐 石經五經	唐 姚弟墓誌

	唐 鄭元璲墓誌

支部

支

【隸書】

秦 睡70

西漢 馬•天下

西漢 馬•天下

西漢 馬•縱橫

西漢 馬•縱橫

西漢 馬•縱橫

西漢 張•665

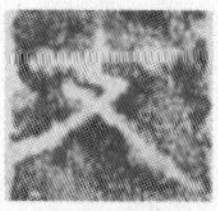
新莽 萊子侯刻石

東漢 嗚咽泉題記

東漢 熹平石經易

東漢 尹宙碑

隋 蕭瑾墓誌

唐 京兆金氏墓誌

唐 修定寺記碑

【楷書】

魏晉 樓•紙

北魏 元昭墓誌

東魏 元寶建墓誌

唐 石經周易

唐 支懷墓誌

唐 支子珪墓誌

攱

【楷書】

東魏 蕭正表墓誌

犬部

犬

【隸書】

秦 睡 12

西漢 馬•合陰陽

西漢 馬•天下

西漢 張•875

西漢 居新•3224

西漢 居新•7458

東漢 乙瑛碑

隋 申穆及妻墓誌

【楷書】

北魏 元瞻墓誌

東魏 元寶建墓誌

隋 明雲騰墓誌

隋 申穆及妻墓誌

唐 楊執一墓誌

犮

【楷書】

唐 石經九經

唐 元振墓誌

犯

【隸書】

秦 睡 51

秦 睡 64

西漢 馬•老乙前

西漢 馬•老乙前

西漢 馬•老乙前

西漢 馬•老乙前

西漢 馬•事語

西漢 居新•5671

西漢 居新•5672

東漢 西•四時

兩漢 武•王杖

東漢 子游殘碑

隋 豆盧實墓誌

唐 王震墓誌

唐 楊孝恭碑

【楷書】

北魏 公孫猗墓誌

北魏 李渠蘭墓誌

北齊 竇泰墓誌

東魏 元悰墓誌

唐 李信墓誌

唐 石經尚書

唐 石經五經

唐 石經周易

唐 楊思立墓誌

狂

【隸書】

秦 睡 196

西漢 馬•老乙前

西漢 馬•事語

西漢 馬•天下

西漢 張•599

兩漢 西•馬簡

東漢 鮮于璜碑陽

東漢 趙寬碑

唐 孔子廟碑

【楷書】

三國吳 走•二年

狂

北魏 穆纂墓誌

唐 李愍墓誌

唐 石經五經

唐 石經五經

犾

【楷書】

北魏 元瞻墓誌

東魏 王偃墓誌

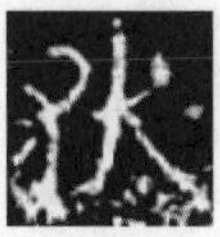
隋 馬長和造像

隋 申穆及妻墓誌

隋 元智妻墓誌

狄

【篆書】

三國魏 正始石經

唐 狄知愻碑額

【隸書】

西漢 張•799

東漢 鮮于璜碑陽

東漢 張遷碑陽

三國魏 受禪碑

三國魏 王基斷碑

隋 澧水石橋碑

唐 庫狄真相墓誌

唐 李貞墓誌

【楷書】

北魏 李蕤墓誌

北魏 元定墓誌

東魏 蔡儁斷碑

北齊 梁子彦墓誌

隋 高緊墓誌

唐 李壽墓誌

唐 盧伯卿墓誌

唐 石經九經

狃

【楷書】

唐 石經五經

唐 張沘墓誌

狁

【隸書】

東漢 尹宙碑

【楷書】

北魏 元朗墓誌

唐 祁惠墓誌

狘

【楷書】

唐 石經五經

狙

【隸書】

北齊 司馬遵業墓誌

【楷書】

唐 李金墓誌

狎

【隸書】

唐 董虔運墓誌

唐 修定寺記碑

【楷書】

北魏 元舉墓誌

北齊 司馬遵業墓誌

隋 張儉及妻墓誌

唐 李玄福墓誌

唐 石經尚書

唐 張叡墓誌

唐 掌徹墓誌

狛

【楷書】

北魏 元朗墓誌

狑

【楷書】

北齊 朱氏等造像

狗

【隸書】

秦 睡 136

秦 關周·病方

西漢 馬·老甲

西漢 馬·老乙

西漢 馬·縱橫

西漢 居新·4012

西漢 西·候官

新莽 西·守御器

漢晉 流簡紙

唐 鄭忠墓碑

【楷書】

三國吳 走·二年

三國吳 走·五年

唐 馬壽墓誌

唐 石經五經

唐 謝通墓誌

狐

【隸書】

西漢 張·875

西漢 居新·3015

西漢 西·馬牘

東漢 樊敏碑

北齊 司馬遵業墓誌

唐 王子麟墓誌

【楷書】

北魏 元維墓誌

北齊 司馬遵業墓誌

隋 姬威墓誌

隋 劉多墓誌

隋 明雲騰墓誌

隋 蕭氏墓誌

隋 張濤妻墓誌

唐 崔暟墓誌陰

唐 馮名墓誌

唐 石經五經

唐 石經左傳

唐 支成墓誌

狔

【隸書】

唐 李彥墓誌

狒

【楷書】

唐 石經五經

狀

【隸書】

秦 睡21

西漢 馬•養生

西漢 張•564

西漢 張•758

西漢 張•783

西漢 居新•1032

西漢 居新•7183

漢晉 流簡紙

東漢 乙瑛碑

隋 李使君墓碑

唐 王震墓誌

唐 修定寺記碑

【楷書】

北魏 楊府君墓誌

北魏 元新成妃墓誌

北魏 元湛墓誌

北齊 暢洛生造像

北齊 爾朱元靜墓誌

北齊 韓山剛造像

北齊 暈禪師造像陽

隋 賈玄贊墓誌

唐 李弘亮墓誌

唐 劉穆墓誌

唐 石經五經

唐 重藏舍利記

閩 堅牢塔記

狊

【楷書】

唐 石經五經

狩

【篆書】

三國魏 正始石經

【隸書】

東漢 華山廟碑陽

東漢 石門頌

東漢 許安國題記

東漢 張遷碑陽

【楷書】

東魏 廉富造像陽

隋 郭寵墓誌

唐 石經周易

狡

【隸書】

秦 睡68

東漢 樊敏碑

東漢 鮮于璜碑陽

東漢 趙寬碑

【楷書】

北魏 王翊墓誌

隋 段威墓誌

隋 張壽墓誌

犭斤

【楷書】

唐 石經九經

猛

【楷書】

唐 石經五經

猘

【楷書】

唐 石經九經

唐 魏公先廟碑

狼

【隸書】

西漢 居新•7542

東漢 禮器碑側

晉 徐義墓誌陽

北齊 司馬遵業墓誌

隋 宋仲墓誌

隋 蕭瑾墓誌

唐 懷古詩刻

【楷書】

東魏 程哲碑

唐 尉遲敬德墓誌

唐 張素墓誌

狶

【楷書】

北魏 元馗墓誌

唐 張士貴墓誌

狷

【隸書】

唐 孔子廟碑

狹

【隸書】

東漢 淮源廟碑

東漢 西狹頌

唐 北獄廟碑

【楷書】

唐 萬壽寺記

唐 王景曜墓誌

唐 嚴識玄墓誌

狻

【楷書】

唐 馮暉墓誌

唐 石經五經

獐

【楷書】

唐 石經五經

猛

【篆書】

東漢 少室石闕銘

【隸書】

西漢 馬•老甲

西漢 居新•7211

兩漢 西•懸檢

東漢 寬以殘碑

東漢 朐忍令碑

東漢 許安國題記

東漢 楊統碑陽

東漢 楊震碑

晉 郭休碑陰

猑

【楷書】

北魏 元恭墓誌

猇

【楷書】

北周 賀屯植墓誌

猗

【隸書】

西漢 居新•3015

東漢 趙菿殘碑

東漢 趙寬碑

晉 管洛墓誌陰

唐 李彥墓誌

唐 楊孝恭碑

【楷書】

晉 華芳墓誌陽

北魏 檀賓墓誌

隋 何氏墓誌

隋 王楚英墓誌

猜

【隸書】

晉 管洛墓誌陰

北齊 司馬遵業墓誌

【楷書】

北魏 元延明墓誌

唐 劉庭訓墓誌

猧

【楷書】

唐 楊知退妻墓誌

猲

【楷書】

北魏 弔比干文陽

唐 梁守謙墓誌

狸

【楷書】

北魏 弔比干文陽

隋 明雲騰墓誌

唐 石經尚書

隋 豆盧實墓誌

唐 李神符碑

唐 修定寺記碑

【楷書】

北魏 元馗墓誌

北魏 元演墓誌

北魏 張寧墓誌

北齊 竇泰墓誌

北齊 竇泰墓誌

隋 口鍾葵墓誌

唐 法玩塔銘

唐 皇甫誕碑

唐 石經尚書

猊

【楷書】

唐 馮暉墓誌

猋 猋

【楷書】

唐 李鳳墓誌

唐 石經九經

猾

【楷書】

隋 王善來墓誌

猾

【篆書】

唐 三墳記陽

【隸書】

東漢 孔宙碑陽

東漢 校官碑

北齊 司馬遵業墓誌

隋 爾朱敞墓誌

唐 崔暟墓誌陽

唐 史思禮墓誌

唐 張頠墓誌

【楷書】

北魏 元壽安墓誌

北齊 司馬遵業墓誌

唐 匹婁思墓誌

唐 韋塤墓誌

猴 猴

【楷書】

東魏 程哲碑

唐 居德寺碑

唐 元伏和墓誌

猥

【楷書】

北魏 劉江女磚誌

北魏 丘哲墓誌

唐 崔璟墓誌

唐 張汪妻墓誌

猲

【隸書】

西漢 張•86

【楷書】

唐 石經五經

猩

【楷書】

唐 石經五經

獀

【楷書】

唐 石經五經

猶

【隸書】

西漢 馬•老甲

西漢 馬•老子甲後

西漢 馬•縱横

西漢 張•1201

西漢 武•服傳甲

東漢 白石神君碑

東漢 池陽令殘碑

東漢 華山廟碑陽

東漢 三老刻石

東漢 尚博殘碑

東漢 張遷碑陽

三國魏 張君殘碑

晉 辟雍頌陽

北魏 上尊號碑

北齊 感孝頌

北齊 司馬遵業墓誌

北齊 西門豹碑陽

隋 豆盧實墓誌

隋 爾朱敞墓誌

隋 澧水石橋碑

隋 默曹殘碑

隋 任顯及妻誌

隋 趙朗墓誌

唐 石臺孝經

唐 楊孝恭碑

【楷書】

北魏 慈慶墓誌

北魏 爾朱紹墓誌

北魏 高珪墓誌

北齊 無量義經

隋 高緊墓誌

隋 馬少敏墓誌

隋 張濤妻墓誌

唐 崔千里墓誌

唐 李壽墓誌

唐 盧萬春墓誌

唐 騫思玄墓誌

唐 石經周易

唐 重藏舍利記

猱

【楷書】

唐 董惟靖墓誌
唐 李鳳墓誌
唐 石經五經
唐 石經五經

獒

【楷書】

唐 石經尚書
唐 石經五經

獻

【楷書】

唐 張去奢墓誌
唐 張士貴墓誌

猿

【隸書】

北齊 法懃塔銘
隋 豆盧實墓誌
唐 蘇洪姿墓誌

【楷書】

南朝宋 石驌銘
北周 步孤須蜜多墓誌
唐 張安墓誌
唐 張信墓誌
唐 支懷墓誌
後梁 謝彥璋墓誌

猷

【隸書】

西漢 馬•老乙前
西漢 馬•老子甲後
西漢 張•710
東漢 鮮于璜碑陽
北周 華嶽頌
北周 華嶽頌
隋 高虬墓誌
隋 郭達墓誌
隋 姬威墓誌
隋 李元墓誌

隋 宋景造像碑
隋 謝岳墓誌
隋 鄭令妃墓誌
唐 褚亮碑
唐 關道愛墓誌
唐 李神符碑
唐 李彥墓誌
唐 譚伍墓誌
唐 譚伍墓誌

【楷書】

北魏 和醜仁墓誌

北魏 李渠蘭墓誌
北魏 宋虎墓誌
北魏 王蕃墓誌
北魏 元禮之墓誌
北魏 元詮墓誌
北魏 元順墓誌
北魏 元頊墓誌
北魏 元乂墓誌
北齊 道明墓誌
北周 高妙儀墓誌

北齊 高湝墓誌
東魏 侯海墓誌
隋 姬威墓誌
隋 李虎墓誌
隋 田德元墓誌
隋 王弘墓誌
隋 元鐘墓誌
隋 諸葛子恆碑
唐 崔琪墓誌
唐 崔芑合祔誌

唐 師弘禮墓誌

唐 石經尚書

唐 尉遲敬德墓誌

唐 荀懷節墓誌

唐 周藻墓誌

獋

【楷書】

唐 石經九經

獄

【隸書】

秦 睡 93

西漢 張•136

西漢 張•608

西漢 居新•7325

西漢 居新•8096

東漢 薌他君題記

晉 石尠墓誌

北魏 王基墓誌

隋 爾朱敞墓誌

隋 澧水石橋碑

唐 王晉俗墓誌

【楷書】

魏晉 樓•紙

魏晉 樓•紙

北魏 元寧墓誌

北齊 三十五佛名

東魏 元湛墓誌

唐 崔湛墓誌

唐 韓玄墓誌

唐 劉珵墓誌

唐 石經周易

獛

【楷書】

唐 郭阿獛墓誌

獎

【隸書】

北齊 法懃塔銘

北齊 司馬遵業墓誌

唐 闞道愛墓誌

唐 張叡墓誌

唐 張翼墓誌

【楷書】

北魏 劉根造像記

北魏 檀賓墓誌

北齊 高淯墓誌

唐 包筠墓誌

唐 公祠靈泉記

唐 賈雄墓誌

唐 李紳墓誌

唐 能政墓誌

唐 契苾夫人墓誌

唐 秦寶墓誌

唐 王叔寧墓誌

唐 宗夫人墓誌

後唐 毛璋墓誌

後唐 毛璋妻墓誌

獠

【楷書】

唐 程知節墓誌

唐 盧璠墓誌

唐 石經五經

獝

【楷書】

唐 石經五經

獘

【楷書】

唐 石經五經

獪

【楷書】

唐 麻姑仙壇記

獲

【隸書】

秦 睡 106

西漢 馬•老子甲後

西漢 馬•老子甲後

西漢 馬•養生

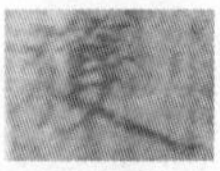
西漢 居新•6554

漢晉 流簡紙

東漢 曹全碑陽

東漢 曹全碑陽

東漢 孔宏碑

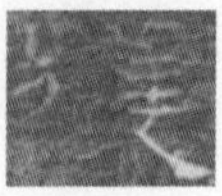
東漢 禮器碑

東漢 史晨前碑

東漢 熹平殘石

東漢 楊震碑

三國魏 王基斷碑

三國魏 王基斷碑

隋 姬威墓誌

隋 李元墓誌

唐 史思禮墓誌

【楷書】

北魏 元朗墓誌

北魏 元珍墓誌

北齊 僧靜明造像

東魏 王僧墓誌

北齊 趙桃椒妻造像

唐 崔徹墓誌

唐 李敬墓誌

唐 李推賢墓誌

唐 林寺戒壇銘

唐 石經五經

唐 石經周易

唐 石經周易

唐 嬰簃女墓誌

唐 執失善光

獶

【楷書】

唐 石經五經

獩	獥	犭與	獫				獨
【楷書】	【楷書】	【楷書】	【隸書】	北魏 元演墓誌	隋 鄭令妃墓誌	東漢 張遷碑陽	【隸書】
唐 李勣墓誌	唐 石經五經	隋 盧旋芷墓誌	東漢 尹宙碑	北齊 竇泰墓誌	唐 李神符碑	東漢 鄭固碑	秦 睡240
		唐 郭五墓誌	【楷書】	唐 楊智積墓誌	唐 韋士逸墓誌	三國魏 王基斷碑	秦 睡28
		唐 武珍妻墓誌	北魏 元朗墓誌	隋 元鐘墓誌	唐 楊孝恭碑	北齊 感孝頌	西漢 馬•老子甲後
			北魏 元昭墓誌	唐 陸英墓誌	唐 楊孝恭碑	隋 爾朱敞墓誌	西漢 張•663
			北齊 竇泰墓誌	唐 苗善物墓誌	【楷書】	隋 爾朱敞墓誌	西漢 張•693
			唐 郭克全墓誌	唐 慕容宣徹墓誌	北魏 寇憑墓誌	隋 關明墓誌	兩漢 西•醫藥
			唐 荊從皐墓誌	唐 齊子墓誌	北魏 穆亮妻墓誌	隋 劉賓及妻墓誌	東漢 禮器碑
			唐 慶公神祠碑	唐 石經周易	北魏 吐谷渾璣墓誌	隋 蘇恒墓誌	東漢 孟孝琚碑
			唐 石經五經	唐 鄭訢墓誌	北魏 元敷墓誌	隋 張景略墓誌	東漢 孟孝琚碑
					北魏 元思墓誌		東漢 熹平石經易

獸

【隸書】

秦 睡12

秦 睡243

西漢 馬•老甲

西漢 馬•老子甲後

西漢 馬•十問

西漢 武•特牲甲

東漢 淮源廟碑

北齊 感孝頌

唐 修定寺記碑

【楷書】

北魏 公孫猗墓誌

唐 毗伽特勤墓誌

唐 石經五經

唐 孫師歧墓誌

唐 朱庭瑾墓誌

東魏 李憲墓誌

北齊 婁黑女墓誌

隋 段威墓誌

隋 王衮墓誌

唐 王頒墓誌

隋 張波墓誌

唐 曹琳墓誌

唐 丁範墓誌

唐 高德墓誌

唐 李訥妃墓誌

獵

【隸書】

秦 睡51

西漢 武•泰射甲

北齊 司馬遵業墓誌

隋 蕭瑾墓誌

唐 修定寺記碑

唐 植松柏碑

【楷書】

北魏 高廣墓誌

北魏 元徽墓誌

北魏 元誨墓誌

北魏 元茂墓誌

唐 祁府君墓誌

唐 張士貴墓誌

唐 臧懷亮墓誌

獯

【隸書】

隋 段濟墓誌

隋 姬威墓誌

【楷書】

北魏 元顥墓誌

唐 李修已墓誌

唐 劉府君墓誌

隋 范安貴墓誌

唐 寇洋墓誌

唐 紇干承基墓誌

唐 劉德墓誌

獷

【楷書】

隋 段威墓誌

唐 石經五經

唐 張士陵墓誌

獮

【楷書】

唐 石經五經

北魏 元廞墓誌

北齊 竇泰墓誌

北齊 高湝墓誌

隋 成公氏墓誌

隋 寇奉叔墓誌

唐 陳皆墓誌

唐 劉庭訓墓誌

唐 劉延壽墓誌

唐 路陽及妻墓誌

唐 南玄暕墓誌

唐 石經尚書

唐 石經尚書

唐 王感墓誌

唐 王公墓誌

後梁 惠光舍利塔銘

後唐 孫拙墓誌

獺𤢹

【隸書】

唐 植松柏碑

【楷書】

唐 石經五經

獻𤟬

【篆書】

東魏 元湛誌蓋

【隸書】

西漢 馬•縱横

西漢 馬•縱横

西漢 馬•縱横

東漢 朝侯小子碑

東漢 從事馮君碑

東漢 史晨後碑

東漢 鮮于璜碑陽

晉 辟雍頌陽

晉 辟雍頌陽

晉 郭休碑陰

北齊 司馬遵業墓誌

北齊 西門豹碑陽

隋 郭達墓誌

隋 蕭瑾墓誌

唐 崔祐甫墓誌

唐 李神符碑

唐 劉慎墓誌

【楷書】

晉 洛神十三行

北魏 元弘嬪侯墓誌

北魏 元文墓誌

北齊 竇泰墓誌

北齊 高湝墓誌

東魏 元寶建墓誌

隋 王善來墓誌

唐 段瓊墓誌

唐 馮審中墓誌

唐 迴紇瓊墓誌

唐 盧萬春墓誌

唐 盧翊墓誌

唐 石經五經

唐 尉遲敬德墓誌

唐 顔惟貞廟碑

後漢 祭瀆記

獼

【楷書】

唐 杜儼造經幢

唐 敬能經幢

玁

【楷書】

隋 王善來墓誌

玃玃

【楷書】

唐 紇干承基墓誌

歹部

死𣦸

【篆書】

唐 三墳記陽

【隸書】

秦 睡120

秦 睡13

秦 睡134

秦 睡190

秦 睡52

秦 關周•日書

西漢 馬•老乙前

西漢 馬•老子甲後

西漢 馬•十問

西漢 馬•縱橫

西漢 張•114

西漢 張•737

西漢 張•810

西漢 居新•3492

西漢 居新•3603

西漢 居新•7676

西漢 居新•7677

兩漢 西•馬簡

漢晉 流簡紙

漢晉 流簡紙

東漢 朝侯小子碑

東漢 建寧三年殘碑

東漢 史晨前碑

東漢 宋伯望買田券正

東漢 延熹三年記

東漢 乙瑛碑

東漢 永平四年記

東漢 趙寬碑

北魏 上尊號碑

隋 馬穉墓誌

隋 蘇恒墓誌

唐 紀信墓碑

唐 李神符碑

唐 石臺孝經

唐 史思禮墓誌

唐 韋士逸墓誌

唐 尹尊師碑

【楷書】

三國吳 走•二年

三國吳 浩宗買地券

晉 華芳墓誌陰

晉 華芳墓誌陰

晉 黃庭内景經

北魏 爾朱襲墓誌

北魏 薛慧命墓誌

北齊 竇泰墓誌

東魏 法香建塔記

東魏 惠好等造像

北周 李明顯造象

北周 盧蘭墓誌

北齊 三十五佛名

唐 阿史那貞忠墓誌

唐 李密墓誌

唐 李昕墓誌

唐 石經尚書

唐 石經五經

唐 石經周易

殀

【隸書】

東漢 從事馮君碑

唐 崔暟墓誌陰

唐 修定寺記碑

【楷書】

唐 崔眾甫誌蓋

唐 盧梵兒墓誌

殁

【隸書】

東漢 伯興妻殘碑

東漢 朝侯小子碑

東漢 景君碑陽

東漢 請雨銘

東漢 朐忍令碑

東漢 行事渡君碑

晉 郛休碑陽

北齊 西門豹碑陽

隋 郭達墓誌

隋 張盛墓誌

唐 陳憲墓誌

唐 豆盧建墓誌

唐 盧行毅墓誌

唐 王媛墓誌陽

唐 朱君妻王墓誌

【楷書】

北魏 元懷墓誌

北齊 報德像碑

東魏 南宗和尚塔銘

北周 時珍墓誌

北齊 宇文誠墓誌

隋 卜鑒墓誌

隋 姬威墓誌

隋 王楚英墓誌

唐 段淙墓誌

唐 寇塄墓誌

唐 沈中黃墓誌

唐 師全介墓誌

唐 蘇斌墓誌

唐 孫君妻李墓誌

唐 王海朝墓誌

唐 嬰殤女墓誌

唐 張氏墓誌

後梁 崔崇素墓誌

殃

【隸書】

東漢 公乘田魴記

東漢 熹平石經易

【楷書】

晉 華芳墓誌陰

北魏 弔比干文陽

北魏 吳光墓誌

唐 石經周易

唐 石經周易

唐 王則墓誌

殂

【隸書】

唐 趙叡沖碑

【楷書】

唐 慕容瑾墓誌

唐 石經尚書

唐 趙留四墓誌

殄

【隸書】

西漢 居新•2159

西漢 居新•2660

西漢 居新•5225

西漢 居新•8805

漢晉 流簡紙

東漢 楊叔恭殘碑

晉 辟雍頌陽

隋 豆盧實墓誌

隋 口和墓誌

唐 北嶽廟碑

唐 史思禮墓誌

唐 義福碑陰

【楷書】

北魏 元悌墓誌

東魏 叔孫固墓誌

唐 阿史那貞忠墓誌

唐 程思義墓誌

唐 石經尚書

唐 石經五經

唐 蘇日榮墓誌

殑

【楷書】

唐 王元明經幢

北魏 王基墓誌

北齊 竇泰墓誌

隋 范安貴墓誌

唐 那提墓誌

唐 吴守忠墓誌

隋 豆盧實墓誌

隋 宋景造像碑

唐 北獄廟碑

唐 紀信墓碑

唐 石臺孝經

唐 史思禮墓誌

唐 楊孝恭碑

唐 尹尊師碑

唐 趙冬曦壙誌

【楷書】

晉 黃庭内景經

殊

【隸書】

西漢 馬•縱横

西漢 居新•2214

東漢 西文書

東漢 曹全碑陽

東漢 肥致碑

東漢 許安國題記

東漢 楊統碑陽

晉 辟雍頌陽

北齊 鏤石班經記

北齊 西門豹碑陽

殉

【隸書】

唐 張休光墓誌

【楷書】

北周 盧蘭墓誌

唐 袁秀巖墓誌

殈

【楷書】

後唐 王禹墓誌

【楷書】

北魏 元瞻墓誌

唐 崔惟悌墓誌

唐 清河張氏墓誌

唐 孫嗣初妻墓誌

殆

【隸書】

兩漢 西•馬簡

兩漢 西•馬簡

東漢 肥致碑

東漢 鄐閣頌

隋 豆盧實墓誌

唐 八都壇碑

唐 倪彬墓誌

唐 石臺孝經

唐 王震墓誌

唐 張顏墓誌

殍

【楷書】

唐 黎幹墓誌

殘

【隸書】

西漢 馬•老乙前

西漢 馬•縱橫

西漢 馬•縱橫

兩漢 西•羌律

東漢 曹全碑陽

東漢 曹全碑陽

東漢 石門頌

東漢 石門頌

東漢 趙寬碑

隋 豆盧實墓誌

隋 豆盧實墓誌

唐 北獄廟碑

唐 京兆金氏墓誌

唐 龐履温碑

【楷書】

北魏 楊府君墓誌

北魏 元靈曜墓誌

北周 華嶽頌

唐 房有非及妻墓誌

唐 郭五墓誌

唐 石經尚書

唐 石經五經

唐 蕭公夫人墓誌

唐 閻肇墓誌

唐 張洛墓誌

唐 張逸墓誌

殖

【隸書】

西漢 馬•老乙前

西漢 馬•天下

東漢 淮源廟碑

東漢 張壽殘碑

晉 呂望表

隋 郭王墓誌

隋 牛諒墓誌

唐 北獄廟碑

唐 李貞墓誌

【楷書】

北魏 穆亮墓誌

北魏 元顥平妻墓誌

唐 崔揆母墓誌

唐 龍泉記

唐 石經尚書

唐 石經五經

唐 王協墓誌

唐 張安墓誌

[illegible]

【楷書】

隋 張業墓誌

[illegible]

【楷書】

北魏 元朗墓誌

殔 𣩸

【隸書】

唐 崔沔墓誌陰

【楷書】

唐 鄭宇墓誌

殛 𣩫

【隸書】

唐 告華嶽府君

唐 植松柏碑

【楷書】

唐 秦君夫人墓誌

唐 石經九經

唐 石經尚書

唐 宋伯康墓誌

殞

【篆書】

唐 碧落碑

【隸書】

東漢 張遷碑陽

唐 高元珪墓誌

唐 柳偘妻墓誌

唐 楊孝恭碑

【楷書】

北魏 寇治墓誌

北魏 檀賓墓誌

北魏 吐谷渾璣墓誌

北魏 元斆墓誌

隋 王楚英墓誌

唐 竇真墓誌

唐 秦進儀墓誌

唐 王協墓誌

後周 王進威墓誌

殣 𣪘

【隸書】

東漢 鮮于璜碑陽

【楷書】

唐 李皐墓誌

唐 李正卿墓誌

唐 石經九經

唐 楊執一墓誌

殤 𣩡

【隸書】

秦 睡 245

西漢 武•服傳甲

西漢 武•服傳甲

隋 豆盧實墓誌

【楷書】

北魏 丘哲墓誌

北魏 元維墓誌

唐 石經五經

唐 王容墓誌

唐 王協墓誌

殪 𣪒

【楷書】

北周 時珍墓誌

隋 范安貴墓誌

唐 柳昱墓誌

殫 𣩠

【隸書】

東漢 舉孝廉殘碑

唐 李彦墓誌

唐 劉粲墓誌

【楷書】

北齊 高淯墓誌

隋 段模墓誌

唐 崔元二墓誌

唐 封温墓誌

唐 李道因墓誌

唐 李護墓誌

唐 李愍墓誌

殭

【楷書】

唐 僧突墓誌

殮

【隸書】

北魏 翟普林造像

【楷書】

唐 阿史那貞忠墓誌

唐 苗弘本墓誌

斃 斃

【隸書】

北齊 司馬遵業墓誌

唐 崔暟墓誌陽

唐 劉粲墓誌

【楷書】

北魏 元暐墓誌

唐 董惟靖墓誌

唐 蘇恩妻墓誌

唐 徐承嗣墓誌

殯 殯

【隸書】

東漢 張遷碑陽

北齊 法懃塔銘

隋 郭王墓誌

隋 馬穉墓誌

隋 王榮及妻墓誌

隋 張儉及妻墓誌

唐 庫狄真相墓誌

唐 辛雲京妻墓誌

【楷書】

晉 華芳墓誌陰

南朝陳 劉猛進碑

北魏 吳高黎墓誌

北魏 元彝墓誌

唐 樊康墓誌

唐 毌丘令恭墓誌

唐 李鳳妃墓誌

唐 明希晉墓誌

唐 王凝華墓誌

唐 薛剛墓誌

唐 薛文昭墓誌

唐 張叡墓誌

唐 周義墓誌

殲 殲

【隸書】

東漢 王舍人碑

東漢 夏承碑

隋 姬威墓誌

隋 口和墓誌

唐 北獄廟碑

唐 北獄廟碑

唐 董虔運墓誌

唐 劉粲墓誌

唐 張休光墓誌

【楷書】

北魏 叔孫協墓誌

北魏 吐谷渾璣墓誌

北魏 王普賢墓誌

北魏 元斆墓誌

隋 橋紹墓誌

唐 杜君妻墓誌

唐 蓋氏墓誌

唐 九品亡宮墓誌

唐 李延合祔誌

唐 石經五經

唐 尉遲敬德墓誌

戈部

戈

【隸書】

秦 睡168

隋 馬穉墓誌

隋 橋紹墓誌

隋 宋仲墓誌

唐 史思禮墓誌

唐 史思禮墓誌

唐 楊孝恭碑

唐 張休光墓誌

【楷書】

北魏 元誘墓誌

北齊 竇泰墓誌

唐 索崇墓誌

戊

【隸書】

秦 睡113

秦 睡140

秦 關周•曆譜

西漢 居新•2115

西漢 居新•7541

西漢 居新•7597

兩漢 西•馬簡

漢晉 流簡紙

漢晉 流簡紙

漢晉 流簡紙

漢晉 流簡紙

東漢 曹全碑陽

東漢 曹全碑陽

東漢 李冰石像銘

東漢 宋伯望買田券正

東漢 孫仲隱墓刻

東漢 陶洛殘碑陽

東漢 薌他君題記

東漢 許安國題記

北魏 涿縣磚刻

隋 任軌墓誌

隋 任顯及妻誌

唐 刻石記

【楷書】

南朝梁 陳寶齊造像

北魏 耿壽姬墓誌

北魏 王蕃墓誌

北魏 元敷墓誌

北魏 元嵩墓誌

北魏 元湛墓誌

東魏 曹全造像

隋 封依德墓誌

隋 馬少敏墓誌

唐 崔師墓誌

唐 李承乾墓誌

唐 李謂墓誌

唐 盧八墓誌

唐 石經尚書

唐 魏處旻造像

戍

【楷書】

唐 石經五經

戎

【隸書】

秦 睡62

秦 關周•日書

西漢 馬•老甲

西漢 馬•老乙前

西漢 居新•3947

西漢 居新•5551

漢晉 流簡紙

東漢 孔宙碑陽

東漢 鮮于璜碑陰

東漢 張遷碑陽

三國魏 受禪碑

晉 辟雍頌陽

晉 辟雍頌陽

北齊 司馬遵業墓誌

隋 豆盧實墓誌

隋 姬威墓誌

隋 李使君墓碑

唐 高嶸墓誌

唐 張翼墓誌

【楷書】

南朝宋 石驅銘

北周 盧蘭墓誌

東魏 元均及妻墓誌

隋 暴永墓誌

隋 段威墓誌

唐 崔延墓誌

唐 崔載墓誌

唐 石經九經

唐 石經尚書

唐 石經尚書

唐 石經周易

戊

【篆書】

東漢 袁敞殘碑

【隸書】

秦 睡104

秦 睡140

秦 關周•曆譜

西漢 張•13

西漢 居新•2503

西漢 居新•4378

西漢 居新•7515

漢晉 流簡紙

東漢 桓吞食堂記

東漢 三老刻石

東漢 王暉石棺銘

東漢 造土牛碑

北魏 涿縣磚刻

隋 侯肇墓誌

隋 任軌墓誌

唐 史思禮墓誌

【楷書】

南朝梁 陳寶齊造像

北魏 耿壽姬墓誌

北魏 侯剛墓誌

北魏 慧雙造像

北魏 寇猛墓誌

北魏 寇慰墓誌

北魏 盧令媛墓誌

北魏 冗從僕射記

北魏 王神虎造像

北魏 元鑒墓誌

北魏 涿縣磚刻

北齊 崔棠造像

西魏 合邑造像記

西魏 介媚光造像

東魏 劉目蓮造像

北齊 婁黑女墓誌

北齊 歐伯羅造像

東魏 王惠略造像

北齊 張景暈造像

隋 鄧州塔銘

隋 賈玄贊墓誌

隋 李頒萬造像

隋 馬少敏墓誌

隋 姚太墓誌

唐 安度墓誌

唐 崔師墓誌

唐 賈欽惠墓誌

唐 李壽墓誌

成

【隸書】

秦 睡52

西漢 馬•縱橫

西漢 張•165

西漢 張•207

西漢 居新•5395

西漢 居新•7344

【楷書】

北魏 張寧墓誌

唐 石經五經

成

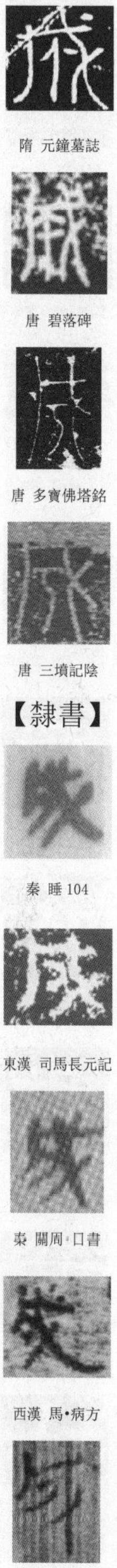

【篆書】

隋 元鐘墓誌

唐 碧落碑

唐 多寶佛塔銘

唐 三墳記陰

【隸書】

秦 睡104

東漢 司馬長元記

秦 關周 口書

西漢 馬•病方

西漢 馬•合陰陽

西漢 馬•老乙

西漢 馬•老子甲後

西漢 馬•縱橫

西漢 張•1037

西漢 張•469

西漢 居新•4940

西漢 居新•5543

西漢 西•詔書

西漢 西•奏書

漢晉 流簡紙

漢晉 流簡紙

漢晉 流簡紙

西漢 買山地記

東漢 蒼山元嘉題記

東漢 桓孨食堂記

東漢 景君碑陰

東漢 景君碑陰

東漢 劉熊碑

東漢 馬姜墓記

東漢 任城黃腸石

東漢 任城黃腸石

東漢 三老石堂記

東漢 石門頌

東漢 田文成題記

東漢 西狹頌

東漢 熹平石經易

東漢 鮮于璜碑陽

東漢 許安國題記

東漢 楊著碑陽

東漢 乙瑛碑

東漢 造土牛碑

東漢 張文思題記

晉 成晃碑額

晉 郭槐柩記

北齊 竇泰墓誌

北齊 竇泰墓誌

北齊 馬天祥造像

北齊 馬天祥造像

隋 段濟墓誌

隋 爾朱敞墓誌

隋 爾朱端墓誌

隋 默曹殘碑

隋 任軌墓誌

隋 任顯及妻誌

隋 蘇恒墓誌

隋 修孔子廟碑

隋 趙朗墓誌

唐 褚亮碑

唐 石臺孝經

唐 楊孝恭碑

唐 趙冬曦壙誌

【楷書】

北魏 成氏墓誌

北魏 寇演墓誌

北魏 元宥墓誌

北魏 鄭君妻墓誌

北齊 無量義經

隋 曹海凝墓誌

隋 姬威墓誌

隋 賈玄贊墓誌

隋 寇遵考墓誌

隋 王楚英墓誌

唐 李景陽墓誌

唐 石經周易

戒

【隸書】

秦 睡 87

西漢 馬•養生

西漢 張•1063

西漢 張•780

西漢 武•有司甲

東漢 西•文書

東漢 西•文書

東漢 觀音廟殘碑

東漢 石門頌

東漢 乙瑛碑

東漢 乙瑛碑

北周 華嶽頌

隋 宋景造像碑

隋 張姜墓誌

唐 盧君妻墓誌

唐 興寺碑

唐 楊孝恭碑

【楷書】

晉 華芳墓誌陰

北魏 王元詳題記

北魏 姚伯多供養碑

北魏 元[九道]墓誌

北魏 元詮墓誌

東魏 南宗和尚塔銘

東魏 南宗和尚塔銘

北齊 三十五佛名

唐 石經尚書

唐 石經周易

唐 思恆墓誌

唐 張仁墓誌

我

【篆書】

三國魏 正始石經

【隸書】

秦 睡 255

西漢 馬•老甲

西漢 馬•老乙

西漢 馬•老乙前

西漢 馬•縱橫

西漢 馬•縱橫

西漢 張•1071

西漢 張•1074

東漢 華山廟碑陽

東漢 建寧三年殘碑

東漢 景君碑陽

東漢 孔宙碑陽

新莽 禳盜刻石

東漢 三公山碑

東漢 鮮于璜碑陽

東漢 楊震碑

東漢 楊著碑陽

東漢 圉令趙君碑

東漢 張遷碑陽

東漢 鄭固碑

東漢 子游殘碑

三國魏 曹真殘碑陽

三國魏 王基斷碑

北涼 渠安周造像

隋 郭休墓誌

隋 默曹殘碑

隋 默曹殘碑

隋 張景略墓誌

唐 夫子廟堂碑

唐 高元珪墓誌

唐 刻石記

唐 史思禮墓誌

唐 楊孝恭碑

唐 朱君妻王墓誌

【楷書】

三國吳 走•五年

魏晉 樓•紙

北魏 寇憑墓誌

北魏 于仙墓誌

東魏 叔孫固墓誌

北齊 無量義經

隋 橋紹墓誌

隋 宋玉艷墓誌

唐 崔琪墓誌

唐 契苾夫人墓誌

唐 石經尚書

唐 石經五經

唐 石經周易

或

【篆書】

唐 多寶佛塔銘

【隸書】

秦 睡 27

西漢 馬•老甲

西漢 馬•老乙

西漢 馬•老乙前

西漢 馬•老乙前

西漢 馬•老乙前

西漢 馬•老子甲後

西漢 張•125

西漢 張•624

西漢 居新•1523

西漢 居新•7765

漢晉 流簡紙

東漢 白石神君碑

東漢 景君碑陽

東漢 石門頌

東漢 熹平石經易

北齊 司馬遵業墓誌

隋 郭休墓誌

隋 郭休墓誌

隋 宋景造像碑

隋 王榮及妻墓誌

唐 石臺孝經

唐 趙冬曦壙誌

【楷書】

魏晉 樓•紙

北魏 馮季華墓誌

北魏 李遵墓誌

北魏 元寧墓誌

北魏 元子正墓誌

北齊 竇泰墓誌

隋 董敬墓誌

隋 元鐘墓誌

隋 張怦墓誌

唐 宮官司設墓誌

唐 宮官司設墓誌

唐 賈令琬墓誌

唐 李瓛墓誌

唐 李瓛墓誌

唐 李景陽墓誌

唐 石經尚書

唐 石經五經

唐 石經周易

唐 孫嗣初妻墓誌

唐 蕭公夫人墓誌

唐 楊佰隴墓誌

戔

【楷書】

唐 石經周易

戕

【隸書】

唐 崔暟墓誌陽

【楷書】

唐 陳雅妻墓誌

唐 石經五經

戜

【隸書】

唐 北獄廟碑

戞

【楷書】

唐 石經尚書

唐 石經尚書

唐 石經五經

唐 鄭氏子墓誌

戚

【篆書】

三國魏 正始石經

【隸書】

西漢 馬•老子甲後

西漢 馬•事語

西漢 西•律令

東漢 楊統碑陽

北齊 感孝頌

隋 劉寶及妻墓誌

隋 蕭瑾墓誌

隋 張儉及妻墓誌

唐 京兆金氏墓誌

唐 龐履温碑

唐 石臺孝經

唐 史思禮墓誌

唐 楊孝恭碑

【楷書】

北魏 侯剛墓誌

北魏 侯剛墓誌

北魏 李渠蘭墓誌

北魏 元彬墓誌

北魏 元誨墓誌

北魏 元朗墓誌

北魏 元靈曜墓誌

北魏 元始和墓誌

北魏 元思墓誌

北魏 元文墓誌

北魏 張寧墓誌

北齊 竇泰墓誌

北齊 婁黑女墓誌

隋 梁瓌墓誌

隋 蕭紡性墓誌

隋 徐氏墓誌

隋 張虔墓誌

唐 崔齊榮墓誌

唐 高漆娘墓誌

唐 賈令珪墓誌

唐 李仙蕙志

唐 脩多羅墓誌

唐 陽濟妻墓誌

唐 支懷墓誌

後唐 張滌妻高墓誌

戡

【隸書】

唐 嵩陽觀碑

唐 王崇禮墓誌

【楷書】

唐 李勣墓誌

唐 石經尚書

唐 石經五經

唐 趙安墓誌

唐 支成墓誌

戟

【隸書】

西漢 馬•天下

西漢 居新•992

三國吴 走•五年

隋 段濟墓誌

隋 姬威墓誌

【楷書】

北魏 元子直墓誌

北齊 竇泰墓誌

北周 匹婁歡墓誌

隋 寧贙墓碑

唐 阿史那貞忠墓誌

隋 段濟墓誌

隋 爾朱端墓誌

唐 辛雲京妻墓誌

唐 朱崇慶墓誌

【楷書】

北魏 侯剛墓誌

北魏 李蕤墓誌

北魏 元颺墓誌

東魏 王蓋周造像

隋 張壽墓誌

唐 崔公妻墓誌

兩漢 西•馬簡

漢晉 流簡紙

東漢 白石神君碑

東漢 曹全碑陰

東漢 樊敏碑

東漢 熹平石經易

東漢 鮮于璜碑陽

東漢 楊統碑陽

二國魏 五官掾功碑

晉 郭槐柩記

臧

【篆書】

唐 臧懷亮誌蓋

【隸書】

秦 睡46

西漢 馬•合陰陽

西漢 馬•老乙前

西漢 馬•老子甲後

西漢 馬•十問

西漢 馬•十問

西漢 張•1091

西漢 張•116

東漢 西•寇恩

截

【隸書】

東漢 石門頌

隋 鄭令妃墓誌

【楷書】

魏晉 樓•紙

魏晉 樓•紙

北齊 元賢墓誌

唐 田仁墓誌

戣

【隸書】

唐 高元珪墓誌

【楷書】

唐 潘衡墓誌

唐 石經五經

戠

【楷書】

北齊 牛永福造像

北齊 許儁等造像

戢

【隸書】

東漢 曹全碑陽

東漢 朝侯小子碑

東漢 樊敏碑

【楷書】

北魏 侯愔墓誌

隋 暴永墓誌

唐 董本墓誌

唐 韓長墓誌

唐 石經五經

唐 楊君妻孫墓誌

唐 鄭中基墓誌

唐 石經五經

唐 石經五經

唐 楊昇墓誌

唐 姚恭墓誌

唐 崔孝昌墓誌

唐 李弘亮墓誌

唐 李松墓誌

唐 劉智墓誌

唐 盧直墓誌

唐 石浮圖銘

唐 石經五經

唐 石經周易

唐 惟貞廟碑陽

唐 朱齊之墓誌

戠

【隸書】

唐 張翼墓誌

【楷書】

北魏 和邃墓誌

唐 劉君妻王墓誌

唐 石經五經

後梁 崔崇素墓誌

戭

【楷書】

唐 石經五經

戮

【隸書】

東漢 楊統碑陽

唐 大忍寺碑

唐 李彥墓誌

唐 史思禮墓誌

唐 修定寺記碑

【楷書】

北魏 乞伏寶墓誌

北魏 張安姬墓誌

北齊 竇泰墓誌

北齊 竇泰墓誌

唐 崔紹墓誌

唐 李瑱墓誌

唐 石經尚書

唐 石經五經

唐 王素墓誌

唐 朱光宙墓誌

唐 朱瞻墓誌

戰

【篆書】

三國魏 正始石經

【隸書】

秦 睡 52

秦 關周•日書

西漢 馬•老子甲後

西漢 馬•縱横

西漢 張•1053

西漢 張•682

東漢 曹全碑陽

東漢 楊統碑陽

東漢 趙寬碑

三國魏 王基斷碑

晉 郛休碑陰

晉 魯詮墓表

唐 北嶽廟碑

唐 劉慎墓誌

唐 石臺孝經

唐 行儼碑

【楷書】

三國吳 走•五年

北魏 爾朱襲墓誌

北魏 元天穆墓誌

隋 暴永墓誌

隋 范安貴墓誌

隋 王弘墓誌

隋 張壽墓誌

唐 李偘偘墓誌

唐 廉元泰墓誌

唐 石經五經

唐 石經周易

唐 楊孝直墓誌

唐 越國太妃墓誌

戴

【篆書】

唐 碧落碑

唐 李公妻戴墓誌

【隸書】

西漢 居新•2283

東漢 曹全碑陽

東漢 孔宙碑陰

東漢 鮮于璜碑陽

東漢 尹宙碑

三國魏 曹真殘碑陽

隋 劉珍墓誌

唐 戴令言墓誌

唐 尹尊師碑

【楷書】

北魏 侯剛墓誌

北齊 劉雙仁墓誌

隋 盧文構墓誌

唐 石經尚書

唐 石經五經

後梁 崔崇素墓誌

閩 堅牢塔記

戲

【篆書】

唐 三墳記陰

唐 峿臺銘

【隸書】

秦 睡 238

西漢 馬•合陰陽

西漢 張•417

東漢 禮器碑

東漢 許安國題記

東漢 圉令趙君碑

隋 馬穉墓誌

唐 楊孝恭碑

唐 楊孝恭碑

唐 尹尊師碑

唐 趙冬曦壙誌

唐 貞一廟碑

【楷書】

晉 洛神十三行

北魏 爾朱襲墓誌

北齊 無量義經

唐 狄玄愬墓誌

唐 黑齒俊墓誌

唐 李肅邕墓誌

唐 劉阿延墓誌

唐 劉冰墓誌

唐 盧宏及妻墓誌

唐 契苾夫人墓誌

唐 任紫宸墓誌

唐 沈師黃墓誌

唐 思恆墓誌

唐 屠暉光墓誌

唐 蕭令臣墓誌

唐 玄秘塔碑

比部

比

【篆書】

北魏 弔比干文額

唐 三墳記陰

【隸書】

秦 睡45

秦 睡59

秦 睡60

秦 睡61

西漢 馬•老乙

西漢 馬•老子甲後

西漢 馬•事語

西漢 馬•縱横

西漢 張•334

東漢 比干墓刻石

東漢 池陽令殘碑

三國魏 王基斷碑

三國魏 張君殘碑

北齊 西門豹碑陽

隋 豆盧實墓誌

隋 郭休墓誌

隋 侯肇墓誌

隋 任顯及妻誌

隋 宋景造像碑

唐 李貞墓誌

唐 蘇洪姿墓誌

唐 楊孝恭碑

【楷書】

魏晉 樓•紙

魏晉 樓•紙

北魏 胡明相墓誌

北齊 竇泰墓誌

唐 元鐘墓誌

唐 皇甫瑶墓誌

唐 清真寺碑

唐 石經周易

唐 王思齊墓誌

唐 周敬本墓誌

毖

【隸書】

東漢 曹全碑陽

東漢 圉令趙君碑

唐 程俊墓誌

【楷書】

唐 段承宗墓誌

唐 石經尚書

唐 石經五經

唐 張毖墓誌

毗

【篆書】

唐 天王碑額

【隸書】

東漢 毗上字殘碑

三國魏 王基斷碑

晉 徐義墓誌陽

隋 張盛墓誌

唐 北獄廟碑

【楷書】

南朝梁 舊館壇碑

北魏 元彝墓誌

隋 李虎墓誌

牙部

牙

【隸書】

西漢 馬•事語

西漢 霍去病墓字

隋 爾朱端墓誌

唐 戴令言墓誌

唐 史思禮墓誌

唐 楊孝恭碑

【楷書】

南朝梁 舊館壇碑

北魏 元悌墓誌

北魏 元暐墓誌

北魏 元熙墓誌

隋 王世琛墓誌

唐 曹惠琳墓版

唐 多寶塔碑

唐 石經九經

唐 石經九經

瓦部

瓦

【隸書】

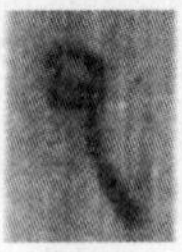

秦 睡31

秦 關周·病方

秦 關周·病方

新莽 西·守御器

新莽 西·守御器

東漢 造土牛碑

東漢 造土牛碑

隋 張儉及妻墓誌

唐 楊孝恭碑

【楷書】

北齊 竇泰墓誌

隋 吳嚴墓誌

唐 杜德墓誌

唐 呼延章墓誌

唐 姬温墓誌

後唐 王璠墓誌

瓮

【楷書】

唐 王宰妻墓誌

瓬

【楷書】

唐 石經五經

瓴

【楷書】

唐 李公政墓誌

唐 石經五經

瓵

【楷書】

唐 石經五經

瓶

【隸書】

隋 澧水石橋碑

唐 興寺碑

唐 貞一廟碑

【楷書】

北魏 僧暈造像記

唐 多寶塔碑

唐 多寶塔碑

唐 法澄塔銘

唐 石經五經

唐 石經五經

唐 石經周易

瓶(續)	瓷	瓿	瓽	甄	甄(續)	甄(續)	甃

唐 思恆墓誌

唐 重藏舍利記

瓷

【楷書】

唐 徐德墓誌

瓿

【楷書】

唐 石經五經

瓽

【楷書】

北魏 冗從僕射記

甄

【篆書】

三國吳 天發神讖碑

【隸書】

西漢 張•1189

西漢 武•少牢甲

西漢 武•特牲甲

東漢 曹全碑陽

東漢 武榮碑

東漢 楊叔恭殘碑

東漢 楊震碑

晉 辟雍頌陰

隋 趙朗墓誌

隋 鄭令妃墓誌

唐 龐履温碑

唐 修定寺記碑

【楷書】

晉 華芳墓誌陰

北魏 穆亮妻墓誌

北魏 元徽墓誌

東魏 元光基墓誌

唐 杜芬墓誌

唐 高邈墓誌

唐 高邈墓誌

唐 李鳳妃墓誌

唐 李鳳妃墓誌

唐 潘智昭墓誌

唐 尉遲敬德墓誌

唐 于士恭墓誌

後唐 毛璋墓誌

甃

【隸書】

唐 戒壇碑

【楷書】

唐 沈中黃墓誌

唐 石經五經

唐 石經周易

唐 孫備墓誌

後唐 豎立生臺記

甍

【隸書】

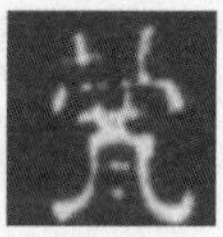

隋 宋景造像碑

【楷書】

隋 獨孤羅墓誌

唐 石經五經

甈

【楷書】

唐 石經五經

甎

【楷書】

唐 明演塔銘

甌

【楷書】

唐 李爽墓誌

唐 楊亮墓誌

唐 楊智積墓誌

甋

【楷書】

唐 李公政墓誌

唐 石經五經

甊

【楷書】

唐 石經五經

甒

【楷書】

唐 吉渾墓誌

唐 石經儀禮

甐

【楷書】

唐 石經五經

甑

【隸書】

西漢 武·少牢甲

【楷書】

東魏 公孫甑生墓誌

北周 田元族造像

唐 王嘉墓誌

唐 鄭濆墓誌

甓

【楷書】

唐 石經五經

唐 宋感及妻墓誌

甕

【楷書】

北齊 宋賢伯造像陰

唐 盧直墓誌

唐 石經五經

唐 石經五經

唐 石經周易

甖

【隸書】

西漢 馬·養生

西漢 居新·2659

西漢 居新·559

【楷書】

晉 黃庭内景經

甗

【隸書】

西漢 馬·病方

西漢 馬·病方

西漢 張·1233

【楷書】

唐 石經五經

止部

止

【篆書】

秦 關周•病方

唐 三墳記陽

【隸書】

秦 睡 16

秦 睡 246

秦 睡 53

西漢 馬•老乙前

西漢 馬•老子甲後

西漢 馬•縱横

西漢 張•109

西漢 張•1094

東漢 西•死駒

兩漢 西•馬簡

兩漢 西•羌律

漢晉 流簡紙

三國吳 走•五年

東漢 肥致碑

東漢 鄐他君題記

晉 華芳墓誌陰

隋 王楚英墓誌

隋 張景略墓誌

唐 蔡君妻墓誌

唐 盧行毅墓誌

唐 潘基墓誌

唐 石臺孝經

唐 楊孝恭碑

唐 張叡墓誌

【楷書】

北魏 元襲墓誌

隋 陳叔明墓誌

唐 多寶塔碑

唐 石經尚書

唐 石經周易

唐 王宏墓誌

正

【篆書】

三國魏 正始石經

東魏 長孫冏碑額

北魏 嵩高靈廟碑額

唐 三墳記陽

【隸書】

秦 睡 43

秦 睡 43

西漢 馬•老乙前

西漢 馬•老子甲後

西漢 張•1084

西漢 居新•3874

西漢 居新•5719

西漢 居新•5778

西漢 居新•7558

東漢 倉頡廟碑側

東漢 淮源廟碑

東漢 買田約束石

東漢 史晨後碑

東漢 孫仲陽題記

東漢 楊震碑

東漢 尹宙碑

東漢 永平四年記

東漢 造土牛碑

東漢 造土牛碑

晉 辟雍頌陽

晉 王君殘墓誌

隋 符盛及妻墓誌

隋 關明墓誌

隋 郭休墓誌

隋 任軌墓誌

隋 任顯及妻誌

隋 宋景造像碑

隋 口和墓誌

隋 張盛墓誌

唐 褚亮碑

唐 告華嶽府君

唐 柳偘妻墓誌

唐 王震墓誌

唐 行儼碑

唐 楊孝恭碑

【楷書】

三國吳 走•二年

三國吳 走•四年

三國吳 走•五年

三國吳 走•五年

晉 黃庭內景經

北魏 道仙造像

北魏 元敷墓誌

北魏 元敷墓誌

北魏 元悌墓誌

東魏 李挺墓誌

隋 鄭善妃墓誌

唐 董本墓誌

唐 李阜妻墓誌

唐 李壽墓誌

唐 清真寺碑

唐 石浮圖銘

唐 石經尚書

唐 石經五經

唐 石經周易

唐 史懷訓墓誌

唐 張玄封墓誌

此

【篆書】

唐 碧落碑

唐 峿臺銘

【隸書】

秦 睡 63

秦 睡 77

秦 關周•日書

西漢 馬•合陰陽

西漢 馬•合陰陽

西漢 馬•老甲

西漢 馬•老乙前

西漢 馬•縱橫

西漢 馬•縱橫

西漢 馬•縱橫

西漢 張•642

西漢 張•762

西漢 張•928

西漢 西•善劍

兩漢 西•馬簡

兩漢 西•醫藥

東漢 大吉山刻石

東漢 郙閣頌

東漢 桓孨食堂記

東漢 建和三年記

東漢 孟孝琚碑

東漢 王舍人碑

東漢 夏承碑

東漢 鮮于璜碑陽

東漢 鮮于璜碑陽

東漢 咸陽田界石

東漢 延平元年記

東漢 佐孟機題記

三國魏 王基斷碑

晉 王君侯碑陽

晉 王君侯碑陽

隋 關明墓誌

隋 鄭令妃墓誌

唐 高元珪墓誌

唐 李神符碑

唐 李神符碑

唐 石臺孝經

唐 石臺孝經

唐 石臺孝經

唐 辛雲京妻墓誌

唐 楊孝恭碑

唐 張翼墓誌

【楷書】

魏晉 樓•紙

魏晉 樓•紙

北魏 李媛墓誌

北魏 尉遲氏造像

北魏 薛伯徽墓誌

北齊 竇泰墓誌

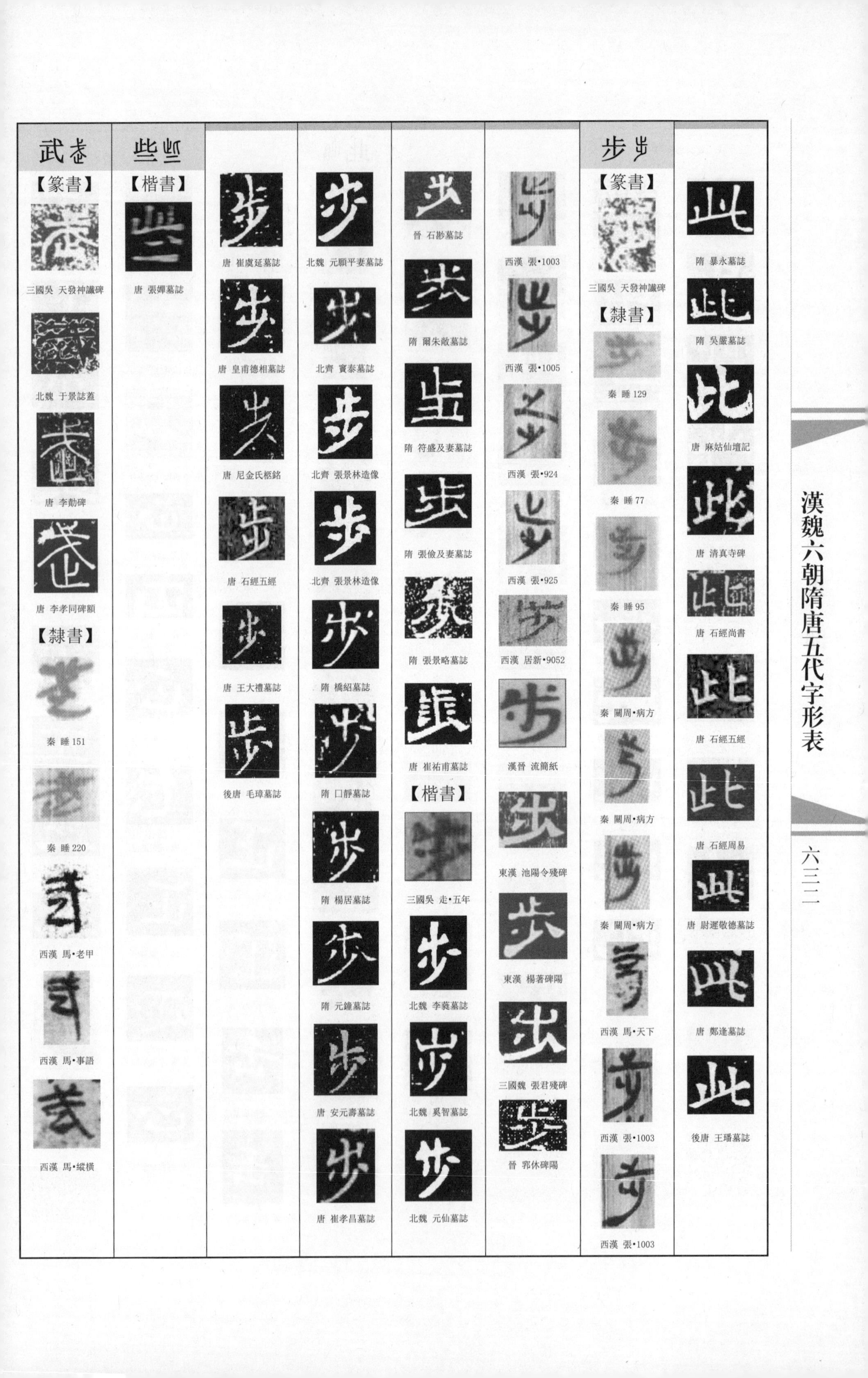

隋 暴永墓誌

隋 吳嚴墓誌

唐 麻姑仙壇記

唐 清真寺碑

唐 石經尚書

唐 石經五經

唐 石經周易

唐 尉遲敬德墓誌

唐 鄭逢墓誌

後唐 王璠墓誌

步

【篆書】

三國吳 天發神讖碑

【隸書】

秦 睡 129

秦 睡 77

秦 睡 95

秦 關周•病方

秦 關周•病方

秦 關周•病方

西漢 馬•天下

西漢 張•1003

西漢 張•1003

西漢 張•1003

西漢 張•1005

西漢 張•924

西漢 張•925

西漢 居新•9052

漢晉 流簡紙

東漢 池陽令殘碑

東漢 楊著碑陽

三國魏 張君殘碑

晉 郛休碑陽

晉 石尠墓誌

隋 爾朱敞墓誌

隋 符盛及妻墓誌

隋 張儉及妻墓誌

隋 張景略墓誌

唐 崔祐甫墓誌

【楷書】

三國吳 走•五年

北魏 李蕤墓誌

北魏 奚智墓誌

北魏 元仙墓誌

北魏 元顥平妻墓誌

北齊 竇泰墓誌

北齊 張景林造像

北齊 張景林造像

隋 橋紹墓誌

隋 口靜墓誌

隋 楊居墓誌

隋 元鐘墓誌

唐 安元壽墓誌

唐 崔孝昌墓誌

唐 崔虔延墓誌

唐 皇甫德相墓誌

唐 尼金氏柩銘

唐 石經五經

唐 王大禮墓誌

後唐 毛璋墓誌

些

【楷書】

唐 張婵墓誌

武

【篆書】

三國吳 天發神讖碑

北魏 于景誌蓋

唐 李勣碑

唐 李孝同碑額

【隸書】

秦 睡 151

秦 睡 220

西漢 馬•老甲

西漢 馬•事語

西漢 馬•縱横

西漢 張•587
西漢 張•622
西漢 張•639
西漢 居新•5391
西漢 居新•705
西漢 居新•8184
漢晉 流簡紙
東漢 曹全碑陽
東漢 從事馮君碑
東漢 郙閣頌
東漢 高頤闕銘東

東漢 何君閣道銘
東漢 華山廟碑陽
東漢 華岳廟碑陰
東漢 景君碑陰
東漢 景君碑陰
東漢 孔宙碑陰
東漢 孔宙碑陰
東漢 禮器碑側
東漢 禮器碑側
東漢 任城黄腸石

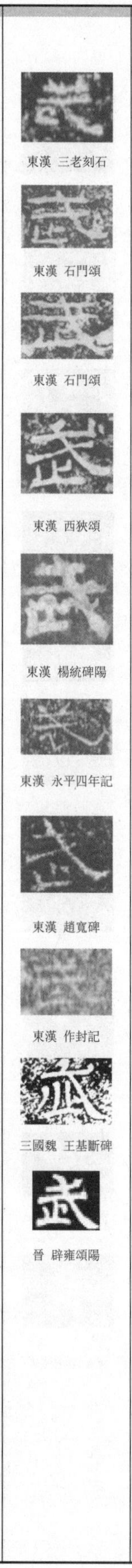

東漢 三老刻石
東漢 石門頌
東漢 石門頌
東漢 西狹頌
東漢 楊統碑陽
東漢 永平四年記
東漢 趙寬碑
東漢 作封記
三國魏 王基斷碑
晉 辟雍頌陽

晉 郭槐柩記
晉 郭槐柩記
晉 石尠墓誌
北齊 感孝頌
北齊 馬天祥造像
隋 段濟墓誌
隋 爾朱敞墓誌
隋 爾朱端墓誌
隋 劉珍墓誌
隋 宋景造像碑

隋 王榮及妻墓誌
隋 口靜墓誌
唐 褚亮碑
唐 京兆金氏墓誌
唐 李神符碑
唐 行儼碑
唐 行儼碑
唐 行儼碑
唐 楊孝恭碑
唐 楊孝恭碑

唐 楊孝恭碑
唐 楊孝恭碑

【楷書】

魏晉 樓•紙
北魏 笱景墓誌
北魏 侯義墓誌
北魏 鞠彥雲墓誌
北魏 寇臻墓誌
北魏 寇治墓誌
北魏 寇治墓誌
北魏 丘哲墓誌

北魏 元瞻墓誌
北齊 竇泰墓誌
北齊 竇泰墓誌
北齊 竇泰墓誌
北周 賀屯植墓誌
東魏 唐小虎造像
隋 賈玄贊墓誌
隋 勝福寺塔銘
隋 王弘墓誌
隋 楊厲墓誌

隋 張波墓誌
隋 張濤妻墓誌
唐 曹惠琳墓版
唐 程知節墓誌
唐 賈雄墓誌
唐 梁有意墓誌
唐 石經尚書
唐 石經五經
唐 石經周易
唐 史興墓詠

唐 王君及妻墓誌

唐 王君及妻墓誌

唐 姚存古墓誌

歧

【隸書】

晉 郛休碑陽

【楷書】

北魏 元固墓誌

北魏 元洛神墓誌

後唐 毛璋妻墓誌

後唐 張滌妻高墓誌

[illegible]

【楷書】

唐 石經五經

歲嵗

【篆書】

東漢 馮孺人題記

東漢 徐無令題記

唐 三墳記陰

唐 三墳記陰

【隸書】

秦 睡 113

秦 睡 228

秦 睡 44

秦 睡 45

西漢 馬•老乙前

6

西漢 張•103

西漢 張•277

西漢 張•592

西漢 居新•7159

西漢 居新•7464

西漢 居新•7481

西漢 西•奏書

東漢 西•奉例

東漢 西•劾狀

東漢 西•寇恩

東漢 西•醫藥

東漢 西•醫藥

漢晉 流簡紙

漢晉 流簡紙

東漢 曹全碑陽

東漢 肥致碑

東漢 公乘田魴記

東漢 華山廟碑陽

東漢 桓孨食堂記

東漢 皇女殘碑

東漢 劉君殘碑

東漢 孟孝琚碑

東漢 三老刻石

東漢 三老刻石

東漢 王暉石棺銘

東漢 薌他君題記

東漢 許安國題記

東漢 造土牛碑

東漢 造土牛碑

東漢 張遷碑陽

東漢 鄭固碑

晉 王君殘墓誌

晉 楊陽墓闕

隋 爾朱敞墓誌

隋 符盛及妻墓誌

隋 符盛及妻墓誌

隋 劉寶及妻墓誌

隋 申穆及妻墓誌

隋 申穆及妻墓誌

隋 張盛墓誌

隋 鄭令妃墓誌

唐 戴令言墓誌

唐 高元珪墓誌

唐 關道愛墓誌

唐 劉慎墓誌

唐 史思禮墓誌

唐 勿部將軍碑

唐 行儼碑

唐 徐盼墓誌

唐 楊孝恭碑

唐 趙冬曦壙誌

【楷書】

南朝梁 羅浮山銘

南朝陳 衛和墓誌

北魏 鞏伏龍造像

北魏 和醜仁墓誌

北魏 胡明相墓誌

北魏 蘇屯墓誌

北魏 王基墓誌

北魏 王遺女墓誌

北魏 于景墓誌

北魏 元始和墓誌

北魏 元始和墓誌

北魏 元文墓誌

北魏 元仙墓誌

北魏 元頊墓誌

北魏 元鑽遠墓誌

北魏 元纂墓誌

北齊 董桃樹造像

北齊 竇泰墓誌

北周 賀屯植墓誌

北周 李明顯造象

東魏 戎愛洛造像

東魏 曇陵造像

東魏 王僧墓誌

東魏 員光造像記

北齊 張思文造像

隋 高緊墓誌

隋 郭世昌墓誌

隋 李肅墓誌

隋 任顯及妻誌

隋 勝福寺塔銘

隋 宋睦墓誌

隋 王楚英墓誌

隋 元鐘墓誌

唐 高君墓誌

唐 宮人丁氏墓誌

唐 鞏氏墓誌

唐 李承乾墓誌

唐 李紹墓誌

唐 任紫宸墓誌

唐 石經五經

唐 石經五經

唐 石經周易

唐 薛參墓誌

唐 薛華墓誌

唐 薛華墓誌

唐 楊氏墓誌

唐 袁秀巖墓誌

唐 張公佐墓誌

唐 趙留四墓誌

唐 執失善光

後梁 韓仲舉妻墓誌

閩 堅牢塔記

後唐 王禹墓誌

後唐 吳君妻曹墓誌

𣥠

【楷書】

唐 石經五經

歷

【篆書】

東漢 開母廟闕銘

三國吳 天發神讖碑

【隸書】

東漢 曹全碑陽

東漢 曹全碑陽

東漢 池陽令殘碑

東漢 尚博殘碑

東漢 石門頌

東漢 史晨後碑

東漢 夏承碑

東漢 楊震碑

東漢 楊著碑陽

東漢 尹宙碑

東漢 圉令趙君碑

三國魏 曹真殘碑陰

三國魏 張君殘碑

北齊 竇泰墓誌

北齊 感孝頌

北周 華嶽頌

隋 豆盧實墓誌

隋 段濟墓誌

隋 爾朱敞墓誌

隋 侯肇墓誌

隋 劉寶及妻墓誌

隋 馬穉墓誌

隋 口和墓誌

隋 吳嚴墓誌

隋 修孔子廟碑

隋 修孔子廟碑

唐 崔沔墓誌陽

唐 告華嶽府君

唐 紀信墓碑

唐 李神符碑

唐 柳侃妻墓誌

唐 王震墓誌

唐 王子麟墓誌

唐 玄元靈應頌

唐 趙冬曦壙誌

【楷書】

晉 華芳墓誌陰

北魏 慈慶墓誌

北魏 馮邕妻墓誌

北魏 高珪墓誌

北魏 元暉墓誌

北魏 元詳墓誌

東魏 陸順華墓誌

東魏 叔孫固墓誌

隋 范高墓誌

隋 鞏賓墓誌

隋 鞏賓墓誌

隋 孔神通墓誌

隋 盧文構墓誌

隋 姚太墓誌

唐 崔眘妻墓誌

唐 獨孤驤墓誌

唐 樊廉墓誌

唐 宮官司設墓誌

唐 劉廣威蓋

唐 孟玄一墓誌

唐 石經尚書

唐 石經周易

唐 邢仙姖墓誌

唐 元婉墓誌

唐 張渙墓誌

後梁 蕭符墓誌

歸

【篆書】

三國吳 天發神讖碑

三國魏 正始石經

三國魏 正始石經

三國魏 正始石經

【隸書】

秦 睡131

秦 睡23

秦 睡51

西漢 馬•事語

西漢 馬•縱橫

西漢 馬•縱橫
西漢 馬•縱橫
西漢 馬•縱橫
西漢 張•40
西漢 居新•3418
東漢 西•寇恩
東漢 西•死駒
東漢 曹全碑陽
東漢 朝侯小子碑
東漢 公乘田魴記
東漢 衡方碑

東漢 桓孨食堂記
東漢 景君碑陽
東漢 孟孝琚碑
東漢 石門頌
東漢 夏承碑
東漢 鮮于璜碑陰
東漢 薌他君題記
東漢 許安國題記
東漢 延熹三年記
東漢 楊淮表記

東漢 乙瑛碑
東漢 乙瑛碑
東漢 尹宙碑
東漢 鄭固碑
晉 石尠墓誌
隋 程氏墓誌
隋 叱李綱子墓誌
隋 豆盧實墓誌
隋 符盛及妻墓誌
隋 闞明墓誌

隋 闞明墓誌
隋 郭王墓誌
隋 郭休墓誌
隋 郭休墓誌
隋 口蹿及妻墓誌
隋 劉寶及妻墓誌
隋 劉多墓誌
隋 劉珍墓誌
隋 馬少敏墓誌
隋 馬穉墓誌

隋 牛暉墓誌
隋 橋紹墓誌
隋 任軌墓誌
隋 任顯及妻墓誌
隋 宋景造像碑
隋 宋仲墓誌
隋 蘇恒墓誌
隋 蘇恒墓誌
隋 蘇恒墓誌
隋 王楚英墓誌

隋 王楚英墓誌
隋 口和墓誌
隋 口靜墓誌
隋 謝岳墓誌
隋 謝岳墓誌
隋 楊真墓誌
隋 元鐘墓誌
隋 張儉及妻墓誌
隋 張盛墓誌
隋 趙朗墓誌

隋 鄭令妃墓誌
唐 京兆金氏墓誌
唐 李神符碑
唐 柳偘妻墓誌
唐 盧行毅墓誌
唐 潘基墓誌
唐 潘基墓誌
唐 屈突通墓誌
唐 沈知敏墓誌
唐 石臺孝經

唐 史思禮墓誌
唐 蘇洪姿墓誌
唐 玄元靈應頌
唐 楊孝恭碑
唐 尹尊師碑
唐 張休光墓誌

【楷書】

北魏 慈慶墓誌
北魏 寇霄墓誌
北魏 山徽墓誌
北魏 司馬氏墓誌

北魏 檀賓墓誌
北魏 元端墓誌
北魏 元誨墓誌
北齊 竇泰墓誌
北齊 竇泰墓誌
北齊 竇泰墓誌
北齊 竇泰墓誌
北齊 竇泰墓誌
隋 暴永墓誌
唐 鄧夫人墓誌

隋 犖賓墓誌
隋 賈通墓誌
隋 申穆及妻墓誌
隋 王光墓誌
隋 楊厲墓誌
隋 元氏墓誌
唐 袁弘毅墓誌
隋 張貴男墓誌
隋 張怦墓誌
隋 張喬墓誌

隋 陳叔榮墓誌
唐 崔眷妻墓誌
唐 崔千里墓誌
唐 崔夐墓誌
唐 崔嚴愛墓誌
唐 房仁懸墓誌
唐 韩積墓志
唐 姬温墓誌
唐 吉渾墓誌
唐 蔣氏子墓記

唐 開承簡墓誌
唐 李系墓誌
隋 梁邕墓誌
唐 裴遵妻墓誌
唐 石經尚書
唐 石經五經
唐 石經五經
唐 石經儀禮
唐 石經周易
唐 屠暉光墓誌

唐 王大劍墓誌
唐 王嵩墓誌
唐 王太貞墓誌
唐 吴德鄘妻墓誌
唐 蕭慎墓誌
唐 楊公夫人墓誌
唐 楊陶墓誌
唐 張騷墓誌
唐 張審文墓誌
唐 鄭道妻墓誌

唐 鄭宇墓誌
唐 鄭中基墓誌
後唐 毛璋墓誌
後唐 王璠墓誌
後晉 袁從章墓誌

攴部

攴

【楷書】

三國吳 走•五年

北齊 法懃塔銘

收

【隸書】

秦 睡69

西漢 馬•縱橫

西漢 馬•縱橫

西漢 馬•縱橫

西漢 居新•2900

西漢 居新•7669

東漢 西•死駒

東漢 西•死駒

兩漢 西•懸檢

東漢 曹全碑陽

東漢 曹全碑陽

東漢 趙寬碑

晉 辟雍頌陽

北齊 司馬遵業墓誌

隋 鄭令妃墓誌

唐 北獄廟碑

【楷書】

三國吳 走•四年

三國吳 走•五年

三國吳 走•五年

三國吳 走•五年

三國吳 走•五年

北魏 高珪墓誌

北魏 元靈曜墓誌

北魏 元茂墓誌

北魏 元顥平妻墓誌

北齊 法懃塔銘

隋 曹海凝墓誌

隋 陳叔明墓誌

隋 蕭餝性墓誌

隋 鄭善妃墓誌

唐 李鳳妃墓誌

唐 吕常侍妻墓誌

唐 石經五經

唐 石經周易

唐 譚伍墓誌

唐 楊珽墓誌

唐 元希古墓誌

唐 越國太妃墓誌

攻

【隸書】

秦 睡120

秦 睡268

西漢 馬•老乙前

西漢 馬•事語

西漢 馬•縱橫

西漢 馬•縱橫

西漢 張•1051

東漢 曹全碑陽

晉 石尠墓誌

唐 京兆金氏墓誌

【楷書】

北魏 元天穆墓誌

北魏 元悅墓誌

北齊 司馬遵業墓誌

唐 劉彥之墓誌

唐 石經尚書

改

【隸書】

西漢 馬•縱橫

西漢 張•647

西漢 張•652

西漢 張•767

西漢 武•少牢甲

西漢 武•士相見

東漢 郙閣頌

東漢 華山廟碑陽

東漢 禮器碑

東漢 孟孝琚碑

東漢 秦君神道刻字

東漢 尚博殘碑

東漢 熹平石經易

東漢 夏承碑

隋 豆盧實墓誌

隋 豆盧實墓誌

隋 豆盧實墓誌

隋 段濟墓誌

隋 關明墓誌

隋 任顯及妻誌

唐 褚亮碑

唐 崔祐甫墓誌

唐 告華嶽府君

唐 李彥墓誌

唐 任城橋亭記

唐 興寺碑

唐 楊孝恭碑

唐 楊孝恭碑

【楷書】

北魏 盧令媛墓誌

北魏 山徽墓誌

北魏 叔孫協墓誌

北魏 奚智墓誌

北魏 元斌墓誌

北魏 元徽墓誌

北齊 竇泰墓誌

北周 寇胤哲墓誌

隋 寇遵考墓誌

隋 張伏敬墓誌

唐 河南元氏墓誌

唐 劉玄豹妻墓誌

唐 石經尚書

唐 石經五經

唐 石經周易

唐 元罕墓誌

唐 張安墓誌

唐 張晈墓誌

唐 張騷墓誌

放

【隸書】

秦 西•日書乙

西漢 馬•老乙前

西漢 馬•老子甲後

西漢 張•329

西漢 居新•7666

西漢 居新•7673

東漢 西•死駒

東漢 建寧殘碑

東漢 建寧元年殘碑

東漢 趙寬碑

東漢 子游殘碑

北魏 上尊號碑

隋 郭逵墓誌

隋 馬穉墓誌

隋 修孔子廟碑

唐 趙冬曦壙誌

【楷書】

北魏 元茂墓誌

唐 石經尚書

唐 王惠墓誌

政

【篆書】

東漢 少室石闕銘

唐 陶大舉碑額

唐 王審知碑額

【隸書】

秦 睡 150

西漢 居新•1089

西漢 居新•1866

西漢 居新•1866

西漢 居新•1866

西漢 居新•1997

西漢 居新•2660

西漢 居新•3598

東漢 西•四時

兩漢 西•馬簡

漢晉 流簡紙

漢晉 流簡紙

東漢 蒼山元嘉題記

東漢 景君碑陰

東漢 尚博殘碑

東漢 石門頌

東漢 通閣道記

東漢 西狹頌

東漢 鮮于璜碑陽

東漢 鮮于璜碑陽

東漢 楊統碑陽

東漢 乙瑛碑

東漢 鄭固碑

晉 辟雍頌陰

晉 郭槐柩記

隋 段濟墓誌

隋 劉多墓誌

隋 馬長和造像

隋 任軌墓誌

隋 修孔子廟碑

唐 倪彬墓誌

唐 石臺孝經

唐 石臺孝經

唐 唐直墓誌

唐 趙冬曦壙誌

【楷書】

魏晉 樓•紙

魏晉 樓•紙

晉 華芳墓誌陰

北魏 康健墓誌

北魏 姚伯多供養碑

北魏 元端墓誌

北魏 元敷墓誌

北魏 元熙墓誌

北魏 元新成妃墓誌

北齊 竇泰墓誌

隋 梁瓌墓誌

隋 楊厲墓誌

唐 包筠墓誌

唐 崔惟悌墓誌

唐 盧宏及妻墓誌

唐 石經尚書

唐 孫師歧墓誌

唐 俎威墓誌

故𢻱

【篆書】

東漢 韓仁銘額

東漢 魏元丕碑額

東漢 鮮于璜碑額

東漢 張遷碑額

東漢 趙菿殘碑額

三國魏 范式碑額

三國魏 霍君神道

三國吳 天發神讖碑

三國魏 謝君神道

東魏 長孫冏碑額

晉 成晃碑額

北魏 爾朱襲誌蓋

東魏 封延之誌蓋

晉 郛休碑陰

東魏 侯海誌蓋

北魏 濟南王誌蓋

北魏 穆彥誌蓋

東魏 叔孫固墓誌

北魏 宋靈妃誌蓋

北魏 薛慧命誌蓋

北魏 楊乾誌蓋

北魏 于景誌蓋

東魏 元光基誌蓋

北魏 元煥誌蓋

東魏 元湛誌蓋

北魏 趙王誌蓋

東魏 宗欣誌蓋

東魏 祖氏誌蓋

隋 孟顯達碑額

隋 宋仲墓誌

隋 宋仲墓誌
唐 碧落碑
唐 陳君妻趙誌蓋
唐 高元裕碑額
唐 故羿女誌蓋
唐 紀德碑額
唐 紀慎妃碑額
唐 寂照墓碑額
唐 李夫人誌蓋
唐 李公妻戴墓誌

唐 李勣碑
唐 李勣碑
唐 李稷及妻
唐 李敬碑額
唐 李敬實墓誌
唐 李孝同碑額
唐 契苾明碑額
唐 三墳記陰
唐 王明哲誌蓋
唐 許遂忠墓誌

唐 臧懷亮誌蓋
唐 張榮恩誌蓋

【隸書】

秦 睡10
秦 睡26
秦 關周•病方
西漢 馬•老甲
西漢 馬•老乙
西漢 馬•縱横
西漢 張•636
西漢 張•665

西漢 居新•5880
西漢 石牆村刻石
東漢 倉頡廟碑側
東漢 肥致碑
東漢 封龍山頌
東漢 高頤闕銘西
東漢 郭仲理記
東漢 和平元年記
東漢 景君碑陰
東漢 孔宙碑陽

東漢 孔宙碑陰
東漢 孔宙碑陰
東漢 禮器碑陰
東漢 繆宇墓誌
東漢 岐子根記
東漢 秦君神道刻字
東漢 石門頌
東漢 王稚子闕
東漢 熹平元年墓石
東漢 鮮于璜碑陽

東漢 延平元年記
東漢 陽嘉殘碑陰
東漢 楊震碑
東漢 楊宗闕
東漢 乙瑛碑
東漢 乙瑛碑
東漢 趙儀碑
晉 劉韜墓志
北魏 李遵誌蓋
北齊 司馬遵業墓誌

北齊 司馬遵業墓誌
隋 豆盧實墓誌
隋 段濟墓誌
隋 郭王墓誌
隋 蘇恒墓誌
唐 慧堅碑額
唐 石臺孝經
唐 石臺孝經
唐 唐世榮墓誌
唐 楊孝恭碑

唐 楊孝恭碑
唐 尹尊師碑
唐 朱君妻王墓誌

【楷書】

三國吳 走•二年
北魏 元敷墓誌
北魏 元敷墓誌
北魏 元誨墓誌
北魏 元文墓誌
北魏 張玄墓誌
東魏 杜文雍造像

東漢 校官碑

東漢 楊震碑

東漢 乙瑛碑

東漢 造土牛碑

東漢 趙寬碑

晉 辟雍頌陽

晉 辟雍頌陽

晉 郭槐柩記

隋 郭休墓誌

隋 郭休墓誌

教

【隸書】

秦 睡 10

西漢 馬•縱橫

西漢 張•57

西漢 居新•2277

東漢 西•推辟

漢晉 流簡紙

東漢 孔宙碑陽

東漢 西狹頌

東漢 鮮于璜碑陽

東漢 薌他君題記

敉

【楷書】

唐 楊玄略墓誌

唐 趙南山墓誌

唐 高元珪墓誌

唐 史思禮墓誌

唐 楊孝恭碑

【楷書】

北魏 馮邕妻墓誌

唐 樊廉墓誌

唐 高應墓誌

唐 樂昇進墓誌

唐 盧萬春墓誌

唐 石經九經

唐 孫君妻李墓誌

效

【篆書】

東漢 少室石闕銘

【隸書】

秦 睡 44

西漢 馬•縱橫

西漢 西•馬簡牘

兩漢 西•懸檢

東漢 曹全碑陽

東漢 唐公房碑陽

北齊 司馬遵業墓誌

隋 豆盧寔墓誌

隋 豆盧寔墓誌

北魏 王基墓誌

東魏 馮令華墓誌

隋 任顯及妻誌

唐 八都壇碑

唐 高儼仁墓誌

唐 侯子妻墓誌

唐 李英墓誌

唐 盧昂墓誌

唐 石經九經

唐 石經九經

敖

【篆書】

三國魏 正始石經

【隸書】

秦 睡 51

西漢 馬•縱橫

兩漢 西•馬簡

兩漢 西•羌律

唐 崔暟墓誌陽

唐 盧行毅墓誌

【楷書】

三國吳 走•五年

北魏 李渠蘭墓誌

北魏 唐雲墓誌

北齊 和紹隆墓誌

北周 賀屯植墓誌

隋 馬少敏墓誌

隋 張喬墓誌

唐 成順壽墓誌

唐 石經尚書

唐 石經周易

唐 閻肇墓誌

唐 張幸墓誌

東漢 史晨後碑
東漢 西狹頌
東漢 許安國題記
東漢 楊統碑陽
東漢 楊著碑陽
北周 華嶽頌
隋 符盛及妻墓誌
隋 劉寶及妻墓誌
隋 宋景造像碑
隋 王榮及妻墓誌

敇

【隸書】

西漢 居新•6037
西漢 居新•7603
東漢 西•死駒
東漢 西•推辟
漢晉 流簡紙
漢晉 流簡紙
東漢 封龍山頌
東漢 華山廟碑陽
東漢 禮器碑
東漢 朐忍令碑

隋 口和墓誌
唐 劉府君墓誌
唐 石經五經
唐 薛文昭墓誌
唐 張安墓誌

隋 劉多墓誌
隋 任顒及妻誌
唐 石臺孝經
唐 王震墓誌

【楷書】

北魏 吐谷渾璣墓誌
北魏 于仙墓誌
北魏 元恭墓誌
隋 董美人墓誌
隋 李肅墓誌
隋 盧文機墓誌

救

【隸書】

西漢 馬•老甲
西漢 馬•老乙前
西漢 馬•老子甲後
西漢 馬•縱横
西漢 馬•縱横
西漢 馬•縱横
西漢 張•1087
西漢 張•769
晉 郛休碑陽
隋 豆盧實墓誌

隋 口豳及妻墓誌
隋 任軌墓誌
隋 沈氏墓誌
唐 李壽墓誌
唐 那提墓誌
唐 石經九經
唐 石經尚書
唐 石經尚書
唐 石經周易
唐 魏仲俛墓誌

唐 蘇洪姿墓誌
唐 鄎國長公主碑
唐 尹尊師碑

【楷書】

魏晉 樓•紙
北魏 胡明相墓誌
北魏 姚伯多供養碑
北魏 元端墓誌
北魏 元斆墓誌
北魏 元顒平妻墓誌
北魏 元鑽遠墓誌

隋 宋景造像碑
隋 蘇恒墓誌
隋 蘇恒墓誌
隋 楊真墓誌
隋 張姜墓誌
隋 鄭令妃墓誌
唐 褚亮碑
唐 褚亮碑
唐 戴令言墓誌
唐 石臺孝經

唐 崔沔墓誌陽

唐 史思禮墓誌

唐 楊孝恭碑

唐 楊孝恭碑

【楷書】

魏晉 樓•紙

晉 華芳墓誌陰

北魏 司馬顯姿墓誌

北魏 王璨墓誌

北魏 奚智墓誌

北魏 元液墓誌

東魏 元鷙墓誌

隋 梁瓌墓誌

隋•元鐘墓誌

唐 杜忠良墓誌

唐 李承乾墓誌

唐 石經尚書

唐 石經五經

唐 石經周易

唐 萬壽寺記

唐 嚴識玄墓誌

敨

【楷書】

唐 石經爾雅

唐 石經尚書

㪔

【隸書】

秦 睡23

西漢 馬•老甲

西漢 馬•老乙前

西漢 馬•天下

西漢 馬•縱橫

西漢 馬•縱橫

西漢 張•714

西漢 居新•5562

西漢 西•車輦

西漢 西•車輦

西漢 西•善劍

漢晉 流簡紙

東漢 史晨前碑

唐 文宣王廟門碑

【楷書】

北魏 元馗墓誌

唐 秦沖墓誌

唐 石經周易

敗

【篆書】

三國魏 正始石經

【隸書】

秦 睡45

秦 關周•日書

西漢 馬•老甲

西漢 馬•老甲

西漢 馬•老乙

西漢 馬•老乙

西漢 馬•十問

西漢 馬•縱橫

西漢 張•27

東漢 西•寇恩

東漢 西•醫藥

兩漢 西•馬簡

新莽 萊子侯刻石

東漢 禮器碑

東漢 趙寬碑

隋 王榮及妻墓誌

【楷書】

三國吳 走•五年

三國吳 走•五年

北魏 元珍墓誌

北齊 定國寺塔碑

北齊 竇泰墓誌

東魏 王偃墓誌

東魏 張滿墓誌

唐 李鎬墓誌

唐 石經周易

唐 韋麟墓誌

唐 温煒妻墓誌

敏

【隸書】

西漢 武•泰射甲

東漢 曹全碑陽

東漢 池陽令殘碑

東漢 景君碑陰

東漢 西狹頌

東漢 趙寬碑

三國魏 張君殘碑

東魏 宗欣墓誌

隋 段濟墓誌

隋 闞明墓誌

隋 口墮及妻墓誌

隋 劉多墓誌

隋 宋仲墓誌

隋 張盛墓誌

隋 趙朗墓誌

唐 紀信墓碑

唐 石臺孝經

【楷書】

北魏 侯義墓誌

北魏 楊範墓誌

東魏 公孫甑生墓誌

東魏 浮智塔銘

北周 寇胤哲墓誌

東魏 元鷙墓誌

隋 陳花樹墓誌

隋 馬少敏墓誌

隋 張喬墓誌

唐 長孫盻墓誌

唐 紇干承基墓誌

唐 石經尚書

唐 石經五經

敘

【篆書】

唐 三墳記陽

【隸書】

東漢 景君碑陽

東漢 請雨銘

東漢 史晨前碑

隋 豆盧實墓誌

隋 高虬墓誌

唐 感孝頌跋

唐 玄元靈應頌

【楷書】

漢晉 流簡紙

漢晉 流簡紙

晉 蘭亭序真本

北魏 穆紹墓誌

北魏 元子正墓誌

北魏 元子正墓誌

隋 高緊墓誌

唐 曹氏墓誌

唐 李審規墓記

唐 李壽墓誌

唐 石浮圖銘

唐 石經尚書

唐 石經尚書

唐 石經五經

唐 韋敏妻墓誌

敢

【篆書】

三國魏 正始石經

三國魏 正始石經

唐 碧落碑

唐 三墳記陽

【隸書】

秦 睡 51

秦 關周•病方

西漢 馬•老甲

西漢 馬•縱橫

西漢 馬•縱橫

西漢 張•431

西漢 居新•2117

西漢 居新•5267

西漢 居新•5551

西漢 西•候官

東漢 西文書

漢晉 流簡紙

漢晉 流簡紙

漢晉 流簡紙

東漢 曹全碑陰

東漢 肥致碑

新莽 穰盜刻石
東漢 史晨後碑
東漢 薌他君題記
東漢 楊震碑
北魏 上尊號碑
北齊 司馬遵業墓誌
隋 豆盧實墓誌
唐 北嶽廟碑
唐 刻石記
唐 盧行毅墓誌

唐 石臺孝經
唐 王崇禮墓誌
唐 修定寺記碑
唐 楊孝恭碑

【楷書】

北魏 爾朱襲墓誌
北魏 元端墓誌
北魏 元鸞墓誌
北魏 元壽安墓誌
北魏 元文墓誌
隋 范安貴墓誌

隋 高緊墓誌
唐 石經九經
唐 石經九經
唐 石經尚書
唐 石經尚書
唐 石經周易
唐 閻肇墓誌
後梁 蕭符墓誌

敬

【篆書】

唐 碧落碑
唐 碧落碑

【隸書】

秦 睡 94
秦 睡 98
西漢 馬•老子甲後
西漢 馬•老子甲後
西漢 馬•縱橫
西漢 張•435
西漢 居新•7628
西漢 居新•7633

西漢 居新•7635
東漢 西•文書
東漢 白石神君碑
東漢 曹全碑陽
東漢 肥致碑
東漢 封龍山頌
東漢 淮源廟碑
東漢 淮源廟碑
東漢 淮源廟碑
東漢 景君碑陽

東漢 景君碑陰
東漢 禮器碑側
東漢 南陽石柱題名
東漢 朐忍令碑
東漢 三老刻石
東漢 史晨後碑
東漢 太室石闕銘
東漢 趙寬碑
晉 辟雍頌陽
隋 叱李綱子墓誌

隋 段濟墓誌
隋 關明墓誌
隋 馬長和造像
隋 宋景造像碑
隋 修孔子廟碑
隋 趙朗墓誌
唐 盧君妻墓誌
唐 屈突通墓誌
唐 石臺孝經
唐 石臺孝經

唐 石臺孝經
唐 蘇洪姿墓誌
唐 王媛墓誌陽
唐 行儼碑

【楷書】

三國吳 走•五年
北魏 姚伯多供養碑
東魏 馮令華墓誌
北齊 高湝墓誌
北周 賀屯植墓誌
北周 李明顯造象

北齊 王福芝造像
東魏 元均及妻墓誌
北齊 張思文造像
北齊 趙振題字
隋 勝福寺塔銘
隋 王楚英墓誌
隋 殷洪纂造像
唐 劉通墓誌
唐 石經尚書
唐 石經五經

唐 石經周易
唐 石經周易
唐 蘇斌墓誌
唐 張廉穆墓誌
唐 張叡墓誌
唐 張審文墓誌

散

【篆書】

北魏 溫泉頌額
隋 孟顯達碑額
唐 碧落碑
唐 三墳記陰

【隸書】

秦 睡 27
西漢 馬•老乙前
西漢 馬•老子甲後
西漢 馬•縱橫
西漢 武•燕禮甲
漢晉 流簡紙

東漢 石門頌
東漢 薌他君題記
東漢 趙寬碑
晉 辟雍頌陽
晉 辟雍頌陽
北齊 法懃塔銘
北齊 司馬遵業墓誌
隋 爾朱敞墓誌
隋 闞明墓誌
隋 郭王墓誌

隋 姬威墓誌
隋 李元墓誌
隋 劉寶及妻墓誌
隋 馬穉墓誌
隋 任軌墓誌
隋 宋仲墓誌
隋 蕭瑾墓誌
隋 張盛墓誌
隋 張盛墓誌
唐 白鹿泉碑陽

唐 崔暟墓誌陽
唐 柳偘妻墓誌
唐 盧行毅墓誌
唐 王震墓誌
唐 王子麟墓誌
唐 興寺碑
唐 行儼碑
唐 楊孝恭碑
唐 尹尊師碑
唐 尹尊師碑

【楷書】

北魏 爾朱紹墓誌
北魏 韓顯宗墓誌
北魏 司馬紹墓誌
北魏 王悅及妻墓誌
北魏 奚智墓誌
北魏 元敷墓誌
北魏 元固墓誌
北魏 元煥墓誌
北魏 元徽墓誌
北魏 元瞻墓誌

東魏 高盛墓碑
東魏 元賓建墓誌
東魏 元悰墓誌
北齊 元賢墓誌
隋 段威墓誌
隋 李肅墓誌
隋 田光山妻墓誌
隋 元智墓誌
唐 馮淹之墓誌
唐 景公直墓誌

唐 敬覺墓誌

唐 李思貞墓誌

唐 潘衡墓誌

唐 神策軍碑

唐 沈士公墓誌

唐 石經五經

唐 石經五經

唐 王孝瑜及妻墓誌

唐 尉遲敬德墓誌

唐 張滂墓誌

唐 鄭參墓誌

後唐 孫拙墓誌

後唐 吳君妻曹墓誌

敞

【隸書】

西漢 居新•4896

西漢 居新•839

兩漢 西•廩食

兩漢 西•懸簡

東漢 曹全碑陽

東漢 淮源廟碑

東漢 石門頌

北周 華嶽頌

隋 爾朱敞墓誌

隋 爾朱端墓誌

唐 北獄廟碑

唐 李神符碑

唐 楊孝恭碑

唐 楊孝恭碑

【楷書】

東魏 唐小虎造像

唐 李信墓誌

唐 越國太妃墓誌

敦

【篆書】

唐 碧落碑

【隸書】

秦 睡 51

西漢 馬•天下

西漢 張•775

西漢 武•少牢甲

西漢 西•馬牘

西漢 西•馬簡牘

漢晉 流簡紙

東漢 曹全碑陽

東漢 衡方碑

東漢 建寧三年殘碑

東漢 裴岑紀功碑

東漢 武榮碑

東漢 西狹頌

東漢 許安國題記

東漢 圉令趙君碑

東漢 張遷碑陽

東漢 趙寬碑

晉 辟雍頌陽

晉 辟雍頌陽

晉 郭槐柩記

北齊 司馬遵業墓誌

隋 郭達墓誌

隋 任顯及妻誌

隋 口和墓誌

唐 庫狄真相墓誌

唐 嵩陽觀碑

唐 尹文操碑

唐 張顏墓誌

【楷書】

魏晉 樓•紙

北魏 慈慶墓誌

北魏 侯愔墓誌

北魏 寇治墓誌

北魏 山徽墓誌

北魏 元保洛墓誌

北魏 元弼墓誌

北魏 元彝墓誌

東魏 陸順華墓誌

隋 劉淵墓誌

隋 孟孝敏妻墓誌

數

【隸書】

秦 睡43

西漢 馬•老乙前

西漢 張•277

西漢 張•424

西漢 張•612

西漢 張•858

兩漢 西•馬簡

漢晉 流簡紙

東漢 白石神君碑

東漢 肥致碑

敹

【楷書】

唐 石經五經

唐 惟貞廟碑陽

唐 趙璧墓誌

北魏 元子正墓誌

東魏 劉懿墓誌

隋 賈通墓誌

唐 房懷亮墓誌

唐 韓承墓誌

唐 劉搢妻墓誌

唐 石經尚書

唐 石經五經

唐 石經五經

唐 唐嘉會墓誌

隋 宋仲墓誌

隋 蕭瑾墓誌

唐 高嵘墓誌

唐 楊孝恭碑

唐 張滄墓誌

【楷書】

北魏 李遵墓誌

北魏 元敷墓誌

北魏 元平墓誌

北魏 元襲墓誌

北魏 元羽墓誌

敷

【隸書】

漢晉 流簡紙

東漢 武榮碑

東漢 楊著碑陽

三國魏 王基斷碑

晉 辟雍頌陽

北齊 司馬遵業墓誌

隋 爾朱敞墓誌

隋 符盛及妻墓誌

隋 高虬墓誌

隋 宋景造像碑

敲

【楷書】

北魏 崔懃造像側

唐 劉景嗣墓誌

唐 龍泉記

唐 石經五經

唐 東良墓誌

唐 崔文修墓誌

唐 馮暉墓誌

唐 沈士公墓誌

唐 石經五經

唐 石經周易

唐 蕭博墓誌

唐 劾姬墓誌

後唐 毛璋墓誌

東漢 三公山碑
東漢 石門頌
東漢 張遷碑陽
晉 辟雍頌陽
北齊 西門豹碑陽
隋 豆盧實墓誌
隋 豆盧實墓誌
隋 澧水石橋碑
隋 李元墓誌
隋 馬穉墓誌

隋 吳嚴墓誌
隋 蕭瑾墓誌
隋 張儉及妻墓誌
唐 戴令言墓誌
唐 夫子廟堂碑
唐 關道愛墓誌
唐 盧行毅墓誌
唐 石臺孝經
唐 行儼碑
唐 宴濟瀆序陰額

唐 楊孝恭碑

【楷書】

魏晉 樓·紙
魏晉 樓·紙
北魏 高珪墓誌
北魏 龍泉古井銘
北魏 于纂墓誌
北魏 元恪嬪墓誌
北魏 元壽安墓誌
北魏 元天穆墓誌
北魏 元子正墓誌

北齊 竇泰墓誌
東魏 元湛墓誌
隋 曹海凝墓誌
隋 寇奉叔墓誌
隋 寇奉叔墓誌
隋 盧文構墓誌
隋 蘇慈墓誌
隋 王楚英墓誌
隋 吳嚴墓誌
隋 諸葛子恆碑

唐 口滿墓誌
唐 崔千里墓誌
唐 竇氏墓誌
唐 段慈順墓誌
唐 何允墓誌
唐 李勣墓誌
唐 盧士瓊墓誌
唐 裴諠墓誌
唐 如願律師墓誌
唐 桑貞墓誌

唐 僧突墓誌
唐 僧突墓誌
唐 石經尚書
唐 石經周易
唐 史興墓詠
唐 薛華墓誌
唐 張楚璋墓誌
唐 張審文墓誌
唐 執失善光
後唐 康贊羙墓誌

敵 敽

【隸書】

西漢 馬·老乙前
西漢 馬·老子甲後
三國魏 受禪碑
三國魏 王基斷碑
晉 石尠墓誌
北齊 司馬遵業墓誌
隋 豆盧實墓誌
唐 蘇洪姿墓誌
唐 唐直墓誌
唐 張休光墓誌

【楷書】

北魏 元顥墓誌
北魏 元液墓誌
東魏 李憲墓誌
北齊 司馬遵業墓誌
隋 范安貴墓誌
隋 伍道進墓誌
隋 張壽墓誌
唐 范信墓誌
唐 居實墓銘
唐 李眈墓誌

唐 盧君妻墓誌
唐 龐履溫碑
唐 史思禮墓誌
【楷書】
晉 華芳墓誌陰
北魏 爾朱紹墓誌
北魏 元弼墓誌
北魏 元順墓誌
北魏 元昭墓誌
東魏 高盛墓碑
東魏 元湛墓誌

東漢 華山廟碑陽
東漢 買田約束石
東漢 史晨後碑
東漢 造土牛碑
東漢 造土牛碑
三國魏 王基斷碑
北齊 感孝頌
北周 華嶽頌
隋 豆盧實墓誌
隋 姬威墓誌

斂

【隸書】
秦 睡 90
西漢 馬•老乙前
西漢 馬•事語
西漢 張•1083
西漢 張•1232
西漢 張•522
西漢 居新•8477
西漢 武•泰射甲
東漢 西•醫藥
漢晉 流簡紙

歎

【隸書】
隋 高虬墓誌
【楷書】
東魏 李憲墓誌
隋 寇遵考墓誌
唐 李麗質墓誌
唐 清河張氏墓誌
唐 石經尚書
唐 石經五經
唐 王慶祚墓誌
唐 韋珪墓誌

唐 馬君妻董墓誌
唐 石經五經
唐 蘇斌墓誌
唐 索相兒墓誌
唐 王玄裕墓誌
唐 韋晃墓誌
唐 仙宮銘
唐 張慶之墓誌
唐 張宰墓誌
後梁 蕭符墓誌

東魏 元均及妻墓誌
東魏 元湛墓誌
隋 曹海凝墓誌
唐 王頠墓誌
唐 鄭君妻盧墓誌
唐 □模墓誌
唐 楚金禪師碑
唐 黃羅漢墓誌
唐 李鳳妃墓誌
唐 陸日晛妻墓誌

整

【隸書】
東漢 石門頌
晉 管洛墓誌陽
隋 郭達墓誌
唐 張休光墓誌
【楷書】
北魏 李媛墓誌
北魏 于仙墓誌
北魏 元崇業墓誌
北魏 元馗墓誌
北魏 元楨墓誌
北魏 張整墓誌

唐 李愍墓誌
唐 劉景嗣墓誌
唐 祁日進墓誌
唐 契苾夫人墓誌
唐 石經五經
唐 石經周易
唐 史懷訓墓誌
唐 玄秘塔碑
後周 蕭處仁墓誌

唐 崔淑墓誌
唐 蓋暢墓誌
唐 賈令琬墓誌
唐 賈雄墓誌
唐 黎幹墓誌
唐 李弘亮墓誌
唐 李氏室女墓誌
唐 李奭墓誌
唐 李修已墓誌
唐 劉彥之墓誌

唐 敏之墓誌
唐 七品宮人墓誌
唐 蘇斌墓誌
唐 田文雅墓銘
唐 韋塤墓誌
唐 小娘子太墓誌
唐 雁塔聖教序
唐 楊乾光墓誌
唐 張滂墓誌

黴

【隸書】

秦 關周・日書
秦 關周・日書

變 䜌

【篆書】

唐 謙卦碑

【隸書】

秦 關周・日書
西漢 馬・老乙前
西漢 馬・老乙前
西漢 馬・老子甲後
西漢 馬・養生
西漢 馬・足臂
西漢 張・1037
西漢 張・254
兩漢 西・馬簡

漢晉 流簡紙
東漢 肥致碑
東漢 華山廟碑陽
東漢 楊統碑陽
東漢 楊震碑
晉 辟雍頌陽
北齊 法懃塔銘
隋 爾朱敞墓誌
隋 高虬墓誌
隋 姬威墓誌

隋 姬威墓誌
唐 李神符碑
唐 李貞墓誌
唐 王震墓誌
唐 楊孝恭碑
唐 張休光墓誌
唐 掌徹墓誌

【楷書】

北魏 穆亮妻墓誌
北魏 元顥墓誌
北魏 元斑墓誌

北齊 定國寺塔碑
隋 范安貴墓誌
隋 元鐘墓誌
唐 葛亮祠堂碑
唐 皇甫瑶墓誌
唐 康留買墓誌
唐 李勛墓誌
唐 李壽墓誌
唐 劉妙姜墓誌
唐 麻姑仙壇記

唐 石經周易
唐 王海朝墓誌
唐 張叡墓誌
唐 周藻墓誌

日部

曰

【篆書】

三國吳 天發神讖碑

三國魏 正始石經

三國魏 正始石經

唐 碧落碑

唐 謙卦碑

唐 謙卦碑

唐 謙卦碑

唐 謙卦碑

唐 謙卦碑

唐 謙卦碑

唐 謙卦碑

唐 謙卦碑

唐 三墳記陽

唐 三墳記陰

唐 峿臺銘

【隸書】

秦 睡 38

秦 關周・病方

秦 關周・病方

西漢 馬・老乙前

西漢 馬・事語

西漢 張・1098

東漢 西・死駒

兩漢 西・馬簡

東漢 肥致碑

東漢 封龍山頌

東漢 華山廟碑陽

東漢 孟孝琚碑

東漢 三老刻石

東漢 鮮于璜碑陽

東漢 楊震碑

東漢 楊著碑陽

東漢 乙瑛碑

隋 李元墓誌

隋 馬少敏墓誌

隋 申穆及妻墓誌

隋 謝岳墓誌

隋 張盛墓誌

隋 鄭令妃墓誌

唐 李彥墓誌

唐 石臺孝經

唐 王泠然墓誌

唐 王子麟墓誌

唐 楊孝恭碑

唐 楊孝恭碑

【楷書】

漢晉 流簡紙

北魏 爾朱紹墓誌

北魏 荀景墓誌

北魏 寇偘墓誌

隋 陳花樹墓誌

隋 王楚英墓誌

隋 元鍾墓誌

唐 包筠墓誌

唐 尼金氏柩銘

唐 匹婁思墓誌

唐 石經尚書

唐 石經周易

唐 王素墓誌

日

【篆書】

秦 睡 116

三國魏 何晏墓誌

隋 豆盧寶墓誌

隋 高緊墓誌

隋 郭王墓誌

隋 田光山妻墓誌

唐 城隍廟碑

唐 焦松墓誌

唐 柳偘妻墓誌

唐 盧行毅墓誌

唐 倪彬墓誌

唐 蘇洪姿墓誌

唐 王感墓志

唐 楊孝恭碑

唐 楊孝恭碑

唐 楊孝恭碑

【隸書】

秦 睡 53

秦 關周•病方

秦 關周•日書

西漢 馬•老甲

西漢 馬•老乙前

西漢 馬•天下

西漢 馬•養生

西漢 馬•縱橫

西漢 張•1096

西漢 張•1097

西漢 居新•3529

西漢 居新•3593

西漢 居新•4245

西漢 居新•7668

西漢 居新•7668

西漢 居新•7770

西漢 居新•7799

兩漢 西•醫藥

兩漢 西•醫藥

東漢 肥致碑

新莽 萊子侯刻石

東漢 三老刻石

東漢 鮮于璜碑陽

東漢 楊震碑

北齊 馬天祥造像

隋 默曹殘碑

唐 尹尊師碑

【楷書】

三國吳 走•四年

三國魏 咸熙元年題字

北魏 元敷墓誌

北魏 元壽安墓誌

唐 盧憕墓誌

唐 石經周易

唐 石經周易

旦 ⊟

【隸書】

秦 睡 146

秦 睡 28

秦 睡 49

秦 關周•日書

秦 關周•日書

西漢 馬•養生

西漢 張•136

西漢 張•419

西漢 張•69

西漢 張•705

西漢 張•76

西漢 居新•1552

西漢 居新•8792

秦 西•日書甲

兩漢 西•懸簡

兩漢 西•醫藥

漢晉 流簡紙

東漢 肥致碑

東漢 延平元年記

隋 符盛及妻墓誌

隋 高虬墓誌

隋 姬威墓誌

隋 馬穉墓誌

隋 元鐘墓誌

唐 程俊墓誌陰

唐 寒亭記

【楷書】

三國吳 走•二年

晉 華芳墓誌陰

北魏 李媛墓誌

北魏 穆彥墓誌

北魏 石婉墓誌

隋 陳叔明墓誌

唐 李君妻裴墓誌

唐 逯貞墓誌

唐 石經尚書

唐 石經五經

唐 薛迅墓誌

早

【隸書】

秦 睡 12

秦 睡 51

漢晉 流簡紙

東漢 夏承碑

東漢 鮮于璜碑陽

隋 馬少敏墓誌

隋 橋紹墓誌

隋 任軌墓誌

隋 張盛墓誌

唐 褚亮碑

唐 楊孝恭碑

【楷書】

北魏 元朗墓誌

北魏 元文墓誌

唐 安延墓誌

唐 裴遵妻墓誌

唐 石經九經

唐 石經周易

曲

【隸書】

西漢 馬•老甲

西漢 馬•老乙前

西漢 張•1160

西漢 居新•1948

西漢 居新•4127

西漢 居新•6822

東漢 倉頡廟碑側

東漢 禮器碑陰

東漢 石門頌

東漢 西狹頌

晉 郭槐柩記

隋 爾朱敞墓誌

隋 姬威墓誌

隋 張儉及妻墓誌

隋 張景略墓誌

唐 北嶽廟碑

唐 豆盧建墓誌

唐 李神符碑

唐 任城橋亭記

唐 王崇禮墓誌

唐 文宣王廟門碑

唐 楊孝恭碑

唐 尹尊師碑

【楷書】

三國吳 走•五年

北魏 馮迎男墓誌

北魏 元誘墓誌

隋 盧文構墓誌

隋 元鐘墓誌

唐 安元壽墓誌

曳

【隸書】

隋 澧水石橋碑

隋 高虬墓誌

唐 柳偘妻墓誌

【楷書】

北魏 韓曳雲造像

北魏 王翊墓誌

北齊 趙道德墓誌

唐 竇娘子墓誌

唐 石經周易

唐 文鑒經幢

唐 無上道誌

旬

【隸書】

秦 睡 116

秦 睡 13

西漢 馬•縱横

西漢 張•435

東漢 肥致碑

東漢 朐忍令碑

東漢 石門頌

東漢 王暉石棺銘

東漢 夏承碑

東漢 薌他君題記

東漢 許安國題記

東漢 永壽元年銘

東漢 張遷碑陽

東漢 作封記

隋 段濟墓誌

隋 王榮及妻墓誌

唐 義福禪師碑

【楷書】

北魏 元均之墓誌

唐 李招兒墓誌

唐 石經尚書

旭 㫕

【隸書】

北齊 司馬遵業墓誌

唐 平蠻頌

唐 唐直墓誌

【楷書】

北魏 胡明相墓誌

唐 裴首兒墓誌

旨 𠭣

【隸書】

秦 睡 152

東漢 白石神君碑

北齊 感孝頌

東魏 宗欣墓誌

隋 豆盧實墓誌

隋 郭達墓誌

隋 李元墓誌

隋 馬少敏墓誌

隋 口和墓誌

隋 修孔子廟碑

唐 石臺孝經

【楷書】

三國吳 走•五年

東魏 杜文雍造像

東魏 陸順華墓誌

唐 阿史那貞忠墓誌

唐 石經尚書

唐 玄秘塔碑

唐 支懷墓誌

後梁 蕭符墓誌

旰 旰

【楷書】

北魏 元襲墓誌

唐 葛亮祠堂碑

旱 旱

【篆書】

東漢 祀三公山碑

唐 城隍廟碑

【隸書】

秦 睡 13

西漢 張•629

東漢 華山廟碑陽

東漢 淮源廟碑

晉 吕望表

隋 趙朗墓誌

【楷書】

三國吳 走•四年

三國吳 走•四年

三國吳 走•五年

三國吳 走•五年

唐 盧子蓍妻墓誌

唐 神策軍碑

唐 鄭敬墓誌

⿱日弟

【楷書】

唐 石經五經

唐 馮審中墓誌

昔 𦿆

【隸書】

秦 睡 131

秦 睡 238

西漢 馬•老甲

西漢 馬•老乙

西漢 馬•老乙前

西漢 張•1103

西漢 張•1106

東漢 池陽令殘碑

東漢 郙閣頌

東漢 孔宏碑

昃

【楷書】

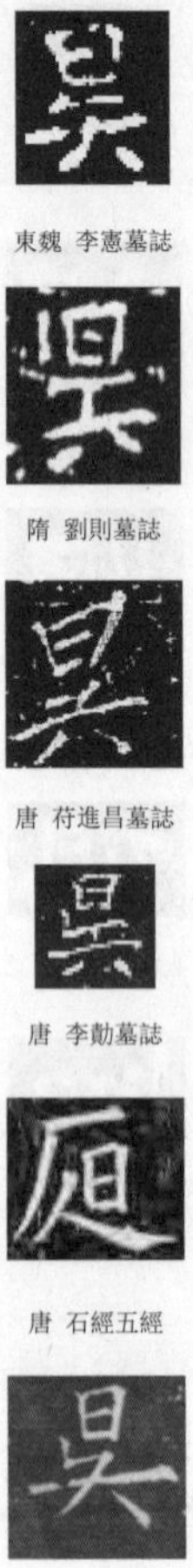

東魏 李憲墓誌
隋 劉則墓誌
唐 苻進昌墓誌
唐 李勣墓誌
唐 石經五經
唐 石經周易

唐 石經九經
唐 石經尚書

昊

【篆書】

唐 三墳記陰

【隸書】

北齊 西門豹碑陽
隋 苻盛及妻墓誌
唐 尹尊師碑

【楷書】

北魏 馮迎男墓誌
北魏 元端墓誌
北魏 元思墓誌
唐 呼延章墓誌
唐 石經九經

【楷書】

北魏 元崇業墓誌
北魏 元煥墓誌
北齊 竇泰墓誌
東魏 高盛墓碑
唐 六品亡宮墓誌
唐 五品亡宮墓誌
唐 陽氏合祔誌
唐 張去逸墓誌
唐 趙益墓誌
後唐 毛璋墓誌

昪

【隸書】

北齊 法懃塔銘
隋 侯肇墓誌
隋 姬威墓誌
隋 宋仲墓誌
隋 蘇恒墓誌
唐 北獄廟碑
唐 王震墓誌
唐 楊孝恭碑
唐 尹尊師碑
唐 趙叡沖碑

唐 石經尚書
唐 石經五經
唐 石經五經
唐 趙元槊墓誌
唐 朱仁表墓誌

隋 張景略墓誌
唐 李神符碑
唐 石臺孝經
唐 楊孝恭碑

【楷書】

北魏 李壁墓誌陽
北魏 元謐墓誌
北齊 竇泰墓誌
東魏 李憲墓誌
隋 馬少敏墓誌
唐 孟孝敏妻墓誌

東漢 五瑞圖摩崖
東漢 熹平石經易
東漢 作封記
三國魏 張君殘碑
晉 辟雍頌陽
北齊 感孝頌
隋 叱李綱子墓誌
隋 郭達墓誌
隋 侯肇墓誌
隋 劉珍墓誌

兩漢 西•馬簡

漢晉 流簡紙

東漢 曹全碑陽

東漢 華山廟碑陽

東漢 景君碑陽

東漢 尚博殘碑

東漢 石門頌

東漢 夏承碑

東漢 楊震碑

東漢 張遷碑陽

昜

【篆書】

三國魏 正始石經

唐 碧落碑

唐 三墳記陽

【隸書】

秦 睡 10

秦 睡 121

西漢 馬•老乙前

西漢 馬•老乙前

西漢 馬•養生

西漢 張•1071

兩漢 西•馬簡

隋 吴嚴墓誌

【楷書】

北魏 成氏墓誌

北魏 元願平妻墓誌

隋 任顯及妻誌

隋 修孔子廟碑

唐 張翼墓誌

唐 郭五墓誌

唐 石經九經

唐 石經尚書

西漢 居新•9171

漢晉 流簡紙

漢晉 流簡紙

東漢 白石神君碑

東漢 景君碑陰

東漢 景君碑陰

東漢 孔宙碑陽

東漢 孔宙碑陰

東魏 宗欣墓誌

隋 任軌墓誌

昌

【篆書】

唐 碧落碑

唐 三墳記陰

【隸書】

秦 睡 196

西漢 馬•老乙前

西漢 馬•十問

西漢 張•636

西漢 居新•2222

西漢 居新•3483

西漢 居新•5865

西漢 居新•915

唐 石經尚書

唐 張騷墓誌

唐 趙璧墓誌

隋 馬穉墓誌

唐 趙叡沖碑

【楷書】

北魏 王僧男墓誌

北魏 元願平妻墓誌

北齊 竇泰墓誌

隋 盧文機墓誌

唐 李公政墓誌

唐 李虚中墓誌

唐 柳昱妻墓誌

昆

【隸書】

秦 關周•日書

東漢 西•寇恩

漢晉 流簡紙

東漢 大吉山刻石

東漢 孔彪碑陽

東漢 孟孝琚碑

東漢 鮮于璜碑陽

東漢 尹宙碑

東漢 圉令趙君碑

晉 石尠墓誌

北魏 鞠彥雲墓誌
隋 郭達墓誌
隋 郭達墓誌
隋 姬威墓誌
隋 劉多墓誌
隋 馬長和造像
隋 馬長和造像
隋 宋仲墓誌
隋 宋仲墓誌
隋 張儉及妻墓誌

隋 趙朗墓誌
唐 北嶽廟碑
唐 高元珪墓誌
唐 屈突通墓誌
唐 石臺孝經
唐 史思禮墓誌

【楷書】

北魏 元固墓誌
北魏 元誘墓誌
北齊 竇泰墓誌
北齊 竇泰墓誌

東魏 李挺墓誌
隋 程諧墓誌
隋 王楚英墓誌
隋 元鐘墓誌
唐 蓋暢墓誌
唐 李賢墓誌
唐 石經尚書
唐 石經周易
唐 石經周易
唐 王羊仁墓誌

明

【篆書】

晉 郭休碑陰
東魏 宗欣墓誌
隋 口悦昂
隋 郭休墓誌
隋 郭休墓誌
唐 碧落碑
唐 長明燈樓頌
唐 謙卦碑
唐 三墳記陽
唐 三墳記陰

【隸書】

秦 睡10
秦 睡144
西漢 馬•合陰陽
西漢 馬•老甲
西漢 馬•老乙前
西漢 馬•老子甲後
西漢 馬•十問
西漢 馬•養生
西漢 馬•縱橫
西漢 居新•7626

東漢 西•文書
漢晉 流簡紙
漢晉 流簡紙
漢晉 流簡紙
東漢 從事馮君碑
東漢 肥致碑
東漢 封龍山頌
東漢 公乘田魴記
東漢 淮源廟碑
東漢 孔宙碑陽

東漢 孔宙碑陰
東漢 禮器碑
東漢 馬姜墓記
東漢 三老刻石
東漢 石門頌
東漢 石門頌
東漢 夏承碑
東漢 鮮于璜碑陽
東漢 楊震碑
東漢 乙瑛碑

東漢 永壽元年銘
東漢 造土牛碑
三國魏 何晏墓誌
三國魏 孔羨碑
晉 郭槐柩記
晉 徐義墓誌陽
北齊 感孝頌
東魏 叔孫固墓誌
北齊 司馬遵業墓誌
隋 爾朱敞墓誌

唐 景公直墓誌

唐 顏仁楚墓誌

昂

【楷書】

北魏 薛伯徽墓誌

北魏 于景墓誌

北魏 元譿墓誌

北魏 元順墓誌

北魏 元思墓誌

北魏 司馬氏墓誌

隋 卜氏墓誌

隋 董敬墓誌

隋 姬威墓誌

隋 橋紹墓誌

昕

【隸書】

唐 勿部將軍碑

唐 楊孝恭碑

唐 楊孝恭碑

唐 楊孝恭碑

【楷書】

北周 華嶽頌

北齊 僧靜明造像

唐 李清禪墓誌

唐 趙嘉及妻墓誌

唐 李玄德墓誌

唐 桑貞墓誌

唐 石經尚書

唐 石經五經

唐 石經五經

唐 石經五經

唐 石經周易

唐 石經周易

唐 顏勤禮碑陰

唐 張騷墓誌

北魏 元融墓誌

北齊 竇泰墓誌

北齊 僧靜明修塔

隋 口怴昂墓誌

隋 盧文機墓誌

隋 任顯及妻誌

隋 勝福寺塔銘

隋 田光山妻墓誌

唐 多寶塔碑

唐 寇堮墓誌

唐 李貞墓誌

唐 石臺孝經

唐 史思禮墓誌

唐 王震墓誌

唐 楊孝恭碑

唐 掌徹墓誌

【楷書】

北魏 韓顯宗墓誌

北魏 和邃墓誌

北魏 平西將軍墓誌

北魏 元敷墓誌

隋 闞明墓誌

隋 郭達墓誌

隋 張景略墓誌

隋 張盛墓誌

唐 董虔運墓誌

唐 高元珪墓誌

唐 告華嶽府君

唐 告華嶽府君

唐 李神符碑

唐 李貞墓誌

昕

【楷書】

北齊 雋敬碑

隋 王昕造像

旻

【隸書】

東漢 朝侯小子碑

東漢 淮源廟碑

東漢 西狹頌

東漢 楊著碑陽

唐 孔子廟碑

【楷書】

三國吳 走•五年

北魏 楊乾墓誌

北齊 高湝墓誌

唐 高憲墓誌

唐 李偘偘墓誌

唐 石經尚書

唐 王京墓誌

昉

【隸書】

東漢 華山廟碑陽

【楷書】

北魏 元昉墓誌

隋 鄧昞墓誌

旼

【隸書】

唐 楊孝恭碑

唐 楊孝恭碑

昏

【篆書】

唐 三墳記陰

【隸書】

秦 睡134

秦 西•日書甲

西漢 馬•合陰陽

西漢 張•1094

西漢 居新•7671

西漢 西•候官

東漢 西•死駒

漢晉 流簡紙

東漢 尹宙碑

隋 符盛及妻墓誌

隋 高虯墓誌

隋 牛諒墓誌

隋 蘇恒墓誌

唐 紀信墓碑

唐 屈突通墓誌

唐 蘇洪姿墓誌

【楷書】

北魏 耿氏墓誌

北魏 元引墓誌

東魏 公孫甑生墓誌

隋 薛保興墓誌

隋 鄭善妃墓誌

唐 李紹墓誌

唐 石經尚書

唐 尉遲敬德墓誌

唐 顏人墓誌

唐 楊訓墓誌

唐 楊宇墓誌

曶

【篆書】

唐 碧落碑

【隸書】

東漢 樊敏碑

【楷書】

北魏 赫連悅墓誌

春

【篆書】

三國魏 正始石經

三國魏 正始石經

【隸書】

秦 睡 143

秦 睡 149

西漢 馬•十問

西漢 馬•十問

西漢 張•270

西漢 張•828

漢晉 流簡紙

漢晉 流簡紙

漢晉 流簡紙

東漢 何君閣道銘

東漢 孔宙碑陽

東漢 石門頌

東漢 石門頌

東漢 史晨後碑

東漢 太室石闕銘

東漢 楊震碑

東漢 乙瑛碑

東漢 乙瑛碑

東漢 尹宙碑

東漢 作封記

晉 辟雍頌陽

北齊 法懃塔銘

北齊 感孝頌

隋 劉寶及妻墓誌

隋 口和墓誌

隋 張盛墓誌

唐 褚亮碑

唐 崔祐甫墓誌

唐 李神符碑

唐 柳偘妻墓誌

唐 石臺孝經

唐 蘇洪姿墓誌

唐 王媛墓誌陰

唐 楊孝恭碑

唐 張翼墓誌

【楷書】

三國吳 走•五年

北魏 常季繁墓誌

北魏 吐谷渾氏墓誌

北魏 元寶月墓誌

東魏 元悰墓誌

隋 申穆及妻墓誌

隋 宋玉艷墓誌

隋 田光山妻墓誌

隋 姚太墓誌

唐 孟師墓誌

唐 石經尚書

唐 石經尚書

冒

【隸書】

秦 睡 10

西漢 居新•4806

東漢 趙寬碑

晉 辟雍頌陽

【楷書】

南朝梁 羅浮山銘

唐 石經尚書

唐 石經五經

唐 王敏墓誌

唐 闞基墓誌

後唐 張思錄經幢

昧

【隸書】

西漢 馬•十問

西漢 馬•縱橫

西漢 居新•3467

西漢 居新•4487

西漢 居新•6084

西漢 西•詔書

隋 叱李綱子墓誌

唐 玄巖銘

唐 楊孝恭碑

【楷書】

北魏 薛伯徽墓誌

隋 常泰妻墓誌

隋 鄭善妃墓誌

唐 蔡元雪妻墓誌

唐 李兒墓誌

唐 石經尚書

唐 石經尚書

唐 石經周易

是

【隸書】

秦 睡134

秦 睡68

西漢 馬•合陰陽

西漢 馬•老甲

西漢 馬•老乙前

西漢 馬•老乙前

西漢 馬•縱横

西漢 馬•縱横

西漢 張•710

西漢 張•736

西漢 張•830

漢晉 流簡紙

漢晉 流簡紙

東漢 曹全碑陽

東漢 曹全碑陽

東漢 華山廟碑陽

東漢 淮源廟碑

東漢 景君碑陽

東漢 孔宙碑陽

東漢 禮器碑

東漢 石門頌

東漢 西狹頌

東漢 夏承碑

東漢 行事渡君碑

東漢 楊震碑

東漢 楊著碑陽

東漢 乙瑛碑

東漢 尹宙碑

東漢 趙寬碑

三國魏 王基斷碑

三國魏 張君殘碑

晉 王君侯碑陽

晉 徐義墓誌陽

北齊 司馬遵業墓誌

隋 郭休墓誌

隋 郭休墓誌

隋 劉多墓誌

隋 宋景造像碑

隋 蘇恒墓誌

隋 謝岳墓誌

唐 李神符碑

唐 李彦墓誌

唐 石臺孝經

唐 石臺孝經

唐 石臺孝經

唐 楊孝恭碑

唐 趙冬曦壙誌

【楷書】

魏晉 樓•紙

北魏 爾朱襲墓誌

北魏 尹愛姜造像

北齊 竇泰墓誌

隋 常泰妻墓誌

隋 陳花樹墓誌

隋 王楚英墓誌

唐 李超墓誌

唐 石經尚書

唐 石經五經

唐 石經周易

後晉 袁從章墓誌

昜

【楷書】

唐 石經五經

昴

【隸書】

隋 蕭瑾墓誌

【楷書】

北齊 竇泰墓誌

東魏 王僧墓誌

唐 皇甫誕碑

唐 石經尚書

唐 元瑛墓誌

昨

【隸書】

西漢 居新•10

西漢 居新•2197

西漢 武•有司甲

隋 郭達墓誌

隋 蕭瑾墓誌

【楷書】

北魏 慈慶墓誌

北魏 馮會萇墓誌

北魏 元暐墓誌

北齊 高湝墓誌

隋 姜敬親墓誌

眂

【楷書】

唐 霍萬墓誌

眣

【楷書】

唐 馮審中墓誌

唐 王法墓誌

唐 王宏墓誌

唐 王思齊墓誌

唐 徐思倩墓誌

唐 越國太妃墓誌

東魏 張瓘墓誌

隋 陳常墓誌

隋 王楚英墓誌

隋 王楚英墓誌

隋 元智墓誌

唐 竇娘子墓誌

唐 二品昭儀誌

唐 馮淹之墓誌

唐 宮官司設墓誌

唐 李弘亮墓誌

唐 豆盧建墓誌

唐 豆盧建墓誌

唐 屈突通墓誌

【楷書】

北魏 馮邕妻墓誌

北魏 笱景墓誌

北魏 盧令媛墓誌

北魏 穆亮墓誌

北魏 叶谷渾氏墓誌

北魏 元思墓誌

北魏 元液墓誌

映

【篆書】

唐 碧落碑

唐 峿臺銘

【隸書】

北齊 感孝頌

隋 叱李綱子墓誌

隋 澧水石橋碑

隋 澧水石橋碑

隋 李元墓誌

隋 宋景造像碑

隋 鄭令妃墓誌

唐 褚亮碑

昣

【楷書】

唐 夏侯昣墓誌

昤

【楷書】

唐 邊夫人墓誌

昫

【隸書】

西漢 張•1123

西漢 張•1199

西漢 西•奏書

【楷書】

東魏 王僧墓誌

星

【篆書】

唐 碧落碑

唐 柳偘妻墓誌

唐 柳偘妻墓誌

【隸書】

秦 睡 120

秦 關周•病方

秦 關周•日書

西漢 馬•老乙前

西漢 馬•十問

西漢 馬•縱横

西漢 張•1058

漢晉 流簡紙

東漢 鮮于璜碑陰

東漢 永壽元年銘

北齊 司馬遵業墓誌

北齊 西門豹碑陽

隋 爾朱端墓誌

隋 郭達墓誌

隋 侯肇墓誌

隋 姬威墓誌

隋 劉寶及妻墓誌

隋 蘇恒墓誌

隋 吳嚴墓誌

唐 王子麟墓誌

唐 尹尊師碑

【楷書】

北魏 高珪墓誌

隋 范安貴墓誌

唐 馬浩墓誌

唐 神策軍碑

唐 石經九經

唐 石經九經

唐 石經尚書

唐 王待徵墓誌

唐 張暈妻墓誌

曷

【篆書】

東漢 鄭固碑

【隸書】

西漢 居新•8169

東漢 楊著碑陽

唐 義福碑陰

【楷書】

北魏 赫連悅墓誌

北魏 元欽墓誌

北魏 元順墓誌

唐 葛亮祠堂碑

唐 麻姑仙壇記

唐 石經尚書

唐 石經五經

唐 石經周易

唐 左光胤墓誌

昱

【隸書】

北魏 上尊號碑

唐 義福禪師碑

【楷書】

北魏 元倹墓誌

唐 柳昱墓誌

昢

【楷書】

唐 李昢墓誌

昪

【楷書】

唐 王公素墓誌

昭

【篆書】

北魏 元天穆誌蓋

唐 碧落碑

唐 李元諒頌額

【隸書】

秦 睡 97

西漢 馬•縱橫

西漢 居新•8769

西漢 居新•8770

東漢 白石神君碑

東漢 衡方碑

東漢 淮源廟碑

東漢 寬以殘碑

東漢 尚博殘碑

東漢 王暉石棺銘

東漢 王舍人碑

東漢 鮮于璜碑陽

東漢 楊元昭題記

東漢 楊震碑

東漢 楊著碑陽

東漢 張壽殘碑

東漢 趙寬碑

隋 申穆及妻墓誌

唐 告華嶽府君

唐 石臺孝經

唐 楊孝恭碑

唐 楊孝恭碑

唐 楊孝恭碑

唐 楊孝恭碑

唐 尹尊師碑

【楷書】

三國吳 走•五年

北魏 李榘蘭墓誌

北魏 盧令媛墓誌

北魏 元文墓誌

北魏 元瑱墓誌

北魏 元昭墓誌

隋 暴永墓誌

隋 李肅墓誌

隋 口靜墓誌

隋 元智墓誌

隋 張貴男墓誌

唐 石經尚書

昭（續）

唐 石經周易

唐 王子麟墓誌

唐 楊思立墓誌

昝

【楷書】

北魏 昝雙仁墓誌

唐 昝斌墓誌

唐 史從慶墓誌

衵

【楷書】

晉 筆陣圖

北魏 于纂墓誌

唐 盧昂墓誌

晉

【篆書】

晉 成晃碑額

晉 郛休碑陰

唐 三墳記陽

【隸書】

秦 關周·病方

西漢 馬·事語

西漢 馬·縱横

西漢 馬·縱横

西漢 馬·縱横

漢晉 流簡紙

東漢 倉頡廟碑側

東漢 尚博殘碑

東漢 魏元丕碑

東漢 張遷碑陽

東漢 趙菿殘碑

東漢 趙寬碑

晉 張朗碑

北齊 司馬遵業墓誌

北齊 西門豹碑陽

隋 叱李綱子墓誌

隋 符盛及妻墓誌

隋 郭王墓誌

隋 劉多墓誌

隋 申穆及妻墓誌

隋 張姜墓誌

唐 倪彬墓誌

唐 王震墓誌

唐 張休光墓誌

唐 張翼墓誌

【楷書】

魏晉 樓·紙

北魏 郭顯墓誌

北魏 李璧墓誌陽

北魏 司馬紹墓誌

北魏 檀賓墓誌

北齊 婁黑女墓誌

北齊 宇文誠墓誌

隋 蕭瑒墓誌

唐 陳守素妻墓誌

唐 李從證墓誌

唐 李雅墓誌

唐 劉奇秀墓誌

唐 石經五經

唐 石經五經

唐 石經周易

唐 王惠墓誌

晅

【楷書】

唐 楊迴墓誌

晊

【隸書】

東漢 華岳廟碑陰

唐 行儼碑

【楷書】

唐 源君妻墓誌

晟 𣆲

【隸書】

唐 司馬寔墓誌

唐 貞一廟碑

【楷書】

三國吳 走•四年

隋 張業墓誌

時 𣅀

【篆書】

三國魏 正始石經

唐 三墳記陰

唐 峿臺銘

【隸書】

秦 睡 146

秦 睡 201

秦 關周•病方

秦 關周•日書

西漢 馬•合陰陽

西漢 馬•老乙前

西漢 馬•老乙前

西漢 馬•老子甲後

西漢 張•1036

西漢 張•556

西漢 居新•1013

西漢 居新•1032

東漢 西•推辟

兩漢 西•馬簡

兩漢 西•醫藥

漢晉 流簡紙

漢晉 流簡紙

西漢 石墻村刻石

東漢 曹全碑陽

東漢 肥致碑

東漢 封龍山頌

東漢 桓孨食堂記

東漢 孔宙碑陽

東漢 禮器碑側

東漢 利水大道記

東漢 孟孝琚碑

東漢 孟孝琚碑

東漢 史晨後碑

東漢 西狹頌

東漢 鮮于璜碑陽

東漢 許安國題記

東漢 楊震碑

東漢 楊震碑

東漢 乙瑛碑

東漢 永壽元年墓記

東漢 張遷碑陽

三國魏 何晏墓誌

晉 郭槐柩記

北周 華嶽頌

北周 華嶽頌

隋 橋紹墓誌

隋 任軌墓誌

隋 宋仲墓誌

唐 董虔運墓誌

唐 李神符碑

唐 李神符碑

唐 石臺孝經

唐 王震墓誌
唐 行儼碑
唐 楊孝恭碑
唐 楊孝恭碑

【楷書】

三國吳 走•五年
北魏 封昕墓誌
北魏 寗懋墓誌
北魏 薛伯徽墓誌
北齊 高湝墓誌
隋 蕭氏墓誌

唐 崔師墓誌
唐 石經尚書
唐 石經五經
唐 石經周易
唐 石經周易
唐 韋麟墓誌
唐 造石仙宮銘
唐 鄭中基墓誌

晃

【隸書】

東漢 景君碑陰
東漢 岐子根記
唐 任城橋亭記
唐 楊孝恭碑

【楷書】

唐 朱齊之墓誌

⿱日寻

【楷書】

唐 石經五經
唐 石經五經

晁

【隸書】

東漢 石門頌

【楷書】

北齊 游達摩造像
唐 晁多知造像
唐 沈士公墓誌
唐 蕭季江墓誌

晞

【隸書】

東漢 楊統碑陽
隋 爾朱端墓誌
唐 尹文操碑
唐 貞一廟碑

【楷書】

北魏 胡明相墓誌
北魏 元顥墓誌
東魏 李艷華墓誌
隋 樊氏墓誌
唐 康智墓誌
唐 張琛墓誌

唐 張運才墓誌

晚

【隸書】

東漢 景君碑陽
隋 爾朱敞墓誌
隋 高虬墓誌
隋 闞明墓誌
隋 郭達墓誌
隋 趙朗墓誌
唐 張翼墓誌

【楷書】

晉 華芳墓誌陰
北魏 公孫猗墓誌
北魏 寇霄墓誌

北魏 元誨墓誌

隋 寇奉叔墓誌

隋 王楚英墓誌

隋 蕭翹墓誌

隋 張軻墓誌

唐 皇甫德相墓誌

晏

【隸書】

秦 睡226

西漢 居新•1212

西漢 居新•2701

西漢 居新•8111

西漢 居新•8793

兩漢 西•馬簡

漢晉 流簡紙

東漢 蕩陰字殘

東漢 肥致碑

東漢 景君碑陰

東漢 石門頌

東漢 石門頌

東漢 鮮于璜碑陽

東漢 鮮于璜碑陰

三國魏 何晏墓誌

三國魏 受禪碑

唐 大忍寺碑

唐 豆盧建墓誌

唐 楊孝恭碑

【楷書】

北魏 穆紹墓誌

北魏 元顥墓誌

北魏 元颺墓誌

隋 段濟墓誌

隋 皇甫深墓誌

唐 崔千里墓誌

唐 高義忠墓誌

唐 姚存古墓誌

晙

【楷書】

唐 臧懷恪墓碑

晝

【隸書】

秦 睡135

西漢 居新•5157

西漢 居新•9099

漢晉 流簡紙

東漢 淮源廟碑

隋 姬威墓誌

隋 馬少敏墓誌

唐 沈夫人墓誌

唐 蘇洪姿墓誌

唐 鄎國長公主碑

唐 尹尊師碑

【楷書】

北魏 李媛墓誌

北魏 檀賓墓誌

北魏 吐谷渾璣墓誌

北魏 王基墓誌

東魏 姜夫人墓誌

北周 時珍墓誌

北齊 無量義經

東魏 元仲英墓誌

隋 劉氏墓誌

唐 李戢墓誌

唐 裴瑾墓誌

唐 秦公夫人墓誌

唐 石經尚書

唐 石經周易

唐 宋山墓誌

唐 亡宮三品墓誌

唐 王府君墓誌

唐 顏人墓誌

唐 于士恭墓誌

書書

【篆書】

三國吳 天發神讖碑

東魏 封延之誌蓋

東魏 高盛墓碑額

隋 宋仲墓誌

隋 宋仲墓誌

唐 般若臺記

唐 高元裕碑額

唐 高元裕碑額

唐 謙卦碑

唐 三墳記陰

唐 詩書碑額

唐 張九齡碑額

唐 張九齡碑額

唐 張胤墓碑額

【隸書】

秦 睡45

秦 睡67

西漢 馬•縱横

西漢 居新•1082

西漢 居新•3847

西漢 居新•4380

西漢 居新•4733

西漢 居新•7541

西漢 居新•7544

西漢 居新•7697

西漢 居新•7697

西漢 居新•7729

東漢 西•寇恩

東漢 西•四時

漢晉 流簡紙

西漢 楚王墓塞石

東漢 封龍山頌

東漢 禮器碑

東漢 禮器碑陰

東漢 秦君神道刻字

東漢 石門頌

東漢 石門頌

東漢 史晨前碑

東漢 夏承碑

東漢 鮮于璜碑陰

東漢 薌他君題記

東漢 延平元年記

東漢 延平元年記

東漢 楊淮表記

東漢 楊震碑

東漢 楊震碑

東漢 楊著碑陽

東漢 乙瑛碑

東漢 張遷碑陽

東漢 子游殘碑

東漢 子游殘碑

北齊 感孝頌

北齊 感孝頌

北齊 感孝頌

隋 任顯及妻誌

唐 史思禮墓誌

唐 行儼碑

唐 行儼碑

唐 楊孝恭碑

唐 尹尊師碑

唐 趙冬曦壙誌

【楷書】

北魏 元寧墓誌

北魏 元信墓誌

北魏 元纂墓誌

北齊 司馬遵業墓誌

東魏 元顯墓誌

隋 勝福寺塔銘

唐 崔千里墓誌

唐 賈温墓誌

唐 敬覺墓誌

唐 裵士淹題名

唐 石經尚書

唐 石經尚書

唐 石經五經

唐 瘞琴銘

後梁 惠光舍利塔銘

曹 𣍘

【篆書】

東漢 開母廟闕銘

東漢 少室石闕銘

東漢 少室石闕銘

隋 宋仲墓誌

隋 宋仲墓誌

唐 三墳記陽

唐 三墳記陽

【隸書】

秦 睡 50

秦 關周•曆譜

西漢 馬•養生

西漢 馬•縱横

西漢 張•554

西漢 居新•1214

西漢 居新•1215

西漢 居新•5289

東漢 倉頡廟碑側

東漢 倉頡廟碑側

東漢 倉頡廟碑側

東漢 蒼山元嘉題記

東漢 蒼山元嘉題記

東漢 曹全碑陽

東漢 曹全碑陰

東漢 淮源廟碑

東漢 淮源廟碑

東漢 淮源廟碑

東漢 禮器碑陰

東漢 任城黄腸石

東漢 石門頌

東漢 史晨後碑

東漢 文叔陽題記

東漢 夏承碑

東漢 鮮于璜碑陽

東漢 鮮于璜碑陰

東漢 薌他君題記

東漢 薌他君題記

東漢 楊著碑陽

東漢 乙瑛碑

東漢 造十牛碑

晉 辟雍頌陰

晉 石尠墓誌

隋 修孔子廟碑

唐 高元珪墓誌

唐 高元珪墓誌

唐 盧宏及妻墓誌

唐 王震墓誌

唐 王子麟墓誌

唐 趙冬曦壙誌

【楷書】

漢晉 流簡紙

前凉 西•木牘

前凉 西•木牘

三國吴 走•四年

三國吴 走•五年

三國吴 走•五年

三國吴 走•五年

北魏 馮季華墓誌

北魏 寇治墓誌

北魏 鄭黑墓誌

北齊 傅隆顯墓誌

隋 陳叔明墓誌

隋 獨孤羅墓誌

隋 郭休墓誌

隋 馬穉墓誌

隋 尉富娘墓誌

唐 石經五經

唐 石經五經

唐 石經五經

唐 支成墓誌

晤

【隸書】

隋 爾朱敞墓誌

唐 闞道愛墓誌

唐 沈知敏墓誌

【楷書】

晉 蘭亭序真本

隋 張喬墓誌

唐 王立墓誌

晨

【篆書】

唐 碧落碑

【隸書】

秦 睡121

秦 西•日書乙

西漢 居新•7427

漢晉 流簡紙

東漢 朝侯小子碑

東漢 三老石堂記

東漢 史晨前碑

東漢 薌他君題記

北齊 感孝頌

北周 華嶽頌

北齊 司馬遵業墓誌

北齊 司馬遵業墓誌

隋 豆盧實墓誌

隋 高虬墓誌

隋 劉寶及妻墓誌

唐 屈突通墓誌

唐 尹尊師碑

唐 貞一廟碑

【楷書】

南朝梁 舊館壇碑

北魏 王蕃墓誌

北魏 元誨墓誌

北魏 元鸞墓誌

北魏 元仙墓誌

北魏 元項墓誌

北齊 高清墓誌

隋 郭王墓誌

隋 姬威墓誌

隋 王楚英墓誌

唐 甘基墓誌

唐 劉妙姜墓誌

唐 石經九經

唐 石經九經

後唐 張滌妻高墓誌

晡

【楷書】

北魏 慈慶墓誌

唐 李道因墓誌

晛

【楷書】

唐 石經五經

唐 王晛墓誌

曼

【隸書】

西漢 馬•十問

西漢 居新•2917

西漢 西•候官

三國吳 走•五年

東漢 曹全碑陰

東漢 華岳廟碑陰

東漢 立朝字殘碑

隋 豆盧實墓誌

隋 蘇恒墓誌

【楷書】

北魏 弔比干文陽

唐 張願墓誌

後唐 王播墓誌

眼

【楷書】

隋 薛保與墓誌

唐 趙冬曦壙誌

【楷書】

北魏 元弼墓誌

北魏 元楨墓誌

唐 崔紹墓誌

唐 石經周易

唐 張㤆墓誌

晦

【隸書】

西漢 馬·老乙前

西漢 馬·天下

西漢 居新·7342

東漢 曹全碑陰

隋 郭王墓誌

隋 李元墓誌

隋 蕭瑾墓誌

唐 董虔運墓誌

唐 王泠然墓誌

唐 王媛墓誌陰

唐 陽濟墓誌

唐 執失善光

隋 樊氏墓誌

隋 馬少敏墓誌

隋 明雲騰墓誌

隋 唐氏墓誌

隋 朱氏墓誌

唐 盧宏及妻墓誌

唐 石經五經

唐 實照墓誌

唐 王信威墓誌

唐 吳孝墓誌

北魏 元子正墓誌

北魏 張盧墓誌

北魏 張寧墓誌

北魏 張整墓誌

北齊 竇泰墓誌

東魏 馮令華墓誌

北齊 婁黑女墓誌

東魏 盧貴蘭墓誌

東魏 元悰墓誌

隋 樊氏墓誌

隋 口和墓誌

隋 吳嚴墓誌

隋 楊真墓誌

唐 庫狄真相墓誌

唐 盧宏及妻墓誌

唐 潘基墓誌

唐 朱君妻王墓誌

【楷書】

北魏 寇偘墓誌

北魏 山徽墓誌

北魏 蘇屯墓誌

冕

【隸書】

東漢 樊敏碑

晉 徐義墓誌陽

隋 豆盧實墓誌

隋 爾朱敞墓誌

隋 爾朱端墓誌

隋 符盛及妻墓誌

隋 侯肇墓誌

隋 李元墓誌

隋 劉多墓誌

隋 王榮及妻墓誌

皖

【楷書】

唐 六品亡宮墓誌

唐 張去奢墓誌

奝

【楷書】

北魏 薛慧命墓誌

東魏 道奝造像

替

【隸書】

東漢 景君碑陰

東漢 楊震碑

唐 王崇禮墓誌

唐 楊孝恭碑

【楷書】

晉 辟雍頌陽

北魏 元悌墓誌

隋 郭達墓誌

隋 孔神通墓誌

唐 石經九經

唐 石經九經

唐 石經尚書

晬

【楷書】

唐 鄭子容墓誌

最

【隸書】

秦 睡 156

秦 關周•病方

西漢 馬•十問

西漢 馬•養生

西漢 張•760

西漢 西•詔書

東漢 簿書殘碑

北齊 鏤石班經記

北齊 鏤石班經記

隋 宋景造像碑

隋 蕭瑾墓誌

唐 龐履温碑

唐 司馬寔墓誌

唐 朱君妻王墓誌

【楷書】

晉 黃庭經

北魏 郭顯墓誌

北魏 龍泉古井銘

北魏 元略墓誌

北齊 乞伏保達墓誌

北齊 維那四十人造像

東魏 元悰墓誌

東魏 元湛墓誌

隋 張伏敬墓誌

唐 焦真機造像

唐 盧昂墓誌

唐 魯謙墓誌

唐 石經五經

唐 元婉墓誌

唐 苑玄亮墓誌

唐 張相墓誌

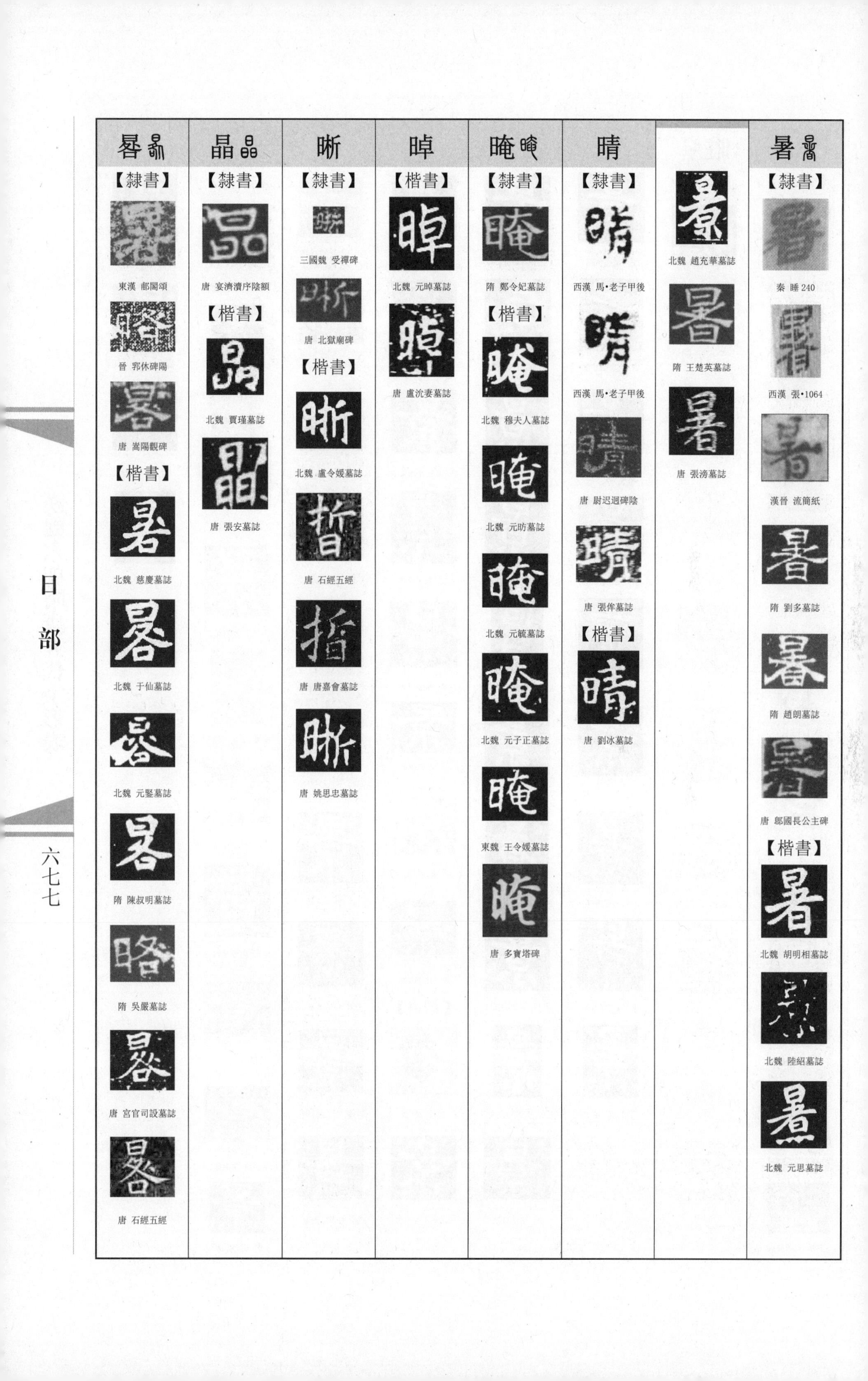

暑

【隸書】

秦 睡240

西漢 張•1064

漢晉 流簡紙

隋 劉多墓誌

隋 趙朗墓誌

唐 鄎國長公主碑

【楷書】

北魏 胡明相墓誌

北魏 陸紹墓誌

北魏 元思墓誌

北魏 趙充華墓誌

隋 王楚英墓誌

唐 張滂墓誌

晴

【隸書】

西漢 馬•老子甲後

西漢 馬•老子甲後

唐 尉迟迥碑陰

唐 張侔墓誌

【楷書】

唐 劉冰墓誌

晻

【隸書】

隋 鄭令妃墓誌

【楷書】

北魏 穆夫人墓誌

北魏 元昉墓誌

北魏 元毓墓誌

北魏 元子正墓誌

東魏 王令媛墓誌

唐 多寶塔碑

晫

【楷書】

北魏 元晫墓誌

唐 盧沇妻墓誌

晰

【隸書】

三國魏 受禪碑

唐 北嶽廟碑

【楷書】

北魏 盧令媛墓誌

唐 石經五經

唐 唐嘉會墓誌

唐 姚思忠墓誌

晶

【隸書】

唐 宴濟瀆序陰額

【楷書】

北魏 賈瑾墓誌

唐 張安墓誌

晷

【隸書】

東漢 郙閣頌

晉 郛休碑陽

唐 嵩陽觀碑

【楷書】

北魏 慈慶墓誌

北魏 于仙墓誌

北魏 元鑒墓誌

隋 陳叔明墓誌

隋 吳嚴墓誌

唐 宮官司設墓誌

唐 石經五經

唐 唐嘉會墓誌

唐 張騷墓誌

唐 張氏墓誌

唐 趙留四墓誌

唐 宗夫人墓誌

景

【篆書】

東漢 景君碑額

唐 碧落碑

【隸書】

漢晉 流簡紙

東漢 景君碑陰

東漢 王景信題記

東漢 夏承碑

東漢 圉令趙君碑

東漢 造土牛碑

三國魏 王基斷碑

晉 辟雍頌陽

晉 郭休碑陰

北齊 法懃塔銘

北齊 感孝頌

隋 暴永墓誌

隋 符盛及妻墓誌

隋 郭達墓誌

隋 郭王墓誌

隋 姬威墓誌

隋 李元墓誌

隋 張景略墓誌

隋 張盛墓誌

隋 鄭令妃墓誌

唐 庫狄真相墓誌

唐 李神符碑

唐 李神符碑

唐 石臺孝經

唐 玄元靈應頌

唐 尹尊師碑

【楷書】

魏晉 樓•紙

晉 黃庭内景經

南朝梁 羅浮山銘

北魏 杜遷題記

北魏 爾朱襲墓誌

北魏 荀景墓誌

北魏 姚伯多供養碑

北魏 元崇業墓誌

北魏 趙充華墓誌

東魏 惠朗造像記

東魏 南宗和尚塔銘

隋 橋紹墓誌

隋 楊厲墓誌

唐 崔齊榮墓誌

唐 段承宗墓誌

唐 高木盧墓誌

唐 李承乾墓誌

唐 王素墓誌

唐 王豫墓誌

唐 臧懷恪墓碑

後梁 蕭符墓誌

暀

【楷書】

唐 石經五經

智

【篆書】

三國魏 正始石經

【隸書】

秦 睡 10

秦 睡 45

秦 睡 55

西漢 馬•老子甲後

西漢 馬•養生

西漢 馬•縱横

西漢 張•689

東漢 倉頡廟碑側

東漢 尚博殘碑

東漢 校官碑
三國魏 受禪碑
晉 辟雍頌陰
北齊 法懃塔銘
隋 爾朱敞墓誌
隋 關明墓誌
隋 郭休墓誌
隋 口墮及妻墓誌
隋 宋仲墓誌
隋 蘇恒墓誌

唐 高元珪墓誌
唐 李神符碑
唐 鄎國長公主碑

【楷書】

三國吳 走•五年
北魏 常文遠造像
北魏 王璨墓誌
北魏 奚智墓誌
北魏 元愔墓誌
隋 樊敬賢造像
唐 趙嘉及妻墓誌

普 㫢

【篆書】

北周 匹婁歡誌蓋
唐 三墳記陽

【隸書】

西漢 居新•7527
西漢 西•馬牘
兩漢 西•廩食
漢晉 流簡紙
漢晉 流簡紙
東漢 禮器碑陰
東魏 宗欣墓誌
隋 關明墓誌

隋 郭達墓誌
隋 勝福寺塔銘

【楷書】

三國吳 走•五年
北魏 高珪墓誌
北魏 僧達四十人造像
北魏 元斆墓誌
西魏 介媚光造像
東魏 淨智塔銘
北齊 司馬遵業墓誌
隋 范安貴墓誌

唐 石經周易

曾 㬁

【篆書】

唐 三墳記陰

【隸書】

西漢 馬•老乙前
西漢 馬•天下
西漢 馬•縱橫
西漢 居新•5753
東漢 西•醫藥
漢晉 流簡紙
漢晉 流簡紙
東漢 景君碑陰

東漢 鮮于璜碑陽
三國魏 王基斷碑
晉 管洛墓誌陽
晉 楊陽墓闕
北齊 感孝頌
唐 屈突通墓誌
唐 石臺孝經
唐 石臺孝經
唐 鄎國長公主碑
唐 楊孝恭碑

【楷書】

北魏 高珪墓誌
北魏 胡明相墓誌
北魏 寇慰墓誌
北魏 寇臻墓誌
北魏 穆纂墓誌
北魏 穆纂墓誌
北魏 司馬氏墓誌
北魏 檀賓墓誌
北魏 元斆墓誌
北魏 元尚之墓誌

北魏 元文墓誌
北魏 元彥墓誌
北齊 竇泰墓誌
隋 范安貴墓誌
隋 賈玄贊墓誌
隋 申穆及妻墓誌
隋 口墮及妻墓誌
隋 口靜墓誌
隋 張軻墓誌
唐 儈突墓誌

唐 石經九經
唐 石經九經
唐 姚如衡墓誌
唐 趙君妻李墓誌

[illegible]

【楷書】

唐 李旲墓誌

晅

【楷書】

唐 唐嘉會墓誌

暕

【隸書】

唐 李神符碑
唐 勿部將軍碑

【楷書】

唐 阿史那貞忠墓誌
唐 祁惠墓誌
唐 鄭參墓誌

暘暘

【隸書】

晉 辟雍頌陰

【楷書】

北魏 元煥墓誌
北齊 竇泰墓誌
唐 杜氏墓誌
唐 石經尚書
唐 石經五經

暇暇

【隸書】

東漢 楊著碑陽
晉 辟雍頌陽
隋 豆盧實墓誌
隋 馬長和造像
隋 宋景造像碑
唐 王媛墓誌陰

【楷書】

晉 黃庭經
東魏 李挺墓誌
唐 李庭玉改葬誌
唐 柳偘妻墓誌

唐 石經尚書
唐 楊思立墓誌
唐 張伽墓誌
闕 豎牢塔記

暖

【隸書】

西漢 張•832

北魏 上尊號碑

唐 孔子廟碑

【楷書】

北齊 竇泰墓誌

北齊 竇泰墓誌

東魏 王令媛墓誌

隋 蕭翹墓誌

隋 張軻墓誌

唐 杜忠良墓誌

唐 房敬墓誌

唐 黎幹墓誌

唐 周惠墓誌

暗

【隸書】

隋 高虬墓誌

隋 李元墓誌

隋 張儉及妻墓誌

唐 高嶸墓誌

【楷書】

北魏 元順墓誌

隋 王弘墓誌

暆

【楷書】

唐 張喦妻墓誌

暈

【楷書】

北魏 元平墓誌

北齊 李稚暈造像

唐 薛賾墓誌

暉

【隸書】

東漢 王暉石棺銘

晉 華芳墓誌陽

隋 關明墓誌

隋 劉賓及妻墓誌

隋 牛暉墓誌

隋 楊真墓誌

唐 白鹿泉碑陰

唐 楊孝恭碑

唐 趙冬曦壙誌

【楷書】

北魏 元洛神墓誌

北齊 竇泰墓誌

隋 王楚英墓誌

隋 鄭善妃墓誌

唐 尼金氏柩銘

暄

【隸書】

唐 王崇禮墓誌

【楷書】

北魏 元順儁墓誌

唐 騫思玄墓誌

唐 于尚範墓誌

暐

【隸書】

隋 蕭瑾墓誌

【楷書】

北魏 高廣墓誌

北魏 元暐墓誌

唐 董惟靖墓誌

唐 任紫宸墓誌

唐 臧懷亮墓誌

睽

【隸書】

唐 楊孝恭碑

唐 鄭忠墓碑

【楷書】

唐 屠暉光墓誌

會

【篆書】

三國吳 天發神讖碑

三國魏 正始石經

三國魏 正始石經

【隸書】

秦 睡 65

西漢 馬•老乙

西漢 馬•老子甲後

西漢 張•495

西漢 居新•2514

西漢 居新•5332

東漢 西•推辟

漢晉 流簡紙

東漢 韓仁銘

東漢 華山廟碑陽

東漢 桓孨食堂記

東漢 孔宙碑陽

東漢 孔宙碑陽

東漢 尹宙碑

東漢 造土牛碑

隋 姬威墓誌

隋 李使君墓碑

隋 李元墓誌

隋 劉多墓誌

隋 張儉及妻墓誌

唐 陳泰墓誌

唐 石臺孝經

唐 義福碑陰

【楷書】

三國吳 走•二年

北魏 韓顯宗墓誌

北魏 淨悟浮圖記

北魏 元略墓誌

北魏 元熙墓誌

北齊 董桃樹造像

東魏 元湛墓誌

北齊 智靜等造像

隋 成公氏墓誌

隋 蘇慈墓誌

隋 孫先造像

隋 吳嚴墓誌

唐 李壽墓誌

唐 石經尚書

唐 石經五經

唐 石經五經

唐 石經周易

唐 楊君妻孫墓誌

唐 楊氏墓誌

暨

【隸書】

秦 睡 100

秦 睡 100

【楷書】

唐 石經五經

暟

【隸書】

唐 崔暟墓誌陽

唐 王媛墓誌陽

【楷書】

唐 崔夷甫墓誌

曄

【隸書】

隋 澧水石橋碑

隋 蕭瑾墓誌

唐 司馬寔墓誌

【楷書】

北魏 和邃墓誌

唐 崔璆墓誌

暢 (continued)

隋 王楚英墓誌

唐 皇甫弘敬墓誌

唐 黃郡駱氏墓誌

唐 石經尚書

唐 石經周易

唐 田志承墓誌

暢

【篆書】

唐 碧落碑

唐 峿臺銘

【隸書】

晉 辟雍頌陽

北齊 司馬遵業墓誌

隋 爾朱敞墓誌

隋 郭達墓誌

隋 宋景造像碑

唐 陳憲墓誌

唐 石臺孝經

【楷書】

北魏 寇憑墓誌

嘗 (continued)

東魏 盧貴蘭墓誌

隋 寇奉叔墓誌

隋 潘善利墓誌

隋 王楚英墓誌

唐 石經九經

唐 石經九經

唐 劉粲墓誌

唐 盧君妻墓誌

唐 嵩陽觀碑

唐 王媛墓誌陰

唐 王震墓誌

唐 楊孝恭碑

唐 趙冬曦壙誌

【楷書】

晉 蘭亭序真本

北魏 慈慶墓誌

北魏 爾朱襲墓誌

嘗

【篆書】

唐 三墳記陽

【隸書】

西漢 馬•天下

西漢 張•761

西漢 張•772

西漢 居新•5560

東漢 楊著碑陽

三國魏 孔羨碑

晉 王君侯碑陽

隋 劉多墓誌

唐 崔沔墓誌陰

暮

【隸書】

秦 關周•病方

隋 姬威墓誌

【楷書】

北魏 慈慶墓誌

北齊 董洪達造像銘

隋 劉淵墓誌

唐 崔公妻墓誌

唐 侯方墓誌

暝

【隸書】

隋 郭達墓誌

【楷書】

北魏 耿氏墓誌

隋 董美人墓誌

唐 崔鉀墓誌

唐 鄧夫人墓誌

唐 宋豐墓誌

暠

【楷書】

唐 王嘉墓誌

唐 朱行斌墓誌

暨

【隸書】

西漢 馬•老子甲後

西漢 馬•縱橫

東漢 建寧三年殘碑

東漢 熹平石經殘

東漢 趙寬碑

晉 辟雍頌陽

晉 辟雍頌陽

北周 華嶽頌

北齊 鏤石班經記

隋 申穆及妻墓誌

隋 宋景造像碑

唐 崔暟墓誌陰

唐 崔祐甫墓誌

唐 勿部將軍碑

【楷書】

北魏 陳天寶造像

北魏 爾朱襲墓誌

北魏 寇憑墓誌

北魏 穆亮墓誌

北魏 于景墓誌

北魏 張整墓誌

隋 成公氏墓誌

隋 呂胡墓誌

唐 高木盧墓誌

唐 盧嶠墓誌

唐 慕容瑾墓誌

唐 歐陽琰妻墓誌

唐 裴瑾墓誌

唐 石經尚書

唐 石經尚書

唐 楊執一墓誌

唐 周惠墓誌

後唐 張滌妻高墓誌

暫

【隸書】

隋 豆盧實墓誌

隋 宋景造像碑

隋 宋仲墓誌

隋 楊真墓誌

唐 柳偘妻墓誌

【楷書】

北魏 寇憑墓誌

北魏 丘哲墓誌

北魏 鄭乾墓誌

北魏 元延明墓誌

北齊 司馬遵業墓誌

隋 元智妻墓誌

唐 房懷亮墓誌

唐 高隆基墓誌

唐 麻姑仙壇記

唐 南川縣主墓誌

唐 彭氏墓誌

唐 契苾夫人墓誌

唐 石經五經

唐 鄭過真墓誌

暴

【篆書】

隋 暴永墓誌

【隸書】

秦 睡12

西漢 馬•老甲

西漢 馬•老乙前

西漢 馬•十問

西漢 馬•天下

西漢 馬•養生

西漢 張•785

東漢 曹全碑陽

東漢 孔宙碑陰

東漢 尚博殘碑

東漢 西狹頌

東漢 薌他君題記

東漢 楊震碑

東漢 尹宙碑

東漢 趙寬碑

三國魏 何晏墓誌

晉 石尠墓誌

隋 豆盧實墓誌

唐 北嶽廟碑

唐 崔暟墓誌陽

唐 黃石公祠記

唐 司馬寔墓誌

唐 張倖墓誌

唐 植松柏碑

【楷書】

北魏 爾朱紹墓誌

北魏 穆彥墓誌

北魏 元恭墓誌

北魏 元天穆墓誌

北魏 元液墓誌

北魏 元彝墓誌

北魏 元昭墓誌

北齊 婁黑女墓誌

北齊 婁黑女墓誌

隋 蕭鎊性墓誌

唐 暴賢墓誌

唐 董力墓誌

唐 闞師墓誌

唐 李眈墓誌

唐 李壽墓誌

唐 李頤墓誌

唐 石經五經

唐 石經五經

唐 楊萬榮墓誌

唐 楊吳生墓誌

唐 張暈妻墓誌

暵[illegible]

【楷書】

北魏 元弼墓誌

北齊 暢洛生造像

唐 石經五經

暭

【楷書】

唐 石經五經

暶

【隸書】

唐 崔暶墓誌陽

暲

【隸書】

東漢 曹全碑陽

曃

【楷書】

北魏 弔比干文陽

曏

【楷書】

唐 石經五經

暱

【楷書】

北魏 元延明墓誌

唐 曹氏墓誌

唐 劉達墓誌

唐 石經五經

唐 石經五經

唐 石經左傳

唐 朱萱墓誌

暹

【隸書】

東漢 景君碑陰

東漢 景君碑陰

東漢 孔宙碑陰

唐 掌徹墓誌

【楷書】

三國吳 走•四年

隋 陶貴墓誌

唐 劉子墓誌

曆

【篆書】

唐 三墳記陰

【隸書】

隋 高虬墓誌

隋 宋景造像碑

唐 行儼碑

唐 修定寺記碑

唐 張頵墓誌

【楷書】

北魏 胡明相墓誌

北魏 穆彥墓誌

北魏 司馬氏墓誌

北魏 王翊墓誌

北齊 竇泰墓誌

隋 諸葛子恒碑

唐 崔琪墓誌

唐 李夫人墓誌

唐 盧嶠墓誌

唐 石經尚書

唐 張洛墓誌

後晉 王君妻關墓誌

暻

【楷書】

唐 楊尃墓誌

曒

【楷書】

唐 王行果墓誌

曇

【楷書】

北魏 司馬紹墓誌

東魏 惠詅造像記

東魏 尼曇會題記

北齊 僧靜明造像

北齊 維那四十人造像

唐 王玄墓誌

曉

【隸書】

西漢 居新•1867

西漢 居新•4733

東漢 石門頌

東漢 熹平元年墓石

隋 豆盧寔墓誌

隋 郭達墓誌

隋 侯肇墓誌

隋 宋景造像碑

唐 戴令言墓誌

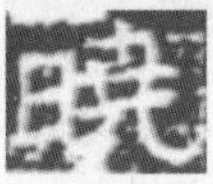
唐 唐直墓誌

唐 張侔墓誌

【楷書】

北魏 苟景墓誌

北魏 韓氏墓誌

北魏 劉華仁墓誌

北魏 檀賓墓誌

北魏 元華光墓誌

北魏 元顯魏墓誌

北魏 元周安墓誌

隋 口徹墓誌

唐 李文奬墓誌

隋 馬少敏墓誌

隋 鄭善妃墓誌

唐 鮑氏墓誌

後漢 祭瀆記

曀

【楷書】

北魏 耿氏墓誌

唐 李偘偘墓誌

唐 無上道誌

曈

【隸書】

唐 文宣王廟門碑

曚

【楷書】

唐 高靈勝詩刻

曠

【篆書】

唐 碧落碑

【隸書】

東漢 西•奉例

東漢 蒼山元嘉題記

東漢 朐忍令碑

晉 辟雍頌陽

隋 口璽及妻墓誌

隋 馬穉墓誌

唐 八都壇碑

唐 唐直墓誌

唐 義福碑陰

唐 李貞墓誌

唐 王媛墓誌陽

【楷書】

北魏 穆亮妻墓誌

北魏 元悌墓誌

隋 何氏墓誌

隋 薛保興墓誌

曜

【篆書】

唐 碧落碑

唐 三墳記陽

【隸書】

東漢 朝侯小子碑

東漢 孔宙碑陰

東漢 鮮于璜碑陽

東漢 圉令趙君碑

隋 爾朱敞墓誌

隋 關明墓誌

隋 關明墓誌

隋 修孔子廟碑

曛

【楷書】

北魏 元彬墓誌

唐 史懷訓墓誌

曖

【楷書】

北魏 穆夫人墓誌

北魏 元融墓誌

唐 李總持墓誌

唐 石經五經

曒

【楷書】

北魏 寇偘墓誌

北魏 寇憑墓誌

北魏 秦洪墓誌

唐 高義忠墓誌

唐 姚重曒墓誌

唐 王之渙墓誌

曑

【楷書】

唐 石經九經

唐 石經九經

曙

【楷書】

北魏 慈慶墓誌

北魏 李蕤墓誌

隋 宋玉艷墓誌

唐 薛參墓誌

唐 尹尊師碑

唐 張翼墓誌

【楷書】

魏晉 樓•紙

北魏 崔承宗造像

北魏 元子直墓誌

唐 能政墓誌

唐 石經尚書

唐 王惠墓誌

唐 掌徹墓誌

唐 王令墓誌

曝

【隸書】

唐 北嶽廟碑

【楷書】

北齊 司馬遵業墓誌

曦

【楷書】

北魏 元維墓誌

北魏 元顯儁墓誌

隋 王善來墓誌

唐 王景曜墓誌

唐 張廉穆墓誌

唐 張忠墓誌

唐 趙仙童墓誌

唐 趙益墓誌

曨

【楷書】

唐 樊端墓誌

唐 張順墓誌

曩

【隸書】

隋 趙朗墓誌

唐 劉粲墓誌

【楷書】

北魏 弔比干文陽

北齊 婁黑女墓誌

北齊 司馬遵業墓誌

唐 高懲墓誌

隋 劉則墓誌

唐 盧萬春墓誌

唐 石經五經

唐 王君妻墓誌

唐 韋豫墓誌

唐 張翿墓誌

曬

【楷書】

唐 盧萬春墓誌

唐 文鑒經幢

矚

【楷書】

東魏 王僧墓誌

水部

水

【篆書】

秦 睡122

北魏 楊乾誌蓋

隋 澧水石橋碑額

隋 張景略墓誌

唐 城隍廟碑

唐 多寶佛塔銘

唐 峿臺銘

【隸書】

秦 睡12

秦 西•日書乙

西漢 馬•合陰陽

西漢 馬•十問

西漢 馬•事語

西漢 馬•天下

西漢 張•1094

西漢 居新•7502

西漢 居新•7503

新莽 西•守御器

漢晉 流簡紙

東漢 蒼山元嘉題記

東漢 李冰石像銘

東漢 禮器碑

東漢 孟孝琚碑

東漢 西狹頌

北魏 上尊號碑

北齊 司馬遵業墓誌

隋 李使君墓碑

隋 蘇恒墓誌

唐 史思禮墓誌

唐 尹尊師碑

唐 張翼墓誌

【楷書】

北魏 楊乾墓誌

北魏 趙光墓誌

隋 寇奉叔墓誌

隋 口靜墓誌

唐 包筠墓誌

唐 李蕚墓誌

唐 石經尚書

唐 石經周易

唐 薛参墓誌

汁 汁

【隸書】

西漢 馬•天下

西漢 馬•養生

西漢 張•787

東漢 西•醫藥

兩漢 西•醫藥

東漢 三老刻石

東漢 史晨前碑

東漢 西狹頌

【楷書】

北齊 元賢墓誌

汀 汀

【隸書】

唐 怡亭銘序

【楷書】

唐 張滂墓誌

氿 氿

【楷書】

隋 蕭氿墓誌

唐 石經五經

永

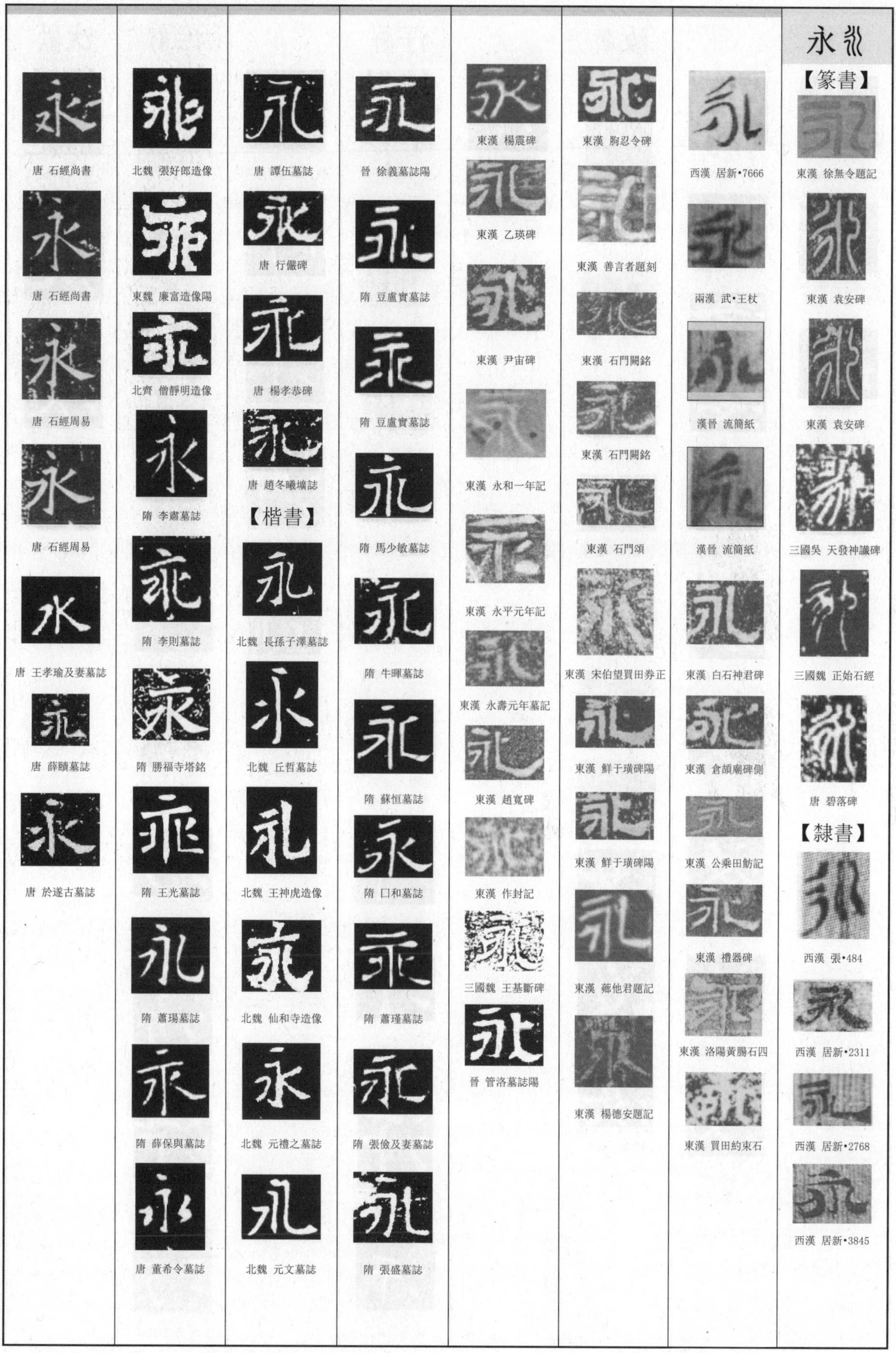

【篆書】

東漢 徐無令題記
東漢 袁安碑
東漢 袁安碑
三國吳 天發神讖碑
三國魏 正始石經
唐 碧落碑

【隸書】

西漢 張•484
西漢 居新•2311
西漢 居新•2768
西漢 居新•3845
西漢 居新•7666
兩漢 武•王杖
漢晉 流簡紙
漢晉 流簡紙
東漢 白石神君碑
東漢 倉頡廟碑側
東漢 公乘田魴記
東漢 禮器碑
東漢 洛陽黃腸石四
東漢 買田約束石
東漢 朐忍令碑
東漢 善言者題刻
東漢 石門闕銘
東漢 石門闕銘
東漢 石門頌
東漢 宋伯望買田券正
東漢 鮮于璜碑陽
東漢 鮮于璜碑陽
東漢 薌他君題記
東漢 楊德安題記
東漢 楊震碑
東漢 乙瑛碑
東漢 尹宙碑
東漢 永和一年記
東漢 永平元年記
東漢 永壽元年墓記
東漢 趙寬碑
東漢 作封記
三國魏 王基斷碑
晉 管洛墓誌陽
晉 徐義墓誌陽
隋 豆盧實墓誌
隋 豆盧實墓誌
隋 馬少敏墓誌
隋 牛暉墓誌
隋 蘇恒墓誌
隋 口和墓誌
隋 蕭瑾墓誌
隋 張儉及妻墓誌
隋 張盛墓誌
唐 譚伍墓誌
唐 行儼碑
唐 楊孝恭碑
唐 趙冬曦壙誌

【楷書】

北魏 長孫子澤墓誌
北魏 丘哲墓誌
北魏 王神虎造像
北魏 仙和寺造像
北魏 元禮之墓誌
北魏 元文墓誌
北魏 張好郎造像
東魏 廉富造像陽
北齊 僧靜明造像
隋 李肅墓誌
隋 李則墓誌
隋 勝福寺塔銘
隋 王光墓誌
隋 蕭瑒墓誌
隋 薛保興墓誌
唐 董希令墓誌
唐 石經尚書
唐 石經尚書
唐 石經周易
唐 石經周易
唐 王孝瑜及妻墓誌
唐 薛贖墓誌
唐 於遂古墓誌

汏

【隸書】

晉 石尠墓誌

【楷書】

北齊 畢文造像

東魏 廉富造像陽

污

【隸書】

秦 睡215

西漢 馬•十問

西漢 張•1098

西漢 張•661

東漢 禮器碑

北齊 馬天祥造像

唐 譚伍墓誌

【楷書】

北魏 元端墓誌

北魏 元瞻墓誌

唐 崔訥墓誌

唐 豆盧妻薛墓誌

唐 韓承墓誌

唐 石經尚書

唐 石經五經

唐 張伽墓誌

汗

【隸書】

西漢 馬•合陰陽

西漢 馬•天下

西漢 張•789

西漢 居新•4349

隋 爾朱敞墓誌

唐 闞道愛墓誌

唐 李彥墓誌

唐 王媛墓誌陰

【楷書】

北魏 笱景墓誌

隋 楊居墓誌

唐 馮安墓誌

汝

【篆書】

東漢 袁安碑

【隸書】

西漢 居新•2236

兩漢 武•王杖

東漢 封龍山頌

東漢 華山廟碑陽

東漢 孔宙碑陰

東漢 楊震碑

晉 呂望表

北齊 水牛山經刻

隋 姬威墓誌

隋 吳嚴墓誌

隋 鄭令妃墓誌

唐 石臺孝經

唐 石臺孝經

唐 楊孝恭碑

【楷書】

北魏 寇霄墓誌

北魏 元敷墓誌

北魏 元敷墓誌

北魏 元敷墓誌

唐 法澄塔銘

唐 石經尚書

唐 楊執一墓誌

唐 周敬本墓誌

江

【篆書】

三國魏 范式碑額

三國吳 天發神讖碑

三國吳 天發神讖碑

【隸書】

秦 關周•曆譜

西漢 張•470

西漢 張•583

東漢 蒼山元嘉題記

東漢 郙閣頌

東漢 衡方碑

東漢 許安國題記

東漢 張壽殘碑

晉 辟雍頌陽

晉 石尠墓誌

北齊 司馬遵業墓誌

隋 豆盧實墓誌

隋 修孔子廟碑

唐 崔沔墓誌陰

唐 李神符碑

唐 李貞墓誌

唐 王震墓誌

唐 掌徹墓誌

【楷書】

三國吳 走•五年

北魏 王翊墓誌

北魏 張寧墓誌

隋 成公氏墓誌

隋 王楚英墓誌

唐 暴莊墓誌

唐 石經尚書

唐 王協墓誌

唐 張謙墓誌

汋

【楷書】

唐 無上道誌

汐

【隸書】

西漢 馬•合陰陽

【楷書】

唐 李壽墓誌

汔

【楷書】

唐 石經周易

氿

【楷書】

東魏 公孫甑生墓誌

汲

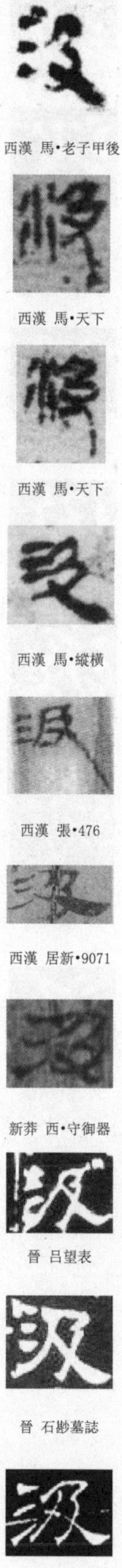

【隸書】

西漢 馬•老子甲後

西漢 馬•天下

西漢 馬•天下

西漢 馬•縱橫

西漢 張•476

西漢 居新•9071

新莽 西•守御器

晉 呂望表

晉 石尠墓誌

隋 郭休墓誌

西漢 居新·3598

西漢 武·特牲甲

東漢 西·死駒

漢晉 流簡紙

東漢 華山廟碑陽

東漢 淮源廟碑

東漢 楊統碑陽

三國魏 管寧墓誌

隋 豆盧寔墓誌

隋 郭達墓誌

求

【隸書】

秦 睡 224

秦 關周·日書

西漢 馬·老甲

西漢 馬·老乙前

西漢 馬·縱橫

西漢 張·1003

西漢 張·134

西漢 張·750

西漢 張·952

西漢 張·954

汞

【楷書】

唐 唐思禮墓誌

汜

【隸書】

西漢 西·馬牘

三國魏 曹真殘碑陰

三國魏 范式碑陽

隋 趙朗墓誌

【楷書】

北魏 元貴妃墓誌

隋 伍道進墓誌

唐 石經五經

東漢 五瑞圖摩崖

三國魏 張君殘碑

北周 華嶽頌

隋 爾朱敞墓誌

隋 郭達墓誌

唐 李貞墓誌

唐 唐直墓誌

【楷書】

北魏 元斑墓誌

隋 段威墓誌

池

【篆書】

唐 多寶佛塔銘

【隸書】

秦 關周·病方

西漢 張·450

西漢 張·584

西漢 張·586

西漢 西·候官

漢晉 流簡紙

東漢 池陽令殘碑

東漢 華岳廟碑陰

東漢 史晨後碑

汓

【楷書】

北魏 孟元華墓誌

唐 屈突通墓誌

唐 修定寺記碑

【楷書】

北魏 侯剛墓誌

北魏 元譚墓誌

隋 元智墓誌

唐 石經周易

唐 支懷墓誌

汪

【隸書】

隋 郭休墓誌

唐 屈突通墓誌

【楷書】

北魏 元鑒墓誌

隋 姜敬親墓誌

隋 李虎墓誌

隋 明雲騰墓誌

唐 歸唐表刻石

唐 楊士漢墓誌

汰

【楷書】

唐 元勇墓誌

唐 張遊恪墓誌

沄

【楷書】

唐 夏侯氏墓誌

汧

【隸書】

西漢 張•472

【楷書】

北魏 元壽安墓誌

唐 明俊墓誌

沌

【隸書】

唐 尹文操碑

【楷書】

後唐 王璠墓誌

汱

【楷書】

隋 翟突娑墓誌

北魏 謝伯違造像

東魏 李玉鈎造像

唐 竇真墓誌

唐 柳昱墓誌

唐 秦進儀墓誌

唐 石經九經

唐 石經九經

唐 石經周易

唐 張安墓誌

唐 趙留四墓誌

隋 任軌墓誌

唐 高元珪墓誌

唐 告華嶽府君

唐 京兆金氏墓誌

唐 石臺孝經

唐 郯國長公主碑

【楷書】

北魏 封昕墓誌

晉 黃庭內景經

北魏 慈慶墓誌

北魏 爾朱襲墓誌

沐

【隸書】

秦 睡192

秦 關周•病方

西漢 馬•養生

西漢 張•1094

西漢 居新•2216

東漢 封龍山頌

東漢 和平元年記

晉 辟雍頌陽

晉 辟雍頌陽

晉 郛休碑陽

【楷書】

三國吳 走•四年

北魏 敬羽高衡造像

北魏 蘭將墓誌

唐 石經五經

唐 王行果墓誌

唐 薛迅墓誌

沘

【隸書】

西漢 馬•養生

【楷書】

北魏 寇治墓誌

沔

【篆書】

唐 三墳記陽

【隸書】

唐 崔沔墓誌陽

唐 崔泰之墓誌

唐 崔祐甫墓誌

【楷書】

北魏 刁遵墓誌

北魏 王瑍墓誌

東魏 李挺墓誌

唐 石經五經

唐 張德操墓誌

唐 張去奢墓誌

唐 張軫墓誌

沅

【楷書】

北魏 弔比干文陽

隋 翟突娑墓誌

沛

【篆書】

東漢 楊統碑額

【隸書】

西漢 居新•5365

東漢 孔彪碑陽

東漢 南陽石柱題名

東漢 楊震碑

東漢 楊著碑陽

東漢 張遷碑陽

東漢 鄭固碑

晉 辟雍頌陽

晉 華芳墓誌陰

晉 劉韜墓志

隋 侯肇墓誌

唐 闞道愛墓誌

唐 盧行毅墓誌

唐 王崇禮墓誌

唐 王震墓誌

【楷書】

東魏 穆子巖墓誌

東魏 張滿墓誌

唐 劉通墓誌

唐 石經五經

唐 石經周易

唐 陽濟妻墓誌

沚

【楷書】

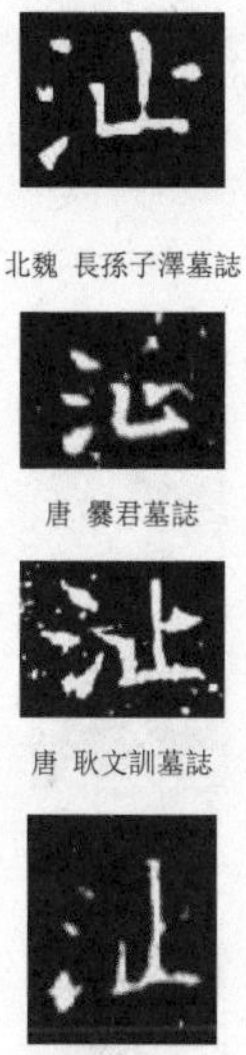

北魏 長孫子澤墓誌

唐 爨君墓誌

唐 耿文訓墓誌

唐 李誧墓誌

沙

【篆書】

唐 多寶佛塔銘

唐 三墳記陰

唐 天王碑額

【隸書】

秦 睡 239

西漢 馬•天下

西漢 居新•2717

西漢 西•候官

東漢 西•死駒

漢晉 流簡紙

東漢 倉頡廟碑側

隋 馬穉墓誌

唐 豆盧建墓誌

【楷書】

漢晉 流簡紙

漢晉 流簡紙

北魏 李壁墓誌陽

北齊 竇泰墓誌

隋 吳嚴墓誌

唐 苻庸墓誌

唐 石經尚書

唐 石經周易

汩

【隸書】

唐 宴濟瀆序陰額

【楷書】

北魏 元彝墓誌

唐 羅池廟碑

唐 石經九經

唐 石經尚書

唐 苑玄亮墓誌

汭

【楷書】

北魏 元演墓誌

唐 李壽墓誌

唐 石經尚書

沖

【篆書】

唐 碧落碑

【隸書】

西漢 馬•老乙

晉 郛休碑陽

晉 左棻墓誌陰

北齊 馬天祥造像

隋 楊真墓誌

【楷書】

南朝梁 羅浮山銘

北魏 元思墓誌

隋 申穆及妻墓誌

唐 石經五經

唐 王子麟墓誌

唐 尉遲敬德墓誌

唐 陽氏合祔誌

唐 楊曜生墓誌

唐 张崇墓誌

唐 諸葛澄墓誌

隋 謝岳墓誌
隋 張儉及妻墓誌
唐 陳憲墓誌
唐 崔祐甫墓誌
唐 夫子廟堂碑
唐 李神符碑
唐 劉慎墓誌
唐 柳侶妻墓誌
唐 石臺孝經
唐 史思禮墓誌

沒

【隸書】

秦 睡23
西漢 馬•合陰陽
西漢 馬•老甲
西漢 張•118
西漢 張•281
西漢 居新•7505
東漢 毗上字殘碑
東漢 許安國題記
東漢 趙寬碑
隋 宋景造像碑

汽

【楷書】

唐 石經五經

沂

【隸書】

西漢 張•469
晉 郛休碑陽
隋 爾朱敞墓誌
隋 口和墓誌
唐 王震墓誌

【楷書】

北魏 王翊墓誌
唐 石經尚書
唐 石經尚書
唐 王協墓誌

㳄

【楷書】

唐 石經五經

唐 李稷墓誌
唐 孟頭墓誌
唐 沈浩禕墓誌
唐 石經五經
唐 石經五經
唐 石經五經
唐 宋山墓誌
唐 王緩墓誌
唐 姚希直墓誌

北魏 元彥墓誌
東魏 呂覎墓誌
隋 程諧墓誌
隋 董敬墓誌
唐 多寶塔碑
唐 高慈墓誌
唐 韓懷墓誌
唐 韓玄墓誌
唐 呼延章墓誌
唐 李鳳妃墓誌

泛

【篆書】

唐 峿臺銘

【隸書】

秦 睡51
東漢 張遷碑陰
隋 澧水石橋碑
唐 孔子廟碑
唐 柳侶妻墓誌
唐 柳侶妻墓誌
唐 龐履温碑

【楷書】

北魏 弔比干文陽
北魏 元欽墓誌

唐 尉迟迥碑陰

唐 楊孝恭碑

【楷書】

北魏 元恭墓誌

北齊 竇泰墓誌

唐 王芳媚墓誌

汾

【篆書】

唐 碧落碑

【隸書】

西漢 張•472

漢晉 流簡紙

漢晉 流簡紙

東漢 禮器碑側

東漢 禮器碑側

隋 爾朱端墓誌

隋 姬威墓誌

唐 李神符碑

唐 牛氏像龕碑

沛

【楷書】

唐 石經五經

唐 石經五經

唐 鄭君妻趙墓誌

沃

【隸書】

秦 睡245

三國魏 曹真殘碑陰

唐 崔祐甫墓誌

唐 戴令言墓誌

唐 趙叡沖碑

唐 朱崇慶墓誌

【楷書】

北魏 馮迎男妻墓誌

北齊 竇泰墓誌

唐 黎幹墓誌

唐 陸振墓誌

隋 申穆及妻墓誌

隋 席氏墓誌

唐 韓氏合葬誌

唐 石經五經

唐 石經五經

唐 温煒妻墓誌

唐 顔勤禮碑陰

唐 姚恭墓誌

北魏 元繼墓誌

北魏 元思墓誌

北齊 竇泰墓誌

北齊 房周陁墓誌

北齊 姜纂造像記

北齊 姜纂造像記

北周 盧蘭墓誌

北齊 司馬遵業墓誌

隋 段威墓誌

隋 李肅墓誌

唐 韋士逸墓誌

唐 張休光墓誌

【楷書】

北魏 韓震墓誌陽

北魏 穆亮妻墓誌

北魏 穆纂墓誌

北魏 鮮于仲兒墓誌

北魏 元誕墓誌

北魏 元恭墓誌

北魏 元華光墓誌

北魏 元暉墓誌

汦

【隸書】

唐 孔子廟碑

沁

【隸書】

唐 屈突通墓誌

唐 屈突通墓誌

【楷書】

北齊 宋賢伯造像側

唐 張去奢墓誌

汶

【隸書】

西漢 居新•9045

東漢 樊敏碑

東漢 朐忍令碑

東漢 朐忍令碑

唐 孔子廟碑

唐 宴濟瀆序陰額

【楷書】

北魏 吐谷渾璣墓誌

唐 劉密妻崔墓誌

唐 石經尚書

沆

【楷書】

北魏 弔比干文陽

唐 敬覺墓誌

唐 任紫宸墓誌

唐 蘇嗣君墓誌

沈

【隸書】

西漢 馬•老乙前

西漢 張•831

西漢 居新•2159

東漢 白石神君碑

東漢 淮源廟碑

東漢 景君碑陰

東漢 沈府君神道闕

東漢 熹平石經殘

北齊 法懃塔銘

北周 華嶽頌

唐 尹尊師碑

【楷書】

北魏 曹天度造像

北魏 元弼墓誌

北魏 元朗墓誌

北魏 元毓墓誌

東魏 李挺墓誌

隋 丁氏墓誌

隋 沈氏墓誌

隋 蕭翹墓誌

隋 謝岳墓誌

隋 叱李綱子墓誌

隋 爾朱敞墓誌

隋 劉寶及妻墓誌

隋 馬穉墓誌

隋 張姜墓誌

唐 豆盧建墓誌

唐 李神符碑

唐 李貞墓誌

唐 屈突通墓誌

唐 沈夫人墓誌

隋 朱氏墓誌

唐 安師墓誌

唐 曹慶妻祔誌

唐 陳思墓誌

唐 崔湛墓誌

唐 傅思諫墓誌

唐 宮官司設墓誌

唐 石經五經

唐 孫君妻宋墓誌

唐 顔勤禮碑陰

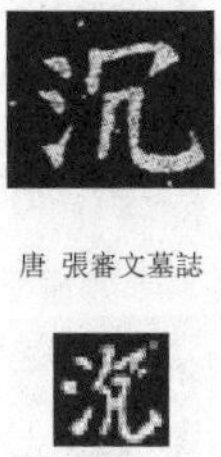

唐 張審文墓誌

唐 朱瞻墓誌

汴

【隸書】

隋 段濟墓誌

唐 懷古詩刻

唐 王震墓誌

【楷書】

東魏 元鷙墓誌

隋 董美人墓誌

決

【隸書】

秦 睡104

西漢 張•199

東漢 西•寇恩

漢晉 流簡紙

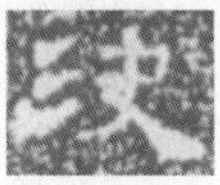

東漢 蒼山元嘉題記

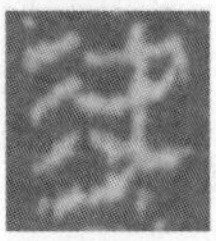

東漢 利水大道記

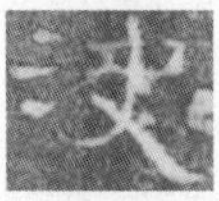

東漢 史晨後碑

東漢 薌他君題記

北齊 司馬遵業墓誌

唐 崔祐甫墓誌

唐 紀信墓碑

唐 義福碑陰

【楷書】

北魏 宋虎墓誌

北魏 元延明墓誌

隋 鞏賓墓誌

唐 龍泉記

唐 石經五經

唐 石經周易

唐 王翼墓誌

唐 張去奢墓誌

沇

【楷書】

晉 華芳墓誌陽

東魏 義橋石像碑

隋 董美人墓誌

唐 盧沇妻墓誌

洢

【楷書】

北魏 丘哲墓誌

泐

【楷書】

唐 景公直墓誌

唐 盧宏及妻墓誌

唐 石經五經

唐 張審文墓誌

沓

【隸書】

西漢 習字觚

【楷書】

北魏 元項墓誌

唐 李賢墓誌

唐 閻基墓誌

唐 重藏舍利記

河

【篆書】

東漢 少室石闕銘

東漢 袁安碑

北魏 溫泉頌額

隋 郭休墓誌

隋 宋仲墓誌

唐 李敬碑額

唐 峿臺銘

【隸書】

秦 睡12

西漢 馬•天下

西漢 馬•養生

西漢 馬•縱橫

西漢 張•544

西漢 居新•2430

西漢 居新•2529

三國吳 走•五年

東漢 白石神君碑

東漢 公乘田魴記

東漢 華山廟碑陽

東漢 禮器碑

東漢 禮器碑側

東漢 孟孝琚碑

東漢 三老刻石

東漢 史晨前碑

東漢 田文成題記

東漢 楊震碑

東漢 乙瑛碑

北齊 感孝頌

隋 任顯及妻誌

唐 唐世榮墓誌

唐 楊孝恭碑

唐 楊孝恭碑

【楷書】

北魏 和醜仁墓誌

北魏 元恩墓誌

北魏 元敷墓誌

北魏 元融墓誌

北魏 元融墓誌

北魏 元文墓誌

東魏 元仲英墓誌

隋 段模墓誌

隋 皇甫深墓誌

隋 賈玄贊墓誌

隋 劉寶及妻墓誌

唐 石經尚書

唐 石經周易

唐 王天墓誌

泄

【隸書】

西漢 馬•陰陽甲

西漢 張•784

西漢 張•810

西漢 居新•783

漢晉 流簡紙

隋 澧水石橋碑

【楷書】

三國吳 走•二年

唐 陸思本妻墓誌

唐 鄭濆墓誌

法

【篆書】

唐 多寶佛塔銘

唐 法果寺碑額

唐 彌陀像碑額

唐 姚仲文經幢

【隸書】

秦 睡45

西漢 馬•老甲

西漢 馬•老乙前

西漢 張•1025

西漢 張•41

西漢 張•81

西漢 張•859

西漢 張•933

西漢 張•96

西漢 居新•7676

西漢 居新•8211

東漢 封龍山頌

東漢 行事渡君碑

晉 辟雍頌陽

北齊 法懃塔銘

東魏 宗欣墓誌

隋 劉多墓誌
隋 馬長和造像
隋 馬少敏墓誌
隋 勝福寺塔銘
隋 勝福寺塔銘
隋 宋景造像碑
唐 石臺孝經
唐 王震墓誌
唐 鄎國長公主碑
唐 辛雲京妻墓誌

唐 楊孝恭碑
唐 尹文操碑

【楷書】

北魏 高珪墓誌
北齊 竇泰墓誌
東魏 淨智塔銘
北齊 僧靜明造像
北周 夏侯純造像
隋 鄧州塔銘
隋 花成寺舍利塔記
隋 皇甫深墓誌

唐 賈政墓誌
唐 盧君妻崔墓誌
唐 密多心經碑
唐 沈士公墓誌
唐 石經五經
唐 石經周易
唐 玄秘塔碑
唐 翟慶全墓誌
唐 張暈妻墓誌

沭

【楷書】

唐 口模墓誌
唐 梁令直墓誌
唐 石經五經

沽

【隸書】

西漢 居新•7482
西漢 居新•7488
北周 華嶽頌
唐 鄭忠墓碑

【楷書】

北魏 李蕤墓誌
唐 司馬元禮墓誌

沫

【隸書】

西漢 張•472
西漢 張•790
唐 興寺碑

【楷書】

唐 盧含墓誌
唐 石經九經

洓

【楷書】

唐 石經五經

沬

【隸書】

北齊 司馬遵業墓誌
北齊 司馬遵業墓誌

【楷書】

魏晉 樓•紙
北魏 元洛神墓誌
東魏 劉懿墓誌
唐 陳守素妻墓誌
唐 石經五經
唐 顏勤禮碑陰

泱

【隸書】

隋 高虯墓誌

唐 潘基墓誌

【楷書】

北魏 宋虎墓誌

唐 安令節墓誌

唐 王宏墓誌

况

【篆書】

唐 碧落碑

【隸書】

西漢 居新•5537

東漢 朐忍令碑

東漢 薌他君題記

新莽 羊窩頭刻石

北魏 上尊號碑

隋 灃水石橋碑

隋 口墮及妻墓誌

唐 北獄廟碑

唐 石臺孝經

唐 石臺孝經

唐 徐盼墓誌

唐 尹尊師碑

【楷書】

晉 華芳墓誌陰

北魏 耿氏墓誌

北魏 元寶月墓誌

北齊 韓山剛造像

隋 王衮墓誌

隋 王世琛墓誌

唐 禪師之塔銘

唐 竇誕墓誌

唐 清河張氏墓誌

唐 石經五經

唐 石經周易

唐 石經周易

唐 石經周易

唐 趙孝順墓誌

泂

【楷書】

唐 楊執一墓誌

油

【隸書】

隋 灃水石橋碑

唐 龐履温碑

【楷書】

北魏 元誨墓誌

唐 梁秀墓誌

沾

【隸書】

東漢 白石神君碑

東漢 曹全碑陽

三國魏 受禪碑

唐 柳偘妻墓誌

【楷書】

北魏 元恪嬪墓誌

隋 張貴男墓誌

泅

【楷書】

唐 寇章墓誌

沴

【隸書】

唐 崔泰之墓誌

【楷書】

北魏 長孫瑱墓誌

北魏 韓氏墓誌

唐 盧播墓誌

唐 石經五經

沲

【隸書】

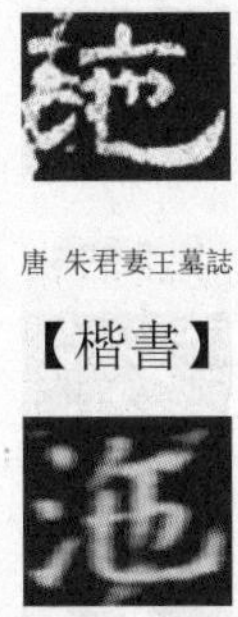

唐 朱君妻王墓誌

【楷書】

唐 盧君妻崔墓誌

泆

【楷書】

唐 裴撝墓誌

唐 石經五經

唐 高木盧墓誌

泡

【隸書】

唐 盧君妻墓誌

【楷書】

北齊 宋賢伯造像陽

北齊 優婆姨造像陽

隋 澧水石橋碑

隋 陶貴墓誌

唐 陳守素妻墓誌

唐 石經五經

唐 同光塔銘

唐 姚如衡墓誌

唐 司製何氏墓誌

隋 韋略墓誌

唐 石經尚書

唐 石經尚書

唐 文宣王廟門碑

泗

【隸書】

東漢 衡方碑

晉 徐義墓誌陽

隋 爾朱敞墓誌

隋 爾朱敞墓誌

隋 澧水石橋碑

唐 孔子廟碑

唐 任城橋亭記

唐 王震墓誌

【楷書】

北魏 高英墓誌

隋 劉氏墓誌

沮

【篆書】

唐 三墳記陰

【隸書】

西漢 張•477

三國魏 孔羨碑

唐 孔子廟碑

【楷書】

北魏 元壽妃墓誌

隋 元智妻墓誌

唐 石經尚書

唐 石經尚書

唐 石經五經

唐 石經五經

泳

【隸書】

隋 鄭令妃墓誌

【楷書】

北魏 楊乾墓誌

北魏 元顥墓誌

北魏 元譿墓誌

隋 寇遵考墓誌

唐 王僧墓誌

沱

【隸書】

秦 睡233

秦 睡92

唐 白鹿泉碑陽

【楷書】

南朝宋 石驅銘

唐 盧友度墓誌

唐 石經尚書

唐 石經五經

唐 石經周易

泭

【楷書】

唐 石經五經

泊

【隸書】

西漢 馬•老甲

西漢 馬•老子甲後

唐 李貞墓誌

唐 趙冬曦壙誌

【楷書】

三國吳 走•五年

北魏 姚伯多供養碑

唐 多寶塔碑

唐 多寶塔碑

唐 圓濟塔銘

泝

【隸書】

唐 北嶽廟碑

北魏 元悌墓誌

【楷書】

隋 蘇慈墓誌

唐 崔素墓誌

唐 淨善塔銘

唐 石經五經

唐 石經五經

唐 張願墓誌

泘

【楷書】

隋 鄧昞墓誌

沿

【隸書】

隋 馬穉墓誌

唐 豆盧建墓誌

唐 豆盧建墓誌

【楷書】

北魏 李超墓誌

北魏 姚伯多供養碑

唐 慧照塔銘

唐 石經尚書

唐 石經五經

唐 石經五經

唐 唐嘉會墓誌

泠

【隸書】

東漢 樊敏碑

隋 王榮及妻墓誌

唐 李貞墓誌

唐 王泠然墓誌

唐 尹尊師碑

【楷書】

魏晉 樓•紙

北魏 寇憑墓誌

唐 石經五經

唐 張方墓誌

注 注

【隸書】

秦 睡248

西漢 馬•老甲

西漢 馬•縱橫

西漢 居新•7760

西漢 武•有司甲

東漢 石門頌

東漢 史晨後碑

三國魏 曹真殘碑陽

隋 李元墓誌

唐 石臺孝經

唐 石臺孝經

【楷書】

北魏 爾朱襲墓誌

北魏 司馬顯姿墓誌

北齊 道明墓誌

北齊 竇泰墓誌

北齊 竇泰墓誌

唐 多寶塔碑

唐 王芳媚墓誌

泣 泣

【篆書】

唐 碧落碑

【隸書】

西漢 馬•合陰陽

西漢 馬•縱橫

西漢 張•777

西漢 武•泰射甲

西漢 武•特牲甲

東漢 從事馮君碑

東漢 朐忍令碑

東漢 三老石堂記

東漢 夏承碑

東漢 鮮于璜碑陰

東漢 許安國題記

隋 宋景造像碑

唐 高元珪墓誌

唐 潘基墓誌

唐 石臺孝經

唐 楊孝恭碑

【楷書】

北魏 元寧墓誌

北魏 元彝墓誌

隋 陳花樹墓誌

隋 翟突娑墓誌

唐 石經尚書

唐 石經周易

唐 王怡墓誌

洋 洋

【隸書】

三國魏 孔羡碑

晉 辟雍頌陽

北齊 竇泰墓誌

隋 修孔子廟碑

唐 孔子廟碑

【楷書】

隋 諸葛子恆碑

唐 石經九經

唐 王德表墓誌

唐 張武墓誌

泫 泫

【隸書】

東漢 淮源廟碑

隋 郭王墓誌

唐 修定寺記碑

【楷書】

北魏 元斆墓誌

北魏 元彥墓誌

唐 曹氏墓誌

唐 石經五經

泌 泌

【隸書】

隋 賈通墓誌

唐 潘基墓誌

【楷書】

北魏 元緒墓誌

唐 顏相墓誌

泑

【楷書】

唐 阿史那貞忠墓誌

泥

【隸書】

西漢 馬•病方

西漢 居新•2719

東漢 趙儀碑

唐 嵩陽觀碑

【楷書】

北魏 元項墓誌

東魏 南宗和尚塔銘

隋 常德將墓誌

隋 寇奉叔墓誌

隋 元智妻墓誌

唐 傅思諫墓誌

唐 善業泥

唐 石經尚書

唐 石經五經

唐 石經周易

唐 張先墓誌

泯

【隸書】

東漢 尹宙碑

唐 崔沔墓誌陽

唐 感孝頌跋

唐 高元珪墓誌

唐 高元珪墓誌

唐 石臺孝經

唐 譚伍墓誌

唐 義福碑陰

唐 張倖墓誌

【楷書】

三國吳 走•五年

北魏 和醜仁墓誌

東魏 叔孫固墓誌

隋 賈通墓誌

隋 尉富娘墓誌

唐 白知禮墓誌

唐 獨孤驤墓誌

唐 李侯墓誌

唐 師弘禮墓誌

唐 唐嘉會墓誌

唐 夏侯絢墓誌

沼

【隸書】

隋 蕭瑾墓誌

隋 張景略墓誌

唐 疊綵山題記

唐 司馬寔墓誌

【楷書】

北魏 王翊墓誌

北魏 元子正墓誌

唐 車詵墓誌

唐 榮脩墓誌

唐 王方大墓誌

泓

【隸書】

北周 華嶽頌

【楷書】

唐 宋君妻王墓誌

波

【篆書】

東魏 侯海誌蓋

唐 峿臺銘

【隸書】

秦 睡268

秦 關周•病方

西漢 張•434

東漢 封龍山頌

東漢 郙閣頌

東漢 馬姜墓記

東漢 楊統碑陽

東漢 尹宙碑

北齊 司馬遵業墓誌

隋 爾朱端墓誌

隋 爾朱端墓誌

隋 灃水石橋碑

隋 蘇恒墓誌

隋 趙朗墓誌

唐 北獄廟碑

唐 闞道愛墓誌

唐 玄元靈應頌

【楷書】

北魏 元誕墓誌

北魏 元秀墓誌

北齊 竇泰墓誌

隋 郭世昌墓誌

隋 元鐘墓誌

唐 崔載墓誌

唐 石經尚書

沸

【篆書】

唐 三墳記陽

【隸書】

西漢 馬•老子甲後

西漢 馬•天下

西漢 馬•天下

西漢 馬•養生

唐 白鹿泉碑陽

唐 大忍寺碑

唐 孔子廟碑

唐 譚伍墓誌

唐 勿部將軍碑

【楷書】

北魏 元誨墓誌

隋 董敬墓誌

治

【篆書】

東漢 少室石闕銘

東漢 祀三公山碑

三國吳 天發神讖碑

三國吳 天發神讖碑

隋 元鐘墓誌

【隸書】

秦 睡13

秦 關周•曆譜

西漢 馬•老乙

西漢 馬•事語

西漢 張•724

西漢 居新•7626

漢晉 流簡紙

漢晉 流簡紙

東漢 蒼山元嘉題記

東漢 何君閣道銘

東漢 淮源廟碑

東漢 桓弄食堂記

東漢 景君碑陽

東漢 禮器碑側

東漢 禮器碑陰

東漢 路公食堂記

東漢 史晨後碑

東漢 夏承碑

東漢 鮮于璜碑陽

東漢 鮮于璜碑陰

東漢 永和二年記

東漢 造土牛碑

東漢 造土牛碑

東漢 張角字殘碑

三國魏 張君殘碑

晉 辟雍頌陽

晉 辟雍頌陽

晉 徐文墓碣

東魏 宗欣墓誌

隋 郭休墓誌

隋 侯肇墓誌

隋 張儉及妻墓誌

唐 常存法師墓誌

唐 石臺孝經

【楷書】

南朝梁 舊館壇碑

北魏 吐谷渾璣墓誌
北魏 元敷墓誌
北魏 元維墓誌
北齊 韓山剛造像
隋 馬長和造像
隋 宋景造像碑
隋 姚太墓誌
唐 段承宗墓誌
唐 石經尚書
唐 石經周易

泉 𣱵

【篆書】

東漢 少室石闕銘
北魏 溫泉頌額
唐 新三門記額

【隸書】

西漢 馬•十問
西漢 張•469
西漢 居新•3531
西漢 居新•4978
西漢 居新•5283
兩漢 傅馬名籍
兩漢 西•馬簡

兩漢 西•馬簡
漢晉 流簡紙
東漢 曹全碑陽
東漢 曹全碑陽
東漢 桓孨食堂記
東漢 石門頌
東漢 熹平石經易
東漢 許安國題記
東漢 楊德安題記
東漢 永平四年記

北齊 感孝頌
北齊 司馬遵業墓誌
隋 豆盧實墓誌
隋 郭王墓誌
隋 姬威墓誌
隋 馬穉墓誌
隋 張盛墓誌
唐 崔暟墓誌陽
唐 史思禮墓誌
唐 史思禮墓誌

唐 行儼碑
唐 行儼碑
唐 行儼碑
唐 玄元靈應頌
唐 楊孝恭碑
唐 楊孝恭碑
唐 尹尊師碑
唐 張漪墓誌
唐 張翼墓誌

【楷書】

三國吳 走•四年

魏晉 樓•紙
北魏 馮迎男墓誌
北魏 宋虎墓誌
北魏 宋虎墓誌
北魏 唐耀墓誌
北魏 元尚之墓誌
北魏 張玄墓誌
北齊 竇泰墓誌
東魏 李挺墓誌
東魏 李憲墓誌

隋 盧旋芷墓誌
隋 王楚英墓誌
唐 皇甫瑶墓誌
唐 劉智墓誌
唐 石經周易
唐 王素墓誌
唐 張宰墓誌

洹 𣶒

【楷書】

東魏 南宗和尚塔銘
北齊 竇泰墓誌
唐 蕭俱興墓誌
唐 趙留四墓誌

洪

【篆書】

唐 三墳記陽

隋 蘇恒墓誌

【隸書】

東漢 南陽石柱題名

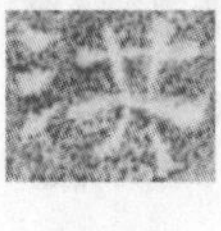
東漢 王舍人碑

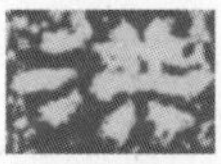
東漢 鮮于璜碑陽

晉 辟雍頌陽

晉 華芳墓誌陰

北齊 馬天祥造像

隋 馬長和造像

隋 任軌墓誌

唐 史思禮墓誌

唐 玄元靈應頌

唐 趙冬曦壙誌

【楷書】

晉 華芳墓誌陰

北魏 元馗墓誌

東魏 王僧墓誌

北齊 許儁等造像

東魏 元光基墓誌

隋 尉富娘墓誌

隋 元鐘墓誌

隋 鄭善妃墓誌

唐 石經尚書

洒

【隸書】

西漢 馬·天下

西漢 馬·陰陽甲

【楷書】

唐 樊侊墓誌

唐 石經五經

洧

【隸書】

隋 郭王墓誌

【楷書】

北魏 元洛神墓誌

唐 源光俗妻墓誌

洊

【隸書】

唐 趙叡沖碑

【楷書】

唐 孟孝立墓誌

唐 石經五經

唐 石經周易

洿

【隸書】

東漢 樊敏碑

【楷書】

北齊 竇泰墓誌

唐 韋塤墓誌

唐 趙元粲墓誌

洱

【楷書】

北魏 元鸞墓誌

唐 王媛墓誌

沘	洗		洞	洌	洏	洟	洼
【隸書】  唐 史思禮墓誌 【楷書】  唐 寇塼墓誌  唐 李三墓誌  唐 顏家廟碑	【隸書】  唐 闞道愛墓誌 【楷書】  北魏 姚伯多供養碑  北魏 元仙墓誌 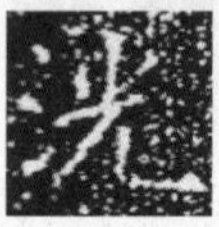 唐 桓義成墓誌	 後周 宋彥筠墓誌	【篆書】  唐 碧落碑 【隸書】  東漢 鮮于璜碑陰  東漢 楊震碑  北齊 感孝頌  隋 郭休墓誌  唐 尹尊師碑 【楷書】  北魏 陳天寶造像  北魏 檀賓墓誌  唐 李智墓誌  唐 唐嘉會墓誌	【楷書】  唐 李昕墓誌	【楷書】  唐 蘇兗墓誌	【楷書】  唐 郭克全墓誌  唐 建永橋碑  唐 石經五經  唐 石經周易	【隸書】  西漢 馬·老甲 【楷書】  隋 常德將墓誌

洄

【篆書】

唐 峿臺銘

【楷書】

唐 秦暕墓誌

洩

【楷書】

唐 龍泉記

唐 趙貨墓誌

派

【隸書】

隋 蕭瑾墓誌

隋 張盛墓誌

隋 趙朗墓誌

唐 李貞墓誌

唐 劉粲墓誌

【楷書】

北魏 馮邕妻墓誌

北魏 公孫猗墓誌

北魏 元華光墓誌

北魏 元乂墓誌

北齊 高淯墓誌

北齊 元賢墓誌

隋 姬威墓誌

唐 郭敬墓記

唐 劉仁墓誌

唐 王振墓誌

唐 無上道誌

唐 周亡尼銘

後梁 蕭符墓誌

洵

【楷書】

北魏 元純陁墓誌

隋 寇奉叔墓誌

洛

【隸書】

西漢 馬•老甲

西漢 馬•縱橫

西漢 張•473

東漢 楊震碑

晉 管洛墓誌陽

隋 叱李綱子墓誌

隋 爾朱端墓誌

隋 灃水石橋碑

隋 郭休墓誌

隋 劉寶及妻墓誌

隋 牛諒墓誌

隋 王榮及妻墓誌

隋 口靜墓誌

唐 張翼墓誌

【楷書】

北魏 吐谷渾璣墓誌

北魏 元敷墓誌

北魏 元簡殘石

北魏 元倪墓誌

北魏 元平墓誌

北魏 元文墓誌

隋 暴永墓誌

隋 王楚英墓誌

隋 張貴男墓誌

唐 賈政墓誌

唐 李鳳妃墓誌

唐 石經尚書

活

【隸書】

漢晉 流簡紙

北魏 上尊號碑

唐 白鹿泉碑陽

【楷書】

北魏 元壽安墓誌

隋 蘇慈墓誌

（續）

北魏 元誘墓誌

北齊 司馬遵業墓誌

隋 郭王墓誌

隋 宋玉艷墓誌

唐 石經尚書

後梁 謝彥璋墓誌

洽

【隸書】

東漢 樊敏碑

東漢 孟孝琚碑

東漢 朐忍令碑

東漢 楊震碑

東漢 楊著碑陽

晉 徐義墓誌陽

隋 郭達墓誌

隋 趙朗墓誌

唐 王子麟墓誌

【楷書】

三國吳 走•二年

洙

【隸書】

西漢 馬•天下

唐 文宣王廟門碑

【楷書】

北魏 孫秋生造像

北魏 元天穆墓誌

北魏 元纘遠墓誌

北齊 道明墓誌

北齊 雋敬碑

唐 李正卿墓誌

唐 石經五經

洗

【隸書】

秦 關周•病方

西漢 居新•2216

西漢 武•特牲甲

東漢 曹全碑陽

晉 石尠墓誌

隋 劉多墓誌

唐 王震墓誌

唐 行儼碑

【楷書】

北齊 竇泰墓誌

隋 蕭瑒墓誌

唐 王慶祚墓誌

洫

【隸書】

西漢 馬•老乙前

西漢 馬•老子甲後

西漢 馬•養生

西漢 張•828

西漢 武•服傳甲

唐 司馬寔墓誌

【楷書】

唐 石經五經

（續）

隋 楊真墓誌

唐 李道因墓誌

唐 石經穀梁傳

唐 石經尚書

染

【隸書】

西漢 馬•養生

西漢 居新•2039

北齊 西門豹碑陽

隋 叱李綱子墓誌

【楷書】

北魏 陸紹墓誌

北齊 無量義經

隋 姬威墓誌

隋 李元墓誌

隋 明雲騰墓誌

洨

【楷書】

唐 建永橋碑

洲

【隸書】

隋 趙朗墓誌

【楷書】

唐 王玄裕墓誌

唐 李泳夫人墓銘

唐 李正卿墓誌

唐 石經五經

唐 顏勤禮碑

洎

【篆書】

唐 三墳記陽

【隸書】

西漢 馬•天下

唐 陳憲墓誌

唐 李貞墓誌

【楷書】

北齊 婁黑女墓誌

北齊 司馬遵業墓誌

隋 姬威墓誌

隋 陶貴墓誌

唐 喬娥墓誌

唐 李壽墓誌

洶

【楷書】

唐 梁義方墓誌

洮

【楷書】

北魏 元寶月墓誌

隋 段威墓誌

隋 張盈墓誌

唐 李頡及妻墓誌

唐 慕容瑾墓誌

涎

【隸書】

東漢 鮮于璜碑陰

洺

【隸書】

隋 口隱及妻墓誌

唐 唐直墓誌

唐 張伻墓誌

【楷書】

唐 劉如璋墓誌

洋

【隸書】

東漢 孔宙碑陰

唐 豆盧建墓誌

唐 王震墓誌

唐 義福碑陰

【楷書】

北魏 穆纂墓誌

唐 石經五經

唐 唐嘉會墓誌

唐 鄭溫球墓誌

洴

【楷書】

唐 河南元氏墓誌

津

【隸書】

秦 睡 91

西漢 馬·縱橫

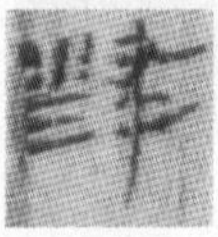
西漢 張·525

東漢 倉頡廟碑側

東漢 夏承碑

晉 呂望表

北齊 西門豹碑陽

隋 爾朱敞墓誌

隋 澧水石橋碑

唐 興寺碑

【楷書】

北魏 穆亮墓誌

北齊 竇泰墓誌

東魏 馬都愛造像

隋 伍道進墓誌

唐 崔齊榮墓誌

唐 石經尚書

⿰氵糸

【楷書】

隋 寇奉叔墓誌

泇

【楷書】

唐 明演塔銘

唐 朱簡墓誌

涒

【隸書】

東漢 禮器碑

隋 馬穉墓誌

【楷書】

隋 張濤妻墓誌

唐 石經爾雅

涑

【隸書】

唐 興寺碑

【楷書】

唐 石經五經

浹

【隸書】

隋 段濟墓誌

唐 蔡君妻墓誌

【楷書】

南朝梁 舊館壇碑

唐 石浮圖銘

唐 浯溪記

唐 徐思倩墓誌

浯

【篆書】

唐 峿臺銘

【楷書】

唐 浯溪記

浙

【隸書】

隋 郭達墓誌

唐 趙叡沖碑

【楷書】

隋 蘇慈墓誌

唐 崔千里墓誌

唐 石經九經

唐 魏靖墓誌

浧

【篆書】

隋 孟顯達碑額

【隸書】

隋 默曹殘碑

隋 口靜墓誌

隋 謝岳墓誌

唐 張翼墓誌

【楷書】

北魏 程法珠墓誌

北魏 胡明相墓誌

北魏 元繼墓誌

北魏 元均之墓誌

北魏 元爽墓誌

北魏 元仙墓誌

北齊 崔頠墓誌

隋 牛方大墓誌

唐 李庭玉改葬誌

唐 梁有意墓誌

唐 石經尚書

唐 田侁妻祔誌

唐 源光乘墓誌

浦

【隸書】

漢晉 流簡紙

北齊 司馬遵業墓誌

隋 叱李綱子墓誌

隋 馬少敏墓誌

唐 宴濟瀆序陽

唐 張騷墓誌

【楷書】

北魏 元嵩墓誌

唐 房懷亮墓誌

唐 李瓛墓誌

唐 張哲墓誌

泰

【篆書】

東漢 孔宙碑額

唐 故笄女誌蓋

唐 李勣碑

唐 太上老君像

【隸書】

秦 關周•病方

西漢 馬•老子甲後

西漢 馬•縱橫

西漢 馬•足臂

西漢 張•56

西漢 張•930

西漢 武•泰射甲

東漢 肥致碑

東漢 衡方碑

東漢 孔宙碑陽

東漢 孔宙碑陰

東漢 孔宙碑陰

東漢 孔宙碑陰

東漢 禮器碑側

東漢 禮器碑陰

東漢 楊叔恭殘碑

唐 王宏墓誌

北魏 高珪墓誌

北魏 笱景墓誌

北魏 丘哲墓誌

北涼 渠安周造像

西魏 杜照賢造像

北齊 元賢墓誌

唐 石浮圖銘

唐 石經五經

唐 石經周易

唐 王芳媚墓誌

三國魏 王基斷碑

晉 辟雍頌陽

晉 管洛墓誌陽

晉 劉韜墓志

東魏 元悰墓誌

隋 劉多墓誌

唐 告華嶽府君

唐 告華嶽府君

唐 孔子廟碑

【楷書】

魏晉 樓•紙

浞

【隸書】

西漢 張•829

【楷書】

唐 石經五經

消

【篆書】

唐 潘基墓誌

【隸書】

東漢 西•醫藥

兩漢 西•醫藥

漢晉 流簡紙

東漢 肥致碑

晉 辟雍頌陽

隋 馬穉墓誌

唐 夫子廟堂碑

【楷書】

北魏 鞏伏龍造像

北魏 元文墓誌

隋 尉富娘墓誌

唐 裵阿八墓誌

唐 石經周易

唐 石經周易

涔

【楷書】

唐 李爽墓誌

涓

【楷書】

唐 胡肅墓誌

浴

【隸書】

秦 睡93

秦 關周•病方

西漢 馬•老甲

西漢 馬•老乙前

西漢 馬•天下

西漢 張•1097

晉 辟雍頌陽

唐 孔子廟碑

【楷書】

晉 黃庭内景經

唐 成朗墓誌

唐 胡肅墓誌

唐 禮佛圖陰

唐 石經五經

唐 玄秘塔碑

唐 元婉墓誌

涅

【隸書】

西漢 馬•老乙前

西漢 張•476

唐 抱腹寺碑

唐 義福禪師碑

【楷書】

北魏 鮑纂造像

北魏 曹望憘造象

北齊 高清墓誌

隋 張波墓誌

唐 法藏塔銘

唐 韓神墓誌

唐 鄭逢墓誌

唐 戴令言墓誌

唐 郎國長公主碑

【楷書】

南朝宋 石騁銘

北魏 馮會萇墓誌

北魏 郭法洛造像

北魏 元誨墓誌

隋 程諧墓誌

唐 崔琪墓誌

唐 石經五經

唐 石經周易

涉

【篆書】

唐 謙卦碑

【隸書】

西漢 馬•縱橫

西漢 張•475

西漢 習字觚

東漢 石門頌

東漢 石門頌

東漢 西狹頌

東漢 熹平石經易

晉 徐義墓誌陽

隋 蕭瑾墓誌

涓

【楷書】

北魏 爾朱襲墓誌

東魏 道穎造像

唐 契苾夫人墓誌

浥

【楷書】

北魏 元瞻墓誌

唐 石經五經

浰

【楷書】

唐 魯郡夏氏墓誌

涂

【隸書】

秦 睡 92

秦 關周•病方

西漢 馬•合陰陽

西漢 馬•養生

西漢 張•713

北齊 師道造象陽

涗

【楷書】

唐 陶禹墓誌

浛

【楷書】

北魏 元秀墓誌

東魏 榮遷等造像

浩

【篆書】

唐 三墳記陽

【隸書】

東漢 從事馮君碑

東漢 任城黃腸石

東漢 趙寬碑

東漢 趙寬碑

隋 豆盧實墓誌

隋 澧水石橋碑

唐 闞道愛墓誌

唐 嵩陽觀碑

唐 興寺碑

唐 尹文操碑

唐 尹尊師碑

【楷書】

北魏 元寶月墓誌

北魏 元瞻墓誌

唐 石經尚書

唐 趙君妻李墓誌

浮

【篆書】

東魏 凝禪寺碑

唐 多寶佛塔銘

唐 三墳記陽

【隸書】

秦 睡 255

西漢 馬•老乙前

西漢 張•830

漢晉 流簡紙

東漢 蒼山元嘉題記

東漢 肥致碑

東漢 公乘田魴記

三國魏 通閣道題名

北齊 感孝頌

隋 高虬墓誌

隋 郭王墓誌

隋 任顯及妻誌

隋 任顯及妻誌

隋 吳嚴墓誌

隋 張儉及妻墓誌

唐 崔祐甫墓誌

唐 戴令言墓誌

唐 龐履温碑
唐 石臺孝經
唐 趙冬曦壙誌
【楷書】
南朝梁 羅浮山銘
北魏 道慧記
北魏 檀賓墓誌
隋 成公氏墓誌
隋 王曜墓誌
唐 石經尚書

海

【篆書】
東漢 景君碑額
東漢 袁安碑
隋 賀若誼碑額
唐 高可方誌蓋
唐 高元裕碑額
唐 三墳記陰
【隸書】
西漢 馬•合陰陽
西漢 馬•老乙前
西漢 馬•老乙前

西漢 馬•縱横
西漢 居新•7542
漢晉 流簡紙
東漢 蒼山元嘉題記
東漢 淮源廟碑
東漢 景君碑陽
東漢 景君碑陽
東漢 景君碑陽
東漢 孔宙碑陰
東漢 孔宙碑陰
東漢 禮器碑側

東漢 朐忍令碑
晉 辟雍頌陽
晉 辟雍頌陽
晉 徐義墓誌陽
北齊 法懃塔銘
北齊 司馬遵業墓誌
隋 豆盧實墓誌
隋 豆盧實墓誌
隋 爾朱敞墓誌
隋 高虬墓誌

隋 皇甫深墓誌
隋 姬威墓誌
隋 口隱及妻墓誌
隋 任顯及妻誌
隋 宋仲墓誌
隋 趙朗墓誌
唐 高元珪墓誌
唐 盧宏及妻墓誌
唐 石臺孝經
唐 石臺孝經

唐 石臺孝經
唐 史思禮墓誌
唐 玄元靈應頌
【楷書】
北魏 公孫猗墓誌
北魏 筍景墓誌
北魏 靈山寺塔銘
北魏 陸紹墓誌
北魏 石婉墓誌
北魏 薛慧命墓誌
北魏 元暉墓誌

北魏 張玄墓誌
北齊 竇泰墓誌
東魏 廉富造像陽
東魏 元悰墓誌
隋 陳君妻王墓誌
隋 高緊墓誌
隋 王楚英墓誌
唐 高懲墓誌
唐 景公直墓誌
唐 李鎬墓誌

唐 梁公妻墓誌
唐 清河張氏墓誌
唐 石經尚書
後唐 王禹墓誌

浼

【楷書】

唐 獨孤驤墓誌

浣

【隸書】

西漢 武•少牢甲

西漢 武•特牲甲

東漢 鮮于璜碑陽

唐 蔡君妻墓誌

唐 柳偘妻墓誌

【楷書】

晉 華芳墓誌陰

北魏 元華光墓誌

唐 崔夫人墓誌

唐 石經五經

浪

【隸書】

西漢 西•馬簡牘

北齊 馬天祥造像

【楷書】

北魏 韓氏墓誌

隋 蕭氏墓誌

唐 石經尚書

唐 姚恭墓誌

唐 掌徹墓誌

涕

【隸書】

西漢 馬•老子甲後

東漢 樊敏碑

東漢 建寧三年殘碑

東漢 許安國題記

東漢 楊統碑陽

東漢 楊震碑

晉 管洛墓誌陰

唐 尹尊師碑

【楷書】

北魏 馮邕妻墓誌

北魏 王翊墓誌

北齊 竇泰墓誌

隋 卜鑒墓誌

隋 陳花樹墓誌

唐 石經五經

唐 石經周易

唐 王顛墓誌

唐 顏人墓誌

流

【篆書】

唐 謙卦碑

【隸書】

西漢 馬•老乙前

西漢 馬•老子甲後

西漢 馬•縱横

西漢 馬•足臂

西漢 張•1127

西漢 張•830

西漢 西•詔書

兩漢 西•懸簡

東漢 曹全碑陽

東漢 曹全碑陰

東漢 郙閣頌

東漢 孟孝琚碑

東漢 孟孝琚碑

東漢 朐忍令碑

東漢 史晨後碑

東漢 宋伯望買田券左

東漢 太室石闕銘

東漢 夏承碑

東漢 楊震碑

東漢 鮮于璜碑陽

東漢 鮮于璜碑陽

東漢 尹宙碑

東漢 趙寬碑

三國魏 王基斷碑

晉 徐義墓誌陽

北齊 法懃塔銘

北齊 感孝頌

東魏 宗欣墓誌

隋 叱李綱子墓誌

浚

【隸書】

秦 關周•病方

東漢 西狹頌

唐 盧君妻墓誌

唐 興寺碑

【楷書】

晉 華芳墓誌陽

南朝梁 舊館壇碑

北魏 李謀墓誌

北魏 元楨墓誌

東魏 李挺墓誌

北齊 司馬遵業墓誌

涘

【隸書】

唐 張休光墓誌

【楷書】

北魏 穆紹墓誌

北齊 竇泰墓誌

唐 李爽墓誌

唐 秦公夫人墓誌

唐 石經五經

唐 顏相墓誌

隋 王弘墓誌

唐 夫子殘碑

唐 裴昭墓誌

唐 石經周易

唐 越國太妃墓誌

唐 張去奢墓誌

唐 張叔遵墓誌

浸

【隸書】

西漢 馬•老乙前

西漢 馬•老乙前

隋 豆盧實墓誌

唐 白鹿泉碑陰

唐 北嶽廟碑

唐 崔祐甫墓誌

唐 孔子廟碑

【楷書】

三國吳 走•四年

三國吳 走•五年

北魏 蘇屯墓誌

涊

【隸書】

唐 貞一廟碑

北齊 竇泰墓誌

北齊 竇泰墓誌

東魏 馮令華墓誌

隋 程諧墓誌

隋 皇甫深墓誌

唐 石經九經

唐 石經尚書

唐 石經五經

唐 石經周易

後梁 蕭符墓誌

唐 李神符碑

唐 石臺孝經

唐 鄎國長公主碑

唐 楊孝恭碑

唐 楊孝恭碑

唐 趙冬曦壙誌

唐 鄭忠墓碑

【楷書】

北魏 馮邕妻墓誌

北魏 元崇業墓誌

北齊 畢文造像

隋 澧水石橋碑

隋 符盛及妻墓誌

隋 姬威墓誌

隋 任軌墓誌

隋 張儉及妻墓誌

隋 張儉及妻墓誌

唐 褚亮碑

唐 庫狄真相墓誌

唐 李神符碑

唐 李神符碑

西漢 馬•老甲

西漢 馬•老乙前

西漢 張•1063

漢晉 流簡紙

東漢 韓仁銘

東漢 淮源廟碑

東漢 石門頌

東漢 西狹頌

東漢 夏承碑

東漢 鮮于璜碑陽

清

【篆書】

北魏 楊乾誌蓋

唐 多寶佛塔銘

唐 李敬碑額

唐 潘基墓誌

唐 清源縣主誌蓋

唐 峿臺銘

【隸書】

秦 睡146

秦 關周•病方

西漢 馬•合陰陽

西漢 馬•老甲

淅

【楷書】

唐 石經五經

唐 尉遲敬德墓誌

淇

【楷書】

北魏 常季繁墓誌

唐 李福墓誌

渀

【楷書】

北魏 穆纂墓誌

渶

【楷書】

北魏 元洛神墓誌

唐 楊珽墓誌

湅

【楷書】

隋 鮑氏墓誌

唐 石經五經

隋 董美人墓誌

隋 段濟墓誌

隋 樊氏墓誌

隋 劉淵墓誌

唐 石經周易

唐 越國太妃墓誌

唐 鄭溫球墓誌

東漢 鮮于璜碑陽

東漢 楊震碑

東漢 永壽元年墓記

晉 辟雍頌陽

北齊 法懃塔銘

北齊 感孝頌

隋 段濟墓誌

隋 郭休墓誌

隋 蘇恒墓誌

隋 張姜墓誌

隋 張姜墓誌

唐 盧君妻墓誌

唐 王子麟墓誌

唐 楊孝恭碑

【楷書】

魏晉 樓•紙

北魏 穆亮墓誌

北魏 王翊墓誌

北魏 元斅墓誌

北魏 元悌墓誌

北魏 元文墓誌

北齊 竇泰墓誌

北齊 高淯墓誌

北齊 無量義經

東魏 元仲英墓誌

隋 □悦昂墓誌

隋 成公氏墓誌

隋 皇甫深墓誌

唐 盧正道勅

唐 麻姑仙壇記

唐 匹婁思墓誌

唐 石經尚書

唐 真義女碑銘

添

【楷書】

唐 蓋暢墓誌

唐 雁塔聖教序

唐 執失善光

淹

【隸書】

東漢 夏承碑

東漢 楊著碑陽

隋 侯肇墓誌

隋 李元墓誌

隋 王榮及妻墓誌

隋 吳嚴墓誌

唐 潘基墓誌

唐 王子麟墓誌

【楷書】

北魏 元弼墓誌蓋

隋 王袞墓誌

唐 柴少儀妻墓誌

後唐 康贊羑墓誌

涯

【隸書】

唐 豆盧建墓誌

唐 屈突通墓誌

唐 史思禮墓誌

唐 王子麟墓誌

【楷書】

北齊 報德像碑

唐 劉濬墓誌

唐 盧初墓誌

唐 王宏墓誌

唐 楊氏墓誌

唐 于季文墓誌

淩

【隸書】

西漢 馬•老乙前

漢晉 流簡紙

漢晉 流簡紙

東漢 朝侯小子碑

東漢 朐忍令碑

東漢 許安國題記

隋 爾朱敞墓誌

唐 張翼墓誌

唐 張翼墓誌

【楷書】

北魏 元徽墓誌

唐 柳昱墓誌

唐 石經五經

唐 王君及妻墓誌

唐 王卿及妻墓誌

唐 王行果墓誌

唐 張洛墓誌

唐 張某墓誌

唐 鄭鑛墓誌

唐 張倖墓誌

【楷書】

北魏 王翊墓誌

北魏 楊府君墓誌

北魏 元華光墓誌

北魏 元秀墓誌

北魏 元羽墓誌

北魏 元子直墓誌

隋 成公氏墓誌

唐 崔僎墓誌

唐 竇氏墓誌

淒

【隸書】

西漢 馬•天下

西漢 馬•天下

東漢 正直殘碑

北齊 法懃塔銘

隋 侯肇墓誌

隋 張儉及妻墓誌

隋 鄭令妃墓誌

唐 蘇洪姿墓誌

唐 王子麟墓誌

唐 尹尊師碑

北魏 王誦墓誌

北魏 元悛墓誌

東魏 王僧墓誌

隋 劉尚食墓誌

隋 蘇慈墓誌

隋 王袞墓誌

唐 李璜墓誌

唐 石經五經

唐 史待賓墓誌

渠

【篆書】

唐 三墳記陰

【隸書】

秦 睡 91

西漢 張•472

西漢 居新•1079

西漢 居新•3846

東漢 西•文書

唐 北嶽廟碑

唐 孔子廟碑

【楷書】

北魏 高貞碑

北魏 乞伏寶墓誌

淶

【隸書】

唐 北嶽廟碑

【楷書】

唐 石經五經

後梁 蕭符墓誌

北周 步孤須蜜多墓誌

隋 陶貴墓誌

隋 蕭氏墓誌

唐 石經五經

唐 王公素墓誌

唐 尉遲敬德墓誌

唐 許君妻樊墓誌

唐 執失善光

淺

【隸書】

西漢 馬•合陰陽

西漢 馬•老子甲後

西漢 馬•老子甲後

西漢 馬•老子甲後

西漢 馬•十問

西漢 馬•縱横

西漢 馬•縱横

西漢 張•836

西漢 居新•617

【楷書】

北魏 和邃墓誌

北魏 元恩墓誌

東魏 法香建塔記

北齊 房周陁墓誌

唐 賈府君墓誌

唐 石經尚書

唐 王宏墓誌

唐 玄秘塔碑

唐 左光胤墓誌

淋

【隸書】

東漢 孟孝琚碑

【楷書】

唐 崔虓妻合誌

渃

【楷書】

東魏 王僧墓誌

渏

【楷書】

北魏 馮迎男墓誌

渚

【隸書】

唐 戴令言墓誌

唐 李神符碑

唐 任城橋亭記

【楷書】

三國吳 走•四年

北魏 元崇業墓誌

北魏 元純陁墓誌

北魏 元略墓誌

北魏 元侔墓誌陽

北魏 元壽安墓誌

北魏 元彝墓誌

北魏 元悅墓誌

隋 張貴男墓誌

隋 張儉及妻墓誌

隋 趙朗墓誌

隋 鄭令妃墓誌

唐 蔡君妻墓誌

唐 闞道愛墓誌

唐 石臺孝經

唐 蘇洪姿墓誌

唐 王泠然墓誌

唐 徐盼墓誌

唐 張翼墓誌

淑

【隸書】

東漢 景君碑陽

東漢 孔宙碑陰

東漢 繆宇墓誌

東漢 永壽元年銘
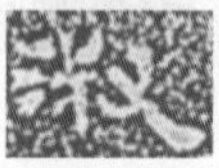
東漢 趙寬碑

晉 管洛墓誌陽

隋 侯肇墓誌

隋 蘇恒墓誌

隋 蘇恒墓誌

隋 蕭瑾墓誌

淖

【隸書】

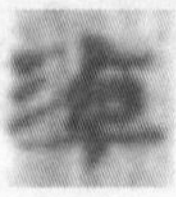
西漢 武•少牢甲

【楷書】

北魏 萬福榮造像

唐 房誕墓誌

唐 石經五經

淉

【楷書】

唐 韓長墓誌

涸

【楷書】

隋 明雲騰墓誌

渦

【隸書】

唐 劉粲墓誌

【楷書】

北魏 檀賓墓誌

唐 無上道誌

淠

【隸書】

唐 宴濟瀆序陽

涿

【篆書】

唐 文宣王廟碑額

【隸書】

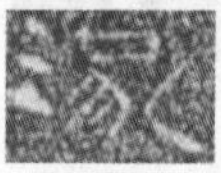
東漢 許安國題記

東漢 楊震碑

唐 盧行毅墓誌

【楷書】

北周 盧蘭墓誌

隋 盧文機墓誌

唐 石經五經

唐 掌徹墓誌

（淑）

【楷書】

北魏 慈慶墓誌

北魏 和醜仁墓誌

北魏 司馬氏墓誌

北魏 元弘嬪侯墓誌

隋 常泰妻墓誌

隋 宋玉艷墓誌

隋 王楚英墓誌

隋 鄭善妃墓誌

唐 崔眷妻墓誌

唐 崔孝昌墓誌

唐 崔元二墓誌

唐 李鉥夫人墓誌

唐 李惟一墓誌

唐 劉智墓誌

唐 馬君妻董墓誌

唐 石經五經

混

【篆書】

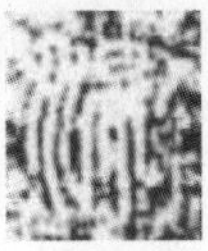
唐 碧落碑

【隸書】

晉 辟雍頌陽

隋 張景略墓誌

唐 孔子廟碑

唐 尹文操碑

【楷書】

北魏 于纂墓誌

北魏 元繼墓誌

北齊 婁黑女墓誌

隋 張盈墓誌

唐 朗寧公主墓誌

淟

【楷書】

北魏 元恩墓誌

北魏 元維墓誌

淠

【楷書】

唐 石經五經

淝

【楷書】

唐 孫公乂墓誌

涹

【楷書】

唐 石經五經

淰

【楷書】

唐 石經五經

淆

【楷書】

北魏 穆紹墓誌

滔

【楷書】

唐 慶公神祠碑

淘

【楷書】

唐 鄭鐈墓誌

淫

【隸書】

秦 睡10

西漢 張•787

東漢 華山廟碑陽

東漢 舉孝廉殘碑

唐 白鹿泉碑陽

唐 告華嶽府君

【楷書】

晉 黃庭經

北魏 穆亮妻墓誌

北魏 薛伯徽墓誌

北魏 元誨墓誌

北魏 元誘墓誌

隋 口愷昂墓誌

隋 曹海凝墓誌

唐 石經尚書

唐 石經五經

淨

【篆書】

唐 天王碑額

【隸書】

晉 王君殘墓誌

隋 劉多墓誌

隋 宋景造像碑

隋 謝岳墓誌

隋 張儉及妻墓誌

唐 興寺碑

【楷書】

北魏 曹望憘造象

北魏 敬羽高衡造像

東魏 侯海墓誌

北齊 無量義經

隋 陶貴墓誌

隋 志修塔記

唐 石浮圖銘

唐 萬壽寺記

淪

【隸書】

東漢 趙菿殘碑

三國魏 孔羨碑

隋 高虬墓誌

唐 常存法師墓誌

唐 崔暟墓誌陽

【楷書】

北魏 和醜仁墓誌

北魏 元詮墓誌

隋 郭王墓誌

唐 高氏墓誌

唐 顏相墓誌

淿

【楷書】

唐 裴昭墓誌

淮

【篆書】

唐 碧落碑

【隸書】

西漢 馬•縱橫

西漢 張•624

漢晉 流簡紙

東漢 淮源廟碑

東漢 淮源廟碑

東漢 楊淮表記

隋 爾朱敞墓誌

隋 郭達墓誌

隋 李元墓誌

隋 馬少敏墓誌

隋 張儉及妻墓誌

唐 董虔運墓誌

唐 王震墓誌

【楷書】

北魏 嚴震墓誌

隋 張喬墓誌

唐 李爽墓誌

唐 石經尚書

唐 王感墓誌

深

【篆書】

三國吳 天發神讖碑

唐 碧落碑

唐 碧落碑

唐 嶠臺銘

【隸書】

秦 睡 50

西漢 馬•合陰陽

西漢 馬•合陰陽

西漢 馬•老子甲後

西漢 馬•事語

西漢 馬•縱橫

西漢 馬•縱橫

西漢 張•992

西漢 居新•5399

新莽 西•守御器

漢晉 流簡紙

漢晉 流簡紙

東漢 蒼山元嘉題記

東漢 郙閣頌

東漢 華山廟碑陽

東漢 禮器碑

東漢 馬姜墓記

東漢 石門頌

晉 徐義墓誌陽

北齊 法懃塔銘

北齊 司馬遵業墓誌

北齊 司馬遵業墓誌

隋 爾朱敞墓誌

隋 爾朱敞墓誌

隋 郭王墓誌

隋 郭休墓誌

隋 姬威墓誌

隋 姬威墓誌

隋 李元墓誌

隋 默曹殘碑

隋 牛諒墓誌

隋 宋景造像碑

隋 王榮及妻墓誌

隋 凵和墓誌

隋 吳嚴墓誌

隋 蕭瑾墓誌

隋 謝岳墓誌

隋 修孔子廟碑

隋 趙朗墓誌

唐 褚亮碑

唐 崔沔墓誌陽

唐 崔祐甫墓誌

唐 李貞墓誌

唐 石臺孝經

唐 趙冬曦壙誌

【楷書】

北魏 吐谷渾璣墓誌

淬

【隸書】

西漢 張•714

西漢 張•714

【楷書】

北魏 于纂墓誌

唐 崔弘禮墓誌

唐 騫思哲誌銘

唐 石經五經

後唐 西方鄴墓誌

唐 石經五經

唐 張去奢墓誌

北魏 高珪墓誌

北魏 萬福榮造像

北魏 王昌墓誌

北魏 王昌墓誌

北魏 王蕃墓誌

隋 李肅墓誌

唐 安元壽墓誌

唐 崔師墓誌

唐 李専墓誌

唐 契苾夫人墓誌

隋 澧水石橋碑

隋 侯肇墓誌

隋 牛諒墓誌

隋 任軌墓誌

隋 口靜墓誌

唐 崔暟墓誌陽

唐 王子麟墓誌

唐 修定寺記碑

唐 尹尊師碑

【楷書】

晉 黃庭內景經

涼

【篆書】

東漢 魏元丕碑額

唐 契苾明碑額

【隸書】

西漢 馬•合陰陽

西漢 馬•合陰陽

漢晉 流簡紙

漢晉 流簡紙

東漢 曹全碑陽

東漢 孟孝琚碑

東漢 石門頌

晉 魯詮墓表

唐 薛參墓誌

唐 薛華墓誌

唐 荀懷節墓誌

唐 于尚範墓誌

唐 張侯墓誌

唐 掌徹墓誌

唐 崔師墓誌

唐 崔延墓誌

唐 樊說墓誌

唐 李金墓誌

唐 僧突墓誌

唐 石經五經

唐 石經周易

唐 史懷訓墓誌

唐 蘇斌墓誌

唐 王協墓誌

北魏 元禮之墓誌

北魏 元秀墓誌

北魏 元鑽遠墓誌

北齊 竇泰墓誌

東魏 淨智塔銘

北齊 無量義經

隋 犖賓墓誌

隋 皇甫深墓誌

隋 王楚英墓誌

隋 王世琛墓誌

涪

【隸書】

晉 楊陽墓闕

【楷書】

唐 郭阿獲墓誌

唐 顔勤禮碑

唐 嵩陽觀碑

唐 王媛墓誌陽

唐 楊孝恭碑

【楷書】

南朝梁 羅浮山銘

北魏 元欽墓誌

北魏 元顯魏墓誌

北齊 許儁等造像

唐 石經五經

唐 石經五經

唐 於遂古墓誌

東漢 夏承碑

東漢 陽嘉殘碑陰

晉 郛休碑陽

北魏 王基墓誌

隋 賈通墓誌

隋 宋景造像碑

唐 崔沔墓誌陽

唐 大忍寺碑

唐 潘基墓誌

唐 嵩陽觀碑

淳

【篆書】

唐 碧落碑

【隸書】

秦 睡 239

秦 關周•病方

西漢 馬•天下

西漢 居新•8232

西漢 武•泰射甲

東漢 景君碑陰

東漢 景君碑陰

東漢 禮器碑側

液

【隸書】

北周 華嶽頌

唐 龐履温碑

唐 嵩陽觀碑

唐 修定寺記碑

唐 宴濟瀆序陰額

【楷書】

晉 黃庭内景經

唐 王則墓誌

淤

【楷書】

南朝陳 劉猛進碑

唐 龍泉記

淀

【楷書】

唐 祁惠墓誌

湥

【楷書】

唐 石經五經

淚

【隸書】

三國魏 管寧墓誌

隋 爾朱敞墓誌

隋 姬威墓誌

隋 馬穉墓誌

隋 王榮及妻墓誌

唐 崔沔墓誌陰

唐 李彦墓誌

唐 李貞墓誌

唐 柳偘妻墓誌

唐 張倂墓誌

唐 張休光墓誌

【楷書】

北魏 爾朱紹墓誌

北魏 馮邕妻墓誌

北魏 劉華仁墓誌

北魏 陸紹墓誌

北魏 元始和墓誌

北魏 元壽妃墓誌

北魏 元斑墓誌

北魏 元鑽遠墓誌

隋 皇甫深墓誌

唐 董惟靖墓誌

唐 郭賓墓誌

唐 盧緘妻墓誌

唐 敬之墓誌

唐 張澤墓誌

唐 掌徹墓誌

唐 鄭子容墓誌

淯

【楷書】

北齊 高淯墓誌

唐 丁佑及妻合祔誌

淡

【隸書】

唐 崔沔墓誌陽

【楷書】

晉 黃庭内景經

隋 王袞墓誌

淙

【楷書】

唐 麻姑仙壇記

淄

【篆書】

唐 李孝同碑額

【隸書】

北齊 竇泰墓誌

唐 蔡君妻墓誌

唐 崔沔墓誌陰

【楷書】

北魏 穆紹墓誌

北魏 司馬氏墓誌

北魏 元瞻墓誌

北齊 房周陁墓誌

北齊 高淯墓誌

隋 寧贙墓碑

隋 張伏敬墓誌

唐 崔紹墓誌

唐 段會墓誌

唐 耿文訓墓誌

唐 李君墓誌

唐 石經尚書

唐 王宏墓誌

唐 楊仲嗣墓誌

減

【隸書】

秦 睡268

西漢 馬•老乙前

西漢 張•153

西漢 居新•7344

漢晉 流簡紙

東漢 西狹頌

隋 段濟墓誌

隋 張姜墓誌

唐 紀信墓碑

唐 義福禪師碑

滋

【楷書】

北魏 王翊墓誌

湊

【隸書】

北齊 司馬遵業墓誌

唐 屈突通墓誌

唐 楊孝恭碑

唐 義福禪師碑

【楷書】

北魏 元寶月墓誌

北齊 元賢墓誌

唐 李叔夏墓誌

唐 孟秤墓誌

唐 顏勤禮碑

港

【楷書】

南朝陳 衛和墓誌

湎

【楷書】

北魏 元譚墓誌

唐 郭克全墓誌

唐 石經尚書

涑

【楷書】

唐 石經五經

涵

【隸書】

唐 抱腹寺碑

唐 怡亭銘序

【楷書】

東魏 元鷙墓誌

唐 多寶塔碑

唐 多寶塔碑

唐 景公直墓誌

唐 寇章墓誌

唐 干君妻墓誌

渌

【楷書】

北魏 盧令媛墓誌

北魏 元純阤墓誌

隋 范安貴墓誌

唐 康智墓誌

【楷書】

北魏 司馬顯姿墓誌

北齊 道常等造像

隋 杜相夫造像

唐 段續妻墓誌

唐 禮佛圖陰

唐 石經五經

唐 韋豫墓誌

唐 温煒妻墓誌

渫

【隸書】

秦 睡197

唐 玄元靈應頌

【楷書】

東魏 侯海墓誌陽

東魏 王偃墓誌

唐 石經周易

唐 王之渙墓誌

渤

【篆書】

唐 高可方誌蓋

唐 高元裕碑額

【隸書】

隋 高虬墓誌

隋 趙朗墓誌

唐 崔志墓誌

唐 修定寺記碑

唐 玄巖銘

【楷書】

南朝梁 羅浮山銘

北周 盧蘭墓誌

隋 明雲騰墓誌

唐 高君墓誌

唐 高邈墓誌

唐 高儼仁墓誌

唐 居實墓銘

唐 吳孝墓誌

湛

【隸書】

西漢 馬•老乙

西漢 居新•5869

隋 郭休墓誌

唐 北獄廟碑

唐 王泠然墓誌

唐 楊孝恭碑

【楷書】

三國吳 走•四年

北魏 元恩墓誌

北魏 元乂墓誌

北魏 元子正墓誌

東魏 王僧墓誌

隋 董敬墓誌

唐 崔楊墓誌

唐 韓曉墓誌

唐 魯郡夏氏墓誌

唐 石經五經

湖

【隸書】

西漢 西•詔書

唐 唐直墓誌

唐 王震墓誌

【楷書】

三國吳 走•五年

南朝宋 湖城縣界石

唐 盧嶠墓誌

溇

【楷書】

隋 翟突娑墓誌

湯

【隸書】

西漢 馬•老子甲後

西漢 馬•天下

西漢 馬•縱橫

西漢 居新•3603

東漢 淮源廟碑

東漢 孔宙碑陽

晉 辟雍頌陽

晉 徐義墓誌陽

北魏 涿縣磚刻

隋 符盛及妻墓誌

渴

【隸書】

西漢 張•1199

西漢 張•790

唐 抱腹寺碑

唐 植松柏碑

【楷書】

晉 黄庭經

北魏 慈香惠造像

北魏 元瞻墓誌

東魏 廉富造像陽

唐 孫公乂墓誌

渺

【楷書】

唐 劉妙姜墓誌

唐 鄭戎墓誌

湜

【楷書】

唐 呼延章墓誌

渭

【隸書】

唐 李貞墓誌

唐 張翼墓誌

唐 趙叡沖碑

【楷書】

北齊 竇泰墓誌

東魏 元寶建墓誌

東魏 元仲英墓誌

唐 阿史那貞忠墓誌

唐 劉濬墓誌

唐 石經尚書

唐 楊亮墓誌

唐 張洛墓誌

湮

【隸書】

西漢 馬•天下

唐 闞道愛墓誌

唐 李彦墓誌

唐 李彦墓誌

唐 趙叡沖碑

【楷書】

北魏 弔比干文陽

北魏 寇猛墓誌

北魏 元願平妻墓誌

隋 薛保興墓誌

唐 秦朗墓誌

湘

【篆書】

唐 峿臺銘

【隸書】

隋 蘇恒墓誌

唐 戴令言墓誌

唐 豆盧建墓誌

唐 平蠻頌

【楷書】

三國吳 走•二年

北魏 元新成妃墓誌

隋 張貴男墓誌

唐 崔偃墓誌

唐 和幹墓誌

隋 宋仲墓誌
唐 安天王廟碑
唐 戴令言墓誌
唐 王媛墓誌陰

【楷書】

北魏 寇霄墓誌
北魏 元恭墓誌
唐 白知禮墓誌
唐 石經尚書
唐 石經周易
唐 張亮墓誌

測

【隸書】

東漢 西狹頌
三國魏 孔羨碑
隋 豆盧實墓誌
唐 常存法師墓誌
唐 屈突通墓誌

【楷書】

北魏 穆亮妻墓誌
唐 薛頤墓誌
唐 元勇墓誌

湍

【隸書】

西漢 張•1138
隋 馬少敏墓誌
隋 趙朗墓誌
唐 懷古詩刻

【楷書】

晉 蘭亭序真本
唐 王宣墓誌

温

【篆書】

三國魏 正始石經
北魏 温泉頌額
唐 温信墓碑額

【隸書】

西漢 馬•天下
西漢 馬•縱横
西漢 馬•足臂
西漢 張•790
西漢 張•797
西漢 居新•2286
東漢 西•醫藥
東漢 伯興妻殘碑
東漢 衡方碑
東漢 魯峻碑陽
東漢 鮮于璜碑陽
東漢 尹宙碑
東漢 圉令趙君碑
東漢 張遷碑陽
東漢 趙菿殘碑
晉 辟雍頌陽
晉 徐義墓誌陽
北齊 司馬遵業墓誌
隋 暴永墓誌
隋 爾朱端墓誌
隋 澧水石橋碑
隋 郭達墓誌
隋 劉寶及妻墓誌
隋 馬穉墓誌
隋 任軌墓誌
隋 任軌墓誌
隋 蕭瑾墓誌
隋 修孔子廟碑
隋 修孔子廟碑
隋 張盛墓誌
唐 行儼碑
唐 楊孝恭碑

【楷書】

三國吳 走•五年
北魏 山暉墓誌
東魏 馮令華墓誌
隋 皇甫深墓誌
隋 田光山妻墓誌
隋 吴嚴墓誌
唐 石經九經
唐 石經九經
唐 石經尚書
唐 王素墓誌

溪

【楷書】

東魏 王令媛墓誌

唐 高欽德墓誌

唐 李坦題名

唐 王怡政夫人墓誌

唐 朱仁表墓誌

湫

【隸書】

三國魏 王基斷碑

唐 北獄廟碑

唐 龐履温碑

唐 玄元靈應頌

【楷書】

唐 司馬元禮墓誌

渝

【隸書】

唐 北嶽廟碑

唐 蔡君妻墓誌

唐 高嶸墓誌

唐 高嶸墓誌

【楷書】

北魏 王基墓誌

唐 石經周易

唐 石經周易

唐 孫嬰墓誌

唐 張才墓誌

渰

【楷書】

唐 石經五經

渙

【楷書】

北魏 元頊墓誌

隋 吳嚴墓誌

隋 張壽墓誌

唐 李賢墓誌

唐 石經五經

唐 石經周易

唐 蘇卿墓誌

唐 唐嘉會墓誌

唐 楊承胤墓誌

唐 張相墓誌

湞

【楷書】

唐 楊士墓誌

滑

【隸書】

西漢 馬·合陰陽

西漢 馬·合陰陽

西漢 馬·老乙前

隋 默曹殘碑

唐 徐盼墓誌

唐 徐盼墓誌

唐 鄭忠墓碑

【楷書】

北魏 元暐墓誌

唐 李英墓誌

唐 石經公羊傳

湝

【楷書】

唐 石經五經

溆

【楷書】

唐 劉暉墓誌

唐 楊承福墓誌

唐 鄭儉墓誌

溲

【楷書】

唐 石經五經

淵

【篆書】

唐 峿臺銘

【隸書】

西漢 馬•老乙前

西漢 居新•8735

東漢 伯興妻殘碑

東漢 曹全碑陰

東漢 肥致碑

東漢 孔宙碑陰

東漢 孔宙碑陰

東漢 孟孝琚碑

東漢 三老刻石

東漢 尚博殘碑

東漢 石門頌

東漢 西狹頌

東漢 熹平石經易

東漢 夏承碑

東漢 張遷碑陽

北周 華嶽頌

北周 華嶽頌

隋 爾朱敞墓誌

隋 澧水石橋碑

隋 高虬墓誌

隋 高虬墓誌

隋 蕭瑾墓誌

隋 謝岳墓誌

隋 修孔子廟碑

隋 修孔子廟碑

隋 修孔子廟碑

唐 石臺孝經

唐 唐世榮墓誌

唐 唐直墓誌

唐 義福禪師碑

【楷書】

魏晉 樓•紙

晉 華芳墓誌陽

北魏 胡明相墓誌

北魏 寇偘墓誌

北魏 李媛墓誌

北魏 穆亮墓誌

北魏 穆彥墓誌

北魏 秦洪墓誌

北魏 奚真墓誌

北魏 楊府君墓誌

北魏 元略墓誌

北魏 元湛墓誌

北齊 高淯墓誌

東魏 康富造像陽

北周 普安壯公墓誌

北齊 宋敬業塔頌

東魏 王僧墓誌

隋 皇甫深墓誌

隋 劉淵墓誌

隋 蕭瑒墓誌

隋 楊厲墓誌

隋 元鐘墓誌

隋 鄭善妃墓誌

唐 封抱墓誌

唐 吉渾墓誌

唐 石經九經

唐 石經周易

唐 楊曜生墓誌

唐 張時譽墓誌

溠

【楷書】

唐 石經五經

湆

【楷書】

唐 石經五經

湙

【楷書】

唐 明俊墓誌

游

【篆書】

唐 碧落碑

唐 三墳記陽

【隸書】

秦 睡 49

西漢 馬•合陰陽

西漢 武•士相見

西漢 武•王杖

西漢 西•律令

西漢 西•馬簡牘

兩漢 武•王杖

兩漢 西•馬簡

漢晉 流簡紙

東漢 倉頡廟碑側

東漢 倉頡廟碑側

東漢 蒼山元嘉題記

東漢 蒼山元嘉題記

東漢 蒼山元嘉題記

東漢 肥致碑

東漢 公乘田魴記

東漢 華山廟碑陽

東漢 華岳廟碑陰

東漢 孟孝琚碑

東漢 請雨銘

東漢 武榮碑

東漢 張遷碑陽

東漢 趙寬碑

東漢 子游殘碑

三國魏 孔羨碑

晉 辟雍頌陽

晉 辟雍頌陽

北周 華嶽頌

北齊 司馬遵業墓誌

隋 豆盧實墓誌

隋 高虬墓誌

隋 關明墓誌

隋 賈通墓誌

隋 劉寶及妻墓誌

隋 馬長和造像

隋 牛諒墓誌

隋 牛諒墓誌

隋 任軌墓誌

隋 任顯及妻誌

隋 宋景造像碑

隋 蘇恒墓誌

隋 修孔子廟碑

隋 張景略墓誌

唐 戴令言墓誌

唐 劉粲墓誌

唐 史思禮墓誌

唐 楊孝恭碑

唐 楊孝恭碑

唐 尹尊師碑
唐 張休光墓誌
唐 張翼墓誌

【楷書】

北魏 弔比干文陽
北魏 淨悟浮圖記
北魏 叔孫協墓誌
北魏 司馬氏墓誌
北魏 元固墓誌
北魏 元平墓誌
北魏 元悌墓誌

北齊 婁黑女墓誌
東魏 元湛墓誌
隋 陳叔明墓誌
隋 董美人墓誌
隋 段模墓誌
隋 姬威墓誌
隋 梁坦墓誌
隋 宋睦墓誌
隋 姚太墓誌
隋 張波墓誌

唐 敬覺墓誌
唐 盧萬春墓誌
唐 石經九經
唐 石經禮記
唐 石經尚書
唐 石經尚書
唐 索崇墓誌
唐 吳孝墓誌
唐 吳德鄘妻墓誌
唐 薛世感墓誌

唐 朱仁表墓誌

渡

【隸書】

西漢 居新•1091
東漢 蒼山元嘉題記
北魏 上尊號碑
隋 澧水石橋碑
隋 馬穉墓誌

【楷書】

南朝陳 衛和墓誌
北魏 慈慶墓誌
北魏 淨悟浮圖記
北魏 王僧男墓誌
隋 陳叔明墓誌

隋 段威墓誌
唐 石經尚書
唐 張崧墓誌

湔

【楷書】

唐 劉庭訓墓誌

滋

【篆書】

北魏 温泉頌額

【隸書】

東漢 孟孝琚碑
東漢 張壽殘碑
隋 澧水石橋碑
隋 蘇恒墓誌
唐 北獄廟碑
唐 宴濟瀆序陰額
唐 尹文操碑

【楷書】

北魏 侯剛墓誌
北魏 王遺女墓誌

北魏 于纂墓誌

北魏 元壽安墓誌

北魏 元天穆墓誌

北魏 元顯魏墓誌

北魏 元延明墓誌

北魏 元彥墓誌

北魏 元珍墓誌

唐 樊庸墓誌

唐 惟貞廟碑陽

唐 張渙墓誌

唐 張時譽墓誌

渾

【隸書】

東漢 王舍人碑

隋 段濟墓誌

唐 崔暟墓誌陽

【楷書】

北魏 吐谷渾氏墓誌

北魏 于仙墓誌

隋 段威墓誌

唐 崔緼墓誌

渟

【楷書】

北魏 元楨墓誌

唐 周紹業墓誌

湝

【楷書】

唐 石經五經

湪

【楷書】

唐 石經五經

滑

【楷書】

北魏 元嶔墓誌

唐 李紹墓誌

唐 石經五經

唐 石經儀禮

湄

【楷書】

北魏 李壁墓誌陽

唐 董晉夫人墓誌

唐 石經五經

唐 顏相墓誌

漣	澕	溴	淼	滁	漑	湧	渥
【隸書】 唐 修定寺記碑 唐 張濬墓誌 【楷書】 北魏 馮邕妻墓誌 北魏 元彝墓誌 唐 崔元二墓誌 唐 石經周易 唐 王頲墓誌	【楷書】 唐 鄭仁泰墓誌	【楷書】 東魏 義橋石像碑	【隸書】 唐 盧行毅墓誌 【楷書】 北魏 元恭墓誌 唐 韓長墓誌	【楷書】 唐 盧翊墓誌 唐 路全交墓誌	【隸書】 秦 睡 100 西漢 居新•9041 漢晉 流簡紙 【楷書】 漢晉 流簡紙 晉 黃庭內景經 唐 石經五經 唐 石經五經 唐 鄭魯墓誌	【隸書】 秦 關周•曆譜 東漢 曹全碑陽 北齊 司馬遵業墓誌 唐 興寺碑 唐 張休光墓誌 【楷書】 北齊 定國寺塔碑 隋 王楚英墓誌 唐 尉遲敬德墓誌 唐 瘞琴銘 閩 堅牢塔記	【隸書】 東漢 曹全碑陽 晉 郛休碑陽 唐 北嶽廟碑 唐 史思禮墓誌 唐 王媛墓誌陰 唐 張濬墓誌 【楷書】 北魏 慈慶墓誌 唐 柳昱墓誌 唐 尼金氏柩銘

漠

【篆書】

唐 碧落碑

【隸書】

東漢 虔恭字殘碑

隋 馬穉墓誌

唐 孔子廟碑

唐 張休光墓誌

【楷書】

北魏 元襲墓誌

北齊 劉雙仁墓誌

東魏 元悰墓誌

唐 呼延章墓誌

唐 宋度夫人墓誌

唐 張洛墓誌

溥

【隸書】

西漢 馬•合陰陽

西漢 馬•老乙前

東漢 曹全碑陰

晉 辟雍頌陽

晉 辟雍頌陽

唐 北嶽廟碑

唐 龐履温碑

唐 王泠然墓誌

【楷書】

魏晉 樓•紙

晉 華芳墓誌陽

唐 李鼎墓誌

唐 石經五經

唐 鄭準墓誌

後唐 王禹墓誌

溽

【隸書】

唐 宴濟瀆序陽

【楷書】

隋 宋玉艷墓誌

溝

【隸書】

西漢 居新•1447

東漢 史晨後碑

隋 郭王墓誌

隋 郭王墓誌

唐 司馬寔墓誌

【楷書】

北魏 元顥墓誌

隋 宋睦墓誌

唐 孟頭墓誌

唐 石經五經

唐 孫公乂墓誌

唐 王大禮墓誌

唐 張道墓誌

唐 執失善光

唐 竹妙墓誌

溧

【隸書】

東漢 校官碑

【楷書】

唐 開承簡墓誌

滇

【楷書】

唐 許摳墓誌

源

【篆書】

唐 碧落碑

唐 清源縣主誌蓋

【隸書】

西漢 馬·老子甲後

東漢 郙閣頌

東漢 淮源廟碑

三國魏 范式碑陽

北齊 司馬遵業墓誌

北齊 司馬遵業墓誌

隋 爾朱敞墓誌

隋 澧水石橋碑

隋 澧水石橋碑

隋 闞明墓誌

隋 郭王墓誌

隋 郭王墓誌

隋 姬威墓誌

隋 劉寶及妻墓誌

隋 任軌墓誌

唐 戒壇碑

唐 潘基墓誌

唐 石臺孝經

唐 王行果殘碑

唐 張翼墓誌

【楷書】

北魏 爾朱紹墓誌

北魏 于纂墓誌

北魏 元譿墓誌

北魏 元侔墓誌陽

北魏 元信墓誌

東魏 王僧墓誌

東魏 元均及妻墓誌

隋 高緊墓誌

隋 元鐘墓誌

隋 鄭善妃墓誌

唐 崔眾甫墓誌

唐 李壽墓誌

唐 石經尚書

唐 王海朝墓誌

唐 楊瑊墓誌

唐 元婉墓誌

唐 張元淛墓誌

漭

【楷書】

唐 王宏墓誌

馮

【楷書】

北魏 寇憑墓誌

隋 修梵石室誌

滀

【隸書】

隋 高虬墓誌

隋 鄭令妃墓誌

唐 闞道愛墓誌

唐 沈夫人墓誌

【楷書】

隋 程譜墓誌

隋 王弘墓誌

唐 崔淑墓誌

唐 崔恕墓誌

溍	滆					滅	溱
【隸書】  西漢 馬•天下	【楷書】  唐 八品亡宮墓誌	 唐 安元壽墓誌 唐 秦朗墓誌 唐 石經尚書 唐 石經尚書 唐 石經五經 唐 石經五經 唐 石經周易 唐 楊曜生墓誌 唐 周亡尼銘	 北魏 胡明相墓誌 北魏 李璧墓誌陽 北魏 元尚之墓誌 北齊 無量義經 東魏 元晔墓誌 隋 獨孤羅墓誌 隋 馬少敏墓誌 隋 蕭氏墓誌 隋 楊通墓誌 隋 元鐘墓誌	 唐 高元珪墓誌 唐 庫狄真相墓誌 唐 石臺孝經 唐 史思禮墓誌 唐 王震墓誌 唐 楊孝恭碑 唐 張叡墓誌 唐 趙冬曦壙誌 【楷書】  漢晉 流簡紙 北魏 慈慶墓誌	 東漢 趙寬碑 晉 呂望表 北齊 司馬遵業墓誌 隋 豆盧實墓誌 隋 郭達墓誌 隋 郭達墓誌 隋 賈通墓誌 隋 牛諒墓誌 隋 蘇恒墓誌 唐 褚亮碑	【隸書】  秦 睡 269 西漢 馬•老子甲後 西漢 張•1079 西漢 居新•8236 兩漢 武•王杖 東漢 朝侯小子碑 東漢 華山廟碑陽 東漢 朐忍令碑 東漢 楊叔恭殘碑 東漢 楊統碑陽	【隸書】  唐 行儼碑 【楷書】  唐 鄭温球墓誌

滔

【隸書】

隋 爾朱敞墓誌

唐 崔祐甫墓誌

唐 盧僴墓誌

唐 宴濟瀆序陰額

唐 宴濟瀆序陰額

唐 張漈墓誌

唐 張翼墓誌

【楷書】

北魏 元顥墓誌

北魏 元詮墓誌

北齊 竇泰墓誌

滌

【隸書】

東漢 衡方碑

唐 抱腹寺碑

唐 李彥墓誌

唐 嵩陽觀碑

【楷書】

唐 陳皆墓誌

唐 桑粤墓誌

唐 石經尚書

唐 王公素墓誌

唐 周紹業墓誌

溪

【篆書】

唐 峿臺銘

【隸書】

東漢 郙閣頌

北齊 感孝頌

唐 四望山題記

唐 尹尊師碑

唐 貞一廟碑

【楷書】

三國吳 走•四年

北周 步孤須蜜多墓誌

唐 崔光嗣墓誌

唐 史信墓誌

北魏 元襲墓誌

東魏 張滿墓誌

隋 張濤妻墓誌

唐 崔鞏墓誌

唐 法藏塔銘

唐 馬浩墓誌

唐 尉遲敬德墓誌

唐 于尚範墓誌

準

【隸書】

北魏 王基墓誌

北齊 鏤石班經記

北齊 司馬遵業墓誌

隋 牛諒墓誌

唐 沈知敏墓誌

【楷書】

三國吳 走•五年

三國吳 走•五年

晉 黃庭内景經

北魏 爾朱襲墓誌

北魏 元斌墓誌

溠

【楷書】

唐 石經五經

溷

【楷書】

北魏 弔比干文陽

唐 陸思本妻墓誌

滉

【楷書】

唐 段會墓誌

溢

【篆書】

唐 三墳記陰

【隸書】

東漢 孟孝琚碑

晉 徐義墓誌陽

唐 蔡君妻墓誌

唐 崔祐甫墓誌

唐 豆盧建墓誌

唐 石臺孝經

唐 石臺孝經

【楷書】

北魏 元引墓誌

東魏 陸順華墓誌

唐 夏侯氏墓誌

滄

【隸書】

北齊 司馬遵業墓誌

北齊 雲居館題記

唐 崔志墓誌

唐 劉慎墓誌

唐 任城橋亭記

【楷書】

北魏 穆亮妻墓誌

北魏 元洛神墓誌

隋 段威墓誌

唐 崔眘妻墓誌

唐 石經尚書

滏

【隸書】

唐 屈突通墓誌

【楷書】

唐 趙仲子墓誌

滫

【隸書】

秦 睡 243

【楷書】

隋 尉富娘墓誌

唐 權葬石表

溵

【楷書】

唐 景公直墓誌

唐 李璀墓誌

唐 李德孫墓誌

唐 袁景慎墓誌

唐 周善持墓誌

溜

【隸書】

西漢 馬·老乙前

西漢 馬·十問

西漢 武·泰射甲

唐 宴濟瀆序陰額

【楷書】

唐 段金墓誌

唐 李信墓誌

唐 龍泉記

唐 任德墓誌

隋 樊氏墓誌

唐 崔君妻朱墓誌

唐 韓子墓誌

唐 李起宗墓誌

唐 石經尚書

唐 石經五經

唐 實照墓誌

唐 袁景慎墓誌

東魏 司馬昇墓誌

東魏 修孔子廟碑陽

唐 李遇□墓誌

唐 路基妻墓誌

唐 石經五經

唐 姚恭墓誌

唐 鄭温球墓誌

唐 執失善光

溓

【楷書】

唐 李爽墓誌

滀

【隸書】

唐 張叡墓誌

滓

【楷書】

唐 東方朔畫讚

唐 鞏氏墓誌

溟

【篆書】

唐 三墳記陰

【隸書】

隋 爾朱端墓誌

唐 白鹿泉碑陽

唐 崔志墓誌

唐 修定寺記碑

唐 怡亭銘序

唐 張滑墓誌

【楷書】

晉 鄭道昭題刻

北魏 賈瑾墓誌

北魏 山暉墓誌

北魏 于纂墓誌

北齊 高湝墓誌

東魏 侯海墓誌

隋 高緊墓誌

隋 明雲騰墓誌

唐 阿史那貞忠墓誌

唐 崔廷妻墓誌

唐 多寶塔碑

唐 多寶塔碑

唐 高慈墓誌

唐 李壽墓誌

唐 朱萱墓誌

漷

【楷書】

唐 石經九經

唐 石經九經

漱	漧	滎	瀦	溺	滂	漓	溶
【隸書】  唐 蔡君妻墓誌 【楷書】  晉 黃庭内景經  唐 樊端墓誌  唐 封抱墓誌  唐 張運才墓誌	【篆書】  唐 三墳記陰	【隸書】  隋 蕭瑾墓誌  唐 趙冬曦壙誌 【楷書】  隋 鄭善妃墓誌  唐 石經尚書	【楷書】  唐 許堅墓誌  唐 玄秘塔碑	【隸書】  東漢 尚博殘碑  隋 澧水石橋碑 【楷書】  三國吳 走•五年  北魏 山徽墓誌  北齊 竇泰墓誌  隋 翟突娑墓誌  唐 李玄福墓誌	【隸書】  東漢 郙閣頌 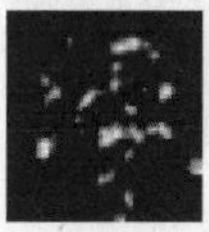 唐 八都壇碑 【楷書】  北魏 封魔奴墓誌  隋 王世琛墓誌  唐 石經五經	【楷書】  唐 司馬元禮墓誌	【楷書】  唐 幼覺大師墓誌

水部

漸

【隸書】

東漢 熹平石經易

東漢 楊震碑

晉 辟雍頌陽

北齊 西門豹碑陽

隋 劉多墓誌

隋 蕭瑾墓誌

隋 修孔子廟碑

唐 尹尊師碑

【楷書】

北魏 慈慶墓誌

唐 馬志道墓誌

唐 石經尚書

唐 石經周易

唐 張騷墓誌

唐 鄭珍墓誌

漚

【楷書】

唐 騫思泰墓誌

溥

【楷書】

唐 石經五經

滯

【隸書】

東漢 郙閣頌

東漢 朐忍令碑

東漢 石門頌

東漢 趙寬碑

隋 豆盧實墓誌

唐 八都壇碑

唐 倪彬墓誌

唐 龐履温碑

唐 興寺碑

【楷書】

北魏 于纂墓誌

北魏 元乂墓誌

唐 多寶塔碑

唐 李道因墓誌

唐 楊仲雅墓誌

滿

【隸書】

西漢 居新•7461

西漢 居新•7554

漢晉 流簡紙

隋 爾朱敞墓誌

隋 吳嚴墓誌

隋 謝岳墓誌

隋 修孔子廟碑

唐 陳憲墓誌

唐 崔暟墓誌陰

唐 庫狄真相墓誌

唐 石臺孝經

唐 石臺孝經

唐 石臺孝經

唐 史思禮墓誌

唐 史思禮墓誌

唐 王震墓誌

唐 趙冬曦壙誌

【楷書】

北魏 蘭將墓誌

北魏 鮮于仲兒墓誌

北魏 于景墓誌

唐 嚴識玄墓誌
唐 張騷墓誌
唐 張岳妻墓誌
唐 鄭戎墓誌
唐 周藻墓誌
闞 堅牢塔記

唐 崔鉀墓誌
唐 崔巙妻合誌
唐 馬君妻董墓誌
唐 清河張氏墓誌
唐 師弘禮墓誌
唐 石經尚書
唐 石經五經
唐 石經周易
唐 韋珪墓誌
唐 韋豫墓誌

北魏 元恭墓誌
北魏 元信墓誌
北齊 竇泰墓誌
北周 盧蘭墓誌
隋 段威墓誌
隋 王楚英墓誌
隋 蕭氏墓誌
隋 元鐘墓誌
唐 元鐘墓誌
唐 崔程墓誌

潢

【隸書】

西漢 馬•縱橫

【楷書】

隋 高緊墓誌
唐 李賢墓誌
唐 王卿及妻墓誌

漂

【隸書】

東漢 郙閣頌
隋 灃水石橋碑

【楷書】

北魏 陳天寶造像
北魏 弔比干文陽
隋 口悦昂墓誌
唐 暴賢墓誌
唐 房惠琳墓誌
唐 李信墓誌

漢

【篆書】

東漢 韓仁銘額
東漢 景君碑額
東漢 孔宙碑額
東漢 少室石闕銘
東漢 魏元丕碑額
東漢 鮮于璜碑額
東漢 張遷碑額
東漢 趙菿殘碑額
唐 紀信墓碑額

【隸書】

西漢 張•556
西漢 居新•2321
漢晉 流簡紙
漢晉 流簡紙
漢晉 流簡紙
東漢 曹全碑陰
東漢 從事馮君碑
東漢 華山廟碑陽
東漢 淮源廟碑
東漢 景君碑陰
東漢 孔宙碑陽
東漢 孔宙碑陰
東漢 禮器碑
東漢 禮器碑側
東漢 禮器碑側
東漢 禮器碑陰
東漢 秦君神道刻字
東漢 石門闕銘
東漢 石門頌
東漢 侍御史李公闕
東漢 通閣道記

漬

【隸書】

秦 關周·病方

西漢 馬·天下

西漢 馬·天下

西漢 馬·足臂

【楷書】

唐 元思忠墓誌

唐 李震墓誌

唐 逯貞墓誌

唐 石經尚書

唐 石經尚書

唐 石經五經

唐 王才及妻墓誌

唐 薛豆盧夫人墓誌

唐 楊貴墓誌

唐 楊思立墓誌

唐 張璬墓誌

漆

【篆書】

唐 三墳記陰

【隸書】

西漢 張·473

唐 龐履温碑

北齊 婁黑女墓誌

隋 王楚英墓誌

【楷書】

隋 楊居墓誌

唐 長孫安墓誌

唐 暢懷禎墓誌

唐 樊端墓誌

唐 何行感造像

唐 王才墓誌

唐 吳孝墓誌

唐 張濬墓誌

唐 張審文墓誌

後梁 蕭符墓誌

東魏 張瓘墓誌

隋 口徹墓誌

隋 暴永墓誌

隋 李則墓誌

隋 橋紹墓誌

隋 田德元墓誌

隋 吳嚴墓誌

唐 崔嚴墓誌

唐 李玄德墓誌

唐 石經尚書

唐 楊孝恭碑

唐 張叡墓誌

【楷書】

三國吳 走·五年

三國吳 走·五年

北魏 寇偘墓誌

北魏 李璧墓誌陽

北魏 元懷墓誌

北魏 元子正墓誌

北齊 婁黑女墓誌

北齊 許儁等造像

隋 郭休墓誌

隋 宋景造像碑

隋 蘇恒墓誌

隋 修孔子廟碑

隋 張景略墓誌

隋 張景略墓誌

唐 崔師墓誌

隋 皇甫深墓誌

唐 石臺孝經

唐 史思禮墓誌

東漢 王稚子闕

東漢 鮮于璜碑陽

東漢 鮮于璜碑陰

東漢 乙瑛碑

東漢 尹宙碑

東漢 永壽元年墓記

東漢 張遷碑陽

東漢 趙寬碑

東漢 趙儀碑

東漢 子游殘碑

滺

【楷書】

唐 石經五經

滮

【楷書】

唐 石經五經

漯

【隸書】

東漢 郙閣頌

【楷書】

北魏 元欽墓誌

唐 石經尚書

滹

【隸書】

唐 白鹿泉碑陽

漼

【楷書】

隋 趙齡墓誌

唐 宋莊墓誌

唐 元結墓碑陽

漫

【隸書】

隋 叱李綱子墓誌

唐 崔沔墓誌陽

唐 李彥墓誌

【楷書】

北魏 五十四人造像

北魏 元欽墓誌

北魏 元暐墓誌

隋 張貴男墓誌

隋 張濤妻墓誌

唐 勝陁羅尼經

唐 史懷訓墓誌

漕

【隸書】

西漢 張•544

西漢 居新•2222

【楷書】

唐 劉茂貞墓誌

唐 鄭鐈墓誌

演

【隸書】

晉 辟雍頌陽

晉 石尠墓誌

唐 崔暟墓誌陽

唐 譚伍墓誌

唐 趙叡沖碑

唐 貞一廟碑

【楷書】

北魏 寇演墓誌

北魏 元演墓誌

北魏 趙充華墓誌

北齊 暢洛生造像

滴

【楷書】

唐 楚金禪師碑

唐 彭氏墓誌

唐 石經五經

後周 王進威墓誌

漾

【隸書】

唐 闞道愛墓誌

【楷書】

北魏 元瞻墓誌

北齊 高清墓誌

唐 崔玄藉妻墓誌

唐 竇誕墓誌

唐 馮安墓誌

唐 石經尚書

唐 石經五經

滸

【隸書】

唐 北嶽廟碑

【楷書】

晉 洛神十三行

唐 吕常侍妻墓誌

漄

【隸書】

隋 姬威墓誌

唐 高元珪墓誌

唐 史思禮墓誌

【楷書】

唐 雍如珪墓誌

唐 張離墓誌

後唐 張滌妻高墓誌

漪

【隸書】

唐 白鹿泉碑陽

唐 修定寺記碑

唐 張潛墓誌

【楷書】

北魏 丘哲墓誌

唐 張離墓誌

唐 唐嘉會墓誌

唐 王有口造像

唐 嚴穎再窆碑

漁

【隸書】

秦 睡 209

西漢 馬·老子甲後

晉 辟雍頌陽

隋 口和墓誌

隋 趙朗墓誌

【楷書】

北魏 司馬紹墓誌

北魏 元誘墓誌

唐 陳懿妻墓誌

唐 石經五經

唐 石經五經

唐 石經爾雅

唐 石經周易

唐 王士端墓誌

唐 于尚範墓誌

漏

【篆書】

唐 碧落碑

【隸書】

西漢 居新•783

東漢 西•醫藥

隋 馬穉墓誌

唐 大忍寺碑

唐 龐履温碑

【楷書】

北魏 馮邕妻墓誌

北魏 元悌墓誌

唐 李淑姿墓誌

瀷

【楷書】

唐 陳崇本墓誌

漻

【隸書】

西漢 武•服傳甲

【楷書】

唐 崔眾甫墓誌

滲

【隸書】

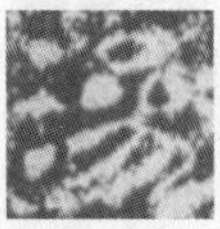
東漢 孟孝琚碑

【楷書】

唐 李君墓誌

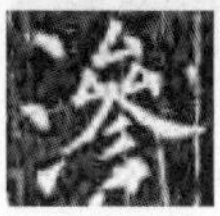
唐 石經五經

漳

【隸書】

西漢 馬•縱橫

隋 口靜墓誌

唐 董虔運墓誌

唐 司馬寔墓誌

【楷書】

北魏 李璧墓誌陽

北魏 元天穆墓誌

隋 蕭翹墓誌

唐 賈從贊墓誌

唐 石經尚書

漉

【楷書】

唐 李君墓誌

唐 安孝臣墓誌

唐 八品亡宮墓誌

唐 王逖墓誌

唐 張道墓誌

漲

【楷書】

隋 口悦昂墓誌

唐 棲巖寺詩刻

唐 鄭瀆墓誌

漐

【楷書】

唐 石經五經

唐 王脩福墓誌

漀

【楷書】

北魏 元爽墓誌

漿

【隸書】

西漢 張•288

唐 崔泰之墓誌

唐 王震墓誌

唐 張翼墓誌

【楷書】

北魏 元暐墓誌

北魏 元子直墓誌

唐 白知禮墓誌

唐 崔嚴墓誌

唐 石經五經

唐 石經五經

唐 周敬本墓誌

唐 朱君妻趙墓誌

滕

【隸書】

隋 李元墓誌

隋 任軌墓誌

隋 口和墓誌

唐 李神符碑

【楷書】

晉 華芳墓誌陰

北魏 元恪嬪墓誌

東魏 陸順華墓誌

隋 吳嚴墓誌

隋 楊厲墓誌

唐 李勣墓誌

唐 屈元壽墓誌

唐 石經周易

唐 蘇斌墓誌

潁

【隸書】

東漢 二月崖墓記

東漢 南陽石柱題名

唐 任城橋亭記

唐 嵩陽觀碑

【楷書】

北齊 梁子彦墓誌

唐 口滿墓誌

唐 苗君妻劉墓誌

唐 神策軍碑

唐 石經五經

唐 田仁墓誌

唐 王君妻薛墓誌

唐 王素臣墓誌

後梁 韓仲舉妻墓誌

潔

【篆書】

唐 多寶佛塔銘

【隸書】

東漢 延光四年殘

東漢 楊耿伯題記

北魏 王基墓誌

北齊 感孝頌

隋 關明墓誌

隋 郭王墓誌

隋 姬威墓誌

隋 乍諒墓誌

唐 北嶽廟碑

唐 庫狄真相墓誌

唐 尹尊師碑

唐 張翽墓誌

唐 朱君妻王墓誌

【楷書】

北魏 寇演墓誌

北魏 秦洪墓誌

北魏 司馬氏墓誌

北魏 王誦妻元墓誌

北魏 張玄墓誌

隋 曹海凝墓誌

隋 尉富娘墓誌

唐 崔載墓誌

唐 李鳳妃墓誌

唐 尉遲敬德墓誌

唐 張審文墓誌

後梁 山可球造像

潓

【楷書】

唐 王訓墓誌

潦

【隸書】

秦 睡 12

【楷書】

唐 李澤墓誌

唐 慶公神祠碑

唐 石經五經

唐 張騷墓誌

潸

【隸書】

唐 李彥墓誌

唐 修定寺記碑

【楷書】

隋 王世琛墓誌

隋 張伏敬墓誌

唐 董惟靖墓誌

唐 梁義方墓誌

唐 石經五經

湏

【隸書】

唐 崔暟墓誌陰

【楷書】

唐 法藏塔銘

潛

【隸書】

東漢 曹全碑陽

東漢 淮源廟碑

東漢 劉熊碑

東漢 夏承碑

三國魏 曹真殘碑陰

北齊 法懃塔銘

北齊 馬天祥造像

隋 郭達墓誌

隋 侯肇墓誌

隋 王楚英墓誌

隋 修孔子廟碑

隋 修孔子廟碑

唐 戴令言墓誌

唐 孔子廟碑

唐 玄元靈應頌

唐 宴濟瀆序陰額

唐 楊孝恭碑

唐 楊孝恭碑

唐 尹文操碑

唐 鄭忠墓碑

【楷書】

北魏 穆亮妻墓誌

北魏 秦洪墓誌

北魏 元恭墓誌

北魏 元順墓誌

北魏 元天穆墓誌

東魏 元悰墓誌

隋 陳常墓誌

隋 申穆及妻墓誌

唐 殘塔銘

唐 崔載墓誌

唐 石經尚書

唐 石經五經

唐 石經周易

唐 石經周易

唐 石經周易

唐 尉遲敬德墓誌

唐 楊執一墓誌

澍

【隸書】

東漢 白石神君碑

東漢 禮器碑

【楷書】

北魏 劉根造像記

唐 樊廉墓誌

瀆

【隸書】

秦 睡 245

【楷書】

唐 崔隋妻墓誌

唐 李瑱墓誌

唐 石經五經

潭

【篆書】

唐 峿臺銘

【隸書】

唐 安天王廟碑

唐 崔暟墓誌陽

唐 戴令言墓誌

唐 戴令言墓誌

唐 戴令言墓誌

唐 司馬寔墓誌

唐 王子麟墓誌

唐 徐盼墓誌

唐 宴濟瀆序陽

【楷書】

三國吳 走•四年

三國吳 走•五年

北魏 寇演墓誌

東魏 王偃墓誌

唐 崔元二墓誌

唐 李進榮墓誌

唐 李爽墓誌

唐 陽濟墓誌

澂

【楷書】

唐 霍氏墓誌

唐 宋義及妻墓誌

唐 尉遲敬德墓誌

潰

【楷書】

三國吳 走•五年

北魏 寇治墓誌

北魏 元廞墓誌

唐 黃羅漢墓誌

唐 石浮圖銘

唐 重藏舍利記

澆

【隸書】

晉 辟雍頌陽

隋 段濟墓誌

隋 修孔子廟碑

唐 龐履温碑

【楷書】

北魏 元壽妃墓誌

北魏 元鑽遠墓誌

隋 張軻墓誌

唐 李震墓誌

唐 慕容思廉墓誌

唐 石經五經

澌

【楷書】

唐 古弘節墓誌

唐 石經五經

潮

【隸書】

唐 鄭忠墓碑

唐 鄭忠墓碑

【楷書】

北魏 司馬顯姿墓誌

北魏 元斌墓誌

唐 李壽墓誌

澎

【隸書】

唐 劉粲墓誌

澐

【楷書】

唐 張良輔墓誌

潨	漯			潤		澗	淵
【楷書】 南朝宋 石驪銘；唐 紇干承基墓誌；唐 石經五經	【楷書】 北魏 元遙墓誌	隋 皇甫深墓誌；隋 張貴男墓誌；唐 崔紹墓誌；唐 盧綝妻墓誌；唐 史君妻墓誌	隋 任軌墓誌；隋 王榮及妻墓誌；隋 修孔子廟碑；隋 張景略墓誌；隋 張景略墓誌；隋 張盛墓誌；【楷書】 晉 黃庭經；北魏 寇霄墓誌；北周 董道生造像；東魏 元湛墓誌	【隸書】 東漢 封龍山頌；東漢 魯峻碑陽；東漢 太室石闕銘；東漢 唐公房碑陽；晉 辟雍頌陽；晉 徐義墓誌陽；北齊 司馬遵業墓誌；隋 爾朱敞墓誌；隋 侯肇墓誌；隋 口𪗋及妻墓誌	唐 石經尚書；唐 王貞墓誌；唐 鄭憬墓誌	【篆書】 唐 魏夫人祠碑額；【隸書】 隋 姬威墓誌；隋 任顯及妻誌；隋 趙朗墓誌；【楷書】 北魏 元敷墓誌；北魏 元暉墓誌；北魏 元顯儁墓誌；隋 張達墓誌；隋 張喬墓誌	【楷書】 北魏 司馬顯姿墓誌

潗

【楷書】

唐 龍泉記

潟

【楷書】

唐 張去奢墓誌

唐 張去奢墓誌

潘

【隸書】

三國魏 王基斷碑

隋 叱李綱子墓誌

隋 張僧殷墓銘

唐 陳泰墓誌

唐 潘基墓誌

唐 趙冬曦壙誌

【楷書】

三國吳 走•四年

三國吳 走•四年

三國吳 走•五年

北魏 劉根造像記

隋 盧文構墓誌

後唐 王禹墓誌

澳

【楷書】

東魏 高湛墓誌

唐 越國太妃墓誌

潼

【隸書】

東漢 朐忍令碑

東漢 朐忍令碑

隋 爾朱敞墓誌

【楷書】

北魏 元誨墓誌

唐 孫讜墓誌

澈

【隸書】

唐 白鹿泉碑陽

【楷書】

北魏 元弼墓誌

東魏 元鸞墓誌

唐 安靜墓誌

唐 王景之墓誌

唐 尉遲敬德墓誌

潾

【楷書】

唐 朱光宙墓誌

潯

【隸書】

唐 懷古詩刻

【楷書】

北魏 于纂墓誌

唐 梁師亮墓誌

潏

【楷書】

唐 段承宗墓誌

澄

【篆書】

唐 碧落碑

【隸書】

北周 華嶽頌

隋 豆盧實墓誌

隋 澧水石橋碑

隋 張盛墓誌

唐 白鹿泉碑陽

唐 關道愛墓誌

唐 石臺孝經

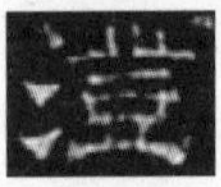
唐 修定寺記碑

唐 楊孝恭碑

唐 楊孝恭碑

唐 趙冬曦壙誌

【楷書】

北魏 吐谷渾璣墓誌

北魏 元簡殘石

隋 皇甫深墓誌

隋 元鐘墓誌

唐 畢正義墓誌

唐 胡肅墓誌

唐 沈師黃墓誌

唐 吳孝墓誌

唐 薛隤墓誌

後唐 毛璋墓誌

潺

【楷書】

東魏 王令媛墓誌

唐 王詢墓誌

唐 王怡政夫人墓誌

唐 仵顒德墓誌

唐 鄭堡墓誌

濛

【隸書】

隋 趙朗墓誌

【楷書】

東魏 元光基墓誌

唐 馮暉墓誌

唐 趙爽墓誌

澾

【楷書】

唐 孟秀榮墓誌

澤

【篆書】

唐 碧落碑

【隸書】

西漢 馬•合陰陽

西漢 馬•十問

西漢 馬•天下

西漢 馬•養生

兩漢 西•馬簡

漢晉 流簡紙

東漢 景君碑陽

東漢 朐忍令碑

東漢 石門頌

潞

【篆書】

隋 申穆及妻墓誌

【隸書】

西漢 張•787

隋 口靜墓誌

唐 義福禪師碑

【楷書】

唐 蘇斌墓誌

唐 魏德墓誌

唐 趙南山墓誌

濁

北齊 等慈寺塔銘

東魏 元湛墓誌

唐 韓曉墓誌

唐 楊乾光墓誌

【隸書】

西漢 馬•老子甲後

西漢 張•1063

隋 澧水石橋碑

隋 李元墓誌

唐 崔暄墓誌陰

【楷書】

南朝梁 舊館壇碑

北魏 寇治墓誌

北魏 穆夫人墓誌

北魏 穆纂墓誌

澡

【隸書】

西漢 馬•合陰陽

西漢 馬•天下

西漢 張•1094

隋 郭達墓誌

【楷書】

北齊 僧靜明造像

隋 馬穉墓誌

唐 石經五經

唐 王守質墓誌

澣

【隸書】

唐 楊孝恭碑

唐 楊孝恭碑

【楷書】

北齊 高僧護墓誌

唐 景氏墓誌

唐 孔君墓誌

溘

【楷書】

北魏 盧令媛墓誌

北魏 于纂墓誌

北魏 元延明墓誌

北魏 元液墓誌

北魏 元子直墓誌

東魏 公孫甑生墓誌

東魏 陸順華墓誌

濩

【隸書】

晉 辟雍頌陽

隋 趙朗墓誌

【楷書】

北魏 元順墓誌

唐 任德墓誌

唐 石經五經

東漢 熹平石經易

晉 辟雍頌陽

隋 高虬墓誌

隋 姬威墓誌

隋 宋景造像碑

隋 趙朗墓誌

唐 陳憲墓誌

唐 李彥墓誌

唐 李貞墓誌

唐 王子麟墓誌

唐 行儼碑

唐 趙冬曦壙誌

【楷書】

北魏 長孫子澤墓誌

北魏 慈香惠造像

北魏 穆亮墓誌

北魏 五十四人造像

北魏 薛慧命墓誌

北魏 元恪嬪墓誌

隋 暴永墓誌

隋 沈氏墓誌

隋 嚴元貴墓誌

隋 翟突娑墓誌

唐 李福墓誌

唐 梁暾墓誌

唐 石經尚書

唐 石經周易

唐 陶禹墓誌

唐 張去逸墓誌

後周 李公妻朱墓誌

澠

【隸書】

唐 崔暟墓誌陽

【楷書】

東魏 李挺墓誌

唐 崔公妻墓誌

唐 李盧中墓誌

唐 李愍墓誌

濃

【隸書】

東漢 行事渡君碑

隋 姬威墓誌

隋 口墮及妻墓誌

【楷書】

北魏 馮迎男墓誌

北魏 元誘墓誌

唐 李仙蕙志

唐 趙克廉墓誌

瀐

【楷書】

唐 報德記

唐 秦晪墓誌

澯

【楷書】

隋 口悦昂墓誌

濉

【楷書】

唐 劉寂墓誌

澨		澹	澳	澮		激	澥

澨

【楷書】

唐 成淑墓誌

唐 石經尚書

唐 石經五經

唐 支光墓誌

唐 樊端墓誌

唐 蓋暢墓誌

唐 梁公妻墓誌

唐 王宣墓誌

唐 徐君通墓誌

澹

【隸書】

兩漢 西·馬簡

東漢 孟孝琚碑

東魏 元悰墓誌

唐 韋士逸墓誌

【楷書】

北魏 元茂墓誌

北魏 元纂墓誌

隋 田德元墓誌

隋 蕭翹墓誌

隋 翟突娑墓誌

唐 崔鞏墓誌

澳

【楷書】

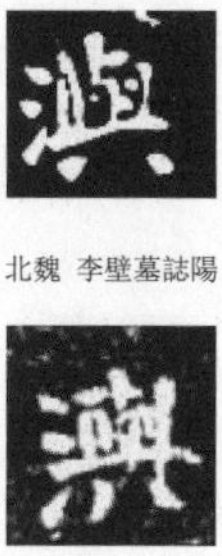

北魏 李璧墓誌陽

唐 侯忠墓誌

澮

【隸書】

晉 徐義墓誌陽

唐 宴濟瀆序陰額

【楷書】

北齊 義橋石像碑

唐 多寶塔碑

唐 盧嗣冶墓誌

唐 石經尚書

【楷書】

北魏 盧令媛墓誌

北魏 元昉墓誌

唐 石經五經

唐 閻志雄墓誌

唐 姚存古墓誌

激

【隸書】

東漢 郙閣頌

東漢 建寧殘碑

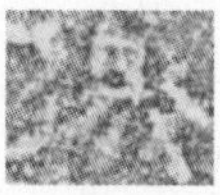

東漢 宋伯望買田券正

北齊 西門豹碑陽

隋 高虬墓誌

隋 牛諒墓誌

唐 崔祐甫墓誌

唐 豆盧建墓誌

唐 義福碑陰

唐 尹尊師碑

澥

【楷書】

唐 孫備墓誌

唐 孫氏女墓誌

濤

【隸書】

唐 大忍寺碑

【楷書】

北魏 侯愔墓誌

北魏 元項墓誌

唐 王建墓誌

隋 張濤妻墓誌

唐 多寶塔碑

唐 姬温墓誌

唐 李盈墓誌

唐 蘇斌墓誌

⿰氵熙

【楷書】

唐 左光胤墓誌

濔

【楷書】

隋 王袞墓誌

唐 石經五經

唐 于尚範墓誌

唐 掌徹墓誌

唐 石經五經

濡

【隸書】

西漢 馬•天下

西漢 張•829

東漢 衡方碑

東漢 熹平石經易

東漢 許安國題記

北周 華嶽頌

【楷書】

北魏 元彝墓誌

北齊 無量義經

隋 獨孤羅墓誌

唐 柳昱墓誌

澩

【楷書】

唐 石經五經

澶

【楷書】

唐 杜濟墓誌

唐 孟頭墓誌

唐 石經五經

唐 閻肇墓誌

唐 閭子光合葬

濨

【隸書】

東漢 石門闕銘

濮

【篆書】

三國魏 正始石經

唐 于孝顯碑額

唐 于孝顯碑額

【隸書】

晉 辟雍頌陽

唐 李貞墓誌

唐 張濬墓誌

唐 張翼墓誌

唐 趙冬曦壙誌

【楷書】

北魏 元延明墓誌

北魏 元液墓誌

唐 秦氏墓誌

唐 石經爾雅

唐 石經五經

唐 石經五經

唐 石經五經

唐 石經五經

唐 石經周易

唐 文驗經幢

濕

【隸書】

西漢 馬·合陰陽

西漢 馬·老乙前

西漢 馬·天下

西漢 馬·養生

西漢 馬·縱橫

兩漢 武·王杖

晉 徐義墓誌陽

【楷書】

北魏 元延明墓誌

唐 慕容知禮墓誌

唐 神策軍碑

唐 石經尚書

唐 石經尚書

唐 石經尚書

唐 閻志雄墓誌

後周 宋彥筠墓誌

濬

【隸書】

唐 崔志墓誌

唐 王泠然墓誌

唐 楊孝恭碑

唐 尹尊師碑

唐 張濬墓誌

【楷書】

北魏 鄭乾墓誌

隋 蕭翹墓誌

唐 崔植墓誌

唐 高瀚墓誌

隋 陳花樹墓誌

隋 張濬墓誌

濫

【隸書】

東漢 尚博殘碑

隋 楊真墓誌

唐 龐履溫碑

唐 石臺孝經

唐 勿部將軍碑

唐 張叡墓誌

唐 植松柏碑

【楷書】

北魏 韓氏墓誌

北魏 元誘墓誌

隋 曹海凝墓誌

唐 趙嘉及妻墓誌

後唐 吳君妻曹墓誌

東魏 李憲墓誌

唐 卜素墓誌

唐 李休墓誌

唐 東良墓誌

唐 王宏墓誌

唐 蕭令臣墓誌

唐 趙君妻李墓誌

濞

【隷書】

唐 李彥墓誌

唐 任城橋亭記

濘

【楷書】

唐 曹欽墓誌

唐 石經五經

濟

【篆書】

北魏 濟南王誌蓋

隋 郭休墓誌

唐 謙卦碑

【隷書】

西漢 馬•老甲

西漢 馬•老子甲後

西漢 馬•縱横

西漢 張•457

東漢 白石神君碑

東漢 曹全碑陽

東漢 從事馮君碑

東漢 淮源廟碑

東漢 孔宙碑陽

東漢 孔宙碑陰

東漢 西狹頌

東漢 熹平殘石

東漢 楊震碑

晉 辟雍頌陽

晉 辟雍頌陽

晉 郭槐柩記

晉 石尠墓誌

隋 爾朱敞墓誌

隋 郭休墓誌

隋 鄭令妃墓誌

唐 告華嶽府君

唐 李神符碑

唐 蘇洪姿墓誌

唐 郎國長公主碑

【楷書】

魏晉 樓•紙

北魏 郭顯墓誌

北魏 侯愔墓誌

北魏 鞠彥雲墓誌

北魏 吐谷渾氏墓誌

北魏 元謐墓誌

北魏 張安姬墓誌

東魏 陸順華墓誌

隋 陳常墓誌

隋 犛賓墓誌

隋 吳嚴墓誌

隋 楊厲墓誌

唐 廣惠塔銘

唐 李惟一墓誌

唐 權順墓誌

唐 石經尚書

唐 石經周易

唐 王智本墓誌

唐 張翔墓誌

唐 鄭儉墓誌

濱

【隸書】

晉 徐義墓誌陽

唐 董虔運墓誌

唐 孔子廟碑

【楷書】

北魏 胡明相墓誌

北魏 元敷墓誌

北魏 元思墓誌

北魏 元愔墓誌

隋 蕭翹墓誌

唐 石經尚書

唐 燕君妻姜墓誌

濠

【楷書】

北魏 元颺墓誌

隋 董敬墓誌

唐 桑貞墓誌

唐 張願墓誌

澀

【楷書】

北魏 唐耀墓誌

唐 韋敏妻墓誌

唐 嚴識玄墓誌

唐 張順墓誌

濰

【楷書】

唐 石經尚書

唐 石經五經

瀡

【楷書】

唐 權葬石表

濯

【隸書】

西漢 武•特牲甲

東漢 樊敏碑

隋 爾朱端墓誌

唐 蔡君妻墓誌

【楷書】

晉 華芳墓誌陰

北魏 赫連悅墓誌

北魏 元純陁墓誌

北魏 元顥墓誌

北魏 元爽墓誌

北周 步孤須蜜多墓誌

西魏 鄧君墓誌

北周 祁令和造像

唐 王卿及妻墓誌

瀫

【楷書】

隋 楊厲墓誌

瀆

【隸書】

西漢 張•829

東漢 淮源廟碑

東漢 淮源廟碑

東漢 史晨後碑

東漢 史晨後碑

東漢 史晨後碑

東漢 西狹頌

隋 豆盧寔墓誌

隋 張儉及妻墓誌

唐 豆盧建墓誌

唐 譚伍墓誌

唐 王子麟墓誌

唐 宴濟瀆序陰額

唐 張叡墓誌

【楷書】

北魏 元演墓誌

唐 石經周易

唐 蘇嗣君墓誌

唐 執失善光

瀑

【楷書】

唐 麻姑仙壇記

唐 張弘墓誌

濺

【楷書】

唐 苗蕃妻墓誌

唐 王嵩墓誌

唐 鄭恕己墓誌

瀏

【楷書】

唐 石經五經

瀋

【楷書】

唐 石經五經

唐 宋豐墓誌

瀅

【楷書】

北魏 山徽墓誌

東魏 元仲英墓誌

漽

【隸書】

隋 段濟墓誌

隋 姬威墓誌

【楷書】

北魏 韓顯宗墓誌

北魏 元敷墓誌

北魏 元思墓誌

隋 程諧墓誌

唐 康威墓誌

唐 路惲墓誌

唐 石經尚書

瀜

【楷書】

唐 權奉常墓誌

瀟

【隸書】

唐 豆盧建墓誌

唐 豆盧建墓誌

【楷書】

隋 魏氏墓誌

唐 崔偃墓誌

唐 無上道誌

瀝

【楷書】

北周 步孤須蜜多墓誌

唐 苻肅墓誌

唐 高知行墓誌

唐 苗君妻劉墓誌

唐 薛頤墓誌

後漢 祭瀆記

瀨

【楷書】

晉 洛神十三行

北魏 元端妻墓誌

唐 裴銑墓誌

唐 王思訥墓誌

唐 真義女碑銘

瀚

【隸書】

唐 庫狄真相墓誌

唐 劉粲墓誌

【楷書】

東魏 元仲英墓誌

隋 段威墓誌

唐 迴紇瓊墓誌

濼

【楷書】

唐 石經五經

瀉

【隸書】

北齊 西門豹碑陽

隋 灃水石橋碑

唐 朱君妻王墓誌

【楷書】

北魏 王普賢墓誌

唐 姬温墓誌

唐 王素墓誌

唐 石經尚書

唐 鄭仁泰墓誌

灌

【隸書】

西漢 馬·天下

唐 勿部將軍碑

【楷書】

北魏 胡明相墓誌

北魏 盧令媛墓誌

北齊 竇泰墓誌

隋 寇奉叔墓誌

唐 郭五墓誌

唐 石經五經

唐 孫光墓誌

濫

【楷書】

唐 崔嚴墓誌

唐 郭敬墓誌

（續）

唐 婁君妻周墓誌

唐 婁君妻周墓誌

唐 許緒墓誌

北齊 竇泰墓誌

北齊 竇泰墓誌

北齊 高淯墓誌

東魏 元悰墓誌

隋 寇遵考墓誌

隋 羊本墓誌

唐 崔智墓誌

唐 段秀墓誌

唐 孔長寧墓誌

唐 孔元墓誌

瀛

【隸書】

北齊 司馬遵業墓誌

北齊 雲居館題記

隋 劉珍墓誌

唐 盧行毅墓誌

唐 興寺碑

唐 貞一廟碑

唐 植松柏碑

【楷書】

北魏 宋靈妃墓誌

北魏 元詮墓誌

北魏 元壽安墓誌

瀅

【楷書】

北魏 弔比干文陽

唐 敬覺墓誌

唐 薛賾墓誌

瀘

【隸書】

唐 司馬寔墓誌

【楷書】

唐 張道昇墓誌

唐 支成墓誌

瀕

【楷書】

唐 慶公神祠碑

瀲

【楷書】

唐 皇甫弘敬墓誌

唐 張運才墓誌

瀸

【楷書】

晉 爨寶子碑

唐 石經公羊傳

唐 石經五經

瀹

【隸書】

東漢 熹平石經易

【楷書】

南朝宋 石驅銘

唐 石經五經

隋 張喬墓誌

唐 蓋氏墓誌

唐 石經五經

唐 石經五經

唐 張振墓誌

瀾

【隸書】

北齊 司馬遵業墓誌

隋 爾朱端墓誌

隋 姬威墓誌

隋 鄭令妃墓誌

唐 闞道愛墓誌

【楷書】

北魏 郭顯墓誌

北魏 元彝墓誌

北魏 元暐墓誌

北齊 婁黑女墓誌

隋 高緊墓誌

瀴

【楷書】

唐 薛賾墓誌

瀱

【楷書】

唐 石經五經

唐 楊清墓誌

唐 越國太妃墓誌

唐 張素墓誌

灉

【楷書】

唐 石經尚書

唐 石經五經

灉

【隸書】

晉 辟雍頌陽

灃

【篆書】

隋 灃水石橋碑額

【隸書】

隋 灃水石橋碑

唐 崔暟墓誌陰

【楷書】

唐 李蕚墓誌

唐 石經尚書

唐 石經尚書

唐 石經五經

唐 石經五經

灅

【楷書】

北魏 元寶月墓誌

瀰

【楷書】

北魏 楊乾墓誌

唐 石經五經

唐 蘇氏墓誌

瀷

【楷書】

唐 景公直墓誌

瀵

【隸書】

唐 鄭忠墓碑

【楷書】

唐 石經五經

瀼

【楷書】

唐 呼延章墓誌

灔

【楷書】

唐 多寶塔碑

唐 馮暉墓誌

灑

【隸書】

隋 爾朱敞墓誌

隋 馬穉墓誌

隋 王榮及妻墓誌

唐 豆盧建墓誌

唐 豆盧建墓誌

唐 雲居寺殘碑

【楷書】

北魏 爾朱紹墓誌

北魏 馮邕妻墓誌

北魏 元崇業墓誌

北齊 邑義等造像

隋 陳花樹墓誌

唐 李福墓誌

唐 明希晉墓誌

唐 沈浩禕墓誌

唐 沈師黃墓誌

唐 石經五經

唐 孫氏女墓誌

唐 張安都墓誌

唐 張京墓誌

灘

【隸書】

隋 馬穉墓誌

【楷書】

唐 董惟靖墓誌

唐 劉智墓誌

唐 石經爾雅

灒

【隸書】

東漢 肥致碑

【楷書】

唐 郭灒及妻墓誌

灙

【楷書】

唐 張順墓誌

灞

【隸書】

隋 姬威墓誌

唐 白鹿泉碑陰

唐 史思禮墓誌

【楷書】

北魏 李端墓誌

北齊 竇泰墓誌

唐 王公素墓誌

灠

【隸書】

晉 石尠墓誌

灣

【楷書】

唐 田佚妻祔誌

唐 吳恭陰堂誌

灥

【楷書】

隋 薛保興墓誌

牛部

牛

【隸書】

秦 睡46

西漢 馬•養生

西漢 張•647

西漢 張•663

西漢 居新•7481

漢晉 流簡紙

東漢 牛公產題記

東漢 造土牛碑

北齊 西門豹碑陽

隋 澧水石橋碑

隋 修孔子廟碑

唐 趙冬曦壙誌

【楷書】

漢晉 流簡紙

北魏 寇憑墓誌

北齊 司馬遵業墓誌

唐 程知節墓誌

唐 石經尚書

唐 石經周易

唐 石經周易

唐 唐嘉會墓誌

牝

【隸書】

秦 睡51

秦 關周•病方

西漢 張•649

西漢 居新•6584

北齊 司馬遵業墓誌

隋 爾朱敞墓誌

唐 李貞墓誌

【楷書】

唐 高達墓誌

唐 李憼墓誌

唐 石經五經

唐 石經周易

唐 宋度夫人墓誌

唐 張氏墓誌

牟

【隸書】

西漢 馬•合陰陽

西漢 居新•2742

東漢 曹全碑陽

東漢 楊淮表記

東漢 乙瑛碑

隋 鄭令妃墓誌

【楷書】

北魏 萬福榮造像

唐 段承宗墓誌

唐 祁惠墓誌

唐 石經九經

牡

【隸書】

秦 睡228

秦 關周•病方

西漢 馬•養生

西漢 西•馬簽

漢晉 流簡紙

【楷書】

北魏 郭顯墓誌

北魏 元乂墓誌

北齊 竇泰墓誌

唐 石經五經

唐 張乘運墓誌

牣

【楷書】

唐 石經五經

唐 王履清墓碑

牢

【篆書】

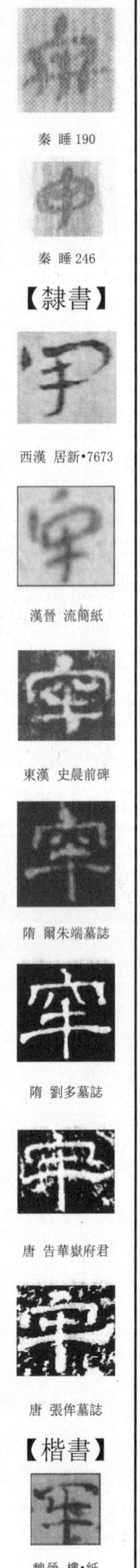

秦 睡190

秦 睡246

【隸書】

西漢 居新•7673

漢晉 流簡紙

東漢 史晨前碑

隋 爾朱端墓誌

隋 劉多墓誌

唐 告華嶽府君

唐 張侔墓誌

【楷書】

魏晉 樓•紙

北魏 于仙墓誌

北魏 元誕墓誌

北魏 元乂墓誌

北周 華嶽頌

東魏 宗欣墓誌

隋 尉富娘墓誌

隋 伍道進墓誌

隋 蕭翹墓誌

唐 崔琪墓誌

唐 石經五經

[illegible]

【楷書】

唐 石經五經

物

【篆書】

唐 謙卦碑

【隸書】

秦 睡35

秦 關周•日書

西漢 馬•老乙前

西漢 張•928

西漢 居新•7485

東漢 西•寇恩

東漢 西•四時

漢晉 流簡紙

東漢 白石神君碑

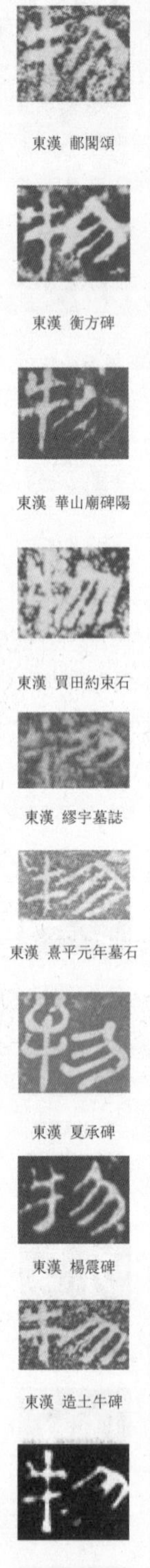

東漢 郙閣頌

東漢 衡方碑

東漢 華山廟碑陽

東漢 買田約束石

東漢 繆宇墓誌

東漢 熹平元年墓石

東漢 夏承碑

東漢 楊震碑

東漢 造土牛碑

三國魏 孔羡碑

三國魏 王基斷碑

北魏 上尊號碑

北齊 法懃塔銘

北齊 司馬遵業墓誌

隋 馬少敏墓誌

隋 任顯及妻誌

隋 任顯及妻誌

隋 楊真墓誌

唐 夫子廟堂碑

唐 李神符碑

唐 王媛墓誌陰

唐 郎國長公主碑

唐 宴濟瀆序陰額

唐 楊孝恭碑

【楷書】

魏晉 樓•紙

晉 王君殘墓誌

北魏 馮會萇墓誌

北齊 婁黑女墓誌

隋 王楚英墓誌

隋 吳嚴墓誌

隋 羊本墓誌

隋 元鐘墓誌

隋 元鐘墓誌

唐 崔翬墓誌

唐 崔倚墓誌

唐 石經九經

唐 石經周易

唐 石經周易

牧

【篆書】

唐 謙卦碑

【隸書】

秦 睡20

西漢 馬•老甲

西漢 馬•足臂

西漢 張•275

西漢 張•59

西漢 居新•7540

西漢 武•少牢甲

漢晉 流簡紙

東漢 池陽令殘碑

東漢 朐忍令碑

東漢 西狹頌

東漢 夏承碑

東漢 楊震碑

三國魏 曹真殘碑陽

三國魏 張君殘碑

晉 辟雍頌陽

北齊 感孝頌

隋 郭達墓誌

隋 宋景造像碑

隋 宋景造像碑

隋 宋仲墓誌

隋 吳嚴墓誌

唐 戴令言墓誌

唐 趙冬曦壙誌

【楷書】

北魏 侯剛墓誌

北魏 元昉墓誌

北魏 元鸞墓誌

北魏 元茂墓誌

北魏 元思墓誌

東魏 李挺墓誌

隋 陶貴墓誌

隋 嚴元貴墓誌

唐 李賢墓誌

唐 石經尚書

唐 石經五經

唐 石經周易

唐 王履清墓碑

唐 張喦妻墓誌

唐 張騷墓誌

牲

【篆書】

東漢 祀三公山碑

【隸書】

西漢 武•特牲甲

東漢 白石神君碑

東漢 封龍山頌

東漢 封龍山頌

東漢 建寧殘碑

三國魏 曹真殘碑陽

隋 劉多墓誌

唐 大忍寺碑

唐 告華嶽府君

唐 石臺孝經

【楷書】

隋 元智墓誌

唐 龍泉記

唐 潘衡墓誌

唐 石經周易

牴

【楷書】

唐 石經五經

特

【隸書】

西漢 居新•7482

西漢 居新•7483

東漢 曹全碑陽

東漢 池陽令殘碑

東漢 馬姜墓記

東漢 石門頌

東漢 乙瑛碑

北齊 感孝頌

隋 關明墓誌

隋 王榮及妻墓誌

隋 謝岳墓誌

唐 崔沔墓誌陰

唐 石臺孝經

唐 行儼碑

唐 尹尊師碑

【楷書】

三國魏 張君殘碑

北魏 元謐墓誌

北魏 元文墓誌

隋 義造橋殘碑

隋 元鐘墓誌

唐 毗伽特勤墓誌

唐 石經尚書

唐 惟貞廟碑陽

牰

【楷書】

唐 石經五經

牷牷

【隸書】

秦 睡256

【楷書】

唐 石經尚書

犁

【隸書】

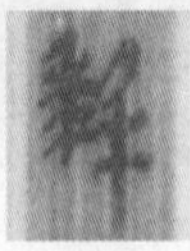
秦 睡34

東漢 造土牛碑

東漢 張遷碑陽

唐 白鹿泉碑陽

【楷書】

魏晉 樓•紙

北魏 兄弟姐妹記

隋 張怦墓誌

唐 石經五經

唐 文鑒經幢

牼牼

【楷書】

唐 石經五經

⿰牛角

【楷書】

唐 石經五經

牿牿

【楷書】

唐 石經五經

唐 石經周易

牽

【篆書】

唐 峿臺銘

【隸書】

秦 睡225

西漢 張•649

西漢 張•663

東漢 熹平石經易

唐 勿部將軍碑

唐 張叡墓誌

【楷書】

晉 洛神十三行

唐 劉儉墓誌

唐 盧緘妻墓誌

唐 石經五經

唐 石經周易

唐 王仁墓誌

唐 惟貞廟碑陽

唐 邢彥褒墓誌

唐 執失善光

唐 周義墓誌

犆

【楷書】

唐 石經五經

犅

【楷書】

唐 石經五經

犉

【楷書】

唐 敬節塔銘

唐 石經五經

犈

【楷書】

唐 石經五經

犍

【楷書】

唐 顏家廟碑

唐 顏勤禮碑陰

犀

【隸書】

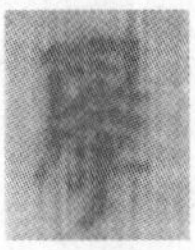

秦 睡91

【楷書】

唐 成朗墓誌

唐 程知節墓誌

唐 皇甫誕碑

唐 李鳳妃墓誌

唐 李邕墓誌

唐 石經五經

唐 王士林墓誌

唐 王行果墓誌

唐 張信墓誌

犝	犚	犖	犒	犪	犦	[illegible]	犑
【楷書】  唐 石經五經	【楷書】  唐 石經五經	【隸書】  隋 牛諒墓誌  唐 紀信墓碑 【楷書】  北周 時珍墓誌  隋 程諧墓誌  唐 呼延章墓誌  唐 石經五經	【楷書】  唐 石經五經	【楷書】  唐 石經五經	【楷書】  唐 石經五經	【楷書】  唐 石經五經	【楷書】  唐 石經五經

犣

【楷書】

唐 石經五經

犢 𤛿

【隸書】

西漢 張•443

隋 段濟墓誌

隋 爾朱敞墓誌

隋 劉珍墓誌

隋 張儉及妻墓誌

【楷書】

北魏 王瑧墓誌

隋 寇遵考墓誌

唐 韓長墓誌

唐 李弘亮墓誌

犤

【楷書】

唐 石經五經

犧 犧

【隸書】

西漢 居新•6127

東漢 白石神君碑

東漢 封龍山頌

【楷書】

北齊 畢文造像

唐 王通墓誌

隋 元智墓誌

唐 路巖墓誌

唐 石經尚書

唐 石經五經

唐 吳德鄰妻墓誌

唐 趙知慎墓誌

犪

【楷書】

唐 石經五經

犨

【隸書】

西漢 馬•老子甲後

【楷書】

唐 李洪鈞墓誌

唐 李三十三娘墓誌

唐 石經五經

手部

手

【隸書】

秦 睡254

秦 關周•病方

西漢 馬•合陰陽

西漢 馬•天下

西漢 馬•足臂

西漢 張•1097

西漢 張•1187

西漢 武•泰射甲

漢晉 流簡紙

東漢 史晨後碑

晉 辟雍頌陽

北齊 鏤石班經記

北齊 司馬遵業墓誌

隋 豆盧實墓誌

隋 符盛及妻墓誌

隋 修孔子廟碑

唐 嵩陽觀碑

唐 蘇洪姿墓誌

唐 楊孝恭碑

唐 義福禪師碑

【楷書】

北齊 竇泰墓誌

東魏 元湛墓誌

唐 崔祐甫墓誌

唐 高婉墓誌

唐 石經尚書

才

【篆書】

三國魏 正始石經

唐 碧落碑

唐 三墳記陽

【隸書】

秦 睡72

西漢 馬•老乙

西漢 馬•老乙前

西漢 馬•老子甲後

西漢 馬•老子甲後

西漢 馬•老子甲後

漢晉 流簡紙

東漢 華岳廟碑陰

東漢 四神刻石

東漢 武榮碑

東漢 楊震碑

晉 石尠墓誌

北齊 竇泰墓誌

北齊 司馬遵業墓誌

隋 豆盧實墓誌

隋 任顯及妻墓誌

隋 蘇恒墓誌

隋 蕭瑾墓誌

隋 謝岳墓誌

隋 張儉及妻墓誌

唐 石臺孝經

唐 史思禮墓誌

唐 楊孝恭碑

唐 張休光墓誌

【楷書】

晉 黃庭內景經

北魏 王翊墓誌

北魏 元秀墓誌

北魏 鄭君妻墓誌

唐 高岑墓誌

唐 周敬本墓誌

唐 周思忠墓誌

後唐 康贊羑墓誌

打

【楷書】

唐 喬進臣地券

扛

【楷書】

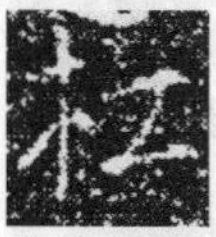
唐 劉昇朝墓誌

唐 石經五經

唐 尉遲敬德墓誌

扌山

【隸書】

東漢 蒼山元嘉題記

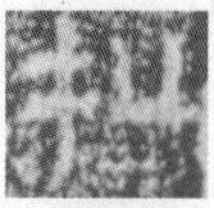
東漢 蒼山元嘉題記

扣

【隸書】

北齊 司馬遵業墓誌

唐 八都壇碑

唐 高元珪墓誌

唐 司馬寔墓誌

唐 蘇洪姿墓誌

【楷書】

唐 秦進儀墓誌

唐 權奉常墓誌

唐 楊承胤墓誌

扱

【楷書】

唐 石經五經

技

【隸書】

晉 徐義墓誌陽

唐 崔泰之墓誌

唐 龐履溫碑

【楷書】

北魏 馬振拜造像

隋 劉德墓誌

唐 李立言墓誌

唐 石經五經

批

【楷書】

唐 白知禮墓誌

唐 顏家廟碑

扼

【隸書】

秦 睡10

西漢 張•630

【楷書】

唐 韓恆墓誌

唐 石經五經

唐 王孝瑜及妻墓誌

抪

【隸書】

晉 辟雍頌陽

扶

【隸書】

秦 睡70

西漢 武•王杖

兩漢 武•王杖

漢晉 流簡紙

東漢 曹全碑陽

東漢 西狹頌

東漢 許安國題記

東漢 許安國題記

隋 爾朱敞墓誌

隋 爾朱端墓誌

隋 張姜墓誌

唐 行儀碑

【楷書】

北魏 元純陀墓誌

北魏 元文墓誌

北魏 元顯儁墓誌

北齊 報德像碑

北齊 鄭天柱山銘

隋 王楚英墓誌

唐 崔倚墓誌

唐 傅思諫墓誌

唐 齊子墓誌

唐 楊思玄墓誌

唐 張惟妻合誌

抄

【楷書】

隋 馬長和造像

唐 法澄塔銘

唐 趙珪墓誌

折

【隸書】

秦 睡131

秦 睡29

秦 睡60

秦 西•日書乙

西漢 居新•3845

西漢 武•特牲甲

西漢 西•車輂

漢晉 流簡紙

東漢 池陽令殘碑

東漢 鮮于璜碑陽

東漢 鮮于璜碑陰

三國魏 張君殘碑

北齊 竇泰墓誌

北齊 司馬遵業墓誌

北齊 司馬遵業墓誌

隋 爾朱敞墓誌

隋 爾朱端墓誌

隋 姬威墓誌

隋 賈通墓誌

隋 馬穉墓誌

隋 任顯及妻誌

隋 謝岳墓誌

隋 張儉及妻墓誌

隋 趙朗墓誌

唐 北獄廟碑

唐 高元珪墓誌

唐 史思禮墓誌

唐 宴濟瀆序陰額

唐 義福禪師碑

【楷書】

北魏 寇霄墓誌

扳

【楷書】

北魏 弔比干文陽

唐 沈士公墓誌

唐 石經五經

抛

【楷書】

後唐 孫拙墓誌

唐 麻姑仙壇記

唐 石經五經

唐 尉遲敬德墓誌

唐 張羊墓誌

東魏 侯海墓誌

北齊 司馬遵業墓誌

東魏 元均及妻墓誌

隋 程諧墓誌

隋 李肅墓誌

隋 王弘墓誌

唐 陳宣魯墓誌

唐 李立言墓誌

唐 李壽墓誌

唐 李信墓誌

隋 豆盧實墓誌

隋 張儉及妻墓誌

唐 陳泰墓誌

唐 戴令言墓誌

唐 行儼碑

【楷書】

南朝宋 石騳銘

北魏 慈慶墓誌

北魏 穆纂墓誌

北魏 元略墓誌

東魏 杜文雍造像

投

【隸書】

秦 睡 134

秦 關周•病方

西漢 馬•老子甲後

西漢 馬•縱橫

西漢 張•86

東漢 樊敏碑

東漢 孟孝琚碑

東漢 楊著碑陽

北齊 竇泰墓誌

北齊 馬天祥造像

唐 石經周易

唐 東良墓誌

唐 蘇斌墓誌

唐 王協墓誌

北魏 寇演墓誌

西魏 鄧君墓誌

北齊 竇泰墓誌

北齊 竇泰墓誌

北齊 維摩經碑

隋 宋玉艷墓誌

隋 田光山妻墓誌

隋 楊厲墓誌

唐 石經九經

唐 石經九經

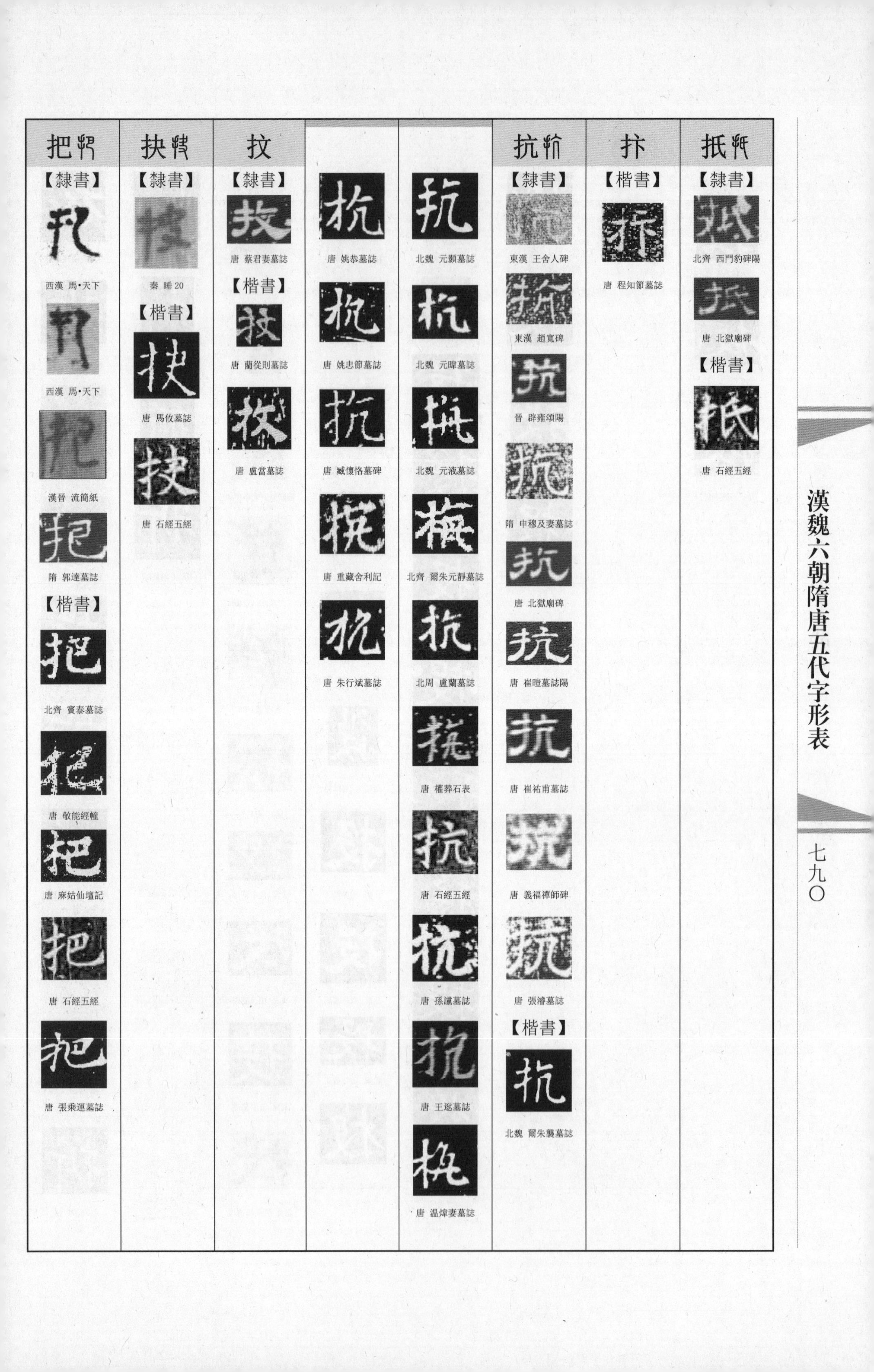

把	抉	抆			抗	抃	抵
【隸書】 西漢 馬•天下 西漢 馬•天下 漢晉 流簡紙 隋 郭達墓誌 【楷書】 北齊 竇泰墓誌 唐 敬能經幢 唐 麻姑仙壇記 唐 石經五經 唐 張乘運墓誌	【隸書】 秦 睡 20 【楷書】 唐 馬攸墓誌 唐 石經五經	【隸書】 唐 蔡君妻墓誌 【楷書】 唐 藺從則墓誌 唐 盧當墓誌	唐 姚恭墓誌 唐 姚忠節墓誌 唐 臧懷恪墓碑 唐 重藏舍利記 唐 朱行斌墓誌	北魏 元顥墓誌 北魏 元暐墓誌 北魏 元液墓誌 北齊 爾朱元靜墓誌 北周 盧蘭墓誌 唐 權葬石表 唐 石經五經 唐 孫讜墓誌 唐 王逖墓誌 唐 溫煒妻墓誌	【隸書】 東漢 王舍人碑 東漢 趙寬碑 晉 辟雍頌陽 隋 申穆及妻墓誌 唐 北獄廟碑 唐 崔暟墓誌陽 唐 崔祐甫墓誌 唐 義福禪師碑 唐 張濬墓誌 【楷書】 北魏 爾朱襲墓誌	【楷書】 唐 程知節墓誌	【隸書】 北齊 西門豹碑陽 唐 北獄廟碑 【楷書】 唐 石經五經

抑

【隸書】

東漢 西狹頌

東漢 校官碑

晉 辟雍頌陽

東魏 宗欣墓誌

隋 豆盧實墓誌

隋 修孔子廟碑

唐 告華嶽府君

唐 紀信墓碑

唐 石臺孝經

唐 楊孝恭碑

唐 趙叡沖碑

【楷書】

北魏 韓顯宗墓誌

北魏 元顯魏墓誌

東魏 馮令華墓誌

北齊 高湝墓誌

東魏 李挺墓誌

北齊 元賢墓誌

東魏 元仲英墓誌

隋 元智墓誌

唐 孟普墓誌

唐 惟岳神道碑

唐 魏德墓誌

唐 蕭遇墓誌

唐 張楚璋墓誌

唐 張茂弘墓誌

後唐 孫拙墓誌

拒

【隸書】

三國吳 走·四年

唐 孔子廟碑

唐 鄭忠墓碑

【楷書】

北魏 元珍墓誌

東魏 志朗造像

隋 陳叔明墓誌

唐 石經五經

唐 索玄墓誌

唐 鄭敬墓誌

抒

【隸書】

西漢 馬·天下

唐 龐履温碑

【楷書】

唐 房敬墓誌

唐 石經五經

担

【楷書】

唐 龍泉記

拘

【隸書】

西漢 居新·5753

西漢 居新·6760

西漢 居新·8423

唐 紀信墓碑

唐 劉粲墓誌

唐 盧宏及妻墓誌

唐 史思禮墓誌

【楷書】

北魏 元斌墓誌

北魏 元茂墓誌

隋 張喬墓誌

唐 程知節墓誌

唐 房有非及妻墓誌

唐 石經周易

唐 楊宇墓誌

唐 張興墓誌

唐 興寺碑

唐 楊孝恭碑

【楷書】

南朝梁 舊館壇碑

北魏 檀賓墓誌

北魏 元保洛墓誌

北魏 元崇業墓誌

北魏 張寧墓誌

北齊 等慈寺塔銘

隋 范安貴墓誌

唐 皇甫瑶墓誌

拔

【隸書】

秦 睡59

西漢 馬•老乙前

西漢 馬•縱横

西漢 西•善劍

東漢 衡方碑

隋 馬少敏墓誌

隋 修孔子廟碑

隋 趙朗墓誌

唐 常存法師墓誌

唐 戴令言墓誌

拑

【楷書】

唐 石經五經

唐 張季戎墓誌

抨

【楷書】

唐 劉理墓誌

唐 石經五經

拓

【隸書】

秦 睡244

西漢 居新•3505

唐 朱君妻王墓誌

唐 朱君妻王墓誌

【楷書】

北齊 高湝墓誌

隋 蕭翹墓誌

唐 闞儉墓誌

唐 李虚中墓誌

唐 元振墓誌

拖

【隸書】

西漢 馬•老乙前

隋 口和墓誌

隋 張景略墓誌

唐 董虔運墓誌

唐 任城橋亭記

【楷書】

北魏 王禎墓誌

北魏 元乂墓誌

北魏 元宥墓誌

隋 張波墓誌

抾

【隸書】

漢晉 流簡紙

拇

【隸書】

東漢 熹平石經易

【楷書】

唐 石經五經

唐 石經周易

抓

【楷書】

唐 龍泉記

拆

【楷書】

唐 李則政墓誌

抽

【隸書】

晉 徐義墓誌陽

北齊 司馬遵業墓誌

隋 趙朗墓誌

唐 張侔墓誌

唐 張休光墓誌

【楷書】

北魏 楊乾墓誌

東魏 杜文雍造像

唐 石經九經

唐 石經九經

唐 楊思立墓誌

抻

【隸書】

唐 張叡墓誌

押

【隸書】

唐 董虔運墓誌

【楷書】

唐 白知禮墓誌

拈

【楷書】

唐 石經五經

唐 趙佺墓誌

後梁 穆君弘墓誌

後晉 權君妻崔墓誌

唐 梁元翰墓誌

唐 劉攬墓誌

唐 石經五經

唐 石經周易

唐 石經周易

唐 孫公乂墓誌

唐 荀懷節墓誌

唐 顔人墓誌

唐 楊昇墓誌

唐 楊思立墓誌

抱

【隸書】

西漢 馬•合陰陽

西漢 馬•老乙前

東漢 朝侯小子碑

東漢 肥致碑

東漢 孟孝琚碑

東漢 夏承碑

東漢 薌他君題記

東漢 行事渡君碑

晉 徐義墓誌陽

北齊 司馬遵業墓誌

隋 關明墓誌

隋 侯肇墓誌

隋 王榮及妻墓誌

隋 蕭瑾墓誌

唐 李神符碑

唐 潘基墓誌

唐 修定寺記碑

唐 徐盼墓誌

唐 張叡墓誌

唐 張顏墓誌

【楷書】

北魏 元敷墓誌

北魏 元文墓誌

北魏 張安姬墓誌

北周 盧蘭墓誌

隋 孔神通墓誌

隋 楊厲墓誌

唐 段萬頃墓誌

唐 楊思立墓誌

唐 嬰殤女墓誌

抵

【隸書】

西漢 馬•合陰陽

西漢 馬•合陰陽

晉 郛休碑陽

【楷書】

唐 賈政墓誌

唐 神策軍碑

唐 石經五經

唐 王振墓誌

唐 韋孟明墓誌

扶

【楷書】

唐 石經五經

拊

【隸書】

西漢 武•泰射甲

三國魏 孔羨碑

【楷書】

北魏 韓震墓誌陽

唐 石經尚書

唐 張茂弘墓誌

招

【隸書】

西漢 張•1117

東漢 池陽令殘碑

東漢 熹平石經殘

東漢 夏承碑

東漢 鮮于璜碑陽

東漢 校官碑

東漢 楊叔恭殘碑

東漢 楊震碑

三國魏 張君殘碑

隋 李元墓誌

隋 馬穉墓誌

隋 口和墓誌

唐 戴令言墓誌

唐 慧堅碑額

唐 李貞墓誌

唐 司馬寔墓誌

【楷書】

北魏 王僧男墓誌

北魏 元昭墓誌

唐 崔載墓誌

唐 石經尚書

唐 石經五經

後周 蕭處仁墓誌

披

【隸書】

東漢 熹平石經易

東漢 張遷碑陽

北齊 西門豹碑陽

隋 牛諒墓誌

隋 宋仲墓誌

隋 張景略墓誌

唐 嵩陽觀碑

【楷書】

北魏 元誨墓誌

北魏 元維墓誌

北魏 元頊墓誌

北齊 報德像碑

唐 八都壇碑

唐 景公直墓誌

唐 劉慎墓誌

唐 敏之墓誌

抳

【楷書】

北魏 元融墓誌

唐 陀羅尼經碑

後唐 豎立生臺記

拉

【隸書】

隋 郭達墓誌

唐 修定寺記碑

【楷書】

唐 王士林墓誌

後梁 謝彥璋墓誌

拂

【隸書】

西漢 武•泰射甲

北周 華嶽頌

唐 李神符碑

唐 李貞墓誌

唐 譚伍墓誌

唐 興寺碑

唐 徐盼墓誌

唐 張休光墓誌

唐 鄭忠墓碑

【楷書】

北魏 鞠彥雲墓誌

北魏 李超墓誌

北魏 元斑墓誌

隋 蕭氏墓誌

唐 石經周易

拙

【隸書】

唐 義福禪師碑

【楷書】

唐 王振墓誌

拍

【楷書】

唐 石經五經

唐 張乘運墓誌

捃

【楷書】

魏晉 樓•紙

東魏 元湛墓誌

唐 慕容知廉墓誌

持

【篆書】

隋 賀若誼碑額

【隸書】

西漢 馬•縱橫

西漢 馬•縱橫

西漢 居新•7233

東漢 西•寇恩

東漢 西•死駒

漢晉 流簡紙

東漢 華山廟碑陽

東漢 三老刻石

東漢 孫琮題記

東漢 薌他君題記

三國魏 鮑捐神坐

晉 劉韜墓志

北齊 感孝頌

隋 默曹殘碑

唐 李神符碑

唐 朱君妻王墓誌

【楷書】

三國魏 鮑捐神坐

北魏 山徽墓誌

北魏 元馗墓誌

北魏 元楨墓誌

隋 梁坦墓誌

隋 蕭氏墓誌

指

【篆書】

唐 碧落碑

【隸書】

秦 睡 59

秦 關周•病方

西漢 馬•天下

西漢 張•1098

西漢 西•馬牘

漢晉 流簡紙

東漢 白石神君碑

東漢 楊著碑陽

北齊 司馬遵業墓誌

北齊 司馬遵業墓誌

隋 爾朱敞墓誌

隋 郭休墓誌

隋 任軌墓誌

隋 王楚英墓誌

唐 郞國長公主碑

唐 楊孝恭碑

唐 朱崇慶墓誌

【楷書】

北魏 陳天寶造像

北魏 元液墓誌

北齊 報德像碑

東魏 南宗和尚塔銘

隋 范安貴墓誌

隋 田光山妻墓誌

唐 石經五經

唐 石經五經

唐 溫煒妻墓誌

唐 無上道誌

唐 支訢妻墓誌

拱

【隸書】

隋 爾朱敞墓誌

唐 高元珪墓誌

唐 史思禮墓誌

唐 嵩陽觀碑

唐 文宣王廟門碑

【楷書】

晉 黃庭内景經

北魏 馮邕妻墓誌

隋 明雲騰墓誌

隋 張軻墓誌

唐 賈隱及妻墓誌

挃

【楷書】

唐 石經五經

挎

【楷書】

唐 石經五經

拭

【楷書】

唐 沈中黃墓誌

拷

【楷書】

唐 程思義墓誌

挏

【楷書】

隋 宋睦墓誌

隋 元鍾墓誌

隋 張喬墓誌

唐 石經五經

唐 石經周易

唐 唐儉墓誌

唐 元勇墓誌

拯

【隸書】

西漢 馬•合陰陽

西漢 張•452

東漢 孔彪碑陽

唐 安天王廟碑

唐 興寺碑

【楷書】

北魏 封魔奴墓誌

北魏 穆紹墓誌

北魏 元顥墓誌

北齊 竇泰墓誌

隋 陳叔明墓誌

隋 任軌墓誌

隋 任顯及妻誌

隋 宋仲墓誌

隋 張盛墓誌

唐 李貞墓誌

唐 史思禮墓誌

【楷書】

北魏 和醜仁墓誌

北魏 穆亮墓誌

北魏 吐谷渾璣墓誌

北魏 楊大眼造像

挺

【隸書】

東漢 白石神君碑

東漢 從事馮君碑

東漢 史晨前碑

東漢 夏承碑

晉 徐義墓誌陽

北齊 感孝頌

北齊 司馬遵業墓誌

隋 爾朱端墓誌

隋 賈通墓誌

隋 馬少敏墓誌

拘

【楷書】

隋 宋玉艷墓誌

捆

【楷書】

唐 王叔寧墓誌

拽

【隸書】

唐 盧君妻墓誌

拒

【楷書】

隋 寇奉叔墓誌

唐 石經五經

拮

【楷書】

唐 石經五經

唐 石經五經

唐 蘇公殘塔誌

唐 掌徹墓誌

北魏 元譿墓誌

北魏 元融墓誌

北魏 元誘墓誌

北齊 高僧護墓誌

北齊 劉雙仁墓誌

東魏 王僓墓誌

隋 段模墓誌

隋 伍道進墓誌

隋 蕭瑒墓誌

唐 元鐘墓誌

唐 竇娘子墓誌

唐 成循墓誌

唐 蔣婉墓誌

唐 樂玄德墓誌

唐 李鳳妃墓誌

唐 王協墓誌

括 𢬵

【隸書】

北魏 王基墓誌

北齊 婁黑女墓誌

隋 王榮及妻墓誌

唐 義福禪師碑

【楷書】

北魏 元昭墓誌

隋 蕭翹墓誌

唐 李紹墓誌

唐 石經尚書

唐 石經五經

唐 石經五經

唐 石經周易

唐 石經周易

唐 張先墓誌

挌 𢪏

【隸書】

秦 睡58

西漢 張•693

拾 𢫦

【隸書】

西漢 馬•老甲

西漢 武•泰射甲

東漢 孔彪碑陽

東漢 石門頌

東漢 王暉石棺銘

東漢 造土牛碑

隋 李元墓誌

隋 任軌墓誌

唐 京兆金氏墓誌

唐 趙冬曦壙誌

【楷書】

三國吳 走•四年

北魏 元暐墓誌

北齊 報德像碑

唐 內莊宅使牒

唐 石經五經

唐 王齊丘墓誌

挻 𢪝

【隸書】

唐 李神符碑

【楷書】

唐 李鎬墓誌

唐 祁惠墓誌

唐 石經五經

唐 魏君墓誌

唐 張樹生墓誌

按

【隸書】

唐 崔暟墓誌陽

唐 崔泰之墓誌

【楷書】

唐 劉庭訓墓誌

唐 麻姑仙壇記

唐 裴沙墓誌

唐 石經五經

拏

【楷書】

隋 陳黑闥造像

唐 石經五經

拜

【篆書】

東漢 袁安碑

東漢 袁安碑

【隸書】

西漢 馬•縱橫

西漢 居新•1215

西漢 居新•1998

西漢 居新•3467

西漢 武•少牢甲

漢晉 流簡紙

漢晉 流簡紙

東漢 曹全碑陽

東漢 肥致碑

東漢 衡方碑

東漢 尚博殘碑

東漢 史晨後碑

東漢 史晨前碑

東漢 鮮于璜碑陽

東漢 鮮于璜碑陽

東漢 薌他君題記

東漢 楊統碑陽

東漢 楊統碑陽

東漢 楊著碑陽

三國魏 曹真殘碑陽

三國魏 王基斷碑

三國魏 張君殘碑

晉 辟雍頌陽

晉 石尠墓誌

晉 徐義墓誌陽

隋 豆盧實墓誌

隋 爾朱敞墓誌

隋 申穆及妻墓誌

隋 口靜墓誌

唐 陳憲墓誌

唐 崔沔墓誌陽

唐 李神符碑

唐 龐履温碑

唐 王晉俗墓誌

唐 趙冬曦壙誌

【楷書】

魏晉 樓•紙

魏晉 樓•紙

北魏 王瑑墓誌

北魏 元崇業墓誌

北魏 元詮墓誌

北魏 元瞻墓誌

東魏 劉懿墓誌

東魏 元鷙墓誌

隋 薛保興墓誌

隋 諸葛子恆碑

唐 程知節墓誌

唐 盧思莊墓誌

唐 石經尚書

唐 石經尚書

唐 石經五經

唐 石經五經

唐 姚晅墓誌

唐 朱行斌墓誌

後唐 孫拙墓誌

挂

【隸書】

北周 華嶽頌

隋 爾朱敞墓誌

唐 蘇洪姿墓誌

唐 蘇洪姿墓誌

唐 玄巖銘

【楷書】

三國吳 走•五年

南朝梁 宋念造像記

北魏 王瑔墓誌

隋 姚太墓誌

唐 禪師之塔銘

唐 崔元二墓誌

唐 多寶塔碑

唐 多寶塔碑

唐 居實墓銘

唐 裴同墓誌

唐 石經五經

挑

【楷書】

隋 常德將墓誌

唐 石經五經

拏

【楷書】

唐 多寶塔碑

挈

【隸書】

西漢 馬•天下

東漢 史晨前碑

晉 辟雍頌陽

唐 崔祐甫墓誌

唐 興寺碑

【楷書】

東魏 元悰墓誌

唐 李審規墓記

唐 李盈墓誌

唐 石經五經

唐 鄭中基墓誌

捉

【隸書】

西漢 馬•天下

西漢 居新•1219

【楷書】

北齊 吳洛族造像

唐 獨孤開遠墓誌

唐 李輔光墓誌

唐 陽濟墓誌

拲

【楷書】

唐 石經五經

振

【篆書】

唐 碧落碑

【隸書】

西漢 馬•合陰陽

西漢 馬•合陰陽

西漢 馬•合陰陽

東漢 曹全碑陽

東漢 曹全碑陽

東漢 裴岑紀功碑

東漢 朐忍令碑

東漢 鮮于璜碑陽

東漢 薌他君題記

東漢 振武將軍碑
晉 辟雍頌陽
晉 辟雍頌陰
北魏 上尊號碑
北魏 上尊號碑
北齊 感孝頌
北齊 司馬遵業墓誌
隋 爾朱端墓誌
隋 爾朱端墓誌
隋 符盛及妻墓誌

隋 高虬墓誌
隋 郭休墓誌
隋 王榮及妻墓誌
隋 修孔子廟碑
隋 楊真墓誌
隋 張景略墓誌
唐 楊孝恭碑
唐 楊孝恭碑
唐 趙冬曦壙誌

【楷書】

北魏 爾朱紹墓誌

北魏 王璨墓誌
北魏 奚智墓誌
北魏 元項墓誌
北魏 元瞻墓誌
隋 呂胡墓誌
唐 李震墓誌
唐 劉子墓誌
唐 石經尚書
唐 石經周易
唐 宋義及妻墓誌

後唐 西方鄴墓誌

捄

【楷書】

唐 石經五經

挾

【隸書】

西漢 馬•老乙前
西漢 居新•7499
東漢 西•四時
唐 孔子廟碑

【楷書】

晉 黃庭內景經
隋 范安貴墓誌
唐 李三墓誌
唐 孟玄一墓誌
唐 石經五經

捌

【楷書】

唐 石經五經
唐 張素墓誌

捍

【隸書】

北齊 竇泰墓誌
北齊 司馬遵業墓誌
隋 段濟墓誌
唐 趙叡沖碑

【楷書】

北魏 檀賓墓誌
北魏 于纂墓誌
唐 房基墓誌
唐 江璀墓誌
唐 李鎬墓誌
唐 石經五經

挽

【隸書】

隋 賈通墓誌

隋 馬穉墓誌

【楷書】

北魏 穆纂墓誌

北魏 王蕃墓誌

北魏 元爔墓誌

北魏 元寧墓誌

北周 盧蘭墓誌

北齊 元賢墓誌

隋 樊氏墓誌

唐 李仙蕙志

挼

【楷書】

唐 石經五經

挫

【隸書】

西漢 武•服傳甲

西漢 武•服傳甲

唐 修定寺記碑

【楷書】

北魏 元顥墓誌

北魏 元略墓誌

隋 劉德墓誌

隋 蘇慈墓誌

唐 李璀墓誌

隋 田德元墓誌

唐 崔慎思墓誌

唐 韓暹墓誌

唐 李修已墓誌

唐 石經五經

唐 王頠墓誌

唐 薛淑墓誌

挹

【隸書】

東漢 白石神君碑

晉 華芳墓誌陰

北周 華嶽頌

唐 感孝頌跋

唐 孔子廟碑

唐 孔子廟碑

唐 宴濟瀆序陰額

【楷書】

北魏 赫連悅墓誌

北魏 李端墓誌

北魏 元順墓誌

唐 楊孝恭碑

唐 張滑墓誌

【楷書】

三國吳 走•五年

北魏 馮邕妻墓誌

東魏 元賓建墓誌

唐 盧崎墓誌

捐

【隸書】

西漢 居新•2900

西漢 西•律令

東漢 三老刻石

三國魏 鮑捐神坐

晉 魯詮墓表

北齊 司馬遵業墓誌

北齊 西門豹碑陽

隋 闞明墓誌

隋 牛諒墓誌

唐 柳偘妻墓誌

唐 蘇恩妻墓誌

唐 楊執一墓誌

唐 劉彥之墓誌

唐 倚多羅墓誌

後晉 王君妻關墓誌

捊

【楷書】

東魏 李憲墓誌

唐 石經五經

捋

【楷書】

唐 石經五經

挩

【楷書】

唐 石經五經

搗

【楷書】

唐 石經五經

挨

【楷書】

唐 石經五經

捕

【隸書】

秦 睡 52

秦 睡 63

西漢 張•590

西漢 張•691

西漢 居新•7169

東漢 西•寇恩

兩漢 西•馬簡

東漢 孔宙碑陰

東漢 李孟初神祠碑

東漢 利水大道記

唐 貞一廟碑

【楷書】

唐 孫公乂墓誌

捎

【隸書】

唐 盧行毅墓誌

【楷書】

唐 劉如璋墓誌

唐 石經五經

拳

【隸書】

秦 睡60

西漢 張•785

【楷書】

晉 洛神十三行

隋 張貴男墓誌

挐

【隸書】

西漢 張•920

【楷書】

唐 石經五經

唐 文鑒經幢

抔

【楷書】

唐 石經五經

掏

【楷書】

唐 吳惎陰堂誌

捷

【篆書】

三國魏 正始石經

【隸書】

西漢 馬•縱橫

兩漢 西•馬簡

唐 行儼碑

【楷書】

北魏 穆纂墓誌

北魏 元端墓誌

北魏 元誨墓誌

北魏 元舉墓誌

北魏 元子永墓誌

北周 賀屯植墓誌

隋 寧贇墓碑

唐 崔弘禮墓誌

唐 迴紇瓊墓誌

唐 李鎬墓誌

唐 李顒墓誌

唐 裴沙墓誌

唐 石經五經

唐 索崇墓誌

唐 玄秘塔碑

唐 張羊墓誌

唐 朱照墓誌

排

【隸書】

隋 爾朱端墓誌

唐 孔子廟碑

唐 龐履温碑

唐 王震墓誌

唐 張頠墓誌

【楷書】

北魏 秦洪墓誌

唐 葛亮祠堂碑

唐 脩多羅墓誌

掉

【楷書】

隋 蘇慈墓誌

唐 石經五經

捧

【隸書】

唐 司馬寔墓誌

唐 徐盼墓誌

唐 朱君妻王墓誌

【楷書】

唐 陳智妻墓誌

唐 王氏墓誌

唐 王素墓誌

唐 掌徹墓誌

【楷書】

北魏 王普賢墓誌

北魏 元暉墓誌

北魏 元顯儁墓誌

隋 劉明及妻墓誌

隋 申穆及妻墓誌

隋 王楚英墓誌

隋 嚴元貴墓誌

唐 敬覺墓誌

唐 柳延宗墓誌

唐 石經五經

掩

【篆書】

唐 峿臺銘

【隸書】

東漢 薌他君題記

東漢 楊耿伯題記

北齊 司馬遵業墓誌

隋 張景略墓誌

唐 李神符碑

唐 徐盼墓誌

唐 徐盼墓誌

唐 楊孝恭碑

唐 楊孝恭碑

掎

【楷書】

北魏 乞伏寶墓誌

北魏 元融墓誌

唐 李緫持墓誌

唐 石經五經

措

【隸書】

西漢 武·泰射甲

西漢 武·特牲甲

唐 石臺孝經

【楷書】

北齊 高清墓誌

隋 成公氏墓誌

唐 李昊墓誌

唐 石經五經

唐 薛瑤華墓誌

唐 姚常一墓誌

隋 皇甫深墓誌

隋 尉富娘墓誌

唐 元婉墓誌

捨

【隸書】

隋 澧水石橋碑

隋 馬長和造像

隋 馬穉墓誌

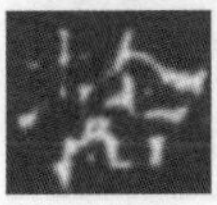

隋 宋景造像碑

【楷書】

北魏 李覆宗造像

北魏 元純陁墓誌

北齊 道榮造像

北齊 竇泰墓誌

北齊 韓山剛造像

北周 僧和造像記

掤

【楷書】

唐 石經五經

掘

【楷書】

唐 菩薩記殘石

掬

【隸書】

唐 大忍寺碑

【楷書】

北魏 元寶月墓誌

北周 李元海造像

唐 李仙蕙志

唐 李獻墓誌

掄

【隸書】

唐 崔祐甫墓誌

【楷書】

唐 石經五經

唐 張去奢墓誌

掕

【楷書】

唐 石經五經

掀

【楷書】

唐 石經五經

捶

【隸書】

西漢 西•候官

【楷書】

唐 崔守約墓誌

唐 盧公則墓誌

唐 石經五經

推

【隸書】

西漢 居新•1423

西漢 居新•7612

東漢 西•推辟

漢晉 流簡紙

東漢 蒼山元嘉題記

東漢 建寧三年殘碑

東漢 虔恭字殘碑

東漢 石門頌

晉 辟雍頌陽

北齊 司馬遵業墓誌

隋 李使君墓碑

唐 李神符碑

唐 史思禮墓誌

唐 鄎國長公主碑

【楷書】

魏晉 樓•紙

北齊 報德像碑

東魏 元寶建墓誌

隋 段模墓誌

隋 蕭翹墓誌

隋 元鐘墓誌

唐 崔師墓誌

唐 姚晅墓誌

採

【隸書】

隋 張姜墓誌

唐 孔子廟碑

唐 庫狄真相墓誌

【楷書】

北魏 鄭黑墓誌

東魏 元湛墓誌

授

【篆書】

東漢 袁安碑

唐 三墳記陽

【隸書】

西漢 馬•老子甲後

東漢 景君碑陽

東漢 孔彪碑陽

東漢 禮器碑

東漢 尚博殘碑

東漢 楊著碑陽

北齊 司馬遵業墓誌

隋 豆盧實墓誌

隋 高虬墓誌

隋 關明墓誌

隋 姬威墓誌

隋 劉寶及妻墓誌

隋 馬少敏墓誌

隋 口靜墓誌

隋 謝岳墓誌

唐 褚亮碑

唐 董虔運墓誌

唐 董虔運墓誌

唐 柳偘妻墓誌

唐 盧君妻墓誌

唐 楊孝恭碑

唐 楊孝恭碑

唐 趙冬曦壙誌

【楷書】

三國吳 走•四年

北魏 高珪墓誌

北魏 元暉墓誌

北魏 元誘墓誌

北魏 元瞻墓誌

捥

【楷書】

晉 洛神十三行

掞

【隸書】

隋 口和墓誌

隋 趙朗墓誌

唐 劉粲墓誌

【楷書】

北齊 高淯墓誌

唐 李瑱墓誌

掫

【楷書】

唐 石經五經

唐 姚重曒墓誌

捽

【隸書】

秦 睡77

西漢 馬·天下

【楷書】

唐 盧璠墓誌

唐 沈中黃墓誌

掊

【隸書】

西漢 馬·縱橫

東漢 尚博殘碑

捲

【楷書】

唐 石經五經

唐 尉遲敬德墓誌

唐 張洛墓誌

唐 重藏舍利記

北齊 竇泰墓誌

北齊 竇泰墓誌

隋 暴永墓誌

隋 劉則墓誌

隋 申穆及妻墓誌

隋 申穆及妻墓誌

隋 宋睦墓誌

隋 姚太墓誌

隋 張伏敬墓誌

唐 權順墓誌

探

【隸書】

東漢 王舍人碑

晉 辟雍頌陽

隋 高虬墓誌

隋 宋景造像碑

唐 屈突通墓誌

唐 趙冬曦壙誌

【楷書】

北魏 元誘墓誌

東魏 李挺墓誌

東魏 張瓘墓誌

隋 李肅墓誌

隋 嚴元貴墓誌

唐 裴咸墓誌

唐 石經五經

唐 石經五經

掠

【隸書】

漢晉 流簡紙

隋 馬長和造像

唐 高元珪墓誌

【楷書】

北魏 慈慶墓誌

唐 石經五經

唐 許公及妻誌

掖

【隸書】

秦 睡223

西漢 居新•7626

東漢 西•奉例

漢晉 流簡紙

東漢 曹全碑陽

東漢 肥致碑

三國魏 曹真殘碑陽

隋 蕭瑾墓誌

唐 李貞墓誌

【楷書】

北魏 成氏墓誌

北魏 觀海童詩

北魏 盧令媛墓誌

唐 程希詮墓誌

唐 石經五經

唐 王氏墓誌

控

【隸書】

北齊 司馬遵業墓誌

北齊 司馬遵業墓誌

隋 澧水石橋碑

隋 張儉及妻墓誌

唐 張翼墓誌

【楷書】

晉 黃庭內景經

隋 段威墓誌

唐 石經九經

唐 執失善光

接

【隸書】

西漢 馬•合陰陽

漢晉 流簡紙

東漢 郙閣頌

晉 辟雍頌陽

隋 符盛及妻墓誌

隋 劉珍墓誌

隋 修孔子廟碑

隋 楊真墓誌

唐 史思禮墓誌

唐 鄎國長公主碑

唐 楊孝恭碑

【楷書】

北魏 馮邕妻墓誌

北魏 奚真墓誌

隋 馬稱心墓誌

隋 沈氏墓誌

隋 楊厲墓誌

唐 崔師墓誌

唐 李其墓誌

唐 石經五經

唐 石經周易

捺

【楷書】

唐 陀羅尼經碑

捻

【楷書】

唐 薛豆盧夫人墓誌

唐 劉濬墓誌

唐 石經五經

掃

【隸書】

東漢 張角字殘碑

北周 華嶽頌

隋 段濟墓誌

隋 爾朱敞墓誌

唐 李貞墓誌

【楷書】

北魏 檀賓墓誌

北齊 竇泰墓誌

東魏 元均及妻墓誌

隋 韋載造像記

唐 白知禮墓誌

据

【楷書】

唐 石經五經

掇

【隸書】

秦 睡100

秦 睡241

【楷書】

北魏 敬羽高衡造像

唐 盧昂墓誌

唐 石經五經

唐 石經周易

揵

【楷書】

北魏 元恩墓誌

唐 石經周易

捫

【楷書】

南朝梁 舊館壇碑

唐 敬氏墓誌

揞

【隸書】

西漢 馬•合陰陽

西漢 張•1178

揌

【楷書】

北齊 元賢墓誌

揚

【篆書】

唐 碧落碑

【隸書】

西漢 居新•628

漢晉 流簡紙

三國吳 走•四年

東漢 建寧三年殘碑

東漢 孔宙碑陽

東漢 孟孝琚碑

東漢 楊叔恭殘碑

北齊 司馬遵業墓誌

隋 李元墓誌

隋 橋紹墓誌

隋 吳嚴墓誌

唐 抱腹寺碑

唐 李貞墓誌

唐 李貞墓誌

唐 石臺孝經

唐 石臺孝經

唐 石臺孝經

唐 王震墓誌

【楷書】

北魏 陳天寶造像

北魏 爾朱襲墓誌

北魏 康健墓誌

北魏 元竪墓誌

北魏 元欽墓誌

隋 段威墓誌

唐 荊從皐墓誌

唐 潘衡墓誌

唐 石經尚書

唐 石經五經

唐 石經周易

唐 石經周易

唐 王士端墓誌

唐 張軫墓誌

唐 鄭逢墓誌

揭

【隸書】

唐 任城橋亭記

【楷書】

東魏 義橋石像碑

唐 密多心經碑

唐 孫備墓誌

唐 邢德弼墓誌

隋 張儉及妻墓誌
唐 抱腹寺碑
唐 崔祐甫墓誌
唐 孔子廟碑
唐 柳偘妻墓誌
唐 修定寺記碑

【楷書】
南朝梁 舊館壇碑
隋 成公氏墓誌
唐 王慎疑妻墓誌
唐 趙端墓誌

提

【篆書】
唐 多寶佛塔銘
唐 三墳記陰

【隸書】
秦 睡 59
西漢 馬•老乙前
西漢 張•1029
東漢 三老刻石
東漢 張遷碑陽
晉 辟雍頌陽
隋 馬穉墓誌
隋 馬穉墓誌

北齊 趙道德墓誌
隋 鞏賓墓誌
隋 伍道進墓誌
唐 高氏墓誌
唐 荊從臯墓誌
唐 石經五經
唐 楊仲雅墓誌
唐 周紹業墓誌
閩 堅牢塔記

揖

【隸書】
西漢 武•泰射甲
東漢 曹全碑陽
三國魏 孔羡碑
晉 辟雍頌陽
隋 馬穉墓誌
隋 牛諒墓誌
唐 楊孝恭碑
唐 尹尊師碑

【楷書】
漢晉 流簡紙
北魏 王誦墓誌

搓

【楷書】
唐 石經五經

揲

【楷書】
唐 石經五經

揩

【楷書】
隋 鄭善妃墓誌

換

【楷書】
唐 石經五經

揣

【隸書】

隋 修孔子廟碑

【楷書】

北齊 三十五佛名

唐 獨孤驤墓誌

搥

【隸書】

唐 大忍寺碑

握

【隸書】

西漢 馬·老乙前

西漢 馬·老子甲後

東漢 熹平石經易

北齊 司馬遵業墓誌

隋 蘇恒墓誌

唐 崔沔墓誌陰

唐 京兆金氏墓誌

唐 嵩陽觀碑

【楷書】

北魏 馮會萇墓誌

唐 董惟靖墓誌

唐 石經周易

掾

【篆書】

東漢 少室石闕銘

【隸書】

西漢 張·691

西漢 張·693

西漢 居新·4382

西漢 居新·5004

西漢 居新·7544

東漢 西·文書

漢晉 流簡紙

漢晉 流簡紙

東漢 倉頡廟碑側

東漢 曹全碑陽

東漢 公乘田魴記

東漢 公乘田魴記

東漢 何君閣道銘

東漢 和平元年記

東漢 華山廟碑陽

東漢 華岳廟碑陰

東漢 淮源廟碑

東漢 淮源廟碑

東漢 李孟初神祠碑

東漢 禮器碑側

東漢 七言摩崖記

東漢 三老刻石

東漢 石門頌

東漢 石門頌

東漢 史晨後碑

東漢 田文成題記

東漢 文叔陽題記

東漢 夏承碑

東漢 鮮于璜碑陰

東漢 鄐他君題記

東漢 鄐他君題記

東漢 延平元年記

東漢 乙瑛碑

東漢 乙瑛碑

東漢 造土牛碑

東漢 趙儀碑

晉 郭休碑陰

晉 徐義墓誌陽

北魏 王基墓誌

唐 朱君妻王墓誌

【楷書】

北魏 元液墓誌

北魏 元瞻墓誌

北齊 道明墓誌

北齊 劉雙仁墓誌

北齊 婁黑女墓誌

唐 崔紹墓誌

唐 高懲墓誌

唐 石經五經

唐 張士陵墓誌

換

【隸書】

西漢 居新•3424

三國吳 走•五年

東漢 池陽令殘碑

東漢 通閣道記

三國魏 張君殘碑

三國魏 張君殘碑

隋 叱李綱子墓誌

唐 崔沔墓誌陽

唐 崔泰之墓誌

唐 張濬墓誌

唐 石經五經

唐 支成墓誌

援

【隸書】

西漢 張•701

東漢 尚博殘碑

東漢 史晨前碑

隋 姬威墓誌

唐 張休光墓誌

【楷書】

北魏 高英墓誌

北魏 元熙墓誌

北魏 元羽墓誌

唐 陳皆墓誌

唐 寇堮墓誌

唐 石經尚書

唐 石經五經

唐 石經五經

後梁 謝彥璋墓誌

搜

【隸書】

西漢 馬•天下

唐 孔子廟碑

唐 義福禪師碑

唐 尹文操碑

【楷書】

北魏 元純陁墓誌

北魏 元彝墓誌

北魏 元子正墓誌

隋 蕭翹墓誌

隋 張盈墓誌

唐 騫思泰墓誌

唐 崔素臣墓誌

唐 盧宏及妻墓誌

唐 石經五經

唐 張審文墓誌

唐 左光胤墓誌

北齊 西門豹碑陽

隋 豆盧實墓誌

隋 李元墓誌

隋 口和墓誌

唐 崔祐甫墓誌

唐 刻石記

【楷書】

三國吳 走•五年

三國魏 五官掾功碑

北魏 李璧墓誌陽

北魏 元天穆墓誌

後唐 王禹墓誌

揜

【楷書】

南朝梁 舊館壇碑

北魏 王普賢墓誌

北魏 元誘墓誌

隋 陶貴墓誌

唐 劉栖楚墓誌

唐 石經五經

唐 石經周易

唐 朱庭瑾墓誌

揮

【篆書】

隋 宋仲墓誌

【隸書】

西漢 張·1105

東漢 熹平石經易

隋 爾朱端墓誌

隋 馬穉墓誌

隋 王楚英墓誌

隋 元鐘墓誌

唐 石臺孝經

唐 王崇禮墓誌

唐 王震墓誌

唐 張休光墓誌

【楷書】

北魏 元熙墓誌

唐 李原妃墓誌

唐 石經五經

唐 石經周易

揃

【楷書】

唐 石經五經

揆

【隸書】

東漢 石門頌

東漢 史晨前碑

北齊 西門豹碑陽

唐 孔子廟碑

唐 庫狄真相墓誌

【楷書】

北魏 慈慶墓誌

北魏 元欽墓誌

唐 李鼎墓誌

唐 盧初墓誌

唐 石經尚書

唐 石經尚書

搔

【隸書】

西漢 武·有司甲

【楷書】

唐 石經五經

唐 王訥墓誌

唐 張道昇墓誌

北周 華嶽頌

北齊 司馬遵業墓誌

隋 爾朱敞墓誌

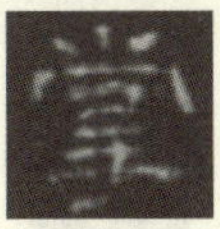

隋 爾朱端墓誌

唐 劉粲墓誌

唐 修定寺記碑

唐 趙冬曦壙誌

唐 趙叡沖碑

【楷書】

北魏 元純陁墓誌

北魏 元延明墓誌

掌 𡩡

【隸書】

西漢 馬•養生

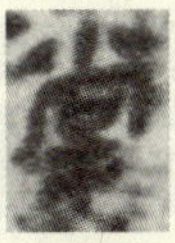

西漢 馬•縱横

漢晉 流簡紙

漢晉 流簡紙

東漢 華山廟碑陽

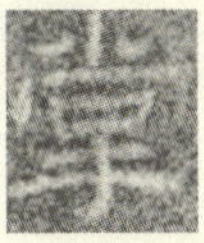

東漢 王舍人碑

東漢 行事渡君碑

東漢 乙瑛碑

東漢 乙瑛碑

晉 辟雍頌陽

摏

【楷書】

唐 石經五經

掣

【隸書】

唐 龐履温碑

唐 朱崇慶墓誌

【楷書】

唐 賈統墓誌

唐 石經周易

揥

【楷書】

唐 大長公主墓誌

唐 石經五經

掔

【楷書】

唐 石經五經

揉

【楷書】

唐 韋敏妻墓誌

插

【楷書】

南朝梁 羅浮山銘

東魏 程哲碑

唐 多寶塔碑

唐 多寶塔碑

唐 李三墓誌

唐 石經五經

後周 李公妻朱墓誌

唐 口滿墓誌

唐 陶後興墓誌

摸

【篆書】

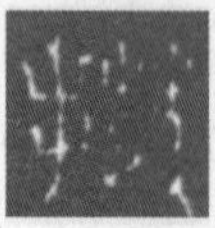
隋 宋仲墓誌

【隸書】

隋 口暨及妻墓誌

隋 爾朱端墓誌

隋 任軌墓誌

隋 元鍾墓誌

唐 沈知敏墓誌

【楷書】

北魏 穆亮妻墓誌

東魏 張瓘墓誌

隋 段模墓誌

隋 鄭善妃墓誌

摍

【楷書】

唐 石經五經

唐 掌徹墓誌

播

【隸書】

唐 褚亮碑

唐 京兆金氏墓誌

唐 張叡墓誌

【楷書】

南朝梁 舊館壇碑

唐 梁渙墓誌

唐 馬夫人墓誌

唐 潘衡墓誌

唐 神策軍碑

唐 石經五經

搏

【隸書】

西漢 馬•老甲

西漢 馬•十問

唐 劉粲墓誌

【楷書】

北魏 苟景墓誌

唐 盧珍墓誌

唐 石經五經

唐 張義墓誌

揄

【隸書】

東漢 鮮于璜碑陽

【楷書】

北魏 元液墓誌

隋 陳叔明墓誌

隋 曹海凝墓誌

隋 成公氏墓誌

隋 元智墓誌

唐 石經尚書

損

【隸書】

西漢 馬•老甲

西漢 馬•老甲

西漢 馬•老乙前

東漢 白石神君碑

東漢 樊敏碑

東漢 華山廟碑陽

東漢 熹平石經易

北齊 司馬遵業墓誌

隋 元鐘墓誌

唐 王媛墓誌陰

【楷書】

北齊 婁黑女墓誌

唐 李氏室女墓誌

唐 石經尚書

唐 石經周易

搬

【隸書】

三國魏 何晏墓誌

搶

【隸書】

晉 辟雍頌陽

搖

【隸書】

西漢 張•1100

唐 張濬墓誌

【楷書】

北魏 赫連悅墓誌

北魏 李端墓誌

北魏 元顯儁墓誌

北魏 元愔墓誌

北魏 元誘墓誌

隋 朱氏墓誌

唐 程知節墓誌

唐 段簡璧墓誌

唐 李鳳妃墓誌

唐 毗伽特勤墓誌

唐 石經爾雅

唐 石經五經

唐 石經五經

唐 袁相墓誌

搯

【隸書】

北齊 法懃塔銘

【楷書】

唐 崔珏墓誌

摛

【篆書】

唐 碧落碑

【隸書】

北齊 感孝頌

隋 趙朗墓誌

唐 劉粲墓誌

唐 潘基墓誌

唐 張翼墓誌

【楷書】

北魏 李媛墓誌

北魏 元鸞墓誌

北魏 元子正墓誌

東魏 高翻碑

撟

唐 桓彥墓誌

唐 李鳳妃墓誌

唐 劉胡墓誌

唐 柳婆歸墓誌

唐 石經五經

唐 奚弘敬墓誌

唐 楊基墓誌

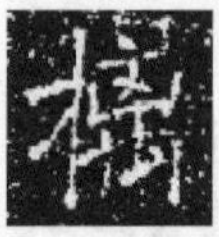

唐 張智慧墓誌

搕

【楷書】

唐 牛秀墓誌

搉

【楷書】

隋 張喬墓誌

唐 李正卿墓誌

唐 馬君妻董墓誌

唐 石經五經

搦

【隸書】

唐 崔沔墓誌陰

【楷書】

北齊 房周陁墓誌

唐 盧景修墓誌

唐 楊思立墓誌

⿱𦥯手

【楷書】

唐 石經五經

摯

【隸書】

東漢 華山廟碑陽

【楷書】

唐 石經五經

摹

【楷書】

北魏 元鸞墓誌

唐 張仁楚墓誌

⿱斬手

【楷書】

唐 張士貴墓誌

撋

【楷書】

唐 石經五經

唐 田信墓誌

撦

【楷書】

唐 白敏中墓誌

摜

【楷書】

唐 石經九經

摳

【楷書】

唐 石經五經

摶

【隸書】

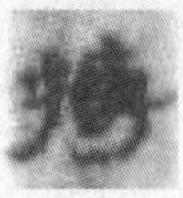

西漢 武•少牢甲

唐 李彦墓誌

唐 牛氏像龕碑

【楷書】

北魏 元顯魏墓誌

唐 李玄德墓誌

唐 石經五經

唐 楊執一墓誌

摲

【楷書】

唐 石經五經

摕

【楷書】

唐 石經五經

摽

【楷書】

唐 石經五經

唐 効姬墓誌

隋 張濬墓誌

摀	摘	摝	摐	撒		摧	摑
【隸書】	【楷書】	【楷書】	【隸書】	【楷書】	北魏 元嵩墓誌	【隸書】	【楷書】
晉 辟雍頌陽	唐 四婁思墓誌	唐 石經五經	西漢 馬·老乙前	唐 細人孫氏墓誌	北齊 竇泰墓誌	東漢 景君碑陽	唐 李皐墓誌
	唐 石經五經		【楷書】		隋 鄭善妃墓誌	東漢 夏承碑	
	唐 鄭濆墓誌		唐 崔璆墓誌		唐 八都壇碑	三國魏 王基斷碑	
					隋 卞鑒墓誌	隋 爾朱敞墓誌	
					唐 李信墓誌	隋 爾朱端墓誌	
					唐 石經五經	隋 符盛及妻墓誌	
					唐 石經周易	隋 謝岳墓誌	
						隋 張儉及妻墓誌	
						唐 張休光墓誌	
						【楷書】	
						北魏 元洛神墓誌	

撢	摯	搴	摺	摡	摻	摭	摩
【楷書】  唐 石經五經	【隸書】  西漢 馬•縱横  隋 宋仲墓誌  唐 孔子廟碑 【楷書】  唐 姬温墓誌  唐 李符妻摯墓誌  唐 石經五經	【隸書】  西漢 張•73 【楷書】  北魏 弔比干文陽  唐 王思訥墓誌	【楷書】  唐 郭麗墓誌  唐 石經五經  唐 石經五經	【楷書】  唐 石經五經	【楷書】  唐 石經五經	【楷書】  東魏 元湛墓誌  唐 崔牖妻合誌  唐 石經尚書  唐 石經五經  唐 王晛墓誌  唐 王豫墓誌  唐 楊承胤墓誌	【楷書】  北魏 陳天賓造像

撻

【隸書】

北齊 司馬遵業墓誌

唐 崔暟墓誌陽

【楷書】

北齊 司馬遵業墓誌

唐 杜并墓誌

唐 李密墓誌

唐 石經尚書

唐 石經五經

撓

【隸書】

西漢 馬·天下

西漢 馬·養生

晉 郭休碑陽

隋 豆盧實墓誌

唐 白鹿泉碑陽

唐 盧宏及妻墓誌

唐 司馬寔墓誌

唐 鄭忠墓碑

【楷書】

北魏 王基墓誌

北齊 趙道德墓誌

唐 張氏夫人墓誌

唐 周義墓誌

撲

【隸書】

隋 段濟墓誌

【楷書】

北魏 元恭墓誌

北齊 梁子彥墓誌

唐 梁守謙墓誌

唐 桑氏墓誌

唐 石經九經

唐 石經尚書

唐 石經五經

撐

【楷書】

唐 支訥墓誌

撮

【隸書】

西漢 馬·天下

唐 石臺孝經

【楷書】

北魏 元欽墓誌

唐 石經五經

唐 張滂墓誌

唐 朱照墓誌

撟

【隸書】

秦 關周·病方

西漢 張·1105

西漢 張·32

【楷書】

唐 石經五經

撝

【篆書】

唐 謙卦碑

唐 謙卦碑

【隸書】

北齊 司馬遵業墓誌

隋 宋景造像碑

唐 鄭虔題名

【楷書】

北魏 侯剛墓誌

北魏 元暐墓誌

隋 高緊墓誌

唐 崔湛墓誌

唐 石經五經

播

【隸書】

西漢 馬•十問

東漢 曹全碑陰

東漢 孔宙碑陽

東漢 楊叔恭殘碑

東漢 圉令趙君碑

東漢 趙寬碑

晉 辟雍頌陽

隋 暴永墓誌

隋 符盛及妻墓誌

隋 任軌墓誌

唐 鄭濆墓誌

擒

【隸書】

西漢 馬•老乙前

隋 段濟墓誌

隋 姬威墓誌

隋 口和墓誌

【楷書】

南朝陳 衛和墓誌

北魏 元襲墓誌

北魏 元顯魏墓誌

唐 田侁墓誌

唐 顏家廟碑

隋 薛保興墓誌

唐 李壽墓誌

唐 劉洪預墓誌

唐 石經尚書

唐 蘇斌墓誌

唐 孫君妻李墓誌

唐 陶英妻墓誌

北魏 奚真墓誌

北魏 元敷墓誌

北魏 元詮墓誌

北魏 元子永墓誌

北齊 竇泰墓誌

東魏 馮令華墓誌

東魏 王僧墓誌

隋 段威墓誌

隋 梁瓌墓誌

隋 口靜墓誌

隋 豆盧實墓誌

隋 王榮及妻墓誌

隋 口靜墓誌

隋 蕭瑾墓誌

隋 張儉及妻墓誌

唐 褚亮碑

唐 李貞墓誌

【楷書】

北魏 常季繁墓誌

北魏 李璧墓誌陽

北魏 穆亮墓誌

撫

【隸書】

西漢 張•1149

西漢 武•泰射甲

西漢 武•特牲甲

前凉 西•木牘

東漢 曹全碑陽

東漢 建寧三年殘碑

東漢 景君碑陽

東漢 朐忍令碑

北齊 感孝頌

北齊 司馬遵業墓誌

唐 石經周易

唐 王才墓誌

唐 石經尚書（續）

隋 任顯及妻誌

隋 楊真墓誌

隋 趙朗墓誌

唐 李貞墓誌

唐 唐直墓誌

唐 楊孝恭碑

【楷書】

北魏 宋虎墓誌

北魏 元恭墓誌

北魏 趙充華墓誌

北魏 李元姜墓誌

北齊 爾朱元靜墓誌

東魏 元仲英墓誌

隋 申穆及妻墓誌

隋 魏氏墓誌

隋 蕭瑒墓誌

唐 李稷墓誌

唐 石經尚書

唐 蘇斌墓誌

唐 亡宮七品墓誌

唐 張貴墓誌

撤

【隸書】

唐 崔沔墓誌陰

唐 闞道愛墓誌

【楷書】

北魏 元鑽遠墓誌

隋 元智墓誌

隋 張貴男墓誌

唐 安延墓誌

唐 石經五經

唐 王大禮墓誌

扐

【楷書】

唐 石經五經

撰

【篆書】

唐 峿臺銘

【隸書】

東漢 史晨前碑

唐 安天王廟碑

唐 褚亮碑

唐 高元珪墓誌

唐 京兆金氏墓誌

唐 盧宏及妻墓誌

唐 史思禮墓誌

唐 尹尊師碑

【楷書】

南朝梁 羅浮山銘

北魏 孟元華墓誌

唐 孫公夫人墓誌

唐 田通墓誌

唐 萬壽寺記

撥

【隸書】

北魏 上尊號碑

隋 豆盧實墓誌

隋 馬長和造像

隋 宋景造像碑

隋 宋仲墓誌

【楷書】

北魏 叔孫協墓誌

北魏 元寶月墓誌

北魏 元昭墓誌

唐 李壽墓誌

唐 李修已墓誌

唐 石經五經

唐 王行果墓誌

唐 魏德墓誌

擭	擀	撽	擄	擎	摮	摩	擅
【楷書】	【楷書】	【楷書】	【楷書】	【楷書】	【楷書】	【隸書】	【楷書】
 唐 石經五經	 唐 韓玄墓誌	 唐 王佺墓誌	 唐 婁君妻周墓誌	 闓 堅牢塔記	 唐 石經九經	 西漢 居新•5373	 唐 石經五經
						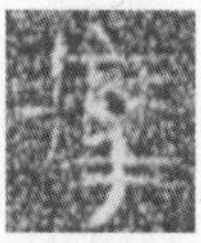 東漢 許安國題記	 唐 唐儉墓誌
						 隋 修孔子廟碑	
						 唐 貞一廟碑	
						【楷書】	
						 北齊 維摩經碑	
						 唐 樊君妻墓誌	
						 唐 石經尚書	

擳

【隸書】

唐 宴濟瀆序陰額

擋

【楷書】

北魏 元天穆墓誌

擐

【隸書】

唐 張休光墓誌

【楷書】

北魏 元遙墓誌

北齊 劉雙仁墓誌

唐 杜令姿墓誌

唐 石經五經

據

【隸書】

西漢 馬•合陰陽

西漢 馬•縱横

西漢 馬•縱横

西漢 張•1191

西漢 張•630

兩漢 西•馬簡

東漢 景君碑陽

東漢 夏承碑

北齊 法懃塔銘

隋 段濟墓誌

隋 姬威墓誌

唐 宴濟瀆序陰額

【楷書】

魏晉 樓•紙

北魏 元延明墓誌

北魏 張盧墓誌

北周 高妙儀墓誌

北齊 司馬遵業墓誌

東魏 元悰墓誌

東魏 元湛墓誌

隋 李則墓誌

隋 元鐘墓誌

唐 崔載墓誌

唐 葛亮祠堂碑

唐 石經五經

唐 石經周易

唐 萬壽寺記

唐 左光胤墓誌

擇

【隸書】

秦 睡139

秦 睡246

西漢 馬•老乙前

西漢 馬•老子甲後

西漢 馬•縱横

西漢 居新•7483

東漢 西•文書

東漢 白石神君碑

晉 徐義墓誌陽

隋 郭達墓誌

隋 任顯及妻誌

唐 崔祐甫墓誌

唐 董虔運墓誌

唐 告華嶽府君

唐 柳偘妻墓誌

唐 石臺孝經

唐 石臺孝經

唐 王震墓誌

【楷書】

魏晉 樓•紙

北魏 韓震墓誌陽

操

【隸書】

秦 睡100

秦 關周·病方

西漢 馬·合陰陽

西漢 馬·老子甲後

西漢 張·747

東漢 肥致碑

東漢 尚博殘碑

東漢 王舍人碑

東漢 鮮于璜碑陽

東漢 鮮于璜碑陰

唐 闞師墓誌

唐 皇甫誕碑

擁

【隸書】

三國魏 曹真殘碑陽

隋 爾朱敞墓誌

隋 澧水石橋碑

唐 崔祐甫墓誌

【楷書】

北魏 爾朱襲墓誌

北魏 山徽墓誌

北魏 元爽墓誌

北齊 竇泰墓誌

東魏 蕭正表墓誌

唐 葛亮祠堂碑

㩋

【隸書】

唐 盧宏及妻墓誌

擗

【隸書】

唐 石臺孝經

唐 王崇禮墓誌

唐 王子麟墓誌

【楷書】

北魏 馮邕妻墓誌

唐 李瑱墓誌

唐 劉仁墓誌

唐 麻姑仙壇記

唐 明俊墓誌

唐 掌徹墓誌

撿

【隸書】

唐 楊孝恭碑

【楷書】

南朝宋 石驪銘

北魏 元恩墓誌

唐 公祠靈泉記

唐 李超墓誌

擔

【隸書】

隋 段濟墓誌

唐 白鹿泉碑陰

【楷書】

北魏 元順墓誌

唐 崔敻墓誌

唐 孟師墓誌

唐 石經五經

唐 許據墓誌

北齊 道明墓誌

隋 姚太墓誌

唐 葛亮祠堂碑

唐 李鳳妃墓誌

唐 劉通墓誌

唐 路巖墓誌

唐 王君及妻墓誌

唐 薛參墓誌

唐 張嬰墓誌

東漢 薌他君題記
東漢 校官碑
三國魏 管寧墓誌
北齊 竇泰墓誌
北齊 司馬遵業墓誌
隋 爾朱端墓誌
隋 澧水石橋碑
隋 劉寶及妻墓誌
隋 牛諒墓誌
隋 任軌墓誌

隋 宋景造像碑
隋 蘇恒墓誌
隋 口和墓誌
隋 吳嚴墓誌
隋 張儉及妻墓誌
唐 史思禮墓誌
唐 行儼碑

【楷書】

晉 華芳墓誌陰
北魏 寇演墓誌
北魏 孟元華墓誌

北魏 檀賓墓誌
北魏 王瑧墓誌
北魏 于景墓誌
北魏 元純陁墓誌
北魏 元懷墓誌
北魏 元馗墓誌
北魏 元楨墓誌
北魏 元子永墓誌
北齊 竇泰墓誌
北齊 宇文誠墓誌

隋 曹海凝墓誌
隋 程諧墓誌
隋 呂胡墓誌
隋 宋玉艷墓誌
唐 陳君妻王墓誌
唐 程知節墓誌
唐 桑氏墓誌
唐 石經五經

擅擅

【隸書】

秦 睡51
西漢 馬·老乙前
西漢 馬·老子甲後
西漢 張·431
東漢 西·死駒
北齊 司馬遵業墓誌
隋 賈通墓誌
隋 馬少敏墓誌
隋 橋紹墓誌
隋 任軌墓誌

隋 蘇恒墓誌
隋 趙朗墓誌
唐 褚亮碑
唐 高元珪墓誌
唐 屈突通墓誌
唐 石臺孝經
唐 譚伍墓誌

【楷書】

北魏 于纂墓誌
東魏 長孫囧墓碑
北齊 婁黑女墓誌

隋 高緊墓誌
隋 盧文機墓誌
隋 宋玉艷墓誌
隋 蘇慈墓誌
唐 劉祿墓誌
唐 盧翊墓誌
唐 石經五經
唐 蘇斌墓誌
唐 楊思立墓誌
唐 越國太妃墓誌

唐 鄭仁泰墓誌

擢

【隸書】

東漢 孔宙碑陽

東漢 楊著碑陽

晉 徐義墓誌陽

隋 段濟墓誌

隋 任軌墓誌

唐 李神符碑

唐 屈突通墓誌

唐 王震墓誌

唐 楊孝恭碑

唐 趙冬曦壙誌

【楷書】

北魏 丘哲墓誌

北魏 元純阤墓誌

北魏 元熾墓誌

北魏 元鸞墓誌

北魏 元液墓誌

北魏 元羽墓誌

北魏 元願平妻墓誌

北魏 元珍墓誌

北齊 道政造像陰

北齊 僧靜明造像

唐 祁惠墓誌

唐 楊宇墓誌

唐 元振墓誌

擲

【隸書】

唐 盧宏及妻墓誌

【楷書】

唐 杜舉墓誌

唐 盧知宗墓誌

擊

【隸書】

西漢 馬•縱橫

西漢 張•1052

西漢 武•王杖

東漢 熹平石經易

北齊 司馬遵業墓誌

隋 侯箏墓誌

唐 白鹿泉碑陽

唐 董寔運墓誌

唐 紀信墓碑

唐 李彥墓誌

唐 李貞墓誌

唐 史思禮墓誌

唐 楊孝恭碑

唐 楊孝恭碑

唐 張翼墓誌

【楷書】

北魏 爾朱襲墓誌

北魏 檀賓墓誌

北魏 唐耀墓誌

北魏 元徽墓誌

北魏 元徽墓誌

東魏 王令媛墓誌

隋 暴永墓誌

隋 高緊墓誌

唐 范安及墓誌

唐 劉祿墓誌

唐 劉庭訓墓誌

唐 盧萬春墓誌

唐 石經尚書

唐 石經五經

唐 石經周易

唐 王伏生墓誌

唐 吳孝墓誌

唐 張道昇墓誌

唐 張騷墓誌

後唐 毛璋妻墓誌

擣

【楷書】

唐 石經五經

擬

【篆書】

唐 多寶佛塔銘

【隸書】

東漢 曹全碑陽

三國魏 范式碑陽

北齊 法懃塔銘

隋 蕭瑾墓誌

隋 鄭令妃墓誌

唐 玄元靈應頌

【楷書】

北魏 奚真墓誌

北魏 元仙墓誌

北齊 高湝墓誌

隋 段模墓誌

隋 張伏敬墓誌

唐 尉遲敬德墓誌

唐 張君妻田墓誌

擿

【隸書】

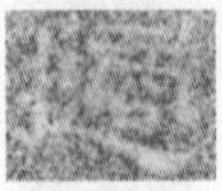

東漢 王舍人碑

【楷書】

隋 蕭氏墓誌

隋 張壽墓誌

唐 石經五經

唐 王行果墓誌

唐 韋敏妻墓誌

擯

【隸書】

兩漢 西·士相見

唐 蘇洪姿墓誌

【楷書】

唐 程思義墓誌

唐 李琮墓誌

唐 石經儀禮

唐 張運才墓誌

擠

【楷書】

唐 石經五經

擊

【楷書】

唐 石經五經

擩

【楷書】

唐 石經五經

攏

【楷書】

北魏 元液墓誌

攀 (續)

北魏 元瞻墓誌

北齊 竇泰墓誌

隋 楊厲墓誌

唐 阿史那貞忠墓誌

唐 盧初墓誌

唐 陸紹墓誌

唐 田嵩墓誌

唐 王感墓誌

唐 張氏墓誌

唐 朱仁表墓誌

攀

【篆書】

唐 碧落碑

【隸書】

西漢 馬•縱橫

隋 豆盧實墓誌

隋 段濟墓誌

隋 蘇恒墓誌

隋 張儉及妻墓誌

唐 李貞墓誌

唐 石臺孝經

唐 張翼墓誌

【楷書】

北魏 檀賓墓誌

攄

【隸書】

北齊 竇泰墓誌

【楷書】

唐 唐沙墓誌

唐 楊宇墓誌

唐 越國太妃墓誌

擾 (續)

唐 安元壽墓誌

唐 權順墓誌

唐 石經尚書

唐 石經五經

唐 石經五經

唐 執失善光

擾

【隸書】

西漢 張•662

東漢 曹全碑陽

東漢 史晨後碑

北齊 感孝頌

隋 姬威墓誌

隋 蕭瑾墓誌

隋 張儉及妻墓誌

唐 修定寺記碑

【楷書】

北魏 元子正墓誌

北齊 司馬遵業墓誌

擺

【隸書】

唐 鄭忠墓碑

擘

【隸書】

東漢 鮮于璜碑陰

【楷書】

唐 馮安墓誌

唐 石經五經

唐 石經五經

攕

【楷書】

唐 石經五經

攙

【楷書】

唐 梁元翰墓誌

唐 牛秀墓誌

唐 尉遲敬德墓誌

攘

【隸書】

西漢 馬•縱横

西漢 武•有司甲

東漢 朐忍令碑

東漢 三公山碑

東漢 熹平石經殘

唐 孔子廟碑

唐 趙叡沖碑

【楷書】

晉 洛神十三行

北魏 元瞻墓誌

唐 葛亮祠堂碑

唐 屈氏合祔誌

唐 王郊墓誌

唐 楊仲嗣墓誌

攝

【篆書】

唐 三墳記陰

【隸書】

西漢 居新•3451

西漢 西•馬簡牘

漢晉 流簡紙

東漢 張遷碑陽

北齊 感孝頌

隋 馬穉墓誌

唐 北嶽廟碑

唐 董虔運墓誌

唐 孔子廟碑

唐 趙冬曦壙誌

唐 朱君妻王墓誌

【楷書】

北魏 元瞻墓誌

北齊 無量義經

唐 李福墓誌

唐 棲巖寺詩刻

唐 石經五經

後梁 賈郃墓誌

後唐 王禹墓誌

攜

【篆書】

唐 碧落碑

【隸書】

東漢 淮源廟碑

東漢 楊統碑陽

唐 陳泰墓誌

唐 戴令言墓誌

唐 屈突通墓誌

【楷書】

北周 盧蘭墓誌

隋 梁環墓誌

唐 崔元二墓誌

唐 公孫達墓誌

唐 荊肆墓誌

唐 李壽墓誌

唐 石經尚書

唐 石經五經

唐 顔仁楚墓誌

唐 鄭敬墓誌

攬	攣	攪	攫	攢	攞	攦	攡
【隸書】  東漢 衡方碑  北齊 司馬遵業墓誌 【楷書】  北魏 封魔奴墓誌  北魏 馮季華墓誌  北魏 石婉墓誌  唐 盧岑改葬墓誌  唐 朱齊之墓誌	【隸書】  西漢 馬•天下 【楷書】  唐 石經五經  唐 石經周易  唐 支訢妻墓誌	【楷書】  唐 石經五經	【隸書】  西漢 馬•老甲 【楷書】  唐 石經五經  唐 臧懷亮墓誌	【隸書】  唐 玄巖銘 【楷書】  唐 桑粵墓誌  唐 張伯通墓誌	【楷書】  唐 寺尼心印記	【隸書】 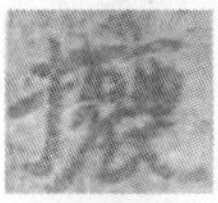 西漢 居新•5583  唐 牛氏像龕碑	【隸書】  西漢 馬•合陰陽

毛部

毛

【隸書】

秦 睡228

西漢 馬•老乙前

西漢 馬•十問

西漢 馬•天下

西漢 馬•養生

西漢 張•650

東漢 孔彪碑陽

隋 爾朱敞墓誌

隋 口和墓誌

隋 張儉及妻墓誌

唐 玄元靈應頌

唐 宴濟瀆序陰額

【楷書】

三國吳 走•五年

北魏 王基墓誌

唐 唐嘉會墓誌

唐 張騷墓誌

毦

【楷書】

北周 普安壯公墓誌

唐 景昭法師碑

旄

【隸書】

秦 睡92

秦 西•日書乙

晉 管洛墓誌陰

隋 豆盧實墓誌

隋 爾朱敞墓誌

唐 安天王廟碑

【楷書】

北齊 竇泰墓誌

唐 李信墓誌

唐 寓思真墓誌

後唐 毛璋妻墓誌

毬

【隸書】

唐 豆盧建墓誌

唐 豆盧建墓誌

【楷書】

後唐 張滌妻高墓誌

毫

【隸書】

西漢 馬•老甲

唐 楊孝恭碑

唐 張侔墓誌

【楷書】

北魏 鄭君妻墓誌

唐 多寶塔碑

唐 師弘禮墓誌

毳

【隸書】

漢晉 流簡紙

北周 華嶽頌

【楷書】

唐 毗伽特勤墓誌

氈	氄	氅	毻	毯
【楷書】	【楷書】	【楷書】	【楷書】	【楷書】
唐 安元壽墓誌 唐 王貞墓誌	唐 石經尚書	唐 景昭法師碑	唐 阿史那貞忠墓誌	唐 濆廟祭器銘

气部

气

【隸書】

秦 睡 62

西漢 馬•老乙前

西漢 張•135

西漢 張•136

西漢 張•136

【楷書】

北魏 司馬顯姿墓誌

隋 高緊墓誌

氛

【隸書】

隋 張儉及妻墓誌

唐 徐盼墓誌

唐 玄元靈應頌

唐 張休光墓誌

【楷書】

北魏 笱景墓誌

北魏 元融墓誌

北魏 元悌墓誌

北魏 元珽墓誌

北魏 元瞻墓誌

北齊 姜纂造像記

東魏 元均及妻墓誌

唐 柳昱墓誌

唐 鮮于氏墓誌

唐 薛華墓誌

氤

【隸書】

隋 蕭瑾墓誌

唐 李彥墓誌

【楷書】

北魏 宋靈妃墓誌

北魏 王悅及妻墓誌

北齊 梁子彥墓誌

隋 劉尚食墓誌

唐 執失善光

氣

【篆書】

東漢 祀三公山碑

唐 碧落碑

唐 碧落碑

【隸書】

秦 睡 45

西漢 馬•病方

西漢 馬•合陰陽

西漢 馬•老乙前

西漢 張•1143

西漢 西•善劍

東漢 西•醫藥

東漢 白石神君碑

東漢 朝侯小子碑

東漢 肥致碑

東漢 華山廟碑陽

東漢 孟孝琚碑

東漢 朐忍令碑

東漢 史晨後碑

東漢 熹平石經易

東漢 張遷碑陽

三國魏 孔羨碑

隋 豆盧實墓誌

隋 豆盧實墓誌

隋 爾朱敞墓誌

隋 爾朱敞墓誌

隋 爾朱端墓誌

隋 劉寶及妻墓誌

隋 劉寶及妻墓誌

隋 馬穉墓誌

隋 任顯及妻誌

隋 口和墓誌

隋 謝岳墓誌

隋 張姜墓誌

唐 崔祐甫墓誌

唐 高元珪墓誌

唐 李神符碑

唐 李貞墓誌

唐 盧君妻墓誌

唐 楊孝恭碑

唐 尹尊師碑

【楷書】

北魏 長孫瑱墓誌

北魏 慈慶墓誌

北魏 爾朱紹墓誌

北魏 高珪墓誌

北魏 韓顯祖造像

北魏 寇憑墓誌

北魏 工基墓誌

北魏 奚真墓誌

北魏 元維墓誌

北魏 元文墓誌

北齊 竇泰墓誌

北齊 竇泰墓誌

北齊 竇泰墓誌

北齊 司馬遵業墓誌

北齊 元賢墓誌

隋 暴永墓誌

隋 橋紹墓誌

隋 吴嚴墓誌

隋 張軻墓誌

隋 張壽墓誌

唐 七氣天文

唐 石經尚書

唐 石經五經

唐 石經周易

唐 韋公妻墓誌

氤

【隸書】

隋 蕭瑾墓誌

唐 玄元靈應頌

【楷書】

北魏 宋靈妃墓誌

北齊 姜纂造像記

唐 盧贍妻墓誌

唐 王玄起墓誌

片部

片 片

【隸書】

晉 管洛墓誌陽

隋 修孔子廟碑

【楷書】

晉 管洛墓誌陽

北魏 侯太妃造像

唐 崔嚴墓誌

唐 東方朔墓誌

唐 李公政墓誌

閩 堅牢塔記

版 版

【隸書】

西漢 居新•3734

唐 王震墓誌

【楷書】

北魏 元天穆墓誌

隋 皇甫深墓誌

隋 口噇及妻墓誌

唐 唐直墓誌

隋 吳嚴墓誌

隋 謝岳墓誌

唐 石經五經

唐 蘇斌墓誌

牋

【楷書】

唐 李麗質墓誌

牌

【隸書】

晉 郭休碑陽

牒 牒

【隸書】

秦 睡 15

西漢 張•277

西漢 張•623

西漢 張•724

西漢 居新•3537

東漢 西•文書

漢晉 流簡紙

漢晉 流簡紙

隋 郭達墓誌

隋 口和墓誌

唐 闞道愛墓誌

唐 王媛墓誌陽

【楷書】

三國吳 走•四年

北魏 馮季華墓誌

北魏 奚真墓誌

北魏 元懷墓誌

北魏 元謐墓誌

隋 蕭翹墓誌

唐 段秀墓誌

唐 開承簡墓誌

唐 李弘亮墓誌

唐 内莊宅使牒

牓

【楷書】

唐 房惠琳墓誌

唐 王氏墓誌

唐 惟貞廟碑陽

唐 顏勤禮碑

牗牖

【隸書】

西漢 馬•陰陽甲

西漢 張•799

北齊 司馬遵業墓誌

隋 爾朱端墓誌

唐 石臺孝經

【楷書】

北魏 成氏墓誌

北魏 胡明相墓誌

北魏 李媛墓誌

北齊 司馬遵業墓誌

隋 陶貴墓誌

唐 石經五經

唐 石經周易

唐 王卿及妻墓誌

唐 韋敏妻墓誌

牘牘

【隸書】

隋 馬穉墓誌

【楷書】

北魏 李璧墓誌陽

北魏 盧令媛墓誌

北魏 元乂墓誌

唐 張金剛墓誌

唐 □滿墓誌

唐 韋塤墓誌

斤部

斤

【隸書】

秦 睡21

西漢 張•303

兩漢 西•醫藥

漢晉 流簡紙

【楷書】

北魏 張寧墓誌

北周 獨孤信墓誌

隋 楊居墓誌

唐 柳默然墓誌

斥

【隸書】

西漢 馬•合陰陽

西漢 張•1074

西漢 居新•3422

西漢 居新•7524

東漢 曹全碑陽

東漢 池陽令殘碑

東漢 黨錮殘碑

唐 尹文操碑

唐 貞一廟碑

【楷書】

唐 樊涚墓誌

唐 李鳳墓誌

唐 李總持墓誌

唐 石經尚書

唐 石經五經

唐 石經五經

唐 張道昇墓誌

斧

【隸書】

秦 睡75

秦 關周•病方

西漢 居新•5605

東漢 白石神君碑

東漢 熹平石經易

隋 豆盧寶墓誌

【楷書】

晉 黄庭内景經

北齊 竇泰墓誌

唐 靖徹墓誌

唐 石經周易

唐 石經周易

斯

【楷書】

唐 石經五經

斫

【隸書】

秦 睡10

【楷書】

唐 供養嶽靈文

唐 石經爾雅

斤部

斪

【楷書】

唐 石經爾雅

斬

【隸書】

秦 睡 57

西漢 馬•老子甲後

西漢 張•109

東漢 西•寇恩

三國魏 王基斷碑

唐 史思禮墓誌

唐 文宣王廟門碑

【楷書】

北齊 劉雙仁墓誌

隋 范安貴墓誌

唐 姚忠節墓誌

斯

【篆書】

唐 多寶佛塔銘

唐 三墳記陰

【隸書】

西漢 馬•老乙

西漢 馬•老子甲後

西漢 馬•老子甲後

西漢 武•服傳甲

東漢 肥致碑

東漢 華山廟碑陽

東漢 華山廟碑陽

東漢 石門頌

東漢 楊震碑

東漢 楊著碑陽

東漢 楊著碑陽

東漢 鄭固碑

晉 辟雍頌陽

晉 徐義墓誌陽

北齊 司馬遵業墓誌

隋 暴永墓誌

隋 任軌墓誌

隋 吳嚴墓誌

唐 豆盧建墓誌

唐 京兆金氏墓誌

唐 李神符碑

唐 李神符碑

唐 李貞墓誌

唐 石臺孝經

唐 譚伍墓誌

唐 楊孝恭碑

唐 楊孝恭碑

唐 楊孝恭碑

【楷書】

魏晉 樓•紙

北魏 元毓墓誌

北魏 元子正墓誌

北魏 鄭君妻墓誌

東魏 元悰墓誌

隋 王光墓誌

唐 李壽墓誌

斮

【楷書】

唐 李勣墓誌

新

【篆書】

唐 三墳記陽

【隸書】

秦 睡 15

秦 睡 50

秦 關周•病方

西漢 馬•老甲

西漢 張•704

西漢 居新•1080

西漢 居新•1423

東漢 西•死駒

漢晉 流簡紙

漢晉 流簡紙

東漢 白石神君碑

東漢 蒼山元嘉題記

東漢 華山廟碑陽

東漢 馬姜墓記

東漢 沈府君神道闕

東漢 鮮于璜碑陽

東漢 張遷碑陽

三國魏 王基斷碑

晉 徐文墓碣

北齊 感孝頌

北齊 感孝頌

隋 叱李綱子墓誌

隋 爾朱敞墓誌

隋 高虬墓誌

隋 姬威墓誌

隋 任顯及妻誌

隋 張儉及妻墓誌

唐 陳憲墓誌

唐 史思禮墓誌

唐 趙冬曦壙誌

【楷書】

三國吳 走•五年

北魏 檀賓墓誌

北魏 奚智墓誌

北魏 元文墓誌

北齊 竇泰墓誌

北齊 趙道德墓誌

隋 王楚英墓誌

隋 鄭善妃墓誌

唐 石經周易

唐 魏仲俛墓誌

斲

【隸書】

秦 睡120

秦 關周•日書

西漢 馬•老甲

西漢 張•829

隋 爾朱敞墓誌

唐 白鹿泉碑陽

唐 紀信墓碑

【楷書】

北魏 馮邕妻墓誌

北魏 陸紹墓誌

東魏 李挺墓誌

唐 李文墓誌

唐 石經五經

唐 石經五經

唐 石經五經

唐 思恆墓誌

唐 寺尼心印記

斷

【篆書】

唐 三墳記陽

【隸書】

秦 睡70

西漢 馬•老乙前

西漢 居新•783

東漢 樊敏碑

東漢 石門頌

東漢 魏元丕碑

晉 石尠墓誌

北齊 竇泰墓誌

北齊 竇泰墓誌

隋 豆盧實墓誌

隋 劉多墓誌

隋 鄭令妃墓誌

唐 安天王廟碑

唐 庫狄真相墓誌

唐 王晉俗墓誌

【楷書】

北魏 檀賓墓誌

北魏 吐谷渾璣墓誌

北魏 元引墓誌

北魏 元子直墓誌

東魏 元湛墓誌

隋 王楚英墓誌

唐 張道墓誌

隋 張伏敬墓誌

隋 張盈墓誌

唐 樊涗墓誌

唐 封無遣墓誌

唐 郭義本墓誌

唐 吉渾墓誌

隋 寇遵考墓誌

唐 李鳳妃墓誌

唐 柳偘妻墓誌

唐 石經五經

唐 石經五經

唐 索義弘墓誌

唐 王韜墓誌

唐 温煒妻墓誌

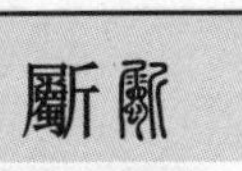

【楷書】

唐 石經五經

唐 石經五經

爪部

爪

【隸書】

隋 段濟墓誌

隋 爾朱端墓誌

唐 戴令言墓誌

唐 楊孝恭碑

【楷書】

三國吳 走•五年

北魏 元孟輝墓誌

北魏 元悌墓誌

北魏 元熙墓誌

北魏 莊伯墓誌

隋 范安貴墓誌

隋 孔神通墓誌

唐 史思禮墓誌

唐 王協墓誌

爭

【隸書】

秦 睡 10

西漢 馬•老甲

西漢 馬•老乙

西漢 馬•縱橫

西漢 張•1065

西漢 居新•7168

東漢 禮器碑

東漢 石門頌

東漢 楊統碑陽

東漢 楊統碑陽

晉 辟雍頌陽

隋 任軌墓誌

隋 口和墓誌

隋 修孔子廟碑

隋 元鐘墓誌

唐 褚亮碑

唐 石臺孝經

唐 石臺孝經

唐 石臺孝經

唐 石臺孝經

唐 徐盼墓誌

【楷書】

北魏 元彥墓誌

北齊 高湝墓誌

東魏 呂覎墓誌

唐 葛亮祠堂碑

唐 石經尚書

唐 石經五經

唐 張安墓誌

唐 鄭仁泰墓誌

爰

【篆書】

唐 碧落碑

【隸書】

秦 睡 250

秦 睡 77

西漢 馬•合陰陽

西漢 張•622

西漢 居新•7492

東漢 西•寇恩

漢晉 流簡紙

東漢 池陽令殘碑

東漢 張遷碑陽

東漢 趙寬碑

三國魏 張君殘碑

隋 爾朱敞墓誌

隋 澧水石橋碑

隋 姬威墓誌

隋 賈通墓誌

隋 口臏及妻墓誌

隋 申穆及妻墓誌

隋 口靜墓誌

隋 口靜墓誌

隋 鄭令妃墓誌
唐 戴令言墓誌
唐 蘇洪姿墓誌
唐 楊孝恭碑

【楷書】

北魏 元恭墓誌
北魏 元貴妃墓誌
北魏 元悌墓誌
北魏 元液墓誌
北魏 張寧墓誌
東魏 法香建塔記

東魏 侯海墓誌
隋 鳳泉寺塔銘
隋 馬少敏墓誌
隋 勝福寺塔銘
隋 王楚英墓誌
隋 王世琛墓誌
唐 崔素臣墓誌
唐 高婉墓誌
唐 柳昱妻墓誌
唐 盧萬春墓誌

唐 石經五經
唐 王立墓誌
唐 姚晅墓誌
唐 張審文墓誌
後梁 蕭符墓誌

爯 𤔲

【楷書】

後晉 王君妻關墓誌
後梁 蕭符墓誌

爲 𤓰

【篆書】

東漢 袁安碑
唐 碧落碑
唐 多寶佛塔銘
唐 多寶佛塔銘
唐 三墳記陽
唐 三墳記陰
唐 峿臺銘
唐 峿臺銘

【隸書】

秦 睡 137
秦 睡 48

秦 關周•日書
西漢 馬•老乙
西漢 馬•老子甲後
西漢 馬•縱橫
西漢 張•705
西漢 張•705
西漢 張•788
西漢 居新•2303
西漢 居新•3432
西漢 居新•5565

西漢 居新•6571
西漢 居新•6759
西漢 居新•7153
漢晉 流簡紙
漢晉 流簡紙
漢晉 流簡紙
東漢 曹全碑陽
東漢 封龍山頌
東漢 淮源廟碑
東漢 開通褒斜道

東漢 禮器碑
東漢 孟孝琚碑
新莽 褱盜刻石
東漢 尚博殘碑
東漢 石門頌
東漢 石門頌
東漢 宋伯望買田券背
東漢 宋伯望買田券正
新莽 蘇馬灣刻石
東漢 西狹頌

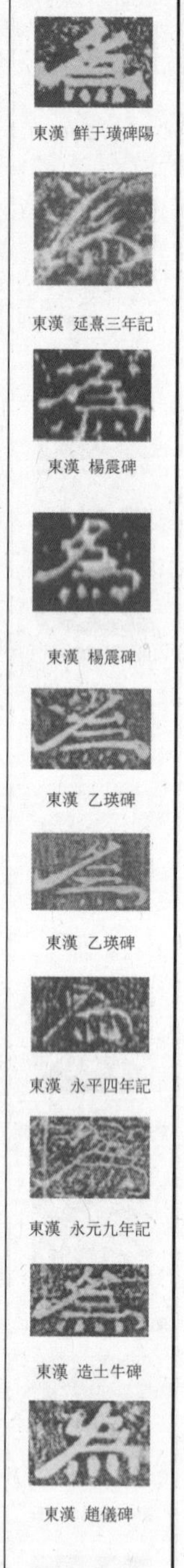
東漢 鮮于璜碑陽
東漢 延熹三年記
東漢 楊震碑
東漢 楊震碑
東漢 乙瑛碑
東漢 乙瑛碑
東漢 永平四年記
東漢 永元九年記
東漢 造土牛碑
東漢 趙儀碑

東漢 佐孟機題記
隋 暴永墓誌
隋 郭休墓誌
隋 李元墓誌
隋 勝福寺塔銘
隋 張姜墓誌
隋 張姜墓誌
隋 張景略墓誌
隋 趙朗墓誌
唐 褚亮碑

唐 石臺孝經
唐 石臺孝經
唐 行儼碑
唐 楊孝恭碑
唐 楊孝恭碑
唐 尹尊師碑
唐 張濬墓誌
【楷書】
三國吳 走•五年
晉 洛神十三行
南朝梁 天監造像

北魏 □知造像
北魏 和醜仁墓誌
北魏 寇慰墓誌
北魏 寇慰墓誌
北魏 奚智墓誌
北魏 元文墓誌
北魏 元毓墓誌
北齊 道明墓誌
北齊 竇泰墓誌
北齊 李福玉造像

北齊 婁黑女墓誌
北齊 王馬居造像
北齊 王鴨臉造像
東魏 吳叔悅造像
北齊 無量義經
東魏 元悰墓誌
隋 □悦昂墓誌
隋 寇奉叔墓誌
隋 梁坦墓誌
隋 馬憐造像記

隋 孫先造像
隋 張喬墓誌
唐 竇真墓誌
唐 荊肆墓誌
唐 李公政墓誌
唐 李侯墓誌
唐 匹婁思墓誌
唐 石經尚書
唐 石經尚書
唐 石經五經

唐 石經周易
唐 王才及妻墓誌
唐 王海朝墓誌
唐 薛文昭墓誌
後晉 世尊經殘石

舜 舜

【隸書】
西漢 馬•老子甲後
西漢 居新•417
北齊 西門豹碑陽
隋 修孔子廟碑
唐 玄元靈應頌
【楷書】
北魏 弔比干文陽
北魏 元乂墓誌
唐 陳諸墓誌
唐 房懷亮墓誌
唐 李勣墓誌

唐 強君妻杜墓誌
唐 石經尚書
唐 石經尚書
唐 石經五經
唐 石經五經
後唐 竪立生臺記

爵

【隸書】

秦 睡52
秦 睡58
西漢 馬•老甲
西漢 馬•老子甲後
西漢 馬•十問
西漢 張•164
西漢 居新•7535
漢晉 流簡紙
東漢 蒼山元嘉題記
東漢 蒼山元嘉題記

東漢 曹全碑陽
東漢 禮器碑
東漢 史晨後碑
東漢 武榮碑
東漢 夏承碑
東漢 鮮于璜碑陽
東漢 楊震碑
東漢 楊著碑陽
東漢 乙瑛碑
東漢 趙寬碑

東漢 趙寬碑
東漢 子游殘碑
三國魏 王基斷碑
晉 石尠墓誌
北魏 上尊號碑
北齊 司馬遵業墓誌
隋 豆盧實墓誌
隋 爾朱敞墓誌
隋 爾朱端墓誌
隋 姬威墓誌

隋 馬穉墓誌
隋 任軌墓誌
隋 任顯及妻誌
隋 口靜墓誌
唐 崔暟墓誌陽
唐 崔祐甫墓誌
唐 盧君妻墓誌
唐 王子麟墓誌
唐 義福碑陰

【楷書】

北魏 筍景墓誌

北魏 韓顯宗墓誌
北魏 赫連悅墓誌
北魏 楊乾墓誌
北魏 元乂墓誌
北魏 鄭君妻墓誌
北齊 竇泰墓誌
北齊 竇泰墓誌
北齊 法懃塔銘
北齊 劉雙仁墓誌
隋 暴永墓誌

隋 段威墓誌
唐 賈隱及妻墓誌
唐 黎幹墓誌
唐 李壽墓誌
唐 石經九經
唐 石經九經
唐 王惠忠墓誌
唐 邢德昭墓誌

父部

父

【篆書】

三國魏 正始石經

隋 蘇恒墓誌

【隸書】

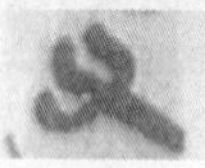
秦 睡135

秦 關周•病方

西漢 馬•老子甲後

西漢 馬•天下

西漢 馬•縱橫

西漢 張•59

漢晉 流簡紙

東漢 禮器碑側

新莽 襪盜刻石

東漢 三老刻石

東漢 鮮于璜碑陰

東漢 張文思題記

晉 郭槐柩記

隋 郭休墓誌

唐 李神符碑

唐 石臺孝經

唐 石臺孝經

唐 石臺孝經

唐 楊孝恭碑

唐 楊孝恭碑

唐 楊孝恭碑

唐 尹尊師碑

【楷書】

北魏 張玄墓誌

北齊 竇泰墓誌

唐 崔元二墓誌

唐 李敬墓誌

唐 石經九經

唐 石經九經

唐 石經尚書

唐 石經周易

月部

月

【篆書】

東漢 群臣上醻碑

東漢 袁安碑

東漢 袁安碑

東漢 袁安碑

三國吳 天發神讖碑

三國吳 天發神讖碑

三國魏 正始石經

三國魏 正始石經

隋 □忶昂墓誌

唐 柳偘妻墓誌

王感墓志

唐 趙本質墓誌

【隸書】

秦 關周·病方

西漢 張·11

西漢 居新·7497

西漢 居新·7502

新莽 西·守御器

兩漢 西·馬簡

漢晉 流簡紙

三國吳 走·五年

東漢 封龍山頌

東漢 三老刻石

東漢 乙瑛碑

東漢 佐孟機題記

隋 郭達墓誌

唐 李神符碑

唐 盧行毅墓誌

唐 楊孝恭碑

唐 楊孝恭碑

唐 楊孝恭碑

唐 掌徹墓誌

【楷書】

北魏 盧令媛墓誌

北魏 元敷墓誌

唐 崔元二墓誌

唐 李修已墓誌

唐 李玄德墓誌

唐 石經尚書

唐 石經周易

有

【篆書】

東漢 孔宙碑額

三國吳 天發神讖碑

三國魏 正始石經

隋 王光墓誌

唐 碧落碑

唐 碧落碑

唐 城隍廟碑

唐 城隍廟碑

唐 謙卦碑

唐 謙卦碑

唐 謙卦碑

唐 三墳記陽

唐 峿臺銘

唐 峿臺銘

【隸書】

秦 睡 51

秦 關周·病方

秦 關周·日書

西漢 馬·老子甲後

西漢 馬·老子甲後

西漢 馬·縱橫

西漢 居新·7735

西漢 西·候官

三國吳 走·四年

東漢 倉頡廟碑側

東漢 從事馮君碑

東漢 孔宙碑陽

東漢 朐忍令碑

東漢 石門頌

東漢 鮮于璜碑陽

東漢 鮮于璜碑陽

（有）

東漢 許安國題記

東漢 許安國題記

東漢 楊震碑

東漢 楊震碑

東漢 乙瑛碑

東漢 佐孟機題記

三國吳 買冢城磚

三國魏 王基斷碑

隋 李元墓誌

隋 劉珍墓誌

隋 申穆及妻墓誌

隋 蘇恒墓誌

隋 謝岳墓誌

隋 張景略墓誌

隋 張盛墓誌

唐 褚亮碑

唐 石臺孝經

唐 石臺孝經

唐 石臺孝經

唐 行儼碑

唐 楊孝恭碑

唐 楊孝恭碑

唐 楊孝恭碑

唐 尹尊師碑

唐 張翼墓誌

【楷書】

魏晉 樓•紙

晉 黃庭內景經

北魏 道暈造像

北魏 寇偘墓誌

北魏 元斁墓誌

北魏 元斁墓誌

北魏 元繼墓誌

東魏 叔孫固墓誌

隋 皇甫深墓誌

唐 鞏氏造像記

唐 敬覺墓誌

唐 石經九經

唐 石經尚書

唐 石經周易

唐 石經周易

肌

【隸書】

西漢 馬•十問

【楷書】

晉 黃庭內景經

唐 常俊墓誌

唐 河南元氏墓誌

唐 蕭俱興墓誌

唐 鄭溫球墓誌

肋

【楷書】

唐 竇誕墓誌

唐 路徹墓誌

唐 張節墓誌

肖

【隸書】

秦 睡 100

西漢 張•788

唐 崔祐甫墓誌

【楷書】

唐 多寶塔碑

唐 石經五經

肝

【隸書】

西漢 馬•足臂

西漢 馬•足臂

西漢 武•少牢甲

【楷書】

北魏 王誦墓誌

東魏 王偃墓誌

唐 盧八墓誌

唐 宋君妻王墓誌

肚

【隸書】

唐 義福禪師碑

肘

【隸書】

西漢 馬•合陰陽

西漢 張•804

唐 龐履溫碑

【楷書】

北魏 元順墓誌

唐 多寶塔碑

唐 楊孝直墓誌

唐 朱崇慶墓誌

肜

【隸書】

東漢 景君碑陰

【楷書】

北魏 元順平妻墓誌

隋 蕭餝性墓誌

唐 石經五經

育

【楷書】

唐 卜素墓誌

唐 爨右墓誌

唐 崔瑑墓誌

唐 劉奇秀墓誌

唐 劉庭訓墓誌

唐 石經五經

唐 史興墓詠

唐 司馬齊卿墓誌

唐 孫讜墓誌

唐 邢仙姫墓誌

唐 張興墓誌

肯

【隸書】

西漢 馬•縱橫

西漢 西•馬簡牘

東漢 西•寇恩

唐 戴令言墓誌

【楷書】

魏晉 樓•紙

東魏 邑主造石像

唐 桓琮妻墓誌

唐 苗藩墓誌

唐 石經九經

唐 石經九經

闆 堅牢塔記

肴

【隸書】

東漢 熹平石經易

【楷書】

晉 黃庭内景經

晉 吕望表陽

肺

【隸書】

西漢 武•特牲甲

西漢 武•特牲甲

西漢 武•有司甲

隋 蕭瑾墓誌

【楷書】

晉 黄庭内景經

唐 崔千里墓誌

唐 石經五經

唐 石經五經

唐 石經儀禮

唐 張五墓誌

肫

【楷書】

唐 石經五經

肱

【隸書】

東漢 張遷碑陽

唐 崔祐甫墓誌

【楷書】

北魏 元弼墓誌

北齊 元賢墓誌

唐 劉奇秀墓誌

唐 石經尚書

唐 石經周易

唐 楊訓墓誌

唐 張素墓誌

服

【篆書】

東漢 袁安碑

三國魏 正始石經

唐 謙卦碑

唐 謙卦碑

【隸書】

秦 睡18

西漢 馬•老乙

西漢 馬•老乙前

西漢 馬•縱横

西漢 張•1127

西漢 居新•3439

東漢 西•醫藥

漢晉 流簡紙

漢晉 流簡紙

西漢 楚王墓塞石

東漢 曹全碑陽

東漢 朝侯小子碑

東漢 淮源廟碑

東漢 尚博殘碑

東漢 唐公房碑陽

東漢 西狹頌

東漢 鮮于璜碑陽

東漢 薌他君題記

東漢 楊統碑陽

東漢 永壽元年墓記

東漢 鄭固碑

東漢 鄭固碑

三國魏 王基斷碑

三國魏 張君殘碑

晉 辟雍頌陽

晉 辟雍頌陽

晉 辟雍頌陽

晉 徐義墓誌陽

隋 豆盧實墓誌

隋 爾朱敞墓誌

隋 爾朱敞墓誌

隋 澧水石橋碑

隋 姬威墓誌

唐 蔡君妻墓誌

唐 崔暟墓誌陰

唐 京兆金氏墓誌

唐 柳偘妻墓誌

唐 龐履温碑

唐 石臺孝經

唐 石臺孝經

唐 王媛墓誌陰

唐 勿部將軍碑

唐 鄎國長公主碑

唐 趙冬曦壙誌

【楷書】

晉 華芳墓誌陰

北魏 馮邕妻墓誌

北魏 司馬氏墓誌
北魏 于景墓誌
北魏 元子正墓誌
北齊 竇泰墓誌
北齊 高淯墓誌
隋 范安貴墓誌
隋 寇奉叔墓誌
隋 張喬墓誌
唐 李壽墓誌
唐 馬壽墓誌

唐 石經尚書
唐 石經尚書
唐 石經五經
唐 石經周易
唐 孫婉墓誌
唐 嚴氏玄堂銘

朋

【隸書】

東漢 立朝字殘碑
東漢 尚博殘碑
東漢 熹平石經易
東漢 尹宙碑
隋 段濟墓誌
唐 崔沔墓誌陽
唐 楊孝恭碑

【楷書】

北魏 寇霄墓誌
北魏 奚真墓誌
北魏 元恩墓誌

北魏 元靈曜墓誌
北魏 元融墓誌
北魏 元彥墓誌
隋 橋紹墓誌
隋 張伏敬墓誌
唐 路徹墓誌
唐 石經九經
唐 石經周易
唐 石經周易
唐 鄭逢墓誌

肹

【隸書】

北周 華嶽頌
唐 段贖妻墓誌

【楷書】

唐 石經五經
唐 石經五經
唐 王士端墓誌

肺 𦚗

【楷書】

唐 石經周易

股 𦙮

【篆書】

唐 三墳記陰

【隸書】

秦 睡 78
西漢 馬•合陰陽
西漢 馬•老乙
西漢 馬•天下
西漢 馬•陰陽甲
西漢 馬•縱横
西漢 張•1133
西漢 張•808
漢晉 流簡紙

東漢 樊敏碑
東漢 石門頌
東漢 張遷碑陽
唐 崔祐甫墓誌
唐 李彥墓誌

【楷書】

北魏 爾朱襲墓誌
北魏 元弼墓誌
北魏 元徽墓誌
隋 口悦昂墓誌
隋 張壽墓誌

胡

【隸書】

秦 關周•病方
西漢 馬•事語
西漢 馬•縱橫
西漢 居新•1131
西漢 居新•4802
西漢 居新•7799
西漢 居新•9084
漢晉 流簡紙
東漢 蒼山元嘉題記
東漢 禮器碑

東魏 杜文雍造像
唐 朱照墓誌

肩

【隸書】

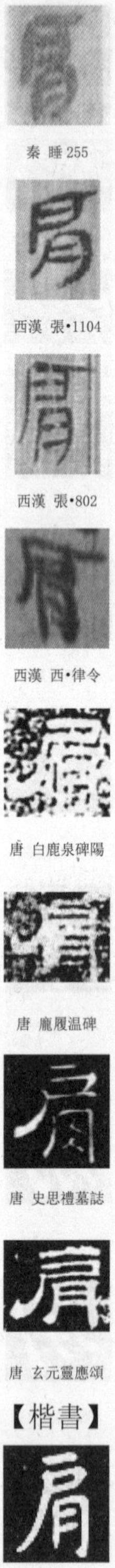

秦 睡255
西漢 張•1104
西漢 張•802
西漢 西•律令
唐 白鹿泉碑陽
唐 龐履温碑
唐 史思禮墓誌
唐 玄元靈應頌

【楷書】

北魏 元誘墓誌

北齊 法懃塔銘
隋 劉多墓誌
隋 馬穉墓誌
隋 王榮及妻墓誌
唐 文宣王廟門碑
唐 尹尊師碑

【楷書】

北魏 馮會萇墓誌
唐 崔琪墓誌
唐 崔廷妻墓誌
唐 石經周易

育

【篆書】

唐 阿育王寺碑額

【隸書】

西漢 居新•7481
漢晉 流簡紙
三國吳 走•五年
東漢 建寧三年殘碑
東漢 禮器碑
東漢 禮器碑陰
東漢 馬姜墓記
東漢 鮮于璜碑陽
晉 徐義墓誌陽

【楷書】

三國吳 走•五年
北魏 王禎墓誌
東魏 陸順華墓誌
唐 東方朔墓誌
唐 高應墓誌
唐 李清墓誌
唐 盧知宗墓誌
唐 石經五經
唐 石經周易
唐 楊執一墓誌

肥

【隸書】

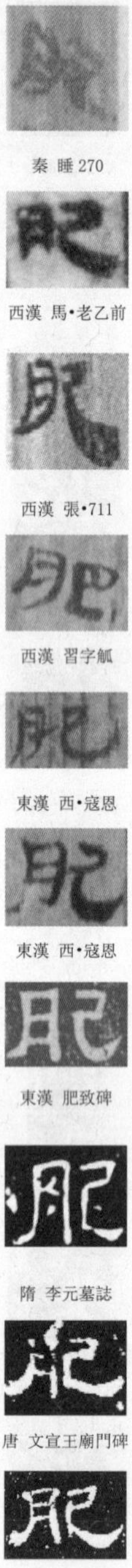

秦 睡270
西漢 馬•老乙前
西漢 張•711
西漢 習字觚
東漢 西•寇恩
東漢 西•寇恩
東漢 肥致碑
隋 李元墓誌
唐 文宣王廟門碑
唐 尹尊師碑

唐 葛亮祠堂碑
唐 郭克全墓誌
唐 平昌孟氏墓誌
唐 石經尚書
唐 石經五經
唐 石經周易
唐 石經周易
唐 閻筆墓誌
唐 楊訓墓誌
唐 元希古墓誌

胠

【隸書】

西漢 馬•十問

西漢 馬•縱橫

西漢 馬•足臂

西漢 張•1191

西漢 張•793

胃

【隸書】

秦 睡 268

西漢 馬•事語

西漢 馬•縱橫

西漢 張•808

漢晉 流簡紙

【楷書】

晉 黃庭經

唐 苗君妻楊墓誌

唐 董希令墓誌

唐 石經尚書

唐 石經尚書

唐 石經五經

唐 石經五經

唐 蘇斌墓誌

唐 王容墓誌

唐 顏人墓誌

唐 楊越墓誌

後唐 張滁妻高墓誌

北魏 山徽墓誌

北魏 王僧男墓誌

北魏 楊泰墓誌

北魏 元寧墓誌

北魏 張玄墓誌

東魏 李艷華墓誌

北齊 優婆姨造像陽

隋 成公氏墓誌

隋 高緊墓誌

隋 口靜墓誌

冑

【隸書】

東漢 曹全碑陽

東漢 楊震碑

東漢 尹宙碑

北魏 上尊號碑

隋 闢明墓誌

隋 申穆及妻墓誌

【楷書】

三國吳 走•二年

北魏 爾朱紹墓誌

北魏 和邃墓誌

背

【隸書】

西漢 張•1191

兩漢 傳馬名籍

漢晉 流簡紙

隋 符盛及妻墓誌

隋 蘇恒墓誌

唐 崔泰之墓誌

唐 趙冬曦壙誌

【楷書】

北魏 元暉墓誌

唐 石經周易

唐 越國太妃墓誌

隋 高緊墓誌

唐 李鉢夫人墓誌

唐 棲巖寺詩刻

唐 石經九經

東漢 許安國題記

北魏 上尊號碑

隋 段濟墓誌

隋 符盛及妻墓誌

隋 謝岳墓誌

唐 盧僩墓誌

唐 王震墓誌

唐 張休光墓誌

【楷書】

魏晉 樓•紙

北魏 胡明相墓誌

胸

【隸書】

西漢 馬•天下

西漢 張•472

東漢 胸忍令碑

東漢 通閣道記

【楷書】

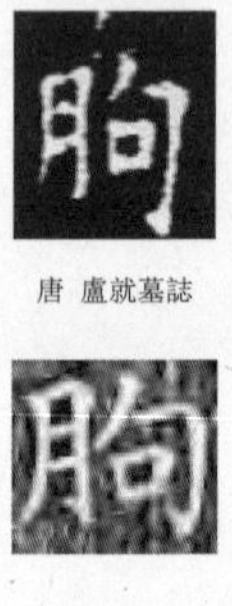

唐 盧就墓誌

唐 石經五經

胞

【楷書】

晉 黃庭内景經

唐 張方仁墓誌

胜

【楷書】

唐 石經五經

胝

【楷書】

唐 佛頂經幢

唐 李萼墓誌

唐 石經五經

胙

【隸書】

秦 關周•病方

東漢 史晨後碑

晉 吕望表

隋 爾朱端墓誌

隋 楊真墓誌

唐 盧行毅墓誌

唐 尉迟迥碑陰

【楷書】

北魏 李遵墓誌

北魏 元悅墓誌

北魏 元珍墓誌

唐 劉珵墓誌

唐 石經五經

唐 源公廟詩刻

唐 趙克廉墓誌

胘

【楷書】

唐 石經五經

脉

【篆書】

唐 三墳記陰

【隸書】

西漢 馬•合陰陽

西漢 張•1180

西漢 張•1189

西漢 張•808

東漢 西•醫藥

東漢 朝侯小子碑

唐 白鹿泉碑陽

【楷書】

南朝梁 舊館壇碑

北魏 元融墓誌

脊

【隸書】

秦 睡255

西漢 馬•合陰陽

西漢 馬•足臂

唐 盧翊墓誌

唐 石經禮記

唐 石經五經

唐 趙仁表磚誌

北周 華嶽頌

唐 北獄廟碑

唐 孔子廟碑

唐 趙冬曦壙誌

唐 貞一廟碑

【楷書】

北魏 穆紹墓誌

北魏 鄭道忠墓誌

東魏 元均及妻墓誌

唐 崔紹墓誌

唐 李壽墓誌

胥

【篆書】

三國魏 正始石經

【隸書】

西漢 馬•老乙前

西漢 馬•縱橫

西漢 張•1062

西漢 西•律令

東漢 淮源廟碑

東漢 禮器碑

東漢 禮器碑側

東漢 校官碑

東漢 趙菿殘碑

胇

【楷書】

南朝梁 舊館壇碑

胎

【隸書】

唐 蘇洪姿墓誌

唐 鄎國長公主碑

唐 修定寺記碑

【楷書】

北魏 元瞻墓誌

東魏 王偃墓誌

唐 李泳夫人墓銘

唐 李總持墓誌

唐 無上道誌

胐

【隸書】

隋 趙朗墓誌

【楷書】

北魏 元昉墓誌

唐 孟暉墓誌

唐 孫君妻李墓誌

唐 許義誠墓誌

唐 李勣墓誌

唐 石經五經

唐 石經五經

唐 張方仁墓誌

唐 張渙墓誌

朓

【楷書】

南朝梁 楊公則誌

唐 越國太妃墓誌

唐 石經五經

唐 石經五經

唐 孫讜墓誌

唐 王太貞墓誌

唐 王玄裕墓誌

唐 張方墓誌

唐 鄭仲連墓誌

胸

【隸書】

西漢 張•793

隋 爾朱敞墓誌

唐 張休光墓誌

【楷書】

北魏 寇霄墓誌

東魏 元仲英墓誌

隋 田德元墓誌

唐 崔克讓墓誌

唐 郭順墓誌

唐 盧萬春墓誌

胻

【隸書】

秦 睡255

西漢 張•1100

西漢 張•1130

西漢 張•787

【楷書】

北魏 元徽墓誌

脆

【隸書】

唐 平蠻頌

【楷書】

唐 張軫墓誌

胭

【隸書】

西漢 張•1190

胯

【楷書】

唐 石經五經

唐 石經五經

胹

【楷書】

唐 石經五經

脂

【隸書】

秦 睡29

西漢 馬•合陰陽

西漢 馬•養生

西漢 張•920

西漢 居新•116

兩漢 西•醫藥

東漢 肥致碑

北魏 王基墓誌

唐 史思禮墓誌

唐 張休光墓誌

【楷書】

北魏 元悌墓誌

北魏 元瑱墓誌

隋 盧文構墓誌

唐 李弘亮墓誌

唐 孫讜墓誌

脃

【楷書】

唐 石經五經

脡

【楷書】

唐 石經五經

胳

【楷書】

唐 石經五經

朕

【隸書】

西漢 馬•老乙前

三國魏 孔羨碑

晉 辟雍頌陽

唐 崔泰之墓誌

唐 石臺孝經

唐 石臺孝經

【楷書】

北魏 慈慶墓誌

北魏 楊乾墓誌

唐 供養嶽靈文

唐 盧知宗墓誌

唐 孟頫墓誌

唐 石經尚書

唐 石經五經

唐 石經五經

胶

【隸書】

西漢 居新•8735

【楷書】

唐 郭君妻墓誌

胼

【楷書】

唐 李尊墓誌

朔

【篆書】

三國吳 天發神讖碑

北魏 元煥誌蓋

【隸書】

秦 睡131

秦 關周•日書

西漢 馬•天下

西漢 張•495

西漢 張•564

西漢 居新•3701

西漢 西•馬牘

漢晉 流簡紙

漢晉 流簡紙

東漢 韓仁銘

東漢 華山廟碑陽

東漢 桓孨食堂記

東漢 景君碑陰

東漢 李冰石像銘

東漢 三老石堂記

東漢 史晨前碑

東漢 宋伯望買田券正

東漢 鮮于璜碑陽

東漢 薌他君題記

東漢 許安國題記

東漢 乙瑛碑

東漢 造虎函題記

東漢 趙寬碑

東漢 著懿殘石

三國魏 何晏墓誌

晉 辟雍頌陽

晉 辟雍頌陽

晉 王君殘墓誌

北齊 法懃塔銘

隋 豆盧實墓誌

隋 爾朱端墓誌

隋 符盛及妻墓誌

隋 李元墓誌

隋 劉寶及妻墓誌

隋 默曹殘碑

隋 牛諒墓誌

隋 勝福寺塔銘

隋 蘇恒墓誌

隋 張姜墓誌

唐 戴令言墓誌

唐 告華嶽府君

唐 史思禮墓誌

唐 譚伍墓誌

【楷書】

北魏 公孫猗墓誌

北魏 胡屯進墓誌

北魏 寇臻墓誌

北魏 石婉墓誌

北魏 王神虎造像

北魏 于纂墓誌

北魏 于纂墓誌

北魏 元靈曜墓誌

北魏 元壽妃墓誌

北魏 元緒墓誌

北周 李雄墓誌

北齊 魯彥昌造像

北齊 歐伯羅造像

北齊 宋敬業塔頌

東魏 楊顯叔造像

隋 高緊墓誌

隋 羅寶奴造像

隋 馬少敏墓誌

隋 任顯及妻墓誌

隋 嚴元貴墓誌

唐 阿史那貞忠墓誌

唐 白公濟墓誌

唐 郭十娘造像

唐 李承乾墓誌

唐 李壽墓誌

東漢 西•寇恩

東漢 西•寇恩

東漢 西•醫藥

漢晉 流簡紙

東漢 朝侯小子碑

東漢 蕩陰字殘

東漢 肥致碑

東漢 封龍山頌

東漢 華山廟碑陽

東漢 淮源廟碑

能

【篆書】

唐 峿臺銘

【隸書】

秦 睡63

西漢 馬•合陰陽

西漢 馬•合陰陽

西漢 馬•老甲

西漢 馬•老乙前

西漢 馬•縱横

西漢 張•272

西漢 張•496

西漢 居新•3455

東魏 道穎造像

唐 楚金禪師碑

唐 胡君妻墓誌

唐 吕遥墓誌

唐 如願律師墓誌

唐 石經五經

唐 石經五經

唐 陽濟墓誌

脅

【隸書】

西漢 馬•合陰陽

西漢 張•1138

東漢 西•醫藥

漢晉 流簡紙

唐 北獄廟碑

唐 平蠻頌

唐 義福禪師碑

唐 鄭忠墓碑

【楷書】

南朝陳 衛和墓誌

隋 薛保興墓誌

唐 李壽墓誌

唐 石經九經

唐 石經九經

唐 王禮墓誌

隋 楊真墓誌

隋 張盛墓誌

隋 趙朗墓誌

唐 李神符碑

唐 尹尊師碑

【楷書】

晉 華芳墓誌陰

北魏 楊乾墓誌

北周 寇胤哲墓誌

隋 程諧墓誌

隋 任顯及妻誌

朗

【篆書】

三國吳 天發神讖碑

唐 三墳記陽

【隸書】

東漢 石門頌

三國吳 谷朗碑

晉 管洛墓誌陽

北齊 司馬遵業墓誌

隋 爾朱敞墓誌

隋 爾朱端墓誌

隋 澧水石橋碑

隋 侯肇墓誌

唐 李震夫人墓誌

唐 明演塔銘

唐 石經尚書

唐 石經五經

唐 吳孝墓誌

唐 夏侯昣墓誌

唐 薛華墓誌

唐 薛文昭墓誌

唐 張思鼎墓誌

唐 掌徹墓誌

東漢 孔宙碑陽

東漢 馬姜墓記

東漢 任城黃腸石

東漢 史晨後碑

東漢 西狹頌

東漢 陽嘉殘碑陽

東漢 楊震碑

東漢 乙瑛碑

東漢 乙瑛碑

東漢 張遷碑陽

三國魏 曹真殘碑陽

三國魏 王基斷碑

晉 魯詮墓表

北齊 馬天祥造像

隋 郭休墓誌

隋 默曹殘碑

隋 蕭瑾墓誌

隋 楊真墓誌

唐 夫子廟堂碑

唐 李神符碑

唐 石臺孝經

唐 楊孝恭碑

唐 楊孝恭碑

唐 楊孝恭碑

唐 趙冬曦壙誌

【楷書】

北魏 高珪墓誌

北魏 石婉墓誌

北魏 元朗墓誌

東魏 道穎造像

北齊 竇泰墓誌

北齊 房周陁墓誌

北周 賀屯植墓誌

東魏 叔孫固墓誌

唐 竇娘子墓誌

唐 崔淑墓誌

唐 劉阿延墓誌

唐 石經尚書

唐 石經尚書

唐 石經五經

唐 石經周易

脅

【楷書】

唐 石經五經

脉

【楷書】

唐 苑玄亮墓誌

脜

【楷書】

唐 劉庭訓墓誌

脤

【楷書】

唐 石經五經

脬

【楷書】

唐 石經五經

脕

【楷書】

唐 石經五經

脢

【楷書】

唐 石經五經

唐 石經周易

【楷書】

北魏 元順墓誌

東魏 李挺墓誌

東魏 元悰墓誌

唐 崔澮墓誌

唐 那提墓誌

唐 無上道誌

後唐 王璠墓誌

脫

【隸書】

秦 睡 47

西漢 張•793

西漢 居新•8211

東漢 西•奉例

北齊 感孝頌

隋 暴永墓誌

唐 大忍寺碑

唐 興寺碑

唐 張休光墓誌

唐 趙冬曦壙誌

脯

【隸書】

秦 睡 137

西漢 張•41

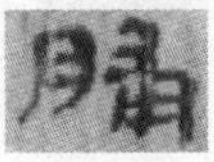
西漢 張•41

西漢 武•有司甲

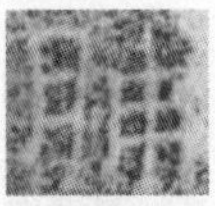
東漢 三公山碑

【楷書】

唐 霍氏墓誌

唐 石經儀禮

唐 石經儀禮

脛

【楷書】

唐 石經尚書

脨

【楷書】

唐 張義墓誌

脞

【楷書】

唐 石經尚書

望

【篆書】

唐 碧落碑

唐 城隍廟碑

唐 峿臺銘

【隸書】

秦 睡100

西漢 馬•老甲

西漢 馬•老乙前

西漢 馬•縱橫

西漢 張•1063

西漢 居新•1873

西漢 居新•4255

西漢 居新•4833

西漢 居新•7192

西漢 居新•7842

西漢 居新•8260

兩漢 武•王杖

漢晉 流簡紙

漢晉 流簡紙

東漢 曹全碑陽

東漢 曹全碑陽

東漢 封龍山頌

東漢 華山廟碑陽

東漢 華山廟碑陽

東漢 朐忍令碑

東漢 史晨後碑

東漢 宋伯望買田券正

東漢 鮮于璜碑陽

晉 吕望表

晉 徐義墓誌陽

北周 華嶽頌

隋 暴永墓誌

隋 爾朱端墓誌

隋 高虬墓誌

隋 劉寶及妻墓誌

隋 馬長和造像

隋 馬穉墓誌

隋 牛諒墓誌

隋 任軌墓誌

隋 任軌墓誌

隋 王榮及妻墓誌

隋 口和墓誌

東魏 元悰墓誌

唐 李神符碑

唐 李彦墓誌

唐 史思禮墓誌

唐 韋士逸墓誌

唐 尹尊師碑

唐 張騷墓誌

唐 張翼墓誌

【楷書】

北魏 公孫猗墓誌

北魏 李謀墓誌

北魏 穆纂墓誌

北魏 鄯乾墓誌

北魏 薛伯徽墓誌

北魏 元欽墓誌

北魏 元子正墓誌

北齊 竇泰墓誌

東魏 陸順華墓誌

北齊 宋敬業塔頌

隋 盧文機墓誌

隋 王楚英墓誌

唐 程知節墓誌

唐 宮官司設墓誌

唐 李賢墓誌

唐 麻姑仙壇記

唐 石經周易

唐 惟貞廟碑陽

唐 楊君妻孫墓誌

唐 於遂古墓誌

朝

【篆書】

三國魏 正始石經
唐 三墳記陰
唐 峿臺銘

【隸書】

秦 睡135
秦 睡135
西漢 馬•老甲
西漢 張•1131
西漢 張•1138
西漢 居新•5544
漢晉 流簡紙

東漢 蕩陰字殘
東漢 肥致碑
東漢 封龍山頌
東漢 景君碑陽
東漢 景君碑陽
東漢 孔宙碑陰
東漢 禮器碑
東漢 禮器碑
東漢 三老石堂記
東漢 陶洛殘碑陽

東漢 西狹頌
東漢 薌他君題記
東漢 行事渡君碑
東漢 許安國題記
東漢 楊統碑陽
東漢 楊震碑
東漢 楊震碑
東漢 尹宙碑
東漢 尹宙碑
北齊 竇泰墓誌

北齊 司馬遵業墓誌
隋 豆盧實墓誌
隋 澧水石橋碑
隋 關明墓誌
隋 郭休墓誌
隋 劉珍墓誌
隋 任軌墓誌
隋 楊真墓誌
隋 張儉及妻墓誌
隋 張景略墓誌

隋 趙朗墓誌
唐 褚亮碑
唐 崔暟墓誌陽
唐 崔沔墓誌陽
唐 崔沔墓誌陰
唐 豆盧建墓誌
唐 告華嶽府君
唐 李神符碑
唐 李神符碑
唐 盧行毅墓誌

唐 潘基墓誌
唐 沈夫人墓誌
唐 譚伍墓誌
唐 王子麟墓誌
唐 鄎國長公主碑
唐 尹文操碑
唐 尹尊師碑
唐 掌徹墓誌

【楷書】

北魏 韓顯宗墓誌
北魏 胡明相墓誌

北魏 李媛墓誌
北魏 穆紹墓誌
北魏 唐耀墓誌
北魏 元尴墓誌
北魏 元文墓誌
東魏 李挺墓誌
北齊 婁黑女墓誌
隋 馬少敏墓誌
隋 楊厲墓誌
唐 張客墓誌

唐 安靜墓誌
唐 李洪鈞墓誌
唐 李壽墓誌
唐 石經九經
唐 石經九經
唐 石經尚書
唐 石經周易
唐 蘇斌墓誌

腆	腊	腕	腎				期
【隸書】 唐 文宣王廟門碑 【楷書】 唐 卜璀墓誌 唐 李景陽墓誌 唐 石經五經	【隸書】 秦 睡191 西漢 武•特牲甲	【楷書】 唐 韓恆墓誌	【隸書】 秦 睡55 西漢 張•814 唐 興寺碑 【楷書】 晉 黄庭内景經 唐 何簡墓誌 唐 石經尚書	唐 石經尚書 唐 譚伍墓誌 唐 張氏墓誌 唐 張貞墓誌	【楷書】 北魏 侯愔墓誌 北魏 乞伏寶墓誌 北魏 元纖墓誌 北魏 元悌墓誌 東魏 元悰墓誌 隋 段威墓誌 隋 段威墓誌 隋 口靜墓誌 隋 張壽墓誌 唐 李壽墓誌	晉 郭槐柩記 北魏 上尊號碑 隋 豆盧寶墓誌 隋 符盛及妻墓誌 隋 郭達墓誌 隋 侯肇墓誌 隋 口和墓誌 隋 楊真墓誌 唐 崔暟墓誌陽 唐 史思禮墓誌	【篆書】 唐 城隍廟碑 【隸書】 秦 睡51 秦 關周•日書 西漢 馬•老乙前 西漢 馬•縱橫 西漢 張•1052 漢晉 流簡紙 東漢 孟孝琚碑 東漢 史晨前碑 東漢 夏承碑

腋

【楷書】

北魏 元乂墓誌

北齊 無量義經

唐 石經五經

唐 楊孝直墓誌

腑

【隸書】

隋 蕭瑾墓誌

【楷書】

唐 崔孅妻合誌

唐 李遇□墓誌

唐 李總持墓誌

腴

【篆書】

唐 三墳記陰

【隸書】

西漢 馬•縱横

西漢 武•少牢甲

隋 侯肇墓誌

唐 崔祐甫墓誌

唐 柳偘妻墓誌

唐 張觀墓誌

【楷書】

北魏 陸紹墓誌

北魏 元洛神墓誌

東魏 高盛墓碑

脾

【隸書】

西漢 馬•合陰陽

西漢 張•784

東漢 西•病書

【楷書】

晉 黃庭内景經

唐 程君妻墓誌

腍

【楷書】

唐 石經五經

腓

【楷書】

唐 石經五經

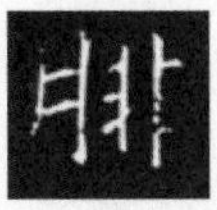
唐 石經周易

唐 新開石室記

腢

【楷書】

唐 石經五經

勝 𦢊

【篆書】

唐 碧落碑

唐 姚仲文經幢

唐 峿臺銘

【隸書】

秦 睡122

秦 關周•日書

西漢 張•1078

西漢 張•1084

西漢 張•592

西漢 居新•2159

西漢 武•王杖

晉 管洛墓誌陽

北齊 感孝頌

北齊 鏤石班經記

隋 豆盧實墓誌

隋 豆盧實墓誌

隋 李元墓誌

隋 李元墓誌

隋 劉多墓誌

隋 馬穉墓誌

隋 宋景造像碑

唐 張顏墓誌

【楷書】

三國吳 走•四年

三國吳 走•四年

北魏 韓顯祖造像

北魏 寇臻墓誌

北魏 元朗墓誌

北魏 元壽安墓誌

東魏 元悰墓誌

隋 勝福寺塔銘

隋 田德元墓誌

隋 張儉及妻墓誌

唐 褚亮碑

唐 豆盧建墓誌

唐 龐履温碑

唐 史思禮墓誌

唐 嵩陽觀碑

唐 嵩陽觀碑

唐 蘇洪姿墓誌

唐 尹文操碑

唐 尹尊師碑

隋 鄭善妃墓誌

唐 口滿墓誌

唐 白敬宗墓誌

唐 成順壽墓誌

唐 石經五經

唐 王隆業造像

唐 楊仲雅墓誌

腒 𦝠

【楷書】

唐 石經五經

腏 𦝫

【隸書】

秦 關周•病方

秦 關周•病方

朝

【隸書】

西漢 馬•老乙前

西漢 馬•老乙前

隋 修孔子廟碑

唐 北獄廟碑

【楷書】

唐 王素墓誌

腨

【隸書】

西漢 張•793

西漢 張•794

北齊 無量義經

隋 獨孤羅墓誌

唐 黃郡駱氏墓誌

唐 李公政墓誌

唐 李侯墓誌

唐 魯謙墓誌

唐 馬壽墓誌

唐 石經尚書

唐 石經五經

唐 宋君妻王墓誌

腸

【隸書】

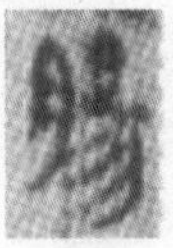
秦 關周•病方

西漢 馬•陰陽甲

西漢 張•783

西漢 張•785

漢晉 流簡紙

晉 徐義墓誌陽

唐 趙叡沖碑

【楷書】

魏晉 樓•紙

晉 黃庭內景經

南朝宋 石騶銘

腜

【隸書】

西漢 張•1108

西漢 張•1191

䐑

【楷書】

唐 石經五經

腠

【楷書】

唐 陳君妻王墓誌

唐 石經五經

腰

【隸書】

隋 張儉及妻墓誌

唐 崔暄墓誌陽

【楷書】

晉 黃庭內景經

北魏 爾朱紹墓誌

北魏 元項墓誌

隋 梁瓌墓誌

唐 崔琪墓誌

唐 無上道誌

腷

【楷書】

唐 王府君墓誌

唐 嚴明府夫人墓誌

腥

【楷書】

晉 黃庭内景經

隋 張貴男墓誌

唐 龍泉記

唐 石經五經

腯

【楷書】

隋 元智墓誌

唐 石經五經

脚

【隸書】

秦 睡 270

【楷書】

唐 闞俊墓誌

唐 秦利見墓誌

腹

【隸書】

秦 睡 270

西漢 馬•合陰陽

西漢 馬•老子甲後

西漢 馬•事語

西漢 張•1191

西漢 張•782

漢晉 流簡紙

漢晉 流簡紙

隋 段濟墓誌

隋 爾朱端墓誌

【楷書】

北魏 郭顯墓誌

北魏 元壽安墓誌

北魏 元頊墓誌

北魏 元遙墓誌

北魏 元誘墓誌

唐 屈元壽墓誌

唐 李彦墓誌

唐 四望山題記

唐 楊孝恭碑

唐 尹文操碑

唐 石經周易

唐 王敏墓誌

唐 張去奢墓誌

膢

【楷書】

北魏 司馬顯姿墓誌

北魏 元徽墓誌

唐 韋損墓誌

塍

【楷書】

唐 口殷墓誌

唐 孫公乂墓誌

高	膏	膗	膉	膞	䐄	腛	腦
 北周 華嶽頌	【隸書】  西漢 馬•合陰陽	【楷書】  唐 石經五經	【楷書】  唐 石經五經	【隸書】  西漢 馬•足臂	【楷書】  隋 蕭球墓誌	【楷書】  唐 石經五經	【楷書】  晉 黃庭內景經
 唐 張叡墓誌	 西漢 馬•天下			 兩漢 西•醫藥	 唐 七品宮人墓誌		 北齊 無量義經
 唐 張休光墓誌	 西漢 馬•養生			【楷書】  北齊 無量義經			 唐 石經五經
【楷書】  北魏 蘭將墓誌	 西漢 馬•縱橫			 唐 石經五經			 唐 石經五經
 北魏 元悌墓誌	 西漢 張•795						
 東魏 李憲墓誌	 西漢 西•馬簽						
 東魏 王令媛墓誌	 兩漢 西•醫藥						
 隋 卜鑒墓誌	 漢晉 流簡紙						
 隋 潘善利墓誌	 東漢 曹金碑陽						
 隋 卞鑒墓誌	 北魏 王基墓誌						

唐 梁有意墓誌
唐 劉奇秀墓誌
唐 石經周易
唐 石經周易

膂

【隸書】
唐 辛雲京妻墓誌

【楷書】
北魏 元恭墓誌
北齊 元賢墓誌
隋 范安貴墓誌
隋 張壽墓誌
唐 安元壽墓誌
唐 郭克全墓誌
唐 王玄裕墓誌
唐 閻虔福墓誌

膋

【楷書】
唐 石經五經
唐 孫讜墓誌

膚

【隸書】
秦 睡 51
西漢 馬•合陰陽
西漢 馬•十問
西漢 張•783
漢晉 流簡紙
東漢 熹平石經易
唐 豆盧建墓誌
唐 石臺孝經

【楷書】
北齊 無量義經
唐 樊涚墓誌
唐 苗君妻楊墓誌
唐 石經五經
唐 石經周易
唐 越國太妃墓誌

膝

【隸書】
西漢 居新•8836
西漢 武•士相見
兩漢 西•醫藥
東漢 鄭固碑
晉 辟雍頌陽
唐 紀信墓碑
唐 石臺孝經

【楷書】
南朝梁 羅浮山銘
北魏 公孫猗墓誌
北齊 無量義經
唐 崔君妻朱墓誌
唐 崔琪墓誌
唐 賈從贇墓誌
唐 賈嬪墓誌
唐 李勣墓誌
唐 盧全操墓誌
唐 苗善物墓誌
唐 清河郡張墓誌
唐 權莽石表
唐 王傑墓誌
唐 蕭遇墓誌
唐 楊執一墓誌
唐 張某墓誌
唐 支訢妻墓誌
唐 周義墓誌

膫

【隸書】

西漢 張•787

【楷書】

唐 石經五經

膩

【隸書】

西漢 馬•老子甲後

【楷書】

唐 文鑒經幢

唐 皇甫誕碑

唐 李璀墓誌

唐 陵季子廟碑

唐 石經五經

唐 許君妻樊墓誌

唐 張君妻田墓誌

膠

【隸書】

秦 睡 29

西漢 馬•合陰陽

東漢 鮮于璜碑陽

北齊 西門豹碑陽

隋 爾朱敞墓誌

唐 孔子廟碑

唐 文宣王廟門碑

【楷書】

北魏 李渠蘭墓誌

北魏 元壽安墓誌

東魏 元湛墓誌

膟

【楷書】

唐 石經五經

膢

【楷書】

唐 支成墓誌

膞

【楷書】

唐 石經五經

膘

【楷書】

南朝梁 楊公則誌

唐 石經五經

膮

【楷書】

唐 石經五經

膴

【隸書】

西漢 武•有司甲

【楷書】

唐 顏仁楚墓誌

膳

【隸書】

西漢 武•泰射甲

晉 徐義墓誌陽

隋 高虬墓誌

隋 姬威墓誌

隋 口靜墓誌

唐 孔子廟碑

唐 柳偘妻墓誌

唐 王媛墓誌陽

唐 王媛墓誌陰

唐 義福禪師碑

【楷書】

北魏 司馬顯姿墓誌

唐 崔眷妻墓誌

唐 李月相墓誌

後梁 國礪誌銘

[illegible]

【楷書】

唐 石經五經

膻

【楷書】

隋 張貴男墓誌

唐 段慈順墓誌

膽

【楷書】

北魏 李媛墓誌

臄

【楷書】

唐 石經五經

臆

【隸書】

唐 植松柏碑

【楷書】

北齊 無量義經

唐 王府君墓誌

唐 嚴明府夫人墓誌

膾

【楷書】

北魏 奚智墓誌

唐 石經五經

臉

【楷書】

北齊 王鴨臉造像

唐 李沖墓誌

唐 李敬墓誌

唐 祁惠墓誌

唐 石經五經

唐 王恆汎墓誌

隋 王善來墓誌

唐 薛參墓誌

唐 薛華墓誌

唐 張惠墓誌

膽

【隸書】

唐 陳泰墓誌

唐 張休光墓誌

【楷書】

晉 黃庭內景經

北魏 元昭墓誌

北周 賀屯植墓誌

隋 盧文構墓誌

唐 陳思墓誌

唐 段晏墓誌

唐 苻肅墓誌

臊

【楷書】

唐 龍泉記

唐 石經五經

唐 孫審象墓誌

臅

【楷書】

唐 石經五經

膿

【隸書】

東漢 西•醫藥

東漢 西•醫藥

東漢 曹全碑陽

膹

【隸書】

秦 睡67

【楷書】

唐 石經五經

膺

【隸書】

東漢 西狹頌

東漢 鮮于璜碑陽

晉 辟雍頌陽

北齊 感孝頌

北齊 司馬遵業墓誌

隋 侯肇墓誌

隋 姬威墓誌

隋 劉多墓誌

隋 宋景造像碑

唐 北獄廟碑

唐 褚亮碑

唐 李神符碑

唐 潘基墓誌

【楷書】

北魏 元彝墓誌

北魏 元子正墓誌

東魏 元悰墓誌

東魏 張瓘墓誌

隋 陳花樹墓誌

隋 段模墓誌

隋 元鐘墓誌

唐 劉通墓誌

唐 石經五經

唐 石經五經

臂

【隸書】

西漢 馬·足臂

西漢 張·839

西漢 居新·2520

新莽 西·守御器

隋 郭達墓誌

【楷書】

北齊 無量義經

唐 邵真及妻墓誌

唐 李立言墓誌

唐 盧璠墓誌

唐 王大劍墓誌

臀

【隸書】

東漢 熹平石經易

【楷書】

唐 石經周易

臑

【隸書】

秦 睡254

西漢 馬·足臂

西漢 張·807

西漢 張·821

西漢 武·特牲甲

西漢 武·有司甲

【楷書】

唐 石經五經

臐

【楷書】

唐 石經五經

臏

【隸書】

西漢 馬•陰陽甲

【楷書】

唐 吴守忠墓誌

臘

【隸書】

西漢 居新•7678

西漢 居新•7687

東漢 薌他君題記

東漢 永平四年記

東漢 張遷碑陽

唐 勿部將軍碑

【楷書】

東魏 王蓋周造像

北齊 王鴨臉造像

唐 柏善德妻墓誌

唐 孔元墓誌

唐 劉通墓誌

唐 善悟塔銘

唐 石經五經

唐 石經周易

唐 玄秘塔碑

唐 玄秘塔碑

唐 姚恭墓誌

臚

【楷書】

北魏 趙充華墓誌

隋 蘇威妻墓誌

唐 支鍊師墓誌

唐 報德記

唐 崔羡墓誌

唐 支成墓誌

臝

【隸書】

秦 睡 105

秦 睡 15

西漢 馬•老乙前

西漢 馬•養生

西漢 張•1027

西漢 張•974

西漢 張•977

隋 吴嚴墓誌

唐 崔暟墓誌陰

【楷書】

唐 李顒墓誌

唐 石經五經

⿰月襄

【楷書】

唐 斛斯政則墓誌

臞

【隸書】

西漢 張•1066

西漢 張•1076

【楷書】

隋 盧文機墓誌

唐 石經五經

氏部

氏

【篆書】

東漢 鄭季宣碑
北魏 宋靈妃誌蓋
東魏 祖氏誌蓋
隋 李氏像碑額
唐 陳君妻趙誌蓋
唐 功德碑額
唐 故笄女誌蓋
唐 紀愼妃碑額
唐 李璆妻墓誌
唐 蕭公妻墓誌

【隸書】

秦 關周•日書
西漢 馬•老乙前
西漢 馬•老子甲後
西漢 馬•縱橫
西漢 馬•縱橫
西漢 張•476
西漢 張•677
西漢 居新•3015
西漢 居新•7159
漢晉 流簡紙

東漢 曹全碑陽
東漢 從事馮君碑
東漢 封龍山頌
東漢 禮器碑
東漢 禮器碑側
東漢 路公食堂記
東漢 馬姜墓記
東漢 馬姜墓記
東漢 朐忍令碑
東漢 石門頌

東漢 行事渡君碑
東漢 楊震碑
東漢 楊著碑陽
東漢 乙瑛碑
晉 郭槐柩記
晉 劉韜墓志
晉 孫氏碑額
晉 左棻墓誌陰
隋 爾朱端墓誌
隋 劉珍墓誌

隋 任軌墓誌
隋 任顯及妻誌
隋 申穆及妻墓誌
隋 宋仲墓誌
隋 蘇恒墓誌
隋 吳嚴墓誌
隋 謝岳墓誌
隋 張盛墓誌
唐 高元珪墓誌
唐 京兆金氏墓誌

唐 牛氏像龕碑
唐 史思禮墓誌
唐 韋士逸墓誌
唐 郎國長公主碑
唐 行儼碑
唐 行儼碑
唐 楊孝恭碑
唐 楊孝恭碑
唐 趙冬曦壙誌

【楷書】

北魏 元繼墓誌

北魏 元洛神蓋
北齊 爾朱元靜墓誌
北周 賀屯植墓誌
隋 申穆及妻墓誌
隋 口靜墓誌
唐 李紹墓誌
唐 李獻墓誌
唐 石經尚書
唐 王怡政夫人墓誌
唐 嚴識玄墓誌

唐 嬰殤女墓誌
唐 元婉墓誌
唐 張清造像記
唐 張宰墓誌

氏

【隸書】

秦 睡121
西漢 馬•老乙
西漢 馬•老乙前
西漢 張•486
西漢 居新•9127

民

【篆書】

東漢 祀三公山碑
唐 謙卦碑

【隸書】

秦 睡10
秦 睡112
秦 睡66
西漢 馬•老甲
西漢 馬•老甲
西漢 馬•老乙前
西漢 馬•老乙前
西漢 馬•老子甲後

西漢 張•1079
西漢 張•629
西漢 居新•7697
西漢 居新•7701
西漢 西•詔書
漢晉 流簡紙
西漢 買山地記
東漢 曹全碑陽
東漢 華山廟碑陽
東漢 華山廟碑陽

東漢 淮源廟碑
東漢 淮源廟碑
東漢 孔宏碑
東漢 尚博殘碑
東漢 史晨後碑
東漢 宋伯望買田券正
東漢 西狹頌
東漢 熹平殘石
東漢 鮮于璜碑陽
東漢 鮮于璜碑陰

東漢 楊著碑陽
三國魏 曹真殘碑陰
三國魏 王基斷碑
北魏 上尊號碑
北齊 馬天祥造像
北齊 馬天祥造像
隋 爾朱敞墓誌
隋 姬威墓誌
隋 任顯及妻誌
隋 王榮及妻墓誌

隋 謝岳墓誌
隋 修孔子廟碑
隋 楊真墓誌
唐 石臺孝經

【楷書】

三國吳 走•二年
三國吳 走•四年
北魏 程法珠墓誌
北魏 元敷墓誌
北魏 元彥墓誌
北齊 竇泰墓誌

北周 賀屯植墓誌
東魏 王僧墓誌
隋 范安貴墓誌
隋 楊通墓誌
隋 元鐘墓誌
隋 張軻墓誌
唐 皇甫誕碑
唐 李迪墓誌
唐 李尚墓誌
唐 盧士瓊墓誌

唐 石經周易

唐 萬壽寺記

唐 王爽墓誌

唐 元湑墓誌

後唐 竪立生臺記

岷 岷

【隸書】

東漢 郙閣頌

北齊 司馬遵業墓誌

唐 戴令言墓誌

唐 李彥墓誌

【楷書】

南朝陳 劉猛進碑

北魏 封魔奴墓誌

東魏 元寶建墓誌

唐 黎幹墓誌

唐 李瑱墓誌

唐 王玄墓誌

唐 楊執一墓誌

唐 張弘秀墓誌

欠部

次

【篆書】

唐 長明燈樓頌

唐 峿臺銘

【隸書】

秦 睡10

秦 關周•病方

西漢 馬•合陰陽

西漢 馬•事語

西漢 張•881

西漢 居新•1079

西漢 居新•1983

漢晉 流簡紙

漢晉 流簡紙

東漢 馬姜墓記

東漢 三老刻石

東漢 三老刻石

東漢 鮮于璜碑陽

東漢 薌他君題記

東漢 楊震碑

東漢 楊震碑

東漢 張文思題記

東漢 趙寬碑

晉 馮恭石槨字

晉 石尠墓誌

隋 任顯及妻誌

唐 石臺孝經

唐 史思禮墓誌

唐 唐世榮墓誌

唐 楊孝恭碑

唐 楊孝恭碑

【楷書】

北魏 鞏伏龍造像

北魏 郭顯墓誌

北魏 韓震墓誌陰

北魏 元欽墓誌

北齊 等慈寺塔銘

隋 馬少敏墓誌

隋 申穆及妻墓誌

隋 宋睦墓誌

隋 王楚英墓誌

隋 楊靜太造像

唐 禪師方墳記

唐 劉基墓誌

唐 石經五經

唐 石經周易

唐 王大劍墓誌

欣

【隸書】

西漢 西•候官

兩漢 傳馬名籍

兩漢 西•懸簡

東漢 白石神君碑

東漢 從事馮君碑

東漢 景君碑陰

東漢 楊統碑陽

三國魏 孔羨碑

北魏 上尊號碑

唐 白鹿泉碑陽

唐 尹文操碑

【楷書】

三國吳 走•五年

北魏 赫連悅墓誌

北齊 僧通等造像

唐 程思義墓誌

唐 崔琪墓誌

款				欲	歙	欬	欿
【隸書】	唐 崔縕墓誌	隋 劉珍墓誌	西漢 張•364	【隸書】	【隸書】	【隸書】	【隸書】
漢晉 流簡紙	唐 房孚墓誌	隋 王榮及妻墓誌	西漢 居新•1421	秦 睡 137	東漢 鮮于璜碑陰	西漢 張•815	唐 白鹿泉碑陽
晉 辟雍頌陽	唐 高彥墓誌	隋 張景略墓誌	西漢 居新•7424	秦 睡 15	東漢 楊震碑	西漢 張•816	唐 李貞墓誌
北魏 上尊號碑	唐 善悟塔銘	隋 鄭令妃墓誌	漢晉 流簡紙	秦 睡 70	唐 沈夫人墓誌	漢晉 流簡紙	
隋 段濟墓誌	唐 石經尚書	唐 楊孝恭碑	漢晉 流簡紙	秦 關周•病方	【楷書】	【楷書】	
隋 張儉及妻墓誌	唐 石經周易	【楷書】	東漢 肥致碑	西漢 馬•合陰陽	北魏 韓顯宗墓誌	北齊 竇泰墓誌	
【楷書】	唐 石經周易	魏晉 樓•紙	新莽 禳盜刻石	西漢 馬•老乙前	唐 王玄裕墓誌		
北魏 侯剛墓誌	唐 孫備墓誌	魏晉 樓•紙	東漢 四神刻石	西漢 馬•老子甲後			
北魏 寇憑墓誌	唐 掌思明墓誌	北魏 李頤墓誌	東漢 唐公房碑陽	西漢 馬•縱橫			
北魏 元乂墓誌	後唐 張思錄經幢	北魏 元彥墓誌	隋 郭休墓誌	西漢 馬•縱橫			
隋 劉則墓誌		北齊 司馬遵業墓誌		西漢 張•337			
隋 田德元墓誌							

欹

【隸書】

東漢 熹平石經易

隋 申穆及妻墓誌

隋 陶貴墓誌

隋 王光墓誌

唐 毗伽特勤墓誌

唐 石經尚書

【楷書】

三國吳 走•五年

北魏 韓震墓誌陰

北魏 元敷墓誌

北魏 元恪嬪墓誌

北魏 元壽安墓誌

東魏 陸順華墓誌

東魏 元均及妻墓誌

東魏 元仲英墓誌

隋 皇甫深墓誌

隋 馬稺墓誌

東漢 王舍人碑

東漢 趙寬碑

晉 郛休碑陰

東魏 宗欣墓誌

隋 苻盛及妻墓誌

隋 任軌墓誌

隋 宋景造像碑

隋 鄭令妃墓誌

唐 宴濟瀆序陰額

唐 趙冬曦壙誌

欽

【隸書】

西漢 居新•7473

西漢 居新•7486

東漢 西•寇恩

東漢 西•寇恩

漢晉 流簡紙

東漢 肥致碑

東漢 鳳凰刻石

東漢 華山廟碑陽

東漢 三老刻石

東漢 史晨後碑

歆

【隸書】

唐 戒壇碑

【楷書】

南朝梁 羅浮山銘

隋 楊居墓誌

唐 浯溪記

欺

【隸書】

西漢 馬•縱橫

西漢 張•739

隋 郭達墓誌

隋 王榮及妻墓誌

隋 蕭瑾墓誌

唐 盧行毅墓誌

【楷書】

北魏 元壽安墓誌

東魏 李挺墓誌

唐 崔鞏墓誌

唐 張安墓誌

隋 伍道進墓誌

唐 阿史那貞忠墓誌

唐 高慈墓誌

唐 石經五經

唐 石經五經

唐 尉遲敬德墓誌

欻

【隸書】

唐 貞一廟碑

【楷書】

南朝梁 舊館壇碑

唐 鄧夫人墓誌

唐 多寶塔碑

唐 楊尊墓誌

歘

【隸書】

西漢 張•1144

歌

【篆書】

唐 峿臺銘

【隸書】

秦 睡132

西漢 武•燕禮甲

東漢 公乘田魴記

東漢 史晨後碑

東漢 西狹頌

東漢 西狹頌

晉 辟雍頌陽

晉 辟雍頌陽

北齊 司馬遵業墓誌

隋 爾朱敞墓誌

隋 澧水石橋碑

隋 高虯墓誌

隋 高虯墓誌

隋 郭達墓誌

隋 張儉及妻墓誌

唐 白鹿泉碑陰

唐 李神符碑

唐 蘇洪姿墓誌

唐 王震墓誌

唐 鄎國長公主碑

【楷書】

北魏 檀賓墓誌

北齊 竇泰墓誌

北齊 元賢墓誌

隋 張軻墓誌

唐 崔素墓誌

唐 賈元恭墓誌

唐 石經九經

唐 石經九經

唐 石經尚書

唐 石經周易

唐 孫公乂墓誌

後唐 康贊羑墓誌

歌

【隸書】

西漢 馬•合陰陽

東漢 尚博殘碑

隋 蘇恒墓誌

唐 屈突通墓誌

唐 沈夫人墓誌

唐 司馬寔墓誌

【楷書】

北魏 馮會萇墓誌

北齊 司馬遵業墓誌

隋 侯氏墓誌

隋 李氏墓誌

唐 李仙蕙志

唐 梁有意墓誌

唐 石經五經

唐 王嵩墓誌

唐 尉遲敬德墓誌

歎

【隸書】

東漢 禮器碑

東漢 朐忍令碑

東漢 石門頌

東漢 西狹頌

東漢 趙菿殘碑

三國魏 孔羨碑

晉 辟雍頌陽

晉 辟雍頌陽

晉 欒生柩記后

北齊 感孝頌

歊

【楷書】

北魏 元壽安墓誌

歗

【楷書】

唐 景氏墓誌

歍

【隸書】

東漢 樊敏碑

東漢 景君碑陽

東漢 景君碑陽

東漢 鮮于璜碑陰

唐 北獄廟碑

【楷書】

魏晉 樓•紙

晉 華芳墓誌陰

北魏 元延明墓誌

唐 源公廟詩刻

歆

【隸書】

西漢 居新•1157

西漢 居新•2116

西漢 居新•7609

東漢 西•推辟

東漢 封龍山頌

東漢 華山廟碑陽

東漢 淮源廟碑

東漢 夏承碑

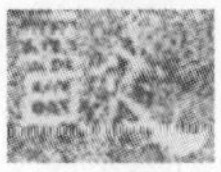
東漢 鄭固碑

北魏 上尊號碑

歃

【楷書】

唐 石經九經

唐 執失善光

歂

【楷書】

唐 石經五經

歟

【隸書】

唐 石臺孝經

唐 韋士逸墓誌

唐 尹尊師碑

【楷書】

北魏 爾朱紹墓誌

北魏 元珽墓誌

北魏 元彝墓誌

隋 獨孤羅墓誌

隋 何氏墓誌

隋 劉尚食墓誌

隋 王楚英墓誌

歜

【楷書】

東魏 元均及妻墓誌

唐 石經五經

歛

【隸書】

唐 北獄廟碑

唐 王子麟墓誌

【楷書】

南朝宋 石颿銘

唐 李懋墓誌

唐 石經五經

歔

【隸書】

東漢 景君碑陽

東漢 景君碑陽

東漢 鮮于璜碑陰

東漢 楊震碑

東漢 趙菿殘碑

【楷書】

北魏 唐耀墓誌

唐 權豹墓誌

唐 王玄裕墓誌

歐

【隸書】

西漢 張•59

西漢 居新•4022

東漢 王舍人碑

東漢 楊震碑

【楷書】

北齊 許儁等造像

唐 歐陽瑛妻墓誌

（續前頁）

後唐 張某墓誌

後晉 感夢伽藍記

後唐 康贊羑墓誌

（續前頁）

隋 薛保與墓誌

唐 卜璀墓誌

唐 崔淑墓誌

唐 李洪鈞墓誌

唐 騫思玄墓誌

唐 三品亡宮墓誌

唐 石經九經

唐 石經五經

唐 田在卞墓誌

唐 王履清墓碑

（續前頁）

唐 行儼碑

【楷書】

魏晉 樓•紙

北魏 寇憑墓誌

北魏 元崇業墓誌

北魏 元純阤墓誌

北魏 元馗墓誌

北齊 竇泰墓誌

北齊 高僧護墓誌

隋 吳嚴墓誌

隋 蕭翹墓誌

唐 葛亮祠堂碑

唐 皇甫德相墓誌

唐 李瓘墓誌

唐 路巖墓誌

唐 孫筥墓誌

唐 朱庭玘墓誌

歗

【楷書】

唐 石經五經

歠

【楷書】

唐 石經五經

唐 田君彥墓誌

歡

【隸書】

東漢 曹全碑陽

東漢 西狹頌

東漢 蕭他君題記

東漢 蕭他君題記

唐 潘基墓誌

唐 石臺孝經

唐 石臺孝經

唐 張翼墓誌

【楷書】

北魏 公孫猗墓誌

北魏 王悅及妻墓誌

北魏 于纂墓誌

北魏 元焕墓誌

北魏 元信墓誌

北魏 元瞻墓誌

北齊 出涅槃經

隋 董敬墓誌

隋 董美人墓誌

唐 暴賢墓誌

唐 多寶塔碑

唐 李君妻裴墓誌

唐 盧當墓誌

唐 盧君妻崔墓誌

唐 墓誌殘石

唐 棲巖寺詩刻

唐 石經五經

唐 宋莊墓誌

唐 魏公韋氏墓誌

唐 薛華墓誌

唐 楊瑤墓誌

唐 張肅墓誌

唐 張相墓誌

殳部

殳

【隸書】

秦 睡91

【楷書】

北魏 荀景墓誌

北魏 元融墓誌

段

【篆書】

唐 段志玄碑額

【隸書】

西漢 馬•天下

西漢 居新•4739

西漢 居新•5891

東漢 景君碑陰

東漢 石門闕銘

東漢 石門闕銘

晉 郛休碑陽

北齊 司馬遵業墓誌

隋 段濟墓誌

唐 北嶽廟碑

唐 大忍寺碑

【楷書】

晉 辟雍頌陽

晉 辟雍頌陽

南朝梁 喬進臣地券

北魏 慈慶墓誌

北魏 段峻德墓誌

北齊 司馬遵業墓誌

隋 段模墓誌

隋 蕭球墓誌

隋 蕭餝性墓誌

隋 臧質墓誌

唐 段干木廟碑

唐 段會墓誌

唐 師弘禮墓誌

唐 石經五經

唐 王公素墓誌

唐 楊執一墓誌

後晉 權君妻崔墓誌

㱿

【楷書】

唐 石經五經

唐 尹文操碑

唐 談昕墓誌

唐 王感墓誌

殷

【篆書】

三國魏 正始石經

北魏 弔比干文額

【隸書】

西漢 居新•4382

東漢 比干墓刻石

東漢 曹全碑陽

東漢 孔宙碑陽

東漢 禮器碑

東漢 禮器碑側

東漢 鳴咽泉題記

東漢 鮮于璜碑陽

東漢 鮮于璜碑陰

東漢 尹宙碑

東漢 張遷碑陽

晉 呂望表

北魏 王基墓誌

隋 段濟墓誌

隋 符盛及妻墓誌

隋 獸曹殘碑

隋 蕭瑾墓誌

隋 謝岳墓誌

隋 張僧殷墓銘
唐 崔泰之墓誌
唐 李神符碑
唐 李貞墓誌
唐 史思禮墓誌
唐 王崇禮墓誌
唐 修定寺記碑
唐 楊孝恭碑

【楷書】

三國吳 走•二年
三國吳 走•二年

北魏 封魔奴墓誌
北魏 郭顯墓誌
北魏 寇猛墓誌
北魏 劉玉墓誌
北魏 司馬氏墓誌
北魏 王紹墓誌
北魏 王禎墓誌
北魏 奚真墓誌
北魏 元颺墓誌
北魏 張玄墓誌

東魏 陸順華墓誌
東魏 元湛墓誌
隋 曹海凝墓誌
隋 陳叔榮墓誌
隋 皇甫深墓誌
隋 申穆及妻墓誌
隋 蕭瑒墓誌
隋 楊居墓誌
隋 殷洪纂造像
唐 韓忠節墓誌

唐 李鎬墓誌
唐 李愍墓誌
唐 李盈墓誌
唐 苗善物墓誌
唐 明俊墓誌
唐 匹婁思妻墓誌
唐 石經九經
唐 石經九經
唐 石經毛詩
唐 石經尚書

唐 石經周易
後周 王進威墓誌
唐 王怡政夫人墓誌
唐 尉遲敬德墓誌
唐 楊執一墓誌
唐 張懷文墓誌

殺

【篆書】

三國魏 正始石經

【隸書】

秦 睡121
秦 睡58
西漢 馬•病方
西漢 馬•老甲
西漢 馬•老乙前
西漢 張•41
西漢 張•639
西漢 張•825
東漢 西•寇恩
兩漢 西•馬簡
漢晉 流簡紙
漢晉 流簡紙
東漢 曹全碑陽
東漢 熹平石經殘
東漢 熹平石經殘
唐 修定寺記碑
唐 尹文操碑

【楷書】

北魏 元融墓誌
北魏 元延明墓誌
北魏 元乂墓誌
隋 段威墓誌
唐 白敏中墓誌
唐 李象古墓誌
唐 李愍墓誌
唐 石經尚書
唐 石經五經
唐 臧懷恪墓碑
後蜀 蜀石經

殿

【隸書】

秦 睡 117
秦 睡 44
秦 睡 70
秦 關周•日書
西漢 馬•老乙前
西漢 馬•老子甲後
西漢 馬•天下
西漢 馬•陰陽甲
西漢 張•178
西漢 張•780

西漢 張•837

【楷書】

唐 石經五經

殺

【篆書】

三國魏 正始石經

【隸書】

秦 關周•病方
秦 關周•病方
西漢 馬•天下
西漢 馬•養生

【楷書】

唐 李思貞墓誌
唐 裒适墓誌
唐 石經五經

毀

【隸書】

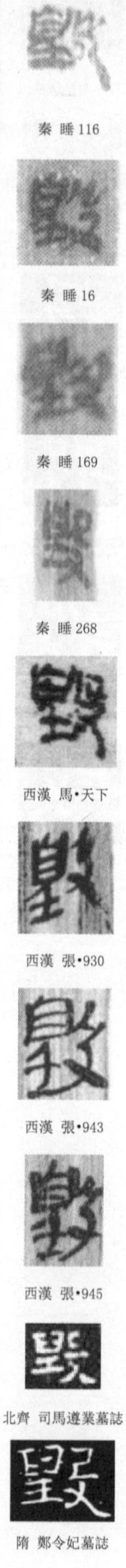

秦 睡 116
秦 睡 16
秦 睡 169
秦 睡 268
西漢 馬•天下
西漢 張•930
西漢 張•943
西漢 張•945
北齊 司馬遵業墓誌
隋 鄭令妃墓誌

唐 褚亮碑
唐 戴令言墓誌
唐 京兆金氏墓誌
唐 李神符碑
唐 李神符碑
唐 石臺孝經
唐 石臺孝經
唐 史思禮墓誌
唐 司馬寔墓誌
唐 王震墓誌

唐 楊孝恭碑
唐 張翼墓誌

【楷書】

北魏 侯剛墓誌
北魏 敬羽高衡造像
北魏 寇憑墓誌
北魏 宋靈妃墓誌
北魏 元寶月墓誌
北魏 元舉墓誌
北魏 元欽墓誌
北魏 元詮墓誌

北魏 元頊墓誌
北魏 元颺墓誌
北魏 元周安墓誌
東魏 陸順華墓誌
東魏 元湛墓誌
隋 董敬墓誌
隋 范安貴墓誌
隋 橋紹墓誌
隋 王楚英墓誌
隋 嚴元貴墓誌

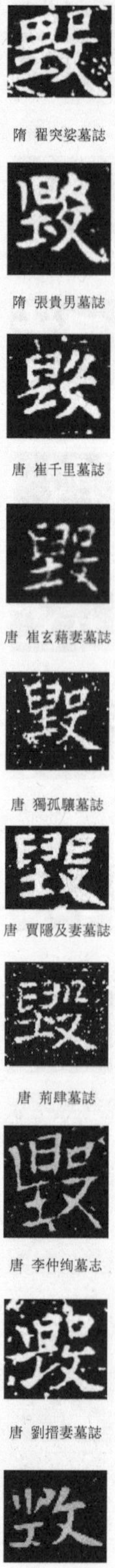

隋 翟突娑墓誌
隋 張貴男墓誌
唐 崔千里墓誌
唐 崔玄藉妻墓誌
唐 獨孤驤墓誌
唐 賈隱及妻墓誌
唐 荊肆墓誌
唐 李仲絢墓志
唐 劉揩妻墓誌
唐 劉濬墓誌

唐 楊執一墓誌

唐 越國太妃墓誌

唐 張楚璋墓誌

唐 張僞及妻誌

唐 張去奢墓誌

唐 劉密妻崔墓誌

唐 劉妙姜墓誌

唐 裴氏墓誌

唐 冉氏墓誌

唐 宋伯康墓誌

唐 宋度夫人墓誌

唐 談昕墓誌

唐 王思齊墓誌

唐 蕭公夫人墓誌

唐 顏相墓誌

殿

【隸書】

秦 睡 50

西漢 張•661

西漢 張•666

東漢 白石神君碑

東漢 華山廟碑陽

晉 石尠墓誌

隋 王榮及妻墓誌

隋 王榮及妻墓誌

唐 崔沔墓誌陰

唐 崔祐甫墓誌

唐 趙冬曦壙誌

【楷書】

北魏 山徽墓誌

北魏 元恪嬪墓誌

北魏 元悌墓誌

北魏 元湛墓誌

東魏 元湛墓誌

隋 寶輪禪院記

隋 口靜墓誌

隋 元氏墓誌

隋 張盛墓誌

唐 樂昇進墓誌

唐 馬宋應墓誌

唐 敏之墓誌

唐 權順墓誌

唐 師弘禮墓誌

唐 孫君妻李墓誌

唐 索崇墓誌

唐 田侁墓誌

唐 王氏墓誌

唐 蕭君妻柳墓誌

唐 玄秘塔碑

唐 顏家廟碑

穀

【楷書】

唐 石經五經

唐 石經五經

轂

【隸書】

秦 睡 168

秦 睡 63

秦 關周•日書

秦 關周•日書

西漢 張•111

西漢 張•608

西漢 張•814

東漢 景君碑陽

【楷書】

唐 石經五經

毃

【楷書】

唐 石經五經

毆 𣪗

【隸書】

秦 睡 59

西漢 張•49

西漢 張•53

西漢 張•56

西漢 張•60

西漢 武•王杖

漢晉 流簡紙

【楷書】

唐 石經五經

毅 𣪏

【隸書】

東漢 趙寬碑

晉 辟雍頌陽

隋 豆盧實墓誌

隋 修孔子廟碑

隋 趙朗墓誌

唐 董虔運墓誌

唐 董虔運墓誌

唐 董虔運墓誌

唐 盧行毅墓誌

唐 倪彬墓誌

唐 史思禮墓誌

唐 史思禮墓誌

唐 張翼墓誌

【楷書】

北魏 和邃墓誌

北魏 寇偘墓誌

北魏 元朗墓誌

北魏 元譚墓誌

北魏 元頊墓誌

北魏 張寧墓誌

隋 □怋昂墓誌

隋 高緊墓誌

隋 李肅墓誌

隋 臧質墓誌

唐 安元壽墓誌

唐 郭敬墓記

唐 和守陽墓誌

唐 李沖墓誌

唐 李偘偘墓誌

唐 李淑姿墓誌

唐 石經尚書

唐 石經五經

唐 蘇恩妻墓誌

唐 鄭仁穎墓誌

豰 𧰲

【楷書】

唐 石經五經

轂 轂

【隸書】

秦 睡 255

三國魏 曹真殘碑陰

隋 爾朱敞墓誌

唐 白鹿泉碑陽

唐 李神符碑

【楷書】

北魏 爾朱紹墓誌

北魏 侯剛墓誌

北魏 檀賓墓誌

北齊 竇泰墓誌

隋 段濟墓誌

隋 范安貴墓誌

隋 張軻墓誌

唐 葛亮祠堂碑

唐 荊從皐墓誌

唐 李立言墓誌

唐 王震墓誌

唐 向晉妻宋墓誌

唐 張積善墓誌

唐 張叡墓誌

唐 趙宗墓誌

文部

文

【篆書】

三國吳 天發神讖碑

三國吳 天發神讖碑

三國吳 天發神讖碑

三國魏 正始石經

北魏 弔比干文額

東魏 高盛墓碑額

東魏 元湛誌蓋

唐 碧落碑

唐 三墳記陽

唐 三墳記陽

唐 文宣王廟碑額

【隸書】

秦 睡66

西漢 馬•老乙前

西漢 馬•老子甲後

西漢 馬•十問

西漢 居新•1425

東漢 曹全碑陰

東漢 曹全碑陰

東漢 景君碑陰

東漢 孔宙碑陰

東漢 任城黃腸石

東漢 石門頌

東漢 文叔陽題記

東漢 楊統碑陽

東漢 乙瑛碑

東漢 張文思題記

晉 辟雍頌陽

晉 王君殘墓誌

北魏 元文墓誌

唐 褚亮碑

唐 褚亮碑

唐 李神符碑

唐 石臺孝經

唐 石臺孝經

唐 王震墓誌

唐 楊孝恭碑

唐 楊孝恭碑

唐 楊孝恭碑

唐 楊孝恭碑

唐 尹文操碑

唐 尹尊師碑

唐 尹尊師碑

唐 尹尊師碑

【楷書】

三國吳 走•五年

北魏 山暉墓誌

北魏 元端墓誌

北魏 元誘墓誌

北齊 感孝頌

隋 口徹墓誌

隋 橋紹墓誌

隋 申穆及妻墓誌

隋 口靜墓誌

唐 石經尚書

唐 石經周易

唐 張安墓誌

敂

【篆書】

唐 碧落碑

【楷書】

唐 石經五經

斐

【楷書】

北魏 元維墓誌

北魏 元乂墓誌

唐 僧突墓誌

斌

【隸書】

東漢 陽嘉殘碑陰

晉 辟雍頌陽

隋 牛諒墓誌

唐 王泠然墓誌

唐 楊孝恭碑

【楷書】

北魏 元煥墓誌

北周 賀屯植墓誌

唐 李壽墓誌

亹

【隸書】

三國魏 王基斷碑

隋 姬威墓誌

北魏 姚伯多供養碑

【楷書】

北魏 元壽安墓誌

北魏 元維墓誌

北魏 元暐墓誌

隋 程諧墓誌

隋 王袞墓誌

唐 李護墓誌

唐 路徹墓誌

唐 石經五經

方部

方

【篆書】

三國吳 天發神讖碑

三國魏 正始石經

唐 碧落碑

【隸書】

秦 睡 10

秦 睡 135

秦 睡 261

西漢 馬•合陰陽

西漢 馬•老子甲後

西漢 馬•天下

西漢 馬•縱横

西漢 馬•縱横

西漢 西•詔書

東漢 西•醫藥

漢晉 流簡紙

漢晉 流簡紙

東漢 倉頡廟碑側

東漢 封龍山頌

東漢 孔宙碑陰

東漢 禮器碑陰

東漢 尚博殘碑

東漢 石門頌

東漢 西狹頌

東漢 熹平石經易

東漢 張遷碑陽

北齊 司馬遵業墓誌

北齊 司馬遵業墓誌

隋 爾朱敞墓誌

隋 高虬墓誌

隋 郭休墓誌

隋 郭休墓誌

隋 默曹殘碑

隋 宋景造像碑

隋 謝岳墓誌

唐 高元珪墓誌

唐 史思禮墓誌

唐 楊孝恭碑

唐 張翼墓誌

【楷書】

三國吳 走•四年

北魏 張玄墓誌

隋 田光山妻墓誌

唐 石經尚書

唐 石經周易

唐 史興墓詠

唐 張伯墓誌

於

【篆書】

三國魏 正始石經

唐 碧落碑

唐 碧落碑

唐 多寶佛塔銘

唐 三墳記陰

唐 三墳記陰

唐 三墳記陰

唐 峿臺銘

唐 峿臺銘

唐 張翼墓誌

唐 張翼墓誌

【隸書】

秦 睡 137

秦 睡 254

秦 睡 254

西漢 馬•老子甲後

西漢 馬•老子甲後

西漢 馬•十問

西漢 張•1064

西漢 張•1138

西漢 張•81

西漢 張•814
西漢 居新•3598
西漢 居新•5270
西漢 居新•7338
東漢 西•四時
漢晉 流簡紙
西漢 楚王墓塞石
東漢 白石神君碑
東漢 倉頡廟碑
東漢 倉頡廟碑

東漢 曹全碑陽
東漢 池陽令殘碑
東漢 從事馮君碑
東漢 封龍山頌
東漢 華山廟碑陽
東漢 淮源廟碑
東漢 建寧三年殘碑
東漢 孔宙碑陽
東漢 孔宙碑陽
東漢 孔宙碑陽

東漢 孔宙碑陽
東漢 孔宙碑陽
東漢 禮器碑
東漢 孟孝琚碑
東漢 尚博殘碑
東漢 石門闕銘
東漢 石門頌
東漢 石門頌
東漢 史晨後碑
東漢 孫仲隱墓刻

東漢 夏承碑
東漢 鮮于璜碑陽
東漢 鮮于璜碑陰
東漢 薌他君題記
東漢 薌他君題記
東漢 行事渡君碑
東漢 楊震碑
東漢 楊著碑陽
東漢 乙瑛碑
東漢 造土牛碑

東漢 張遷碑陽
三國魏 張君殘碑
隋 謝岳墓誌
隋 修孔子廟碑
唐 褚亮碑
唐 屈突通墓誌
唐 屈突通墓誌
唐 石臺孝經
唐 石臺孝經
唐 行儼碑

唐 行儼碑
唐 楊孝恭碑
唐 楊孝恭碑
唐 楊孝恭碑
唐 尹尊師碑

【楷書】

魏晉 樓•紙
魏晉 樓•紙
北魏 爾朱紹墓誌
北魏 胡明相墓誌
北魏 暉福寺碑

北魏 慧榮題記
北魏 李頤墓誌
北魏 吐谷渾璣墓誌
北魏 王僧男墓誌
北魏 奚智墓誌
北魏 姚伯多供養碑
北魏 元端墓誌
北魏 元敷墓誌
北魏 元敷墓誌
北魏 元靈曜墓誌

北魏 元寧墓誌
東魏 侯海墓誌
東魏 陸順華墓誌
隋 暴永墓誌
隋 任顯及妻誌
隋 蘇威妻墓誌
隋 田光山妻墓誌
隋 楊居墓誌
隋 張怦墓誌
隋 張壽墓誌

北齊 感孝頌

北齊 西門豹碑陽

隋 灃水石橋碑

隋 灃水石橋碑

唐 白鹿泉碑陽

唐 白鹿泉碑陽

唐 崔祐甫墓誌

唐 盧君妻墓誌

【楷書】

北魏 元熙墓誌

唐 陵季子廟碑

旁 㫄

【篆書】

西漢 李后墓塞石

西漢 李后墓塞石

東漢 熹平石經易

三國魏 正始石經

【隸書】

秦 睡 27

秦 關周•病方

西漢 馬•合陰陽

西漢 馬•老甲

西漢 張•742

兩漢 西•醫藥

唐 多寶塔碑

唐 石經九經

唐 石經尚書

唐 石經周易

後唐 毛璋墓誌

隋 蘇恒墓誌

隋 張儉及妻墓誌

唐 關道愛墓誌

唐 王崇禮墓誌

唐 王媛墓誌陰

【楷書】

晉 華芳墓誌陰

北魏 唐耀墓誌

北魏 王蕃墓誌

北魏 元斌墓誌

北魏 元纘墓誌

東漢 建寧三年殘碑

東漢 尚博殘碑

東漢 太室石闕銘

東漢 許安國題記

東漢 圉令趙君碑

東漢 造土牛碑

晉 辟雍頌陽

晉 吕望表

晉 徐義墓誌陽

隋 段濟墓誌

施 㫃

【篆書】

唐 謙卦碑

【隸書】

秦 睡 98

西漢 馬•老乙前

西漢 馬•老乙前

西漢 馬•天下

西漢 張•1079

西漢 居新•7679

西漢 居新•8655

漢晉 流簡紙

東漢 華山廟碑陽

唐 薛文昭墓誌

唐 顏瓌墓誌

唐 楊佰隴墓誌

唐 元伏和墓誌

唐 張忠義墓誌

唐 鄭仁穎墓誌

唐 周敬本墓誌

唐 崔眘妻墓誌

唐 崔素臣墓誌

唐 李訥妃墓誌

唐 李嗣莊墓誌

唐 劉通墓誌

唐 匹婁思墓誌

唐 石經九經

唐 石經尚書

唐 石經五經

唐 石經周易

旃

【楷書】

北魏 元融墓誌

唐 李立言墓誌

唐 石經五經

唐 於遂古墓誌

唐 張雖墓誌

隋 寧贊墓碑

唐 阿史那貞忠墓誌

唐 陳君妻王墓誌

唐 崔廷妻墓誌

唐 崔湛墓誌

唐 李紹墓誌

唐 柳昱墓誌

唐 石經五經

唐 朱貞墓誌

旆

【隸書】

唐 王崇禮墓誌

【楷書】

南朝陳 劉猛進碑

北魏 郭顯墓誌

北魏 和邃墓誌

北魏 和邃墓誌

北魏 王誦墓誌

北魏 元欽墓誌

北周 步孤須蜜多墓誌

東魏 李挺墓誌

隋 梁坦墓誌

唐 李術墓誌

唐 石經禮記

唐 石經尚書

唐 石經五經

唐 石經周易

唐 楊執一墓誌

唐 臧曄墓誌

唐 張渙墓誌

北魏 元詮墓誌

北魏 張盧墓誌

北齊 竇泰墓誌

北齊 竇泰墓誌

北齊 司馬遵業墓誌

隋 段濟墓誌

隋 段威墓誌

隋 孔神通墓誌

隋 盧文構墓誌

唐 程知節墓誌

北魏 宮內司楊墓誌

北魏 韓震墓誌陽

北魏 韓震墓誌陽

北魏 和邃墓誌

北魏 王元詳題記

北魏 王禎墓誌

北魏 奚真墓誌

北魏 楊大眼造像

北魏 于景墓誌

北魏 元恭墓誌

旅

【隸書】

秦 睡69

秦 關周•日書

西漢 馬•事語

西漢 武•泰射甲

東漢 曹全碑陽

東漢 曹全碑陽

東漢 楊叔恭殘碑

三國魏 受禪碑

隋 豆盧實墓誌

【楷書】

北魏 長孫子澤墓誌

唐 石經五經

唐 石經五經

唐 石經周易

唐 王行果墓誌

旃

【隸書】

西漢 居新•3212

漢晉 流簡紙

東漢 劉熊碑

隋 姬威墓誌

唐 李彥墓誌

唐 宴濟瀆序陰額

唐 張濬墓誌

【楷書】

東魏 蕭正表墓誌

隋 伍道進墓誌

唐 盧萬春墓誌

唐 石經五經

唐 石經五經

旋

【楷書】

唐 段慈順墓誌

族

【隸書】

西漢 馬•老乙前

西漢 張•565

西漢 武•服傳甲

東漢 倉頡廟碑

東漢 從事馮君碑

東漢 建寧三年殘碑

東漢 朐忍令碑

東漢 朐忍令碑

東漢 鮮于璜碑陽

東漢 尹宙碑

東漢 趙菿殘碑

東漢 趙寬碑

晉 石尠墓誌

晉 徐義墓誌陽

北周 華嶽頌

隋 牛諒墓誌

隋 牛諒墓誌

隋 謝岳墓誌

隋 楊真墓誌

唐 高元珪墓誌

唐 京兆金氏墓誌

唐 盧宏及妻墓誌

唐 譚伍墓誌

唐 勿部將軍碑

唐 郎國長公主碑

唐 郎國長公主碑

唐 楊孝恭碑

唐 張濬墓誌

唐 趙冬曦壙誌

【楷書】

北魏 耿氏墓誌

北魏 胡明相墓誌

北魏 康健墓誌

北魏 寇治墓誌

北魏 蘭將墓誌

北魏 李超墓誌

北魏 李蕤墓誌

北魏 李媛墓誌

北魏 馬振拜造像

北魏 穆紹墓誌

北魏 楊安族題記

北魏 姚伯多供養碑

北魏 元寶月墓誌

北魏 元弼墓誌

北魏 元誕墓誌

北魏 元顯魏墓誌

北魏 元新成妃墓誌

北魏 元演墓誌

北魏 元楨墓誌

北魏 張猛龍碑陽

北齊 竇泰墓誌

旌

【隸書】

東漢 池陽令殘碑

東漢 韓仁銘

東漢 熹平殘石

東漢 夏承碑

東漢 鮮于璜碑陽

東漢 楊叔恭殘碑

東漢 楊震碑

東漢 鄭固碑

三國魏 曹真殘碑陽

三國魏 張君殘碑

唐 迴紇瓊墓誌

唐 李鳳妃墓誌

唐 石經五經

唐 石經周易

唐 魏公韋氏墓誌

唐 楊乾光墓誌

唐 趙益墓誌

唐 鄭琯合祔誌

後唐 康贇羡墓誌

北魏 元昭墓誌

北齊 爾朱元靜墓誌

北齊 僧靜明造像

東魏 王令媛墓誌

東魏 元晫墓誌

隋 梁坦墓誌

隋 馬穉墓誌

隋 寧贙墓碑

唐 長孫盱墓誌

唐 董本墓誌

唐 義福碑陰

唐 張翼墓誌

【楷書】

晉 華芳墓誌陰

北魏 寇慰墓誌

北魏 李謀墓誌

北魏 穆亮妻墓誌

北魏 宋靈妃墓誌

北魏 元彬墓誌

北魏 元禮之墓誌

北魏 元瞻墓誌

旋

【隸書】

西漢 張•1105

西漢 張•1108

西漢 張•1191

漢晉 流簡紙

東漢 楊震碑

東漢 子游殘碑

隋 李使君墓碑

隋 口靜墓誌

唐 豆盧建墓誌

唐 柳偘妻墓誌

唐 張叡墓誌

唐 鄭湞墓誌

唐 白敏中墓誌

唐 李銶夫人墓誌

唐 盧當墓誌

唐 石經尚書

唐 石經五經

唐 石經周易

唐 王容墓誌

唐 王逖墓誌

唐 王玄起墓誌

唐 魏靖墓誌

東魏 姜夫人墓誌

東魏 李挺墓誌

北齊 僧甑造像記

東魏 郗蓋祛銘

隋 口徹墓誌

隋 孔神通墓誌

隋 李欽墓誌

隋 盧文機墓誌

隋 王楚英墓誌

隋 王世琛墓誌

旒

【隸書】

隋 爾朱端墓誌

唐 崔志墓誌

唐 孔子廟碑

唐 楊孝恭碑

【楷書】

北魏 乞伏寶墓誌

北魏 司馬氏墓誌

北魏 元誨墓誌

隋 暴永墓誌

隋 盧文構墓誌

唐 崔哲墓誌

北齊 婁黑女墓誌

隋 段模墓誌

唐 崔君妻朱墓誌

唐 范義墓誌

唐 景公直墓誌

唐 石經五經

唐 楊珽墓誌

後周 安重遇墓誌

後晉 王君妻關墓誌

旄

【隸書】

隋 段濟墓誌

隋 高虬墓誌

隋 蕭瑾墓誌

隋 張儉及妻墓誌

唐 蔡君妻墓誌

唐 崔志墓誌

唐 關道愛墓誌

【楷書】

北魏 和醜仁墓誌

北魏 元馗墓誌

北魏 元爽墓誌

唐 郭敬墓記

唐 桓琮妻墓誌

唐 李其墓誌

唐 石經五經

唐 溫煒妻墓誌

唐 薛賾墓誌

唐 楊會墓誌

唐 亢勇墓誌

唐 重藏舍利記

唐 朱清墓誌

北魏 趙充華墓誌

北齊 竇泰墓誌

北周 賀屯植墓誌

隋 陳花樹墓誌

隋 孔神通墓誌

隋 寧贙墓碑

隋 王弘墓誌

隋 鄭善妃墓誌

隋 諸葛子恆碑

唐 崔公妻墓誌

北魏 元恭墓誌

北魏 元貴妃墓誌

北魏 元融墓誌

北魏 元壽安墓誌

北魏 元嵩墓誌

北魏 元秀墓誌

北魏 元液墓誌

北魏 元誘墓誌

北魏 元瞻墓誌

北魏 元珍墓誌

唐 勿部將軍碑

唐 修定寺記碑

唐 楊孝恭碑

唐 趙冬曦壙誌

唐 鄭忠墓碑

【楷書】

北魏 寇臻墓誌

北魏 李端墓誌

北魏 穆纂墓誌

北魏 司馬氏墓誌

北魏 于纂墓誌

北齊 司馬遵業墓誌

隋 豆盧實墓誌

隋 牛諒墓誌

隋 口和墓誌

隋 蕭瑾墓誌

隋 趙朗墓誌

唐 蔡君妻墓誌

唐 戴令言墓誌

唐 高元珪墓誌

唐 史思禮墓誌

唐 石經爾雅

旖

【楷書】

唐 石經五經

旗

【隸書】

西漢 張•469

西漢 張•759

東漢 武榮碑

三國魏 受禪碑

三國魏 王基斷碑

唐 陳泰墓誌

唐 懷古詩刻

唐 李彥墓誌

唐 劉粲墓誌

【楷書】

南朝陳 劉猛進碑

北魏 爾朱襲墓誌

北魏 胡明相墓誌

北魏 元遙墓誌

北齊 元賢墓誌

隋 段威墓誌

唐 李密墓誌

唐 顏家廟碑

旛

【楷書】

唐 石經五經

旞

【楷書】

唐 石經五經

旜

【楷書】

唐 梁義方墓誌

唐 石經五經

旟

【楷書】

北魏 郭顯墓誌

北魏 元誘墓誌

唐 石經五經

唐 王行果墓誌

唐 王脩福墓誌

唐 尉遲敬德墓誌

火部

火

【篆書】

唐 三墳記陽

【隸書】

秦 睡 261

西漢 馬•養生

西漢 張•1054

西漢 居新•1272

西漢 居新•8236

西漢 居新•8931

漢晉 流簡紙

東漢 白石神君碑

晉 徐義墓誌陽

【楷書】

北魏 穆亮妻墓誌

隋 暴永墓誌

唐 郭敬墓記

唐 石經尚書

唐 石經周易

灰

【隸書】

秦 睡 12

秦 關周•病方

西漢 馬•天下

西漢 馬•天下

西漢 武•服傳甲

隋 段濟墓誌

隋 爾朱敞墓誌

【楷書】

南朝梁 羅浮山銘

北魏 檀賓墓誌

隋 張濤妻墓誌

唐 胡君妻墓誌

唐 石經九經

灸

【隸書】

東漢 西•醫藥

【楷書】

唐 崔倚墓誌

唐 石經五經

唐 張公佐墓誌

灼

【隸書】

東漢 白石神君碑

唐 賈循謁祠記

唐 李彦墓誌

唐 張休光墓誌

【楷書】

南朝宋 劉懷民墓誌

北魏 高廣墓誌

北魏 寇霄墓誌

北魏 鄯乾墓誌

北魏 元貴妃墓誌

北魏 元華光墓誌

北魏 元譚墓誌

隋 王楚英墓誌

唐 萇氏誌

唐 崔璆墓誌

災

【隸書】

西漢 馬•老乙前

西漢 馬•老乙前

東漢 白石神君碑

東漢 白石神君碑

東漢 曹全碑陽

東漢 肥致碑

東漢 淮源廟碑

東漢 淮源廟碑

東漢 岐子根記

東漢 王舍人碑

東漢 鄭固碑

隋 蕭瑾墓誌

隋 謝岳墓誌

唐 北獄廟碑

唐 懷古詩刻

唐 李神符碑

唐 石臺孝經

唐 宴濟瀆序陽

唐 宴濟瀆序陰額

唐 張翼墓誌

唐 鄭忠墓碑

【楷書】

北魏 元倪墓誌

北齊 竇泰墓誌

隋 寇遵考墓誌

唐 崔琪墓誌

唐 劉府君墓誌

唐 劉通墓誌

唐 劉子墓誌

唐 石經尚書

唐 石經五經

唐 石經五經

唐 石經五經

唐 石經周易

唐 石經周易

唐 石經周易

唐 石經周易

炅

【隸書】

西漢 馬•老甲

西漢 居新•3182

西漢 居新•5077

東漢 曹全碑陰

東漢 景君碑陰

唐 朱崇慶墓誌

【楷書】

唐 李松墓誌

唐 盧翊墓誌

炙

【隸書】

秦 睡 234

秦 關周•病方

西漢 張•709

西漢 張•709

東漢 白石神君碑

【楷書】

唐 道因法師碑

唐 沈中黃墓誌

唐 石經尚書

唐 石經五經

炎

【隸書】

秦 睡 67

西漢 張•1154

西漢 張•1154

東漢 趙寬碑

北齊 西門豹碑陽

隋 段濟墓誌

隋 修孔子廟碑

唐 嵩陽觀碑

【楷書】

北魏 元誨墓誌

隋 王袞墓誌

隋 元鍾墓誌

唐 皇甫誕碑

唐 王之渙墓誌

炬

【篆書】

唐 慧炬寺碑額

【隸書】

唐 興寺碑

【楷書】

北齊 彭城寺碑陽

隋 陶貴墓誌

唐 雁塔聖教序

炊

【隸書】

秦 關周•日書

西漢 馬•老甲

西漢 馬•天下

西漢 馬•養生

西漢 張•288

漢晉 流簡紙

【楷書】

北齊 司馬遵業墓誌

唐 張上龍墓誌

炭

【隸書】

西漢 馬•老子甲後

西漢 張•712

西漢 張•968

西漢 居新•9130

晉 郛休碑陽

隋 宋景造像碑

唐 嵩陽觀碑

【楷書】

北魏 曹天度造像

北魏 元肅墓誌

唐 房有非及妻墓誌

唐 石經五經

唐 薛君縿墓誌

唐 雁塔聖教序

炳

【篆書】

三國吳 天發神讖碑

【隸書】

東漢 孟孝琚碑

東漢 朐忍令碑

東漢 石門頌

三國魏 曹真殘碑陰

北齊 感孝頌

隋 爾朱端墓誌

隋 高虬墓誌

隋 李元墓誌

隋 王榮及妻墓誌

隋 蕭瑾墓誌

唐 龐履温碑

【楷書】

晉 華芳墓誌陰

北魏 元徽墓誌

北魏 元尚之墓誌

北魏 元思墓誌

北齊 牛景悦記

隋 惠鬱造像記

唐 多寶塔碑

唐 李元璥墓誌

唐 石經周易

唐 鄭温球墓誌

炯

【隸書】

東漢 楊震碑

唐 尹文操碑

唐 尹尊師碑

【楷書】

北魏 李超墓誌

唐 惟貞廟碑陽

唐 楊知退妻墓誌

炮	炫	炥	炤	烈			缹
【楷書】	【隸書】	【隸書】	【隸書】	【篆書】	東漢 楊統碑陽	北魏 元謐墓誌	【楷書】
唐 石經五經	唐 石臺孝經	西漢 馬·十問	東漢 封龍山頌	唐 紀信墓碑額	晉 辟雍頌陽	北魏 元子直墓誌	唐 石經五經
後梁 穆君弘墓誌	【楷書】		【楷書】	【隸書】	晉 郛休碑陽	隋 賈玄贊墓誌	
	北魏 侯剛墓誌		北魏 元羽墓誌	東漢 曹全碑陽	隋 姬威墓誌	隋 王楚英墓誌	
	唐 唐嘉會墓誌		隋 陳氏墓誌	東漢 從事馮君碑	唐 庫狄真相墓誌	唐 董本墓誌	
			唐 高達墓誌	東漢 衡方碑	唐 張休光墓誌	唐 馮名墓誌	
			唐 葛亮祠堂碑	東漢 淮源廟碑	唐 鄭忠墓碑	唐 明俊墓誌	
			唐 李賢墓誌	東漢 三老刻石	【楷書】	唐 石經尚書	
			唐 石經五經	東漢 王舍人碑	北魏 于纂墓誌	唐 張安墓誌	
				東漢 嗚咽泉題記	北魏 元崇業墓誌	唐 掌徹墓誌	
				東漢 鮮于璜碑陽	北魏 元尪墓誌		
				東漢 楊統碑陽			

烏

【篆書】

唐 碧落碑

【隸書】

西漢 馬•天下

西漢 馬•天下

西漢 張•384

兩漢 西•馬簡

兩漢 西•懸檢

漢晉 流簡紙

東漢 蒼山元嘉題記

東漢 蒼山元嘉題記

東漢 建寧三年殘碑

東漢 秦君神道刻字

東漢 朐忍令碑

東漢 鮮于璜碑陽

東漢 許安國題記

晉 華芳墓誌陽

隋 爾朱端墓誌

唐 高元珪墓誌

唐 史思禮墓誌

唐 張翼墓誌

【楷書】

北魏 山暉墓誌

北魏 元悌墓誌

隋 何氏墓誌

隋 侯氏墓誌

隋 橋紹墓誌

隋 王弘墓誌

隋 王世琛墓誌

隋 諸葛子恆碑

唐 霍行戚墓誌

唐 沈士公墓誌

唐 石經五經

唐 田志承墓誌

唐 王府君墓誌

唐 王懷璧墓誌

唐 文鑾經幢

唐 楊會墓誌

唐 張難墓誌

唐 趙令則墓誌

後唐 王禹墓誌

後唐 張積墓誌

烓

【楷書】

唐 石經五經

烘

【隸書】

唐 楊孝恭碑

【楷書】

唐 石經五經

烝

【隸書】

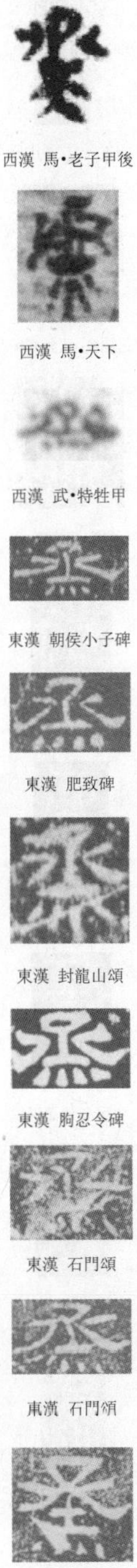

西漢 馬•老子甲後

西漢 馬•天下

西漢 武•特牲甲

東漢 朝侯小子碑

東漢 肥致碑

東漢 封龍山頌

東漢 朐忍令碑

東漢 石門頌

東漢 石門頌

東漢 鮮于璜碑陰

東漢 鮮于璜碑陰

東漢 楊著碑陽

東漢 楊著碑陽

東漢 趙菿殘碑

唐 北獄廟碑

唐 嵩陽觀碑

【楷書】

三國吳 走•五年

北魏 賈瑾墓誌

北魏 元恪嬪墓誌

唐 故尼明遠銘

唐 劉寂墓誌

唐 盧初墓誌

唐 齊子墓誌

唐 石經尚書

唐 宗夫人墓誌

焉

【篆書】

東漢 祀三公山碑

三國魏 正始石經

唐 碧落碑

唐 城隍廟碑

唐 三墳記陽

唐 三墳記陽

唐 三墳記陰

唐 峿臺銘

【隸書】

秦 睡246

秦 睡66

西漢 馬•事語

西漢 馬•縱横

西漢 馬•縱横

西漢 張•255

西漢 張•870

西漢 居新•5784

漢晉 流簡紙

漢晉 流簡紙

東漢 朝侯小子碑

東漢 李冰石像銘

東漢 三老刻石

東漢 石門頌

東漢 石門頌

東漢 石門頌

東漢 楊統碑陽

東漢 楊震碑

東漢 楊著碑陽

東漢 尹宙碑

東漢 永壽元年墓記

東漢 張遷碑陽

東漢 趙寬碑

晉 辟雍頌陽

晉 郭槐柩記

北周 華嶽頌

北齊 司馬遵業墓誌

東魏 宗欣墓誌

隋 關明墓誌

隋 姬威墓誌

隋 馬穉墓誌

隋 牛諒墓誌

隋 申穆及妻墓誌

隋 謝岳墓誌

隋 張盛墓誌

隋 鄭令妃墓誌

唐 褚亮碑

唐 劉慎墓誌

唐 屈突通墓誌

唐 石臺孝經

唐 史思禮墓誌

唐 王泠然墓誌

唐 楊孝恭碑

唐 楊孝恭碑

唐 張濬墓誌

唐 張休光墓誌

唐 趙冬曦壙誌

唐 趙冬曦壙誌

【楷書】

三國吳 走•五年

晉 洛神十三行

北魏 段峻德墓誌

北魏 寇臻墓誌

北魏 于纂墓誌

北魏 元寶月墓誌

北魏 元弘嬪侯墓誌

北魏 元文墓誌

北魏 元仙墓誌

北魏 元宥墓誌

北魏 元暐墓誌

北魏 張整墓誌

隋 范高墓誌

焚

【篆書】

唐 城隍廟碑

【隸書】

晉 辟雍頌陽

唐 孔子廟碑

唐 尹尊師碑

【楷書】

北齊 董桃樹造像

唐 石經尚書

唐 石經周易

唐 萬壽寺記

後梁 惠光舍利塔銘

煮

【隸書】

西漢 馬•天下

西漢 馬•天下

西漢 馬•縱橫

漢晉 流簡紙

隋 豆盧實墓誌

唐 盧宏及妻墓誌

【楷書】

東魏 蕭正表墓誌

唐 李福墓誌

北魏 元子直墓誌

隋 寇奉叔墓誌

隋 張壽墓誌

唐 闞儉墓誌

唐 郭順墓誌

烽

【隸書】

西漢 居新•3113

西漢 居新•3466

西漢 居新•5373

西漢 居新•7229

西漢 居新•7839

漢晉 流簡紙

隋 暴永墓誌

【楷書】

北魏 元恭墓誌

北魏 元馗墓誌

北魏 元瞻墓誌

烹

【隸書】

唐 懷古詩刻

唐 紀信墓碑

【楷書】

唐 盧萬春墓誌

唐 盧友度墓誌

唐 嚴識玄墓誌

後梁 穆君弘墓誌

唐 王思齊墓誌

唐 王游藝墓誌

唐 尉遲敬德墓誌

唐 邢均墓誌

唐 元瑛墓誌

唐 张崇墓誌

唐 張叡墓誌

唐 趙君妻李墓誌

唐 宗夫人墓誌

後梁 李珩墓誌

唐 劉子墓誌

唐 盧君妻崔墓誌

唐 裴涓墓誌

唐 匹婁思墓誌

唐 石經尚書

唐 石經五經

唐 石經周易

唐 思恒墓誌

唐 索崇墓誌

唐 王大劍墓誌

隋 寇遵考墓誌

隋 王弘墓誌

隋 吳嚴墓誌

唐 曹惠琳墓版

唐 崔齊榮墓誌

唐 馮僊師墓誌

唐 荊從阜墓誌

唐 梁元翰墓誌

唐 劉妙姜墓誌

唐 劉延壽墓誌

煦

【楷書】

- 唐 張士龍墓誌

無

【篆書】

- 唐 碧落碑
- 唐 碧落碑
- 唐 謙卦碑
- 唐 謙卦碑
- 唐 謙卦碑
- 唐 三墳記陽
- 唐 三墳記陽
- 唐 峿臺銘

【隸書】

- 秦 睡 255
- 秦 睡 88
- 西漢 馬•老乙
- 西漢 馬•老乙前
- 西漢 馬•縱橫
- 西漢 馬•縱橫
- 西漢 馬•縱橫
- 西漢 張•236
- 西漢 張•288
- 西漢 居新•1421
- 西漢 居新•1423
- 漢晉 流簡紙
- 漢晉 流簡紙
- 東漢 公乘田魴記
- 東漢 任城黃腸石
- 東漢 三老刻石
- 東漢 善言者題刻
- 東漢 石門頌
- 東漢 史晨後碑
- 東漢 西狹頌
- 東漢 熹平石經易
- 東漢 熹平石經易
- 東漢 熹平石經易
- 東漢 鮮于璜碑陽
- 東漢 鮮于璜碑陰
- 東漢 薌他君題記
- 東漢 楊統碑陽
- 東漢 楊震碑
- 東漢 乙瑛碑
- 東漢 永元十年記
- 東漢 趙菿殘碑
- 晉 呂望表
- 北齊 感孝頌
- 北周 華嶽頌
- 隋 澧水石橋碑
- 隋 郭達墓誌
- 隋 郭休墓誌
- 隋 郭休墓誌
- 隋 默曹殘碑
- 隋 默曹殘碑
- 隋 蘇恒墓誌
- 隋 元鐘墓誌
- 隋 張姜墓誌
- 隋 張姜墓誌
- 隋 張盛墓誌
- 唐 褚亮碑
- 唐 崔沔墓誌陽
- 唐 崔沔墓誌陽
- 唐 紀信墓碑
- 唐 紀信墓碑
- 唐 李神符碑
- 唐 李神符碑
- 唐 倪彬墓誌
- 唐 沈知敏墓誌
- 唐 石臺孝經
- 唐 史思禮墓誌
- 唐 史思禮墓誌
- 唐 王崇禮墓誌
- 唐 修定寺記碑
- 唐 楊孝恭碑
- 唐 楊孝恭碑
- 唐 楊孝恭碑

唐 貞一廟碑

【楷書】

魏晉 樓•紙

晉 黃庭内景經

北魏 陳天寶造像

北魏 慈香惠造像

北魏 封魔奴墓誌

北魏 和醜仁墓誌

北魏 秦洪墓誌

北魏 司馬氏墓誌

北魏 王誦妻元墓誌

北魏 元純阤墓誌

北魏 元斁墓誌

北魏 元壽安墓誌

北魏 元文墓誌

東魏 檻仟造像

北齊 無量義經

北齊 張世寶造塔

北齊 張思文造像

隋 段模墓誌

隋 范高墓誌

隋 郭世昌墓誌

隋 何氏墓誌

隋 王昨造像

隋 元鐘墓誌

唐 崔詹墓誌

唐 樊廉墓誌

唐 高誠墓誌

唐 賈隱及妻墓誌

唐 寇鐊墓誌

唐 李阜妻墓誌

唐 匹婁思墓誌

唐 石經尚書

唐 石經周易

唐 王師墓誌

唐 王勛墓誌

唐 張敬忠謝表

唐 張詮墓誌

唐 周村造像

後晉 權君妻崔墓誌

焦

【隸書】

秦 睡 173

秦 關周•病方

西漢 馬•天下

西漢 居新•7668

兩漢 西•馬簡

東漢 陽嘉殘碑陰

【楷書】

北魏 焦兒奴造像

北魏 楊乾墓誌

唐 焦真機造像

唐 盧初墓誌

唐 石經九經

唐 石經九經

然

【篆書】

三國吳 天發神讖碑

唐 三墳記陰

唐 峿臺銘

【隸書】

秦 睡 35

秦 睡 56

西漢 馬•老甲

西漢 馬•老子甲後

西漢 馬•事語

西漢 馬•陰陽甲

西漢 張•787

西漢 居新•2698

漢晉 流簡紙

漢晉 流簡紙

漢晉 流簡紙

東漢 朝侯小子碑

東漢 從事馮君碑

東漢 樊敏碑

東漢 肥致碑

東漢 肥致碑

東漢 華山廟碑陽

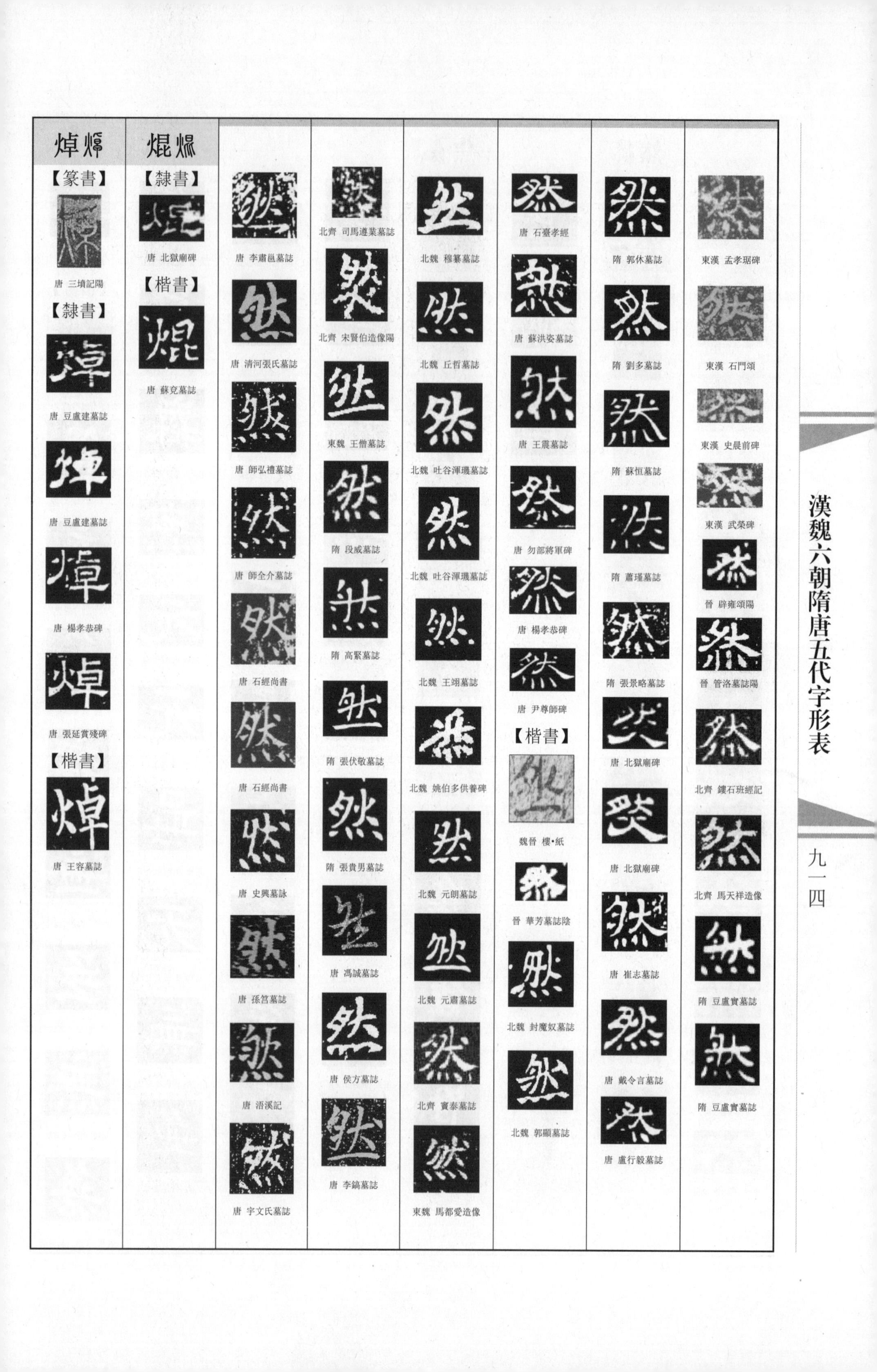

東漢 孟孝琚碑

東漢 石門頌

東漢 史晨前碑

東漢 武榮碑

晉 辟雍頌陽

晉 管洛墓誌陽

北齊 鏤石班經記

北齊 馬天祥造像

隋 豆盧寶墓誌

隋 豆盧寶墓誌

隋 郭休墓誌

隋 劉多墓誌

隋 蘇恒墓誌

隋 蕭瑾墓誌

隋 張景略墓誌

唐 北獄廟碑

唐 北獄廟碑

唐 崔志墓誌

唐 戴令言墓誌

唐 盧行毅墓誌

唐 石臺孝經

唐 蘇洪姿墓誌

唐 王震墓誌

唐 勿部將軍碑

唐 楊孝恭碑

唐 尹尊師碑

【楷書】

魏晉 樓•紙

晉 華芳墓誌陰

北魏 封魔奴墓誌

北魏 郭顯墓誌

北魏 穆纂墓誌

北魏 丘哲墓誌

北魏 吐谷渾璣墓誌

北魏 吐谷渾璣墓誌

北魏 王翊墓誌

北魏 姚伯多供養碑

北魏 元朗墓誌

北魏 元肅墓誌

北齊 竇泰墓誌

東魏 馬都愛造像

北齊 司馬遵業墓誌

北齊 宋賢伯造像陽

東魏 王僧墓誌

隋 段威墓誌

隋 高緊墓誌

隋 張伏敬墓誌

隋 張貴男墓誌

唐 馮誠墓誌

唐 侯方墓誌

唐 李鎬墓誌

唐 李肅邕墓誌

唐 清河張氏墓誌

唐 師弘禮墓誌

唐 師全介墓誌

唐 石經尚書

唐 石經尚書

唐 史興墓詠

唐 孫筥墓誌

唐 浯溪記

唐 宇文氏墓誌

焜

【隸書】

唐 北獄廟碑

【楷書】

唐 蘇兗墓誌

焯

【篆書】

唐 三墳記陽

【隸書】

唐 豆盧建墓誌

唐 豆盧建墓誌

唐 楊孝恭碑

唐 張延賞殘碑

【楷書】

唐 王容墓誌

焰

【楷書】

北魏 崔承宗造像

唐 白敏中墓誌

唐 闞儉墓誌

唐 李英墓誌

唐 韋公妻墓誌

唐 張安墓誌

焱

【楷書】

東魏 道穎造像

隋 常德將墓誌

焞

【楷書】

唐 石經五經

焠

【楷書】

隋 寧贙墓碑

唐 龍泉記

唐 楊乾光墓誌

照

【篆書】

唐 多寶佛塔銘

唐 寂照墓碑額

【隸書】

東漢 景君碑陰

東漢 鮮于璜碑陰

東漢 作封記

北齊 法懃塔銘

隋 叱李綱子墓誌

隋 爾朱端墓誌

隋 劉寶及妻墓誌

隋 牛諒墓誌

隋 蘇恒墓誌

唐 楊孝恭碑

【楷書】

北魏 宮內司楊墓誌

北魏 元純陁墓誌

北魏 元斑墓誌

北齊 竇泰墓誌

北齊 韓山剛造像

北周 九字摩崖

北齊 雋敬碑

東魏 陸順華墓誌

北齊 僧靜明造像

隋 □怳昂墓誌

隋 賈通墓誌

隋 申穆及妻墓誌

隋 王楚英墓誌

唐 楚金禪師碑

唐 石經周易

唐 亡尼七品誌

唐 周藻墓誌

煦

【隸書】

唐 戴令言墓誌

唐 趙叡沖碑

【楷書】

西魏 鄧君之墓誌

唐 石經五經

唐 王玄墓誌

唐 于尚範墓誌

煞

【隸書】

漢晉 流簡紙

隋 宋景造像碑

【楷書】

魏晉 樓•紙

魏晉 樓•紙

北魏 元朗墓誌

北魏 元譚墓誌

隋 申穆及妻墓誌

唐 蔣婉墓誌

唐 婁君妻周墓誌

唐 惟岳神道碑

煎

【隸書】

西漢 馬•天下

西漢 馬•天下

西漢 馬•天下

西漢 張•1231

兩漢 西•馬簡

漢晉 流簡紙

【楷書】

北魏 元斌墓誌

北齊 董桃樹造像

北齊 高湝墓誌

北齊 宋敬業塔頌

唐 劉如璋墓誌

煉

【楷書】

唐 黎幹墓誌

煙

【隸書】

新莽 西•品約

新莽 西•守御器

兩漢 西•馬簡

兩漢 西•馬簡

東漢 孟孝琚碑

東漢 朐忍令碑

三國魏 孔羨碑

北齊 司馬遵業墓誌

隋 爾朱端墓誌

隋 澧水石橋碑

隋 郭王墓誌

隋 姬威墓誌

隋 劉寶及妻墓誌

隋 王楚英墓誌

隋 謝岳墓誌

唐 北獄廟碑

唐 寒亭記

唐 張顏墓誌

【楷書】

晉 黃庭內景經

北魏 陸紹墓誌

北魏 穆亮妻墓誌

北魏 吐谷渾氏墓誌

北魏 元恭墓誌

北魏 元平墓誌

北魏 元羽墓誌

東魏 淨智塔銘

東魏 元光基墓誌

隋 嚴元貴墓誌

隋 楊居墓誌

唐 竇娘子墓誌

唐 崔鉀墓誌

唐 李爽墓誌

唐 柳偘妻墓誌

唐 桑夐墓誌

唐 王宏墓誌

煌

【隸書】

西漢 居新•7162

西漢 西•車輋

西漢 西•馬簡牘

西漢 西•馬簡牘

東漢 曹全碑陽

東漢 裴岑紀功碑

東漢 武榮碑

東漢 許安國題記

東漢 趙寬碑

三國魏 孔羨碑

焆

【楷書】

唐 黎幹墓誌

煨

【隸書】

唐 李貞墓誌

唐 石臺孝經

【楷書】

唐 楊康墓誌

煜

【篆書】

唐 多寶佛塔銘

【楷書】

北魏 元寶月墓誌

唐 崔璆墓誌

唐 袁相墓誌

煬

【隸書】

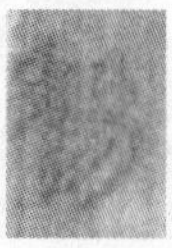
秦 睡46

【楷書】

北魏 元誘妻墓誌

唐 李勣墓誌

唐 石經五經

熅

【隸書】

秦 關周•病方

三國魏 孔羨碑

【楷書】

唐 崔熅墓誌

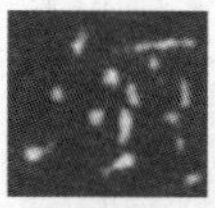
隋 宋景造像碑

隋 宋仲墓誌

唐 北獄廟碑

【楷書】

北魏 元茂墓誌

隋 成公氏墓誌

煩

【隸書】

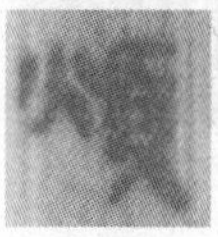
秦 睡101

西漢 馬•事語

西漢 居新•2816

西漢 居新•5551

西漢 武•日忌

東漢 鮮于璜碑陽

東漢 張遷碑陽

隋 豆盧實墓誌

隋 郭休墓誌

隋 馬少敏墓誌

晉 郭休碑陽

隋 姬威墓誌

唐 北嶽廟碑

唐 京兆金氏墓誌

唐 玄元靈應頌

唐 玄元靈應頌

【楷書】

魏晉 樓•紙

魏晉 樓•紙

北魏 宋虎墓誌

唐 張茂弘墓誌

煥

【隸書】

東漢 石門頌

東漢 楊叔恭殘碑

東漢 張遷碑陽

北齊 感孝頌

隋 郭達墓誌

隋 郭達墓誌

隋 張景略墓誌

唐 李神符碑

唐 唐直墓誌

【楷書】

北魏 赫連悅墓誌

北魏 寇偘墓誌

北魏 寇霄墓誌

北魏 秦洪墓誌

北魏 元略墓誌

北魏 元嵩墓誌

北魏 元珽墓誌

北魏 元暐墓誌

北齊 婁黑女墓誌

北齊 僧靜明造像

北齊 邑義十人造像

東魏 張瓘墓誌

隋 元智墓誌

唐 皇甫誕碑

唐 孟孝立墓誌

唐 王素墓誌

唐 魏德墓誌

唐 倚多羅墓誌

唐 張怙墓誌

唐 張騷墓誌

熒

【隸書】

三國魏 黃初殘碑

唐 趙冬曦壙誌

【楷書】

三國魏 黃初殘碑

北魏 劉阿素墓誌

隋 王世琛墓誌

唐 石經五經

唐 薛君妻墓誌

煒

【篆書】

唐 碧落碑

【楷書】

唐 陳君妻王墓誌

唐 蘇恩妻墓誌

唐 薛豆盧夫人墓誌

熙

【隸書】

三國吳 走•四年

東漢 孔宙碑陽

三國魏 孔羨碑

晉 辟雍頌額

晉 辟雍頌陽

晉 徐義墓誌陽

北周 華嶽頌

北齊 司馬遵業墓誌

東魏 宗欣墓誌

隋 蘇恒墓誌

隋 口和墓誌

唐 崔泰之墓誌

唐 戴令言墓誌

唐 龐履温碑

唐 嵩陽觀碑

【楷書】

北魏 長孫子澤墓誌

北魏 高珪墓誌

北魏 韓顯祖造像

北魏 賈景造像記

北魏 劉江女磚誌

熇 熇

【楷書】

唐 石經五經

焭 焭

【隸書】

西漢 張•477

西漢 張•635

晉 石尠墓誌

晉 石尠墓誌

隋 鄭令妃墓誌

【楷書】

北魏 張安姬墓誌

北魏 鄭道昭題刻

唐 李雅墓誌

煽 煽

【隸書】

唐 孔子廟碑

【楷書】

唐 賈令珪墓誌

燁

【隸書】

唐 徐昐墓誌

【楷書】

唐 劉冰墓誌

唐 石經五經

唐 蘇恩妻墓誌

唐 温煒妻墓誌

唐 鄭珍墓誌

熏 熏

【隸書】

西漢 武•特牲甲

唐 楊孝恭碑

【楷書】

北魏 元楨墓誌

闕 堅牢塔記

（熙）

唐 張肅墓誌

唐 趙保隆墓誌

唐 真義女碑銘

隋 程諧墓誌

隋 董穆墓誌

隋 獨孤羅墓誌

唐 崔孝昌墓誌

唐 段承宗墓誌

唐 封温墓誌

唐 郭邕墓誌

唐 騫紹業墓誌

唐 神策軍碑

唐 石經尚書

北魏 乞伏寶墓誌

北魏 王基墓誌

北魏 姚伯多供養碑

北魏 元緒墓誌

北魏 元周安墓誌

北魏 張寧墓誌

北魏 張寧墓誌

東魏 李挺墓誌

北齊 孫阡等造像

東魏 元仲英墓誌

熊

【篆書】

唐 碧落碑

【隸書】

西漢 張•1140

西漢 張•1191

東漢 白石神君碑

東漢 劉熊碑

東漢 朐忍令碑

東漢 行事渡君碑

東漢 許安國題記

隋 爾朱敞墓誌

隋 爾朱敞墓誌

唐 大忍寺碑

【楷書】

南朝宋 □熊造像記

北魏 元恭墓誌

隋 沈氏墓誌

唐 長孫安墓誌

唐 石經尚書

唐 石經尚書

唐 石經五經

熱

【隸書】

秦 睡106

西漢 馬•養生

西漢 張•790

西漢 居新•5551

西漢 居新•831

【楷書】

魏晉 樓•紙

晉 黃庭内景經

唐 多寶塔碑

唐 多寶塔碑

唐 楊思立墓誌

熟

【隸書】

東漢 白石神君碑

北齊 馬天祥造像

隋 灃水石橋碑

隋 宋景造像碑

唐 白鹿泉碑陽

【楷書】

北魏 劉阿素墓誌

北魏 元倪墓誌

北魏 元顯儁墓誌

東魏 杜文雍造像

北齊 牛景悅記

唐 李晝墓誌

唐 柳延宗墓誌

唐 陽氏合祔誌

熯

【楷書】

唐 石經五經

熛

【楷書】

唐 皇甫君妻墓誌

熠

【楷書】

唐 王寬墓誌

隋 蘇恒墓誌

隋 蘇恒墓誌

唐 司馬寔墓誌

唐 王媛墓誌陰

唐 鄭忠墓碑

【楷書】

三國吳 走•四年

魏晉 樓•紙

晉 華芳墓誌陰

北魏 馮會萇墓誌

北魏 李媛墓誌

燕

【隸書】

西漢 馬•老子甲後

西漢 馬•縱橫

西漢 馬•縱橫

西漢 馬•縱橫

東漢 唐公房碑陽

東漢 夏承碑

晉 辟雍頌陽

北魏 上尊號碑

北周 華嶽頌

北齊 司馬遵業墓誌

燚

【楷書】

唐 石經五經

東漢 延熹二年記

東漢 造土牛碑

東漢 佐孟機題記

晉 辟雍頌陽

晉 左棻墓誌陰

【楷書】

隋 盧文構墓誌

唐 徐承嗣墓誌

熹

【篆書】

東漢 祀三公山碑

【隸書】

西漢 西•馬牘

東漢 華山廟碑陽

東漢 淮源廟碑

東漢 建寧元年殘碑

東漢 孔宙碑陽

東漢 禮器碑

東漢 嗚咽泉題記

東漢 鮮于璜碑陽

東漢 行事渡君碑

熲

【楷書】

北魏 馮季華墓誌

唐 李氏室女墓誌

唐 石經五經

唐 顔勤禮碑陰

熨

【隸書】

西漢 馬•天下

西漢 馬•天下

【楷書】

唐 嚴氏玄堂銘

熮

【楷書】

唐 石經九經

燀 燀

【楷書】

唐 石經五經

唐 張去逸墓誌

燎 燎

【隸書】

唐 北獄廟碑

唐 楊孝恭碑

【楷書】

北魏 元誨墓誌

北魏 元暐墓誌

北齊 報德像碑

唐 石經九經

唐 石經九經

唐 司馬銓墓誌

唐 楊貴墓誌

唐 劉君妻張墓誌

唐 石經五經

唐 薛頤墓誌

燒 燒

【隸書】

西漢 居新•7426

東漢 曹全碑陽

東漢 西狭頌

東漢 張遷碑陽

唐 修定寺記碑

唐 尹文操碑

【楷書】

魏晉 樓•紙

晉 黃庭内景經

晉 黃庭内景經

隋 鄧昞墓誌

燂 燂

【楷書】

唐 石經五經

燌

【隸書】

唐 修定寺記碑

唐 石經五經

唐 亡宮墓誌

唐 王君妻薛墓誌

唐 王玄墓誌

唐 執失善光

北魏 王基墓誌

北魏 王基墓誌

北魏 元誘妻墓誌

北齊 宋敬業塔頌

隋 段威墓誌

隋 諸葛子恆碑

唐 安元壽墓誌

唐 侯忠墓誌

唐 皇甫誕碑

唐 寇章墓誌

燃

【楷書】

北魏 王瑑墓誌

隋 陶貴墓誌

隋 田德元墓誌

燋

【隸書】

隋 王榮及妻墓誌

【楷書】

東魏 元湛墓誌

唐 石經五經

後梁 蕭符墓誌

燔

【隸書】

秦 睡 66

秦 關周·病方

西漢 馬·合陰陽

西漢 張·41

漢晉 流簡紙

東漢 白石神君碑

東漢 曹全碑陽

東漢 曹全碑陽

【楷書】

唐 石經五經

熻

【楷書】

唐 李德孫墓誌

燉

【隸書】

隋 姬威墓誌

隋 姬威墓誌

唐 京兆金氏墓誌

【楷書】

北魏 寇慰墓誌

北魏 李蕤墓誌

北魏 李媛墓誌

北魏 宋虎墓誌

北魏 奚智墓誌

東魏 李挺墓誌

隋 董敬墓誌

隋 李則墓誌

唐 康悊墓誌

唐 索崇墓誌

唐 張弘墓誌

唐 張茂弘墓誌

唐 張仲暉墓誌

營

【隸書】

秦 睡 119

秦 關周·日書

西漢 馬·老子甲後

西漢 張·1052

東漢 白石神君碑

東漢 簿書殘碑

東漢 公乘田魴記

東漢 華山廟碑陽

東漢 景君碑陰

東漢 景君碑陰

東漢 景君碑陰

東漢 史晨前碑

東漢 鮮于璜碑陽

東漢 趙寬碑

晉 辟雍頌陽

北齊 感孝頌

隋 高虬墓誌

隋 侯肇墓誌

隋 口墮及妻墓誌

隋 劉珍墓誌

隋 劉珍墓誌

隋 任軌墓誌

隋 宋景造像碑

隋 張儉及妻墓誌

唐 史思禮墓誌

唐 王媛墓誌陰

【楷書】

魏晉 樓•紙

北魏 王璨墓誌

北魏 元融墓誌

北魏 元頊墓誌

東魏 呂覎墓誌

隋 楊厲墓誌

唐 張惟妻合誌

燐

【楷書】

唐 張軫墓誌

熾 𤑔

【隸書】

東漢 校官碑

東漢 楊震碑

隋 王楚英墓誌

唐 京兆金氏墓誌

【楷書】

北周 寇熾墓誌

唐 祁惠墓誌

唐 王仁則墓誌

燧

【隸書】

西漢 張•608

西漢 居新•1898

西漢 居新•2117

西漢 居新•5563

西漢 居新•9234

西漢 居新•9235

西漢 居新•970

漢晉 流簡紙

【楷書】

北魏 元乂墓誌

唐 孟孝敏妻墓誌

燈

【篆書】

唐 長明燈樓頌

【隸書】

隋 澧水石橋碑

唐 興寺碑

唐 徐盼墓誌

【楷書】

北魏 元順墓誌

東魏 元均及妻墓誌

隋 鄭善妃墓誌

唐 薛參墓誌

後唐 毛璋妻墓誌

燠 㶿

【楷書】

唐 石經尚書

唐 石經五經

唐 宋莊墓誌

唐 楊思立墓誌

燦 爁

【楷書】

唐 李承嗣造像

唐 李尊妻墓誌

燥

【隸書】

西漢 馬•天下

東漢 郙閣頌

晉 徐義墓誌陽

【楷書】

晉 徐義墓誌陽

唐 房有非及妻墓誌

唐 秦氏墓誌

唐 石經五經

唐 石經周易

燬

【隸書】

唐 孔子廟碑

【楷書】

唐 樊廉墓誌

唐 石經九經

唐 石經五經

燾

【隸書】

晉 辟雍頌陽

【楷書】

唐 石經五經

唐 張惠墓誌

爇

【楷書】

唐 慧照塔銘

唐 石經五經

唐 石經五經

唐 王行果墓誌

燿

【隸書】

東漢 封龍山頌

東漢 封龍山頌

東漢 建塙刻石

東漢 禮器碑

東漢 武榮碑

東漢 楊震碑

【楷書】

北魏 叔孫協墓誌

唐 瘞琴銘

燼

【隸書】

東漢 曹全碑陽

唐 李貞墓誌

唐 石臺孝經

唐 嵩陽觀碑

【楷書】

北魏 元演墓誌

隋 獨孤羅墓誌

隋 楊厲墓誌

唐 邊氏墓誌

爆

【楷書】

唐 石經五經

唐 孫備墓誌

爍

【隸書】

隋 澧水石橋碑

【楷書】

北魏 元融墓誌

唐 樊涚墓誌

唐 石經五經

唐 楊亮墓誌

爐

【楷書】

北齊 韓山剛造像

唐 瀆廟祭器銘

唐 皇甫君妻墓誌

爟

【楷書】

隋 張壽墓誌

唐 闞儉墓誌

唐 石經五經

爛

【隸書】

唐 北嶽廟碑

【楷書】

北魏 韓氏墓誌

東魏 李挺墓誌

唐 房基墓誌

唐 脩多羅墓誌

爝

【楷書】

唐 寗思真墓誌

爚

【楷書】

唐 石經五經

燭

【隸書】

秦 關周·病方

東漢 封龍山頌

晉 郛休碑陽

隋 澧水石橋碑

隋 劉多墓誌

唐 文宣王廟門碑

【楷書】

北魏 長孫瑱墓誌

北魏 司馬氏墓誌

北魏 楊泰墓誌

北魏 張玄墓誌

北齊 爾朱元靜墓誌

北周 普安壯公墓誌

東魏 元悰墓誌

隋 陶貴墓誌

隋 田德元墓誌

隋 吳嚴墓誌

隋 楊厲墓誌

唐 司馬銓墓誌

唐 王爽墓誌

爨

【隸書】

秦 睡68

【楷書】

晉 爨寶子碑額

唐 爨君墓誌

唐 石經五經

唐 王延墓誌

唐 張登山墓誌

斗部

斗

【篆書】

唐 峿臺銘

【隸書】

秦 睡 43

秦 關周•曆譜

西漢 馬•老乙前

西漢 張•254

西漢 張•908

西漢 居新•116

西漢 居新•2233

西漢 居新•5373

西漢 居新•7165

西漢 居新•7165

西漢 居新•7476

漢晉 流簡紙

漢晉 流簡紙

東漢 白石神君碑

東漢 禮器碑

東漢 石門頌

北齊 感孝頌

北齊 西門豹碑陽

隋 修孔子廟碑

【楷書】

三國吳 走•二年

三國吳 走•五年

三國吳 走•五年

北魏 元顥墓誌

北魏 張整墓誌

唐 景氏墓誌

唐 史待賓墓誌

唐 王貞墓誌

科

【隸書】

新莽 西•守御器

新莽 西•守御器

【楷書】

唐 石經五經

料

【隸書】

秦 睡 44

三國魏 受禪碑

【楷書】

唐 馮貞墓誌

唐 夫子殘碑

唐 契苾夫人墓誌

唐 石經五經

後梁 蕭符墓誌

斜

【隸書】

北齊 司馬遵業墓誌

隋 澧水石橋碑

隋 宋仲墓誌

【楷書】

南朝梁 羅浮山銘

北魏 元誨墓誌

北魏 元茂墓誌

唐 崔素墓誌

唐 段簡璧墓誌

唐 葛亮祠堂碑

唐 趙肅墓誌

斛

【隸書】

西漢 居新•1113

西漢 居新•2190

西漢 西•馬牘

西漢 西•馬牘

漢晉 流簡紙

隋 郭達墓誌

【楷書】

三國吳 走•四年

三國吳 走•四年

三國吳 走•五年

北魏 王蕃墓誌

⿰⿱亠⿱田大斗

【楷書】

唐 石經五經

唐 石經五經

唐 魏君墓誌

斡

【楷書】

東魏 元均及妻墓誌

唐 白敏中墓誌

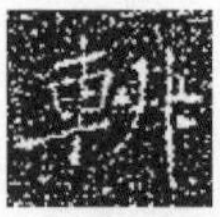
唐 桓表墓誌

唐 石經五經

唐 玄秘塔碑

唐 趙留四墓誌

斔

【楷書】

唐 石經五經

唐 石經五經

斞

【楷書】

唐 石經五經

唐 石經五經

唐 石經五經

斟

【隸書】

東漢 尚博殘碑

晉 辟雍頌陽

唐 刻石記

【楷書】

北魏 和邃墓誌

北魏 昝雙仁墓誌

北魏 元乂墓誌

東魏 李挺墓誌

隋 陳常墓誌

唐 大長公主墓誌

唐 李眈墓誌

斝

【楷書】

唐 石經五經

唐 石經五經

唐 薛頤墓誌

唐 槃慶磚誌

隋 惠鬱造像記

唐 斛斯君妻墓誌

唐 李正卿墓誌

唐 沙陁公妻墓誌

唐 石經五經

唐 石經五經

唐 索相兒墓誌

户部

户

【篆書】

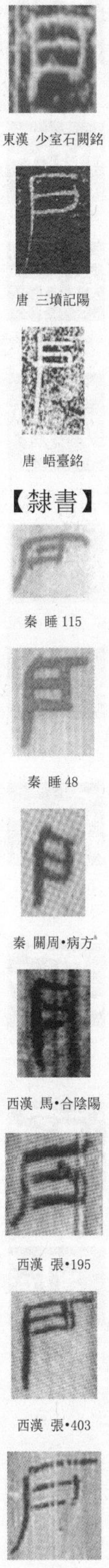

東漢 少室石闕銘

唐 三墳記陽

唐 峿臺銘

【隸書】

秦 睡115

秦 睡48

秦 關周•病方

西漢 馬•合陰陽

西漢 張•195

西漢 張•403

西漢 張•827

東漢 曹全碑陽

東漢 池陽令殘碑

東漢 淮源廟碑

東漢 淮源廟碑

東漢 買田約束石

東漢 朐忍令碑

新莽 禳盜刻石

東漢 史晨後碑

三國魏 孔羡碑

三國魏 孔羡碑

三國魏 王基斷碑

三國魏 張君殘碑

北齊 司馬遵業墓誌

北齊 司馬遵業墓誌

隋 姬威墓誌

隋 張姜墓誌

唐 李神符碑

唐 李貞墓誌

唐 石臺孝經

【楷書】

三國吳 走•四年

三國吳 走•五年

北魏 李頤墓誌

北魏 王蕃墓誌

北魏 元壽安墓誌

北魏 元文墓誌

北魏 鄭黑墓誌

隋 暴永墓誌

隋 寇遵考墓誌

唐 李壽墓誌

唐 權開善墓誌

唐 神策軍碑

唐 石經周易

唐 王容墓誌

戹

【楷書】

唐 石經五經

戺

【楷書】

隋 韋氏墓誌

唐 南川縣主墓誌

唐 石經九經

唐 石經九經

所

【篆書】

三國魏 正始石經

唐 碧落碑

唐 峿臺銘

【隸書】

秦 睡10

秦 睡63

秦 關周•病方

秦 關周•日書

西漢 馬•老乙前

西漢 馬•老子甲後

西漢 馬•事語

西漢 馬•縱橫

西漢 馬•縱橫

西漢 張•168

西漢 居新•7482

西漢 居新•7483

西漢 居新•7678

西漢 西•候官

東漢 西•死駒

漢晉 流簡紙

漢晉 流簡紙

漢晉 流簡紙

漢晉 流簡紙

漢晉 流簡紙

漢晉 流簡紙

東漢 曹全碑陽

東漢 池陽令殘碑

東漢 從事馮君碑

東漢 肥致碑

東漢 淮源廟碑

東漢 開通褒斜道

東漢 孔宙碑陽

東漢 禮器碑

東漢 孟孝琚碑

新莽 穰盜刻石

東漢 三老刻石

東漢 三老刻石

東漢 石門頌

東漢 石門頌

東漢 史晨後碑

東漢 史晨前碑

東漢 太室石闕銘

東漢 鮮于璜碑陽

東漢 薌他君題記

東漢 楊震碑

東漢 楊子輿題記

東漢 乙瑛碑

東漢 乙瑛碑

東漢 永平四年記

東漢 造土牛碑

東漢 張遷碑陽

東漢 鄭固碑

三國魏 曹真殘碑陽

三國魏 張君殘碑

晉 辟雍頌陽

晉 石尠墓誌

晉 王君殘墓誌

北周 華嶽頌

北齊 司馬遵業墓誌

隋 豆盧實墓誌

隋 姬威墓誌

隋 任軌墓誌

隋 口和墓誌

隋 口靜墓誌

隋 吳嚴墓誌

隋 張儉及妻墓誌

唐 北獄廟碑

唐 褚亮碑

唐 李神符碑

唐 盧宏及妻墓誌

唐 盧君妻墓誌

唐 牛氏像龕碑

唐 石臺孝經

唐 石臺孝經

唐 楊孝恭碑

唐 楊孝恭碑

【楷書】

晉 呂望表陽

北魏 靜度造像記

北魏 寇憑墓誌

北魏 吐谷渾璣墓誌

北魏 吳屯造像記

北魏 吳屯造像記

北魏 奚智墓誌

北魏 元敷墓誌

北魏 元恭墓誌

北魏 鄭黑墓誌

東魏 成休祖造像

北齊 道明墓誌

北齊 竇泰墓誌

東魏 惠究道通造像

西魏 李神覆造像

北周 盧蘭墓誌

東魏 馬都愛造像

東魏 叔孫固墓誌

東魏 叔孫固墓誌

東魏 元仲英墓誌

隋 陳叔榮墓誌

隋 樊尚造像

隋 盧文構墓誌

隋 楊通墓誌

唐 崔琪墓誌

唐 多寶塔碑

唐 夫子殘碑

唐 李術墓誌

唐 李孫孫墓誌

唐 屈元壽墓誌

唐 石經尚書

唐 石經五經

唐 石經周易

唐 史懷訓墓誌

唐 亡宮三品墓誌

後梁 韓仲舉妻墓誌

燕 馬淩虛墓誌

後唐 吳君妻曹墓誌

戾

【隸書】

秦 睡100

西漢 居新•309

東漢 鮮于璜碑陽

唐 屈突通墓誌

【楷書】

北魏 劉華仁墓誌

北魏 秦洪墓誌

北魏 王僧男墓誌

北魏 元恭墓誌

北周 獨孤信墓誌

唐 崔傑墓誌

唐 盧嶠墓誌

唐 石經五經

唐 鄭仁泰墓誌

唐 朱庭瑾墓誌

房

【隸書】

秦 睡77

西漢 馬•合陰陽

西漢 居新•3419

西漢 居新•5697

西漢 居新•7614

西漢 武•燕禮甲

東漢 西•推辟

漢晉 流簡紙

隋 符盛及妻墓誌

隋 宋景造像碑

隋 宋仲墓誌

唐 褚亮碑

唐 尹文操碑

唐 尹尊師碑

【楷書】

晉 黃庭内景經

北魏 常季繁墓誌

北魏 寗懋墓誌

北魏 王誦妻元墓誌

北魏 元純陁墓誌

北魏 元昉墓誌

隋 董美人墓誌

唐 李賢墓誌

唐 剡國長公主墓誌

唐 王行果墓誌

唐 雍如珪墓誌

唐 張叡墓誌

扂

【楷書】

唐 石經五經

扁

【隸書】

西漢 馬•老子甲後

西漢 張•382

西漢 張•813

唐 京兆金氏墓誌

【楷書】

北魏 吐谷渾氏墓誌

隋 王世琛墓誌

唐 李滿墓誌

唐 盧昂墓誌

後唐 康贊羑墓誌

扃

【隸書】

西漢 武•有司甲

隋 姬威墓誌

隋 牛暉墓誌

隋 申穆及妻墓誌

唐 闞道愛墓誌

唐 李彥墓誌

唐 李彥墓誌

唐 王子麟墓誌

【楷書】

北魏 闞將墓誌

北魏 鄭君妻墓誌

北魏 司馬氏墓誌

北魏 元詮墓誌

隋 暴永墓誌

唐 石經五經

唐 韓暹墓誌

唐 李修已墓誌

唐 裒婉墓誌

唐 如願律師墓誌

唐 索相兒墓誌

唐 姚軫墓誌

唐 張渙墓誌

唐 張軫墓誌

扆

【隸書】

晉 辟雍頌陽

北周 華嶽頌

唐 孔子廟碑

唐 郎國長公主碑

唐 義福碑陰

【楷書】

北魏 王璨墓誌

北齊 婁黑女墓誌

唐 盧萬春墓誌

唐 石經爾雅

扇

【隸書】

秦 睡 65

西漢 馬•老乙前

西漢 張•719

西漢 居新•628

北周 華嶽頌

隋 段濟墓誌

隋 宋景造像碑

隋 宋仲墓誌

唐 北獄廟碑

唐 沈夫人墓誌

【楷書】

晉 黃庭内景經

北魏 元順墓誌

隋 常泰妻墓誌

唐 梁无量墓誌

唐 王貞墓誌

唐 趙嘉及妻墓誌

扈

【篆書】

三國魏 正始石經

【隸書】

東漢 曹全碑陰

唐 張翼墓誌

【楷書】

北魏 弔比干文陽

北齊 扈歲銘碑

隋 高緊墓誌

唐 報德記

唐 孫公乂墓誌

唐 執失善光

扉

【隸書】

北齊 司馬遵業墓誌

唐 朱君妻王墓誌

【楷書】

晉 黃庭内景經

北魏 胡明相墓誌

北魏 王誦墓誌

隋 張虔墓誌

唐 張貴墓誌

唐 張騷墓誌

心部

心

【篆書】

三國魏 正始石經

隋 蘇恒墓誌

隋 田光山妻墓誌

唐 碧落碑

唐 謙卦碑

唐 峿臺銘

【隸書】

秦 睡125

秦 睡125

秦 睡57

秦 關周·病方

秦 關周·病方

西漢 馬·老甲

西漢 馬·老甲

西漢 馬·老甲

西漢 馬·老乙前

西漢 馬·老子甲後

西漢 馬·老子甲後

西漢 馬·老子甲後

西漢 馬·老子甲後

西漢 馬·縱橫

西漢 張·799

西漢 武·特牲甲

東漢 西·醫藥

漢晉 流簡紙

東漢 曹全碑陽

東漢 肥致碑

東漢 景君碑陽

東漢 石門頌

北齊 竇泰墓誌

北齊 法懃塔銘

隋 豆盧實墓誌

隋 口靜墓誌

隋 修孔子廟碑

唐 石臺孝經

唐 楊孝恭碑

唐 楊孝恭碑

【楷書】

魏晉 樓·紙

北魏 元演墓誌

北齊 房周陁墓誌

隋 皇甫深墓誌

唐 房光庭墓誌

唐 石經尚書

唐 石經周易

唐 楊承福墓誌

忉

【隸書】

東漢 景君碑陽

東漢 朐忍令碑

東漢 夏承碑

東漢 薌他君題記

東漢 永壽元年銘

唐 張翼墓誌

【楷書】

唐 段浛墓誌

唐 馮貞墓誌

唐 石經五經

必

【篆書】

唐 城隍廟碑

唐 峿臺銘

【隸書】

秦 睡111

秦 睡23

秦 關周·日書

西漢 馬·合陰陽

西漢 馬·老甲

西漢 馬·老乙前

西漢 馬·老乙前

西漢 馬·老子甲後

志

【篆書】

唐 碧落碑

唐 碧落碑

唐 謙卦碑

【隸書】

秦 睡156

西漢 馬•老甲

西漢 馬•老甲

西漢 馬•老乙前

西漢 馬•老乙前

西漢 馬•老乙前

西漢 馬•老乙前

忙

【楷書】

隋 樊氏墓誌

唐 苻進昌墓誌

唐 斛斯政則墓誌

唐 孔君墓誌

忓

【楷書】

隋 梁坦墓誌

唐 侯子妻郭墓誌

唐 劉溢墓誌

唐 内莊宅使牒

唐 支彦墓誌

忖

【楷書】

北魏 元恩墓誌

唐 石經五經

唐 石經周易

唐 太君陳氏墓誌

唐 邢彦褒墓誌

唐 褚亮碑

唐 董虔運墓誌

唐 李神符碑

唐 石臺孝經

唐 楊孝恭碑

【楷書】

魏晉 樓•紙

北魏 馮季華墓誌

北魏 郭顯墓誌

北魏 鮮于仲兒墓誌

隋 元智墓誌

兩漢 西•馬簡

漢晉 流簡紙

漢晉 流簡紙

東漢 孔彪碑陽

東漢 石門頌

東漢 熹平石經易

晉 辟雍頌陽

晉 辟雍頌陽

隋 元鐘墓誌

唐 褚亮碑

西漢 馬•十問

西漢 馬•事語

西漢 馬•縱横

西漢 馬•縱横

西漢 馬•縱横

西漢 馬•縱横

西漢 馬•縱横

西漢 張•1125

西漢 居新•4486

西漢 西•善劍

西漢 馬•老子甲後
西漢 張•1070
西漢 張•1074
西漢 居新•1265
西漢 居新•2215
兩漢 西•醫藥
漢晉 流簡紙
漢晉 流簡紙
東漢 曹全碑陽
東漢 樊敏碑

東漢 肥致碑
東漢 景君碑陰
東漢 孟孝琚碑
東漢 朐忍令碑
東漢 魏元丕碑
東漢 永壽元年銘
東漢 趙菿殘碑
晉 辟雍頌陽
晉 管洛墓誌陽
隋 郭休墓誌

隋 侯肇墓誌
隋 宋景造像碑
隋 口靜墓誌
隋 蕭瑾墓誌
隋 張盛墓誌
唐 北嶽廟碑
唐 程俊墓誌
唐 李神符碑
唐 石臺孝經
唐 史思禮墓誌

唐 韋士逸墓誌
唐 鄎國長公主碑

【楷書】

北魏 秦洪墓誌
北魏 鮮于仲兒墓誌
北魏 元端墓誌
北魏 元敷墓誌
北魏 元簡殘石
北魏 元乂墓誌
北齊 梁子彥墓誌
東魏 元悰墓誌

隋 范安貴墓誌
隋 高緊墓誌
唐 黃郡駱氏墓誌
唐 石經尚書
唐 石經周易
唐 楊佰隴墓誌
唐 張難墓誌
唐 鄭逢墓誌

忒

【隸書】

東漢 淮源廟碑
隋 宋景造像碑
唐 柳偘妻墓誌
唐 石臺孝經

【楷書】

北魏 馮季華墓誌
北魏 元纘墓誌
唐 盧自省墓誌
唐 秦君夫人墓誌
唐 石經五經
唐 王積善墓誌

唐 張瑽墓誌
後周 安重遇墓誌
後唐 吳君妻曹墓誌

忘

【篆書】

唐 碧落碑
唐 蘇洪姿墓誌

【隸書】

秦 睡100
西漢 馬•老子甲後
西漢 馬•老子甲後
西漢 馬•老子甲後
西漢 馬•縱橫
西漢 張•681
西漢 西•候官
西漢 西•候官

漢晉 流簡紙

漢晉 流簡紙

東漢 白石神君碑

東漢 封龍山頌

東漢 桓孨食堂記

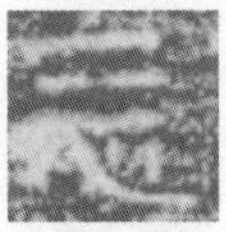
東漢 延熹三年記

東漢 楊著碑陽

北齊 竇泰墓誌

隋 劉多墓誌

隋 馬穉墓誌

隋 宋景造像碑

唐 告華嶽府君

唐 石臺孝經

唐 石臺孝經

唐 司馬寔墓誌

【楷書】

晉 華芳墓誌陰

北魏 鞏伏龍造像

北魏 元顯魏墓誌

東魏 李憲墓誌

東魏 陸順華墓誌

隋 申穆及妻墓誌

隋 王光墓誌

隋 張盈墓誌

唐 劉攬墓誌

唐 趙留四墓誌

忮 𢘫

【隸書】

隋 楊真墓誌

唐 龐履温碑

【楷書】

唐 張毖墓誌

唐 貞陽子墓誌

忳

【楷書】

唐 石經五經

忪

【楷書】

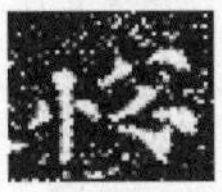
唐 張叔遵墓誌

怟 𢘽

【隸書】

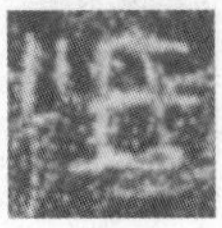
東漢 石門闕銘

忤

【隸書】

唐 尉迟迴碑陰

唐 朱崇慶墓誌

【楷書】

北魏 劉華仁墓誌

北齊 元賢墓誌

唐 樊涚墓誌

唐 喬進臣地券

忻

【隸書】

隋 郭達墓誌

隋 宋景造像碑

隋 宋景造像碑

【楷書】

北魏 李遵墓誌

唐 薄仁墓誌

忱

【隸書】

隋 叱李綱子墓誌

【楷書】

唐 崔哲妻墓誌

唐 柳昱墓誌

唐 石經九經

唐 石經尚書

唐 温煒妻墓誌

忬

【隸書】

東漢 楊叔恭殘碑

忸

【楷書】

唐 石經尚書

快

【隸書】

西漢 馬•縱横

西漢 居新•2092

漢晉 流簡紙

【楷書】

魏晉 樓•紙

晉 蘭亭序真本

唐 白知禮墓誌

忌

【隸書】

秦 睡 113

秦 睡 114

秦 睡 133

秦 睡 140

秦 西•日書乙

西漢 馬•老子甲後

西漢 馬•老子甲後

西漢 馬•老子甲後

西漢 馬•老子甲後

西漢 馬•老子甲後

西漢 馬•縱横

西漢 馬•縱横

西漢 居新•6599

漢晉 流簡紙

東漢 肥致碑

東漢 三老刻石

東漢 三老刻石

東漢 三老刻石

東漢 三老刻石

東漢 永平四年記

唐 崔祐甫墓誌

唐 朱崇慶墓誌

【楷書】

晉 黃庭内景經

北魏 司馬顯姿墓誌

北魏 元暐墓誌

北魏 元延明墓誌

東魏 馮令華墓誌

唐 崔孝昌墓誌

唐 李孟姜墓誌

唐 石經五經

唐 魏公先廟碑

忍

【隸書】

秦 睡 82

西漢 馬•縱橫

西漢 居新•1873

西漢 居新•3598

西漢 居新•5613

西漢 居新•5753

西漢 居新•6756

西漢 居新•8095

兩漢 西•馬簡

東漢 朐忍令碑

東漢 唐公房碑陽

東漢 通閣道記

隋 郭休墓誌

唐 修定寺記碑

唐 楊孝恭碑

唐 義福禪師碑

【楷書】

北魏 元略墓誌

隋 王世琛墓誌

唐 盧岑改葬墓誌

唐 盧友度墓誌

忝

【隸書】

漢晉 流簡紙

唐 盧行毅墓誌

唐 石臺孝經

唐 王泠然墓誌

【楷書】

東魏 李挺墓誌

唐 崔齊榮墓誌

唐 龐敬墓誌

唐 石經尚書

唐 石經五經

閩 堅牢塔記

忠

【篆書】

三國吳 天發神讖碑

唐 紀信墓碑額

【隸書】

秦 睡 10

秦 睡 88

西漢 馬•老乙前

西漢 馬•事語

西漢 馬•事語

西漢 馬•縱橫

西漢 馬•縱橫

西漢 居新•2288

西漢 居新•5609

西漢 居新•5883

漢晉 流簡紙

東漢 肥致碑

東漢 景君碑陽

東漢 景君碑陽

東漢 景君碑陰

東漢 孔宙碑陽

東漢 孔宙碑陰

東漢 馬姜墓記

東漢 尚博殘碑

東漢 石門頌

東漢 夏承碑

東漢 行事渡君碑

東漢 楊統碑陽

東漢 楊震碑

東漢 楊震碑

東漢 鄭固碑

三國魏 王基斷碑

隋 段濟墓誌

隋 王楚英墓誌

隋 口和墓誌

唐 褚亮碑

唐 京兆金氏墓誌

唐 石臺孝經

唐 石臺孝經

唐 楊孝恭碑

唐 楊孝恭碑

唐 楊孝恭碑

唐 趙冬曦壙誌

忽

【隸書】

西漢 馬•老甲

西漢 居新•1987

西漢 居新•3769

西漢 居新•4269

西漢 居新•8012

兩漢 西•馬簡

漢晉 流簡紙

東漢 孟孝琚碑

東漢 三老刻石

東漢 薌他君題記

忿

【隸書】

秦 睡 80

西漢 馬•老乙前

西漢 馬•老乙前

東漢 孟孝琚碑

北魏 上尊號碑

【楷書】

北魏 張盧墓誌

唐 寇章墓誌

唐 苗弘本墓誌

唐 石經周易

隋 吳嚴墓誌

唐 包筠墓誌

唐 石經尚書

唐 石臺孝經

【楷書】

晉 華芳墓誌陰

南朝梁 宋念造像記

北魏 楊乾墓誌

北魏 元愔墓誌

北齊 竇泰墓誌

東魏 南宗和尚塔銘

北齊 元賢墓誌

東魏 元湛墓誌

隋 程譜墓誌

東漢 史晨後碑

東漢 史晨前碑

東漢 王舍人碑

東漢 薌他君題記

東漢 薌他君題記

北齊 感孝頌

隋 侯肇墓誌

隋 宋景造像碑

隋 口和墓誌

唐 沈夫人墓誌

念

【篆書】

三國魏 正始石經

【隸書】

西漢 馬•縱橫

西漢 居新•6756

西漢 武•特牲甲

西漢 武•特牲甲

漢晉 流簡紙

漢晉 流簡紙

漢晉 流簡紙

東漢 桓孨食堂記

東漢 三老刻石

唐 傅思諫墓誌

唐 石經周易

唐 王芳媚墓誌

【楷書】

三國吳 走•五年

北魏 封魔奴墓誌

北魏 高珪墓誌

北魏 丘哲墓誌

北魏 元誨墓誌

北魏 元熙墓誌

北魏 張盧墓誌

東魏 馮令華墓誌

北周 盧蘭墓誌

東魏 張瓘墓誌

忽（續）

【楷書】

北齊 婁黑女墓誌

唐 高如詮墓誌

唐 盧初墓誌

唐 石經五經

東漢 薌他君題記

東漢 許安國題記

北周 華嶽頌

隋 侯肇墓誌

隋 馬長和造像

隋 任軌墓誌

隋 謝岳墓誌

隋 楊真墓誌

唐 史思禮墓誌

唐 司馬寔墓誌

怗

【隸書】

東漢 鄭固碑

唐 司馬寔墓誌

唐 鄭忠墓碑

【楷書】

北魏 元鑒墓誌

唐 契苾夫人墓誌

唐 石經尚書

怖

【隸書】

東漢 耿勳碑

東漢 史晨前碑

東漢 鮮于璜碑陰

唐 植松柏碑

【楷書】

晉 黃庭內景經

北涼 渠安周造像

北魏 元彬墓誌

唐 文鑒經幢

怵

【隸書】

東漢 蒼山元嘉題記

【楷書】

魏晉 樓•紙

唐 報德記

怯

【楷書】

唐 梁公妻墓誌

怦

【楷書】

隋 張怦墓誌

唐 劉冰墓誌

怲

【楷書】

唐 石經五經

怏

【隸書】

唐 大忍寺碑

【楷書】

唐 東良墓誌

怗

【楷書】

三國吳 走•五年

北魏 元悌墓誌

北周 文帝廟造像碑

唐 內莊宅使牒

唐 石經九經

悅

【楷書】

晉 黃庭經

南朝梁 舊館壇碑

唐 郭賓墓誌

唐 孫嗣初妻墓誌

唐 張英墓誌

唐 和幹墓誌

唐 宋伯康墓誌

唐 孫嗣初妻墓誌

唐 張俊墓誌

怛

【隸書】

東漢 景君碑陽

東漢 朐忍令碑

東漢 夏承碑

東漢 鄐他君題記

東漢 許安國題記

唐 李彥墓誌

唐 張翼墓誌

【楷書】

北魏 姚伯多供養碑

北魏 元廞墓誌

北魏 元颺墓誌

怚

【楷書】

北魏 和邃墓誌

怞

【楷書】

唐 斛斯君妻墓誌

怔

【楷書】

唐 張叔遵墓誌

怕

【隸書】

東漢 朝侯小子碑

【楷書】

唐 李德孫墓誌

性

【隸書】

東漢 曹全碑陽

東漢 池陽令殘碑

東漢 肥致碑

東漢 夏承碑

東漢 薌他君題記

三國魏 王基斷碑

三國魏 張君殘碑

隋 姬威墓誌

隋 任軌墓誌

隋 宋仲墓誌

隋 口和墓誌

唐 褚亮碑

唐 石臺孝經

唐 石臺孝經

唐 王震墓誌

【楷書】

晉 黃庭經

北魏 元天穆墓誌

北魏 元彝墓誌

隋 程譜墓誌

隋 元鐘墓誌

隋 鄭善妃墓誌

唐 石經周易

唐 石經周易

唐 瘞琴銘

怍

【楷書】

唐 杜令姿墓誌

唐 王府君墓誌

怫

【楷書】

唐 張氏女殤墓誌

怪

【篆書】

唐 峿臺銘

【隸書】

秦 睡255

唐 北嶽廟碑

唐 孔子廟碑

【楷書】

魏晉 樓•紙

魏晉 樓•紙

北齊 定國寺塔碑

唐 董希令墓誌

唐 杭季棱袝誌

唐 敬能經幢

唐 石經尚書

唐 石經五經

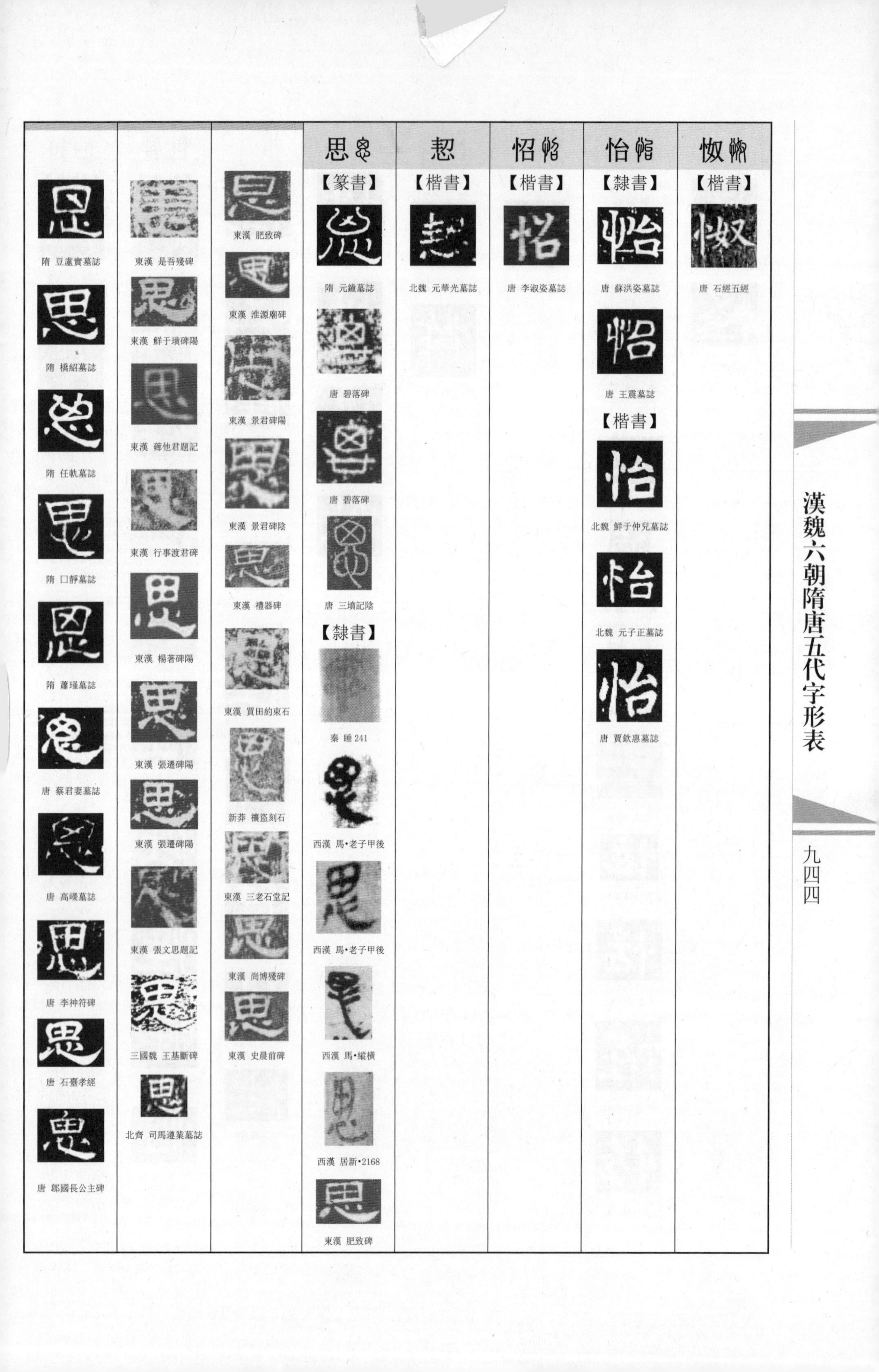

怓

【楷書】

唐 石經五經

怡

【隸書】

唐 蘇洪姿墓誌

唐 王震墓誌

【楷書】

北魏 鮮于仲兒墓誌

北魏 元子正墓誌

唐 賈欽惠墓誌

怊

【楷書】

唐 李淑姿墓誌

恝

【楷書】

北魏 元華光墓誌

思

【篆書】

隋 元鐘墓誌

唐 碧落碑

唐 碧落碑

唐 三墳記陰

【隸書】

秦 睡 241

西漢 馬•老子甲後

西漢 馬•老子甲後

西漢 馬•縱横

西漢 居新•2168

東漢 肥致碑

東漢 肥致碑

東漢 淮源廟碑

東漢 景君碑陽

東漢 景君碑陰

東漢 禮器碑

東漢 買田約束石

新莽 禳盜刻石

東漢 三老石堂記

東漢 尚博殘碑

東漢 史晨前碑

東漢 是吾殘碑

東漢 鮮于璜碑陽

東漢 薌他君題記

東漢 行事渡君碑

東漢 楊著碑陽

東漢 張遷碑陽

東漢 張遷碑陽

東漢 張文思題記

三國魏 王基斷碑

北齊 司馬遵業墓誌

隋 豆盧實墓誌

隋 橋紹墓誌

隋 任軌墓誌

隋 口靜墓誌

隋 蕭瑾墓誌

唐 蔡君妻墓誌

唐 高嶸墓誌

唐 李神符碑

唐 石臺孝經

唐 鄎國長公主碑

唐 楊孝恭碑

唐 楊孝恭碑

【楷書】

三國吳 走•二年

三國吳 走•四年

魏晉 樓•紙

北魏 元純阤墓誌

北魏 元文墓誌

唐 石經尚書

唐 石經周易

唐 孫嗣初妻墓誌

怤

【楷書】

唐 杜君墓誌

怨

【篆書】

三國魏 正始石經

唐 峿臺銘

【隸書】

秦 睡 87

西漢 馬•老甲

西漢 馬•老乙前

西漢 馬•老乙前

西漢 馬•縱橫

東漢 張遷碑陽

東漢 趙寬碑

隋 李元墓誌

隋 王榮及妻墓誌

隋 蕭瑾墓誌

唐 崔沔墓誌陽

唐 紀信墓碑

唐 石臺孝經

唐 王晉俗墓誌

【楷書】

北魏 宋靈妃墓誌

北魏 元恭墓誌

北魏 元瞻墓誌

唐 崔千里墓誌

唐 樊涚墓誌

唐 河東柳氏墓誌

唐 齊朗墓誌

唐 石經五經

急

【隸書】

秦 睡 17

秦 關周•病方

秦 關周•日書

秦 關周•日書

西漢 馬•合陰陽

西漢 馬•老子甲後

西漢 馬•縱橫

西漢 馬•縱橫

西漢 馬•縱橫

西漢 張•1123

西漢 張•767

西漢 居新•2121

西漢 居新•6199

西漢 居新•962

西漢 西•候官

西漢 西•馬牘

漢晉 流簡紙

漢晉 流簡紙

東漢 白石神君碑

東漢 曹全碑陽

北齊 竇泰墓誌

唐 蘇洪姿墓誌

【楷書】

魏晉 樓•紙

北魏 李渠蘭墓誌

唐 龍泉記

唐 尉遲敬德墓誌

唐 楊君妻孫墓誌

唐 周急墓誌

恇

【楷書】

北魏 元顥墓誌

怴

【楷書】

唐 石經五經

恒

【篆書】

唐 紀德碑額

【隸書】

秦 睡246

秦 關周•病方

西漢 馬•老甲

西漢 馬•老甲

西漢 馬•老乙

西漢 馬•老乙前

西漢 張•1127

西漢 張•537

漢晉 流簡紙

東漢 郙閣頌

東漢 熹平石經易

北齊 竇泰墓誌

北齊 感孝頌

北周 華嶽頌

隋 豆盧實墓誌

隋 段濟墓誌

隋 侯肇墓誌

隋 劉珍墓誌

隋 宋景造像碑

隋 蘇恒墓誌

隋 蕭瑾墓誌

隋 謝岳墓誌

隋 楊真墓誌

隋 楊真墓誌

隋 元鐘墓誌

唐 大忍寺碑

唐 倪彬墓誌

唐 譚伍墓誌

唐 楊孝恭碑

【楷書】

晉 華芳墓誌陰

北魏 山暉墓誌

北魏 楊胤墓誌

北魏 元恭墓誌

北齊 竇泰墓誌

隋 段威墓誌

隋 張怦墓誌

唐 石經周易

唐 石經周易

恢

【隸書】

西漢 張•618

西漢 習字觚

東漢 禮器碑側

東漢 禮器碑陰

東漢 石門頌

東漢 史晨前碑

東漢 趙寬碑

晉 辟雍頌陽

北齊 司馬遵業墓誌

唐 元鐘墓誌

唐 北嶽廟碑

唐 常存法師墓誌

唐 崔志墓誌

【楷書】

北魏 寇演墓誌

北魏 元壽安墓誌

隋 段威墓誌

唐 封温墓誌

唐 盧嶠墓誌

唐 石經尚書

唐 張騷墓誌

恤

【篆書】

唐 碧落碑

【隸書】

東漢 曹全碑陽

東漢 劉熊碑

東漢 尚博殘碑

東漢 熹平石經易

東漢 熹平石經易

東漢 張遷碑陽

晉 徐義墓誌陽

北魏 上尊號碑

隋 口和墓誌

唐 王秦客墓誌

恪

【隸書】

東漢 孔彪碑陽

東漢 楊震碑

晉 馮恭石槨字

隋 口和墓誌

唐 孔子廟碑

唐 盧君妻墓誌

唐 沈知敏墓誌

【楷書】

北魏 馮邕妻墓誌

唐 閻知誠墓誌

唐 蘇斌墓誌

恫

【楷書】

唐 石經尚書

唐 王約墓誌

恍

【隸書】

北周 華嶽頌

【楷書】

唐 戴滿墓誌

恞

【楷書】

唐 戚高墓誌

唐 亡宮三品墓誌

恃

【隸書】

西漢 馬•縱橫

西漢 馬•縱橫

西漢 馬•縱橫

東漢 肥致碑

晉 郛休碑陽

唐 北嶽廟碑

唐 王泠然墓誌

唐 趙冬曦壙誌

【楷書】

東魏 馮令華墓誌

唐 柳昱妻墓誌

恲	恬	恰	恉	恟	恂		
【楷書】	【隸書】	【隸書】	【隸書】	【楷書】	【隸書】		
隋 寧贙墓碑	唐 豆盧建墓誌	隋 馬穉墓誌	唐 盧君妻墓誌	唐 苗績墓誌	東漢 肥致碑	隋 董美人墓誌	隋 修孔子廟碑
	唐 李神符碑	【楷書】	【楷書】		東漢 楊震碑	唐 石經尚書	唐 程俊墓誌陰
	唐 屈突通墓誌	東魏 南宗和尚塔銘	唐 周善持墓誌		東漢 楊著碑陽	唐 石經五經	唐 崔暟墓誌陽
	唐 唐直墓誌				東漢 尹宙碑	唐 石經周易	唐 屈突通墓誌
	唐 鄭忠墓碑				【楷書】	唐 惟貞廟碑陽	唐 宴濟瀆序陰額
	【楷書】				北魏 常文遠造像	唐 薛迅墓誌	唐 尹尊師碑
	晉 黃庭經				北魏 寇偘墓誌	唐 嚴氏玄堂銘	【楷書】
	唐 李壽墓誌				北齊 竇泰墓誌	唐 幼覺大師墓誌	魏晉 樓•紙
					唐 邢芳墓誌	唐 鄭中基墓誌	北魏 慈慶墓誌
					唐 楊曜生墓誌	唐 朱庭瑾墓誌	北魏 寗懋墓誌
							北魏 元誘妻墓誌

恨

【隸書】

東漢 孟孝琚碑

三國魏 王基斷碑

隋 爾朱敞墓誌

唐 史思禮墓誌

唐 譚伍墓誌

唐 王崇禮墓誌

唐 張翼墓誌

【楷書】

晉 華芳墓誌陰

北魏 元顯魏墓誌

北齊 董桃樹造像

北齊 竇泰墓誌

東魏 元悰墓誌

隋 馬穉墓誌

唐 胡明期母墓誌

唐 敬節塔銘

唐 顏勤禮碑

唐 掌思明墓誌

怒

【篆書】

三國魏 正始石經

隋 田光山妻墓誌

【隸書】

秦 睡 98

秦 關周•日書

西漢 馬•老乙

西漢 馬•事語

西漢 馬•縱横

西漢 馬•縱横

西漢 張•1197

西漢 居新•7485

西漢 居新•8252

東漢 西•寇恩

漢晉 流簡紙

漢晉 流簡紙

東漢 樊敏碑

唐 崔暟墓誌陽

唐 黃石公祠記

唐 紀信墓碑

唐 修定寺記碑

唐 楊孝恭碑

唐 張休光墓誌

【楷書】

北魏 張盧墓誌

唐 王公素墓誌

怠

【隸書】

西漢 馬•老甲

西漢 馬•事語

隋 段濟墓誌

隋 姬威墓誌

唐 八都壇碑

唐 刻石記

【楷書】

北魏 李頣墓誌

唐 馬壽墓誌

唐 石經尚書

恐

【篆書】

唐 三墳記陰

【隸書】

秦 睡 57

秦 西•日書乙

西漢 馬•老乙前

西漢 馬•老子甲後

西漢 張•1046

西漢 居新•545

西漢 西•馬簡牘

東漢 西•死駒

兩漢 西•馬簡

漢晉 流簡紙

東漢 公乘田魴記

東漢 史晨後碑

東漢 宋伯望買田券正

東漢 乙瑛碑

東漢 永壽元年墓記

隋 叱李綱子墓誌

隋 爾朱敞墓誌

隋 高虬墓誌

隋 任顯及妻誌

隋 申穆及妻墓誌

隋 王楚英墓誌

隋 謝岳墓誌

隋 張儉及妻墓誌

隋 趙朗墓誌

唐 蔡君妻墓誌

唐 崔沔墓誌陽

唐 大忍寺碑

唐 石臺孝經

唐 鄭忠墓碑

【楷書】

三國吳 走•二年

晉 筆陣圖

北魏 爾朱襲墓誌

北魏 侯愔墓誌

北魏 僧賢造像記

北魏 石婉墓誌

北魏 王翊墓誌

北魏 元馗墓誌

北齊 等慈寺塔銘

北齊 高僧護墓誌

北齊 婁黑女墓誌

東魏 源磨耶壙志

隋 皇甫深墓誌

隋 楊居墓誌

唐 那提墓誌

唐 石經五經

唐 石經五經

唐 石經周易

唐 王季初墓誌

後晉 袁從章墓誌

恚

【隸書】

西漢 張•590

【楷書】

唐 高瀚墓誌

恧

【隸書】

西漢 西•馬牘

唐 柳偘妻墓誌

【楷書】

北魏 薛慧命墓誌

隋 樊氏墓誌

唐 桑氏墓誌

恭

【篆書】

北魏 趙王誌蓋

隋 蘇恒墓誌

【隸書】

西漢 居新•1449

西漢 居新•5004

西漢 居新•7541

西漢 居新•7544

西漢 居新•76

西漢 居新•7667

兩漢 西•馬簡

東漢 白石神君碑

東漢 池陽令殘碑

東漢 肥致碑

東漢 封龍山頌

東漢 華山廟碑陽

東漢 淮源廟碑

東漢 孔宙碑陰

東漢 魯峻碑陽

東漢 尚博殘碑

東漢 鮮于璜碑陽

東漢 乙瑛碑

東漢 圉令趙君碑

東漢 張遷碑陽

東漢 趙寬碑

東漢 鄭固碑

三國魏 張君殘碑

晉 辟雍頌陽

晉 馮恭石槨字

晉 管洛墓誌陽

晉 郭槐柩記

晉 石尠墓誌

北齊 感孝頌
北齊 馬天祥造像
北齊 馬天祥造像
北齊 西門豹碑陽
隋 爾朱敞墓誌
隋 關明墓誌
隋 任軌墓誌
隋 蘇恒墓誌
隋 口和墓誌
隋 口和墓誌

隋 口和墓誌
唐 褚亮碑
唐 石臺孝經
唐 行儼碑
唐 楊孝恭碑
唐 楊孝恭碑
唐 尹尊師碑
唐 趙冬曦壙誌

【楷書】

北魏 薛伯徽墓誌
北魏 元謐墓誌

北魏 元倪墓誌
北魏 張盧墓誌
北齊 竇泰墓誌
北齊 殷恭安造像
隋 暴永墓誌
隋 姚太墓誌
隋 鄭善妃墓誌
唐 姖推墓誌
唐 李夢墓誌
唐 李淑姿墓誌

唐 石經尚書
唐 石經五經
後唐 張滌妻高墓誌

恩

【篆書】

唐 碧落碑
唐 王審知碑額

【隸書】

西漢 居新•1866
西漢 居新•2607
西漢 居新•4470
西漢 居新•5074
西漢 居新•5075
西漢 居新•7460
西漢 居新•7467
西漢 居新•7467

西漢 居新•7479
西漢 居新•7479
西漢 居新•7482
西漢 居新•7488
東漢 西•寇恩
東漢 西•寇恩
漢晉 流簡紙
漢晉 流簡紙
東漢 曹全碑陽
東漢 樊敏碑

東漢 景君碑陽
東漢 孟孝琚碑
東漢 繆宇墓誌
東漢 史晨前碑
東漢 嗚咽泉題記
東漢 西狹頌
東漢 夏承碑
東漢 薌他君題記
東漢 許安國題記
東漢 許安國題記

東漢 楊著碑陽
東漢 永壽元年銘
東漢 張遷碑陽
晉 辟雍頌陽
北齊 竇泰墓誌
北齊 司馬遵業墓誌
隋 段濟墓誌
隋 姬威墓誌
隋 馬長和造像
隋 任顯及妻誌

恣				息	恁		
【隸書】	魏晉 樓·紙	北齊 感孝頌	東漢 肥致碑	【篆書】	【楷書】	隋 常德將墓誌	隋 蘇恒墓誌
東漢 肥致碑	北魏 丘哲墓誌	北齊 司馬遵業墓誌	東漢 淮源廟碑	隋 郭休墓誌	唐 董幵墓誌	隋 王楚英墓誌	隋 王榮及妻墓誌
三國魏 曹真殘碑陽	北魏 元文墓誌	隋 豆盧實墓誌	東漢 馬姜墓記	【隸書】		隋 王袞墓誌	隋 張儉及妻墓誌
【楷書】	北齊 畢文造像	隋 侯肇墓誌	東漢 史晨前碑	秦 睡96		唐 崔琪墓誌	唐 史思禮墓誌
北魏 元顯墓誌	北齊 楊廣濟造像	隋 任顯及妻誌	東漢 史晨前碑	西漢 馬·合陰陽		唐 多寶塔碑	唐 史思禮墓誌
北齊 劉雙仁墓誌	隋 馬少敏墓誌	隋 張儉及妻墓誌	東漢 鮮于璜碑陽	西漢 馬·老乙前		唐 蘇斌墓誌	【楷書】
東魏 南宗和尚塔銘	唐 裴遵妻墓誌	隋 趙朗墓誌	三國魏 王基斷碑	西漢 馬·縱橫		唐 浯溪記	北魏 鞠彥雲墓誌
唐 李鎬墓誌	唐 石經周易	唐 夫子廟堂碑	晉 徐義墓誌陽	西漢 張·1139		後晉 王君妻闞墓誌	北魏 穆亮墓誌
	唐 史信墓誌	唐 楊孝恭碑	晉 徐義墓誌陽	西漢 張·1189			北魏 元侔墓誌陽
		【楷書】	北齊 竇泰墓誌	西漢 張·906			北魏 元羽墓誌
		三國吳 走·四年		東漢 西·醫藥			北齊 張世寶造塔
				漢晉 流簡紙			

悍

【隸書】

秦 睡 121

西漢 馬•縱橫

西漢 張•65

西漢 張•734

【楷書】

唐 郭克全墓誌

悄

【楷書】

唐 崔載墓誌

北魏 樊奴子造像

北魏 浮悟浮圖記

北魏 檀賓墓誌

隋 □徹墓誌

唐 李福墓誌

悟

【隸書】

北齊 竇泰墓誌

隋 澧水石橋碑

隋 郭達墓誌

隋 馬少敏墓誌

隋 馬穉墓誌

隋 任顯及妻誌

隋 宋景造像碑

隋 宋景造像碑

隋 元鍾墓誌

【楷書】

魏晉 樓•紙

悅

【楷書】

唐 張叔遵墓誌

悚

【隸書】

隋 澧水石橋碑

【楷書】

唐 李愍墓誌

唐 石經五經

唐 朱齊之墓誌

漢晉 流簡紙

漢晉 流簡紙

【楷書】

晉 黃庭經

唐 瘞琴銘

後梁 崔崇素墓誌

恙

【隸書】

秦 睡 10

秦 睡 152

西漢 居新•1879

西漢 居新•1971

西漢 居新•7424

西漢 居新•8904

西漢 居新•8921

漢晉 流簡紙

漢晉 流簡紙

漢晉 流簡紙

（悔，續）

唐 宴濟瀆序陰額

【楷書】

南朝宋 石驅銘

北魏 郭顯墓誌

北魏 元天穆墓誌

東魏 元均及妻墓誌

隋 郭世昌墓誌

唐 獨孤澄墓誌

唐 石經周易

唐 石經周易

悔

【隸書】

秦 睡 100

西漢 馬·老乙前

西漢 馬·事語

西漢 馬·縱橫

西漢 馬·縱橫

西漢 馬·縱橫

西漢 張·1143

西漢 居新·3598

東漢 耿勳碑

東漢 熹平石經易

悕

【楷書】

北魏 奚真墓誌

北魏 元文墓誌

北魏 元愔墓誌

唐 劉通墓誌

唐 石經五經

悎

【隸書】

西漢 馬·老乙前

悝

【隸書】

西漢 馬·老甲

東漢 景君碑陰

【楷書】

北魏 元侔墓誌陰

隋 楊厲墓誌

唐 顔家廟碑

悒

【隸書】

西漢 張·814

【楷書】

唐 杭季梭袝誌

唐 張貴墓誌

悁

【楷書】

北魏 元瞻墓誌

唐 石經五經

唐 元萬子墓誌

悃

【楷書】

唐 索思禮墓誌

悇

【隸書】

隋 馬穉墓誌

悅

【篆書】

三國魏 正始石經

【隸書】

東漢 池陽令殘碑

東漢 淮源廟碑

東漢 石門頌

東漢 西狹頌

東漢 楊統碑陽

東漢 趙寬碑

三國魏 張君殘碑

晉 辟雍頌陽

唐 八都壇碑

唐 石臺孝經

【楷書】

魏晉 樓•紙

北魏 封魔奴墓誌

北魏 高珪墓誌

北魏 王誦妻墓誌

北齊 牛景悦記

唐 崔隋妻墓誌

唐 鄭敬墓誌

悢

【楷書】

唐 柳昱墓誌

悋

【隸書】

唐 劉慎墓誌

【楷書】

北魏 司馬顯姿墓誌

北魏 元茂墓誌

北魏 元新成妃墓誌

北齊 房周陁墓誌

隋 張貴男墓誌

唐 段承宗墓誌

唐 喬進臣地券

唐 沈士公墓誌

唐 楊迥墓誌

悌

【隸書】

東漢 張遷碑陽

隋 爾朱敞墓誌

唐 石臺孝經

唐 石臺孝經

唐 張翼墓誌

【楷書】

北魏 元秀墓誌

隋 盧文機墓誌

唐 暴賢墓誌

唐 崔程墓誌

唐 李超墓誌

唐 蕭煉墓誌

悛

【隸書】

東漢 曹全碑陽

唐 龐履温碑

【楷書】

北魏 元悛墓誌

北魏 張整墓誌

唐 李勣墓誌

唐 石經左傳

悖	恕	患			悠		
【隸書】	【隸書】	【隸書】			【隸書】		
唐 石臺孝經	兩漢 西•醫藥	西漢 馬•老乙前	東漢 西狹頌	唐 鞏氏造像記	晉 辟雍頌陽	北魏 元謐墓誌	唐 元伏和墓誌
唐 石臺孝經	漢晉 流簡紙	西漢 馬•事語	東漢 鄐他君題記	唐 石經周易	晉 徐義墓誌陰	北魏 元天穆墓誌	
【楷書】	東漢 孔宙碑陽	西漢 馬•縱橫	東漢 造土牛碑	唐 王孝瑜及妻墓誌	隋 牛諒墓誌	隋 潘善利墓誌	
北魏 元略墓誌	東魏 宗欣墓誌	西漢 馬•縱橫	隋 元鐘墓誌	唐 朱瞻墓誌	隋 牛諒墓誌	隋 蕭餝性墓誌	
唐 居實墓銘	隋 段濟墓誌	西漢 張•1085	唐 李貞墓誌		唐 張叡墓誌	隋 鄭善妃墓誌	
唐 柳延宗墓誌	唐 郎國長公主碑	西漢 居新•8245	唐 龐履溫碑		【楷書】	唐 崔元二墓誌	
唐 石經五經	【楷書】	東漢 西•四時	唐 石臺孝經		南朝梁 舊館壇碑	唐 馮淹之墓誌	
唐 石經孝經	唐 楊吳生墓誌	東漢 樊敏碑	【楷書】		北魏 封魔奴墓誌	唐 呂常侍妻墓誌	
唐 石經周易		東漢 石門頌	魏晉 樓•紙		北魏 鄯乾墓誌	唐 王寬墓誌	
		東漢 四神刻石	魏晉 樓•紙		北魏 元譿墓誌	唐 顏相墓誌	
			北魏 王翊墓誌		北魏 元鑒墓誌		

悆

【楷書】

北魏 劉阿素墓誌

唐 嬰殤女墓誌

[illegible]

【隸書】

秦 睡88

惄

【楷書】

唐 盧翊墓誌

唐 石經五經

惏

【楷書】

北魏 侯剛墓誌

唐 石經五經

情

【篆書】

唐 碧落碑

【隸書】

西漢 馬·老甲

西漢 馬·老甲

東漢 肥致碑

東漢 史晨前碑

東漢 熹平石經易

東漢 薌他君題記

東漢 許安國題記

北齊 法懃塔銘

北齊 司馬遵業墓誌

唐 鄎國長公主碑

【楷書】

三國吳 走·五年

魏晉 樓·紙

魏晉 樓·紙

魏晉 樓·紙

北魏 吐谷渾璣墓誌

北魏 元崇業墓誌

北魏 元誘墓誌

北魏 元子正墓誌

北齊 竇泰墓誌

北齊 婁黑女墓誌

隋 高緊墓誌

隋 王楚英墓誌

隋 元智妻墓誌

隋 元鐘墓誌

唐 石經周易

唐 石經周易

隋 叱李綱子墓誌

隋 豆盧實墓誌

隋 郭達墓誌

隋 任軌墓誌

隋 任顯及妻誌

隋 宋景造像碑

隋 修孔子廟碑

隋 鄭令妃墓誌

唐 褚亮碑

唐 石臺孝經

惜

【隸書】

東漢 朝侯小子碑

東漢 從事馮君碑

東漢 鮮于璜碑陰

東漢 楊統碑陽

三國魏 何晏墓誌

隋 豆盧實墓誌

隋 郭休墓誌

隋 賈通墓誌

隋 劉賓及妻墓誌

隋 馬穉墓誌

隋 王榮及妻墓誌

隋 張儉及妻墓誌

隋 張儉及妻墓誌

【楷書】

北魏 王翊墓誌

東魏 李挺墓誌

唐 安思節墓誌

唐 李君妻裴墓誌

唐 沈士公墓誌

悵

【隸書】

東漢 朐忍令碑

東漢 鮮于璜碑陽

唐 孔子廟碑

唐 義福禪師碑

【楷書】

北魏 弔比干文陽

北魏 和醜仁墓誌

東魏 淨智塔銘

東魏 廉富造像陽

唐 安元壽墓誌

唐 孫君妻宋墓誌

後梁 韓仲舉妻墓誌

悱

【楷書】

唐 沈中黃墓誌

㥦

【楷書】

東魏 邑主造石像

惈

【隸書】

隋 馬穉墓誌

悼

【隸書】

東漢 馬姜墓記

東漢 尚博殘碑

東漢 楊震碑

晉 石尠墓誌

隋 豆盧實墓誌

隋 姬威墓誌

隋 姬威墓誌

隋 蕭瑾墓誌

隋 楊真墓誌

唐 褚亮碑

【楷書】

魏晉 樓•紙

北魏 寇臻墓誌

北魏 吐谷渾璣墓誌

北魏 元繼墓誌

北魏 元悌墓誌

北齊 竇泰墓誌

隋 陳花樹墓誌

唐 楊氏墓誌

惕 㥞

【隸書】

西漢 張•799

西漢 居新•2303

【楷書】

三國吳 走•四年

三國吳 走•四年

三國吳 走•四年

三國吳 走•五年

北魏 慈慶墓誌

東魏 侯海墓誌陽

唐 陳皆墓誌

唐 耿氏墓誌

唐 秦公夫人墓誌

唐 石經周易

唐 石經周易

唐 石經周易

惛 㥵

【楷書】

唐 石經五經

惟 㤦

【篆書】

三國魏 正始石經

三國魏 正始石經

唐 碧落碑

【隸書】

漢晉 流簡紙

東漢 封龍山頌

東漢 封龍山頌

東漢 淮源廟碑

東漢 淮源廟碑

東漢 景君碑陽

東漢 請雨銘

東漢 石門頌

東漢 史晨前碑

東漢 太室石闕銘

東漢 西狹頌

東漢 西狹頌

東漢 鮮于璜碑陽

東漢 薌他君題記

東漢 楊震碑

東漢 鄭固碑

晉 辟雍頌陽

隋 任軌墓誌

隋 宋景造像碑

隋 宋景造像碑

隋 蕭瑾墓誌

隋 張儉及妻墓誌

唐 告華嶽府君

唐 李貞墓誌

唐 行儼碑

唐 楊孝恭碑

唐 楊孝恭碑

唐 趙冬曦壙誌

【楷書】

魏晉 樓•紙

魏晉 樓•紙

北魏 元謐墓誌

隋 陳花樹墓誌

隋 田光山妻墓誌

唐 元鐘墓誌

唐 崔師墓誌

唐 陸振墓誌

唐 石經尚書

唐 石經周易

惆

【隸書】

唐 孔子廟碑

【楷書】

隋 孔神通墓誌

隋 蕭翹墓誌

隋 蕭翹墓誌

悸

【楷書】

唐 李敬固及妻墓誌

唐 李翹墓誌

唐 孫幼實墓誌

悴

【隸書】

東漢 王舍人碑

三國魏 王基斷碑

隋 口和墓誌

唐 尹文操碑

【楷書】

北魏 寇治墓誌

北魏 元悌墓誌

東魏 叔孫固墓誌

隋 樊氏墓誌

唐 高木盧墓誌

唐 俱慈順墓誌

唐 盧緘妻墓誌

唐 任君妻王墓誌

悾

【楷書】

唐 石經五經

悰

【隸書】

東魏 元悰墓誌

【楷書】

唐 馬夫人墓誌

惋

【楷書】

北魏 吐谷渾璣墓誌

北魏 元瞻墓誌

北齊 竇泰墓誌

隋 口徹墓誌

唐 樊涚墓誌

唐 韋君妻齊墓誌

惔

【楷書】

晉 黃庭經

唐 邊敏墓誌

唐 石經五經

惇

【隸書】

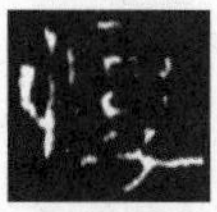
隋 宋仲墓誌

唐 關道愛墓誌

唐 孔子廟碑

唐 辛雲京妻墓誌

【楷書】

北魏 元純陁墓誌

隋 宋玉艷墓誌

唐 李壽墓誌

唐 石經尚書

唐 石經五經

唐 史興墓詠

惓

【楷書】

北魏 元子正墓誌

惙

【楷書】

北魏 王瑑墓誌

唐 石經五經

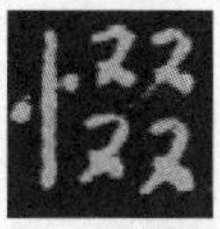
唐 楊珽墓誌

後梁 蕭符墓誌

悉

【篆書】

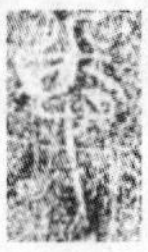
唐 峿臺銘

【隸書】

西漢 馬•縱橫

西漢 馬•縱橫

西漢 馬•縱橫

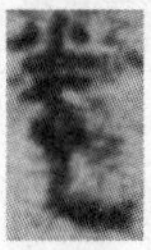
西漢 馬•縱橫

西漢 張•769

漢晉 流簡紙

東漢 曹全碑陽

東漢 尚博殘碑

北齊 鏤石班經記

隋 馬穉墓誌

隋 張儉及妻墓誌

唐 八都壇碑

唐 大忍寺碑

唐 刻石記

【楷書】

魏晉 樓•紙

北魏 馮會萇墓誌

北齊 竇泰墓誌

唐 安延墓誌

唐 郭密之妻墓誌

唐 石經尚書

唐 石經五經

唐 索相兒墓誌

唐 張滂墓誌

唐 張三英墓記

惡

【篆書】

唐 謙卦碑

【隸書】

秦 睡10

秦 睡100

秦 睡139

秦 睡226

秦 關周•日書

西漢 馬•老甲

西漢 馬•事語

西漢 馬•縱橫

西漢 居新•2820

西漢 居新•4346

西漢 西•律令

兩漢 西•馬簡

漢晉 流簡紙

漢晉 流簡紙

東漢 伯興妻殘碑

東漢 曹全碑陽

東漢 郙閣頌

東漢 韓仁銘

惠

【篆書】

東漢 西狹頌額

隋 宋仲墓誌

隋 蕭瑾墓誌

唐 碧落碑

【隸書】

秦 睡95

西漢 馬•老乙前

西漢 馬•老乙前

西漢 馬•縱横

西漢 馬•縱横

惹

【楷書】

唐 陀羅尼經碑

後唐 張思錄經幢

惎

【隸書】

漢晉 流簡紙

【楷書】

隋 蘇慈墓誌

唐 石經五經

唐 楊執一墓誌

北魏 尉遲氏造像

東魏 元湛墓誌

隋 呂胡墓誌

唐 石經尚書

唐 石經五經

唐 石經周易

唐 石經周易

唐 楊宇墓誌

唐 張元墓誌

唐 俎威墓誌

唐 北嶽廟碑

唐 崔暟墓誌陽

唐 崔祐甫墓誌

唐 大忍寺碑

唐 石臺孝經

唐 石臺孝經

唐 石臺孝經

【楷書】

魏晉 樓•紙

北魏 公孫猗墓誌

北魏 龍泉古井銘

東漢 西狹頌

東漢 夏承碑

東漢 鮮于璜碑陽

東漢 楊震碑

東漢 張角字殘碑

北齊 竇泰墓誌

北齊 竇泰墓誌

隋 豆盧實墓誌

隋 灃水石橋碑

隋 宋景造像碑

西漢 馬•縱横

西漢 馬•縱横

西漢 馬•縱横

西漢 張•691

西漢 居新•3224

西漢 居新•5567

東漢 從事馮君碑

東漢 景君碑陽

東漢 石門頌

東漢 石門頌

東漢 華山廟碑陽

東漢 淮源廟碑

東漢 景君碑陽

東漢 孟孝琚碑

東漢 繆宇墓誌

東漢 南陽石柱題名

東漢 西狹頌

東漢 鮮于璜碑陽

東漢 楊著碑陽

東漢 子游殘碑

晉 石尠墓誌

晉 徐義墓誌陽

晉 左棻墓誌陰

北齊 竇泰墓誌

北齊 竇泰墓誌

隋 澧水石橋碑

隋 任顯及妻誌

隋 張儉及妻墓誌

唐 崔泰之墓誌

唐 柳偘妻墓誌

唐 盧君妻墓誌

唐 屈突通墓誌

唐 王泠然墓誌

唐 楊孝恭碑

【楷書】

北魏 爾朱襲墓誌

北魏 封魔奴墓誌

北魏 檀賓墓誌

北魏 楊府君墓誌

北魏 元斆墓誌

隋 白仵貴墓誌

隋 張喬墓誌

唐 李壽墓誌

唐 石經尚書

唐 石經尚書

唐 石經周易

唐 蕭惠媄墓誌

唐 姚弟墓誌

惑

【隸書】

秦 睡 238

西漢 馬•老甲

西漢 馬•老乙前

西漢 馬•縱橫

東漢 公乘田魴記

隋 爾朱端墓誌

隋 宋景造像碑

隋 張儉及妻墓誌

唐 義福禪師碑

唐 尹文操碑

【楷書】

南朝梁 舊館壇碑

北魏 元子直墓誌

北魏 元子直墓誌

北齊 邑義等造像

唐 劉通墓誌

唐 盧公則墓誌

唐 韋塤墓誌

悲

【篆書】

隋 田光山妻墓誌

【隸書】

秦 睡 241

西漢 馬•老甲

西漢 馬•十問

西漢 張•1070

西漢 張•734

西漢 楚王墓塞石

東漢 桓孨食堂記

東漢 秦君神道刻字

東漢 夏承碑

東漢 鮮于璜碑陰

東漢 薌他君題記

東漢 許安國題記

東漢 楊著碑陽

東漢 永和二年記

北齊 司馬遵業墓誌

隋 郭王墓誌

隋 郭休墓誌

隋 蘇恒墓誌

隋 元鐘墓誌

慽

【楷書】

隋 楊厲墓誌

愐

【隸書】

唐 辛雲京妻墓誌

【楷書】

唐 獨孤驥墓誌

惰

【楷書】

北齊 無量義經

唐 石經尚書

唐 石經五經

唐 石經五經

唐 陶禹墓誌

唐 鄭珍墓誌

慌

【楷書】

唐 法藏塔銘

愜

【隸書】

唐 豆盧建墓誌

唐 豆盧建墓誌

【楷書】

北齊 元賢墓誌

唐 多寶塔碑

唐 多寶塔碑

唐 劉如璋墓誌

唐 張叔遵墓誌

您

【楷書】

唐 孫公夫人墓誌

愀

【楷書】

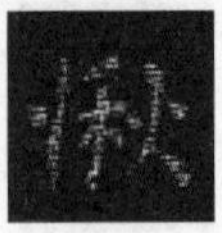

唐 李阜墓誌

（悲）

唐 史思禮墓誌

【楷書】

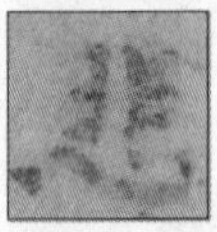

魏晉 樓•紙

北魏 元弼墓誌

北魏 元斁墓誌

東魏 敬悲造像

東魏 元仲英墓誌

隋 皇甫深墓誌

唐 石二娘墓誌

唐 石經尚書

唐 張侯墓誌

愊

【楷書】

唐 瀆廟祭器銘

愕

【隸書】

東漢 行事渡君碑

東漢 鄭固碑

【楷書】

北魏 爾朱紹墓誌

北魏 奚真墓誌

北魏 元順墓誌

北魏 元順墓誌

北魏 元子正墓誌

隋 張喬墓誌

惴

【篆書】

唐 崔祐甫墓誌

【隸書】

東漢 西狹頌

東漢 西狹頌

【楷書】

唐 黄羅漢墓誌

愓

【隸書】

唐 楊孝恭碑

【楷書】

唐 豆盧遜墓誌

唐 石經五經

慍

【隸書】

東漢 池陽令殘碑

東漢 尚博殘碑

東漢 熹平石經易

三國魏 張君殘碑

隋 郭休墓誌

隋 牛諒墓誌

唐 盧君妻墓誌

唐 牛氏像龕碑

唐 龐履温碑

唐 屈突通墓誌

唐 蘇洪姿墓誌

【楷書】

北魏 司馬顯姿墓誌

北齊 婁黑女墓誌

隋 盧文構墓誌

惻

【隸書】

東漢 朐忍令碑

北齊 法懃塔銘

隋 任軌墓誌

隋 趙朗墓誌

隋 鄭令妃墓誌

唐 京兆金氏墓誌

【楷書】

魏晉 樓•紙

北魏 張整墓誌

東魏 叔孫固墓誌

隋 成公氏墓誌

唐 石經周易

愘

【隸書】

東漢 從事馮君碑
東漢 魯峻碑陽
三國魏 孔羨碑

惲

【隸書】

西漢 居新•2221
西漢 居新•5548
西漢 居新•7835
西漢 居新•8418
兩漢 西•懸簡
兩漢 西•懸簡
漢晉 流簡紙
唐 董虔運墓誌

【楷書】

唐 崔哲妻墓誌

惶

【隸書】

西漢 居新•545
漢晉 流簡紙
漢晉 流簡紙
東漢 乙瑛碑
晉 徐義墓誌陽

【楷書】

唐 皇甫君妻墓誌
唐 王烈墓誌

愉

【隸書】

唐 八都壇碑

【楷書】

北魏 元倰墓誌
隋 楊厲墓誌
唐 石崇俊墓誌
唐 蕭博墓誌

㥁

【楷書】

唐 孟孝敏妻墓誌
唐 蘇恩妻墓誌
隋 張濬墓誌

（續）

後唐 張滌妻高墓誌
唐 葛亮祠堂碑
後唐 毛璋墓誌

愧

【隸書】

隋 段濟墓誌
唐 崔祐甫墓誌
唐 八都壇碑
唐 北獄廟碑

【楷書】

魏晉 樓•紙
魏晉 樓•紙
南朝陳 劉猛進碑
北魏 王翊墓誌
東魏 道穎造像
唐 獨孤驤墓誌

愎

【楷書】

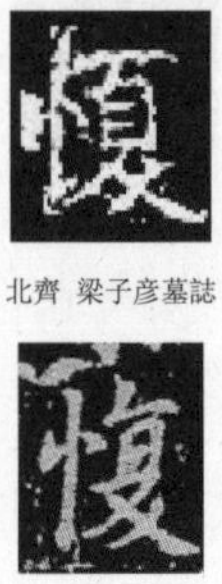

北齊 梁子彥墓誌
唐 李皐妻墓誌

愔

【隸書】

東漢 倉頡廟碑側

【楷書】

北魏 元斆墓誌

北魏 元壽安墓誌

唐 陳守素妻墓誌

惛

【楷書】

北魏 元欽墓誌

惱

【隸書】

隋 郭休墓誌

唐 義福禪師碑

【楷書】

北魏 大般若經

北魏 侯太妃造像

北周 陳歲造磚像

隋 成公氏墓誌

唐 安思節墓誌

唐 董晉墓誌

唐 建永橋碑

唐 善悟塔銘

唐 東方朔墓誌

唐 法藏塔銘

唐 趙越賓墓誌

慅

【楷書】

唐 石經五經

慨

【隸書】

東漢 朐忍令碑

東漢 楊震碑

東漢 趙菿殘碑

三國魏 孔羨碑

北齊 感孝頌

北齊 司馬遵業墓誌

隋 張景略墓誌

唐 李貞墓誌

唐 義福禪師碑

【楷書】

北魏 宮内司楊墓誌

北魏 元誨墓誌

北魏 元暐墓誌

北魏 元熙墓誌

隋 楊厲墓誌

唐 殘塔銘

唐 高瀚墓誌

唐 石經五經

唐 源君妻墓誌

慂

【隸書】

東漢 西狹頌

【楷書】

東魏 杜文雍造像

窻

【隸書】

秦 睡105

西漢 馬•事語

西漢 馬•事語

西漢 馬•縱横

【楷書】

北魏 薛慧命墓誌

北魏 元暐墓誌

想

【隸書】

西漢 居新•2126

西漢 居新•6760

漢晉 流簡紙

東漢 肥致碑

三國魏 孔羡碑

北齊• 司馬遵業墓誌

隋 侯肇墓誌

隋 修孔子廟碑

隋 張儉及妻墓誌

唐 趙冬曦壙誌

【楷書】

魏晉 樓•紙

魏晉 樓•紙

北魏 元誘墓誌

隋 高緊墓誌

唐 密多心經碑

唐 平昌孟氏墓誌

唐 楊宇墓誌

感

【篆書】

唐 碧落碑

唐 碧落碑

【隸書】

東漢 曹全碑陽

東漢 封龍山頌

東漢 王舍人碑

東漢 夏承碑

東漢 楊統碑陽

東漢 楊震碑

東漢 楊著碑陽

東漢 張遷碑陽

晉 辟雍頌陽

晉 管洛墓誌陽

北齊 感孝頌

隋 郭休墓誌

隋 申穆及妻墓誌

隋 宋景造像碑

隋 口靜墓誌

隋 修孔子廟碑

唐 李神符碑

唐 石臺孝經

唐 史思禮墓誌

唐 王冷然墓誌

唐 張翼墓誌

【楷書】

魏晉 樓•紙

北魏 耿氏墓誌

北魏 元新成妃墓誌

隋 成公氏墓誌

隋 吳嚴墓誌

唐 李超墓誌

唐 石經周易

唐 張叔遵墓誌

後唐 毛璋妻墓誌

愚

【隸書】

秦 睡82

西漢 馬•老甲

西漢 馬•縱横

西漢 居新•1873

西漢 居新•1945

東漢 西狹頌

東漢 乙瑛碑

東漢 乙瑛碑

隋 郭休墓誌

唐 孔子廟碑

東漢 夏承碑

東漢 鮮于璜碑陽

東漢 楊著碑陽

東漢 張遷碑陽

晉 徐義墓誌陽

北齊 感孝頌

北齊 司馬遵業墓誌

隋 姬威墓誌

隋 王榮及妻墓誌

隋 口和墓誌

愛

【隸書】

秦 睡 119

西漢 馬•老甲

西漢 馬•老乙前

西漢 馬•老乙前

西漢 馬•老子甲後

西漢 馬•縱橫

東漢 郙閣頌

東漢 建寧元年殘碑

東漢 鳴咽泉題記

東漢 西狹頌

唐 石經尚書

唐 石經五經

唐 石經周易

唐 宋守一墓誌

唐 王協墓誌

唐 王延墓誌

唐 五品亡宮墓誌

唐 源光俗妻墓誌

北魏 赫連悅墓誌

北魏 劉華仁墓誌

北魏 穆亮墓誌

北魏 王翊墓誌

北魏 元誨墓誌

北魏 元朗墓誌

隋 曹海凝墓誌

唐 竇娘子墓誌

唐 李鳳妃墓誌

唐 李弘亮墓誌

愆

【隸書】

東漢 白石神君碑

東漢 淮源廟碑

東漢 舉孝廉殘碑

東漢 熹平石經殘

隋 謝岳墓誌

隋 鄭令妃墓誌

唐 庫狄真相墓誌

唐 倪彬墓誌

唐 張翼墓誌

【楷書】

北魏 封魔奴墓誌

北魏 元煥墓誌

隋 董美人墓誌

隋 姜敬親墓誌

隋 寇遵考墓誌

隋 沈氏墓誌

隋 沈氏墓誌

唐 石經周易

唐 荀君妻楊墓誌

愁

【篆書】

唐 峿臺銘

【隸書】

東漢 石門頌

東漢 楊著碑陽

隋 高虬墓誌

隋 郭達墓誌

隋 姬威墓誌

隋 蘇恒墓誌

【楷書】

三國吳 走•五年

北魏 爾朱紹墓誌

唐 盧君妻墓誌

【楷書】

北魏 檀賓墓誌

唐 李氏室女墓誌

唐 寗思真墓誌

唐 石經尚書

意

【隸書】

秦 睡119

秦 睡179

西漢 馬•老甲

西漢 馬•老子甲後

西漢 馬•縱横

西漢 馬•縱横

西漢 馬•足臂

西漢 馬•足臂

西漢 張•1125

西漢 居新•3684

隋 王成墓誌

唐 盧景修墓誌

唐 蘇斌墓誌

愈

【隸書】

西漢 居新•2216

西漢 居新•7760

東漢 西•醫藥

東漢 西•醫藥

東漢 西•醫藥

漢晉 流簡紙

東漢 鄐他君題記

唐 庫狄真相墓誌

【楷書】

北魏 元悌墓誌

後梁 崔崇素墓誌

東魏 元賓建墓誌

東魏 元悰墓誌

隋 范安貴墓誌

隋 王光墓誌

隋 蕭瑒墓誌

唐 石經尚書

唐 石經五經

唐 石經五經

唐 石經周易

唐 屠暉光墓誌

北魏 元文墓誌

北魏 元文墓誌

北魏 元項墓誌

北魏 元子正墓誌

北齊 竇泰墓誌

北齊 竇泰墓誌

北齊 竇泰墓誌

東魏 杜文雍造像

東魏 馬都愛造像

東魏 戎愛洛造像

唐 張翼墓誌

【楷書】

魏晉 樓•紙

北魏 法懃造像側

北魏 郭顯墓誌

北魏 寇憑墓誌

北魏 劉江女磚誌

北魏 王璨墓誌

北魏 元斌墓誌

北魏 元懷墓誌

北魏 元平墓誌

隋 蕭瑾墓誌

唐 崔暟墓誌陽

唐 崔暟墓誌陽

唐 崔祐甫墓誌

唐 高嶸墓誌

唐 寒亭記

唐 李神符碑

唐 石臺孝經

唐 楊孝恭碑

唐 義福禪師碑

西漢 居新•3880
西漢 居新•7628
西漢 居新•9057
西漢 西•奏書
兩漢 西•醫藥
漢晉 流簡紙
漢晉 流簡紙
東漢 簿書殘碑
東漢 曹全碑陽
東漢 景君碑陰

東漢 孔宙碑陽
東漢 孟孝琚碑
東漢 夏承碑
東漢 鮮于璜碑陽
東漢 鄭固碑
北齊 西門豹碑陽
隋 姬威墓誌
隋 劉多墓誌
隋 馬穉墓誌
隋 宋景造像碑

唐 告華嶽府君
唐 石臺孝經
唐 鄎國長公主碑
唐 楊孝恭碑
唐 尹文操碑

【楷書】

北齊 竇泰墓誌
北齊 無量義經
隋 馬少敏墓誌
隋 修梵石室誌
唐 韓神墓誌

唐 石經尚書
唐 石經周易
唐 朱行墓誌

慈

【篆書】

唐 碧落碑
唐 等慈寺碑額

【隸書】

西漢 馬•老子甲後
西漢 居新•2940
西漢 居新•3755
西漢 居新•7771
西漢 武•服傳甲
西漢 武•服傳甲
西漢 武•士相見
兩漢 西•士相見

東漢 從事馮君碑
東漢 肥致碑
東漢 景君碑陽
東漢 靜仁字殘碑
東漢 劉熊碑
東漢 許安國題記
東漢 作封記
三國魏 王基斷碑
晉 徐義墓誌陽
東魏 宗欣墓誌

隋 暴永墓誌
隋 郭達墓誌
隋 馬長和造像
隋 任顯及妻誌
隋 宋景造像碑
唐 石臺孝經
唐 鄎國長公主碑
唐 楊孝恭碑
唐 楊孝恭碑
唐 張叡墓誌

唐 趙冬曦壙誌

【楷書】

三國吳 走•五年
三國吳 走•五年
北魏 慈慶墓誌
北魏 吐谷渾璣墓誌
北魏 鮮于仲兒墓誌
北魏 元誕墓誌
北魏 元敷墓誌
北魏 元敷墓誌
北魏 元壽安墓誌

慄

【隸書】

東漢 從事馮君碑

東漢 衡方碑

東漢 西狹頌

東漢 鮮于璜碑陰

東漢 鮮于璜碑陰

東漢 楊統碑陽

唐 崔祐甫墓誌

【楷書】

北魏 元端墓誌

北魏 元瞻墓誌

唐 石經五經

唐 石經五經

唐 石經周易

唐 石經周易

唐 史待賓墓誌

唐 王慎疑妻墓誌

唐 尉遲敬德墓誌

唐 楊道綱墓誌

唐 趙珪墓誌

北魏 侯剛墓誌

北魏 寇演墓誌

北魏 元純陁墓誌

北魏 元均及妻墓誌

北魏 趙充華墓誌

東魏 元湛墓誌

隋 王楚英墓誌

唐 竇娘子墓誌

唐 路全交墓誌

唐 石經尚書

唐 蔡君妻墓誌

唐 屈突通墓誌

唐 石臺孝經

唐 楊孝恭碑

唐 趙冬曦壙誌

【楷書】

三國吳 走•五年

三國吳 走•五年

三國吳 走•五年

三國吳 走•五年

北魏 封魔奴墓誌

東漢 景君碑陰

東漢 禮器碑陰

新莽 禳盜刻石

東漢 張壽殘碑

東漢 趙寬碑

三國魏 曹真殘碑陽

晉 辟雍頌陽

北魏 上尊號碑

隋 關明墓誌

隋 宋景造像碑

慎

【隸書】

秦 睡 40

西漢 馬•老乙前

西漢 馬•老乙前

西漢 馬•老子甲後

西漢 張•1062

西漢 張•469

西漢 居新•1873

東漢 淮源廟碑

東漢 淮源廟碑

東漢 桓孨食堂記

慔

【楷書】

隋 董美人墓誌

北魏 元新成妃墓誌

東魏 南宗和尚塔銘

北齊 無量義經

隋 吳嚴墓誌

隋 鄭善妃墓誌

隋 陳叔明墓誌

唐 崔琪墓誌

唐 段慈順墓誌

唐 黃羅漢墓誌

唐 臧懷恪墓碑

慠

【隸書】

唐 張滑墓誌

【楷書】

北魏 元新成妃墓誌

隋 橋紹墓誌

唐 孫笘墓誌

唐 蕭言思墓誌

唐 顏仁楚墓誌

愷

【隸書】

東漢 張遷碑陽

隋 劉多墓誌

隋 任軌墓誌

唐 劉粲墓誌

唐 石臺孝經

唐 楊孝恭碑

北魏 元謐墓誌

東魏 桯哲碑

【楷書】

唐 李鳳妃墓誌

慆

【楷書】

唐 石經尚書

唐 石經五經

慥

【楷書】

唐 苗縝墓誌

愴

【隸書】

隋 爾朱敞墓誌

隋 侯肇墓誌

唐 蘇洪姿墓誌

唐 張翼墓誌

【楷書】

北魏 馮季華墓誌

北周 盧蘭墓誌

隋 成公氏墓誌

唐 關師墓誌

愾

【楷書】

隋 孔神通墓誌

唐 元鐘墓誌

唐 石經五經

慊

【篆書】

唐 謙卦碑

【楷書】

北魏 耿氏墓誌

唐 崔琪墓誌

愊

【楷書】

北魏 元寶月墓誌

慇

【隸書】

漢晉 流簡紙

東漢 衡方碑

東漢 楊統碑陽

三國魏 曹真殘碑陽

東魏 宗欣墓誌

【楷書】

晉 華芳墓誌陰

北魏 封昕墓誌

北魏 劉華仁墓誌

北魏 元端妻墓誌

北魏 元靈曜墓誌

北魏 元宥墓誌

北魏 元緒墓誌

北魏 元纂墓誌

北齊 畢文造像

東魏 元均及妻墓誌

隋 鄧州塔銘

唐 韓長墓誌

唐 李承乾墓誌

唐 李皐墓誌

唐 劉庭訓墓誌

唐 石經五經

唐 惟貞廟碑陽

後晉 世尊經殘石

慝

【隸書】

隋 謝岳墓誌

唐 北獄廟碑

唐 崔暟墓誌陽

唐 楊孝恭碑

唐 張倖墓誌

【楷書】

東魏 南宗和尚塔銘

唐 車詵墓誌

唐 高慈墓誌

唐 李盈墓誌

唐 石經尚書

唐 石經五經

慕

【篆書】

唐 碧落碑

【隸書】

東漢 曹全碑陽

東漢 肥致碑

東漢 淮源廟碑

東漢 景君碑陽

東漢 孔宙碑陽

東漢 立朝字殘碑

東漢 秦君神道刻字

東漢 朐忍令碑

東漢 鮮于璜碑陰

東漢 楊統碑陽

東漢 楊震碑

三國魏 孔羨碑

晉 辟雍頌陽

晉 辟雍頌陽

隋 符盛及妻墓誌

隋 口靜墓誌

隋 張儉及妻墓誌

唐 史思禮墓誌

唐 楊孝恭碑

愽

【楷書】

唐 石經五經

慬

【楷書】

唐 石經五經

慳

【楷書】

北齊 維摩經碑

慛

【隸書】

東漢 楊著碑陽

愬

【隸書】

東漢 淮源廟碑

唐 安天王廟碑

唐 劉慎墓誌

【楷書】

唐 崔延墓誌

唐 藺從則墓誌

唐 石經五經

唐 石經周易

㦪

【楷書】

唐 郭阿獺墓誌

唐 石經五經

唐 王及德墓誌

唐 王游藝墓誌

唐 蕭公夫人墓誌

唐 楊清墓誌

後唐 毛璋妻墓誌

唐 楊孝恭碑

【楷書】

北魏 韓震墓誌陰

北魏 侯愔墓誌

北魏 石婉墓誌

北魏 元融墓誌

北魏 元悌墓誌

東魏 元悰墓誌

隋 王楚英墓誌

隋 楊厲墓誌

唐 姫推墓誌

慴

【隸書】

東漢 造土牛碑

【楷書】

唐 敬節塔銘

唐 梁守謙墓誌

唐 石經九經

唐 元振墓誌

慷

【隸書】

東漢 朐忍令碑

東漢 楊震碑

東漢 趙菿殘碑

隋 張景略墓誌

唐 李貞墓誌

【楷書】

北魏 元誨墓誌

北魏 元熙墓誌

唐 元鐘墓誌

唐 闞師墓誌

唐 羅端墓誌

慵

【楷書】

唐 李贍墓銘

北齊 竇泰墓誌

唐 傅思諫墓誌

唐 李敬墓誌

慟

【隸書】

東漢 景君碑陽

東漢 武榮碑

隋 郭王墓誌

隋 郭休墓誌

隋 蘇恒墓誌

隋 王榮及妻墓誌

唐 蔡君妻墓誌

唐 修定寺記碑

【楷書】

北魏 元融墓誌

北魏 趙充華墓誌

慢

【隸書】

晉 管洛墓誌陽

隋 豆盧實墓誌

隋 段濟墓誌

唐 石臺孝經

【楷書】

北魏 元新成妃墓誌

北齊 無量義經

隋 羊瑋墓誌

唐 李慇墓誌

唐 石經尚書

唐 朱齊之墓誌

慺

【楷書】

唐 李潘墓誌

慧

【篆書】

唐 傳法碑額

唐 慧炬寺碑額

【隸書】

秦 睡255

隋 爾朱敞墓誌

隋 澧水石橋碑

隋 關明墓誌

隋 郭休墓誌

隋 劉寶及妻墓誌

隋 鄭令妃墓誌

惷

【楷書】

唐 石經五經

態

【隸書】

唐 豆盧建墓誌

唐 豆盧建墓誌

唐 徐盼墓誌

唐 掌徹墓誌

【楷書】

唐 白敏中墓誌

唐 杜令姿墓誌

唐 王宏墓誌

唐 宗夫人墓誌

愻

【隸書】

唐 蔡君妻墓誌

【楷書】

北周 寇胤哲墓誌

隋 盧文機墓誌

憀

【隸書】

東漢 鮮于璜碑陰

唐 談昕墓誌

唐 越國太妃墓誌

唐 執失善光

北魏 蘇屯墓誌

北魏 元湛墓誌

隋 申穆及妻墓誌

唐 房基墓誌

唐 韓長墓誌

唐 霍行威墓誌

唐 來治安妻墓誌

唐 李弘亮墓誌

唐 劉通墓誌

唐 石經五經

慘

【隸書】

東漢 許安國題記

東漢 正直殘碑

三國魏 王基斷碑

隋 爾朱敞墓誌

隋 姬威墓誌

隋 謝岳墓誌

隋 張姜墓誌

唐 崔祐甫墓誌

唐 李彥墓誌

【楷書】

北魏 陸紹墓誌

唐 慧堅碑額

唐 興寺碑

【楷書】

北魏 慈香惠造像

北魏 馮邕妻墓誌

北魏 唐耀墓誌

北魏 元文墓誌

隋 陶貴墓誌

唐 杜君妻墓誌

唐 石經九經

唐 石經九經

慤

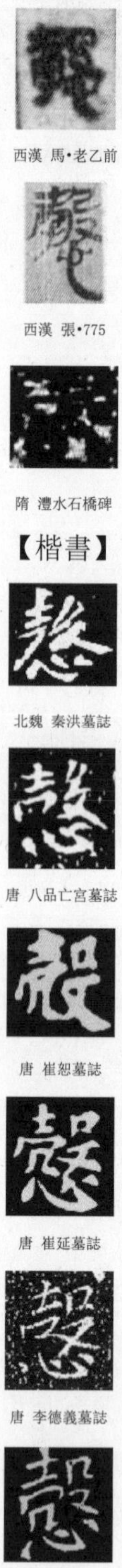

【隸書】

西漢 馬•老乙前

西漢 張•775

隋 澧水石橋碑

【楷書】

北魏 秦洪墓誌

唐 八品亡宮墓誌

唐 崔恕墓誌

唐 崔延墓誌

唐 李德義墓誌

唐 李旉墓誌

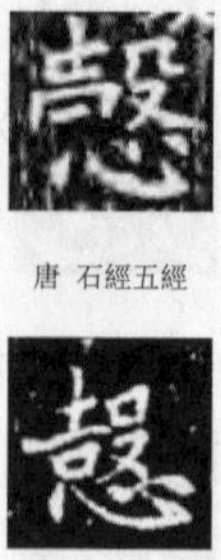

唐 石經五經

唐 鮮于氏墓誌

慸

【隸書】

西漢 馬•天下

慙

【隸書】

漢晉 流簡紙

北齊 司馬遵業墓誌

隋 段濟墓誌

隋 爾朱端墓誌

唐 崔泰之墓誌

唐 李神符碑

【楷書】

魏晉 樓•紙

北魏 元純陁墓誌

北魏 元秀墓誌

隋 口悅昂墓誌

隋 皇甫深墓誌

隋 盧旋芷墓誌

後唐 王禹墓誌

憂

【隸書】

秦 睡98

秦 關周•日書

秦 關周•日書

西漢 馬•老子甲後

西漢 馬•老子甲後

西漢 馬•縱橫

西漢 馬•縱橫

西漢 馬•縱橫

西漢 張•549

西漢 張•551

西漢 張•830

漢晉 流簡紙

東漢 曹全碑陽

東漢 朝侯小子碑

東漢 建寧元年殘碑

東漢 尚博殘碑

東漢 鮮于璜碑陰

東漢 楊著碑陽

東漢 圉令趙君碑

北齊 司馬遵業墓誌

唐 石經尚書
唐 王師墓誌
唐 王訓妻墓誌
唐 朱簡墓誌

感

【隸書】

西漢 馬•老子甲後
西漢 馬•老子甲後
西漢 馬•老子甲後
東漢 夏承碑
唐 王媛墓誌陽

【楷書】

北魏 元恩墓誌
北魏 元頊墓誌
唐 李潘墓誌
唐 盧緘妻墓誌

北齊 竇泰墓誌
東魏 隗念天墓誌
北齊 無量義經
東魏 元悰墓誌
隋 鄭善妃墓誌
唐 郭瑤墓誌
唐 黃郡騶氏墓誌
唐 契苾夫人墓誌

隋 姬威墓誌
隋 修孔子廟碑
唐 告華嶽府君
唐 李神符碑
唐 修定寺記碑

【楷書】

三國吳 走•四年
三國吳 走•五年
魏晉 樓•紙
北魏 元文墓誌
北魏 元誘墓誌

慮

【隸書】

秦 睡 101
西漢 馬•縱橫
西漢 馬•縱橫
西漢 馬•縱橫
西漢 張•1073
西漢 張•1074
西漢 張•1085
西漢 張•480
北魏 元文墓誌
隋 豆盧實墓誌

唐 石經尚書
唐 石經五經
唐 石經五經
唐 石經周易
唐 邢彥褒墓誌
後唐 王禹墓誌

北魏 高廣墓誌
北魏 寇憑墓誌
北魏 司馬紹墓誌
北魏 元純陁墓誌
北魏 元顥墓誌
隋 翟突娑墓誌
唐 長孫旿墓誌
唐 房有非及妻墓誌
唐 李大娘造像
唐 彭氏墓誌

隋 澧水石橋碑
隋 劉寶及妻墓誌
隋 修孔子廟碑
唐 褚亮碑
唐 告華嶽府君
唐 石臺孝經
唐 王冷然墓誌
唐 王震墓誌
唐 楊孝恭碑

【楷書】

魏晉 樓•紙

慾

【楷書】

北魏 劉璿造像記

隋 □悃昂墓誌

唐 安靜墓誌

憧

【隸書】

唐 崔漢衡題名

【楷書】

北魏 山徽墓誌

隋 宋睦墓誌

唐 石經五經

唐 石經周易

憋

【隸書】

西漢 張•715

東漢 石門頌

【楷書】

唐 郭賓墓誌

憉

【隸書】

東漢 景君碑陽

憯

【楷書】

唐 石經五經

憤

【篆書】

唐 峿臺銘

【隸書】

東漢 夏承碑

北魏 上尊號碑

北齊 司馬遵業墓誌

唐 崔暟墓誌陽

唐 義福禪師碑

【楷書】

北魏 元壽安墓誌

北齊 竇泰墓誌

北齊 竇泰墓誌

唐 石經五經

唐 王大禮墓誌

唐 張季戎墓誌

憬

【隸書】

唐 張休光墓誌

【楷書】

北魏 寇演墓誌

唐 唐嘉會墓誌

唐 楊執一墓誌

唐 鄭憬墓誌

憫

【隸書】

東漢 趙寬碑

唐 張伻墓誌

【楷書】

唐 王豫墓誌

憚

【隸書】

東漢 白石神君碑

隋 豆盧實墓誌

唐 崔暟墓誌陽

唐 戴令言墓誌

【楷書】

北魏 爾朱襲墓誌

唐 裴咸墓誌

後周 李公妻朱墓誌

憍

【楷書】

北魏 元新成妃墓誌

隋 劉相及妻墓誌

唐 石經五經

憮

【隸書】

唐 崔祐甫墓誌

【楷書】

北齊 畢文造像

唐 石經五經

懊

【楷書】

唐 崔巍妻合誌

憔

【隸書】

東漢 朝侯小子碑

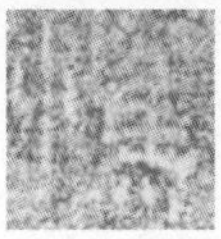

東漢 王舍人碑

憐

【隸書】

西漢 馬•縱橫

西漢 居新•2820

兩漢 西•懸簡

三國魏 何晏墓誌

【楷書】

北魏 元譚墓誌

北齊 僧靜明造像

北齊 許儁等造像

隋 董美人墓誌

隋 馬憐造像記

隋 王光墓誌

唐 阿史那哲墓誌

隋 董美人墓誌

唐 裴氏墓誌

憎

【隸書】

東漢 朝侯小子碑

唐 崔泰之墓誌

【楷書】

北魏 侯剛墓誌

隋 翟突娑墓誌

唐 房有非及妻墓誌

唐 吕氏墓誌

憕

【楷書】

隋 王袞墓誌

𢡟

【楷書】

唐 馬儆墓誌

憨

【楷書】

唐 陳宣魯墓誌

慰

【隸書】

東漢 曹全碑陽

東漢 鮮于璜碑陽

東漢 楊震碑

隋 蕭瑾墓誌

唐 戴令言墓誌

唐 豆盧建墓誌

唐 豆盧建墓誌

唐 楊孝恭碑

唐 義福禪師碑

【楷書】

魏晉 樓•紙

北魏 寇慰墓誌

北魏 元倪墓誌

隋 義造橋殘碑

唐 羅池廟碑

唐 王相兒墓誌

憙

【篆書】

東漢 韓仁銘額

【隸書】

秦 睡 143

秦 睡 145

秦 睡 145

西漢 張•564

西漢 張•575

西漢 居新•2932

西漢 居新•3626

西漢 武•雜占

兩漢 西•懸簡

東漢 韓仁銘

東漢 韓仁銘

東漢 石門頌

東漢 熹平石經易

東漢 許安國題記

東漢 楊震碑

隋 爾朱端墓誌

隋 郭休墓誌

隋 牛諒墓誌

隋 謝岳墓誌

【楷書】

魏晉 樓·紙

北魏 笱景墓誌

北魏 郭顯墓誌

北魏 鄭黑墓誌

東魏 元均及妻墓誌

隋 程諧墓誌

隋 元智妻墓誌

唐 石經五經

唐 元勇墓誌

後晉 感夢伽藍記

慭

【隸書】

三國魏 王基斷碑

北齊 竇泰墓誌

隋 馬少敏墓誌

唐 史思禮墓誌

唐 楊孝恭碑

唐 張濬墓誌

唐 張翼墓誌

北魏 侯剛墓誌

【楷書】

北魏 王基墓誌

北魏 元液墓誌

北齊 道明墓誌

東魏 李挺墓誌

隋 皇甫深墓誌

隋 元智墓誌

隋 張盈墓誌

唐 車夫人墓誌

唐 高達墓誌

唐 李元璥墓誌

唐 劉洪預墓誌

唐 石經五經

唐 魏稱繼妻墓誌

唐 邢思賢墓誌

唐 顏相墓誌

唐 楊會墓誌

唐 張先墓誌

唐 執失善光

憩

【隸書】

唐 白鹿泉碑陽

唐 義福禪師碑

【楷書】

北魏 元延明墓誌

唐 李三墓誌

唐 顏相墓誌

唐 鄭温球墓誌

憊

【楷書】

唐 楊知退妻墓誌

憑

【篆書】

唐 碧落碑

【隸書】

三國吳 買冢城磚

北齊 感孝頌

隋 郭王墓誌

隋 李元墓誌

隋 牛諒墓誌

唐 北獄廟碑

唐 寒亭記

唐 劉粲墓誌

唐 任城橋亭記

唐 司馬寔墓誌

【楷書】

北魏 韓氏墓誌

北魏 寇憑墓誌

北魏 元瞻墓誌

東魏 道寃造像

北齊 竇泰墓誌

北齊 姜纂造像記

隋 楊居墓誌

唐 李壽墓誌

憾

【楷書】

唐 孫備墓誌

唐 王端墓誌

唐 宗達墓誌

唐 呂君妻李墓誌

唐 石經五經

唐 魏靖墓誌

唐 顔勤禮碑陰

唐 姚存古墓誌

後秦 吕憲墓表陽

北魏 穆亮墓誌

北魏 吐谷渾璣墓誌

北魏 元彬墓誌

北魏 元愔墓誌

唐 房寶子墓誌

唐 房懷亮墓誌

唐 賈統墓誌

唐 李信墓誌

唐 盧梵兒墓誌

晉 辟雍頌陽

隋 段濟墓誌

隋 牛暉墓誌

隋 王楚英墓誌

隋 修孔子廟碑

唐 陳憲墓誌

唐 夫子廟堂碑

【楷書】

北魏 侯剛墓誌

北魏 寇治墓誌

北魏 陸紹墓誌

東漢 西•死駒

東漢 西•文書

東漢 西•文書

漢晉 流簡紙

東漢 曹全碑陰

東漢 尚博殘碑

東漢 夏承碑

東漢 鮮于璜碑陽

三國魏 王基斷碑

晉 辟雍頌陽

憲

【隸書】

秦 睡 40

西漢 馬•老乙前

西漢 馬•老乙前

西漢 居新•5283

西漢 居新•6554

西漢 居新•7169

西漢 居新•7530

西漢 居新•7632

西漢 居新•9102

東漢 西•死駒

懃

【隸書】

唐 李貞墓誌

唐 李貞墓誌

【楷書】

唐 石經五經

唐 石經五經

唐 楊萬榮墓誌

唐 孫君妻李墓誌

唐 王惠墓誌

唐 顔相墓誌

唐 雍如珪墓誌

唐 于季文墓誌

唐 越國太妃墓誌

懋

【篆書】

唐 碧落碑

唐 李元諒頌額

【隸書】

東漢 朐忍令碑

晉 郭休碑陽

隋 豆盧實墓誌

隋 姬威墓誌

隋 蘇恒墓誌

唐 陳憲墓誌

唐 董虔運墓誌

唐 李貞墓誌

憶

【楷書】

北魏 元始和墓誌

唐 掌思明墓誌

懍

【楷書】

北魏 元靈曜墓誌

北魏 元斑墓誌

隋 王弘墓誌

唐 卜璀墓誌

唐 梁秀墓誌

唐 石經尚書

唐 張某墓誌

懈

【隸書】

唐 董虔運墓誌

唐 石臺孝經

唐 行儼碑

【楷書】

北魏 慈慶墓誌

北魏 元純陁墓誌

隋 張喬墓誌

唐 宮官司設墓誌

唐 張須墓誌

憺

【楷書】

東魏 高盛墓碑

唐 蔡浩妻墓誌

唐 楊萬榮墓誌

憸

【楷書】

唐 李鳳墓誌

唐 石經五經

懌

【隸書】

唐 崔暄墓誌陽

【楷書】

晉 華芳墓誌陽

唐 卜璀墓誌

唐 石經尚書

唐 王景之墓誌

唐 張寬墓誌

懆

【楷書】

隋 明雲騰墓誌

唐 石經五經

唐 張須墓誌

唐 義福禪師碑

【楷書】

南朝梁 舊館壇碑

北魏 李榘蘭墓誌

北魏 元斑墓誌

唐 李灌頂墓誌

隋 嚴元貴墓誌

隋 嚴元貴墓誌

唐 陳守素妻墓誌

唐 賈隱及妻墓誌

唐 李弘亮墓誌

唐 李仙蕙志

唐 劉氏妻墓誌

唐 任德墓誌

唐 石經尚書

唐 石經尚書

唐 石經尚書

唐 石經五經

唐 王宏墓誌

唐 徐思倩墓誌

唐 許行師墓誌

唐 臧懷恪墓碑

懇 䫘

【楷書】

北魏 元乂墓誌

隋 陶貴墓誌

唐 多寶塔碑

唐 盧初墓誌

唐 王芳媚墓誌

唐 王太真墓誌

唐 王怡墓誌

後唐 吳君妻曹墓誌

應 𢣱

【隸書】

秦 睡 56

秦 睡 75

秦 西•日書乙

西漢 馬•老甲

西漢 馬•老乙前

西漢 馬•老乙前

西漢 張•760

西漢 居新•7489

西漢 居新•8211

東漢 西•寇恩

東漢 西•四時

東漢 肥致碑

東漢 封龍山頌

東漢 封龍山頌

東漢 華山廟碑陽

東漢 夏承碑

東漢 鮮于璜碑陽

東漢 楊震碑

三國魏 孔羨碑

晉 郭槐柩記

北齊 感孝頌

北齊 司馬遵業墓誌

隋 侯肇墓誌

隋 宋景造像碑

隋 口靜墓誌

隋 張姜墓誌

唐 石臺孝經

【楷書】

三國吳 走•四年

北魏 胡明相墓誌

北魏 寇憑墓誌

北魏 元敷墓誌

北魏 元弘嬪侯墓誌

東魏 杜文雍造像

東魏 李挺墓誌

東魏 廉富造像陽

東魏 叔孫固墓誌

北齊 元賢墓誌

隋 陳叔榮墓誌

唐 傅思諫墓誌

隋 張虔墓誌

唐 李敬墓誌

唐 石經周易

懱

【楷書】

北魏 元瞻墓誌

懠

【楷書】

唐 石經五經

懦

【楷書】

北魏 張寧墓誌

唐 黑齒常之墓誌

唐 石經五經

懟

【隸書】

隋 趙朗墓誌

【楷書】

唐 霍行戚墓誌

唐 石經五經

懣

【隸書】

西漢 居新•2816

西漢 居新•5551

西漢 居新•5577

【楷書】

唐 李德義墓誌

懵

【楷書】

唐 楊思立墓誌

懪

【楷書】

唐 石經五經

懫

【楷書】

唐 石經尚書

懰

【隸書】

東漢 從事馮君碑

懲

【楷書】

唐 馮僊師墓誌

唐 裴撝墓誌

唐 石經周易

唐 楊宇墓誌

懻

【隸書】

唐 龐履温碑

懷

【篆書】

唐 碧落碑

【隸書】

秦 睡 266

漢晉 流簡紙

東漢 曹全碑陽

東漢 曹全碑陽

東漢 淮源廟碑

東漢 景君碑陽

東漢 景君碑陰

東漢 孟孝琚碑

東漢 秦君神道刻字

東漢 朐忍令碑

東漢 三公山碑

東漢 尚博殘碑

東漢 鮮于璜碑陽

東漢 楊統碑陽

東漢 永壽元年銘

三國魏 王基斷碑

晉 辟雍頌陽

晉 徐義墓誌陽

北魏 上尊號碑

北齊 法懃塔銘

北齊 司馬遵業墓誌

北齊 司馬遵業墓誌

東魏 宗欣墓誌

隋 爾朱敞墓誌

隋 爾朱敞墓誌

隋 爾朱端墓誌

隋 爾朱端墓誌

隋 郭王墓誌

隋 侯肇墓誌

隋 劉多墓誌

隋 劉珍墓誌

隋 馬長和造像

隋 牛諒墓誌

隋 牛諒墓誌

隋 任軌墓誌

隋 王榮及妻墓誌

隋 吳嚴墓誌

隋 張儉及妻墓誌

唐 董虔運墓誌

懺

【楷書】

北齊 三十五佛名

隋 郭世昌墓誌

唐 邢彥褒墓誌

北魏 叔孫協墓誌

北魏 元液墓誌

北魏 元子永墓誌

東魏 王令媛墓誌

唐 韓承墓誌

隋 皇甫深墓誌

隋 明雲騰墓誌

唐 尉遲敬德墓誌

唐 張愁墓誌

隋 馬少敏墓誌

隋 申穆及妻墓誌

隋 申穆及妻墓誌

隋 宋景造像碑

隋 口靜墓誌

隋 趙朗墓誌

唐 崔沔墓誌陰

唐 行儼碑

【楷書】

三國吳 走•五年

三國吳 走•五年

懸

【篆書】

唐 碧落碑

【隸書】

西漢 張•994

西漢 西•車輂

兩漢 西•懸檢

北齊 感孝頌

北齊 司馬遵業墓誌

北齊 司馬遵業墓誌

隋 暴永墓誌

隋 爾朱敞墓誌

隋 澧水石橋碑

唐 石經尚書

唐 石經五經

唐 石經周易

唐 吳孝墓誌

唐 臧暐墓誌

唐 翟惠隱墓誌

後唐 王禹墓誌

後周 蕭處仁墓誌

東魏 元悰墓誌

東魏 張瓘墓誌

隋 口悦昂墓誌

隋 段威墓誌

隋 元鐘墓誌

唐 報德記

唐 崔素墓誌

唐 竇真墓誌

唐 馮明墓誌

唐 逯貞墓誌

晉 蘭亭序真本

南朝陳 衛和墓誌

北魏 劉華仁墓誌

北魏 吐谷渾璣墓誌

北魏 吐谷渾璣墓誌

北魏 元恭墓誌

北魏 元悛墓誌

北魏 元子正墓誌

北齊 暢洛生造像

東魏 李挺墓誌

唐 豆盧建墓誌

唐 豆盧建墓誌

唐 李神符碑

唐 潘基墓誌

唐 蘇洪姿墓誌

唐 行儼碑

唐 行儼碑

唐 行儼碑

唐 楊孝恭碑

【楷書】

魏晉 樓•紙

懷

【隸書】

西漢 馬•十問

懾

【楷書】

北魏 爾朱紹墓誌

唐 韋塤墓誌

懼

【隸書】

秦 睡95

西漢 馬•老子甲後

西漢 馬•事語

西漢 馬•事語

西漢 馬•縱横

東漢 立朝字殘碑

東漢 朐忍令碑

晉 徐義墓誌陽

北魏 上尊號碑

北齊 司馬遵業墓誌

唐 高元珪墓誌

唐 柳偘妻墓誌

唐 蘇洪姿墓誌

【楷書】

北魏 王誦妻墓誌

北魏 於遷造像記

北魏 元誨墓誌

隋 劉德墓誌

唐 崔公妻墓誌

唐 崔琪墓誌

唐 范如蓮花墓誌

唐 石經周易

唐 石經周易

唐 萬壽寺記

唐 王明墓誌

懿

【篆書】

東魏 高盛墓碑額

唐 王媛墓誌陰

【隸書】

東漢 曹全碑陽

東漢 淮源廟碑

東漢 孔宙碑陽

東漢 西狹頌

東漢 夏承碑

東漢 鮮于璜碑陽

東漢 楊震碑

東漢 張壽殘碑

東漢 趙寬碑

東漢 著懿殘石

三國魏 孔羨碑

晉 郛休碑陽

北齊 司馬遵業墓誌

隋 叱李綱子墓誌

隋 爾朱敞墓誌

隋 姬威墓誌

隋 宋仲墓誌

隋 蕭瑾墓誌

隋 謝岳墓誌

唐 崔沔墓誌陽

唐 大忍寺碑

唐 任城橋亭記

唐 楊孝恭碑

【楷書】

北魏 和醜仁墓誌

北魏 侯君妻墓誌

北魏 寗懋墓誌

北魏 楊府君墓誌

北魏 元始和墓誌

戇		戀	戃	戁	㦡		
【隸書】	隋 程氏墓誌	【隸書】	【隸書】	【楷書】	【楷書】	隋 劉則墓誌	北魏 元珽墓誌
西漢 居新•3492	唐 毛鳳敬墓誌	漢晉 流簡紙	東漢 永壽元年銘	唐 高隆基墓誌	隋 劉明及妻墓誌	唐 柳昱墓誌	北齊 僧靜明造像
東漢 乙瑛碑	唐 孫君妻李墓誌	北齊 司馬遵業墓誌	【楷書】	唐 石經五經		唐 柳昱墓誌	東魏 王僧墓誌
【楷書】	後梁 崔崇素墓誌	唐 豆盧建墓誌	唐 趙峄墓誌			唐 馬君妻董墓誌	隋 □徹墓誌
唐 石經五經		唐 豆盧建墓誌				唐 牛阿師墓誌	隋 王楚英墓誌
		唐 修定寺記碑				唐 石經五經	隋 王楚英墓誌
		唐 張叡墓誌				唐 石經周易	隋 張貴男墓誌
		唐 張翼墓誌				唐 顔相墓誌	唐 郭敬墓記
		【楷書】				唐 姚弟墓誌	唐 李翼墓誌
		北魏 甯懋墓誌				後梁 蕭符墓誌	唐 李泳夫人墓銘
		北魏 于仙墓誌					
		北周 盧蘭墓誌					

爿部

牀牀

【隸書】

秦 睡199

秦 關周·曆譜

西漢 馬·合陰陽

隋 爾朱敞墓誌

唐 司馬寔墓誌

【楷書】

魏晉 樓·紙

南朝陳 劉猛進碑

北魏 法師惠猛墓誌

北魏 王璨墓誌

北齊 司馬遵業墓誌

東魏 張滿墓誌

唐 瀆廟祭器銘

唐 法澄塔銘

唐 李立言墓誌

唐 李賢墓誌

唐 齊朗墓誌

唐 契苾夫人墓誌

唐 石經五經

唐 石經周易

唐 石經周易

唐 王季初墓誌

唐 夏侯氏墓誌

唐 玄秘塔碑

唐 嬰嬭女墓誌

唐 張須墓誌

爿厷

【楷書】

北齊 畢文造像

牁

【楷書】

唐 李蕁墓誌

將將

【篆書】

東漢 祀三公山碑

三國魏 上尊號碑額

三國吳 天發神讖碑

三國魏 謝君神道

晉 郛休碑陰

北魏 李遵誌蓋

北周 匹婁歡誌蓋

北魏 元煥誌蓋

北魏 元天穆誌蓋

隋 孟顯達碑額

唐 阿史那忠碑額

唐 段志玄碑額

唐 李孝同碑額

唐 契苾明碑額

唐 臧懷亮誌蓋

【隸書】

秦 睡20

秦 睡57

西漢 馬·合陰陽

西漢 馬·老乙前

西漢 馬·事語

西漢 馬•縱横
西漢 張•1065
西漢 張•128
西漢 居新•7483
西漢 居新•7497
西漢 居新•7537
西漢 西•過界
西漢 西•候官
漢晉 流簡紙
漢晉 流簡紙

東漢 蒼山元嘉題記
東漢 曹全碑陰
東漢 樊敏碑
東漢 何君閣道銘
東漢 和平元年記
東漢 孔宙碑陽
東漢 禮器碑陰
東漢 馬姜墓記
東漢 夏承碑
東漢 楊淮表記

東漢 楊淮表記
東漢 楊統碑陽
東漢 楊震碑
東漢 楊震碑
東漢 楊著碑陽
東漢 趙寬碑
東漢 趙儀碑
東漢 振武將軍碑
東漢 鄭固碑
三國魏 王基斷碑

晉 韓壽墓碣
晉 劉韜墓志
北齊 竇泰墓誌
北齊 司馬遵業墓誌
隋 暴永墓誌
隋 郭休墓誌
隋 任軌墓誌
隋 任軌墓誌
隋 任顯及妻誌
隋 張盛墓誌

隋 趙朗墓誌
唐 石臺孝經
唐 石臺孝經
唐 行儼碑
唐 行儼碑
唐 楊孝恭碑
唐 楊孝恭碑
唐 楊孝恭碑
唐 楊孝恭碑
唐 楊孝恭碑

【楷書】
魏晉 樓•紙
北魏 段峻德墓誌
北魏 馮會萇墓誌
北魏 郭顯墓誌
北魏 寇演墓誌
北魏 寇演墓誌
北魏 山暉墓誌
北魏 司馬紹墓誌
北魏 司馬氏墓誌
北魏 吐谷渾璣墓誌

北魏 奚智墓誌
北魏 楊胤墓誌
北魏 元斆墓誌
北魏 元平墓誌
北魏 元壽妃墓誌
北魏 元爽墓誌
北魏 元文墓誌
北魏 元顥平妻墓誌
東魏 王偃墓誌
北齊 義橋石像碑

隋 橋紹墓誌
隋 橋紹墓誌
隋 蕭餝性墓誌
隋 薛保興墓誌
隋 楊通墓誌
隋 義造橋殘碑
隋 張虔墓誌
隋 張業墓誌
唐 崔千里墓誌
唐 李鎬墓誌

唐 李壽墓誌

唐 能師墓誌

唐 權順墓誌

唐 石經五經

唐 石經五經

唐 蘇斌墓誌

唐 于尚範墓誌

唐 於遂古墓誌

唐 臧懷恪墓碑

後唐 康贊羑墓誌

牂牂

【篆書】

唐 碧落碑

【隸書】

西漢 居新•7542

【楷書】

唐 李萼墓誌

唐 石經五經

牆牆

【隸書】

東漢 曹全碑陽

東漢 史晨後碑

隋 豆盧實墓誌

隋 郭休墓誌

隋 李元墓誌

隋 李元墓誌

隋 吳嚴墓誌

隋 鄭令妃墓誌

唐 闞道愛墓誌

唐 文宣王廟門碑

【楷書】

北魏 元徽墓誌

北魏 元秀墓誌

北魏 元誘墓誌

北齊 房周陁墓誌

北齊 司馬遵業墓誌

東魏 元均及妻墓誌

隋 盧文構墓誌

隋 元智墓誌

唐 崔芑合祔誌

唐 高懲墓誌

唐 高靈勝詩刻

唐 居寶墓銘

唐 劉通墓誌

唐 龍泉記

唐 清河張氏墓誌

唐 石經九經

唐 石經尚書

唐 石經五經

唐 石經五經

唐 宋練墓誌

唐 王素臣墓誌

唐 顔人墓誌

後梁 惠光舍利塔銘

後梁 謝彦璋墓誌

後梁 築新子墻記

毋部

毋

【隸書】

秦 睡58

西漢 馬•縱橫

西漢 馬•縱橫

西漢 馬•縱橫

西漢 馬•縱橫

西漢 居新•1159

西漢 居新•7771

西漢 居新•7786

西漢 居新•7789

東漢 西•死駒

漢晉 流簡紙

漢晉 流簡紙

西漢 楚王墓塞石

東漢 孔宙碑陰

新莽 萊子侯刻石

新莽 禳盜刻石

新莽 禳盜刻石

【楷書】

唐 留作造像記

唐 石經五經

後唐 王禹墓誌

母

【篆書】

唐 碧落碑

【隸書】

秦 睡136

秦 關周•病方

西漢 馬•天下

西漢 馬•縱橫

西漢 張•854

西漢 張•856

西漢 居新•4676

西漢 居新•831

西漢 西•律令

西漢 西•馬牘

漢晉 流簡紙

東漢 蒼山元嘉題記

東漢 曹全碑陽

東漢 馬姜墓記

東漢 孟孝琚碑

新莽 禳盜刻石

東漢 三老刻石

東漢 史晨後碑

東漢 史晨後碑

東漢 史晨前碑

東漢 鮮于璜碑陽

東漢 鄐他君題記

東漢 許安國題記

東漢 楊淮表記

東漢 楊著碑陽

東漢 永和二年記

北齊 司馬遵業墓誌

隋 爾朱端墓誌

隋 王楚英墓誌

唐 石臺孝經

唐 石臺孝經

唐 楊孝恭碑

唐 楊孝恭碑

唐 張叡墓誌

【楷書】

三國吳 走•二年

北魏 司馬顯姿墓誌

東魏 王令媛墓誌

隋 曹海凝墓誌

隋 成公氏墓誌

唐 李審規墓記

唐 石經尚書

唐 石經尚書

唐 石經五經

唐 石經周易

每

【篆書】

隋 宋仲墓誌

【隸書】

西漢 武•泰射甲

漢晉 流簡紙

東漢 尚博殘碑

晉 徐義墓誌陽

隋 澧水石橋碑

隋 牛諒墓誌

隋 修孔子廟碑

唐 盧君妻墓誌

唐 龐履温碑

唐 郞國長公主碑

唐 楊孝恭碑

【楷書】

北魏 慈慶墓誌

北魏 元彝墓誌

北魏 元纂墓誌

北齊 高僧護墓誌

唐 獨孤驤墓誌

唐 杜德墓誌

唐 王惠墓誌

唐 王永誉妻墓誌

唐 臧懷恪墓碑

毒

【隸書】

秦 睡12

西漢 馬•十問

西漢 張•39

西漢 張•39

西漢 張•41

西漢 武•日忌

東漢 公乘田魴記

東漢 石門頌

隋 澧水石橋碑

唐 柳偘妻墓誌

唐 張休光墓誌

【楷書】

北魏 爾朱襲墓誌

北齊 竇泰墓誌

隋 盧文機墓誌

唐 盧緘妻墓誌

唐 石經尚書

唐 石經周易

毓

【隸書】

東漢 史晨前碑

東漢 陽嘉殘碑陰

東漢 楊統碑陽

東漢 鄭固碑

晉 辟雍頌陰

唐 盧行毅墓誌

唐 潘基墓誌

【楷書】

北魏 元斌墓誌

北魏 元毓墓誌

東魏 盧貴蘭墓誌

東魏 元仲英墓誌

唐 崔千里墓誌

唐 李鳳妃墓誌

唐 李思貞墓誌

唐 石經五經

唐 蘇斌墓誌

唐 王勖墓誌

唐 楊乾光墓誌

示部

示示

【篆書】

三國吳 天發神讖碑

唐 三墳記陽

唐 三墳記陽

【隸書】

西漢 張•1070

西漢 張•1072

西漢 武•特牲甲

東漢 倉頡廟碑

東漢 朐忍令碑

東漢 夏承碑

東漢 鮮于璜碑陽

東漢 薌他君題記

東漢 趙儀碑

三國魏 王基斷碑

晉 石尠墓誌

北齊 竇泰墓誌

隋 澧水石橋碑

隋 宋景造像碑

唐 石臺孝經

唐 興寺碑

【楷書】

魏晉 樓•紙

晉 黄庭内景經

東魏 盧貴蘭墓誌

唐 霍行戚墓誌

唐 能師墓誌

唐 契苾夫人墓誌

唐 石經尚書

唐 蘇恩妻墓誌

唐 王孝瑜及妻墓誌

祁祁

【隸書】

隋 爾朱端墓誌

唐 王晉俗墓誌

唐 王子麟墓誌

【楷書】

北魏 司馬氏墓誌

北魏 薛伯徽墓誌

唐 王游藝墓誌

社社

【隸書】

秦 睡135

西漢 馬•老乙

西漢 馬•老子甲後

西漢 馬•縱横

西漢 居新•1003

西漢 居新•7004

東漢 西•文書

東漢 禮器碑

東漢 禮器碑陰

東漢 史晨後碑

東漢 史晨前碑

東漢 尹宙碑

東漢 張遷碑陽

隋 爾朱端墓誌

隋 高虬墓誌

隋 姬威墓誌

唐 石臺孝經

唐 史思禮墓誌

【楷書】

三國吳 走•五年

北魏 穆紹墓誌

北魏 元天穆墓誌

北魏 元誘墓誌

北齊 竇泰墓誌

東魏 元均及妻墓誌

隋 王楚英墓誌

隋 王弘墓誌

唐 李福墓誌

唐 李壽墓誌

唐 石經尚書

唐 石經周易

礿

【隸書】

東漢 華山廟碑陽

【楷書】

北魏 李渠蘭墓誌

隋 潘善利墓誌

唐 李金墓誌

唐 石經五經

祀

【篆書】

東漢 祀三公山碑

唐 碧落碑

唐 城隍廟碑

【隸書】

秦 睡134

西漢 馬•縱横

西漢 張•483

西漢 武•服傳甲

東漢 封龍山頌

東漢 封龍山頌

東漢 韓仁銘

東漢 華山廟碑陽

東漢 淮源廟碑

東漢 淮源廟碑

東漢 淮源廟碑

東漢 淮源廟碑

東漢 孟孝琚碑

東漢 乙瑛碑

三國魏 孔羨碑

北齊 感孝頌

北齊 西門豹碑陽

隋 任軌墓誌

唐 北獄廟碑

唐 告華嶽府君

唐 屈突通墓誌

唐 石臺孝經

唐 石臺孝經

唐 石臺孝經

唐 宴濟瀆序陰額

唐 貞一廟碑

【楷書】

北魏 侯剛墓誌

北魏 淨悟浮圖記

北魏 康健墓誌

北魏 冗從僕射記

北魏 元恪嬪墓誌

隋 成公氏墓誌

唐 柏虔玉墓誌

唐 石經五經

唐 石經五經

唐 石經周易

唐 王方大墓誌

唐 脩多羅墓誌

祉

【隸書】

東漢 肥致碑

東漢 景君碑陽

東漢 夏承碑

東漢 張遷碑陽

隋 段濟墓誌

隋 灃水石橋碑

隋 劉多墓誌

唐 李神符碑

唐 劉粲墓誌

唐 劉慎墓誌

【楷書】

北魏 宋靈妃墓誌

北齊 高淯墓誌

隋 蕭球墓誌

唐 崔芑合祔誌

唐 獨孤開遠墓誌

唐 柳昱妻墓誌

唐 喬崇隱墓誌

唐 石經周易

唐 石經周易

唐 王游藝墓誌

祅

【隸書】

唐 張休光墓誌

【楷書】

唐 崔玄藉墓誌

唐 李璆墓誌

唐 劉建墓誌

唐 蕭貞亮墓誌

祋

【楷書】

唐 石經五經

唐 尹文操碑

【楷書】

北魏 封魔奴墓誌

唐 光福寺額勅

唐 李璆墓誌

祈

【篆書】

唐 碧落碑

唐 碧落碑

【隸書】

東漢 白石神君碑

東漢 曹全碑陰

東漢 華山廟碑陽

東漢 淮源廟碑

東漢 孔宙碑陰

北魏 翟普林造像

北周 華嶽頌

唐 北嶽廟碑

唐 支訢妻墓誌

唐 周師墓誌

北魏 元顯墓誌

北魏 元寧墓誌

北齊 道明墓誌

唐 竇誕墓誌

唐 李賢墓誌

唐 李總持墓誌

唐 石經五經

唐 石經周易

唐 許公妻墓誌

唐 張隴墓誌

祇

【隸書】

東漢 淮源廟碑

東漢 三公山碑

東漢 楊震碑

北魏 上尊號碑

隋 劉珍墓誌

隋 馬穉墓誌

唐 大忍寺碑

唐 朱君妻王墓誌

【楷書】

南朝梁 舊館壇碑

北魏 元貴妃墓誌

唐 姚君妻墓誌

唐 竹妙墓誌

祝 䄆	祜 𥘫	祛		祐 𥙑	祓 䄔	祏 𥘰	祊 𥘿
【隸書】 秦 睡 139 秦 關周•病方 西漢 馬•老子甲後 西漢 馬•天下 西漢 馬•縱横 西漢 張•507 西漢 武•特牲甲 東漢 乙瑛碑 唐 倪彬墓誌 唐 貞一廟碑	【隸書】 唐 北嶽廟碑 【楷書】 唐 荊從皐墓誌 唐 盧梵兒墓誌 唐 石經五經	【隸書】 唐 尹文操碑 【楷書】 北魏 元延明墓誌 唐 姚才墓誌	北周 時珍墓誌 東魏 元賨建墓誌 唐 吕常侍妻墓誌 唐 石經五經	【篆書】 東漢 祀三公山碑 【隸書】 漢晉 流簡紙 東漢 淮源廟碑 東漢 桓孨食堂記 東漢 景君碑陰 隋 賈通墓誌 唐 李貞墓誌 唐 龐履温碑 【楷書】 魏晉 樓•紙 北魏 元湛墓誌	【楷書】 唐 景氏墓誌 唐 石經五經 唐 元希古墓誌	【隸書】 東漢 白石神君碑 東漢 淮源廟碑 【楷書】 北魏 元肅墓誌 隋 陳叔榮墓誌 唐 李華墓誌 唐 石經五經	【楷書】 唐 崔鉧墓誌 唐 石經五經 唐 鄭氏子墓誌

【楷書】

北魏 弔比干文陽

北魏 萬福榮造像

東魏 郗蓋祛銘

唐 李瓛墓誌

唐 石經尚書

唐 蘇斌墓誌

袂

【隸書】

東漢 從事馮君碑

祖祖

【篆書】

三國魏 正始石經

東魏 祖氏誌蓋

【隸書】

西漢 張•1091

西漢 武•服傳甲

東漢 西•奉例

漢晉 流簡紙

東漢 禮器碑

東漢 朐忍令碑

東漢 三老刻石

東漢 三老刻石

東漢 三老刻石

東漢 三老刻石

東漢 石門闕銘

東漢 石門頌

東漢 鮮于璜碑陽

東漢 鮮于璜碑陽

東漢 鮮于璜碑陽

三國魏 張君殘碑

北齊 竇泰墓誌

北齊 司馬遵業墓誌

隋 郭休墓誌

隋 郭休墓誌

隋 賈通墓誌

隋 申穆及妻墓誌

隋 勝福寺塔銘

隋 口和墓誌

隋 吳嚴墓誌

隋 元鐘墓誌

唐 蔡君妻墓誌

唐 蔡君妻墓誌

唐 豆盧建墓誌

唐 李神符碑

唐 劉慎墓誌

唐 盧行毅墓誌

唐 沈知敏墓誌

唐 石臺孝經

唐 石臺孝經

唐 行儼碑

唐 楊孝恭碑

唐 楊孝恭碑

唐 楊孝恭碑

【楷書】

南朝梁 太祖建陵記

南朝陳 衛和墓誌

北魏 長孫瑱墓誌

北魏 爾朱紹墓誌

北魏 高珪墓誌

北魏 高樹造像記

北魏 侯太妃墓誌

北魏 寇猛墓誌

北魏 李榘蘭墓誌

北魏 李蕤墓誌

北魏 石婉墓誌

北魏 蘇屯墓誌

北魏 姚伯多供養碑

北魏 元保洛墓誌

北魏 元寶月墓誌

北魏 元弘嬪侯墓誌

北魏 元變題記

北魏 元愔墓誌

北魏 元楨墓誌

北魏 張元祖妻記

北魏 張整墓誌
北齊 劉忻墓誌
東魏 田鶯墓磚
東魏 王蓋周造像
東魏 元湛墓誌
北齊 鄭天柱山銘
隋 范安貴墓誌
隋 劉明及妻墓誌
隋 張壽墓誌
唐 崔淑墓誌

唐 賈陽及妻墓誌
唐 李壽墓誌
唐 石經尚書
唐 周敬本墓誌

神 禮

【篆書】

東漢 白石碑額
東漢 少室石闕銘
東漢 祀三公山碑
三國魏 霍君神道
三國吳 天發神讖碑
三國魏 謝君神道
唐 碧落碑
唐 碧落碑
唐 城隍廟碑
唐 竇叔向墓誌額
唐 高元裕碑額
唐 謙卦碑
唐 孫壬林碑額
唐 温佶墓碑額

【隸書】

秦 睡 239
西漢 馬·合陰陽
西漢 馬·老甲
西漢 馬·十問
西漢 馬·十問
漢晉 流簡紙
東漢 肥致碑
東漢 封龍山頌
東漢 公乘田魴記
東漢 淮源廟碑
東漢 李孟初神祠碑
東漢 劉熊碑
東漢 秦君神道刻字
東漢 嗚咽泉題記
東漢 楊德安題記
東漢 楊震碑
東漢 楊震碑
東漢 楊震碑
東漢 乙瑛碑
東漢 作封記
三國魏 鮑寄神坐
三國魏 張普墓磚
晉 楊陽墓闕
南朝梁 太祖建陵記
北齊 司馬遵業墓誌
唐 北嶽廟碑
唐 常存法師墓誌
唐 陳憲墓誌
唐 褚亮碑
唐 姤神祠碑額
唐 告華嶽府君
唐 黃石公祠記
唐 紀信墓碑
唐 李神符碑
唐 李神符碑
唐 李神符碑
唐 石臺孝經
唐 史思禮墓誌
唐 楊孝恭碑
唐 楊孝恭碑
唐 貞一廟碑

【楷書】

南朝梁 羅浮山銘
北魏 長孫瑱墓誌
北魏 穆亮墓誌
北魏 宋虎墓誌
北魏 吐谷渾璣墓誌

北魏 元斆墓誌

北魏 元彝墓誌

東魏 淨智塔銘

北周 馬龜墓誌

隋 口悦昂墓誌

隋 曹海凝墓誌

隋 成公氏墓誌

隋 賈通墓誌

隋 田光山妻墓誌

唐 柏虔玉墓誌

唐 李壽墓誌

唐 秦利見墓誌

唐 石經尚書

唐 石經周易

唐 蘇斌墓誌

袗

【隸書】

隋 爾朱敞墓誌

隋 任軌墓誌

祇祗

【篆書】

唐 碧落碑

【隸書】

東漢 淮源廟碑

東漢 孔宙碑陽

東漢 史晨後碑

晉 辟雍頌陽

晉 辟雍頌陽

晉 郛休碑陽

晉 管洛墓誌陽

北齊 司馬遵業墓誌

隋 高虬墓誌

唐 北獄廟碑

唐 高嶸墓誌

唐 黄石公祠記

唐 趙叡沖碑

【楷書】

北魏 元端墓誌

北魏 元懷墓誌

北齊 司馬遵業墓誌

隋 元智墓誌

唐 鄧夫人墓誌

唐 姬温墓誌

唐 李鳳妃墓誌

唐 盧緘妻墓誌

唐 盧翊墓誌

唐 苗弘本墓誌

唐 石經尚書

唐 石經五經

唐 惟貞廟碑陽

唐 張亮墓誌

祔祔

【篆書】

唐 三墳記陰

【隸書】

晉 郛休碑陽

晉 石尠墓誌

唐 盧君妻墓誌

唐 楊孝恭碑

唐 趙冬曦壙誌

唐 趙冬曦壙誌

唐 鄭忠墓碑

【楷書】

北魏 王誦墓誌

北魏 薛伯徽墓誌

唐 寇鐈墓誌

唐 李承乾墓誌

唐 劉阿延墓誌

唐 石經五經

唐 王方大墓誌

唐 張勍墓誌

祚

【隸書】

東漢 夏承碑

東漢 鮮于璜碑陽

東漢 楊震碑

東漢 楊震碑

晉 徐義墓誌陽

北周 華嶽頌

北齊 馬天祥造像

隋 宋仲墓誌

隋 蕭瑾墓誌

隋 趙朗墓誌

唐 闞道愛墓誌

【楷書】

三國吳 走•二年

晉 華芳墓誌陰

晉 王君殘墓誌

北魏 爾朱紹墓誌

北魏 侯太妃造像

北魏 胡明相墓誌

北魏 胡明相墓誌

北魏 寇慰墓誌

北魏 靈山寺塔銘

北魏 山徽墓誌

北魏 司馬紹墓誌

北魏 萬福榮造像

北魏 王神虎造像

北魏 王誦妻元墓誌

北魏 五十四人造像

北魏 姚伯多供養碑

北魏 元文墓誌

北魏 張盧墓誌

北齊 成犢生造像

西魏 杜照賢造像

北齊 馬天祥造像

北齊 僧靜明造像

西魏 唐小虎造像

隋 暴永墓誌

隋 蕭瑒墓誌

唐 李壽墓誌

唐 彭國太妃墓誌

唐 任君妻王墓誌

唐 楊執一墓誌

祒

【楷書】

北魏 奚智墓誌

北魏 元嵩墓誌

祠

【篆書】

唐 帝祠字榜書

唐 魏夫人祠碑額

唐 周公祠碑額

【隸書】

秦 睡112

秦 睡115

西漢 張•737

東漢 西•文書

東漢 西•文書

東漢 倉頡廟碑側

東漢 華山廟碑陽

東漢 淮源廟碑

東漢 孔宙碑陽

東漢 李孟初神祠碑

東漢 李孟初神祠碑

東漢 朐忍令碑

不詳 食齋祠園記

東漢 許安國題記

東漢 乙瑛碑

東漢 乙瑛碑

東漢 元嘉三年記

晉 左棻墓誌陰

北齊 夫子廟碑

隋 修孔子廟碑

唐 告華嶽府君

唐 盧君妻墓誌

【楷書】

北魏 元誘墓誌

北齊 宋賢伯造像陽

東魏 元悰墓誌

唐 陵季子廟碑

唐 張去逸墓誌

票			祥	祪	祧	祟	祡
【隸書】 秦 睡246 【楷書】 南朝陳 劉猛進碑 唐 石經五經 唐 姚弟墓誌 唐 於遂古墓誌	北魏 元嵩墓誌 隋 皇甫深墓誌 隋 梁坦墓誌 隋 蕭旸性墓誌 唐 李仙蕙志 唐 石經尚書 唐 石經周易 唐 孫君妻李墓誌 唐 張騷墓誌 唐 鄭温球墓誌	北齊 馬天祥造像 隋 侯肇墓誌 隋 賈通墓誌 隋 宋仲墓誌 隋 吳嚴墓誌 唐 李貞墓誌 唐 祥應記額 【楷書】 三國吳 走•四年 北魏 長孫瑱墓誌 北魏 爾朱襲墓誌	【篆書】 三國魏 正始石經 【隸書】 西漢 馬•老甲 西漢 馬•老甲 西漢 馬•老乙前 東漢 樊敏碑 東漢 華山廟碑陽 東漢 淮源廟碑 三國魏 受禪碑 北魏 上尊號碑 北齊 鏤石班經記	【楷書】 唐 石經五經	【隸書】 唐 李彥墓誌 【楷書】 北魏 元煥墓誌 北齊 元賢墓誌 唐 董明墓誌 唐 何剛之墓誌 唐 蘇興墓誌 唐 楊佰隴墓誌 唐 張安墓誌	【隸書】 秦 睡144 秦 睡144 【楷書】 唐 戚高墓誌 唐 石經五經 唐 張思鼎墓誌	【隸書】 唐 北嶽廟碑 唐 張頠墓誌 【楷書】 唐 石經五經

祭

【隸書】

秦 睡134

西漢 馬•老甲

西漢 馬•縱橫

西漢 張•478

西漢 居新•3172

西漢 武•特牲甲

東漢 西•死駒

兩漢 西•士相見

東漢 白石神君碑

東漢 曹全碑陰

東漢 封龍山頌

東漢 華山廟碑陽

東漢 華山廟碑陽

東漢 淮源廟碑

東漢 買田約束石

東漢 孟孝琚碑

晉 左棻墓誌陰

隋 任顯及妻誌

隋 口和墓誌

唐 褚亮碑

唐 石臺孝經

唐 唐直墓誌

唐 趙冬曦壙誌

【楷書】

北魏 盧令媛墓誌

北魏 唐耀墓誌

北魏 王翊墓誌

北魏 元仙墓誌

北魏 元纘遠墓誌

東魏 叔孫固墓誌

隋 李元墓誌

隋 宋玉艷墓誌

隋 尉富娘墓誌

唐 陳蘭英墓誌

唐 杜孚墓誌

唐 李審規墓記

唐 劉通墓誌

唐 石經五經

唐 石經周易

唐 蘇斌墓誌

唐 楊執一墓誌

禊

【楷書】

北魏 元嶶墓誌

隋 伍道進墓誌

唐 安思節墓誌

唐 崔惟悌墓誌

唐 李修已墓誌

唐 石經五經

唐 越國太妃墓誌

唐 鄭仁泰墓誌

⿰礻孚

【篆書】

唐 碧落碑

褚

【楷書】

北齊 褚道澄造像

北齊 雋敬碑

唐 魯謙墓誌

祺

【隸書】

東漢 曹全碑陰

東漢 孔宙碑陰

東漢 西狹頌

【楷書】

唐 石經五經

裸

【楷書】

唐 石經尚書

禍

【隸書】

西漢 馬•老乙前

西漢 馬•事語

西漢 馬•縱橫

西漢 馬•縱橫

西漢 馬•縱橫

東漢 郙閣頌

晉 徐義墓誌陽

北齊 司馬遵業墓誌

隋 李元墓誌

隋 謝岳墓誌

唐 崔祐甫墓誌

唐 高元珪墓誌

唐 石臺孝經

唐 王泠然墓誌

【楷書】

魏晉 樓•紙

北魏 吐谷渾璣墓誌

北魏 楊乾墓誌

北魏 元譚墓誌

北魏 元愔墓誌

北齊 竇泰墓誌

隋 成公氏墓誌

隋 張壽墓誌

唐 崔楊墓誌

唐 杜君墓誌

唐 高懲墓誌

唐 郭賓墓誌

唐 衡義整墓誌

唐 王及德墓誌

唐 越國太妃墓誌

唐 張士龍墓誌

禂

【隸書】

北齊 鏤石班經記

【楷書】

唐 石經五經

祿

【篆書】

唐 張琮墓誌額

【隸書】

秦 睡 100

秦 睡 255

西漢 馬•老乙前

西漢 張•558

西漢 居新•1230

西漢 居新•5633

西漢 居新•8435

東漢 西•推辟

漢晉 流簡紙

東漢 曹全碑陽

東漢 曹全碑陽

東漢 朝侯小子碑

東漢 馬姜墓記

東漢 西狹頌

東漢 西狹頌

東漢 夏承碑

東漢 永元六年記

晉 郛休碑陽

晉 徐文墓碣

北齊 司馬遵業墓誌

北齊 司馬遵業墓誌

隋 豆盧實墓誌

隋 豆盧實墓誌

隋 爾朱敞墓誌

隋 符盛及妻墓誌

隋 馬長和造像

隋 牛暉墓誌

隋 任顯及妻誌

隋 宋仲墓誌

唐 崔暟墓誌陽

唐 崔沔墓誌陽

唐 崔祐甫墓誌

唐 京兆金氏墓誌

唐 石臺孝經

唐 史思禮墓誌

唐 史思禮墓誌

唐 王子麟墓誌

唐 尹文操碑

【楷書】

三國吳 走•五年

南朝陳 劉猛進碑

北魏 耿氏墓誌

北魏 于纂墓誌蓋

北魏 元朗墓誌

北魏 元文墓誌

北齊 竇泰墓誌

東魏 公孫甑生墓誌

北周 寇胤哲墓誌

北齊 婁黑女墓誌

北周 馬龜墓誌

北齊 許儁等造像

隋 王曜墓誌

隋 張壽墓誌

唐 石經尚書

唐 石經孝經

唐 石經周易

唐 張去奢墓誌

唐 宗夫人墓誌

禁禁

【篆書】

唐 三墳記陰

【隸書】

秦 睡27

西漢 馬•老乙前

西漢 馬•老乙前

西漢 張•275

西漢 居新•5672

西漢 居新•5766

西漢 居新•7499

漢晉 流簡紙

東漢 曹全碑陽

東漢 禮器碑

東漢 鮮于璜碑陽

東漢 趙寬碑

隋 豆盧實墓誌

隋 爾朱端墓誌

隋 王榮及妻墓誌

隋 蕭瑾墓誌

隋 蕭瑾墓誌

唐 石臺孝經

唐 行儼碑

唐 楊孝恭碑

【楷書】

北魏 乞伏寶墓誌

北魏 鄯乾墓誌

北魏 元楨墓誌

隋 范安貴墓誌

隋 張壽墓誌

唐 契苾夫人墓誌

福福

【篆書】

唐 碧落碑

唐 長明燈樓頌

唐 謙卦碑

唐 三墳記陰

唐 三門碑額

唐 姚仲文經幢

【隸書】

秦 睡134

秦 睡19

西漢 馬•老乙前

西漢 馬•縱橫

西漢 馬•縱橫

西漢 居新•4517

東漢 西•推辟

漢晉 流簡紙

漢晉 流簡紙

東漢 曹全碑陽

東漢 曹全碑陽

東漢 曹全碑陰

東漢 華山廟碑陽

東漢 淮源廟碑

東漢 淮源廟碑

東漢 景君碑陰

東漢 孔宏碑

東漢 禮器碑

東漢 禮器碑側

東漢 西狹頌

晉 徐義墓誌陽

北齊 感孝頌

隋 李元墓誌

隋 宋景造像碑

隋 宋景造像碑

隋 宋仲墓誌

隋 蘇恒墓誌

隋 鄭令妃墓誌

唐 闞道愛墓誌

唐 李彥墓誌

唐 潘基墓誌

唐 楊孝恭碑

唐 張滑墓誌

【楷書】

三國吳 走•五年

北魏 慈香惠造像

北魏 薛法紹造像

北魏 元秀墓誌

北魏 趙充華墓誌

北齊 竇泰墓誌

北齊 竇泰墓誌

東魏 榮遷等造像

北齊 僧靜明造像

北齊 王惠顯造像

東魏 楊顯叔造像

隋 馬穉墓誌

隋 勝福寺塔銘

隋 鄭善妃墓誌

唐 段文會墓誌

隋 姜敬親墓誌

唐 李福墓誌

唐 李壽墓誌

唐 李修已墓誌

唐 石經周易

唐 石經周易

唐 思恆墓誌

隋 蕭球墓誌

唐 張騷墓誌

後周 王進威墓誌

祺 䄟

【隸書】

秦 睡 269

【楷書】

隋 蕭瑒墓誌

唐 耿慈愛墓誌

唐 石經五經

禋 𥙿

【隸書】

東漢 白石神君碑

東漢 華山廟碑陽

唐 孔子廟碑

【楷書】

唐 鞏氏墓誌

唐 李福墓誌

唐 李弘禮墓誌

唐 石經尚書

唐 石經五經

禊

【楷書】

晉 蘭亭序真本

唐 張禮墓誌

禛禛	禞	禕	禒	禘禘	禉	禎禎	禓禓
【篆書】  唐 碧落碑	【楷書】  隋 蕭餝性墓誌  隋 元氏墓誌	【楷書】  北魏 元寶月墓誌  唐 柏虔玉墓誌  唐 李招兒墓誌  唐 清河張氏墓誌  唐 石經五經	【楷書】  唐 契苾夫人墓誌	【楷書】  唐 朱萱墓誌	【篆書】  唐 碧落碑	【隸書】  隋 鄭令妃墓誌  唐 董虔運墓誌  唐 貞一廟碑 【楷書】  東魏 王偃墓誌  唐 暢懷楨墓誌  唐 房懷亮墓誌	【楷書】  唐 石經五經

機

【楷書】

唐 石經五經

禪

唐 嵩陽觀碑

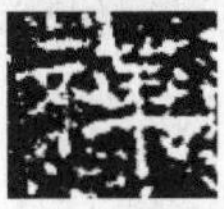
唐 趙冬曦壙誌

【楷書】

北魏 慈慶墓誌

北魏 元詳墓誌

北齊 定國寺塔碑

隋 寶輪禪院記

唐 禪師方墳記

唐 趙元智墓誌

後梁 蕭符墓誌

襌

【篆書】

東魏 凝禪寺碑

唐 傳法碑額

唐 紀德碑額

【隸書】

東漢 楊叔恭碑側

北齊 法懃塔銘

北齊 鏤石班經記

隋 爾朱端墓誌

隋 宋景造像碑

隋 修孔子廟碑

唐 慧堅碑額

禧

【楷書】

唐 路基妻墓誌

禫

【隸書】

唐 龐履温碑

【楷書】

唐 石經五經

唐 張氏女殤墓誌

唐 張先墓誌

禜

【楷書】

唐 石經五經

禚

【楷書】

唐 石經五經

禠

【隸書】

北周 華嶽頌

唐 蔡君妻墓誌

唐 戒壇碑

【楷書】

北魏 王誦墓誌

隋 王楚英墓誌

禮禮

【篆書】

東漢 祀三公山碑
三國魏 正始石經
唐 碧落碑
唐 三墳記陽

【隸書】

西漢 馬•老甲
西漢 張•724
西漢 張•725
西漢 居新•2747
西漢 居新•2748
漢晉 流簡紙
東漢 曹全碑陽
東漢 衡方碑
東漢 淮源廟碑
東漢 淮源廟碑
東漢 景君碑陽
東漢 景君碑陰
東漢 禮器碑
東漢 禮器碑
新莽 禳盜刻石
東漢 石門頌
東漢 史晨後碑
東漢 史晨前碑
東漢 陶洛殘碑陽
東漢 嗚咽泉題記
東漢 夏承碑
東漢 鮮于璜碑陽
東漢 鮮于璜碑陽
東漢 薌他君題記
東漢 楊震碑
東漢 乙瑛碑
東漢 乙瑛碑
東漢 乙瑛碑
東漢 乙瑛碑
東漢 乙瑛碑
東漢 乙瑛碑
東漢 乙瑛碑
東漢 永元十年記
東漢 元和三年記
東漢 張文思題記
三國魏 張君殘碑
晉 辟雍頌陽
晉 郭槐柩記
隋 爾朱端墓誌
隋 郭休墓誌
隋 侯肇墓誌
隋 侯肇墓誌
隋 馬長和造像
隋 馬少敏墓誌
隋 申穆及妻墓誌
隋 楊真墓誌
隋 張儉及妻墓誌
隋 趙朗墓誌
隋 趙朗墓誌
隋 鄭令妃墓誌
唐 北嶽廟碑
唐 戴令言墓誌
唐 董虔運墓誌
唐 夫子廟堂碑
唐 京兆金氏墓誌
唐 李神符碑
唐 盧宏及妻墓誌
唐 牛氏像龕碑
唐 石臺孝經
唐 石臺孝經
唐 石臺孝經
唐 石臺孝經
唐 石臺孝經
唐 史思禮墓誌
唐 行儼碑
唐 楊孝恭碑
唐 楊孝恭碑
唐 楊孝恭碑
唐 楊孝恭碑
唐 楊孝恭碑
唐 楊孝恭碑

【楷書】

三國吳 走•五年
三國吳 走•五年
晉 華芳墓誌陰
北魏 胡明相墓誌
北魏 穆紹墓誌

禮

北魏 山徽墓誌
北魏 王蕃墓誌
北魏 元敷墓誌
北魏 元壽安墓誌
北魏 元信墓誌
北齊 竇泰墓誌
東魏 公孫甑生墓誌
北齊 婁黑女墓誌
北周 普安壯公墓誌
隋 陳氏墓誌

隋 姜敬親墓誌
隋 盧文機墓誌
隋 田光山妻墓誌
唐 源君妻墓誌
唐 崔淑墓誌
唐 侯敬忠墓誌
唐 霍行威墓誌
唐 九品亡宮墓誌
唐 李嘉珍墓誌
唐 劉定師墓誌

唐 任傪墓誌
唐 石經九經
唐 石經九經
唐 石經尚書
唐 石經周易
唐 石經周易
唐 史興墓詠
唐 宋度夫人墓誌
唐 田侁墓誌
唐 魏君妻墓誌

唐 吳孝墓誌
唐 薛參墓誌
唐 薛華墓誌
唐 楊佰隴墓誌
唐 姚如衡墓誌
唐 雍如珪墓誌
唐 張胤墓碑額

禬

【楷書】

唐 石經五經

禱

【篆書】

唐 城隍廟碑

【隸書】

秦 睡 190
秦 關周•病方
東漢 華山廟碑陽
東漢 楊著碑陽
唐 北獄廟碑
唐 告華嶽府君
唐 告華嶽府君

【楷書】

北魏 龍泉古井銘
唐 秦公夫人墓誌

唐 石經五經
唐 王法墓誌
唐 衛義妻墓誌
唐 衛義妻墓誌
唐 嚴氏玄堂銘
後唐 張滌妻高墓誌

禰

【隸書】

晉 徐義墓誌陽
隋 劉多墓誌

【楷書】

隋 楊居墓誌
唐 元鍾墓誌
唐 何剛之墓誌
唐 李皐墓誌
唐 盧翊墓誌
唐 索相兒墓誌
唐 支子珪墓誌

⿰衤侖

【楷書】

唐 石經周易

⿰衤襄

【隸書】

東漢 華山廟碑陽

晉 呂望表

【楷書】

北魏 王璨墓誌

唐 景氏墓誌

唐 王養及妻墓誌

唐 王養及妻墓誌

襰

【楷書】

唐 石經爾雅

唐 石經五經

甘部

甘

【篆書】

唐 碧落碑

【隸書】

西漢 馬•合陰陽

西漢 馬•老乙前

西漢 馬•十問

西漢 馬•縱橫

西漢 居新•4517

西漢 居新•5011

漢晉 流簡紙

東漢 景君碑陽

東漢 孔宙碑陰

東漢 行事渡君碑

東漢 許阿瞿題記

東漢 許安國題記

三國魏 受禪碑

晉 徐義墓誌陽

唐 感孝頌跋

唐 石臺孝經

【楷書】

北魏 元悌墓誌

隋 蕭翹墓誌

唐 法玩塔銘

唐 石經九經

唐 石經九經

唐 石經尚書

唐 石經周易

石部

石

【篆書】

東漢 白石碑額

三國吳 天發神讖碑

南朝宋 石騆銘額

隋 澧水石橋碑額

唐 多寶佛塔銘

唐 三墳記陰

唐 峿臺銘

唐 峿臺銘

唐 峿臺銘

【隸書】

秦 睡45

西漢 馬•老乙前

西漢 馬•天下

西漢 張•489

西漢 居新•4019

西漢 居新•7465

西漢 西•過界

兩漢 西•醫藥

西漢 楚王墓塞石

西漢 王陵塞石

東漢 華山廟碑陽

東漢 景君碑陰

東漢 任城黃腸石

東漢 石門頌

東漢 史晨後碑

東漢 司馬長元記

東漢 楊震碑

東漢 乙瑛碑

東漢 乙瑛碑

東漢 永壽元年墓記

東漢 造土牛碑

東漢 鄭固碑

東漢 佐孟機題記

三國魏 曹真殘碑陽

三國魏 通閣道題名

北齊 馬天祥造像

北齊 司馬遵業墓誌

唐 李神符碑

唐 蘇洪姿墓誌

唐 行儼碑

唐 楊孝恭碑

唐 楊孝恭碑

【楷書】

三國吳 走•五年

北魏 樊奴子造像

北魏 元敷墓誌

北魏 元誘墓誌

北齊 董桃樹造像

隋 程諧墓誌

唐 成願壽墓誌

唐 裴瑾墓誌

唐 石經尚書

砬

【楷書】

唐 能禪師石室銘

砌

【隸書】

唐 庫狄真相墓誌

唐 修定寺記碑

【楷書】

唐 如願律師墓誌

唐 王季初墓誌

碝	砢	⿱巩石	砅	砄	砭	砂	研
【楷書】  唐 石經五經	【楷書】  隋 劉則墓誌	【楷書】  唐 石經九經	【楷書】  唐 石經五經  唐 徐及及妻墓誌	【隸書】  東漢 蒼山元嘉題記	【楷書】  隋 尉富娘墓誌  唐 楊思立墓誌  唐 執失善光	【楷書】  唐 林寺戒壇銘  唐 園濟塔銘	【隸書】  西漢 習字觚  東漢 趙寬碑  東漢 趙寬碑  晉 辟雍頌陽  隋 張儉及妻墓誌  唐 文宣王廟門碑  唐 張頗墓誌  北魏 元舉墓誌 【楷書】  隋 蕭氏墓誌  隋 鄭善妃墓誌

砥

【隸書】

東漢 衡方碑

東漢 立朝字殘碑

隋 豆盧實墓誌

隋 口和墓誌

隋 修孔子廟碑

唐 紀信墓碑

【楷書】

北魏 王誦墓誌

北魏 元煥墓誌

北齊 元賢墓誌

唐 韓通墓誌

唐 裴首兒墓誌

唐 石經尚書

唐 陽昕墓誌

砮

【隸書】

晉 辟雍頌陽

【楷書】

唐 石經尚書

唐 石經尚書

破

【隸書】

西漢 馬•老子甲後

西漢 馬•縱橫

西漢 馬•縱橫

西漢 張•916

西漢 居新•2706

兩漢 西•懸檢

漢晉 流簡紙

東漢 建安殘石

東漢 西狹頌

東漢 趙寬碑

東漢 趙寬碑

晉 石尠墓誌

【楷書】

北魏 李璧墓誌陽

北齊 竇泰墓誌

隋 段威墓誌

隋 惠鬱造像

隋 羊瑋墓誌

唐 白知禮墓誌

唐 仵欽墓誌

唐 玄秘塔碑

硈

【楷書】

唐 石經五經

硌

【楷書】

唐 王貞墓誌

硉

【隸書】

唐 興寺碑

【楷書】

唐 趙叓章墓誌

硤

【隸書】

唐 李神符碑

唐 王震墓誌

【楷書】

北魏 丘哲墓誌

唐 呼延章墓誌

唐 裴行著墓誌

唐 鄭君妻盧墓誌

硯

【楷書】

隋 明雲騰墓誌

唐 敬覺墓誌

唐 張婉墓誌

硠

【楷書】

唐 石經九經

碌

【隸書】

唐 戴令言墓誌

碏

【楷書】

唐 石經五經

碑

【篆書】

東漢 白石碑額

東漢 華山廟碑額

東漢 孔宙碑額

東漢 尚博殘碑額

東漢 孫大壽碑額

東漢 鮮于璜碑額

東漢 趙菿殘碑額

晉 成晃碑額

北魏 東巡碑額

晉 郭休碑陰

東魏 高翻碑額

東魏 高盛墓碑額

北周 華嶽頌碑額

東魏 凝禪寺碑

北魏 嵩高靈廟碑額

北齊 西門豹碑額

東魏 新廟碑額

隋 陳茂墓碑額

隋 澧水石橋碑額

隋 孟顯達碑額

唐 阿史那忠碑額

唐 阿育王寺碑額

唐 百門陂碑額

唐 伯夷叔齊碑

唐 傳法碑額

唐 等慈寺碑額

唐 狄知遜碑額

唐 竇叔向墓誌額

唐 段志玄碑額

唐 法果寺碑額

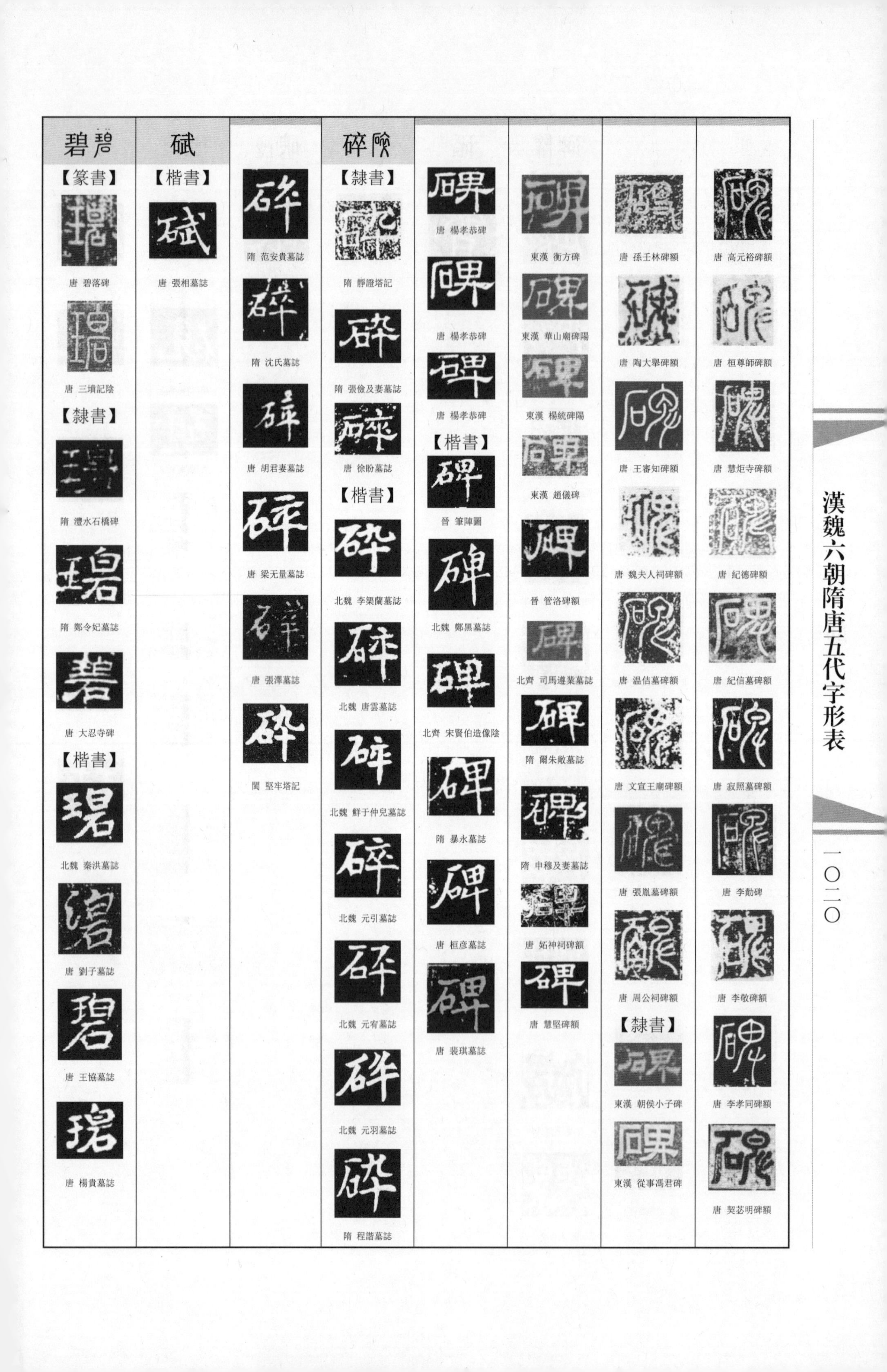

唐 高元裕碑額
唐 桓尊師碑額
唐 慧炬寺碑額
唐 紀德碑額
唐 紀信墓碑額
唐 寂照墓碑額
唐 李勣碑
唐 李敬碑額
唐 李孝同碑額
唐 契苾明碑額

唐 孫壬林碑額
唐 陶大舉碑額
唐 王審知碑額
唐 魏夫人祠碑額
唐 温佶墓碑額
唐 文宣王廟碑額
唐 張胤墓碑額
唐 周公祠碑額

【隸書】

東漢 朝侯小子碑
東漢 從事馮君碑

東漢 衡方碑
東漢 華山廟碑陽
東漢 楊統碑陽
東漢 趙儀碑
晉 管洛碑額
北齊 司馬遵業墓誌
隋 爾朱敞墓誌
隋 申穆及妻墓誌
唐 妬神祠碑額
唐 慧堅碑額

唐 楊孝恭碑
唐 楊孝恭碑
唐 楊孝恭碑

【楷書】

晉 筆陣圖
北魏 鄭黑墓誌
北齊 宋賢伯造像陰
隋 暴永墓誌
唐 桓彦墓誌
唐 裴琪墓誌

碎

【隸書】

隋 靜證塔記
隋 張儉及妻墓誌
唐 徐盼墓誌

【楷書】

北魏 李榘蘭墓誌
北魏 唐雲墓誌
北魏 鮮于仲兒墓誌
北魏 元引墓誌
北魏 元宥墓誌
北魏 元羽墓誌
隋 程諧墓誌

隋 范安貴墓誌
隋 沈氏墓誌
唐 胡君妻墓誌
唐 梁无量墓誌
唐 張澤墓誌
閩 堅牢塔記

碱

【楷書】

唐 張相墓誌

碧

【篆書】

唐 碧落碑
唐 三墳記陰

【隸書】

隋 澧水石橋碑
隋 鄭令妃墓誌
唐 大忍寺碑

【楷書】

北魏 秦洪墓誌
唐 劉子墓誌
唐 王協墓誌
唐 楊貴墓誌

碭

【隸書】

東漢 石門頌

唐 王泠然墓誌

【楷書】

三國吳 走•五年

唐 劉祿墓誌

碩

【隸書】

東漢 淮源廟碑

東漢 魯峻碑陽

晉 呂望表

隋 豆盧實墓誌

隋 修孔子廟碑

唐 李彥墓誌

【楷書】

三國吳 走•五年

北魏 薛伯徽墓誌

唐 石經周易

唐 石經周易

唐 越國太妃墓誌

碣

【篆書】

唐 臨終口授銘

唐 王慶墓碣

【隸書】

隋 姬威墓誌

唐 孔子廟碑

唐 鄭忠墓碑

【楷書】

北魏 元寶月墓誌

北魏 元顥墓誌

隋 成公氏墓誌

隋 蕭瑒墓誌

唐 阿史那貞忠墓誌

唐 石經尚書

磤

【楷書】

後梁 國礶誌銘

磓

【楷書】

唐 李眈墓誌

磎

【楷書】

唐 呂思禮墓誌

礫

【隸書】

西漢 馬·合陰陽

西漢 張·109

西漢 張·87

【楷書】

唐 李從證墓誌

磒

【楷書】

唐 石經九經

磑

【隸書】

西漢 居新·628

【楷書】

唐 馮僊師墓誌

磊

【隸書】

東漢 封龍山頌

唐 紀信墓碑

【楷書】

唐 楊貴墓誌

碾

【楷書】

唐 瀆廟祭器銘

磅

【楷書】

唐 韋孟明墓誌

碬

【楷書】

唐 石經九經

磋

【楷書】

隋 王袞墓誌

唐 崔璘墓誌

確

【隸書】

東漢 郙閣頌

東漢 石門頌

唐 義福禪師碑

【楷書】

晉 黃庭内景經

北魏 元純陁墓誌

唐 李福墓誌

唐 龍泉記

唐 石經周易

閩 堅牢塔記

磐

【隸書】

東漢 石門頌

隋 宋仲墓誌

唐 怡亭銘序

【楷書】

晉 黃庭内景經

北魏 元子正墓誌

東魏 元悰墓誌

隋 段模墓誌

隋 沈氏墓誌

唐 裴撝墓誌

唐 石經周易

唐 王協墓誌

唐 越國太妃墓誌

磬

【隸書】

西漢 武•泰射甲

東漢 禮器碑

東漢 校官碑

隋 張儉及妻墓誌

唐 尹尊師碑

【楷書】

北魏 郭顯墓誌

北魏 韓顯祖造像

北魏 元顥墓誌

北魏 元延明墓誌

隋 范安貴墓誌

隋 盧文構墓誌

唐 沈師黃墓誌

唐 石經尚書

唐 石經尚書

唐 史待賓墓誌

碱

【楷書】

唐 多寶塔碑

磧

【楷書】

唐 和守陽墓誌

磨

【隸書】

秦 關周•日書

西漢 張•288

東漢 西•醫藥

漢晉 流簡紙

東漢 石門頌

隋 爾朱敞墓誌

唐 玄巖銘

【楷書】

北魏 劉阿素墓誌

北魏 元順墓誌

北周 時珍墓誌

	磶	磯	磽	磾	磻	磷	磳
	【楷書】	【楷書】	【楷書】	【楷書】	【楷書】	【隸書】	【篆書】
 隋 伍道進墓誌	 唐 冉氏墓誌	 唐 張肅墓誌	 唐 龍泉記	 北魏 郭顯墓誌	 隋 明質墓誌	 唐 義福禪師碑	 唐 峿臺銘
 唐 八都壇碑		 唐 鄭恕己墓誌	 唐 石經五經	 唐 執失善光		【楷書】  北魏 劉阿素墓誌	
						 北魏 元順墓誌	
						 唐 崔紹墓誌	

磴

【篆書】

唐 嶇臺銘

【隸書】

唐 四望山題記

【楷書】

北魏 郭顯墓誌

隋 孔神通墓誌

唐 騫思哲誌銘

磿 磿

【楷書】

唐 石經五經

礊 礊

【隸書】

西漢 張•712

西漢 張•712

礎 礎

【隸書】

唐 李彦墓誌

唐 劉粲墓誌

【楷書】

隋 張軻墓誌

後唐 康贊羑墓誌

礠

【楷書】

唐 承金合祔誌

唐 李休墓誌

礐 礐

【楷書】

唐 石經爾雅

唐 石經五經

礐 礐

【隸書】

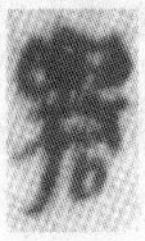
秦 關周•病方

兩漢 西•醫藥

礝

【楷書】

唐 多寶塔碑

礪

【隸書】

隋 豆盧寔墓誌

隋 爾朱端墓誌

隋 修孔子廟碑

隋 趙朗墓誌

【楷書】

北魏 宋虎墓誌

隋 成公氏墓誌

隋 高緊墓誌

唐 李賢墓誌

唐 石經尚書

唐 趙留四墓誌

##

後唐 西方鄴墓誌

礙

【隸書】

東漢 石門頌

【楷書】

北魏 慈香惠造像

北魏 石門銘

北魏 尉遲氏造像

北齊 劉碑造像銘

北齊 無量義經

隋 王伏榮造像

唐 法玩塔銘

唐 禮佛圖陰

唐 密多心經碑

##

唐 石浮圖銘

後唐 竪立生臺記

後唐 張思錄經幢

礧

【隸書】

東漢 魯峻碑陽

【楷書】

唐 李正卿墓誌

礫

【隸書】

唐 徐盼墓誌

【楷書】

北魏 元欽墓誌

隋 吳嚴墓誌

後唐 王璠墓誌

⿰石諸

【楷書】

唐 李鳳墓誌

礴

【隸書】

唐 怡亭銘序

【楷書】

唐 王協墓誌

唐 韋孟明墓誌

唐 朱君妻趙墓誌

礱

【篆書】

唐 峿臺銘

【隸書】

唐 牛氏像龕碑

【楷書】

唐 竇真墓誌

唐 張敬祖塔銘

唐 張君妻墓誌

礹

【楷書】

後梁 國礹誌銘

目部

目

【篆書】

唐 峿臺銘

【隸書】

秦 睡10

秦 關周·病方

秦 西·日書乙

西漢 馬·合陰陽

西漢 馬·老乙前

西漢 馬·老子甲後

西漢 張·1180

西漢 楚王墓塞石

北齊 司馬遵業墓誌

隋 豆盧寔墓誌

唐 李貞墓誌

唐 鄎國長公主碑

唐 尹尊師碑

【楷書】

三國吳 走·二年

北齊 婁黑女墓誌

唐 崔孝昌墓誌

唐 石經周易

盱

【隸書】

東漢 蒼山元嘉題記

【楷書】

隋 趙齡墓誌

唐 陳懿妻墓誌

唐 李泳夫人墓銘

唐 石經周易

盲

【隸書】

東漢 曹全碑陽

唐 興寺碑

【楷書】

漢晉 流簡紙

三國吳 走·二年

三國吳 走·二年

東魏 廉富造像陽

相

【篆書】

東漢 景君碑額

東漢 劉君石柱殘

東漢 尚博殘碑額

東漢 祀三公山碑

北魏 元天穆誌蓋

唐 三墳記陽

唐 三墳記陰

唐 張九齡碑額

【隸書】

秦 睡30

秦 睡38

秦 關周·日書

西漢 馬·老甲

西漢 馬·老甲

西漢 馬·老子甲後

西漢 馬·縱橫

西漢 馬·縱橫

西漢 張·1062

西漢 居新·2188

西漢 居新·2188

西漢 西·善劍

東漢 西·寇恩

兩漢 西·馬簡

漢晉 流簡紙

漢晉 流簡紙

東漢 從事馮君碑

東漢 封龍山頌

東漢 禮器碑

東漢 禮器碑側

東漢 石門頌

東漢 鮮于璜碑陽

東漢 楊震碑

東漢 造土牛碑

晉 辟雍頌陽

北齊 馬天祥造像

隋 張景略墓誌

隋 張盛墓誌

唐 崔泰之墓誌

唐 石臺孝經

唐 石臺孝經

唐 楊孝恭碑

唐 楊孝恭碑

唐 楊孝恭碑

唐 楊孝恭碑

【楷書】

北魏 山暉墓誌

北齊 王鴨臉造像

隋 寶輪禪院記

唐 崔眘妻墓誌

唐 棲巖寺詩刻

唐 石經尚書

唐 石經周易

唐 張洽墓誌

省 𡭫

【隸書】

秦 睡 50

西漢 馬•老甲

西漢 居新•4847

西漢 居新•7628

東漢 西•文書

漢晉 流簡紙

漢晉 流簡紙

東漢 華山廟碑陽

東漢 洛陽黃腸石二

東漢 洛陽黃腸石一

東漢 三老石堂記

東漢 許安國題記

東漢 造土牛碑

晉 石尠墓誌

北魏 上尊號碑

隋 豆盧實墓誌

隋 吳嚴墓誌

隋 謝岳墓誌

唐 崔祐甫墓誌

【楷書】

北魏 慈慶墓誌

北魏 王紹墓誌

北魏 于景墓誌

隋 口靜墓誌

唐 李鎬墓誌

唐 石經尚書

唐 石經五經

唐 石經周易

唐 石經周易

眄 眄

【隸書】

唐 八都壇碑

唐 褚亮碑

唐 尹文操碑

唐 尹尊師碑

唐 張滔墓誌

【楷書】

北魏 元彝墓誌

東魏 李挻墓誌

唐 阿史那貞忠墓誌

唐 李爽墓誌

唐 石經五經

唐 石經五經

唐 王公素墓誌

盾	看	眈	盼	眅	眂		眇
【隸書】 秦 睡35 秦 睡52 西漢 張•1146 西漢 居新•7330 【楷書】 魏晉 樓•紙 唐 清真寺碑 唐 石經五經 唐 趙莊墓誌	【隸書】 東漢 延熹三年記 【楷書】 北魏 元斑墓誌 北齊 元賢墓誌 隋 王世琛墓誌 唐 李克用題名 唐 李孟姜墓誌 唐 藺從則墓誌 唐 石經九經 唐 執失善光	【隸書】 唐 興寺碑 【楷書】 東魏 穆子巖墓誌 唐 李眈墓誌 唐 石經五經 唐 石經周易 唐 索思禮墓誌 唐 多寶塔碑	【篆書】 唐 碧落碑 【隸書】 唐 徐盼墓誌 【楷書】 隋 成公氏墓誌 唐 崔公妻墓誌 唐 竇季餘墓誌 唐 石經五經	【楷書】 唐 荇進昌墓誌 唐 石經五經	【楷書】 唐 王游藝墓誌	唐 石經周易 唐 許琮妻墓誌	【隸書】 西漢 馬•老甲 東漢 簿書殘碑 東漢 鄭固碑 唐 崔沔墓誌陰 唐 尹尊師碑 唐 朱君妻王墓誌 【楷書】 北魏 元顥墓誌 北齊 竇泰墓誌 東魏 王僧墓誌 隋 王世琛墓誌

眉

【隸書】

西漢 西•馬簽

北齊 感孝頌

唐 王震墓誌

唐 張侔墓誌

唐 張翼墓誌

唐 趙冬曦壙誌

【楷書】

北魏 胡明相墓誌

北魏 元周安墓誌

北齊 無量義經

隋 橋紹墓誌

唐 崔素墓誌

唐 黃羅漢墓誌

唐 李沖墓誌

唐 李讓墓誌

唐 石經五經

唐 石經五經

唐 王守質墓誌

唐 蕭惠媄墓誌

後梁 韓仲舉妻墓誌

眛

【楷書】

唐 石經五經

唐 鄭瑨墓誌

眂

【隸書】

唐 董虔運墓誌

唐 貞一廟碑

唐 李道因墓誌

【楷書】

唐 石經五經

唐 張叡墓誌

眣

【楷書】

唐 石經五經

眕

【楷書】

唐 石經五經

眩

【隸書】

隋 張儉及妻墓誌

唐 貞一廟碑

【楷書】

南朝宋 劉懷民墓誌

唐 張翊墓誌

眠

【楷書】

晉 黃庭內景經

隋 明雲騰墓誌

唐 李瓛墓誌

唐 束良墓誌

眚

【隸書】

東漢 淮源廟碑

【楷書】

唐 邊氏墓誌

唐 李戢墓誌

唐 石經尚書

唐 石經五經

唐 石經周易

唐 石經周易

眙

【隸書】

唐 嵩陽觀碑

【楷書】

唐 鄭濆墓誌

眪

【楷書】

唐 阿史那哲墓誌

眫

【隸書】

北魏 翟普林造像

眥

【楷書】

北魏 元融墓誌

唐 李信墓誌

唐 王大劍墓誌

唐 臧懷亮墓誌

眺

【篆書】

唐 峿臺銘

【隸書】

西漢 馬•老乙

隋 宋仲墓誌

唐 刻石記

【楷書】

北魏 吳光墓誌

北齊 邢夫人墓誌

北齊 雲峯山題記

隋 張禮墓誌

唐 韓長墓誌

唐 斛斯君妻墓誌

唐 秦朗墓誌

唐 石經五經

唐 王僧墓誌

唐 薛參墓誌

唐 俎威墓誌

眽

【楷書】

唐 石經五經

晞

【楷書】

唐 寯思真墓誌

睋

【楷書】

唐 王游藝墓誌

眭

【楷書】

隋 吳嚴墓誌

北魏 吳光墓誌

東魏 惠好等造像

隋 □徹墓誌

唐 李道因墓誌

唐 李福墓誌

唐 李嗣莊墓誌

唐 石經尚書

唐 楊乾光墓誌

後周 舍利塔碑記

眷

【隸書】

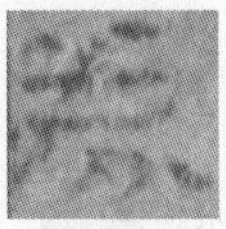

西漢 西•馬牘

晉 辟雍頌陽

晉 王君殘墓誌

北齊 司馬遵業墓誌

隋 段濟墓誌

隋 宋景造像碑

唐 崔祐甫墓誌

【楷書】

北魏 慈慶墓誌

北魏 司馬氏墓誌

北魏 蘇氏造像記

眸

【隸書】

唐 尹尊師碑

【楷書】

北魏 公孫猗墓誌

北魏 苟景墓誌

北魏 元昭墓誌

唐 張三英墓記

眼

【隸書】

唐 宴濟瀆序陰額

唐 尹文操碑

【楷書】

北齊 無量義經

唐 燈功德經幢

吳越 投龍玉簡

眴

【楷書】

北齊 無量義經

唐 武康墓誌

睆

【隸書】

西漢 張•378

西漢 張•506

【楷書】

唐 盧含墓誌

唐 裴涓墓誌

唐 石經五經

睇

【楷書】

北魏 弔比干文陽

唐 孫筥墓誌

唐 王宣墓誌

睍

【楷書】

唐 盧含墓誌

唐 石經五經

睨

【楷書】

北魏 弔比干文陽

唐 無上道誌

唐 趙本質墓誌

督

【篆書】

北魏 溫泉頌額

唐 段志玄碑額

唐 楊公碑額

【隸書】

西漢 居新•7640

西漢 居新•7764

西漢 居新•8103

西漢 居新•8211

兩漢 西•羌律

漢晉 流簡紙

東漢 蒼山元嘉題記

東漢 景君碑陰

東漢 禮器碑陰

東漢 魯峻碑陽

東漢 石門頌

東漢 武榮碑

東漢 西狹頌

東漢 夏承碑

晉 管洛墓誌陽

晉 劉韜墓志

東魏 宗欣墓誌

【楷書】

三國吳 走•二年

魏晉 樓•紙

魏晉 樓•紙

晉 華芳墓誌陽

北魏 長孫子澤墓誌

北魏 長孫子澤墓誌

北魏 胡明相墓誌

北魏 寇治墓誌

北魏 乞伏寶墓誌

北魏 元定墓誌

隋 暴永墓誌

隋 豆盧寶墓誌

隋 馬長和造像

隋 宋景造像碑

隋 蘇恒墓誌

唐 高嵘墓誌

唐 高元珪墓誌

唐 高元珪墓誌

唐 李神符碑

唐 李貞墓誌

唐 蘇洪姿墓誌 | 唐 唐直墓誌 | 唐 尉遲敬德墓誌 | 唐 脩多羅墓誌 | 唐 許行本合誌 | 唐 陽氏合祔誌 | 唐 鄭志題名

北魏 元煥墓誌
北魏 元馗墓誌
北魏 元寧墓誌
北齊 竇泰墓誌
東魏 龍華浮圖銘
北齊 司馬遵業墓誌
北齊 宋賢伯造像側
東魏 元湛墓誌
隋 卜鑒墓誌
隋 段濟墓誌

隋 孔神通墓誌
隋 梁坦墓誌
隋 申穆及妻墓誌
隋 元鐘墓誌
唐 崔惟悌墓誌
唐 李璵墓誌
唐 劉冰墓誌
唐 柳延宗墓誌
唐 石經五經
唐 石經五經

唐 蘇洪姿墓誌
唐 唐直墓誌
唐 尉遲敬德墓誌
唐 脩多羅墓誌
唐 許行本合誌
唐 陽氏合祔誌
唐 鄭志題名

睞睐

【楷書】

北魏 王紹墓誌
隋 席氏墓誌

晻

【楷書】

唐 趙仁表磚誌

睦睦

【篆書】

唐 碧落碑

【隸書】

東漢 鮮于璜碑陽
東漢 鮮于璜碑陰
隋 澧水石橋碑
唐 程俊墓誌陰
唐 崔泰之墓誌
唐 石臺孝經
唐 石臺孝經
唐 譚伍墓誌

【楷書】

北魏 元純陁墓誌
北魏 元昉墓誌
北魏 元悌墓誌
北齊 爾朱元靜墓誌
隋 楊厲墓誌
唐 廉元泰墓誌
唐 馬君妻董墓誌
唐 蘇斌墓誌
唐 楊氏墓誌
唐 趙君妻張墓誌

睥

【楷書】

北魏 元延明墓誌
後梁 築新子墻記

睢

【隸書】

西漢 馬·縱橫

【楷書】

北魏 鮮于仲兒墓誌

唐 盧承業墓誌

唐 石經五經

唐 王君妻墓誌

唐 許擂墓誌

睟

【篆書】

唐 碧落碑

【隸書】

唐 北獄廟碑

唐 孔子廟碑

【楷書】

唐 王才賓塔頌

睪

【楷書】

唐 石經五經

睫

【楷書】

唐 閻基墓誌

唐 楊魯士妻墓誌

睹

【隸書】

東漢 熹平石經易

晉 辟雍頌陽

晉 徐義墓誌陽

北齊 馬天祥造像

隋 馬長和造像

隋 宋景造像碑

隋 修孔子廟碑

唐 楊孝恭碑

【楷書】

北魏 馮邕妻墓誌

東魏 戎愛洛造像

隋 蘇慈墓誌

唐 包筠墓誌

唐 郭君妻墓誌

唐 李仲絢墓志

唐 盧公則墓誌

唐 石經五經

唐 石經周易

睽

【隸書】

東漢 熹平石經易

東漢 熹平石經易

唐 蔡君妻墓誌

唐 張翼墓誌

【楷書】

北魏 慈慶墓誌

唐 八品亡宮墓誌

唐 程知節墓誌

唐 石經周易

瞀

【隸書】

西漢 居新•2145

西漢 居新•7530

西漢 居新•9233

【楷書】

隋 王袞墓誌

唐 石經五經

睿

【隸書】

東漢 尚博殘碑

三國魏 受禪碑

北周 華嶽頌

隋 蕭瑾墓誌

唐 蔡君妻墓誌

唐 盧君妻墓誌

唐 任城橋亭記

唐 王行果殘碑

唐 鄎國長公主碑

唐 玄元靈應頌

唐 趙叡沖碑

【楷書】

北魏 寇演墓誌

北魏 劉華仁墓誌

北魏 吐谷渾璣墓誌

北魏 元焕墓誌

北魏 元鑒墓誌

北魏 元始和墓誌

北魏 元仙墓誌

北魏 元新成妃墓誌

北齊 高淯墓誌

隋 李則墓誌

隋 翟突娑墓誌

唐 安延墓誌

唐 蓋氏墓誌

唐 李鳳墓誌

唐 李翼墓誌

唐 梁守謙墓誌

唐 柳昱妻墓誌

唐 婁君妻周墓誌

唐 那提墓誌

唐 石經尚書

唐 石經五經

唐 石經五經

唐 無上道誌

唐 張叡墓誌

唐 宗夫人墓誌

後梁 謝彥璋墓誌

睔

【楷書】

唐 石經五經

瞍

【楷書】

唐 石經五經

唐 石經尚書

睻

【楷書】

唐 孫君妻李墓誌

睺

【楷書】

北周 曇樂造像

隋 劉德墓誌

瞋

【隸書】

秦 睡10

【楷書】

北齊 無量義經

唐 執失奉節

瞰

【隸書】

唐 董虔運墓誌

唐 柳偘妻墓誌

【楷書】

南朝梁 舊館壇碑

唐 李福墓誌

唐 王朋墓誌

唐 王顗墓誌

瞞

【楷書】

唐 石經五經

瞭

【楷書】

唐 王翼墓誌

睱

【隸書】

北周 華嶽頌

瞑

【楷書】

北齊 高清墓誌

隋 董敬墓誌

唐 范信墓誌

唐 石經五經

唐 王府君墓誌

唐 夏侯氏墓誌

矐

【隸書】

唐 紀信墓碑

眢

【楷書】

唐 石經五經

瞪

【楷書】

唐 王有口造像

瞬

【隸書】

隋 宋仲墓誌

唐 李彥墓誌

唐 劉粲墓誌

【楷書】

南朝梁 羅浮山銘

北涼 渠安周造像

唐 荊肆墓誌

唐 曲元縝妻墓誌

唐 陶英妻墓誌

瞭

【篆書】

唐 碧落碑

【楷書】

唐 石經五經

唐 韋敏妻墓誌

瞫

【楷書】

唐 石經五經

⿱㚘目

【隸書】

秦 關周•病方

秦 關周•病方

瞵

【楷書】

唐 馮安墓誌

瞥

【楷書】

北魏 薛伯徵墓誌

唐 李從證墓誌

唐 支成墓誌

睅

【楷書】

唐 石經五經

唐 告華嶽府君

唐 柳偘妻墓誌

唐 石臺孝經

【楷書】

北魏 元肅墓誌

北魏 元暐墓誌

北齊 竇泰墓誌

北齊 竇泰墓誌

東魏 高翻碑

東魏 淨智塔銘

東魏 陸順華墓誌

東漢 史晨前碑

東漢 陽嘉殘碑陽

隋 段濟墓誌

隋 澧水石橋碑

隋 高虬墓誌

隋 任軌墓誌

隋 宋仲墓誌

隋 蘇恒墓誌

隋 王榮及妻墓誌

唐 褚亮碑

瞻

【篆書】

唐 碧落碑

唐 碧落碑

唐 多寶佛塔銘

唐 峿臺銘

【隸書】

西漢 馬•合陰陽

西漢 馬•老乙前

西漢 馬•老子甲後

西漢 張•770

西漢 居新•2188

漢晉 流簡紙

瞿

【隸書】

東漢 許阿瞿題記

唐 告華嶽府君

唐 寒亭記

【楷書】

唐 杭季棱祔誌

唐 石經五經

唐 左光胤墓誌

矇

【楷書】

唐 東方朔墓誌

唐 石經五經

唐 張英墓誌

瞼

【楷書】

唐 崔廷妻墓誌

唐 張柔範墓誌

瞽

【楷書】

唐 空塔銘

唐 石經禮記

唐 石經尚書

唐 石經尚書

唐 石經五經

唐 仙宮銘

瞴

【楷書】

唐 李瑱墓誌

矐

【楷書】

唐 石經五經

矏

【楷書】

唐 石經五經

矍

【楷書】

唐 董懷義墓誌

唐 石經五經

唐 石經周易

矌

【楷書】

晉 黃庭經

矋

【楷書】

唐 石經五經

唐 楊士達墓誌

唐 翟惠隱墓誌

唐 張翃墓誌

唐 張矩墓誌

唐 張貞墓誌

閻 堅牢塔記

唐 康留買墓誌

唐 劉通墓誌

隋 盧文構墓誌

唐 石浮圖銘

唐 石經五經

唐 史信墓誌

唐 索義弘墓誌

唐 王頎墓誌

唐 韋行懿墓誌

唐 魏公韋氏墓誌

隋 口徹墓誌

唐 康智墓誌

隋 李則墓誌

隋 王楚英墓誌

隋 吳嚴墓誌

隋 蕭氏墓誌

唐 元玄慶墓誌

唐 陳君妻王墓誌

唐 郭傳則墓誌

唐 賈從贊墓誌

曫曫

【楷書】

唐 臧懷恪墓碑

矖

【楷書】

後唐 竪立生臺記

矚

【隸書】

唐 潘基墓誌

唐 修定寺記碑

【楷書】

北魏 司馬氏墓誌

北魏 吳光墓誌

北魏 奚真墓誌

北齊 等慈寺塔銘

唐 王惠墓誌

唐 支訢妻墓誌

田部

田

【篆書】

三國魏 正始石經

唐 阿育王寺碑額

唐 三門碑額

唐 蕭公妻墓誌

【隸書】

秦 睡214

秦 關周·日書

西漢 馬·老甲

西漢 馬·事語

西漢 馬·縱橫

西漢 張·1028

西漢 居新·6576

東漢 肥致碑

東漢 買田約束石

隋 高虬墓誌

隋 馬穉墓誌

唐 王晉俗墓誌

【楷書】

三國吳 走·五年

晉 黃庭經

隋 元鐘墓誌

唐 麻姑仙壇記

唐 石經尚書

唐 石經周易

申

【篆書】

東漢 袁安碑

唐 碧落碑

唐 峿臺銘

【隸書】

秦 睡105

秦 關周·曆譜

秦 關周·日書

西漢 馬·縱橫

西漢 張·1079

西漢 居新·4378

漢晉 流簡紙

漢晉 流簡紙

漢晉 流簡紙

漢晉 流簡紙

東漢 公乘田魴記

東漢 李冰石像銘

東漢 禮器碑陰

東漢 永壽元年墓記

東漢 造土牛碑

三國吳 買冢城磚

北齊 感孝頌

隋 爾朱敞墓誌

隋 侯肇墓誌

隋 任顯及妻誌

唐 李神符碑

唐 史思禮墓誌

唐 王子麟墓誌

唐 趙冬曦壙誌

【楷書】

北魏 寇霄墓誌

北魏 王翊墓誌

北魏 元斁墓誌

東魏 高盛墓碑

北周 李雄墓誌

北周 僧和造像記

隋 范安貴墓誌

隋 申穆及妻墓誌

隋 蕭翹墓誌

唐 韓氏合葬誌

唐 石經尚書

唐 張氏墓誌

甲

【篆書】

三國魏 正始石經

三國魏 正始石經

【隸書】

秦 睡 43

秦 關周•曆譜

西漢 張•15

西漢 居新•2619

西漢 居新•7

兩漢 西•懸檢

東漢 公乘田魴記

東漢 和平元年記

東漢 華山廟碑陽

東漢 淮源廟碑

東漢 三老刻石

東漢 薌他君題記

東漢 乙瑛碑

東漢 造土牛碑

隋 劉寶及妻墓誌

唐 告華嶽府君

唐 史思禮墓誌

唐 趙冬曦壙誌

【楷書】

北魏 康健墓誌

北魏 于纂墓誌

北魏 元敷墓誌

北齊 竇泰墓誌

北齊 歐伯羅造像

隋 侯氏墓誌

隋 姜敬親墓誌

隋 申穆及妻墓誌

隋 張禮墓誌

唐 高捧墓誌

唐 麴善岳磚誌

唐 石經尚書

唐 石經周易

由

【隸書】

西漢 居新•3233

西漢 武•燕禮甲

東漢 華山廟碑陽

東漢 石門頌

東漢 石門頌

東漢 楊震碑

隋 爾朱敞墓誌

隋 宋景造像碑

唐 李貞墓誌

唐 石臺孝經

唐 趙冬曦壙誌

【楷書】

三國吳 走•四年

北魏 慈慶墓誌

北齊 夫子廟碑

隋 蕭翹墓誌

唐 石經尚書

唐 石經周易

町

【隸書】

西漢 居新•628

三國吳 走•五年

【楷書】

北魏 元維墓誌

唐 白敏中墓誌

唐 石經五經

男

【隸書】

秦 睡 119

秦 睡 72

秦 關周•病方

西漢 馬•合陰陽

西漢 馬•老乙前

西漢 馬•天下

西漢 張•391

西漢 張•549

西漢 張•730

西漢 居新•7490

畏

【隸書】

秦 睡242

西漢 馬•老甲

西漢 馬•老乙前

西漢 馬•老子甲後

西漢 馬•事語

西漢 馬•縱横

西漢 張•691

東漢 鮮于璜碑陰

東漢 楊統碑陽

東漢 楊著碑陽

畐

【隸書】

秦 睡139

甿

【隸書】

唐 興寺碑

唐 趙叡沖碑

唐 朱崇慶墓誌

【楷書】

唐 葛亮祠堂碑

唐 盧昂墓誌

唐 石經五經

畀

【隸書】

秦 睡100

秦 睡69

西漢 馬•足臂

西漢 張•1138

西漢 張•181

西漢 居新•2660

東漢 利水大道記

【楷書】

北魏 薛慧命墓誌

唐 石經尚書

唐 楊执一墓誌

甸

【隸書】

秦 睡68

西漢 馬•天下

西漢 武•泰射甲

唐 董庱運墓誌

唐 王震墓誌

【楷書】

北魏 元悌墓誌

唐 崔湛墓誌

唐 石經尚書

男

隋 王光墓誌

唐 車益墓誌

唐 竇真墓誌

唐 杜日榮墓誌

唐 李庭訓墓誌

唐 石經九經

唐 石經九經

唐 石經周易

唐 萬壽寺記

後唐 康贊羑墓誌

隋 劉多墓誌

唐 石臺孝經

唐 鄎國長公主碑

【楷書】

三國吳 走•五年

三國吳 走•五年

三國吳 走•五年

北魏 王基墓誌

北魏 王禎墓誌

北魏 姚伯多供養碑

北齊 竇泰墓誌

西漢 居新•7609

東漢 西•寇恩

東漢 肥致碑

東漢 桓孨食堂記

東漢 永和二年記

東漢 造土牛碑

東漢 佐孟機題記

晉 石尠墓誌

北齊 司馬遵業墓誌

隋 豆盧實墓誌

北齊 西門豹碑陽
隋 爾朱端墓誌
隋 趙朗墓誌
唐 石臺孝經
唐 王震墓誌
【楷書】
北魏 元悌墓誌
隋 陳叔榮墓誌
隋 犖賓墓誌
隋 龐畏娘墓誌
唐 元鐘墓誌
唐 崔長先墓誌
唐 石經九經
唐 石經九經
唐 石經尚書
唐 石經周易
唐 王府君墓誌
畎
【隸書】
唐 孔子廟碑
唐 宴濟瀆序陰額
【楷書】
唐 多寶塔碑
唐 石經尚書
唐 石經尚書
禺
【隸書】
秦 睡137
西漢 馬•老乙前
西漢 馬•縱橫
西漢 張•1070
西漢 張•1072
西漢 武•服傳甲
東漢 宋伯望買田券正
東漢 宋伯望買田券左
【楷書】
隋 寇遵考墓誌
唐 杜濟墓誌
唐 紇干承基墓誌
唐 沈師黃墓誌
唐 石經五經
畋
【隸書】
東漢 張遷碑陽
【楷書】
唐 石經尚書
唐 石經五經
唐 楊頌墓誌
界
【篆書】
唐 多寶佛塔銘
【隸書】
西漢 馬•老乙前
西漢 馬•養生
西漢 居新•33
西漢 居新•9087
西漢 西•遹界
漢晉 流簡紙
漢晉 流簡紙
東漢 白石神君碑
東漢 白石神君碑
東漢 宋伯望買田券背
東漢 宋伯望買田券右
東漢 宋伯望買田券正
新莽 蘇馬灣刻石
東魏 道奣造像
隋 澧水石橋碑
隋 馬長和造像
隋 宋景造像碑
隋 宋景造像碑
隋 張儉及妻墓誌

隋 趙朗墓誌
唐 行儼碑
唐 行儼碑
唐 楊孝恭碑
唐 貞一廟碑
【楷書】
南朝宋 湖城縣界石
北魏 尉遲氏造像
東魏 龍華浮圖銘
東魏 龍華浮圖銘
北齊 僧靜明造像

北齊 無量義經
北齊 姚景等造像
北齊 張景暈造像
北周 趙富洛造像
隋 曹海凝墓誌
隋 鄧州塔銘
隋 段濟墓誌
隋 劉則墓誌
隋 勝福寺塔銘
唐 安靜墓誌

唐 慕容麗墓誌
唐 石經五經
唐 楊清墓誌

畇

【楷書】
唐 石經五經

畟

【楷書】
唐 石經五經

畢

【篆書】
唐 碧落碑
唐 峿臺銘
【隸書】
秦 睡85
秦 關周•日書
西漢 馬•老子甲後
西漢 馬•縱橫
西漢 居新•2363
西漢 居新•8753
東漢 西•寇恩
東漢 蒼山元嘉題記

東漢 曹全碑陽
東漢 曹全碑陽
東漢 肥致碑
東漢 桓矛食堂記
東漢 三老石堂記
東漢 造土牛碑
三國吳 買冢城磚
三國魏 王基斷碑
北齊 竇泰墓誌
隋 豆盧賓墓誌

隋 李元墓誌
隋 蕭瑾墓誌
唐 崔泰之墓誌
唐 李貞墓誌
唐 楊孝恭碑
唐 楊孝恭碑
【楷書】
三國吳 走•四年
北魏 和醜仁墓誌
北魏 吳光墓誌
北魏 元顯墓誌

北魏 元願平妻墓誌
隋 梁坦墓誌
隋 蕭翹墓誌
唐 阿史那貞忠墓誌
唐 魏靖墓誌

眕

【隸書】
西漢 張•267
西漢 張•267
晉 辟雍頌陽

【楷書】
唐 石經五經
唐 張玄弼墓誌

畔

【篆書】
唐 峿臺銘

【隸書】
東漢 孔宙碑陽
東漢 禮器碑
東漢 史晨後碑
東漢 鮮于璜碑陽

【楷書】
北魏 元仙墓誌
唐 王履清墓碑

留

【篆書】
唐 碧落碑

【隸書】
秦 睡93
秦 關周•日書
西漢 馬•老乙前
西漢 張•290
西漢 張•349
西漢 張•607
西漢 張•607
西漢 居新•2096
西漢 居新•2301
西漢 居新•7436
東漢 西•推辟
東漢 蒼山元嘉題記
東漢 景君碑陽
東漢 孔宙碑陰
東漢 朐忍令碑
東漢 楊叔恭碑側
東漢 乙瑛碑
東漢 張遷碑陽
三國魏 王基斷碑
隋 段濟墓誌
隋 爾朱敞墓誌
隋 爾朱敞墓誌
隋 高虯墓誌
隋 郭達墓誌
隋 牛諒墓誌
隋 王榮及妻墓誌
隋 蕭瑾墓誌
隋 張儉及妻墓誌
隋 趙朗墓誌
唐 豆盧建墓誌
唐 豆盧建墓誌
唐 高元珪墓誌
唐 高元珪墓誌
唐 柳偘妻墓誌
唐 倪彬墓誌
唐 史思禮墓誌
唐 司馬寔墓誌
唐 楊孝恭碑
唐 尹尊師碑

【楷書】
魏晉 樓•紙
晉 華芳墓誌陰
北魏 王琛墓誌
北魏 元純陁墓誌
北魏 元恩墓誌
北魏 元文墓誌
北魏 元纂墓誌
北齊 婁黑女墓誌
北周 田元族造像
東魏 元悰墓誌

東魏 張瓘墓誌

隋 鄧昞墓誌

隋 李弘秤墓誌

隋 馬少敏墓誌

隋 伍道進墓誌

隋 薛保興墓誌

唐 報德記

唐 曹氏墓誌

唐 敬覺墓誌

唐 李鎬墓誌

唐 盧榮娘墓誌

唐 彭國太妃墓誌

唐 毗伽特勤墓誌

唐 祁惠墓誌

唐 齊子墓誌

唐 石經九經

唐 石經九經

唐 石經周易

唐 蘇斌墓誌

唐 蘇恩妻墓誌

唐 吳孝墓誌

唐 張叡墓誌

唐 張騷墓誌

唐 重藏舍利記

畞

【隸書】

秦 睡16

西漢 張•267

西漢 居新•2719

三國吳 走•四年

三國吳 走•五年

三國吳 走•五年

三國吳 走•五年

東漢 簿書殘碑

東漢 簿書殘碑

東漢 簿書殘碑

東漢 孔宙碑陽

東漢 買田約束石

【楷書】

南朝宋 佛女買地券

北魏 元純陁墓誌

北魏 元熙墓誌

東魏 元湛墓誌

隋 侯肇墓誌

唐 八都壇碑

唐 東方朔墓誌

唐 李彙墓誌

唐 柳昱墓誌

唐 石經尚書

唐 石經五經

唐 石經五經

唐 萬壽寺記

唐 王君及妻墓誌

後蜀 蜀石經

後周 王進威墓誌

畜 𤲸

【隸書】

秦 睡111

秦 關周•病方

西漢 馬•老甲

西漢 馬•老乙前

西漢 馬•老乙前

西漢 馬•縱橫

西漢 張•70

西漢 張•70

西漢 居新•7503

西漢 居新•7956

西漢 武•日忌

西漢 西•詔書

東漢 西•四時

兩漢 西•馬簡

漢晉 流簡紙

漢晉 流簡紙

【楷書】

北魏 元乂墓誌

隋 元鍾墓誌

唐 賈隱及妻墓誌

唐 石經五經

田部

唐 石經周易

唐 王鍊墓誌

畚

【隸書】

秦 睡19

【楷書】

唐 多寶塔碑

唐 多寶塔碑

異 𢍮

【隸書】

秦 睡101

秦 關周•病方

西漢 馬•老甲

西漢 馬•老乙前

西漢 馬•老乙前

西漢 馬•縱橫

西漢 張•975

西漢 居新•4896

兩漢 西•醫藥

漢晉 流簡紙

漢晉 流簡紙

東漢 淮源廟碑

東漢 孔宙碑陰

東漢 繆宇墓誌

東漢 石門頌

東漢 楊著碑陽

東漢 卓異殘碑

北齊 感孝頌

北齊 司馬遵業墓誌

隋 劉珍墓誌

隋 馬長和造像

隋 馬穉墓誌

隋 吳嚴墓誌

隋 楊真墓誌

隋 張景略墓誌

唐 石臺孝經

唐 石臺孝經

唐 尹尊師碑

唐 貞一廟碑

【楷書】

北魏 馮邕妻墓誌

北魏 寇慰墓誌

北魏 元寶月墓誌

北齊 竇泰墓誌

隋 梁瓌墓誌

隋 姚太墓誌

唐 大德超寂墓誌

唐 石經九經

唐 石經九經

唐 石經周易

後唐 毛璋妻墓誌

略 𤰈

【隸書】

西漢 張•196

西漢 居新•7709

漢晉 流簡紙

東漢 淮源廟碑

東漢 張遷碑陽

東漢 趙寬碑

晉 辟雍頌陽

隋 高虬墓誌

隋 關明墓誌

隋 劉珍墓誌

隋 任軌墓誌

隋 張儉及妻墓誌

隋 張景略墓誌

唐 蔡君妻墓誌

唐 石臺孝經

唐 石臺孝經

唐 張顏墓誌

【楷書】

北魏 寇臻墓誌

後秦 吕憲墓表陽

北魏 元馗墓誌

唐 石經五經

唐 王爽墓誌

番

【篆書】

三國吳 天發神讖碑

【隸書】

西漢 馬•老乙前

東漢 白石神君碑

東漢 禮器碑陰

【楷書】

三國吳 走•四年

北魏 元纂墓誌

隋 吳嚴墓誌

唐 崔湛墓誌

唐 沈師黃墓誌

唐 石經五經

畲

【楷書】

唐 李孫孫墓誌

唐 史興墓詠

唐 石經周易

畯

【隸書】

東漢 孔宙碑陽

【楷書】

唐 紇干氏墓誌

唐 劉思友墓誌

畦

【隸書】

西漢 居新•629

漢晉 流簡紙

【楷書】

魏晉 樓•紙

北魏 鄭君妻墓誌

唐 梁秀墓誌

時

【隸書】

西漢 張•684

北魏 上尊號碑

隋 蘇恒墓誌

【楷書】

北魏 上尊號碑

唐 趙宗墓誌

唐 石經尚書

唐 趙君妻李氏墓誌

唐 優曇禪師之塔銘

唐 李滿藏墓誌

北魏 元壽安墓誌

北齊 竇泰墓誌

北齊 竇泰墓誌

東魏 僧崇題名

北齊 僧靜明造像

北齊 僧靜明造像

北齊 元賢墓誌

隋 常德將墓誌

隋 陳氏墓誌

隋 張伏敬墓誌

畫 畫

【隸書】

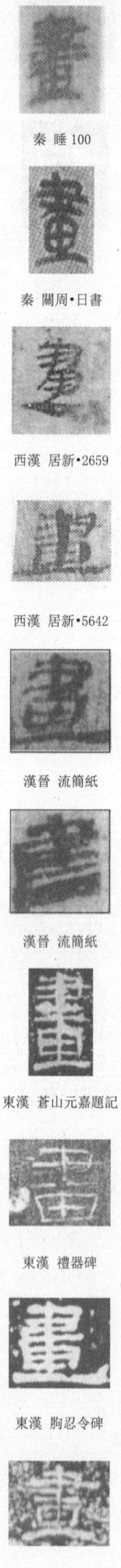

秦 睡100

秦 關周•日書

西漢 居新•2659

西漢 居新•5642

漢晉 流簡紙

漢晉 流簡紙

東漢 蒼山元嘉題記

東漢 禮器碑

東漢 朐忍令碑

東漢 五瑞圖摩崖

東漢 薌他君題記

東漢 許安國題記

北齊 竇泰墓誌

隋 修孔子廟碑

隋 張姜墓誌

唐 任城橋亭記

【楷書】

晉 筆陣圖

晉 華芳墓誌陰

北魏 郭顯墓誌

隋 張伏敬墓誌

唐 崔紹墓誌

唐 内莊宅使牒

唐 石經尚書

唐 姚希直墓誌

後晉 王君妻闞墓誌

畵 畵

【隸書】

東漢 白石神君碑

北齊 竇泰墓誌

【楷書】

唐 劉冰墓誌

唐 石經五經

當 當

【篆書】

唐 碧落碑

唐 峿臺銘

【隸書】

秦 睡51

秦 睡70

秦 關周•日書

西漢 馬•合陰陽

西漢 馬•老乙前

西漢 馬•老子甲後

西漢 馬•養生

西漢 馬•縱橫

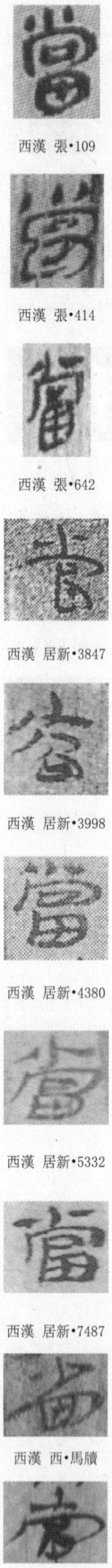

西漢 張•109

西漢 張•414

西漢 張•642

西漢 居新•3847

西漢 居新•3998

西漢 居新•4380

西漢 居新•5332

西漢 居新•7487

西漢 西•馬牘

東漢 西•寇恩

東漢 西•寇恩

東漢 西•死駒

東漢 蒼山元嘉題記

東漢 蒼山元嘉題記

東漢 公乘田魴記

東漢 買田約束石

東漢 任城黃腸石

東漢 鮮于璜碑陽

晉 辟雍頌陽

隋 劉珍墓誌

隋 任軌墓誌

唐 崔祐甫墓誌

唐 戴令言墓誌

唐 石臺孝經

唐 楊孝恭碑

【楷書】

魏晉 樓•紙

魏晉 樓•紙

魏晉 樓•紙

北魏 高珪墓誌

北魏 韓震墓誌陽

畿

【隸書】

東漢 尚博殘碑

東漢 張遷碑陽

唐 崔暟墓誌陽

唐 戴令言墓誌

唐 修定寺記碑

【楷書】

北魏 馮會蓑墓誌

北魏 寇臻墓誌

北齊 竇泰墓誌

東魏 元悰墓誌

隋 暴永墓誌

畼

【隸書】

秦 睡 12

東漢 曹全碑陰

東漢 肥致碑

東漢 景君碑陰

東漢 朐忍令碑

東漢 熹平石經易

東漢 夏承碑

畽

【楷書】

唐 石經五經

畹

【楷書】

北魏 元純阤墓誌

隋 丁氏墓誌

隋 唐氏墓誌

唐 李淑姿墓誌

唐 李遇□墓誌

唐 朱師墓誌

畸

【隸書】

秦 睡 100

西漢 馬•老甲

西漢 張•675

[illegible]

【楷書】

唐 石經九經

唐 石經九經

當

唐 石經周易

唐 王師墓誌

唐 張滑墓誌

唐 周敬本墓誌

北魏 和醜仁墓誌

北魏 胡明相墓誌

北魏 李元姜墓誌

北魏 元文墓誌

北魏 元願平妻墓誌

隋 高緊墓誌

隋 張伏敬墓誌

唐 李壽墓誌

唐 桑貞墓誌

唐 石經九經

疆

【隸書】

東漢 蕩陰字殘

東漢 封龍山頌

東漢 華山廟碑陽

隋 趙朗墓誌

唐 八都壇碑

唐 修定寺記碑

【楷書】

北魏 元譿墓誌

北魏 元瞻墓誌

北齊 韓山剛造像

隋 李肅墓誌

唐 石經周易

唐 尉遲敬德墓誌

隋 蕭翹墓誌

唐 張去奢墓誌

後梁 蕭符墓誌

隋 蕭翹墓誌

唐 八品亡宮墓誌

唐 房孚墓誌

唐 馮誠墓誌

唐 九品亡宮墓誌

唐 九品亡宮墓誌

唐 九品亡宮墓誌

唐 牛阿師墓誌

唐 毗伽特勤墓誌

唐 石經尚書

唐 崔祐甫墓誌

唐 龐履温碑

唐 司馬寔墓誌

唐 司馬寔墓誌

唐 趙叡沖碑

唐 貞一廟碑

唐 植松柏碑

【楷書】

晉 華芳墓誌陽

北魏 王基墓誌

北魏 王禎墓誌

疇

【隸書】

西漢 張•386

西漢 張•507

東漢 倉頡廟碑側

東漢 華山廟碑陽

東漢 景君碑陽

三國魏 孔羨碑

隋 澧水石橋碑

隋 高虬墓誌

隋 口和墓誌

唐 北獄廟碑

曈

【楷書】

北魏 元維墓誌

唐 竇真墓誌

唐 張宰墓誌

睫

【楷書】

唐 石經爾雅

唐 李眈墓誌

唐 明希晉墓誌

唐 石經五經

唐 于士恭墓誌

後唐 毛璋墓誌

隋 盧文機墓誌

隋 口靜墓誌

隋 吳嚴墓誌

隋 嚴元貴墓誌

唐 高德墓誌

唐 葛亮祠堂碑

唐 石浮圖銘

唐 石經周易

唐 石經周易

唐 魏仲僉墓誌

唐 邢德弼墓誌

畐畐 

【楷書】

唐 石經五經

唐 石經五經

疊 

【隸書】

西漢 居新•2239

東漢 乙瑛碑

隋 張儉及妻墓誌

唐 疊綵山題記

【楷書】

北魏 韓氏墓誌

北魏 穆亮墓誌

隋 盧文構墓誌

唐 何摩訶墓誌

唐 石經九經

唐 石經九經

唐 王大禮墓誌

唐 薛瑤華墓誌

唐 張京墓誌

唐 掌徹墓誌

皿部

盂

【隸書】

西漢 馬•病方

西漢 張•1222

唐 義福禪師碑

【楷書】

唐 姬温墓誌

唐 王素臣墓誌

盅

【篆書】

唐 碧落碑

盆

【隸書】

西漢 馬•合陰陽

西漢 馬•陰陽甲

三國吳 走•五年

【楷書】

東魏 高盛墓碑

北齊 僧靜明造像

唐 石經五經

後晉 權君妻崔墓誌

盈

【篆書】

唐 謙卦碑

唐 謙卦碑

唐 謙卦碑

唐 謙卦碑

唐 三墳記陰

【隸書】

秦 睡 44

西漢 馬•合陰陽

西漢 馬•老甲

西漢 馬•老乙

西漢 馬•老乙

西漢 馬•縱横

西漢 張•1025

西漢 張•115

西漢 張•136

西漢 張•77

西漢 張•899

西漢 張•905

東漢 白石神君碑

東漢 池陽令殘碑

三國魏 張君殘碑

晉 辟雍頌陽

北齊 西門豹碑陽

唐 戴令言墓誌

唐 任城橋亭記

唐 雲居寺殘碑

【楷書】

北魏 李謀墓誌

北魏 元斌墓誌

北魏 元文墓誌

東魏 高歸彥造像

北齊 婁黑女墓誌

東魏 元悰墓誌

隋 宋玉艶墓誌

隋 楊居墓誌

隋 張業墓誌

唐 崔倚墓誌

唐 竇真墓誌

唐 李神符碑

唐 李仙蕙志

唐 石經五經

唐 石經周易

唐 石經周易

唐 孫公妻墓誌

盍

【隸書】

秦 睡104

【楷書】

唐 石經五經

唐 石經五經

唐 石經周易

唐 顏相墓誌

盒

【隸書】

秦 睡250

唐 高元珪墓誌

【楷書】

唐 潘衡墓誌

唐 石經五經

盌

【楷書】

唐 沈浩褘墓誌

益

【篆書】

唐 謙卦碑

唐 謙卦碑

【隸書】

秦 睡105

秦 睡50

秦 關周·病方

西漢 馬·老乙前

西漢 馬·十問

西漢 馬·養生

西漢 張·1093

西漢 西·馬簡牘

東漢 高頤闕銘西

東漢 華山廟碑陽

東漢 景君碑額

東漢 景君碑陽

東漢 石門頌

東漢 石門頌

東漢 熹平石經易

東漢 熹平石經易

東漢 楊宗闕

北魏 上尊號碑

北齊 法懃塔銘

隋 宋景造像碑

唐 告華嶽府君

唐 石臺孝經

唐 石臺孝經

唐 楊孝恭碑

【楷書】

魏晉 樓·紙

北魏 元均之墓誌

北魏 元仙墓誌

北魏 鄭黑墓誌

隋 薛保與墓誌

唐 駱氏墓誌

唐 騫思哲誌銘

唐 石經尚書

唐 石經尚書

唐 石經五經

唐 張茂弘墓誌

後唐 毛璋妻墓誌

盛

【篆書】

唐 碧落碑

唐 多寶佛塔銘

【隸書】

秦 關周·病方

西漢 馬·十問

西漢 馬·縱橫

西漢 馬·縱橫

西漢 居新·7165

西漢 居新·7981

東漢 白石神君碑

東漢 從事馮君碑

東漢 景君碑陰

東漢 鮮于璜碑陽

東漢 薌他君題記

東漢 楊淮表記

東漢 楊叔恭殘碑

東漢 楊震碑

東漢 楊著碑陽

東漢 楊著碑陽

東漢 趙儀碑

晉 辟雍頌陽

北齊 感孝頌

北齊 司馬遵業墓誌

東魏 宗欣墓誌

隋 姬威墓誌

隋 宋景造像碑

隋 張盛墓誌

唐 李神符碑

唐 盧君妻墓誌

唐 史思禮墓誌

唐 行儼碑

唐 修定寺記碑

唐 趙冬曦壙誌

【楷書】

三國吳 走·五年

北魏 元悌墓誌

北魏 元子永墓誌

北齊 竇泰墓誌

東魏 元睟墓誌

東魏 元仲英墓誌

隋 □悅昂墓誌

隋 劉淵墓誌

隋 羊本墓誌

隋 元鍾墓誌

隋 鄭善妃墓誌

唐 崔琪墓誌

唐 石經五經

唐 玄秘塔碑

後漢 祭瀆記

後晉 袁從章墓誌

盡

【隸書】

東漢 孔宙碑陽

盜

【篆書】

唐 碧落碑

【隸書】

秦 睡 153

秦 睡 45

秦 睡 64

秦 關周·日書

西漢 馬·老乙前

西漢 張·112

西漢 張·622

西漢 張·650

西漢 張·704

西漢 張·723

西漢 張·79

西漢 張·82

漢晉 流簡紙

東漢 景君碑陰

晉 呂望表

北齊 夫子廟碑

北齊 司馬遵業墓誌

隋 澧水石橋碑

隋 澧水石橋碑

唐 崔泰之墓誌

【楷書】

北魏 檀賓墓誌

北魏 元爽墓誌

東魏 叔孫固墓誌

隋 曹海凝墓誌

唐 石經五經

唐 薛巽墓誌

唐 楊士墓誌

盟

【篆書】

三國魏 正始石經

【隸書】

秦 睡 93

隋 澧水石橋碑

唐 告華嶽府君

【楷書】

晉 黄庭内景經

北魏 楊胤墓誌

東魏 元晬墓誌

唐 范信墓誌

唐 申守墓誌

唐 温煒妻墓誌

盝

【楷書】

唐 石經五經

監

【篆書】

東漢 少室石闕銘

唐 般若臺記

【隸書】

秦 睡 65

西漢 馬•老子甲後

西漢 張•124

西漢 張•487

西漢 西•馬簡牘

漢晉 流簡紙

漢晉 流簡紙

東漢 華山廟碑陽

東漢 薌他君題記

東漢 楊震碑

東漢 乙瑛碑

東漢 趙寬碑

北齊 夫子廟碑

北齊 司馬遵業墓誌

隋 任軌墓誌

隋 王榮及妻墓誌

唐 褚亮碑

唐 屈突通墓誌

唐 宴濟瀆序陰額

唐 楊孝恭碑

唐 趙冬曦壙誌

【楷書】

三國吴 走•二年

北魏 穆亮墓誌

隋 王楚英墓誌

隋 伍道進墓誌

唐 蔡元雪妻墓誌

唐 程雄墓誌

隋 寇遵考墓誌

唐 李愍墓誌

唐 柳昱墓誌

唐 盧踐言墓誌

唐 沈士公墓誌

唐 石經五經

唐 張渙墓誌

唐 張去奢墓誌

後周 宋彦筠墓誌

盡

【篆書】

唐 峿臺銘

【隸書】

西漢 馬•病方

西漢 馬•老乙前

西漢 馬•老子甲後

西漢 馬•老子甲後

西漢 馬•事語

西漢 馬•縱横

西漢 張•112

西漢 居新•2972

西漢 居新•3845

盧

【篆書】

三國魏 正始石經

唐 盧仝等題名

【隸書】

西漢 馬•老子甲後

西漢 張•712

西漢 張•970

東漢 西•寇恩

東漢 淮源廟碑

東漢 趙儀碑

隋 蘇恒墓誌

唐 崔暟墓誌陽

唐 楊佰隴墓誌

唐 楊執一墓誌

唐 雍如珪墓誌

唐 臧懷恪墓碑

唐 周藻墓誌

唐 朱君妻趙墓誌

燕 馬淩虛墓誌

隋 元鍾墓誌

隋 張達墓誌

唐 韓神墓誌

唐 李仙蕙志

唐 盧伯卿妻墓誌

唐 密多心經碑

唐 石經尚書

唐 石經尚書

唐 石經五經

唐 玄秘塔碑

北魏 曹望憘造象

北魏 吊比干文

北魏 胡明相墓誌

北魏 檀賓墓誌

北魏 元斌墓誌

北魏 元維墓誌

北齊 竇泰墓誌

東魏 叔孫固墓誌

北齊 宋賢伯造像陽

隋 高緊墓誌

盤

【隸書】

西漢 張•907

西漢 張•907

北周 華嶽頌

隋 蕭瑾墓誌

隋 謝岳墓誌

唐 抱腹寺碑

唐 修定寺記碑

唐 楊孝恭碑

唐 義福禪師碑

【楷書】

晉 黃庭內景經

隋 蕭翹墓誌

唐 崔元二墓誌

唐 李萼墓誌

唐 明俊墓誌

唐 石經五經

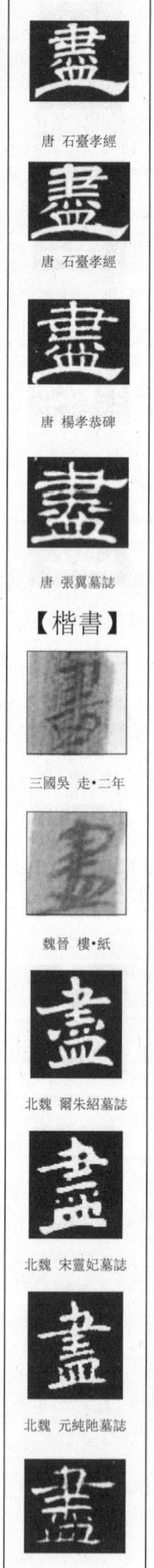

唐 石臺孝經

唐 石臺孝經

唐 楊孝恭碑

唐 張翼墓誌

【楷書】

三國吳 走•二年

魏晉 樓•紙

北魏 爾朱紹墓誌

北魏 宋靈妃墓誌

北魏 元純阤墓誌

隋 王楚英墓誌

西漢 西•馬簡牘

東漢 西•寇恩

東漢 朝侯小子碑

東漢 七言摩崖記

東漢 史晨前碑

東漢 熹平石經易

晉 呂望表

隋 宋景造像碑

隋 鄭令妃墓誌

唐 大忍寺碑

盧（續）

北魏 趙充華墓誌
隋 盧旋芷墓誌
唐 皇甫德相墓誌
唐 石經五經
唐 石經五經
唐 小娘子太墓誌
唐 張騷墓誌
後唐 竪立生臺記

唐 崔祐甫墓誌
唐 刻石記
唐 盧行毅墓誌
唐 趙冬曦擴誌

【楷書】

三國吳 走·四年
南朝梁 羅浮山銘
北魏 元純陀墓誌
北魏 元恭墓誌
北魏 元宥墓誌
北魏 張盧墓誌

盥

【隸書】

唐 蔡君妻墓誌

【楷書】

北周 步孤須蜜多墓誌
隋 張貴男墓誌
唐 契苾夫人墓誌
唐 石經五經
唐 石經周易
唐 張氏墓誌
唐 鄭琯合祔誌
唐 祖君妻楊墓誌

盩

【楷書】

北魏 元瞻墓誌
唐 何允墓誌
唐 賈政墓誌
唐 盧岑改葬墓誌
唐 石經五經
唐 嚴識玄墓誌
唐 陽昕墓誌
唐 楊珽墓誌

盪

【隸書】

三國魏 通閣道題名
晉 辟雍頌陽
隋 段濟墓誌

【楷書】

北魏 元演墓誌
北魏 張玄墓誌
東魏 王僧墓誌
北齊 趙道德墓誌
唐 段秀墓誌
唐 桑粤墓誌
唐 石經五經

監

【楷書】

唐 石經五經
唐 夏侯氏墓誌
唐 周惠墓誌

盡

【楷書】

唐 王府君墓誌

盬

【隸書】

西漢 馬·合陰陽
西漢 馬·天下
西漢 張·457
西漢 張·728
西漢 武·少牢甲
東漢 任城黄腸石
隋 豆盧實墓誌
唐 柳侃妻墓誌
唐 盧宏及妻墓誌
唐 行儼碑

【楷書】

北魏 元欽墓誌

北魏 元乂墓誌

北魏 元宥墓誌

東魏 高盛墓碑

隋 范安貴墓誌

隋 劉尚食墓誌

隋 潘善利墓誌

隋 潘善利墓誌

唐 曹氏墓誌

唐 崔光嗣墓誌

唐 崔智墓誌

唐 董師墓誌

唐 李咢妻墓誌

唐 李偘偘墓誌

唐 劉妙姜墓誌

唐 石經尚書

唐 石經五經

唐 王貞墓誌

唐 顔勤禮碑

唐 顔勤禮碑陰

唐 楊佰隴墓誌

唐 張本墓誌

唐 張嬰墓誌

後唐 崔崇素墓誌

生部

生

【篆書】

唐 三墳記陰

【隸書】

秦 睡20

西漢 馬•老甲

西漢 馬•老乙前

漢晉 流簡紙

漢晉 流簡紙

東漢 倉頡廟碑

東漢 朝侯小子碑

東漢 淮源廟碑

東漢 孔宙碑陰

東漢 馬姜墓記

東漢 楊震碑

三國魏 曹真殘碑陽

晉 辟雍頌陽

晉 樂生柩記后

北齊 司馬遵業墓誌

隋 叱李綱子墓誌

隋 爾朱敞墓誌

隋 劉寶及妻墓誌

隋 勝福寺塔銘

隋 元鐘墓誌

唐 蔡君妻墓誌

唐 程俊墓誌陰

唐 李神符碑

唐 李神符碑

唐 石臺孝經

唐 楊孝恭碑

唐 楊孝恭碑

唐 楊孝恭碑

【楷書】

晉 郭槐柩記

北魏 王神虎造像

北齊 竇泰墓誌

唐 盧初墓誌

唐 匹婁思墓誌

唐 石經尚書

唐 石經周易

唐 細人孫氏墓誌

後周 智堅塔記

產

【篆書】

唐 三墳記陰

【隸書】

秦 睡67

西漢 張•1091

西漢 張•1123

西漢 居新•250

漢晉 流簡紙

東漢 曹全碑陽

東漢 曹全碑陰

東漢 牛公產題記

東漢 石門頌

晉 徐義墓誌陽

隋 爾朱敞墓誌

隋 馬少敏墓誌

唐 張翼墓誌

【楷書】

晉 華芳墓誌陽

北魏 檀賓墓誌

北魏 元鑽遠墓誌

唐 竇娘子墓誌

唐 裴咸墓誌

唐 孫幼實墓誌

甥

【隸書】

西漢 武•服傳甲

唐 崔暟墓誌陽

【楷書】

北魏 元馗墓誌

北齊 竇泰墓誌

唐 崔慎思墓誌

唐 寇鐈墓誌

唐 李道因墓誌

矢部

矢

【隸書】

秦 睡266
秦 睡96
秦 關周•病方
西漢 馬•老甲
西漢 張•40
西漢 張•972
漢晉 流簡紙
漢晉 流簡紙
東漢 孔宙碑陽
晉 辟雍頌陽
晉 管洛墓誌陽
隋 豆盧賓墓誌
唐 孔子廟碑
唐 修定寺記碑

【楷書】

晉 管洛墓誌陽
北魏 檀賓墓誌
北齊 竇泰墓誌
北齊 宇文誠墓誌
隋 鄧昞墓誌
隋 張軻墓誌
唐 石經尚書
唐 惟岳神道碑
唐 張遊恪墓誌
唐 趙安墓誌

矣

【篆書】

唐 碧落碑
唐 多寶佛塔銘

【隸書】

秦 睡10
秦 睡250
西漢 馬•合陰陽
西漢 馬•老乙前
西漢 馬•老乙前
西漢 馬•老乙前
西漢 馬•縱橫
西漢 馬•縱橫
西漢 馬•縱橫
西漢 張•828
西漢 居新•2007
漢晉 流簡紙
東漢 朝侯小子碑
東漢 毗上字殘碑
東漢 朐忍令碑
東漢 朐忍令碑
東漢 夏承碑
東漢 鮮于璜碑陽
東漢 校官碑
東漢 楊統碑陽
東漢 楊震碑
晉 辟雍頌陽
北魏 元文墓誌
北齊 婁黑女墓誌
隋 郭達墓誌
隋 蘇恒墓誌
唐 京兆金氏墓誌
唐 石臺孝經
唐 石臺孝經
唐 石臺孝經
唐 蘇洪姿墓誌
唐 楊孝恭碑
唐 楊孝恭碑
唐 張濬墓誌
唐 貞一廟碑

【楷書】

魏晉 樓•紙
北魏 王翊墓誌
北魏 宇文誠墓誌

北魏 元靈曜墓誌

北魏 張玄墓誌

隋 盧文機墓誌

隋 吳嚴墓誌

唐 鄧君妻墓誌

唐 李彙墓誌

唐 李仙蕙志

唐 石經周易

唐 張騷墓誌

知 𥎿

【隸書】

秦 睡 116

西漢 馬•老子甲後

西漢 馬•老子甲後

西漢 馬•事語

西漢 馬•縱横

西漢 居新•2137

西漢 西•候官

東漢 西•死駒

東漢 朝侯小子碑

東漢 禮器碑

東漢 石門頌

東漢 宋伯望買田券正

東漢 西狹頌

東漢 鮮于璜碑陽

東漢 楊耿伯題記

東漢 楊震碑

東漢 張遷碑陽

晉 辟雍頌陽

晉 郭槐柩記

北魏 上尊號碑

北齊 感孝頌

隋 爾朱敞墓誌

隋 爾朱端墓誌

隋 澧水石橋碑

隋 郭休墓誌

隋 劉多墓誌

隋 修孔子廟碑

隋 張儉及妻墓誌

唐 夫子廟堂碑

唐 石臺孝經

唐 石臺孝經

唐 石臺孝經

唐 韋士逸墓誌

唐 楊孝恭碑

唐 尹尊師碑

唐 趙冬曦壙誌

【楷書】

三國吳 走•四年

魏晉 樓•紙

魏晉 樓•紙

魏晉 樓•紙

北魏 王翊墓誌

北齊 竇泰墓誌

北齊 宋敬業塔頌

北齊 無量義經

北齊 趙桃椒妻造像

北齊 趙桃椒妻造像

隋 皇甫深墓誌

隋 口鍾葵墓誌

唐 崔孝昌墓誌

唐 李弘亮墓誌

唐 劉通墓誌

唐 石經周易

唐 史思禮墓誌

唐 元鐘墓誌

矩

【隸書】

東漢 淮源廟碑

東漢 景君碑陽

三國魏 王基斷碑

北齊 感孝頌

隋 口墮及妻墓誌

隋 任軌墓誌

隋 吳嚴墓誌

隋 元鐘墓誌

隋 趙朗墓誌

唐 崔沔墓誌陽

唐 闞道愛墓誌
唐 劉粲墓誌
唐 唐直墓誌
【楷書】
北魏 和醜仁墓誌
北魏 李渠蘭墓誌
北魏 薛慧命墓誌
東魏 馮令華墓誌
北齊 感孝頌
隋 呂胡墓誌
唐 曹慶妻祔誌

唐 李正卿墓誌
唐 馬君妻董墓誌
唐 孫嗣初妻墓誌
唐 顏人墓誌
唐 張某墓誌

矧
【楷書】
北魏 于纂墓誌
唐 裴衡墓誌
唐 石經尚書
唐 薛豆盧夫人墓誌

短
【隸書】
秦 睡232
西漢 馬•老乙前
西漢 馬•縱橫
西漢 張•162
西漢 武•特牲甲
兩漢 西•馬簡
兩漢 西•士相見
漢晉 流簡紙
東漢 韓仁銘
隋 豆盧實墓誌

隋 豆盧實墓誌
隋 段濟墓誌
隋 口和墓誌
隋 鄭令妃墓誌
唐 崔沔墓誌陽
唐 京兆金氏墓誌
唐 屈突通墓誌
唐 王崇禮墓誌
唐 張休光墓誌
【楷書】
魏晉 樓•紙

晉 華芳墓誌陰
北魏 弔比干文陽
北魏 馮邕妻墓誌
北魏 元純阤墓誌
東魏 元仲英墓誌
隋 段模墓誌
隋 孔神通墓誌
隋 王世琛墓誌
唐 崔琪墓誌
唐 陶英妻墓誌

矯
【隸書】
北齊 司馬遵業墓誌
唐 大忍寺碑
唐 李神符碑
唐 潘基墓誌
唐 修定寺記碑
【楷書】
北魏 郭顯墓誌
北魏 唐雲墓誌
北魏 元謐墓誌
北魏 元暐墓誌
北齊 高淯墓誌

隋 梁瓌墓誌
隋 張貴男墓誌
唐 王素墓誌
唐 張明墓誌

矰

【隸書】

秦 睡 268

西漢 張•854

矱

【楷書】

北魏 李超墓誌

禾部

禾

【隸書】

秦 睡116

秦 睡45

秦 關周•病方

西漢 馬•老乙前

西漢 張•884

西漢 張•925

東漢 通閣道記

東漢 西狹頌

晉 徐義墓誌陽

北齊 司馬遵業墓誌

隋 張儉及妻墓誌

唐 倪彬墓誌

唐 義福禪師碑

【楷書】

三國吳 走•五年

三國吳 走•五年

隋 宋永貴墓誌

唐 思恒墓誌

唐 張行密墓誌

秃

【隸書】

西漢 張•777

【楷書】

三國吳 走•二年

三國吳 走•五年

唐 白敏中墓誌

秀

【隸書】

秦 睡105

秦 睡157

秦 西•日書乙

秦 西•日書乙

晉 王君侯碑陽

隋 爾朱敞墓誌

隋 爾朱端墓誌

唐 高元珪墓誌

唐 李神符碑

【楷書】

北魏 元敷墓誌

北魏 元文墓誌

北齊 婁黑女墓誌

北周 馬龜墓誌

唐 張暉墓誌

唐 支子璋墓誌

私

【隸書】

秦 睡67

西漢 馬•老乙前

西漢 馬•老乙前

西漢 馬•老乙前

西漢 居新•7632

東漢 西•四時

東漢 西•文書

東漢 校官碑

三國吳 買冢城磚

晉 郛休碑陽

隋 郭達墓誌

隋 劉珍墓誌

隋 任顯及妻誌

唐 豆盧建墓誌

唐 豆盧建墓誌

唐 告華嶽府君

唐 闞道愛墓誌

唐 劉慎墓誌

唐 史思禮墓誌

唐 史思禮墓誌

唐 行儼碑
唐 趙冬曦壙誌
【楷書】
三國吳 走·二年
魏晉 樓·紙
北魏 陳天寶造像
北魏 奚智墓誌
東魏 馮令華墓誌
隋 衛美墓誌
唐 長樂縣君墓誌
唐 李敬墓誌

唐 劉智墓誌
唐 王協墓誌
唐 薛世感墓誌
唐 嚴識玄墓誌
唐 張矩墓誌
唐 張叔遵墓誌

杜

【楷書】
唐 羅池廟碑

秉

【篆書】
三國魏 正始石經
【隸書】
秦 睡238
東漢 白石神君碑
東漢 曹全碑陽
東漢 從事馮君碑
東漢 鮮于璜碑陽
東漢 楊震碑
東漢 尹宙碑
東漢 趙寬碑

晉 郭槐柩記
北齊 司馬遵業墓誌
隋 爾朱端墓誌
隋 關明墓誌
隋 劉寶及妻墓誌
隋 牛諒墓誌
隋 任軌墓誌
隋 宋景造像碑
隋 宋仲墓誌

隋 口和墓誌
隋 蕭瑾墓誌
隋 修孔子廟碑
唐 楊孝恭碑
【楷書】
北魏 馮會長墓誌
北魏 王悅及妻墓誌
北魏 元壽安墓誌
北周 步孤須蜜多墓誌
北齊 竇泰墓誌

隋 獨孤羅墓誌
隋 范安貴墓誌
隋 孔神通墓誌
唐 柏虔玉墓誌
唐 陳諸墓誌
唐 崔君妻朱墓誌
唐 鄧夫人墓誌
唐 李萼墓誌
唐 李濤墓誌
唐 石經五經

唐 譚伍墓誌
唐 王素臣墓誌

秏

【楷書】

唐 石經五經

秭

【楷書】

唐 盧播墓誌

唐 石經五經

唐 張去奢墓誌

秔

【楷書】

唐 羅池廟碑

唐 向晉妻宋墓誌

秋

【篆書】

隋 宋仲墓誌

隋 宋仲墓誌

唐 城隍廟碑

【隸書】

秦 睡 131

秦 睡 27

西漢 馬•老乙前

西漢 馬•老子甲後

西漢 馬•養生

西漢 張•484

西漢 居新•7626

西漢 西•馬牘

西漢 西•詔書

漢晉 流簡紙

漢晉 流簡紙

東漢 倉頡廟碑側

東漢 孔德讓碑

東漢 孔宙碑陽

東漢 三老刻石

東漢 石門頌

東漢 石門頌

東漢 唐公房碑陽

東漢 楊震碑

東漢 楊著碑陽

東漢 乙瑛碑

東漢 乙瑛碑

東漢 尹宙碑

東漢 作封記

三國魏 何晏墓誌

隋 口靜墓誌

隋 張盛墓誌

唐 崔沔墓誌陰

唐 高嶸墓誌

唐 告華嶽府君

唐 李神符碑

唐 倪彬墓誌

唐 石臺孝經

唐 石臺孝經

唐 王媛墓誌陰

唐 王子麟墓誌

唐 楊孝恭碑

唐 張翼墓誌

【楷書】

北魏 元弼墓誌

北魏 元誘妻墓誌

北魏 鄭黑墓誌

東魏 淨智塔銘

隋 申穆及妻墓誌

隋 田光山妻墓誌

隋 張波墓誌

隋 張伏敬墓誌

唐 李休墓誌

唐 張去奢墓誌

唐 周敬本墓誌

科

【篆書】

唐 三墳記陽

【隸書】

西漢 居新•7697

西漢 居新•7707

西漢 武•少牢甲

唐 陳泰墓誌

唐 崔沔墓誌陽

唐 闞道愛墓誌

唐 王震墓誌

唐 趙冬曦壙誌

【楷書】

北魏 元秀墓誌

北魏 元子正墓誌

北齊 道明墓誌

東魏 元湛墓誌

隋 卜氏墓誌

唐 姬温墓誌

唐 李推賢墓誌

唐 王素墓誌

唐 雍如珪墓誌

秠

【楷書】

唐 馬儆墓誌

唐 石經尚書

唐 石經五經

秦

【篆書】

東漢 秦君神道刻字

三國魏 正始石經

三國魏 正始石經

三國魏 正始石經

唐 秦朝俭誌蓋

【隸書】

秦 睡 69

西漢 馬•事語

西漢 馬•縱橫

西漢 馬•縱橫

西漢 馬•縱橫

西漢 馬•縱橫

西漢 居新•1032

東漢 西•死駒

東漢 西•四時

東漢 曹全碑陽

東漢 曹全碑陽

東漢 孔宙碑陰

東漢 禮器碑

東漢 石門頌

東漢 尹宙碑

晉 石尠墓誌

北齊 感孝頌

隋 蕭瑾墓誌

唐 石臺孝經

唐 王震墓誌

唐 尹尊師碑

唐 張延賞殘碑

【楷書】

三國吳 走•二年

北魏 寇憑墓誌

北魏 寇臻墓誌

北魏 元湛墓誌

隋 成公氏墓誌

隋 橋紹墓誌

隋 吴嚴墓誌

隋 蕭氏墓誌

唐 崔公妻墓誌

唐 石經五經

唐 王守質墓誌

後周 李公妻朱墓誌

乘

【隸書】

秦 睡120

秦 睡67

秦 關周•日書

西漢 馬•老甲

西漢 馬•縱横

西漢 張•1025

西漢 張•1027

西漢 張•1028

西漢 張•312

西漢 居新•7542

西漢 居新•8250

西漢 西•車簟

兩漢 傳馬名籍

東漢 蒼山元嘉題記

東漢 景君碑陰

東漢 熹平石經易

北齊 竇泰墓誌

北齊 司馬遵業墓誌

隋 爾朱敞墓誌

隋 姬威墓誌

隋 馬少敏墓誌

隋 蘇恒墓誌

唐 庫狄真相墓誌

唐 李神符碑

唐 柳偘妻墓誌

唐 王震墓誌

唐 勿部將軍碑

唐 辛雲京妻墓誌

唐 楊孝恭碑

唐 楊孝恭碑

唐 貞一廟碑

【楷書】

魏晉 樓•紙

北魏 赫連悅墓誌

北涼 渠安周造像

北魏 王阿善造像

北魏 薛法紹造像

北魏 于仙墓誌

北齊 高湝墓誌

東魏 李挺墓誌

東魏 王僓墓誌

東魏 張瓘墓誌

隋 鄧州塔銘

隋 爾朱端墓誌

隋 宋景造像碑

隋 張喬墓誌

唐 房懷亮墓誌

唐 關儉墓誌

唐 石經五經

唐 石經五經

唐 石經周易

秣

【隸書】

唐 史思禮墓誌

唐 行儼碑

北魏 元暐墓誌

【楷書】

唐 卜璀墓誌

唐 爨君妻端墓誌

唐 李眈墓誌

秠

【楷書】

唐 石經五經

秫

【隸書】

秦 睡15

秦 睡162

【楷書】

唐 勝陁儸尼經

唐 石經五經

唐 陀羅尼經碑

秸

【隸書】

秦 睡15

租

【隸書】

秦 睡66

西漢 張•281

西漢 張•281

西漢 張•875

東漢 宋伯望買田券右

唐 龐履温碑

【楷書】

三國吳 走•四年

北齊 西門豹碑陰

唐 李修已墓誌

唐 李正卿墓誌

唐 王逖墓誌

秩

【隸書】

秦 睡64

西漢 張•493

西漢 張•636

西漢 居新•5399

西漢 居新•5671

西漢 居新•7533

西漢 居新•7701

西漢 居新•7917

西漢 西•律令

東漢 西•文書

東漢 白石神君碑

東漢 倉頡廟碑側

東漢 封龍山頌

東漢 景君碑陽

東漢 西狹頌

東漢 鮮于璜碑陽

東漢 鮮于璜碑陽

東漢 楊統碑陽

三國魏 孔羨碑

晉 王君侯碑陽

晉 徐義墓誌陽

北魏 上尊號碑

北齊 竇泰墓誌

北齊 西門豹碑陽

隋 豆盧實墓誌

隋 豆盧實墓誌

隋 張姜墓誌

唐 崔暟墓誌陽

唐 李神符碑

唐 李彥墓誌

唐 盧宏及妻墓誌

唐 楊孝恭碑

唐 楊孝恭碑

【楷書】

晉 華芳墓誌陰

北魏 鄯乾墓誌

北魏 王蕃墓誌

北魏 于纂墓誌

北魏 元爽墓誌

北魏 元誘妻墓誌

唐 楊承胤墓誌

北齊 高湝墓誌

隋 段威墓誌

隋 王袞墓誌

隋 伍道進墓誌

隋 張軻墓誌

唐 邊敏墓誌

唐 馮貞墓誌

唐 劉濬墓誌

唐 柳偘妻墓誌

唐 盧知宗墓誌

唐 毗伽特勤墓誌

唐 石經尚書

唐 石經五經

唐 楊思立墓誌

後唐 王璠墓誌

後梁 蕭符墓誌

秘

【篆書】

東漢 開母廟闕銘

東漢 少室石闕銘

唐 碧落碑

【隸書】

東漢 馬姜墓記

東漢 王舍人碑

北齊 法懃塔銘

隋 修孔子廟碑

隋 張景略墓誌

唐 李神符碑

唐 楊孝恭碑

【楷書】

北魏 高珪墓誌

北魏 元崇業墓誌

北魏 元定墓誌

北魏 元譿墓誌

北魏 元融墓誌

隋 王衮墓誌

唐 石經五經

唐 孫光墓誌

唐 蕭君妻柳墓誌

唐 玄秘塔碑

秤

【楷書】

北魏 山徽墓誌

隋 呂胡墓誌

隋 明雲騰墓誌

唐 欒陟墓誌

唐 李眈墓誌

唐 劉光贊墓誌

唐 張安墓誌

秸

【楷書】

唐 石經尚書

移

【隸書】

秦 睡45

西漢 馬•老乙前

西漢 張•138

西漢 居新•1973

西漢 居新•216

東漢 西•奉例

東漢 西•寇恩

東漢 西•寇恩

漢晉 流簡紙

東漢 肥致碑

東漢 鮮于璜碑陰

東漢 薌他君題記

東漢 造土牛碑

晉 辟雍頌陽

北齊 法懃塔銘

北齊 鏤石班經記

北齊 司馬遵業墓誌

隋 蕭瑾墓誌

隋 謝岳墓誌

隋 張儉及妻墓誌

唐 高元珪墓誌

唐 李彥墓誌

唐 石臺孝經

唐 石臺孝經

唐 石臺孝經

唐 石臺孝經

唐 尹尊師碑

【楷書】

北魏 封魔奴墓誌

北魏 公孫猗墓誌

稍

【篆書】

唐 三墳記陽

【隸書】

秦 睡 20

西漢 馬•病方

西漢 馬•天下

西漢 居新•1209

西漢 居新•3610

西漢 西•詔書

漢晉 流簡紙

唐 崔志墓誌

【楷書】

北魏 元倪墓誌

程

【楷書】

三國吳 走•四年

北魏 程法珠墓誌

北魏 元寶月墓誌

隋 程諧墓誌

唐 多寶塔碑

唐 矩推墓誌

唐 李壽墓誌

唐 榮行富墓碑

唐 石經五經

東漢 曹全碑陽

東漢 曹全碑陰

東漢 買田約束石

東漢 楊叔恭殘碑

唐 程俊墓誌

唐 夫子廟堂碑

唐 盧行毅墓誌

唐 司馬寔墓誌

唐 文宣王廟門碑

唐 興寺碑

程

【篆書】

唐 程修己誌蓋

【隸書】

秦 睡 24

秦 睡 25

西漢 張•924

西漢 張•927

西漢 居新•3436

西漢 居新•5399

西漢 習字觚

兩漢 西•懸檢

東漢 曹全碑陽

稈

【楷書】

唐 石經五經

唐 石經五經

秘

【楷書】

南朝梁 羅浮山銘

北魏 元飇墓誌

隋 賈通墓誌

隋 田德元墓誌

唐 姬溫墓誌

唐 劉祿墓誌

唐 寗思真墓誌

唐 孫嬰墓誌

後唐 張積墓誌

秏

【隸書】

唐 京兆金氏墓誌

【楷書】

唐 奚弘敬墓誌

北魏 奚智墓誌

北魏 元子直墓誌

北齊 竇泰墓誌

北齊 婁黑女墓誌

隋 程諧墓誌

隋 魏氏墓誌

隋 吳嚴墓誌

唐 曹氏墓誌

唐 郭宣墓誌

唐 史興墓詠

北魏 元華光墓誌

北魏 秦洪墓誌

北魏 元贍墓誌

北周 賀屯植墓誌

隋 □恡昂墓誌

唐 吉渾墓誌

唐 闞英墓誌

稅

【隸書】

秦 關周•病方

西漢 張•879

西漢 張•910

西漢 西•詔書
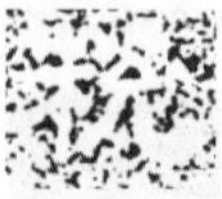
唐 白鹿泉碑陰

唐 潘基墓誌

【楷書】

三國吳 走•二年

北魏 侯剛墓誌

北魏 乞伏寶墓誌

唐 崔楊墓誌

唐 霍達墓誌

唐 李稷墓誌

稌

【楷書】

北魏 姚伯多供養碑

唐 石經五經

稃

【楷書】

唐 李愍墓誌

唐 石經五經

稀

【隸書】

秦 睡 77

隋 侯肇墓誌

【楷書】

魏晉 樓•紙

北齊 賈致和造像

隋 盧文構墓誌

隋 馬穉墓誌

唐 靈泉寺詩刻

唐 石經五經

稊

【楷書】

唐 石經周易

稇

【楷書】

唐 崔夷甫墓誌

稚

【隸書】

西漢 居新•3338

西漢 居新•3529

西漢 居新•8881

東漢 建寧三年殘碑

東漢 石門頌

三國魏 曹真殘碑陰

隋 段濟墓誌

隋 劉多墓誌

唐 崔沔墓誌陽

【楷書】

晉 華芳墓誌陽

稗

【隸書】

秦 睡 20

【楷書】

唐 張去奢墓誌

後周 安重遇墓誌

唐 石經九經

唐 石經九經

稔

【隸書】

東漢 郙閣頌

東漢 孔宙碑陽

東漢 三公山碑

東漢 西狹頌

唐 北嶽廟碑

【楷書】

北魏 李渠蘭墓誌

北齊 張起墓誌

北齊 等慈寺造塔銘

隋 張壽墓誌

唐 竇氏墓誌

稠

【隸書】

西漢 張•657

西漢 張•666

唐 豆盧建墓誌

唐 豆盧建墓誌

【楷書】

唐 崔羡墓誌

唐 李稷墓誌

稑

【楷書】

隋 沈氏墓誌

唐 石經五經

唐 石經五經

稙

【隸書】

東漢 西狹頌

【楷書】

唐 石經五經

稜

【篆書】

唐 多寶佛塔銘

【隸書】

隋 豆盧實墓誌

唐 北嶽廟碑

【楷書】

唐 杭季稜祔誌

唐 史待賓墓誌

唐 田侁墓誌

北魏 馮邕妻墓誌

隋 蕭翹墓誌

稟

【隸書】

秦 睡15

西漢 張•440

西漢 張•931

東漢 岐子根記

東漢 朐忍令碑

東漢 許安國題記

三國魏 王基斷碑

隋 叱李綱子墓誌

隋 爾朱敞墓誌

隋 郭達墓誌

隋 姬威墓誌

隋 馬穉墓誌

隋 口和墓誌

隋 張儉及妻墓誌

唐 李貞墓誌

唐 倪彬墓誌

唐 屈突通墓誌

唐 蘇洪姿墓誌

唐 尹尊師碑

【楷書】

魏晉 樓•紙

北魏 封昕墓誌

北魏 馮會菨墓誌

北魏 馮邕妻墓誌

北魏 耿氏墓誌

北魏 寇憑墓誌

北魏 寇演墓誌

北魏 李元姜墓誌

北魏 劉華仁墓誌

北魏 劉華仁墓誌

北魏 石婉墓誌

北魏 檀賓墓誌

北魏 吳光墓誌

北魏 薛伯徽墓誌

北魏 于纂墓誌

北魏 元彬墓誌

北魏 元弘嬪侯墓誌

北魏 元簡殘石

北魏 元朗墓誌

北魏 元平墓誌

北魏 元信墓誌

北魏 元延明墓誌

北魏 元宥墓誌

北魏 元毓墓誌

北魏 元子永墓誌

北魏 張玄墓誌

北齊 竇泰墓誌

北周 賀屯植墓誌

東魏 陸順華墓誌

東魏 穆子巖墓誌

東魏 南宗和尚塔銘

東魏 司馬昇墓誌

東魏 王偃墓誌

北齊 優婆姨造像陽

東魏 元寶建墓誌

隋 范安貴墓誌

隋 皇甫深墓誌

隋 寇遵考墓誌

隋 王楚英墓誌

隋 口靜墓誌

隋 元鐘墓誌

隋 鄭善妃墓誌

唐 口模墓誌

唐 陳君妻王墓誌

唐 樊廉墓誌

唐 桓表墓誌

唐 李洪鈞墓誌

唐 劉密妻崔墓誌

唐 思恆墓誌

唐 宋君妻王墓誌

唐 蘇斌墓誌

種

【篆書】

唐 三墳記陽

【隸書】

西漢 馬•老乙前

西漢 張•611

西漢 居新•7554

兩漢 西•懸簡

漢晉 流簡紙

東漢 史晨後碑

東漢 薌他君題記

東漢 張遷碑陽

唐 北獄廟碑

唐 閭丘氏墓誌

唐 石經五經

唐 石經周易

隋 宋永貴墓誌

唐 王同人墓誌

唐 口且墓誌

唐 楊訓墓誌

唐 宇文氏墓誌

唐 鄭戎墓誌

唐 李從證墓誌

隋 盧文機墓誌

隋 王楚英墓誌

隋 張壽墓誌

隋 卜氏墓誌

隋 李則墓誌

唐 車益墓誌

隋 程氏墓誌

唐 崔元二墓誌

唐 葛亮祠堂碑

唐 郭宣墓誌

唐 鄎國長公主碑

唐 張叡墓誌

【楷書】

北魏 司馬氏墓誌

北魏 元純阤墓誌

北魏 元恩墓誌

北魏 元弘嬪侯墓誌

北魏 元寧墓誌

西魏 鄧君之墓誌

北齊 竇泰墓誌

北齊 元賢墓誌

隋 符盛及妻墓誌

隋 默曹殘碑

隋 任軌墓誌

隋 任顯及妻誌

隋 宋景造像碑

隋 口和墓誌

隋 張儉及妻墓誌

隋 張景略墓誌

唐 北獄廟碑

唐 劉慎墓誌

東漢 池陽令殘碑

東漢 從事馮君碑

東漢 肥致碑

東漢 孔宙碑陽

東漢 史晨後碑

東漢 鮮于璜碑陽

三國魏 張君殘碑

三國魏 張君殘碑

晉 辟雍頌陽

晉 徐義墓誌陽

稱

【篆書】

唐 謙卦碑

【隸書】

秦 睡17

西漢 馬•老乙前

西漢 馬•老乙前

西漢 西•馬簡牘

西漢 西•奏書

兩漢 西•馬簡

漢晉 流簡紙

漢晉 流簡紙

東漢 朝侯小子碑

唐 孫師歧墓誌

唐 源公廟詩刻

唐 鄭君妻趙墓誌

後唐 毛璋妻墓誌

唐 興寺碑

【楷書】

三國吳 走•四年

魏晉 樓•紙

北魏 元恭墓誌

北魏 元顥墓誌

北魏 元液墓誌

北齊 竇泰墓誌

東魏 李艷華墓誌

唐 阿史那貞忠墓誌

唐 崔縕墓誌

唐 清河張氏墓誌

唐 石經五經

唐 蕭元慎造像

稷

【隸書】

西漢 居新•4736

西漢 居新•4746

東漢 史晨後碑

【楷書】

唐 石經五經

穀

【篆書】

東漢 張遷碑額

唐 碧落碑

【隸書】

秦 睡152

西漢 馬•老乙前

西漢 居新•7464

西漢 居新•7486

西漢 居新•7486

東漢 西•寇恩

兩漢 西•懸檢

漢晉 流簡紙

漢晉 流簡紙

東漢 白石神君碑

東漢 曹全碑陽

東漢 淮源廟碑

東漢 買田約束石

東漢 西狹頌

東漢 張遷碑陽

北魏 王基墓誌

北齊 感孝頌

隋 郭王墓誌

唐 白鹿泉碑陽

唐 崔暟墓誌陽

唐 張翼墓誌

【楷書】

魏晉 樓•紙

晉 黃庭經

北魏 馮會蕫墓誌

北魏 筍景墓誌

北魏 和醜仁墓誌

北魏 于景墓誌

北魏 元嵩墓誌

北魏 元誘妻墓誌

唐 阿史那貞忠墓誌

唐 曹乂墓誌

唐 高懲墓誌

唐 賈隱及妻墓誌

唐 李仙蕙志

唐 褏婉墓誌

唐 石經五經

唐 石經周易

唐 王同人墓誌

唐 徐及及妻墓誌

唐 張思鼎墓誌

唐 趙宗墓誌

唐 鄭仁泰墓誌

稽

【篆書】

三國吳 天發神讖碑

唐 碧落碑

【隸書】

秦 睡100

西漢 馬•老乙前

西漢 馬•十問

西漢 居新•7535

東漢 郙閣頌

東漢 禮器碑

東漢 三老刻石

東漢 史晨後碑

東漢 史晨前碑

東漢 鮮于璜碑陰

東漢 乙瑛碑

東漢 乙瑛碑

東漢 尹宙碑

東漢 趙寬碑

三國吳 買冢城磚

北魏 上尊號碑

隋 侯肇墓誌

隋 張儉及妻墓誌

唐 紀信墓碑

唐 宴濟瀆序陰額

【楷書】

晉 蘭亭序真本

南朝陳 衛和墓誌

北魏 寇演墓誌

北魏 于纂墓誌

北魏 元維墓誌

北齊 高淯墓誌

東魏 元悰墓誌

隋 成公氏墓誌

隋 樊氏墓誌

隋 明雲騰墓誌

唐 范安及墓誌

唐 荊從皐墓誌

唐 李勣墓誌

唐 劉通墓誌

唐 石經九經

唐 石經尚書

唐 陶禹墓誌

唐 脩多羅墓誌

唐 越國太妃墓誌

唐 張隴墓誌

唐 張羊墓誌

稹

【楷書】

唐 石經五經

唐 鄭秀實墓誌

後梁 國礮誌銘

稷

【隸書】

秦 睡113

西漢 馬•老甲

西漢 馬•老乙

西漢 馬•老乙前

西漢 馬•十問

東漢 西•文書

東漢 白石神君碑

東漢 郙閣頌

東漢 三公山碑

東漢 尚博殘碑

東漢 史晨前碑

東漢 張遷碑陽

唐 高元珪墓誌

唐 石臺孝經

唐 石臺孝經

唐 史思禮墓誌

唐 唐直墓誌

唐 楊孝恭碑

唐 尹尊師碑

【楷書】

北魏 笱景墓誌

北魏 寇憑墓誌

檠		稾		稼	稻		

檠

【楷書】

北齊 殷恭安造像

漢晉 流簡紙

唐 北獄廟碑

唐 倪彬墓誌

【楷書】

唐 石經五經

唐 東良墓誌

稾

【隸書】

秦 睡15

秦 睡45

秦 關周•病方

西漢 馬•老子甲後

西漢 張•263

西漢 張•277

西漢 居新•2752

西漢 居新•3422

西漢 居新•8147

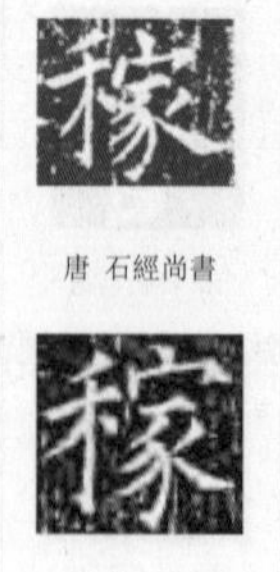

唐 石經尚書

唐 石經五經

稼

【隸書】

秦 睡15

西漢 張•237

東漢 石門頌

東漢 張壽殘碑

晉 吕望表

隋 爾朱敞墓誌

唐 八都壇碑

唐 龐履温碑

【楷書】

北魏 元廞墓誌

唐 和守陽墓誌

稻

【隸書】

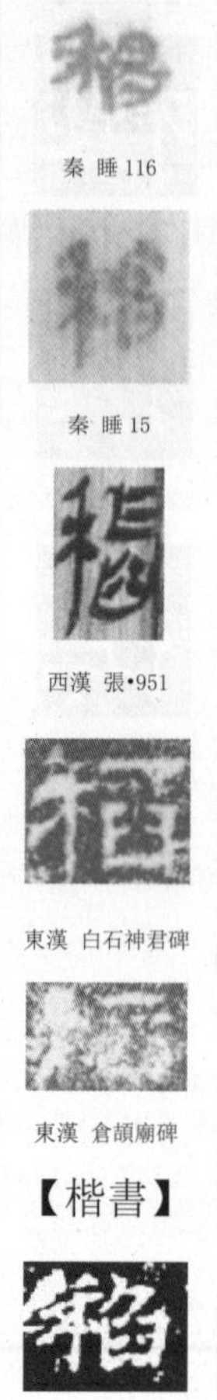

秦 睡116

秦 睡15

西漢 張•951

東漢 白石神君碑

東漢 倉頡廟碑

【楷書】

唐 孫光墓誌

唐 石經尚書

唐 石經五經

唐 石經周易

唐 王惠墓誌

唐 王立墓誌

唐 于士恭墓誌

唐 昝斌墓誌

唐 妲威墓誌

後唐 毛璋墓誌

北魏 寇臻墓誌

北魏 李璧墓誌陽

北魏 王蕃墓誌

北齊 竇泰墓誌

東魏 高盛墓碑

東魏 陸順華墓誌

隋 曹海凝墓誌

唐 安元壽墓誌

唐 賈琁墓誌

唐 苗弘本墓誌

積

【篆書】

唐 碧落碑

【隸書】

秦 睡 15

西漢 馬•老子甲後

西漢 張•1004

西漢 張•989

西漢 居新•5398

西漢 居新•7929

漢晉 流簡紙

東漢 夏承碑

東漢 行事渡君碑

晉 徐義墓誌陽

隋 馬少敏墓誌

隋 申穆及妻墓誌

隋 蘇恒墓誌

隋 王榮及妻墓誌

隋 張盛墓誌

唐 陳憲墓誌

唐 李神符碑

唐 嵩陽觀碑

唐 蘇洪姿墓誌

【楷書】

魏晉 樓•紙

北魏 穆亮墓誌

北魏 元天穆墓誌

隋 白仵貴墓誌

隋 尉富娘墓誌

唐 劉裕墓誌

唐 陸衆夫人墓誌

唐 沈士公墓誌

唐 石經周易

唐 周利貞墓誌

唐 張素墓誌

穆

【篆書】

東漢 少室石闕銘

北魏 穆彦誌蓋

隋 宋仲墓誌

唐 碧落碑

唐 三墳記陰

【隸書】

東漢 肥致碑

東漢 建寧三年殘碑

東漢 寬以殘碑

東漢 禮器碑

東漢 史晨後碑

東漢 西狹頌

東漢 夏承碑

東漢 陽嘉殘碑陰

東漢 楊震碑

東漢 圉令趙君碑

東漢 張遷碑陽

晉 辟雍頌陽

晉 郭槐柩記

隋 牛諒墓誌

隋 牛諒墓誌

隋 蘇恒墓誌

隋 修孔子廟碑

隋 張盛墓誌

隋 鄭令妃墓誌

隋 鄭令妃墓誌

唐 告華嶽府君

唐 李貞墓誌

唐 屈突通墓誌

唐 嵩陽觀碑

唐 楊孝恭碑

唐 楊孝恭碑

唐 張叡墓誌

唐 張翼墓誌

【楷書】

北魏 程法珠墓誌

北魏 封昕墓誌

北魏 馮會萇墓誌

北魏 郭顯墓誌

北魏 胡明相墓誌

北魏 寇演墓誌

北魏 尉遲氏造像

稺

【隸書】

西漢 居新•2682

西漢 居新•4803

【楷書】

北魏 寇慰墓誌

隋 王袞墓誌

唐 崔寵妻墓誌

唐 盧伯卿妻墓誌

唐 石經五經

唐 孫幼實墓誌

唐 石經五經

穜

【隸書】

秦 睡116

西漢 馬•陰陽甲

西漢 馬•足臂

西漢 馬•足臂

西漢 張•802

西漢 張•804

西漢 張•833

【楷書】

隋 沈氏墓誌

唐 石經五經

穟

【楷書】

隋 鄧昞墓誌

唐 石經五經

穗

【隸書】

秦 睡111

秦 睡112

隋 段濟墓誌

【楷書】

北魏 楊胤墓誌

東魏 張瓘墓誌

唐 石經五經

唐 張餘墓誌

[illegible]

【楷書】

北魏 王基墓誌

唐 石經五經

唐 姚君妻墓誌

後梁 李珩墓誌

隋 口靜墓誌

隋 張軻墓誌

唐 樊君妻墓誌

唐 高誠墓誌

唐 李仙蕙志

唐 柳偘妻墓誌

唐 馬進朝墓誌

唐 石浮圖銘

唐 石經尚書

唐 石經五經

北魏 元崇業墓誌

北魏 元純陁墓誌

北魏 元定墓誌

北魏 元恭墓誌

北魏 元文墓誌

北魏 張盧墓誌

北魏 趙充華墓誌

北周 賀屯植墓誌

隋 宋玉艷墓誌

隋 王楚英墓誌

穡

【隸書】

西漢 張•274

隋 爾朱敞墓誌

【楷書】

北魏 元嶽墓誌

唐 和守陽墓誌

唐 劉廣威蓋

唐 石經尚書

唐 石經五經

唐 史待賓墓誌

唐 張去奢墓誌

穫

【隸書】

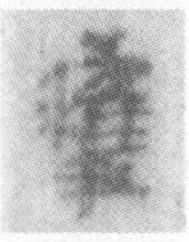
秦 睡 15

【楷書】

唐 石經五經

唐 石經周易

唐 張方墓誌

唐 張渙墓誌

唐 張餘墓誌

穠

【隸書】

唐 辛雲京妻墓誌

【楷書】

唐 長孫安墓誌

唐 崔素墓誌

唐 支子珪墓誌

穢

【隸書】

東漢 樊敏碑

東漢 淮源廟碑

隋 劉寶及妻墓誌

唐 白鹿泉碑陽

唐 興寺碑

【楷書】

北魏 和邃墓誌

北齊 高湝墓誌

東魏 王僧墓誌

唐 殘墓誌

唐 盧八墓誌

唐 執失善光

唐 周善持墓誌

穩

【隸書】

東漢 蒼山元嘉題記

【楷書】

北齊 王有存妻造像

唐 杜穩定題名

穧

【楷書】

唐 石經五經

穭

【隸書】

唐 行儼碑

穧

【楷書】

北齊 定國寺塔碑

穮

【楷書】

唐 石經五經

穰

【篆書】

唐 三墳記陽

【隸書】

西漢 馬•縱橫

西漢 馬•縱橫

西漢 馬•縱橫

東漢 淮源廟碑

東漢 淮源廟碑

東漢 張壽殘碑

唐 北嶽廟碑

唐 刻石記

唐 刻石記

【楷書】

北魏 李媛墓誌

北魏 元恭墓誌

北齊 竇泰墓誌

隋 獨孤羅墓誌

唐 石經五經

唐 楊思立墓誌

白部

白

【篆書】

東漢 白石碑額

【隸書】

秦 睡15

秦 睡270

秦 關周•日書

西漢 馬•合陰陽

西漢 馬•老甲

西漢 馬•老乙

西漢 馬•十問

西漢 馬•十問

西漢 馬•十問

西漢 馬•天下

西漢 馬•雜療

西漢 張•140

西漢 張•155

西漢 居新•1422

西漢 居新•5284

西漢 居新•5983

前涼 西•木牘

漢晉 流簡紙

東漢 白石神君碑

東漢 簿書殘碑

東漢 公乘田魴記

北魏 上尊號碑

隋 張景略墓誌

隋 張盛墓誌

唐 行儼碑

唐 楊孝恭碑

唐 楊孝恭碑

【楷書】

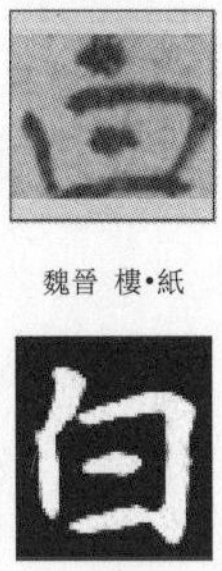

魏晉 樓•紙

北魏 張玄墓誌

北齊 竇泰墓誌

隋 任軌墓誌

北齊 司馬遵業墓誌

唐 劉胡墓誌

唐 石經周易

唐 楊清墓誌

百

【篆書】

唐 百門陂碑額

唐 多寶佛塔銘

唐 三墳記陰

唐 峿臺銘

【隸書】

秦 睡43

秦 睡44

秦 關周•日書

西漢 馬•老甲

西漢 馬•老乙

西漢 馬•老乙前

西漢 馬•縱橫

西漢 馬•縱橫

西漢 馬•縱橫

西漢 張•489

西漢 張•992

西漢 居新•265

西漢 居新•9222

西漢 西•過界

兩漢 西•懸簡

三國吳 走•四年

三國吳 走•五年

西漢 楚王墓塞石

西漢 買山地記

東漢 何君闕道銘

新莽 萊子侯刻石

東漢 禮器碑

東漢 禮器碑

東漢 禮器碑側

東漢 禮器碑側

東漢 石門頌

東漢 夏承碑
東漢 楊震碑
東漢 乙瑛碑
北魏 元文墓誌
北齊 竇泰墓誌
北齊 司馬遵業墓誌
隋 元鐘墓誌
唐 李神符碑
唐 石臺孝經
唐 石臺孝經

唐 石臺孝經
唐 史思禮墓誌

【楷書】

三國吳 走•四年
北魏 高珪墓誌
唐 清真寺碑
唐 石經尚書
唐 石經周易
唐 石經周易
唐 王素墓誌

皂

【隸書】

西漢 居新•2944
西漢 居新•317
西漢 居新•3612
西漢 居新•4798
西漢 居新•8753
漢晉 流簡紙
唐 龐履温碑

【楷書】

北魏 元乂墓誌
北齊 趙道德墓誌
唐 李孟姜墓誌

唐 石經五經
唐 王及德墓誌

的

【隸書】

東漢 校官碑
北魏 王基墓誌
隋 牛諒墓誌

【楷書】

北魏 和醜仁墓誌
北齊 竇泰墓誌
唐 獨孤澄墓誌

皆𣅜

【篆書】

唐 峿臺銘

【隸書】

秦 睡 257
秦 睡 44
秦 睡 66
秦 關周•病方
西漢 馬•老乙前
西漢 馬•縱横
西漢 張•78
西漢 居新•1025
西漢 居新•1032

西漢 居新•1424
東漢 西•寇恩
三國吳 走•五年
三國吳 走•五年
東漢 蒼山元嘉題記
東漢 朝侯小子碑
東漢 華山廟碑陽
東漢 李孟初神祠碑
東漢 馬姜墓記
東漢 買田約束石

東漢 史晨後碑
東漢 薌他君題記
東漢 許安國題記
東漢 楊震碑
東漢 乙瑛碑
東漢 永平四年記
東漢 趙寬碑
北齊 鏤石班經記
隋 張儉及妻墓誌
唐 石臺孝經

唐 石臺孝經

唐 楊孝恭碑

唐 趙冬曦壙誌

【楷書】

三國吳 走•四年

三國吳 走•五年

北魏 穆纂墓誌

北齊 竇泰墓誌

隋 范安貴墓誌

隋 鞏賓墓誌

隋 馬穉墓誌

隋 王楚英墓誌

唐 盧珍墓誌

唐 麻姑仙壇記

皇皇

【篆書】

東漢 袁安碑

三國魏 正始石經

北魏 弔比干文額

北魏 東巡碑額

北齊 皇甫琳額

唐 等慈寺碑額

【隸書】

秦 睡 192

西漢 馬•老乙前

西漢 馬•老乙前

西漢 張•30

西漢 居新•7816

西漢 武•王杖

兩漢 西•馬簡

漢晉 流簡紙

漢晉 流簡紙

東漢 蒼山元嘉題記

東漢 肥致碑

東漢 鳳凰刻石

東漢 桓孨食堂記

東漢 皇聖卿闕銘

東漢 禮器碑

東漢 馬姜墓記

東漢 石門頌

東漢 夏承碑

東漢 鮮于璜碑陰

三國魏 孔羡碑

隋 爾朱敞墓誌

隋 靜證塔記

隋 勝福寺塔銘

隋 楊真墓誌

隋 元鐘墓誌

唐 褚亮碑

唐 李神符碑

唐 李神符碑

唐 楊孝恭碑

唐 楊孝恭碑

唐 楊孝恭碑

唐 尹尊師碑

唐 張翼墓誌

唐 張翼墓誌

【楷書】

北魏 奚真墓誌

北魏 元端墓誌

北魏 元敷墓誌

北魏 元華光墓誌

北魏 元寧墓誌

北魏 鄭黑墓誌

北齊 董桃樹造像

北齊 牛景悦記

北齊 許儁等造像

隋 王袞墓誌

隋 楊通墓誌

隋 張壽墓誌

唐 劉府君墓誌

唐 裴昭墓誌

唐 石經尚書

唐 王守質墓誌

唐 嚴氏玄堂銘

皈

【楷書】

北齊 宋敬業塔頌

隋 □徹墓誌

唐 李弘禮墓誌

唐 王寬墓誌

皋

【篆書】

三國吳 天發神讖碑

【隸書】

秦 睡230

秦 關周•病方

秦 關周•病方

西漢 馬•合陰陽

西漢 張•477

東漢 禮器碑陰

東漢 楊統碑陽

隋 張儉及妻墓誌

唐 孔子廟碑

【楷書】

北魏 赫連悅墓誌

北魏 秦洪墓誌

北魏 王普賢墓誌

北魏 元彝墓誌

北魏 元昭墓誌

北齊 高僧護墓誌

唐 白知禮墓誌

唐 皇甫德相墓誌

唐 李壽墓誌

唐 盧思莊墓誌

唐 盧翊墓誌

唐 苗弘本墓誌

唐 曲元縝墓誌

唐 石經尚書

唐 趙通墓誌

皎

【隸書】

隋 關明墓誌

隋 牛諒墓誌

隋 宋景造像碑

唐 王子麟墓誌

【楷書】

三國吳 走•五年

北魏 元纂墓誌

隋 程諧墓誌

隋 楊厲墓誌

唐 竇氏墓誌

唐 苗弘本墓誌

唐 石經五經

唐 蘇斌墓誌

皓

【隸書】

東漢 白石神君碑

東漢 郙閣頌

東漢 趙寬碑

三國魏 孔羨碑

三國魏 王基斷碑

晉 王君侯碑陽

隋 橋紹墓誌

唐 紀信墓碑

唐 楊孝恭碑

【楷書】

晉 洛神十三行

北魏 元洛神墓誌

隋 姜敬親墓誌

唐 江璀墓誌

唐 石浮圖銘

唐 邢德弼墓誌

皪

【楷書】

隋 楊厲墓誌

唐 南川縣主墓誌

皦

【隸書】

東漢 池陽令殘碑

東漢 楊震碑

東漢 楊震碑

三國魏 張君殘碑

【楷書】

唐 石經五經

皤

【隸書】

東漢 張壽殘碑

唐 北嶽廟碑

唐 盧君妻墓誌

【楷書】

唐 李昊墓誌

唐 石經五經

唐 石經周易

皞

【楷書】

隋 寧贙墓碑

唐 陳崇本墓誌

唐 張遊藝墓誌

皛

【隸書】

東漢 景君碑陽

【楷書】

唐 王端墓誌

皚

【隸書】

唐 崔祐甫墓誌

【楷書】

唐 崔隋妻墓誌

唐 崔縕墓誌

唐 王行果墓誌

晳

【楷書】

唐 李宏墓誌

唐 石經五經

敫

【篆書】

唐 多寶佛塔銘

【隸書】

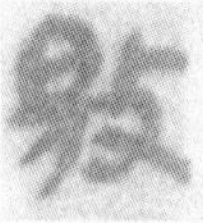
秦 睡121

秦 睡268

【楷書】

隋 蕭瑒墓誌

瓜部

瓜

【隸書】

北魏 上尊號碑

【楷書】

東魏 王令媛墓誌

隋 陶貴墓誌

隋 張禮墓誌

唐 崔素墓誌

唐 李氏殘墓誌

唐 石經周易

唐 鄭仁泰墓誌

瓞

【隸書】

唐 司馬寔墓誌

【楷書】

北魏 王翊墓誌

北魏 元謐墓誌

北魏 元頊墓誌

隋 陶貴墓誌

唐 李氏殘墓誌

唐 石經五經

唐 孫君妻李墓誌

唐 閻志雄墓誌

唐 楊承胤墓誌

唐 元濬墓誌

瓠

【楷書】

北魏 慈慶墓誌

北魏 薛慧命墓誌

隋 張禮墓誌

唐 二品昭儀誌

瓢

【隸書】

唐 劉粲墓誌

【楷書】

唐 李清墓誌

瓣

【楷書】

唐 石經五經

疒部

疕

【隸書】

西漢 馬•天下

西漢 馬•天下

西漢 張•779

西漢 張•787

疚

【篆書】

唐 碧落碑

【隸書】

唐 尹尊師碑

【楷書】

北魏 馮邕妻墓誌

唐 李玄德墓誌

唐 契苾夫人墓誌

唐 石經周易

唐 王怡墓誌

唐 張遊恪墓誌

疷

【楷書】

唐 石經五經

疫

【篆書】

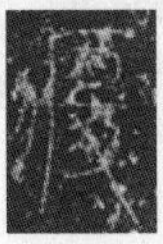
唐 城隍廟碑

【隸書】

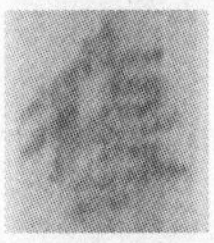
秦 睡239

【楷書】

唐 李金墓誌

唐 王思訥墓誌

疣

【楷書】

唐 玄秘塔碑

唐 玄秘塔碑

疪

【隸書】

秦 西•日書乙

疥

【楷書】

唐 石經五經

疢

【隸書】

秦 關周•日書

西漢 馬•天下

西漢 張•744

西漢 張•780

西漢 張•800

【楷書】

唐 石經五經

痾

【楷書】

北魏 寇慰墓誌

病

【篆書】

唐 峿臺銘

【隸書】

秦 睡 137

秦 關周•病方

秦 關周•病方

秦 關周•日書

秦 關周•日書

西漢 馬•天下

西漢 馬•縱橫

西漢 張•125

西漢 張•794

西漢 居新•2188

西漢 居新•3701

東漢 西•病書

東漢 西•死駒

漢晉 流簡紙

漢晉 流簡紙

東漢 景君碑陽

東漢 孔宙碑陽

東漢 尚博殘碑

東漢 孫仲隱墓刻

東漢 鮮于璜碑陰

東漢 薌他君題記

東漢 薌他君題記

東漢 許安國題記

東漢 楊著碑陽

三國魏 何晏墓誌

晉 石尠墓誌

唐 石臺孝經

唐 王泠然墓誌

唐 行儼碑

【楷書】

北魏 馮邕妻墓誌

北齊 竇泰墓誌

唐 李璀墓誌

唐 温煒妻墓誌

疽

【隸書】

西漢 馬•老乙前

【楷書】

唐 李盧中墓誌

唐 石經五經

痁

【楷書】

唐 李盈墓誌

瘨

【隸書】

秦 睡60

西漢 張•49

疹

【隸書】

隋 張儉及妻墓誌

【楷書】

北魏 于仙墓誌

唐 李公政墓誌

唐 王容墓誌

唐 楊吴生墓誌

疾

【篆書】

唐 城隍廟碑

【隸書】

秦 睡135

秦 關周•日書

西漢 馬•老乙前

西漢 馬•縱横

西漢 馬•縱横

西漢 馬•足臂

西漢 張•1071

西漢 張•730

西漢 居新•8237

西漢 西•詔書

漢晉 流簡紙

東漢 從事馮君碑

東漢 郙閣頌

東漢 孔宙碑陽

東漢 寬以殘碑

東漢 孟孝琚碑

新莽 禳盜刻石

東漢 尚博殘碑

東漢 熹平殘石

東漢 夏承碑

東漢 楊統碑陽

東漢 楊統碑陽

東漢 楊著碑陽

東漢 尹宙碑

東漢 永壽元年銘

東漢 永壽元年墓記

東漢 圉令趙君碑

東漢 趙寬碑

東漢 趙寬碑

東漢 鄭固碑

晉 石尠墓誌

隋 豆盧實墓誌

隋 爾朱敞墓誌

隋 姬威墓誌

隋 劉寶及妻墓誌

隋 劉珍墓誌

隋 任軌墓誌

隋 任顯及妻誌

隋 囗和墓誌

隋 蕭瑾墓誌

隋 趙朗墓誌

隋 趙朗墓誌

隋 鄭令妃墓誌

唐 豆盧建墓誌

唐 京兆金氏墓誌

唐 盧君妻墓誌

唐 王泠然墓誌

唐 楊孝恭碑

唐 趙冬曦壙誌

唐 朱君妻王墓誌

【楷書】

北魏 陳天寶造像

北魏 和醜仁墓誌

北魏 宋虎墓誌

東魏 公孫甑生墓誌

北周 寇熾墓誌

隋 高緊墓誌

隋 橋紹墓誌

隋 張喬墓誌

唐 法澄塔銘

唐 高岑墓誌

唐 李敬墓誌

唐 劉定師墓誌

唐 石經周易

唐 嚴令元墓誌

唐 張驤墓誌

唐 趙留四墓誌

後梁 賈郃墓誌

疰

【楷書】

唐 孫公乂墓誌

疲

【隸書】

隋 郭休墓誌

【楷書】

北魏 慈慶墓誌

唐 法澄塔銘

唐 王延墓誌

痏

【隸書】

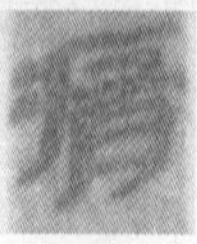
秦 睡 60

西漢 馬•病方

西漢 馬•天下

【楷書】

唐 崔倚墓誌

疵

【隸書】

秦 睡 152

秦 睡 254

西漢 馬•老甲

西漢 馬•縱横

唐 崔祐甫墓誌

唐 貞一廟碑

【楷書】

東魏 李憲墓誌

唐 扈小沖墓誌

痍

【隸書】

秦 睡 70

西漢 張•429

【楷書】

北周 普安壯公墓誌

唐 蔡君妻墓誌

唐 程思義墓誌

痾

【楷書】

唐 石經五經

痑

【楷書】

唐 石經九經

痟

【楷書】

唐 石經五經

唐 王待徵墓誌

痛

【楷書】

唐 道因法師碑

唐 石經九經

唐 石經尚書

唐 蘇恩妻墓誌

痗

【楷書】

唐 石經五經

唐 王豫墓誌

痢

【楷書】

唐 崔紹墓誌

痝

【楷書】

唐 苗縝墓誌

痤

【楷書】

唐 石經五經

痕

【隸書】

唐 植松柏碑

【楷書】

唐 張士陵墓誌

痊

【隸書】

唐 修定寺記碑

【楷書】

隋 尉富娘墓誌

唐 張惟妻合誌

後唐 康贊羨墓誌

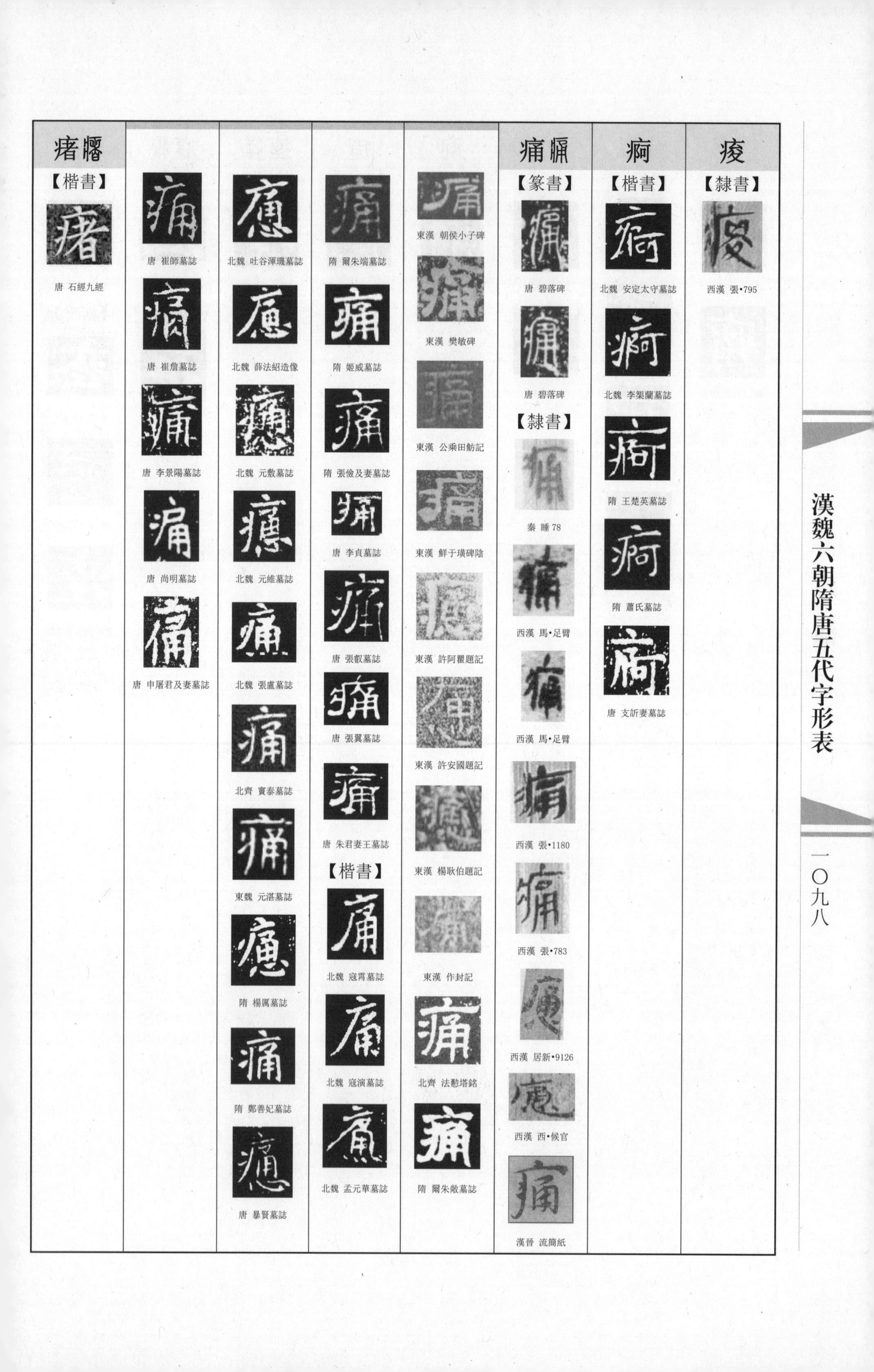

瘦

【隸書】

西漢 張•795

痾

【楷書】

北魏 安定太守墓誌

北魏 李渠蘭墓誌

隋 王楚英墓誌

隋 蕭氏墓誌

唐 支訢妻墓誌

痛瘺

【篆書】

唐 碧落碑

唐 碧落碑

【隸書】

秦 睡 78

西漢 馬•足臂

西漢 馬•足臂

西漢 張•1180

西漢 張•783

西漢 居新•9126

西漢 西•候官

漢晉 流簡紙

東漢 朝侯小子碑

東漢 樊敏碑

東漢 公乘田魴記

東漢 鮮于璜碑陰

東漢 許阿瞿題記

東漢 許安國題記

東漢 楊耿伯題記

東漢 作封記

北齊 法勲塔銘

隋 爾朱敞墓誌

隋 爾朱端墓誌

隋 姬威墓誌

隋 張儉及妻墓誌

唐 李貞墓誌

唐 張叡墓誌

唐 張翼墓誌

唐 朱君妻王墓誌

【楷書】

北魏 寇霄墓誌

北魏 寇演墓誌

北魏 孟元華墓誌

北魏 吐谷渾璣墓誌

北魏 薛法紹造像

北魏 元敷墓誌

北魏 元維墓誌

北魏 張盧墓誌

北齊 竇泰墓誌

東魏 元湛墓誌

隋 楊厲墓誌

隋 鄭善妃墓誌

唐 暴賢墓誌

唐 崔師墓誌

唐 崔詹墓誌

唐 李景陽墓誌

唐 尚明墓誌

唐 申屠君及妻墓誌

瘏⿸疒番

【楷書】

唐 石經九經

瘁	瘖	瘐	瘻𤻮	痺	痱𤺺	瘭𤻲	瘤
【隸書】  唐 龐履温碑  唐 張延賞殘碑 【楷書】  北魏 元徽墓誌  北魏 元略墓誌  隋 董敬墓誌  唐 卜璀墓誌  唐 黑齒俊墓誌  唐 裴瑾墓誌  唐 王思齊墓誌  唐 王翼墓誌	【楷書】  唐 石經五經	【楷書】  南朝陳 劉猛進碑	【隸書】  西漢 張•1127  漢晉 流簡紙 【楷書】  北魏 楊阿難墓誌  唐 屈澄墓誌	【楷書】  唐 秦公夫人墓誌  唐 韋豫墓誌  唐 鄭瀆墓誌	【楷書】  唐 朱琳墓誌	【隸書】  西漢 張•1173  漢晉 流簡紙	【隸書】  隋 趙朗墓誌  唐 關道愛墓誌  唐 劉粲墓誌 【楷書】  北周 步孤須蜜多墓誌  唐 嬰殤女墓誌

唐 鄭金墓誌

瘥

【隸書】

唐 尉迟迥碑陰

【楷書】

唐 柳昱墓誌

唐 石經五經

唐 王寬墓誌

唐 鄭温球墓誌

瘍

【楷書】

北魏 賈瑾墓誌

唐 石經五經

瘧

【隸書】

秦 關周·病方

西漢 馬·老乙前

西漢 馬·老乙前

西漢 馬·陰陽甲

西漢 張·790

西漢 張·794

瘕

【楷書】

東魏 叔孫固墓誌

瘦

【隸書】

西漢 馬·足臂

西漢 居新·7467

東漢 西·寇恩

東漢 西·寇恩

【楷書】

魏晉 樓·紙

唐 劉庭訓墓誌

瘉

【隸書】

西漢 張·785

【楷書】

唐 石經五經

唐 張興墓誌

唐 張興墓誌

瘣

【楷書】

唐 石經五經

唐 王豫墓誌

[illegible]

【楷書】

唐 魏仲連墓誌

瘖

【楷書】

唐 石經五經

瘨

【楷書】

唐 石經五經

瘞

【隸書】

西漢 習字觚

隋 郭達墓誌

唐 關道愛墓誌

唐 李彥墓誌

唐 劉粲墓誌

唐 盧行毅墓誌

唐 張休光墓誌

唐 朱君妻王墓誌

【楷書】

晉 華芳墓誌陰

北魏 王僧男墓誌

北魏 王誦墓誌

隋 董美人墓誌

隋 牛方大墓誌

隋 王世琛墓誌

隋 楊厲墓誌

隋 鄭善妃墓誌

唐 狄玄愬墓誌

唐 李遇□墓誌

唐 劉彥之墓誌

唐 滎脩墓誌

唐 陶禹墓誌

唐 王從政墓誌

唐 王海朝墓誌

唐 薛華墓誌

唐 瘞琴銘

唐 源君妻墓誌

唐 張才墓誌

唐 趙爽墓誌

唐 朱庭玘墓誌

唐 朱萱墓誌

瘜

【隸書】

西漢 張•758

瘼

【隸書】

隋 段濟墓誌

唐 京兆金氏墓誌

唐 張頠墓誌

唐 掌徹墓誌

【楷書】

北魏 和邃墓誌

東魏 元均及妻墓誌

隋 元鐘墓誌

唐 盧翊墓誌

唐 司馬銓墓誌

唐 鄭仁泰墓誌

瘵

【隸書】

唐 京兆金氏墓誌

【楷書】

南朝陳 劉猛進碑

隋 王世琛墓誌

唐 崔植墓誌

唐 石經五經

唐 薛世感墓誌

唐 閻肇墓誌

唐 鄭逢墓誌

唐 鄭温球墓誌

瘇

【隸書】

東漢 鮮于璜碑陽

瘴

【楷書】

唐 杜君妻孫墓誌

唐 劉庭訓墓誌

唐 韋泂墓誌

瘠

【隸書】

唐 崔泰之墓誌

唐 王震墓誌

唐 鄭忠墓碑

【楷書】

北魏 元寶月墓誌

唐 崔觿妻合誌

唐 盧直墓誌

唐 祁惠墓誌

唐 袁仁爽墓誌

瘚

【楷書】

唐 盧直墓誌

瘡

【楷書】

唐 魏叔元墓誌

唐 玄秘塔碑

唐 玄秘塔碑

瘕

【隸書】

西漢 張•666

【楷書】

東魏 李憲墓誌

瘭

【楷書】

唐 石經尚書

瘝

【楷書】

唐 王約墓誌

癈

【隸書】

唐 行儼碑

【楷書】

唐 石經五經

癉

【隸書】

西漢 張•816

【楷書】

唐 高隆基墓誌

療

【隸書】

晉 徐義墓誌陽

唐 王媛墓誌陰

【楷書】

北魏 馮邕妻墓誌

隋 曹海凝墓誌

隋 劉則墓誌

隋 王世琛墓誌

唐 崔璆墓誌

唐 李秀琮墓誌

癘

【隸書】

秦 睡 63

東漢 許安國題記

唐 貞一廟碑

【楷書】

北魏 李榘蘭墓誌

北魏 張安姬墓誌

唐 景氏墓誌

唐 羅池廟碑

唐 毗伽特勤墓誌

唐 賈雄墓誌

唐 石經五經

唐 王君妻薛墓誌

瘳

【隸書】

秦 睡 130

西漢 馬•老乙前

西漢 馬•天下

東漢 曹全碑陽

隋 任顯及妻誌

【楷書】

北魏 侯愔墓誌

隋 王世琛墓誌

唐 霍氏墓誌

唐 賈從贊墓誌

癃

【隸書】

秦 睡 131

秦 睡 173

東漢 曹全碑陽

【楷書】

唐 孫公乂墓誌

癉

【楷書】

唐 陳雅妻墓誌

癖

【楷書】

唐 李訥妃墓誌

唐 桑貞墓誌

癡

【楷書】

唐 廣惠塔銘

癢 痒

【隸書】

唐 龐履温碑

【楷書】

唐 麻姑仙壇記

唐 權葬石表

唐 石經五經

𤻲

【楷書】

唐 石經五經

癧

【楷書】

唐 河東柳氏墓誌

癭

【隸書】

東漢 孔宙碑陰

【楷書】

北魏 楊乾墓誌

隋 張虔墓誌

唐 李叔夏墓誌

癬

【隸書】

唐 玄元靈應頌

【楷書】

唐 光福寺額勅

唐 李仙蕙志

𤻮

【楷書】

唐 陳皆墓誌

癰

【隸書】

秦 睡78

西漢 馬•縱橫

西漢 張•787

【楷書】

唐 王德表墓誌

立部

立亣

【篆書】

唐 碧落碑

唐 三墳記陰

【隸書】

秦 睡 136

秦 睡 239

西漢 馬•老甲

西漢 馬•老乙前

西漢 馬•老乙前

西漢 馬•事語

西漢 馬•縱横

西漢 居新•4068

西漢 西•詔書

漢晉 流簡紙

三國吳 走•二年

東漢 華山廟碑陽

東漢 淮源廟碑

東漢 景君碑陽

東漢 禮器碑

東漢 史晨後碑

東漢 宋伯望買田券正

東漢 楊德安題記

東漢 楊震碑

東漢 乙瑛碑

晉 魯詮墓表

晉 徐義墓誌陽

隋 任軌墓誌

隋 宋仲墓誌

唐 崔祐甫墓誌

唐 石臺孝經

唐 石臺孝經

唐 楊孝恭碑

唐 楊孝恭碑

唐 楊孝恭碑

唐 楊孝恭碑

唐 楊孝恭碑

唐 楊孝恭碑

唐 楊孝恭碑

唐 楊孝恭碑

【楷書】

南朝梁 羅浮山銘

南朝梁 章景造像

北魏 穆亮墓誌

北魏 穆彥墓誌

北魏 元彬墓誌

北魏 鄭黑墓誌

北周 馬龜墓誌

北周 時珍墓誌

隋 陳叔明墓誌

唐 石經尚書

唐 石經周易

唐 孫嗣初妻墓誌

竛

【楷書】

唐 劉如璋墓誌

章䇫

【篆書】

三國吳 天發神讖碑

唐 碧落碑

唐 碧落碑

唐 三墳記陽

唐 三墳記陰

【隸書】

秦 睡 255

西漢 馬•老甲

西漢 馬•老乙前

西漢 張•522

西漢 張•735

西漢 居新•2312
兩漢 西•懸檢
漢晉 流簡紙
東漢 倉頡廟碑側
東漢 曹全碑陽
東漢 肥致碑
東漢 淮源廟碑
東漢 孔宏碑
東漢 孔宙碑陰
東漢 馬姜墓記

東漢 任城黃腸石
東漢 石門頌
東漢 熹平石經易
東漢 許安國題記
東漢 乙瑛碑
東漢 尹宙碑
東漢 永元六年記
東漢 作封記
三國魏 王基斷碑
晉 華芳墓誌陰

北齊 法懃塔銘
隋 豆盧實墓誌
隋 爾朱敞墓誌
隋 蘇恒墓誌
隋 王楚英墓誌
隋 修孔子廟碑
隋 修孔子廟碑
唐 李貞墓誌
唐 石臺孝經
唐 石臺孝經

唐 史思禮墓誌
唐 史思禮墓誌
唐 楊孝恭碑
唐 張翼墓誌
唐 張翼墓誌

【楷書】

三國吳 浩宗買地券
北魏 姚伯多供養碑
北魏 元文墓誌
北魏 元新成妃墓誌
北魏 元昭墓誌

北齊 竇泰墓誌
北齊 竇泰墓誌
北齊 竇泰墓誌
隋 田光山妻墓誌
唐 崔楊墓誌
唐 石經尚書
唐 石經周易
唐 王宏墓誌

竟

【隸書】

西漢 馬•縱橫
西漢 張•477
西漢 居新•5785
西漢 居新•5878
西漢 居新•9122
東漢 西•奉例
東漢 景君碑陽
東漢 朐忍令碑
東漢 陶洛殘碑陽
東漢 永壽元年墓記

隋 豆盧實墓誌
隋 宋景造像碑
隋 張儉及妻墓誌
唐 崔祐甫墓誌

【楷書】

三國吳 走•五年
魏晉 樓•紙
魏晉 樓•紙
北魏 寇慰墓誌
北魏 楊乾墓誌
唐 李仙蕙志

唐 孟孝敏妻墓誌
唐 石經九經
唐 王翼墓誌
唐 薛巽墓誌

竫

【隸書】

隋 劉珍墓誌

【楷書】

北魏 元舉墓誌

北魏 元尚之墓誌

東魏 馮令華墓誌

唐 陸振墓誌

唐 石經九經

竢

【楷書】

唐 王容墓誌

竦

【隸書】

東漢 封龍山頌

東漢 建和三年記

東漢 楊統碑陽

唐 大忍寺碑

唐 李彥墓誌

【楷書】

北齊 高湝墓誌

北齊 婁黑女墓誌

北齊 司馬遵業墓誌

北齊 司馬遵業墓誌

隋 姬威墓誌

唐 董惟靖墓誌

唐 呼延章墓誌

唐 石經五經

童

【篆書】

唐 碧落碑

【隸書】

秦 睡 255

西漢 馬•老乙前

西漢 馬•老乙前

西漢 馬•老乙前

西漢 馬•事語

西漢 馬•天下

西漢 張•1100

西漢 張•495

東漢 曹全碑陽

東漢 朝侯小子碑

東漢 孔宙碑陰

隋 暴永墓誌

隋 符盛及妻墓誌

隋 郭達墓誌

唐 楊孝恭碑

【楷書】

北魏 于仙墓誌

北魏 元瞻墓誌

隋 田光山妻墓誌

唐 安廷墓誌

唐 石經九經

唐 石經九經

唐 石經周易

竨

【楷書】

唐 王希俊墓誌

竣

【楷書】

唐 源公廟詩刻

端

【隸書】

秦 關周•曆譜

西漢 馬•老子甲後

西漢 馬•養生

西漢 張•1131

西漢 張•1138

西漢 張•775

東漢 史晨前碑

東漢 趙寬碑

東漢 佐孟機題記

北齊 感孝頌

隋 宋景造像碑

隋 宋仲墓誌

唐 李神符碑

唐 石臺孝經

唐 楊孝恭碑

【楷書】

三國吳 走•五年

北魏 元崇業墓誌

隋 曹海凝墓誌

隋 蕭濆墓誌

唐 李鳳妃墓誌

唐 石經九經

竭

【隸書】

西漢 馬•天下

東漢 朝侯小子碑

東漢 石門頌

東漢 史晨後碑

東漢 許安國題記

東漢 楊震碑

隋 段濟墓誌

隋 澧水石橋碑

隋 任軌墓誌

隋 蘇恒墓誌

唐 戴令言墓誌

唐 張頗墓誌

唐 張翼墓誌

【楷書】

晉 華芳墓誌陰

北魏 元誨墓誌

北齊 竇泰墓誌

北齊 竇泰墓誌

東魏 邑主造石像

北齊 元賢墓誌

隋 樊氏墓誌

隋 楊厲墓誌

唐 車益墓誌

唐 崔琪墓誌

唐 李鳳妃墓誌

唐 任明墓誌

唐 司馬銓墓誌

唐 譚伍墓誌

竮

【楷書】

唐 劉如璋墓誌

競

【隸書】

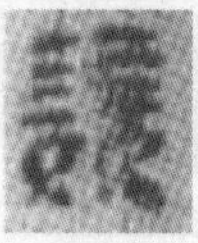
秦 關周•曆譜

西漢 習字觚

東漢 池陽令殘碑

東漢 楊震碑

三國魏 張君殘碑

北魏 王基墓誌

北齊 師道造象陽

北齊 司馬遵業墓誌

隋 爾朱端墓誌

隋 郭達墓誌

隋 口和墓誌

隋 鄭令妃墓誌

唐 蔡君妻墓誌

唐 張澮墓誌

【楷書】

北魏 郭顯墓誌

北魏 侯剛墓誌

北魏 薛孝通券

北魏 元羽墓誌

北周 賀屯植墓誌

東魏 元鷙墓誌

唐 崔師墓誌

唐 何戴墓誌

唐 李起宗墓誌

唐 裴琪墓誌

唐 石經五經

唐 石經五經

唐 石經五經

唐 司馬銓墓誌

唐 倚多羅墓誌

唐 張興墓誌

唐 鄭濆墓誌

穴部

穴

【隸書】

秦 睡65

西漢 馬•老乙前

東漢 楊子輿題記

東漢 佐孟機題記

隋 爾朱敞墓誌

隋 馬穉墓誌

隋 謝岳墓誌

隋 趙朗墓誌

唐 鄭忠墓碑

【楷書】

南朝梁 舊館壇碑

北魏 薛伯徽墓誌

唐 李術墓誌

唐 李總持墓誌

唐 石經五經

唐 石經五經

唐 石經周易

唐 于士恭墓誌

唐 張安墓誌

後唐 王璠墓誌

究

【隸書】

東漢 鮮于璜碑陽

東漢 楊淮表記

東漢 楊震碑

東漢 正直殘碑

東漢 鄭固碑

唐 紀信墓碑

唐 張顔墓誌

【楷書】

北魏 元壽安墓誌

北魏 元子正墓誌

東魏 惠究道通造像

隋 陳常墓誌

唐 豆盧遜墓誌

唐 陵季子廟碑

唐 石經五經

唐 職名殘石

唐 左光胤墓誌

空

【篆書】

北魏 元壽安誌蓋

唐 碧落碑

唐 李勣碑

【隸書】

秦 睡104

秦 睡29

西漢 馬•老乙前

西漢 馬•養生

西漢 張•1157

西漢 張•787

西漢 居新•6557

兩漢 西•醫藥

漢晉 流簡紙

東漢 韓仁銘

東漢 禮器碑

東漢 石門頌

東漢 史晨後碑

東漢 鮮于璜碑陽

東漢 乙瑛碑

北齊 司馬遵業墓誌

隋 爾朱敞墓誌

隋 勝福寺塔銘

隋 蘇恒墓誌

唐 楊孝恭碑

唐 楊孝恭碑

【楷書】

北魏 王翊墓誌

北齊 竇泰墓誌

北齊 姚景等造像

東魏 元睟墓誌

隋 田光山妻墓誌

隋 王楚英墓誌

隋 薛保興墓誌

唐 善悟塔銘

唐 支子璋墓誌

穸

【隸書】

唐 崔沔墓誌陽

唐 趙冬曦壙誌

【楷書】

北魏 于仙墓誌

北魏 元文墓誌

唐 崔齊榮墓誌

唐 張騷墓誌

穹

【篆書】

唐 三墳記陰

【隸書】

西漢 居新•6563

東漢 朝侯小子碑

東漢 郙閣頌

東漢 華山廟碑陽

東漢 熹平殘石

東漢 楊著碑陽

北齊 感孝頌

隋 豆盧實墓誌

隋 關明墓誌

隋 修孔子廟碑

唐 柳偘妻墓誌

唐 屈突通墓誌

【楷書】

北魏 元昉墓誌

隋 橋紹墓誌

唐 石經五經

唐 王公度墓誌

唐 朱庭瑾墓誌

突

【隸書】

秦 睡 46

西漢 張•790

東漢 趙寬碑

隋 馬長和造像

隋 蘇恒墓誌

【楷書】

北魏 元弼墓誌

北魏 元彬墓誌

北魏 元恭墓誌

北魏 元昭墓誌

隋 段威墓誌

唐 安元壽墓誌

唐 毗伽特勤墓誌

唐 石經五經

唐 石經周易

唐 蘇恩妻墓誌

唐 尉遲敬德墓誌

唐 顔人墓誌

唐 臧懷恪墓碑

唐 執失善光

穿

【隸書】

秦 睡 112

秦 睡 140

秦 睡 142

西漢 張•814

【楷書】

北魏 元襲墓誌

北齊 劉雙仁墓誌

隋 何氏墓誌

隋 劉德墓誌

唐 賈楚墓誌

唐 石經五經

窀

【隸書】

東漢 孔宙碑陽

唐 劉粲墓誌

唐 趙冬曦壙誌

【楷書】

北魏 和邃墓誌

北魏 秦洪墓誌

北魏 宋虎墓誌

北魏 唐雲墓誌

北魏 王基墓誌

北魏 元賓月墓誌

北魏 元纈墓誌

北魏 元略墓誌

北魏 元維墓誌

北魏 元文墓誌

北魏 元子直墓誌

東魏 陸順華墓誌

隋 盧旋芷墓誌

隋 明雲騰墓誌

隋 王世琛墓誌

唐 樊君妻墓誌

唐 石經五經

唐 越國太妃墓誌

唐 張騷墓誌

唐 掌徹墓誌

穽

【隸書】

西漢 張•272

三國魏 曹真殘碑陽

【楷書】

東魏 張滿墓誌

唐 侯續墓誌

窆

【隸書】

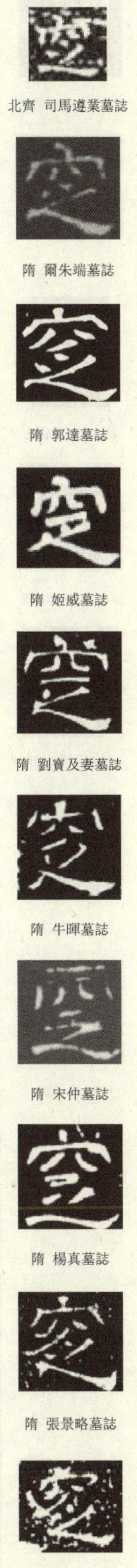

北齊 司馬遵業墓誌

隋 爾朱端墓誌

隋 郭達墓誌

隋 姬威墓誌

隋 劉寶及妻墓誌

隋 牛暉墓誌

隋 宋仲墓誌

隋 楊真墓誌

隋 張景略墓誌

隋 張盛墓誌

隋 鄭令妃墓誌

唐 史思禮墓誌

唐 唐直墓誌

唐 楊孝恭碑

唐 張翼墓誌

【楷書】

北魏 寇霄墓誌

北魏 寇演墓誌

北魏 元斆墓誌

北魏 元誨墓誌

北魏 元文墓誌

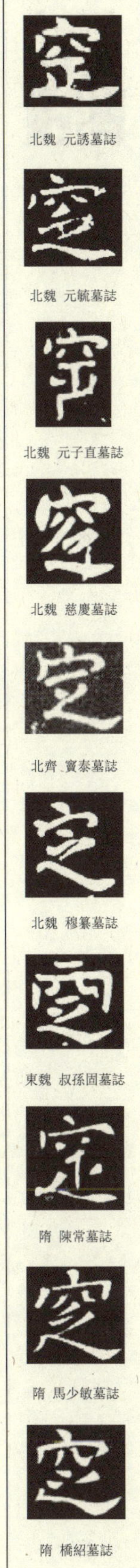

北魏 元誘墓誌

北魏 元毓墓誌

北魏 元子直墓誌

北魏 慈慶墓誌

北齊 竇泰墓誌

北魏 穆纂墓誌

東魏 叔孫固墓誌

隋 陳常墓誌

隋 馬少敏墓誌

隋 橋紹墓誌

隋 元鍾墓誌

隋 張波墓誌

唐 李和墓誌

唐 尚明墓誌

唐 石經五經

唐 楊宇墓誌

唐 張崈墓誌

唐 張濬墓誌

唐 支子珪墓誌

窅

【篆書】

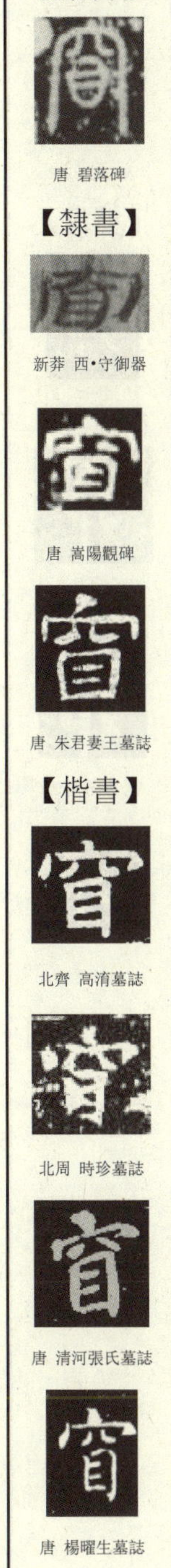

唐 碧落碑

【隸書】

新莽 西•守御器

唐 嵩陽觀碑

唐 朱君妻王墓誌

【楷書】

北齊 高湑墓誌

北周 時珍墓誌

唐 清河張氏墓誌

唐 楊曜生墓誌

窕 (篆)

【隸書】

東漢 楊耿伯題記

晉 管洛墓誌陰

唐 八都壇碑

唐 鄭國長公主碑

唐 徐盼墓誌

【楷書】

晉 黃庭內景經

北魏 馮迎男墓誌

北魏 石婉墓誌

北魏 司馬氏墓誌

北魏 元純阤墓誌

𥦗

【楷書】

唐 張士貴墓誌

窒 (篆)

【楷書】

唐 石經五經

唐 石經周易

唐 石經周易

唐 趙貨墓誌

東魏 王令媛墓誌

隋 蕭氏墓誌

唐 郭君妻墓誌

唐 胡明期母墓誌

唐 李訥妃墓誌

唐 石經五經

唐 姚君妻墓誌

窈 (篆)

【隸書】

東漢 肥致碑

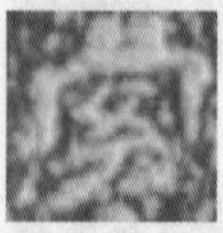
東漢 楊耿伯題記

唐 八都壇碑

唐 告華嶽府君

唐 鄭國長公主碑

唐 徐盼墓誌

【楷書】

北魏 馮會莨墓誌

北魏 元純阤墓誌

北齊 爾朱元靜墓誌

窋 (篆)

【楷書】

唐 石經五經

窄

【楷書】

唐 廣濟橋碑

唐 萬壽寺記

窌 (篆)

【隸書】

西漢 張•992

【楷書】

唐 崔哲妻墓誌

唐 石經五經

唐 王容墓誌

唐 臧懷亮墓誌

窣

【楷書】

闔 堅牢塔記

窟

【隸書】

唐 北獄廟碑

【楷書】

北魏 慈香惠造像

北魏 楊大眼造像

北魏 元顯墓誌

唐 張安墓誌

唐 掌徹墓誌

窨

【隸書】

秦 睡 104

秦 睡 110

秦 睡 110

【楷書】

唐 石經五經

唐 石經周易

窠

【楷書】

唐 馮僊師墓誌

後晉 袁從章墓誌

窘

【楷書】

北魏 弔比干文陽

唐 阿史那貞忠墓誌

唐 石經五經

唐 薛參墓誌

窗

【隸書】

隋 修孔子廟碑

唐 孔子廟碑

唐 嵩陽觀碑

唐 宴濟瀆序陽

唐 貞一廟碑

【楷書】

北齊 定國寺塔碑

北齊 婁黑女墓誌

隋 董美人墓誌

唐 石經五經

唐 石經五經

東魏 王令媛墓誌

隋 蕭氏墓誌

唐 李英墓誌

唐 石經五經

唐 王氏殘墓誌

唐 張氏墓誌

窫

【楷書】

唐 尉遲敬德墓誌

窬

【隸書】

西漢 居新•629

唐 尹文操碑

【楷書】

唐 石經五經

窨

【楷書】

唐 郭克全墓誌

窴

【隸書】

西漢 居新•7427

【楷書】

北魏 李超墓誌

窱

【楷書】

唐 胡明期母墓誌

窮

【隸書】

東漢 楊震碑

秦 關周•日書

秦 關周•日書

西漢 馬•老乙前

西漢 張•1104

西漢 張•623

東漢 樊敏碑

東漢 景君碑陽

東漢 王舍人碑

東漢 熹平石經易

東漢 楊著碑陽

東漢 乙瑛碑

東漢 趙寬碑

東漢 鄭固碑

晉 吕望表

北周 華嶽頌

北齊 馬天祥造像

隋 郭王墓誌

隋 李元墓誌

隋 牛暉墓誌

唐 蔡君妻墓誌

唐 夫子廟堂碑

唐 孔子廟碑

唐 潘基墓誌

唐 沈知敏墓誌

唐 張翼墓誌

【楷書】

北魏 元纖墓誌

東魏 杜文雍造像

東魏 元湛墓誌

隋 高熲墓誌

隋 王世琛墓誌

唐 慶公神祠碑

唐 沈士公墓誌

唐 石經尚書

唐 石經五經

唐 石經五經

唐 石經周易

唐 宋莊墓誌

唐 孫公夫人墓誌

唐 張道昪墓誌

窳

【篆書】

唐 三墳記陽

【楷書】

隋 盧文構墓誌

唐 龍泉記

窯

【隸書】

西漢 張•549

西漢 張•551

窺

【隸書】

隋 李元墓誌

隋 鄭令妃墓誌

唐 抱腹寺碑

唐 李神符碑

唐 龐履温碑

唐 屈突通墓誌

【楷書】

東魏 淨智塔銘

北齊 元賢墓誌

隋 范安貴墓誌

隋 賈玄贊墓誌

隋 楊厲墓誌

唐 陳叔度墓誌

唐 段承宗墓誌

唐 陵季子廟碑

唐 石經五經

唐 顔相墓誌

唐 張洛墓誌

窿

【楷書】

唐 王僧墓誌

窶

【隸書】

西漢 馬•足臂

唐 崔暟墓誌陰

【楷書】

唐 崔紹墓誌

唐 盧直墓誌

唐 司馬元禮墓誌

唐 于君妻墓誌

窾

【楷書】

唐 趙貨墓誌

竈

【隸書】

秦 睡116

隋 段濟墓誌

唐 嵩陽觀碑

【楷書】

東魏 李挺墓誌

唐 石經五經

唐 石經五經

唐 王羊仁墓誌

唐 薛贖墓誌

隋 張壽墓誌

唐 崔緼墓誌

唐 姬溫墓誌

竇

【篆書】

唐 竇叔向墓誌額

唐 峿臺銘

【隸書】

秦 睡69

西漢 居新•1223

隋 爾朱敞墓誌

隋 蕭瑾墓誌

【楷書】

北魏 楊府君墓誌

北齊 竇泰墓誌

北齊 竇泰墓誌

唐 程思義墓誌

唐 樊廉墓誌

唐 李翹墓誌

唐 李審規墓記

唐 李壽墓誌

唐 李邕墓誌

唐 石經尚書

唐 石經五經

唐 宋莊墓誌

竄

【隸書】

西漢 馬•養生

晉 郛休碑陽

隋 姬威墓誌

隋 修孔子廟碑

唐 北獄廟碑

【楷書】

南朝陳 衛和墓誌

北魏 檀賓墓誌

北魏 元瞻墓誌

北周 時珍墓誌

竅

【隸書】

西漢 馬•縱橫

西漢 張•1201

唐 尹尊師碑

【楷書】

晉 黃庭經

唐 石經五經

竁

【楷書】

隋 陳叔明墓誌

唐 裴瑾墓誌

唐 石經五經

唐 唐嘉會墓誌

窺

【楷書】

唐 石經五經

竊

【隸書】

西漢 馬•縱橫

西漢 馬•縱橫

東漢 建寧元年殘碑

北齊 西門豹碑陽

唐 崔泰之墓誌

【楷書】

魏晉 樓•紙

北魏 于景墓誌

東魏 馮令華墓誌

東魏 劉雙周塔記

隋 范安貴墓誌

隋 寧贊墓碑

唐 張嘉福墓誌

唐 董葵墓誌

唐 高義忠墓誌

唐 石經五經

唐 楊執一墓誌

唐 元瓌墓誌

唐 周敬本墓誌

後唐 王璠墓誌

疋部

疏

【隸書】

秦 睡78

西漢 馬•老甲

西漢 馬•老子甲後

西漢 馬•縱橫

西漢 馬•縱橫

西漢 張•1046

西漢 張•277

西漢 居新•2155

西漢 武•服傳甲

西漢 武•有司甲

漢晉 流簡紙

漢晉 流簡紙

漢晉 流簡紙

東漢 蒼山元嘉題記

東漢 蒼山冢刻石

東漢 曹全碑陽

東漢 淮源廟碑

東漢 買田約束石

三國魏 范式碑陽

北周 華嶽頌

北齊 司馬遵業墓誌

北齊 司馬遵業墓誌

隋 澧水石橋碑

隋 馬穉墓誌

唐 京兆金氏墓誌

唐 京兆金氏墓誌

唐 石臺孝經

唐 宴濟瀆序陰額

唐 張翼墓誌

唐 張翼墓誌

【楷書】

魏晉 樓•紙

魏晉 樓•紙

北魏 元茂墓誌

北魏 元悌墓誌

北魏 元文墓誌

北齊 竇泰墓誌

隋 董美人墓誌

隋 田德元墓誌

隋 王楚英墓誌

唐 李福墓誌

唐 李震墓誌

唐 裴撝墓誌

唐 裴簡妻墓誌

唐 石經五經

唐 孫讜墓誌

唐 唐沙墓誌

唐 王協墓誌

唐 尉遲敬德墓誌

唐 楊貴墓誌

唐 姚存古墓誌

疑

【篆書】

唐 碧落碑

【隸書】

秦 睡35

秦 關周•日書

西漢 馬•老乙前

西漢 張•1065

西漢 張•609

西漢 居新•7489

漢晉 流簡紙

東漢 校官碑

東漢 楊著碑陽

晉 郛休碑陽

北齊 感孝頌

隋 關明墓誌

唐 崔暟墓誌陽

唐 徐盼墓誌

唐 楊孝恭碑

【楷書】

魏晉 樓•紙

晉 洛神十三行

北魏 元乂墓誌

北齊 高湑墓誌

隋 卜鑒墓誌

隋 朱氏墓誌

唐 獨孤氏墓誌

唐 李叔夏墓誌

唐 石經尚書

唐 石經五經

唐 石經周易

唐 王頠墓誌

唐 楊魯士妻墓誌

唐 臧懷恪墓碑

唐 趙南山墓誌

唐 真義女碑銘

唐 鄭中基墓誌

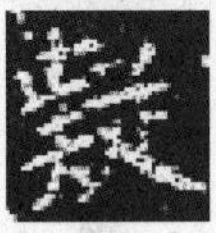
後周 蕭處仁墓誌

皮部

皮

【隸書】

秦 睡91

西漢 馬•合陰陽

西漢 馬•合陰陽

西漢 馬•天下

西漢 馬•縱横

西漢 張•1072

漢晉 流簡紙

三國吳 走•二年

晉 辟雍頌陽

隋 口和墓誌

【楷書】

北魏 石婉墓誌

隋 段濟墓誌

隋 張虔墓誌

唐 白鹿泉碑陽

唐 江璀墓誌

唐 石經尚書

皺

【楷書】

北齊 梁子彥墓誌

癸

【篆書】

東漢 袁安碑

三國魏 正始石經

【隸書】

秦 睡113

秦 睡201

秦 關周·曆譜

秦 關周·曆譜

西漢 張·1088

西漢 居新·3543

西漢 居新·3544

東漢 馮孺人題記

東漢 魯峻碑陽

東漢 孟孝琚碑

東漢 三老刻石

東漢 夏承碑

東漢 許安國題記

東漢 楊統碑陽

東漢 趙儀碑

東魏 宗欣墓誌

隋 豆盧實墓誌

隋 張儉及妻墓誌

隋 張姜墓誌

隋 趙朗墓誌

唐 庫狄真相墓誌

唐 唐世榮墓誌

【楷書】

北魏 賈景造像記

北魏 鞠彥雲墓誌

北魏 元簡殘石

東魏 公孫甑生墓誌

北周 賀屯植墓誌

東魏 劉目蓮造像

隋 盧文構墓誌

隋 王楚英墓誌

隋 王楚英墓誌

隋 元鐘墓誌

隋 元鐘墓誌

唐 禪師方墳記

唐 李仙蕙志

唐 石經尚書

唐 石經五經

唐 石經五經

唐 王氏墓誌

唐 周紹業墓誌

登

【篆書】

唐 峿臺銘

【隸書】

西漢 馬·老甲

西漢 馬·十問

西漢 居新·1241

西漢 居新·8752

東漢 白石神君碑

東漢 曹全碑陽

東漢 從事馮君碑

東漢 華山廟碑陽

東漢 景君碑陰

東漢 孔宙碑陽

東漢 尚博殘碑

東漢 石門頌

東漢 鮮于璜碑陰

東漢 許安國題記

東漢 楊震碑

東漢 張壽殘碑

晉 呂望表

北齊 感孝頌

北齊 司馬遵業墓誌

隋 段濟墓誌
隋 姬威墓誌
隋 牛諒墓誌
唐 褚亮碑
唐 玄元靈應頌

【楷書】

北魏 曹天度造像
北魏 寇臻墓誌
北魏 吳光墓誌
北魏 元湛墓誌
北齊 優婆姨造像陰

隋 段模墓誌
隋 盧文機墓誌
隋 馬少敏墓誌
隋 蘇豐國造像
唐 李修已墓誌
唐 龍泉記
唐 沈中黃墓誌
唐 石經尚書
唐 石經五經
唐 石經周易

唐 唐嘉會墓誌
後唐 吳君妻曹墓誌

發

【篆書】

東漢 馮孺人題記
三國吳 天發神讖碑
三國吳 天發神讖碑

【隸書】

秦 睡35
秦 關周•日書
秦 關周•日書
西漢 馬•合陰陽
西漢 張•773
西漢 居新•1028
西漢 居新•7497

東漢 蒼山元嘉題記
東漢 池陽令殘碑
東漢 肥致碑
東漢 衡方碑
東漢 熹平石經易
東漢 楊著碑陽
東漢 造土牛碑
東漢 造土牛碑
東漢 趙葯殘碑
三國魏 張君殘碑

晉 辟雍頌陽
晉 辟雍頌陽
晉 辟雍頌陽
晉 辟雍頌陽
北齊 司馬遵業墓誌
隋 豆盧實墓誌
隋 段濟墓誌
隋 爾朱敞墓誌
隋 爾朱端墓誌
隋 侯肇墓誌

隋 蕭瑾墓誌
隋 張儉及妻墓誌
唐 戴令言墓誌
唐 闞道愛墓誌
唐 盧行毅墓誌
唐 石臺孝經
唐 王媛墓誌陰
唐 趙冬曦壙誌

【楷書】

北魏 馮邕妻墓誌
北魏 笱景墓誌

北魏 侯愔墓誌
北魏 蘭將墓誌
北魏 穆夫人墓誌
北魏 司馬氏墓誌
北魏 檀賓墓誌
北魏 吐谷渾璣墓誌
北魏 元彬墓誌
北魏 元融墓誌
北魏 元仙墓誌
北魏 周存妻殘石

東魏 程榮造像

北齊 道明墓誌

北周 董道生造像

北齊 竇泰墓誌

北周 賀屯植墓誌

隋 杜相夫造像

隋 元鐘墓誌

隋 鄭善妃墓誌

唐 曹乂墓誌

唐 潘基墓誌

唐 清河張氏墓誌

唐 石經五經

唐 石經周易

唐 王豫墓誌

唐 王之渙墓誌

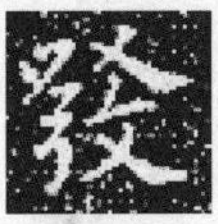
唐 楊執一墓誌

唐 元瑛墓誌

唐 越國太妃墓誌

唐 張騷墓誌

唐 支成墓誌

唐 重藏舍利記

矛部

矛

【隸書】

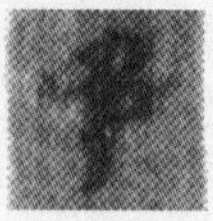
秦 睡60

漢晉 流簡紙

【楷書】

北魏 鮮于仲兒墓誌

北魏 元瞻墓誌

北齊 竇泰墓誌

唐 劉庭訓墓誌

矜

【隸書】

西漢 馬•老甲

西漢 馬•老甲

東漢 校官碑

三國魏 受禪碑

北魏 王基墓誌

唐 義福禪師碑

【楷書】

晉 華芳墓誌陰

北魏 成氏墓誌

北魏 封魔奴墓誌

北魏 王翊墓誌

北魏 元新成妃墓誌

北齊 婁黑女墓誌

唐 傅思諫墓誌

唐 石經尚書

唐 張洛墓誌

唐 張威墓誌

矞

【楷書】

唐 石經五經

矟

【楷書】

隋 鄧昞墓誌

耒部

耒

【隸書】

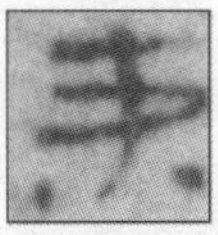

漢晉 流簡紙

東漢 造土牛碑

三國吳 谷朗碑

【楷書】

唐 陰好兒墓誌

耕

【隸書】

北魏 翟普林造像

唐 王震墓誌

【楷書】

魏晉 樓•紙

南朝陳 衛和墓誌

北魏 劉根造像記

北魏 元徽墓誌

北魏 元徽墓誌

唐 曹乂墓誌

唐 柳偘妻墓誌

唐 石經五經

唐 石經周易

唐 趙嘉及妻墓誌

後周 勅不停廢記

耘

【楷書】

唐 崔璘墓誌

唐 石經五經

唐 王卿及妻墓誌

耗

【隸書】

秦 睡 45

西漢 張•927

西漢 張•946

【楷書】

魏晉 樓•紙

東魏 邑主造石像

北齊 元賢墓誌

唐 彭氏墓誌

唐 石經五經

唐 王諫墓誌

耜

【隸書】

唐 紀信墓碑

【楷書】

唐 石經五經

耡

【楷書】

唐 石經五經

耤

【楷書】

唐 石經五經

耦

【隸書】

秦 睡 156

東漢 三公山碑

【楷書】

唐 盧伯卿墓誌

唐 石經五經

唐 蘇斌墓誌

耨

【隸書】

東漢 孔宙碑陽

【楷書】

唐 龍泉記

唐 尚明墓誌

唐 石經五經

唐 雁塔聖教序

唐 雁塔聖教序

唐 張帝墓誌

老部

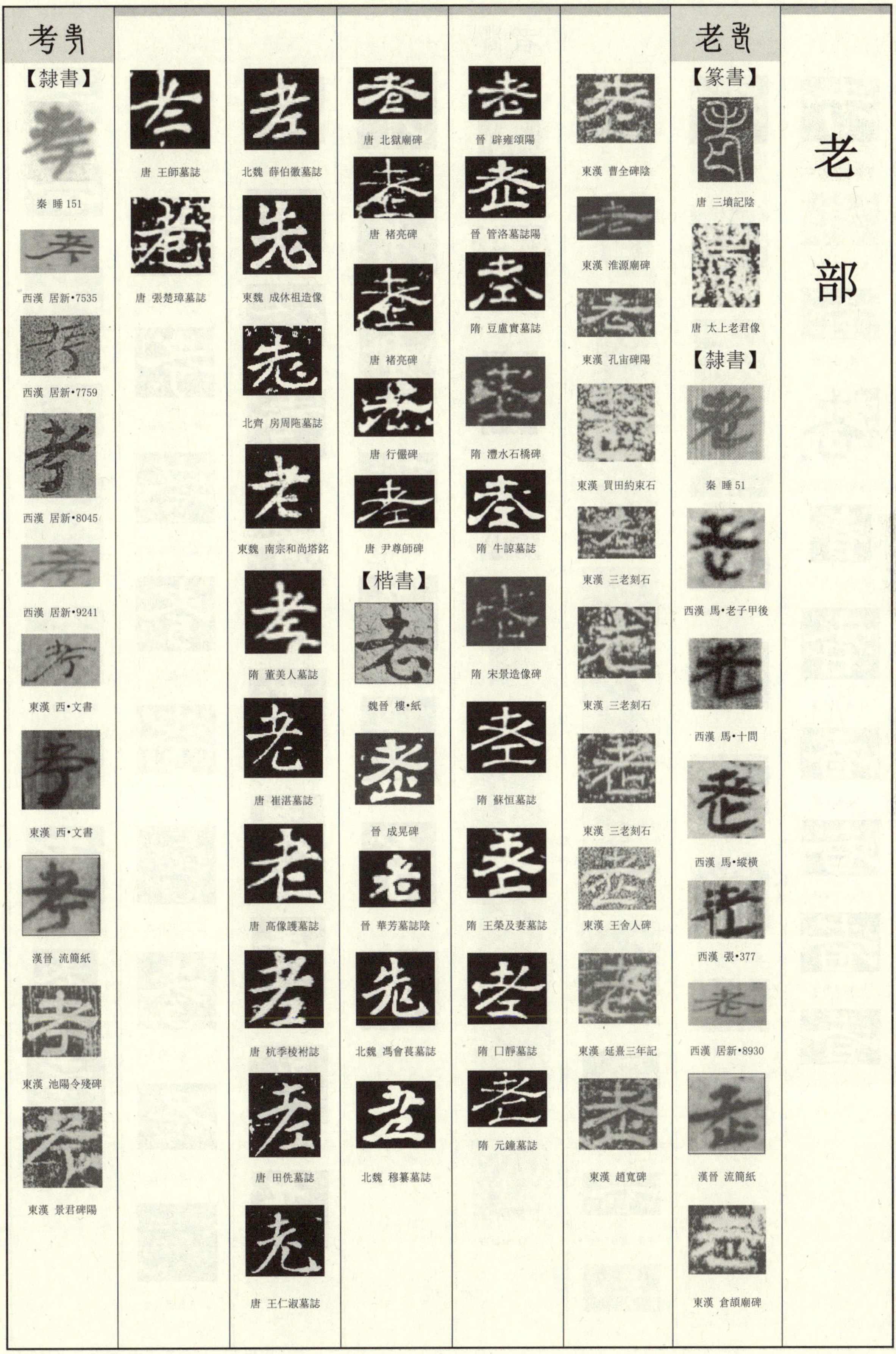

老

【篆書】

唐 三墳記陰

唐 太上老君像

【隸書】

秦 睡51

西漢 馬•老子甲後

西漢 馬•十問

西漢 馬•縱横

西漢 張•377

西漢 居新•8930

漢晉 流簡紙

東漢 倉頡廟碑

東漢 曹全碑陰

東漢 淮源廟碑

東漢 孔宙碑陽

東漢 買田約束石

東漢 三老刻石

東漢 三老刻石

東漢 三老刻石

東漢 王舍人碑

東漢 延熹三年記

東漢 趙寬碑

晉 辟雍頌陽

晉 管洛墓誌陽

隋 豆盧實墓誌

隋 灃水石橋碑

隋 牛諒墓誌

隋 宋景造像碑

隋 蘇恒墓誌

隋 王榮及妻墓誌

隋 口靜墓誌

隋 元鐘墓誌

唐 北獄廟碑

唐 褚亮碑

唐 褚亮碑

唐 行儼碑

唐 尹尊師碑

【楷書】

魏晉 樓•紙

晉 成晃碑

晉 華芳墓誌陰

北魏 馮會萇墓誌

北魏 穆纂墓誌

北魏 薛伯徽墓誌

東魏 成休祖造像

北齊 房周陁墓誌

東魏 南宗和尚塔銘

隋 董美人墓誌

唐 崔湛墓誌

唐 高像護墓誌

唐 杭季梭袝誌

唐 田侁墓誌

唐 王仁淑墓誌

唐 王師墓誌

唐 張楚璋墓誌

考

【隸書】

秦 睡151

西漢 居新•7535

西漢 居新•7759

西漢 居新•8045

西漢 居新•9241

東漢 西•文書

東漢 西•文書

漢晉 流簡紙

東漢 池陽令殘碑

東漢 景君碑陽

東漢 孔宙碑陽
東漢 朐忍令碑
東漢 石門闕銘
東漢 史晨後碑
東漢 夏承碑
東漢 楊統碑陽
東漢 子游殘碑
三國魏 張君殘碑
晉 辟雍頌陽
晉 劉韜墓志

晉 石尠墓誌
隋 爾朱敞墓誌
隋 郭達墓誌
隋 口墮及妻墓誌
隋 任軌墓誌
隋 王榮及妻墓誌
隋 元鐘墓誌
隋 張儉及妻墓誌
隋 張盛墓誌
唐 史思禮墓誌

唐 楊孝恭碑
唐 楊孝恭碑
唐 尹尊師碑
唐 張翼墓誌
唐 趙冬曦壙誌

【楷書】

北魏 高珪墓誌
北魏 元壽安墓誌
北魏 元悌墓誌
東魏 王偃墓誌
隋 梁瓌墓誌

隋 張濤妻墓誌
唐 清河張氏墓誌
唐 石經尚書
唐 石經五經
唐 石經五經
唐 石經周易
唐 許行本合誌
唐 楊文軌造像

者

【篆書】

東漢 袁安碑
三國吳 天發神讖碑
唐 多寶佛塔銘
唐 三墳記陰
唐 峿臺銘

【隸書】

秦 睡 43
秦 關周・病方
秦 關周・病方
秦 關周・日書

西漢 馬・老乙前
西漢 馬・老子甲後
西漢 張・1087
西漢 張・782
兩漢 武・王杖
漢晉 流簡紙
漢晉 流簡紙
西漢 楚王墓塞石
東漢 蒼山元嘉題記
東漢 曹全碑陽
東漢 朝侯小子碑

東漢 肥致碑
新莽 禳盜刻石
東漢 善言者題刻
東漢 石門頌
東漢 鮮于璜碑陽
東漢 薌他君題記
東漢 楊德安題記
東漢 楊統碑陽
東漢 楊震碑
東漢 楊震碑

東漢 楊著碑陽
東漢 乙瑛碑
東漢 乙瑛碑
三國吳 買冢城磚
晉 辟雍頌陽
唐 李神符碑
唐 石臺孝經
唐 楊孝恭碑
唐 楊孝恭碑
唐 楊孝恭碑

者

唐 尹尊師碑

【楷書】

魏晉 樓•紙

晉 黃庭內景經

北魏 崔承宗造像

北魏 郭顯墓誌

北魏 元悌墓誌

北齊 竇泰墓誌

隋 李則墓誌

隋 王弘墓誌

隋 姚太墓誌

唐 石經尚書

唐 石經周易

耇

【隸書】

唐 北嶽廟碑

【楷書】

唐 盧初墓誌

唐 石經尚書

唐 石經五經

耆

【篆書】

唐 城隍廟碑

【隸書】

秦 睡214

西漢 馬•足臂

兩漢 西•馬簡

漢晉 流簡紙

漢晉 流簡紙

晉 辟雍頌陽

隋 段濟墓誌

唐 白鹿泉碑陰

唐 戴令言墓誌

【楷書】

北魏 慈慶墓誌

唐 阿史那貞忠墓誌

唐 呼延章墓誌

唐 石經五經

唐 蘇斌墓誌

唐 雁塔聖教序

耄

【楷書】

東魏 呂覎墓誌

唐 祁惠墓誌

唐 石經尚書

唐 石經五經

唐 孫文任墓誌

耋

【篆書】

唐 城隍廟碑

【隸書】

唐 刻石記

唐 柳偘妻墓誌

【楷書】

北魏 薛慧命墓誌

北魏 于仙墓誌

唐 李壽墓誌

唐 劉禄墓誌

唐 石經五經

唐 石經周易

唐 楊會墓誌

耳部

耳

【篆書】

三國魏 正始石經

【隸書】

秦 睡59

西漢 馬•老甲

西漢 馬•老子甲後

西漢 張•804

西漢 張•804

西漢 居新•7483

漢晉 流簡紙

隋 宋景造像碑

唐 尹尊師碑

【楷書】

晉 筆陣圖

北魏 郭顯墓誌

隋 蕭氏墓誌

唐 曹乂墓誌

唐 賈令琬墓誌

唐 石經尚書

唐 石經周易

耴

【楷書】

唐 石經五經

刵

【楷書】

唐 石經尚書

耶

【隸書】

西漢 馬•縱橫

西漢 居新•3510

西漢 西•候官

兩漢 西•懸簡

漢晉 流簡紙

三國吳 走•五年

東漢 史晨後碑

晉 石尠墓誌

【楷書】

北魏 元貴妃墓誌

北齊 法懃塔銘

隋 橋紹墓誌

唐 賈從贊墓誌

唐 尉遲敬德墓誌

耻

【隸書】

西漢 馬•事語

東漢 池陽令殘碑

東漢 樊敏碑

東漢 尹宙碑

三國魏 張君殘碑

北齊 竇泰墓誌

北齊 竇泰墓誌

隋 澧水石橋碑

隋 澧水石橋碑

隋 劉多墓誌

聃

【隸書】

隋 豆盧寔墓誌

唐 孔子廟碑

唐 沈知敏墓誌

唐 司馬寔墓誌

【楷書】

唐 李巒墓誌

唐 李壽墓誌

唐 石經禮記

唐 石經五經

唐 貞隱子墓誌

【楷書】

北魏 馮季華墓誌

北魏 元襲墓誌

唐 吉渾墓誌

唐 顏勤禮碑陰

耿

【隸書】

西漢 居新·4861

西漢 習字觚

漢晉 流簡紙

東漢 耿勳碑

東漢 史晨前碑

東漢 楊耿伯題記

唐 史思禮墓誌

唐 行儼碑

唐 楊孝恭碑

唐 楊孝恭碑

唐 周孟瑶墓誌

北魏 元延明墓誌

唐 崔孝昌墓誌

唐 李濤墓誌

唐 李翼墓誌

唐 柳延宗墓誌

唐 石經五經

唐 孫讜墓誌

唐 張盛墓誌

耽

【隸書】

三國吳 走·五年

三國吳 走·五年

東漢 樊敏碑

東漢 景君碑陰

東漢 史晨後碑

東漢 王舍人碑

唐 李彥墓誌

唐 司馬寔墓誌

【楷書】

晉 黃庭内景經

南朝陳 衛和墓誌

唐 石經五經

唐 文鑒經幢

唐 楊清墓誌

唐 姚存古墓誌

唐 唐直墓誌

唐 王晉俗墓誌

唐 王震墓誌

【楷書】

北魏 元尚之墓誌

北魏 元誘墓誌

北齊 竇泰墓誌

隋 李則墓誌

隋 張喬墓誌

唐 白知禮墓誌

唐 路巖墓誌

聆

【隸書】

東漢 劉熊碑

【楷書】

後唐 毛璋妻墓誌

聊

【隸書】

西漢 居新•2682

西漢 居新•4736

兩漢 西•懸簡

漢晉 流簡紙

北齊 法懃塔銘

北齊 感孝頌

隋 馬穉墓誌

隋 宋仲墓誌

唐 關道愛墓誌

唐 蘇洪姿墓誌

唐 唐世榮墓誌

【楷書】

北魏 弔比干文陽

北魏 王翊墓誌

北魏 于景墓誌

北魏 元欽墓誌

東魏 馮令華墓誌

東魏 南宗和尚塔銘

隋 明雲騰墓誌

隋 宋仲墓誌

隋 志修塔記

唐 黃羅漢墓誌

唐 李氏室女墓誌

唐 秦朗墓誌

唐 越國太妃墓誌

聒

【隸書】

唐 李貞墓誌

【楷書】

唐 石經尚書

聖

【隸書】

秦 睡 10

秦 睡 151

西漢 馬•老甲

西漢 馬•老乙

西漢 張•832

西漢 居新•7535

西漢 習字觚

東漢 倉頡廟碑

東漢 蒼山元嘉題記

東漢 曹全碑陽

東漢 樊敏碑

東漢 封龍山頌

東漢 淮源廟碑

東漢 淮源廟碑

東漢 景君碑陰

東漢 孔宙碑陽

東漢 禮器碑

東漢 禮器碑

東漢 禮器碑

東漢 禮器碑側

東漢 禮器碑陰

東漢 石門頌

東漢 太室石闕銘

東漢 熹平石經易

東漢 鮮于璜碑陽

東漢 楊震碑

東漢 乙瑛碑

東漢 乙瑛碑

東漢 乙瑛碑

東漢 圉令趙君碑

聚

【隸書】

秦 睡132

秦 睡95

西漢 居新•7533

西漢 居新•8210

西漢 西•律令

東漢 成奴題字

東漢 許安國題記

北周 華嶽頌

隋 賈通墓誌

隋 口墮及妻墓誌

北周 步孤須蜜多墓誌

東魏 元睟墓誌

隋 蘇慈墓誌

唐 李尚墓誌

唐 石經五經

唐 陶君妻墓誌

唐 張亮墓誌

唐 趙本質墓誌

聘

【篆書】

三國魏 正始石經

【隸書】

東漢 鮮于璜碑陰

隋 豆盧實墓誌

隋 宋仲墓誌

隋 趙朗墓誌

唐 潘基墓誌

唐 興寺碑

【楷書】

北魏 山徽墓誌

北魏 元鑽遠墓誌

唐 雁塔聖教序

唐 張積善墓誌

北魏 元文墓誌

東魏 道穎造像

東魏 馮令華墓誌

隋 范安貴墓誌

隋 孔神通墓誌

唐 崔君妻朱墓誌

唐 多寶塔碑

唐 石經五經

唐 石經周易

唐 孫文任墓誌

唐 鄎國長公主碑

唐 鄎國長公主碑

唐 行儼碑

唐 楊孝恭碑

唐 楊孝恭碑

唐 楊孝恭碑

唐 雲居寺殘碑

【楷書】

北魏 王瑧墓誌

北魏 元恭墓誌

北魏 元略墓誌

隋 任軌墓誌

隋 宋景造像碑

隋 吳嚴墓誌

唐 北嶽廟碑

唐 慧堅碑額

唐 李神符碑

唐 石臺孝經

唐 石臺孝經

唐 石臺孝經

唐 文宣王廟門碑

東漢 子游殘碑

東漢 子游殘碑

三國魏 孔羨碑

晉 王君殘墓誌

晉 徐義墓誌陽

北齊 感孝頌

北齊 司馬遵業墓誌

東魏 宗欣墓誌

隋 郭休墓誌

隋 劉多墓誌

隋 馬穉墓誌

唐 崔沔墓誌陰

唐 鄭忠墓碑

【楷書】

北魏 爾朱紹墓誌

北魏 論經書詩

北魏 檀賓墓誌

唐 安元壽墓誌

唐 段瞶妻墓誌

唐 李蟾墓誌

唐 冉氏墓誌

唐 善悟塔銘

唐 石經五經

唐 石經周易

唐 王建墓誌

唐 苑玄亮墓誌

闕 堅牢塔記

聭

【隸書】

西漢 馬•縱橫

西漢 馬•縱橫

聲

【篆書】

唐 碧落碑

【隸書】

秦 睡 57

西漢 馬•老甲

西漢 馬•老乙前

西漢 馬•老子甲後

西漢 馬•縱橫

三國吳 走•五年

東漢 池陽令殘碑

東漢 肥致碑

東漢 孔宙碑陽

東漢 朐忍令碑

東漢 朐忍令碑

東漢 熹平殘石

東漢 鮮于璜碑陽

東漢 張遷碑陽

東漢 趙寬碑

東漢 趙寬碑

東漢 趙寬碑

三國魏 孔羨碑

晉 辟雍頌陽

晉 徐義墓誌陽

北齊 法懃塔銘

北齊 法懃塔銘

北齊 感孝頌

北齊 司馬遵業墓誌

隋 豆盧賓墓誌

隋 段濟墓誌

隋 爾朱敞墓誌

隋 爾朱端墓誌

隋 郭休墓誌

隋 任軌墓誌

隋 任顯及妻誌

隋 宋仲墓誌

隋 張姜墓誌

隋 張景略墓誌

隋 趙朗墓誌

唐 崔祐甫墓誌

唐 戴令言墓誌

唐 董虔運墓誌

唐 豆盧建墓誌

唐 李神符碑

唐 潘基墓誌

唐 王子麟墓誌

唐 王子麟墓誌

唐 尹尊師碑

唐 張休光墓誌

唐 張休光墓誌

唐 張翼墓誌

唐 趙叡沖碑

【楷書】

魏晉 樓•紙

北魏 馮邕妻墓誌
北魏 咎雙仁墓誌
北魏 寇憑墓誌
北魏 寇臻墓誌
北魏 王誦妻元墓誌
北魏 薛伯徽墓誌
北魏 姚伯多供養碑
北魏 元頊墓誌
北魏 元文墓誌
北魏 元子正墓誌

北齊 竇泰墓誌
北齊 高淯墓誌
東魏 李挺墓誌
北齊 婁黑女墓誌
北齊 無量義經
東魏 邑主造石像
北齊 宇文誠墓誌
隋 暴永墓誌
隋 陳叔榮墓誌
隋 董敬墓誌

隋 段威墓誌
隋 郭王墓誌
隋 賈通墓誌
隋 盧文機墓誌
隋 呂胡墓誌
隋 馬少敏墓誌
隋 王楚英墓誌
隋 王楚英墓誌
隋 張喬墓誌
唐 董希令墓誌

唐 葛亮祠堂碑
唐 韓忠節墓誌
唐 何允墓誌
唐 李修已墓誌
唐 盧知宗墓誌
唐 石經五經
唐 石經周易
唐 田在卞墓誌
唐 王震墓誌
唐 浯溪記

唐 嚴識玄墓誌
唐 嚴穎再塋碑
唐 元郇墓誌
唐 臧懷恪墓碑
唐 張叡墓誌
唐 張騷墓誌
唐 掌徹墓誌
唐 趙留四墓誌
唐 鄭戎墓誌
後唐 康贊羑墓誌

聰

【隸書】

東漢 尚博殘碑
東漢 張遷碑陽
晉 辟雍頌陽
晉 管洛墓誌陰
晉 郭槐柩記
晉 徐義墓誌陽
晉 左棻墓誌陰
隋 暴永墓誌
隋 段濟墓誌
隋 爾朱敞墓誌

隋 蕭瑾墓誌
唐 安天王廟碑
唐 八都壇碑
唐 告華嶽府君
唐 沈夫人墓誌

【楷書】

北魏 馮邕妻墓誌
北魏 劉華仁墓誌
北魏 薛孝通券
北魏 于景墓誌
北魏 元煥墓誌

北魏 元文墓誌
北魏 元順平妻墓誌
北齊 道榮造像
東魏 元寶建墓誌
隋 成公氏墓誌
隋 橋紹墓誌
唐 李愍墓誌
唐 劉密妻崔墓誌
唐 盧沆妻墓誌
唐 石經尚書

北魏 元端墓誌

隋 元智墓誌

唐 韓忠節墓誌

唐 寇章墓誌

聳

【篆書】

唐 多寶佛塔銘

【隸書】

北周 華嶽頌

隋 灃水石橋碑

唐 北獄廟碑

唐 北獄廟碑

唐 劉粲墓誌

唐 張翼墓誌

唐 鄭忠墓碑

【楷書】

北魏 王基墓誌

唐 三品亡尼墓誌

唐 石經五經

唐 蘇斌墓誌

唐 王大劍墓誌

唐 王思齊墓誌

唐 奚弘敬墓誌

唐 顏人墓誌

唐 楊佰隴墓誌

唐 楊迥墓誌

唐 朱齊之墓誌

北魏 鄭黑墓誌

北齊 牛景悦記

隋 卜鑒墓誌

唐 常協墓誌

唐 姬温墓誌

唐 李鳳妃墓誌

唐 李瓏墓誌

唐 李其墓誌

唐 劉彥之墓誌

唐 馬君妻董墓誌

唐 豆盧建墓誌

唐 豆盧建墓誌

唐 屈突通墓誌

唐 趙冬曦壙誌

【楷書】

北魏 侯太妃造像

北魏 胡明相墓誌

北魏 寇臻墓誌

北魏 元斌墓誌

北魏 元洛神墓誌

北魏 元誘妻墓誌

聯

【隸書】

北齊 司馬遵業墓誌

隋 爾朱敞墓誌

隋 符盛及妻墓誌

隋 李元墓誌

隋 馬穉墓誌

隋 馬穉墓誌

隋 王榮及妻墓誌

隋 楊真墓誌

隋 張景略墓誌

唐 北獄廟碑

唐 張壽墓誌

唐 石經尚書

唐 石經五經

唐 石經周易

唐 石經周易

唐 史懷訓墓誌

唐 王公妻墓誌

唐 王訓妻墓誌

唐 惟貞廟碑陽

唐 顏人墓誌

唐 姚如衡墓誌

聶

【隸書】

秦 睡100

西漢 馬•十問

三國吳 走•五年

【楷書】

北齊 優婆姨造像陰

唐 石經九經

唐 石經五經

唐 真義女碑銘

聵

【楷書】

唐 石經五經

職

【篆書】

唐 三墳記陰

【隸書】

西漢 馬•老子甲後

西漢 馬•老子甲後

西漢 馬•老子甲後

西漢 馬•天下

西漢 居新•3121

西漢 居新•4023

西漢 居新•5563

西漢 西•候官

西漢 西•馬簡牘

西漢 西•詔書

東漢 西•奉例

東漢 曹全碑陽

東漢 曹全碑陽

東漢 衡方碑

東漢 華山廟碑陽

東漢 西狹頌

東漢 鮮于璜碑陽

東漢 張遷碑陽

東漢 正直殘碑

東漢 子游殘碑

晉 辟雍頌陽

晉 郛休碑陰

晉 石尠墓誌

北齊 司馬遵業墓誌

北齊 司馬遵業墓誌

隋 豆盧實墓誌

隋 爾朱端墓誌

隋 關明墓誌

隋 郭達墓誌

隋 姬威墓誌

隋 任軌墓誌

隋 宋景造像碑

隋 王榮及妻墓誌

唐 崔沔墓誌陰

唐 崔沔墓誌陰

唐 李彥墓誌

唐 盧君妻墓誌

唐 龐履温碑

唐 沈知敏墓誌

唐 石臺孝經

唐 興寺碑

唐 張仵墓誌

【楷書】

晉 華芳墓誌陰

北魏 論經書詩

北魏 元誨墓誌

北魏 元引墓誌

北魏 鄭黑墓誌

隋 陳花樹墓誌

隋 口靜墓誌

隋 吴嚴墓誌

唐 盧士瓊墓誌

唐 石經五經

唐 王協墓誌

唐 惟貞廟碑陽

唐 楊思立墓誌

唐 楊越墓誌

聽

【篆書】

三國魏 正始石經

唐 碧落碑

唐 多寶佛塔銘

【隸書】

秦 睡226

秦 關周•日書

西漢 馬•老乙前

西漢 馬•老子甲後

西漢 馬•事語

西漢 馬•縱橫

西漢 張•136

西漢 張•589

西漢 張•738

西漢 居新•2163

西漢 居新•7723

西漢 居新•7729

西漢 西•候官

東漢 西•遷補

東漢 封龍山頌

東漢 李孟初神祠碑

東漢 石門頌

東漢 熹平石經易

東漢 楊叔恭殘碑

東漢 趙寬碑

隋 段濟墓誌

隋 蕭瑾墓誌

隋 張儉及妻墓誌

唐 崔祐甫墓誌

唐 告華嶽府君

唐 王崇禮墓誌

唐 王媛墓誌陽

唐 辛雲京妻墓誌

唐 尹尊師碑

【楷書】

北魏 大般若經

北魏 王僧男墓誌

北魏 楊乾墓誌

北魏 元誨墓誌

東魏 南宗和尚塔銘

唐 大德超寂墓誌

唐 柳老師墓誌

唐 那提墓誌

唐 石經尚書

唐 石經五經

唐 石經周易

唐 温煒妻墓誌

唐 楊知退妻墓誌

唐 苑玄亮墓誌

唐 越國太妃墓誌

唐 張琛墓誌

唐 朱瞻墓誌

聾

【隸書】

西漢 馬•老甲

西漢 張•794

漢晉 流簡紙

唐 興寺碑

【楷書】

唐 □空塔銘

唐 俱慈順墓誌

臣部

臣

【篆書】

三國魏 正始石經

【隸書】

秦 睡10

秦 關周•病方

西漢 馬•老甲

西漢 馬•老乙前

西漢 馬•老子甲後

西漢 馬•老子甲後

西漢 馬•縱橫

西漢 張•722

西漢 張•753

西漢 居新•6084

西漢 西•詔書

西漢 西•詔書

漢晉 流簡紙

西漢 楚王墓塞石

東漢 曹全碑陽

東漢 肥致碑

東漢 景君碑陽

東漢 景君碑陰

東漢 許安國題記

東漢 楊統碑陽

東漢 楊著碑陽

東漢 乙瑛碑

三國魏 曹真殘碑陽

晉 辟雍頌陽

晉 郛休碑陽

晉 徐義墓誌陽

隋 任顯及妻誌

隋 吳嚴墓誌

唐 董虔運墓誌

唐 石臺孝經

唐 楊孝恭碑

唐 楊孝恭碑

【楷書】

北魏 胡明相墓誌

唐 石經尚書

唐 石經周易

唐 宋義及妻墓誌

唐 邢彥褒墓誌

唐 許君妻樊墓誌

唐 昝斌墓誌

臥

【隸書】

秦 睡241

西漢 馬•十問

西漢 馬•十問

西漢 馬•足臂

西漢 張•750

西漢 張•816

唐 崔祐甫墓誌

唐 豆盧建墓誌

【楷書】

晉 徐義墓誌陽

北魏 乞伏寶墓誌

北魏 元瞻墓誌

隋 蕭翹墓誌

唐 葛亮祠堂碑

後唐 孫拙墓誌

臤

【隸書】

東漢 校官碑

臨

【篆書】

唐 峿臺銘

【隸書】

秦 睡133

西漢 馬•縱橫

西漢 張•124

西漢 張•566

西漢 居新•4733

西漢 西•馬牘

東漢 西•推辟

兩漢 西•懸檢

兩漢 西•醫藥

漢晉 流簡紙

東漢 倉頡廟碑側

東漢 從事馮君碑

東漢 郙閣頌

東漢 何君閣道銘

東漢 衡方碑

東漢 景君碑陽

東漢 景君碑陰

東漢 禮器碑側

東漢 禮器碑側

東漢 孟孝琚碑

東漢 石門頌

東漢 西狹頌

東漢 夏承碑

東漢 薌他君題記

東漢 圉令趙君碑

東漢 趙儀碑

晉 辟雍頌額

晉 辟雍頌陽

晉 石尠墓誌

晉 左棻墓誌陽

隋 豆盧實墓誌

隋 爾朱敞墓誌

隋 爾朱敞墓誌

隋 闞明墓誌

隋 郭達墓誌

隋 劉珍墓誌

隋 牛諒墓誌

隋 吳嚴墓誌

隋 修孔子廟碑

唐 崔沔墓誌陽

唐 崔祐甫墓誌

唐 龐履温碑

唐 石臺孝經

唐 石臺孝經

唐 王震墓誌

唐 楊孝恭碑

唐 楊孝恭碑

唐 張翼墓誌

【楷書】

北魏 慈慶墓誌

北魏 丘哲墓誌

北齊 竇泰墓誌

東魏 王令媛墓誌

隋 高緊墓誌

隋 口鍾葵墓誌

隋 吳嚴墓誌

唐 葛亮祠堂碑

唐 李賢墓誌

唐 石經尚書

唐 石經五經

唐 石經周易

唐 閻肇墓誌

唐 趙越賓墓誌

襾部

西

【篆書】

東漢 馮孺人題記

東漢 華山廟碑額

東漢 少室石闕銘

東漢 祀三公山碑

東漢 祀三公山碑

東漢 西狹頌額

三國吳 天發神讖碑

北周 華嶽頌額

北魏 溫泉頌額

北齊 西門豹碑額

唐 城隍廟碑

唐 功德碑額

唐 李暎墓誌

【隸書】

秦 睡136

秦 關周•病方

秦 關周•日書

西漢 馬•縱橫

西漢 居新•7543

西漢 武•服傳甲

西漢 武•柩銘

漢晉 流簡紙

漢晉 流簡紙

西漢 李后墓塞石

東漢 石門頌

東漢 宋伯望買田券正

東漢 田文成題記

東漢 鮮于璜碑陽

三國魏 曹真殘碑陽

三國吳 谷朗碑

隋 郭休墓誌

隋 劉寶及妻墓誌

隋 橋紹墓誌

隋 任軌墓誌

隋 任顯及妻誌

隋 張盛墓誌

唐 白鹿泉碑陽

唐 崔祐甫墓誌

唐 董虔運墓誌

唐 石臺孝經

唐 史思禮墓誌

唐 楊孝恭碑

唐 尹尊師碑

唐 趙冬曦壙誌

【楷書】

北魏 寇演墓誌

北魏 丘哲墓誌

北魏 元保洛墓誌

北魏 元洛神墓誌

東魏 元光基墓誌

唐 程令秀墓誌

唐 多寶塔碑

唐 李弘亮墓誌

唐 清真寺碑

唐 石經尚書

唐 石經周易

要

【隸書】

秦 睡255

西漢 馬•老甲

西漢 張•109

西漢 張•554

西漢 居新•7677

兩漢 西•馬簡

東漢 曹全碑陽

東漢 繆宇墓誌

東漢 石門頌

東漢 祀三公山碑

東漢 張壽殘碑
晉 郭休碑陽
隋 蕭瑾墓誌
唐 屈突通墓誌
唐 石臺孝經
唐 石臺孝經
唐 勿部將軍碑
唐 鄭忠墓碑

【楷書】

魏晉 樓•紙
北魏 檀賓墓誌

唐 劉密妻崔墓誌
唐 盧緘妻墓誌
唐 石經九經
唐 石經九經
唐 石經尚書

覃

【隸書】

唐 安天王廟碑
唐 盧君妻墓誌

【楷書】

北魏 司馬顯姿墓誌
隋 成公氏墓誌
唐 梁師亮墓誌
唐 盧沇妻墓誌
唐 石浮圖銘
唐 石經九經
唐 石經九經

唐 石經尚書
唐 石經尚書
唐 蘇斌墓誌

覆

【隸書】

西漢 馬•合陰陽
西漢 張•134
西漢 張•646
西漢 張•663
西漢 居新•3469
西漢 西•候官
漢晉 流簡紙
東漢 馬姜墓記
東漢 孟孝琚碑
東漢 朐忍令碑

東漢 西狹頌
東漢 趙寬碑
晉 辟雍頌陽
晉 徐義墓誌陽
唐 陳憲墓誌
唐 夫子廟堂碑
唐 黃石公祠記
唐 龐履温碑
唐 王震墓誌
唐 修定寺記碑

唐 趙冬曦壙誌

【楷書】

晉 黃庭内景經
北魏 寇臻墓誌
北魏 劉華仁墓誌
北魏 楊乾墓誌
北魏 元天穆墓誌
北魏 元暐墓誌
東魏 南宗和尚塔銘
北齊 三十五佛名
唐 安孝臣墓誌

唐 沈浩禕墓誌
唐 石經五經
唐 石經周易
唐 素設醮記
唐 薛華墓誌
唐 張才墓誌
唐 張季戎墓誌
後唐 張稹墓誌
後梁 蕭符墓誌

覈

【楷書】

唐 石經五經

唐 蕭令臣墓誌

而部

而

【篆書】

東漢 開母廟闕銘

唐 碧落碑

唐 碧落碑

唐 碧落碑

唐 碧落碑

唐 謙卦碑

唐 謙卦碑

唐 謙卦碑

唐 謙卦碑

唐 謙卦碑

唐 三墳記陰

【隸書】

秦 睡 136

秦 睡 267

秦 睡 45

秦 睡 63

秦 關周•病方

西漢 馬•老乙前

西漢 馬•縱橫

西漢 張•1117

西漢 張•952

西漢 居新•5753

西漢 居新•5784

東漢 西•寇恩

東漢 西•醫藥

漢晉 流簡紙

東漢 朝侯小子碑

東漢 肥致碑

東漢 封龍山頌

東漢 淮源廟碑

東漢 景君碑陽

東漢 孔宏碑

東漢 馬姜墓記

東漢 三老刻石

東漢 石門頌

東漢 陶洛殘碑陽

東漢 西狹頌

東漢 鮮于璜碑陽

東漢 鮮于璜碑陰

東漢 楊震碑

東漢 張文思題記

東漢 鄭固碑

晉 郭槐柩記

北齊 竇泰墓誌

北齊 感孝頌

東魏 宗欣墓誌

隋 馬少敏墓誌

隋 申穆及妻墓誌

隋 張盛墓誌

唐 李神符碑

唐 李神符碑

唐 李神符碑

唐 石臺孝經

唐 石臺孝經

唐 石臺孝經

唐 石臺孝經

唐 史思禮墓誌

唐 史思禮墓誌

唐 行儼碑

唐 行儼碑

唐 楊孝恭碑

唐 楊孝恭碑

唐 楊孝恭碑

唐 楊孝恭碑

唐 楊孝恭碑

唐 楊孝恭碑

唐 楊孝恭碑

唐 楊孝恭碑

【楷書】

魏晉 樓•紙

北魏 東巡碑陽

北魏 元敷墓誌

北魏 元敷墓誌

北魏 元壽安墓誌

北魏 元仙墓誌

東魏 元寶建墓誌

隋 盧旋芷墓誌

唐 石經尚書

唐 石經尚書

唐 石經周易

唐 王宏墓誌

唐 蕭慎墓誌

耐

【隸書】

秦 睡134

秦 睡51

西漢 馬•老子甲後

西漢 張•178

西漢 張•179

西漢 張•76

西漢 居新•1119

東漢 西•病書

兩漢 武•王杖

漢晉 流簡紙

唐 義福禪師碑

唐 貞一廟碑

【楷書】

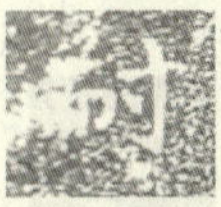
唐 河東柳氏墓誌

唐 婁敬墓誌

耎

【隸書】

西漢 馬•老乙前

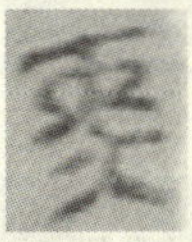
西漢 張•164

西漢 張•164

東漢 延熹三年記

【楷書】

唐 石經五經

耑

【隸書】

西漢 馬•老子甲後

【楷書】

唐 魏君墓誌

至部

至

【篆書】

三國魏 正始石經

唐 碧落碑

唐 碧落碑

唐 峿臺銘

【隸書】

秦 睡51

西漢 馬•老乙前

西漢 馬•老子甲後

西漢 馬•縱橫

西漢 馬•縱橫

西漢 張•1068

西漢 居新•4745

西漢 居新•7542

西漢 居新•7842

西漢 西•善劍

東漢 西•死駒

兩漢 武•王杖

漢晉 流簡紙

東漢 三老刻石

東漢 石門頌

東漢 熹平石經易

東漢 鮮于璜碑陰

東漢 薌他君題記

東漢 乙瑛碑

三國魏 何晏墓誌

北魏 元文墓誌

北齊 感孝頌

東魏 宗欣墓誌

隋 爾朱敞墓誌

隋 劉多墓誌

隋 申穆及妻墓誌

隋 張盛墓誌

唐 褚亮碑

唐 石臺孝經

唐 石臺孝經

唐 蘇洪姿墓誌

唐 王震墓誌

唐 王震墓誌

唐 楊孝恭碑

唐 楊孝恭碑

唐 楊孝恭碑

唐 尹尊師碑

【楷書】

魏晉 樓•紙

北魏 元寧墓誌

北魏 元瞻墓誌

東魏 淨智塔銘

北齊 元賢墓誌

北齊 張子昂造像

唐 房有非及妻墓誌

唐 石經尚書

唐 石經周易

致

【篆書】

唐 碧落碑

【隸書】

秦 睡51

西漢 馬•合陰陽

西漢 馬•老乙前

西漢 馬•縱橫

西漢 張•232

西漢 居新•2237

西漢 居新•2972

西漢 居新•5400

西漢 居新•7759

西漢 居新•7916

西漢 居新•8073

西漢 西•馬簡牘

西漢 西•詔書

漢晉 流簡紙

漢晉 流簡紙

漢晉 流簡紙

漢晉 流簡紙

東漢 曹全碑陽

東漢 肥致碑

東漢 華山廟碑陽

東漢 孔宙碑陽

東漢 五瑞圖摩崖

東漢 西狹頌

東漢 西狹頌

隋 關明墓誌

隋 侯肇墓誌

隋 宋景造像碑

隋 蘇恒墓誌

隋 口和墓誌

隋 修孔子廟碑

唐 褚亮碑

唐 石臺孝經

唐 王泠然墓誌

唐 王媛墓誌陰

【楷書】

晉 石尠墓誌

北魏 慈慶墓誌

北魏 封魔奴墓誌

北魏 姚伯多供養碑

北魏 元華光墓誌

北魏 鄭黑墓誌

北齊 竇泰墓誌

北齊 竇泰墓誌

東魏 杜文雍造像

北齊 法懃塔銘

北齊 房周陁墓誌

北齊 司馬遵業墓誌

東魏 元湛墓誌

隋 成公氏墓誌

隋 郭達墓誌

隋 馬長和造像

隋 橋紹墓誌

唐 盧直墓誌

唐 石經尚書

唐 石經五經

唐 石經周易

唐 司馬和銘墓誌

唐 王從政墓誌

唐 魏靖墓誌

唐 張量妻墓誌

臸

【楷書】

北魏 穆紹墓誌

唐 郭阿獼墓誌

臺

【篆書】

三國吳 天發神讖碑

唐 般若臺記

唐 峿臺銘

唐 峿臺銘

唐 峿臺銘

唐 峿臺銘

唐 峿臺銘

【隸書】

西漢 馬•老甲

西漢 馬•老子甲後

西漢 馬•縱橫

西漢 居新•3136

兩漢 武•王杖

兩漢 武•王杖

東漢 曹全碑陰

東漢 景君碑陰

東漢 孔宙碑陰

東漢 禮器碑

東漢 禮器碑側

東漢 孟孝琚碑

東漢 尚博殘碑

東漢 通閣道記

東漢 王舍人碑

東漢 張遷碑陰

東漢 張壽殘碑

東漢 趙儀碑

北齊 感孝頌

北齊 司馬遵業墓誌

北齊 司馬遵業墓誌

北齊 司馬遵業墓誌

北齊 司馬遵業墓誌

隋 段濟墓誌
隋 爾朱敞墓誌
隋 爾朱端墓誌
隋 高虬墓誌
隋 郭王墓誌
隋 郭休墓誌
隋 李元墓誌
隋 劉多墓誌
隋 牛諒墓誌
隋 宋仲墓誌

隋 吳嚴墓誌
隋 蕭瑾墓誌
隋 謝岳墓誌
隋 修孔子廟碑
隋 張儉及妻墓誌
隋 張盛墓誌
唐 柳偘妻墓誌
唐 王媛墓誌陰
唐 徐盼墓誌
唐 楊孝恭碑

唐 楊孝恭碑
唐 貞一廟碑

【楷書】

漢晉 流簡紙
北魏 爾朱紹墓誌
北魏 元恭墓誌
北魏 元譿墓誌
北魏 元詮墓誌
東魏 劉懿墓誌
北齊 石聳門銘
北齊 司馬遵業墓誌

隋 陳花樹墓誌
隋 陳叔明墓誌
隋 董美人墓誌
隋 段模墓誌
隋 王光墓誌
隋 韋略墓誌
隋 尉富娘墓誌
隋 元鐘墓誌
唐 二品昭儀誌
唐 韓長墓誌

唐 李清墓誌
唐 李賢墓誌
唐 李元璥墓誌
唐 李月相墓誌
唐 劉彥之墓誌
唐 石經尚書
唐 王大劍墓誌
唐 王豫墓誌
唐 俎威墓誌
後周 智堅塔記

臻

【隸書】

東漢 肥致碑
東漢 淮源廟碑
三國魏 孔羨碑
北齊 感孝頌
隋 牛諒墓誌
隋 修孔子廟碑
唐 崔祐甫墓誌
唐 豆盧建墓誌
唐 牛氏像龕碑
唐 王媛墓誌陰

【楷書】

北魏 公孫猗墓誌
北魏 寇偘墓誌
北魏 寇臻墓誌
隋 翟突娑墓誌
唐 樊廉墓誌
唐 黎幹墓誌
唐 李遇□墓誌

虍部

虎

【隸書】

秦 睡254

秦 睡51

西漢 馬•合陰陽

西漢 馬•老乙前

西漢 馬•老子甲後

西漢 張•1116

西漢 張•1154

西漢 張•1190

西漢 居新•5086

西漢 西•候官

漢晉 流簡紙

漢晉 流簡紙

東漢 蒼山元嘉題記

東漢 蒼山元嘉題記

東漢 衡方碑

東漢 景君碑陽

東漢 石棺題榜

東漢 許安國題記

三國魏 王基斷碑

晉 辟雍頌陽

北齊 司馬遵業墓誌

隋 豆盧實墓誌

隋 段濟墓誌

隋 關明墓誌

隋 關明墓誌

隋 默曹殘碑

隋 張儉及妻墓誌

唐 白鹿泉碑陰

唐 董虔運墓誌

唐 修定寺記碑

唐 修定寺記碑

唐 玄巖銘

唐 楊孝恭碑

【楷書】

晉 黃庭内景經

北魏 韓震墓誌陰

北魏 李渠蘭墓誌

北魏 馬振拜造像

北魏 元引墓誌

北魏 元周安墓誌

北齊 竇泰墓誌

北齊 竇泰墓誌

東魏 淨智塔銘

東魏 王僓墓誌

東魏 元湛墓誌

隋 暴永墓誌

隋 梁環墓誌

隋 申穆及妻墓誌

隋 伍道進墓誌

隋 元智墓誌

唐 葛亮祠堂碑

唐 耿文訓墓誌

唐 關師墓誌

唐 麻姑仙壇記

唐 屈元壽墓誌

唐 石經五經

唐 石經周易

唐 袁仁爽墓誌

唐 張從古墓誌

唐 朱庭瑾墓誌

後唐 毛璋妻墓誌

虐

【隸書】

東漢 魯峻碑陽

東漢 石門頌

【楷書】

北魏 和邃墓誌

北魏 元寶月墓誌

北魏 元顥墓誌

北魏 元徽墓誌

北魏 元瞻墓誌

唐 長孫盱墓誌

唐 樊涚墓誌

唐 毗伽特勤墓誌

唐 石經尚書

唐 石經尚書

唐 石經尚書

唐 真義女碑銘

虔

【隸書】

東漢 肥致碑

東漢 封龍山頌

東漢 淮源廟碑

東漢 史晨後碑

東漢 西狹頌

東漢 鄭固碑

晉 辟雍頌陽

晉 郭槐柩記

隋 修孔子廟碑

唐 董虔運墓誌

唐 闞道愛墓誌

唐 司馬寔墓誌

唐 張翼墓誌

【楷書】

北魏 慈慶墓誌

北魏 封魔奴墓誌

北魏 司馬顯姿墓誌

北魏 元液墓誌

北周 盧蘭墓誌

隋 劉明及妻墓誌

隋 劉尚食墓誌

隋 張虔墓誌

隋 鄭善妃墓誌

唐 蔡知什造像

唐 郭五墓誌

唐 石經五經

唐 蘇斌墓誌

唐 田通墓誌

唐 王從政墓誌

唐 王感墓誌

唐 張興墓誌

虒

【楷書】

唐 石經五經

唐 蕭君妻柳墓誌

虓

【楷書】

唐 臧懷恪墓碑

彪

【隸書】

東漢 孔彪碑陽

東漢 史晨後碑

隋 澧水石橋碑

唐 北嶽廟碑

唐 崔暟墓誌陽

唐 唐直墓誌

唐 王宥等題名

唐 修定寺記碑

【楷書】

北魏 元尚之墓誌

北魏 元嵩墓誌

北魏 元秀墓誌

北魏 元鑽遠墓誌

唐 李虛中墓誌

唐 沈士公墓誌

唐 宋練墓誌

處

【篆書】

東漢 祀三公山碑

東漢 鄭季宣碑

晉 成晃碑額

唐 王慶墓碣

唐 峿臺銘

【隸書】

秦 睡63

秦 關周•日書

秦 西•日書乙

西漢 馬•縱横

西漢 張•648

西漢 張•799

西漢 居新•1008

西漢 居新•7489

西漢 居新•7667

西漢 西•善劍

兩漢 西•懸簡

東漢 曹全碑陽

東漢 郙閣頌

東漢 淮源廟碑

東漢 禮器碑陰

東漢 朐忍令碑

東漢 石門闕銘

東漢 陶洛殘碑陽

東漢 許阿瞿題記

東漢 陽嘉殘碑陰

東漢 楊子輿題記

東漢 尹宙碑

三國魏 鮑寄神坐

晉 劉韜墓志

晉 石尠墓誌

晉 徐義墓誌陽

晉 徐義墓誌陽

晉 徐義墓誌陽

北齊 感孝頌

北齊 鏤石班經記

隋 豆盧實墓誌

隋 爾朱端墓誌

隋 爾朱端墓誌

隋 關明墓誌

隋 關明墓誌

隋 李元墓誌

唐 豆盧建墓誌

唐 劉粲墓誌

唐 韋士逸墓誌

唐 張滑墓誌

唐 張休光墓誌

唐 朱君妻王墓誌

【楷書】

三國吳 走•四年

魏晉 樓•紙

北魏 鮑寄神坐

北魏 吐谷渾璣墓誌

北魏 王基墓誌

北魏 元寧墓誌

北魏 元顥僞蓋

北齊 口德造像

北齊 高淯墓誌

東魏 馬都愛造像

北齊 司馬遵業墓誌

東魏 元湛墓誌

東魏 元仲英墓誌

隋 范高墓誌

隋 宋仲墓誌

隋 尉富娘墓誌

隋 蕭氏墓誌

隋 嚴元貴墓誌

隋 元鐘墓誌

隋 張喬墓誌

唐 崔元二墓誌

唐 郭傳則墓誌

唐 潘基墓誌

唐 清真寺碑

唐 石經穀梁傳

唐 石經五經

唐 石經周易

唐 楊吳生墓誌

唐 雍如珪墓誌

唐 張叡墓誌

唐 鄭子容墓誌

虖

【隸書】

西漢 馬•老乙前

西漢 馬•老子甲後

西漢 張•1123

西漢 張•724

唐 高元珪墓誌

唐 韋士逸墓誌

唐 韋士逸墓誌

唐 勿部將軍碑

唐 張翼墓誌

唐 趙冬曦壙誌

【楷書】

唐 崔眘妻墓誌

唐 陶英妻墓誌

唐 陶英妻墓誌

唐 吳達墓誌

唐 張諶墓誌

虡

【楷書】

唐 牛秀墓誌

唐 石經五經

虛

【隸書】

秦 睡110

秦 睡128

秦 關周•病方

秦 關周•日書

西漢 馬•老甲

西漢 馬•老乙前

西漢 張•827

東漢 肥致碑

東漢 華山廟碑陽

東漢 景君碑陰

東漢 景君碑陰

東漢 楊震碑

東漢 張遷碑陽

三國魏 管寧墓誌

晉 徐義墓誌陽

北齊 竇泰墓誌

北齊 司馬遵業墓誌

隋 爾朱端墓誌

隋 李元墓誌

隋 宋景造像碑

隋 蕭瑾墓誌

隋 張儉及妻墓誌

隋 趙朗墓誌

唐 李彥墓誌

唐 盧君妻墓誌

唐 屈突通墓誌

唐 蘇洪姿墓誌

唐 尹尊師碑

北魏 赫連悅墓誌

北魏 姚伯多供養碑

北魏 元謐墓誌

北魏 元尚之墓誌

北魏 元文墓誌

北魏 元子直墓誌

北齊 竇泰墓誌

東魏 杜文雍造像

東魏 高盛墓碑

隋 蕭翹墓誌

隋 張喬墓誌

唐 竇娘子墓誌

唐 曹氏墓誌

唐 陳守素妻墓誌

唐 李惟一墓誌

唐 桑粤墓誌

唐 石經周易

唐 石經周易

唐 閻肇墓誌

唐 元勇墓誌

【楷書】

魏晉 樓•紙

晉 蘭亭序真本

[illegible]

【楷書】

唐 王素墓誌

虜

【隸書】

西漢 居新•7707

西漢 居新•9234

東漢 西•死駒

晉 石尠墓誌

晉 石尠墓誌

隋 李元墓誌

隋 口和墓誌

隋 口靜墓誌

隋 張盛墓誌

唐 崔泰之墓誌

【楷書】

魏晉 樓•紙

魏晉 樓•紙

北魏 爾朱紹墓誌

北魏 寇演墓誌

北魏 穆纂墓誌

北齊 梁子彥墓誌

東魏 元悰墓誌

隋 段威墓誌

隋 高緊墓誌

唐 祁惠墓誌

唐 石經九經

唐 石經九經

虞

【篆書】

唐 三墳記陽

【隸書】

西漢 馬•縱橫

西漢 張•1073

西漢 張•565

西漢 居新•3015

西漢 武•服傳甲

東漢 華山廟碑陽

東漢 禮器碑側

東漢 禮器碑陰

東漢 門生字殘碑

東漢 尚博殘碑

東漢 鮮于璜碑陰

三國魏 孔羨碑

三國魏 孔羨碑

三國魏 張君殘碑

晉 辟雍頌陽

北魏 上尊號碑

隋 高虬墓誌

隋 牛諒墓誌

隋 申穆及妻墓誌

隋 修孔子廟碑

隋 張儉及妻墓誌

唐 戴令言墓誌

唐 石臺孝經

唐 勿部將軍碑

唐 行儼碑

唐 楊孝恭碑

唐 張翼墓誌

【楷書】

北魏 胡明相墓誌

北魏 寇演墓誌

北魏 寇治墓誌

北魏 元恭墓誌

北魏 元朗墓誌

東魏 元湛墓誌

隋 姚太墓誌

唐 賈令琬墓誌

唐 景昭法師碑

唐 石經尚書

唐 石經五經

唐 石經周易

唐 翟慶全墓誌
唐 張士陵墓誌
唐 趙嘉及妻墓誌
後晉 袁從章墓誌

號

【篆書】

三國魏 上尊號碑額
唐 碧落碑

【隸書】

秦 睡61
西漢 馬•老甲
西漢 馬•老乙前
西漢 馬•老子甲後
東漢 樊敏碑
東漢 肥致碑
東漢 建寧三年殘碑
東漢 朐忍令碑
東漢 夏承碑
東漢 鮮于璜碑陽
晉 郛休碑陽
晉 管洛墓誌陰
晉 吕望表
北齊 司馬遵業墓誌
隋 豆盧實墓誌
隋 豆盧實墓誌
隋 默曹殘碑
隋 蘇恒墓誌
隋 王榮及妻墓誌
隋 楊真墓誌
隋 張儉及妻墓誌
隋 張儉及妻墓誌
隋 鄭令妃墓誌
唐 褚亮碑
唐 崔暟墓誌陽
唐 京兆金氏墓誌
唐 京兆金氏墓誌
唐 劉慎墓誌
唐 盧君妻墓誌
唐 盧君妻墓誌
唐 盧行毅墓誌
唐 沈夫人墓誌
唐 蘇洪姿墓誌
唐 王震墓誌
唐 王子麟墓誌
唐 文宣王廟門碑
唐 楊孝恭碑
唐 張倖墓誌
唐 鄭忠墓碑

【楷書】

晉 華芳墓誌陰
晉 黄庭内景經
北魏 爾朱襲墓誌
北魏 馮迎男墓誌
北魏 高英墓誌
北魏 穆夫人墓誌
北魏 秦洪墓誌
北魏 石婉墓誌
北魏 王翊墓誌
北魏 鮮于仲兒墓誌
北魏 元敷墓誌
北魏 元始和墓誌
北魏 元肅墓誌
北魏 元緒墓誌
北魏 鄭君妻墓誌
北周 寇熾墓誌
北齊 婁黑女墓誌
隋 蘇慈墓誌
隋 蕭瑒墓誌
隋 蕭翹墓誌
隋 元智墓誌
唐 安思節墓誌
唐 程希詮墓誌
唐 崔文修墓誌
唐 多寶塔碑
唐 韩稹墓志
唐 迴紇瓊墓誌
唐 李審規墓記
唐 李修已墓誌

唐 李彥崇墓誌

唐 劉暉墓誌

唐 劉禄墓誌

唐 毛鳳敬墓誌

唐 秦進儀墓誌

唐 石經五經

唐 史興墓詠

唐 孫嗣初妻墓誌

唐 王海朝墓誌

唐 張去奢墓誌

唐 執失善光

唐 周惠墓誌

後唐 毛璋妻墓誌

後周 智堅塔記

號

【隸書】

晉 郭槐柩記

隋 郭休墓誌

唐 屈突通墓誌

唐 趙叡沖碑

唐 趙叡沖碑

唐 趙叡沖碑

【楷書】

晉 郭槐柩記

北魏 爾朱襲墓誌

唐 常協墓誌

唐 崔玄藉妻墓誌

唐 郭敬墓記

唐 郭克全墓誌

唐 李鳳妃墓誌

唐 盧嶠墓誌

唐 盧全操墓誌

唐 盧仲容墓誌

唐 石經五經

唐 韋孟明墓誌

唐 惟貞廟碑陽

唐 張去奢墓誌

虢

【楷書】

唐 石經五經

虞

【楷書】

唐 石經五經

虧

【篆書】

唐 謙卦碑

【隸書】

東漢 景君碑陽

東漢 三老刻石

隋 段濟墓誌

隋 爾朱敞墓誌

隋 李元墓誌

隋 宋仲墓誌

隋 蘇恒墓誌

隋 修孔子廟碑

隋 修孔子廟碑

唐 柳偘妻墓誌

唐 譚伍墓誌

【楷書】

晉 華芳墓誌陰

北魏 公孫猗墓誌

北魏 司馬氏墓誌

北魏 元詮墓誌

隋 郭世昌墓誌

唐 王素臣墓誌

隋 楊厲墓誌

隋 張虔墓誌

唐 光福寺額勅

唐 荊肆墓誌

唐 劉密妻崔墓誌

唐 吕常侍妻墓誌

唐 申屠義墓誌

唐 石經周易

唐 王怡政夫人墓誌

唐 王貞墓誌

唐 韋珪墓誌

唐 魏公韋氏墓誌

唐 鄭仁穎墓誌

後唐 康贊羑墓誌

虢

【楷書】

唐 石經五經

唐 石經周易

贙

【楷書】

唐 石經五經

唐 唐嘉會墓誌

唐 楊康墓誌

虪

【楷書】

唐 石經五經

唐 王素墓誌

虫部

虫

【隸書】

秦 睡131

秦 關周•病方

西漢 馬•老乙前

西漢 馬•老乙前

西漢 馬•天下

西漢 張•778

東漢 西•醫藥

東漢 石門頌

【楷書】

北魏 郭顯墓誌

唐 柳昱妻墓誌

唐 南玄暕墓誌

唐 張思鼎墓誌

後唐 王禹墓誌

虬

【隸書】

隋 高虬墓誌

唐 蔡君妻墓誌

【楷書】

北魏 王悅及妻墓誌

北魏 元珍墓誌

北齊 牛景悅記

唐 程知節墓誌

唐 劉達墓誌

唐 褒婉墓誌

唐 陽昕墓誌

虺

【楷書】

北魏 薛慧命墓誌

北魏 元略墓誌

唐 崔蹈規墓誌

唐 路基妻墓誌

唐 石經尚書

虹

【隸書】

隋 段濟墓誌

唐 孔子廟碑

唐 任城橋亭記

唐 嵩陽觀碑

唐 楊孝恭碑

唐 義福禪師碑

【楷書】

北魏 胡明相墓誌

北魏 元項墓誌

隋 陳叔榮墓誌

唐 皇甫誕碑

唐 尼金氏柩銘

唐 石經爾雅

唐 陰客墓誌

唐 於遂古墓誌

虿

【隸書】

西漢 居新•7658

西漢 居新•8426

漢晉 流簡紙

漢晉 流簡紙

漢晉 流簡紙

蚤

【隸書】

秦 睡133

西漢 馬•老甲

西漢 馬•老甲

西漢 馬•老乙

西漢 馬•天下

西漢 馬•縱橫

西漢 張•664

西漢 張•788

西漢 居新•3847

東漢 文叔陽題記

東漢 鄐他君題記

東漢 許安國題記

東漢 延熹三年記

【楷書】

唐 崔隋妻墓誌

唐 李璆墓誌

唐 盧子蕃妻墓誌

唐 石經五經

蚌

【隸書】

唐 唐直墓誌

【楷書】

北魏 檀賓墓誌

唐 麻姑仙壇記

唐 石經五經

唐 張伯通墓誌

蚋

【楷書】

唐 劉庭訓墓誌

蚣

【楷書】

北魏 元恭墓誌

唐 王君妻墓誌

蚝

【楷書】

北齊 道明墓誌

蚊

【楷書】

唐 楊執一墓誌

蚓

【楷書】

唐 石經五經

蚒

【楷書】

唐 石經五經

蚩

【楷書】

唐 葛亮祠堂碑

唐 沈士公墓誌

唐 石經五經

蚸

【楷書】

唐 石經五經

蚔

【楷書】

唐 石經五經

蛇

【隸書】

秦 睡255

西漢 馬•縱橫

西漢 張•1189

西漢 居新•1425

兩漢 西•醫藥

東漢 石門頌

東漢 許安國題記

唐 北嶽廟碑

唐 蔡君妻墓誌

唐 孔子廟碑

唐 庫狄真相墓誌

【楷書】

魏晉 樓•紙

北魏 元馗墓誌

北齊 劉雙仁墓誌

東魏 元均及妻墓誌

唐 斛斯政則墓誌

唐 李鳳妃墓誌

唐 羅池廟碑

唐 石經九經

唐 石經九經

唐 石經毛詩

唐 譚伍墓誌

唐 嚴令元墓誌

蛩

【楷書】

隋 皇甫深墓誌

唐 石經五經

蛟

【隸書】

唐 蔡君妻墓誌

【楷書】

北齊 元賢墓誌

唐 阿史那勿施墓誌

唐 常協墓誌

唐 李仙蕙志

唐 楊康墓誌

蛛

【楷書】

唐 石經五經

唐 許摳墓誌

蜒

【楷書】

唐 王操墓誌

䖵

【隸書】

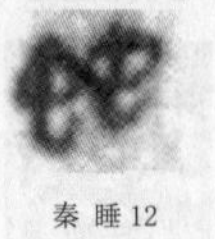

秦 睡 12

蜎

【隸書】

西漢 張•781

蛭

【隸書】

西漢 馬•天下

東漢 石門頌

【楷書】

唐 李滿墓誌

蛙

【隸書】

西漢 張•783

唐 孔子廟碑

【楷書】

東魏 李挺墓誌

唐 獨孤開遠墓誌

唐 石經五經

蛓

【楷書】

唐 石經五經

蜆

【楷書】

唐 石經五經

蛸

【楷書】

唐 李仙蕙志

蜅

【楷書】

唐 高欽德墓誌

蛵

【楷書】

唐 石經五經

蛺

【楷書】

唐 王羊仁墓誌

蜃

【楷書】

北魏 爾朱襲墓誌

北齊 報德像碑

唐 費智海墓誌

唐 劉府君墓誌

唐 石經九經

唐 趙本質墓誌

蛘

【楷書】

唐 許摳墓誌

蜓

【楷書】

唐 李仙蕙志

唐 石經五經

蜡

【楷書】

魏晉 樓•紙

唐 石經五經

唐 石經五經

唐 張庸珪墓誌

蜚

【隸書】

西漢 馬•老乙前

西漢 馬•老子甲後

西漢 馬•十問

西漢 張•719

西漢 居新•309

唐 尹文操碑

【楷書】

唐 沈浩禕墓誌

（蜀）

唐 李神符碑

【楷書】

北魏 元誨墓誌

東魏 公孫甑生墓誌

隋 元鐘墓誌

唐 獨孤氏墓誌

唐 史待賓墓誌

唐 嚴氏玄堂銘

蜀

【隸書】

西漢 馬•老子甲後

西漢 張•603

兩漢 西•馬簡

東漢 曹全碑陽

東漢 肥致碑

東漢 何君閣道銘

東漢 開通褒斜道

東漢 趙儀碑

隋 爾朱敞墓誌

隋 劉珍墓誌

蜕

【隸書】

唐 貞一廟碑

【楷書】

北魏 元寧墓誌

隋 段模墓誌

隋 高緊墓誌

唐 王素墓誌

唐 楊思立墓誌

唐 楊曜生墓誌

唐 姚存古墓誌

唐 鄭過真墓誌

蜂

【隸書】

隋 張儉及妻墓誌

唐 張休光墓誌

唐 植松柏碑

【楷書】

北齊 竇泰墓誌

北齊 竇泰墓誌

唐 阿史那貞忠墓誌

唐 尚弘簡墓誌

唐 石經五經

唐 楊執一墓誌

唐 執失善光

蛾

【隸書】

唐 楊孝恭碑

【楷書】

北齊 鄭天柱山銘

唐 王才及妻墓誌

唐 王守質墓誌

唐 張澤墓誌

蜉

【隸書】

隋 蘇恒墓誌

【楷書】

唐 阿史那貞忠墓誌

蜙

【楷書】

唐 石經五經

唐 王君妻墓誌

蜥

【楷書】

唐 石經五經

蝀

【楷書】

唐 石經爾雅

蜻

【楷書】

北魏 韓震墓誌陽

蜼

【楷書】

唐 石經五經

蜲

【楷書】

北魏 元廞墓誌

蜺

【隸書】

唐 嵩陽觀碑

【楷書】

唐 石經爾雅

唐 陽昕墓誌

唐 張忠義墓誌

蜭

【楷書】

唐 石經五經

蝎	蠆	蜜	蝕	蜸	蜬	蜿	蜩
【楷書】  唐 石經五經	【楷書】  唐 石經五經	【隸書】  三國魏 王基斷碑 【楷書】  北周 步孤須蜜多墓誌  唐 禮佛圖陰  唐 密多心經碑  唐 陀羅尼經碑	【隸書】  秦 睡58  唐 孔子廟碑 【楷書】  唐 陳皆墓誌  唐 十六娘墓誌	【楷書】  唐 石經五經	【楷書】  唐 石經五經	【隸書】  唐 趙冬曦壙誌 【楷書】  北魏 弔比干文陽	【楷書】  唐 臧崇亮墓誌

蝓

【楷書】

唐 石經五經

唐 趙君妻李墓誌

蝗

【篆書】

東漢 祀三公山碑

【隸書】

西漢 馬•合陰陽

隋 蕭瑾墓誌

隋 趙朗墓誌

唐 龐履温碑

【楷書】

北魏 赫連悅墓誌

北魏 山徽墓誌

北魏 元悌墓誌

唐 李信墓誌

唐 尉遲敬德墓誌

蝯

【隸書】

東漢 許安國題記

唐 李立言墓誌

【楷書】

唐 石經五經

蝟

【楷書】

東魏 張滿墓誌

唐 敬之廟碑陽

蝦

【隸書】

東漢 薌他君題記

【楷書】

北魏 元寶月墓誌

唐 石經五經

蝘

【楷書】

唐 李仙蕙志

唐 石經五經

蝶

【楷書】

唐 楊亮墓誌

唐 張氏夫人墓誌

螯	蝨	蝱	[illegible]	蝑	蝣	蝤	蝮
【隸書】  東漢 朝侯小子碑 【楷書】  唐 石經五經	【楷書】  北魏 韓震墓誌陽  北齊 梁子彥墓誌  唐 李鳳墓誌  唐 宋莊墓誌	【楷書】  唐 敬能經幢  唐 石經五經  唐 楊淡造經幢  唐 楊執一墓誌	【楷書】  唐 石經五經	【楷書】  唐 石經五經  唐 王君妻墓誌	【隸書】  隋 蘇恒墓誌 【楷書】  唐 阿史那貞忠墓誌	【楷書】  唐 二品昭儀誌	【楷書】  唐 石經五經

螯

【楷書】

北魏 元子直墓誌

唐 牛秀墓誌

螜

【楷書】

唐 石經五經

螒

【楷書】

唐 石經五經

融

【隸書】

西漢 居新·2159

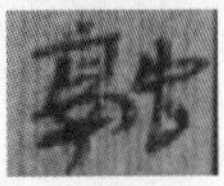

東漢 西·奉例

東漢 白石神君碑

晉 辟雍頌陽

晉 辟雍頌陽

隋 王榮及妻墓誌

唐 崔泰之墓誌

唐 孔子廟碑

唐 盧行毅墓誌

唐 倪彬墓誌

唐 屈突通墓誌

唐 楊孝恭碑

【楷書】

北魏 寇演墓誌

北魏 寇臻墓誌

隋 □恺昂墓誌

唐 安靜墓誌

唐 劉播妻墓誌

唐 柳偘妻墓誌

唐 那提墓誌

唐 石經五經

唐 王容墓誌

唐 徐君通墓誌

唐 顏家廟碑

唐 顏仁楚墓誌

螟

【楷書】

唐 李福墓誌

唐 李正卿墓誌

唐 石經五經

唐 昝斌墓誌

蟒

【楷書】

唐 敬能經幢

盤 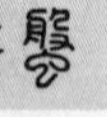	螭 	螗	螝 	螔	螘 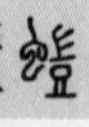	蟆 	螓
【隸書】	【楷書】	【楷書】	【楷書】	【楷書】	【楷書】	【楷書】	【楷書】
 西漢 馬•養生	 唐 趙虔章墓誌	 唐 許摳墓誌	 東魏 李憲墓誌	 唐 石經五經	 唐 程知節墓誌  唐 李思貞墓誌  唐 石經五經	 唐 石經五經	 唐 小娘子太墓誌

蟥	蠸	蟊	蟄	螌	螢	蟁	螣
【楷書】	【楷書】	【楷書】	【隸書】	【隸書】	【楷書】	【楷書】	【楷書】
 北魏 檀賓墓誌	 唐 石經五經	 北魏 赫連悅墓誌	 秦 睡 268	 西漢 馬•老甲	 東魏 張滿墓誌	 唐 石經五經	 唐 石經五經
		 唐 高慈墓誌	 唐 孔子廟碑	【楷書】	 唐 邢彥褒墓誌		
		 唐 石經五經		 唐 李璆墓誌	 後唐 王禹墓誌		
				 唐 石經五經			

螽

【楷書】

北魏 司馬顯姿墓誌

東魏 馮令華墓誌

唐 裴首皃墓誌

唐 石經五經

唐 石經五經

唐 鄭珍墓誌

螸

【楷書】

唐 石經五經

蜶

【隸書】

唐 興寺碑

【楷書】

東魏 元顯墓誌

唐 阿史那貞忠墓誌

蝻

【楷書】

唐 石經五經

蟋

【隸書】

唐 興寺碑

【楷書】

東魏 元顯墓誌

唐 阿史那貞忠墓誌

蟃

【隸書】

東漢 石門頌

螺

【楷書】

唐 王才賓塔頌

螻

【隸書】

唐 譚伍墓誌

唐 徐盼墓誌

【楷書】

東魏 元悰墓誌

東魏 元晬墓誌

唐 七品亡宫墓誌

唐 唐嘉會墓誌

唐 張達妻墓誌

蟪

【楷書】

唐 李鳳墓誌

唐 石經五經

唐 雁塔聖教序

蟲

【隸書】

秦 睡 255

西漢 馬•天下

西漢 馬•養生

隋 劉多墓誌

隋 修孔子廟碑

【楷書】

北魏 元延明墓誌

唐 李沖墓誌

唐 李侯墓誌

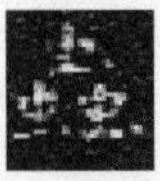
唐 石經毛詩

唐 石經尚書

蠆

【隸書】

唐 張休光墓誌

【楷書】

北魏 元乂墓誌

北齊 竇泰墓誌

唐 夏侯絢墓誌

蟴

【楷書】

北魏 司馬顯姿墓誌

蠁

【楷書】

唐 王君妻薛墓誌

螿

【楷書】

唐 石經五經

螔

【隸書】

東漢 西•醫藥

蠅

【隸書】

東漢 楊震碑

【楷書】

唐 石經五經

唐 楊執一墓誌

唐 袁公瑜墓誌

後周 李公妻朱墓誌

螌

【楷書】

唐 石經五經

蠄

【隸書】

北齊 西門豹碑陽

【楷書】

北魏 元略墓誌

唐 徐君通墓誌

蟘

【楷書】

唐 石經五經

蟠

【隸書】

北魏 翟普林造像

唐 趙冬曦壙誌

【楷書】

北魏 秦洪墓誌

北魏 元純陁墓誌

隋 楊居墓誌

唐 李鼎墓誌

唐 羅池廟碑

唐 楊曜生墓誌

蟬

【隸書】

西漢 馬•縱橫

隋 爾朱敞墓誌

隋 符盛及妻墓誌

隋 閻明墓誌

隋 侯肇墓誌

隋 李元墓誌

隋 王榮及妻墓誌

隋 蕭瑾墓誌

隋 楊真墓誌

隋 張儉及妻墓誌

隋 張儉及妻墓誌

隋 張景略墓誌

唐 蔡君妻墓誌

唐 屈突通墓誌

唐 張顏墓誌

【楷書】

北魏 元順墓誌

北魏 鄭黑墓誌

東魏 馮令華墓誌

隋 高緊墓誌

隋 蕭氏墓誌

隋 羊本墓誌

隋 張貴男墓誌

唐 竇娘子墓誌

唐 劉祿墓誌

唐 蘇斌墓誌

唐 元滑墓誌

唐 張本墓誌

後晉 袁從章墓誌

蠃

【隸書】

西漢 馬·養生

【楷書】

唐 石經五經

蟹

【楷書】

唐 王德表墓誌

蟺

【隸書】

唐 趙冬曦壙誌

唐 王傑墓誌

唐 執失善光

後唐 毛璋墓誌

蟻

【隸書】

隋 張儉及妻墓誌

唐 譚伍墓誌

唐 徐盼墓誌

【楷書】

北齊 竇泰墓誌

東魏 王蓋周造像

東魏 吳叔悅造像

東魏 元悰墓誌

唐 阿史那貞忠墓誌

唐 裴銑墓誌

唐 石經尚書

唐 張素墓誌

蟾

【楷書】

北齊 邢夫人墓誌

唐 六品亡宮墓誌

唐 鄭法明妻墓誌

唐 禪師之塔銘

唐 馮審中墓誌

唐 彭氏墓誌

唐 七品亡宮墓誌

唐 七品亡宮墓誌

唐 亡宮墓誌

唐 五品亡宮墓誌

蠖

【隸書】

西漢 馬·合陰陽

【楷書】

東魏 李挺墓誌

唐 崔義邕墓誌

唐 裒适墓誌

唐 石經五經

蠥

【楷書】

唐 石經五經

蠡

【隸書】

西漢 馬•病方

西漢 馬•病方

【楷書】

南朝宋 石颿銘

北魏 元乂墓誌

唐 李潘墓誌

唐 石經尚書

唐 石經五經

唐 尉遲敬德墓誌

唐 張㤓墓誌

蠠

【楷書】

唐 石經五經

唐 石經五經

蠜

【楷書】

唐 石經五經

蠢

【隸書】

東漢 鮮于璜碑陽

隋 張俭及妻墓誌

【楷書】

北魏 元欽墓誌

北魏 元壽安墓誌

北齊 邢多等造像

唐 毗伽特勤墓誌

唐 石浮圖銘

唐 石經尚書

蠙

【楷書】

唐 石經尚書

唐 王宣墓誌

唐 楊思立墓誌

蠑

【楷書】

唐 石經五經

蠕

【楷書】

唐 馮明墓誌

唐 楊孝弼墓誌

唐 張滂墓誌

唐 鄭仁泰墓誌

蠹

【隸書】

秦 睡 46

【楷書】

北魏 赫連悅墓誌

北魏 元壽安墓誌

東魏 蕭正表墓誌

隋 張壽墓誌

唐 李繼叔墓誌

唐 邵才志墓誌

唐 石經五經

唐 韋頊墓誌

蠲

【隸書】

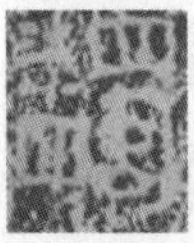
東漢 裴岑紀功碑

東漢 楊著碑陽

隋 張景略墓誌

唐 黃石公祠記

唐 孔子廟碑

【楷書】

北魏 元謐墓誌

唐 孫君妻盧墓誌

後周 智堅塔記

螱

【楷書】

唐 石經五經

蠰

【楷書】

唐 石經五經

蠱

【隸書】

西漢 馬·天下

唐 司馬寔墓誌

唐 楊孝恭碑

【楷書】

唐 安思節墓誌

唐 馬君妻董墓誌

唐 强偉墓誌

唐 石經五經

唐 石經周易

唐 顏勤禮碑

蠸

【楷書】

唐 石經五經

蠪

【隸書】

秦 睡 240

蠶

【隸書】

東漢 張遷碑陽

唐 安天王廟碑

【楷書】

北周 盧蘭墓誌

隋 樊氏墓誌

唐 石經尚書

唐 石經五經

唐 宋君妻王墓誌

唐 王感墓誌

蠵

【楷書】

唐 石經五經

⿰虫麗

【楷書】

北魏 元新成妃墓誌

蠻

【隸書】

西漢 張·40

兩漢 西·馬簡

東漢 楊統碑陽

三國魏 受禪碑

晉 辟雍頌陽

隋 段濟墓誌

隋 段濟墓誌

唐 京兆金氏墓誌

【楷書】

北魏 和邃墓誌

北魏 寇演墓誌

北魏 寇治墓誌

北魏 穆纂墓誌

北齊 元賢墓誌

隋 張壽墓誌

唐 劍閣詩刻

唐 盧昂墓誌

唐 石經尚書

唐 竹敬敬墓誌

蠽

【楷書】

唐 石經五經

网部

网网

【隸書】

三國魏 曹真殘碑陽
唐 京兆金氏墓誌
唐 王崇禮墓誌
唐 鄎國長公主碑
唐 尹尊師碑

罕罕

【篆書】

東漢 祀三公山碑

【隸書】

西漢 馬•老子甲後
西漢 馬•老子甲後
隋 暴永墓誌
隋 段濟墓誌
隋 爾朱敞墓誌
隋 口和墓誌
隋 鄭令妃墓誌
唐 孔子廟碑
唐 史思禮墓誌

唐 興寺碑

【楷書】

北魏 李超墓誌
北魏 姚伯多供養碑
北魏 元誨墓誌
北魏 元倪墓誌
北魏 張寧墓誌
隋 范安貴墓誌
隋 馬稱心墓誌
隋 宋玉艷墓誌
隋 王袞墓誌

唐 李總持墓誌
唐 馬進朝墓誌
唐 石經五經
唐 石經五經
唐 雁塔聖教序

罔罔

【篆書】

三國魏 正始石經
唐 碧落碑
唐 碧落碑

【隸書】

秦 睡 97
西漢 馬•養生
西漢 居新•300
西漢 居新•6084
東漢 曹全碑陽
東漢 淮源廟碑
東漢 劉熊碑

東漢 鮮于璜碑陽
東漢 楊震碑
東漢 乙瑛碑
東漢 趙菿殘碑
東漢 趙寬碑
晉 辟雍頌陽
晉 辟雍頌陽
晉 郛休碑陽
晉 管洛墓誌陽
晉 管洛墓誌陽

北魏 上尊號碑
北魏 王基墓誌
隋 姬威墓誌
唐 褚亮碑
唐 崔泰之墓誌
唐 崔志墓誌
唐 高元珪墓誌
唐 李彥墓誌
唐 李貞墓誌
唐 王震墓誌

罞

【楷書】

唐 石經爾雅

罛

【楷書】

唐 石經五經

罝

【楷書】

唐 石經五經

罙

【楷書】

唐 石經五經

罟

【隸書】

唐 鄭忠墓碑

罘

【楷書】

唐 杜君妻墓誌

唐 姬温墓誌

唐 石經周易

唐 王景之墓誌

唐 王同人墓誌

唐 王玄裕墓誌

唐 韋君妻齊墓誌

【楷書】

北魏 王僧男墓誌

北魏 元壽安墓誌

北周 李元海造像

唐 丁佑及妻合祔誌

唐 觀音石像銘

唐 寇堮墓誌

唐 李修已墓誌

唐 劉濬墓誌

唐 石經尚書

唐 石經五經

置

【隸書】

秦 睡12

秦 睡120

秦 關周•病方

西漢 馬•老乙前

西漢 張•287

西漢 張•544

西漢 居新•7471

西漢 居新•7535

兩漢 西•懸簡

東漢 曹全碑陽

唐 史思禮墓誌

唐 王震墓誌

唐 趙叡沖碑

【楷書】

北齊 竇泰墓誌

東魏 王僧墓誌

隋 蕭翹墓誌

唐 八都壇碑

唐 崔翬墓誌

唐 石經五經

兩漢 西•醫藥

漢晉 流簡紙

東漢 朝侯小子碑

東漢 石門頌

東漢 圉令趙君碑

東漢 趙寬碑

晉 郛休碑陽

晉 徐義墓誌陽

北齊 司馬遵業墓誌

唐 柳偘妻墓誌

署

【篆書】

唐 三墳記陰

【隸書】

秦 睡69

西漢 張•296

西漢 張•425

西漢 張•699

西漢 張•724

西漢 居新•1978

西漢 居新•8034

西漢 西•奏書

東漢 西•劾狀

罦

【楷書】

唐 石經五經

罥

【楷書】

唐 羅端墓誌

罙

【楷書】

唐 石經五經

唐 石經五經

罣

【楷書】

唐 黃季長墓誌

唐 禮佛圖陰

唐 密多心經碑

罪

【篆書】

【隸書】

三國魏 正始石經

秦 睡35

秦 睡45

秦 睡62

秦 睡64

西漢 馬•老子甲後

西漢 張•634

西漢 張•642

西漢 居新•2952

罩

【楷書】

北魏 于纂墓誌

北魏 元順墓誌

唐 石經五經

唐 向晉妻宋墓誌

罭

【楷書】

唐 石經爾雅

唐 石經周易

唐 蕭公夫人墓誌

唐 楊貴墓誌

隋 韋略墓誌

隋 諸葛子恆碑

唐 長孫盰墓誌

唐 多寶塔碑

唐 荊從皐墓誌

唐 李頵及妻墓誌

唐 李獻墓誌

唐 盧嶠墓誌

唐 盧知宗墓誌

唐 石經五經

【楷書】

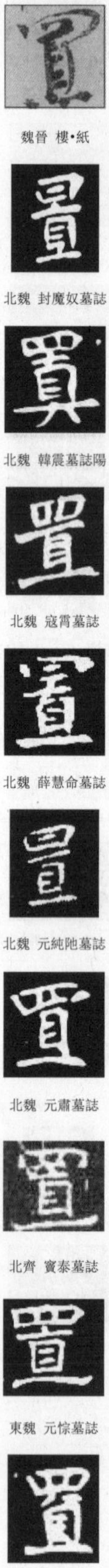

魏晉 樓•紙

北魏 封魔奴墓誌

北魏 韓震墓誌陽

北魏 寇霄墓誌

北魏 薛慧命墓誌

北魏 元純阤墓誌

北魏 元肅墓誌

北齊 竇泰墓誌

東魏 元悰墓誌

東魏 元湛墓誌

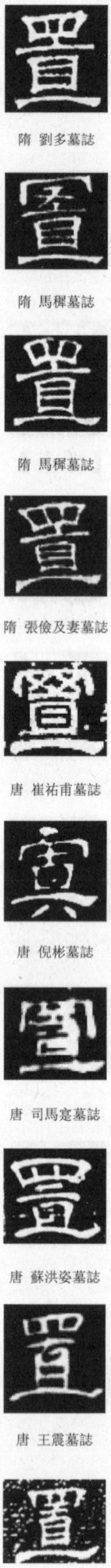

隋 劉多墓誌

隋 馬穉墓誌

隋 馬穉墓誌

隋 張儉及妻墓誌

唐 崔祐甫墓誌

唐 倪彬墓誌

唐 司馬寔墓誌

唐 蘇洪姿墓誌

唐 王震墓誌

唐 韋士逸墓誌

東漢 開通褒斜道

東漢 孔彪碑陽

東漢 尚博殘碑

東漢 石門頌

東漢 乙瑛碑

東漢 乙瑛碑

三國魏 孔羨碑

北齊 司馬遵業墓誌

隋 豆盧實墓誌

隋 關明墓誌

西漢 居新•3304

西漢 居新•8206

西漢 西•詔書

東漢 西•寇恩

漢晉 流簡紙

漢晉 流簡紙

漢晉 流簡紙

東漢 孔宙碑陽

東漢 史晨前碑

東漢 熹平石經殘

東漢 楊震碑

東漢 乙瑛碑

晉 徐義墓誌陽

北魏 上尊號碑

隋 豆盧實墓誌

唐 抱腹寺碑

唐 崔暟墓誌陽

唐 石臺孝經

唐 鄭忠墓碑

唐 植松柏碑

【楷書】

魏晉 樓•紙

北魏 杜永安題記

北魏 高廣墓誌

北魏 笱景墓誌

北魏 元融墓誌

北魏 張盧墓誌

北齊 竇泰墓誌

北齊 三十五佛名

東魏 張滿墓誌

唐 程思義墓誌

唐 苻載妻墓誌

唐 石經尚書

唐 石經五經

唐 石經五經

罷

【楷書】

唐 石經爾雅

唐 石經五經

罰

【篆書】

唐 碧落碑

【隸書】

秦 睡 13

西漢 馬•老乙前

西漢 張•266

西漢 張•723

西漢 張•73

西漢 居新•5208

三國吳 走•二年

東漢 池陽令殘碑

東漢 黨錮殘碑

東漢 張壽殘碑

三國魏 張君殘碑

隋 口隨及妻墓誌

隋 口和墓誌

【楷書】

北魏 爾朱襲墓誌

北魏 元誨墓誌

唐 崔千里墓誌

唐 匹婁思妻墓誌

唐 沈士公墓誌

唐 石經尚書

唐 石經五經

唐 石經五經

唐 石經周易

唐 朱君妻王墓誌

罛

【楷書】

唐 石經五經

唐 石經五經

罶

【楷書】

唐 石經爾雅

唐 石經五經

罷

【隸書】

西漢 馬•老乙

西漢 馬•老乙前

西漢 馬•縱橫

西漢 張•503

西漢 居新•5571

西漢 居新•7725

西漢 居新•773

西漢 居新•7735

晉 石尠墓誌

北齊 法懃塔銘

隋 段濟墓誌

唐 尹文操碑

【楷書】

北魏 元瞻墓誌

隋 董穆墓誌

隋 王楚英墓誌

唐 董希令墓誌

唐 高儼仁墓誌

唐 石經九經

唐 王同人墓誌

唐 薛頤墓誌

罻

【楷書】

唐 王令墓誌

罹

【隸書】

東漢 岐子根記

隋 任軌墓誌

唐 京兆金氏墓誌

唐 王泠然墓誌

【楷書】

唐 李景陽墓誌

唐 盧梵兒墓誌

唐 盧知宗墓誌

唐 元思忠墓誌

罺

【楷書】

唐 石經五經

罽

【楷書】

唐 阿史那貞忠墓誌

唐 李仙蕙志

唐 石經五經

後唐 豎立生臺記

罿

【楷書】

唐 石經爾雅

唐 石經五經

羆

【楷書】

北魏 元壽安墓誌

唐 石經尚書

唐 孫君妻李墓誌

唐 朱貞墓誌

羅

【篆書】

唐 姚仲文經幢

【隸書】

秦 睡105

西漢 居新•300

漢晉 流簡紙

三國魏 曹真殘碑陽

隋 爾朱敞墓誌

隋 爾朱敞墓誌

隋 蕭瑾墓誌

唐 闞道愛墓誌

唐 李貞墓誌

【楷書】

北魏 和醜仁墓誌

北周 獨孤信墓誌

北齊 許儁等造像

東魏 元賨建墓誌

隋 吳嚴墓誌

唐 李超墓誌

唐 密多心經碑

唐 石經五經

唐 文鑒經幢

唐 張安墓誌

羈

【篆書】

唐 峿臺銘

【隸書】

東漢 張遷碑陽

唐 崔祐甫墓誌

唐 盧宏及妻墓誌

唐 蘇洪姿墓誌

唐 張休光墓誌

唐 張翼墓誌

【楷書】

北魏 爾朱襲墓誌

北魏 李璧墓誌陽

北魏 李璧墓誌陽

北魏 王瑑墓誌

北齊 趙道德墓誌

隋 盧旋芷墓誌

唐 房敬墓誌

唐 居實墓銘

唐 馬儆墓誌

唐 匹婁思墓誌

唐 石經五經

唐 王宏墓誌

唐 魏和墓誌

唐 張義墓誌

後唐 張滌妻高墓誌

羉

【楷書】

唐 石經爾雅

肉部

肉

【隸書】

西漢 居新•7472

西漢 居新•7484

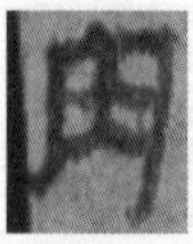

西漢 西•馬牘

東漢 西•寇恩

東漢 西•醫藥

漢晉 流簡紙

東漢 史晨後碑

唐 豆盧建墓誌

唐 盧君妻墓誌

唐 王媛墓誌陰

【楷書】

北齊 無量義經

唐 李盈墓誌

唐 魯謙墓誌

唐 裴琪墓誌

唐 石經周易

唐 鄭宇墓誌

胾

【隸書】

西漢 武•少牢甲

西漢 武•少牢甲

【楷書】

唐 石經五經

腐

【隸書】

西漢 馬•老乙前

西漢 張•827

西漢 居新•3606

【楷書】

北齊 定國寺塔碑

隋 張虔墓誌

唐 劉慎墓誌

唐 屈氏合祔誌

臡

【楷書】

唐 石經爾雅

唐 石經五經

臠

【隸書】

北齊 西門豹碑陽

【楷書】

唐 王士林墓誌

唐 袁景慎墓誌

缶部

缶

【隸書】

西漢 馬•養生

隋 侯肇墓誌

唐 任城橋亭記

【楷書】

東魏 王令媛墓誌

唐 孔桃栓墓誌

唐 劉如璋墓誌

唐 石經周易

唐 張矩墓誌

缺

【隸書】

西漢 馬•合陰陽

西漢 居新•7528

西漢 居新•7731

西漢 居新•7835

兩漢 傳馬名籍

漢晉 流簡紙

隋 爾朱敞墓誌

隋 宋景造像碑

【楷書】

北魏 寇憑墓誌

東魏 豐樂帝造像

北周 華嶽頌

唐 口模墓誌

唐 陳立行墓誌

唐 姬温墓誌

唐 賈温墓誌

唐 李從證墓誌

唐 王齊丘墓誌

唐 真義女碑銘

後唐 王禹墓誌

䍃

【隸書】

秦 睡268

罃

【楷書】

唐 李仙蕙志

唐 石經五經

罄

【隸書】

隋 口和墓誌

唐 龐履温碑

唐 蘇洪姿墓誌

【楷書】

唐 崔昂墓誌

隋 張壽墓誌

唐 崔紹墓誌

唐 崔昂墓誌

唐 梁元翰墓誌

唐 石浮圖銘

唐 束良墓誌

唐 浯溪記

唐 向晉妻宋墓誌

唐 蕭公夫人墓誌

唐 張端墓誌

唐 磚塔銘殘石

罇

【隸書】

隋 蕭瑾墓誌

唐 蘇洪姿墓誌

【楷書】

東魏 元暐墓誌

隋 元鐘墓誌

唐 竇真墓誌

唐 獨孤開遠墓誌

唐 韓氏合葬誌

唐 周紹業墓誌

後漢 祭瀆記

⿰臣⿱𠂉⿱罒缶

【楷書】

唐 石經五經

罌 𦉫

【隸書】

新莽 西•守御器

【楷書】

唐 崔楊墓誌

罍 𦈡

【隸書】

晉 辟雍頌陽

【楷書】

北周 盧蘭墓誌

唐 瀆廟祭器銘

唐 李福墓誌

唐 石經五經

罐 鑵

【楷書】

唐 瀆廟祭器銘

舌部

舌

【隸書】

秦 睡76

西漢 馬•合陰陽

西漢 馬•天下

西漢 張•814

西漢 張•816

西漢 居新•2163

西漢 武•特牲甲

北齊 司馬遵業墓誌

隋 蕭瑾墓誌

【楷書】

北齊 無量義經

隋 蘇慈墓誌

唐 俱慈順墓誌

唐 石經九經

唐 石經九經

唐 石經周易

舍

【隸書】

秦 睡40

秦 睡66

西漢 馬•老甲

西漢 馬•老乙前

西漢 馬•老子甲後

西漢 馬•縱橫

西漢 張•25

西漢 張•612

西漢 張•627

西漢 張•753

西漢 居新•3722

西漢 居新•6523

西漢 西•候官

兩漢 西•醫藥

漢晉 流簡紙

東漢 簿書殘碑

東漢 曹全碑陽

東漢 肥致碑

東漢 肥致碑

東漢 衡方碑

東漢 尚博殘碑

東漢 王舍人碑

東漢 乙瑛碑

北齊 感孝頌

北齊 王子椿經刻

隋 高虬墓誌

隋 口墮及妻墓誌

唐 庫狄真相墓誌

唐 盧行毅墓誌

唐 行儼碑

唐 趙冬曦壙誌

【楷書】

魏晉 樓•紙

南朝梁 舊館壇碑

北魏 鄯乾墓誌

北魏 于景墓誌

北魏 元固墓誌

北魏 元誘墓誌

北周 賀屯植墓誌

北齊 司馬遵業墓誌

隋 勝福寺塔銘

隋 宋玉艷墓誌

唐 程鷺墓誌

唐 石經尚書

唐 石經五經

唐 石經五經

唐 石經周易

舐

【楷書】

唐 馬壽墓誌

舒

【篆書】

唐 竇叔向墓誌額

【隸書】

西漢 居新·4482

西漢 居新·4861

西漢 西·候官

東漢 何君閣道銘

東漢 史晨後碑

北齊 法懃塔銘

北齊 司馬遵業墓誌

隋 豆盧實墓誌

隋 宋景造像碑

隋 張儉及妻墓誌

唐 陳泰墓誌

唐 尹尊師碑

唐 趙冬曦壙誌

唐 鄭忠墓碑

【楷書】

三國吳 走·四年

北魏 唐雲墓誌

北魏 元純陁墓誌

北魏 元敷墓誌

唐 田侁墓誌

唐 姚弟墓誌

後唐 孫拙墓誌

竹部

竹艸

【篆書】

秦 睡229

西漢 馬•養生

【隸書】

西漢 張•970

西漢 居新•5566

西漢 居新•8920

西漢 武•服傳甲

隋 澧水石橋碑

隋 侯肇墓誌

隋 張儉及妻墓誌

唐 鄎國長公主碑

唐 行儼碑

【楷書】

北魏 爾朱襲墓誌

北魏 馮邕妻墓誌

北魏 丘哲墓誌

北魏 王翊墓誌

北魏 元斆墓誌

北魏 元徽墓誌

北魏 元子永墓誌

北齊 爾朱元靜墓誌

隋 暴永墓誌

隋 郭達墓誌

隋 張壽墓誌

唐 麻姑仙壇記

唐 蘇斌墓誌

竺竺

【隸書】

西漢 馬•縱橫

西漢 馬•縱橫

三國魏 曹真殘碑陰

隋 豆盧實墓誌

唐 義福禪師碑

【楷書】

東魏 元寶建墓誌

唐 楚金禪師碑

竽竽

【隸書】

西漢 馬•縱橫

【楷書】

北魏 元馗墓誌

唐 金魏墓誌

唐 九品亡宮墓誌

唐 執失善光

竿竿

【隸書】

西漢 武•泰射甲

西漢 武•泰射甲

【楷書】

唐 高安期墓誌

唐 陸思本妻墓誌

笈

【篆書】

唐 碧落碑

【楷書】

東魏 高翻碑

唐 廣惠塔銘

笄

【隸書】

西漢 張•746

隋 叱李綱子墓誌

隋 牛諒墓誌

隋 宋仲墓誌

唐 蔡君妻墓誌

唐 蔡君妻墓誌

唐 關道愛墓誌

唐 盧君妻墓誌

唐 沈夫人墓誌

【楷書】

北魏 宮內司楊墓誌

北魏 華光墓誌

北魏 蘭將墓誌

北魏 元純陁墓誌

北魏 元端妻墓誌

東魏 元均及妻墓誌

唐 宋君妻斑墓誌

唐 王通墓誌

唐 張君妻齊墓誌

後唐 毛璋妻墓誌

笪

【楷書】

唐 石經九經

笑

【隸書】

西漢 馬•縱橫

東漢 熹平石經易

隋 修孔子廟碑

【楷書】

北魏 元尚之墓誌

北魏 元顯儁墓誌

北魏 元子正墓誌

北齊 竇泰墓誌

北齊 高淯墓誌

東魏 李艷華墓誌

東魏 元眸墓誌

隋 高緊墓誌

唐 桓鋭墓誌

唐 羅池廟碑

唐 孟秤墓誌

唐 沈師黃墓誌

唐 石經九經

唐 石經九經

唐 石經五經

唐 石經周易

唐 王慎疑妻墓誌

唐 徐漢墓誌

唐 楊淡造經幢

第

【楷書】

唐 石經五經

笏

【楷書】

北魏 元秀墓誌

唐 謁嶽廟文

笣

【隸書】

北齊 司馬遵業墓誌

笙 篆

【隸書】

東漢 史晨後碑

唐 朱君妻王墓誌

【楷書】

東魏 馮令華墓誌

隋 楊居墓誌

隋 張怦墓誌

唐 石經尚書

笮 篆

【隸書】

東漢 西狹頌

【楷書】

唐 石經五經

笛 篆

【楷書】

唐 石經五經

唐 王行果墓誌

笴

【楷書】

唐 石經五經

笻

【楷書】

唐 斛斯君妻墓誌

唐 唐嘉會墓誌

笲

【隸書】

唐 崔泰之墓誌

【楷書】

隋 董敬墓誌

唐 王行果墓誌

唐 尉遲敬德墓誌

笭

【楷書】

北魏 元恩墓誌

隋 張喬墓誌

符

【篆書】

唐 三墳記陽

【隸書】

秦 睡 49

西漢 馬•老乙前

西漢 馬•老子甲後

西漢 馬•縱橫

西漢 張•95

西漢 居新•1889

西漢 居新•1890

西漢 居新•543

漢晉 流簡紙

東漢 郙閣頌

東漢 景君碑陽

東漢 禮器碑

東漢 朐忍令碑

東漢 西狹頌

東漢 鮮于璜碑陽

東漢 鮮于璜碑陰

東漢 楊震碑

晉 辟雍頌陽

北齊 司馬遵業墓誌

隋 暴永墓誌

隋 符盛及妻墓誌

隋 郭休墓誌

隋 宋仲墓誌

隋 謝岳墓誌

隋 張儉及妻墓誌

唐 王媛墓誌陽

唐 玄元靈應頌

唐 楊孝恭碑

唐 尹文操碑

唐 趙冬曦壙誌

【楷書】

北魏 元斌墓誌

北魏 元詮墓誌

北魏 元子正墓誌

隋 程諧墓誌

隋 王楚英墓誌

隋 張壽墓誌

唐 孔氏墓誌

唐 陸日晛妻墓誌

唐 祁惠墓誌

唐 祁惠墓誌

唐 秦進儀墓誌

唐 石經五經

唐 張叡墓誌

後梁 謝彥璋墓誌

笭

【楷書】

唐 石經五經

笱

【篆書】

北魏 笱景誌蓋

【隸書】

秦 睡 270

秦 關周•病方

秦 關周•病方

西漢 馬•老子甲後

西漢 馬•老子甲後

西漢 馬•縱橫

西漢 張•663

西漢 居新•2277

西漢 西•候官

唐 懷古詩刻

【楷書】

北魏 笱景墓誌

唐 石經爾雅

唐 石經五經

笳

【隸書】

北齊 司馬遵業墓誌

隋 姬威墓誌

隋 鄭令妃墓誌

唐 豆盧建墓誌

唐 豆盧建墓誌

唐 李貞墓誌

【楷書】

北魏 馮季華墓誌

唐 王玄墓誌

筶箁

【隸書】

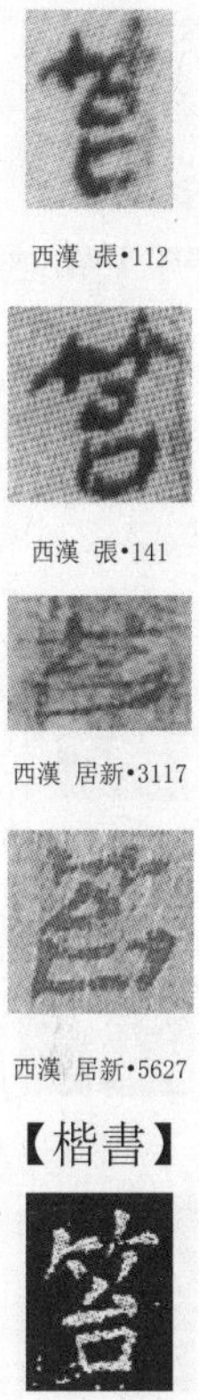

西漢 張•112

西漢 張•141

西漢 居新•3117

西漢 居新•5627

【楷書】

唐 崔芑合祔誌

第

【篆書】

三國魏 正始石經

唐 三墳記陽

【隸書】

西漢 居新•1031

西漢 居新•1890

西漢 居新•5299

西漢 居新•3059

西漢 居新•7956

西漢 武•王杖

漢晉 流簡紙

漢晉 流簡紙

西漢 李后墓塞石

西漢 李后墓塞石

西漢 李后墓塞石

東漢 洛陽黃腸石二

東漢 乙瑛碑

東漢 趙寬碑

晉 郭槐柩記

北齊 夫子廟碑

隋 關明墓誌

隋 劉多墓誌

隋 馬少敏墓誌

隋 牛暉墓誌

隋 蕭瑾墓誌

隋 蕭瑾墓誌

隋 謝岳墓誌

隋 張盛墓誌

隋 張盛墓誌

隋 趙朗墓誌

唐 蔡君妻墓誌

唐 李貞墓誌

唐 石臺孝經

唐 石臺孝經

唐 石臺孝經

唐 史思禮墓誌

唐 王震墓誌

唐 王子麟墓誌

唐 鄎國長公主碑

唐 行儼碑

唐 趙冬曦壙誌

唐 趙冬曦壙誌

【楷書】

南朝梁 舊館壇碑

北魏 司馬顯姿墓誌

北魏 元崇業墓誌

北魏 元懷墓誌

北魏 元始和墓誌

北魏 元文墓誌

北魏 元文墓誌

北齊 高湝墓誌

北齊 元賢墓誌

東魏 李次明造像

隋 暴永墓誌

隋 申穆及妻墓誌

隋 蘇威妻墓誌

隋 田光山妻墓誌

隋 王楚英墓誌

隋 元鐘墓誌

唐 崔泌墓誌

唐 高岑墓誌

唐 高知行墓誌

唐 賈隱及妻墓誌

	策	笲	[illegible]	笱	第		
隋 姬威墓誌	【隸書】西漢 馬•老子甲後	【楷書】隋 張貴男墓誌	【楷書】唐 沈師黃墓誌	【隸書】西漢 馬•縱横	【楷書】唐 石經爾雅	唐 李推賢墓誌	唐 李超墓誌
隋 謝岳墓誌	西漢 馬•十問	唐 衛義妻墓誌		西漢 馬•縱横		唐 張漸墓誌	唐 陸振墓誌
隋 修孔子廟碑	兩漢 西•馬簡			西漢 張•688		唐 張宰墓誌	唐 苗弘本墓誌
隋 趙朗墓誌	東漢 夏承碑			東漢 西•寇恩		唐 朱君信墓誌	唐 石經尚書
唐 北獄廟碑	東漢 楊統碑陽			唐 崔暟墓誌陰		唐 元婉墓誌	唐 石經尚書
唐 史思禮墓誌	東漢 張角字殘碑			【楷書】北齊 崔頠墓誌		唐 李滿墓誌	唐 石經周易
唐 司馬寔墓誌	東漢 張遷碑陽			唐 樊端墓誌		唐 路全交墓誌	唐 孫嗣初妻墓誌
唐 楊孝恭碑	東漢 趙寬碑			唐 石經尚書		後唐 張思錄經幢	唐 王海朝墓誌
唐 楊孝恭碑	三國魏 王基斷碑			唐 史懷訓墓誌			唐 王協墓誌
唐 趙冬曦壙誌	隋 豆盧實墓誌			唐 張方墓誌			唐 尉遲敬德墓誌

【楷書】

北魏 元寶月墓誌

北魏 趙充華墓誌

北齊 竇泰墓誌

北齊 高淯墓誌

北周 晉安壯公墓誌

北齊 元賢墓誌

東魏 張瓘墓誌

隋 鄧昞墓誌

隋 陶貴墓誌

隋 張業墓誌

唐 石經五經

唐 石經五經

唐 石經五經

【楷書】

唐 石經周禮

唐 越國太妃墓誌

唐 張道昇墓誌

唐 張氏墓誌

唐 執失善光

後唐 張滌妻高墓誌

等

【篆書】

東漢 祀三公山碑

三國吳 天發神讖碑

唐 碧落碑

唐 等慈寺碑額

唐 三墳記陽

【隸書】

秦 睡48

西漢 馬•老乙前

西漢 馬•老子甲後

西漢 馬•養生

西漢 馬•養生

西漢 張•116

西漢 張•737

西漢 居新•1424

西漢 居新•7169

西漢 居新•7215

西漢 居新•7483

西漢 居新•8655

漢晉 流簡紙

漢晉 流簡紙

東漢 曹全碑陽

東漢 封龍山頌

新莽 萊子侯刻石

東漢 史晨後碑

東漢 宋伯望買田券正

東漢 鮮于璜碑陽

東漢 楊震碑

東漢 永元六年記

東漢 卓異殘碑

晉 辟雍頌陽

北魏 上尊號碑

東魏 元湛墓誌

隋 豆盧實墓誌

隋 勝福寺塔銘

隋 王楚英墓誌

隋 王榮及妻墓誌

隋 張儉及妻墓誌

隋 趙朗墓誌

唐 北嶽廟碑

唐 崔志墓誌

唐 李神符碑

唐 盧行毅墓誌

唐 龐履温碑

唐 史思禮墓誌

唐 司馬寔墓誌

唐 司馬寔墓誌

唐 楊孝恭碑

唐 楊孝恭碑

唐 尹尊師碑

唐 尹尊師碑

唐 趙冬曦壙誌

唐 趙冬曦壙誌

【楷書】

北魏 高樹造像記

北魏 韓曳雲造像

北魏 僧暉造像記

北魏 唐雲墓誌

北魏 尹愛姜造像

北魏 元悌墓誌

東魏 道穎造像

北齊 竇泰墓誌

北齊 竇泰墓誌

北魏 侯剛墓誌

唐 韓傑墓誌

唐 石經尚書

唐 石經五經

唐 石經五經

唐 石經儀禮

唐 石經儀禮

答

【篆書】

唐 城隍廟碑

【隸書】

秦 睡16

西漢 馬•天下

西漢 張•931

西漢 武•有司甲

漢晉 流簡紙

東漢 石門頌

唐 嵩陽觀碑

唐 修定寺記碑

【楷書】

魏晉 樓•紙

笥

【楷書】

北齊 房周陁墓誌

唐 石經五經

箏

【楷書】

唐 鄭氏子墓誌

筥

【隸書】

北齊 司馬遵業墓誌

【楷書】

唐 石經五經

唐 王大禮墓誌

筐

【楷書】

北魏 元譚墓誌

唐 李弘禮墓誌

唐 石經毛詩

唐 石經周易

唐 宋義及妻墓誌

唐 越國太妃墓誌

唐 李壽墓誌

祁惠墓誌

唐 石經五經

唐 唐嘉會墓誌

唐 掌徹墓誌

東魏 杜文雍造像

北齊 三十五佛名

北齊 姚景等造像

隋 陳花樹墓誌

隋 勝福寺塔銘

隋 吳嚴墓誌

唐 報德記

唐 崔泰之妻墓誌

唐 崔載墓誌

唐 孔桃栓墓誌

筊

【楷書】

唐 石經爾雅

笵

【楷書】

唐 石經爾雅

筳

【楷書】

唐 梁元翰墓誌

筋

【隸書】

秦 睡244

西漢 馬•合陰陽

西漢 馬•足臂

西漢 張•1101

西漢 張•1189

西漢 張•829

【楷書】

北齊 無量義經

唐 劉公綽墓誌

唐 石經九經

唐 王海朝墓誌

唐 柳昱墓誌

唐 甯思真墓誌

唐 秦朗墓誌

唐 石經儀禮

唐 王君及妻墓誌

唐 王思齊墓誌

唐 燕君妻姜墓誌

唐 張琛墓誌

筵

【篆書】

唐 碧落碑

【隸書】

唐 王震墓誌

【楷書】

北魏 王誦墓誌

隋 盧旋芷墓誌

隋 田德元墓誌

唐 竇真墓誌

唐 高德墓誌

唐 胡君妻墓誌

唐 李鳳妃墓誌

筌

【隸書】

唐 夫子廟堂碑

唐 孔子廟碑

【楷書】

唐 石經五經

唐 魏靖墓誌

唐 薛贖墓誌

筏

【楷書】

唐 李道因墓誌

唐 楊淡造經幢

唐 張才墓誌

筱	筲	⿱竹飭	⿱竹鈞		筮		筆
【楷書】	【楷書】	【楷書】	【隸書】		【隸書】		【隸書】
唐 石經尚書	唐 石經五經	隋 張貴男墓誌	隋 爾朱端墓誌	唐 蓋氏墓誌	秦 睡132	北齊 房周陁墓誌	西漢 張•1241
	唐 孫嬰墓誌	唐 濆廟祭器銘	唐 陳泰墓誌	唐 石經尚書	西漢 武•特牲甲	隋 蕭翹墓誌	北齊 感孝頌
		唐 沈師黃墓誌	【楷書】	唐 石經五經	隋 豆盧實墓誌	唐 惟貞廟碑陽	北齊 司馬遵業墓誌
		唐 執失善光	北魏 元項墓誌	唐 石經五經	隋 爾朱敞墓誌	唐 張怙墓誌	隋 澧水石橋碑
			北魏 元彝墓誌	唐 石經周易	隋 蕭瑾墓誌	唐 朱光宙墓誌	隋 李元墓誌
			隋 任顯及妻誌	唐 王容墓誌	唐 董虔運墓誌	後梁 崔崇素墓誌	隋 任軌墓誌
			隋 王世琛墓誌	唐 徐承嗣墓誌	唐 王震墓誌	後唐 西方鄴墓誌	唐 趙冬曦壙誌
			唐 屠暉光墓誌	唐 張進及妻誌	唐 楊孝恭碑		【楷書】
			唐 張君妻田墓誌	後唐 王璠墓誌	【楷書】		北魏 元延明墓誌
					隋 牛方大墓誌		北魏 鄭黑墓誌
					隋 張達墓誌		

筤

【楷書】

唐 石經五經

筦

【隸書】

西漢 居新•2137

【楷書】

唐 盧伯卿墓誌

唐 孫君妻盧墓誌

箭

【隸書】

西漢 張•1217

西漢 張•1220

【楷書】

魏晉 樓•紙

唐 石經五經

節

【篆書】

北魏 温泉頌額

隋 賀若誼碑額

隋 孟顯達碑額

唐 李元諒頌額

【隸書】

秦 睡133

秦 睡137

西漢 馬•老乙前

西漢 馬•老乙前

西漢 馬•天下

西漢 馬•天下

西漢 馬•養生

西漢 馬•養生

西漢 馬•縱横

西漢 馬•縱横

西漢 張•790

西漢 武•王杖

西漢 買山地記

東漢 景君碑陽

東漢 景君碑陰

東漢 孔宙碑陰

東漢 馬姜墓記

東漢 尚博殘碑

東漢 石門頌

東漢 史晨前碑

東漢 鮮于璜碑陽

東漢 楊著碑陽

東漢 張遷碑陽

東漢 張遷碑陰

東漢 趙菿殘碑

三國魏 鮑捐神坐

晉 辟雍頌陽

晉 管洛墓誌陽

晉 劉韜墓志

晉 石尠墓誌

北齊 夫子廟碑

北齊 感孝頌

北周 華嶽頌

北齊 司馬遵業墓誌

隋 爾朱敞墓誌

隋 爾朱敞墓誌

隋 任軌墓誌

隋 蘇恒墓誌

隋 蘇恒墓誌

唐 高元珪墓誌

唐 李神符碑

唐 石臺孝經

唐 石臺孝經

唐 辛雲京妻墓誌

唐 行儼碑

唐 楊孝恭碑

箸

【篆書】

唐 般若臺記

【隸書】

西漢 馬•老乙前

西漢 馬•老子甲後

西漢 馬•縱橫

西漢 張•1162

隋 李元墓誌

【楷書】

唐 安令節墓誌

唐 石經五經

唐 楊%哲墓誌

唐 張本墓誌

筳

【楷書】

北魏 侯剛墓誌

[illegible]

【楷書】

北魏 元譚墓誌

[illegible]

【楷書】

唐 石經五經

唐 楊執一墓誌

唐 陰客墓誌

唐 苑玄亮墓誌

唐 張審文墓誌

唐 爼威墓誌

後周 安重遇墓誌

後唐 康贊羑墓誌

後唐 王璠墓誌

後晉 王君妻關墓誌

隋 王楚英墓誌

唐 崔惟悌墓誌

唐 黃羅漢墓誌

唐 李壽墓誌

唐 石經周易

唐 石經周易

唐 唐直墓誌

唐 王脩本妻墓誌

唐 尉遲敬德墓誌

唐 楊乾光墓誌

北魏 元保洛墓誌

北魏 元敷墓誌

北魏 元毓墓誌

東魏 曹永康磚誌

北齊 竇泰墓誌

東魏 元悰墓誌

隋 高緊墓誌

隋 郭休墓誌

隋 盧文構墓誌

隋 申穆及妻墓誌

唐 楊孝恭碑

唐 楊孝恭碑

唐 楊孝恭碑

唐 張翼墓誌

【楷書】

晉 華芳墓誌陽

北魏 韓顯宗墓誌

北魏 侯太妃墓誌

北魏 寇治墓誌

北魏 司馬紹墓誌

北魏 王翊墓誌

箘	箎		箕				算
【楷書】	【楷書】	【楷書】	【隸書】				【隸書】

唐 任德墓誌

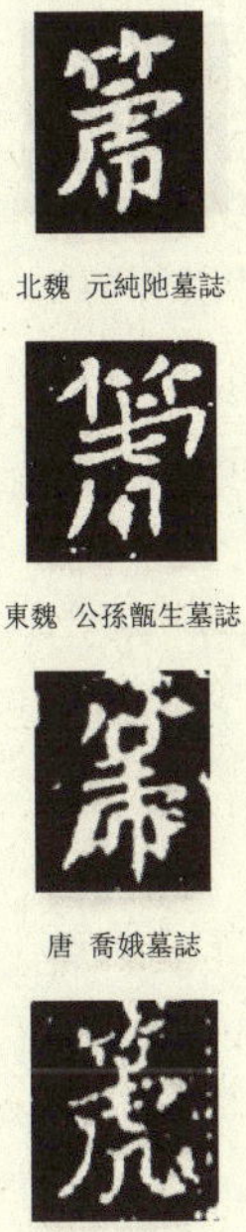

北魏 元純阤墓誌

東魏 公孫甑生墓誌

唐 喬娥墓誌

唐 竘姬墓誌

北魏 元純阤墓誌

北齊 婁黑女墓誌

東魏 張瓘墓誌

唐 崔公妻墓誌

唐 石經周易

唐 譚伍墓誌

唐 楊清墓誌

秦 睡 238

秦 關周•日書

西漢 居新•2118

西漢 居新•2800

西漢 居新•5364

新莽 西•守御器

東漢 樊敏碑

東漢 鮮于璜碑陽

唐 孔子廟碑

唐 王媛墓誌陽

唐 石經五經

唐 王行果墓誌

唐 王瑗達墓誌

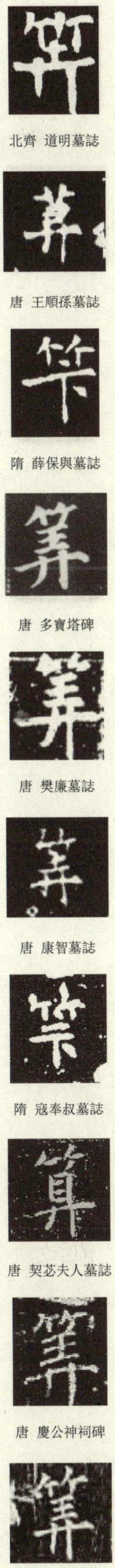

北齊 道明墓誌

唐 王順孫墓誌

隋 薛保與墓誌

唐 多寶塔碑

唐 樊康墓誌

唐 康智墓誌

隋 寇奉叔墓誌

唐 契苾夫人墓誌

唐 慶公神祠碑

唐 石經五經

唐 北獄廟碑

唐 京兆金氏墓誌

唐 史思禮墓誌

唐 王媛墓誌陰

唐 張濬墓誌

【楷書】

北魏 崔承宗造像

北魏 高珪墓誌

北魏 李璧墓誌陽

北魏 叔孫協墓誌

北魏 元平墓誌

秦 睡 140

西漢 張•145

西漢 張•183

西漢 張•914

西漢 居新•2747

西漢 居新•3885

東漢 肥致碑

東漢 張遷碑陽

三國魏 王基斷碑

隋 高虬墓誌

箱 箱

【隸書】

隋 爾朱端墓誌

隋 李元墓誌

隋 王榮及妻墓誌

【楷書】

北魏 馮邕妻墓誌

隋 賈通墓誌

隋 馬懺造像記

隋 王光墓誌

唐 楚金禪師碑

唐 石經九經

唐 田文雅墓銘

箓 箓

【楷書】

東魏 邑主造石像

唐 李表墓誌

唐 王震墓誌

唐 鄭珍墓誌

隋 王榮及妻墓誌

唐 夫子廟堂碑

【楷書】

魏晉 樓•紙

北齊 婁黑女墓誌

北齊 司馬遵業墓誌

北齊 司馬遵業墓誌

北齊 元賢墓誌

隋 王楚英墓誌

唐 崔翬墓誌

唐 孫讜墓誌

管 管

【篆書】

隋 賀若誼碑額

【隸書】

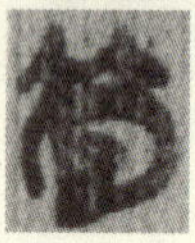
西漢 張•1241

西漢 張•781

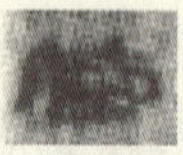
西漢 武•泰射甲

隋 豆盧實墓誌

隋 爾朱敞墓誌

隋 爾朱敞墓誌

隋 爾朱敞墓誌

隋 爾朱端墓誌

隋 任軌墓誌

箠 箠

【楷書】

唐 房敬墓誌

唐 石經五經

箙 箙

【楷書】

唐 石經五經

箇 箇

【隸書】

西漢 張•970

唐 張德操墓誌

範

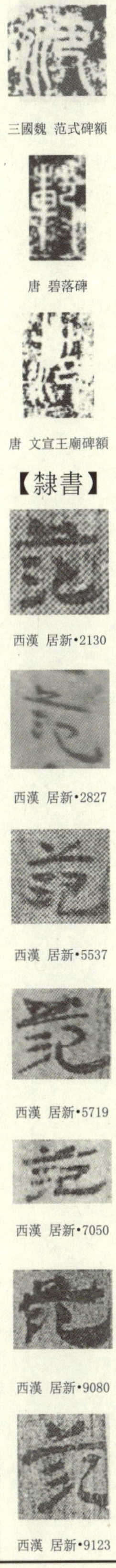
【篆書】
三國魏 范式碑額
唐 碧落碑
唐 文宣王廟碑額
【隸書】
西漢 居新•2130
西漢 居新•2827
西漢 居新•5537
西漢 居新•5719
西漢 居新•7050
西漢 居新•9080
西漢 居新•9123

東漢 西•劾狀
東漢 楊著碑陽
東漢 張遷碑陰
東漢 趙寬碑
晉 辟雍頌陽
晉 呂望表
晉 石尠墓誌
晉 徐義墓誌陽
北魏 涿縣磚刻
隋 符盛及妻墓誌

隋 郭王墓誌
隋 李元墓誌
隋 王榮及妻墓誌
隋 口和墓誌
隋 鄭令妃墓誌
唐 崔暄墓誌陽
唐 高元珪墓誌
唐 庫狄真相墓誌
唐 李神符碑
唐 屈突通墓誌

唐 王泠然墓誌
【楷書】
北魏 馮會萇墓誌
北魏 郭顯墓誌
北魏 李蕖蘭墓誌
北魏 李蕖蘭墓誌
北魏 劉雄造像
北魏 盧令媛墓誌
北魏 元珂墓誌
北魏 元誨墓誌
北魏 元謐墓誌

北魏 元尚之墓誌
北魏 元維墓誌
東魏 李艷華墓誌
北齊 僧靜明造像
北齊 司馬遵業墓誌
北齊 司馬遵業墓誌
北齊 元賢墓誌
隋 范安貴墓誌
隋 王楚英墓誌
隋 張喬墓誌

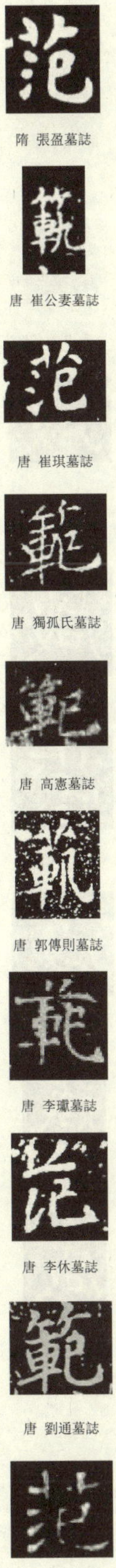
隋 張盈墓誌
唐 崔公妻墓誌
唐 崔琪墓誌
唐 獨孤氏墓誌
唐 高憲墓誌
唐 郭傳則墓誌
唐 李瓛墓誌
唐 李休墓誌
唐 劉通墓誌
唐 柳佖妻墓誌

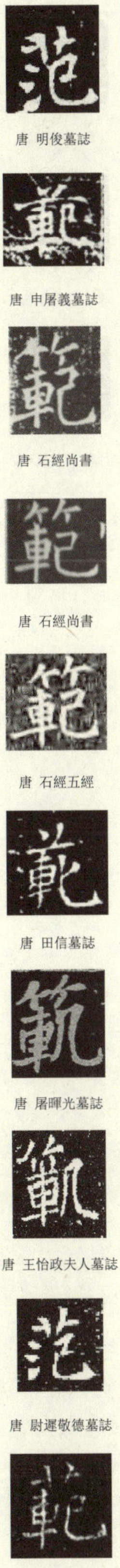
唐 明俊墓誌
唐 申屠義墓誌
唐 石經尚書
唐 石經尚書
唐 石經五經
唐 田信墓誌
唐 屠暉光墓誌
唐 王怡政夫人墓誌
唐 尉遲敬德墓誌
唐 張帝墓誌

篠	篁 篁	箯 箯	箭 箭		篋 篋	箴 箴	
【楷書】  唐 高捧墓誌	【楷書】  唐 朱齊之墓誌	【楷書】  唐 石經五經	【楷書】  唐 石經五經	 唐 嚴明府夫人墓誌  唐 楊君妻墓誌	【隸書】  秦 睡 69  隋 任顯及妻誌  唐 孔子廟碑  唐 王媛墓誌陰 【楷書】  北魏 馮邕妻墓誌  北魏 元茂墓誌  隋 明雲騰墓誌  唐 石經五經  唐 石經五經  唐 王真墓誌	【隸書】  秦 睡 60  西漢 居新·7206  唐 柳偘妻墓誌 【楷書】  隋 田光山妻墓誌  隋 王楚英墓誌  唐 石經尚書  唐 蘇斌墓誌  唐 元思忠墓誌	 唐 張騷墓誌  唐 祖忠及妻墓誌  後唐 康贊羑墓誌

篇

【篆書】

唐 三墳記

【隸書】

西漢 張·49

西漢 居新·2

東漢 趙寬

東漢 趙寬

隋 李元墓

隋 修孔子廟

隋 張儉及妻

唐 崔祐甫

唐 王泠然

唐 趙冬曦壙誌

【楷書】

北魏 爾朱紹墓誌

北魏 元崇業墓誌

北齊 元賢墓誌

隋 尉富娘墓誌

唐 爨君墓誌

唐 皇甫誕碑

唐 石經尚書

唐 石經五經

唐 亡宮墓誌

唐 王和墓誌

唐 惟貞廟碑陽

唐 鄭中基墓誌

篪

【楷書】

唐 石經爾雅

唐 石經五經

箭

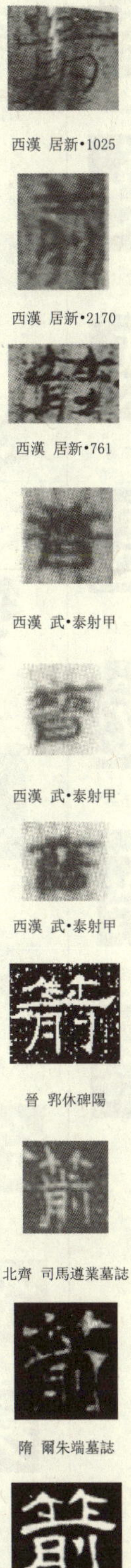

【隸書】

西漢 居新·1025

西漢 居新·2170

西漢 居新·761

西漢 武·泰射甲

西漢 武·泰射甲

西漢 武·泰射甲

晉 郛休碑陽

北齊 司馬遵業墓誌

隋 爾朱端墓誌

隋 侯肇墓誌

隋 劉寶及妻墓誌

隋 馬穉墓誌

隋 張儉及妻墓誌

唐 崔漢衡題名

唐 張叡墓誌

【楷書】

魏晉 樓·紙

魏晉 樓·紙

北魏 王翊墓誌

北魏 元維墓誌

北齊 司馬遵業墓誌

隋 王世琛墓誌

唐 皇甫誕碑

唐 楊道綱墓誌

篆

【篆書】

唐 魏夫人祠碑額

【隸書】

東漢 趙寬碑

北齊 感孝頌

隋 符盛及妻墓誌

隋 王楚英墓誌

唐 李彥墓誌

唐 劉粲墓誌

唐 趙叡沖碑

【楷書】

南朝梁 瘞鶴銘

北魏 李超墓誌

北魏 李蕤墓誌

北魏 穆纂墓誌

北魏 秦洪墓誌

北魏 石婉墓誌

北魏 薛慧命墓誌

北魏 元端墓誌

北魏 元誨墓誌

北魏 元靈曜墓誌

北魏 元孟輝墓誌

北魏 元欽墓誌

北魏 元秀墓誌

西魏 鄧君墓誌

東魏 員光造像記

唐 安元壽墓誌

唐 京兆金氏墓誌

唐 魯謙墓誌

後唐 康贊羑墓誌

篠

【楷書】

唐 石經五經

築

【篆書】

唐 峿臺銘

【隸書】

秦 睡132

西漢 馬・病方

西漢 馬・老子甲後

西漢 馬・十問

西漢 武・服傳甲

晉 郛休碑陰

晉 郛休碑陰

唐 植松柏碑

【楷書】

南朝梁 舊館壇碑

唐 崔翬墓誌

唐 石經尚書

唐 石經五經

唐 石經五經

唐 石經五經

唐 仙宮銘

唐 向晉妻宋墓誌

篤

【隸書】

秦 睡51

秦 關周・日書

秦 關周・日書

東漢 倉頡廟碑側

東漢 從事馮君碑

東漢 建寧三年殘碑

東漢 孔宙碑陽

東漢 寬以殘碑

東漢 夏承碑

東漢 鮮于璜碑陽

東漢 許安國題記

東漢 許安國題記

東漢 楊著碑陽

東漢 尹宙碑

東漢 子游殘碑

晉 辟雍頌陽

晉 徐義墓誌陽

隋 侯肇墓誌

隋 姬威墓誌

隋 賈通墓誌

隋 口和墓誌

隋 吳嚴墓誌

【楷書】

魏晉 樓・紙

魏晉 樓・紙

晉 華芳墓誌陰

北魏 穆亮墓誌

北魏 元寶月墓誌

北齊 高清墓誌

隋 劉淵墓誌

隋 蕭瑒墓誌

篧

【楷書】

唐 石經爾雅

唐 石經五經

篩

【楷書】

唐 張汶墓誌

簉

【隸書】

唐 李彥墓誌

【楷書】

隋 橋紹墓誌

隋 張盈墓誌

篳

【楷書】

唐 石經五經

篡

【隸書】

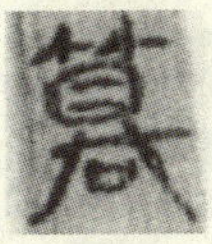
西漢 張•128

西漢 張•705

西漢 張•784

東漢 曹全碑陽

晉 石尠墓誌

【楷書】

北魏 張盧墓誌

隋 孔神通墓誌

唐 高木盧墓誌

簣

【楷書】

唐 李鳳墓誌

篚

【楷書】

唐 石經尚書

唐 石經儀禮

隋 楊居墓誌

隋 元鐘墓誌

唐 康智墓誌

唐 石經周易

唐 張毖墓誌

唐 鄭珍墓誌

後唐 毛璋墓誌

箋	簧	簀	簪	簎	簺	篠	篪
【楷書】  北魏 爾朱紹墓誌  唐 爨石墓誌  唐 蘇興墓誌  唐 王積善墓誌  唐 王鍊墓誌	【隸書】  唐 李貞墓誌 【楷書】  隋 張怦墓誌  唐 寓思真墓誌  唐 張審文墓誌	【楷書】  北魏 元寶月墓誌  唐 李玄福墓誌  唐 執失善光	【楷書】  東魏 元悰墓誌  唐 李鳳墓誌	【楷書】  唐 石經五經	【楷書】  唐 韓長墓誌	【楷書】  唐 李三墓誌	【楷書】  唐 段簡璧墓誌  唐 李仙蕙志  唐 孫讓墓誌  唐 張臣合墓誌

	簪	簙	簞	篸	簋	簇	簻
北魏 寇慰墓誌	【隸書】	【楷書】	【隸書】	【隸書】	【隸書】	【楷書】	【楷書】
北魏 元秀墓誌	西漢 張•313	隋 盧文構墓誌	唐 朱君妻王墓誌	唐 韋士逸墓誌	東漢 孔宙碑陽	後周 勅不停廢記	唐 薛饋墓誌
東魏 張瓘墓誌	西漢 張•378		【楷書】		唐 石臺孝經		
隋 高緊墓誌	西漢 張•380		唐 杜君妻孫墓誌		【楷書】		
隋 賈通墓誌	西漢 張•629		唐 沙陁公妻墓誌		唐 瀆廟祭器銘		
隋 盧文機墓誌	北齊 西門豹碑陽		唐 石經五經		唐 石經五經		
隋 張貴男墓誌	隋 闞明墓誌		唐 蘇斌墓誌		唐 石經五經		
唐 暴賢墓誌	隋 任軌墓誌		唐 田通墓誌		唐 石經五經		
唐 李仙蕙志	唐 屈突通墓誌		唐 張廉穆墓誌		唐 石經周易		
唐 盧宏及妻墓誌	唐 王泠然墓誌				唐 張元墓誌		
	【楷書】						
	北魏 馮季華墓誌						

唐 祁惠墓誌
唐 石經五經
唐 石經周易
唐 索義弘墓誌
唐 吳孝墓誌
唐 薛君妻柳墓誌
隋 楊氏墓誌
後唐 康贊羑墓誌

簝

【楷書】

唐 石經五經

簋

【楷書】

北魏 元廞墓誌
唐 濟瀆廟祭器銘
唐 張元墓誌
後漢 祭瀆記

簞

【楷書】

唐 杭季棱袝誌

簡

【隸書】

秦 睡95
西漢 馬•老子甲後
西漢 馬•老子甲後
西漢 馬•老子甲後
西漢 張•911
西漢 張•911
漢晉 流簡紙
東漢 池陽令殘碑
東漢 觀音廟殘碑
東漢 淮源廟碑
東漢 孔宙碑陽
三國魏 張君殘碑
晉 石尠墓誌
隋 高虬墓誌
隋 申穆及妻墓誌
隋 修孔子廟碑
隋 趙朗墓誌
唐 大忍寺碑
唐 戴令言墓誌
唐 盧宏及妻墓誌
唐 潘基墓誌
唐 石臺孝經
唐 楊孝恭碑

【楷書】

南朝宋 石驅銘
北魏 王紹墓誌
北魏 元敷墓誌
北魏 元靈曜墓誌
北魏 元仙墓誌
北魏 元瞻墓誌
北齊 竇泰墓誌
隋 陳花樹墓誌
隋 王楚英墓誌
隋 王楚英墓誌
隋 蕭瑒墓誌
唐 石經尚書
唐 石經五經
唐 王府君墓誌
唐 吳孝墓誌
唐 姚斡墓誌
唐 趙留四墓誌

唐 周惠墓誌

簣

【隸書】

唐 孔子廟碑

【楷書】

唐 何戢墓誌

唐 李爽墓誌

簜 𥳑

【楷書】

唐 石經尚書

唐 石經尚書

唐 石經五經

簩

【楷書】

唐 秦義墓誌

簳

【楷書】

唐 張泉墓誌

簸 𥳑

【隸書】

西漢 居新·628

【楷書】

唐 李元簡墓誌

簬

【楷書】

唐 石經尚書

籈

【楷書】

唐 石經爾雅

籀

【隸書】

唐 孔子廟碑

唐 鄭忠墓碑

【楷書】

北魏 馮季華墓誌

唐 桓表墓誌

唐 劉珪墓誌

唐 劉祿墓誌

唐 石經五經

唐 王傾墓誌

唐 惟貞廟碑陽

唐 蕭惠媄墓誌

唐 張樹生墓誌

唐 鄭仁泰墓誌

唐 周紹業墓誌

簬

【楷書】

唐 任德墓誌

唐 趙通墓誌

簷

【隸書】

唐 北獄廟碑

【楷書】

隋 張濬墓誌

唐 王大禮墓誌

簿

【篆書】

唐 三墳記陰

唐 三墳記陰

【隸書】

西漢 張•603

隋 郭王墓誌

唐 盧宏及妻墓誌

【楷書】

北魏 李媛墓誌

隋 姜敬親墓誌

隋 姜明墓誌

唐 嚴識玄墓誌

後唐 王禹墓誌

簾

【楷書】

北魏 元毓墓誌

唐 崔霞墓誌

唐 石經五經

唐 王脩福墓誌

簫

【隸書】

西漢 武•泰射甲

隋 關明墓誌

隋 牛諒墓誌

唐 玄元靈應頌

唐 楊孝恭碑

唐 貞一廟碑

【楷書】

北魏 元顯魏墓誌

東魏 南宗和尚塔銘

隋 張盈墓誌

唐 傅思諫墓誌

唐 柳昱墓誌

唐 柳昱妻墓誌

唐 石經尚書

唐 石經五經

唐 徐思倩墓誌

籋

【楷書】

北魏 元維墓誌

唐 石經五經

唐 執失善光

籍

【隸書】

秦 睡35

秦 睡45

西漢 張•339

西漢 張•687

西漢 張•689

西漢 居新•5282

漢晉 流簡紙

隋 趙朗墓誌

唐 紀信墓碑

唐 楊孝恭碑

【楷書】

北魏 鄭君妻墓誌

東魏 張瓘墓誌

隋 馬少敏墓誌

唐 安思節墓誌

唐 石經尚書

唐 石經五經

唐 張時譽墓誌

籄

【楷書】

唐 張君表墓誌

籌

【隸書】

東漢 張遷碑陽

東漢 趙寬碑

唐 鄭忠墓碑

【楷書】

北魏 範國仁造像

東魏 劉懿墓誌

唐 張氏墓誌

隋 鄭善妃墓誌

唐 崔延墓誌

唐 姬温墓誌

唐 李璩墓誌

唐 李君墓誌

唐 張須墓誌

唐 掌思明墓誌

唐 執失善光

籗

【楷書】

唐 石經五經

籟

【楷書】

唐 黑齒常之墓誌

唐 張伯通墓誌

籤	籥	籧		籠	籛	籙	籜
【隸書】	【隸書】	【楷書】	闔 堅牢塔記	【隸書】	【楷書】	【隸書】	【楷書】
西漢 張•1216	秦 睡55	唐 石經五經		西漢 馬•縱橫	唐 王季初墓誌	隋 段濟墓誌	唐 崔君妻朱墓誌
隋 馬穉墓誌	西漢 馬•老甲			新莽 西•守御器		唐 尹尊師碑	唐 李修已墓誌
隋 張姜墓誌	西漢 馬•老甲			北周 華嶽頌		【楷書】	
【楷書】	唐 孔子廟碑			隋 爾朱端墓誌		北魏 元謐墓誌	
唐 樂陟墓誌	【楷書】			唐 盧宏及妻墓誌		北魏 元熙墓誌	
唐 李爽墓誌	晉 黃庭經			【楷書】		隋 盧文構墓誌	
唐 孫成墓誌	唐 李勣墓誌			北魏 論經書詩		唐 多寶塔碑	
唐 孫嬰墓誌	唐 李嗣莊墓誌			北魏 元顥墓誌		唐 蘇公殘塔誌	
唐 王景之墓誌	唐 石經五經			東魏 侯海墓誌陰		唐 張須墓誌	
唐 王素墓誌	唐 顏勤禮碑			唐 高儼仁墓誌			
唐 邢彥褒墓誌				唐 張某墓誌			

籩

【隸書】

東漢 禮器碑

【楷書】

唐 傅思諫墓誌

唐 李皐妻墓誌

唐 石經尚書

唐 石經五經

唐 石經五經

唐 源公廟詩刻

籞

【楷書】

唐 阿史那貞忠墓誌

唐 王芳媚墓誌

唐 徐思倩墓誌

籬

【楷書】

唐 唐儉墓誌

籯

【楷書】

隋 賈玄贊墓誌

唐 陳智妻墓誌

唐 騫思泰墓誌

唐 王延墓誌

臼部

臼

【隸書】

秦 睡239

西漢 馬•天下

唐 朱崇慶墓誌

【楷書】

東魏 李挺墓誌

唐 郭克全墓誌

唐 徐君妻朱墓誌

臾

【隸書】

秦 睡201

西漢 張•1122

西漢 居新•3847

東漢 西•死駒

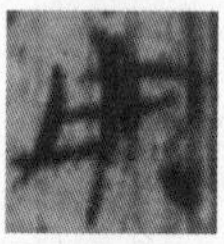
兩漢 西•醫藥

漢晉 流簡紙

東漢 肥致碑

隋 宋仲墓誌

【楷書】

隋 寧贊墓碑

唐 麻姑仙壇記

唐 敏之墓誌

唐 王永嘗妻墓誌

唐 元瑛墓誌

唐 張德操墓誌

臽

【隸書】

秦 睡126

秦 睡127

秦 睡129

秦 睡205

西漢 馬•事語

西漢 張•1061

東漢 西狹頌

臿

【隸書】

西漢 馬•縱橫

西漢 居新•1162

【楷書】

唐 楊執一墓誌

舁

【楷書】

唐 支訢妻墓誌

舀

【楷書】

唐 石經九經

春

【隸書】

秦 睡134

秦 睡239

秦 睡63

西漢 馬•足臂

西漢 張•103

西漢 張•735

西漢 張•930

【楷書】

北魏 元略墓誌

北魏 元寧墓誌

隋 明雲騰墓誌

唐 執失善光墓誌

舄

【隸書】

西漢 馬•養生

隋 段濟墓誌

唐 王崇禮墓誌

唐 尹尊師碑

唐 貞一廟碑

【楷書】

北周 晉安壯公墓誌

隋 獨孤羅墓誌

隋 盧文構墓誌

隋 王世琛墓誌

隋 蕭餝性墓誌

唐 畢正義墓誌

唐 梁幺敏墓誌

唐 石經五經

唐 王感墓誌

唐 薛頤墓誌

唐 元振墓誌

舅

【隸書】

東漢 禮器碑

東漢 永壽元年銘

晉 管洛墓誌陽

隋 叱李綱子墓誌

唐 王媛墓誌陽

唐 朱君妻王墓誌

【楷書】

晉 華芳墓誌陽

北魏 元侔墓誌陰

北魏 趙光墓誌

北齊 竇泰墓誌

北齊 竇泰墓誌

北魏 元洛神墓誌

唐 崔寵妻墓誌

唐 房有非及妻墓誌

唐 賈從贊墓誌

唐 石經九經

唐 蘇斌墓誌

唐 王逖墓誌

唐 越國太妃墓誌

舉

【篆書】

唐 三墳記陽

【隸書】

秦 關周•日書

西漢 馬•老甲

西漢 馬•老乙前

西漢 馬•老子甲後

西漢 馬•縱橫

西漢 張•750

西漢 居新•2146

西漢 居新•5332

漢晉 流簡紙

東漢 曹全碑陽

東漢 肥致碑

東漢 封龍山頌

東漢 華山廟碑陽

東漢 景君碑陰

東漢 孔宙碑陽

東漢 禮器碑

東漢 禮器碑側

東漢 禮器碑側

東漢 禮器碑陰

臼部

東漢 尚博殘碑
東漢 武榮碑
東漢 鮮于璜碑陰
東漢 楊震碑
東漢 楊著碑陽
東漢 乙瑛碑
北齊 司馬遵業墓誌
隋 李元墓誌
隋 任軌墓誌
隋 王榮及妻墓誌

隋 口和墓誌
隋 蕭瑾墓誌
隋 謝岳墓誌
唐 董虔運墓誌
唐 董虔運墓誌
唐 李神符碑
唐 石臺孝經
唐 石臺孝經
唐 王震墓誌
唐 鄎國長公主碑

唐 楊孝恭碑
唐 趙冬曦壙誌

【楷書】

魏晉 樓•紙
北魏 元崇業墓誌
北魏 元天穆墓誌
北魏 元維墓誌
北魏 張玄墓誌
北齊 竇泰墓誌
東魏 元仲英墓誌
隋 范安貴墓誌

隋 郭王墓誌
隋 王楚英墓誌
隋 吳嚴墓誌
隋 元智墓誌
隋 張貴男墓誌
隋 張喬墓誌
唐 竇真墓誌
唐 李愍墓誌
唐 石經尚書
唐 石經五經

唐 王君殘墓誌
唐 王素墓誌
唐 脩多羅墓誌
唐 張茂弘墓誌

舊

【隸書】

西漢 居新•7697
東漢 白石神君碑
東漢 曹全碑陽
東漢 封龍山頌
東漢 禮器碑
東漢 馬姜墓記
東漢 石門闕銘
東漢 史晨後碑
東漢 陶洛殘碑陽
東漢 鮮于璜碑陽

東漢 張遷碑陽
東漢 張遷碑陽
三國魏 孔羨碑
晉 辟雍頌陽
晉 郛休碑陽
晉 徐文墓碣
北齊 感孝頌
北齊 司馬遵業墓誌
北齊 司馬遵業墓誌
隋 段濟墓誌

隋 爾朱端墓誌
隋 澧水石橋碑
隋 劉多墓誌
隋 口靜墓誌
隋 蕭瑾墓誌
唐 陳憲墓誌
唐 京兆金氏墓誌
唐 劉慎墓誌
唐 石臺孝經

【楷書】

北魏 成氏墓誌

北魏 元恭墓誌
北魏 元顥墓誌
北魏 元顥墓誌
北魏 元爽墓誌
北魏 元思墓誌
北魏 元信墓誌
北魏 鄭黑墓誌
北齊 竇泰墓誌
東魏 馮令華墓誌
東魏 元悰墓誌

東魏 元晬墓誌
唐 李正卿墓誌
隋 王楚英墓誌
隋 王楚英墓誌
隋 王楚英墓誌
隋 王袞墓誌
隋 王袞墓誌
隋 口靜墓誌
隋 伍道進墓誌
隋 蕭瑒墓誌

隋 張波墓誌
唐 陳君妻王墓誌
唐 崔惟悌墓誌
唐 韓忠節墓誌
唐 賈隱及妻墓誌
唐 荊從皐墓誌
唐 俱慈順墓誌
唐 劉妙姜墓誌
唐 閻知誠墓誌
唐 廿九女墓誌

唐 裴遵妻墓誌
唐 裴瑾墓誌
唐 石經尚書
唐 石經五經
唐 石經周易
唐 石經周易
唐 思恒墓誌
唐 徐買墓誌
唐 楊炅生墓誌
唐 越國太妃墓誌

唐 張敬忠謝表
唐 張詮墓誌
唐 張騷墓誌
唐 鄭逢墓誌
唐 重藏舍利記
後唐 張滌妻高墓誌

自部

自 𦣹

【篆書】

三國魏 正始石經

三國魏 正始石經

唐 碧落碑

唐 碧落碑

唐 城隍廟碑

唐 謙卦碑

唐 峿臺銘

【隸書】

秦 睡 48

秦 睡 63

秦 關周•日書

西漢 馬•合陰陽

西漢 馬•老甲

西漢 馬•老乙前

西漢 馬•縱横

西漢 張•881

西漢 居新•1868

西漢 居新•4081

西漢 居新•6200

東漢 西•寇恩

東漢 西文書

兩漢 西•廩食

兩漢 西•醫藥

東漢 公乘田魴記

東漢 華山廟碑陽

東漢 禮器碑

東漢 石門頌

東漢 延平元年記

晉 郭槐柩記

北齊 馬天祥造像

隋 關明墓誌

隋 郭休墓誌

隋 默曹殘碑

隋 任軌墓誌

隋 宋仲墓誌

隋 宋仲墓誌

隋 趙朗墓誌

唐 褚亮碑

唐 李神符碑

唐 石臺孝經

唐 石臺孝經

唐 石臺孝經

唐 楊孝恭碑

唐 楊孝恭碑

唐 楊孝恭碑

唐 楊孝恭碑

唐 尹尊師碑

唐 尹尊師碑

唐 趙冬曦壙誌

【楷書】

魏晉 樓•紙

南朝梁 慧影造像

北魏 曹天度造像

北魏 康健墓誌

北魏 寇偘墓誌

北魏 元寶月墓誌

北魏 元繼墓誌

北魏 元鸞墓誌

北魏 元平墓誌

北魏 元欽墓誌

北魏 元文墓誌

北魏 元誘墓誌

北魏 元子直墓誌

西魏 陳神姜造像

北齊 竇泰墓誌

東魏 高盛墓碑

東魏 劉雙周塔記

北齊 婁黑女墓誌

東魏 陸順華墓誌

北齊 司馬遵業墓誌

北齊 邢夫人墓誌

東魏 元寶建墓誌

自

【楷書】

北齊 元賢墓誌

東魏 元湛墓誌

東魏 張瓘墓誌

東魏 志朗造像

隋 程諧墓誌

隋 皇甫深墓誌

隋 王楚英墓誌

唐 石經周易

唐 石經周易

唐 顏瓌墓誌

唐 鄭知賢墓誌

唐 周藻墓誌

臬

【隸書】

西漢 張•1106

西漢 張•1190

【楷書】

北魏 元嵩墓誌

唐 慶公神祠碑

唐 石經五經

臭

【隸書】

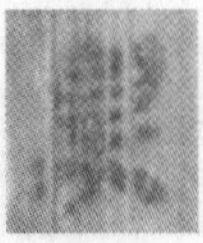
秦 睡179

西漢 馬•合陰陽

西漢 馬•天下

【楷書】

三國吳 走•五年

晉 黃庭内景經

北魏 元壽安墓誌

唐 石經五經

唐 王大禮墓誌

唐 朱師墓誌

⿰自危

【楷書】

唐 石經五經

唐 石經周易

血部

血

【篆書】

唐 碧落碑

【隸書】

秦 睡113

秦 關周•病方

西漢 馬•合陰陽

西漢 馬•老乙前

西漢 馬•天下

西漢 張•816

東漢 西•醫藥

東漢 西•醫藥

東漢 從事馮君碑

東漢 史晨前碑

東漢 熹平石經易

唐 北嶽廟碑

唐 崔沔墓誌陰

唐 崔泰之墓誌

唐 高元珪墓誌

【楷書】

晉 黃庭内景經

北魏 馮邕妻墓誌

北魏 元純陁墓誌

北魏 元融墓誌

隋 翟突娑墓誌

唐 鄭夫人墓誌

唐 多寶塔碑

唐 多寶塔碑

唐 荐肅墓誌

唐 石經周易

衄

【楷書】

唐 石經五經

盍

【楷書】

唐 石經五經

衆

【隸書】

秦 睡57

西漢 馬•老甲

西漢 馬•老乙前

西漢 馬•老子甲後

西漢 馬•縱橫

西漢 張•1062

西漢 居新•5233

西漢 居新•7710

西漢 武•特牲甲

兩漢 西•羌律

漢晉 流簡紙

漢晉 流簡紙

東漢 樊敏碑

東漢 淮源廟碑

東漢 淮源廟碑

東漢 裴岑紀功碑

新莽 禳盜刻石

東漢 太室石闕銘

東漢 許安國題記

東漢 乙瑛碑

東漢 正直殘碑

晉 辟雍頌陽

晉 石尠墓誌

東魏 宗欣墓誌

唐 豆盧建墓誌

唐 京兆金氏墓誌

唐 石臺孝經

唐 史思禮墓誌

唐 興寺碑

唐 楊孝恭碑

【楷書】

三國吳 走•五年

晉 石尠墓誌

北魏 淨悟浮圖記

北魏 李頤墓誌

北魏 王神虎造像

北魏 王翊墓誌

北魏 奚智墓誌

北魏 元均之墓誌

北魏 元朗墓誌

北周 白景造像

北齊 竇泰墓誌

北齊 竇泰墓誌

東魏 淨智塔銘

北齊 無量義經

隋 姜敬親墓誌

唐 杜日榮墓誌

唐 龍泉記

唐 毗伽特勤墓誌

唐 清河張氏墓誌

唐 石經尚書

唐 石經五經

唐 石經周易

唐 宋儼墓誌

唐 萬壽寺記

唐 支懷墓誌

後唐 崔崇素墓誌

後晉 感夢伽藍記

後晉 世尊經殘石

後唐 王璠墓誌

衋

【楷書】

唐 李鎬墓誌

唐 石經五經

舟部

舟 𦨃

【隸書】

西漢 馬·縱橫

東漢 蒼山元嘉題記

北周 華嶽頌

隋 爾朱端墓誌

隋 李元墓誌

唐 李神符碑

唐 譚伍墓誌

唐 宴濟瀆序陰額

唐 張濬墓誌

唐 張叡墓誌

【楷書】

三國吳 走·五年

北魏 慈慶墓誌

北魏 李蕤墓誌

北魏 元徽墓誌

北魏 元肅墓誌

北魏 元廞墓誌

東魏 高盛墓碑

東魏 馬都愛造像

東魏 元湛墓誌

隋 劉則墓誌

隋 王楚英墓誌

隋 張盈墓誌

唐 韓忠節墓誌

唐 石經尚書

唐 張寬墓誌

唐 趙留四墓誌

舡

【楷書】

隋 鄧昞墓誌

唐 支訥墓誌

般 𦨶

【篆書】

唐 般若臺記

【隸書】

西漢 馬·天下

西漢 武·少牢甲

西漢 武·特牲甲

東漢 熹平石經易

東魏 宗欣墓誌

唐 盧君妻墓誌

【楷書】

北魏 慈慶墓誌

北魏 大般若經

唐 廣惠塔銘

唐 密多心經碑

唐 石經五經

唐 文鑒經幢

航

【隸書】

北周 華嶽頌

北周 華嶽頌

唐 興寺碑

【楷書】

北魏 元延明墓誌

隋 成公氏墓誌

唐 多寶塔碑

唐 多寶塔碑

唐 廣惠塔銘

唐 劉茂貞墓誌

艘艘

【楷書】

唐 石經尚書

唐 石經五經

艅艅

【楷書】

唐 苑玄亮墓誌

舲

【楷書】

北魏 元彥墓誌

唐 李強墓誌

唐 婁敬墓誌

唐 邢彥褒墓誌

唐 楊士墓誌

唐 張義墓誌

船舩

【隸書】

秦 睡116

西漢 張•27

西漢 張•27

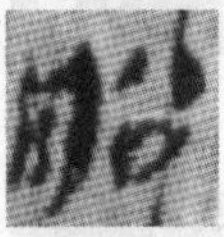

西漢 張•27

西漢 張•452

唐 宴濟瀆序陽

【楷書】

北魏 元瞻墓誌

北齊 畢文造像

北齊 僧靜明造像

唐 瀆廟祭器銘

舶

【楷書】

隋 寧贙墓碑

唐 苗弘本墓誌

舳舳

【楷書】

東魏 元悰墓誌

唐 王大禮墓誌

唐 張滂墓誌

舫舫

【楷書】

唐 瀆廟祭器銘

唐 敬節塔銘

艎艎	艘	艛	艧	艤	艫艫
【楷書】	【楷書】	【楷書】	【楷書】	【楷書】	【楷書】
 唐 苑玄亮墓誌	 唐 强偉墓誌	 唐 高克從墓誌	 東魏 義橋石像碑	 唐 崔艤妻合誌	 東魏 義橋石像碑
	 唐 慶公神祠碑			 唐 康悊墓誌	 隋 張壽墓誌
				 唐 王義墓誌	 唐 張滂墓誌
				 唐 鄭戎墓誌	

裝

【隸書】

西漢 馬•老子甲後

西漢 居新•5891

【楷書】

南朝梁 陳寶齊造像

隋 傅叔墓誌

唐 崔隋妻墓誌

唐 大德超寂墓誌

裘

【隸書】

秦 睡138

西漢 居新•4441

【楷書】

北魏 元尚之墓誌

北魏 元乂墓誌

東魏 姜夫人墓誌

隋 盧文構墓誌

唐 李滿墓誌

唐 張道昇墓誌

後唐 毛璋墓誌

裙

【隸書】

秦 睡76

西漢 居新•4822

【楷書】

晉 黃庭內景經

唐 史從慶墓誌

北魏 元靈曜墓誌

北魏 元纂墓誌

隋 成公氏墓誌

唐 劉裕墓誌

唐 盧梵兒墓誌

唐 石經五經

唐 石經周易

唐 石經周易

唐 王慎疑妻墓誌

唐 臧懷亮墓誌

裕

【隸書】

西漢 馬•老乙前

東漢 池陽令殘碑

三國魏 張君殘碑

北魏 上尊號碑

隋 叱李綱子墓誌

隋 豆盧寶墓誌

隋 馬長和造像

唐 李神符碑

唐 盧行穀墓誌

【楷書】

三國吳 走•四年

隋 楊居墓誌

唐 劉慎墓誌

唐 石經尚書

唐 談昕墓誌

唐 王豫墓誌

唐 鄭諶墓誌

後唐 吳君妻曹墓誌

隋 爾朱端墓誌

隋 張儉及妻墓誌

唐 劉慎墓誌

唐 石臺孝經

唐 石臺孝經

唐 王泠然墓誌

唐 楊孝恭碑

【楷書】

北魏 公孫猗墓誌

北魏 王翊墓誌

東魏 叔孫固墓誌

補

【隸書】

秦 睡52

西漢 馬•老甲

西漢 張•775

西漢 居新•7527

西漢 居新•7529

東漢 西•遷補

兩漢 傳馬名籍

東漢 史晨後碑

東漢 乙瑛碑

晉 石尠墓誌

裏

【隸書】

秦 睡77

西漢 張•439

隋 段濟墓誌

唐 王震墓誌

【楷書】

南朝宋 石驅銘

北魏 鮮于仲兒墓誌

北魏 元欽墓誌

北齊 無量義經

隋 張伏敬墓誌

唐 樊秀墓誌

唐 房瑒墓誌

唐 石經五經

唐 王游藝墓誌

唐 嚴識玄墓誌

唐 張翔墓誌

唐 周載題名

裔

【隸書】

東漢 華岳廟碑陰

東漢 朐忍令碑

東漢 鳴咽泉題記

東漢 鮮于璜碑陽

東漢 趙寬碑

三國魏 管寧墓誌

三國魏 王基斷碑

晉 辟雍頌陽

隋 爾朱端墓誌

隋 符盛及妻墓誌

隋 申穆及妻墓誌

隋 口靜墓誌

隋 謝岳墓誌

隋 趙朗墓誌

唐 闞道愛墓誌

唐 楊孝恭碑

唐 朱君妻王墓誌

【楷書】

晉 華芳墓誌陽

北魏 和邃墓誌

北魏 寇猛墓誌

北魏 寇憑墓誌

北魏 寇演墓誌

北魏 寇臻墓誌

北魏 李端墓誌

北魏 陸紹墓誌

北魏 叔孫協墓誌

北魏 于纂墓誌

北魏 元文墓誌

北魏 張玄墓誌

東魏 叔孫固墓誌

隋 暴永墓誌

隋 暴永墓誌

隋 成公氏墓誌

隋 段威墓誌

隋 高緊墓誌

隋 皇甫深墓誌

隋 王楚英墓誌

唐 郭君妻墓誌

唐 康智墓誌

唐 柳昱墓誌

唐 石經五經

唐 徐思倩墓誌

唐 楊曜生墓誌

唐 元貞墓誌

唐 趙留四墓誌

唐 智悟墓誌

唐 宗夫人墓誌

後晉 袁從章墓誌

裟

【楷書】

唐 景教碑

褚

【隸書】

漢晉 流簡紙

【楷書】

唐 石經五經

唐 許擸墓誌

裿

【楷書】

北魏 于纂墓誌

裼

【隸書】

唐 孔子廟碑

【楷書】

唐 石經五經

唐 石經五經

裨

【篆書】

三國吳 天發神讖碑

【隸書】

西漢 居新•6553

隋 段濟墓誌

唐 韋士逸墓誌

【楷書】

北魏 于纂墓誌

唐 安元壽墓誌

唐 蓋暢墓誌

唐 桓義成墓誌

唐 石經禮記

唐 石經五經

裯

【楷書】

唐 石經五經

唐 姚遷墓誌

裾

【隸書】

北齊 司馬遵業墓誌

隋 灃水石橋碑

隋 高虬墓誌

唐 孔子廟碑

【楷書】

北魏 元維墓誌

北魏 元仙墓誌

北齊 婁黑女墓誌

唐 越國太妃墓誌

唐 張軫墓誌

裞

【楷書】

唐 法袢造像

裧

【楷書】

唐 楊乾光墓誌

裴

【隸書】

東漢 倉頡廟碑側

唐 王泠然墓誌

唐 尹文操碑

【楷書】

北魏 元項墓誌

隋 寇遵考墓誌

唐 禮佛圖陰

唐 馬壽墓誌

唐 楊君妻墓誌

裳

【隸書】

東漢 曹全碑陰

東漢 朐忍令碑

東漢 魏元丕碑

晉 郭槐柩記

晉 徐義墓誌陽

隋 爾朱敞墓誌

唐 抱腹寺碑

唐 程俊墓誌陰

唐 柳偘妻墓誌

唐 沈知敏墓誌

唐 王媛墓誌陰

唐 楊孝恭碑

【楷書】

北魏 蘭將墓誌

隋 王楚英墓誌

唐 李賢墓誌

唐 石經周易

唐 王協墓誌

唐 張義墓誌

裹

【隸書】

秦 睡78

秦 關周•病方

西漢 馬•天下

西漢 馬•養生

東漢 西•醫藥

東漢 西•醫藥

唐 修定寺記碑

【楷書】

唐 崔嚴墓誌

唐 胡肅墓誌

唐 劉公綽墓誌

福

【隸書】

北魏 上尊號碑

褐

【隸書】

秦 睡21

西漢 馬•老甲

東魏 宗欣墓誌

隋 高虬墓誌

隋 賈通墓誌

隋 馬穉墓誌

隋 牛諒墓誌

隋 任軌墓誌

隋 蘇恒墓誌

唐 抱腹寺碑

唐 盧宏及妻墓誌

【楷書】

北魏 李謀墓誌

北魏 王翊墓誌

北魏 于纂墓誌

北魏 元弼墓誌蓋

北魏 元昉墓誌

北魏 元寧墓誌

北魏 元纂墓誌

北周 普安壯公墓誌

東魏 司馬昇墓誌

隋 暴永墓誌

隋 王衮墓誌

隋 口静墓誌

隋 蕭球墓誌

隋 薛保與墓誌

隋 張喬墓誌

唐 陳察墓誌

唐 崔志墓誌

隋 明雲騰墓誌

唐 喬崇隱墓誌

唐 石經五經

唐 孫君妻李墓誌

唐 王宏墓誌

唐 于士恭墓誌

唐 周顯墓誌

褕

【隸書】

西漢 居新•3619

【楷書】

唐 柳昱墓誌

唐 石經五經

唐 越國太妃墓誌

褊

【隸書】

唐 北獄廟碑

【楷書】

唐 苻載妻墓誌

唐 石經五經

唐 楊乾光墓誌

唐 周惠墓誌

褖

【楷書】

唐 石經五經

唐 孫嗣初妻墓誌

褘

【楷書】

隋 張貴男墓誌

唐 石經五經

褒

【隸書】

西漢 張•714

西漢 居新•1

西漢 居新•3786

西漢 居新•5293

西漢 居新•5569

西漢 居新•7626

西漢 西•馬牘

東漢 西•文書

兩漢 西•廩食

東漢 曹全碑陰

東漢 開通褒斜道

東漢 孔宙碑陰

東漢 石門頌

東漢 史晨後碑

東漢 陶洛殘碑陽

東漢 夏承碑

東漢 乙瑛碑

晉 郭槐柩記

北齊 司馬遵業墓誌

隋 段濟墓誌

唐 史思禮墓誌

唐 王震墓誌

唐 張翼墓誌

【楷書】

北魏 爾朱襲墓誌

北魏 荀景墓誌

北魏 吐谷渾氏墓誌

北魏 元瞻墓誌

北齊 元賢墓誌

東魏 陸順華墓誌

隋 □悰昂墓誌

褮

【楷書】

唐 石經九經

褭

【隸書】

西漢 張•313

西漢 張•375

西漢 張•377

西漢 張•629

【楷書】

唐 石經五經

唐 趙本質墓誌

褧

【楷書】

唐 石經五經

唐 宋練墓誌

褵

【楷書】

隋 鮑氏墓誌

隋 宋玉艷墓誌

隋 蕭餝性墓誌

隋 張貴男墓誌

褔

【楷書】

唐 石經五經

唐 周善持墓誌

褫

【楷書】

北魏 李超墓誌

唐 霍氏墓誌

唐 賈令琬墓誌

唐 李道因墓誌

唐 李福墓誌

唐 牛延宗墓誌

唐 石經五經

褥

【隸書】

隋 牛諒墓誌

【楷書】

隋 程諧墓誌

隋 姜敬親墓誌

隋 張壽墓誌

唐 崔元二墓誌

唐 范安及墓誌

唐 李福墓誌

唐 石經五經

唐 石經周易

唐 史從慶墓誌

唐 邢彥褒墓誌

後梁 謝彥璋墓誌

褰

【隸書】

隋 豆盧實墓誌

隋 段濟墓誌

隋 爾朱敞墓誌

隋 澧水石橋碑

唐 李貞墓誌

【楷書】

北魏 元暐墓誌

北魏 元秀墓誌

隋 范安貴墓誌

隋 李虎墓誌

唐 石經五經

唐 掌徹墓誌

唐 周師墓誌

褶

【隸書】

漢晉 流簡紙

北齊 感孝頌

【楷書】

北齊 感孝頌

褺

【楷書】

唐 分竹頌

褻

【楷書】

唐 石經尚書

唐 石經五經

唐 石經五經

襄

【篆書】

三國魏 正始石經

【隸書】

西漢 馬•縱横

西漢 馬•縱横

西漢 馬•縱横

西漢 張•473

西漢 張•476

西漢 居新•5539

漢晉 流簡紙

漢晉 流簡紙

東漢 孔宙碑陰

東漢 楊震碑

東漢 尹宙碑

北齊 司馬遵業墓誌

北齊 西門豹碑陽

隋 蘇恒墓誌

唐 趙冬曦壙誌

唐 貞一廟碑

【楷書】

北魏 元斆墓誌

北魏 元恭墓誌

北齊 竇泰墓誌

北齊 高湝墓誌

北齊 高湝墓誌

隋 寇奉叔墓誌

隋 元鐘墓誌

唐 靖策墓誌

唐 寇章墓誌

唐 李紹墓誌

唐 石經尚書

後唐 張滌妻高墓誌

襋

【楷書】

唐 石經五經

襌

【隸書】

秦 睡 76

西漢 張•440

西漢 居新•3517

【楷書】

唐 石經五經

褍

【楷書】

唐 石經五經

襚

【隸書】

唐 崔祐甫墓誌

【楷書】

北魏 穆亮墓誌

唐 李邕墓誌

唐 石經九經

唐 越國太妃墓誌

唐 趙宗墓誌

襈

【楷書】

唐 石經五經

襟

【隸書】

漢晉 流簡紙

隋 豆盧實墓誌

隋 郭逹墓誌

隋 李元墓誌

隋 任顯及妻誌

唐 張濬墓誌

【楷書】

北魏 嚴震墓誌

北魏 元襲墓誌

北魏 元遙墓誌

北魏 元昭墓誌

北魏 元珍墓誌

北齊 元賢墓誌

隋 段威墓誌

隋 蕭翹墓誌

唐 孫光墓誌

唐 田志承墓誌

唐 張洛墓誌

襗

【楷書】

唐 石經五經

（續）	襦	襪	襢	襜	襘	襡	襛
唐 李仙蕙志	【隸書】	【隸書】	【楷書】	【隸書】	【楷書】	【楷書】	【楷書】
唐 石經五經	秦 睡 76	西漢 居新•2661	唐 石經五經	西漢 居新•3619	唐 石經五經	唐 程知節墓誌	唐 七品亡宮墓誌
唐 越國太妃墓誌	西漢 馬•老乙前	西漢 居新•7458		漢晉 流簡紙			唐 石經五經
	西漢 馬•老乙前	【楷書】		【楷書】			唐 越國太妃墓誌
	西漢 張•1206	北魏 穆纂墓誌		東魏 元悰墓誌			
	西漢 居新•2216	隋 潘善利墓誌		唐 陸紹墓誌			
	西漢 居新•3620	唐 李壽墓誌		唐 房敬墓誌			
	唐 北獄廟碑	唐 石經五經		唐 李濤墓誌			
	【楷書】	唐 石經五經		唐 裴撝墓誌			
	北魏 公孫猗墓誌	唐 石經儀禮		唐 裴撝墓誌			
	隋 蕭瑒墓誌	唐 史懷訓墓誌		唐 石經五經			
	唐 李鳳墓誌						

襩	𧞤	襞	襮	襲			
【楷書】	【楷書】	【楷書】	【楷書】	【隸書】			
唐 石經五經	唐 陶英妻墓誌	唐 程知節墓誌	唐 石經爾雅	西漢 馬•老甲	晉 郛休碑陽	隋 趙朗墓誌	唐 蔡元雪妻墓誌
			唐 石經五經	西漢 馬•老乙前	晉 郛休碑陰	唐 高元珪墓誌	唐 李正卿墓誌
				西漢 馬•老子甲後	北齊 法懃塔銘	唐 闞道愛墓誌	唐 石經尚書
				西漢 馬•事語	隋 爾朱端墓誌	唐 盧君妻墓誌	唐 蕭君妻柳墓誌
				西漢 張•1100	隋 劉多墓誌	【楷書】北魏 馮邕妻墓誌	唐 玄秘塔碑
				西漢 居新•3620	隋 馬稺墓誌	北魏 元寶月墓誌	唐 楊迥墓誌
				西漢 居新•4735	隋 任軌墓誌	北魏 元悌墓誌	唐 楊訓墓誌
				西漢 居新•4798	隋 任顯及妻誌	北魏 元羽墓誌	唐 于士恭墓誌
				漢晉 流簡紙	隋 宋景造像碑	東魏 馮令華墓誌	唐 鄭進墓誌
				三國魏 受禪碑	隋 蘇恒墓誌	隋 段模墓誌	後唐 王播墓誌

後周 蕭處仁墓誌

襴 襽

【楷書】

唐 石經五經

羊部

羊羊

【隸書】

秦　睡 56

西漢　馬•老乙前

西漢　馬•縱横

西漢　張•274

西漢　居新•7483

東漢　蒼山元嘉題記

東漢　孟孝琚碑

東漢　熹平石經易

北齊　感孝頌

隋　爾朱端墓誌

隋　澧水石橋碑

隋　馬少敏墓誌

隋　申穆及妻墓誌

【楷書】

魏晉　樓•紙

北魏　王翊墓誌

隋　王楚英墓誌

唐　李獻墓誌

唐　石經九經

唐　石經五經

唐　石經五經

唐　石經周易

唐　邢彥褒墓誌

羌羌

【篆書】

東漢　祀三公山碑

【隸書】

西漢　馬•事語

西漢　居新•7709

西漢　居新•8211

兩漢　西•懸簡

漢晉　流簡紙

東漢　池陽令殘碑

東漢　樊敏碑

東漢　趙寬碑

東漢　趙寬碑

三國魏　張君殘碑

【楷書】

魏晉　樓•紙

北魏　元襲墓誌

北魏　元秀墓誌

隋　段威墓誌

唐　馮審中墓誌

唐　師弘禮墓誌

唐　石經五經

唐　王齊丘墓誌

唐　徐原隱墓誌

美美

【篆書】

唐　碧落碑

【隸書】

秦　睡 19

秦　睡 270

西漢　馬•合陰陽

西漢　馬•老甲

西漢　馬•老乙前

西漢　馬•縱横

西漢　馬•縱横

西漢　張•712

西漢　英敦•蒼頡篇

東漢　曹全碑陽

東漢　從事馮君碑

東漢　韓仁銘

東漢　孟孝琚碑

東漢　史晨後碑

東漢　王舍人碑

東漢　西狹頌

東漢　熹平石經易

東漢　夏承碑

東漢　夏承碑

東漢 楊震碑

晉 辟雍頌陽

晉 辟雍頌陽

晉 徐義墓誌陽

晉 徐義墓誌陽

隋 郭王墓誌

隋 任顯及妻誌

隋 宋景造像碑

隋 宋景造像碑

隋 王榮及妻墓誌

隋 蕭瑾墓誌

隋 修孔子廟碑

隋 修孔子廟碑

隋 趙朗墓誌

唐 李神符碑

唐 李神符碑

唐 李神符碑

唐 楊孝恭碑

唐 張休光墓誌

【楷書】

北魏 常季繁墓誌

北魏 韓震墓誌陽

北魏 山徽墓誌

北魏 于纂墓誌

北魏 元崇業墓誌

北魏 元敷墓誌

北魏 元朗墓誌

北魏 元顯魏墓誌

北齊 崔頠墓誌

東魏 李挺墓誌

東魏 元賨建墓誌

東魏 元睟墓誌

北齊 元賢墓誌

隋 常泰妻墓誌

隋 程諧墓誌

隋 澧水石橋碑

隋 孔神通墓誌

隋 李則墓誌

隋 王楚英墓誌

隋 吳嚴墓誌

唐 □滿墓誌

唐 崔哲妻墓誌

唐 董明墓誌

唐 駱氏墓誌

唐 馬夫人墓誌

唐 匹婁思墓誌

唐 石經五經

唐 石經周易

唐 王君殘墓誌

唐 顏家廟碑

唐 顏勤禮碑

唐 越國太妃墓誌

唐 張季戎墓誌

唐 張叔遵墓誌

唐 執失善光

羑

【楷書】

唐 石經五經

羖

【楷書】

唐 獨孤開遠墓誌

羔

【隸書】

西漢 居新•3227

東漢 夏承碑

唐 崔志墓誌

唐 盧行毅墓誌

【楷書】

北魏 韓氏墓誌

唐 苗善物墓誌

唐 宋守一墓誌

羞

【隸書】

秦 睡10

唐 尉迟迥碑陰

【楷書】

北魏 石婉墓誌

北齊 竇泰墓誌

唐 石經尚書

唐 石經周易

唐 蘇斌墓誌

唐 王游藝墓誌

羜

【楷書】

唐 李壽墓誌

唐 石經五經

羝

【楷書】

唐 李鳳墓誌

唐 石經五經

唐 石經周易

唐 王林墓誌

羨

【隸書】

東漢 倉頡廟碑側

東漢 圉令趙君碑

三國魏 孔羨碑

北齊 法懃塔銘

唐 八都壇碑

唐 戴令言墓誌

唐 趙叡沖碑

唐 鄭忠墓碑

【楷書】

北魏 元熙墓誌

北魏 元仙墓誌

唐 劉智墓誌

唐 羅池廟碑

唐 石經五經

唐 薛瑤華墓誌

唐 顏勤禮碑陰

唐 張泉墓誌

義

【篆書】

唐 碧落碑

唐 碧落碑

唐 伯夷叔齊碑

唐 三墳記陽

【隸書】

秦 睡254

西漢 馬•老乙前

西漢 馬•老乙前

西漢 馬•老乙前

西漢 馬•老子甲後

西漢 馬•縱橫

西漢 張•1070

西漢 張•1079

西漢 張•702

新莽 西•守御器

東漢 曹全碑陽

東漢 曹全碑陰

東漢 池陽令殘碑

東漢 樊敏碑

東漢 封龍山頌

東漢 華山廟碑陽

群 羣

【篆書】

唐 碧落碑

唐 城隍廟碑

【隸書】

秦 睡 156

秦 睡 45

西漢 馬•老乙前

西漢 馬•養生

西漢 馬•縱橫

西漢 馬•縱橫

西漢 張•174

西漢 張•704

東漢 李孟初神祠碑

東漢 禮器碑

東漢 虔恭字殘碑

東漢 三老刻石

東漢 石門頌

東漢 史晨前碑

東漢 楊震碑

東漢 楊著碑陽

東漢 餘草字殘碑

東漢 元嘉三年記

東漢 造土牛碑

東漢 造土牛碑

三國吳 谷朗碑

三國魏 張君殘碑

北齊 感孝頌

北齊 司馬遵業墓誌

隋 豆盧實墓誌

隋 爾朱端墓誌

隋 郭達墓誌

隋 賈通墓誌

隋 口隨及妻墓誌

隋 任軌墓誌

隋 宋仲墓誌

隋 蘇恒墓誌

唐 李神符碑

唐 李神符碑

唐 石臺孝經

唐 石臺孝經

唐 蘇洪姿墓誌

唐 郎國長公主碑

唐 楊孝恭碑

【楷書】

三國吳 走•二年

三國吳 走•五年

南朝梁 羅浮山銘

北魏 胡明相墓誌

北魏 劉璿造像記

北魏 元悛墓誌

北魏 元融墓誌

北齊 竇泰墓誌

北齊 法懃塔銘

東魏 高盛墓碑

北齊 婁黑女墓誌

隋 暴永墓誌

隋 樊敬賢造像

隋 郭王墓誌

隋 皇甫深墓誌

隋 姜敬親墓誌

隋 梁坦墓誌

隋 任顯及妻誌

隋 任顯及妻誌

隋 申穆及妻墓誌

隋 王楚英墓誌

隋 王楚英墓誌

隋 張怦墓誌

唐 皇甫誕碑

唐 劉通墓誌

唐 石經尚書

唐 石經周易

唐 屠暉光墓誌

唐 薛君妻墓誌

唐 張叔遵墓誌

唐 重藏舍利記

群（續）

東漢 流簡紙

漢晉 流簡紙
西漢 楚王墓塞石
東漢 肥致碑
東漢 群臣上醻碑
東漢 尚博殘碑
東漢 夏承碑
東漢 夏承碑
東漢 鮮于璜碑陰
東漢 楊震碑
三國魏 張君殘碑

晉 辟雍頌陽
北齊 竇泰墓誌
北齊 法懃塔銘
北齊 夫子廟碑
隋 豆盧寔墓誌
隋 郭休墓誌
隋 姬威墓誌
隋 馬少敏墓誌
隋 口和墓誌
隋 蕭瑾墓誌

隋 謝岳墓誌
唐 楊孝恭碑
唐 貞一廟碑

【楷書】

北魏 馮邕妻墓誌
北魏 宮內司楊墓誌
北魏 丘哲墓誌
北魏 元寶月墓誌
北魏 元悌墓誌
隋 暴永墓誌
隋 高緊墓誌

隋 勝福寺塔銘
隋 元智墓誌
隋 元鐘墓誌
唐 竇真墓誌
唐 潘基墓誌
唐 石經尚書
唐 石經五經
唐 石經周易
唐 孫嗣初妻墓誌
唐 顏勤禮碑陰

羭

【楷書】

唐 石經五經

羯

【隸書】

隋 符盛及妻墓誌
唐 盧僩墓誌
唐 張顔墓誌

【楷書】

北魏 元恭墓誌
唐 林寺戒壇銘
唐 張羲墓誌

羲

【隸書】

晉 辟雍頌陽
北周 華嶽頌
隋 任軌墓誌
唐 董虔運墓誌

【楷書】

晉 筆陣圖
北魏 元寶月墓誌
唐 白羲寶墓誌
隋 段模墓誌
隋 元鐘墓誌
唐 盧初墓誌
唐 孟師墓誌
唐 石經尚書
唐 侜多羅墓誌

羳羳

【楷書】

唐 石經五經

羸羸

【隸書】

秦 睡43

西漢 馬•老甲

兩漢 西•馬簡

東漢 子游殘碑

【楷書】

北魏 李遵墓誌

北魏 元頊墓誌

唐 崔琪墓誌

唐 賈隱及妻墓誌

唐 石經五經

唐 石經周易

唐 薛義墓誌

唐 言禪師塔銘

羷

【楷書】

唐 石經五經

羹羮

【隸書】

秦 睡36

西漢 武•少牢甲

【楷書】

北魏 元馗墓誌

唐 崔芑合祔誌

唐 桓歸秦墓誌

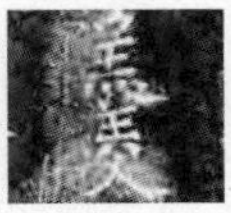

唐 石經五經

唐 石經五經

唐 韋敏妻墓誌

後唐 張滌妻高墓誌

羶羶

【楷書】

唐 崔延墓誌

唐 張軫墓誌

米部

米

【隸書】

秦 睡16

秦 睡239

秦 關周•病方

西漢 張•879

西漢 西•過界

東漢 西•醫藥

東漢 曹全碑陽

東漢 樊敏碑

東漢 乙瑛碑

隋 吳嚴墓誌

唐 張叡墓誌

【楷書】

三國吳 走•五年

北周 統定造像

唐 李孟姜墓誌

唐 契苾夫人墓誌

唐 石經尚書

粊

【楷書】

唐 石經五經

粃

【隸書】

唐 辛雲京妻墓誌

【楷書】

東魏 元寶建墓誌

唐 呂德妻墓誌

唐 莫義墓誌

唐 陶後興墓誌

粉 粉

【隸書】

隋 修孔子廟碑

唐 王震墓誌

【楷書】

北魏 長孫子澤墓誌

北魏 吳光墓誌

隋 賈通墓誌

唐 藺夫人龕銘

唐 石經尚書

唐 石經五經

唐 張士陵墓誌

粘

【楷書】

唐 瀆廟祭器銘

粗 粗

【隸書】

西漢 馬•養生

西漢 西•善劍

唐 抱腹寺碑

唐 劉粲墓誌

【楷書】

北魏 龍泉古井銘

唐 崔琪墓誌

唐 石經五經

後梁 謝彥璋墓誌

粕 粕

【隸書】

唐 石臺孝經

【楷書】

唐 姚恭墓誌

粒 粒

【隸書】

唐 崔暟墓誌陽

唐 義福禪師碑

【楷書】

北魏 元乂墓誌

唐 多寶塔碑

唐 孟維墓誌

唐 石經尚書

粟 粟

【隸書】

秦 睡 50

西漢 馬•老乙前

西漢 張•28

西漢 張•29

西漢 張•723

西漢 張•960

西漢 居新•7463

西漢 居新•7487

西漢 西•善劍

東漢 西•寇恩

東漢 西•寇恩

東漢 西•寇恩

兩漢 西•懸簡

漢晉 流簡紙

漢晉 流簡紙

東漢 曹全碑陽

東漢 封龍山頌

東漢 三公山碑

東漢 魏元丕碑

東漢 西狹頌

晉 郭休碑陽

唐 京兆金氏墓誌

唐 任城橋亭記

唐 王媛墓誌陰

【楷書】

三國吳 走•五年

北魏 元詮墓誌

隋 蕭氏墓誌

唐 石經尚書

唐 石經五經

唐 孫公乂墓誌

粢 粢

【隸書】

東漢 白石神君碑

晉 郭槐柩記

唐 北嶽廟碑

唐 盧君妻墓誌

【楷書】

三國吳 走•二年

晉 郭槐柩記

唐 苗蕃妻墓誌

唐 楊君妻孫墓誌

粞

【楷書】

唐 實照墓誌

粧

【楷書】

唐 崔隋妻墓誌

唐 桑氏墓誌

唐 王才及妻墓誌

唐 張嬋墓誌

唐 張餘墓誌

粥

【隸書】

西漢 武•服傳甲

唐 行儼碑

【楷書】

唐 李正卿墓誌

唐 石經五經

唐 執失善光

粵 粤

【隸書】

隋 符盛及妻墓誌

隋 郭達墓誌

隋 侯肇墓誌

隋 賈通墓誌

隋 李元墓誌

隋 劉多墓誌

隋 任軌墓誌

隋 王楚英墓誌

隋 張姜墓誌

隋 趙朗墓誌

唐 陳憲墓誌

唐 柳偘妻墓誌

唐 牛氏像龕碑

唐 屈突通墓誌

唐 張延賞殘碑

【楷書】

北魏 封魔奴墓誌

北魏 韓氏墓誌

北魏 和醜仁墓誌

北魏 蘭將墓誌

北魏 山徽墓誌

北魏 蘇屯墓誌

北魏 唐耀墓誌

北魏 王基墓誌

北魏 薛伯徽墓誌

北魏 于纂墓誌

北魏 元悛墓誌

北魏 元悌墓誌

北魏 元暐墓誌

北魏 張寧墓誌

北齊 爾朱元靜墓誌

東魏 姜夫人墓誌

隋 盧文構墓誌

隋 蘇慈墓誌

隋 蕭瑒墓誌

隋 蕭翹墓誌

隋 常泰妻墓誌

唐 郭麗墓誌

唐 毗伽特勤墓誌

唐 任君妻王墓誌

唐 司馬和銘墓誌

唐 楊康墓誌

粲

【隸書】

秦 睡15

西漢 馬•天下

西漢 張•69

西漢 張•930

唐 崔志墓誌

唐 劉粲墓誌

【楷書】

晉 黃庭内景經

北魏 檀賓墓誌

隋 楊厲墓誌

唐 成循墓誌

唐 程思義墓誌

唐 房惠琳墓誌

唐 侯君妻墓誌

唐 石經五經

唐 石經五經

唐 王詢墓誌

唐 薛豆盧夫人墓誌

隋 馬少敏墓誌

隋 宋景造像碑

唐 告華嶽府君

唐 石臺孝經

唐 郎國長公主碑

唐 張翼墓誌

【楷書】

北魏 元鷺墓誌

北魏 張玄墓誌

北齊 竇泰墓誌

北齊 竇泰墓誌

兩漢 西•馬簡

兩漢 西•醫藥

漢晉 流簡紙

東漢 公乘田魴記

東漢 公乘田魴記

東漢 史晨前碑

晉 辟雍頌陽

晉 徐義墓誌陽

隋 爾朱敞墓誌

隋 爾朱敞墓誌

精精

【隸書】

秦 睡93

西漢 馬•合陰陽

西漢 馬•合陰陽

西漢 馬•老乙前

西漢 張•1164

西漢 張•1194

西漢 張•1198

西漢 張•960

西漢 居新•2155

東漢 西•醫藥

粺粺

【楷書】

唐 石經五經

粼粼

【楷書】

唐 石經五經

粱粱

【隸書】

秦 睡270

西漢 馬•縱橫

西漢 馬•縱橫

【楷書】

隋 王袞墓誌

唐 石經五經

粮糧

【隸書】

西漢 張•1064

兩漢 西•馬簡

東漢 白石神君碑

東漢 華山廟碑陽

三國魏 何晏墓誌

唐 大忍寺碑

【楷書】

北魏 元熙墓誌

唐 梁師亮墓誌

唐 石經五經

唐 閻士熊墓誌

[illegible]

【楷書】

唐 石經五經

北齊 高湝墓誌

隋 成公氏墓誌

隋 元鐘墓誌

唐 石經尚書

唐 石經周易

粹

【隸書】

唐 李神符碑

唐 李貞墓誌

唐 徐昐墓誌

唐 張翼墓誌

【楷書】

晉 華芳墓誌陰

北魏 弔比干文陽

北魏 馮會萇墓誌

北魏 馮邕妻墓誌

北魏 王翊墓誌

北魏 元文墓誌

北魏 趙充華墓誌

隋 范安貴墓誌

隋 申穆及妻墓誌

隋 王楚英墓誌

唐 李鳳妃墓誌

唐 石經五經

唐 石經周易

唐 孫光墓誌

唐 楊思立墓誌

唐 楊宇墓誌

糊

【楷書】

唐 顏家廟碑

糈

【楷書】

唐 越國太妃墓誌

糔

【楷書】

唐 石經五經

糅

【楷書】

北魏 孟敬訓墓誌

唐 石經五經

唐 燕君妻姜墓誌

糗

【隸書】

秦 睡270

西漢 馬•養生

【楷書】

唐 杜孚墓誌

唐 石經五經

唐 閻士熊墓誌

糝

【楷書】

唐 騫思哲誌銘

唐 石經五經

糠

【隸書】

唐 辛雲京妻墓誌

【楷書】

南朝梁 舊館壇碑

唐 崔順墓誌

唐 高德墓誌

唐 莫義墓誌

唐 趙本質墓誌

糞

【隸書】

秦 睡 254

西漢 居新•3467

兩漢 西•馬簡

【楷書】

隋 白仵貴墓誌

唐 實照墓誌

糟

【隸書】

唐 石臺孝經

【楷書】

唐 車謂妻墓誌

唐 成朗墓誌

唐 石經五經

唐 王公素墓誌

糜

【隸書】

西漢 馬•合陰陽

西漢 居新•2804

西漢 居新•4042

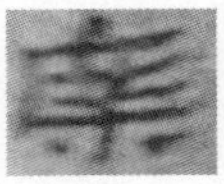

西漢 居新•4850

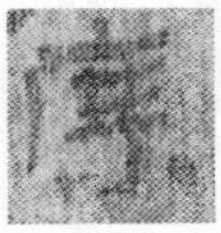

西漢 居新•4862

西漢 居新•5373

西漢 西•奏書

兩漢 西•羌律

【楷書】

晉 黃庭内景經

隋 蕭翹墓誌

粲

【楷書】

唐 石經五經

糒

【楷書】

唐 石經五經

糪

【楷書】

唐 石經爾雅

唐 石經五經

糲

【隸書】

西漢 張•976

西漢 張•976

唐 崔沔墓誌陰

【楷書】

唐 劉茂貞墓誌

唐 石經五經

糬

【楷書】

後梁 蕭符墓誌

糵

【楷書】

唐 石經五經

糴

【隸書】

兩漢 西•馬簡

東漢 曹全碑陽

【楷書】

唐 長孫旴墓誌

糷

【楷書】

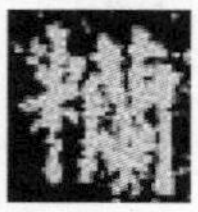

唐 石經爾雅

聿部

聿

【隸書】

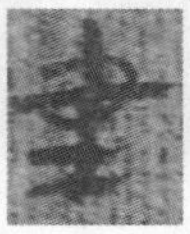
西漢 居新•2797

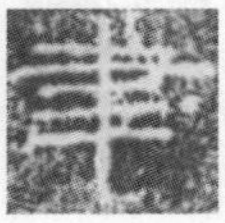
東漢 楊叔恭殘碑

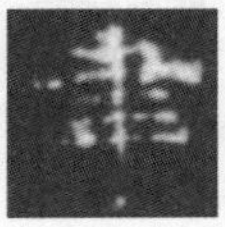
隋 宋景造像碑

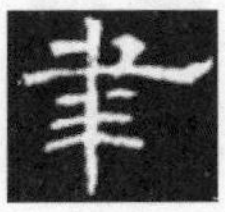
隋 王楚英墓誌

唐 石臺孝經

【楷書】

晉 華芳墓誌陰

北魏 元天穆墓誌

唐 多寶塔碑

唐 李弘亮墓誌

唐 柳偘妻墓誌

唐 唐嘉會墓誌

肂

【隸書】

唐 楊孝恭碑

【楷書】

唐 石經五經

肆

【隸書】

西漢 武•士相見

西漢 武•泰射甲

漢晉 流簡紙

東漢 曹全碑陽

晉 辟雍頌陽

晉 辟雍頌陽

晉 辟雍頌陽

晉 石尠墓誌

隋 馬少敏墓誌

隋 牛諒墓誌

唐 北獄廟碑

唐 崔暟墓誌陽

【楷書】

北魏 元恭墓誌

北魏 元顯魏墓誌

東魏 李挺墓誌

隋 李則墓誌

隋 諸葛子恆碑

唐 法澄塔銘

唐 李彥墓誌

唐 石經尚書

唐 惟貞廟碑陽

肄

【隸書】

西漢 馬•縱横

西漢 居新•5394

【楷書】

唐 石經五經

唐 石經五經

唐 石經五經

後唐 吳君妻曹墓誌

肅

【篆書】

唐 碧落碑

【隸書】

西漢 馬•老乙前

東漢 華山廟碑陽

東漢 華山廟碑陽

東漢 淮源廟碑

東漢 尚博殘碑

東漢 史晨後碑

東漢 史晨前碑

東漢 西狹頌

東漢 夏承碑

東漢 校官碑

東漢 楊統碑陽

晉 辟雍頌陽

晉 管洛墓誌陽

北齊 竇泰墓誌

北齊 馬天祥造像

隋 豆盧實墓誌

隋 侯肇墓誌

隋 姬威墓誌

隋 宋仲墓誌

隋 蘇恒墓誌

隋 蕭瑾墓誌

唐 蔡君妻墓誌

唐 告華嶽府君

唐 石臺孝經

唐 石臺孝經

唐 郎國長公主碑

唐 行儼碑

唐 楊孝恭碑

唐 尹尊師碑

【楷書】

北魏 馮邕妻墓誌

北魏 高珪墓誌

北魏 郭顯墓誌

北魏 薛伯徽墓誌

北魏 嚴震墓誌

北魏 姚伯多供養碑

北魏 于景墓誌

北魏 元固墓誌

北魏 元朗墓誌

北魏 元洛神墓誌

北魏 元謐墓誌

北魏 元肅墓誌

北魏 張整墓誌

北周 高妙儀墓誌

東魏 侯海墓誌

東魏 司馬昇墓誌

東魏 元悰墓誌

東魏 元睟墓誌

東魏 元仲英墓誌

隋 鮑氏墓誌

隋 常泰妻墓誌

隋 樊氏墓誌

隋 王楚英墓誌

隋 鄭善妃墓誌

唐 車益墓誌

唐 李智墓誌

唐 陸日晛妻墓誌

唐 屈突通墓誌

唐 石經五經

唐 宋度夫人墓誌

唐 田佚墓誌

唐 尉遲敬德墓誌

唐 魏德墓誌

唐 魏靖墓誌

唐 閻志雄墓誌

唐 雍如珪墓誌

唐 于士恭墓誌

唐 張謙墓誌

後梁 崔崇素墓誌

肇

【隸書】

東漢 衡方碑

東漢 王舍人碑

三國魏 曹真殘碑陰

晉 辟雍頌陽

晉 郭休碑陽

隋 侯肇墓誌

隋 姬威墓誌

隋 蕭瑾墓誌

隋 蕭瑾墓誌

唐 李神符碑

唐 盧君妻墓誌

唐 屈突通墓誌

【楷書】

北魏 康健墓誌

北魏 寇偘墓誌

北魏 寇慰墓誌

北魏 劉玉墓誌

北魏 吳光墓誌

北魏 元誘妻墓誌

北魏 鄭君妻墓誌

北齊 竇泰墓誌

東魏 廉富造像陽

東魏 蕭正表墓誌

隋 曹海凝墓誌

隋 諸葛子恆碑

唐 高木盧墓誌

唐 賈隱及妻墓誌

唐 李壽墓誌

唐 李愍墓誌

唐 柳昱妻墓誌

唐 石經尚書

唐 石經五經

唐 越國太妃墓誌

艮部

艮

【隸書】

秦 睡 172

秦 睡 75

西漢 張•788

唐 楊孝恭碑

唐 趙冬曦壙誌

【楷書】

南朝梁 舊館壇碑

唐 石經五經

唐 石經五經

唐 石經周易

唐 張軫墓誌

良

【篆書】

唐 三墳記陽

【隸書】

秦 睡 10

秦 睡 113

秦 睡 243

秦 關周•病方

西漢 馬•老甲

西漢 馬•十問

西漢 居新•2119

西漢 居新•3419

西漢 居新•7529

西漢 居新•7854

東漢 西•遷補

東漢 西•遷補

兩漢 西•懸簡

漢晉 流簡紙

漢晉 流簡紙

漢晉 流簡紙

東漢 曹全碑陰

東漢 景君碑陰

東漢 王舍人碑

東漢 夏承碑

東漢 永元六年記

東漢 張遷碑陽

東漢 張遷碑陽

東漢 子游殘碑

晉 辟雍頌陰

晉 徐義墓誌陽

隋 爾朱敞墓誌

隋 張儉及妻墓誌

隋 張儉及妻墓誌

唐 史思禮墓誌

唐 張翼墓誌

唐 鄭忠墓碑

【楷書】

魏晉 樓•紙

北魏 陳天寶造像

北齊 司馬遵業墓誌

隋 鞏賓墓誌

隋 寇奉叔墓誌

隋 任顯及妻誌

隋 宋景造像碑

隋 口和墓誌

唐 劉智墓誌

唐 潘孝基墓誌

唐 石經周易

唐 魏君妻雷墓誌

艱

【隸書】

東漢 祀三公山碑

東漢 石門頌

東漢 石門頌

東漢 趙寬碑

晉 郭槐柩記

隋 趙朗墓誌

唐 崔祐甫墓誌

唐 趙冬曦壙誌

【楷書】

北魏 檀賓墓誌

北周 普安壯公墓誌

隋 豆盧實墓誌

隋 爾朱敞墓誌

唐 程知節墓誌

唐 范安及墓誌

唐 吉渾墓誌

唐 京兆金氏墓誌

唐 李道因墓誌

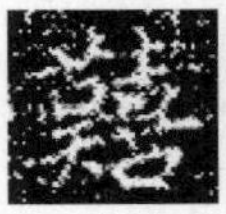
唐 李令崇墓誌

唐 石經周易

唐 石經周易

艸部

艸

【隸書】

唐 崔沔墓誌陽

唐 王媛墓誌陰

【楷書】

東魏 李憲墓誌

艾

【隸書】

西漢 馬•天下

西漢 馬•天下

東漢 曹全碑陽

東漢 樊敏碑

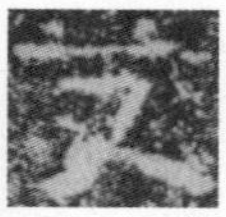

東漢 郙閣頌

東漢 裴岑紀功碑

東漢 朐忍令碑

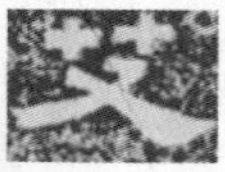

東漢 鮮于璜碑陽

東漢 尹宙碑

東漢 趙寬碑

【楷書】

北魏 馮邕妻墓誌

北魏 薛孝通券

北魏 元壽安墓誌

北魏 元譚墓誌

北魏 元愔墓誌

北周 步孤須蜜多墓誌

東魏 侯海墓誌陰

北齊 梁子彥墓誌

東魏 叔孫固墓誌

唐 崔倚墓誌

唐 孔桃栓墓誌

唐 李氏娘墓誌

唐 石經五經

唐 蘇恩妻墓誌

唐 蕭惠媄墓誌

芅

【楷書】

唐 石經五經

芋

【楷書】

唐 唐嘉會墓誌

芄

【楷書】

唐 石經五經

芊

【楷書】

唐 褚朗妻墓誌

唐 杜照烈墓誌

唐 顔家廟碑

唐 鄭温球墓誌

芝

【隸書】

晉 郭休碑陰

晉 左棻墓誌陽

隋 叱李綱子墓誌

隋 賈通墓誌

隋 蘇恒墓誌

唐 孔子廟碑

唐 植松柏碑

【楷書】

北魏 元舉墓誌

北齊 王福芝造像

唐 秦朗墓誌

隋 嚴元貴墓誌

隋 張禮墓誌

唐 荊肆墓誌

唐 苗弘本墓誌

唐 鄭懔墓誌

隋 牛暉墓誌

隋 宋仲墓誌

【楷書】

北魏 董偉墓誌

北魏 郭顯墓誌

北魏 姚伯多供養碑

北魏 元斌墓誌

北魏 元秀墓誌

東魏 元湛墓誌

隋 田氏墓誌

隋 蕭翹墓誌

芒

【隸書】

西漢 馬•老乙前

西漢 馬•老乙前

西漢 馬•老乙前

兩漢 西•懸簡

漢晉 流簡紙

東漢 馬姜墓記

東魏 宗欣墓誌

隋 闞明墓誌

隋 口墮及妻墓誌

隋 馬穉墓誌

芍

【隸書】

西漢 馬•老子甲後

【楷書】

唐 石經五經

唐 姚常一墓誌

芃

【楷書】

北魏 元譚墓誌

唐 石經五經

唐 唐嘉會墓誌

芷

【篆書】

東漢 少室石闕銘

【隸書】

隋 宋仲墓誌

隋 蘇恒墓誌

唐 史思禮墓誌

唐 張騫墓誌

【楷書】

北魏 元頊墓誌

北齊 婁黑女墓誌

隋 陳叔榮墓誌

隋 盧旋芷墓誌

唐 岐慈墓誌

茶

【楷書】

唐 敬覺墓誌

唐 石經五經

芰

【楷書】

北魏 弔比干文陽

唐 韓懷墓誌

唐 辛驥墓誌

芙

【隸書】

唐 徐盼墓誌

【楷書】

北魏 于纂墓誌

唐 白敬宗墓誌

唐 南川縣主墓誌

唐 楊康墓誌

芚

【楷書】

唐 盧當墓誌

芸

【隸書】

唐 孔子廟碑

【楷書】

北魏 弔比干文陽

唐 阿史那貞忠墓誌

芾

【隸書】

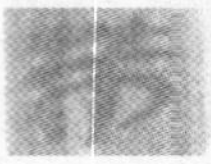
秦 睡 241

【楷書】

唐 獨孤開遠墓誌

唐 李壽墓誌

唐 石經五經

芑

【楷書】

唐 崔芑合祔誌

唐 石經五經

唐 越國太妃墓誌

芮

【隸書】

西漢 馬•老甲

西漢 馬•老甲

西漢 張•1062

唐 豆盧建墓誌

唐 豆盧建墓誌

【楷書】

唐 高誠墓誌

唐 司馬銓墓誌

芼

【隸書】

西漢 武•特牲甲

【楷書】

隋 劉尚食墓誌

隋 盧旋芷墓誌

唐 石經五經

唐 孫君妻李墓誌

唐 越國太妃墓誌

芪

【隸書】

晉 石尠墓誌

【楷書】

晉 石尠墓誌

芬

【篆書】

唐 多寶佛塔銘

【隸書】

西漢 馬•老乙

東漢 白石神君碑

東漢 張遷碑陽

隋 關明墓誌

隋 蘇恒墓誌

隋 蘇恒墓誌

隋 口和墓誌

隋 修孔子廟碑

唐 李神符碑

【楷書】

晉 華芳墓誌陰

北魏 李榘蘭墓誌

北魏 元彬墓誌

北魏 元新成妃墓誌

北魏 元子正墓誌

北齊 婁黑女墓誌

隋 王曜墓誌

隋 尉富娘墓誌

隋 蕭瑒墓誌

唐 屈突通墓誌

唐 王嵩墓誌

花

【隸書】

隋 郭休墓誌

隋 趙朗墓誌

唐 興寺碑

【楷書】

北魏 王翊墓誌

北齊 法懃塔銘

北齊 彭城寺碑陽

北齊 優婆姨造像陰

隋 李元墓誌

唐 暴賢墓誌

唐 馮安墓誌

唐 欒昇進墓誌

唐 王元明經幢

唐 楊擇文墓誌

茾

【楷書】

北魏 元欽墓誌

苡

【楷書】

唐 杜君妻墓誌

唐 郭克全墓誌

唐 侯智元妻墓誌

唐 敬覺墓誌

唐 石經五經

唐 張審文墓誌

隋 暴永墓誌

隋 高緊墓誌

隋 鞏賓墓誌

隋 張濤妻墓誌

唐 馬進朝墓誌

唐 姚義墓誌

唐 張伽墓誌

唐 張滂墓誌

隋 任顯及妻誌

隋 蘇恒墓誌

隋 蘇恒墓誌

隋 元鐘墓誌

唐 戴令言墓誌

唐 任城橋亭記

【楷書】

北魏 穆亮墓誌

北魏 穆亮墓誌

北魏 吐谷渾璣墓誌

東魏 淨智塔銘

芳

【隸書】

東漢 景君碑陽

東漢 景君碑陰

東漢 景君碑陰

東漢 禮器碑側

東漢 王舍人碑

東漢 熹平殘石

東漢 鮮于璜碑陽

東漢 趙寬碑

東漢 鄭固碑

北齊 感孝頌

芹

【隸書】

唐 孔子廟碑

芟

【隸書】

東漢 曹全碑陽

東漢 曹全碑陽

【楷書】

北魏 元壽安墓誌

唐 薛瑣墓誌

芥

【隸書】

秦 睡 29

西漢 馬·縱横

唐 興寺碑

【楷書】

北魏 法生造像

北魏 元純阤墓誌

北齊 畢文造像

唐 石崇俊墓誌

唐 石經五經

唐 石經五經

唐 朱行斌墓誌

英

【楷書】

唐 石經五經

芭

【楷書】

北齊 宋敬業塔頌

唐 亡尼七品誌

苛

【隸書】

秦 睡93

西漢 馬•老甲

西漢 馬•老乙前

西漢 馬•十問

西漢 張•1084

西漢 居新•2155

西漢 居新•617

東漢 西•四時

唐 北獄廟碑

【楷書】

唐 史待賓墓誌

唐 嚴識玄墓誌

苦

【篆書】

東漢 祀三公山碑

【隸書】

西漢 馬•老乙前

西漢 馬•縱橫

西漢 張•1164

西漢 居新•7719

西漢 西•詔書

漢晉 流簡紙

漢晉 流簡紙

漢晉 流簡紙

東漢 樊敏碑

東漢 石門頌

東漢 造土牛碑

隋 豆盧實墓誌

隋 爾朱敞墓誌

隋 高虬墓誌

隋 郭休墓誌

隋 任顯及妻誌

隋 勝福寺塔銘

隋 修孔子廟碑

隋 元鐘墓誌

唐 龐履温碑

唐 徐盼墓誌

唐 楊孝恭碑

【楷書】

魏晉 樓•紙

北涼 渠安周造像

北魏 尉遲氏造像

北魏 元信墓誌

北魏 元瞻墓誌

北齊 宋敬業塔頌

東魏 邑主造石像

唐 杜日榮墓誌

唐 洪君妻墓誌

唐 羅池廟碑

唐 桑貞墓誌

唐 袁仁墓誌

唐 張弘秀墓誌

後周 智堅塔記

芟

【楷書】

- 唐 石經五經
- 唐 姚弟墓誌

茂

【隸書】

- 西漢 居延•5558
- 東漢 淮源廟碑
- 東漢 淮源廟碑
- 東漢 開通褒斜道
- 東漢 三公山碑
- 東漢 武榮碑
- 東漢 陽嘉殘碑陽
- 東漢 楊統碑陽
- 東漢 楊震碑
- 晉 徐義墓誌陽
- 北齊 司馬遵業墓誌
- 隋 爾朱敞墓誌
- 隋 爾朱端墓誌
- 隋 任軌墓誌
- 隋 申穆及妻墓誌
- 隋 蘇恒墓誌
- 隋 王榮及妻墓誌
- 唐 蔡君妻墓誌

【楷書】

- 北魏 靈山寺塔銘
- 北魏 叔孫協墓誌
- 北魏 元文墓誌
- 北魏 元誘墓誌
- 北魏 元湛墓誌
- 北魏 元子永墓誌
- 北魏 張安姬墓誌
- 北齊 僧靜明造像
- 隋 董美人墓誌
- 隋 王楚英墓誌
- 唐 崔齊榮墓誌
- 唐 崔慎思墓誌
- 唐 李鼎墓誌
- 唐 李敬墓誌
- 唐 盧宏及妻墓誌
- 唐 尉遲敬德墓誌
- 唐 薛淑墓誌
- 唐 顏瓌墓誌
- 唐 張毖墓誌
- 唐 張洛墓誌
- 唐 張去逸墓誌
- 唐 張叔遵墓誌
- 唐 張信墓誌
- 唐 支成墓誌

苹

【楷書】

- 唐 石經五經

茉

【隸書】

- 唐 司馬寔墓誌

艸部

苗

【隸書】

東漢 曹全碑陰

東漢 朐忍令碑

東漢 石門頌

東漢 嗚咽泉題記

東漢 鮮于璜碑陽

東漢 鮮于璜碑陽

東漢 楊統碑陽

東漢 鄭固碑

隋 暴永墓誌

隋 符盛及妻墓誌

隋 關明墓誌

隋 郭休墓誌

隋 劉寶及妻墓誌

隋 任顯及妻誌

隋 申穆及妻墓誌

隋 謝岳墓誌

隋 張姜墓誌

隋 趙朗墓誌

唐 張休光墓誌

【楷書】

三國吳 走•五年

北魏 高珪墓誌

北魏 和邃墓誌

北魏 侯愔墓誌

北魏 劉玉墓誌

北魏 元爓墓誌

北魏 元文墓誌

隋 陳常墓誌

隋 高緊墓誌

隋 王楚英墓誌

隋 口靜墓誌

隋 吳嚴墓誌

隋 蕭瑒墓誌

隋 蕭氏墓誌

唐 房懷亮墓誌

唐 李嗣莊墓誌

唐 李顒墓誌

唐 石經尚書

唐 石經五經

若

【篆書】

三國魏 正始石經

三國魏 正始石經

三國魏 曹真殘碑陽

隋 賀若誼碑額

唐 般若臺記

唐 碧落碑

唐 碧落碑

唐 碧落碑

唐 三墳記陰

唐 峿臺銘

【隸書】

秦 睡 131

秦 關周•病方

西漢 馬•老甲

西漢 馬•老乙前

西漢 馬•老子甲後

西漢 馬•老子甲後

西漢 馬•縱橫

西漢 馬•縱橫

西漢 馬•縱橫

西漢 馬•縱橫

西漢 張•128

西漢 居新•7725

東漢 從事馮君碑

東漢 肥致碑

東漢 郙閣頌

東漢 華山廟碑陽

東漢 華山廟碑陽

東漢 石門頌

東漢 熹平石經易

東漢 楊著碑陽

東漢 乙瑛碑

三國魏 何晏墓誌

晉 辟雍頌陽

北齊 竇泰墓誌

隋 王楚英墓誌

隋 李使君墓碑

隋 宋景造像碑

隋 宋仲墓誌

隋 蕭瑾墓誌

隋 謝岳墓誌

英

【篆書】

唐 李勣碑

唐 三墳記陰

【隸書】

秦 睡 174

西漢 馬•老乙前

西漢 馬•十問

西漢 居新•6557

東漢 朝侯小子碑

東漢 衡方碑

東漢 景君碑陽

東漢 景君碑陽

苒

【隸書】

晉 郭休碑陽

【楷書】

唐 宋度夫人墓誌

唐 韋公妻墓誌

唐 張善墓誌

唐 張澤墓誌

苫

【隸書】

唐 陳泰墓誌

【楷書】

北魏 元朗墓誌

北魏 元宥墓誌

唐 劉奇秀墓誌

唐 張貞慎墓誌

苪

【楷書】

唐 吳恭陰堂誌

後唐 吳君妻曹墓誌

唐 李壽墓誌

唐 李慇墓誌

唐 喬崇敬墓誌

唐 石經尚書

唐 石經五經

唐 石經周易

唐 邢仙姖墓誌

唐 張敬祖塔銘

後周 李公妻朱墓誌

後梁 穆君弘墓誌

北魏 元斅墓誌

北魏 元融墓誌

北齊 竇泰墓誌

東魏 高盛墓碑

東魏 南宗和尚塔銘

隋 橋紹墓誌

唐 鄧夫人墓誌

唐 郭君妻墓誌

唐 郭宣墓誌

唐 李壽墓誌

唐 楊孝恭碑

唐 楊孝恭碑

唐 楊孝恭碑

唐 尹尊師碑

唐 趙冬曦壙誌

【楷書】

三國吳 走•五年

魏晉 樓•紙

魏晉 樓•紙

北魏 慈慶墓誌

北魏 元崇業墓誌

隋 張儉及妻墓誌

隋 張景略墓誌

隋 鄭令妃墓誌

唐 大忍寺碑

唐 高元珪墓誌

唐 李神符碑

唐 石臺孝經

唐 王泠然墓誌

唐 楊孝恭碑

唐 楊孝恭碑

東漢 胸忍令碑

東漢 王舍人碑

東漢 楊震碑

晉 徐義墓誌陽

東魏 呂覣墓誌

隋 郭王墓誌

隋 賈通墓誌

隋 劉寶及妻墓誌

隋 宋仲墓誌

隋 張儉及妻墓誌

隋 張盛墓誌

唐 褚亮碑

唐 李神符碑

唐 李貞墓誌

唐 鄎國長公主碑

唐 楊孝恭碑

唐 張騷墓誌

唐 張騷墓誌

唐 張翼墓誌

【楷書】

北魏 寇憑墓誌

北魏 吐谷渾璣墓誌

北魏 吳高黎墓誌

北魏 姚伯多供養碑

北魏 元崇業墓誌

北魏 元瑱墓誌

東魏 程哲碑

北齊 竇泰墓誌

隋 段模墓誌

隋 高緊墓誌

隋 蕭瑒墓誌

唐 竇娘子墓誌

唐 車益墓誌

唐 高邈墓誌

唐 李從證墓誌

唐 李壽墓誌

唐 李通進墓誌

唐 李仙蕙志

唐 李智墓誌

唐 權順墓誌

唐 石經五經

唐 王海朝墓誌

唐 王寬墓誌

唐 張毖墓誌

唐 張詵妻墓誌

後晉 王君妻闞墓誌

苴

【隸書】

西漢 馬•老乙前

北齊 竇泰墓誌

東魏 元悰墓誌

【楷書】

唐 崔宜之墓誌

唐 石經五經

唐 越國太妃墓誌

荀

【隸書】

唐 貞一廟碑

【楷書】

北魏 穆彥墓誌

北魏 元弘嬪侯墓誌

北魏 張歡題記

北齊 許儁等造像

隋 宋玉艷墓誌

隋 姚太墓誌

唐 路徵墓誌

唐 齊子墓誌

唐 袁公瑜墓誌

唐 周敬本墓誌

荏

【楷書】

唐 張時譽墓誌

茶

【隸書】

唐 李貞墓誌

【楷書】

唐 李鳳墓誌

苑

【隸書】

秦 睡 47

西漢 馬•老子甲後

西漢 張•479

東漢 張遷碑陽

唐 崔暟墓誌陽

唐 柳偘妻墓誌

【楷書】

北魏 吊比干文

北魏 穆紹墓誌

隋 高緊墓誌

唐 侯方墓誌

唐 李鳳妃墓誌

唐 石經五經

唐 王齊丘墓誌

唐 于尚範墓誌

唐 於遂古墓誌

苽

【隸書】

北齊 畢文造像

【楷書】

北魏 王瑑墓誌

唐 石經五經

唐 閻志雄墓誌

苞

【隸書】

秦 睡 250

東漢 張遷碑陽

三國魏 孔羨碑

三國魏 孔羨碑

三國魏 王基斷碑

晉 辟雍頌陽

隋 豆盧實墓誌

隋 爾朱敞墓誌

隋 劉多墓誌

隋 蕭瑾墓誌

隋 謝岳墓誌

唐 嵩陽觀碑

【楷書】

北魏 元寶月墓誌

北魏 元懷墓誌

北魏 元壽安墓誌

隋 蕭翹墓誌

隋 張伏敬墓誌

唐 甘朗墓誌

唐 李皃墓誌

唐 李紹墓誌

唐 石經五經

唐 石經周易

唐 石經周易

苔

【隸書】

兩漢 西•醫藥

唐 玄元靈應頌

唐 宴濟瀆序陰額

【楷書】

北魏 論經書詩

北魏 元昉墓誌

唐 姚君妻墓誌

唐 張順墓誌

苊

【楷書】

唐 石經五經

唐 石經周易

唐 韋晃墓誌

唐 周履潔墓誌

北魏 元文墓誌

北魏 元子直墓誌

北周 盧蘭墓誌

隋 盧文機墓誌

隋 申穆及妻墓誌

隋 宋睦墓誌

隋 王楚英墓誌

隋 吴嚴墓誌

唐 樊廉墓誌

唐 石經尚書

茅

【篆書】

東漢 祀三公山碑

【隸書】

秦 睡 245

西漢 居新•2605

西漢 武•士相見

西漢 武•泰射甲

東漢 曹全碑陽

隋 豆盧實墓誌

隋 謝岳墓誌

唐 闞道愛墓誌

【楷書】

北魏 陳天寶造像

苾

【篆書】

唐 契苾明碑額

【隸書】

隋 謝岳墓誌

隋 修孔子廟碑

隋 修孔子廟碑

【楷書】

唐 段承宗墓誌

唐 契苾夫人誌蓋

唐 石經五經

閩 堅牢塔記

苓

【隸書】

東漢 從事馮君碑

芺

【楷書】

唐 石經五經

荊

【篆書】

北魏 元煥誌蓋

東魏 宗欣誌蓋

【隸書】

西漢 馬·事語

西漢 張·704

西漢 居新·2139

東漢 曹全碑陽

東漢 子游殘碑

東漢 子游殘碑

三國魏 王基斷碑

北齊 感孝頌

茢

【楷書】

唐 周村造像

茸

【楷書】

唐 韓承墓誌

茬

【楷書】

東魏 鄗蓋祛銘

茦

【楷書】

唐 石經五經

茗

【楷書】

晉 華芳墓誌陰

南朝宋 劉懷民墓誌

北魏 元瞻墓誌

唐 李仙蕙志

唐 石經五經

唐 許琮妻墓誌

唐 薛豆盧夫人墓誌

茄

【楷書】

北魏 元詮墓誌

苐

【隸書】

西漢 馬·老乙前

【楷書】

唐 程知節墓誌

唐 石經五經

唐 彥芬妻墓誌

茜	荎	茈	荑

茜

【隸書】

西漢 張•507

【楷書】

唐 石經五經

荎

【楷書】

唐 石經五經

茈

【隸書】

西漢 張•1214

兩漢 西•懸簡

【楷書】

北魏 杜文慶造像

唐 石經五經

荑

【隸書】

唐 李神符碑

【楷書】

唐 裒阿八墓誌

唐 真義女碑銘

唐 張三英墓記

後梁 謝彦璋墓誌

東魏 李挺墓誌

隋 口悦昂墓誌

隋 李則墓誌

隋 馬少敏墓誌

唐 崔暈墓誌

唐 劉洪預墓誌

唐 柳尚遠妻墓誌

唐 那提墓誌

唐 石經尚書

唐 張道墓誌

唐 李神符碑

唐 行儼碑

【楷書】

三國吳 走•五年

北魏 寇治墓誌

北魏 穆亮墓誌

北魏 叔孫協墓誌

北魏 薛法紹造像

北魏 于纂墓誌

北魏 元弼墓誌

北齊 竇泰墓誌

北周 華嶽頌

隋 段濟墓誌

隋 侯肇墓誌

隋 劉珍墓誌

隋 宋仲墓誌

隋 口靜墓誌

隋 蕭瑾墓誌

隋 謝岳墓誌

唐 崔祐甫墓誌

唐 高元珪墓誌

艸部

莒

【隸書】

東漢 宋伯望買田券正

東漢 宋伯望買田券正

東漢 永平四年記

東漢 子游殘碑

東漢 子游殘碑

【楷書】

唐 劉彥之墓誌

唐 石經公羊傳

唐 石經穀粱傳

唐 臧曄墓誌

後梁 篆新子墻記

草

【隸書】

秦 睡70

西漢 馬•老甲

西漢 馬•老乙前

西漢 馬•十問

西漢 馬•十問

西漢 馬•天下

西漢 張•254

西漢 張•267

西漢 居新•962

東漢 淮源廟碑

東漢 孔彪碑陽

北齊 法懃塔銘

北齊 司馬遵業墓誌

隋 段濟墓誌

隋 爾朱端墓誌

隋 橋紹墓誌

隋 任軌墓誌

唐 玄元靈應頌

【楷書】

三國吳 走•四年

北魏 元誘墓誌

隋 尉富娘墓誌

隋 張虔墓誌

唐 盧君妻墓誌

唐 尼金氏柩銘

唐 石經尚書

唐 石經尚書

唐 石經周易

唐 亡宫九品墓誌

唐 吳孝墓誌

芫

【楷書】

唐 石經五經

茵

【隸書】

隋 爾朱敞墓誌

【楷書】

隋 獨孤羅墓誌

唐 鞏氏墓誌

唐 盧玥墓誌

唐 史懷訓墓誌

茷

【隸書】

唐 抱腹寺碑

荊

【楷書】

三國吳 走•四年

三國吳 走•四年

三國吳 走•四年

莓

【楷書】

唐 王玭墓誌

（荀）

唐 尉遲敬德墓誌

唐 姚恭墓誌

荀

【隸書】

東漢 開通褒斜道

晉 華芳墓誌陽

隋 爾朱端墓誌

唐 柳偘妻墓誌

唐 尉迟迴碑陰

【楷書】

北魏 元欽墓誌

東魏 叔孫固墓誌

隋 王楚英墓誌

唐 王嵩墓誌

唐 王豫墓誌

茬

【隸書】

唐 尹尊師碑

【楷書】

隋 陳叔明墓誌

唐 宋度夫人墓誌

唐 薛世感墓誌

茶

【楷書】

唐 瀆廟祭器銘

唐 善悟塔銘

唐 玄秘塔碑

茗

【楷書】

唐 豆盧妻薛墓誌

唐 陀羅尼經碑

荃

【隸書】

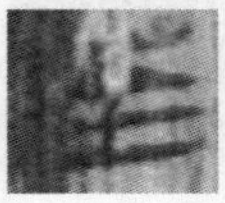
西漢 張•280

唐 安天王廟碑

唐 潘基墓誌

【楷書】

南朝梁 舊館壇碑

隋 李氏墓誌

唐 盧緘妻墓誌

唐 王協墓誌

茱

【楷書】

唐 韓昶自爲墓誌

荒

【隸書】

東漢 曹全碑陽

東漢 華山廟碑陽

東漢 孔宙碑陽

東漢 石門頌

東漢 鮮于璜碑陽

東漢 鮮于璜碑陽

東漢 張遷碑陽

東漢 趙寬碑

晉 徐義墓誌陽

北齊 西門豹碑陽

唐 向清墓誌

唐 彥芬妻墓誌

唐 元郇墓誌

唐 陳立行墓誌

唐 崔克讓妻墓誌

唐 李超墓誌

唐 李皃墓誌

唐 李三十三娘墓誌

唐 李琰墓誌

唐 劉士弘墓誌

唐 慕容宣徹墓誌

唐 裴孝仙墓誌

唐 秦公夫人墓誌

茫

【隸書】

北齊 司馬遵業墓誌

隋 豆盧實墓誌

唐 崔沔墓誌陰

唐 屈突通墓誌

唐 楊孝恭碑

【楷書】

北魏 司馬氏墓誌

北魏 唐耀墓誌

北魏 元固墓誌

東魏 元睟墓誌

隋 李肅墓誌

茨

【隸書】

唐 白鹿泉碑陽

唐 孔子廟碑

【楷書】

唐 □滿墓誌

唐 張貴墓誌

荄

【楷書】

唐 房惠琳墓誌

唐 石經五經

唐 袁君墓誌

荓

【楷書】

唐 石經五經

茖

【楷書】

唐 石經五經

茹	荨	荇	莜	荔			
【隸書】	【楷書】	【楷書】	【楷書】	【隸書】	唐 梁公妻墓誌	北魏 郭法洛造像	隋 爾朱端墓誌
西漢 居新·941	北魏 元湛墓誌	唐 韓思墓誌	唐 石經五經	秦 睡 12	唐 慶公神祠碑	北魏 穆纂墓誌	隋 侯肇墓誌
唐 蔡君妻墓誌		唐 石經五經		唐 玄元靈應頌	唐 石經尚書	北魏 謝伯達造像	隋 牛諒墓誌
唐 柳偘妻墓誌		唐 石經五經		【楷書】	唐 石經尚書	北魏 元貴妃墓誌	隋 任軌墓誌
唐 朱崇慶墓誌				北魏 弔比干文陽	唐 石經五經	北周 董道生造像	唐 告華嶽府君
【楷書】				北魏 天德造像	唐 石經周易	隋 皇甫深墓誌	唐 李神符碑
北魏 弔比干文陽				唐 敬覺墓誌	唐 楊執一墓誌	隋 元氏墓誌	唐 宴濟瀆序陰額
北齊 竇泰墓誌				唐 邢思賢墓誌	唐 執失善光	隋 張怦墓誌	唐 張滔墓誌
北齊 竇泰墓誌						唐 安思節墓誌	唐 貞一廟碑
唐 多寶塔碑						唐 崔琪墓誌	【楷書】
唐 沈中黄墓誌							晉 華芳墓誌陰
唐 石經五經							

唐 石經周易

唐 于士恭墓誌

後唐 崔崇素墓誌

⿱艹赤

【楷書】

東魏 高盛墓碑

唐 長孫盱墓誌

茝

【隸書】

秦 睡255

兩漢 西•醫藥

【楷書】

唐 崔哲妻墓誌

唐 黄郡駱氏墓誌

唐 李尊妻墓誌

唐 李君墓誌

唐 李氏室女墓誌

唐 石經五經

華

【篆書】

東漢 華山廟碑額

北周 華嶽頌額

唐 碧落碑

唐 碧落碑

唐 多寶佛塔銘

唐 三墳記陽

【隸書】

西漢 馬•老乙前

西漢 張•469

東漢 西•寇恩

漢晉 流簡紙

漢晉 流簡紙

東漢 曹全碑陽

東漢 曹全碑陽

東漢 樊敏碑

東漢 肥致碑

東漢 華山廟碑陽

東漢 華山廟碑陽

東漢 華岳廟碑陰

東漢 景君碑陰

東漢 孔宙碑陽

東漢 禮器碑陰

東漢 朐忍令碑

東漢 王舍人碑

東漢 趙寬碑

東漢 振武將軍碑

北齊 竇泰墓誌

北齊 法懃塔銘

北齊 法懃塔銘

北齊 感孝頌

北周 華嶽頌

東魏 李挺墓誌

北齊 司馬遵業墓誌

北齊 邢夫人墓誌

隋 暴永墓誌

隋 段濟墓誌

隋 爾朱端墓誌

隋 澧水石橋碑

隋 李元墓誌

隋 牛諒墓誌

隋 任顯及妻誌

隋 張景略墓誌

隋 趙朗墓誌

隋 鄭令妃墓誌

唐 告華嶽府君

唐 告華嶽府君

唐 李神符碑

唐 李神符碑

唐 潘基墓誌

唐 任城橋亭記

唐 沈夫人墓誌

唐 郎國長公主碑

唐 郎國長公主碑

唐 楊孝恭碑

唐 楊孝恭碑

唐 尹尊師碑

唐 尹尊師碑

唐 張騷墓誌

唐 張翼墓誌

唐 趙冬曦壙誌

【楷書】

北魏 筍景墓誌

北魏 郭顯墓誌

北魏 胡明相墓誌

北魏 淨悟浮圖記

北魏 寇憑墓誌

北魏 寇演墓誌

北魏 寇演墓誌

北魏 劉阿素墓誌

北魏 吐谷渾璣墓誌

北魏 王基墓誌

北魏 王基墓誌

北魏 王翊墓誌

北魏 楊胤墓誌

北魏 元寶月墓誌

北魏 元略墓誌

北魏 元融墓誌

東魏 杜文雍造像

北周 寇胤哲墓誌

東魏 南宗和尚塔銘

東魏 王令媛墓誌

東魏 王僓墓誌

東魏 元寶建墓誌

東魏 元仲英墓誌

隋 陳叔榮墓誌

隋 高緊墓誌

隋 李則墓誌

隋 宋玉艶墓誌

隋 王楚英墓誌

隋 王弘墓誌

隋 王曜墓誌

隋 口和墓誌

隋 蕭氏墓誌

隋 蕭氏墓誌

隋 張貴男墓誌

隋 張怦墓誌

唐 常協墓誌

唐 李辭墓誌

唐 李嘉珍墓誌

唐 李招兒墓誌

唐 劉裕墓誌

唐 石經九經

唐 石經九經

唐 石經九經

唐 石經尚書

唐 石經周易

唐 惟貞廟碑陽

唐 姚君妻墓誌

唐 張廉穆墓誌

唐 張思鼎墓誌

唐 張義墓誌

後唐 毛璋妻墓誌

莖

【隸書】

西漢 馬•天下

西漢 馬•天下

兩漢 西•醫藥

唐 勿部將軍碑

【楷書】

唐 石經五經

荸

【楷書】

隋 陳叔明墓誌

莢

【隸書】

西漢 居新•3976

東漢 鮮于璜碑陽

東漢 鮮于璜碑陰

【楷書】

唐 石經五經

唐 王士端墓誌

莽

【隸書】

秦 睡 72

唐 崔暟墓誌陰

唐 張顏墓誌

唐 郯忠墓碑

【楷書】

北魏 李媛墓誌

北魏 元延明墓誌

隋 孔神通墓誌

隋 張虔墓誌

唐 崔翬墓誌

唐 馬進朝墓誌

唐 石經五經

唐 石經周易

唐 楊瑩墓誌

莆

【楷書】

隋 劉尚食墓誌

莁

【楷書】

北魏 唐耀墓誌

北魏 元昉墓誌

北魏 元維墓誌

北魏 元乂墓誌

北魏 元誘妻墓誌

隋 盧旋芷墓誌

莫

【篆書】

唐 多寶佛塔銘

【隸書】

秦 睡 257

秦 睡 38

秦 關周•日書

西漢 馬•老乙前

西漢 馬•老子甲後

西漢 馬•縱橫

西漢 張•1074

西漢 居新•7497

東漢 西•劾狀

兩漢 西•馬簡

漢晉 流簡紙

漢晉 流簡紙

東漢 白石神君碑

東漢 肥致碑

東漢 華山廟碑陽

東漢 尚博殘碑

東漢 太室石闕銘

東漢 薌他君題記

東漢 許安國題記

東漢 楊統碑陽

東漢 尹武孫題記

三國魏 孔羨碑

晉 辟雍頌陽

晉 辟雍頌陽

北齊 法懃塔銘

隋 豆盧實墓誌

隋 豆盧實墓誌

隋 段濟墓誌

隋 郭休墓誌

隋 宋景造像碑

隋 宋景造像碑

唐 劉粲墓誌

唐 屈突通墓誌

唐 文宣王廟門碑

唐 勿部將軍碑

【楷書】

北魏 長孫子澤墓誌

北魏 封昕墓誌

北魏 賈良造像記

北魏 叔孫協墓誌

莊

【篆書】

唐 多寶佛塔銘

【隸書】

秦 睡 6

西漢 馬•老子甲後

西漢 居新•8793

西漢 居新•907

西漢 西•馬牘

北魏 元文墓誌

北魏 元文墓誌

北齊 司馬遵業墓誌

隋 爾朱端墓誌

茵

【楷書】

唐 石經五經

莧

【楷書】

唐 石經周易

唐 張貴墓誌

唐 張滿墓誌

唐 張審文墓誌

唐 掌徹墓誌

唐 鄭君妻崔墓誌

唐 周敬本墓誌

闕 堅牢塔記

北齊 僧靜明造像

唐 崔哲妻墓誌

唐 崔眾甫誌蓋

唐 敬覺墓誌

唐 石經九經

唐 石經九經

唐 石經尚書

唐 石經尚書

唐 石經五經

唐 石經周易

唐 楊孝恭碑

唐 趙冬曦壙誌

【楷書】

三國吳 走•五年

北魏 陳天寶造像

北魏 郭顯墓誌

北魏 劉阿素墓誌

北魏 元爐墓誌

北魏 元融墓誌

北齊 竇泰墓誌

東魏 馬都愛造像

隋 宋景造像碑

隋 吳嚴墓誌

隋 修孔子廟碑

隋 張儉及妻墓誌

隋 趙朗墓誌

唐 闞道愛墓誌

唐 盧行毅墓誌

唐 盧行毅墓誌

唐 石臺孝經

唐 石臺孝經

莠

【隸書】

秦 睡 241

北齊 司馬遵業墓誌

【楷書】

北魏 元略墓誌

唐 獨孤澄墓誌

莛

【楷書】

北魏 元洛神墓誌

北魏 元彝墓誌

隋 王光墓誌

隋 王袞墓誌

隋 蕭翹墓誌

唐 孫讜墓誌

唐 執失善光

荼

【篆書】

唐 碧落碑

【隸書】

唐 蔡君妻墓誌

【楷書】

北魏 王僧男墓誌

北魏 元禮之墓誌

北齊 竇泰墓誌

隋 盧文機墓誌

唐 陳泰墓誌

唐 馬公亮墓誌

唐 石經五經

唐 鄭君妻盧墓誌

後梁 山可球造像

後唐 西方鄴墓誌

後周 蕭處仁墓誌

唐 李敬墓誌

唐 魯郡夏氏墓誌

唐 石經五經

唐 石忠政墓誌

唐 王芳媚墓誌

唐 王隆業造像

唐 王行果墓誌

唐 顔勤禮碑陰

唐 楊玄略墓誌

唐 張洛墓誌

東魏 劉懿墓誌

北齊 孫旿等造像

東魏 元均及妻墓誌

隋 樊氏墓誌

隋 侯氏墓誌

隋 呂胡墓誌

隋 伍道進墓誌

隋 張軻墓誌

唐 居實墓銘

唐 可那氏墓誌

北魏 王昌墓誌

北魏 元弼墓誌

北魏 元煥墓誌

北魏 元融墓誌

北魏 元熙墓誌

北魏 元彦墓誌

北魏 元義華墓誌

北齊 高清墓誌

東魏 公孫甑生墓誌

北齊 賈致和造像

荷

【隸書】

西漢 馬•老乙前

西漢 張•628

北周 華嶽頌

隋 豆盧實墓誌

隋 段濟墓誌

唐 北嶽廟碑

唐 孔子廟碑

【楷書】

北魏 李壁墓誌陽

北魏 元誘墓誌

隋 蕭氏墓誌

隋 鄭善妃墓誌

唐 多寶塔碑

莩

【隸書】

唐 龐履温碑

【楷書】

北齊 報德像碑

唐 封揆墓誌

莥

【楷書】

唐 石經五經

莝

【隸書】

東漢 西•寇恩

【楷書】

隋 姜敬親墓誌

唐 石經五經

莅

【篆書】

唐 三墳記陽

【隸書】

晉 辟雍頌額

隋 暴永墓誌

隋 豆盧實墓誌

隋 申穆及妻墓誌

隋 趙朗墓誌

唐 崔沔墓誌陽

唐 戴令言墓誌

唐 闞道愛墓誌

【楷書】

北魏 鄯乾墓誌

北魏 元彬墓誌

隋 盧文機墓誌

唐 卜璀墓誌

唐 盧伯卿墓誌

唐 石經周易

唐 王立墓誌

唐 張滂墓誌

唐 張羊墓誌

莪

【隸書】

唐 柳偘妻墓誌

【楷書】

東魏 姜夫人墓誌

唐 邊氏墓誌

唐 和幹墓誌

唐 嚴令元墓誌

唐 張儁及妻誌

菱

【楷書】

唐 孔桃栓墓誌

菟

【楷書】

隋 劉明及妻墓誌

莘

【隸書】

唐 倪彬墓誌

【楷書】

唐 賈令琬墓誌

唐 趙貨墓誌

⿱艹兄

【楷書】

唐 石經五經

莞 

【篆書】

唐 臧懷亮誌蓋

【隸書】

西漢 張•714

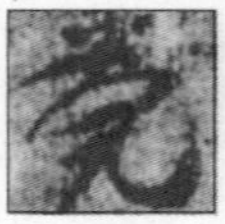

漢晉 流簡紙

晉 辟雍頌陰

【楷書】

北魏 秦洪墓誌

北魏 秦洪誌蓋

唐 白光倩墓誌

唐 石經五經

唐 臧曄墓誌

莎 

【隸書】

秦 睡 241

西漢 馬•縱橫

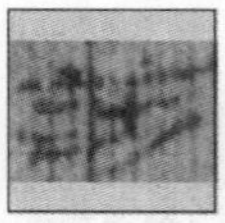

漢晉 流簡紙

【楷書】

唐 紇干承基墓誌

⿱艹扶

【楷書】

北魏 馮邕妻墓誌

北魏 元瞻墓誌

東魏 修孔子廟碑陽

北齊 張起墓誌

⿱艹沅

【楷書】

唐 石經五經

隋 澧水石橋碑

隋 關明墓誌

隋 郭達墓誌

隋 賈通墓誌

隋 牛諒墓誌

隋 宋景造像碑

隋 宋仲墓誌

隋 蘇恒墓誌

隋 王榮及妻墓誌

隋 謝岳墓誌

東漢 夏承碑

東漢 鮮于璜碑陰

東漢 楊震碑

東漢 尹宙碑

三國魏 王基斷碑

三國魏 張君殘碑

隋 暴永墓誌

隋 暴永墓誌

隋 段濟墓誌

隋 爾朱端墓誌

著

【篆書】

北魏 韓顯宗額

【隸書】

西漢 馬•事語

西漢 居新•6724

漢晉 流簡紙

東漢 池陽令殘碑

東漢 肥致碑

東漢 景君碑陰

東漢 禮器碑陰

東漢 尚博殘碑

東漢 史晨前碑

菆

【楷書】

唐 石經五經

唐 石經五經

北魏 郭顯墓誌

北魏 元壽妃墓誌

北魏 張盧墓誌

東魏 陸順華墓誌

隋 明雲騰墓誌

隋 王伏榮造像

萇

【篆書】

北魏 温泉頌額

【隸書】

東漢 肥致碑

東漢 華山廟碑陽

隋 梁坦墓誌

隋 口靜墓誌

唐 孔子廟碑

【楷書】

三國吳 走•二年

三國吳 走•四年

三國吳 走•五年

菶

【楷書】

唐 石經五經

荵

【楷書】

唐 石經五經

萊

【隸書】

西漢 張•630

西漢 居新•5233

東漢 夏承碑

東漢 楊震碑

三國魏 王基斷碑

晉 辟雍頌陽

晉 辟雍頌陽

晉 徐文墓碣

北齊 感孝頌

隋 李元墓誌

萋

【楷書】

北魏 元昭墓誌

唐 王素墓誌

唐 楊孝直墓誌

菿

【隸書】

東漢 趙菿殘碑

菣

【楷書】

唐 石經五經

著

隋 張壽墓誌

唐 郭敬墓記

唐 韓邏墓誌

唐 石經五經

唐 張翫墓誌

唐 張騷墓誌

北齊 劉忻墓誌

東魏 劉懿墓誌

東魏 陸順華墓誌

北周 馬龜墓誌

東魏 王偃墓誌

隋 高緊墓誌

隋 口鍾葵墓誌

隋 梁瓌墓誌

隋 橋紹墓誌

隋 田光山妻墓誌

唐 朱君妻王墓誌

【楷書】

魏晉 樓•紙

晉 華芳墓誌陰

北魏 和醜仁墓誌

北魏 邵君墓志

北魏 元洛神墓誌

北魏 元子正墓誌

西魏 鄧君墓誌

北齊 竇泰墓誌

北周 賀屯植墓誌

隋 張盛墓誌

隋 趙朗墓誌

隋 趙朗墓誌

唐 崔祐甫墓誌

唐 庫狄真相墓誌

唐 倪彬墓誌

唐 屈突通墓誌

唐 石臺孝經

唐 史思禮墓誌

唐 趙冬曦壙誌

菽

【隸書】

唐 尹尊師碑

【楷書】

東魏 元湛墓誌

唐 屈澄墓誌

唐 石經五經

唐 楊訓墓誌

菲

【隸書】

西漢 武•服傳甲

西漢 武•特牲甲

東漢 圉令趙君碑

東漢 張壽殘碑

唐 崔祐甫墓誌

唐 柳偘妻墓誌

【楷書】

北魏 元純陁墓誌

唐 李從證墓誌

唐 石經五經

菖

【楷書】

隋 何氏墓誌

菱

【楷書】

唐 崔素墓誌

唐 石經五經

唐 石經五經

唐 孫君妻宋墓誌

菴

【隸書】

唐 修定寺記碑

【楷書】

北魏 馮邕妻墓誌

北魏 元洛神墓誌

北魏 元肅墓誌

北魏 元悌墓誌

北齊 道明墓誌

唐 孟玄一墓誌

萁

【隸書】

西漢 居新•3755

西漢 居新•7771

北齊 婁黑女墓誌

【楷書】

北魏 王基墓誌

唐 石經五經

菁

【隸書】

西漢 居新•11

西漢 武•泰射甲

【楷書】

唐 石經尚書

唐 張義墓誌

##

隋 趙朗墓誌

唐 史思禮墓誌

【楷書】

北魏 鞠彥雲墓誌

北魏 蓬萊題字

北魏 鄭君妻墓誌

隋 修梵石室誌

唐 李道因墓誌

唐 石經尚書

唐 張文珪墓誌

萌

【隸書】

西漢 居新·1032

西漢 居新·1032

漢晉 流簡紙

漢晉 流簡紙

東漢 曹全碑陰

東漢 鮮于璜碑陽

東漢 楊震碑

東漢 張遷碑陽

北齊 司馬遵業墓誌

唐 闞道愛墓誌

唐 石臺孝經

唐 義福禪師碑

【楷書】

北魏 穆彥墓誌

北魏 王普賢墓誌

唐 多寶塔碑

唐 范安及墓誌

唐 李壽墓誌

唐 李愍墓誌

唐 路巖墓誌

菋

【楷書】

唐 石經五經

菌

【隸書】

唐 孔子廟碑

【楷書】

東魏 公孫甑生墓誌

唐 裴遵妻墓誌

唐 石經尚書

唐 石經五經

唐 王宣墓誌

唐 嚴氏玄堂銘

唐 張騫墓誌

萎

【隸書】

隋 劉寶及妻墓誌

唐 孔子廟碑

唐 倪彬墓誌

【楷書】

北魏 元瞻墓誌

隋 張盈墓誌

唐 李弘亮墓誌

唐 劉洪預墓誌

菊

【隸書】

隋 趙朗墓誌

隋 趙朗墓誌

唐 崔志墓誌

唐 李神符碑

唐 李彥墓誌

唐 徐昐墓誌

唐 尹文操碑

【楷書】

北魏 李媛墓誌

北魏 司馬氏墓誌

北魏 元舉墓誌

北齊 房周陁墓誌

隋 何氏墓誌

隋 元氏墓誌

唐 畢正義墓誌

唐 牛阿師墓誌

萑

【楷書】

隋 成公氏墓誌

唐 石經五經

唐 石經五經

唐 王素臣墓誌

菼

【楷書】

唐 石經五經

菸 

【楷書】

北魏 陳天寶造像

葩 

【楷書】

唐 鶱思哲誌銘

唐 石經五經

萏

【楷書】

唐 石經五經

菜 

【隸書】

唐 八都壇碑

唐 文宣王廟門碑

【楷書】

北齊 雋敬碑

隋 樊氏墓誌

唐 崔載墓誌

唐 韓思墓誌

唐 内莊宅使牒

唐 尉遲敬德墓誌

唐 張弘秀墓誌

唐 張素墓誌

菟

【隸書】

隋 宋仲墓誌

唐 李彦墓誌

【楷書】

北魏 王翊墓誌

北魏 元延明墓誌

北齊 高僧護墓誌

東魏 元睟墓誌

唐 安元壽墓誌

唐 范重明墓誌

唐 黃羅漢墓誌

萸 

【隸書】

漢晉 流簡紙

萃

【隸書】

西漢 馬·縱横

西漢 居新·4730

西漢 居新·7425

東漢 熹平石經易

晉 辟雍頌陽

隋 豆盧實墓誌

隋 劉多墓誌

隋 馬少敏墓誌

隋 鄭令妃墓誌

唐 徐盼墓誌

【楷書】

北魏 元子直墓誌

東魏 元顯墓誌

唐 李壽墓誌

唐 盧初墓誌

唐 石經五經

唐 石經周易

唐 孫君妻盧墓誌

唐 楊思立墓誌

菩

【隸書】

隋 馬長和造像

隋 馬長和造像

隋 張儉及妻墓誌

唐 修定寺記碑

【楷書】

東魏 劉雙周塔記

北齊 無量義經

唐 何行感造像

後唐 張思錄經幢

菀

【隸書】

東漢 趙寬碑

隋 張姜墓誌

唐 楊孝恭碑

【楷書】

北魏 王翊墓誌

北周 高妙儀墓誌

隋 卜鑒墓誌

隋 沈氏墓誌

唐 元鍾墓誌

唐 八品亡宫墓誌

唐 程希詮墓誌

唐 段允探墓誌

唐 房惠琳墓誌

唐 石經五經

唐 燕君妻姜墓誌

菅

【隸書】

西漢 武·服傳甲

西漢 武·服傳甲

東漢 景君碑陽

東漢 趙寬碑

晉 管洛碑額

晉 管洛墓誌額

菧

【楷書】

唐 石經五經

菏

【楷書】

唐 石經尚書

唐 石經尚書

唐 石經五經

葴

【隸書】

東漢 鮮于璜碑陽

【楷書】

北齊 婁黑女墓誌

隋 鄭善妃墓誌

唐 石經五經

唐 石經周易

唐 史興墓詠

菑

【篆書】

唐 三墳記陰

【隸書】

西漢 馬•縱横

西漢 張•565

西漢 張•566

西漢 張•570

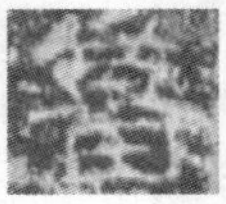

東漢 孟孝琚碑

晉 左棻墓誌陽

晉 左棻墓誌陽

【楷書】

唐 石經五經

蒃

【楷書】

隋 義造橋殘碑

唐 石經五經

幕

【楷書】

北魏 元純陁墓誌

北魏 元氏誌銘

北齊 婁黑女墓誌

隋 宋玉艷墓誌

唐 支子璋墓誌

菰

【楷書】

唐 龍泉記

菡

【楷書】

唐 石經五經

萍

【隸書】

唐 孔子廟碑

唐 徐盼墓誌

【楷書】

唐 韓恆墓誌

唐 廉元泰墓誌

唐 石經五經

唐 石經五經

唐 王賓墓誌

唐 王素臣墓誌

葑

【楷書】

唐 石經五經

葉

【隸書】

秦 睡135

西漢 馬•縱横

兩漢 西•馬簡

東漢 曹全碑陽

東漢 華山廟碑陽

東漢 夏承碑

東漢 子游殘碑

晉 辟雍頌陽

北齊 感孝頌

隋 暴永墓誌

隋 暴永墓誌

隋 郭達墓誌

隋 郭王墓誌

隋 侯肇墓誌

隋 姬威墓誌

隋 劉珍墓誌

隋 馬少敏墓誌

隋 馬穉墓誌

隋 宋景造像碑

隋 蕭瑾墓誌

隋 謝岳墓誌

隋 張姜墓誌

隋 趙朗墓誌

隋 趙朗墓誌

唐 京兆金氏墓誌

唐 倪彬墓誌

唐 韋士逸墓誌

唐 張休光墓誌

唐 張休光墓誌

唐 張顏墓誌

唐 張翼墓誌

【楷書】

晉 黃庭經

南朝梁 羅浮山銘

北魏 淨悟浮圖記

北魏 寇霄墓誌

北魏 元文墓誌

北齊 司馬遵業墓誌

隋 申穆及妻墓誌

隋 申穆及妻墓誌

隋 王弘墓誌

隋 元鐘墓誌

隋 張壽墓誌

唐 畢正義墓誌

唐 范安及墓誌

唐 葛亮祠堂碑

唐 李修已墓誌

唐 神瞻影塔銘

唐 顏元貞墓誌

唐 張某墓誌

後梁 蕭符墓誌

葚

【楷書】

唐 石經五經

妻

【楷書】

盧妻薛墓誌

葳	葍	萰	葬
【楷書】	【楷書】	【楷書】	【篆書】

葳

【楷書】

北魏 穆纂墓誌

北魏 元維墓誌

唐 李壽墓誌

唐 神策軍碑

唐 王仲堪墓誌

隋 楊氏墓誌

葍

【楷書】

唐 石經五經

萰

【楷書】

唐 石經五經

葬

【篆書】

東漢 馮孺人題記

東漢 袁安碑

東漢 袁敞殘碑

三國魏 正始石經

三國魏 正始石經

唐 三墳記陰

【隸書】

秦 睡 105

秦 睡 58

秦 睡 59

西漢 張•398

西漢 楚王墓塞石

東漢 朝侯小子碑

東漢 公乘田魴記

東漢 繆宇墓誌

東漢 孫仲隱墓刻

東漢 田文成題記

東漢 王暉石棺銘

東漢 楊震碑

東漢 永平元年記

東漢 永壽元年墓記

東漢 趙寬碑

東漢 趙寬碑

晉 郭槐柩記

晉 魯詮墓表

晉 石尠墓誌

晉 左棻墓誌陽

北魏 翟普林造像

隋 暴永墓誌

隋 叱李綱子墓誌

隋 段濟墓誌

隋 爾朱端墓誌

隋 高虬墓誌

隋 郭休墓誌

隋 劉賓及妻墓誌

隋 馬穉墓誌

隋 任軌墓誌

隋 任顯及妻誌

隋 申穆及妻墓誌

隋 蘇恒墓誌

隋 口靜墓誌

隋 謝岳墓誌

隋 張儉及妻墓誌

隋 張姜墓誌

隋 鄭令妃墓誌

唐 高元珪墓誌

唐 盧君妻墓誌

唐 潘基墓誌

唐 唐世榮墓誌

唐 王媛墓誌陰

唐 行儼碑

唐 行儼碑

唐 楊孝恭碑

唐 張休光墓誌

【楷書】

北魏 長孫子澤墓誌

北魏 公孫猗墓誌

北魏 郭顯墓誌

北魏 康健墓誌

北魏 寇慰墓誌

北魏 李超墓誌

後秦 呂憲墓表陽

北魏 薛伯徽墓誌

北魏 元秀墓誌

北魏 元誘妻墓誌

北魏 張玄墓誌

北魏 張玄墓誌

北周 獨孤信墓誌

北周 賀屯植墓誌

北齊 婁黑女墓誌

隋 鮑氏墓誌

隋 陝花樹墓誌

隋 丁氏墓誌

隋 高緊墓誌

隋 姜敬親墓誌

隋 梁坦墓誌

隋 陶貴墓誌

隋 王楚英墓誌

隋 吳嚴墓誌

隋 蕭沆墓誌

隋 蕭氏墓誌

隋 蕭餝性墓誌

隋 羊瑋墓誌

隋 元氏墓誌

隋 元智墓誌

隋 元智妻墓誌

隋 翟突娑墓誌

隋 張貴男墓誌

隋 張貴男墓誌

隋 張禮墓誌

隋 張佇墓誌

隋 鄭善妃墓誌

唐 白知禮墓誌

唐 崔琪墓誌

唐 崔惟悌墓誌

唐 韓氏合葬誌

唐 南川縣主墓誌

唐 石經五經

唐 宋伯康墓誌

唐 蘇斌墓誌

唐 尉遲敬德墓誌

唐 楊宇墓誌

唐 張素墓誌

唐 趙思忠墓誌

後唐 王禹墓誌

葞

【楷書】

唐 石經五經

葝

【楷書】

唐 石經五經

萬

【篆書】

東漢 徐無令題記

三國吳 天發神讖碑

三國魏 正始石經

唐 謙卦碑

唐 三墳記陽

【隸書】

秦 睡45

西漢 馬•老甲

西漢 馬•老乙

西漢 馬•老乙

西漢 馬•老子甲後

西漢 馬•縱横

西漢 張•852

西漢 居新•1866

西漢 居新•7470

西漢 居新•7488

東漢 西•寇恩

東漢 西•寇恩

漢晉 流簡紙

東漢 簿書殘碑

東漢 簿書殘碑

東漢 曹全碑陽

東漢 曹全碑陽

東漢 大吉山刻石

東漢 公乘田魴記

東漢 華山廟碑陽

東漢 淮源廟碑

東漢 開通褒斜道

東漢 孟孝琚碑

東漢 七言摩崖記

東漢 石門闕銘

東漢 孫仲陽題記

東漢 田文成題記

東漢 許安國題記

東漢 造土牛碑

三國吳 買冢城磚

晉 管洛墓誌陰

北周 華嶽頌

北齊 司馬遵業墓誌

隋 符盛及妻墓誌

隋 馬少敏墓誌

隋 宋景造像碑

隋 王楚英墓誌

唐 李貞墓誌

唐 石臺孝經

唐 史思禮墓誌

唐 張休光墓誌

唐 張休光墓誌

唐 貞一廟碑

【楷書】

三國吳 走•二年

北魏 爾朱紹墓誌

北魏 馮會萇墓誌

北魏 萬縱合葬記

北齊 竇泰墓誌

隋 成公氏墓誌

隋 楊居墓誌

唐 崔淑墓誌

唐 大德超寂墓誌

唐 柳昱墓誌

唐 石經尚書

唐 石經五經

唐 石經周易

唐 石忠政墓誌

唐 張伯墓誌

唐 張晈墓誌

後周 李公妻朱墓誌

後梁 蕭符墓誌

茸

【隸書】

北周 華嶽頌

唐 北嶽廟碑

唐 文宣王廟門碑

【楷書】

唐 多寶塔碑

唐 多寶塔碑

唐 南郭生墓誌

唐 石經五經

唐 王翼墓誌

後唐 王璠墓誌

葢

【楷書】

北魏 元廞墓誌

蒠

【楷書】

唐 竇娘子墓誌

唐 石經五經

萼

【隸書】

隋 爾朱敞墓誌

【楷書】

北魏 寇演墓誌

北魏 秦洪墓誌

北魏 王普賢墓誌

北魏 元洛神墓誌

北魏 元茂墓誌

北魏 元羽墓誌

北魏 元瞻墓誌

唐 高誠墓誌

唐 李萼墓誌

唐 李賢墓誌

唐 桑粵墓誌

唐 蕭公夫人墓誌

葛

【篆書】

三國魏 正始石經

【隸書】

西漢 武・服傳甲

東漢 熹平石經易

晉 辟雍頌陽

晉 石尠墓誌

北齊 司馬遵業墓誌

北齊 西門豹碑陽

隋 劉多墓誌

隋 宋仲墓誌

唐 崔暟墓誌陰

唐 植松柏碑

【楷書】

北魏 元純陁墓誌

北魏 元項墓誌

北魏 元順平妻墓誌

東魏 元悰墓誌

唐 帝祠宇榜書

唐 石經五經

唐 石經周易

唐 惟貞廟碑陽

唐 顏家廟碑

葰

【楷書】

唐 契苾夫人墓誌

唐 楊貴墓誌

葋

【楷書】

唐 石經五經

葰

【楷書】

北魏 李端墓誌

萩

【楷書】

唐 石經五經

蒐

【隸書】

唐 勿部將軍碑

【楷書】

唐 毗伽特勤墓誌

董

【篆書】

唐 董文萼誌蓋

【隸書】

西漢 居新•2321

西漢 居新•3486

西漢 居新•3529

西漢 居新•941

東漢 西•推辟

東漢 西•推辟

兩漢 西•馬簡

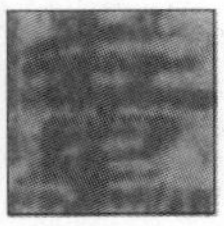
漢晉 流簡紙

東漢 曹全碑陰

東漢 景君碑陰

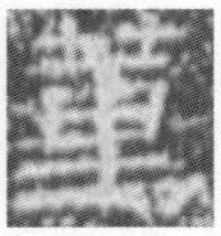
東漢 景君碑陰

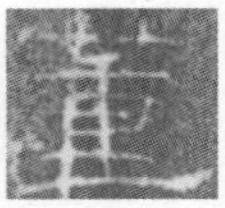
東漢 禮器碑側

晉 郛休碑陰

隋 任軌墓誌

隋 申穆及妻墓誌

隋 口和墓誌

唐 崔暟墓誌陽

唐 戴令言墓誌

唐 董虔運墓誌

唐 楊孝恭碑

唐 張叡墓誌

【楷書】

三國吳 走•二年

三國吳 走•四年

北魏 董偉墓誌

北魏 于纂墓誌

北魏 元朗墓誌

北魏 元天穆墓誌

北齊 石龕門銘

隋 董暉賽造像

隋 衛美墓誌

唐 尉遲敬德墓誌

唐 楊承福墓誌

萬

【楷書】

唐 石經五經

葩

【隸書】

唐 王泠然墓誌

【楷書】

北魏 崔承宗造像

北魏 馮迎男墓誌

北魏 薛法紹造像

唐 蓋暢墓誌

唐 石經五經

唐 王惠墓誌

唐 張某墓誌

葆

【隸書】

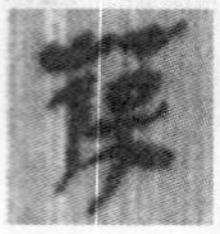
秦 睡21

西漢 馬·老甲

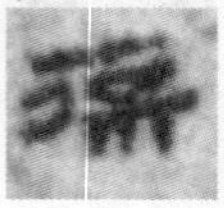
西漢 馬·老乙

西漢 馬·老子甲後

西漢 馬·十問

西漢 馬·天下

西漢 馬·縱橫

西漢 馬·縱橫

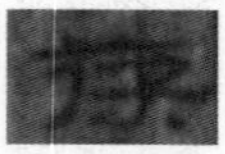
兩漢 傳馬名籍

【楷書】

北魏 元徽墓誌

北魏 元馗墓誌

隋 張壽墓誌

唐 李鳳妃墓誌

唐 李壽墓誌

蓧

【楷書】

唐 張士貴墓誌

蒂

【楷書】

北魏 元瞻墓誌

葥

【楷書】

唐 石經五經

蓳

【隸書】

東漢 鮮于璜碑陽

唐 義福禪師碑

【楷書】

晉 黃庭內景經

唐 多寶塔碑

唐 多寶塔碑

萹

【楷書】

唐 石經五經

葭

【隸書】

兩漢 西•馬簡

隋 蕭瑾墓誌

唐 龐履温碑

【楷書】

北齊 報德像碑

隋 楊厲墓誌

唐 苻肅墓誌

唐 李侯墓誌

唐 亡宮墓誌

葦

【隸書】

西漢 居新•4847

西漢 居新•5548

西漢 居新•5803

【楷書】

北魏 李榘蘭墓誌

北魏 檀賓墓誌

北周 華嶽頌

東魏 王偃墓誌

隋 諸葛子恆碑

唐 越國太妃墓誌

唐 張弘秀墓誌

蓎

【楷書】

唐 石經五經

萱

【楷書】

北魏 王普賢墓誌

唐 常協墓誌

唐 李翼墓誌

唐 梁元翰墓誌

唐 石經五經

唐 石經五經

唐 支子珪墓誌

【楷書】

三國吳 走•四年

北魏 馮迎男墓誌

北魏 元崇業墓誌

隋 橋紹墓誌

隋 元智墓誌

隋 元鍾墓誌

唐 竇真墓誌

唐 皇甫瑤墓誌

唐 石經尚書

唐 王協墓誌

落

【隸書】

西漢 張•1189

西漢 張•759

西漢 居新•5014

兩漢 西•懸簡

北齊 感孝頌

隋 牛諒墓誌

隋 蘇恒墓誌

唐 李神符碑

唐 玄元靈應頌

唐 趙冬曦壙誌

葖

【楷書】

唐 石經五經

著

【楷書】

隋 卜鑒墓誌

唐 劉彥之墓誌

唐 冉氏墓誌

唐 石經五經

唐 楊尃墓誌

唐 趙克廉墓誌

後唐 王璠墓誌

蓁

【楷書】

唐 石經五經

唐 越國太妃墓誌

唐 多寶塔碑

唐 沈浩禕墓誌

蓮

【隸書】

東漢 倉頡廟碑側

隋 叱李綱子墓誌

隋 張姜墓誌

唐 辛雲京妻墓誌

唐 義福碑陰

【楷書】

北魏 元純阤墓誌

東魏 淨智塔銘

隋 蕭氏墓誌

唐 陳守素妻墓誌

蒜

【楷書】

唐 石經五經

菓

【隸書】

唐 戴令言墓誌

【楷書】

唐 張庸墓誌

蔇

【楷書】

唐 石經五經

唐 石經五經

唐 史興墓詠

唐 姚軫墓誌

葵

【隸書】

西漢 馬・天下

西漢 馬・養生

東漢 肥致碑

北齊 司馬遵業墓誌

【楷書】

三國吳 走・五年

北魏 秦洪墓誌

北魏 元維墓誌

隋 馬憐造像記

隋 元鐘墓誌

唐 李勣墓誌

遂

【楷書】

唐 石經五經

蓐

【隸書】

西漢 馬•縱横

西漢 馬•縱横

唐 盧君妻墓誌

【楷書】

北魏 乞伏寶墓誌

唐 李瑱墓誌

唐 石經五經

唐 王太真墓誌

蔌

【楷書】

唐 石經五經

蓋

【篆書】

唐 峿臺銘

【隸書】

秦 睡 106

秦 睡 164

秦 睡 196

秦 關周•病方

西漢 馬•老甲

西漢 張•989

西漢 居新•3118

西漢 武•日忌

西漢 武•特牲甲

漢晉 流簡紙

東漢 蒼山元嘉題記

東漢 曹全碑陽

東漢 景君碑陽

東漢 朐忍令碑

東漢 武榮碑

東漢 鮮于璜碑陽

東漢 陽嘉殘碑陽

三國魏 孔羡碑

三國魏 張君殘碑

晉 辟雍頌陽

北齊 法懃塔銘

北齊 感孝頌

北齊 西門豹碑陽

隋 豆盧實墓誌

隋 爾朱端墓誌

隋 高虬墓誌

隋 梁坦墓誌

隋 劉多墓誌

隋 牛諒墓誌

隋 任顯及妻誌

隋 宋仲墓誌

隋 蘇恒墓誌

隋 王榮及妻墓誌

隋 口靜墓誌

唐 褚亮碑

唐 褚亮碑

唐 戒壇碑

唐 李神符碑

唐 龐履温碑

唐 任城橋亭記

唐 石臺孝經

唐 石臺孝經

唐 修定寺記碑

唐 徐盼墓誌

唐 玄元靈應頌

唐 玄元靈應頌

唐 貞一廟碑

【楷書】

北魏 馮會甚墓誌

北魏 元仙墓誌

蓋 (continued)

東魏 馮令華墓誌

北齊 高涫墓誌

東魏 王偃墓誌

東魏 元悰墓誌

隋 陳叔榮墓誌

隋 張波墓誌

隋 張喬墓誌

唐 李琮墓誌

唐 李壽墓誌

唐 石經九經

唐 石經禮記

唐 石經五經

唐 石經周易

唐 王協墓誌

唐 浯溪詩刻

唐 重藏舍利記

蒲

【隸書】

東魏 元悰墓誌

【楷書】

唐 掌徹墓誌

蒔

【楷書】

唐 同光塔銘

華

【楷書】

唐 馬儆墓誌

蔮

【楷書】

唐 石經五經

蒼

【篆書】

唐 峿臺銘

【隸書】

西漢 馬•十問

西漢 張•636

西漢 居新•2430

東漢 華山廟碑陽

北齊 感孝頌

隋 豆盧實墓誌

隋 馬穉墓誌

唐 史思禮墓誌

【楷書】

南朝陳 衛和墓誌

北魏 馮邕妻墓誌

北魏 元誕墓誌

北魏 元詳墓誌

隋 寇奉叔墓誌

隋 口靜墓誌

隋 楊厲墓誌

唐 萇氏誌

唐 契苾夫人墓誌

唐 石經尚書

唐 楊思立墓誌

蒭

【隸書】

唐 闕道愛墓誌

唐 李彦墓誌

唐 司馬寔墓誌

【楷書】

北魏 馮邕妻墓誌

北魏 元維墓誌

北魏 元毓墓誌

唐 敬能經幢

唐 孫讜墓誌

唐 薛參墓誌

唐 張士貴墓誌

蒩[illegible]

【楷書】

唐 石經五經

菱

【楷書】

唐 石經五經

蓀

【楷書】

唐 思恆墓誌

蒨

【隸書】

東漢 薌他君題記

隋 叱李綱子墓誌

【楷書】

北魏 元寶月墓誌

唐 苗善物墓誌

[illegible]

【楷書】

唐 無上道誌

唐 翟六娘墓誌

蓊

【楷書】

北魏 元瞻墓誌

隋 衛美墓誌

[illegible]

【楷書】

隋 沈氏墓誌

唐 石經五經

唐 張貞慎墓誌

唐 趙宗墓誌

蓂

【楷書】

唐 石經五經

蓧

【隸書】

唐 任城橋亭記

【楷書】

唐 房懷亮墓誌

唐 高木盧墓誌

唐 李立言墓誌

唐 石經五經

唐 石經五經

蓬

【隸書】

西漢 居新•8931

兩漢 西•馬簡

漢晉 流簡紙

唐 白鹿泉碑陰

唐 崔暟墓誌陽

唐 孔子廟碑

唐 王泠然墓誌

唐 張顏墓誌

【楷書】

南朝梁 羅浮山銘

北魏 吐谷渾氏墓誌

東魏 廉富造像陽

唐 柳偘妻墓誌

唐 柳昱墓誌

唐 王大劍墓誌

唐 顏勤禮碑

唐 鄭懷墓誌

唐 支郎子墓誌

蒙

【隸書】

西漢 馬•縱橫

西漢 馬•縱橫

西漢 馬•縱橫

西漢 居新•5028

兩漢 西•馬簡

漢晉 流簡紙

漢晉 流簡紙

東漢 曹全碑陽

東漢 肥致碑

東漢 封龍山頌

東漢 景君碑陽

東漢 景君碑陽

東漢 史晨後碑

東漢 史晨前碑

東漢 通閣道記

東漢 陽嘉殘碑陰

晉 辟雍頌陽

北齊 司馬遵業墓誌

隋 豆盧實墓誌

隋 豆盧實墓誌

隋 關明墓誌

隋 口墮及妻墓誌

隋 宋景造像碑

隋 張盛墓誌

唐 八都壇碑

唐 褚亮碑

唐 司馬寔墓誌

唐 王崇禮墓誌

唐 趙冬曦壙誌

【楷書】

魏晉 樓紙

蔀

【隸書】

晉 郛休碑陽

唐 興寺碑

【楷書】

東魏 王僧墓誌

唐 敏之墓誌

唐 石經五經

唐 石經周易

蔟

【楷書】

唐 石經五經

唐 石經周易

隋 王世琛墓誌

唐 盧萬春墓誌

蓄

【篆書】

唐 峿臺銘

【隸書】

西漢 馬•十問

東漢 景君碑陽

東漢 西狹頌

北齊 司馬遵業墓誌

唐 戴令言墓誌

唐 龐履温碑

唐 興寺碑

【楷書】

北齊 司馬遵業墓誌

萑

【楷書】

唐 石經五經

蒹

【楷書】

隋 楊厲墓誌

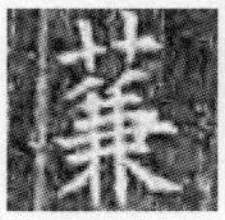

唐 石經五經

唐 石經五經

唐 石經五經

唐 石經周易

唐 同光塔銘

唐 王待徵墓誌

北魏 劉阿素墓誌

北魏 劉華仁墓誌

北魏 尉遲氏造像

北周 董道生造像

隋 王世琛墓誌

隋 元鐘墓誌

隋 張伏敬墓誌

唐 帝祠宇榜書

唐 劉祿墓誌

唐 石經尚書

蒲

【隸書】

秦 睡29

西漢 馬•天下

西漢 張•469

西漢 居新•245

西漢 居新•3467

西漢 居新•5744

漢晉 流簡紙

漢晉 流簡紙

隋 澧水石橋碑

隋 劉多墓誌

隋 蕭瑾墓誌

唐 陳憲墓誌

唐 司馬寔墓誌

【楷書】

北魏 盧令媛墓誌

隋 何氏墓誌

隋 馬穉墓誌

隋 王弘墓誌

隋 薛保興墓誌

唐 安靜墓誌

唐 龍泉記

唐 石經尚書

唐 石經五經

唐 楊承福墓誌

蒿

【隸書】

秦 西•日書乙

西漢 馬•老子甲後

西漢 馬•天下

東漢 成奴題字

東漢 夏承碑

隋 任顯及妻誌

隋 蘇恒墓誌

唐 崔暟墓誌陰

【楷書】

北魏 元彝墓誌

東魏 王僧墓誌

隋 張虔墓誌

唐 梁公妻墓誌

蓎

【隸書】

東漢 造土牛碑

菟

【楷書】

唐 石經五經

蓉

【隸書】

唐 徐盼墓誌

【楷書】

唐 南川縣主墓誌

唐 張氏墓誌

蓑

【楷書】

唐 梁令珣墓誌

蓂

【楷書】

隋 劉尚食墓誌

唐 石經五經

蔭

【隸書】

東漢 石門頌

北齊 法懃塔銘

隋 侯肇墓誌

隋 蘇恒墓誌

隋 王榮及妻墓誌

唐 盧行毅墓誌

唐 王媛墓誌陰

唐 張翼墓誌

【楷書】

北魏 寇臻墓誌

北魏 楊乾墓誌

北周 寇胤哲墓誌

北齊 暈禪師造像陽

隋 馬穉墓誌

唐 崔師墓誌

唐 故尼明遠銘

唐 劉元超墓誌

唐 姚軫墓誌

唐 張翃墓誌

蓽

【楷書】

唐 石經五經

蓀

【楷書】

北魏 元靈曜墓誌

唐 杜令姿墓誌

唐 向晉妻宋墓誌

唐 掌闥麻氏墓誌

蒸

【隸書】

唐 王媛墓誌陰

唐 義福碑陰

唐 張休光墓誌

【楷書】

北魏 李榘蘭墓誌

北魏 元融墓誌

北魏 元秀墓誌

北魏 元延明墓誌

隋 孔神通墓誌

隋 潘善利墓誌

隋 張伏敬墓誌

唐 李鉌夫人墓誌

唐 柳偘妻墓誌

唐 清河張氏墓誌

唐 石經五經

唐 張慶之墓誌

唐 鄭中基墓誌

蔖

【楷書】

唐 石經五經

蔌

【楷書】

唐 石經五經

蔕 𦾓

【隸書】

隋 郭王墓誌

唐 八都壇碑

【楷書】

唐 李修已墓誌

唐 宋義及妻墓誌

後晉 權君妻崔墓誌

蓷

【楷書】

唐 石經五經

隋 楊厲墓誌

唐 九成宮銘

唐 石經尚書

唐 石經五經

唐 楊君墓誌

唐 張某墓誌

蔽

【隸書】

西漢 馬•老子甲後

西漢 馬•天下

東漢 張遷碑陽

北齊 西門豹碑陽

唐 任城橋亭記

唐 貞一廟碑

唐 植松柏碑

北魏 王誦墓誌

東魏 王令媛墓誌

【楷書】

隋 盧旋芷墓誌

蔧

【楷書】

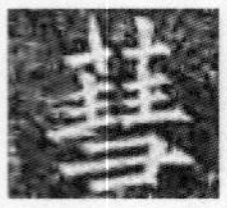
唐 石經五經

蔭

【楷書】

唐 石經五經

蔥

【隸書】

西漢 馬•老乙前

西漢 馬•十問

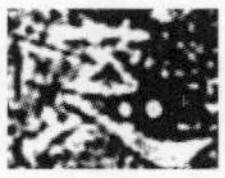

唐 白鹿泉碑陽

【楷書】

晉 黃庭內景經

北齊 牛景悅記

東魏 邑主造像訟

唐 安靜墓誌

唐 石經五經

唐 宋應墓誌

唐 楊執一墓誌

蔑

【隸書】

東漢 張遷碑陽

唐 嵩陽觀碑

【楷書】

北魏 元平墓誌

唐 房基墓誌

唐 開承簡墓誌

唐 石經五經

唐 石經周易

唐 田嵩墓誌

唐 朱庭玘墓誌

蔓

【隸書】

唐 京兆金氏墓誌

唐 勿部將軍碑

【楷書】

北魏 爾朱襲墓誌

唐 陳崇本墓誌

唐 李紹墓誌

唐 苗善物墓誌

唐 石經五經

唐 王永訔妻墓誌

蔣

【隸書】

晉 辟雍頌陰

唐 屈突通妻墓誌

【楷書】

三國吳 走•四年

三國吳 走•五年

北魏 李媛墓誌

北魏 元謐墓誌

北魏 元壽安墓誌

唐 崔璆墓誌

唐 李偘偘墓誌

唐 孫君妻李墓誌

蔞

【楷書】

北魏 元廞墓誌

唐 石經五經

薖 / 蔨 / 菡

【楷書】 【楷書】 【楷書】

唐 石經五經 / 唐 石經五經 / 唐 石經五經

蓯

【楷書】

唐 石經五經

蓰

【楷書】

北齊 宇文誠墓誌

蔡

【篆書】

三國魏 正始石經

【隸書】

秦 睡156

秦 睡3

西漢 馬•事語

西漢 馬•縱横

西漢 張•710

西漢 居新•7669

東漢 封龍山頌

東漢 淮源廟碑

東漢 景君碑陰

東漢 楊淮表記

晉 劉韜墓志

隋 段濟墓誌

唐 庫狄真相墓誌

唐 楊孝恭碑

【楷書】

三國吳 走•五年

三國吳 走•五年

北魏 劉根造像記

北魏 薛伯徽墓誌

北魏 元乂墓誌

隋 鄧昞墓誌

隋 董敬墓誌

隋 馬稺墓誌

隋 張貴男墓誌

唐 崔公妻墓誌

唐 李瓛墓誌

唐 李正卿墓誌

唐 石經尚書

唐 石經五經

唐 支子珪墓誌

蔦

【楷書】

三國吳 走•四年

唐 石經五經

唐 王羊仁墓誌

蕖

【楷書】

隋 沈氏墓誌

蔾

【楷書】

北魏 元欽墓誌

唐 石經五經

蔚

【篆書】

唐 三墳記陽

【隸書】

東魏 宗欣墓誌

隋 蕭瑾墓誌

唐 白鹿泉碑陽

唐 趙叡沖碑

【楷書】

北魏 胡明相墓誌

北齊 竇泰墓誌

東魏 呂覎墓誌

東魏 王僧墓誌

隋 王楚英墓誌

蓼

【篆書】

唐 碧落碑

【隸書】

隋 宋仲墓誌

【楷書】

北魏 王僧男墓誌

北魏 元茂墓誌

北齊 竇泰墓誌

唐 阿史那貞忠墓誌

唐 邊氏墓誌

唐 辛驥墓誌

唐 于士恭墓誌

蓩

【楷書】

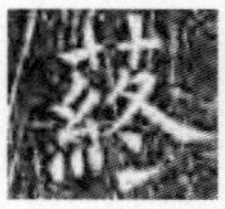
唐 石經五經

蔘

【楷書】

北魏 元子直墓誌

蔟

【楷書】

唐 石經五經

蔗

【楷書】

唐 程知節墓誌

蔁

【楷書】

唐 石經五經

蔏

【楷書】

唐 石經五經

蕡

【楷書】

唐 石經五經

後梁 崔崇素墓誌

蕤

【楷書】

北魏 元朗墓誌

北魏 元維墓誌

北魏 元秀墓誌

東魏 李艷華墓誌

唐 和幹墓誌

唐 李壽墓誌

唐 石經五經

唐 王仲堪墓誌

唐 楊孝𤣱墓誌

唐 楊宇墓誌

蕙

【隸書】

唐 辛雲京妻墓誌

唐 鄭忠墓碑

【楷書】

北魏 和醜仁墓誌

北魏 王基墓誌

北魏 王紹墓誌

北魏 元子正墓誌

唐 沈中黃墓誌

唐 蘇斌墓誌

唐 索崇墓誌

唐 姚君妻墓誌

蕀

【楷書】

北魏 弔比干文陽

北魏 薛法紹造像

北魏 元宥墓誌

蕆

【隸書】

唐 疊綵山題記

【楷書】

唐 石經五經

唐 張翔墓誌

蕈

【隸書】

西漢 武•服傳甲

隋 宋仲墓誌

唐 植松柏碑

【楷書】

北魏 元純陁墓誌

唐 蔡元雪妻墓誌

唐 石經五經

唐 臧曄墓誌

薌

【隸書】

西漢 馬•合陰陽

西漢 居新•5689

西漢 居新•72

東漢 繆宇墓誌

東漢 薌他君記額

東漢 薌他君題記

蔚

隋 楊居墓誌

唐 崔師墓誌

唐 石經五經

唐 石經周易

唐 嚴識玄墓誌

蕪

【隸書】

西漢 馬•天下

唐 白鹿泉碑陽

唐 崔沔墓誌陰

唐 庫狄真相墓誌

唐 李神符碑

唐 石臺孝經

【楷書】

北魏 耿氏墓誌

北魏 元端墓誌

北魏 鄭君妻墓誌

唐 杜行方墓誌

薡

【楷書】

唐 石經五經

薁

【隸書】

東漢 楊著碑陽

蕇

【楷書】

唐 石經五經

蕞

【隸書】

唐 北獄廟碑

【楷書】

北魏 乞伏寶墓誌

唐 石經五經

蕢

【隸書】

唐 孔子廟碑

【楷書】

唐 梁瑱墓誌

蕘

【楷書】

北魏 元維墓誌

唐 盧知宗墓誌

唐 張興墓誌

蕨

【隸書】

隋 張姜墓誌

【楷書】

唐 石經五經

唐 張曛墓誌

唐 來治安妻墓誌

唐 柳延宗墓誌

唐 張某墓誌

蕣

【隸書】

唐 王子麟墓誌

唐 張翼墓誌

【楷書】

唐 李三十三娘墓誌

唐 梁公妻墓誌

唐 呂常侍妻墓誌

唐 王約墓誌

蕛

【楷書】

唐 石經五經

蔿

【楷書】

唐 石經五經

蕉

【楷書】

北齊 宋敬業塔頌

唐 羅池廟碑

蕃

【隸書】

東漢 禮器碑側

東漢 禮器碑陰

東漢 孟孝琚碑

東漢 朐忍令碑

東漢 任城黃腸石

隋 暴永墓誌

隋 爾朱敞墓誌

隋 澧水石橋碑

隋 馬長和造像

隋 宋景造像碑

隋 謝岳墓誌

唐 李貞墓誌

【楷書】

北魏 馮會長墓誌

北魏 李璧墓誌陽

北魏 薛伯徽墓誌

北魏 元彬墓誌

隋 曹海凝墓誌

唐 崔長先墓誌

唐 董本墓誌

隋 橋紹墓誌

隋 薛保興墓誌

唐 崔玄藉墓誌

唐 石經尚書

唐 石經五經

唐 石經周易

唐 石經周易

唐 王遜墓誌

蔬

【楷書】

北魏 馮邕妻墓誌

北齊 劉碑造像銘

東魏 修孔子廟碑陽

北齊 張起墓誌

北齊 張起墓誌

唐 高德墓誌

唐 李宏墓誌

唐 李通墓誌

唐 石經五經

蕊

【隸書】

東漢 蒼山元嘉題記

隋 趙朗墓誌

隋 趙朗墓誌

【楷書】

北魏 元徽墓誌

唐 李洪鈞墓誌

唐 李遠墓誌

唐 王貞墓誌

唐 越國太妃墓誌

唐 張逸墓誌

唐 支訥墓誌

蕾

【楷書】

唐 石經五經

蕰

【隸書】

唐 張滑墓誌

【楷書】

北魏 元誘墓誌

東魏 王僧墓誌

唐 石經五經

蓳

【楷書】

唐 石經五經

【楷書】

北魏 元暐墓誌

東魏 邑主造像訟

隋 皇甫深墓誌

隋 梁瓌墓誌

隋 馬穉墓誌

唐 李鳳妃墓誌

唐 柳昱墓誌

唐 慕容思廉墓誌

唐 契苾夫人墓誌

唐 石經尚書

蕩

【篆書】

東漢 張遷碑額

【隸書】

西漢 張•476

西漢 武•泰射甲

東漢 石門頌

東漢 史晨後碑

三國魏 王基斷碑

晉 辟雍頌陽

晉 辟雍頌陽

隋 豆盧實墓誌

唐 安天王廟碑

蕕

【楷書】

北魏 元欽墓誌

唐 李鎬墓誌

唐 敏之墓誌

唐 張利賓墓誌

唐 王傑墓誌

唐 王元泰墓誌

唐 徐明墓誌

唐 張琛墓誌

唐 掌徹墓誌

隋 賈玄贊墓誌

隋 趙朗墓誌

唐 杜君妻墓誌

唐 段承宗墓誌

唐 李鎬墓誌

唐 盧君妻崔墓誌

唐 潘氏墓誌

唐 石經五經

唐 石經五經

唐 王建墓誌

薤

【隸書】

西漢 馬·天下

東漢 孔宙碑陰

隋 高虬墓誌

隋 姬威墓誌

唐 董虔運墓誌

唐 李彥墓誌

唐 蘇洪姿墓誌

唐 王崇禮墓誌

【楷書】

北魏 王翊墓誌

北魏 元延明墓誌

薚

【楷書】

唐 石經五經

薳

【隸書】

唐 趙冬曦壙誌

【楷書】

唐 張怙墓誌

薑

【隸書】

漢晉 流簡紙

唐 張濬墓誌

【楷書】

北齊 僧靜明造像

唐 奚弘敬墓誌

蔆

【楷書】

唐 石經五經

唐 劉致柔墓誌

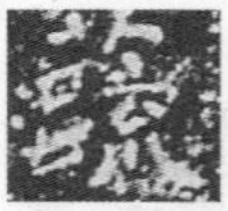
唐 高承金合祔誌

唐 李公度墓誌

藪

【楷書】

唐 石經五經

蕵

【楷書】

唐 石經五經

薗

【楷書】

北魏 耿氏墓誌

北魏 元仙墓誌

北魏 元湛墓誌

北魏 張寧墓誌

北齊 張起墓誌

唐 內莊宅使牒

唐 姚眴墓誌

薨

【篆書】

東漢 袁安碑

三國魏 正始石經

【隸書】

西漢 馬•合陰陽

西漢 馬•老子甲後

西漢 馬•事語

西漢 馬•事語

東漢 秦君神道刻字

東漢 尚博殘碑

東漢 陶洛殘碑陽

東漢 楊震碑

三國魏 王基斷碑

晉 郭槐柩記

晉 石尠墓誌

晉 徐義墓誌陽

隋 爾朱敞墓誌

隋 姬威墓誌

隋 劉多墓誌

隋 王榮及妻墓誌

隋 口和墓誌

隋 張儉及妻墓誌

唐 褚亮碑

唐 豆盧建墓誌

唐 高元珪墓誌

唐 王崇禮墓誌

唐 王子麟墓誌

【楷書】

北魏 和醜仁墓誌

北魏 吐谷渾氏墓誌

北魏 元簡殘石

北魏 元壽安墓誌

北齊 婁黑女墓誌

隋 暴永墓誌

隋 高緊墓誌

隋 郭世昌墓誌

隋 梁坦墓誌

隋 蘇威妻墓誌

隋 口靜墓誌

隋 蕭瑒墓誌

唐 白知禮墓誌

唐 崔千里墓誌

唐 崔載墓誌

唐 李元璥墓誌

唐 齊子墓誌

唐 師全介墓誌

唐 石經禮記

唐 陽昕墓誌

唐 鄭鑛墓誌

後唐 康贊羡墓誌

薝				薛	薇	[illegible]	薙
【楷書】 北魏 奚真墓誌	唐 惟貞廟碑陽 唐 薛華墓誌蓋 唐 薛文昭墓誌	唐 鄎國長公主碑 【楷書】 北魏 薛伯徽墓誌 北魏 元顯魏墓誌 北周 寇嶠妻蓋 唐 曹欽墓誌 唐 崔千里墓誌 唐 崔素墓誌 唐 石經五經 唐 石經五經 唐 王鴻祔藏	東漢 孔宙碑陰 東漢 禮器碑側 東漢 禮器碑陰 東漢 禮器碑陰 東漢 任城黄腸石 東漢 任城黄腸石 東漢 史晨後碑 隋 任軌墓誌 隋 任顯及妻誌 唐 刻石記	【篆書】 東漢 少室石闕銘 北魏 薛慧命誌蓋 唐 阿史那忠碑額 【隸書】 秦 睡 100 秦 睡 102 西漢 馬•縱横 兩漢 西•廩食 漢晉 流簡紙 漢晉 流簡紙 東漢 景君碑陰	【楷書】 南朝梁 羅浮山銘 北魏 笱景墓誌 隋 皇甫深墓誌	【楷書】 唐 蘇恖妻墓誌	【隸書】 唐 植松柏碑 【楷書】 唐 石經五經 唐 浯溪記

唐 李賓墓誌

唐 王養及妻墓誌

薪

【隸書】

秦 睡21

西漢 張•103

西漢 張•121

西漢 張•275

西漢 居新•1899

西漢 居新•3155

新莽 西•守御器

唐 李貞墓誌

【楷書】

東魏 元湛墓誌

隋 宋玉艷墓誌

薈

【楷書】

唐 曹慶妻祔誌

唐 石經五經

薍

【楷書】

唐 石經五經

薁

【楷書】

唐 石經五經

唐 張氏墓誌

薊

【隸書】

唐 鄭忠墓碑

【楷書】

晉 華芳墓誌陰

北魏 王誦墓誌

隋 吳嚴墓誌

隋 蕭瑒墓誌

唐 崔惟悌墓誌

唐 馬璘新廟碑

唐 石經五經

唐 王仲堪墓誌

唐 張積善墓誌

薙

【楷書】

唐 邊夫人墓誌

蘋

【楷書】

唐 長樂縣君墓誌

唐 臧懷亮墓誌

薕

【楷書】

唐 石經五經

薄

【隸書】

西漢 馬•合陰陽

西漢 張•1194

西漢 張•754

西漢 居新•2124

西漢 居新•2686

西漢 居新•7531

西漢 居新•7967

西漢 西•車輦

西漢 西•善劍

新莽 西•守御器

新莽 西•守御器

東漢 西•四時

漢晉 流簡紙

漢晉 流簡紙

漢晉 流簡紙

東漢 蒼山元嘉題記

東漢 蒼山元嘉題記

東漢 曹全碑陽

東漢 池陽令殘碑

東漢 淮源廟碑

東漢 淮源廟碑

東漢 禮器碑陰

東漢 孟孝琚碑

東漢 夏承碑

東漢 薌他君題記

東漢 行事渡君碑

東漢 圉令趙君碑

東漢 張壽殘碑

三國魏 張君殘碑

晉 辟雍頌陽

晉 石尠墓誌

北齊 感孝頌

北齊 司馬遵業墓誌

隋 豆盧實墓誌

隋 符盛及妻墓誌

隋 李元墓誌

隋 劉多墓誌

隋 申穆及妻墓誌

隋 宋仲墓誌

隋 謝岳墓誌

隋 修孔子廟碑

隋 修孔子廟碑

隋 張盛墓誌

唐 崔祐甫墓誌

唐 柳偘妻墓誌

唐 石臺孝經

唐 楊孝恭碑

【楷書】

北魏 陳天寶造像

北魏 穆彥墓誌

東魏 元悰墓誌

隋 姜敬親墓誌

隋 李肅墓誌

隋 明質墓誌

隋 寧贙墓碑

隋 吳嚴墓誌

唐 崔文修墓誌

唐 姬溫墓誌

唐 李遠墓誌

唐 石經尚書

唐 石經五經

唐 思恆墓誌

唐 魏孝本墓誌

唐 楊承福墓誌

唐 張肅墓誌

薨

【楷書】

唐 石經九經

唐 袁君墓誌

後唐 王璠墓誌

薏

【楷書】

唐 張審文墓誌

薦

【篆書】

東漢 祀三公山碑

【隸書】

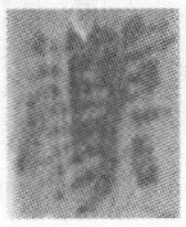
秦 睡65

西漢 武•少牢甲

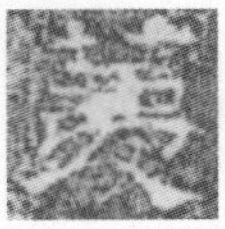
東漢 史晨後碑

唐 李神符碑

唐 司馬寔墓誌

唐 王震墓誌

【楷書】

北魏 元壽安墓誌

北齊 爾朱元靜墓誌

唐 崔慎思墓誌

唐 獨孤驥墓誌

唐 柳昱墓誌

唐 敏之墓誌

唐 石經五經

唐 石經儀禮

唐 石經周易

唐 王大劍墓誌

唐 王京墓誌

唐 無上道誌

唐 越國太妃墓誌

唐 張翊墓誌

唐 左太君墓誌

[illegible]

【楷書】

唐 石經五經

薜

【隸書】

北周 華嶽頌

【楷書】

唐 韓仁惠墓誌

唐 石經五經

唐 姚弟墓誌

薹	薾		藍			蕭	薩
【隸書】	【楷書】		【隸書】			【隸書】	【隸書】
唐 楊孝恭碑	唐 石經五經	唐 侯方墓誌	西漢 馬•老甲	隋 義造橋殘碑	北魏 元維墓誌	西漢 馬•老乙前	隋 劉多墓誌
		唐 石經五經	東漢 楊子輿題記	唐 高懲墓誌	北魏 元愔墓誌	西漢 居新•1979	隋 馬長和造像
		唐 張滂墓誌	隋 馬穉墓誌	唐 皇甫誕碑	東魏 高盛墓碑	東漢 孔宙碑陰	隋 馬長和造像
			唐 王晉俗墓誌	唐 李僅墓誌	東魏 盧貴蘭墓誌	隋 蕭瑾墓誌	唐 關道愛墓誌
			唐 張翼墓誌	唐 李翼墓誌	北齊 元賢墓誌	隋 蕭瑾墓誌	唐 修定寺記碑
			【楷書】				【楷書】
			北魏 元襲墓誌	唐 盧沇妻墓誌	隋 董美人墓誌	唐 王子麟墓誌	北齊 淳于元皓墓誌
			北齊 高淯墓誌	唐 茹氏墓誌	隋 樊氏墓誌	唐 勿部將軍碑	唐 王婆造像
			隋 元鐘墓誌	唐 石經五經	隋 明雲騰墓誌	唐 趙叡沖碑	唐 元婉墓誌
			隋 鄭善妃墓誌	唐 蘇斌墓誌	隋 蕭氏墓誌	【楷書】	後唐 張思錄經幢
				唐 于士恭墓誌	隋 楊厲墓誌	北魏 爾朱襲墓誌	
						北魏 吐谷渾氏墓誌	

藒

【楷書】

唐 石經五經

蓺

【楷書】

後梁 韓仲舉妻墓誌

藅

【楷書】

唐 石經五經

藏

【篆書】

東漢 馮孺人題記

【隸書】

西漢 馬•老子甲後

西漢 居新•3428

西漢 居新•7676

東漢 西•死駒

兩漢 西•懸簡

漢晉 流簡紙

漢晉 流簡紙

東漢 孫琮題記

東漢 許安國題記

晉 呂望表

隋 爾朱端墓誌

隋 李元墓誌

隋 宋景造像碑

唐 安天王廟碑

唐 北嶽廟碑

唐 崔沔墓誌陽

唐 董虔運墓誌

唐 李神符碑

唐 柳偘妻墓誌

唐 盧君妻墓誌

唐 石臺孝經

唐 行儼碑

唐 楊孝恭碑

【楷書】

魏晉 樓•紙

北魏 馮會苌墓誌

北齊 竇泰墓誌

隋 寶輪禪院記

唐 高偁墓誌

隋 龍藏寺碑額

隋 橋紹墓誌

唐 張萬善墓誌

隋 鄭善妃墓誌

隋 常泰妻墓誌

唐 法澄塔銘

唐 姬温墓誌

唐 康留買墓誌

唐 劉睴墓誌

唐 盧公則墓誌

唐 石經禮記

唐 石經尚書

唐 石經尚書

唐 石經五經

唐 石經周易

唐 薛參墓誌

唐 楊執一墓誌

唐 張思鼎墓誌

唐 重藏舍利記

後唐 王璠墓誌

藉

【隸書】

西漢 居新•8211

兩漢 西•馬簡

漢晉 流簡紙

東漢 尚博殘碑

東漢 趙寬碑

三國魏 受禪碑

隋 高虬墓誌

隋 侯肇墓誌

隋 劉多墓誌

隋 任軌墓誌

藆

【楷書】

唐 石經五經

藃

【楷書】

唐 石經五經

薰

【隸書】

東漢 夏承碑

隋 澧水石橋碑

隋 張儉及妻墓誌

唐 北嶽廟碑

唐 豆盧建墓誌

唐 興寺碑

【楷書】

北魏 穆亮妻墓誌

北齊 無量義經

唐 陳守素妻墓誌

唐 石經周易

蕤

【楷書】

唐 石經爾雅

北魏 穆紹墓誌

唐 禮佛圖陰

唐 劉如璋墓誌

唐 石二娘墓誌

唐 石經五經

唐 惟岳神道碑

唐 張端墓誌

藐

【篆書】

唐 碧落碑

唐 三墳記陽

【隸書】

東漢 武榮碑

東漢 楊統碑陽

北齊 司馬遵業墓誌

隋 口和墓誌

唐 嵩陽觀碑

唐 趙冬曦壙誌

【楷書】

晉 華芳墓誌陰

北魏 常季繁墓誌

薿

【楷書】

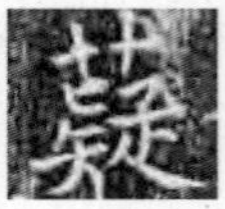

唐 石經五經

臒

【楷書】

唐 李公政墓誌

唐 龍泉記

唐 慕容君妻墓誌

唐 石經五經

萃

【隸書】

北周 華嶽頌

藎

【楷書】

唐 趙佺墓誌

藋

【楷書】

東魏 李憲墓誌

唐 石經五經

藁

【隸書】

唐 戴令言墓誌

【楷書】

北齊 劉雙仁墓誌

唐 李崗墓誌

唐 張運才墓誌

隋 口悦昂墓誌

隋 盧文構墓誌

隋 橋紹墓誌

隋 王楚英墓誌

隋 蕭魁墓誌

隋 蕭魁墓誌

隋 楊厲墓誌

唐 崔延墓誌

唐 石經周易

唐 史懷訓墓誌

隋 口靜墓誌

隋 修孔子廟碑

隋 鄭令妃墓誌

唐 崔沔墓誌陰

唐 戴令言墓誌

唐 京兆金氏墓誌

唐 潘基墓誌

【楷書】

北魏 山暉墓誌

北魏 元暐墓誌

東魏 王令媛墓誌

藝

【篆書】

唐 三墳記陽

【隸書】

東漢 舉孝廉殘碑

東漢 夏承碑

東漢 行事渡君碑

東漢 乙瑛碑

東漢 張遷碑陽

晉 辟雍頌陽

北齊 司馬遵業墓誌

隋 爾朱敞墓誌

隋 澧水石橋碑

隋 侯肇墓誌

隋 王榮及妻墓誌

隋 修孔子廟碑

隋 楊真墓誌

隋 趙朗墓誌

唐 龐履温碑

唐 沈知敏墓誌

唐 張濬墓誌

【楷書】

北魏 吐谷渾璣墓誌

北魏 元悌墓誌

隋 范安貴墓誌

隋 馬穉墓誌

隋 蕭翹墓誌

隋 張喬墓誌

唐 崔千里墓誌

唐 荊從臯墓誌

唐 秦愛及妻墓誌

唐 屈澄墓誌

唐 沈浩禕墓誌

唐 石經尚書

唐 石經五經

唐 王君妻薛墓誌

唐 王順孫墓誌

唐 閻志雄墓誌

唐 楊會墓誌

唐 楊仁方墓誌

唐 越國太妃墓誌

唐 張武墓誌

藕

【楷書】

隋 蕭氏墓誌

唐 大周智惠墓誌

唐 邵才志墓誌

藘

【楷書】

唐 石經五經

藺

【楷書】

東魏 李艷華墓誌

隋 孔神通墓誌

唐 石經五經

唐 孫讜墓誌

唐 魏孝本墓誌

唐 楊貴墓誌

藪

【隸書】

唐 張休光墓誌

【楷書】

晉 辟雍頌陽

北魏 賈瑾墓誌

北魏 元延明墓誌

北齊 房周陁墓誌

北齊 司馬遵業墓誌

東魏 元悰墓誌

唐 曹乂墓誌

唐 蓋暢墓誌

唐 裴瑾墓誌

蘶

【楷書】

唐 石經五經

藤

【隸書】

唐 任城橋亭記

【楷書】

南朝陳 劉猛進碑

唐 李侯墓誌

唐 李瑱墓誌

唐 路徹墓誌

唐 邢彥褒墓誌

唐 薛参墓誌

唐 薛華墓誌

唐 石經周易

後梁 蕭符墓誌

唐 嵩陽觀碑

唐 玄元靈應頌

唐 貞一廟碑

唐 朱崇慶墓誌

【楷書】

北魏 慈慶墓誌

北魏 元子直墓誌

唐 賈從贇墓誌

唐 李顧墓誌

唐 陸英墓誌

唐 石經公羊傳

藥

【隸書】

西漢 馬•十問

西漢 馬•天下

西漢 馬•天下

西漢 居新•3665

漢晉 流簡紙

東漢 曹全碑陽

隋 蘇恒墓誌

唐 程俊墓誌

唐 崔祐甫墓誌

唐 豆盧建墓誌

藜

【楷書】

北魏 鄭君妻墓誌

唐 崔芑合祔誌

唐 李符妻摯墓誌

唐 呂德妻墓誌

唐 石經周易

藟

【隸書】

東漢 熹平石經易

【楷書】

北魏 元純陁墓誌

唐 梁公妻墓誌

唐 石經毛詩

唐 石經五經

唐 石經周易

唐 喬崇敬墓誌

唐 石經五經

唐 宋璋墓誌

唐 張才墓誌

唐 張仁墓誌

藩

【篆書】

唐 碧落碑

【隸書】

隋 張姜墓誌

唐 李神符碑

唐 司馬寔墓誌

【楷書】

北魏 司馬顯姿墓誌

唐 白知新墓誌

唐 董葵墓誌

唐 董葵墓誌

唐 苻黁墓誌

唐 李鳳妃墓誌

唐 呂德妻墓誌

唐 祁日進墓誌

唐 石經五經

唐 石經周易

唐 王達墓誌

唐 越國太妃墓誌

藨

【楷書】

唐 石經五經

唐 梁令瑀墓誌

蘊

【隸書】

北周 華嶽頌

隋 口和墓誌

唐 劉慎墓誌

唐 楊孝恭碑

【楷書】

北魏 王翊墓誌

北魏 元顯魏墓誌

北齊 高清墓誌

東魏 叔孫固墓誌

隋 蘇慈墓誌

隋 翟突娑墓誌

隋 張伏敬墓誌

唐 崔贜妻合誌

唐 甘基墓誌

唐 李曧墓誌

唐 喬崇敬墓誌

唐 陽濟妻墓誌

唐 楊玄略墓誌

唐 姚存古墓誌

唐 張伽墓誌

唐 張詵妻墓誌

唐 張須墓誌

藿

【隸書】

隋 蕭瑾墓誌

唐 崔暟墓誌陽

唐 張顏墓誌

【楷書】

唐 韓承墓誌

唐 李符妻摯墓誌

唐 石經五經

唐 韋敏妻墓誌

蘀

【楷書】

北魏 元馗墓誌

唐 石經五經

蘛

【楷書】

唐 石經五經

蘉

【楷書】

唐 石經五經

蘆

【楷書】

北魏 元朗墓誌

北齊 宋敬業塔頌

東魏 邑主造石像

唐 劉慎墓誌

唐 石經五經

唐 孫公乂墓誌

蘧

【楷書】

北魏 元斌墓誌

唐 呂思禮墓誌

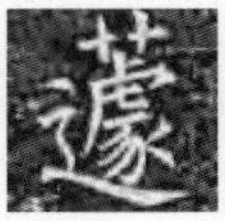

唐 石經五經

唐 張相墓誌

唐 趙進墓誌

蘋

【隸書】

隋 張姜墓誌

唐 八都壇碑

唐 孔子廟碑

唐 盧君妻墓誌

唐 辛雲京妻墓誌

唐 趙冬曦壙誌

唐 朱君妻王墓誌

【楷書】

北魏 盧令媛墓誌

唐 邊氏墓誌

唐 崔惟悌墓誌

唐 契苾夫人墓誌

唐 石經毛詩

唐 蘇斌墓誌

唐 張叡墓誌

後唐 毛璋墓誌

蘄

【隸書】

唐 劉粲墓誌

【楷書】

隋 李則誌蓋

唐 韓仁惠墓誌

唐 石經五經

蘅

【楷書】

北魏 元寶月墓誌

唐 呂德妻墓誌

蘇

【隸書】

西漢 馬•縱橫

西漢 居新•5094

西漢 居新•6584

西漢 居新•839

漢晉 流簡紙

東漢 孔宙碑陰

東漢 禮器碑陰

東漢 洛陽黃腸石二

東漢 熹平石經易

隋 郭達墓誌

隋 任顯及妻誌

隋 蘇恒墓誌

隋 口和墓誌

唐 白鹿泉碑陽

唐 白鹿泉碑陰

唐 高元珪墓誌

唐 盧行毅墓誌

唐 蘇洪姿墓誌

【楷書】

三國吳 走•五年

魏晉 樓•紙

南朝梁 陳寶齊造像

北魏 赫連悅墓誌

北魏 鄯乾墓誌

北魏 王誦墓誌

北魏 元乂墓誌

北齊 優婆姨造像陰

隋 明雲騰墓誌

隋 明質墓誌

隋 蘇威妻墓誌

唐 張公佐墓誌

隋 范高墓誌

唐 李承乾墓誌

唐 盧宏及妻墓誌

唐 石經尚書

唐 石經五經

唐 石經周易

唐 史思禮墓誌

唐 蘇斌墓誌

唐 文鑒經幢

唐 元瑛墓誌

唐 張叔遵墓誌

後周 蕭處仁墓誌

薅

【楷書】

唐 石經五經

孌

【楷書】

北魏 元液墓誌

唐 鄭琯合祔誌

後唐 張思鎵經幢

勳

【楷書】

北魏 元順墓誌

藹

【隸書】

北齊 司馬遵業墓誌

隋 牛諒墓誌

唐 孔子廟碑

唐 李神符碑

【楷書】

北魏 長孫子澤墓誌

北魏 馮邕妻墓誌

北魏 高珪墓誌

北魏 觀海童詩

北魏 郭顯墓誌

北魏 蘇屯墓誌

北魏 昝雙仁墓誌

北魏 王禎墓誌

北魏 元恭墓誌

北魏 元煥墓誌

北魏 元靈曜墓誌

北魏 元尚之墓誌

北魏 元壽安墓誌

北魏 元譚墓誌

北魏 元頊墓誌

北魏 元彥墓誌

北魏 元誘墓誌

北魏 元子直墓誌

唐 李鳳妃墓誌

唐 屈突通墓誌

唐 張某墓誌

藻

【篆書】

唐 多寶佛塔銘

【隸書】

北齊 感孝頌

隋 豆盧實墓誌

隋 爾朱敞墓誌

隋 高虬墓誌

隋 郭王墓誌

隋 口和墓誌

隋 張姜墓誌

隋 趙朗墓誌

唐 白鹿泉碑陰

唐 盧君妻墓誌

唐 趙冬曦壙誌

唐 趙冬曦壙誌

唐 趙冬曦壙誌

【楷書】

北魏 王翊墓誌

北魏 元崇業墓誌

北魏 元悌墓誌

北魏 元維墓誌

北魏 元湛墓誌

北齊 崔頠墓誌

隋 暴永墓誌

唐 段賾妻墓誌

唐 王卿及妻墓誌

隋 吳嚴墓誌

唐 崔載墓誌

唐 桓彥墓誌

唐 石經五經

唐 石經五經

唐 王素墓誌

唐 楊清墓誌

藺

【隸書】

秦 睡 136

隋 馬穉墓誌

【楷書】

東魏 廉富造像側

唐 藺夫人龕銘

藞

【楷書】

唐 石經五經

蘪	蘫	蘛	蘥	蘖	蘞	蘩	蘮

蘪

【楷書】

唐 石經五經

蘫

【楷書】

北魏 元珽墓誌

蘛

【楷書】

唐 宋五娘墓誌

蘥

【楷書】

唐 石經五經

蘖

【楷書】

北齊 竇泰墓誌

唐 胡肅墓誌

唐 焦松墓誌

唐 李璆墓誌

唐 石經五經

唐 寺尼心印記

唐 魏公韋氏墓誌

蘞

【楷書】

唐 石經五經

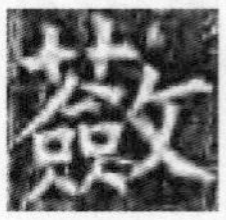

唐 石經五經

蘩

【隸書】

西漢 張•476

唐 庫狄真相墓誌

唐 張叡墓誌

【楷書】

北魏 昝雙仁墓誌

唐 李道因墓誌

唐 石經五經

唐 鄭淑墓誌

蘮

【楷書】

唐 石經五經

蘾

【楷書】

唐 石經五經

蘭 𧆑

【篆書】

三國吳 天發神讖碑

【隸書】

西漢 居新•2934

西漢 居新•3357

西漢 居新•3475

西漢 居新•8429

東漢 買田約束石

東漢 七言摩崖記

東漢 夏承碑

東漢 張遷碑陽

東漢 趙寬碑

晉 左棻墓誌陽

北齊 感孝頌

北齊 司馬遵業墓誌

隋 叱李綱子墓誌

隋 爾朱端墓誌

隋 劉寶及妻墓誌

隋 馬穉墓誌

隋 宋仲墓誌

隋 蘇恒墓誌

隋 蘇恒墓誌

隋 口和墓誌

隋 謝岳墓誌

隋 謝岳墓誌

隋 張姜墓誌

隋 趙朗墓誌

唐 牛氏像龕碑

【楷書】

魏晉 樓•紙

北魏 王誦妻元墓誌

北魏 薛伯徽墓誌

北魏 元斆墓誌

北魏 元茂墓誌

北魏 元暐墓誌

東魏 元悰墓誌

隋 賈通墓誌

隋 蕭氏墓誌

唐 賀蘭君妻墓誌

唐 申恭墓誌

唐 石經五經

唐 張騷墓誌

唐 趙孝順墓誌

蘵

【楷書】

唐 石經五經

蘺 蘺

【楷書】

唐 蘭達墓誌

唐 趙誠妻墓誌

蘻 蘻

【楷書】

唐 石經五經

虋𧆑	虆	虉	[illegible]	虃	蘼	蘱	蘿𧆓
【楷書】	【楷書】	【楷書】	【楷書】	【楷書】	【楷書】	【楷書】	【隸書】

唐 石經五經	唐 景公直墓誌	唐 石經五經	唐 石經五經	唐 石經五經	唐 韓承墓誌	唐 石經五經	隋 叱李綱子墓誌

							唐 北獄廟碑
							【楷書】

							北魏 耿氏墓誌

							唐 李表墓誌

							唐 匹婁浮德墓誌

							唐 薛華墓誌

							唐 張振墓誌

							唐 支子璋墓誌

羽部

羽 𦏲

【篆書】

唐 臧懷亮誌蓋

【隸書】

秦 睡 92

西漢 馬•老子甲後

西漢 張•898

西漢 張•972

西漢 西•善劍

漢晉 流簡紙

東漢 曹全碑陽

東漢 景君碑陰

東漢 景君碑陰

東漢 尹宙碑

隋 爾朱端墓誌

唐 劉粲墓誌

唐 玄元靈應頌

【楷書】

三國吳 走•五年

北魏 王翊墓誌

北齊 竇泰墓誌

隋 高緊墓誌

隋 馬少敏墓誌

隋 吳嚴墓誌

唐 董希令墓誌

唐 李庭訓墓誌

唐 李仙蕙志

唐 石經尚書

唐 石經周易

唐 張伯墓誌

羿

【楷書】

唐 崔君妻李墓誌

唐 石經尚書

唐 石經五經

唐 石經五經

翅

【隸書】

北齊 感孝頌

隋 爾朱敞墓誌

隋 默曹殘碑

唐 張顔墓誌

【楷書】

北魏 笱景墓誌

唐 石經五經

唐 楊執一墓誌

翃

【楷書】

唐 張翃墓誌

唐 張時譽墓誌

翁 𦐂

【隸書】

西漢 馬•縱橫

兩漢 西•馬簡

東漢 趙寬碑

唐 尹尊師碑

【楷書】

北魏 元昭墓誌

唐 李虛中墓誌

唐 魏靖墓誌

翌

【楷書】

唐 石經五經

翎

【楷書】

唐 李眈墓誌

翊

【篆書】

唐 三墳記陰

【隸書】

東漢 白石神君碑

東漢 樂安利殘碑

東漢 禮器碑陰

東漢 趙寬碑

東漢 子游殘碑

隋 澧水石橋碑

唐 史思禮墓誌

唐 楊孝恭碑

唐 楊孝恭碑

【楷書】

北魏 元暐墓誌

隋 張壽墓誌

唐 馮明墓誌

翑

【楷書】

唐 石經五經

習

【隸書】

秦 睡93

西漢 居新•1866

西漢 居新•6736

西漢 居新•6892

西漢 居新•7827

東漢 西•推辟

兩漢 西•廩食

東漢 熹平石經易

晉 郭休碑陽

隋 爾朱敞墓誌

隋 張儉及妻墓誌

隋 鄭令妃墓誌

唐 常存法師墓誌

唐 豆盧建墓誌

唐 史思禮墓誌

唐 王媛墓誌陰

唐 趙冬曦壙誌

【楷書】

北魏 高珪墓誌

北魏 楊範墓誌

隋 口靜墓誌

隋 鄭善妃墓誌

唐 石經尚書

唐 石經周易

翏

【隸書】

秦 睡135

秦 睡57

秦 睡57

西漢 馬•老乙前

西漢 居新•4338

翌

【隸書】

唐 任城橋亭記

唐 史思禮墓誌

【楷書】

唐 王容墓誌

翛

【隸書】

唐 楊孝恭碑

唐 尹尊師碑

翕

【隸書】

西漢 馬•十問

西漢 居新•7215

東漢 西狹頌

【楷書】

北魏 元熙墓誌

唐 李岐墓誌

唐 石經尚書

翔

【隸書】

東漢 簿書殘碑

東漢 肥致碑

晉 辟雍頌陽

隋 爾朱端墓誌

唐 大忍寺碑

唐 豆盧建墓誌

唐 屈突通墓誌

唐 趙冬曦壙誌

【楷書】

北魏 元洛神墓誌

隋 高緊墓誌

唐 高婉墓誌

唐 古衍墓誌

唐 尚明墓誌

唐 張士陵墓誌

翥

【隸書】

北齊 法懃塔銘

北齊 司馬遵業墓誌

唐 陳泰墓誌

【楷書】

北魏 爾朱襲墓誌

北魏 元朗墓誌

北魏 元悌墓誌

東魏 張滿墓誌

北齊 朱曇思造塔

隋 薛保興墓誌

唐 劉建墓誌

翡

【楷書】

唐 南川縣主墓誌

翟

【隸書】

西漢 馬•老乙前

西漢 馬•老子甲後

西漢 張•470

西漢 居新•2797

東漢 祀三公山碑

晉 左棻墓誌陰

唐 董虔運墓誌

唐 唐直墓誌

唐 趙冬曦壙誌

【楷書】

北齊 竇泰墓誌

北齊 竇泰墓誌

唐 樊廉墓誌

唐 石經尚書

翠

【篆書】

唐 碧落碑

【隸書】

晉 辟雍頌陽

北齊 感孝頌

隋 符盛及妻墓誌

隋 任顯及妻誌

唐 屈突通墓誌

唐 勿部將軍碑

唐 行儼碑

唐 徐盼墓誌

唐 尹尊師碑

【楷書】

晉 洛神十三行

北魏 慈慶墓誌

北魏 檀賓墓誌

北魏 元斑墓誌

北魏 趙充華墓誌

隋 程諧墓誌

隋 田光山妻墓誌

隋 元智妻墓誌

唐 房仁懋墓誌

唐 石經五經

唐 尉遲敬德墓誌

唐 張忠義墓誌

翣

【楷書】

北魏 元鑽遠墓誌

唐 成淑墓誌

唐 石經五經

唐 陶後興墓誌

唐 楊吴生墓誌

唐 臧懷亮墓誌

翦

【隸書】

西漢 馬•縱横

東漢 曹全碑陽

唐 孔子廟碑

唐 石臺孝經

唐 鄭忠墓碑

【楷書】

北魏 元平墓誌

北魏 元瞻墓誌

唐 崔植墓誌

翩

【隸書】

隋 馬穉墓誌

【楷書】

北魏 王基墓誌

北魏 元秀墓誌

北魏 元項墓誌

唐 景公直墓誌

唐 朗寧公主墓誌

唐 劉庭訓墓誌

唐 石經五經

唐 石經周易

翱

【隸書】

東漢 伯興妻殘碑

唐 豆盧建墓誌

【楷書】

北魏 元誨墓誌

北魏 元茂墓誌

北魏 元顯儁墓誌

隋 口悦昂墓誌

隋 翟突娑墓誌

唐 高懲墓誌

唐 李鼎墓誌

翮

【隸書】

隋 高虬墓誌

唐 屈突通墓誌

唐 興寺碑

唐 張佺墓誌

唐 貞一廟碑

【楷書】

北魏 山暉墓誌

北魏 元秀墓誌

北魏 元瞻墓誌

隋 翟突娑墓誌

唐 李和墓誌

唐 石經五經

唐 石經周易

唐 張萬善墓誌

北魏 王普賢墓誌

北魏 元顯儁墓誌

北魏 張玄墓誌

北齊 元賢墓誌

東魏 元鷙墓誌

隋 蕭翹墓誌

唐 黃揭妻龕銘

唐 寇堮墓誌

唐 李道因墓誌

唐 梁渙墓誌

翰

【篆書】

唐 三墳記陰

【隸書】

隋 豆盧實墓誌

隋 蕭瑾墓誌

隋 趙朗墓誌

唐 高元珪墓誌

唐 京兆金氏墓誌

唐 楊孝恭碑

唐 貞一廟碑

【楷書】

北魏 和邃墓誌

北魏 唐雲墓誌

翬

【隸書】

唐 趙冬曦壙誌

唐 朱崇慶墓誌

【楷書】

唐 柳正確墓誌

唐 石經九經

翫

【隸書】

隋 爾朱敞墓誌

隋 任顯及妻誌

隋 蘇恒墓誌

隋 蕭瑾墓誌

唐 徐盼墓誌

【楷書】

北魏 元顯儁墓誌

東魏 康富造像陽

隋 劉相及妻墓誌

唐 郭賓墓誌

後唐 康贊羡墓誌

翨

【楷書】

唐 石經五經

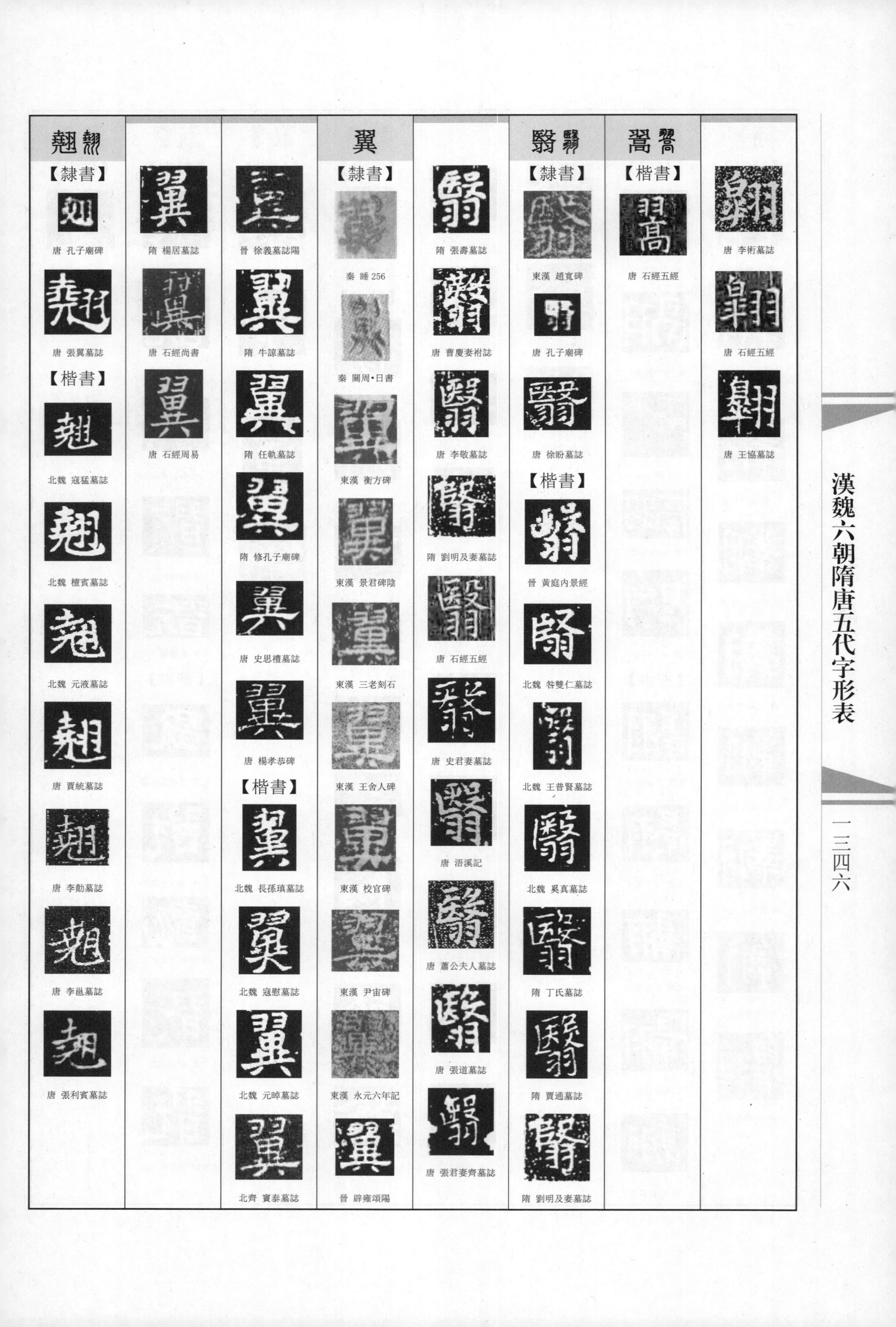

唐 李術墓誌

唐 石經五經

唐 王協墓誌

翯

【楷書】

唐 石經五經

翳

【隸書】

東漢 趙寬碑

唐 孔子廟碑

唐 徐朌墓誌

【楷書】

晉 黃庭内景經

北魏 咎雙仁墓誌

北魏 王普賢墓誌

北魏 奚真墓誌

隋 丁氏墓誌

隋 賈通墓誌

隋 劉明及妻墓誌

隋 張壽墓誌

唐 曹慶妻祔誌

唐 李敬墓誌

隋 劉明及妻墓誌

唐 石經五經

唐 史君妻墓誌

唐 浯溪記

唐 蕭公夫人墓誌

唐 張道墓誌

唐 張君妻齊墓誌

翼

【隸書】

秦 睡256

秦 關周•日書

東漢 衡方碑

東漢 景君碑陰

東漢 三老刻石

東漢 王舍人碑

東漢 校官碑

東漢 尹宙碑

東漢 永元六年記

晉 辟雍頌陽

晉 徐義墓誌陽

隋 牛諒墓誌

隋 任軌墓誌

隋 修孔子廟碑

唐 史思禮墓誌

唐 楊孝恭碑

【楷書】

北魏 長孫瑱墓誌

北魏 寇慰墓誌

北魏 元暐墓誌

北齊 竇泰墓誌

隋 楊居墓誌

唐 石經尚書

唐 石經周易

翹

【隸書】

唐 孔子廟碑

唐 張翼墓誌

【楷書】

北魏 寇猛墓誌

北魏 檀賓墓誌

北魏 元液墓誌

唐 賈統墓誌

唐 李勣墓誌

唐 李邕墓誌

唐 張利賓墓誌

翻 䎙

【隸書】

東漢 孟孝琚碑

東漢 楊統碑陽

北齊 法懃塔銘

隋 爾朱端墓誌

隋 蘇恒墓誌

隋 口和墓誌

唐 石臺孝經

【楷書】

晉 黃庭內景經

北魏 高珪墓誌

隋 王袞墓誌

隋 蕭餝性墓誌

隋 薛保興墓誌

隋 張忓墓誌

唐 崔琪墓誌

翷

【楷書】

唐 郭克全墓誌

翽

【楷書】

南朝梁 舊館壇碑

唐 崔植墓誌

唐 劉祿墓誌

唐 石經九經

唐 顏家廟碑

唐 陽濟墓誌

後唐 毛璋妻墓誌

翾

【楷書】

北魏 弔比干文陽

北魏 王基墓誌

翿

【楷書】

唐 石經五經

耀

【篆書】

唐 碧落碑

【隸書】

東漢 景君碑陰

隋 蕭瑾墓誌

唐 蔡君妻墓誌

唐 史思禮墓誌

唐 王晉俗墓誌

唐 楊孝恭碑

唐 楊孝恭碑

唐 楊孝恭碑

北魏 元煥墓誌

【楷書】

唐 范安及墓誌

唐 王公墓誌

唐 掌徹墓誌

糸部

糸

【隸書】

西漢 居新•2876

西漢 居新•5676

西漢 居新•7786

西漢 居新•8425

西漢 居新•9062

【楷書】

三國吳 走•四年

北魏 元洛神墓誌

北魏 元暐墓誌

系

【隸書】

西漢 西•候官

漢晉 流簡紙

隋 姬威墓誌

隋 蕭瑾墓誌

唐 張濬墓誌

【楷書】

北魏 王誦妻元墓誌

北魏 元誘妻墓誌

北魏 元楨墓誌

隋 陳氏墓誌

隋 獨孤羅墓誌

唐 口模墓誌

唐 孫君妻李墓誌

唐 屠暉光墓誌

唐 楊貴墓誌

唐 趙留四墓誌

糾

【隸書】

東漢 曹全碑陽

東漢 從事馮君碑

東漢 樊敏碑

東漢 夏承碑

東漢 夏承碑

隋 豆盧實墓誌

隋 豆盧實墓誌

【楷書】

北魏 元暐墓誌

北魏 元液墓誌

北齊 竇泰墓誌

東魏 王令媛墓誌

隋 卜鑒墓誌

唐 崔素臣墓誌

唐 李鳳墓誌

唐 劉彥之墓誌

唐 匹婁思墓誌

唐 石經公羊傳

唐 王協墓誌

唐 楊執一墓誌

紂

【隸書】

西漢 馬•縱橫

隋 郭達墓誌

【楷書】

北魏 弔比干文陽

北周 文帝廟造像碑

隋 曹海凝墓誌

紆

【隸書】

西漢 居新•5753

東漢 三老刻石

東漢 陽嘉殘碑陰

北周 華嶽頌

隋 口和墓誌

唐 戴令言墓誌

唐 董虔運墓誌

唐 劉慎墓誌

【楷書】

北魏 元茂墓誌

北魏 元順墓誌

西漢 居新•7633

西漢 居新•7635

漢晉 流簡紙

東漢 郙閣頌

東漢 利水大道記

東漢 劉君殘碑

東漢 劉熊碑

東漢 買田約束石

東漢 買田約束石

東漢 西狭頌

約

【篆書】

三國吳 天發神讖碑

唐 城隍廟碑

【隸書】

秦 睡 64

秦 關周•病方

西漢 馬•老乙前

西漢 馬•縱横

西漢 張•432

西漢 張•858

西漢 居新•7466

西漢 居新•7628

隋 豆盧寶墓誌

唐 北獄廟碑

唐 李彥墓誌

唐 史思禮墓誌

【楷書】

北魏 陳天寶造像

北魏 介休等造像

唐 慕容思廉墓誌

唐 蘇卿墓誌

級

【篆書】

唐 多寶佛塔銘

【隸書】

秦 睡 100

西漢 馬•天下

西漢 張•207

西漢 張•310

西漢 張•82

西漢 居新•5796

新莽 西•守御器

漢晉 流簡紙

東漢 開通褒斜道

唐 王府君墓誌

紃

【隸書】

唐 王媛墓誌陰

唐 張叡墓誌

唐 趙冬曦壙誌

【楷書】

北魏 馮會莪墓誌

北魏 馮邕妻墓誌

北魏 宮内司楊墓誌

北魏 司馬顯姿墓誌

隋 程諧墓誌

唐 李孟姜墓誌

唐 裴首兒墓誌

紅

【隸書】

秦 睡 21

隋 叱李綱子墓誌

隋 牛諒墓誌

唐 劉慎墓誌

唐 楊孝恭碑

【楷書】

北魏 劉阿素墓誌

北齊 無量義經

唐 陳守素妻墓誌

唐 崔素墓誌

唐 邢彥褒墓誌

隋 張濤妻墓誌

唐 柳昱墓誌

唐 王協墓誌

唐 尉遲敬德墓誌

	紀	紉	紕	紈	紇		
西漢 居新•756	【篆書】	【隸書】	【楷書】	【隸書】	【隸書】	【楷書】	東漢 陽嘉殘碑陽
東漢 倉頡廟碑側	東漢 祀三公山碑	唐 植松柏碑	北魏 元廞墓誌	晉 左棻墓誌陰	唐 孔子廟碑	北魏 盧令媛墓誌	東漢 趙寬碑
東漢 曹全碑陽	東漢 祀三公山碑	【楷書】		隋 爾朱敞墓誌	【楷書】	北齊 顏玉光墓誌	三國吳 買冢城磚
東漢 曹全碑陽	唐 紀德碑額	北魏 弔比干文陽		【楷書】	北魏 鮮于仲兒墓誌	隋 元鍾墓誌	隋 宋仲墓誌
東漢 曹全碑陽	唐 紀慎妃碑額	北魏 元譚墓誌		北魏 元誨墓誌	唐 石經九經	唐 杜君妻墓誌	隋 口和墓誌
東漢 肥致碑	唐 紀信墓碑額	唐 嚴氏玄堂銘		隋 田光山妻墓誌	唐 石經九經	唐 居實墓銘	唐 北嶽廟碑
東漢 封龍山頌	唐 三墳記陰	唐 張氏墓誌		隋 蕭瑒墓誌	唐 寺尼心印記	唐 石經尚書	唐 石臺孝經
東漢 封龍山頌	唐 楊公碑額					唐 石經周易	唐 四望山題記
東漢 封龍山頌	【隸書】					唐 張信墓誌	唐 張翼墓誌
東漢 景君碑陰	秦 睡106					唐 宗夫人墓誌	唐 趙冬曦壙誌
	西漢 馬•老乙前					後梁 崔崇素墓誌	
	西漢 居新•3834						

東漢 禮器碑
東漢 馬姜墓記
東漢 朐忍令碑
東漢 石門頌
東漢 石門頌
東漢 史晨前碑
東漢 史晨前碑
東漢 宋伯望買田券正
東漢 王進紀題記
東漢 夏承碑

東漢 行事渡君碑
東漢 楊著碑陽
東漢 楊著碑陽
東漢 尹宙碑
東漢 圉令趙君碑
東漢 張遷碑陽
東漢 張遷碑陽
晉 呂望表
隋 豆盧實墓誌
隋 爾朱敞墓誌

隋 任軌墓誌
唐 崔暟墓誌陽
唐 闞道愛墓誌
唐 李彥墓誌
唐 石臺孝經
唐 楊孝恭碑
唐 楊孝恭碑
唐 張濬墓誌
唐 張延賞殘碑
唐 趙冬曦壙誌

【楷書】
三國吳 走•五年
北魏 劉華仁墓誌
北魏 檀賓墓誌
北魏 元繼墓誌
北魏 元暐墓誌
北魏 張安姬墓誌
隋 傅叔墓誌
唐 李景陽墓誌
唐 李賢墓誌
唐 契苾李墓誌

唐 申好墓誌
唐 孫公妻墓誌
後唐 張漵妻高墓誌

素

【隸書】
西漢 馬•老乙前
西漢 馬•事語
西漢 張•1213
西漢 張•730
西漢 居新•7675
東漢 白石神君碑
東漢 韓仁銘
東漢 建寧元年殘碑
東漢 孟孝琚碑
東漢 尚博殘碑

東漢 史晨前碑
東漢 張遷碑陽
東漢 趙寬碑
晉 辟雍頌陽
晉 郭槐柩記
北齊 法懃塔銘
北齊 法懃塔銘
北齊 感孝頌
隋 豆盧實墓誌
隋 澧水石橋碑

隋 郭王墓誌
隋 任顯及妻誌
隋 蘇恒墓誌
隋 王榮及妻墓誌
隋 楊真墓誌
隋 張儉及妻墓誌
隋 張景略墓誌
隋 張盛墓誌
唐 戴令言墓誌
唐 李神符碑

紘

【隸書】

隋 張姜墓誌

【楷書】

北魏 元純陁墓誌

唐 阿史那貞忠墓誌

紊

【楷書】

北魏 元壽安墓誌

唐 李護墓誌

唐 王敬仲墓誌

唐 石經尚書

唐 石經周易

索

【篆書】

唐 碧落碑

【隸書】

秦 睡 76

西漢 馬•老乙前

西漢 馬•老子甲後

西漢 馬•養生

西漢 張•97

西漢 張•97

西漢 居新•7471

西漢 居新•7484

西漢 居新•767

西漢 居新•7673

東漢 西•寇恩

漢晉 流簡紙

漢晉 流簡紙

東漢 洛陽黄腸石一

東漢 王舍人碑

隋 牛諒墓誌

唐 李貞墓誌

唐 王崇禮墓誌

【楷書】

魏晉 樓•紙

三國吳 走•五年

魏晉 樓•紙

北魏 元馗墓誌

北魏 元倹墓誌

東魏 李挺墓誌

東魏 呂覎墓誌

晉 華芳墓誌陽

晉 黄庭經

北魏 赫連悅墓誌

北魏 元暐墓誌

隋 李肅墓誌

唐 竇季餘墓誌

唐 李瓌墓誌

唐 李文奬墓誌

唐 劉通墓誌

唐 石經尚書

隋 姜敬親墓誌

唐 申好墓誌

唐 石經九經

唐 石經九經

唐 石經周易

唐 唐沙墓誌

唐 史思禮墓誌

唐 行儼碑

唐 修定寺記碑

唐 楊孝恭碑

紜

【隸書】

唐 八都壇碑

【楷書】

晉 黃庭内景經

唐 劾姬墓誌

紑 紑

【楷書】

唐 石經五經

純 純

【篆書】

唐 三墳記陰

【隸書】

西漢 武•泰射甲

兩漢 西•馬簡

東漢 衡方碑

東漢 景君碑陰

東漢 魯峻碑陽

東漢 履和純殘碑

東漢 繆宇墓誌

東漢 尚博殘碑

東漢 尹宙碑

東漢 張遷碑陽

晉 辟雍頌陽

晉 辟雍頌陰

隋 爾朱敞墓誌

隋 姬威墓誌

隋 劉多墓誌

唐 勿部將軍碑

唐 辛雲京妻墓誌

【楷書】

三國吳 走•二年

三國吳 走•五年

晉 華芳墓誌陰

北魏 和醜仁墓誌

北魏 山暉墓誌

北魏 元恩墓誌

東魏 南宗和尚塔銘

東魏 元鷙墓誌

隋 張伏敬墓誌

唐 李君殘墓誌

唐 裴咸墓誌

唐 石經周易

紕 紕

【隸書】

唐 孔子廟碑

納 納

【隸書】

西漢 馬•縱横

西漢 馬•縱横

西漢 居新•5563

西漢 武•泰射甲

東漢 陳元字殘碑

東漢 郙閣頌

東漢 孔宙碑陰

東漢 尚博殘碑

東漢 西狹頌

東漢 許安國題記

晉 辟雍頌陽

晉 辟雍頌陽

北魏 上尊號碑

北周 華嶽頌

隋 宋景造像碑

隋 鄭令妃墓誌

唐 夫子廟堂碑

唐 修定寺記碑

唐 趙冬曦壙誌

【楷書】

北魏 元洛神墓誌

	紛紛	紒	紙紙		紝紝	紗	
【楷書】  北魏 元洛神墓誌 北魏 元茂墓誌 北魏 元頊墓誌 隋 姬威墓誌 唐 柳昱墓誌 唐 石經周易 唐 楊承胤墓誌 唐 楊執一墓誌	【隸書】  西漢 馬•老甲 西漢 馬•老乙 東漢 景君碑陽 東漢 馬姜墓記 隋 馬少敏墓誌 唐 崔泰之墓誌 唐 劉粲墓誌 唐 潘基墓誌 唐 屈突通墓誌 唐 楊孝恭碑	【楷書】  唐 石經五經	【隸書】  唐 王泠然墓誌 【楷書】  北魏 元欽墓誌 唐 陳君妻楊墓誌 唐 崔倚墓誌 唐 王逖墓誌 唐 惟貞廟碑陽	 唐 盧君妻墓誌 唐 蘇兗墓誌	【隸書】  唐 盧君妻墓誌 唐 張叡墓誌 【楷書】  北魏 和醜仁墓誌 北魏 元純陁墓誌 北魏 元洛神墓誌 隋 姜敬親墓誌 隋 王光墓誌 隋 元氏墓誌 唐 柳偘妻墓誌 唐 婁君妻周墓誌	【楷書】  唐 袁公瑜墓誌	 北魏 元謐墓誌 隋 蘇慈墓誌 唐 李三墓誌 唐 石經尚書 唐 石經尚書 唐 石經周易 唐 石經周易

（續）	累	紓	紐	紖	紞	紋	紡
隋 姬威墓誌	【隸書】	【隸書】	【隸書】	【隸書】	【楷書】	【隸書】	【隸書】
隋 馬稺墓誌	西漢 居新•1131	東漢 少室闕題名	東漢 朐忍令碑	西漢 張•657	唐 石經五經	唐 北獄廟碑	秦 睡 191
隋 任顯及妻誌	西漢 居新•6574	唐 王宥等題名	北周 華嶽頌	西漢 張•665		【楷書】	【楷書】
唐 李神符碑	西漢 居新•9080	【楷書】	隋 爾朱端墓誌	唐 崔祐甫墓誌		北魏 吐谷渾氏墓誌	唐 樊君妻墓誌
唐 潘基墓誌	新莽 西•守御器	唐 李謙墓誌	唐 李神符碑	【楷書】		唐 崔玄藉妻墓誌	唐 李符妻摯墓誌
唐 史思禮墓誌	漢晉 流簡紙	唐 王容墓誌	【楷書】	唐 石經五經			唐 石經五經
唐 郞國長公主碑	東漢 鄐閣頌		北魏 盧令媛墓誌				
唐 行儼碑	東漢 史晨前碑		北魏 元珍墓誌				
唐 趙冬曦壙誌	東漢 夏承碑		隋 樊敬賢造像				
【楷書】	東漢 楊統碑陽		唐 盧全操墓誌				
魏晉 樓•紙	晉 魯詮墓表		唐 牛秀墓誌				
			唐 王素墓誌				

北魏 公孫猗墓誌

北魏 姚伯多供養碑

北魏 元謐墓誌

唐 崔紹墓誌

唐 盧珍墓誌

唐 逯貞墓誌

唐 騫思玄墓誌

唐 强君妻杜墓誌

唐 薛賾墓誌

紱

【隸書】

兩漢 西•馬簡

東漢 熹平石經易

晉 郛休碑陽

東魏 宗欣墓誌

唐 京兆金氏墓誌

唐 盧君妻墓誌

唐 倪彬墓誌

唐 王震墓誌

唐 尹尊師碑

【楷書】

北魏 乞伏寶墓誌

北魏 元詮墓誌

北齊 崔頠墓誌

隋 獨孤羅墓誌

隋 張濤妻墓誌

唐 安靜墓誌

唐 郭宣墓誌

唐 劉胡墓誌

唐 劉如璋墓誌

唐 石經五經

唐 石經周易

唐 孫成墓誌

唐 魏公韋氏墓誌

唐 張英墓誌

紲 紲

【隸書】

西漢 馬•老乙

【楷書】

唐 馬儆墓誌

紺 紺

【隸書】

漢晉 流簡紙

唐 興寺碑

【楷書】

北齊 無量義經

唐 石經五經

唐 張軫墓誌

紳 紳

【隸書】

東漢 曹全碑陽

東漢 楊著碑陽

晉 辟雍頌陽

隋 爾朱敞墓誌

隋 爾朱端墓誌

隋 宋景造像碑

唐 褚亮碑

【楷書】

北魏 封魔奴墓誌

北魏 盧令媛墓誌

隋 王楚英墓誌

唐 梁有意墓誌

唐 掌徹墓誌

後梁 崔崇素墓誌

後梁 崔崇素墓誌

組 組

【隸書】

秦 睡156

西漢 馬•老乙前

西漢 武•有司甲

隋 爾朱端墓誌

隋 關明墓誌

隋 口墮及妻墓誌

隋 申穆及妻墓誌

唐 高元珪墓誌

唐 關道愛墓誌

唐 盧君妻墓誌

唐 王媛墓誌陰

唐 張叡墓誌

唐 趙冬曦壙誌

【楷書】

三國吳 走•四年

北魏 公孫猗墓誌

北魏 李媛墓誌

北魏 穆亮墓誌

北魏 丘哲墓誌

北魏 山徽墓誌

北魏 楊府君墓誌

北魏 元彬墓誌

北魏 元靈曜墓誌

北魏 元洛神墓誌

北魏 元壽安墓誌

北魏 元頊墓誌

北魏 元颺墓誌

北魏 趙充華墓誌

北齊 婁黑女墓誌

隋 程諧墓誌

隋 鄭善妃墓誌

唐 石經尚書

紬 紬

【隸書】

西漢 居新•2200

西漢 居新•2932

唐 北獄廟碑

【楷書】

唐 史懷訓墓誌

唐 蕭貞亮墓誌

細 細

【隸書】

秦 睡112

秦 關周•日書

西漢 馬•老甲

西漢 馬•老乙前

西漢 居新•3432

西漢 居新•3432

西漢 西•馬牘

東漢 西•醫藥

漢晉 流簡紙

東漢 張遷碑陽

晉 徐義墓誌陽

北齊 法懃塔銘

唐 宴濟瀆序陽

【楷書】

北魏 宮內司楊墓誌

北魏 元壽安墓誌

北魏 元悌墓誌

隋 呂胡墓誌

隋 王曜墓誌

唐 皇甫誕碑

絁

【楷書】

北魏 元廞墓誌

紩

【楷書】

隋 張貴男墓誌

終

【篆書】

唐 碧落碑

唐 碧落碑

唐 謙卦碑

【隸書】

秦 睡35

西漢 馬•老甲

西漢 馬•老子甲後

西漢 馬•縱橫

西漢 居新•1212

西漢 居新•588

西漢 武•服傳甲

東漢 伯興妻殘碑

東漢 桓孨食堂記

東漢 建寧三年殘碑

東漢 建寧三年殘碑

東漢 景君碑陰

東漢 孔宙碑陽

東漢 史晨後碑

東漢 夏承碑

東漢 鮮于璜碑陽

東漢 薌他君題記

東漢 許安國題記

東漢 永壽元年墓記

三國魏 何晏墓誌

晉 辟雍頌陽

晉 徐義墓誌陽

隋 郭休墓誌

隋 任顯及妻誌

隋 宋仲墓誌

隋 口靜墓誌

隋 張儉及妻墓誌

隋 張盛墓誌

唐 李神符碑

唐 石臺孝經

唐 司馬寔墓誌

唐 王泠然墓誌

唐 楊孝恭碑

唐 楊孝恭碑

唐 楊孝恭碑

唐 趙冬曦壙誌

唐 朱君妻王墓誌

【楷書】

北魏 公孫猗墓誌

北魏 寇憑墓誌

北魏 李端墓誌

北魏 元恩墓誌

北魏 元敷墓誌

北魏 元壽安墓誌

北魏 元文墓誌

北魏 元顯魏墓誌

北周 賀屯植墓誌

隋 劉則墓誌

隋 盧文構墓誌

隋 張濤妻墓誌

唐 陳懿妻墓誌

唐 崔隋妻墓誌

唐 丁佑及妻合祔誌

唐 石經尚書

唐 石經周易

唐 史興墓詠

唐 王素墓誌

唐 邢德弼墓誌

唐 顏瓌墓誌

唐 于士恭墓誌

後晉 袁從章墓誌

絇 𥿮

【楷書】

唐 石經儀禮

紾 𥾝

【楷書】

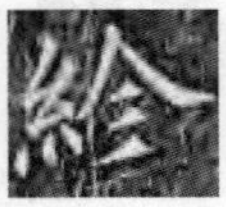

唐 石經五經

紵 𥾼

【楷書】

北魏 李璧墓誌陽

北魏 元略墓誌

隋 王楚英墓誌

隋 蕭餝性墓誌

唐 騫思泰墓誌

唐 石經尚書

唐 辛驥墓誌

紽

【楷書】

唐 石經五經

絃

【篆書】

唐 潘基墓誌

【隸書】

晉 辟雍頌陽

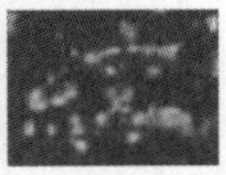

隋 澧水石橋碑

隋 姬威墓誌

隋 劉多墓誌

隋 王榮及妻墓誌

隋 張儉及妻墓誌

唐 董虔運墓誌

唐 豆盧建墓誌

唐 豆盧建墓誌

唐 柳侃妻墓誌

唐 蘇洪姿墓誌

【楷書】

東魏 王令媛墓誌

隋 王衮墓誌

唐 爨石墓誌

唐 呼延章墓誌

唐 瘞琴銘

絆 𥿋

【楷書】

唐 楊承胤墓誌

紿 𥿊

【隸書】

西漢 張•282

【楷書】

唐 臧懷恪墓碑

絀

【隸書】

西漢 馬•老乙前

東漢 從事馮君碑

東漢 朐忍令碑

東漢 尚博殘碑

東漢 楊叔恭殘碑

【楷書】

北魏 赫連悅墓誌

唐 石經五經

紹

【隸書】

東漢 夏承碑

東漢 楊統碑陽

三國魏 孔羨碑

隋 橋紹墓誌

隋 修孔子廟碑

唐 譚伍墓誌

【楷書】

北魏 爾朱紹墓誌

北魏 高樹造像記

北魏 惠詮造像記

東魏 成休祖造像

東魏 陸順華墓誌

隋 鄧州塔銘

隋 呂胡墓誌

隋 羅寶奴造像

唐 崔紹墓誌

唐 寇鈞墓誌

唐 柳延宗墓誌

唐 孟貞墓誌

唐 蘇恩妻墓誌

紭

【篆書】

唐 碧落碑

紼

【隸書】

東漢 繆宇墓誌

唐 崔祐甫墓誌

唐 朱君妻王墓誌

【楷書】

北魏 韓顯宗墓誌

北魏 元馗墓誌

北周 賀屯植墓誌

唐 董嗇夫人墓誌

唐 石經五經

唐 楊仲雅墓誌

唐 趙本質墓誌

絜

【隸書】

秦 睡 10

西漢 張•775

西漢 居新•5869

西漢 居新•7628

漢晉 流簡紙

東漢 白石神君碑

東漢 淮源廟碑

東漢 夏承碑

晉 徐義墓誌陽

【楷書】

南朝梁 舊館壇碑

北魏 鄭乾墓誌

唐 石經五經

紫

【隸書】

東漢 曹全碑陽

東漢 衡方碑

東漢 禮器碑

東漢 馬姜墓記

東漢 朐忍令碑

東漢 王舍人碑

北齊 感孝頌

北齊 司馬遵業墓誌

隋 豆盧實墓誌

隋 姬威墓誌

隋 任軌墓誌
隋 蘇恒墓誌
隋 口和墓誌
隋 蕭瑾墓誌
隋 楊真墓誌
唐 李神符碑
唐 倪彬墓誌
唐 史思禮墓誌

【楷書】

南朝宋 劉懷民墓誌
北魏 慈慶墓誌

北魏 崔承宗造像
北魏 高珪墓誌
北魏 觀海童詩
北魏 劉阿素墓誌
北魏 秦洪墓誌
北魏 秦洪墓誌
北魏 吳光墓誌
北魏 姚伯多供養碑
北魏 元敷墓誌
北魏 元弘嬪侯墓誌

北魏 元壽安墓誌
北魏 元爽墓誌
北魏 元頊墓誌
北魏 元乂墓誌
北魏 元楨墓誌
北齊 道明墓誌
北齊 感孝頌
北齊 高僧護墓誌
北周 寇熾墓誌
東魏 李艷華墓誌

北齊 司馬遵業墓誌
東魏 元悰墓誌
北周 造老君像記
北齊 朱曇思造塔
隋 高緊墓誌
隋 元智墓誌
唐 李仙蕙志
唐 呂常侍妻墓誌
唐 麻姑仙壇記
唐 王素墓誌

後晉 感夢伽藍記

絛

【楷書】

唐 石經五經
唐 趙懷璡墓誌

絮

【隸書】

秦 睡77
西漢 張•303
西漢 張•440
西漢 張•715
西漢 居新•2661
西漢 居新•619
東漢 西•醫藥
兩漢 西•馬簡
唐 李神符碑

【楷書】

唐 李淑妥墓誌
唐 王貞墓誌

絙絙

【楷書】

唐 石經五經

唐 王相兒墓誌

結結

【篆書】

唐 峿臺銘

【隸書】

秦 睡104

秦 睡111

秦 關周•日書

西漢 馬•老甲

西漢 馬•老子甲後

西漢 張•793

兩漢 西•馬簡

兩漢 西•士相見

漢晉 流簡紙

東漢 蒼山元嘉題記

東漢 孟孝琚碑

東漢 朐忍令碑

東漢 薌他君題記

北齊 司馬遵業墓誌

北齊 司馬遵業墓誌

隋 爾朱敞墓誌

隋 姬威墓誌

隋 馬穉墓誌

唐 楊孝恭碑

【楷書】

北魏 高珪墓誌

北魏 李媛墓誌

北魏 宋虎墓誌

北魏 元悌墓誌

北魏 元文墓誌

北齊 竇泰墓誌

隋 曹海凝墓誌

隋 王楚英墓誌

隋 張怦墓誌

唐 石經尚書

唐 往生社碑

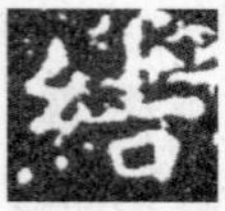
唐 張師墓誌

絓絓

【楷書】

隋 羊本墓誌

唐 牛秀墓誌

綺綺

【隸書】

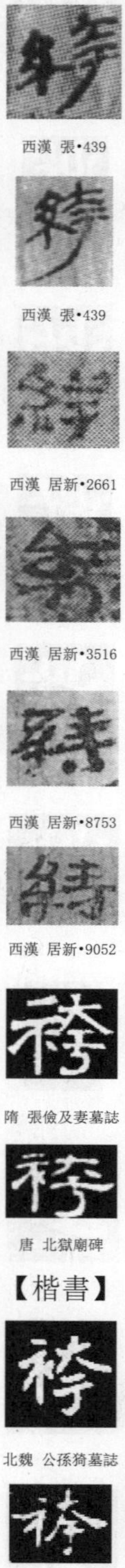
西漢 張•439

西漢 張•439

西漢 居新•2661

西漢 居新•3516

西漢 居新•8753

西漢 居新•9052

隋 張儉及妻墓誌

唐 北嶽廟碑

【楷書】

北魏 公孫猗墓誌

北魏 元融墓誌

隋 皇甫深墓誌

隋 劉德墓誌

隋 蕭瑒墓誌

唐 韓遷墓誌

唐 裴撝墓誌

唐 元伏和墓誌

唐 楊孝恭碑

【楷書】

三國吳 走•二年

魏晉 樓•紙

北魏 宋靈妃墓誌

北魏 元顯平妻墓誌

東魏 王偃墓誌

唐 廿九女墓誌

唐 張義墓誌

東漢 宋伯望買田券右

東漢 乙瑛碑

晉 辟雍頌陽

北齊 司馬遵業墓誌

隋 高虬墓誌

隋 姬威墓誌

隋 張儉及妻墓誌

唐 褚亮碑

唐 戴令言墓誌

唐 修定寺記碑

給

【篆書】

東漢 袁安碑

【隸書】

秦 睡 50

西漢 居新•5400

西漢 居新•9086

東漢 西•遷補

兩漢 西•懸檢

漢晉 流簡紙

東漢 蒼山元嘉題記

東漢 買田約束石

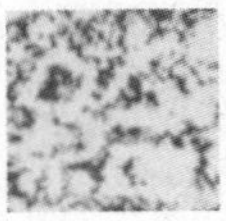
東漢 買田約束石

絑

【篆書】

唐 碧落碑

絪

【楷書】

南朝梁 舊館壇碑

唐 石經五經

唐 吴德鄘妻墓誌

絏

【楷書】

唐 爨右墓誌

唐 石經五經

經

【隸書】

西漢 馬•老子甲後

西漢 馬•老子甲後

西漢 武•服傳甲

【楷書】

北魏 元延明墓誌

唐 盧八墓誌

絨

【楷書】

北魏 元廞墓誌

絳

【隸書】

西漢 居新·1213

西漢 居新·2200

西漢 西·候官

東漢 建寧元年殘碑

東漢 武榮碑

晉 郛休碑陽

晉 管洛墓誌陰

隋 姬威墓誌

唐 沈知敏墓誌

唐 興寺碑

【楷書】

晉 黃庭經

晉 黃庭經

北魏 公孫猗墓誌

北魏 郭顯墓誌

北魏 元襲墓誌

隋 賈玄贊墓誌

隋 馬少敏墓誌

唐 段承宗墓誌

唐 闞師墓誌

唐 李昊墓誌

唐 楊執一墓誌

唐 張弘墓誌

唐 趙璧墓誌

唐 智悟墓誌

絢

【隸書】

唐 孔子廟碑

唐 李神符碑

唐 李神符碑

【楷書】

北魏 胡明相墓誌

隋 王袞墓誌

唐 石經九經

唐 石經九經

綖

【篆書】

唐 碧落碑

【隸書】

隋 張姜墓誌

【楷書】

北魏 元純阤墓誌

隋 呂胡墓誌

唐 段簡璧墓誌

唐 竹妙墓誌

絡

【篆書】

三國吳 天發神讖碑

【隸書】

秦 睡 50

西漢 張·439

唐 四望山題記

唐 貞一廟碑

【楷書】

北魏 元洛神墓誌

北齊 雋敬碑

隋 呂胡墓誌

唐 騫思玄墓誌

唐 越國太妃墓誌

統

【隸書】

西漢 武·服傳甲

漢晉 流簡紙

東漢 禮器碑

東漢 楊震碑

東漢 趙菿殘碑

三國魏 孔羨碑

北齊 司馬遵業墓誌

隋 符盛及妻墓誌

隋 宋景造像碑

隋 謝岳墓誌

隋 修孔子廟碑

唐 崔祐甫墓誌

唐 李神符碑

唐 李彥墓誌

唐 張翼墓誌

【楷書】

魏晉 樓·紙

北魏 李媛墓誌

北魏 乞伏寶墓誌

北魏 王翊墓誌

北魏 元融墓誌

北魏 元湛墓誌

北齊 口德造像

北齊 司馬遵業墓誌

隋 樊敬賢造像

隋 范安貴墓誌

隋 元智墓誌

唐 董希令墓誌

唐 石經周易

唐 楊會墓誌

絲

【篆書】

隋 蕭瑾墓誌

【隸書】

秦 睡 53

漢晉 流簡紙

北齊 司馬遵業墓誌

隋 豆盧實墓誌

隋 侯肇墓誌

唐 北獄廟碑

唐 孔子廟碑

唐 張顏墓誌

【楷書】

北魏 元恭墓誌

北魏 元項墓誌

北魏 元誘墓誌

北魏 元子直墓誌

隋 馬少敏墓誌

隋 沈氏墓誌

隋 王光墓誌

唐 韓曉墓誌

唐 石經尚書

唐 石經五經

唐 王法墓誌

唐 邢彥褒墓誌

唐 薛豆盧夫人墓誌

唐 越國太妃墓誌

唐 周藻墓誌

絕

【篆書】

唐 峿臺銘

【隸書】

秦 睡 106

西漢 馬•老甲

西漢 馬•老乙前

西漢 馬•縱横

西漢 馬•足臂

西漢 張•1065

西漢 居新•1422

西漢 居新•5548

西漢 居新•5624

西漢 武•特牲甲

西漢 西•候官

西漢 西•善劍

東漢 西•醫藥

漢晉 流簡紙

漢晉 流簡紙

漢晉 流簡紙

東漢 曹全碑陽

東漢 從事馮君碑

東漢 蕩陰字殘

東漢 郙閣頌

東漢 公乘田魴記

東漢 景君碑陽

東漢 孟孝琚碑

新莽 禳盜刻石

東漢 石門頌

東漢 許阿瞿題記

東漢 趙寬碑

晉 辟雍頌陽

北齊 感孝頌

隋 侯肇墓誌

隋 侯肇墓誌

隋 姬威墓誌

隋 口墮及妻墓誌

隋 宋景造像碑

隋 蕭瑾墓誌

隋 蕭瑾墓誌

隋 修孔子廟碑

隋 趙朗墓誌

唐 劉慎墓誌

唐 潘基墓誌

唐 潘基墓誌

唐 屈突通墓誌

唐 石臺孝經

唐 石臺孝經

唐 史思禮墓誌

唐 王震墓誌

唐 楊孝恭碑

唐 趙冬曦壙誌

【楷書】

南朝梁 羅浮山銘

北魏 慈慶墓誌

北魏 爾朱紹墓誌

北魏 寇治墓誌

北魏 元暉墓誌

北魏 元洛神墓誌

北齊 竇泰墓誌

北齊 高淯墓誌

隋 樊氏墓誌

隋 高緊墓誌

隋 孔神通墓誌

隋 張枰墓誌

唐 崔千里墓誌

唐 竇真墓誌

唐 葛亮祠堂碑

唐 郭壽墓誌

唐 麻姑仙壇記

唐 牛阿師墓誌

唐 楊君妻孫墓誌

唐 趙留四墓誌

唐 鄭瑄合祔誌

[糸甹]

【楷書】

隋 六品宮人墓誌

緑綠

【楷書】

唐 孫君妻李墓誌

經經

【隸書】

秦 睡 98

西漢 馬•老乙前

西漢 馬•老子甲後

西漢 張•1123

西漢 居新•9062

東漢 從事馮君碑

東漢 郙閣頌

東漢 衡方碑

東漢 華山廟碑陽

東漢 孟孝琚碑

東漢 三老石堂記

東漢 石門頌

東漢 史晨前碑

東漢 銅山大廟記

東漢 西狹頌

東漢 鮮于璜碑陽

東漢 楊著碑陽

東漢 乙瑛碑

東漢 尹宙碑

晉 辟雍頌陽

晉 王君侯碑陽

隋 暴永墓誌

隋 澧水石橋碑

隋 姬威墓誌

隋 口靜墓誌

隋 張儉及妻墓誌

唐 李神符碑

唐 潘基墓誌

唐 潘基墓誌

唐 石臺孝經

絹

【隸書】

西漢 張·762

唐 尹尊師碑

【楷書】

北魏 王蕃墓誌

唐 程知節墓誌

唐 孔桃栓墓誌

唐 李難墓誌

唐 盧士瓊墓誌

練

【楷書】

唐 王君妻薛墓誌

綍

【隸書】

唐 李貞墓誌

【楷書】

北魏 元壽安墓誌

北魏 元延明墓誌

唐 張盛墓誌

唐 張自然墓誌

閻 堅牢塔記

綆

【隸書】

唐 崔沔墓誌陰

【楷書】

唐 李令崇墓誌

唐 石經五經

經

唐 尚明墓誌

唐 石經九經

唐 石經尚書

唐 楊執一墓誌

唐 袁仁爽墓誌

唐 昝斌墓誌

後晉 袁從章墓誌

東魏 陸順華墓誌

北齊 雲峯山題記

隋 郭世昌墓誌

唐 禪師之塔銘

唐 崔觽妻合誌

唐 多寶塔碑

唐 洪君妻墓誌

唐 賈府君墓誌

唐 李敬墓誌

唐 彭氏墓誌

三國吳 走·四年

晉 華芳墓誌陰

晉 黃庭內景經

北魏 陳天寶造像

北魏 赫連悅墓誌

北魏 寇霄墓誌

北魏 元純陁墓誌

北魏 元恭墓誌

北魏 元纂墓誌

北齊 竇泰墓誌

唐 石臺孝經

唐 石臺孝經

唐 行儼碑

唐 徐盼墓誌

唐 楊孝恭碑

唐 尹尊師碑

唐 尹尊師碑

唐 張延賞殘碑

【楷書】

三國吳 走·四年

三國吳 走·四年

綃

【楷書】

隋 張貴男墓誌

綌

【楷書】

北周 盧蘭墓誌

唐 石經五經

綏

【隸書】

西漢 馬•老乙前

西漢 居新•2054

西漢 居新•2510

漢晉 流簡紙

東漢 樊敏碑

東漢 封龍山頌

東漢 郙閣頌

東漢 景君碑陽

東漢 景君碑陽

東漢 孔宙碑陽

東漢 石門頌

東漢 鮮于璜碑陽

東漢 張遷碑陽

北魏 上尊號碑

北齊 司馬遵業墓誌

隋 宋景造像碑

唐 北嶽廟碑

唐 蘇洪姿墓誌

【楷書】

北魏 韓震墓誌陰

北魏 寇演墓誌

北魏 寇治墓誌

北魏 劉玉墓誌

北魏 元恭墓誌

隋 義造橋殘碑

唐 封抱墓誌

唐 盧沆妻墓誌

唐 石經尚書

唐 石經五經

唐 翟惠隱墓誌

唐 朱君妻趙墓誌

絺

【隸書】

西漢 張•279

西漢 武•泰射甲

【楷書】

北魏 耿氏墓誌

北魏 元洛神墓誌

北周 盧蘭墓誌

隋 鄭善妃墓誌

唐 石經尚書

唐 石經五經

唐 段會墓誌

唐 孫光墓誌

綄

【隸書】

東漢 朐忍令碑

【楷書】

南朝梁 舊館壇碑

北魏 元馗墓誌

綈

【隸書】

西漢 張•1208

西漢 張•1209

【楷書】

北魏 元子正墓誌

唐 李鳳妃墓誌

唐 李壽墓誌

綅

【楷書】

唐 石經五經

唐 越國太妃墓誌

唐 鄭党五墓誌

綦

【隸書】

秦 睡 77

【楷書】

北魏 劉根造像記

唐 王公妻墓誌

緊

【楷書】

北魏 元顯魏墓誌

隋 高緊墓誌

唐 宋義及妻墓誌

綮

【楷書】

唐 唐嘉會墓誌

唐 鄭逞墓誌

緅

【楷書】

唐 石經五經

緒

【隸書】

西漢 張•279

東漢 三公山碑

東漢 張遷碑陽

東漢 趙寬碑

三國魏 孔羨碑

晉 辟雍頌陽

晉 辟雍頌陽

隋 郭王墓誌

隋 姬威墓誌

隋 王榮及妻墓誌

隋 張儉及妻墓誌

唐 劉慎墓誌

唐 楊孝恭碑

唐 張翼墓誌

【楷書】

三國吳 走•四年

北魏 和醜仁墓誌

北魏 秦洪墓誌

北齊 叟黑女墓誌

隋 潘善利墓誌

隋 宋玉艷墓誌

隋 王楚英墓誌

唐 元伏和墓誌

唐 張瓚墓誌

緺

【楷書】

東魏 叔孫固墓誌

隋 張軻墓誌

唐 張自然墓誌

緋

【隸書】

唐 安天王廟碑

唐 史思禮墓誌

唐 張休光墓誌

【楷書】

唐 閻知誠墓誌

唐 王脩福墓誌

唐 張叔遵墓誌

綺

【隸書】

北齊 法懃塔銘

隋 爾朱敞墓誌

隋 蘇恒墓誌

隋 吳嚴墓誌

隋 修孔子廟碑

【楷書】

北魏 元靈曜墓誌

北魏 元譚墓誌

東魏 王僧墓誌

隋 程諧墓誌

隋 蕭氏墓誌

綝

【楷書】

北魏 元延明墓誌

唐 惟貞廟碑陽

唐 顏家廟碑

綪

【楷書】

唐 李鳳墓誌

唐 石經五經

綾

【楷書】

魏晉 樓•紙

北齊 維那四十人造像

北齊 智靜等造像

唐 袁公瑜墓誌

緎

【楷書】

唐 石經五經

綫

【楷書】

北周 盧蘭墓誌

唐 六品亡宮墓誌

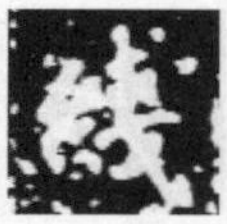
唐 龍泉記

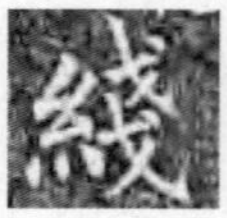
唐 石經五經

唐 石經五經

網

【隸書】

唐 崔泰之墓誌

唐 修定寺記碑

唐 張翽墓誌

【楷書】

北魏 程法珠墓誌

北魏 爾朱紹墓誌

北魏 侯剛墓誌

北魏 元寧墓誌

東魏 榮遷等造像

北齊 司馬遵業墓誌

唐 柳尚遠妻墓誌

唐 蕭貞亮墓誌

唐 玄秘塔碑

唐 陽昕墓誌

唐 鄭珍墓誌

綽

【隸書】

隋 段濟墓誌

唐 張翽墓誌

【楷書】

北魏 侯剛墓誌

東魏 李挺墓誌

隋 李氏墓誌

唐 崔哲妻墓誌

綱

【隸書】

西漢 馬·合陰陽

東漢 曹全碑陽

東漢 景君碑陰

東漢 石門頌

東漢 史晨後碑

東漢 陽嘉殘碑陽

東漢 楊著碑陽

東漢 尹宙碑

三國魏 孔羨碑

三國魏 受禪碑

晉 辟雍頌陽

晉 辟雍頌陽

北齊 司馬遵業墓誌

隋 叱李綱子墓誌

隋 澧水石橋碑

隋 任軌墓誌

隋 謝岳墓誌

隋 趙朗墓誌

唐 大忍寺碑

唐 孔子廟碑

唐 李貞墓誌

唐 倪彬墓誌

唐 王子麟墓誌

唐 楊孝恭碑

【楷書】

北魏 爾朱紹墓誌

北魏 高廣墓誌

北魏 穆紹墓誌

北魏 元欽墓誌

北魏 元悌墓誌

北齊 房周陁墓誌

北周 李雄墓誌

隋 卜鑒墓誌

隋 程諧墓誌

隋 盧文機墓誌

隋 尉富娘墓誌

唐 崔師墓誌

唐 獨孤澄墓誌

唐 獨孤開遠墓誌

唐 樊廉墓誌

唐 范重明墓誌

唐 霍氏墓誌

唐 李立言墓誌

唐 梁守謙墓誌

唐 劉祿墓誌

唐 石經五經

唐 王大劍墓誌

唐 王府君墓誌

唐 蕭思一墓誌

唐 薛淑墓誌

唐 李仙蕙志

唐 内莊宅使牒

唐 楊執一墓誌

唐 張道昇墓誌

綵

【隸書】

唐 疊綵山題記

唐 王媛墓誌陰

唐 玄元靈應頌

【楷書】

魏晉 樓·紙

魏晉 樓·紙

北魏 元洛神墓誌

北魏 元尚之墓誌

北魏 元悌墓誌

唐 阿史那貞忠墓誌

唐 杜德墓誌

緌

【隸書】

西漢 武·特牲甲

唐 盧行毅墓誌

【楷書】

唐 杜文貢墓誌

唐 敏之墓誌

唐 石經爾雅

唐 石經五經

東魏 叔孫固墓誌

隋 暴永墓誌

隋 蕭翹墓誌

唐 賈隱及妻墓誌

唐 居實墓銘

唐 鄭恕己墓誌

唐 朱行斌墓誌

綬

【隸書】

西漢 武·服傳甲

東漢 倉頡廟碑側

東漢 蒼山元嘉題記

三國魏 王基斷碑

隋 爾朱敞墓誌

隋 楊真墓誌

唐 高元珪墓誌

唐 劉慎墓誌

唐 龐履溫碑

【楷書】

北魏 元頊墓誌

緄

【隸書】

東漢 樊敏碑

東漢 衡方碑

唐 崔祐甫墓誌

【楷書】

唐 韓昶自爲墓誌

唐 無上道誌

唐 趙睿墓誌

緆

【楷書】

唐 樊涚墓誌

唐 石經五經

唐 楊乾光墓誌

唐 張侯墓誌

唐 趙進墓誌

絢

【楷書】

隋 王袞墓誌

唐 石經五經

綢 紬

【隸書】

隋 郭達墓誌

隋 牛諒墓誌

隋 蘇恒墓誌

【楷書】

北魏 元繼墓誌

北魏 元鑽遠墓誌

北魏 張安姬墓誌

北齊 趙道德墓誌

隋 蕭氏墓誌

隋 楊厲墓誌

唐 石經爾雅

緡 緍

【隸書】

隋 馬穉墓誌

【楷書】

唐 孫公乂墓誌

唐 無上道誌

維 維

【篆書】

東漢 祀三公山碑

【隸書】

西漢 武•士相見

西漢 武•泰射甲

三國魏 孔羨碑

北魏 元誨墓誌

北齊 司馬遵業墓誌

隋 謝岳墓誌

隋 張盖墓誌

隋 趙朗墓誌

唐 褚亮碑

唐 褚亮碑

唐 楊孝恭碑

唐 楊孝恭碑

【楷書】

北魏 和醜仁墓誌

北魏 元純阤墓誌

隋 陳叔榮墓誌

隋 梁坦墓誌

隋 勝福寺塔銘

隋 王光墓誌

隋 楊居墓誌

唐 石經周易

唐 薛文昭墓誌

唐 張矦墓誌

綿 緜

【篆書】

東漢 少室石闕銘

【隸書】

西漢 馬•老甲

東漢 伯興妻殘碑

唐 李貞墓誌

唐 潘基墓誌

【楷書】

北魏 馮邕妻墓誌

北魏 寇臻墓誌

北魏 吐谷渾璣墓誌

北魏 王翊墓誌

北魏 元斆墓誌

北魏 鄭黑墓誌

東魏 元光基墓誌

隋 程氏墓誌

隋 暴永墓誌

隋 暴永墓誌

隋 暴永墓誌

隋 姬威墓誌

隋 李元墓誌

唐 陳泰墓誌

唐 程俊墓誌陰

隋 盧文構墓誌
隋 陶貴墓誌
隋 田光山妻墓誌
唐 王齊丘墓誌
隋 王世琛墓誌
唐 車益墓誌
唐 崔琪墓誌
唐 康智墓誌
唐 清真殘塔銘
唐 石經五經

唐 唐嘉會墓誌
唐 王素墓誌
唐 吳孝墓誌
唐 楊會墓誌

綸

【隸書】

西漢 馬•老子甲後
西漢 馬•老子甲後
西漢 馬•縱橫
北齊 司馬遵業墓誌
隋 豆盧實墓誌
隋 侯肇墓誌
隋 蕭瑾墓誌
唐 崔祐甫墓誌
唐 李貞墓誌
唐 潘基墓誌

唐 屈突通墓誌
唐 趙叡沖碑

【楷書】

北魏 郭顯墓誌
北魏 嚴震墓誌
北魏 元洛神墓誌
北魏 元乂墓誌
北魏 元子直墓誌
北齊 竇泰墓誌
隋 馬少敏墓誌
隋 宋玉艷墓誌

隋 蘇慈墓誌
唐 程君妻墓誌
唐 柳昱妻墓誌
唐 路巖墓誌
唐 楊執一墓誌

綜

【隸書】

東漢 曹全碑陽
東漢 武榮碑
東漢 行事渡君碑
東漢 楊著碑陽
三國魏 王基斷碑
唐 李神符碑
唐 屈突通墓誌
唐 沈知敏墓誌

【楷書】

北魏 宮內司楊墓誌
北魏 韓顯宗墓誌

北魏 王瑑墓誌
北魏 薛伯徽墓誌
北魏 嚴震墓誌
北魏 元煥墓誌
北魏 元襲墓誌
北魏 元乂墓誌
北魏 元珍墓誌
北魏 元纘遠墓誌
東魏 李憲墓誌
北齊 婁黑女墓誌

西魏 任氏墓誌
隋 程諧墓誌
唐 李福墓誌
唐 宇文氏墓誌

綣繾	綰綰	綷	緱緱	⿰糸居	緇緇		
【楷書】  北魏 元珍墓誌  東魏 元鷙墓誌  唐 裴沙墓誌  唐 魏公韋氏墓誌	【隸書】  唐 史思禮墓誌  唐 朱崇慶墓誌 【楷書】  北周 盧蘭墓誌  唐 劉庭訓墓誌  唐 王游藝墓誌	【楷書】  唐 安元壽墓誌  唐 張點墓誌	【楷書】 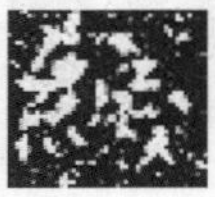 唐 獨孤開遠墓誌	【楷書】  後唐 康贊羑墓誌	【隸書】  西漢 居新•2216  西漢 武•服傳甲  西漢 武•特牲甲  唐 孔子廟碑  唐 鄭忠墓碑 【楷書】  北魏 慈慶墓誌  北魏 元純陁墓誌  北魏 元朗墓誌  北魏 元乂墓誌  東魏 淨智塔銘	 北齊 劉碑造像銘  隋 張波墓誌  唐 那提墓誌  唐 石經五經  唐 石經五經  唐 石經儀禮  唐 王緩墓誌  唐 王協墓誌  唐 玄秘塔碑  唐 言禪師塔銘	 唐 鄭宇墓誌

綴

【隸書】

西漢 武•泰射甲

東漢 史晨前碑

北周 華嶽頌

隋 高虬墓誌

唐 懷古詩刻

【楷書】

晉 華芳墓誌陰

北魏 筍景墓誌

北魏 賈瑾墓誌

北魏 陸紹墓誌

北魏 王昌墓誌

北魏 王普賢墓誌

北魏 楊府君墓誌

北魏 元寧墓誌

北魏 元颺墓誌

北魏 元誘墓誌

北周 普安壯公墓誌

北周 時珍墓誌

隋 賈通墓誌

唐 李弘禮墓誌

唐 李仙蕙志

綠

【隸書】

隋 蕭瑾墓誌

唐 劉愼墓誌

唐 唐直墓誌

【楷書】

北魏 韓氏墓誌

北魏 元崇業墓誌

北魏 元壽安墓誌

隋 翟突娑墓誌

唐 孟秀榮墓誌

唐 魏孝本墓誌

唐 楊珽墓誌

唐 張君妻田墓誌

緬

【隸書】

晉 郛休碑陽

隋 爾朱敞墓誌

唐 闞道愛墓誌

唐 柳偘妻墓誌

唐 張延賞殘碑

【楷書】

北周 盧蘭墓誌

唐 樊廉墓誌

唐 棲巖寺詩刻

唐 張楚璋墓誌

緤

【楷書】

北魏 元繼墓誌

緘

【隸書】

西漢 馬•天下

唐 崔沔墓誌陽

【楷書】

唐 崔載墓誌

唐 重藏舍利記

練

【隸書】

西漢 馬•十問

漢晉 流簡紙

東漢 張遷碑陽

隋 豆盧實墓誌

隋 爾朱敞墓誌

隋 馬長和造像

唐 董虔運墓誌

唐 盧行毅墓誌

【楷書】

北魏 爾朱襲墓誌

北魏 姚伯多供養碑

東魏 元湛墓誌
唐 李護墓誌
唐 石經禮記
唐 石經五經
唐 王齊丘墓誌
唐 玄秘塔碑
唐 執失善光

緗緗

【隸書】

隋 宋仲墓誌

【楷書】

北魏 元洛神墓誌
隋 賈通墓誌
隋 王楚英墓誌
唐 姚義墓誌
唐 元伏和墓誌
唐 周藻墓誌

緼緼

【隸書】

隋 楊真墓誌
唐 張翼墓誌

【楷書】

北魏 赫連悦墓誌
唐 崔縕墓誌
唐 石經五經
唐 張叔遵墓誌

緦緦

【楷書】

唐 石經禮記

緝緝

【隸書】

東漢 孔宙碑陽
三國魏 曹真殘碑陰
晉 辟雍頌陽
晉 郭槐柩記
北齊 司馬遵業墓誌
唐 孔子廟碑
唐 李貞墓誌
唐 龐履温碑
唐 王媛墓誌陽
唐 張頵墓誌

【楷書】

晉 華芳墓誌陰
北魏 慈慶墓誌
北魏 和醜仁墓誌
北魏 寇演墓誌
北魏 元瞻墓誌
北齊 爾朱元靜墓誌
北齊 雋敬碑
東魏 李挺墓誌
隋 衛美墓誌
唐 荊從臯墓誌

唐 石經五經
唐 越國太妃墓誌
唐 張俊墓誌
唐 張去奢墓誌
唐 張氏墓誌

緹緹

【隸書】

秦 睡 72
西漢 居新•2200
西漢 居新•4940
漢晉 流簡紙

【楷書】

隋 張貴男墓誌
唐 牛阿師墓誌

緧	緟	緥	縋	緱	緵		緩
【楷書】 唐 石經五經	【楷書】 唐 梁令直墓誌	【楷書】 北魏 元壽安墓誌 東魏 侯海墓誌陽 唐 李福墓誌 唐 李敬瑜墓誌 唐 石經五經 唐 孫嗣初妻墓誌 唐 王豫墓誌	【楷書】 唐 石經五經 唐 姚存古墓誌	【隸書】 西漢 張•477 唐 嵩陽觀碑 唐 朱君妻王墓誌 【楷書】 唐 崔守約墓誌 唐 梁秀墓誌 唐 嚴令元墓誌 唐 張楚璋墓誌 唐 張滂墓誌 後梁 惠光舍利塔銘	【楷書】 唐 石經爾雅	隋 盧文機墓誌 隋 楊居墓誌 唐 崔廷妻墓誌 唐 王緩墓誌	【隸書】 秦 睡93 西漢 馬•老乙前 西漢 馬•養生 西漢 馬•縱橫 西漢 張•1084 北周 華嶽頌 隋 爾朱端墓誌 隋 澧水石橋碑 隋 宋景造像碑 【楷書】 東魏 元悰墓誌

線

【楷書】

北魏 馮會甚墓誌

緯

【楷書】

北魏 爾朱紹墓誌

北魏 元乂墓誌

隋 蕭翹墓誌

唐 薛贖墓誌

唐 趙仲子墓誌

緯

【隸書】

西漢 居新•2520

西漢 居新•6600

東漢 曹全碑陽

東漢 楊震碑

東漢 乙瑛碑

隋 叱李綱子墓誌

隋 爾朱敞墓誌

唐 屈突通墓誌

唐 尹尊師碑

唐 尹尊師碑

編

【楷書】

北魏 元頊墓誌

東魏 張瓘墓誌

隋 鮑氏墓誌

隋 常泰妻墓誌

唐 桑粤墓誌

唐 張臣合墓誌

後梁 蕭符墓誌

編

【隸書】

西漢 居新•1943

西漢 居新•216

西漢 居新•224

西漢 居新•2825

西漢 居新•706

東漢 西•劾狀

兩漢 西•馬簡

隋 馬少敏墓誌

唐 崔祐甫墓誌

唐 孔子廟碑

緶

【楷書】

三國吳 走•五年

唐 范寓墓誌

唐 閻虔福墓誌

後唐 行鈞塔銘

締

【隸書】

北周 華嶽頌

北齊 司馬遵業墓誌

唐 闞道愛墓誌

唐 庫狄真相墓誌

唐 李神符碑

唐 李彥墓誌

唐 興寺碑

【楷書】

北魏 元固墓誌

北魏 元謐墓誌

隋 盧文構墓誌

緣

【隸書】

秦 睡77

西漢 張•40

漢晉 流簡紙

東漢 西狹頌

東漢 楊震碑

隋 宋景造像碑

隋 宋景造像碑

唐 修定寺記碑

唐 修定寺記碑

【楷書】

晉 黃庭内景經

北魏 劉璿造像記

北魏 元煥墓誌

北齊 韓山剛造像

北齊 僧道建造象

北齊 司馬遵業墓誌

隋 薛保興墓誌

唐 崔泰之墓誌

唐 李審規墓記

唐 呂思禮墓誌

唐 慕容曉墓誌

唐 慕容曉墓誌

唐 石經五經

唐 王感墓誌

唐 向清墓誌

唐 執失善光

闕 造義井記

緰

【楷書】

唐 石經五經

縠

【隸書】

西漢 馬•老子甲後

【楷書】

北魏 石婉墓誌

北魏 元譚墓誌

唐 正性墓誌

縣

【篆書】

東漢 少室石闕銘

隋 澧水石橋碑額

唐 長明燈樓頌

唐 城隍廟碑

唐 清源縣主誌蓋

唐 文宣王廟碑額

唐 于孝顯碑額

【隸書】

秦 睡45

秦 關周•病方

西漢 馬•天下

西漢 馬•縱橫

西漢 馬•縱橫

西漢 張•1131

西漢 居新•1425

西漢 居新•3588

西漢 居新•3785

西漢 居新•5365

西漢 西•調廩

兩漢 傳馬名籍

兩漢 傳馬名籍

兩漢 武•王杖

漢晉 流簡紙

東漢 白石神君碑

東漢 曹全碑陽

東漢 曹全碑陽

東漢 曹全碑陰

東漢 公乘田魴記

東漢 開通褒斜道

東漢 孔宙碑陽

東漢 石門頌

繫

【楷書】

唐 崔玄藉妻墓誌

唐 河南元氏墓誌

唐 王晉妻合誌

唐 鮮于氏墓誌

唐 嬰殤女墓誌

唐 張侯墓誌

後唐 吳君妻曹墓誌

後梁 蕭符墓誌

隋 皇甫深墓誌

隋 申穆及妻墓誌

隋 王楚英墓誌

隋 王光墓誌

唐 崔素墓誌

唐 李訥妃墓誌

唐 李訥妃墓誌

唐 劉玄豹妻墓誌

唐 石經五經

唐 王之渙墓誌

唐 張叡墓誌

【楷書】

三國吳 走•四年

三國吳 走•五年

南朝梁 楊公則誌

北魏 長孫子澤墓誌

北魏 寇憑墓誌

北魏 僧達四十人造像

北魏 王翊墓誌

北魏 元簡殘石

東魏 張僧安造像

隋 趙朗墓誌

唐 李神符碑

唐 屈突通墓誌

唐 史思禮墓誌

唐 蘇洪姿墓誌

唐 王震墓誌

唐 韋士逸墓誌

唐 行儼碑

唐 楊孝恭碑

唐 尹尊師碑

隋 任軌墓誌

隋 任顯及妻誌

隋 勝福寺塔銘

隋 蘇恒墓誌

隋 蘇恒墓誌

隋 張僧殷墓銘

隋 張僧殷墓銘

隋 張盛墓誌

隋 張盛墓誌

隋 趙朗墓誌

晉 辟雍頌陽

北魏 翟普林造像

北齊 法懃塔銘

隋 暴永墓誌

隋 豆盧實墓誌

隋 郭王墓誌

隋 郭王墓誌

隋 劉寶及妻墓誌

隋 劉寶及妻墓誌

隋 劉珍墓誌

東漢 史晨後碑

東漢 宋伯望買田券正

東漢 西狹頌

東漢 薌他君記額

東漢 薌他君題記

東漢 薌他君題記

東漢 許安國題記

東漢 造土牛碑

東漢 張遷碑陽

東漢 趙寬碑

縢

【楷書】

北魏 元顥墓誌

北魏 元天穆墓誌

隋 口靜墓誌

唐 石經尚書

唐 楊承胤墓誌

縈

【隸書】

北齊 感孝頌

隋 高虬墓誌

隋 元鐘墓誌

唐 豆盧建墓誌

唐 戒壇碑

【楷書】

北魏 陳天寶造像

北齊 婁黑女墓誌

隋 橋紹墓誌

唐 崔素墓誌

唐 韓氏合葬誌

唐 石經五經

唐 鄭濆墓誌

綷

【楷書】

唐 孫君妻李墓誌

縛

【隸書】

秦 睡 59

西漢 張•1138

東漢 曹全碑陽

東漢 西狹頌

【楷書】

隋 段威墓誌

唐 李濤墓誌

唐 石經五經

唐 玄秘塔碑

縉

【篆書】

唐 城隍廟碑

【隸書】

東漢 曹全碑陽

東漢 楊著碑陽

晉 辟雍頌陽

隋 爾朱敞墓誌

隋 爾朱端墓誌

唐 崔泰之墓誌

【楷書】

北魏 封魔奴墓誌

北魏 侯愔墓誌

北魏 盧令媛墓誌

北魏 于纂墓誌

北魏 元彥墓誌

隋 王楚英墓誌

唐 蘇嗣君墓誌

唐 陶後興墓誌

緻

【楷書】

北魏 元壽安墓誌

唐 賈隱及妻墓誌

縟

【隸書】

唐 孔子廟碑

唐 鄭國長公主碑

【楷書】

北魏 元廞墓誌

唐 蘇斌墓誌

唐 楊道綱墓誌

唐 楊乾光墓誌

縓

【隸書】

西漢 武•服傳甲

【楷書】

唐 石經爾雅

縺

【隸書】

東漢 張遷碑陽

縝

【楷書】

唐 李爽墓誌

唐 李思貞墓誌

唐 曲元縝墓誌

縜

【楷書】

唐 石經五經

縐

【楷書】

唐 石經五經

縫

【隸書】

西漢 馬•縱橫

唐 孔子廟碑

【楷書】

北魏 馮邕妻墓誌

唐 崔延墓誌

縭

【楷書】

唐 石經五經

唐 小娘子太墓誌

縗
【隸書】
唐 龐履温碑
【楷書】
唐 柏善德妻墓誌
唐 法玩塔銘
唐 石經五經
唐 陶英妻墓誌
唐 楊執一墓誌
唐 源光俗妻墓誌
唐 宗夫人墓誌

縊
【楷書】
唐 報德記
唐 劉濬墓誌

縞
【隸書】
西漢 張•279
晉 郭槐柩記
唐 陳泰墓誌
唐 徐盼墓誌
唐 義福禪師碑
唐 雲居寺殘碑
【楷書】
北魏 李璧墓誌陽
唐 李仙蕙志
唐 石經禮記
唐 石經尚書

縑
【隸書】
西漢 張•1210
西漢 張•1215
西漢 西•馬牘
隋 宋仲墓誌
唐 李彥墓誌
唐 王媛墓誌陰
【楷書】
北魏 李遵墓誌
北魏 元茂墓誌
隋 程諧墓誌
唐 郭麗墓誌
唐 姬温墓誌
唐 苗善物墓誌
唐 裴首兒墓誌

繄
【隸書】
唐 崔祐甫墓誌
【楷書】
唐 白知禮墓誌
唐 崔元二墓誌
唐 盧昂墓誌
唐 石浮圖銘
唐 石經五經
唐 史待賓墓誌

縶
【隸書】
唐 鄭忠墓碑
【楷書】
北魏 元延明墓誌
北齊 竇泰墓誌
北齊 竇泰墓誌
隋 陳叔明墓誌
隋 劉德墓誌
唐 崔延墓誌

繁
【篆書】
唐 三墳記陽
【隸書】
東漢 從事馮君碑
東漢 夏承碑
東漢 楊震碑
北齊 司馬遵業墓誌
隋 段濟墓誌
隋 爾朱端墓誌
隋 高虬墓誌
隋 張儉及妻墓誌
唐 北嶽廟碑

唐 蔡君妻墓誌
唐 李神符碑
唐 石臺孝經
唐 史思禮墓誌
唐 譚伍墓誌
唐 郎國長公主碑

【楷書】

北魏 穆亮墓誌
北魏 元寶月墓誌
北魏 元誕墓誌
北魏 元恭墓誌

北魏 元欽墓誌
北魏 元天穆墓誌
北齊 司馬遵業墓誌
東魏 王偃墓誌
隋 橋紹墓誌
隋 宋玉艷墓誌
隋 王弘墓誌
隋 吳嚴墓誌
唐 王氏殘墓誌
後梁 蕭符墓誌

縻

【隸書】

隋 豆盧實墓誌
隋 豆盧實墓誌
唐 李彥墓誌
唐 李彥墓誌

【楷書】

北魏 于纂墓誌
隋 寇奉叔墓誌
唐 白敏中墓誌
唐 程瞻墓誌
唐 石經五經

繇

【隸書】

秦 睡 28
西漢 馬•老乙前
西漢 馬•老乙前
西漢 馬•老子甲後
西漢 馬•老子甲後
西漢 張•435
東漢 禮器碑
東漢 西狹頌
東漢 造土牛碑
晉 郭休碑陽

唐 京兆金氏墓誌

【楷書】

晉 筆陣圖
隋 鞏賓墓誌
唐 安元壽墓誌
唐 陳守素妻墓誌
唐 樊涚墓誌
唐 賈隱及妻墓誌
唐 石經尚書
唐 司馬銓墓誌
唐 魏公韋氏墓誌

唐 越國太妃墓誌
唐 重藏舍利記

績

【篆書】

三國魏 正始石經

【隸書】

西漢 習字觚
漢晉 流簡紙
東漢 韓仁銘
東漢 衡方碑
東漢 孔宙碑陽
東漢 朐忍令碑
東漢 朐忍令碑
東漢 鮮于璜碑陰
東漢 楊統碑陽

東漢 趙寬碑
隋 豆盧實墓誌
隋 爾朱敞墓誌
隋 關明墓誌
隋 郭休墓誌
隋 王榮及妻墓誌
隋 修孔子廟碑
唐 陳憲墓誌
唐 潘基墓誌
唐 史思禮墓誌

續

唐 尹尊師碑

唐 趙冬曦壙誌

【楷書】

北魏 寇演墓誌

北魏 元子正墓誌

北魏 鄭黑墓誌

隋 劉明及妻墓誌

唐 段承宗墓誌

唐 李鼎墓誌

唐 石經尚書

唐 石經尚書

縹

【隸書】

西漢 居新•2722

【楷書】

唐 楊承胤墓誌

縛

【楷書】

唐 石經五經

縲

【楷書】

北魏 元繼墓誌

縵

【隸書】

西漢 馬•老子甲後

西漢 張•306

唐 楊孝恭碑

【楷書】

北齊 無量義經

唐 段洽墓誌

唐 孔桃栓墓誌

縷

【隸書】

西漢 張•279

西漢 武•服傳甲

隋 馬少敏墓誌

【楷書】

隋 鄭善妃墓誌

唐 淳于氏墓誌

唐 楊執一墓誌

縱

【篆書】

唐 峿臺銘

【隸書】

秦 睡58

西漢 張•114

西漢 張•128

西漢 張•167

西漢 西•善劍

東漢 石門頌

東漢 夏承碑

東漢 圉令趙君碑

三國魏 孔羨碑

晉 徐義墓誌陽

北齊 司馬遵業墓誌

北齊 司馬遵業墓誌

隋 爾朱端墓誌

隋 爾朱端墓誌

隋 劉寶及妻墓誌

隋 牛諒墓誌

隋 宋景造像碑

唐 蔡君妻墓誌

唐 蔡君妻墓誌

唐 大忍寺碑

唐 李神符碑

唐 張騫墓誌

唐 趙冬曦壙誌

唐 趙叡沖碑

唐 朱君妻王墓誌

【楷書】

北魏 李頤墓誌

北魏 鄯乾墓誌

北魏 王紹墓誌

北魏 王翊墓誌

北魏 楊阿真造像

北魏 元顥墓誌

北魏 元朗墓誌

北魏 元融墓誌

北魏 元颺墓誌

北魏 元彝墓誌

北魏 元瞻墓誌

北魏 元子直墓誌

北齊 董洪達造像銘

北齊 彭城寺碑陽

北齊 司馬遵業墓誌

東魏 王偃墓誌

東魏 張瓘墓誌

隋 高緊墓誌

唐 崔公妻墓誌

唐 樊廉墓誌

唐 劉珵墓誌

唐 索相兒墓誌

後唐 西方鄴墓誌

總

【篆書】

隋 賀若誼碑額

【隸書】

秦 睡 17

北齊 竇泰墓誌

北齊 夫子廟碑

北齊 感孝頌

北齊 司馬遵業墓誌

北齊 司馬遵業墓誌

隋 叱李綱子墓誌

隋 段濟墓誌

隋 段濟墓誌

隋 爾朱敞墓誌

隋 爾朱敞墓誌

隋 爾朱敞墓誌

隋 爾朱端墓誌

隋 高虬墓誌

隋 任軌墓誌

隋 張儉及妻墓誌

隋 鄭令妃墓誌

唐 崔泰之墓誌

唐 崔祐甫墓誌

唐 柳偘妻墓誌

唐 唐直墓誌

唐 張翼墓誌

【楷書】

北魏 帝寺造像

北魏 侯剛墓誌

北魏 李超墓誌

北魏 李渠蘭墓誌

北魏 穆亮墓誌

北魏 穆纂墓誌

北魏 薛慧命墓誌

北魏 于景墓誌

北魏 元端墓誌

北魏 元端妻墓誌

北魏 元固墓誌

北魏 元顥墓誌

北魏 元暉墓誌

北魏 元徽墓誌

北魏 元繼墓誌

北魏 元順墓誌

北魏 元思墓誌

北魏 元悌墓誌

北魏 元天穆墓誌

北魏 元暐墓誌

北魏 元廞墓誌

北魏 元演墓誌

北魏 元遙墓誌

北魏 元液墓誌

北魏 元乂墓誌

北魏 元子正墓誌

北魏 元子正墓誌

北周 郭賢造象

北齊 司馬遵業墓誌

東魏 元悰墓誌

北齊 元賢墓誌

東魏 元湛墓誌

北齊 鄭天柱山銘

隋 獨孤羅墓誌

隋 梁瓌墓誌

唐 阿史那貞忠墓誌

唐 阿史那貞忠墓誌

唐 長孫盱墓誌

唐 多寶塔碑

唐 多寶塔碑

唐 蓋暢墓誌

唐 皇甫璧墓誌

唐 居士寫經記

唐 李頔及妻墓誌

唐 李紹墓誌

唐 李壽墓誌

唐 李信墓誌

唐 能師墓誌

唐 申好墓誌

唐 師弘禮墓誌

唐 石經九經

唐 石經尚書

唐 石經尚書

唐 石經五經

唐 蘇恩妻墓誌

唐 効姬墓誌

唐 楊執一墓誌

唐 張先墓誌

唐 朱簡墓誌

唐 朱庭玘墓誌

縮

【楷書】

晉 黃庭內景經

唐 石經穀梁傳

唐 索崇墓誌

繂

【楷書】

唐 安思節墓誌

繽

【楷書】

唐 楊寧墓誌

縿

【楷書】

唐 石經爾雅

唐 石經五經

繦

【隸書】

東漢 曹全碑陽

【楷書】

北魏 元純陁墓誌

北魏 元舉墓誌

東魏 侯海墓誌陽

唐 崔珏墓誌

唐 高憲墓誌

唐 李敬瑜墓誌

唐 劉阿廷墓誌

唐 石經五經

唐 王公度墓誌

唐 王豫墓誌

唐 楊執一墓誌

繆

【隸書】

秦 睡77

西漢 馬•老甲

西漢 馬•老乙前

西漢 居新•1006

東漢 張遷碑陽

隋 牛諒墓誌

隋 蘇恒墓誌

唐 盧君妻墓誌

唐 宴濟瀆序陰額

【楷書】

北魏 元繼墓誌

北魏 元壽安墓誌

北魏 張安姬墓誌

北齊 高清墓誌

隋 蕭氏墓誌

隋 楊厲墓誌

隋 張軻墓誌

唐 劉娘子墓誌

唐 毗伽特勤墓誌

繅

【楷書】

唐 石經五經

縈

【楷書】

唐 石經五經

繞

【隸書】

隋 口靜墓誌

唐 白鹿泉碑陽

唐 李神符碑

唐 尹文操碑

唐 朱君妻王墓誌

【楷書】

晉 黃庭内景經

北魏 李頤墓誌

北魏 唐耀墓誌

隋 口恔昂墓誌

唐 多寶塔碑

唐 廣惠塔銘

唐 慕容思廉墓誌

唐 蘇恩妻墓誌

唐 王元明經幢

唐 許琮妻墓誌

唐 楊孝弼墓誌

唐 於遂古墓誌

(Column without heading)

北魏 元洛神墓誌

北魏 張盧墓誌

隋 宋玉艷墓誌

唐 陳君妻王墓誌

唐 陳君妻楊墓誌

唐 侯智元妻墓誌

唐 石經尚書

唐 蘇斌墓誌

唐 王太貞墓誌

織

【隸書】

秦 睡228

西漢 張•881

西漢 張•881

東漢 曹全碑陽

東漢 朐忍令碑

晉 辟雍頌陽

唐 盧君妻墓誌

唐 張叡墓誌

【楷書】

北魏 司馬顯姿墓誌

北魏 元純阤墓誌

(Column without heading)

東魏 元均及妻墓誌

唐 房懷亮墓誌

唐 孫光墓誌

唐 王有囗造像

繕

【隸書】

秦 睡27

西漢 居新•3118

西漢 居新•3847

西漢 居新•5225

西漢 西•馬牘

兩漢 武•王杖

東漢 封龍山頌

唐 尹文操碑

唐 張叡墓誌

【楷書】

南朝梁 舊館壇碑

繒

【隸書】

秦 睡77

西漢 馬•天下

西漢 張•279

西漢 張•902

【楷書】

北魏 韓顯宗墓誌

北魏 李超墓誌

隋 寧贙墓碑

唐 李壽墓誌

唐 張道昇墓誌

繢

【隸書】

唐 抱腹寺碑

唐 北獄廟碑

【楷書】

晉 華芳墓誌陰

北魏 元維墓誌

北魏 元延明墓誌

東魏 元均及妻墓誌

唐 宮官司設墓誌

唐 石經五經

唐 越國太妃墓誌

唐 張柔範墓誌

唐 左光胤墓誌

繚

【隸書】

唐 文宣王廟門碑

唐 貞一廟碑

唐 貞一廟碑

【楷書】

北魏 元愔墓誌

唐 韋行懿墓誌

繐

【隸書】

唐 張倖墓誌

【楷書】

唐 武盟母殘碑

唐 張元墓誌

後唐 康贊羑墓誌

繘

【楷書】

唐 石經五經

唐 石經周易

繮

【楷書】

唐 石經五經

繫

【隸書】

漢晉 流簡紙

隋 修孔子廟碑

唐 辛雲京妻墓誌

唐 尹文操碑

【楷書】

北魏 元瞻墓誌

東魏 杜文雍造像

東魏 高翻碑

北周 寇胤哲墓誌

唐 䧽君妻王墓誌

唐 崔弘禮墓誌

唐 林寺戒壇銘

唐 劉府君墓誌

唐 石經五經

唐 石經周易

唐 魏孝本墓誌

唐 薛驥墓誌

唐 顏相墓誌

唐 越國太妃墓誌

唐 張信墓誌

唐 朱簡墓誌

繴

【楷書】

唐 石經爾雅

繩

【隸書】

西漢 馬•老乙前

西漢 馬•老子甲後

西漢 馬•老子甲後

西漢 居新•3546

西漢 武•服傳甲

漢晉 流簡紙

東漢 尚博殘碑

東漢 夏承碑

北周 華嶽頌

北齊 司馬遵業墓誌

隋 豆盧實墓誌

隋 豆盧實墓誌

隋 蘇恒墓誌

唐 修定寺記碑

唐 楊孝恭碑

唐 楊孝恭碑

【楷書】

北魏 侯剛墓誌

北魏 元徽墓誌

北齊 竇泰墓誌

唐 姬温墓誌

唐 李霞光墓誌

唐 盧翊墓誌

唐 石經尚書

唐 石經五經

唐 蘇卿墓誌

唐 尉遲敬德墓誌

唐 効姬墓誌

繡繡

【隸書】

西漢 馬•老子甲後

北齊 法懃塔銘

隋 爾朱敞墓誌

隋 蘇恒墓誌

【楷書】

北魏 馮邕妻墓誌

北魏 宮内司楊墓誌

北魏 張安姬墓誌

東魏 孫妃造像記

隋 程諧墓誌

唐 杜君妻墓誌

繵

【隸書】

東漢 張遷碑陽

繶

【楷書】

唐 石經儀禮

繪繪

【隸書】

唐 八都壇碑

唐 北嶽廟碑

【楷書】

東魏 浮智塔銘

唐 石經五經

唐 玄秘塔碑

唐 張懷文墓誌

繳

【隸書】

西漢 張•564

【楷書】

唐 李勣墓誌

唐 强偉墓誌

繾繾

【楷書】

晉 華芳墓誌陰

北魏 元珍墓誌

唐 劉密妻崔墓誌

繹繹

【隸書】

秦 睡 230

【楷書】

北魏 宋靈妃墓誌

唐 李弘裕墓誌

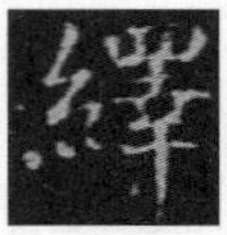

唐 韓恆墓誌

唐 王宣墓誌

唐 薛淑墓誌

唐 顔家廟碑

繰繰

【楷書】

唐 石經五經

繡

唐 李道因墓誌

唐 李君殘墓誌

隋 劉相及妻墓誌

唐 石經尚書

唐 王大劍墓誌

隋 張濬墓誌

唐 張義墓誌

纀

【楷書】

唐 石經五經

纂

【篆書】

隋 宋仲墓誌

【隸書】

東漢 鮮于璜碑陽

東漢 趙寬碑

隋 郭王墓誌

唐 崔暟墓誌陽

唐 嵩陽觀碑

唐 王子麟墓誌

【楷書】

北魏 穆亮墓誌

北魏 司馬紹墓誌

北魏 吐谷渾璣墓誌

北魏 于纂墓誌

北魏 于纂墓誌

北魏 于纂墓誌

北魏 元彬墓誌

北魏 元煥墓誌

北魏 元天穆墓誌

北魏 元顯魏墓誌

北齊 竇泰墓誌

東魏 高湛墓誌

北齊 劉碑造像銘

北齊 僧靜明造像

東魏 張瓘墓誌

隋 宋玉艷墓誌

隋 殷洪纂造像

唐 崔眘妻墓誌

唐 歐陽琰妻墓誌

唐 桑貞墓誌

唐 石經五經

唐 顔相墓誌

唐 鄭温球墓誌

唐 越國太妃墓誌

辮

【楷書】

唐 裴沙墓誌

唐 楊執一墓誌

唐 張素墓誌

繻

【隸書】

西漢 居新•9052

西漢 武•少牢甲

西漢 武•泰射甲

西漢 武•特牲甲

東漢 景君碑陰

【楷書】

唐 獨孤開遠墓誌

唐 申守墓誌

唐 屠暉光墓誌

繐

【隸書】

唐 戴令言墓誌

【楷書】

唐 石經尚書

唐 石經儀禮

唐 石經儀禮

唐 石經儀禮

唐 鄭君妻李墓誌

唐 鄭魯墓誌

繽

【篆書】

東漢 馬姜墓記

【隸書】

唐 嵩陽觀碑

【楷書】

北魏 穆纂墓誌

唐 獨孤開遠墓誌

唐 樊廉墓誌

纊

【楷書】

北魏 元弼墓誌

北齊 婁黑女墓誌

隋 張壽墓誌

唐 匹婁思墓誌

唐 石經尚書

唐 思恒墓誌

繼

【篆書】

西漢 馬•縱横

東漢 西狹頌

隋 蕭瑾墓誌

唐 三墳記陰

【隸書】

西漢 馬•十問

西漢 馬•天下

西漢 馬•縱横

西漢 武•泰射甲

東漢 曹全碑陽

東漢 石門頌

東漢 鮮于璜碑陽

東漢 楊震碑

東漢 尹宙碑

隋 豆盧實墓誌

隋 豆盧實墓誌

隋 姬威墓誌

隋 賈通墓誌

隋 宋景造像碑

隋 修孔子廟碑

唐 崔暟墓誌陽

唐 崔祐甫墓誌

唐 崔志墓誌

唐 李貞墓誌

唐 潘基墓誌

唐 楊孝恭碑

唐 楊孝恭碑

唐 楊孝恭碑

唐 張翼墓誌

唐 趙冬曦壙誌

唐 趙冬曦壙誌

唐 趙冬曦壙誌

唐 鄭忠墓碑

【楷書】

晉 華芳墓誌陰

北魏 陳天寶造像

北魏 爾朱紹墓誌

北魏 于纂墓誌

北魏 元昭墓誌

北齊 元賢墓誌

東魏 元湛墓誌

隋 陳叔明墓誌

隋 丁氏墓誌

隋 王楚英墓誌

隋 造橋殘碑

隋 張喬墓誌

唐 崔元二墓誌

唐 段文絢墓誌

唐 葛亮祠堂碑

唐 李琮墓誌

唐 李偘偘墓誌

唐 李審規墓記

纏

【隸書】

西漢 居新•3518

隋 澧水石橋碑

唐 崔志墓誌

【楷書】

三國吳 走•四年

三國吳 走•五年

北魏 馮迎男墓誌

北魏 韓顯宗墓誌

北魏 姚伯多供養碑

北魏 元壽安墓誌

北魏 元子正墓誌

纆

【楷書】

唐 柏虔玉墓誌

唐 李元簡墓誌

唐 石經五經

唐 石經周易

隋 田光山妻墓誌

唐 崔素墓誌

唐 張滂墓誌

續

【隸書】

秦 睡 143

西漢 馬•天下

西漢 馬•縱橫

漢晉 流簡紙

東漢 曹全碑陽

東漢 郙閣頌

隋 劉多墓誌

唐 石臺孝經

【楷書】

北魏 元恭墓誌

北魏 元順墓誌

纇

【楷書】

唐 石經五經

纍

【隸書】

西漢 馬•合陰陽

西漢 張•1131

西漢 張•1157

唐 崔沔墓誌陽

【楷書】

北魏 元頊墓誌

唐 石經五經

唐 張忠義墓誌

繂

【楷書】

唐 石經爾雅

唐 李修已墓誌

唐 石經五經

唐 石經周易

唐 楊珽墓誌

唐 張才墓誌

唐 鄭儉墓誌

纖 纎

【隸書】

唐 崔沔墓誌陽

【楷書】

北齊 無量義經

隋 田德元墓誌

唐 陳懿妻墓誌

唐 東方朔畫讚

唐 房基墓誌

唐 石經尚書

唐 石經五經

隋 王楚英墓誌

隋 蕭翹墓誌

隋 楊厲墓誌

隋 張虔墓誌

唐 邊氏墓誌

唐 姬温墓誌

唐 李賢墓誌

唐 秦朗墓誌

唐 宋莊墓誌

後唐 康贊羙墓誌

隋 申穆及妻墓誌

隋 口和墓誌

隋 口靜墓誌

唐 潘基墓誌

【楷書】

北魏 鞠彥雲墓誌

北魏 乞伏寶墓誌

北魏 元彥墓誌

北魏 元誘墓誌

北魏 元子永墓誌

東魏 元仲英墓誌

纓 䋖

【篆書】

隋 宋仲墓誌

【隸書】

西漢 武•服傳甲

西漢 武•服傳甲

北齊 司馬遵業墓誌

隋 段濟墓誌

隋 賈通墓誌

隋 劉多墓誌

隋 任軌墓誌

隋 任顯及妻誌

隋 申穆及妻墓誌

纛

【楷書】

唐 石經五經

纑 纑

【楷書】

唐 石經五經

唐 鄭仁泰墓誌

唐 鄭宇墓誌

唐 鄭宇墓誌

唐 裴沙墓誌

北魏 張安姬墓誌

北周 夏侯純造像

隋 口徹墓誌

唐 呂行端墓誌

隋 蕭氏墓誌

唐 劉濬墓誌

唐 盧嶠墓誌

唐 石經五經

唐 王韜墓誌

唐 夏侯昣墓誌

纔

【隸書】

西漢 張•279

隋 馬穉墓誌

隋 宋景造像碑

唐 崔祐甫墓誌

唐 修定寺記碑

唐 義福碑陰

【楷書】

隋 □忱昂墓誌

隋 明雲騰墓誌

唐 潘卿墓誌

唐 陳汭墓誌

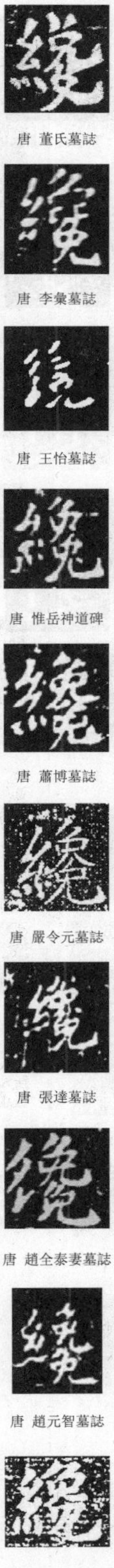

唐 董氏墓誌

唐 李彙墓誌

唐 王怡墓誌

唐 惟岳神道碑

唐 蕭博墓誌

唐 嚴令元墓誌

唐 張達墓誌

唐 趙全泰妻墓誌

唐 趙元智墓誌

後梁 韓仲舉妻墓誌

纕

【楷書】

唐 吉渾墓誌

唐 張先墓誌

纛

【楷書】

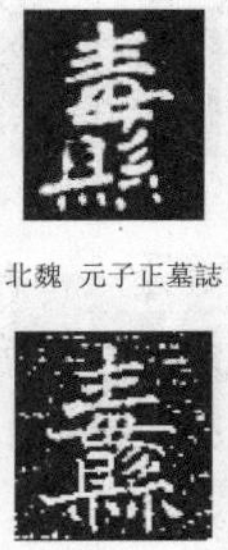

北魏 元子正墓誌

唐 毗伽特勤墓誌

纚

【楷書】

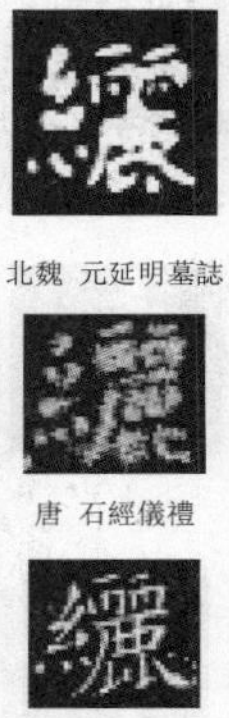

北魏 元延明墓誌

唐 石經儀禮

唐 張廉穆墓誌

纘

【隸書】

東漢 池陽令殘碑

東漢 楊震碑

東漢 尹宙碑

東漢 張遷碑陽

東漢 趙寬碑

三國魏 張君殘碑

唐 崔祐甫墓誌

唐 盧君妻墓誌

【楷書】

北魏 于纂墓誌

北魏 元繼墓誌

北齊 宇文誠墓誌

東魏 元寶建墓誌

唐 石經尚書

唐 王京墓誌

唐 薛瑤華墓誌

走部

走

【隸書】

秦 睡230

西漢 馬•老乙前

西漢 馬•老子甲後

西漢 馬•縱横

西漢 張•761

西漢 張•770

西漢 武•士相見

兩漢 西•馬簡

漢晉 流簡紙

東漢 淮源廟碑

隋 澧水石橋碑

唐 崔暄墓誌陽

【楷書】

三國吳 走•二年

北魏 山徽墓誌

北魏 元誕墓誌

北魏 元略墓誌

北魏 元融墓誌

北魏 元壽安墓誌

北魏 元子直墓誌

東魏 元均及妻墓誌

北齊 朱曇思造塔

隋 □徹墓誌

隋 張伏敬墓誌

唐 慶公神祠碑

唐 神策軍碑

後唐 康贊羑墓誌

赴

【隸書】

東漢 曹全碑陽

北魏 翟普林造像

北齊 司馬遵業墓誌

唐 豆盧建墓誌

唐 張休光墓誌

【楷書】

北魏 元熙墓誌

東魏 道穎造像

北齊 竇泰墓誌

北齊 高淯墓誌

北齊 司馬遵業墓誌

隋 段威墓誌

隋 盧文構墓誌

隋 王袞墓誌

唐 裴昭墓誌

唐 張難墓誌

赳

【隸書】

唐 高元珪墓誌

【楷書】

唐 李叔夏墓誌

唐 石經五經

唐 張羊墓誌

起

【篆書】

唐 三墳記陰

【隸書】

秦 睡120

秦 睡131

秦 睡268

西漢 馬•合陰陽

西漢 馬•老乙前

西漢 馬•老子甲後

西漢 馬•縱横

西漢 張•1070

西漢 張•745

西漢 張•782

西漢 居新•3592

西漢 居新•7424

西漢 西•善劍

前凉 西•木牘

兩漢 西•醫藥

漢晉 流簡紙

漢晉 流簡紙

漢晉 流簡紙

東漢 曹全碑陽

東漢 華山廟碑陽

東漢 買田約束石

東漢 孟孝琚碑

東漢 薌他君題記

東漢 薌他君題記

東漢 楊震碑

東漢 造土牛碑

東漢 趙儀碑

三國魏 孔羡碑

北齊 法懃塔銘

北齊 司馬遵業墓誌

隋 澧水石橋碑

隋 郭王墓誌

隋 侯肇墓誌

隋 口曈及妻墓誌

隋 馬少敏墓誌

隋 默曹殘碑

隋 申穆及妻墓誌

隋 王榮及妻墓誌

隋 口靜墓誌

隋 口靜墓誌

隋 蕭瑾墓誌

唐 崔祐甫墓誌

唐 崔祐甫墓誌

唐 石臺孝經

唐 王晉俗墓誌

唐 趙冬曦壙誌

【楷書】

三國吳 走•五年

南朝梁 羅浮山銘

北魏 荀景墓誌

北魏 寇猛墓誌

北魏 寇慰墓誌

北魏 寇霄墓誌

北魏 寇治墓誌

北魏 山徽墓誌

北魏 于景墓誌

北齊 竇泰墓誌

北齊 竇泰墓誌

北齊 竇泰墓誌

北齊 婁黑女墓誌

北齊 維摩經碑

北齊 無量義經

東魏 元湛墓誌

隋 常德將墓誌

隋 范安貴墓誌

隋 何氏墓誌

隋 王楚英墓誌

隋 元鍾墓誌

隋 元鍾墓誌

隋 張景略墓誌

隋 張盛墓誌

唐 崔湛墓誌

唐 石經尚書

唐 石經五經

唐 王玄起墓誌

唐 張去奢墓誌

後唐 王璠墓誌

越 𧺆

【篆書】

唐 碧落碑

唐 城隍廟碑

【隸書】

秦 睡 51

秦 關周•病方

西漢 馬•天下

西漢 馬•縱橫

西漢 居新•4749

西漢 居新•5397

西漢 居新•7182

東漢 朝侯小子碑

東漢 史晨後碑

東漢 熹平石經殘

三國魏 孔羨碑

晉 辟雍頌陽

隋 段濟墓誌

隋 口和墓誌

隋 修孔子廟碑

隋 趙朗墓誌

唐 李貞墓誌

唐 王泠然墓誌

唐 貞一廟碑

【楷書】

三國吳 走•五年

晉 華芳墓誌陰

北魏 侯剛墓誌

北魏 于纂墓誌

北魏 于纂墓誌

北魏 元彬墓誌

東魏 李憲墓誌

東魏 呂䝨墓誌

隋 陳叔明墓誌

隋 張禮墓誌

唐 崔饋妻合誌

唐 范重明墓誌

唐 石經尚書

唐 石經五經

唐 王公素墓誌

唐 雍如珪墓誌

唐 越國太妃墓誌

唐 張軫墓誌

唐 朱庭瑾墓誌

趄

【隸書】

唐 崔泰之墓誌

【楷書】

北魏 丘哲墓誌

北魏 元延明墓誌

唐 周敬本墓誌

趁

【楷書】

唐 劉濬墓誌

趌

【楷書】

隋 鄧昞墓誌

超

【篆書】

唐 碧落碑

【隸書】

西漢 居新•2277

西漢 居新•2286

東漢 王舍人碑

三國魏 范式碑陽

北魏 翟普林造像

北齊 西門豹碑陽

隋 豆盧實墓誌

隋 豆盧實墓誌

隋 澧水石橋碑

隋 符盛及妻墓誌

隋 郭休墓誌

隋 劉寶及妻墓誌

隋 默曹殘碑

唐 司馬寔墓誌

唐 楊孝恭碑

唐 張休光墓誌

【楷書】

魏晉 樓•紙

晉 華芳墓誌陽

北魏 寇憑墓誌

北魏 王僧男墓
北魏 元子正墓
北魏 袁超造像
北齊 高湝墓
東魏 淨智塔
北周 普安壯公
隋 皇甫深墓
隋 王楚英墓
隋 楊厲墓
隋 張伏敬墓

唐 多寶塔碑
唐 柳延宗墓誌
唐 唐嘉會墓誌
唐 蕭令臣墓誌
唐 臧懷恪墓碑

趨

【隸書】

唐 崔泰之墓誌

【楷書】

北魏 元延明墓誌
唐 周敬本墓誌

趙

【篆書】

東漢 群臣上醻碑
東漢 少室石闕銘
東漢 少室石闕銘
東漢 趙菿殘碑額
唐 陳君妻趙誌蓋

【隸書】

西漢 馬•縱橫
西漢 馬•縱橫
西漢 居新•3754
西漢 居新•5365
西漢 居新•5614

兩漢 西•馬簡
漢晉 流簡紙
東漢 曹全碑陰
東漢 封龍山頌
東漢 淮源廟碑
東漢 孔宙碑陰
東漢 孔宙碑陰
東漢 禮器碑側
東漢 禮器碑側
東漢 南陽石柱題名

東漢 石門頌
東漢 石門頌
東漢 楊震碑
東漢 尹宙碑
東漢 元嘉三年記
東漢 造土牛碑
東漢 趙儀碑
晉 馮恭石槨字
北齊 司馬遵業墓誌
北齊 趙桃椒妻造像

隋 口墮及妻墓誌
隋 李元墓誌
隋 李元墓誌
隋 吳嚴墓誌
隋 吳嚴墓誌
隋 趙朗墓誌
唐 修定寺記碑
唐 張顏墓誌

【楷書】

三國吳 走•四年
三國吳 走•四年

北魏 公孫猗墓誌
北魏 司馬氏墓誌
北魏 元弼墓誌
北魏 元謐墓誌
東魏 李挺墓誌
東魏 李憲墓誌
北齊 僧靜明造像
北齊 司馬遵業墓誌
隋 馬穉墓誌
隋 田光山妻墓誌

趨	趩	趡			趣	趚	
【隸書】	【楷書】	【楷書】			【隸書】	【楷書】	
西漢 馬•老子甲後	唐 石經五經	唐 石經九經	唐 薛蹟墓誌	隋 宋景造像碑	秦 睡 69	北齊 許儁等造像	隋 許愚眪造像
西漢 馬•縱橫			唐 張元墓誌	唐 豆盧建墓誌	西漢 張•629		隋 張波墓誌
兩漢 武•王杖			唐 張軫墓誌	唐 屈突通墓誌	西漢 居新•3125		唐 李侯墓誌
東漢 耿勳碑				唐 石臺孝經	西漢 居新•5332		唐 慕容麗墓誌
東漢 西狹頌				【楷書】	西漢 居新•6102		唐 慶公神祠碑
東漢 校官碑				北魏 王基墓誌	西漢 西•馬牘		唐 趙進墓誌
隋 豆盧賓墓誌				北魏 元彥墓誌	漢晉 流簡紙		
隋 豆盧賓墓誌				北齊 三十五佛名	東漢 史晨前碑		
隋 口靜墓誌				隋 郭寵墓誌	北齊 西門豹碑陽		
唐 告華嶽府君				唐 高彥墓誌	隋 李元墓誌		
				唐 李道因墓誌			

【楷書】

南朝宋 石驪銘

北魏 元爽墓誌

北齊 高清墓誌

東魏 李憲墓誌

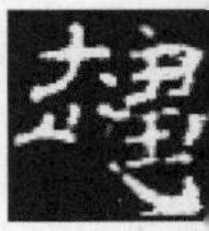
東魏 元悰墓誌

東魏 元湛墓誌

唐 盧承業墓誌

隋 薛保興墓誌

隋 張軻墓誌

唐 崔千里墓誌

唐 姬温墓誌

唐 李福墓誌

唐 李清墓誌

唐 李叔夏墓誌

唐 陸衆夫人墓誌

唐 石經五經

唐 惟岳神道碑

唐 楊基墓誌

唐 張弘墓誌

閩 堅牢塔記

後周 李公妻朱墓誌

趫 蹻

【楷書】

唐 楊萬榮墓誌

後唐 張潊妻高墓誌

赤部

赤 𤆍

【隸書】

秦 睡136

秦 關周·日書

秦 關周·日書

西漢 馬·老甲

西漢 馬·老子甲後

西漢 張·787

西漢 居新·2268

西漢 居新·633

東漢 西·醫藥

兩漢 西·醫藥

漢晉 流簡紙

漢晉 流簡紙

漢晉 流簡紙

東漢 肥致碑

東漢 肥致碑

北齊 司馬遵業墓誌

隋 豆盧實墓誌

隋 吳嚴墓誌

隋 謝岳墓誌

隋 張儉及妻墓誌

唐 韋士逸墓誌

唐 楊孝恭碑

【楷書】

三國吳 走·四年

北魏 秦洪墓誌

北魏 元瑱墓誌

隋 □徹墓誌

隋 元鐘墓誌

唐 僧窔墓誌

唐 石經尚書

唐 石經周易

唐 張素墓誌

赦 𢾁

【隸書】

秦 睡63

西漢 馬·老子甲後

西漢 馬·縱横

西漢 居新·2673

西漢 居新·2695

西漢 居新·3554

西漢 居新·4477

西漢 西·候官

西漢 習字觚

東漢 西文書

三國魏 受禪碑

【楷書】

北齊 殷恭安造像

唐 權葬石表

唐 石經五經

唐 石經五經

唐 石經周易

唐 袁公瑜墓誌

赧 𧹞

【楷書】

唐 劉揩妻墓誌

唐 石經五經

赩

【隸書】

唐 北獄廟碑

唐 楊孝恭碑

【楷書】

南朝梁 羅浮山

赫

【隸書】

西漢 馬•老乙

漢晉 流簡紙

東漢 肥致碑

東漢 封龍山頌

東漢 三老刻石

東漢 武榮碑

東漢 西狹頌

東漢 西狹頌

東漢 楊耿伯題記

東漢 乙瑛碑

東漢 乙瑛碑

東漢 尹宙碑

北周 華嶽頌

北齊 西門豹碑陽

隋 高虬墓誌

隋 郭達墓誌

隋 修孔子廟碑

唐 刻石記

唐 石臺孝經

唐 石臺孝經

唐 興寺碑

唐 張休光墓誌

【楷書】

北魏 赫連悅墓誌

北魏 司馬氏墓誌

北魏 王璨墓誌

北魏 元熙墓誌

北魏 元子直墓誌

隋 范安貴墓誌

隋 蕭翹墓誌

隋 諸葛子恒碑

唐 唐嘉會墓誌

唐 張廉穆墓誌

赭

【隸書】

隋 爾朱敞墓誌

【楷書】

北魏 韓顯宗墓誌

北魏 元悌墓誌

唐 馮安墓誌

唐 石經五經

赬

【隸書】

唐 孔子廟碑

【楷書】

南朝宋 石驪銘

唐 李仙蕙志

唐 石經爾雅

唐 石經五經

唐 石經五經

赮

【隸書】

唐 勿部將軍碑

【楷書】

唐 和智全墓誌

唐 薛豆盧夫人墓誌

車部

車車

【隸書】

秦 睡51

秦 關周•病方

西漢 馬•事語

西漢 張•828

西漢 居新•7486

東漢 西•寇恩

漢晉 流簡紙

漢晉 流簡紙

東漢 蒼山元嘉題記

東漢 禮器碑

東漢 史晨後碑

東漢 許安國題記

東漢 楊統碑陽

北齊 司馬遵業墓誌

隋 任顯及妻誌

唐 史思禮墓誌

唐 楊孝恭碑

【楷書】

魏晉 樓•紙

北魏 公孫猗墓誌

北魏 元文墓誌

唐 李信墓誌

唐 石經周易

唐 鄭珍墓誌

軋軋

【楷書】

北魏 元瞻墓誌

唐 邊誠夫人墓誌

軌軌

【篆書】

唐 碧落碑

【隸書】

西漢 武•特牲甲

東漢 衡方碑

東漢 淮源廟碑

東漢 孔彪碑陽

東漢 熹平石經殘

東漢 夏承碑

東漢 尹宙碑

晉 辟雍頌陽

晉 辟雍頌陽

晉 辟雍頌陽

晉 徐義墓誌陽

北周 華嶽頌

隋 爾朱敞墓誌

隋 任軌墓誌

隋 宋景造像碑

隋 王榮及妻墓誌

隋 口和墓誌

隋 楊真墓誌

隋 楊真墓誌

唐 李神符碑

唐 石臺孝經

唐 趙叡沖碑

【楷書】

北魏 和邃墓誌

北魏 元思墓誌

北魏 張玄墓誌

北周 寇熾墓誌

隋 王楚英墓誌

唐 石經尚書

唐 石經五經

唐 石經五經

唐 唐沙墓誌

唐 王京墓誌

唐 邢仙姫墓誌

唐 張惟妻合誌

軍

【篆書】

三國吳 天發神讖碑

晉 郛休碑陰

北魏 李遵誌蓋

北周 匹婁歡誌蓋

北魏 溫泉頌額

北魏 溫泉頌額

北魏 元煥誌蓋

北魏 元天穆誌蓋

唐 李敬實墓誌

唐 李孝同碑額

唐 李元諒頌額

唐 契苾明碑額

唐 臧懷亮誌蓋

【隸書】

秦 睡 196

秦 睡 57

西漢 馬•老甲

西漢 馬•老乙前

西漢 馬•老子甲後

西漢 馬•縱橫

西漢 馬•縱橫

西漢 馬•縱横

西漢 張•1045

西漢 張•1045

西漢 張•587

西漢 居新•7497

西漢 居新•7537

西漢 居新•7879

東漢 倉頡廟碑側

東漢 楊淮表記

東漢 楊震碑

晉 和國仁墓碑

晉 劉韜墓志

東魏 宗欣墓誌

隋 任軌墓誌

隋 任顯及妻誌

隋 宋仲墓誌

隋 口靜墓誌

隋 張盛墓誌

隋 張盛墓誌

唐 董虔運墓誌

唐 高元珪墓誌

唐 京兆金氏墓誌

唐 行儼碑

唐 行儼碑

唐 行儼碑

唐 楊孝恭碑

唐 楊孝恭碑

唐 楊孝恭碑

唐 楊孝恭碑

【楷書】

三國吳 走•五年

魏晉 樓•紙

北魏 荀景墓誌

北魏 元保洛墓誌

北魏 元保洛墓誌

北魏 元敷墓誌

北魏 元文墓誌

北魏 張整墓誌

東魏 陸順華墓誌

北齊 元賢墓誌

隋 高緊墓誌

隋 梁瓌墓誌

隋 張伏敬墓誌

唐 石經五經

軘𫐄

【楷書】

唐 石經五經

䡇

【楷書】

唐 石經五經

軔轫

【楷書】

北魏 弔比干文陽

唐 李紹墓誌

唐 石經五經

軎

【楷書】

唐 石經五經

軏

【楷書】

唐 石經五經

唐 尹尊師碑

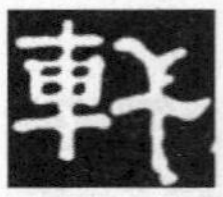
唐 張翼墓誌

【楷書】

北魏 胡明相墓誌

北魏 山徽墓誌

北魏 元文墓誌

隋 段威墓誌

隋 孔神通墓誌

隋 吳嚴墓誌

隋 楊真墓誌

唐 明俊墓誌

軒轩

【篆書】

唐 王軒等題名

唐 峿臺銘

【隸書】

東漢 夏承碑

三國魏 孔羨碑

東魏 宗欣墓誌

隋 爾朱敞墓誌

唐 李貞墓誌

唐 行儼碑

唐 楊孝恭碑

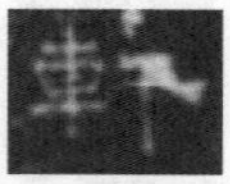
唐 尹文操碑

軑轪

【楷書】

北魏 元端墓誌

隋 王袞墓誌

唐 李遠墓誌

唐 石經五經

軸 軸	軷 軷	軻 軻	軝 軝	䡇		軟	軛

軸 軸

【隸書】

西漢 居新·7483

東漢 西·寇恩

東漢 西·寇恩

東漢 舉孝廉殘碑

唐 北獄廟碑

【楷書】

北魏 元寶月墓誌

北魏 元純陁墓誌

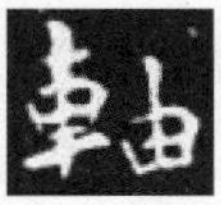
北魏 元略墓誌

北齊 元賢墓誌

唐 慕容思廉墓誌

軷 軷

【楷書】

唐 石經五經

軻 軻

【隸書】

東漢 虔恭字殘碑

隋 任顯及妻誌

唐 楊孝恭碑

唐 楊孝恭碑

【楷書】

北齊 婁黑女墓誌

唐 王僖福墓誌

軝 軝

【楷書】

唐 石經五經

䡇

【篆書】

唐 碧落碑

唐 張滿墓誌

唐 張騷墓誌

唐 張嬰墓誌

軟

【隸書】

隋 段濟墓誌

隋 趙朗墓誌

隋 鄭令妃墓誌

【楷書】

北魏 劉華仁墓誌

北魏 元馗墓誌

東魏 馮令華墓誌

北齊 無量義經

唐 陳守素妻墓誌

唐 郭壽墓誌

唐 翟六娘墓誌

軛

【隸書】

唐 孔子廟碑

【楷書】

唐 石經五經

䡍

【隸書】

東漢 景君碑陽

（續）

唐 崔素臣墓誌

唐 石經五經

唐 王宏墓誌

唐 楊越墓誌

軫

【隸書】

秦 睡 120

西漢 馬•老子甲後

西漢 馬•縱橫

西漢 馬•縱橫

晉 郛休碑陽

隋 姬威墓誌

唐 李神符碑

唐 植松柏碑

【楷書】

北魏 元靈曜墓誌

東魏 元悰墓誌

軨

【隸書】

西漢 馬•老子甲後

東漢 從事馮君碑

東漢 王舍人碑

【楷書】

唐 卜璀墓誌

軥

【篆書】

唐 王軒等題名

【楷書】

唐 石經五經

軵

【隸書】

西漢 張•1146

西漢 張•178

西漢 張•745

唐 崔暟墓誌陽

【楷書】

唐 崔夷甫墓誌

軼

【隸書】

北齊 司馬遵業墓誌

【楷書】

東魏 盧貴蘭墓誌

北齊 司馬遵業墓誌

唐 董希令墓誌

唐 朱行斌墓誌

軹

【隸書】

西漢 馬•縱橫

隋 高虬墓誌

唐 宴濟瀆序陰額

【楷書】

北齊 宋賢伯造像側

軺軺

【隸書】

隋 侯肇墓誌

唐 崔暟墓誌陽

【楷書】

北魏 和邃墓誌

北周 盧蘭墓誌

唐 崔元二墓誌

輋

【楷書】

北齊 石輋門銘

載載

【篆書】

東漢 開母廟闕銘

唐 碧落碑

【隸書】

秦 睡67

西漢 馬•老乙前

西漢 張•432

西漢 居新•1968

西漢 居新•7465

漢晉 流簡紙

東漢 郙閣頌

東漢 華山廟碑陽

東漢 孔宙碑陽

東漢 禮器碑

東漢 禮器碑

東漢 馬姜墓記

東漢 朐忍令碑

東漢 石門頌

東漢 鮮于璜碑陽

東漢 楊統碑陽

東漢 楊著碑陽

東漢 張遷碑陽

晉 辟雍頌陽

晉 郭槐柩記

北齊 司馬遵業墓誌

隋 任軌墓誌

隋 張儉及妻墓誌

唐 褚亮碑

唐 戴令言墓誌

唐 告華嶽府君

唐 盧行毅墓誌

唐 石臺孝經

唐 史思禮墓誌

唐 行儼碑

唐 楊孝恭碑

唐 尹尊師碑

唐 張翼墓誌

唐 趙冬曦壙誌

【楷書】

三國吳 走•五年

北魏 長孫瑱墓誌

北魏 長孫瑱墓誌

北魏 山暉墓誌

北魏 元朗墓誌

北齊 竇泰墓誌

東魏 陸順華墓誌

隋 宋玉艷墓誌

唐 馮安墓誌

唐 馮安墓誌

唐 李修已墓誌

唐 李修已墓誌

唐 馬君妻董墓誌

唐 石經尚書

唐 石經尚書

唐 石經五經

唐 石經周易

唐 石經周易

唐 蘇斌墓誌

唐 薛華墓誌

唐 楊君墓誌

唐 趙留四墓誌

較

【隸書】

東漢 魯峻碑陽

唐 豆盧建墓誌

【楷書】

北魏 元乂墓誌

唐 石經五經

唐 蘇嗣君墓誌

輧 輧

【隸書】

東漢 蒼山元嘉題記

唐 尹尊師碑

【楷書】

唐 蘇嗣君墓誌

輅 輅

【楷書】

北齊 高湑墓誌

唐 劉府君墓誌

輈 輈

【隸書】

唐 譚伍墓誌

唐 楊孝恭碑

【楷書】

唐 李福墓誌

唐 秦寶墓誌

輇 輇

【楷書】

唐 石經五經

軾 軾

【隸書】

唐 玄元靈應頌

【楷書】

北魏 元瞻墓誌

唐 李壽墓誌

唐 仵順德墓誌

唐 趙本質墓誌

輊

【楷書】

唐 石經五經

輦 輦

【楷書】

魏晉 樓•紙

唐 石經五經

輒 輙

【隸書】

秦 睡15

西漢 馬•養生

西漢 張•232

西漢 居新•5671

東漢 西•文書

漢晉 流簡紙

東漢 從事馮君碑

東漢 華山廟碑陽

東漢 王舍人碑

三國魏 王基斷碑

晉 徐義墓誌陽

唐 崔暟墓誌陽

唐 崔祐甫墓誌

唐 崔祐甫墓誌

唐 戴令言墓誌

唐 龐履温碑

唐 王崇禮墓誌

【楷書】

魏晉 樓•紙

晉 華芳墓誌陰

北魏 敬羽高衡造像

東魏 元悰墓誌

隋 楊居墓誌

唐 劉濬墓誌

唐 麻姑仙壇記

唐 任紫宸墓誌

唐 石經五經

唐 楊宇墓誌

輔 輔

【隸書】

秦 關周•病方

西漢 馬•老甲

西漢 馬•老子甲後

西漢 居新•2718

西漢 居新•2723

西漢 居新•8767

西漢 西•詔書

兩漢 西•懸檢

漢晉 流簡紙

東漢 曹全碑陽

東漢 景君碑陽

東漢 景君碑陰

東漢 孔宙碑陰

東漢 石門頌

東漢 鮮于璜碑陰

東漢 楊著碑陽

東漢 張遷碑陽

東漢 張遷碑陰

三國魏 王基斷碑

晉 徐義墓誌陽

隋 段濟墓誌

隋 爾朱端墓誌

隋 鄭令妃墓誌

唐 史思禮墓誌

唐 張翼墓誌

【楷書】

北魏 元崇業墓誌

北魏 元尚之墓誌

唐 李壽墓誌

唐 石經周易

唐 王惠墓誌

輕 輕

【隸書】

西漢 馬•老乙前

西漢 馬•老乙前

西漢 馬•老子甲後

西漢 馬•縱橫

西漢 馬•縱橫

西漢 張•236

東漢 景君碑陽

東漢 石門頌

東漢 魏元丕碑

東漢 校官碑

東漢 楊統碑陽

東漢 楊著碑陽

三國魏 王基斷碑

北魏 上尊號碑

隋 叱李綱子墓誌

隋 澧水石橋碑

隋 宋景造像碑

隋 王榮及妻墓誌

唐 李神符碑

唐 修定寺記碑

【楷書】

魏晉 樓·紙

北魏 乞伏寶墓誌

北魏 元斑墓誌

北齊 竇泰墓誌

北齊 婁黑女墓誌

隋 范安貴墓誌

隋 橋紹墓誌

隋 口靜墓誌

隋 口靜墓誌

唐 孟師墓誌

唐 裴昭墓誌

唐 曲元縝墓誌

唐 石經尚書

唐 石經五經

唐 楊思立墓誌

輓 輓

【楷書】

唐 張滂墓誌

輦 輦

【隸書】

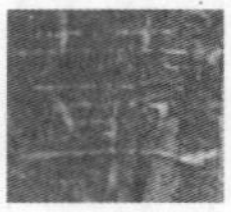

東漢 禮器碑

三國魏 曹真殘碑陰

北齊 司馬遵業墓誌

隋 段濟墓誌

隋 蕭瑾墓誌

唐 王震墓誌

唐 王子麟墓誌

【楷書】

北魏 元誨墓誌

北齊 竇泰墓誌

唐 張積善墓誌

輤

【隸書】

唐 楊孝恭碑

唐 趙冬曦壙誌

【楷書】

唐 楊乾光墓誌

輚

【楷書】

唐 石經五經

唐 石經五經

輠

【楷書】

唐 道因法師碑

唐 沈中黃墓誌

輪 輪

【隸書】

秦 睡 21

西漢 西·車輦

東漢 蒼山元嘉題記

隋 爾朱敞墓誌

隋 宋景造像碑

隋 王榮及妻墓誌

唐 楊孝恭碑

【楷書】

北魏 檀賓墓誌

北齊 竇泰墓誌

隋 口靜墓誌

唐 潘氏墓誌

唐 師全介墓誌

唐 薛華墓誌

唐 張濬墓誌

輞

【楷書】

唐 石經五經

輬

【楷書】

北魏 王僧男墓誌

輨

【楷書】

北魏 弔比干文陽

輜

【隸書】

西漢 居新•5011

唐 褚亮碑

唐 褚亮碑

【楷書】

唐 杜孚墓誌

唐 李鳳妃墓誌

唐 石經九經

唐 石經九經

唐 王士林墓誌

輟

【隸書】

北齊 法懃塔銘

北齊 法懃塔銘

唐 崔泰之墓誌

唐 崔志墓誌

唐 孔子廟碑

【楷書】

北魏 元羽墓誌

隋 姬威墓誌

隋 王楚英墓誌

唐 陳守素妻墓誌

唐 顔仁楚墓誌

輩

【隸書】

西漢 張•687

西漢 居新•300

西漢 居新•7429

西漢 居新•9045

北齊 竇泰墓誌

隋 豆盧寔墓誌

唐 崔祐甫墓誌

唐 戴令言墓誌

【楷書】

北魏 元悌墓誌

唐 劉胡墓誌

唐 石經五經

唐 張暈妻墓誌

輝

【篆書】

唐 多寶佛塔銘

【隸書】

西漢 張•804

東漢 禮器碑陰

東漢 鮮于璜碑陽

晉 辟雍頌陽

北魏 翟普林造像

北齊 感孝頌

隋 口和墓誌

隋 蕭瑾墓誌

唐 李貞墓誌

唐 張翼墓誌

【楷書】

南朝梁 羅浮山銘

北魏 寇治墓誌

北魏 元弼墓誌蓋

東魏 淨智塔銘

唐 蓋暢墓誌

唐 李耽墓誌

唐 石經五經

唐 石經周易

唐 王貞墓誌

後唐 張稹墓誌

輻 輻

【楷書】

北魏 元鑽遠墓誌

隋 張軻墓誌

唐 李鳳墓誌

唐 石經五經

唐 石經五經

唐 石經周易

唐 石經周易

唐 石經周易

唐 石經周易

輳

【楷書】

北魏 元鑽遠墓誌

輰

【楷書】

東魏 員光造像記

輯 輯

【隸書】

西漢 張•1175

西漢 張•694

東漢 白石神君碑

東漢 魏元丕碑

唐 崔暟墓誌陽

唐 趙叡沖碑

【楷書】

北魏 元襲墓誌

唐 石經尚書

唐 石經五經

唐 宋莊墓誌

唐 唐嘉會墓誌

唐 張忠義墓誌

轅

【隸書】

三國魏 孔羡碑

隋 楊真墓誌

隋 張儉及妻墓誌

唐 大忍寺碑

唐 楊孝恭碑

【楷書】

北魏 爾朱襲墓誌

北魏 元端墓誌

唐 喬崇敬墓誌

唐 尉遲敬德墓誌

輮

【隸書】

西漢 馬•老乙前

【楷書】

唐 石經五經

輶

【楷書】

北魏 元壽安墓誌

唐 成循墓誌

唐 石經五經

唐 張伽墓誌

(輸 continued)

唐 京兆金氏墓誌

唐 宴濟瀆序陰額

【楷書】

北魏 爾朱紹墓誌

唐 崔紹墓誌

唐 賈守義墓誌

唐 任紫宸墓誌

輸

【隸書】

秦 睡 42

西漢 張•246

西漢 張•433

西漢 居新•2804

西漢 居新•7934

西漢 居新•8816

西漢 居新•941

東漢 石門頌

北齊 西門豹碑陽

唐 北獄廟碑

輴

【隸書】

隋 蕭瑾墓誌

唐 屈突通墓誌

【楷書】

北魏 和醜仁墓誌

北魏 元煥墓誌

北魏 元融墓誌

唐 霍行威墓誌

隋 寇奉叔墓誌

唐 楊珽墓誌

唐 于尚範墓誌

輲

【楷書】

唐 顔仁楚墓誌

轀

【楷書】

北魏 王僧男墓誌

北齊 高湝墓誌

唐 紇干承基墓誌

韜

【楷書】

北魏 張玄墓誌

隋 范安貴墓誌

轄 轄

【隸書】

隋 元鐘墓誌

唐 倪彬墓誌

【楷書】

北魏 寇治墓誌

隋 張盈墓誌

唐 卜璀墓誌

唐 皇甫誕碑

唐 石經五經

唐 石經五經

唐 掌徹墓誌

輿 輿

【隸書】

秦 睡 120

秦 關周•病方

秦 關周•日書

西漢 馬•老甲

西漢 馬•老子甲後

西漢 馬•老子甲後

西漢 西•車輋

西漢 西•車輋

東漢 蒼山元嘉題記

東漢 景君碑陽

東漢 禮器碑

東漢 石門頌

東漢 楊子輿題記

三國魏 孔羡碑

晉 郭休碑陰

北齊 感孝頌

隋 豆盧實墓誌

隋 王榮及妻墓誌

唐 龐履温碑

唐 張翼墓誌

【楷書】

北魏 元固墓誌

北魏 元誨墓誌

北魏 元子正墓誌

北魏 元子正墓誌

北魏 張元祖妻記

北齊 竇泰墓誌

隋 王楚英墓誌

隋 王楚英墓誌

唐 白知禮墓誌

唐 蔡浩妻墓誌

唐 石經五經

唐 石經周易

唐 蘇斌墓誌

唐 孫審象墓誌

唐 蕭惠娱墓誌

唐 張翊墓誌

唐 張羊墓誌

唐 鄭紀及妻墓誌

轉 轉

【篆書】

唐 三墳記陽

唐 三墳記陽

【隸書】

秦 睡 90

西漢 馬•老乙前

西漢 馬•縱横

西漢 居新•2804

西漢 居新•5014

西漢 西•馬簡牘

新莽 西•守御器

東漢 曹全碑陽

東漢 買田約束石

東漢 尚博殘碑

北齊 司馬遵業墓誌

隋 爾朱敞墓誌

隋 郭達墓誌

隋 任軌墓誌

隋 任顯及妻誌

隋 口靜墓誌

隋 張盛墓誌

唐 高元珪墓誌

唐 史思禮墓誌

唐 蘇洪姿墓誌

唐 尹尊師碑

唐 趙冬曦壙誌

【楷書】

北魏 耿氏墓誌

北魏 宮內司楊墓誌

北魏 寇臻墓誌

北魏 李蕤墓誌

北魏 李元姜墓誌

北魏 王遺女墓誌

北魏 王禎墓誌

北魏 元斌墓誌

北魏 元鸞墓誌

北魏 元平墓誌

北魏 元演墓誌

北周 步孤須蜜多墓誌

北齊 竇泰墓誌

北齊 高淯墓誌

北周 寇熾墓誌

北齊 尼慧承造像

北齊 牛景悦記

北齊 歐伯羅造像

北齊 宇文誠墓誌

東魏 元均及妻墓誌

隋 馬穉墓誌

隋 橋紹墓誌

唐 敬能經幢

唐 康君妻曹墓誌

唐 李總持墓誌

唐 盧嶠墓誌

唐 石經五經

唐 王訓墓誌

唐 臧懷恪墓碑

唐 朱齊之墓誌

轊

【楷書】

唐 李鳳墓誌

唐 石經五經

轢

【楷書】

唐 石經九經

轑

【楷書】

東魏 元湛墓誌

轒

【楷書】

唐 紇干承基墓誌

轘

【楷書】

北魏 爾朱襲墓誌

唐 石經五經

唐 王有口造像

轚

【楷書】

東魏 叔孫固墓誌

唐 石經五經

唐 路巖墓誌

唐 越國太妃墓誌

轍

【隸書】

隋 姬威墓誌

唐 戴令言墓誌

唐 石臺孝經

唐 張濬墓誌

【楷書】

北魏 乞伏寳墓誌

北魏 王翊墓誌

北魏 元維墓誌

北魏 元瞻墓誌

隋 李則墓誌

唐 李緫持墓誌

轎

【楷書】

唐 李爽墓誌

轓

【隸書】

東漢 夏承碑

【楷書】

北魏 公孫猗墓誌

唐 寯思真墓誌

唐 張素墓誌

唐 鄭遇妻合誌

轔

【楷書】

北魏 郭顯墓誌

東魏 李挺墓誌

唐 石經五經

唐 孫恪及妻墓誌

轐

【楷書】

唐 石經五經

轞

【楷書】

唐 李昊墓誌

唐 石經五經

唐 王頠墓誌

轛

【楷書】

唐 石經五經

轢

【隸書】

隋 爾朱敞墓誌

唐 李神符碑

【楷書】

北魏 元順墓誌

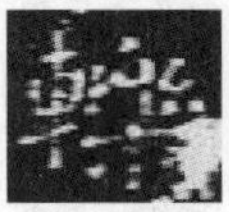

唐 李仙蕙志

轡

【隸書】

北齊 司馬遵業墓誌

隋 宋仲墓誌

隋 鄭令妃墓誌

唐 潘基墓誌

【楷書】

北魏 爾朱紹墓誌

北魏 封魔奴墓誌

北魏 郭顯墓誌

北魏 元乂墓誌

北魏 元楨墓誌

北魏 元子永墓誌

北齊 竇泰墓誌

隋 陳常墓誌

隋 陳叔明墓誌

隋 梁坦墓誌

唐 董希令墓誌

唐 李鳳妃墓誌

唐 石經五經

唐 石經五經

唐 韋行素墓誌

唐 顏仁楚墓誌

後唐 西方鄴墓誌

⿰車闌

【楷書】

北魏 元順墓誌

轥

【隸書】

隋 爾朱敞墓誌

【楷書】

隋 賈玄贊墓誌

唐 李鳳墓誌

唐 徐君通墓誌

豆部

豆

【隸書】

秦 睡55

西漢 馬•足臂

西漢 居新•1868

西漢 武•特牲甲

東漢 西•醫藥

東漢 西•醫藥

東漢 校官碑

三國魏 孔羨碑

晉 辟雍頌陽

北齊 西門豹碑陽

隋 豆盧實墓誌

【楷書】

北魏 李渠蘭墓誌

唐 盧翊墓誌

唐 石經尚書

豈

【篆書】

唐 碧落碑

【隸書】

秦 睡100

西漢 馬•縱横

西漢 馬•縱横

西漢 居新•11

三國魏 孔羨碑

晉 辟雍頌陽

北周 華嶽頌

北齊 司馬遵業墓誌

隋 豆盧實墓誌

隋 宋仲墓誌

隋 蘇恒墓誌

隋 蕭瑾墓誌

唐 京兆金氏墓誌

唐 京兆金氏墓誌

唐 史思禮墓誌

唐 譚伍墓誌

唐 徐昐墓誌

【楷書】

魏晉 樓•紙

北魏 陳天寶造像

北涼 渠安周造像

北魏 元朗墓誌

北魏 元嵩墓誌

隋 元智墓誌

唐 口滿墓誌

唐 佛頂經幢

唐 李澤墓誌

唐 史興墓誌

唐 王協墓誌

豎

【隸書】

西漢 馬•縱横

西漢 馬•縱横

東漢 韓仁銘

東漢 景君碑陰

東漢 張遷碑陽

晉 辟雍頌陽

唐 崔暟墓誌陽

【楷書】

北魏 馮邕妻墓誌

隋 王弘墓誌

唐 苗弘本墓誌

唐 騫思玄墓誌

唐 石經五經

唐 張敬己妻墓誌

唐 張樹生墓誌

豐豊

【篆書】

東漢 祀三公山碑

【隸書】

西漢 居新•5539

西漢 居新•5983

西漢 居新•9079

西漢 西•馬簡牘

東漢 西•奉例

漢晉 流簡紙

漢晉 流簡紙

東漢 曹全碑陽

東漢 封龍山頌

東漢 華山廟碑陽

東漢 沈府君神道闕

東漢 西狹頌

東漢 夏承碑

三國魏 孔羨碑

三國魏 王基斷碑

晉 辟雍頌陽

晉 徐義墓誌陽

隋 劉多墓誌

唐 京兆金氏墓誌

唐 史思禮墓誌

唐 王崇禮墓誌

唐 王震墓誌

唐 楊孝恭碑

【楷書】

北魏 萬福榮造像

北魏 薛慧命墓誌

北魏 元貴妃墓誌

北魏 元彝墓誌

北齊 僧靜明造像

東魏 員光造像記

隋 寇遵考墓誌

隋 王楚英墓誌

唐 房懷亮墓誌

唐 李遇□墓誌

唐 劉通墓誌

唐 石浮圖銘

唐 石經周易

豔豔

【隸書】

隋 牛諒墓誌

隋 宋仲墓誌

隋 張儉及妻墓誌

唐 豆盧建墓誌

唐 豆盧建墓誌

唐 徐盼墓誌

【楷書】

北魏 元弼墓誌蓋

隋 宋玉艷墓誌

唐 高漆娘墓誌

唐 棲巖寺詩刻

唐 越國太妃墓誌

酉部

酉

【篆書】

東漢 哀敞殘碑

三國吳 天發神讖碑

【隸書】

秦 睡 145

秦 睡 268

秦 關周•曆譜

西漢 馬•老子甲後

西漢 張•15

西漢 張•16

西漢 居新•3133

西漢 居新•3543

西漢 居新•3630

西漢 居新•7610

東漢 西•推辟

東漢 肥致碑

東漢 韓仁銘

東漢 淮源廟碑

東漢 建寧元年殘碑

東漢 劉君殘碑

東漢 魯峻碑陽

東漢 四神刻石

東漢 宋伯望買田券正

東漢 鮮于璜碑陽

東漢 乙瑛碑

東漢 張壽殘碑

隋 豆盧實墓誌

隋 馬少敏墓誌

隋 默曹殘碑

隋 任顯及妻誌

隋 申穆及妻墓誌

隋 勝福寺塔銘

隋 口和墓誌

唐 唐世榮墓誌

【楷書】

北魏 山暉墓誌

北魏 元子正墓誌

隋 蘇慈墓誌

唐 阿史那貞忠墓誌

唐 白公濟墓誌

唐 崔焜墓誌

唐 苗善物墓誌

唐 薛華墓誌

唐 張侯墓誌

唐 張康穆墓誌

酋

【隸書】

西漢 居新•5869

西漢 居新•7699

隋 段濟墓誌

隋 口墮及妻墓誌

隋 張景略墓誌

【楷書】

北魏 爾朱紹墓誌

北魏 宋虎墓誌

北魏 元弘嬪侯墓誌

東魏 劉懿墓誌

唐 安延墓誌

唐 曹惠琳墓版

唐 石經五經

酎

【楷書】

北魏 郭顯墓誌

北魏 姚伯多供養碑

北魏 元謐墓誌

北魏 元融墓誌

北魏 元子正墓誌

唐 李鳳墓誌

唐 石經五經

酌

【隸書】

西漢 武•有司甲

東漢 尚博殘碑

東漢 楊震碑

晉 辟雍頌陽

隋 郭達墓誌

唐 戴令言墓誌

唐 黃石公祠記

唐 刻石記

【楷書】

北魏 咎雙仁墓誌

北魏 李端墓誌

北魏 山暉墓誌

北魏 于纂墓誌

北魏 元斌墓誌

北魏 元誨墓誌

北魏 元項墓誌

隋 皇甫深墓誌

唐 盧全操墓誌

配

【篆書】

三國魏 正始石經

【隸書】

西漢 武•服傳甲

東漢 請雨銘

東漢 永壽元年銘

三國魏 孔羨碑

北周 華嶽頌

隋 澧水石橋碑

隋 王榮及妻墓誌

隋 修孔子廟碑

隋 張姜墓誌

唐 石臺孝經

唐 石臺孝經

【楷書】

北魏 馮迎男墓誌

北魏 元恪嬪墓誌

東魏 元悰墓誌

隋 鄭善妃墓誌

唐 李謙墓誌

唐 尼金氏柩銘

唐 石經五經

唐 石經周易

唐 張渙墓誌

唐 張敬祖塔銘

酏

【楷書】

唐 馮誠墓誌

唐 石經五經

酒

【篆書】

三國魏 正始石經

【隸書】

秦 睡 270

秦 關周•病方

秦 關周•病方

西漢 馬•十問

西漢 馬•天下

西漢 馬•養生

西漢 張•308

西漢 居新•3531

西漢 居新•8248

漢晉 流簡紙

東漢 曹全碑陽

東漢 曹全碑陰

東漢 三公山碑

東漢 史晨後碑

東漢 史晨前碑

東漢 乙瑛碑

晉 辟雍頌陽

北周 華嶽頌

隋 關明墓誌

隋 郭達墓誌

隋 劉多墓誌

隋 劉多墓誌

隋 任顯及妻誌

隋 口和墓誌

隋 趙朗墓誌

唐 褚亮碑

唐 趙冬曦壙誌

【楷書】

魏晉 樓•紙

北魏 盧令媛墓誌

北魏 宋虎墓誌

北魏 王翊墓誌

北魏 元固墓誌

北齊 竇泰墓誌

隋 陳黑闥造像

隋 張喬墓誌

唐 石經尚書

唐 石經周易

唐 石經周易

唐 蘇斌墓誌

唐 談昕墓誌

後晉 袁從章墓誌

酗

【篆書】

三國魏 正始石經

【楷書】

唐 石經尚書

酖酖

【楷書】

北魏 元天穆墓誌

唐 石經五經

酤酤

【隸書】

東漢 史晨後碑

【楷書】

唐 慶公神祠碑

唐 石經五經

酣酣

【楷書】

唐 支成墓誌

酠

【楷書】

唐 郭漯及妻墓誌

酢

【楷書】

唐 石經五經

酡

【楷書】

東魏 李艷華墓誌

唐 申好墓誌

酨

【楷書】

唐 石經五經

酬

【篆書】

東漢 群臣上醻碑

【隸書】

東漢 孔宙碑陽

晉 石尠墓誌

隋 豆盧實墓誌

唐 白鹿泉碑陽

唐 紀信墓碑

【楷書】

北魏 元鑒墓誌

北魏 元順墓誌

北魏 元子正墓誌

唐 安元壽墓誌

唐 劉胡墓誌

唐 石經五經

唐 石經五經

酺

【楷書】

唐 石經五經

唐 向清墓誌

唐 張大酺及妻墓誌

醒

【楷書】

唐 石經五經

酷

【隸書】

晉 郛休碑陽

隋 爾朱敞墓誌

唐 張頠墓誌

【楷書】

北魏 吳光墓誌

北周 盧蘭墓誌

唐 鍾紹京妻墓誌

唐 房有非及妻墓誌

唐 王之渙墓誌

酻

【楷書】

唐 李璆墓誌

唐 沈師黄墓誌

唐 石經九經

唐 袁公瑜墓誌

酸

【隸書】

西漢 馬•養生

隋 姬威墓誌

唐 李彥墓誌

唐 龐履温碑

唐 王子麟墓誌

【楷書】

北魏 封昕墓誌

北魏 楊乾墓誌

北魏 元斌墓誌

北魏 元悌墓誌

北魏 元維墓誌

北齊 等慈寺塔銘

隋 張怦墓誌

唐 崔元二墓誌

唐 管基墓誌

唐 王思齊墓誌

唐 蕭貞亮墓誌

唐 趙仁表磚誌

酭

【隸書】

西漢 武•特牲甲

【楷書】

唐 李壽墓誌

唐 石經禮記

醁

【楷書】

隋 田德元墓誌

唐 王約墓誌

醋

【楷書】

唐 石經五經

醃

【楷書】

隋 潘善利墓誌

醆

【楷書】

唐 石經五經

醉

【隸書】

西漢 張•785

西漢 武•泰射甲

隋 劉多墓誌

【楷書】

唐 程思義墓誌

唐 楚金禪師碑

唐 何戴墓誌

唐 張萬善墓誌

醇

【隸書】

秦 關周•病方

西漢 馬•天下

西漢 馬•天下

東漢 孔宙碑陽

東漢 鮮于璜碑陽

晉 辟雍頌陽

唐 王晉俗墓誌

【楷書】

北魏 楊胤墓誌

北魏 元寳月墓誌

北魏 元舉墓誌

隋 皇甫深墓誌

唐 道因法師碑

唐 樊浼墓誌

唐 石經五經

醊

【隸書】

東漢 史晨前碑

【楷書】

北齊 雋敬碑

醒

【楷書】

北魏 元順墓誌

唐 如願律師墓誌

醍

【楷書】

唐 黃揭妻龕銘

唐 石經五經

醞

【楷書】

唐 顏勤禮碑陰

醟	醨	醘	醑	䤌	醝		醜
【楷書】 唐 石經五經	【楷書】 北魏 劉璿造像記 唐 盧嶠墓誌 唐 重藏舍利記	【隸書】 西漢 武·少牢甲 西漢 武·特牲甲 【楷書】 北魏 弔比干文陽 唐 劉景嗣墓誌 唐 石經五經 唐 石經儀禮 唐 王士林墓誌	【楷書】 北魏 宋靈妃墓誌 東魏 元顯墓誌 唐 趙克廉墓誌	【楷書】 唐 石經五經 唐 石經五經	【楷書】 唐 盧知宗墓誌 唐 石經五經	北齊 許儁等造像 隋 范安貴墓誌 隋 諸葛子恆碑 唐 明俊墓誌 唐 許公及妻誌 唐 楊佰隴墓誌 唐 楊萬榮墓誌 唐 臧懷亮墓誌 後梁 國礨誌銘	【篆書】 隋 蘇恒墓誌 【隸書】 秦 睡 10 東漢 楊叔恭殘碑 東漢 楊震碑 隋 豆盧實墓誌 隋 李元墓誌 唐 石臺孝經 唐 石臺孝經 【楷書】 北魏 和醜仁墓誌 北魏 元思墓誌

醋

【楷書】

唐 向清墓誌

醣

【楷書】

北魏 元欽墓誌

醪醪

【隸書】

東漢 曹全碑陽

唐 龐履温碑

【楷書】

北周 普安壯公墓誌

隋 張壽墓誌

唐 霍達墓誌

唐 李信墓誌

唐 石經五經

唐 王僧墓誌

唐 張軫墓誌

唐 支成墓誌

後梁 謝彥璋墓誌

醫醫

【隸書】

秦 睡 152

西漢 馬·事語

西漢 居新·4461

東漢 西·醫藥

東漢 楊淮表記

唐 崔祐甫墓誌

唐 豆盧建墓誌

唐 豆盧建墓誌

唐 王媛墓誌陰

【楷書】

北魏 吐谷渾璣墓誌

北魏 于仙墓誌

隋 口悦昂墓誌

隋 曹海凝墓誌

隋 口鍾葵墓誌

唐 崔璆墓誌

唐 崔熠墓誌

唐 封抱墓誌

唐 柳延宗墓誌

唐 魯謙墓誌

唐 馬君妻董墓誌

唐 裴琪墓誌

唐 匹婁思妻墓誌

唐 石經五經

唐 索義弘墓誌

唐 邢仙姫墓誌

唐 楊義妻墓誌

唐 張觀墓誌

唐 張仁方墓誌

後梁 韓仲舉妻墓誌

後唐 毛璋妻墓誌

後唐 康贊羑墓誌

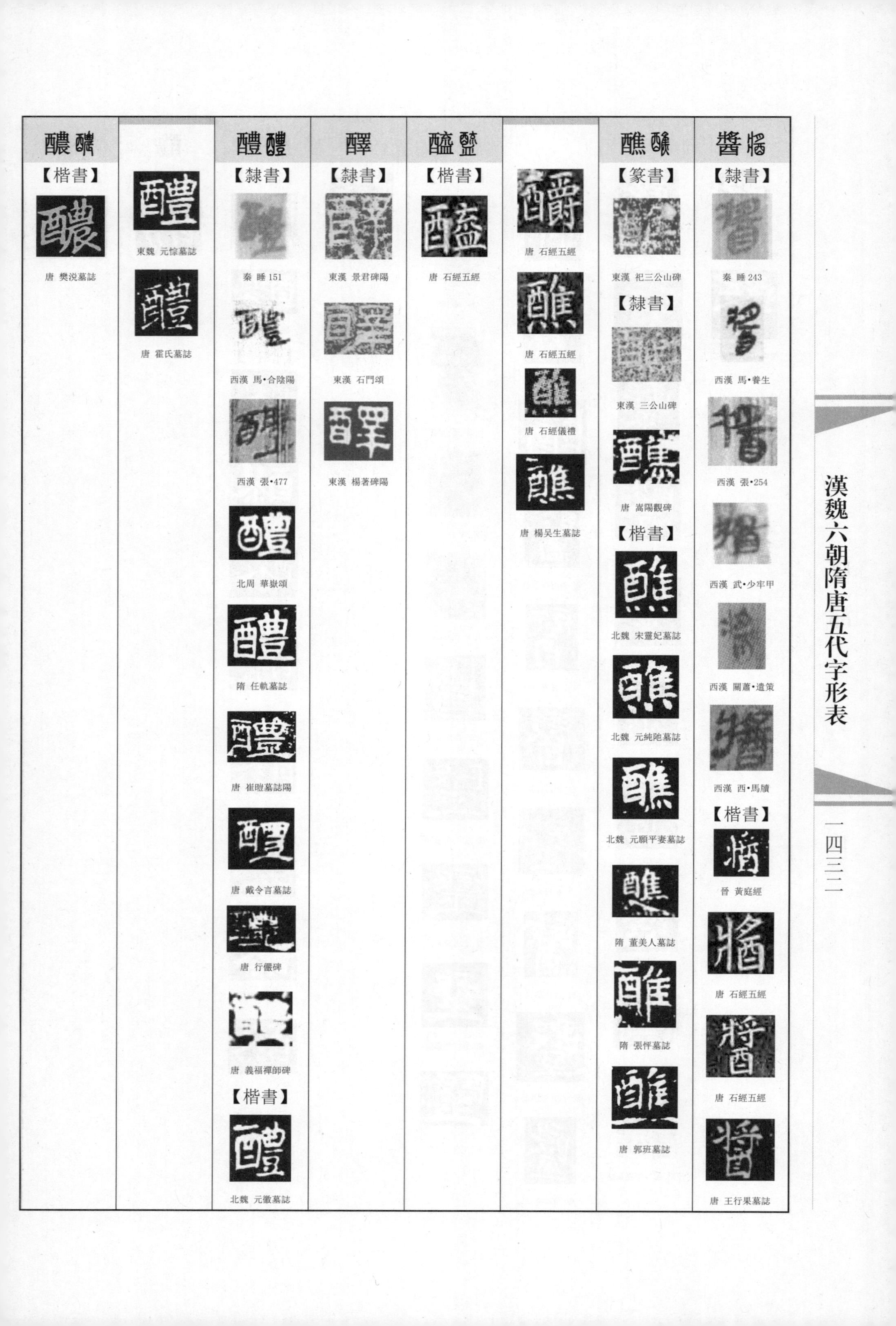

醲

【楷書】

唐 樊涚墓誌

醴

東魏 元悰墓誌

唐 霍氏墓誌

【隸書】

秦 睡 151

西漢 馬•合陰陽

西漢 張•477

北周 華嶽頌

隋 任軌墓誌

唐 崔暟墓誌陽

唐 戴令言墓誌

唐 行儼碑

唐 義福禪師碑

【楷書】

北魏 元徽墓誌

醳

【隸書】

東漢 景君碑陽

東漢 石門頌

東漢 楊著碑陽

醘

【楷書】

唐 石經五經

醮

唐 石經五經

唐 石經五經

唐 石經儀禮

唐 楊吴生墓誌

【篆書】

東漢 祀三公山碑

【隸書】

東漢 三公山碑

唐 嵩陽觀碑

【楷書】

北魏 宋靈妃墓誌

北魏 元純陁墓誌

北魏 元順平妻墓誌

隋 董美人墓誌

隋 張怦墓誌

唐 郭班墓誌

醬

【隸書】

秦 睡 243

西漢 馬•養生

西漢 張•254

西漢 武•少牢甲

西漢 關蕭•遣策

西漢 西•馬牘

【楷書】

晉 黃庭經

唐 石經五經

唐 石經五經

唐 王行果墓誌

醵

【楷書】

唐 石經五經

醹

【楷書】

唐 石經五經

釀

【楷書】

唐 崔熅墓誌

釃

【篆書】

唐 三墳記陰

【楷書】

唐 慶公神祠碑

唐 石經五經

辰部

辰

【篆書】

東漢 袁安碑

【隸書】

秦 睡104

秦 睡105

秦 關周•曆譜

西漢 馬•老子甲後

西漢 張•15

西漢 居新•7524

秦 西•日書甲

兩漢 武•王杖

兩漢 西•馬簡

兩漢 西•懸檢

漢晉 流簡紙

漢晉 流簡紙

漢晉 流簡紙

東漢 尚博殘碑

東漢 王舍人碑

東漢 薌他君題記

東漢 乙瑛碑

晉 辟雍頌陽

北齊 鏤石班經記

隋 豆盧實墓誌

隋 李使君墓碑

隋 任軌墓誌

唐 高元珪墓誌

唐 李神符碑

唐 李彥墓誌

唐 郎國長公主碑

【楷書】

北魏 慈慶墓誌

北魏 馮邕妻墓誌

北魏 郭顯墓誌

北魏 元詮墓誌

北魏 趙光墓誌

隋 高緊墓誌

隋 馬少敏墓誌

隋 申穆及妻墓誌

隋 王弘墓誌

隋 口靜墓誌

隋 元鐘墓誌

唐 寇章墓誌

唐 喬進臣地券

唐 石經尚書

唐 王平墓誌

唐 張柔範墓誌

後梁 山可球造像

後唐 孫拙墓誌

辱

【隸書】

秦 睡143

秦 睡227

西漢 馬•老甲

西漢 馬•縱橫

西漢 武•王杖

漢晉 流簡紙

北魏 上尊號碑

唐 崔暟墓誌陽

唐 潘基墓誌

唐 石臺孝經

【楷書】

北魏 慈慶墓誌

北齊 竇泰墓誌

北齊 元賢墓誌

唐 韋孟明墓誌

唐 朱齊之墓誌

農 𨑃

【篆書】

三國魏 謝君神道

【隸書】

秦 關周•病方

西漢 馬•老乙前

西漢 張•790

西漢 張•833

西漢 居新•3531

西漢 居新•7626

西漢 居新•8211

東漢 西•文書

東漢 西•醫藥

兩漢 西•懸檢

東漢 曹全碑陽

東漢 華山廟碑陽

東漢 李孟初神祠碑

東漢 朐忍令碑

東漢 石門頌

東漢 乙瑛碑

東漢 趙寬碑

三國魏 曹真殘碑陰

晉 辟雍頌陽

晉 石尠墓誌

隋 姬威墓誌

隋 姬威墓誌

隋 劉多墓誌

隋 楊真墓誌

唐 龐履温碑

唐 興寺碑

唐 楊孝恭碑

唐 趙冬曦壙誌

【楷書】

三國吳 走•二年

北魏 楊範墓誌

北魏 楊乾墓誌

北魏 楊胤墓誌

北魏 元洛神墓誌

北魏 張盧墓誌

北齊 竇泰墓誌

東魏 李挺墓誌

東魏 李艷華墓誌

隋 楊厲墓誌

唐 郭敬墓記

唐 李緫持墓誌

唐 石經九經

唐 石經九經

唐 石經尚書

唐 楊會墓誌

唐 楊頌墓誌

豕部

豕

【隸書】

秦 睡135

西漢 武•少牢甲

東漢 封龍山頌

三國魏 曹真殘碑陽

【楷書】

北魏 元融墓誌

唐 耿文訓墓誌

唐 石經周易

唐 張叡墓誌

豕

【楷書】

唐 石經五經

[illegible]

【隸書】

唐 崔漢衡題名

豣

【楷書】

唐 石經五經

豝

【楷書】

唐 石經五經

豚

【隸書】

秦 睡270

西漢 馬•病方

西漢 馬•老子甲後

西漢 張•308

西漢 張•608

唐 董虔運墓誌

【楷書】

唐 安度墓誌

象

【篆書】

唐 碧落碑

唐 讜卦碑

唐 讜卦碑

唐 讜卦碑

唐 讜卦碑

唐 讜卦碑

唐 讜卦碑

唐 讜卦碑

【隸書】

秦 睡91

西漢 馬•老乙前

西漢 馬•老乙前

西漢 武•燕禮甲

東漢 乙瑛碑

晉 辟雍頌陽

晉 辟雍頌陽

北齊 司馬遵業墓誌

隋 豆盧實墓誌

隋 爾朱敞墓誌

隋 爾朱敞墓誌

隋 爾朱敞墓誌

隋 爾朱端墓誌

隋 澧水石橋碑

隋 高虬墓誌

隋 姬威墓誌

隋 張儉及妻墓誌

唐 北獄廟碑

唐 崔泰之墓誌

唐 大忍寺碑

唐 李神符碑

唐 石臺孝經

唐 唐直墓誌

唐 玄元靈應頌

【楷書】

三國吳 走•五年

北魏 穆彥墓誌

北魏 元乂墓誌

北周 輔蘭德造像

北齊 高淯墓誌

東魏 高湛墓誌

東魏 王僓墓誌

北齊 無量義經

東魏 元湛墓誌

隋 李領萬造像

隋 梁瓌墓誌

隋 馬憐造像記

隋 宋睦墓誌

隋 元鐘墓誌

隋 臧質墓誌

唐 敬覺墓誌

唐 俱慈順墓誌

唐 李沖墓誌

唐 李清禪墓誌

唐 喬崇隱墓誌

唐 石浮圖銘

唐 石經尚書

唐 石經尚書

唐 石經周易

唐 思恒墓誌

唐 圓濟塔銘

豟

【楷書】

唐 石經五經

豥

【楷書】

唐 石經五經

豢

【楷書】

東魏 劉懿墓誌

唐 劉娘子墓誌

北魏 石婉墓誌

北魏 元誨墓誌

北魏 元斑誌蓋

北魏 元新成妃墓誌

北魏 元彥墓誌

北魏 元珍墓誌

北齊 竇泰墓誌

北齊 竇泰墓誌

東魏 李挺墓誌

隋 梁瓌墓誌

東漢 鮮于璜碑陰

三國魏 曹真殘碑陽

北周 華嶽頌

東魏 李艷華墓誌

隋 豆盧寶墓誌

唐 李貞墓誌

唐 王行果殘碑

唐 王子麟墓誌

【楷書】

晉 華芳墓誌陰

北魏 寇憑墓誌

豫 𧰼

【隸書】

西漢 馬•老乙前

西漢 居新•3847

西漢 居新•5571

西漢 西•詔書

東漢 曹全碑陽

東漢 馮神道闕

東漢 禮器碑側

東漢 禮器碑側

東漢 禮器碑陰

東漢 石門頌

豬 𧲣

【隸書】

秦 睡 235

西漢 馬•天下

西漢 居新•2900

西漢 居新•5611

【楷書】

唐 韓相妻造像

唐 石經尚書

唐 石經五經

唐 同景信造經幢

北齊 竇泰墓誌

東魏 王偃墓誌

東魏 元湛墓誌

隋 段威墓誌

唐 李壽墓誌

唐 劉慎墓誌

唐 石經五經

唐 石經五經

隋 豆盧寶墓誌

隋 爾朱敞墓誌

隋 澧水石橋碑

隋 姬威墓誌

唐 高元珪墓誌

唐 李貞墓誌

唐 蘇洪姿墓誌

唐 玄巖銘

【楷書】

北魏 寓懋墓誌

北魏 元斅墓誌

豪 𧰽

【篆書】

唐 三墳記陽

【隸書】

西漢 居新•3432

西漢 居新•7699

東漢 西•四時

兩漢 西•羌律

東漢 曹全碑陰

東漢 景君碑陰

東漢 朐忍令碑

東漢 元和三年記

晉 辟雍頌陽

豨 𧲏

【楷書】

北魏 元天穆墓誌

唐 曹欽墓誌

隋 田德元墓誌

隋 王曜墓誌

唐 石經周易

唐 王景之墓誌

唐 王君妻薛墓誌

唐 王素墓誌

唐 吳達墓誌

豭

【楷書】

唐 成循墓誌

唐 石經五經

豱

【楷書】

唐 石經五經

⿰豕冥

【楷書】

唐 李鳳墓誌

豳

【隸書】

東漢 華山廟碑陽

隋 姬威墓誌

【楷書】

北魏 元引墓誌

北魏 元湛墓誌

唐 白敏中墓誌

唐 闞儉墓誌

唐 韋頊墓誌

豵

【楷書】

唐 石經五經

豴

【楷書】

唐 石經五經

⿰豕隋

【楷書】

唐 石經五經

豷

【楷書】

唐　石經五經

豶

【楷書】

唐　石經五經

唐　石經周易

貝部

貝

【隸書】

秦 睡86

西漢 居新•4338

西漢 居新•4851

西漢 居新•4941

西漢 居新•831

東漢 孔宙碑陰

隋 馬穉墓誌

唐 北嶽廟碑

唐 戒壇碑

唐 戒壇碑

【楷書】

東魏 淨智塔銘

唐 石經尚書

唐 脩多羅墓誌

貞

【篆書】

唐 阿史那忠碑額

唐 碧落碑

唐 碧落碑

唐 碧落碑

唐 李勣碑

唐 李勣碑

唐 謙卦碑

唐 謙卦碑

唐 三墳記陰

【隸書】

秦 睡29

秦 西•日書乙

西漢 馬•老甲

西漢 馬•事語

新莽 禳盜刻石

東漢 石門頌

東漢 史晨後碑

東漢 延光四年殘

東漢 楊震碑

東漢 尹宙碑

三國魏 王基斷碑

北齊 感孝頌

【楷書】

三國吳 走•四年

北齊 竇泰墓誌

北齊 婁黑女墓誌

隋 李則墓誌

隋 劉淵墓誌

隋 鄭道育墓誌

唐 崔琪墓誌

唐 歸唐表刻石

唐 潘基墓誌

唐 石經尚書

唐 石經周易

負

【隸書】

秦 睡35

秦 睡45

西漢 馬•事語

西漢 張•431

西漢 居新•3542

西漢 居新•5558

西漢 居新•7473

漢晉 流簡紙

漢晉 流簡紙

東漢 曹全碑陽

東漢 七言摩崖記
東漢 薌他君題記
晉 辟雍頌陽
晉 辟雍頌陽
隋 澧水石橋碑
隋 關明墓誌
隋 宋景造像碑
隋 吳嚴墓誌
唐 柳偘妻墓誌
唐 史思禮墓誌

唐 韋士逸墓誌

【楷書】

晉 黃庭内景經
北魏 高珪墓誌
北魏 元固墓誌
北齊 竇泰墓誌
隋 吳嚴墓誌
唐 石經尚書
唐 石經五經
唐 石經周易
唐 王才墓誌

唐 魏德墓誌
唐 張崧墓誌

貢 貢

【篆書】

唐 般若臺記

【隸書】

西漢 居新•7533
東漢 曹全碑陽
東漢 曹全碑陽
東漢 衡方碑
東漢 孔宙碑陽
東漢 魏元丕碑
晉 辟雍頌陽
晉 徐義墓誌陽
隋 豆盧實墓誌

隋 趙朗墓誌
唐 王崇禮墓誌
唐 行儼碑

【楷書】

北魏 韓顯宗墓誌
唐 石經尚書
唐 石經五經
唐 顔元貞墓誌
唐 陽濟墓誌
唐 支敬倫墓誌

貲 貲

【隸書】

秦 睡 16
西漢 馬•老甲

財 財

【隸書】

秦 關周•日書
西漢 馬•老甲
西漢 馬•老乙前
西漢 馬•事語
西漢 張•207
西漢 張•35
西漢 張•93
西漢 居新•1028
西漢 居新•5004
西漢 居新•8011

西漢 居新•8142
東漢 西•寇恩
東漢 西•寇恩
漢晉 流簡紙
漢晉 流簡紙
東漢 蒼山元嘉題記
東漢 西狹頌
東漢 薌他君題記
東漢 許安國題記
東漢 許安國題記

【楷書】

東漢 乙瑛碑

晉 管洛墓誌陽

晉 呂望表

北齊 感孝頌

隋 劉多墓誌

唐 北嶽廟碑

唐 庫狄真相墓誌

唐 司馬寔墓誌

【楷書】

三國吳 走•二年

三國吳 走•二年

北魏 元略墓誌

隋 馬稱心墓誌

隋 吳嚴墓誌

隋 蕭瑒墓誌

唐 石經尚書

唐 石經周易

唐 武曌母殘碑

貼

【篆書】

唐 三墳記陰

【隸書】

西漢 馬•老子甲後

西漢 馬•老子甲後

西漢 馬•縱橫

責

【隸書】

秦 睡255

秦 睡48

西漢 馬•老子甲後

西漢 馬•縱橫

西漢 張•814

西漢 張•93

西漢 居新•5539

漢晉 流簡紙

唐 北嶽廟碑

唐 尹文操碑

【楷書】

魏晉 樓•紙

北魏 元暐墓誌

唐 李瑱墓誌

唐 石經九經

唐 石經九經

貫

【隸書】

西漢 馬•天下

西漢 馬•足臂

西漢 馬•足臂

西漢 馬•足臂

西漢 居新•2664

西漢 居新•5866

西漢 居新•9140

漢晉 流簡紙

東漢 曹全碑陽

東漢 武榮碑

東漢 趙寬碑

晉 徐義墓誌陽

唐 石臺孝經

唐 蘇洪姿墓誌

【楷書】

北魏 慈慶墓誌

北齊 竇泰墓誌

北齊 竇泰墓誌

北周 賀屯植墓誌

隋 伍道進墓誌

唐 石經九經

唐 石經周易

販

【隸書】

西漢 張•281

西漢 張•281

西漢 張•282

西漢 張•757

西漢 居新•3432

西漢 武•有司甲

西漢 西•詔書

東漢 西•四時

東漢 薌他君題記

【楷書】

唐 司馬元禮墓誌

唐 孫公乂墓誌

貶

【隸書】

東漢 石門頌

東漢 鮮于璜碑陽

三國魏 孔羨碑

晉 郛休碑陽

晉 郭槐柩記

唐 崔沔墓誌陰

唐 崔祐甫墓誌

唐 趙冬曦壙誌

唐 朱崇慶墓誌

【楷書】

北魏 丘哲墓誌

隋 王衮墓誌

唐 石經九經

唐 石經九經

後唐 康贊羑墓誌

貨

【隸書】

秦 睡 106

秦 睡 121

秦 睡 70

秦 關周•日書

東漢 西狹頌

隋 任軌墓誌

隋 任軌墓誌

唐 北嶽廟碑

【楷書】

唐 竇娘子墓誌

唐 石經尚書

唐 韋塤墓誌

貪

【隸書】

東漢 曹全碑陽

東漢 鮮于璜碑陽

東漢 趙寬碑

東漢 子游殘碑

唐 崔暟墓誌陽

唐 紀信墓碑

唐 植松柏碑

【楷書】

北魏 侯剛墓誌

北魏 劉璿造像記

北魏 元順墓誌

隋 楊居墓誌

唐 卜璀墓誌

唐 棲巖寺詩刻

唐 石經五經

唐 朱齊之墓誌

貧

【隸書】

秦 睡 121

秦 睡 151

西漢 張•757

西漢 張•767

西漢 居新•5560

西漢 西•候官

東漢 郙閣頌

隋 修孔子廟碑

隋 修孔子廟碑

唐 王媛墓誌陰

唐 行儼碑

【楷書】

漢晉 流簡紙

北魏 宋虎墓誌

北魏 元平墓誌

唐 崔千里墓誌

唐 鄭逢墓誌

貳

【隸書】

秦 睡 101

西漢 馬•事語

西漢 馬•縱横

晉 辟雍頌陽

隋 關明墓誌

唐 京兆金氏墓誌

唐 司馬寔墓誌

【楷書】

北周 盧蘭墓誌

唐 安元壽墓誌

唐 房有非墓誌

唐 姬温墓誌

唐 劉冰墓誌

唐 劉子墓誌

唐 内莊宅使牒

唐 裴瑾墓誌

唐 毗伽特勤墓誌

唐 石經尚書

唐 石經五經

唐 石經五經

唐 石經周易

唐 徐及及妻墓誌

唐 薛華墓誌

唐 張弘秀墓誌

賁

【隸書】

秦 睡 250

西漢 馬•病方

西漢 馬•老子甲後

西漢 馬•天下

西漢 武•有司甲

東漢 曹全碑陽

隋 關明墓誌

隋 關明墓誌

隋 郭王墓誌

唐 王子麟墓誌

【楷書】

北魏 于纂墓誌

北魏 元子正墓誌

北齊 竇泰墓誌

隋 伍道進墓誌

唐 白敏中墓誌

唐 石經五經

唐 石經周易

貰

【隸書】

西漢 居新•2682

西漢 居新•2722

西漢 居新•4553

【楷書】

魏晉 樓•紙

貽

【隸書】

東漢 校官碑

東漢 楊震碑

北齊 感孝頌

北齊 司馬遵業墓誌

隋 修孔子廟碑

【楷書】

北魏 吐谷渾氏墓誌

北魏 元誘墓誌

北齊 竇泰墓誌

唐 劉通墓誌

唐 騫紹業墓誌

唐 石經尚書

唐 張滂墓誌

貴

【隸書】

秦 睡233

秦 睡86

秦 關周•日書

西漢 馬•合陰陽

西漢 馬•老甲

西漢 馬•老子甲後

西漢 馬•縱橫

西漢 馬•縱橫

西漢 張•1079

西漢 居新•5865

漢晉 流簡紙

東漢 蒼山元嘉題記

東漢 孔宙碑陽

東漢 李孟初神祠碑

東漢 馬姜墓記

東漢 虔恭字殘碑

東漢 三老刻石

東漢 文叔陽題記

東漢 嗚咽泉題記

東漢 嗚咽泉題記

東漢 楊統碑陽

東漢 趙儀碑

晉 辟雍頌陽

隋 豆盧實墓誌

隋 劉寶及妻墓誌

隋 元鐘墓誌

唐 崔暟墓誌陽

唐 豆盧建墓誌

唐 告華嶽府君

唐 任城橋亭記

唐 石臺孝經

唐 石臺孝經

唐 石臺孝經

唐 史思禮墓誌

唐 郎國長公主碑

唐 宴濟瀆序陰額

唐 楊孝恭碑

唐 楊孝恭碑

唐 張濬墓誌

【楷書】

三國吳 走•五年

北魏 王翊墓誌

北魏 鄭君妻墓誌

北齊 暢洛生造像

隋 陳花樹墓誌

隋 王光墓誌

唐 石經九經

唐 石經九經

唐 石經周易

唐 臧懷恪墓碑

晛

【隸書】

唐 嵩陽觀碑

【楷書】

北魏 檀賓墓誌

北魏 元顯魏墓誌

唐 丁貴娘墓誌

貾

【楷書】

唐 石經五經

貯

【隸書】

隋 劉多墓誌

【楷書】

北齊 元賢墓誌

唐 玄秘塔碑

買

【篆書】

東漢 大吉山刻石

【隸書】

秦 睡 64

西漢 張•537

西漢 張•541

西漢 張•652

西漢 居新•7490

東漢 西•死駒

兩漢 西•懸簡

西漢 買山地記

東漢 簿書殘碑

東漢 買田約束石

東漢 史晨後碑

東漢 永和一年記

隋 郭休墓誌

【楷書】

三國吳 走•二年

三國吳 走•五年

北魏 元略墓誌

唐 内莊宅使牒

唐 石經九經

唐 石經九經

唐 掌徹墓誌

貸

【隸書】

西漢 張•906

漢晉 流簡紙

隋 闞明墓誌

唐 抱腹寺碑

唐 楊孝恭碑

【楷書】

三國吳 走•二年

魏晉 樓•紙

北魏 李榘蘭墓誌

唐 石經五經

唐 張仁墓誌

貿

【隸書】

秦 睡 69

西漢 張•282

北齊 司馬遵業墓誌

隋 豆盧實墓誌

唐 李彦墓誌

唐 沈夫人墓誌

【楷書】

北魏 元徽墓誌

北魏 元繼墓誌

北魏 莊伯墓誌

隋 李元墓誌

隋 蕭瑒墓誌

唐 李紹墓誌

唐 梁有意墓誌

唐 石經五經

唐 石經五經

唐 惟岳神道碑

唐 趙南山墓誌

費

【篆書】

三國吳 天發神讖碑

【隸書】

秦 睡 50

西漢 張•431

西漢 西•過界

兩漢 西•馬簡

東漢 曹全碑陽

東漢 孔宙碑陰

東漢 禮器碑側

東漢 造土牛碑

唐 董虔運墓誌

【楷書】

北魏 元誨墓誌

隋 元鐘墓誌

唐 李正卿墓誌

唐 張安墓誌

賀

【篆書】

隋 賀若誼碑額

【隸書】

秦 睡 120

西漢 馬•老甲

西漢 馬•老子甲後

西漢 居新•3643

西漢 居新•4737

西漢 居新•5568

東漢 孔宙碑陰

東漢 薌他君題記

東漢 張遷碑陽

唐 史思禮墓誌

唐 郎國長公主碑

唐 朱君妻王墓誌

【楷書】

魏晉 樓•紙

北魏 侯太妃墓誌

隋 張虔墓誌

賈

【篆書】

唐 賈温誌蓋

【隸書】

秦 睡 198

秦 睡 44

西漢 張•281

西漢 張•753

西漢 居新•5570

西漢 居新•7483

西漢 居新•7486

東漢 西•寇恩

東漢 西•寇恩

東漢 西•寇恩

東漢 西•寇恩

東漢 禮器碑

東漢 馬姜墓記

東漢 馬姜墓記

東漢 孫仲陽題記

東漢 許安國題記

東漢 趙寬碑

晉 徐義墓誌陽

北齊 感孝頌

隋 爾朱端墓誌

隋 修孔子廟碑

唐 北嶽廟碑

【楷書】

魏晉 樓•紙

北魏 賈良造像記

北魏 王翊墓誌

隋 賈通墓誌

隋 元鐘墓誌

唐 石經五經

唐 王豫墓誌

唐 翟慶全墓誌

貲

【隸書】

秦 睡 43

唐 崔沔墓誌陰

【楷書】

魏晉 樓•紙

北魏 李超墓誌

唐 柳昱墓誌

賄

【隸書】

唐 崔暟墓誌陽

【楷書】

東魏 李憲墓誌

唐 房敬墓誌

賊

【篆書】

唐 三墳記陽

【隸書】

秦 睡 58

西漢 張•143

西漢 張•622

西漢 張•640

西漢 居新•2114

西漢 居新•7160

西漢 居新•7179

漢晉 流簡紙

漢晉 流簡紙

東漢 蒼山元嘉題記

東漢 曹全碑陽

東漢 朝侯小子碑

東漢 建安殘石

東漢 景君碑陰

東漢 李孟初神祠碑

東漢 禮器碑陰

東漢 薌他君題記

東漢 造土牛碑

晉 石尠墓誌

隋 澧水石橋碑

隋 張儉及妻墓誌

唐 趙叡沖碑

【楷書】

北魏 爾朱襲墓誌

北齊 竇泰墓誌

北周 賀屯植墓誌

隋 劉德墓誌

唐 高慈墓誌

唐 石經尚書

唐 石經五經

唐 石經五經

賂

【楷書】

東魏 廉富造像陽

唐 王芳媚墓誌

賃

【隸書】

秦 睡 100

東漢 買田約束石

【楷書】

唐 柳偘墓誌

資

【篆書】

唐 碧落碑

唐 碧落碑

【隸書】

秦 睡 106

西漢 馬•縱橫

西漢 馬•縱橫

西漢 居新•7533

東漢 華山廟碑陽

東漢 朐忍令碑

東魏 叔孫固墓誌

北齊 司馬遵業墓誌

隋 爾朱敞墓誌

隋 澧水石橋碑

隋 侯肇墓誌

隋 任軌墓誌

隋 任顯及妻誌

隋 王榮及妻墓誌

隋 蕭瑾墓誌

唐 大忍寺碑

唐 石臺孝經

唐 行儼碑

唐 尹尊師碑

唐 張翼墓誌

【楷書】

漢晉 流簡紙

北魏 崔懃造像

北魏 侯太妃造像

北魏 胡明相墓誌

北魏 靈山寺塔銘

北魏 穆亮墓誌

北魏 石婉墓誌

北魏 司馬氏墓誌

北魏 楊大眼造像

北魏 楊乾墓誌

北魏 元昉墓誌

北魏 元朗墓誌

北魏 元暐墓誌

北魏 張寧墓誌

北齊 姜纂造像記

北周 普安壯公墓誌

東魏 乞伏銳題記

北齊 僧道建造象

東魏 司馬昇墓誌

北齊 優婆姨造像陽

隋 蕭翹墓誌

唐 石經周易

唐 張叡墓誌

賑

【楷書】

北魏 元瞻墓誌

唐 盧全操墓誌

唐 尉遲敬德墓誌

唐 周惠墓誌

賖

【楷書】

北魏 元崇業墓誌

唐 和守陽墓誌

唐 李盈墓誌

唐 尉遲敬德墓誌

賝

【楷書】

隋 張壽墓誌

賓

【篆書】

東漢 袁安碑

【隸書】

西漢 張•1037

西漢 居新•7497

漢晉 流簡紙

東漢 西狹頌

晉 辟雍頌陽

晉 石尠墓誌

晉 徐義墓誌陽

隋 段濟墓誌

隋 爾朱敞墓誌

隋 爾朱端墓誌

隋 姬威墓誌

隋 劉多墓誌

隋 牛諒墓誌

隋 宋仲墓誌

隋 王榮及妻墓誌

隋 蕭瑾墓誌

隋 修孔子廟碑

隋 張儉及妻墓誌

隋 鄭令妃墓誌

唐 陳憲墓誌

唐 褚亮碑

唐 蘇洪姿墓誌

唐 修定寺記碑

唐 楊孝恭碑

【楷書】

三國吳 走•四年

北魏 侯剛墓誌

北魏 元純阤墓誌

北魏 元乂墓誌

北魏 元子正墓誌

北齊 竇泰墓誌

隋 段模墓誌

隋 賈玄贊墓誌

隋 橋紹墓誌

隋 王楚英墓誌

隋 元鐘墓誌

唐 石經九經

唐 石經尚書

唐 石經五經

唐 石經儀禮

唐 石經周易

唐 司馬和銘墓誌

賣

【楷書】

唐 石經九經

唐 石經九經

賣

【隸書】

西漢 張•558

西漢 居新•3432

西漢 居新•7483

東漢 西•寇恩

東漢 西•四時

漢晉 流簡紙

【楷書】

北魏 元略墓誌

唐 苗弘本墓誌

唐 石經九經

唐 石經九經

賫

【楷書】

北魏 元詮墓誌

賚

【隸書】

唐 崔祐甫墓誌

【楷書】

北魏 元靈曜墓誌

隋 蕭飭性墓誌

唐 程知節墓誌

唐 石經尚書

唐 石經五經

後唐 西方鄴墓誌

賢

【隸書】

秦 睡100

西漢 馬•老甲

西漢 馬•老乙

西漢 馬•老乙前

西漢 馬•老子甲後

西漢 馬•老子甲後

西漢 馬•老子甲後

西漢 馬•縱橫

西漢 居新•2687

西漢 居新•3555

西漢 西•奏書

西漢 習字觚

兩漢 西•馬簡

漢晉 流簡紙

西漢 楚王墓塞石

東漢 曹全碑陽

東漢 公乘田魴記

東漢 孔宙碑陰

東漢 禮器碑側

東漢 禮器碑側

東漢 繆宇墓誌

東漢 尚博殘碑

東漢 尚博殘碑

東漢 夏承碑

東漢 許安國題記

東漢 楊德安題記

東漢 尹宙碑

東漢 趙儀碑

東漢 子游殘碑

晉 辟雍頌陽

北齊 感孝頌

隋 任軌墓誌

隋 蘇恒墓誌

隋 囗靜墓誌

隋 張儉及妻墓誌

隋 張景略墓誌

唐 李神符碑

唐 史思禮墓誌

唐 楊孝恭碑

唐 楊孝恭碑

唐 趙冬曦壙誌

【楷書】

三國吳 走•二年

三國吳 走•四年

三國吳 走•五年

北魏 李頤墓誌

北魏 王蕃墓誌

北魏 楊乾墓誌

北魏 元始和墓誌

北魏 元始和墓誌

北齊 竇泰墓誌

北齊 僧靜明造像

隋 段威墓誌

隋 王楚英墓誌

隋 姚太墓誌

唐 范安及墓誌

唐 敬覺墓誌

唐 李訥妃墓誌

唐 路玄墓誌

唐 石經尚書

唐 石經周易

唐 石經周易

唐 閻肇墓誌

唐 鄭戎墓誌

賞

【隸書】

秦 睡45

秦 睡57

秦 關周•日書

西漢 馬•老乙前

西漢 張•173

西漢 張•35

西漢 居新•5379

西漢 西•候官

兩漢 武•王杖

東漢 楊叔恭殘碑

晉 徐義墓誌陽

隋 任顯及妻誌

隋 宋仲墓誌

隋 王榮及妻墓誌

隋 修孔子廟碑

唐 告華嶽府君

唐 屈突通墓誌

唐 史思禮墓誌

唐 張休光墓誌

唐 趙冬曦壙誌

【楷書】

三國吳 走•五年

北魏 山暉墓誌

北齊 竇泰墓誌

隋 高緊墓誌

隋 宋玉艷墓誌

隋 口和墓誌

唐 石經尚書

唐 石經尚書

賤

【隸書】

秦 睡150

西漢 馬•老乙

西漢 馬•縱横

西漢 張•1198

西漢 居新•4979

西漢 居新•5674

西漢 武•士相見

東漢 樊敏碑

東漢 張遷碑陽

隋 爾朱敞墓誌

【楷書】

北魏 元倪墓誌

隋 賈玄贊墓誌

唐 法玩塔銘

唐 耿氏墓誌

唐 蘭陵蕭氏墓誌

唐 石經周易

唐 王才墓誌

賦

【篆書】

唐 三墳記陽

唐 三墳記陽

唐 三墳記陰

【隸書】

秦 睡90

西漢 馬•縱横

西漢 張•1083

西漢 張•450

西漢 居新•4731

西漢 居新•7907

西漢 居新•967

東漢 曹全碑陽

東漢 史晨後碑

東漢 造士牛碑

東漢 造士牛碑

北齊 司馬遵業墓誌

隋 姬威墓誌

隋 口和墓誌

隋 修孔子廟碑

【楷書】

北魏 寇慰墓誌

北魏 元斌墓誌

北魏 元湛墓誌

北齊 竇泰墓誌

隋 賈通墓誌

隋 田德元墓誌

唐 李弘亮墓誌

唐 李仙蕙志

唐 盧梵兒墓誌

唐 石經尚書

唐 孫師歧墓誌

賜

【篆書】

唐 王審知碑額

【隸書】

秦 睡139

西漢 馬•縱橫

西漢 張•305

西漢 張•710

西漢 居新•4955

西漢 西•候官

漢晉 流簡紙

漢晉 流簡紙

東漢 曹全碑陽

東漢 肥致碑

東漢 淮源廟碑

東漢 史晨後碑

晉 石尠墓誌

晉 徐義墓誌陽

晉 徐義墓誌陽

隋 豆盧寔墓誌

隋 申穆及妻墓誌

隋 蘇恒墓誌

唐 褚亮碑

唐 史思禮墓誌

唐 史思禮墓誌

【楷書】

三國吳 走•二年

北魏 王蕃墓誌

北魏 元弘嬪侯墓誌

北魏 元始和墓誌

北魏 元瞻墓誌

隋 張貴男墓誌

唐 蕭公夫人墓誌

賙

【隸書】

三國魏 受禪碑

唐 王震墓誌

唐 修定寺記碑

【楷書】

唐 支成墓誌

賥

【楷書】

東魏 元賥墓誌

質

【篆書】

唐 碧落碑

【隸書】

秦 睡65

西漢 馬•縱橫

西漢 張•450

西漢 張•665

東漢 簿書殘碑

東漢 景君碑陽

東漢 景君碑陽

東漢 景君碑陰

東漢 熹平殘石

隋 任軌墓誌

隋 蘇恒墓誌

隋 蕭瑾墓誌

唐 夫子廟堂碑

【楷書】

魏晉 樓•紙

北魏 寇慰墓誌

北魏 元略墓誌

北魏 元文墓誌

北齊 高湝墓誌

唐 陳恭墓誌

隋 蕭瑒墓誌

隋 楊厲墓誌

唐 張騷墓誌

賷

【楷書】

唐 石經五經

唐 王恆汎墓誌

後周 蕭處仁墓誌

賵

【隸書】

東漢 朝侯小子碑

東漢 楊震碑

隋 蕭瑾墓誌

唐 王崇禮墓誌

【楷書】

北魏 穆亮墓誌

北周 賀屯植墓誌

北齊 司馬遵業墓誌

東魏 元仲英墓誌

隋 皇甫深墓誌

唐 吉渾墓誌

唐 石經五經

唐 李彥墓誌

唐 石臺孝經

唐 修定寺記碑

【楷書】

北魏 爾朱紹墓誌

北魏 元新成妃墓誌

北齊 竇泰墓誌

隋 卜鑒墓誌

唐 崔師墓誌

唐 柳正礶墓誌

唐 石經尚書

賴

【篆書】

唐 三墳記陰

【隸書】

秦 睡 96

西漢 馬•老乙前

東漢 樊敏碑

東漢 孔宙碑陽

東漢 西狹頌

晉 辟雍頌陽

晉 辟雍頌陽

隋 口和墓誌

唐 北獄廟碑

賓

【隸書】

西漢 張•551

西漢 張•552

【楷書】

唐 李賢墓誌

唐 張玄封墓誌

唐 張剑造像記

唐 鄭懔墓誌

賡

【隸書】

唐 北獄廟碑

【楷書】

唐 陳雅妻墓誌

唐 石經尚書

唐 石經五經

贅 𧸓

【隸書】

秦 睡 101

西漢 張•628

西漢 張•635

西漢 張•636

西漢 居新•7533

【楷書】

唐 石經五經

賣

【楷書】

隋 范安貴墓誌

唐 段淙墓誌

賻 䝿

【隸書】

東漢 朝侯小子碑

東漢 朝侯小子碑

東漢 衡方碑

東漢 馬姜墓記

東漢 楊震碑

隋 姬威墓誌

唐 楊孝恭碑

【楷書】

北魏 元纘遠墓誌

唐 景公直墓誌

唐 李鳳妃墓誌

(續)

唐 石經五經

購 䞓

【隸書】

秦 睡 64

西漢 張•118

西漢 張•173

西漢 張•92

西漢 張•92

西漢 居新•7697

西漢 居新•7699

唐 大忍寺碑

【楷書】

唐 李元確墓誌

唐 吴德鄘妻墓誌

贄

【隸書】

東漢 華山廟碑陽

晉 辟雍頌陽

北齊 西門豹碑陽

【楷書】

北魏 元子正墓誌

唐 賈政墓誌

唐 石經尚書

賾

【隸書】

晉 辟雍頌陽

隋 宋景造像碑

唐 孔子廟碑

唐 玄元靈應頌

唐 張頠墓誌

【楷書】

北魏 奚真墓誌

北魏 元誘墓誌

東魏 張瓘墓誌

隋 嚴元貴墓誌

唐 馬攸墓誌

(續)

唐 石經五經

唐 蘇卿墓誌

唐 薛賾墓誌

唐 薛賾墓誌

唐 雁塔聖教序

唐 楊承胤墓誌

賧

【楷書】

唐 石經五經

贈贈

【篆書】

唐 竇叔向墓誌額

唐 高元裕碑額

唐 李勣碑

唐 李勣碑

唐 李敬實墓誌

唐 清源縣主誌蓋

唐 温佶墓碑額

【隸書】

東漢 陶洛殘碑陽

三國魏 王基斷碑

晉 徐義墓誌陽

北齊 司馬遵業墓誌

東魏 宗欣墓誌

隋 豆盧實墓誌

隋 任軌墓誌

唐 盧君妻墓誌

唐 史思禮墓誌

唐 唐直墓誌

唐 楊孝恭碑

唐 楊孝恭碑

【楷書】

北魏 公孫猗墓誌

北魏 司馬紹墓誌

北魏 王蕃墓誌

北魏 元誨墓誌

北魏 元纂墓誌

北魏 元文墓誌

北齊 竇泰墓誌

隋 姬威墓誌

唐 李睦墓誌

唐 劉冰墓誌

唐 劉濬墓誌

唐 廿九女墓誌

唐 王惠墓誌

唐 温煒妻墓誌

贊贊

【隸書】

西漢 馬•縱橫

西漢 武•服傳甲

東漢 封龍山頌

東漢 張壽殘碑

隋 闞明墓誌

隋 宋景造像碑

隋 宋仲墓誌

隋 口和墓誌

唐 李貞墓誌

唐 盧君妻墓誌

唐 王媛墓誌陽

【楷書】

三國吳 走•五年

北魏 笱景墓誌

北魏 李遵墓誌

北魏 穆亮墓誌

北魏 叔孫協墓誌

北魏 元纂墓誌

北齊 竇泰墓誌

隋 何氏墓誌

唐 荊肆墓誌

唐 石經尚書

唐 石經五經

唐 石經五經

贍䞐

【隸書】

三國魏 王基斷碑

唐 北嶽廟碑

唐 王震墓誌

【楷書】

北魏 元熙墓誌

隋 范安貴墓誌

隋 賈通墓誌

唐 元鐘墓誌

隋 張喬墓誌

唐 何楚章墓誌

唐 李贍墓銘

唐 申守墓誌

唐 索崇墓誌

唐 王鍊墓誌

唐 張季戎墓誌

唐 張客墓誌

唐 朱憲墓誌

後唐 崔崇素墓誌

贜

【楷書】

唐 程思義墓誌

唐 程思義墓誌

唐 崔翬墓誌

贔

【楷書】

唐 多寶塔碑

贖䞉

【隸書】

秦 睡 18

秦 睡 62

西漢 張•118

西漢 張•27

西漢 張•60

北齊 西門豹碑陽

【楷書】

北魏 公孫猗墓誌

北魏 元恭墓誌

北齊 雋敬碑

唐 盧翊墓誌

唐 石經尚書

贛䞓

【隸書】

西漢 馬•事語

西漢 居新•6200

東漢 鮮于璜碑陽

【楷書】

唐 石經五經

見部

見

【篆書】

唐 三墳記陽

【隸書】

秦 睡106

秦 睡136

秦 關周•日書

西漢 馬•老乙前

西漢 張•648

西漢 居新•4425

西漢 居新•4847

西漢 居新•5211

西漢 西•候官

漢晉 流簡紙

漢晉 流簡紙

漢晉 流簡紙

東漢 肥致碑

東漢 淮源廟碑

東漢 史晨後碑

東漢 鮮于璜碑陰

晉 石尠墓誌

唐 褚亮碑

唐 盧君妻墓誌

唐 石臺孝經

唐 宴濟瀆序陰額

唐 楊孝恭碑

唐 尹尊師碑

唐 張翼墓誌

【楷書】

北魏 笱景墓誌

隋 陳花樹墓誌

隋 寇奉叔墓誌

唐 石經尚書

唐 石經周易

覎

【楷書】

東魏 呂覎墓誌

規

【篆書】

唐 碧落碑

【隸書】

西漢 馬•老乙前

西漢 馬•縱橫

東漢 曹全碑陽

東漢 景君碑陽

東漢 景君碑陰

東漢 孔宙碑陰

東漢 尚博殘碑

東漢 許安國題記

東漢 乙瑛碑

三國魏 王基斷碑

晉 辟雍頌陽

晉 徐義墓誌陽

隋 關明墓誌

隋 口暽及妻墓誌

隋 牛諒墓誌

隋 任軌墓誌

隋 王榮及妻墓誌

隋 趙朗墓誌

唐 京兆金氏墓誌

唐 龐履温碑

【楷書】

三國吳 走•二年

北魏 慈慶墓誌

北魏 和醜仁墓誌

北魏 司馬紹墓誌

北魏 王元詳題記

北魏 元寶月墓誌

北魏 元弼墓誌

北魏 元華光墓誌

北魏 元誨墓誌

北魏 元融墓誌

北魏 元子永墓誌

北齊 竇泰墓誌

北齊 竇泰墓誌

東魏 元悰墓誌

東魏 元鷙墓誌

東魏 張瓘墓誌

隋 范安貴墓誌

隋 賈玄贊墓誌

隋 王楚英墓誌

隋 吳嚴墓誌

隋 吳嚴墓誌

隋 元鍾墓誌

隋 張喬墓誌

唐 李戢墓誌

唐 石經五經

唐 索玄墓誌

唐 陶後興墓誌

唐 楊執一墓誌

覔

【楷書】

北齊 定國寺塔碑

唐 浯溪記

視

【篆書】

三國吳 天發神讖碑

唐 碧落碑

【隸書】

秦 睡33

西漢 馬•老甲

西漢 馬•老甲

西漢 馬•老乙前

西漢 張•588

西漢 張•590

西漢 張•832

西漢 居新

西漢 居新•1421

西漢 居新•2114

東漢 西•病書

西漢 楚王墓塞石

東漢 尚博殘碑

東漢 史晨前碑

東漢 鮮于璜碑陰

東漢 許安國題記

晉 徐義墓誌陽

北魏 上尊號碑

北齊 感孝頌

隋 爾朱敞墓誌

【楷書】

北魏 高珪墓誌

北魏 薛伯徽墓誌

北齊 竇泰墓誌

隋 暴永墓誌

唐 李福墓誌

唐 劉栖楚墓誌

唐 石經尚書

唐 石經五經

唐 石經周易

覘

【隸書】

唐 蔡君妻墓誌

【楷書】

東魏 張滿墓誌

唐 石經九經

唐 陽濟墓誌

覞

【楷書】

唐 石經五經

唐 袁景慎墓誌

⿰兆見（覜） ⿰兆見

【隸書】

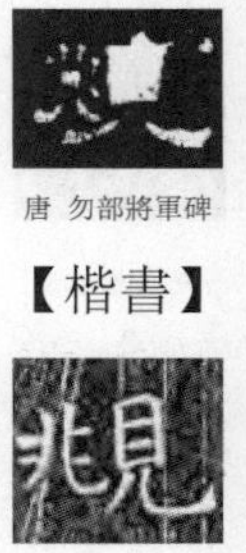

唐 勿部將軍碑

【楷書】

唐 石經五經

覡 覡

【楷書】

唐 石經五經

唐 王豫墓誌

覢 覢

【楷書】

唐 石經九經

⿰飠見 ⿰飠見

【楷書】

晉 華芳墓誌陽

北魏 元顥墓誌

唐 卜璀墓誌

唐 馬浩墓誌

唐 石經五經

親 親

【隸書】

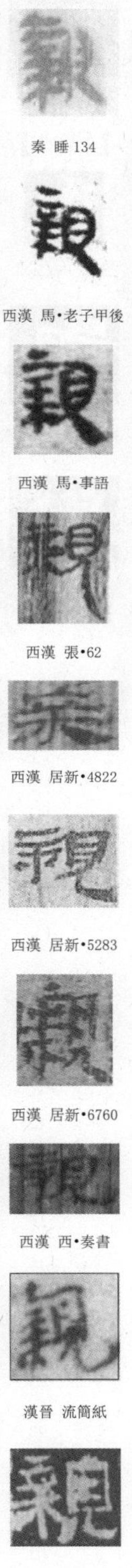

秦 睡 134

西漢 馬•老子甲後

西漢 馬•事語

西漢 張•62

西漢 居新•4822

西漢 居新•5283

西漢 居新•6760

西漢 西•奏書

漢晉 流簡紙

東漢 蒼山元嘉題記

東漢 蒼山元嘉題記

東漢 曹全碑陽

東漢 曹全碑陽

東漢 從事馮君碑

東漢 淮源廟碑

東漢 景君碑陽

東漢 禮器碑

東漢 熹平石經易

東漢 鮮于璜碑陽

東漢 薌他君題記

東漢 薌他君題記

東漢 許安國題記

東漢 楊德安題記

東漢 楊著碑陽

東漢 乙瑛碑

晉 辟雍頌陽

晉 郭槐柩記

晉 石尠墓誌

北齊 感孝頌

隋 馬長和造像

隋 任顯及妻誌

隋 謝岳墓誌

唐 夫子廟堂碑

唐 盧君妻墓誌

唐 石臺孝經

唐 石臺孝經

唐 石臺孝經

唐 石臺孝經

唐 石臺孝經

唐 楊孝恭碑

覰

【楷書】

唐 張怙墓誌

唐 越國太妃墓誌

覲

【篆書】

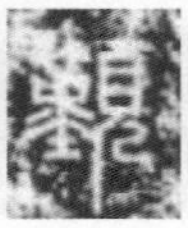
唐 碧落碑

【隸書】

漢晉 流簡紙

東漢 曹全碑陽

唐 北獄廟碑

唐 孔子廟碑

唐 盧君妻墓誌

【楷書】

北魏 寇霄墓誌

隋 楊厲墓誌

隋 張貴男墓誌

唐 石經尚書

覭

【楷書】

唐 石經五經

覬

【隸書】

東漢 孔宙碑陰

【楷書】

晉 華芳墓誌陽

北魏 爾朱襲墓誌

唐 王景之墓誌

覼

【隸書】

隋 趙朗墓誌

覯

【隸書】

唐 玄巖銘

【楷書】

隋 寧贊墓碑

隋 楊厲墓誌

唐 解斯君妻墓誌

唐 石經五經

唐 韋墳墓誌

唐 張翼墓誌

【楷書】

北魏 馮迎男墓誌

北魏 元謐墓誌

北魏 元天穆墓誌

隋 橋紹墓誌

隋 吳嚴墓誌

唐 李鼎墓誌

唐 秦進儀墓誌

唐 石經周易

唐 石經周易

覵

【楷書】

唐 石經五經

覶 𧢏

【楷書】

隋 馬少敏墓誌

覺 斍

【隸書】

秦 睡 53

西漢 張•165

西漢 張•425

漢晉 流簡紙

晉 王君殘墓誌

隋 馬長和造像

唐 石臺孝經

唐 勿部將軍碑

唐 修定寺記碑

唐 義福禪師碑

【楷書】

晉 華芳墓誌陰

北魏 郭法洛造像

北魏 侯太妃墓誌

北魏 穆纂墓誌

北魏 元純陁墓誌

北魏 元恭墓誌

東魏 杜文雍造像

東魏 惠好等造像

北周 僧和造像記

隋 樊尚造像

唐 多寶塔碑

唐 那提墓誌

唐 沈師黃墓誌

唐 石經九經

唐 思恆墓誌

唐 蘇斌墓誌

唐 萬壽寺記

後晉 世尊經殘石

覽 覧

【隸書】

東漢 劉君殘碑

東漢 孟孝琚碑

東漢 嗚咽泉題記

東漢 夏承碑

東漢 張遷碑陽

晉 辟雍頌陽

晉 辟雍頌陽

北齊 感孝頌

隋 宋仲墓誌

唐 北嶽廟碑

唐 戴令言墓誌

唐 玄元靈應頌

唐 楊孝恭碑

唐 趙冬曦壙誌

【楷書】

三國吳 走•四年

北魏 元純陁墓誌

北魏 元悌墓誌

北魏 元子正墓誌

北齊 竇泰墓誌

隋 劉尚食墓誌

唐 棲巖寺詩刻

唐 石經五經

唐 朱簡墓誌

後唐 西方鄴墓誌

覼

【隸書】

隋 趙朗墓誌

【楷書】

唐 董惟靖墓誌

唐 于君妻墓誌

覿

【篆書】

唐 碧落碑

【隸書】

東漢 熹平石經易

東漢 張遷碑陽

唐 崔祐甫墓誌

唐 徐盼墓誌

【楷書】

北魏 馮邕妻墓誌

唐 崔滄墓誌

唐 石經周易

觀

【篆書】

三國吳 天發神讖碑

三國吳 天發神讖碑

【隸書】

秦 睡 97

西漢 馬•合陰陽

西漢 馬•老甲

西漢 馬•老乙

西漢 馬•十問

西漢 張•1051

東漢 蒼山元嘉題記

東漢 封龍山頌

東漢 孔宙碑陰

東漢 史晨後碑

東漢 嗚咽泉題記

東漢 武榮碑

東漢 楊著碑陽

三國魏 孔羨碑

晉 徐義墓誌陽

北齊 鏤石班經記

北齊 司馬遵業墓誌

隋 劉多墓誌

隋 默曹殘碑

隋 蕭瑾墓誌

隋 蕭瑾墓誌

隋 鄭令妃墓誌

唐 常存法師墓誌

唐 石臺孝經

唐 石臺孝經

唐 尹尊師碑

唐 張翼墓誌

唐 鄭忠墓碑

【楷書】

北魏 司馬氏墓誌

北魏 王翊墓誌

北魏 薛伯徽墓誌

北魏 元子正墓誌

東魏 成休祖造像

東魏 劉目蓮造像

隋 段元暉造像

隋 樊氏墓誌

隋 侯氏墓誌

隋 皇甫深墓誌

隋 賈通墓誌

隋 元鐘墓誌

隋 張壽墓誌

唐 鄧夫人墓誌

唐 法師神道碑

唐 李術墓誌

隋 劉尚食墓誌

唐 盧嶠墓誌

唐 沈師黄墓誌

唐 石經五經

唐 石經周易

唐 蘇斌墓誌

唐 掌思明墓誌

後唐 孫拙墓誌

里部

里

【隸書】

秦 睡11

西漢 張•1046

西漢 居新•2400

西漢 居新•2923

西漢 居新•3533

西漢 居新•5271

東漢 西•遷補

東漢 西•推辟

兩漢 西•馬簡

兩漢 西•懸簡

漢晉 流簡紙

漢晉 流簡紙

西漢 麃孝禹碑

東漢 曹全碑陽

東漢 公乘田魴記

東漢 禮器碑

東漢 禮器碑

東漢 買田約束石

東漢 史晨後碑

東漢 鮮于璜碑陰

東漢 延熹三年記

晉 辟雍頌陽

北齊 竇泰墓誌

隋 爾朱敞墓誌

隋 張盛墓誌

唐 陳泰墓誌

唐 史思禮墓誌

唐 史思禮墓誌

唐 行儼碑

唐 宴濟瀆序陰額

唐 楊孝恭碑

唐 楊孝恭碑

唐 楊孝恭碑

【楷書】

三國吳 走•五年

北魏 元維墓誌

北齊 婁黑女墓誌

隋 陳常墓誌

唐 李蕚墓誌

唐 石經尚書

唐 石經周易

重

【篆書】

三國魏 正始石經

唐 碧落碑

唐 三墳記陽

【隸書】

秦 睡48

西漢 馬•老乙前

西漢 馬•縱横

西漢 張•236

西漢 張•81

西漢 居新•116

西漢 西•律令

漢晉 流簡紙

東漢 華山廟碑陽

東漢 朐忍令碑

東漢 熹平石經易

東漢 乙瑛碑

東漢 造土牛碑

東漢 張遷碑陽

北齊 竇泰墓誌

北齊 夫子廟碑

北齊 感孝頌

北齊 司馬遵業墓誌

隋 爾朱敞墓誌

隋 爾朱端墓誌

隋 劉寶及妻墓誌

隋 劉多墓誌

隋 任顯及妻誌

隋 申穆及妻墓誌

隋 蘇恒墓誌

隋 王楚英墓誌

隋 蕭瑾墓誌

量

【隸書】

秦 睡69

西漢 馬•老乙前

西漢 馬•事語

西漢 居新•4922

兩漢 西•醫藥

漢晉 流簡紙

東漢 楊耿伯題記

三國魏 孔羨碑

北齊 竇泰墓誌

北齊 法懃塔銘

唐 劉擹墓誌

唐 石經尚書

唐 石經周易

唐 嚴明府夫人墓誌

唐 嚴識玄墓誌

後唐 豎立生臺記

後唐 張思錄經幢

【楷書】

三國吳 走•四年

三國吳 走•四年

三國吳 走•四年

北魏 侯愔墓誌

北魏 元旭墓誌

北齊 竇泰墓誌

隋 馬少敏墓誌

隋 陶貴墓誌

隋 王楚英墓誌

隋 元鐘墓誌

隋 符盛及妻墓誌

隋 郭休墓誌

隋 劉寶及妻墓誌

隋 宋仲墓誌

隋 張儉及妻墓誌

唐 李神符碑

唐 李神符碑

唐 李貞墓誌

唐 張休光墓誌

唐 貞一廟碑

東漢 張遷碑陽

三國魏 王基斷碑

晉 華芳墓誌陽

北魏 上尊號碑

北齊 司馬遵業墓誌

隋 豆盧實墓誌

隋 豆盧實墓誌

隋 爾朱端墓誌

隋 爾朱端墓誌

隋 澧水石橋碑

野

【篆書】

晉 和國仁墓碑

隋 張景略墓誌

【隸書】

西漢 馬•病方

西漢 馬•老乙前

西漢 馬•老子甲後

西漢 張•1064

西漢 居新•766

東漢 曹全碑陽

東漢 舉孝廉殘碑

東漢 楊叔恭殘碑

北魏 寇演墓誌

北周 步孤須蜜多墓誌

東魏 盧貴蘭墓誌

東魏 馬都愛造像

東魏 叔孫固墓誌

唐 崔琪墓誌

唐 石經尚書

唐 石經周易

隋 張儉及妻墓誌

隋 張姜墓誌

唐 石臺孝經

唐 史思禮墓誌

唐 楊孝恭碑

唐 楊孝恭碑

唐 張翼墓誌

唐 趙冬曦壙誌

【楷書】

魏晉 樓•紙

北魏 韓氏墓誌

北齊 司馬遵業墓誌

隋 豆盧實墓誌

隋 澧水石橋碑

隋 符盛及妻墓誌

隋 劉寶及妻墓誌

隋 獸曹殘碑

唐 崔沔墓誌陽

唐 崔祐甫墓誌

唐 劉慎墓誌

唐 盧行毅墓誌

唐 宴濟瀆序陰額

唐 宴濟瀆序陰額

唐 楊孝恭碑

唐 張翼墓誌

【楷書】

北魏 和醜仁墓誌

北魏 秦洪墓誌

北魏 元馗墓誌

北齊 無量義經

北齊 張思文造像

隋 段模墓誌

唐 燈功德經幢

唐 屈突通墓誌

唐 石經尚書

唐 王郊墓誌

唐 王協墓誌

唐 蕭公夫人墓誌

後唐 西方鄴墓誌

釐釐

【隸書】

東漢 王舍人碑

三國魏 孔羨碑

隋 修孔子廟碑

唐 司馬寔墓誌

【楷書】

北魏 侯剛墓誌

北齊 婁黑女墓誌

北齊 司馬遵業墓誌

北齊 司馬遵業墓誌

隋 陳叔榮墓誌

隋 劉明及妻墓誌

隋 劉明及妻墓誌

隋 馬長和造像

隋 義造橋殘碑

隋 元智墓誌

唐 劉景嗣墓誌

唐 剡國長公主墓誌

唐 石經尚書

唐 王大禮墓誌

唐 王玄起墓誌

唐 張景之墓誌

足部

足

【隸書】

秦 睡12

秦 睡255

秦 睡76

秦 關周•病方

西漢 馬•合陰陽

西漢 馬•老甲

西漢 馬•老乙

西漢 馬•老子甲後

西漢 馬•老子甲後

西漢 馬•縱橫

西漢 張•1027

西漢 張•1157

西漢 張•1183

西漢 張•728

西漢 居新•8245

兩漢 西•馬簡

漢晉 流簡紙

漢晉 流簡紙

西漢 石墻村刻石

東漢 曹全碑陽

東漢 魯峻碑陽

東漢 行事渡君碑

東漢 永和二年記

晉 辟雍頌陽

北齊 司馬遵業墓誌

唐 崔祐甫墓誌

唐 李神符碑

唐 石臺孝經

唐 楊孝恭碑

唐 楊孝恭碑

唐 楊孝恭碑

唐 楊孝恭碑

【楷書】

魏晉 樓•紙

魏晉 樓•紙

晉 蘭亭序真本

北魏 爾朱襲墓誌

北魏 山暉墓誌

北魏 王基墓誌

北魏 元懷墓誌

北魏 元誨墓誌

北魏 元孟輝墓誌

北周 步孤須蜜多墓誌

北周 董道生造像

東魏 法香建塔記

北齊 房周陁墓誌

東魏 劉懿墓誌

北周 盧蘭墓誌

東魏 陸順華墓誌

東魏 呂覎墓誌

北齊 無量義經

東魏 元顯墓誌

隋 李則墓誌

隋 吳嚴墓誌

唐 宮官司設墓誌

唐 郭敬墓記

唐 沈中黃墓誌

唐 石經周易

趵

【楷書】

北魏 宋靈妃墓誌

唐 能政墓誌

唐 石經五經

唐 張軫墓誌

趺

【楷書】

北魏 陳天寶造像

東魏 道穎造像

隋 爾朱敞墓誌

唐 李敬墓誌

唐 徐思倩墓誌

距

【隸書】

西漢 馬•合陰陽

西漢 馬•十問

西漢 張•1189

東漢 朝侯小子碑

東漢 石門頌

唐 紀信墓碑

唐 平蠻頌

【楷書】

北魏 寇治墓誌

北魏 元顯墓誌

隋 程譜墓誌

唐 侯忠墓誌

唐 慶公神祠碑

唐 石經尚書

唐 石經尚書

趾

【隸書】

東漢 華山廟碑陽

隋 趙朗墓誌

唐 李神符碑

唐 劉粲墓誌

唐 屈突通墓誌

唐 興寺碑

【楷書】

北魏 元靈曜墓誌

北魏 元頊墓誌

隋 元智墓誌

唐 崔訥墓誌

唐 崔元二墓誌

唐 喬娥墓誌

唐 石經周易

跇

【楷書】

唐 唐儉墓誌

跋

【楷書】

北魏 穆纂墓誌

東魏 陸順華墓誌

北周 十六佛名號

北齊 宋賢伯造像陽

唐 勝陁儸尼經

唐 温煒妻墓誌

唐 文鑒經幢

跖

【楷書】

唐 馮審中墓誌

唐 張思鼎墓誌

唐 張思鼎墓誌

跨

【隸書】

北齊 法懃塔銘

北齊 司馬遵業墓誌

隋 爾朱敞墓誌

唐 孔子廟碑

唐 平蠻頌

【楷書】

北魏 爾朱襲墓誌

北魏 元昭墓誌

北齊 法懃塔銘

北齊 高淯墓誌

北周 賀屯植墓誌

跬

【楷書】

唐 裴承章墓誌

跏

【楷書】

唐 同光塔銘

跛

【楷書】

唐 佛頂經幢

唐 石經周易

後唐 張思錄經幢

跎

【楷書】

唐 韋晃墓誌

跗

【隸書】

西漢 張·1102

【楷書】

北魏 楊保元妻誌

隋 惠鬱造像記

隋 蕭翹墓誌

隋 元智墓誌

唐 石經五經

趺

【隸書】

唐 孔子廟碑

【楷書】

北齊 宇文誠墓誌

唐 孫君妻張墓誌

唐 王履清墓碑

唐 姚恭墓誌

跕

【楷書】

唐 觀音石像銘

東魏 李挺墓誌

北齊 牛景悦記

北齊 司馬遵業墓誌

隋 李虎墓誌

唐 權開善墓誌

唐 石經五經

唐 石經五經

唐 楊孝弼墓誌

唐 鄭仁泰墓誌

跱

【隸書】

北周 華嶽頌

北齊 司馬遵業墓誌

隋 暴永墓誌

【楷書】

北魏 元靈曜墓誌

北魏 元延明墓誌

唐 齊子墓誌

跣

【隸書】

唐 王崇禮墓誌

【楷書】

唐 劉濬墓誌

跧

【楷書】

唐 盧知宗墓誌

路

【篆書】

唐 碧落碑

【隸書】

西漢 馬·老子甲後

西漢 馬·事語

西漢 馬·縱横

西漢 馬·縱横

西漢 居新·4861

東漢 景君碑陽

東漢 孔宙碑陽

東漢 路公食堂記

東漢 孟孝琚碑

東漢 石門頌

東漢 史晨後碑

東漢 夏承碑

東漢 薌他君題記

東漢 張遷碑陽

隋 段濟墓誌

隋 爾朱敞墓誌

隋 郭休墓誌

隋 宋景造像碑

唐 楊孝恭碑

唐 楊孝恭碑

唐 趙冬曦壙誌

【楷書】

北魏 爾朱紹墓誌

北魏 李端墓誌

北魏 李元姜墓誌

北魏 吐谷渾璣墓誌

北魏 元湛墓誌

東魏 王僧墓誌

北齊 元賢墓誌

隋 段模墓誌

隋 寇奉叔墓誌

唐 張翊墓誌

唐 張審文墓誌

跳

【隸書】

西漢 馬•陰陽甲

唐 孔子廟碑

【楷書】

南朝梁 羅浮山銘

唐 程知節墓誌

唐 新開石室記

跪

【楷書】

隋 劉相及妻墓誌

唐 楚金禪師碑

跡

【篆書】

唐 碧落碑

【隸書】

秦 睡76

西漢 馬•老乙前

西漢 馬•事語

西漢 張•515

西漢 張•624

西漢 居新•1134

西漢 居新•1890

西漢 居新•2181

西漢 居新•2183

西漢 居新•3475

西漢 居新•4749

西漢 居新•7310

西漢 居新•7839

西漢 居新•7903

西漢 西•候官

東漢 池陽令殘碑

東漢 孔彪碑陽

東漢 西狹頌

東漢 楊統碑陽

東漢 趙寬碑

三國魏 張君殘碑

晉 辟雍頌陽

晉 辟雍頌陽

北魏 王基墓誌

北齊 感孝頌

隋 澧水石橋碑

隋 姬威墓誌

隋 宋景造像碑

隋 王榮及妻墓誌

隋 謝岳墓誌

隋 修孔子廟碑

唐 崔沔墓誌陽

唐 崔祐甫墓誌

唐 李神符碑

唐 石臺孝經

唐 史思禮墓誌

唐 唐直墓誌

唐 行儼碑

【楷書】

北魏 慈慶墓誌

北魏 慈香惠造像

北魏 封魔奴墓誌

北魏 昝雙仁墓誌

北魏 寇慰墓誌

北魏 寇演墓誌

北魏 寇治墓誌

北魏 孫永安造像

北魏 王誦墓誌

北魏 薛慧命墓誌

北魏 楊大眼造像

北魏 元斌墓誌

北魏 元朗墓誌

北魏 元尚之墓誌

北魏 元悌墓誌

北魏 元湛墓誌

北齊 婁黑女墓誌

東魏 馬都愛造像

北齊 司馬遵業墓誌

北齊 司馬遵業墓誌

北齊 司馬遵業墓誌

唐 雁塔聖教序以前：

北齊 宋賢伯造像陽
東魏 張瓘墓誌
東魏 宗欣墓誌
隋 段威墓誌
隋 皇甫深墓誌
隋 李則墓誌
隋 任顯及妻墓誌
隋 王楚英墓誌
隋 蕭瑒墓誌
隋 蕭氏墓誌

唐 安延墓誌
唐 法澄塔銘
唐 房懷亮墓誌
唐 馮廓墓誌
唐 劉彥之墓誌
唐 盧宏及妻墓誌
唐 盧自省墓誌
唐 石經五經
唐 尉遲敬德墓誌
唐 雁塔聖教序

唐 楊執一墓誌
唐 姚希直墓誌
唐 元振墓誌
唐 張某墓誌

踂

【楷書】

唐 石經五經

踻

【隸書】

唐 董虔運墓誌
唐 告華嶽府君
唐 楊孝恭碑

【楷書】

北魏 元徽墓誌
唐 桓琮妻墓誌
唐 宋璋墓誌
唐 蘇日榮墓誌
唐 楊逸墓誌
唐 張廉穆墓誌
唐 朱庭瑾墓誌

跽

【隸書】

東漢 史晨後碑

【楷書】

唐 周敬本墓誌

踐

【隸書】

秦 睡 76
西漢 張•1139
西漢 張•1157
西漢 張•507
西漢 張•658
隋 豆盧實墓誌
隋 趙朗墓誌
隋 趙朗墓誌
唐 崔祐甫墓誌
唐 大忍寺碑

唐 修定寺記碑
唐 張休光墓誌

【楷書】

北魏 郭顯墓誌
北魏 吐谷渾璣墓誌
北魏 元暐墓誌
隋 伍道進墓誌
唐 安元壽墓誌
唐 李鳳妃墓誌
唐 盧知宗墓誌
唐 毗伽特勤墓誌

唐 蘇卿墓誌

唐 顏家廟碑

唐 張餘墓誌

唐 王段墓誌

後唐 張積墓誌

踦

【楷書】

唐 石經五經

踖

【楷書】

唐 石經五經

踏

【楷書】

唐 高靈勝詩刻

唐 王仁淑墓誌

踧

【楷書】

唐 石經五經

踞

【楷書】

唐 李遇□墓誌

唐 顏仁楚墓誌

踝

【隸書】

西漢 馬•足臂

西漢 張•1133

西漢 張•787

【楷書】

北齊 無量義經

唐 程思義墓誌

踋

【楷書】

北齊 趙道德墓誌

隋 宋玉艷墓誌

踶	踳	𨂯	蹀	踣	踡	踠	踒
【楷書】	【隸書】	【楷書】	【楷書】	【隸書】	【楷書】	【隸書】	【楷書】
		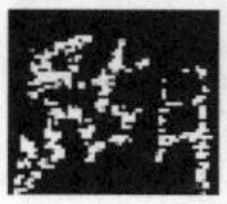					
東魏 李挺墓誌	唐 石臺孝經	唐 敬能經幢	北魏 弔比干文陽	唐 平蠻頌	北魏 元徽墓誌	唐 盧宏及妻墓誌	唐 李遠墓誌
	【楷書】			【楷書】		【楷書】	

	唐 石經孝經	唐 楊淡造經幢	唐 史懷訓墓誌	唐 孫光墓誌		唐 韋晃墓誌	

						唐 楊執一墓誌	

踰 踰

【篆書】

唐 謙卦碑

唐 三墳記陰

【隸書】

西漢 馬•縱橫

西漢 馬•縱橫

漢晉 流簡紙

東漢 朝侯小子碑

東漢 從事馮君碑

東漢 景君碑陽

東漢 景君碑陰

東漢 劉熊碑

東漢 路公食堂記

東漢 鮮于璜碑陰

東漢 薌他君題記

東漢 楊統碑陽

東漢 楊震碑

東漢 永壽元年銘

北齊 司馬遵業墓誌

北齊 西門豹碑陽

北齊 西門豹碑陽

東魏 宗欣墓誌

隋 爾朱端墓誌

隋 口靜墓誌

隋 趙朗墓誌

唐 陳泰墓誌

唐 褚亮碑

唐 崔祐甫墓誌

唐 闞道愛墓誌

唐 庫狄真相墓誌

唐 李神符碑

唐 柳偘妻墓誌

唐 柳偘妻墓誌

唐 盧君妻墓誌

唐 屈突通墓誌

唐 石臺孝經

唐 史思禮墓誌

唐 張叡墓誌

唐 掌徹墓誌

【楷書】

北魏 爾朱襲墓誌

北魏 丘哲墓誌

北魏 元略墓誌

北魏 元誘墓誌

北齊 竇泰墓誌

東魏 陸順華墓誌

隋 盧旋芷墓誌

隋 王光墓誌

唐 元鐘墓誌

唐 李壽墓誌

唐 劉暉墓誌

唐 盧八墓誌

唐 石經尚書

唐 石經五經

唐 石經周易

唐 王德表墓誌

唐 王容墓誌

唐 邢彥褒墓誌

唐 張毖墓誌

唐 張去奢墓誌

踵 踵

【隸書】

西漢 馬•合陰陽

西漢 馬•老甲

西漢 馬•老甲

西漢 馬•天下

西漢 馬•縱橫

西漢 張•1141

西漢 居新•1134

漢晉 流簡紙

三國魏 孔羨碑

晉 郛休碑陽

隋 姬威墓誌

隋 王榮及妻墓誌

隋 口靜墓誌

唐 北獄廟碑

唐 屈突通墓誌

唐 史思禮墓誌

【楷書】

三國吳 走•二年

北魏 寇演墓誌

北魏 司馬氏墓誌

北魏 元朗墓誌

蹋

【楷書】

唐 龍泉記

唐 仇氏墓誌

唐 多寶塔碑

唐 劉通妻墓誌

唐 苗君妻劉墓誌

唐 曲元緝妻墓誌

唐 石經五經

唐 宋伯康墓誌

唐 王端墓誌

唐 王仁墓誌

唐 趙宗祐墓誌

踴

【隸書】

東漢 夏承碑

東漢 鮮于璜碑陰

北齊 司馬遵業墓誌

隋 蘇恒墓誌

唐 石臺孝經

【楷書】

北魏 張安姬墓誌

北魏 張盧墓誌

北齊 姜纂造像記

北齊 宋敬業塔頌

隋 □徹墓誌

蹂

【隸書】

唐 張休光墓誌

【楷書】

唐 李眈墓誌

唐 龍泉記

唐 竇照墓誌

蹉

【隸書】

唐 譚伍墓誌

【楷書】

唐 韓恒墓誌

唐 孟普墓誌

唐 韋晃墓誌

踱

【隸書】

西漢 張•1126

蹄

【隸書】

唐 孔子廟碑

【楷書】

唐 柳昱墓誌

北魏 元悌墓誌

北齊 竇泰墓誌

東魏 王僧墓誌

隋 張壽墓誌

唐 竇真墓誌

唐 王遜墓誌

蹇

【隸書】

西漢 馬·十問

隋 口和墓誌

唐 八都壇碑

唐 趙叡沖碑

【楷書】

北魏 蘇屯墓誌

隋 張濬墓誌

唐 李道因墓誌

唐 石經周易

唐 王素墓誌

唐 臧協妻墓誌

蹐

【楷書】

唐 沈士公墓誌

唐 石經五經

唐 石經五經

唐 蘇日榮墓誌

蹊

【隸書】

唐 司馬寔墓誌

唐 興寺碑

【楷書】

東魏 李挺墓誌

唐 李震墓誌

唐 孫君妻宋墓誌

唐 亡宮墓誌

唐 李紹墓誌

唐 李震墓誌

唐 盧昂墓誌

唐 盧昂墓誌

唐 盧全操墓誌

唐 張本墓誌

唐 張康穆墓誌

唐 蘇洪姿墓誌

【楷書】

北魏 山徽墓誌

北魏 元繼墓誌

北魏 元悌墓誌

北魏 元顯魏墓誌

北齊 婁黑女墓誌

東魏 元湛墓誌

隋 程諧墓誌

隋 賈通墓誌

唐 崔齊榮墓誌

蹈

【隸書】

東漢 樊敏碑

東漢 景君碑陽

東漢 鮮于璜碑陽

東漢 圉令趙君碑

北魏 王基墓誌

隋 姬威墓誌

隋 劉多墓誌

隋 蘇恒墓誌

唐 崔沔墓誌陽

唐 屈突通墓誌

蹌

【楷書】

唐 李文奬墓誌

唐 石經尚書

唐 石經五經

唐 史從慶墓誌

唐 張道墓誌

蹕

【隸書】

唐 任城橋亭記

【楷書】

北魏 元瞻墓誌

唐 姚存古墓誌

蹤

【篆書】

唐 碧落碑

唐 蘇洪姿墓誌

【隸書】

東漢 楊著碑陽

晉 辟雍頌陽

隋 段濟墓誌

隋 爾朱端墓誌

隋 姬威墓誌

隋 牛諒墓誌

唐 孔子廟碑

唐 李彥墓誌

【楷書】

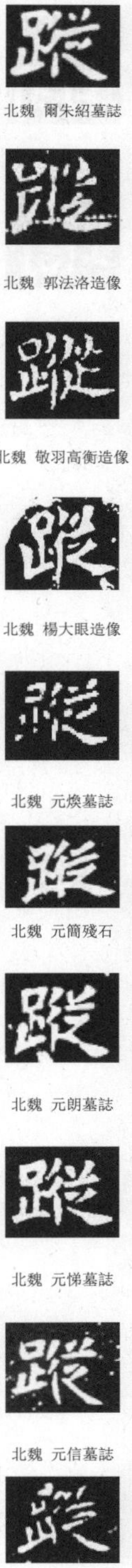

北魏 爾朱紹墓誌

北魏 郭法洛造像

北魏 敬羽高衡造像

北魏 楊大眼造像

北魏 元煥墓誌

北魏 元簡殘石

北魏 元朗墓誌

北魏 元悌墓誌

北魏 元信墓誌

北魏 元緒墓誌

北魏 元演墓誌

北魏 元颺墓誌

北魏 元子正墓誌

北齊 報德像碑

北齊 畢文造像

北齊 暢洛生造像

北齊 爾朱元靜墓誌

北齊 爾朱元靜墓誌

東魏 廉富造像陽

北周 普安壯公墓誌

北齊 宋賢伯造像陽

東魏 王僧墓誌

東魏 元仲英墓誌

北齊 雲峯山題記

北齊 暈禪師造像陽

唐 樊玄紀墓誌

唐 李淑姿墓誌

唐 柳默然墓誌

唐 王孝瑜及妻墓誌

唐 楊佰隴墓誌

躶

【楷書】

唐 馬浩墓誌

躇

【楷書】

晉 黃庭內景經

北魏 弔比干文陽

唐 万俟氏墓誌

蹛

【楷書】

隋 段威墓誌

唐 曹欽墓誌

唐 蘇斌墓誌

唐 執失奉節

蹙

【楷書】

北魏 元寶月墓誌

唐 安珍墓誌

唐 崔弘禮墓誌

蹲	蹴	蹯	蹻	蹶	蹢	蹗	蹠
【楷書】  唐 韓玄墓誌  唐 朱行斌墓誌	【隸書】  北齊 司馬遵業墓誌 【楷書】  北齊 司馬遵業墓誌  唐 明希晉墓誌	【楷書】  唐 石經五經	【楷書】  唐 裴沙墓誌  唐 石經五經	【隸書】  西漢 張•1131  西漢 張•1149  西漢 張•793  西漢 張•821  唐 李彥墓誌 【楷書】  北齊 高清墓誌  唐 石經五經  唐 臧懷亮墓誌	【楷書】  唐 石經五經  唐 石經周易	【楷書】  北魏 元俊墓誌	【楷書】  南朝梁 舊館壇碑  唐 高儼仁墓誌

躁

【隸書】

唐 盧行毅墓誌

【楷書】

晉 蘭亭序真本

唐 石經五經

唐 石經五經

唐 司馬銓墓誌

唐 王進墓誌

唐 王振墓誌

唐 鄭進墓誌

躅

【隸書】

唐 李神符碑

【楷書】

北魏 元崇業墓誌

唐 石經五經

唐 石經周易

唐 薛瑤華墓誌

唐 楊貴墓誌

唐 張嵒妻墓誌

躃

【隸書】

隋 蘇恒墓誌

【楷書】

北魏 張安姬墓誌

隋 口徹墓誌

唐 高義忠墓誌

唐 僧突墓誌

躊

【楷書】

晉 黃庭内景經

唐 韓政墓誌

躑

【楷書】

北魏 元崇業墓誌

唐 索相兒墓誌

躋

【隸書】

隋 口和墓誌

唐 崔沔墓誌陰

唐 勿部將軍碑

唐 張翼墓誌

【楷書】

北魏 寇治墓誌

北魏 元文墓誌

北魏 元頊墓誌

唐 安思節墓誌

唐 七品亡宮墓誌

唐 石經周易

唐 薛迅墓誌

唐 鄭儉墓誌

唐 鄭中基墓誌

後唐 吳君妻曹墓誌

躍

【隸書】

東漢 熹平石經易

東漢 夏承碑

北周 華嶽頌

隋 豆盧實墓誌

隋 爾朱端墓誌

隋 王楚英墓誌

唐 蘇洪姿墓誌

唐 王崇禮墓誌

唐 尹文操碑

【楷書】

北齊 竇泰墓誌

躡

【隸書】

東漢 魏元丕碑

隋 爾朱敞墓誌

隋 牛諒墓誌

唐 安天王廟碑

【楷書】

北魏 元悌墓誌

北魏 元維墓誌

北魏 元顯魏墓誌

隋 李虎墓誌

隋 劉則墓誌

躞

【楷書】

唐 史懷訓墓誌

躛

【楷書】

唐 石經五經

躕

【楷書】

北齊 趙道德墓誌

隋 宋玉艷墓誌

唐 韓政墓誌

躔

【楷書】

唐 李震墓誌

唐 姚重曒墓誌

唐 越國太妃墓誌

躓

【楷書】

唐 盧子騖墓誌

躐

【楷書】

北魏 元詮墓誌

東魏 杜文雍造像

東魏 元悰墓誌

唐 李鼎墓誌

唐 石經周易

唐 石經周易

唐 鄧夫人墓誌

唐 石經五經

唐 王偹福墓誌

躪

【楷書】

唐 李英墓誌

躩

【楷書】

唐 石經五經

邑部

邑

【篆書】

唐 謙卦碑

唐 謙卦碑

唐 三墳記陽

唐 三墳記陰

【隸書】

秦 睡 120

秦 睡 58

秦 關周•病方

西漢 馬•縱横

西漢 馬•縱横

西漢 張•268

西漢 張•648

西漢 張•769

西漢 居新•6760

西漢 居新•705

西漢 居新•7181

西漢 居新•7195

西漢 麃孝禹碑

東漢 從事馮君碑

東漢 樊敏碑

東漢 建寧三年殘碑

東漢 建寧元年殘碑

東漢 孔宙碑陰

東漢 禮器碑

東漢 薌他君題記

東漢 趙寬碑

東漢 趙儀碑

三國魏 孔羨碑

三國魏 王基斷碑

晉 徐義墓誌陽

北魏 上尊號碑

北齊 法懃塔銘

北齊 馬天祥造像

北齊 馬天祥造像

北齊 司馬遵業墓誌

北齊 司馬遵業墓誌

隋 暴永墓誌

隋 豆盧實墓誌

隋 符盛及妻墓誌

隋 關明墓誌

隋 郭休墓誌

隋 馬少敏墓誌

隋 牛諒墓誌

隋 王榮及妻墓誌

隋 修孔子廟碑

唐 崔暟墓誌陽

唐 戴令言墓誌

唐 李神符碑

唐 李貞墓誌

【楷書】

魏晉 樓•紙

北魏 杜文慶造像

北魏 靈山寺塔銘

北魏 楊乾墓誌

北魏 元敷墓誌

北魏 元文墓誌

北齊 竇泰墓誌

北齊 竇泰墓誌

北齊 高湝墓誌

隋 口徹墓誌

隋 暴永墓誌

隋 姬威墓誌

隋 李則墓誌

隋 任顯及妻誌

隋 嚴元貴墓誌

隋 張虔墓誌

唐 石經周易

邢

【楷書】

唐 源端墓誌

邛

【隸書】

東漢 何君閣道銘

東漢 趙儀碑

隋 李使君墓碑

唐 楊孝恭碑

【楷書】

唐 蕭慎墓誌

唐 薛文昭墓誌

邙

【隸書】

晉 華芳墓誌陽

晉 華芳墓誌陰

隋 叱李綱子墓誌

隋 牛諒墓誌

隋 宋仲墓誌

隋 蘇恒墓誌

隋 王榮及妻墓誌

隋 謝岳墓誌

隋 楊真墓誌

唐 盧行毅墓誌

【楷書】

北魏 元舉墓誌

北魏 元融墓誌

隋 高緊墓誌

隋 劉淵墓誌

隋 呂胡墓誌

隋 馬穉墓誌

隋 橋紹墓誌

隋 王弘墓誌

隋 元鐘墓誌

唐 賈元恭墓誌

唐 李偘偘墓誌

唐 王平墓誌

唐 姚希直墓誌

唐 張茂弘墓誌

邦

【篆書】

三國魏 正始石經

【隸書】

秦 睡 64

秦 睡 69

西漢 馬•老甲

西漢 馬•事語

東漢 封龍山頌

東漢 封龍山頌

東漢 建寧三年殘碑

東漢 景君碑陽

東漢 鮮于璜碑陽

東漢 楊震碑

東漢 圉令趙君碑

東漢 鄭固碑

三國魏 王基斷碑

晉 辟雍頌陽

晉 郭槐柩記

北魏 王基墓誌

北齊 司馬遵業墓誌

隋 暴永墓誌

隋 高虬墓誌

隋 姬威墓誌

隋 口和墓誌

隋 張盛墓誌

唐 李神符碑

唐 龐履温碑

唐 楊孝恭碑

唐 楊孝恭碑

唐 楊孝恭碑

唐 張濬墓誌

唐 趙冬曦壙誌

邠

【隸書】

西漢 西•馬簡牘

唐 豆盧建墓誌

唐 豆盧建墓誌

【楷書】

三國吳 走•五年

北魏 元彬墓誌

北魏 元舉墓誌

北魏 元融墓誌

唐 魏靖墓誌

唐 顏勤禮碑

後唐 吳君妻曹墓誌

東魏 王令媛墓誌

隋 王袞墓誌

唐 李總持墓誌

唐 苗弘本墓誌

唐 牛秀墓誌

唐 石經九經

唐 石經尚書

唐 石經五經

唐 石經周易

唐 王素墓誌

新莽 羊窩頭刻石

晉 辟雍頌陽

北齊 司馬遵業墓誌

隋 豆盧實墓誌

隋 豆盧實墓誌

隋 謝岳墓誌

唐 史思禮墓誌

唐 修定寺記碑

唐 尹文操碑

【楷書】

晉 黃庭内景經

邪

【篆書】

東漢 劉君石柱殘

【隸書】

秦 睡 10

西漢 馬•老乙前

西漢 馬•十問

西漢 馬•事語

東漢 蒼山元嘉題記

東漢 曹全碑陽

東漢 李孟初神祠碑

東漢 尚博殘碑

新莽 蘇馬灣刻石

邢

【隸書】

西漢 馬•縱橫

晉 石尠墓誌

【楷書】

北魏 李媛墓誌

北魏 乞伏寶墓誌

北齊 竇泰墓誌

北齊 元賢墓誌

唐 苗善物墓誌

唐 邢彥褒墓誌

隋 鄭善妃墓誌

唐 崔哲妻墓誌

唐 郭敬墓誌

唐 逯貞墓誌

唐 沈士公墓誌

唐 石經尚書

唐 石經五經

唐 石經周易

唐 張齊丘墓誌

北魏 元天穆墓誌

北魏 元新成妃墓誌

北齊 竇泰墓誌

隋 董敬墓誌

隋 田德元墓誌

隋 王楚英墓誌

隋 王楚英墓誌

隋 王弘墓誌

隋 薛保興墓誌

隋 翟突娑墓誌

【楷書】

北魏 公孫猗墓誌

北魏 寇霄墓誌

北魏 李渠蘭墓誌

北魏 李媛墓誌

北魏 陸紹墓誌

北魏 王璨墓誌

北魏 王禎墓誌

北魏 于景墓誌

北魏 元平墓誌

北魏 元肅墓誌

邡

【隸書】

東漢 西狹頌

【楷書】

唐 石經五經

唐 張滂墓誌

邩

【楷書】

唐 石經五經

那

【篆書】

唐 阿史那忠碑額

【隸書】

唐 孔子廟碑

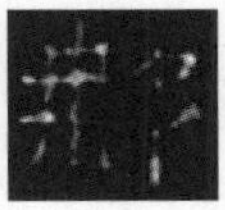

唐 修定寺記碑

【楷書】

晉 黃庭內景經

北魏 王僧男墓誌

北魏 姚伯多供養碑

北魏 元誕墓誌

北齊 韓山剛造像

東魏 廉富造像側

東魏 王蓋周造像

隋 皇甫深墓誌

唐 阿史那勿施墓誌

唐 皇甫德相墓誌

唐 皇甫慎墓誌

唐 敬節塔銘

唐 盧梵兒墓誌

唐 那提墓誌

唐 毗伽特勤墓誌

唐 施夫人墓誌

唐 文纂經幢

唐 張渙墓誌

邯

【隸書】

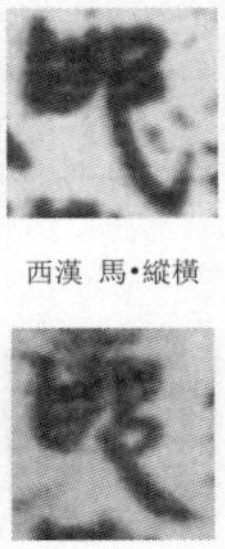

西漢 馬·縱橫

西漢 馬·縱橫

西漢 馬·縱橫

西漢 張·571

東漢 西·文書

東漢 華山廟碑陽

東漢 三老刻石

東漢 三老刻石

東漢 趙儀碑

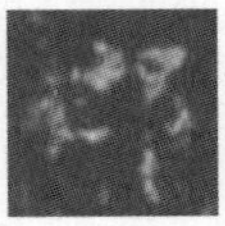

隋 灃水石橋碑

【楷書】

北魏 元固墓誌

唐 張威墓誌

邴

【隸書】

西漢 居新·5548

東漢 景君碑陰

【楷書】

北齊 房周陁墓誌

唐 石經五經

唐 趙保隆墓誌

邳

【隸書】

東漢 建寧三年殘碑

東漢 孔宙碑陰

東漢 禮器碑陰

東漢 楊淮表記

東漢 終郭鄉題記

晉 郛休碑陽

隋 爾朱敞墓誌

【楷書】

南朝梁 舊館壇碑

唐 王景之墓誌

邶

【楷書】

唐 石經五經

邸

【隸書】

西漢 居新•4876

隋 蕭瑾墓誌

唐 修定寺記碑

【楷書】

三國吳 走•四年

北魏 馮會甍墓誌

北魏 元朗墓誌

東魏 邸珍墓碑額

東魏 盧貴蘭墓誌

東魏 王令媛墓誌

隋 賈通墓誌

唐 樂永曦墓誌

唐 李鳳妃墓誌

唐 李福墓誌

唐 石經五經

唐 惟貞廟碑陽

邱

【隸書】

北魏 翟普林造像

邭

【楷書】

唐 袁氏權殯碣

邲

【楷書】

唐 石經五經

邵

【篆書】

唐 三墳記陰

【隸書】

東漢 衡方碑

東漢 景君碑陽

東漢 石門頌

東漢 鮮于璜碑陽

東漢 薌他君題記

東漢 張遷碑陽

北魏 王基墓誌

唐 刻石記

唐 石臺孝經

郲

【篆書】

三國魏 正始石經

【隸書】

西漢 馬•老乙前

【楷書】

唐 石經公羊傳

唐 惟貞廟碑陽

唐 顏瓌墓誌

唐 顏家廟碑

郅

【隸書】

西漢 居新•4532

西漢 居新•5724

西漢 居新•8167

西漢 居新•8505

西漢 居新•9101

【楷書】

三國吳 走•五年

北魏 奚智墓誌

郕

【楷書】

唐 源光乘墓誌

郁

【隸書】

晉 辟雍頌陽

唐 沈夫人墓誌

【楷書】

北魏 元洛神墓誌

隋 馬少敏墓誌

唐 薛君繡墓誌

唐 張須墓誌

郣

【楷書】

唐 石經五經

邽

【隸書】

西漢 張•469

西漢 張•470

東漢 趙寬碑

【楷書】

唐 庫狄真相墓誌

唐 蘇嗣君墓誌

郃

【楷書】

北魏 弔比干文陽

唐 石經九經

唐 周義墓誌

【楷書】

北魏 元敷墓誌

北魏 元恪嬪墓誌

北齊 暢洛生造像

隋 蕭翹墓誌

唐 李通進墓誌

唐 石經五經

唐 王待徵墓誌

唐 楊道綱墓誌

	郎	邢		郊	郇	郃	郈
	【篆書】	【楷書】	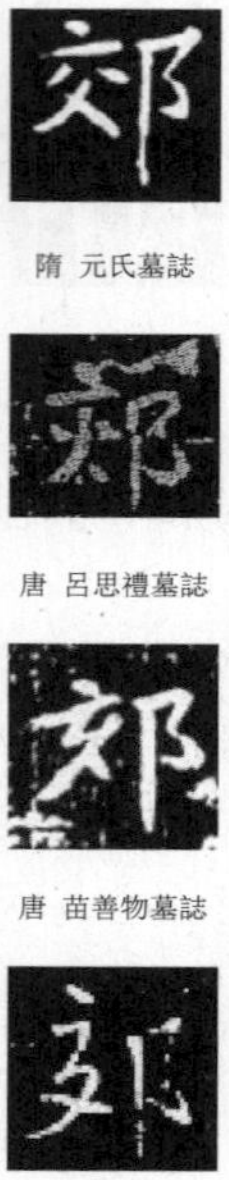	【隸書】	【楷書】	【隸書】	【楷書】
漢晉 流簡紙	東漢 袁安碑	唐 石經五經	隋 元氏墓誌	西漢 馬·老甲	唐 李招兒墓誌	東漢 曹全碑陽	唐 王季初墓誌
西漢 石墻村刻石	東漢 趙菿殘碑額		唐 呂思禮墓誌	東漢 曹全碑陽		東漢 景君碑陰	
東漢 倉頡廟碑側	三國吳 天發神讖碑		唐 苗善物墓誌	晉 辟雍頌陽		東漢 樂安利殘碑	
東漢 曹全碑陽	北魏 韓顯宗額		唐 鄭仁泰墓誌	唐 戴令言墓誌		【楷書】	
東漢 曹全碑陽	唐 般若臺記			唐 李神符碑		北魏 秦洪墓誌	
東漢 池陽令殘碑	唐 三墳記陽			唐 李神符碑		唐 平昌孟氏墓誌	
東漢 封龍山頌	【隸書】			唐 石臺孝經			
東漢 和平元年記	西漢 馬·老乙前			【楷書】			
東漢 孔宙碑陽	西漢 張·534			北魏 元悌墓誌			
東漢 禮器碑陰	西漢 居新·7533			隋 暴永墓誌			
	兩漢 武·王杖			隋 郭王墓誌			

東漢 禮器碑陰
東漢 尚博殘碑
東漢 西狹頌
東漢 夏承碑
東漢 鮮于璜碑陽
東漢 楊震碑
東漢 楊震碑
東漢 楊著碑陽
東漢 永平四年記
東漢 張角字殘碑

東漢 鄭固碑
三國魏 孔羨碑
三國魏 張君殘碑
晉 管洛碑額
北齊 司馬遵業墓誌
隋 符盛及妻墓誌
隋 高虬墓誌
隋 關明墓誌
隋 張景略墓誌
唐 褚亮碑

唐 史思禮墓誌
唐 史思禮墓誌
唐 唐直墓誌
唐 王子麟墓誌
唐 楊孝恭碑
唐 楊孝恭碑
唐 趙冬曦壙誌

【楷書】

北魏 封魔奴墓誌
北魏 鞠彥雲墓誌
北魏 元融墓誌

北魏 元仙墓誌
北魏 元誘墓誌
隋 高緊墓誌
隋 馬少敏墓誌
隋 薛保興墓誌
唐 崔君妻朱墓誌
唐 郭五墓誌
唐 賈令琬墓誌
唐 李月相墓誌
唐 任四郎妻造像

唐 石經九經
唐 王素墓誌
唐 鄭滿墓誌
後唐 張積墓誌

郝 𨛜

【隸書】

東漢 洛陽黃腸石四
唐 北獄廟碑
唐 崔暟墓誌陽
唐 崔暟墓誌陽

【楷書】

北魏 李端墓誌
北魏 劉根造像記
唐 傅交益墓誌

鄍 𨜊

【楷書】

唐 石經五經

郟 𨛦

【隸書】

西漢 張•479

【楷書】

東魏 劉懿墓誌
唐 梁秀墓誌
唐 張翊墓誌

[illegible]

【楷書】

唐 石經五經

郗

【隸書】

唐 安天王廟碑

【楷書】

東魏 郗蓋祛銘

唐 陳諸墓誌

唐 韓忠節墓誌

唐 盧初墓誌

郛

【篆書】

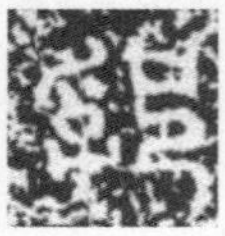
晉 郛休碑陰

【隸書】

唐 白鹿泉碑陽

【楷書】

北魏 元融墓誌

唐 鄭珍墓誌

郤

【隸書】

秦 睡143

【楷書】

唐 姬温墓誌

唐 秦公夫人墓誌

唐 石經五經

唐 王貞墓誌

郜

【楷書】

唐 王脩本妻墓誌

郢

【隸書】

秦 睡254

西漢 馬•縱横

東漢 朐忍令碑

隋 段濟墓誌

唐 紀信墓碑

【楷書】

北魏 韓顯宗墓誌

北魏 寇臻墓誌

北魏 司馬顯姿墓誌

唐 廿九女墓誌

唐 石經五經

郋

【楷書】

唐 石經五經

郚

【楷書】

唐 石經公羊傳

都	契阝	都					郡
【篆書】	【楷書】	【楷書】					【篆書】

東漢 孔宙碑額
北魏 温泉頌額
唐 段志玄碑額
唐 楊公碑額
唐 于孝顯碑額
【隸書】
秦 睡21
西漢 張•473
西漢 張•473
西漢 張•476
西漢 居新•7553

唐 樊廉墓誌

唐 皇甫璧墓誌
唐 石經五經
唐 尉遲敬德墓誌

北魏 韓顯宗墓誌
北魏 薛孝通券
北魏 楊乾墓誌
北魏 元融墓誌
北魏 元文墓誌
隋 陳花樹墓誌
隋 高緊墓誌
隋 皇甫深墓誌
隋 橋紹墓誌
隋 張盛墓誌

東漢 薌他君記額
東漢 行事渡君碑
東漢 楊震碑
東漢 楊震碑
隋 叱李綱子墓誌
隋 郭王墓誌
隋 元鐘墓誌
唐 李神符碑
唐 倪彬墓誌
【楷書】
三國吳 走•四年

漢晉 流簡紙
東漢 倉頡廟碑側
東漢 公乘田魴記
東漢 何君閣道銘
東漢 淮源廟碑
東漢 開通褒斜道
東漢 孔宙碑陰
東漢 禮器碑側
東漢 裴岑紀功碑
新莽 蘇馬灣刻石

唐 孫壬林碑額
唐 王審知碑額
【隸書】
秦 睡60
西漢 張•138
西漢 張•691
西漢 居新•4833
西漢 居新•8211
東漢 西•奉例
兩漢 西•馬簡
漢晉 流簡紙

東漢 樊敏碑額
北魏 常氏誌蓋
北魏 宋靈妃誌蓋
東魏 元光基誌蓋
東魏 祖氏誌蓋
隋 賀若誼碑額
隋 宋仲墓誌
唐 多寶佛塔銘
唐 故笄女誌蓋
唐 三墳記陽

西漢 居新•7626
東漢 西•四時
東漢 西•文書
東漢 曹全碑陽
東漢 公乘田魴記
東漢 華山廟碑陽
東漢 華山廟碑陽
東漢 景君碑陰
東漢 孔宙碑陽
東漢 孔宙碑陰

東漢 孔宙碑陰
東漢 利水大道記
東漢 買田約束石
東漢 石門頌
東漢 西狹頌
晉 劉韜墓志
晉 魯詮墓表
晉 石尠墓誌
晉 楊陽墓闕
東魏 宗欣墓誌

隋 豆盧實墓誌
隋 豆盧實墓誌
隋 郭達墓誌
隋 宋仲墓誌
隋 蘇恒墓誌
隋 張景略墓誌
隋 鄭令妃墓誌
唐 李神符碑
唐 李神符碑
唐 史思禮墓誌

唐 史思禮墓誌
唐 楊孝恭碑
唐 楊孝恭碑

【楷書】

三國吳 走•二年
魏晉 樓•紙
北魏 封魔奴墓誌
北魏 穆亮墓誌
北魏 元天穆墓誌
北齊 竇泰墓誌
東魏 淨智塔銘

北齊 婁黑女墓誌
隋 申穆及妻墓誌
隋 元鐘墓誌
唐 韓氏合葬誌
唐 劉智墓誌
唐 石經尚書
唐 王素墓誌
唐 張騷墓誌

郰

【楷書】

唐 石經五經

郴

【隸書】

唐 蔡君妻墓誌
唐 司馬寔墓誌

【楷書】

唐 梁无量墓誌
唐 王詢墓誌

郪

【隸書】

西漢 張•622
西漢 張•627
西漢 張•636
西漢 張•639

【楷書】

唐 李暎墓誌蓋

郵

【隸書】

秦 睡12

西漢 張•286

西漢 居新•8232

漢晉 流簡紙

漢晉 流簡紙

漢晉 流簡紙

東漢 曹全碑陽

東漢 朝侯小子碑

東漢 景君碑陰

東漢 開通褒斜道

東漢 禮器碑陰

東漢 武榮碑

東漢 西狹頌

東漢 夏承碑

東漢 趙寬碑

唐 崔暟墓誌陽

【楷書】

唐 何簡墓誌

北魏 鄭羲上碑

隋 卜鑒墓誌

唐 崔鞏墓誌

唐 崔夷甫墓誌

唐 封撿墓誌

唐 高儼仁墓誌

唐 李威墓誌

唐 石經五經

郳

【楷書】

唐 石經五經

唐 惟貞廟碑陽

唐 顏家廟碑

郫

【楷書】

唐 騫紹業墓誌

唐 石經五經

唐 周履潔墓誌

郭

【篆書】

東漢 郭夫人題記

東漢 祀三公山碑

【隸書】

秦 睡90

西漢 馬•老乙前

西漢 居新•1131

西漢 居新•5283

西漢 居新•7610

西漢 西•候官

東漢 西•推辟

西漢 楚王墓塞石

東漢 蒼山元嘉題記

東漢 曹全碑陽

東漢 曹全碑陽

東漢 公乘田魴記

東漢 郭仲理記

東漢 郭仲理記

東漢 華山廟碑陽

東漢 華岳廟碑陰

東漢 淮源廟碑

東漢 乙瑛碑

東漢 趙儀碑

晉 徐義墓誌陽

北齊 感孝頌

隋 郭王墓誌

隋 郭休墓誌

隋 劉氏墓誌

隋 修孔子廟碑

唐 張滑墓誌

唐 趙冬曦壙誌

唐 楊實墓誌

邕

【隸書】

西漢 居新•9221

北齊 感孝頌

隋 蘇恒墓誌

唐 崔沔墓誌陰

唐 沈夫人墓誌

唐 鄎國長公主碑

唐 楊孝恭碑

唐 趙叡沖碑

【楷書】

北魏 馮邕妻墓誌

東魏 杜文雍造像

郲

【隸書】

晉 郭休碑陰

【楷書】

唐 朱庭玘墓誌

部

【篆書】

三國吳 天發神讖碑

唐 多寶佛塔銘

唐 高元裕碑額

唐 張胤墓碑額

【隸書】

秦 睡 66

西漢 張•350

西漢 張•471

西漢 張•97

西漢 居新•313

西漢 居新•5394

西漢 居新•6602

西漢 居新•6602

西漢 居新•7472

西漢 居新•7537

東漢 西•死駒

東漢 西•四時

漢晉 流簡紙

漢晉 流簡紙

東漢 曹全碑陽

東漢 景君碑陽

東漢 李孟初神祠碑

東漢 史晨後碑

東漢 鮮于璜碑陽

東漢 鮮于璜碑陰

晉 石尠墓誌

北齊 司馬遵業墓誌

隋 豆盧實墓誌

隋 澧水石橋碑

隋 宋景造像碑

唐 褚亮碑

唐 崔沔墓誌陽

唐 崔祐甫墓誌

唐 董虔運墓誌

唐 唐直墓誌

【楷書】

北魏 穆紹墓誌

北魏 薛孝通券

北魏 元壽安墓誌

唐 李月相墓誌

唐 石經五經

唐 石經五經

【楷書】

三國吳 走•五年

三國吳 走•五年

北魏 郭顯墓誌

北齊 僧靜明造像

隋 郭世昌墓誌

隋 元鐘墓誌

隋 張喬墓誌

唐 李壽墓誌

唐 沈士公墓誌

唐 石經五經

鄃	鄌	鄓	鄂	郹	鄙	鄄	
【隸書】  東漢 華山廟碑陽 【楷書】  北魏 崔懃造像	【楷書】  唐 王訓妻墓誌	【楷書】  唐 石經五經	【隸書】  東漢 請雨銘 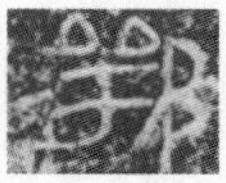 東漢 楊淮表記  唐 盧正道碑額  唐 王泠然墓誌  唐 張翼墓誌 【楷書】  東魏 張瓘墓誌  隋 龍藏寺碑額  唐 杜文貢墓誌  唐 蘇斌墓誌  唐 張洛墓誌	【楷書】  唐 石經五經	【隸書】  西漢 居新•705 【楷書】  北魏 元顥墓誌  唐 李道因墓誌  唐 梁守謙墓誌  唐 張漪墓誌	【楷書】  唐 左光胤墓誌	 東魏 僧崇題名  隋 潘善利墓誌  隋 張盈墓誌  唐 李邕墓誌  唐 閭子光合葬  唐 陽濟妻墓誌  唐 掌徹墓誌

鄲

【楷書】

唐 李招兒墓誌

鄘

【隸書】

三國魏 曹真殘碑陰

【楷書】

隋 馬穉墓誌

唐 杜濟墓誌

唐 張方墓誌

鄉

【篆書】

晉 郛休碑陰

唐 三墳記陽

【隸書】

秦 睡 118

西漢 馬•合陰陽

西漢 馬•老乙前

西漢 馬•老乙前

西漢 馬•老乙前

西漢.馬•天下

西漢 張•1126

西漢 張•125

西漢 居新•3172

西漢 居新•4792

西漢 居新•7460

西漢 居新•7488

西漢 居新•7489

西漢 居新•7524

東漢 西•寇恩

東漢 西•遷補

東漢 倉頡廟碑側

東漢 曹全碑陽

東漢 曹全碑陽

東漢 曹全碑陰

東漢 池陽令殘碑

東漢 從事馮君碑

東漢 孔宙碑陰

東漢 任城黃腸石

東漢 熹平石經易

東漢 薌他君記額

東漢 造土牛碑

東漢 張遷碑陽

東漢 趙寬碑

東漢 振武將軍碑

三國魏 王基斷碑

三國魏 張君殘碑

晉 辟雍頌陽

晉 石尠墓誌

北齊 司馬遵業墓誌

隋 豆盧實墓誌

隋 爾朱敞墓誌

隋 郭休墓誌

隋 口墮及妻墓誌

隋 口墮及妻墓誌

隋 劉寶及妻墓誌

隋 劉多墓誌

隋 馬長和造像

隋 馬少敏墓誌

隋 任軌墓誌

隋 申穆及妻墓誌

隋 宋景造像碑

隋 宋仲墓誌

隋 口和墓誌

隋 吳嚴墓誌

隋 謝岳墓誌

隋 元鐘墓誌

隋 張盛墓誌

隋 張盛墓誌

隋 趙朗墓誌

隋 趙朗墓誌

唐 屈突通妻墓誌

唐 史思禮墓誌

唐 唐世榮墓誌

唐 唐直墓誌

唐 行儼碑

【楷書】

三國吳 走•二年

三國吳 走•二年

南朝宋 佛女買地券

北魏 封魔奴墓誌

北魏 鞠彥雲墓蓋

北魏 檀賓墓誌

北魏 王翊墓誌

北魏 楊範墓誌

北魏 楊府君墓誌

北魏 楊胤墓誌

北魏 元斂墓誌

北魏 元侔墓誌陽

北魏 元倪墓誌

北魏 元俊墓誌

北魏 元融墓誌

北魏 元思墓誌

東魏 李次明造像

北齊 元賢墓誌

隋 口悦昂墓誌

隋 高緊墓誌

隋 皇甫深墓誌

隋 皇甫深墓誌

隋 孔神通墓誌

隋 陶貴墓誌

隋 蕭瑒墓誌

隋 羊瑋墓誌

隋 楊厲墓誌

唐 李紹墓誌

唐 張騷墓誌

唐 張軫墓誌

後唐 王禹墓誌

鄭

【楷書】

唐 史待賓墓誌

鄐

【楷書】

唐 石經公羊傳

鄏

【楷書】

唐 王振墓誌

唐 臧懷亮墓誌

鄍

【楷書】

唐 阿史那貞忠墓誌

鄢

【隸書】

西漢 馬•縱横

西漢 馬•縱横

唐 王震墓誌

【楷書】

唐 李宏墓誌

唐 苗善物墓誌

唐 石經五經

唐 石經左傳

唐 薛華墓誌

唐 真義女碑銘

鄍

【楷書】

唐 石經五經

鄐

【隸書】

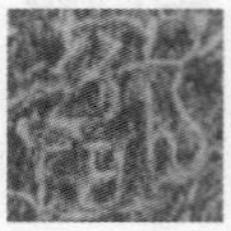
東漢 開通褒斜道

【楷書】

唐 石經五經

鄗

【楷書】

唐 石經五經

隋 劉相及妻墓誌

隋 元鐘墓誌

唐 元鐘墓誌

唐 程思義墓誌

唐 石經五經

唐 顔人墓誌

唐 楊佰隴墓誌

唐 張君表墓誌

鄉

【隸書】

西漢 居新•5768

唐 孔子廟碑

【楷書】

北魏 唐耀墓誌

北魏 元暐墓誌

北魏 元乂墓誌

東魏 李挺墓誌

東魏 李憲墓誌

東魏 王蓋周造像

東魏 王蓋周造像

隋 賈玄贊墓誌

鄎

【隸書】

唐 鄎國長公主碑

鄔

【隸書】

三國魏 曹真殘碑陰

【楷書】

唐 石經五經

唐 陀羅尼經碑

後唐 豎立生臺記

鄜

【楷書】

唐 傅思諫墓誌

唐 公孫孝遷墓誌

唐 柳正確墓誌

唐 盧璠墓誌

唐 裴瑾墓誌

唐 王貞墓誌

唐 尉遲敬德墓誌

唐 楊執一墓誌

鄘 𨞰

【楷書】

北魏 弔比干文陽

唐 吕常侍妻墓誌

唐 楊思立墓誌

唐 張嵒妻墓誌

唐 鄭中基墓誌

鄙

【隸書】

秦 睡 100

秦 睡 95

西漢 馬·縱横

隋 爾朱端墓誌

【楷書】

北魏 元悌墓誌

北魏 元新成妃墓誌

北魏 元延明墓誌

北齊 司馬遵業墓誌

唐 葛亮祠堂碑

唐 石經五經

鄞

【楷書】

後晉 袁從章墓誌

鄠

【楷書】

唐 解進墓誌

唐 盧昂墓誌

鄟

【楷書】

唐 石經五經

[illegible]

【楷書】

唐 石經五經

鄰

【篆書】

唐 謙卦碑

【隸書】

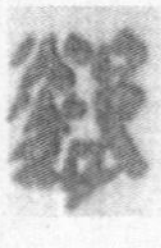

秦 睡106

東漢 郙閣頌

東漢 景君碑陽

東漢 禮器碑側

東漢 鮮于璜碑陽

晉 徐義墓誌陽

北齊 司馬遵業墓誌

隋 段濟墓誌

隋 高虬墓誌

⿱非邑

【楷書】

唐 裴肅墓誌

鄖

【楷書】

隋 丁氏墓誌

鄱

【楷書】

南朝梁 益州過軍記

後唐 吳君妻曹墓誌

鄬

【楷書】

唐 石經五經

鄲

【隸書】

西漢 馬•縱横

西漢 馬•縱横

東漢 華山廟碑陽

【楷書】

北魏 元固墓誌

隋 張貴男墓誌

唐 張威墓誌

漢晉 流簡紙

【楷書】

南朝梁 舊館壇碑

北魏 薛法紹造像

唐 裵阿八墓誌

唐 石經五經

唐 楊淡造經幢

鄣

【隸書】

西漢 居新•1021

西漢 居新•1240

西漢 居新•4731

西漢 居新•5010

西漢 居新•5273

西漢 居新•572

西漢 居新•7497

西漢 居新•8232

西漢 居新•8771

東漢 西•四時

隋 宋景造像碑

唐 北嶽廟碑

唐 蔡君妻墓誌

唐 史思禮墓誌

唐 行儼碑

【楷書】

晉 華芳墓誌陽

晉 黃庭内景經

北魏 李媛墓誌

北齊 劉雙仁墓誌

隋 成公氏墓誌

隋 明雲騰墓誌

隋 橋紹墓誌

隋 薛保興墓誌

唐 曹氏墓誌

唐 董葵墓誌

唐 石經九經

唐 石經九經

唐 石經尚書

唐 石經周易

唐 徐買墓誌

唐 彥芬妻墓誌

唐 竹須摩提墓誌

後唐 王璠墓誌

鄯

【隸書】

兩漢 西•馬簡

兩漢 西•馬簡

兩漢 西•馬簡

【楷書】

北魏 鄯乾墓誌

北魏 鄯乾墓誌

北魏 鄯月光磚誌

唐 陳智妻墓誌

唐 張瓛墓誌

鄭

【篆書】

三國魏 正始石經

【隸書】

秦 睡255

西漢 馬•縱橫

西漢 張•102

西漢 張•469

西漢 居新•5701

西漢 居新•7526

西漢 居新•7527

西漢 居新•7841

東漢 從事馮君碑

東漢 禮器碑側

東漢 少室闕題名

東漢 石門頌

東漢 西狹頌

晉 辟雍頌陽

隋 王榮及妻墓誌

隋 蕭瑾墓誌

隋 修孔子廟碑

唐 李神符碑

唐 李神符碑

唐 李神符碑

【楷書】

三國吳 走•二年

三國吳 走•四年

三國吳 走•四年

三國吳 走•四年

北魏 李媛墓誌

北魏 盧令媛墓誌

北魏 元悌墓誌

隋 口靜墓誌

隋 鄭令妃墓誌

唐 石經五經

唐 王惠墓誌

唐 王豫墓誌

唐 袁君墓誌

唐 鄭温球墓誌

後唐 行鈞塔銘

鄧 𨞽

【隸書】

西漢 張•478

西漢 習字觚

東漢 西•遷補

東漢 曹全碑陰

東漢 鄧景達題記

東漢 淮源廟碑

隋 段濟墓誌

隋 段濟墓誌

隋 爾朱端墓誌

隋 闞明墓誌

隋 鄭令妃墓誌

唐 戴令言墓誌

【楷書】

三國吴 走•四年

三國吴 走•五年

晉 華芳墓誌陽

東魏 馮令華墓誌

北齊 司馬遵業墓誌

北齊 司馬遵業墓誌

隋 口悦昂墓誌

隋 蘇慈墓誌

唐 盧君妻墓誌

唐 尉遲敬德墓誌

鄸

【楷書】

唐 石經五經

鄴 𨞿

【隸書】

西漢 馬•縱横

西漢 居新•2602

西漢 居新•3952

東漢 孔宙碑陰

東漢 子游殘碑

晉 石尠墓誌

東魏 宗欣墓誌

隋 符盛及妻墓誌

隋 姬威墓誌

隋 王榮及妻墓誌

隋 王榮及妻墓誌

隋 鄭令妃墓誌

唐 史思禮墓誌

唐 楊孝恭碑

【楷書】

北魏 元暐墓誌

東魏 馮令華墓誌

北齊 司馬遵業墓誌

北齊 司馬遵業墓誌

唐 霍達墓誌

唐 李謙墓誌

唐 楊曜生墓誌

唐 鄭參墓誌

鄵

【楷書】

唐 石經五經

酄

【楷書】

唐 石經公羊傳

唐 石經五經

酆

【隸書】

西漢 武•燕禮甲

唐 倪彬墓誌

唐 楊孝恭碑

【楷書】

晉 華芳墓誌陰

唐 石經五經

唐 朱庭瑾墓誌

酃

【楷書】

唐 鄭逢墓誌

[illegible]

【楷書】

闕 造義井記

酀

【楷書】

唐 石經五經

鄾

【楷書】

唐 陳皆墓誌

唐 皇甫璧墓誌

鄹

【楷書】

唐 李崗墓誌

鄶

【楷書】

唐 薛參墓誌

酈

【隸書】

西漢 張•478

東漢 淮源廟碑

【楷書】

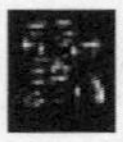

唐 牛秀墓誌

唐 石經五經

鄮

【隸書】

西漢 張•470

晉 郭休碑陰

【楷書】

唐 石經五經

唐 閻士熊墓誌

身部

身

【隸書】

秦 睡254

秦 睡58

西漢 馬•合陰陽

西漢 馬•老乙前

西漢 馬•事語

西漢 馬•天下

西漢 張•184

西漢 居新•1422

西漢 居新•2049

西漢 居新•4733

西漢 西•善劍

漢晉 流簡紙

漢晉 流簡紙

東漢 伯興妻殘碑

東漢 曹全碑陽

東漢 朝侯小子碑

東漢 樊敏碑

東漢 衡方碑

東漢 景君碑陽

東漢 孟孝琚碑

新莽 禳盜刻石

東漢 三老石堂記

東漢 薌他君題記

東漢 尹宙碑

東漢 圉令趙君碑

東漢 趙寬碑

晉 華芳墓誌陰

晉 徐義墓誌陽

隋 爾朱敞墓誌

隋 姬威墓誌

隋 任軌墓誌

隋 王榮及妻墓誌

隋 元鐘墓誌

隋 張景略墓誌

唐 石臺孝經

唐 石臺孝經

【楷書】

魏晉 樓•紙

晉 黃庭經

北魏 元保洛墓誌

北齊 竇泰墓誌

北齊 竇泰墓誌

北齊 無量義經

北齊 宇文誠墓誌

唐 蘭元亮誌

唐 石經九經

唐 石經九經

唐 石經周易

唐 張信墓誌

唐 重藏舍利記

躬

【篆書】

唐 城隍廟碑

【隸書】

西漢 馬•縱橫

西漢 居新•1003

東漢 鄐閣頌

東漢 淮源廟碑

東漢 景君碑陽

東漢 孔宙碑陽

東漢 石門頌

東漢 熹平石經易

東漢 楊著碑陽

晉 辟雍頌陽

隋 張姜墓誌

唐 北嶽廟碑

唐 司馬寔墓誌

唐 韋士逸墓誌

唐 趙冬曦壙誌

【楷書】

晉 華芳墓誌陰

北魏 馮邕妻墓誌

北齊 畢文造像

唐 車夫人墓誌

唐 李壽墓誌

唐 劉通墓誌

唐 石經九經

唐 石經九經

唐 石經尚書

唐 石經周易

唐 王容墓誌

軀

【隸書】

秦 睡 70

晉 魯詮墓表

唐 闞道愛墓誌

唐 李彥墓誌

【楷書】

南朝梁 觀音讚

南朝梁 章景造像記

北魏 元熙墓誌

東魏 成休祖造像

北齊 道榮造像

北齊 法暈造像記

東魏 李次明造像

東魏 劉目蓮造像

北齊 張景林造像

北齊 鄭暈業造像

東魏 朱舍造寺記

唐 惠仁實造像

隋 馬憐造像記

唐 任令瓌造像

唐 宋儼墓誌

隋 王昕造像

唐 遇緣造像記

唐 重藏舍利記

闞 堅牢塔記

後梁 山可球造像

辵部

辵

【楷書】

唐 石經五經

迂

【楷書】

北魏 石門銘

唐 石經五經

唐 王公度墓誌

唐 張去逸墓誌

迄

【隸書】

東漢 建寧三年殘碑

東漢 尹宙碑

東漢 趙寬碑

晉 吕望表

隋 宋景造像碑

唐 郎國長公主碑

【楷書】

北魏 元宥墓誌

隋 高緊墓誌

唐 寇鐈墓誌

唐 李清禪墓誌

迅

【隸書】

隋 趙朗墓誌

【楷書】

北魏 穆纂墓誌

北魏 元詮墓誌

北魏 張玄墓誌

東魏 淨智塔銘

唐 陳君妻楊墓誌

唐 李謙墓誌

巡

【篆書】

北魏 東巡碑額

【隸書】

東漢 白石神君碑

東漢 華山廟碑陽

東漢 三公山碑

晉 辟雍頌陽

隋 豆盧實墓誌

隋 段濟墓誌

隋 符盛及妻墓誌

隋 姬威墓誌

隋 劉寶及妻墓誌

隋 口靜墓誌

唐 董虔運墓誌

唐 史思禮墓誌

唐 修定寺記碑

【楷書】

三國吳 走•五年

南朝梁 舊館壇碑

北魏 嚴震墓誌

北魏 元颺墓誌

北魏 元昭墓誌

隋 陳叔明墓誌

隋 獨孤羅墓誌

唐 石經尚書

唐 楊思立墓誌

迋

【楷書】

唐 石經五經

迍

【隸書】

西漢 居新·3449

隋 姬威墓誌

唐 盧行毅墓誌

【楷書】

唐 崔倚墓誌

唐 祁惠墓誌

後唐 毛璋妻墓誌

迓

【隸書】

秦 睡 245

【楷書】

北周 盧蘭墓誌

唐 史從慶墓誌

唐 薛君妻墓誌

迕

【楷書】

晉 黃庭經

唐 朱齊之墓誌

近

【隸書】

秦 睡 12

西漢 馬·老乙前

西漢 馬·老乙前

西漢 馬·老子甲後

西漢 馬·老子甲後

西漢 馬·事語

西漢 馬·事語

西漢 馬·縱橫

西漢 馬·縱橫

西漢 馬·縱橫

西漢 張·138

西漢 居新·7542

西漢 居新·7626

漢晉 流簡紙

漢晉 流簡紙

東漢 曹全碑陽

東漢 朝侯小子碑

東漢 樊敏碑

東漢 景君碑陽

東漢 禮器碑

東漢 宋伯望買田券正

東漢 武榮碑

東漢 楊震碑

東漢 趙寬碑

東漢 子游殘碑

隋 蕭瑾墓誌

唐 石臺孝經

唐 楊孝恭碑

唐 尹尊師碑

【楷書】

魏晉 樓·紙

魏晉 樓·紙

北魏 陳天寶造像

北齊 司馬遵業墓誌

北齊 司馬遵業墓誌

隋 爾朱敞墓誌

隋 王榮及妻墓誌

唐 霍氏墓誌

唐 茹氏墓誌

唐 石經尚書

唐 石經周易

後周 宋彥筠墓誌

返

【隸書】

漢晉 流簡紙

東漢 陶洛殘碑陽

隋 王榮及妻墓誌

隋 鄭令妃墓誌

唐 八都壇碑

唐 龐履温碑

唐 行璽碑

【楷書】

北魏 司馬顯姿墓誌

隋 梁𡈼墓誌

隋 劉多墓誌

唐 范崇禮墓誌

唐 柳偘妻墓誌

唐 王震墓誌

迎

【隸書】

西漢 居新•6570

西漢 居新•6596

西漢 武•特牲甲

漢晉 流簡紙

隋 郭達墓誌

隋 劉多墓誌

隋 宋景造像碑

隋 王榮及妻墓誌

隋 修孔子廟碑

隋 趙朗墓誌

唐 抱腹寺碑

唐 關道愛墓誌

【楷書】

晉 華芳墓誌陰

北魏 馮迎男墓誌

北魏 元弼墓誌

北魏 元詳墓誌

北魏 元彝墓誌

唐 崔湛墓誌

唐 房敬墓誌

唐 麻姑仙壇記

唐 石經五經

唐 王宏墓誌

唐 王惠墓誌

後梁 蕭符墓誌

迒

【楷書】

唐 權葬石表

述

【篆書】

東漢 少室石闕銘

唐 三墳記陰

【隸書】

秦 睡200

西漢 張•1052

西漢 張•989

西漢 武•泰射甲

西漢 楚王墓塞石

東漢 肥致碑

東漢 孔宙碑陽

東漢 史晨後碑

東漢 嗚咽泉題記
東漢 武榮碑
東漢 鮮于璜碑陽
東漢 楊淮表記
東漢 楊震碑
東漢 造土牛碑
東漢 張遷碑陽
東漢 趙寬碑
晉 辟雍頌陽
晉 辟雍頌陽

晉 郛休碑陰
隋 高虬墓誌
隋 宋景造像碑
隋 修孔子廟碑
隋 張景略墓誌
唐 盧君妻墓誌
唐 沈知敏墓誌
唐 石臺孝經
唐 王震墓誌
唐 張顔墓誌

【楷書】
北魏 慈慶墓誌
北魏 劉阿素墓誌
北魏 叔孫協墓誌
北魏 元秀墓誌
東魏 元光基墓誌
唐 邊氏墓誌
唐 石經尚書
唐 張安墓誌
唐 張乘運墓誌
唐 張去奢墓誌

迪

【篆書】
三國魏 正始石經
三國魏 正始石經
【隸書】
東漢 楊統碑陽
唐 抱腹寺碑
唐 司馬寔墓誌
【楷書】
北魏 元液墓誌
唐 鞏氏造像記
唐 騫思玄墓誌
唐 石經尚書

迴

【隸書】
北齊 司馬遵業墓誌
北齊 司馬遵業墓誌
隋 馬穉墓誌
隋 宋景造像碑
唐 疊綵山題記
【楷書】
北魏 李端墓誌
北魏 元項墓誌
北魏 元乂墓誌
北齊 竇泰墓誌
隋 段模墓誌

隋 范高墓誌
隋 皇甫深墓誌
隋 盧文機墓誌
唐 皇甫慎墓誌
唐 李洪鈞墓誌
唐 石經五經
唐 張禮墓誌

迭

【隸書】
東漢 熹平石經易
晉 辟雍頌陽
唐 韋士逸墓誌
【楷書】
北魏 馮邕妻墓誌
北魏 胡明相墓誌
北齊 竇泰墓誌
唐 崔芑合祔誌
唐 石經爾雅

迮

【楷書】
唐 石經九經

迤

【隸書】

隋 郭休墓誌

隋 郭休墓誌

隋 鄭令妃墓誌

【楷書】

北魏 元顥平妻墓誌

東魏 李憲墓誌

隋 董美人墓誌

唐 劉彥之墓誌

唐 契苾夫人墓誌

唐 石經尚書

唐 石經五經

迫

【隸書】

西漢 居新·4357

西漢 居新·6559

西漢 居新·6760

西漢 居新·7425

漢晉 流簡紙

東漢 西狹頌

東漢 許安國題記

東漢 永壽元年墓記

唐 高嶸墓誌

唐 三震墓誌

唐 趙叡沖碑

【楷書】

北魏 元鑽遠墓誌

東魏 馮令華墓誌

隋 馬穉墓誌

唐 崔泰之妻墓誌

唐 董嗇夫人墓誌

唐 顏家廟碑

唐 楊佰隴墓誌

唐 楊宇墓誌

迦

【隸書】

晉 王君殘墓誌

唐 義福禪師碑

【楷書】

東魏 淨智塔銘

北周 李明顯造像

北齊 許儁等造像

北齊 邑義等造像

隋 殷洪纂造像

唐 多寶塔碑

唐 重藏舍利記

迢

【楷書】

北魏 檀賓墓誌

北魏 元延明墓誌

唐 安靜墓誌

唐 蕭惠媄墓誌

追

【隸書】

唐 戴令言墓誌

唐 貞一廟碑

【楷書】

唐 崔珏墓誌

唐 崔璆墓誌

逎

【篆書】

唐 三墳記陰

【隸書】

秦 睡72

西漢 張·647

西漢 居新·7924

西漢 居新·8655

東漢 西·病書

東漢 買田約束石

東漢 楊統碑陽

東漢 楊統碑陽

東漢 楊統碑陽

東漢 尹宙碑

東漢 永和二年記

隋 郭王墓誌

隋 馬穉墓誌

隋 任軌墓誌

隋 吳嚴墓誌

唐 北獄廟碑

唐 北獄廟碑

唐 譚伍墓誌

唐 文宣王廟門碑

唐 勿部將軍碑

唐 張翼墓誌

【楷書】

北魏 郭顯墓誌

北魏 司馬氏墓誌

北魏 元斌墓誌

北魏 元暐墓誌

隋 蕭瑒墓誌

唐 段贖妻墓誌

唐 契苾夫人墓誌

唐 石浮圖銘

唐 石經九經

唐 王行果墓誌

迾

【楷書】

唐 趙通墓誌

迴

【隸書】

北齊 司馬遵業墓誌

隋 豆盧實墓誌

隋 澧水石橋碑

隋 符盛及妻墓誌

隋 默曹殘碑

隋 默曹殘碑

隋 宋景造像碑

隋 口靜墓誌

唐 任城橋亭記

【楷書】

北魏 郭法洛造像

北魏 司馬氏墓誌

北魏 元固墓誌

北魏 元鑽遠墓誌

北周 步孤須蜜多墓誌

東魏 李憲墓誌

北齊 僧靜明造像

東魏 王僧墓誌

北齊 許儁等造像

唐 程希詮墓誌

唐 內莊宅使牒

唐 齊子墓誌

唐 亡宮五品墓誌

唐 真義女碑銘

後唐 張滌妻高墓誌

追

【隸書】

秦 睡 38

秦 睡 58

秦 睡 98

秦 關周•日書

西漢 張•161

西漢 張•624

西漢 居新•3433

西漢 居新•5548

西漢 居新•7710

西漢 居新•7713

西漢 西•候官

東漢 景君碑陰

東漢 禮器碑

東漢 利水大道記

東漢 朐忍令碑

東漢 朐忍令碑

東漢 鮮于璜碑陽

東漢 鮮于璜碑陰

東漢 薌他君題記

東漢 楊淮表記

東漢 楊統碑陽

東漢 楊震碑

東漢 楊震碑

東漢 圉令趙君碑

東漢 造土牛碑

東漢 趙寬碑

三國魏 王基斷碑

北齊 感孝頌

北齊 馬天祥造像

北齊 司馬遵業墓誌

隋 豆盧實墓誌

隋 豆盧實墓誌

隋 姬威墓誌

隋 劉寶及妻墓誌

隋 劉多墓誌

隋 蕭瑾墓誌

隋 修孔子廟碑

【楷書】

魏晉 樓•紙

北魏 爾朱紹墓誌

北魏 赫連悅墓誌

北魏 寇臻墓誌

北魏 李遵墓誌

北魏 穆纂墓誌

北魏 乞伏寶墓誌

北魏 宋虎墓誌

北魏 楊泰墓誌

北魏 元斅墓誌

北魏 元恭墓誌

北魏 元固墓誌

北魏 元鑽遠墓誌

北魏 鄭黑墓誌

北齊 董桃樹造像

東魏 高湛墓誌

北齊 姜纂造像記

東魏 劉懿墓誌

北周 盧蘭墓誌

北齊 馬天祥造像

東魏 王令媛墓誌

東魏 元悰墓誌

北齊 元賢墓誌

東魏 元湛墓誌

隋 寇奉叔墓誌

隋 吳嚴墓誌

唐 竇真墓誌

唐 潘基墓誌

唐 石經尚書

唐 周瀣墓誌

逃

【隸書】

西漢 馬•老乙前

西漢 馬•老乙前

漢晉 流簡紙

隋 段濟墓誌

隋 侯肇墓誌

隋 王榮及妻墓誌

唐 夫子廟堂碑

【楷書】

北魏 劉阿素墓誌

北魏 元瞻墓誌

唐 敬覺墓誌

唐 石經公羊傳

唐 石經尚書

唐 元結墓碑陽

逡

【篆書】

唐 碧落碑

【楷書】

東魏 李憲墓誌

唐 薛參墓誌

送

【隸書】

秦 睡52

西漢 馬•老子甲後

西漢 馬•縱橫

西漢 張•295

西漢 張•567

西漢 張•570

西漢 居新•2247

西漢 居新•242

漢晉 流簡紙

漢晉 流簡紙

迸

【隸書】

東漢 曹全碑陽

【楷書】

北魏 元彝墓誌

唐 敏之墓誌

唐 石經周易

唐 張叔遵墓誌

後晉 王君妻關墓誌

北魏 元斌墓誌

北魏 元顥墓誌

北魏 元均及妻墓誌

北魏 張安姬墓誌

北齊 竇泰墓誌

隋 王弘墓誌

隋 張虔墓誌

唐 李壽墓誌

唐 石經尚書

唐 石經五經

東漢 曹全碑陽

晉 石尠墓誌

晉 石尠墓誌

晉 徐義墓誌陽

唐 孔子廟碑

唐 石臺孝經

唐 司馬寔墓誌

唐 張翼墓誌

【楷書】

三國吳 走•五年

北魏 爾朱襲墓誌

逆

【隸書】

秦 睡52

西漢 馬•老乙前

西漢 馬•老子甲後

西漢 馬•事語

西漢 張•1036

西漢 居新•7231

西漢 居新•915

兩漢 武•王杖

東漢 白石神君碑

東漢 曹全碑陽

唐 義福禪師碑

唐 趙冬曦壙誌

【楷書】

三國吳 走•五年

漢晉 流簡紙

北魏 曹望憘造象

唐 石經尚書

唐 石經尚書

唐 石經周易

唐 往生社碑

迷

【篆書】

三國魏 正始石經

【隸書】

西漢 馬•老乙

西漢 馬•老子甲後

東漢 西•劾狀

東漢 公乘田魴記

隋 郭休墓誌

唐 豆盧建墓誌

唐 孔子廟碑

唐 興寺碑

唐 楊孝恭碑

逑逯

【隸書】

唐 柳偘妻墓誌

【楷書】

唐 孫君妻李墓誌

唐 李壽墓誌

唐 劉胡墓誌

唐 石經九經

唐 石經九經

唐 石經尚書

唐 石經周易

唐 嚴識玄墓誌

唐 張叡墓誌

唐 周義墓誌

唐 王子麟墓誌

唐 興寺碑

唐 楊孝恭碑

唐 趙冬曦壙誌

【楷書】

北魏 郭顯墓誌

北齊 竇泰墓誌

東魏 高盛墓碑

北齊 無量義經

唐 甘基墓誌

唐 李紹墓誌

東漢 繆宇墓誌

東漢 熹平石經易

東漢 夏承碑

東漢 楊統碑陽

東漢 趙寬碑

隋 李元墓誌

唐 戴令言墓誌

唐 劉慎墓誌

唐 石臺孝經

唐 石臺孝經

退

【隸書】

西漢 馬•老乙前

西漢 馬•老乙前

西漢 馬•老乙前

西漢 馬•老子甲後

西漢 馬•十問

西漢 張•1100

西漢 武•少牢甲

東漢 曹全碑陽

東漢 肥致碑

東漢 衡方碑

隋 張怦墓誌

唐 耿氏墓誌

唐 呼延章墓誌

唐 李獻墓誌

唐 騫思玄墓誌

唐 石經九經

唐 石經九經

唐 石經尚書

唐 楊氏墓誌

唐 朱君妻王墓誌

【楷書】

三國吳 走•二年

南朝陳 劉猛進碑

北魏 劉華仁墓誌

北魏 元乂墓誌

北周 盧蘭墓誌

東魏 元湛墓誌

隋 王世琛墓誌

隋 嚴元貴墓誌

隋 元智妻墓誌

東漢 朝侯小子碑

東漢 楊震碑

東漢 張遷碑陽

三國魏 王基斷碑

隋 爾朱敞墓誌

唐 崔沔墓誌陰

唐 豆盧建墓誌

唐 盧君妻墓誌

唐 石臺孝經

唐 張翼墓誌

北魏 穆纂墓誌
北魏 元壽安墓誌
北齊 竇泰墓誌
北齊 婁黑女墓誌
北齊 張起墓誌
隋 孔神通墓誌
唐 崔儀妻合誌
唐 杜君墓誌
唐 李買墓誌
唐 南川縣主墓誌

東漢 孟孝琚碑
東漢 西狹頌
東漢 熹平石經易
東漢 許安國題記
東漢 許安國題記
北齊 感孝頌
隋 爾朱端墓誌
隋 任顯及妻誌
唐 李神符碑

【楷書】

三國吳 走•五年

連

【隸書】

秦 睡238
西漢 馬•老乙前
西漢 馬•縱橫
西漢 居新•6203
西漢 習字觚
兩漢 西•馬簡
漢晉 流簡紙
東漢 白石神君碑
東漢 肥致碑
東漢 郙閣頌

逋

【隸書】

西漢 張•178
西漢 張•419
西漢 居新•8930
兩漢 西•馬簡
東漢 宋伯望買田券右

【楷書】

北魏 元天穆墓誌
唐 石經周易
唐 石經周易
唐 孫公乂墓誌
唐 趙佺墓誌

逗

【隸書】

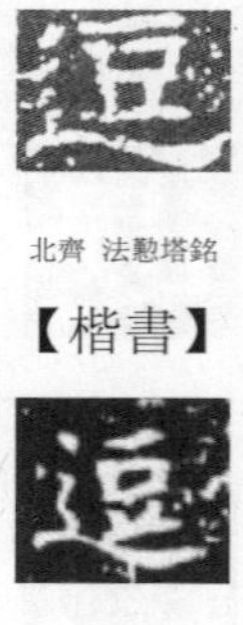

北齊 法懃塔銘

【楷書】

唐 董師墓誌

逜

【楷書】

唐 孫君妻盧墓誌

唐 石經周易

速

【隸書】

兩漢 西•馬簡
東漢 衡方碑
東漢 孔宙碑陽
三國魏 王基斷碑
唐 陳憲墓誌
唐 雲居寺殘碑
唐 趙叡沖碑

【楷書】

東魏 成休祖造像
唐 李壽墓誌
唐 盧直墓誌

逍

【隸書】

東漢 肥致碑

隋 宋仲墓誌

【楷書】

北魏 檀賓墓誌

隋 元鐘墓誌

唐 李惟一墓誌

逕

【隸書】

唐 興寺碑

【楷書】

北魏 寇霄墓誌

北魏 寇臻墓誌

北魏 元彝墓誌

東魏 呂覎墓誌

東魏 元仲英墓誌

隋 蕭氏墓誌

唐 關儉墓誌

唐 王士端墓誌

唐 尉遲敬德墓誌

北齊 竇泰墓誌

東魏 呂覎墓誌

隋 蘇慈墓誌

隋 陶貴墓誌

隋 吳嚴墓誌

唐 杜君妻墓誌

唐 故亡宮九品墓誌

唐 李智墓誌

唐 盧宏及妻墓誌

逝

【隸書】

東漢 淮源廟碑

北齊 西門豹碑陽

隋 爾朱端墓誌

隋 蕭瑾墓誌

唐 崔沔墓誌陰

唐 王晉俗墓誌

唐 朱君妻王墓誌

【楷書】

南朝梁 舊館壇碑

北魏 叔孫協墓誌

北魏 元純陁墓誌

北魏 薛慧命墓誌

北魏 元尚之墓誌

北魏 元項墓誌

北齊 宋賢伯造像陽

隋 申穆及妻墓誌

隋 嚴元貴墓誌

唐 安元壽墓誌

唐 石經周易

唐 史君妻墓誌

後周 安重遇墓誌

西漢 西•律令

東漢 西•醫藥

東漢 西•醫藥

漢晉 流簡紙

隋 爾朱敞墓誌

隋 劉寶及妻墓誌

隋 申穆及妻墓誌

唐 豆盧建墓誌

【楷書】

三國吳 走•五年

北魏 穆纂墓誌

逐

【隸書】

秦 睡143

秦 關周•日書

西漢 帛•縱橫

西漢 馬•縱橫

西漢 張•1071

西漢 張•1073

西漢 居新•7436

西漢 居新•7847

西漢 西•侯官

西漢 西•律令

唐 楊清墓誌

透

【楷書】

唐 田志承墓誌

隋 孫先造像

唐 石經尚書

唐 石經周易

唐 石經周易

北魏 惠詮造像記

北魏 姚伯多供養碑

北魏 朱雄造像陽

東魏 劉目蓮造像

東魏 菀貴妻造像

北齊 無量義經

北齊 張思文造像

隋 成公氏墓誌

隋 段模墓誌

隋 勝福寺塔銘

晉 郭休碑陰

晉 郭槐柩記

晉 呂望表

三國魏 咸熙元年題字

隋 高虬墓誌

唐 大忍寺碑

唐 告華嶽府君

唐 史思禮墓誌

【楷書】

三國吳 走•五年

晉 華芳墓誌陰

東漢 石門闕銘

東漢 石門頌

東漢 西狹頌

東漢 西狹頌

東漢 鮮于璜碑陽

東漢 鮮于璜碑陽

東漢 乙瑛碑

東漢 永壽元年墓記

東漢 趙寬碑

東漢 佐孟機題記

東漢 從事馮君碑

東漢 大吉山刻石

東漢 封龍山頌

東漢 何君閣道銘

東漢 淮源廟碑

東漢 建初元年記

東漢 建寧元年殘碑

東漢 禮器碑

東漢 買田約束石

東漢 秦君神道刻字

造

【篆書】

唐 般若臺記

唐 三墳記陽

【隸書】

秦 睡226

秦 睡62

秦 關周•日書

西漢 張•335

西漢 居新•907

東漢 西•遷補

兩漢 西•懸簡

漢晉 流簡紙

逞

【楷書】

魏晉 樓•紙

魏晉 樓•紙

北魏 乞伏寶墓誌

北魏 元始和墓誌

北齊 竇泰墓誌

唐 葛亮祠堂碑

唐 石經五經

途

【隸書】

隋 關明墓誌

隋 趙朗墓誌

唐 楊孝恭碑

【楷書】

北魏 王翊墓誌

北魏 元寶月墓誌

北魏 元悌墓誌

北魏 造多寶塔記

北魏 趙口造像

隋 皇甫深墓誌

隋 蕭瑒墓誌

唐 獨孤開遠墓誌

唐 李沖墓誌

唐 顏襄子銘

逖

【隸書】

隋 豆盧實墓誌

隋 宋景造像碑

唐 董虔運墓誌

【楷書】

北魏 元順墓誌

北齊 竇泰墓誌

北齊 竇泰墓誌

東魏 義橋石像碑

唐 敬節塔銘

唐 李敬墓誌

唐 戚高墓誌

唐 石經周易

唐 孫審象墓誌

唐 張景之墓誌

逢

【篆書】

唐 三墳記陰

【隸書】

秦 睡 240

西漢 張•1052

西漢 張•747

西漢 張•747

西漢 西•善劍

東漢 華山廟碑陽

東漢 華山廟碑陽

東漢 景君碑陰

東漢 孟孝琚碑

晉 郛休碑陽

隋 豆盧實墓誌

隋 關明墓誌

隋 口墮及妻墓誌

隋 修孔子廟碑

唐 史思禮墓誌

唐 鄭忠墓碑

【楷書】

三國吳 走•五年

三國吳 走•五年

北魏 爾朱紹墓誌

北魏 穆彥墓誌

北魏 薛伯徽墓誌

北魏 元緒墓誌

北魏 元緒墓誌

北齊 王鴨臉造像

隋 口徹墓誌

隋 劉相及妻墓誌

隋 勝福寺塔銘

隋 蘇慈墓誌

隋 楊厲墓誌

隋 楊厲墓誌

隋 張貴男墓誌

唐 蕭令臣墓誌

唐 張懷文墓誌

後周 宋彥筠墓誌

逡

【隸書】

東漢 建寧三年殘碑

晉 辟雍頌陽

【楷書】

北魏 元茂墓誌

東魏 張滿墓誌

後梁 惠光舍利塔銘

隋 申穆及妻墓誌

隋 王楚英墓誌

唐 崔詹墓誌

唐 董希令墓誌

唐 和幹墓誌

唐 李君妻周墓誌

唐 劉彥之墓誌

唐 石經周易

唐 石經周易

唐 王逖墓誌

唐 石臺孝經

唐 楊孝恭碑

【楷書】

三國吳 走•四年

三國吳 走•四年

北魏 僧暈造像記

北魏 薛伯徽墓誌

北魏 元誘墓誌

隋 段威墓誌

隋 李肅墓誌

隋 馬少敏墓誌

三國魏 通閣道題名

三國魏 張君殘碑

晉 郭槐柩記

北齊 感孝頌

隋 豆盧實墓誌

隋 豆盧實墓誌

隋 默曹殘碑

隋 任軌墓誌

唐 石臺孝經

唐 石臺孝經

東漢 石門頌

東漢 石門頌

東漢 石門頌

東漢 石門頌

東漢 石門頌

東漢 史晨後碑

東漢 熹平石經易

東漢 鮮于璜碑陰

東漢 乙瑛碑

三國魏 管寧墓誌

東漢 楊震碑

西漢 居新•7839

漢晉 流簡紙

西漢 楚王墓塞石

東漢 池陽令殘碑

東漢 開通褒斜道

東漢 利水大道記

東漢 魯峻碑陽

東漢 買田約束石

東漢 孟孝琚碑

東漢 三老刻石

通

【篆書】

唐 多寶佛塔銘

【隸書】

秦 睡 68

西漢 馬•合陰陽

西漢 馬•合陰陽

西漢 馬•十問

西漢 馬•縱橫

西漢 張•84

西漢 居新•2233

西漢 居新•4078

這

【隸書】

西漢 張•629

西漢 張•629

東漢 鄐他君題記

【楷書】

三國吳 走•五年

魏晉 樓•紙

逵

【隸書】

秦 睡 69

隋 劉多墓誌

唐 崔暟墓誌陽

唐 屈突通墓誌

唐 張侔墓誌

【楷書】

北魏 公孫猗墓誌

唐 張怙墓誌

唐 趙仁表磚誌

違

【隸書】

東漢 禮器碑

【楷書】

唐 宋義及妻墓誌

唐 張義墓誌

過

【篆書】

隋 宋仲墓誌

唐 碧落碑

【隸書】

秦 睡 43

秦 睡 70

西漢 馬•老乙前

西漢 馬•老子甲後

西漢 馬•縱橫

西漢 張•251

西漢 居新•7609

西漢 西•過界

兩漢 西•懸檢

漢晉 流簡紙

東漢 朝侯小子碑

東漢 華山廟碑陽

東漢 石門頌

東漢 西狹頌

東漢 行事渡君碑

東漢 楊耿伯題記

東漢 楊淮表記

東漢 趙寬碑

晉 徐義墓誌陽

北齊 法懃塔銘

北齊 感孝頌

隋 姬威墓誌

隋 宋景造像碑

唐 潘基墓誌

唐 石臺孝經

唐 石臺孝經

唐 行儼碑

唐 楊孝恭碑

唐 楊孝恭碑

【楷書】

晉 筆陣圖

北魏 宋虎墓誌

北魏 元乂墓誌

北魏 張盧墓誌

隋 □悦昂墓誌

隋 □徹墓誌

隋 馬少敏墓誌

唐 董希令墓誌

唐 呂思禮墓誌

唐 石經尚書

唐 石經尚書

唐 石經周易

唐 楊越墓誌

唐 張翃墓誌

後梁 崔崇素墓誌

逶

【隸書】

隋 郭休墓誌

隋 郭休墓誌

隋 鄭令妃墓誌

唐 李貞墓誌

唐 王崇禮墓誌

【楷書】

北魏 司馬氏墓誌

北齊 顔玉光墓誌

隋 蕭氏墓誌

隋 張貴男墓誌

進

【篆書】

唐 三墳記陽

【隸書】

西漢 馬•老甲

西漢 馬•老甲

西漢 馬•老子甲後

西漢 馬•老子甲後

西漢 馬•縱橫

西漢 張•270

西漢 居新•4504

西漢 西•詔書

漢晉 流簡紙

漢晉 流簡紙

東漢 蒼山元嘉題記

東漢 曹全碑陰

東漢 從事馮君碑

東漢 肥致碑

東漢 景君碑陰

東漢 孔宙碑陰

東漢 禮器碑陰

東漢 馬姜墓記

東漢 西狹頌

東漢 夏承碑

三國魏 曹真殘碑陽

三國魏 王基斷碑

晉 石尠墓誌

隋 爾朱敞墓誌

隋 爾朱端墓誌

唐 石臺孝經

唐 楊孝恭碑

唐 趙冬曦壙誌

【楷書】

北魏 元昉墓誌

北齊 竇泰墓誌

北齊 維摩經碑

隋 杜相夫造像

隋 寇奉叔墓誌

隋 吳嚴墓誌

唐 樊廉墓誌

唐 蓋暢墓誌

唐 李壽墓誌

唐 石經周易

逸

【篆書】

唐 碧落碑

【隸書】

東漢 景君碑陰

東漢 王舍人碑

北齊 感孝頌

隋 豆盧寶墓誌

隋 爾朱端墓誌

隋 李元墓誌

隋 李元墓誌

隋 劉寶及妻墓誌

隋 馬穉墓誌

隋 宋景造像碑

隋 口和墓誌

隋 謝岳墓誌

隋 修孔子廟碑

唐 豆盧建墓誌

唐 石臺孝經

唐 韋士逸墓誌

唐 楊孝恭碑

唐 楊孝恭碑

唐 楊孝恭碑

唐 楊孝恭碑

【楷書】

北魏 寇憑墓誌

北魏 檀賓墓誌

北魏 王璨墓誌

北魏 元秀墓誌

北魏 元愔墓誌

北魏 元鑽遠墓誌

北齊 竇泰墓誌

隋 段威墓誌

隋 王楚英墓誌

隋 張軻墓誌

隋 張禮墓誌

唐 李推賢墓誌

唐 石經九經

唐 石經尚書

唐 王府君墓誌

唐 王素墓誌

唐 薛剛墓誌

後唐 張積墓誌

追

【隸書】

唐 高嵘墓誌

【楷書】

唐 李愍墓誌

唐 石經尚書

逮

【篆書】

唐 碧落碑

【隸書】

北齊 司馬遵業墓誌

隋 蕭瑾墓誌

隋 張儉及妻墓誌

唐 闞道愛墓誌

唐 懷古詩刻

【楷書】

魏晉 樓•紙

北魏 慈香惠造像

北魏 李渠蘭墓誌

北魏 元朗墓誌

北齊 董桃樹造像

北齊 婁黑女墓誌

北齊 張世寶造塔

隋 趙齡墓誌

唐 何剛之墓誌

唐 陸振墓誌

唐 逯君誌蓋

唐 石經五經

唐 石經周易

唐 蕭季江墓誌

唐 楊吴生墓誌

唐 臧懷亮墓誌

後唐 西方鄴墓誌

達

【篆書】

唐 峿臺銘

【隸書】

秦 睡 106

西漢 馬•老乙前

西漢 馬•老子甲後

東漢 曹全碑陰

東漢 池陽令殘碑

東漢 華山廟碑陽

東漢 淮源廟碑

東漢 景君碑陰

東漢 景君碑陰

東漢 石門頌

東漢 鮮于璜碑陽

東漢 張壽殘碑

三國魏 張君殘碑

北齊 感孝頌

隋 豆盧實墓誌

隋 劉多墓誌

隋 馬長和造像

隋 宋景造像碑

隋 謝岳墓誌

隋 趙朗墓誌

唐 韓宥經幢額

唐 盧君妻墓誌

唐 牛氏像龕碑

唐 王子麟墓誌

唐 楊孝恭碑

唐 尹尊師碑

唐 尹尊師碑

【楷書】

三國吴 走•四年

魏晉 樓•紙

晉 黃庭經

北魏 李媛墓誌

北魏 謝伯達造像

北齊 畢文造像

東魏 李挺墓誌

東魏 李艷華墓誌

北齊 僧靜明造像

隋 郭達墓誌

隋 李元墓誌

隋 劉德墓誌

晉 郭槐柩記
晉 徐義墓誌陽
北齊 司馬遵業墓誌
北齊 司馬遵業墓誌
隋 豆盧實墓誌
隋 馬長和造像
隋 任顯及妻誌
唐 豆盧建墓誌
唐 高元珪墓誌
唐 行儼碑

遇

【隸書】

秦 睡133
秦 關周•日書
西漢 馬•十問
西漢 馬•縱横
西漢 馬•縱横
西漢 馬•縱横
西漢 張•704
東漢 公乘田魴記
東漢 孟孝琚碑
東漢 繆宇墓誌

北魏 元誨墓誌
東魏 劉懿墓誌
隋 梁坦墓誌
唐 元鐘墓誌
唐 崔智墓誌
唐 劉祿墓誌
唐 石經尚書
唐 石經五經
唐 石經周易
唐 朱瞻墓誌

遏

【隸書】

西漢 居新•3598
東漢 池陽令殘碑
東漢 華山廟碑陽
三國魏 張君殘碑
隋 段濟墓誌
唐 大忍寺碑

【楷書】

北魏 赫連悅墓誌
北魏 李謀墓誌
北魏 王基墓誌
北魏 于景墓誌

北齊 司馬遵業墓誌
隋 寇奉叔墓誌
唐 王游藝墓誌
唐 趙嘉及妻墓誌

逼

【隸書】

東漢 淮源廟碑
東漢 趙寬碑
隋 劉珍墓誌
唐 豆盧建墓誌
唐 鄭忠墓碑

【楷書】

魏晉 樓•紙
北魏 赫連悅墓誌
北魏 元昉墓誌
北魏 元貴妃墓誌
北魏 元天穆墓誌

唐 田侁墓誌
唐 元婉墓誌
唐 趙璧墓誌
唐 朱行斌墓誌

隋 吳嚴墓誌
隋 吳嚴墓誌
隋 伍道進墓誌
隋 楊通墓誌
隋 張波墓誌
唐 戴令言墓誌
唐 和守陽墓誌
唐 劉密妻崔墓誌
唐 石經尚書
唐 石經五經

唐 楊孝恭碑

唐 趙冬曦壙誌

【楷書】

北魏 元繼墓誌

東魏 李挺墓誌

隋 段威墓誌

唐 和守陽墓誌

唐 李景陽墓誌

唐 石經周易

唐 石經周易

唐 田侁墓誌

遄 䢐

【篆書】

唐 碧落碑

【隸書】

三國魏 孔羨碑

北齊 司馬遵業墓誌

唐 關道愛墓誌

唐 張侔墓誌

【楷書】

北魏 爾朱襲墓誌

北魏 元詮墓誌

隋 范安貴墓誌

唐 崔紹墓誌

唐 石經周易

遑 䢖

【隸書】

晉 辟雍頌陽

唐 八都壇碑

唐 董虔運墓誌

【楷書】

東魏 程哲碑

隋 孔神通墓誌

唐 崔千里墓誌

遁 遯

【隸書】

西漢 馬•老子甲後

西漢 馬•老子甲後

東漢 建寧三年殘碑

隋 段濟墓誌

唐 辛雲京妻墓誌

【楷書】

晉 黃庭内景經

北魏 元茂墓誌

東魏 蕭正表墓誌

隋 皇甫深墓誌

隋 楊厲墓誌

唐 李愍墓誌

唐 石經五經

唐 石經五經

唐 石經周易

唐 石經周易

唐 王協墓誌

唐 閻肇墓誌

唐 張氏墓誌

唐 趙元瓌墓誌

運 䢙

【隸書】

西漢 張•793

東漢 尚博殘碑

東漢 王舍人碑

東漢 趙寬碑

三國魏 何晏墓誌

晉 辟雍頌陽

隋 張景略墓誌

隋 張盛墓誌

唐 北獄廟碑

唐 李神符碑

唐 史思禮墓誌

唐 修定寺記碑

唐 楊孝恭碑

【楷書】

南朝梁 舊館壇碑

北魏 丘哲墓誌

北魏 元悌墓誌

北齊 竇泰墓誌

隋 暴永墓誌

隋 張怦墓誌

隋 鄭善妃墓誌

唐 盧萬春墓誌

唐 石經尚書

唐 趙留四墓誌

遂

【隸書】

西漢 馬•合陰陽

西漢 馬•老乙前

西漢 馬•老乙前

西漢 馬•老子甲後

西漢 馬•事語

西漢 張•1046

西漢 張•705

西漢 居新•9035

西漢 西•善劍

東漢 曹全碑陽

東漢 封龍山頌

東漢 公乘田魴記

東漢 建寧元年殘碑

東漢 馬姜墓記

東漢 孟孝琚碑

東漢 西狹頌

東漢 鮮于璜碑陽

東漢 鮮于璜碑陰

東漢 薌他君題記

東漢 鄭固碑

東漢 作封記

三國魏 曹真殘碑陽

晉 辟雍頌陽

晉 徐義墓誌陽

隋 馬長和造像

隋 牛諒墓誌

隋 蘇恒墓誌

唐 沈知敏墓誌

唐 楊孝恭碑

唐 張翼墓誌

【楷書】

魏晉 樓•紙

魏晉 樓•紙

北魏 高珪墓誌

北魏 胡明相墓誌

北魏 寇慰墓誌

北齊 竇泰墓誌

北齊 司馬遵業墓誌

隋 暴永墓誌

隋 何氏墓誌

隋 申穆及妻墓誌

隋 王袞墓誌

唐 霍行威墓誌

唐 石經九經

唐 石經周易

唐 楊佰隴墓誌

道

【篆書】

東漢 少室石闕銘

東漢 祀三公山碑

東漢 祀三公山碑

三國魏 霍君神道

三國魏 謝君神道

唐 碧落碑

唐 碧落碑

唐 碧落碑

唐 碧落碑

唐 竇叔向墓誌額

唐 高元裕碑額

唐 讓封碑

唐 讓封碑

唐 讓封碑

唐 讓封碑

唐 讓封碑

唐 孫壬林碑額

唐 温佶墓碑額

唐 峿臺銘

【隸書】

秦 睡 134

秦 睡 27

秦 睡 69

秦 睡 91

西漢 馬•老乙前

西漢 馬•老子甲後

西漢 馬•老子甲後

西漢 馬•十問

西漢 馬•十問

西漢 張•125

西漢 張•267

西漢 張•661
西漢 張•745
西漢 居新•2168
東漢 西•寇恩
東漢 西•推辟
兩漢 武•王杖
漢晉 流簡紙
東漢 從事馮君碑
東漢 公乘田魴記
東漢 韓仁銘

東漢 何君閣道銘
東漢 何君閣道銘
東漢 華山廟碑陽
東漢 淮源廟碑
東漢 景君碑陰
東漢 利水大道記
東漢 秦君神道刻字
東漢 尚博殘碑
東漢 石門頌
東漢 石門頌

東漢 石門頌
東漢 史晨後碑
東漢 鳴咽泉題記
東漢 西狹頌
東漢 夏承碑
東漢 鮮于璜碑陽
東漢 許安國題記
東漢 楊震碑
東漢 楊震碑
東漢 永壽元年銘

東漢 永壽元年銘
東漢 張遷碑陽
晉 辟雍頌陽
晉 左棻墓誌陽
南朝梁 太祖建陵記
北齊 法懃塔銘
北齊 司馬遵業墓誌
北齊 司馬遵業墓誌
隋 郭王墓誌
隋 郭休墓誌

隋 申穆及妻墓誌
隋 申穆及妻墓誌
隋 修孔子廟碑
唐 北獄廟碑
唐 北獄廟碑
唐 李神符碑
唐 石臺孝經
唐 石臺孝經
唐 宴濟瀆序陰額
唐 宴濟瀆序陰額

唐 楊孝恭碑
唐 楊孝恭碑
唐 楊孝恭碑
唐 楊孝恭碑
唐 楊孝恭碑
唐 楊孝恭碑
唐 楊孝恭碑
唐 楊孝恭碑

【楷書】

魏晉 樓•紙
北魏 李榘蘭墓誌

北魏 元斅墓誌
北魏 元洛神墓誌
北齊 竇泰墓誌
北齊 高淯墓誌
東魏 元光基墓誌
東魏 元均及妻墓誌
北齊 元賢墓誌
隋 高緊墓誌
隋 勝福寺塔銘
隋 田光山妻墓誌

隋 王楚英墓誌
隋 王衮墓誌
隋 楊居墓誌
隋 張波墓誌
隋 志修塔記
唐 多寶塔碑
唐 石經尚書
唐 石經尚書
唐 石經周易
唐 魏體玄墓誌

遒

【隸書】

西漢 馬•縱橫

東漢 禮器碑側

隋 口墮及妻墓誌

【楷書】

北魏 穆亮妻墓誌

西魏 合邑造像記

隋 李氏墓誌

唐 李君墓誌

唐 呂常侍妻墓誌

唐 索相兒墓誌

遍

【隸書】

東漢 白石神君碑

隋 爾朱敞墓誌

隋 李元墓誌

唐 安天王廟碑

唐 黃石公祠記

唐 王崇禮墓誌

唐 尹文操碑

唐 朱崇慶墓誌

【楷書】

北魏 封魔奴墓誌

北涼 渠安周造像

北齊 邑義等造像

隋 蘇慈墓誌

唐 彭氏墓誌

唐 石經尚書

唐 石經尚書

唐 園濟塔銘

唐 張京墓誌

唐 張洛墓誌

遐

【篆書】

唐 碧落碑

【隸書】

東漢 肥致碑

東漢 景君碑陽

東漢 朐忍令碑

東漢 楊統碑陽

三國魏 孔羡碑

晉 辟雍頌陽

北齊 馬天祥造像

隋 段濟墓誌

隋 爾朱敞墓誌

隋 澧水石橋碑

隋 符盛及妻墓誌

隋 郭王墓誌

隋 侯肇墓誌

隋 姬威墓誌

隋 宋景造像碑

隋 王榮及妻墓誌

隋 修孔子廟碑

唐 屈突通墓誌

唐 石臺孝經

【楷書】

北魏 安定太守墓誌

北魏 樊奴子造像

北魏 封昕墓誌

北魏 和醜仁墓誌

北魏 寇偘墓誌

北魏 寇演墓誌

北魏 蘭將墓誌

北魏 劉阿素墓誌

北魏 山徽墓誌

北魏 元寶月墓誌

北魏 元定墓誌

北魏 元融墓誌

北魏 元始和墓誌

北魏 元壽安墓誌

北魏 元維墓誌

北魏 元夔題記

北魏 張玄墓誌

北魏 張玄墓誌

北齊 竇泰墓誌

東魏 公孫甑生墓誌

東魏 公孫甑生墓誌

北齊 婁黑女墓誌

北齊 趙桃椒妻造像

隋 暴永墓誌

隋 陳花樹墓誌

隋 姬威墓誌

隋 李則墓誌

隋 劉尚食墓誌

隋 盧文機墓誌

隋 王楚英墓誌

隋 王世琛墓誌

隋 張濤妻墓誌

唐 □滿墓誌

唐 景公直墓誌

唐 李鎬墓誌

唐 劉珵墓誌

唐 石經周易

後周 石金俊妻合誌

後晉 王君妻關墓誌

後梁 蕭符墓誌

違

【篆書】

唐 碧落碑

唐 碧落碑

唐 謙卦碑

唐 三墳記陰

【隸書】

漢晉 流簡紙

三國魏 王基斷碑

晉 管洛墓誌陽

唐 白鹿泉碑陽

唐 京兆金氏墓誌

唐 韋士逸墓誌

唐 楊孝恭碑

【楷書】

北魏 韓震墓誌陽

北魏 吳光墓誌

北魏 元誨墓誌

東魏 劉懿墓誌

東魏 元悰墓誌

隋 曹海凝墓誌

隋 段模墓誌

隋 元鍾墓誌

唐 劉密妻崔墓誌

唐 齊子墓誌

唐 石經尚書

唐 石經周易

唐 吳孝墓誌

唐 許行本合誌

唐 楊瑩墓誌

遨

【楷書】

晉 黃庭内景經

北齊 姜纂造像記

隋 劉淵墓誌

遘

【隸書】

東漢 從事馮君碑

東漢 楊統碑陽

東漢 鄭固碑

隋 豆盧實墓誌

隋 爾朱敞墓誌

隋 姬威墓誌

隋 劉寶及妻墓誌

隋 □和墓誌

隋 鄭令妃墓誌

唐 高嶸墓誌

唐 京兆金氏墓誌

唐 李貞墓誌

唐 王媛墓誌陰

唐 朱君妻王墓誌

【楷書】

北魏 侯義墓誌

北魏 寇慰墓誌

北魏 元寶月墓誌

北魏 元純阤墓誌

隋 高緊墓誌

隋 橋紹墓誌

隋 蕭瑒墓誌

唐 皇甫安定墓誌

唐 賈令琬墓誌

唐 李招兒墓誌

唐 劉定師墓誌

唐 陸振墓誌

唐 馬攸墓誌

唐 裴首兒墓誌

唐 契苾夫人墓誌

唐 石經五經

唐 蘇嗣君墓誌
唐 田志承墓誌
唐 王宏墓誌
唐 王容墓誌
唐 王則墓誌
唐 王之渙墓誌
唐 武懷亮墓誌
唐 薛文昭墓誌
唐 鄭珍墓誌
後唐 毛璋妻墓誌

後唐 王璠墓誌

遠

【篆書】

三國魏 正始石經
隋 宋仲墓誌
唐 峿臺銘

【隸書】

秦 睡 116
秦 睡 133
秦 睡 27
西漢 馬•老乙前
西漢 馬•十問
西漢 馬•縱橫

西漢 張•1066
西漢 居新•1080
西漢 居新•1520
西漢 居新•7615
西漢 居新•7672
漢晉 流簡紙
東漢 曹全碑陽
東漢 朝侯小子碑
東漢 淮源廟碑
東漢 景君碑陽
東漢 景君碑陰

東漢 景君碑陰
東漢 禮器碑陰
東漢 孟孝琚碑
東漢 七言摩崖記
東漢 三老刻石
東漢 尚博殘碑
東漢 史晨後碑
東漢 武榮碑
東漢 西狹頌
東漢 鮮于璜碑陽

東漢 延熹三年記
東漢 趙寬碑
東漢 子游殘碑
隋 闞明墓誌
隋 郭達墓誌
隋 任顯及妻誌
隋 蕭瑾墓誌
隋 謝岳墓誌
隋 張儉及妻墓誌
隋 趙朗墓誌

唐 褚亮碑
唐 石臺孝經
唐 史思禮墓誌
唐 楊孝恭碑

【楷書】

三國吳 走•二年
魏晉 樓•紙
魏晉 樓•紙
魏晉 樓•紙
北魏 吐谷渾璣墓誌
北魏 吐谷渾璣墓誌

北魏 王誦妻元墓誌
北魏 姚伯多供養碑
北魏 元斌墓誌
北魏 元斆墓誌
北魏 元始和墓誌
北魏 元思墓誌
北魏 元文墓誌
北齊 畢文造像
北齊 竇泰墓誌
北齊 竇泰墓誌

遞

【隸書】

隋 劉多墓誌

隋 任軌墓誌

唐 義福禪師碑

【楷書】

北魏 王翊墓誌

北魏 元延明墓誌

東魏 淨智塔銘

隋 孔神通墓誌

隋 鄭善妃墓誌

唐 杜日榮墓誌

唐 多寶塔碑

遝

【隸書】

秦 睡23

西漢 馬•縱橫

西漢 張•1194

西漢 張•201

西漢 居新•3117

三國魏 孔羨碑

晉 徐義墓誌陽

唐 白鹿泉碑陰

【楷書】

晉 華芳墓誌陰

唐 張氏墓誌

晉 徐義墓誌陽

隋 蕭瑾墓誌

【楷書】

魏晉 樓•紙

北魏 司馬顯姿墓誌

唐 多寶塔碑

唐 唐嘉會墓誌

漢晉 流簡紙

東漢 黨錮殘碑

東漢 肥致碑

東漢 何君閣道銘

東漢 華山廟碑陽

東漢 建寧元年殘碑

東漢 石門頌

東漢 石門頌

東漢 陶洛殘碑陽

東漢 造土牛碑

遺

【篆書】

三國吳 天發神讖碑

三國吳 天發神讖碑

【隸書】

秦 睡53

西漢 張•550

西漢 居新•1946

西漢 居新•3430

西漢 居新•5558

西漢 居新•5569

西漢 居新•7979

西漢 居新•8096

遳

【楷書】

唐 葛亮祠堂碑

隋 申穆及妻墓誌

隋 田光山妻墓誌

唐 程思義墓誌

唐 崔徹墓誌

唐 竇真墓誌

唐 侯方墓誌

唐 李敬墓誌

唐 石經尚書

唐 石經周易

吳越 投龍玉簡

北齊 高淯墓誌

東魏 南宗和尚塔銘

東魏 叔孫固墓誌

隋 暴永墓誌

隋 段威墓誌

隋 高緊墓誌

隋 鞏賓墓誌

隋 梁坦墓誌

隋 馬少敏墓誌

隋 馬穉墓誌

遭

【篆書】

東漢 祀三公山碑

【隸書】

東漢 曹全碑陽

東漢 曹全碑陽

東漢 公乘田魴記

東漢 孔宙碑陽

東漢 寬以殘碑

東漢 孟孝琚碑

東漢 孟孝琚碑

東漢 石門頌

東漢 史晨前碑

遨

【隸書】

西漢 馬•縱横

【楷書】

唐 白敏中墓誌

唐 道因法師碑

唐 孫成墓誌

遜

【隸書】

東漢 趙寬碑

隋 謝岳墓誌

【楷書】

北魏 元純阤墓誌

北魏 元緦墓誌

東魏 淨智塔銘

唐 李超墓誌

唐 石經尚書

唐 楊仲雅墓誌

唐 崔素臣墓誌

唐 高彥墓誌

唐 尉遲敬德墓誌

唐 支懷墓誌

唐 周紹業墓誌

北魏 元誘墓誌

北魏 元瞻墓誌

北魏 元暐墓誌

北齊 元賢墓誌

北齊 暈禪師造像陽

隋 董美人墓誌

隋 范安貴墓誌

隋 劉明及妻墓誌

隋 元鐘墓誌

唐 安靜墓誌

唐 沈夫人墓誌

唐 修定寺記碑

唐 張休光墓誌

【楷書】

北魏 李璧墓誌陽

北魏 劉阿素墓誌

北魏 元崇業墓誌

北魏 元顥墓誌

北魏 元均之墓誌

北魏 元平墓誌

北魏 元彥墓誌

遥

【隸書】

東漢 肥致碑

北齊 司馬遵業墓誌

東魏 宗欣墓誌

隋 郭達墓誌

隋 姬威墓誌

隋 劉多墓誌

隋 宋仲墓誌

隋 宋仲墓誌

隋 蕭瑾墓誌

隋 鄭令妃墓誌

唐 多寶塔碑

唐 范重明墓誌

唐 李智墓誌

唐 祁惠墓誌

唐 蘇斌墓誌

唐 元希古墓誌

唐 朱光宙墓誌

唐 朱光宙墓誌

後唐 康贊羑墓誌

後周 智堅塔記

東漢 夏承碑

東漢 許安國題記

東漢 楊著碑陽

東漢 趙儀碑

東漢 子游殘碑

東漢 作封記

三國魏 孔羨碑

晉 郭槐柩記

唐 王崇禮墓誌

唐 張頵墓誌

【楷書】

北魏 高珪墓誌

北魏 元瑱墓誌

北魏 張安姬墓誌

隋 盧文機墓誌

唐 封泡墓誌

唐 荊肆墓誌

唐 麴善岳磚誌

後梁 蕭符墓誌

遰

【楷書】

隋 嚴元貴墓誌

唐 安靜墓誌

唐 蕭惠媄墓誌

遮

【隸書】

西漢 居新•7232

西漢 居新•8443

兩漢 西•馬簡

唐 修定寺記碑

【楷書】

東魏 元悰墓誌

唐 崔璘墓誌

適

【隸書】

秦 睡 57

西漢 馬•老甲

西漢 馬•老子甲後

西漢 馬•事語

西漢 馬•天下

西漢 馬•縱橫

西漢 馬•縱橫

西漢 張•1071

西漢 張•1073

西漢 居新•1086

西漢 居新•221

西漢 居新•7849

漢晉 流簡紙

東漢 馬姜墓記

東漢 楊叔恭殘碑

東漢 永壽元年銘

東漢 趙菿殘碑

晉 管洛墓誌陽

晉 石尠墓誌

隋 姬威墓誌

隋 張姜墓誌

唐 盧宏及妻墓誌

唐 尹尊師碑

【楷書】

魏晉 樓•紙

晉 華芳墓誌陽

北魏 郭顯墓誌

北魏 元華光墓誌

北魏 元瞻墓誌

東魏 李挺墓誌

隋 陳君妻王墓誌

隋 段模墓誌

唐 白知禮墓誌

唐 段晏墓誌

唐 石經五經

唐 王庭瓌妻墓誌

唐 蕭公夫人墓誌

唐 張須墓誌

邁

【篆書】

唐 三墳記陽

【隸書】

漢晉 流簡紙

晉 辟雍頌陽

晉 辟雍頌陽

晉 辟雍頌陽

晉 辟雍頌陽

晉 郭槐柩記

晉 石尠墓誌

晉 石尠墓誌

晉 徐義墓誌陽

北周 華嶽頌

隋 豆盧實墓誌

隋 豆盧實墓誌

隋 爾朱端墓誌

隋 灃水石橋碑

隋 默曹殘碑

隋 任顯及妻誌

隋 王榮及妻墓誌

唐 潘基墓誌

唐 勿部將軍碑

唐 趙冬曦壙誌

【楷書】

三國吳 走•五年

北魏 元謐墓誌

隋 高緊墓誌

隋 皇甫深墓誌

隋 張伏敬墓誌

唐 王協墓誌

後周 安重遇墓誌

遷

【篆書】

東漢 袁安碑

東漢 袁安碑

三國魏 正始石經

唐 三墳記陽

【隸書】

西漢 馬•老乙前

西漢 馬•老子甲後

西漢 居新•2797

西漢 居新•5007

西漢 居新•7524

西漢 居新•7526

東漢 西•遷補

東漢 簿書殘碑

東漢 倉頡廟碑側

東漢 蒼山元嘉題記

東漢 曹全碑陽

東漢 池陽令殘碑

東漢 華山廟碑陽

東漢 景君碑陰

東漢 景君碑陰

東漢 舉孝廉殘碑

東漢 孔宙碑陽

東漢 朐忍令碑

東漢 尚博殘碑

東漢 鮮于璜碑陽

東漢 鮮于璜碑陽

東漢 鮮于璜碑陰

東漢 楊統碑陽

東漢 楊震碑

東漢 楊著碑陽

東漢 圉令趙君碑

東漢 張遷碑陽

三國魏 王基斷碑

三國魏 王基斷碑

晉 石尠墓誌

晉 石尠墓誌

北齊 法懃塔銘

北齊 鏤石班經記

北齊 司馬遵業墓誌

隋 段濟墓誌

隋 爾朱敞墓誌

隋 爾朱端墓誌

隋 符盛及妻墓誌

隋 高虯墓誌

隋 關明墓誌

隋 關明墓誌

隋 郭休墓誌

隋 劉寶及妻墓誌

隋 劉珍墓誌

隋 馬穉墓誌

隋 任軌墓誌

隋 任顯及妻誌

隋 王榮及妻墓誌

隋 口靜墓誌

隋 蕭瑾墓誌

隋 蕭瑾墓誌

隋 謝岳墓誌

隋 張景略墓誌

隋 張盛墓誌

隋 趙朗墓誌

唐 褚亮碑

唐 崔泰之墓誌

唐 崔祐甫墓誌

唐 崔志墓誌

唐 高元珪墓誌

唐 高元珪墓誌

唐 京兆金氏墓誌

唐 李彥墓誌

唐 李貞墓誌

唐 盧君妻墓誌

唐 盧行毅墓誌

唐 史思禮墓誌

唐 史思禮墓誌

唐 史思禮墓誌

唐 王子麟墓誌

唐 鄎國長公主碑

唐 楊孝恭碑

唐 尹尊師碑

唐 張濬墓誌

唐 張翼墓誌

唐 趙冬曦壙誌

唐 趙冬曦壙誌

【楷書】

北魏 爾朱紹墓誌

北魏 封魔奴墓誌

北魏 王翊墓誌

北魏 元斌墓誌

北魏 元恭墓誌

北魏 元爽墓誌

北魏 元文墓誌

北魏 元頤平妻墓誌

北周 獨孤信墓誌

東魏 馮令華墓誌

北齊 姜纂造像記

北周 時珍墓誌

北齊 宋敬業塔頌

東魏 元光基墓誌

北齊 趙道德墓誌

隋 曹海凝墓誌

隋 程諧墓誌

隋 程諧墓誌

隋 王袞墓誌

隋 蕭瑒墓誌

隋 蕭翹墓誌

隋 徐氏墓誌

隋 羊本墓誌

隋 楊居墓誌

隋 楊通墓誌

隋 姚太墓誌

隋 元智墓誌

隋 鄭善妃墓誌

唐 獨孤氏墓誌

唐 韓忠節墓誌

唐 賈隱及妻墓誌

唐 李景陽墓誌

唐 李元璥墓誌

唐 劉彥之墓誌

唐 匹婁思墓誌

唐 石經五經

唐 王府君墓誌

唐 王鴻祔藏

唐 王爽墓誌

唐 吳孝墓誌

唐 張渙墓誌

唐 鄭宇墓誌

後唐 王禹墓誌

後周 蕭處仁墓誌

後梁 蕭符墓誌

後唐 張滌妻高墓誌

遼

【隸書】

西漢 張•1064

西漢 居新•5563

東漢 肥致碑

東漢 禮器碑陰

東漢 石門頌

東漢 史晨後碑

東漢 鮮于璜碑陽

東漢 鮮于璜碑陰

東漢 楊統碑陽

東漢 趙寬碑

隋 豆盧實墓誌

隋 豆盧實墓誌

隋 豆盧實墓誌

唐 賈循謁祠記

唐 京兆金氏墓誌

唐 李神符碑

唐 唐直墓誌

【楷書】

北魏 公孫猗墓誌

後秦 呂憲墓表陽

北魏 王誦妻元墓誌

北魏 元悛墓誌

北魏 元文墓誌

東魏 長孫囧墓碑

唐 劉子墓誌

唐 石經五經

唐 張羊墓誌

後唐 毛璋墓誌

遺

【篆書】

唐 竇叔向墓誌額

【隸書】

秦 睡35

秦 睡45

西漢 張•397

西漢 居新•8211

東漢 曹全碑陽

東漢 曹全碑陽

東漢 建寧元年殘碑

東漢 景君碑陽

東漢 景君碑陰

東漢 舉孝廉殘碑

東漢 孔宙碑陽

東漢 朐忍令碑

東漢 石門頌

東漢 鮮于璜碑陽

東漢 楊著碑陽

北齊 感孝頌

北周 華嶽頌

北周 華嶽頌

隋 楊真墓誌

隋 鄭令妃墓誌

唐 北獄廟碑

唐 北獄廟碑

唐 劉慎墓誌

唐 沈夫人墓誌

唐 石臺孝經

唐 史思禮墓誌

唐 王媛墓誌陰

唐 行儼碑

唐 楊孝恭碑

唐 張翼墓誌

唐 趙冬曦壙誌

【楷書】

三國吳 走•五年

北魏 苟景墓誌

北齊 竇泰墓誌

北齊 竇泰墓誌

東魏 元湛墓誌

隋 成公氏墓誌

隋 段模墓誌

隋 皇甫壁墓誌

唐 崔哲妻墓誌

唐 孔桃栓墓誌

唐 慕容曉墓誌

唐 石經周易

唐 王同人墓誌

唐 張達墓誌

唐 鄭中基墓誌

唐 竹妙墓誌

遴

【楷書】

唐 廣濟橋碑

遵

【隸書】

西漢 居新•7537

東漢 華山廟碑陽

東漢 嗚咽泉題記

東漢 楊震碑

晉 辟雍頌陽

晉 徐義墓誌陽

北齊 司馬遵業墓誌

隋 牛諒墓誌

隋 宋景造像碑

唐 陳泰墓誌

唐 刻石記

唐 盧君妻墓誌

唐 沈知敏墓誌

唐 史思禮墓誌

唐 勿部將軍碑

唐 玄元靈應頌

唐 張翼墓誌

【楷書】

北魏 韓震墓誌陰

北魏 寇偘墓誌

北魏 寇慰墓誌

北魏 寇演墓誌

北魏 穆夫人墓誌

北魏 王遵敬葬甎

北魏 元純陁墓誌

北魏 元誕墓誌

北魏 元恩墓誌

北魏 元煥墓誌

北魏 元譼墓誌

北魏 元恪嬪墓誌

北魏 元侔墓誌陰

北魏 元倪墓誌

北魏 元尚之墓誌

北魏 元緦墓誌

北魏 元彥墓誌

北魏 元愔墓誌

北齊 竇泰墓誌

北周 寇胤哲墓誌

北齊 李遵伯造像

東魏 盧貴蘭墓誌

北齊 僧靜明造像

北齊 邢夫人墓誌

北齊 雲峯山題記

北齊 暈禪師造像陰

隋 王光墓誌

唐 王齊丘墓誌

隋 吳嚴墓誌

隋 張波墓誌

唐 邊氏墓誌

唐 陳懿妻墓誌

唐 契苾夫人墓誌

唐 張騷墓誌

唐 朱簡墓誌

後晉 王君妻闞墓誌

遲

【隸書】

西漢 居新•2157

西漢 居新•2348

東漢 西•推辟

兩漢 西•馬簡

東漢 禮器碑

晉 辟雍頌陽

北魏 上尊號碑

隋 蕭瑾墓誌

唐 王崇禮墓誌

唐 文宣王廟門碑

唐 修定寺記碑

唐 楊孝恭碑

【楷書】

三國吳 走•五年

北魏 司馬氏墓誌

北齊 竇泰墓誌

隋 尉富娘墓誌

唐 閭丘氏墓誌

唐 裴沙墓誌

唐 石經五經

唐 石經五經

唐 石經周易

唐 石經周易

唐 王積善墓誌

唐 温煒妻墓誌

選

【隸書】

西漢 武•少牢甲

東漢 樊敏碑

東漢 陽嘉殘碑陰

東漢 楊統碑陽

東漢 乙瑛碑

北齊 感孝頌

隋 豆盧實墓誌

唐 褚亮碑

唐 崔祐甫墓誌

唐 李神符碑

唐 王泠然墓誌

【楷書】

北魏 胡明相墓誌

北魏 元誨墓誌

北魏 元彝墓誌

唐 胡儼墓誌

唐 九品亡宮墓誌

唐 史思禮墓誌

唐 張相墓誌

唐 張翼墓誌

適

【楷書】

北魏 穆亮墓誌

唐 程知節墓誌

唐 孫備墓誌

遽

【隸書】

秦 睡 246

秦 睡 254

北齊 感孝頌

隋 叱李綱子墓誌

隋 闞明墓誌

隋 姬威墓誌

隋 鄭令妃墓誌

唐 崔志墓誌

唐 豆盧建墓誌

唐 李彥墓誌

唐 屈突通墓誌

唐 張濬墓誌

【楷書】

北魏 王翊墓誌

北魏 元悌墓誌

北齊 高淯墓誌

東魏 王令媛墓誌

東魏 元均及妻墓誌

隋 陳叔榮墓誌

隋 賈通墓誌

隋 劉尚食墓誌

隋 蕭瑒墓誌

隋 蕭餝性墓誌

隋 鄭善妃墓誌

唐 李鳳妃墓誌

唐 李壽墓誌

唐 李信墓誌

唐 石經五經

唐 蘇恩妻墓誌

唐 王協墓誌

唐 蕭思一墓誌

避

【隸書】

秦 睡10

西漢 張•35

西漢 張•35

唐 崔沔墓誌陽

唐 高元珪墓誌

唐 京兆金氏墓誌

唐 石臺孝經

【楷書】

北魏 元略墓誌

隋 王楚英墓誌

唐 崔師墓誌

邅

【楷書】

北魏 元固墓誌

唐 石經周易

唐 韋孟明墓誌

唐 楊仲嗣墓誌

邀

【隸書】

北齊 司馬遵業墓誌

唐 崔祐甫墓誌

唐 龐履温碑

唐 義福禪師碑

【楷書】

北魏 慈慶墓誌

北魏 元馗墓誌

唐 鄭温球墓誌

隋 寇奉叔墓誌

隋 劉則墓誌

隋 張貴男墓誌

唐 韓長墓誌

唐 侯敬忠墓誌

唐 劉密墓誌

唐 張叡墓誌

後唐 張滌妻高墓誌

隋 侯肇墓誌

隋 王榮及妻墓誌

隋 修孔子廟碑

隋 趙朗墓誌

唐 崔志墓誌

唐 趙冬曦壙誌

【楷書】

三國吴 走•二年

魏晉 樓•紙

北魏 郭顯墓誌

北齊 婁黑女墓誌

漢晉 流簡紙

漢晉 流簡紙

東漢 曹全碑陽

東漢 黨錮殘碑

東漢 公乘田魴記

東漢 買田約束石

東漢 薌他君題記

三國魏 何晏墓誌

北齊 感孝頌

隋 爾朱敞墓誌

還

【隸書】

西漢 馬•天下

西漢 張•371

西漢 居新•1866

西漢 居新•3192

西漢 居新•4382

西漢 居新•7484

東漢 西•寇恩

東漢 西•死駒

東漢 西•死駒

兩漢 西•馬簡

唐 楊達墓誌

唐 鄭滿墓誌

後唐 康贊羑墓誌

後唐 王璠墓誌

後唐 王禹墓誌

後梁 蕭符墓誌

邊

【隸書】

秦 睡18

西漢 張•162

西漢 張•231

西漢 居新•3432

西漢 居新•7166

漢晉 流簡紙

東漢 衡方碑

東漢 裴岑紀功碑

東漢 鮮于璜碑陽

東漢 鮮于璜碑陽

隋 鄭善妃墓誌

唐 石經五經

唐 王晟墓誌

邃

【隸書】

隋 爾朱端墓誌

隋 趙朗墓誌

唐 常存法師墓誌

唐 關道愛墓誌

唐 李彥墓誌

【楷書】

北魏 楊乾墓誌

北魏 元彬墓誌

北魏 元新成妃墓誌

東魏 陸順華墓誌

隋 李則墓誌

東魏 淨智塔銘

隋 李則墓誌

唐 安度墓誌

唐 法玩塔銘

唐 賈統墓誌

唐 李智墓誌

唐 柳偘妻墓誌

唐 呂常侍妻墓誌

唐 蕭令臣墓誌

唐 楊宇墓誌

邈

【隸書】

三國魏 孔羨碑

隋 爾朱敞墓誌

隋 闞明墓誌

唐 李貞墓誌

唐 司馬寔墓誌

唐 楊孝恭碑

【楷書】

北魏 姚伯多供養碑

北魏 元賓月墓誌

北魏 元斌墓誌

北魏 元恭墓誌

北魏 鄭黑墓誌

東魏 元湛墓誌

隋 陳叔明墓誌

隋 獨孤羅墓誌

唐 崔暈墓誌

唐 魯謙墓誌

唐 石經尚書

唐 石經五經

唐 石經周易

唐 向清墓誌

邇

【隸書】

隋 段濟墓誌

隋 爾朱敞墓誌

隋 侯肇墓誌

隋 姬威墓誌

隋 王榮及妻墓誌

唐 抱腹寺碑

唐 朱崇慶墓誌

【楷書】

北魏 穆亮妻墓誌

北魏 元略墓誌

北魏 元順墓誌

唐 孫讓墓誌

唐 掌徹墓誌

東漢 鮮于璜碑陰

東漢 鮮于璜碑陰

東漢 許安國題記

晉 辟雍頌陽

北魏 上尊號碑

隋 段濟墓誌

隋 爾朱敞墓誌

隋 爾朱敞墓誌

隋 爾朱端墓誌

隋 默曹殘碑

隋 張儉及妻墓誌

唐 崔泰之墓誌

【楷書】

北魏 寇演墓誌

北魏 丘哲墓誌

北魏 檀賓墓誌

北魏 奚智墓誌

北魏 元恭墓誌

北魏 元顥墓誌

北魏 元子永墓誌

北齊 竇泰墓誌

北齊 無量義經

北齊 元賢墓誌

隋 陳黑闥造像

隋 段威墓誌

隋 寇奉叔墓誌

隋 伍道進墓誌

隋 姚伯兒造像

隋 張伏敬墓誌

隋 張壽墓誌

唐 樊庭觀墓誌

唐 李表墓誌

唐 李邕墓誌

唐 梁令珣墓誌

唐 劉庭訓墓誌

唐 路廣墓誌

唐 明俊墓誌

唐 匹婁思墓誌

唐 師弘禮墓誌

唐 石經五經

唐 王才及妻墓誌

唐 楊達墓誌

唐 姚希直墓誌

唐 張君政墓誌

後梁 惠光舍利塔銘

後梁 山可球造像

後周 蕭處仁墓誌

邍

【楷書】

唐 石經五經

邐

【隸書】

唐 任城橋亭記

【楷書】

東魏 元睟墓誌

唐 包筠墓誌

唐 景昭法師碑

唐 張興墓誌

邏

【楷書】

隋 孔神通墓誌

隋 宋睦墓誌

唐 阿史那哲墓誌

采部

采

【隸書】

秦 睡50

秦 睡50

西漢 馬•老甲

西漢 馬•老乙前

東漢 白石神君碑

東漢 孔宙碑陽

東漢 尚博殘碑

東漢 許安國題記

晉 辟雍頌陽

晉 辟雍頌陽

北魏 上尊號碑

北齊 感孝頌

隋 侯肇墓誌

隋 蕭瑾墓誌

隋 張儉及妻墓誌

唐 褚亮碑

唐 尹文操碑

唐 朱君妻王墓誌

【楷書】

北魏 元項墓誌

隋 皇甫深墓誌

隋 寇遵考墓誌

隋 蕭餝性墓誌

唐 傅思諫墓誌

唐 郭敬墓記

唐 契苾夫人墓誌

唐 茹氏墓誌

唐 石經尚書

唐 石經五經

釋

【隸書】

東漢 張遷碑陽

東魏 宗欣墓誌

隋 豆盧實墓誌

隋 高虬墓誌

隋 關明墓誌

隋 郭休墓誌

隋 姬威墓誌

隋 宋景造像碑

隋 蘇恒墓誌

唐 崔志墓誌

唐 夫子廟堂碑

唐 盧君妻墓誌

唐 義福禪師碑

【楷書】

北魏 薛慧命墓誌

北魏 元湛墓誌

北齊 竇演造像

北齊 道明墓誌

東魏 馬都愛造像

東魏 元寶建墓誌

隋 段威墓誌

隋 高緊墓誌

隋 賈通墓誌

隋 橋紹墓誌

隋 王袞墓誌

隋 口靜墓誌

唐 崔哲妻墓誌

唐 多寶塔碑

唐 房光庭墓誌

唐 石經尚書

唐 石經五經

唐 唐嘉會墓誌

唐 支訢妻墓誌

谷部

谷

【隸書】

秦 睡138
西漢 馬•老甲
西漢 馬•縱橫
西漢 馬•縱橫
西漢 張•523
西漢 張•691
漢晉 流簡紙
東漢 曹全碑陽
東漢 石門頌
東漢 石門頌

東漢 唐公房碑陽
東漢 西狹頌
隋 任顯及妻誌
隋 張儉及妻墓誌
唐 高元珪墓誌
唐 王震墓誌
唐 韋士逸墓誌
唐 玄元靈應頌
唐 尹尊師碑
【楷書】
三國吳 走•四年

北魏 寇猛墓誌
北魏 元彝墓誌
北齊 竇泰墓誌
北周 寇熾墓誌
北齊 司馬遵業墓誌
隋 宋玉艷墓誌
隋 張濤妻墓誌
唐 曹讓墓誌
唐 法藏塔銘
唐 石經尚書

唐 石經尚書
唐 索崇墓誌
唐 王公度墓誌
唐 楊亮墓誌
唐 張本墓誌

谿

【隸書】
西漢 張•544
西漢 張•544
東漢 西狹頌
晉 呂望表
【楷書】
唐 靖徹墓誌
唐 王長墓誌
唐 楊執一墓誌
唐 朱齊之墓誌

豁

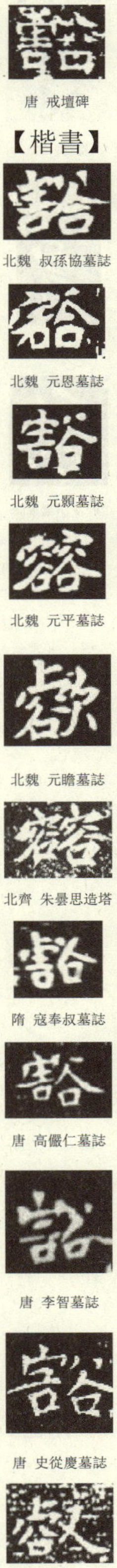
【隸書】
唐 戒壇碑
【楷書】
北魏 叔孫協墓誌
北魏 元恩墓誌
北魏 元顥墓誌
北魏 元平墓誌
北魏 元瞻墓誌
北齊 朱曇思造塔
隋 寇奉叔墓誌
唐 高儼仁墓誌
唐 李智墓誌
唐 史從慶墓誌
唐 張隴墓誌

豃

【楷書】

唐 臧懷恪墓碑

豸部

豸

【隸書】

秦 睡250

【楷書】

唐 何楚章墓誌

唐 支訢妻墓誌

豻

【楷書】

唐 石經五經

豺

【隸書】

秦 睡255

晉 徐義墓誌陽

唐 懷古詩刻

【楷書】

北魏 侯剛墓誌

北魏 元緒墓誌

東魏 劉懿墓誌

東魏 元悰墓誌

隋 寇奉叔墓誌

唐 裴同墓誌

唐 石經五經

唐 楊道綱墓誌

唐 于賁墓誌

唐 元瓖墓誌

唐 趙佺墓誌

豹

【隸書】

秦 睡51

東漢 熹平石經易

晉 辟雍頌陽

晉 辟雍頌陰

隋 爾朱敞墓誌

隋 蕭瑾墓誌

【楷書】

北魏 李遵墓誌

北魏 唐耀墓誌

北周 普安壯公墓誌

東魏 元湛墓誌

唐 杜忠良墓誌

唐 石經五經

唐 石經周易

唐 史待賓墓誌

唐 惟貞廟碑陽

貂

【隸書】

隋 任顯及妻誌

隋 蕭瑾墓誌

隋 鄭令妃墓誌

唐 蔡君妻墓誌

唐 李神符碑

【楷書】

北魏 爾朱紹墓誌

北魏 郭顯墓誌

北魏 赫連悅墓誌

北魏 侯愔墓誌

北魏 元彝墓誌

北魏 元湛墓誌

隋 王楚英墓誌

唐 崔載墓誌

唐 李信墓誌

唐 劉祿墓誌

唐 劉庭訓墓誌

唐 越國太妃墓誌

貀

【楷書】

唐 石經五經

豾

【楷書】

唐 石經五經

貊

【楷書】

唐 盧翊墓誌

唐 張思鼎墓誌

貉

【隸書】

秦 睡255

西漢 居新•5779

【楷書】

唐 柳昱墓誌

貈

【楷書】

唐 石經五經

貅

【楷書】

唐 尉遲敬德墓誌

唐 許遂忠墓誌

後周 李公妻朱墓誌

後周 石金俊妻合誌

貍狸

【隸書】

秦 睡113

秦 睡59

西漢 馬•十問

西漢 馬•天下

西漢 馬•雜療

西漢 馬•雜療

西漢 張•875

西漢 張•875

漢晉 流簡紙

【楷書】

唐 石經五經

貌

【隸書】

唐 豆盧建墓誌

唐 豆盧建墓誌

唐 豆盧建墓誌

唐 高元珪墓誌

唐 京兆金氏墓誌

唐 張休光墓誌

唐 鄭忠墓碑

【楷書】

三國吳 走•五年

北魏 陳天寶造像

北魏 馮邕妻墓誌

北魏 司馬氏墓誌

北魏 王基墓誌

北魏 元弼墓誌

北魏 元恩墓誌

東魏 高翻碑

隋 段威墓誌

隋 魏氏墓誌

唐 崔載墓誌

唐 多寶塔碑

唐 多寶塔碑

唐 韓神墓誌

唐 李晝墓誌

唐 李立言墓誌

唐 苗善物墓誌

唐 石經尚書

唐 石經五經

唐 石經五經

唐 王恭墓誌

唐 鄭珍墓誌

貓

【隸書】

唐 崔祐甫墓誌

【楷書】

唐 石經五經

貒

【楷書】

唐 石經五經

貐

【楷書】

唐 石經五經

貔

【隸書】

唐 張翼墓誌

【楷書】

隋 申穆及妻墓誌

唐 李叔夏墓誌

唐 石經五經

唐 尉遲敬德墓誌

唐 許遂忠墓誌

後周 石金俊妻合誌

後梁 謝彥璋墓誌

貙

【隸書】

西漢 張•827

【楷書】

唐 騫紹業墓誌

唐 騫思泰墓誌

唐 石經五經

貛貛

【楷書】

唐 石經五經

貜貜

【楷書】

唐 石經五經

角部

角 ⿰角(篆)

【隸書】

秦 睡 120

秦 關周•日書

西漢 馬•病方

西漢 居新•5267

西漢 居新•615

漢晉 流簡紙

東漢 曹全碑陽

東漢 張角字殘碑

隋 爾朱端墓誌

唐 植松柏碑

【楷書】

三國吳 走•五年

北魏 高珪墓誌

北魏 苟景墓誌

北魏 元端墓誌

隋 段威墓誌

唐 石經周易

唐 張騷墓誌

觓

【楷書】

唐 石經五經

觖

【楷書】

南朝陳 劉猛進碑

唐 封温墓誌

觚

【篆書】

唐 多寶佛塔銘

【隸書】

漢晉 流簡紙

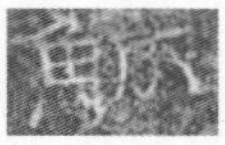
東漢 禮器碑

【楷書】

唐 董本墓誌

唐 石經五經

唐 張積善墓誌

觝

【楷書】

隋 王光墓誌

觜

【楷書】

隋 潘善利墓誌

觥觵

【隸書】

東漢 孔宙碑陽

【楷書】

北魏 王僧男墓誌

解觧

【篆書】

三國吳 天發神讖碑

三國吳 天發神讖碑

唐 碧落碑

【隸書】

秦 睡246

秦 關周•日書

秦 關周•日書

西漢 馬•老子甲後

西漢 馬•老子甲後

西漢 張•576

東漢 西•死駒

漢晉 流簡紙

東漢 肥致碑

東漢 郙閣頌

東漢 禮器碑

東漢 石門頌

東漢 通閣道記

東漢 鮮于璜碑陰

東漢 薌他君題記

三國魏 孔羨碑

北魏 翟普林造像

隋 姬威墓誌

隋 劉珍墓誌

隋 劉珍墓誌

隋 馬穉墓誌

隋 任軌墓誌

隋 任顯及妻誌

隋 宋景造像碑

隋 蘇恒墓誌

唐 陳憲墓誌

唐 程俊墓誌

唐 董虔運墓誌

唐 盧宏及妻墓誌

唐 沈知敏墓誌

唐 蘇洪姿墓誌

唐 王震墓誌

唐 王子麟墓誌

唐 尹尊師碑

【楷書】

三國吳 走•五年

三國吳 走•五年

晉 華芳墓誌陰

北魏 樊奴子造像

北魏 唐耀墓誌

北魏 王誦墓誌

北魏 楊豐生造像

北魏 元[九道]墓誌

北魏 元純阤墓誌

北魏 元子直墓誌

東魏 程哲碑

北周 董道生造像

北齊 竇泰墓誌

東魏 李挺墓誌

北齊 婁黑女墓誌

北齊 魯彥昌造像

東魏 王偃墓誌

北齊 無量義經

隋 暴永墓誌

隋 暴永墓誌

隋 范安貴墓誌

隋 口鍾葵墓誌

隋 寇奉叔墓誌

隋 沈氏墓誌

隋 口靜墓誌

隋 韋氏墓誌

隋 楊居墓誌

隋 張伏敬墓誌

唐 崔師墓誌

唐 崔詹墓誌

唐 崔湛墓誌

唐 高如詮墓誌

唐 空塔銘

唐 李震墓誌

唐 石經尚書

唐 石經五經

唐 石經周易

唐 鄭濆墓誌

唐 鄭温球墓誌

後梁 蕭符墓誌

觫

【楷書】

唐 石經五經

觱

【隸書】

秦 睡 21

唐 勿部將軍碑

觴

【隸書】

漢晉 流簡紙

唐 石臺孝經

唐 嵩陽觀碑

【楷書】

晉 華芳墓誌陰

北魏 爾朱紹墓誌

北魏 吐谷渾璣墓誌

北齊 竇泰墓誌

隋 段模墓誌

唐 蘭達墓誌

唐 王延墓誌

唐 徐君通墓誌

觶

【隸書】

西漢 武•有司甲

【楷書】

唐 石經儀禮

唐 石經儀禮

觸

【隸書】

西漢 張•1073

西漢 武•泰射甲

東漢 華山廟碑陽

北魏 上尊號碑

北魏 上尊號碑

北齊 司馬遵業墓誌

唐 龐履温碑

【楷書】

北魏 石婉墓誌

北魏 王誦墓誌

隋 卜鑒墓誌

隋 董美人墓誌

唐 獨孤氏墓誌

唐 禮佛圖陰

唐 石經周易

唐 王立墓誌

觼

【楷書】

唐 荊從臯墓誌

唐 石經五經

觻

【隸書】

西漢 居新•3012

西漢 居新•6561

西漢 居新•7463

西漢 居新•7488

東漢 西•寇恩

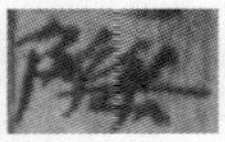

東漢 西•寇恩

東漢 西•寇恩

觿

【隸書】

唐 屈突通墓誌

【楷書】

北魏 元彝墓誌

唐 □滿墓誌

唐 崔訥墓誌

唐 高憲墓誌

唐 古弘節墓誌

唐 韓承墓誌

唐 石經五經

唐 王大禮墓誌

唐 吳素墓誌

言部

言

【篆書】

三國吳 天發神讖碑

唐 碧落碑

唐 碧落碑

唐 碧落碑

唐 碧落碑

唐 碧落碑

【隸書】

秦 睡 59

秦 關周•日書

西漢 馬•老子甲後

西漢 張•167

西漢 居新•5558

西漢 居新•7497

西漢 居新•8217

西漢 西•候官

漢晉 流簡紙

漢晉 流簡紙

漢晉 流簡紙

東漢 三老刻石

東漢 尚博殘碑

東漢 石門頌

東漢 鮮于璜碑陽

東漢 乙瑛碑

東漢 乙瑛碑

東漢 造土牛碑

東漢 趙寬碑

晉 辟雍頌陽

北齊 竇泰墓誌

隋 宋景造像碑

隋 宋仲墓誌

隋 王楚英墓誌

唐 元鐘墓誌

唐 石臺孝經

唐 楊孝恭碑

唐 楊孝恭碑

唐 楊孝恭碑

【楷書】

三國吳 走•二年

北魏 蘭將墓誌

唐 彭氏墓誌

唐 石經尚書

唐 石經周易

訇

【楷書】

唐 沈士公墓誌

訂

【楷書】

唐 石經五經

計

【隸書】

秦 睡 150

西漢 馬•縱橫

西漢 張•905

西漢 居新•7919

東漢 西•奉例

東漢 曹全碑陽

東漢 池陽令殘碑

東漢 高頤闕銘東

東漢 魯峻碑陽

東漢 朐忍令碑

東漢 夏承碑

東漢 薌他君題記

東漢 薌他君題記

東漢 鄭固碑

三國魏 王基斷碑

三國魏 張君殘碑

晉 石尠墓誌

隋 蕭瑾墓誌

唐 史思禮墓誌

唐 義福禪師碑

【楷書】

魏晉 樓•紙

北魏 劉玉墓誌

唐 元希古墓誌

訃

【楷書】

唐 執失善光

訐

【隸書】

唐 崔暟墓誌陽

【楷書】

唐 石經五經

唐 楊寧墓誌

討

【隸書】

西漢 西•馬牘

漢晉 流簡紙

東漢 曹全碑陽

北魏 上尊號碑

隋 段濟墓誌

隋 張儉及妻墓誌

唐 高元珪墓誌

唐 張騷墓誌

【楷書】

魏晉 樓•紙

北魏 元液墓誌

隋 張伏敬墓誌

唐 張叡墓誌

訌

【楷書】

唐 石經五經

訏

【隸書】

隋 段濟墓誌

唐 行儼碑

【楷書】

北魏 元順墓誌

北魏 元延明墓誌

北齊 竇泰墓誌

隋 王楚英墓誌

隋 蕭餝性墓誌

唐 解斯政則墓誌

唐 劉達墓誌

唐 尼金氏柩銘

唐 楊會墓誌

託

【隸書】

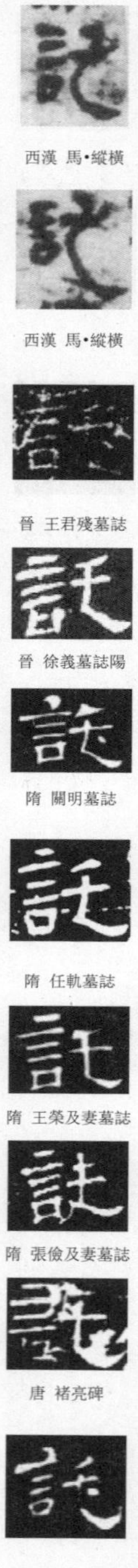

西漢 馬•縱橫

西漢 馬•縱橫

晉 王君殘墓誌

晉 徐義墓誌陽

隋 闞明墓誌

隋 任軌墓誌

隋 王榮及妻墓誌

隋 張儉及妻墓誌

唐 褚亮碑

唐 王震墓誌

北齊 竇泰墓誌

隋 高緊墓誌

隋 賈玄贊墓誌

隋 田光山妻墓誌

唐 崔訥墓誌

唐 呂氏墓誌

唐 契苾夫人墓誌

唐 石經尚書

唐 王公度墓誌

唐 王公素墓誌

隋 劉多墓誌

隋 馬穉墓誌

隋 宋景造像碑

唐 石臺孝經

唐 史思禮墓誌

唐 楊孝恭碑

【楷書】

三國吳 走•二年

北魏 胡明相墓誌

北魏 于仙墓誌

北魏 元洛神墓誌

訓

【篆書】

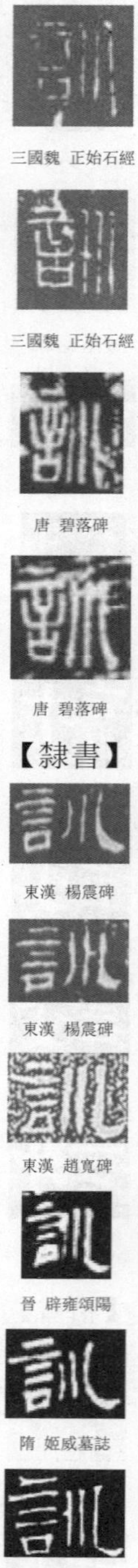

三國魏 正始石經

三國魏 正始石經

唐 碧落碑

唐 碧落碑

【隸書】

東漢 楊震碑

東漢 楊震碑

東漢 趙寬碑

晉 辟雍頌陽

隋 姬威墓誌

隋 劉寶及妻墓誌

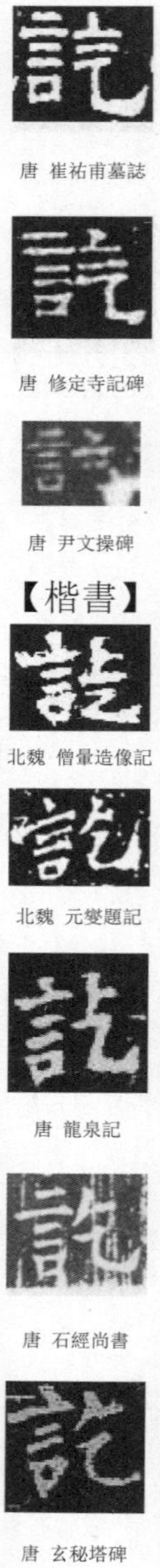

唐 崔祐甫墓誌

唐 修定寺記碑

唐 尹文操碑

【楷書】

北魏 僧暈造像記

北魏 元燮題記

唐 龍泉記

唐 石經尚書

唐 玄秘塔碑

訖

【隸書】

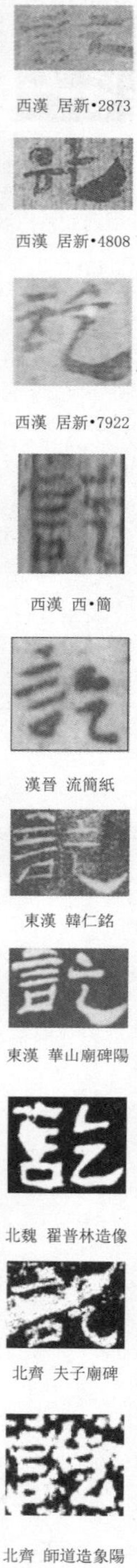

西漢 居新•2873

西漢 居新•4808

西漢 居新•7922

西漢 西•簡

漢晉 流簡紙

東漢 韓仁銘

東漢 華山廟碑陽

北魏 翟普林造像

北齊 夫子廟碑

北齊 師道造象陽

訕

【楷書】

唐 崔廷妻墓誌

唐 張叡墓誌

後唐 毛璋妻墓誌

訒

【楷書】

唐 石經五經

訊

【篆書】

唐 三墳記陰

【隸書】

西漢 馬•事語

西漢 張•752

漢晉 流簡紙

東漢 李孟初神祠碑

唐 崔暟墓誌陽

【楷書】

唐 李輔光墓誌

唐 石經五經

唐 楊宇墓誌

唐 張去奢墓誌

記

【篆書】

唐 功德碑額

唐 新三門記額

【隸書】

西漢 居新•1214

西漢 居新•1868

西漢 居新•2215

西漢 居新•7599

西漢 居新•7769

漢晉 流簡紙

東漢 倉頡廟碑側

東漢 華山廟碑陽

東漢 淮源廟碑

東漢 造土牛碑

東漢 趙儀碑

北齊 法懃塔銘

北齊 司馬遵業墓誌

隋 宋景造像碑

隋 王榮及妻墓誌

唐 唐世榮墓誌

【楷書】

三國吳 走•二年

北魏 高珪墓誌

北魏 元敷墓誌

北魏 元秀墓誌

北魏 鄭黑墓誌

隋 口悦昂墓誌

隋 張虔墓誌

唐 慕容麗墓誌

唐 權開善墓誌

唐 石經尚書

唐 楊會墓誌

訝

【楷書】

北魏 檀賓墓誌

北魏 元舉墓誌

唐 劉濬墓誌

後唐 張稹墓誌

詎

【隸書】

隋 澧水石橋碑

隋 侯肇墓誌

隋 侯肇墓誌

隋 蕭瑾墓誌

隋 張儉及妻墓誌

隋 趙朗墓誌

唐 陳泰墓誌

唐 柳偘妻墓誌

唐 張濬墓誌

【楷書】

北魏 元舉墓誌

北魏 元乂墓誌

北齊 董淵造像

東魏 王令媛墓誌

隋 明雲騰墓誌

隋 王楚英墓誌

唐 李紹墓誌

唐 婁君妻周墓誌

唐 盧知宗墓誌

訧

【楷書】

唐 石經五經

訬

【楷書】

唐 皇甫誕碑

唐 開國殘石

訥

【隸書】

晉 郛休碑陽

【楷書】

北魏 李媛墓誌

唐 支成墓誌

詽

【篆書】

唐 議卦碑

唐 議卦碑

許

【篆書】

三國吳 天發神讖碑

三國魏 正始石經

唐 許遂忠墓誌

【隸書】

秦 睡18

秦 睡226

秦 睡226

秦 關周•日書

西漢 馬•老子甲後

西漢 馬•老子甲後

西漢 馬•縱横

西漢 馬•縱横

西漢 張•136

西漢 張•448

東漢 白石神君碑

東漢 倉頡廟碑側

東漢 肥致碑

東漢 孔宙碑陰

東漢 南陽石柱題名

東漢 許安國題記

東漢 乙瑛碑

東漢 趙儀碑

北魏 上尊號碑

隋 豆盧實墓誌

隋 段濟墓誌

隋 爾朱端墓誌

隋 王楚英墓誌

隋 修孔子廟碑

唐 趙冬曦壙誌

【楷書】

三國吳 走•五年

魏晉 樓•紙

北魏 元暐墓誌

隋 王楚英墓誌

唐 李鎬墓誌

唐 亡宮三品墓誌

唐 許遂忠墓誌

唐 薛君妻墓誌

唐 于士恭墓誌

訢

【隸書】

東漢 淮源廟碑

東漢 景君碑陰

東漢 禮器碑

【楷書】

唐 支訢妻墓誌

訞

【隸書】

東漢 曹全碑陽

唐 孔子廟碑

訛

【隸書】

西漢 張•531

【楷書】

北魏 李端墓誌

唐 石經尚書

唐 石經五經

唐 趙君旨墓誌

設

【隸書】

西漢 馬•老子甲後

西漢 張•288

西漢 居新•3115

西漢 武•少牢甲

東漢 白石神君碑

東漢 肥致碑

東漢 華山廟碑陽

東漢 西狹頌

東漢 許安國題記

三國魏 曹真殘碑陽

三國魏 受禪碑

晉 辟雍頌陽

晉 徐義墓誌陽

北齊 司馬遵業墓誌

北齊 司馬遵業墓誌

隋 馬穉墓誌

唐 蘇洪姿墓誌

【楷書】

北魏 元斌墓誌

北魏 元煥墓誌

北魏 元誨墓誌

東魏 元悰墓誌

隋 陳花樹墓誌

唐 盧昂墓誌

唐 石經尚書

唐 石經周易

唐 思恆墓誌

後唐 張思錄經幢

訟

【隸書】

秦 關周•日書

秦 關周•日書

兩漢 西•羌律

東漢 趙寬碑

隋 爾朱敞墓誌

隋 劉寶及妻墓誌

隋 蕭瑾墓誌

唐 崔暟墓誌陽

【楷書】

北魏 元襲墓誌

唐 房惠琳墓誌

評

【隸書】

北魏 王基墓誌

唐 王晉俗墓誌

唐 貞一廟碑

【楷書】

唐 崔琪墓誌

唐 魏靖墓誌

唐 顏家廟碑

詈

【隸書】

西漢 張•56

西漢 張•59

西漢 張•62

西漢 張•67

兩漢 武•王杖

【楷書】

唐 顏勤禮碑陰

訣

【隸書】

唐 嵩陽觀碑

唐 尹尊師碑

唐 貞一廟碑

唐 植松柏碑

【楷書】

北魏 元乂墓誌

唐 李鉥夫人墓誌

唐 支子璋墓誌

唐 戴令言墓誌

唐 尹文操碑

【楷書】

北魏 馮邕妻墓誌

唐 賈令琬墓誌

唐 楊思玄墓誌

訪

【隸書】

東漢 倉頡廟碑

東漢 曹全碑陽

東漢 曹全碑陰

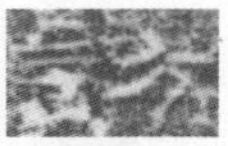
東漢 禮器碑陰

東漢 陽嘉殘碑陰

晉 呂望表

北齊 感孝頌

隋 馬長和造像

隋 王榮及妻墓誌

隋 鄭令妃墓誌

訦

【隸書】

唐 崔暟墓誌陽

【楷書】

唐 姚存古墓誌

訩

【楷書】

唐 石經五經

唐 石經尚書

唐 石經周易

唐 樊廉墓誌

唐 李弘亮墓誌

唐 石經王經

唐 王景秀墓誌

唐 張亮墓誌

唐 掌徵墓誌

唐 鄭仁穎墓誌

訴

【隸書】

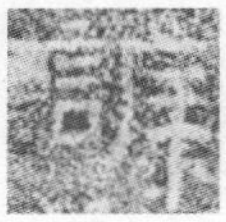
東漢 鄭固碑

唐 蔡君妻墓誌

唐 崔暟墓誌陽

唐 盧行毅墓誌

唐 張倖墓誌

唐 朱君妻王墓誌

【楷書】

北魏 弔比干文陽

北魏 檀賓墓誌

唐 崔克讓妻墓誌

唐 崔千里墓誌

詆

【楷書】

唐 楊思立墓誌

詢

【楷書】

唐 石經五經

診

【隸書】

秦 睡13

西漢 張•114

西漢 張•713

西漢 張•763

西漢 居新•5582

【楷書】

唐 竇真墓誌

唐 張賓墓誌

唐 何剛墓誌

詛

【楷書】

唐 石經五經

訶

【隸書】

西漢 馬•老甲

唐 崔暟喬誌陽

【楷書】

北齊 歐伍羅造像

唐 楊思立墓誌

詁

【楷書】

北魏 王僧男墓誌

唐 惟貞廟碑陽

唐 顏勤禮碑

詐

【隸書】

秦 睡105

秦 睡97

西漢 馬·事語

西漢 張·282

西漢 張·575

西漢 居新·3722

東漢 西狹頌

唐 紀信墓碑

【楷書】

北魏 元襲墓誌

隋 梁瓌墓誌

詠

【隸書】

東漢 景君碑陽

東漢 西狹頌

東漢 鮮于璜碑陰

東漢 圉令趙君碑

東漢 趙寬碑

晉 辟雍頌陽

隋 灃水石橋碑

隋 任顯及妻誌

隋 宋仲墓誌

隋 張儉及妻墓誌

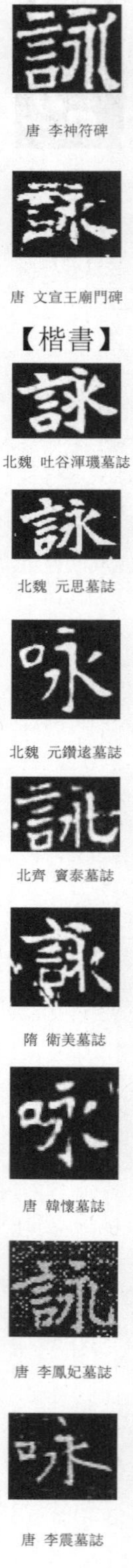

唐 李神符碑

唐 文宣王廟門碑

【楷書】

北魏 吐谷渾璣墓誌

北魏 元思墓誌

北魏 元鑽遠墓誌

北齊 竇泰墓誌

隋 衛美墓誌

唐 韓懷墓誌

唐 李鳳妃墓誌

唐 李震墓誌

唐 王宏墓誌

唐 姚恭墓誌

唐 姚畛墓誌

唐 張振墓誌

註

【隸書】

東漢 許安國題記

唐 陳憲墓誌

唐 崔沔墓誌陰

唐 石臺孝經

【楷書】

北魏 鄭黑墓誌

唐 石經五經

唐 惟貞廟碑陽

誸

【楷書】

唐 騫思哲誌銘

詞

【篆書】

唐 三墳記陽

【隸書】

隋 灃水石橋碑

唐 楊孝恭碑

【楷書】

北魏 李端墓誌

北魏 薛伯徽墓誌

北魏 楊乾墓誌

北魏 元弼墓誌

唐 邊氏墓誌

唐 李景陽墓誌

隋 陳常墓誌

唐 程鍾墓誌

唐 柳君妻田墓誌

詔

【篆書】

東漢 袁安碑

三國吳 天發神讖碑

【隸書】

西漢 馬•縱橫

西漢 張•482

西漢 張•513

西漢 張•694

西漢 居新•5563

西漢 居新•7540

西漢 居新•7541

西漢 居新•7945

西漢 西•候官

漢晉 流簡紙

東漢 肥致碑

東漢 封龍山頌

東漢 華山廟碑陽

東漢 石門頌

東漢 楊著碑陽

東漢 乙瑛碑

東漢 乙瑛碑

東漢 乙瑛碑

東漢 子游殘碑

晉 徐義墓誌陽

北魏 上尊號碑

東魏 宗欣墓誌

隋 段濟墓誌

隋 段濟墓誌

隋 爾朱端墓誌

隋 任軌墓誌

隋 謝岳墓誌

隋 張儉及妻墓誌

唐 高元珪墓誌

唐 楊孝恭碑

唐 楊孝恭碑

【楷書】

北魏 宋靈妃墓誌

北魏 元斆墓誌

北魏 鄭黑墓誌

北齊 竇泰墓誌

北齊 竇泰墓誌

北周 寇熾墓誌

隋 范安貴墓誌

隋 申穆及妻墓誌

隋 口靜墓誌

隋 元鐘墓誌

唐 李福墓誌

唐 柳延宗墓誌

唐 惟貞廟碑陽

詖

【隸書】

隋 口和墓誌

【楷書】

東魏 馮令華墓誌

隋 盧旋芷墓誌

詥

【隸書】

秦 睡 226

東漢 楊統碑陽

【楷書】

北魏 宮內司楊墓誌

唐 李謙墓誌

訾

【隸書】

秦 睡 29

西漢 馬•老甲

西漢 居新•706

西漢 居新•7849

西漢 居新•960

西漢 西•馬簡牘

東漢 買田約束石

東漢 買田約束石

【楷書】

東魏 王惠略造像

唐 馬攸墓誌

詹

【隸書】

西漢 馬•老子甲後

西漢 張•484

西漢 張•485

晉 郛休碑陽

唐 崔暟墓誌陰

唐 勿部將軍碑

唐 鄭忠墓碑

【楷書】

北魏 爾朱紹墓誌

北魏 王悅及妻墓誌

北魏 元寶月墓誌

(continued)

隋 蕭餝性墓誌

唐 崔徹墓誌

唐 崔延墓誌

唐 江璀墓誌

唐 孫君妻李墓誌

唐 脩多羅墓誌

唐 嬰殤女墓誌

詧

【隸書】

隋 蕭瑾墓誌

【楷書】

唐 李君妻裴墓誌

唐 蕭緒墓誌

詠

【楷書】

東魏 李艷華墓誌

唐 東方朔畫讚

詰

【隸書】

秦 睡237

西漢 張•551

西漢 張•558

西漢 張•632

西漢 張•652

【楷書】

北齊 維摩經碑

唐 葛亮祠堂碑

唐 張先墓誌

後唐 張積墓誌

試

【隸書】

秦 睡46

西漢 馬•老子甲後

西漢 張•495

西漢 張•499

西漢 居新•2687

西漢 居新•3054

西漢 居新•4831

西漢 西•律令

東漢 熹平石經易

東漢 熹平石經易

(continued)

東漢 乙瑛碑

東漢 乙瑛碑

東漢 趙儀碑

唐 趙冬曦壙誌

【楷書】

北魏 元延明墓誌

隋 □悰昂墓誌

隋 王袞墓誌

唐 高像護墓誌

唐 石經尚書

唐 石經尚書

(continued)

唐 石經周易

唐 石經周易

後唐 吴君妻曹墓誌

誄

【篆書】

唐 碧落碑

【隸書】

東漢 景君碑陽

唐 崔泰之墓誌

唐 孔子廟碑

【楷書】

北魏 宮内司楊墓誌

唐 石經禮記

唐 石經五經

唐 孫讜墓誌

誇

【隸書】

唐 白鹿泉碑陰

【楷書】

唐 白敏中墓誌

唐 崔廷妻墓誌

詩

【篆書】

隋 宋仲墓誌

隋 宋仲墓誌

唐 詩書碑額

【隸書】

西漢 馬•老子甲後

西漢 馬•老子甲後

西漢 馬•老子甲後

西漢 馬•縱横

西漢 武•少牢甲

漢晉 流簡紙

東漢 景君碑陰

東漢 孟孝琚碑

東漢 七言摩崖記

東漢 尚博殘碑

東漢 武榮碑

東漢 西狹頌

東漢 西狹頌

東漢 夏承碑

東漢 行事渡君碑

東漢 楊叔恭殘碑

東漢 張遷碑陽

東漢 張遷碑陽

晉 辟雍頌陽

北齊 司馬遵業墓誌

隋 趙朗墓誌

隋 鄭令妃墓誌

唐 褚亮碑

唐 石臺孝經

唐 石臺孝經

唐 石臺孝經

唐 楊孝恭碑

唐 趙冬曦壙誌

【楷書】

北魏 馮邕妻墓誌

隋 暴永墓誌

隋 劉相及妻墓誌

隋 鄭道育墓誌

唐 樂陟墓誌

唐 劉通墓誌

唐 柳婆歸墓誌

唐 石經尚書

唐 楊珽墓誌

誠

【隸書】

秦 睡 38

西漢 張•575

西漢 張•632

西漢 居新•1032

西漢 居新•7614

東漢 西•推辟

漢晉 流簡紙

東漢 從事馮君碑

東漢 建寧三年殘碑

東漢 石門頌

東漢 乙瑛碑

北齊 司馬遵業墓誌

隋 豆盧實墓誌

隋 段濟墓誌

隋 郭休墓誌

隋 任軌墓誌

唐 告華嶽府君

【楷書】

北魏 陳天寶造像

北齊 竇泰墓誌

隋 高緊墓誌

隋 申穆及妻墓誌

唐 霍氏墓誌

唐 孔桃栓墓誌

唐 孟俊墓誌

唐 石經周易

唐 王海朝墓誌

唐 楊承福墓誌

唐 張澤墓誌

詵

【楷書】

唐 石經五經

詥

【隸書】

晉 徐義墓誌陽

【楷書】

唐 李詥墓誌

詮

【隸書】

隋 申穆及妻墓誌

【楷書】

北魏 李超墓誌

北魏 元鑒墓誌

北魏 元詮墓誌

北齊 道政造像陰

北齊 殷恭安造像

隋 口靜墓誌

唐 李勣墓誌

唐 棲巖寺詩刻

詬

【楷書】

唐 獨孤驤墓誌

唐 石經五經

唐 周惠墓誌

話

【隸書】

晉 辟雍頌陽

唐 孔子廟碑

【楷書】

北魏 鄭羲上碑

唐 阿史那貞忠墓誌

唐 路徹墓誌

唐 石經九經

唐 石經九經

唐 張琛墓誌

誕

【隸書】

晉 辟雍頌陽

晉 郭槐柩記

晉 徐義墓誌陽

北齊 司馬遵業墓誌

隋 豆盧實墓誌

隋 段濟墓誌

隋 爾朱敞墓誌

隋 劉寶及妻墓誌

隋 宋仲墓誌

隋 宋仲墓誌

隋 王榮及妻墓誌

唐 趙叡沖碑

【楷書】

北魏 慈慶墓誌

北魏 胡明相墓誌

北魏 姚伯多供養碑

北魏 元貴妃墓誌

北魏 元悌墓誌

西魏 陳神姜造像

東魏 王偃墓誌

隋 沈氏墓誌

誕

隋 宋玉艷墓誌

隋 田光山妻墓誌

隋 王楚英墓誌

隋 王世琛墓誌

隋 口靜墓誌

隋 張喬墓誌

唐 韓傑墓誌

唐 黄羅漢墓誌

唐 李璥墓誌

唐 喬崇陽墓誌

唐 桑貞墓誌

唐 石經尚書

後唐 西方鄴墓誌

詢

【隸書】

晉 辟雍頌陽

北齊 感孝頌

唐 孔子廟碑

【楷書】

北齊 道明墓誌

唐 李肅邕墓誌

唐 石經尚書

詺

【楷書】

唐 和守陽墓誌

誅

【隸書】

西漢 馬•老子甲後

西漢 馬•縱横

西漢 張•163

西漢 西•馬牘

東漢 裴岑紀功碑

晉 石尠墓誌

晉 徐義墓誌陽

唐 高元珪墓誌

唐 李貞墓誌

唐 王震墓誌

唐 朱崇慶墓誌

【楷書】

北魏 元暐墓誌

東魏 劉懿墓誌

唐 鄭仁泰墓誌

唐 鄭溫球墓誌

詵

【隸書】

隋 劉多墓誌

唐 張頵墓誌

【楷書】

北魏 鮮于仲兒墓誌

北魏 元恩墓誌

唐 車詵墓誌

唐 王景之墓誌

詭

【隸書】

北齊 司馬遵業墓誌

隋 段濟墓誌

【楷書】

北魏 侯剛墓誌

唐 石經五經

唐 韋豫墓誌

唐 張楚璋墓誌

該		詳	諍			詣	詘
【篆書】	【楷書】	【隸書】	【隸書】	唐 戴令言墓誌	西漢 居新•7460	【隸書】	【隸書】
唐 碧落碑	三國吳 走•五年	西漢 張•564	西漢 馬•老子甲後	唐 鄎國長公主碑	西漢 西•馬牘	秦 睡 121	西漢馬•天下
【隸書】	北魏 盧令媛墓誌	西漢 西•候官	西漢 馬•縱横	【楷書】	東漢 西•寇恩	秦 睡 27	西漢武•服傳甲
東漢 尚博殘碑	北魏 元纈墓誌	東漢 西•寇恩	西漢 張•828	北魏 元定墓誌	漢晉 流簡紙	西漢 張•181	西漢張•1098
東漢 楊震碑	隋 王楚英墓誌	東漢 蒼山元嘉題記	唐 李貞墓誌	東魏 元鷙墓誌	漢晉 流簡紙	西漢 張•495	東漢楊統碑陽
東漢 趙寬碑	唐 李三墓誌	新莽 禳盜刻石	【楷書】	唐 思恒墓誌	東漢 白石神君碑	西漢 張•762	【楷書】
隋 趙朗墓誌	唐 石經周易	晉 辟雍頌陽	北魏 元順墓誌	唐 孫光墓誌	東漢 倉頡廟碑	西漢 張•763	唐朱齊之墓誌
唐 闞道愛墓誌	唐 孫光墓誌	隋 李元墓誌	唐 裴復墓誌	唐 重藏舍利記	晉 辟雍頌陽	西漢 居新•4321	
唐 劉慎墓誌	唐 吳孝墓誌	唐 北嶽廟碑			唐 常存法師墓誌	西漢 居新•5299	
唐 蘇洪姿墓誌	唐 楊珽墓誌	唐 李彥墓誌			唐 崔泰之墓誌	西漢 居新•6685	
【楷書】	唐 掌徹墓誌	唐 王泠然墓誌				西漢 居新•6720	
北魏 馮季華墓誌		唐 趙冬曦壙誌					
隋 陳花樹墓誌							

詩

【楷書】

唐 石經五經

唐 屠暉光墓誌

唐 尉遲敬德墓誌

唐 張柔範墓誌

誓

【隸書】

北齊 竇泰墓誌

北齊 司馬遵業墓誌

隋 郭休墓誌

隋 蘇恒墓誌

唐 李神符碑

唐 柳偘妻墓誌

【楷書】

北魏 劉根造像記

北魏 元纂墓誌

唐 清河張氏墓誌

唐 石經尚書

北魏 元靈曜墓誌

唐 張文珪墓誌

唐 支成墓誌

詡

【隸書】

西漢 居新•2159

西漢 居新•2285

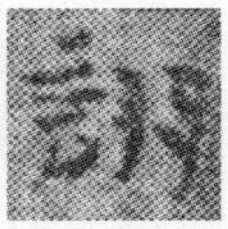

西漢 居新•5537

西漢 居新•5719

西漢 居新•7190

西漢 居新•7956

西漢 居新•8655

東漢 曹全碑陰

北魏 上尊號碑

【楷書】

魏晉 樓•紙

訓

【隸書】

東漢 魏元丕碑

隋 段濟墓誌

唐 孔子廟碑

【楷書】

北魏 元欽墓誌

隋 □忸昂墓誌

唐 張詮墓誌

詑

【隸書】

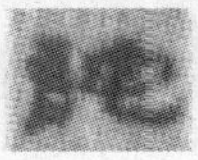

西漢 武•士相見

唐 白鹿泉碑陰

隋 申穆及妻墓誌

隋 唐氏墓誌

隋 蕭翹墓誌

誣

【隸書】

秦 睡62

西漢 馬•老乙前

西漢 馬•老子甲後

西漢 張•665

【楷書】

唐 石經尚書

唐 惟貞廟碑陽

唐 吳孝恭墓誌

唐 楊思立墓誌

唐 張喦妻墓誌

誠

【隸書】

唐 高元珪墓誌

唐 令長新誡額

【楷書】

北魏 馮邕妻墓誌

隋 樊氏墓誌

隋 吳嚴墓誌

唐 八品亡宮墓誌

唐 石經周易

唐 楊訓墓誌

唐 張敬祖塔銘

唐 張柔範墓誌

唐 張氏墓誌

誧

【隸書】

秦 睡61

東漢 史晨後碑

【楷書】

唐 香山題名

誌

【篆書】

北周 步孤氏誌蓋

北魏 常氏誌蓋

北魏 爾朱襲誌蓋

東魏 封延之誌蓋

北魏 公孫猗誌蓋

北魏 韓顯宗額

東魏 侯海誌蓋

北齊 劉雙仁誌蓋

北魏 穆彥誌蓋

北周 匹婁歡誌蓋

北魏 宋靈妃誌蓋

北魏 楊乾誌蓋

北魏 于景誌蓋

北魏 元煥誌蓋

北魏 元壽安誌蓋

北魏 元天穆誌蓋

北魏 趙王誌蓋

東魏 祖氏誌蓋

唐 董文萼誌蓋

唐 故弁女誌蓋

唐 賈温誌蓋

唐 李夫人誌蓋

唐 李公妻戴墓誌

唐 李稷及妻

唐 李敬實墓誌

唐 李浴墓誌

唐 梁備禮妻墓誌

唐 劉士準誌蓋

唐 秦朝儉誌蓋

唐 清源縣主誌蓋

唐 王涓墓誌

唐 王明哲誌蓋

唐 王叔寧誌蓋

唐 吳夫人誌蓋

唐 蕭公妻墓誌

唐 許遂忠墓誌

唐 臧懷亮誌蓋

唐 張榮恩誌蓋

【隸書】

西漢 武•泰射甲

北齊 司馬遵業墓誌

誚

【楷書】

北魏 張玄墓誌

唐 石經九經

唐 石經九經

唐 石經尚書

唐 王鍊墓誌

誤䛩

【隸書】

秦 睡 48

秦 睡 70

西漢 張•909

西漢 居新•3912

西漢 居新•4922

西漢 西•奏書

晉 郛休碑陽

【楷書】

北魏 李超墓誌

唐 崔載墓誌

唐 石經五經

隋 張儉及妻墓誌

唐 崔祐甫墓誌

唐 石臺孝經

唐 史思禮墓誌

唐 張渚墓誌

【楷書】

晉 黃庭内景經

隋 口悦昂墓誌

隋 郭寵墓誌

唐 解深墓誌

唐 石經周易

語䛆

【篆書】

東漢 祀三公山碑

【隸書】

秦 睡 226

秦 關周•日書

西漢 馬•縱横

西漢 居新•2163

西漢 居新•4896

東漢 禮器碑

晉 徐義墓誌陽

北齊 司馬遵業墓誌

隋 牛諒墓誌

誙

【楷書】

唐 强偉墓誌

唐 閻知誠墓誌

唐 王仁淑墓誌

唐 薛參墓誌

北魏 賈瑾墓誌額

北魏 李遵誌蓋

北魏 穆亮墓誌

北魏 元尠墓誌

北魏 元文墓誌

隋 陳花樹墓誌

隋 李則誌蓋

隋 陶貴墓誌

隋 王光墓誌

唐 崔哲妻墓誌

隋 豆盧實墓誌

隋 段濟墓誌

隋 郭王墓誌

隋 蕭瑾墓誌

唐 高元珪墓誌

唐 李貞墓誌

唐 史思禮墓誌

唐 玄元靈應頌

【楷書】

三國吳 走•五年

北魏 胡明相墓誌

詰

【隸書】

隋 段濟墓誌

隋 申穆及妻墓誌

隋 宋景造像碑

唐 崔祐甫墓誌

唐 孔子廟碑

唐 玄元靈應頌

唐 趙叡沖碑

【楷書】

北魏 元乂墓誌

隋 張盈墓誌

唐 石經尚書

唐 石經周易

唐 張洛墓誌

北齊 法懃塔銘

北齊 司馬遵業墓誌

隋 爾朱敞墓誌

隋 賈通墓誌

【楷書】

東魏 杜文雍造像

北齊 司馬遵業墓誌

北齊 無量義經

隋 高緊墓誌

隋 張波墓誌

唐 石經尚書

說

【篆書】

隋 宋仲墓誌

【隸書】

秦 睡 106

秦 關周•日書

西漢 馬•合陰陽

西漢 馬•老子甲後

西漢 張•709

漢晉 流簡紙

東漢 華山廟碑陽

東漢 七言摩崖記

晉 徐義墓誌陽

誐

【楷書】

唐 陀羅尼經碑

後唐 豎立生臺記

北魏 常季繁墓誌

北魏 元誨墓誌

唐 李愍墓誌

唐 呂氏墓誌

唐 魏體玄墓誌

唐 張須墓誌

唐 支子璋墓誌

誨

【篆書】

唐 碧落碑

【隸書】

西漢 馬•養生

東漢 孔宙碑陰

東漢 尚博殘碑

東漢 永壽元年銘

東漢 鄭固碑

隋 鄭令妃墓誌

唐 王媛墓誌陰

唐 貞一廟碑

【楷書】

晉 華芳墓誌陰

誑

【隸書】

三國魏 曹真殘碑陽

【楷書】

唐 石經五經

誥

唐 石經尚書

唐 石經周易

唐 唐嘉會墓誌

誘

【隸書】

秦 睡12

西漢 張•1071

隋 宋景造像碑

唐 孔子廟碑

唐 平蠻頌

唐 興寺碑

唐 貞一廟碑

【楷書】

北魏 元誘妻墓誌

隋 劉則墓誌

唐 鄭温球墓誌

認

【楷書】

唐 崔宜之墓誌

唐 崔宜之墓誌

唐 順禪師塔銘

誦

【隸書】

漢晉 流簡紙

東漢 石門頌

東漢 石門頌

東漢 鮮于璜碑陽

隋 宋景造像碑

隋 修孔子廟碑

唐 戴令言墓誌

唐 盧君妻墓誌

唐 王媛墓誌陰

唐 尹尊師碑

唐 尹尊師碑

【楷書】

北魏 馮邕妻墓誌

北魏 寇憑墓誌

北魏 元文墓誌

唐 開休元墓誌

唐 苗善物墓誌

唐 王行果墓誌

諆

【隸書】

隋 蕭瑾墓誌

【楷書】

隋 王曜墓誌

唐 李邕墓誌

諏

【隸書】

東漢 曹全碑陽

東漢 劉熊碑

【楷書】

北魏 淨悟浮圖記

北魏 莊伯墓誌

唐 孫君妻李墓誌

唐 王公度墓誌

諸

【篆書】

三國吳 天發神讖碑

北魏 温泉頌額

唐 三墳記陽

【隸書】

西漢 馬•合陰陽

西漢 馬•老子甲後

西漢 馬•足臂

西漢 張•125

西漢 張•128

西漢 張•237

西漢 張•270

請䛍	諓諓	諸䛹					
【隸書】 秦 睡101 秦 睡111 秦 關周•日書 西漢 馬•老乙前 西漢 馬•老子甲後 西漢 馬•縱橫 西漢 張•664 東漢 西•寇恩 漢晉 流簡紙 東漢 蒼山元嘉題記	【楷書】 唐 石經五經	【隸書】 西漢 武•燕禮甲 東漢 孔彪碑陽 隋 馬少敏墓誌 【楷書】 北魏 元純阤墓誌 北齊 竇泰墓誌 隋 元鐘墓誌 唐 鄧夫人墓誌 唐 賈令琬墓誌 唐 孔桃栓墓誌 唐 石經五經	唐 強君妻杜墓誌 唐 石經尚書 唐 石經周易 唐 王容墓誌	唐 楊孝恭碑 【楷書】 北魏 楊泰墓誌 北魏 元譿墓誌 西魏 鄧君墓誌 北齊 竇泰墓誌 北齊 竇泰墓誌 東魏 淨智塔銘 北齊 劉碑造像銘 隋 勝福寺塔銘 唐 范安及墓誌	晉 劉韜墓志 隋 段濟墓誌 隋 爾朱敞墓誌 隋 爾朱敞墓誌 隋 任軌墓誌 唐 大忍寺碑 唐 石臺孝經 唐 石臺孝經 唐 司馬寔墓誌 唐 韋士逸墓誌	東漢 景君碑陽 東漢 孔德讓碑 新莽 萊子侯刻石 新莽 禳盜刻石 東漢 史晨後碑 新莽 蘇馬灣刻石 東漢 鮮于璜碑陰 東漢 薌他君題記 東漢 延熹三年記 新莽 羊窩頭刻石	西漢 張•855 西漢 居新•7706 西漢 武•泰射甲 東漢 西•四時 東漢 西•醫藥 漢晉 流簡紙 漢晉 流簡紙 東漢 蒼山元嘉題記 東漢 曹全碑陽 東漢 華山廟碑陽

東漢 朝侯小子碑

東漢 華山廟碑陽

東漢 淮源廟碑

東漢 石門頌

東漢 夏承碑

東漢 乙瑛碑

東漢 乙瑛碑

東漢 張壽殘碑

晉 辟雍頌陽

隋 任顯及妻誌

隋 元鐘墓誌

唐 崔志墓誌

【楷書】

北魏 封魔奴墓誌

北魏 元子直墓誌

唐 何君墓誌

唐 鄭志題名

誹𧨺

【楷書】

東魏 邑主造石像

唐 李玄福墓誌

課𧨨

【隸書】

秦 睡 51

西漢 居新•3506

西漢 居新•7770

西漢 居新•7879

西漢 居新•8008

隋 豆盧實墓誌

隋 蕭瑾墓誌

唐 楊孝恭碑

【楷書】

魏晉 樓•紙

晉 華芳墓誌陽

北魏 于纂墓誌

唐 包筠墓誌

唐 蔡元雪妻墓誌

唐 秦賓墓誌

誰𧩼

【篆書】

唐 峿臺銘

【隸書】

西漢 馬•老乙

西漢 馬•老乙前

西漢 馬•老子甲後

西漢 張•738

東漢 蕩陰字殘

東漢 楊耿伯題記

東漢 鄭固碑

晉 王君侯碑陽

隋 高虬墓誌

唐 劉粲墓誌

唐 楊孝恭碑

唐 朱君妻王墓誌

【楷書】

北魏 王誦墓誌

北齊 竇泰墓誌

唐 李蟾墓誌

唐 李三十三娘墓誌

唐 劉通墓誌

唐 石經尚書

唐 石經周易

唐 周亡尼銘

諛

【楷書】

南朝梁 舊館壇碑

北魏 元瞻墓誌

唐 崔宜之墓誌

唐 獨孤驤墓誌

論

【篆書】

唐 多寶佛塔銘

【隸書】

秦 睡 28

秦 睡 45

西漢 馬•老子甲後

西漢 張•125

西漢 張•554

西漢 張•735

西漢 居新•5208

西漢 居新•9225

東漢 尹宙碑

北齊 夫子廟碑

隋 豆盧實墓誌

隋 姬威墓誌

隋 默曹殘碑

隋 蘇恒墓誌

隋 張儉及妻墓誌

唐 陳憲墓誌

唐 史思禮墓誌

唐 蘇洪姿墓誌

唐 楊孝恭碑

唐 楊孝恭碑

【楷書】

北魏 寇憑墓誌

北魏 元文墓誌

北魏 元瞻墓誌

隋 高緊墓誌

隋 李元墓誌

隋 張貴男墓誌

隋 趙朗墓誌

唐 葛亮祠堂碑

諗

【隸書】

唐 張延賞殘碑

【楷書】

唐 支成墓誌

諂

【楷書】

唐 房惠琳墓誌

調

【篆書】

唐 三墳記陽

【隸書】

西漢 馬•老乙前

西漢 馬•老子甲後

西漢 居新•4107

西漢 居新•7725

西漢 居新•7730

東漢 西•醫藥

兩漢 西•懸檢

東漢 簿書殘碑

東漢 許安國題記

東漢 造土牛碑

北齊 感孝頌

北齊 司馬遵業墓誌

北齊 司馬遵業墓誌

隋 爾朱敞墓誌

隋 澧水石橋碑

隋 郭達墓誌

隋 劉多墓誌

隋 張盛墓誌

唐 戴令言墓誌

唐 趙冬曦壙誌

【楷書】

三國吳 走•二年

北魏 元思墓誌

北魏 元襲墓誌

隋 姬威墓誌

隋 馬少敏墓誌

唐 樊廉墓誌

唐 盧沇妻墓誌

唐 騫思玄墓誌

唐 嚴令元墓誌

諂

【楷書】

東魏 李憲墓誌

隋 盧文構墓誌

唐 李金墓誌

唐 石經五經

唐 王君妻薛墓誌

唐 楊寧墓誌

誼

【篆書】

唐 碧落碑

【隸書】

西漢 居新•2724

西漢 居新•2731

西漢 居新•2800

西漢 居新•7756

西漢 居新•8838

三國魏 曹真殘碑陰

唐 司馬寔墓誌

【楷書】

三國吳 走•四年

北魏 侯愔墓誌

唐 賈從贊墓誌

唐 石經尚書

諒䛕

【隸書】

秦 睡 71

西漢 馬•縱橫

西漢 西•善劍

東漢 景君碑陰

隋 豆盧實墓誌

隋 牛諒墓誌

隋 蕭瑾墓誌

唐 白鹿泉碑陽

唐 司馬寔墓誌

唐 尹文操碑

【楷書】

北魏 王紹墓誌

北魏 元貴妃墓誌

唐 閻知誠墓誌

唐 徐明墓誌

談譚

【隸書】

西漢 張•1142

東漢 行事渡君碑

北齊 司馬遵業墓誌

隋 段濟墓誌

隋 姬威墓誌

隋 李使君墓碑

隋 宋仲墓誌

唐 孔子廟碑

唐 石臺孝經

唐 王泠然墓誌

【楷書】

北魏 元崇業墓誌

隋 賈玄贊墓誌

隋 馬少敏墓誌

隋 蕭瑒墓誌

誶

【隸書】

秦 睡27

秦 睡44

【楷書】

北魏 元楨墓誌

諫

【篆書】

北魏 元煥誌蓋

【隸書】

西漢 居新•70

新莽 禳盜刻石

東漢 趙寬碑

東漢 終郭鄉題記

隋 口和墓誌

隋 謝岳墓誌

隋 張景略墓誌

唐 石臺孝經

【楷書】

北魏 山徽墓誌

北齊 竇泰墓誌

隋 李元墓誌

唐 崔公妻墓誌

唐 潘基墓誌

諧

【隸書】

東漢 史晨後碑

隋 澧水石橋碑

隋 謝岳墓誌

唐 蔡君妻墓誌

唐 屈突通墓誌

【楷書】

北魏 元純陁墓誌

北齊 婁黑女墓誌

隋 賈通墓誌

唐 卜素墓誌

唐 石經尚書

唐 楊珽墓誌

唐 于士恭墓誌

謀

【隸書】

秦 睡111

秦 睡53

西漢 馬•老乙前

西漢 馬•縱橫

西漢 馬•縱橫

西漢 張•639

西漢 張•662

西漢 張•92

漢晉 流簡紙

漢晉 流簡紙

東漢 曹全碑陽

東漢 曹全碑陰

東漢 孔宙碑陰

東漢 孟孝琚碑

東漢 石門頌

東漢 鮮于璜碑陽

東漢 趙寬碑

東漢 趙寬碑

東漢 子游殘碑

晉 徐義墓誌陽

北齊 司馬遵業墓誌

隋 郭王墓誌

隋 修孔子廟碑

唐 崔暟墓誌陽

唐 趙冬曦壙誌

唐 趙冬曦壙誌

【楷書】

北魏 笱景墓誌

北齊 竇泰墓誌

隋 范安貴墓誌

隋 高緊墓誌

西漢 居新•1267

東漢 簿書殘碑

東漢 朝侯小子碑

東漢 郙閣頌

東漢 景君碑陽

東漢 三老刻石

東漢 沈府君神道闕

東漢 史晨前碑

東漢 史晨前碑

東漢 鮮于璜碑陽

東漢 鮮于璜碑陰

謁

【篆書】

東漢 袁安碑

唐 碧落碑

【隸書】

秦 睡 21

秦 睡 45

秦 關周•日書

秦 關周•日書

西漢 張•615

西漢 張•65

西漢 張•775

諲

【隸書】

東漢 曹全碑陰

【楷書】

唐 鄭秀實墓誌

後晉 權君妻崔墓誌

諶

【篆書】

唐 碧落碑

【隸書】

西漢 馬•老乙前

西漢 居新•1003

西漢 居新•8213

唐 王泠然墓誌

【楷書】

北魏 元煥墓誌

唐 馬進朝墓誌

唐 王仲堪墓誌

唐 楊會墓誌

唐 支子珪墓誌

諜

【隸書】

唐 豆盧建墓誌

唐 柳偘妻墓誌

唐 沈夫人墓誌

唐 楊孝恭碑

【楷書】

北魏 寇治墓誌

東魏 張滿墓誌

隋 馬少敏墓誌

隋 王世琛墓誌

隋 張波墓誌

唐 崔霞墓誌

諴

【隸書】

唐 北獄廟碑

唐 紀信墓碑

【楷書】

唐 邊誠夫人墓誌

唐 石經尚書

唐 王君妻薛誌墓誌

唐 李澤墓誌

唐 柳偘妻墓誌

唐 七品亡宮墓誌

唐 石經尚書

唐 張叡墓誌

東漢 許阿瞿題記

東漢 趙寬碑

隋 姬威墓誌

隋 李元墓誌

【楷書】

北魏 王誦墓誌

東魏 元悰墓誌

北齊 趙道德墓誌

唐 葛亮祠堂碑

謂

【篆書】

隋 宋仲墓誌

【隸書】

秦 睡 70

秦 關周•日書

西漢 馬•縱横

西漢 張•627

西漢 張•758

西漢 張•875

西漢 張•875

西漢 居新•7626

東漢 西•寇恩

東漢 西•文書

漢晉 流簡紙

東漢 西狹頌

北魏 上尊號碑

北齊 司馬遵業墓誌

隋 郭王墓誌

隋 趙朗墓誌

唐 懷古詩刻

唐 石臺孝經

唐 石臺孝經

唐 楊孝恭碑

唐 楊孝恭碑

唐 楊孝恭碑

【楷書】

南朝梁 羅浮山銘

北魏 寇演墓誌

北魏 元悌墓誌

北齊 竇泰墓誌

北齊 竇泰墓誌

隋 王楚英墓誌

隋 吳嚴墓誌

唐 董葵墓誌

唐 獨孤澄墓誌

唐 羅池廟碑

唐 石經爾雅

唐 石經尚書

唐 石經周易

唐 亡宮墓誌

唐 王朋墓誌

諤

【楷書】

北齊 元賢墓誌

唐 崔詹墓誌

唐 韓政墓誌

唐 李僅墓誌

唐 陸日峴妻墓誌

諟

【楷書】

唐 薛迅墓誌

唐 趙南山墓誌

謔

【隸書】

隋 段濟墓誌

唐 常存法師墓誌

【楷書】

北齊 房周陁墓誌

唐 寇章墓誌

唐 李舉墓誌

唐 唐嘉會墓誌

北齊 爾朱元靜墓誌

北齊 紀僧諮造像

東魏 穆子巖墓誌

隋 寇遵考墓誌

唐 崔延墓誌

唐 王玄墓誌

諮

【隸書】

東漢 曹全碑陽

東漢 池陽令殘碑

三國魏 張君殘碑

晉 辟雍頌陽

唐 尹文操碑

【楷書】

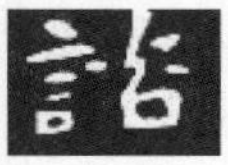
北魏 李璧墓誌陽

北魏 僧達造像記

北魏 元繼墓誌

北魏 元略墓誌

北魏 張寧墓誌

謏

【楷書】

唐 明希晉墓誌

諭

【隸書】

西漢 馬•縱横

唐 龐履温碑

唐 辛雲京妻墓誌

唐 尹尊師碑

【楷書】

北魏 蘇屯墓誌

唐 房敬墓誌

唐 石經九經

唐 王府君墓誌

諼

【楷書】

唐 崔訥墓誌

諙

【篆書】

唐 謙卦碑

諷

【隸書】

西漢 居新•3452

西漢 居新•5793

漢晉 流簡紙

北齊 司馬遵業墓誌

【楷書】

北魏 馮邕妻墓誌

北魏 元維墓誌

隋 鄭善妃墓誌

唐 姚存古墓誌

諰

【隸書】

秦 睡95

隋 宋仲墓誌

隋 口靜墓誌

隋 楊真墓誌

隋 趙朗墓誌

唐 高元珪墓誌

唐 史思禮墓誌

唐 楊孝恭碑

【楷書】

魏晉 樓•紙

北魏 寇演墓誌

北魏 司馬紹墓誌

東漢 楊淮表記

東漢 張遷碑陽

東漢 趙菿殘碑

三國吳 谷朗碑

晉 管洛墓誌陽

晉 郭槐柩記

隋 段濟墓誌

隋 爾朱敞墓誌

隋 郭休墓誌

隋 劉寶及妻墓誌

諱

【隸書】

西漢 馬•老乙

西漢 馬•事語

東漢 肥致碑

東漢 孔宙碑陽

東漢 三老刻石

東漢 三老刻石

東漢 三老刻石

東漢 史晨後碑

東漢 西狹頌

東漢 鮮于璜碑陰

諞

【楷書】

唐 石經五經

諠

【楷書】

北魏 元襲墓誌

隋 張壽墓誌

隋 張壽墓誌

唐 霍達墓誌

唐 潘孝基墓誌

唐 楊承福墓誌

唐 張時譽墓誌

諺

【隸書】

東漢 曹全碑陽

【楷書】

唐 李紹墓誌

唐 石經尚書

唐 支成墓誌

諳

【楷書】

北魏 薛孝通券

隋 李肅墓誌

諦

【隸書】

西漢 武•雜占

隋 馬少敏墓誌

隋 宋景造像碑

唐 關道愛墓誌

唐 辛雲京妻墓誌

唐 興寺碑

唐 義福禪師碑

【楷書】

北齊 劉僧信造像

隋 張濤妻墓誌

唐 張宰墓誌

北魏 王蕃墓誌

唐 李玄德墓誌

北魏 元定墓誌

唐 李仲绛墓志

北魏 元敷墓誌

唐 索崇墓誌

北魏 元文墓誌

唐 張崧墓誌

北齊 竇泰墓誌

唐 張騷墓誌

東魏 公孫甑生墓誌

唐 張宰墓誌

隋 囗悦昂墓誌

隋 范安貴墓誌

隋 高緊墓誌

隋 宋玉艷墓誌

諝

【楷書】

唐 權奉常墓誌

謨

【隸書】

東漢 鮮于璜碑陽

東漢 校官碑

東漢 楊統碑陽

東漢 楊著碑陽

東漢 張遷碑陽

東漢 趙儀碑

隋 段濟墓誌

隋 修孔子廟碑

唐 京兆金氏墓誌

唐 李貞墓誌

【楷書】

北魏 胡明相墓誌

北魏 元珍墓誌

隋 囗悦昂墓誌

隋 賈通墓誌

唐 包筠墓誌

唐 姬温墓誌

唐 盧宏及妻墓誌

唐 明希晉墓誌

唐 石經尚書

唐 石經尚書

唐 元伏和墓誌

講

【篆書】

唐 多寶佛塔銘

唐 三墳記陰

【隸書】

西漢 馬•縱横

西漢 馬•縱横

西漢 張•653

東漢 朝侯小子碑

東漢 校官碑

晉 辟雍頌陽

隋 馬穉墓誌

唐 崔暟墓誌陽

唐 戒壇碑

唐 孔子廟碑

【楷書】

北魏 元延明墓誌

北魏 鄭黑墓誌

東魏 淨智塔銘

隋 張盈墓誌

唐 多寶塔碑

唐 多寶塔碑

唐 法澄塔銘

唐 劉密墓誌

唐 盧含墓誌

唐 石經五經

唐 思恆墓誌

唐 王齊丘墓誌

唐 玄秘塔碑

唐 張暈妻墓誌

譁

【隸書】

唐 勿部將軍碑

【楷書】

唐 敏之墓誌

唐 蘇恩妻墓誌

謖

【楷書】

唐 石經五經

謝

【篆書】

三國魏 謝君神道

唐 三墳記陽

【隸書】

西漢 居新•2846

西漢 居新•4382

東漢 蒼山元嘉題記

東漢 淮源廟碑

東漢 孔宙碑陰

東漢 禮器碑陰

東漢 薌他君題記

東漢 延熹二年記

東漢 趙儀碑

晉 辟雍頌陰

晉 郛休碑陰

北齊 法懃塔銘

隋 高虬墓誌

隋 郭達墓誌

隋 馬穉墓誌

隋 蘇恒墓誌

隋 謝岳墓誌

隋 謝岳墓誌

唐 盧行毅墓誌

唐 龐履温碑

唐 蘇洪姿墓誌

【楷書】

三國吳 走•二年

三國吳 走•五年

三國吳 走•五年

三國吳 走•五年

北齊 高淯墓誌

隋 姬威墓誌

隋 宋仲墓誌

隋 元鐘墓誌

唐 崔廷妻墓誌

唐 鄧夫人墓誌

唐 蕭惠媄墓誌

謟

【楷書】

唐 石經五經

謠

【隸書】

東漢 鮮于璜碑陽

晉 辟雍頌陽

晉 辟雍頌陽

隋 郭達墓誌

隋 張儉及妻墓誌

隋 張儉及妻墓誌

唐 李神符碑

唐 任城橋亭記

【楷書】

北魏 元肅墓誌

北魏 元子直墓誌

隋 皇甫深墓誌

隋 明質墓誌

唐 崔師墓誌

唐 高儼仁墓誌

唐 劉妙姜墓誌

唐 薛瑤華墓誌

謐 謐

【隸書】

唐 勿部將軍碑

【楷書】

北魏 元謐墓誌

北魏 元誘妻墓誌

隋 范高墓誌

謙 謙

【篆書】

唐 謙卦碑

唐 謙卦碑

唐 謙卦碑

唐 謙卦碑

唐 謙卦碑

唐 謙卦碑

唐 謙卦碑

唐 謙卦碑

唐 謙卦碑

唐 謙卦碑

唐 謙卦碑

唐 謙卦碑

唐 謙卦碑

【隸書】

西漢 張•754

西漢 張•775

西漢 居新•1425

東漢 淮源廟碑

東漢 禮器碑側

東漢 史晨後碑

東漢 鮮于璜碑陽

晉 郭休碑陰

隋 牛諒墓誌

隋 宋景造像碑

唐 董虔運墓誌

唐 史思禮墓誌

唐 尹尊師碑

唐 張濬墓誌

【楷書】

三國吳 走•四年

三國吳 走•五年

魏晉 樓•紙

北魏 元崇業墓誌

隋 宋玉艷墓誌

隋 張濤妻墓誌

唐 獨孤氏墓誌

唐 黃郡駱氏墓誌

唐 劉府君墓誌

唐 劉通墓誌

唐 魯謙墓誌

唐 石經尚書

唐 石經周易

唐 源光俗妻墓誌

謹

【篆書】
唐 碧落碑
【隸書】
秦 睡19
西漢 馬•縱橫
西漢 馬•縱橫
西漢 張•713
西漢 居新•1003
西漢 居新•5669
西漢 居新•7607
西漢 居新•7612
西漢 西•車鞏

讀

【楷書】
北齊 元賢墓誌

謇

【隸書】
東漢 魏元丕碑
東漢 行事渡君碑
東漢 楊震碑
東漢 張遷碑陽
東漢 張壽殘碑
隋 口和墓誌
唐 王媛墓誌陰
【楷書】
北齊 元賢墓誌
隋 橋紹墓誌
隋 張喬墓誌

謞

【隸書】
秦 睡134

謗

【隸書】
秦 睡85
唐 崔祐甫墓誌
唐 修定寺記碑
【楷書】
北魏 元乂墓誌
北齊 竇泰墓誌
唐 張審文墓誌

謚

【隸書】
東漢 鮮于璜碑陽
隋 豆盧寶墓誌
隋 段濟墓誌
唐 沈夫人墓誌
【楷書】
北魏 爾朱紹墓誌
北魏 元文墓誌
北魏 元子正墓誌
北齊 竇泰墓誌
北齊 高淯墓誌
東魏 元仲英墓誌

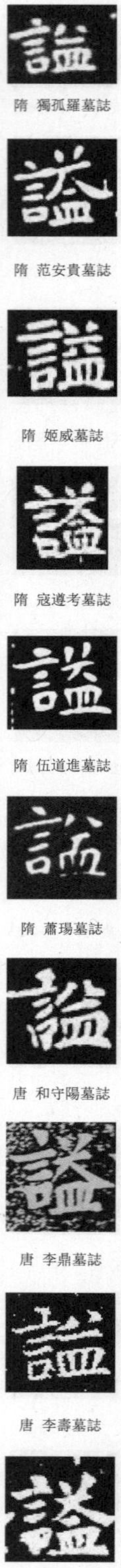

隋 獨孤羅墓誌
隋 范安貴墓誌
隋 姬威墓誌
隋 寇遵考墓誌
隋 伍道進墓誌
隋 蕭瑒墓誌
唐 和守陽墓誌
唐 李鼎墓誌
唐 李壽墓誌
唐 盧知宗墓誌

唐 石經五經
唐 石經五經
唐 尉遲敬德墓誌
唐 顏勤禮碑陰

諱	謾	[illegible]	謳

諱

【隸書】

西漢 張•1124

西漢 張•1187

【楷書】

唐 能師墓誌

謾

【隸書】

西漢 張•33

西漢 居新•7905

【楷書】

唐 崔弘禮墓誌

[illegible]

【楷書】

後唐 竪立生臺記

謳

【隸書】

北齊 司馬遵業墓誌

唐 龐履温碑

【楷書】

北魏 元熙墓誌

唐 王立墓誌

唐 浯溪記

北魏 元廞墓誌

北齊 婁黑女墓誌

東魏 南宗和尚塔銘

隋 陳花樹墓誌

隋 段威墓誌

隋 范安貴墓誌

隋 王光墓誌

唐 李氏娘墓誌

唐 石經周易

唐 王叔原墓誌

隋 張儉及妻墓誌

唐 京兆金氏墓誌

唐 盧君妻墓誌

唐 石臺孝經

唐 石臺孝經

唐 史思禮墓誌

唐 王泠然墓誌

【楷書】

三國吳 走•二年

北魏 馮邕妻墓誌

北魏 耿壽姬墓誌

新莽 西•守御器

漢晉 流簡紙

漢晉 流簡紙

東漢 肥致碑

東漢 乙瑛碑

東漢 乙瑛碑

隋 澧水石橋碑

隋 關明墓誌

隋 勝福寺塔銘

隋 王榮及妻墓誌

譚	譜	譆		警	謬	謕	謫

譚

【隸書】

西漢 居新•1112

西漢 居新•2665

西漢 居新•7144

唐 譚伍墓誌

【楷書】

北魏 司馬氏墓誌

唐 劉府君墓誌

唐 支訽墓誌

譜

【隸書】

東漢 楊震碑

【楷書】

北魏 莊伯墓誌

唐 李金墓誌

唐 石經五經

唐 陽濟墓誌

譆

【隸書】

唐 玄元靈應頌

【楷書】

唐 石經五經

唐 徐思倩墓誌

（續）

北齊 竇泰墓誌

隋 段濟墓誌

唐 梁守謙墓誌

唐 蘇斌墓誌

唐 張去奢墓誌

警

【篆書】

唐 多寶佛塔銘

【隸書】

西漢 馬•縱横

西漢 居新•7675

東漢 西•死駒

東漢 西•死駒

隋 爾朱敞墓誌

隋 姬威墓誌

【楷書】

北魏 爾朱襲墓誌

北魏 嚴震墓誌

謬

【隸書】

東漢 曹全碑陽

隋 李元墓誌

唐 崔泰之墓誌

唐 盧君妻墓誌

【楷書】

北魏 元壽妃墓誌

唐 李彙墓誌

唐 彭氏墓誌

唐 石經五經

唐 唐思禮墓誌

後唐 毛璋妻墓誌

謕

【楷書】

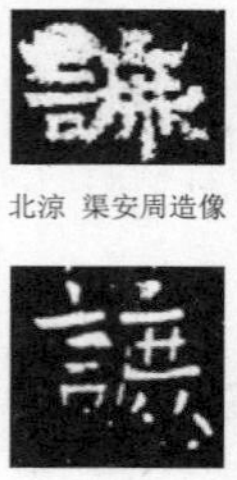

北涼 渠安周造像

東魏 源磨耶壙志

謫

【隸書】

晉 郛休碑陽

唐 龐履温碑

唐 玄巖銘

【楷書】

唐 □孝敏墓誌

唐 劉阿延墓誌

唐 石經五經

唐 浯溪記

唐 宇文氏墓誌

唐 苑玄亮墓誌

譙

【篆書】

北周 步孤氏誌蓋

【隸書】

東漢 南陽石柱題名

晉 辟雍頌陰

隋 口靜墓誌

唐 戴令言墓誌

唐 孔子廟碑

【楷書】

北魏 侯剛墓誌

北魏 寇臻墓誌

隋 梁瓌墓誌

唐 于士恭墓誌

唐 周綖業墓誌

譜

【楷書】

北魏 成氏墓誌

唐 惟貞廟碑陽

唐 楊珽墓誌

識

【篆書】

唐 三墳記陽

【隸書】

秦 睡 21

西漢 張•452

西漢 張•657

東漢 肥致碑

東漢 華山廟碑陽

東漢 孔彪碑陽

東漢 三老刻石

東漢 石門頌

東漢 鮮于璜碑陽

晉 管洛墓誌陽

晉 管洛墓誌陰

晉 郭槐柩記

晉 石尠墓誌

北齊 感孝頌

隋 爾朱敞墓誌

隋 澧水石橋碑

隋 郭王墓誌

隋 郭休墓誌

隋 任軌墓誌

隋 王榮及妻墓誌

隋 口和墓誌

隋 謝岳墓誌

唐 告華獄府君

唐 盧宏及妻墓誌

唐 王子麟墓誌

唐 楊孝恭碑

唐 楊孝恭碑

唐 尹尊師碑

唐 張倖墓誌

【楷書】

北魏 檀賓墓誌

北魏 元思墓誌

北齊 竇泰墓誌

北齊 竇泰墓誌

北周 神通摩崖

隋 暴永墓誌

隋 王楚英墓誌

隋 王世琛墓誌

隋 韋載造像記

隋 張伏敬墓誌

隋 呂胡墓誌

唐 石經周易

證

【隸書】
西漢 張•131
西漢 居新•7487
西漢 居新•7491
西漢 居新•7493
東漢 西•寇恩
三國吳 買冢城磚
隋 靜證塔記
唐 夫子廟堂碑
【楷書】
魏晉 樓•紙
東魏 淨智塔銘

東魏 南宗和尚塔銘
唐 劉君妻王墓誌
唐 清真寺碑
唐 思恆墓誌
唐 支成墓誌

譎

【隸書】
隋 段濟墓誌
唐 張休光墓誌
【楷書】
北魏 元譚墓誌
唐 史待賓墓誌

譔

【隸書】
西漢 馬•老子甲後
西漢 馬•縱橫
西漢 習字觚
【楷書】
唐 僧突墓誌
唐 蘇嗣君墓誌
唐 張端墓誌

譏

【隸書】
東漢 肥致碑
唐 石臺孝經
唐 韋士逸墓誌
【楷書】
北魏 楊乾墓誌
北周 盧蘭墓誌
唐 龐德威墓誌
唐 王行果墓誌
唐 楊尊墓誌
唐 張思鼎墓誌

譽

【隸書】
秦 睡57
西漢 馬•老甲
東漢 孔宙碑陽
東漢 是吾殘碑
東漢 熹平石經易
東漢 鮮于璜碑陽
北齊 司馬遵業墓誌
隋 豆盧實墓誌
隋 爾朱敞墓誌
隋 澧水石橋碑

隋 高虬墓誌
隋 關明墓誌
隋 郭王墓誌
隋 任軌墓誌
隋 宋仲墓誌
隋 蕭瑾墓誌
唐 石臺孝經
唐 王子麟墓誌
【楷書】
北魏 寇治墓誌
北魏 元崇業墓誌

北齊 竇泰墓誌
北齊 竇泰墓誌
隋 高緊墓誌
隋 盧文構墓誌
隋 王楚英墓誌
隋 陳常墓誌
唐 韓玄墓誌
唐 盧萬春墓誌
唐 石經周易
唐 尉遲敬德墓誌

譯 譯

【隸書】

西漢 居新•5392

北周 華嶽頌

【楷書】

晉 馬鳴寺碑

隋 王成墓誌

唐 白敏中墓誌

唐 廣惠塔銘

譴 譴

【隸書】

秦 睡 135

秦 睡 136

西漢 居新•4438

西漢 居新•7497

【楷書】

唐 暴莊墓誌

唐 成朗墓誌

唐 王府君墓誌

隋 義造橋殘碑

隋 元鐘墓誌

唐 獨孤氏墓誌

唐 段萬頃墓誌

唐 賈温墓誌

唐 荊從皋墓誌

唐 李萼墓誌

唐 裴涓墓誌

唐 裴氏墓誌

唐 師弘禮墓誌

唐 豆盧建墓誌

唐 闞道愛墓誌

唐 楊孝恭碑

唐 趙冬曦壙誌

【楷書】

晉 華芳墓誌陽

北魏 寇憑墓誌

北魏 元倪墓誌

東魏 叔孫固墓誌

北齊 許儁等造像

隋 陳花樹墓誌

護 護

【隸書】

西漢 居新•2321

西漢 居新•4932

西漢 西•馬簡牘

東漢 景君碑陰

東漢 趙寬碑

東漢 趙寬碑

晉 石尠墓誌

隋 豆盧賓墓誌

隋 爾朱敞墓誌

隋 張景略墓誌

譍

【楷書】

唐 郭瑤墓誌

唐 顏人墓誌

唐 顏人墓誌

唐 張海墓誌

後梁 蕭符墓誌

譬譬	譩			議議	譤	譣譣	譟譟
【隸書】	【楷書】			【篆書】	【楷書】	【隸書】	【隸書】
北齊 司馬遵業墓誌	唐 鄭偓佺妻墓誌	北齊 竇泰墓誌	隋 段濟墓誌	北魏 元煥誌蓋	唐 韋豫墓誌	唐 庫狄真相墓誌	唐 孔子廟碑
隋 郭休墓誌		北齊 無量義經	隋 郭達墓誌	【隸書】			【楷書】
隋 蕭瑾墓誌		北齊 無量義經	隋 李元墓誌	秦 睡 100			唐 石經五經
【楷書】		隋 口徹墓誌	隋 修孔子廟碑	西漢 馬•老甲			唐 張忠義墓誌
北魏 司馬氏墓誌		隋 高緊墓誌	隋 張景略墓誌	西漢 張•571			
東魏 杜文雍造像		隋 元鐘墓誌	唐 沈知敏墓誌	西漢 張•736			
東魏 李艷華墓誌		隋 寇遵考墓誌	唐 王子麟墓誌	東漢 衡方碑			
隋 蕭氏墓誌		唐 楊會墓誌	唐 張顏墓誌	東漢 景君碑陰			
隋 薛保興墓誌		唐 張安墓誌	【楷書】	東漢 石門頌			
			北魏 寇演墓誌	東漢 楊統碑陽			
			北魏 元弼墓誌	隋 豆盧實墓誌			

讓

【隸書】

西漢 居新•7161

西漢 居新•7162

東漢 曹全碑陽

東漢 從事馮君碑

東漢 肥致碑

東漢 郙閣頌

東漢 景君碑陽

東漢 景君碑陽

東漢 繆宇墓誌

東漢 史晨後碑

讖

【篆書】

三國吳 天發神讖碑

三國吳 天發神讖碑

【隸書】

東漢 禮器碑

唐 植松柏碑

【楷書】

北齊 爾朱元靜墓誌

唐 李文樊墓誌

唐 騫思泰墓誌

讒

【隸書】

東漢 尚博殘碑

【楷書】

北魏 孟元華墓誌

北魏 于景墓誌

唐 程思義墓誌

唐 石經尚書

唐 張思鼎墓誌

讋

【楷書】

北周 普安壯公墓誌

唐 蘇斌墓誌

唐 趙本質墓誌

𧮨

【隸書】

唐 王媛墓誌陰

譿

【楷書】

北魏 元譿墓誌

讀

【隸書】

西漢 居新•5793

三國魏 管寧墓誌

北魏 上尊號碑

隋 段濟墓誌

唐 尹尊師碑

【楷書】

北魏 元秀墓誌

唐 陝守素妻墓誌

譸

【楷書】

唐 唐嘉會墓誌

讜讜

【隸書】

東漢 景君碑陽

東漢 石門頌

晉 辟雍頌陽

隋 豆盧實墓誌

唐 戴令言墓誌

【楷書】

北魏 元順墓誌

北魏 元悌墓誌

唐 房基墓誌

唐 劉延壽墓誌

唐 孫讜墓誌

讞

【隸書】

西漢 武•王杖

【楷書】

唐 任傪墓誌

唐 張季戎墓誌

唐 崔泰之墓誌

【楷書】

北魏 寇偘墓誌

北魏 王璨墓誌

北魏 元瞻墓誌

北齊 吳洛族造像

隋 鄭善妃墓誌

唐 崔訥墓誌

唐 齊朗墓誌

唐 楊瞻墓誌

讚

【隸書】

西漢 馬•縱横

東漢 白石神君碑

東漢 朐忍令碑

東漢 史晨後碑

東漢 乙瑛碑

東漢 乙瑛碑

東漢 張遷碑陽

晉 辟雍頌陽

晉 徐義墓誌陽

北齊 鑴石班經記

讙讙

【楷書】

唐 石經五經

隋 暴永墓誌

隋 常德將墓誌

隋 范安貴墓誌

隋 宋玉艷墓誌

唐 崔琪墓誌

唐 盧璠墓誌

唐 石經尚書

唐 圓濟塔銘

唐 朱君妻趙墓誌

唐 李神符碑

唐 石臺孝經

唐 尹尊師碑

【楷書】

魏晉 樓•紙

北魏 元靈曜墓誌

北魏 元肅墓誌

北魏 元維墓誌

北魏 鄭君妻墓誌

北齊 竇泰墓誌

北齊 婁黑女墓誌

東漢 嗚咽泉題記

東漢 夏承碑

東漢 楊震碑

東漢 楊震碑

東漢 趙寬碑

三國魏 王基斷碑

晉 辟雍頌陽

隋 馬穉墓誌

隋 宋仲墓誌

隋 蘇恒墓誌

讟

【隸書】

隋 蕭瑾墓誌

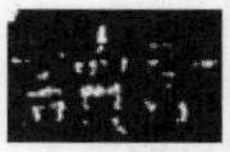

唐 王晉俗墓誌

【楷書】

唐 程思義墓誌

辛部

辛 辛

【篆書】

東漢 少室石闕銘

東漢 袁安碑

東漢 袁敞殘碑

【隸書】

秦 睡 113

秦 睡 266

秦 關周•曆譜

西漢 馬•縱橫

西漢 張•15

西漢 張•583

西漢 居新•4265

西漢 居新•5551

西漢 居新•5710

西漢 居新•7537

西漢 居新•7543

西漢 居新•7556

兩漢 西•馬簡

兩漢 西•醫藥

漢晉 流簡紙

漢晉 流簡紙

漢晉 流簡紙

漢晉 流簡紙

西漢 李后墓塞石

東漢 曹全碑陰

東漢 從事馮君碑

東漢 建寧元年殘碑

東漢 劉君殘碑

東漢 三老刻石

東漢 王暉石棺銘

東漢 乙瑛碑

東漢 張壽殘碑

三國魏 王基斷碑

晉 和國仁墓碑

北齊 法懃塔銘

隋 馬少敏墓誌

隋 默曹殘碑

隋 申穆及妻墓誌

隋 勝福寺塔銘

隋 口和墓誌

唐 唐世榮墓誌

唐 王子麟墓誌

唐 行儼碑

唐 趙冬曦壙誌

【楷書】

魏晉 樓•紙

晉 華芳墓誌陰

北魏 胡明相墓誌

北魏 元徽墓誌

北魏 元繼墓誌

西魏 合邑造像記

東魏 李挺墓誌

隋 姜敬親墓誌

隋 寇奉叔墓誌

隋 元鐘墓誌

唐 陳守素妻墓誌

唐 李灌頂墓誌

唐 石經尚書

唐 王才及妻墓誌

唐 張叔子墓誌

辜 辜

【隸書】

秦 睡 248

西漢 張•69

東漢 楊統碑陽

東漢 楊震碑

隋 宋景造像碑

唐 劉粲墓誌

唐 王晉俗墓誌

唐 張延賞殘碑

【楷書】

北魏 王僧男墓誌

辨辯

【隸書】

秦 睡20

西漢 馬•老子甲後

西漢 張•237

西漢 張•289

西漢 居新•2277

東漢 西•寇恩

東漢 西•寇恩

兩漢 西•羌律

東漢 景君碑陽

東漢 西狹頌

北齊 竇泰墓誌

隋 劉淵墓誌

隋 盧文構墓誌

隋 申穆及妻墓誌

隋 吳嚴墓誌

隋 元鐘墓誌

唐 石經五經

唐 石經周易

隋 郭王墓誌

隋 申穆及妻墓誌

隋 張景略墓誌

唐 崔祐甫墓誌

唐 李貞墓誌

唐 玄元靈應頌

【楷書】

北魏 曹天度造像

北魏 鄭乾墓誌

北魏 元純阤墓誌

北魏 鄭黑墓誌

東漢 圉令趙君碑

三國魏 王基斷碑

晉 辟雍頌額

晉 辟雍頌陽

晉 辟雍頌陽

晉 石尠墓誌

北齊 司馬遵業墓誌

隋 暴永墓誌

隋 爾朱敞墓誌

隋 爾朱端墓誌

東漢 尚博殘碑

東漢 鮮于璜碑陽

東漢 鮮于璜碑陰

東漢 鮮于璜碑陰

東漢 薌他君題記

東漢 楊統碑陽

東漢 楊震碑

東漢 楊著碑陽

東漢 尹宙碑

東漢 永壽元年墓記

漢晉 流簡紙

東漢 蒼山元嘉題記

東漢 曹全碑陽

東漢 樊敏碑

東漢 樊敏碑

東漢 樊敏碑

東漢 衡方碑

東漢 建安殘石

東漢 繆宇墓誌

東漢 尚博殘碑

辟辟

【篆書】

三國魏 正始石經

【隸書】

秦 睡41

秦 關周•病方

秦 關周•日書

西漢 馬•老子甲後

西漢 馬•十問

西漢 張•784

西漢 居新•7601

東漢 西•推辟

漢晉 流簡紙

北魏 元恭墓誌

唐 房有非及妻墓誌

唐 韓夤妻墓誌

唐 李超墓誌

唐 李審規墓記

唐 石經尚書

唐 石經五經

唐 張思鼎墓誌

後梁 謝彥璋墓誌

隋 劉賓及妻墓誌

唐 趙叡沖碑

【楷書】

北魏 王遺女墓誌

北魏 楊乾墓誌

北魏 姚伯多供養碑

北魏 元恩墓誌

北齊 爾朱元靜墓誌

北齊 高僧護墓誌

東魏 李挺墓誌

唐 石經爾雅

唐 石經五經

唐 石經周易

唐 張寬墓誌

後唐 康贊羗墓誌

辨 辡

【楷書】

唐 崔植墓誌

唐 郭傳則墓誌

後梁 山可球造像

辭 𤔲

【隸書】

秦 睡 51

西漢 馬•事語

西漢 馬•縱横

西漢 馬•縱横

西漢 張•618

西漢 居新•1898

西漢 居新•2678

西漢 居新•3588

西漢 居新•7489

西漢 居新•7608

西漢 居新•7613

西漢 西•候官

東漢 西•寇恩

東漢 西•寇恩

漢晉 流簡紙

漢晉 流簡紙

東漢 白石神君碑

東漢 朝侯小子碑

東漢 從事馮君碑

東漢 肥致碑

東漢 建寧三年殘碑

東漢 景君碑陰

東漢 孟孝琚碑

東漢 石門頌

東漢 熹平殘石

東漢 熹平石經易

東漢 夏承碑

東漢 楊統碑陽

東漢 楊震碑

東漢 楊著碑陽

東漢 乙瑛碑

東漢 乙瑛碑

東漢 圉令趙君碑

東漢 鄭固碑

三國魏 王基斷碑

北魏 王基墓誌

北齊 法懃塔銘

北齊 司馬遵業墓誌

隋 爾朱敞墓誌

隋 爾朱端墓誌

隋 符盛及妻墓誌

隋 劉賓及妻墓誌

隋 任軌墓誌

隋 任顯及妻誌

隋 蘇恒墓誌

隋 蘇恒墓誌

隋 蘇恒墓誌

隋 吳嚴墓誌

隋 謝岳墓誌

隋 張儉及妻墓誌

隋 張景略墓誌
隋 趙朗墓誌
唐 崔沔墓誌陽
唐 蘇洪姿墓誌
唐 勿部將軍碑
唐 楊孝恭碑
唐 張顏墓誌
唐 張顏墓誌
唐 趙冬曦壙誌
唐 趙冬曦壙誌

【楷書】

北魏 爾朱紹墓誌
北魏 丘哲墓誌
北魏 吐谷渾璣墓誌
北魏 于仙墓誌
北魏 元弼墓誌
北魏 元敷墓誌
北魏 元秀墓誌
北齊 崔頠墓誌
北齊 竇泰墓誌
東魏 馮令華墓誌

東魏 南宗和尚塔銘
隋 梁坦墓誌
隋 盧文構墓誌
隋 楊厲墓誌
隋 鄭善妃墓誌
唐 安思節墓誌
唐 崔公妻墓誌
唐 崔師墓誌
唐 崔元二墓誌
唐 鄧君妻墓誌

唐 光福寺額勅
唐 李昊墓誌
唐 劉儉墓誌
唐 屈澄墓誌
唐 石經五經
唐 石經五經
唐 石經五經
唐 浯溪記
唐 鄭仁穎墓誌
唐 支訢妻墓誌

辯

【篆書】

唐 碧落碑

【隸書】

西漢 馬•老乙前
西漢 馬•老子甲後
西漢 馬•老子甲後
西漢 張•589
漢晉 流簡紙
東漢 熹平石經易
三國魏 王基斷碑
北齊 法懃塔銘
北齊 司馬遵業墓誌
北齊 司馬遵業墓誌
隋 郭達墓誌
隋 宋景造像碑
隋 蕭瑾墓誌
隋 張儉及妻墓誌
唐 蔡君妻墓誌
唐 張顏墓誌

【楷書】

北魏 荀景墓誌
北魏 和邃墓誌
北魏 姚伯多供養碑
北魏 元貴妃墓誌
北魏 元文墓誌
北齊 高湝墓誌
北齊 無量義經
隋 鄧昞墓誌
隋 寇遵考墓誌
隋 李元墓誌
隋 李元墓誌
隋 劉相及妻墓誌
隋 盧文機墓誌
隋 馬穉墓誌
隋 王衮墓誌
唐 屈元壽墓誌
唐 石經五經
唐 石經周易
唐 孫氏女墓誌
唐 王立墓誌
唐 武珍妻墓誌
唐 邢詧墓誌
唐 張本墓誌

青部

青

【篆書】

隋 張景略墓誌

【隸書】

秦 睡138

秦 睡15

秦 關周·日書

西漢 馬·合陰陽

西漢 張·480

東漢 西·醫藥

漢晉 流簡紙

東漢 樊敏碑

晉 郭槐柩記

晉 劉韜墓志

北齊 竇泰墓誌

隋 暴永墓誌

隋 默曹殘碑

隋 任軌墓誌

隋 勝福寺塔銘

隋 宋景造像碑

隋 蘇恒墓誌

隋 王楚英墓誌

唐 程俊墓誌

唐 董虔運墓誌

唐 史思禮墓誌

唐 楊孝恭碑

【楷書】

北魏 馮會萇墓誌

北齊 高湝墓誌

隋 寶輪禪院記

隋 程諧墓誌

隋 張喬墓誌

唐 石經尚書

唐 石經五經

唐 石經五經

靖

【隸書】

東漢 曹全碑陰

東漢 郙閣頌

東漢 西狹頌

東漢 趙寬碑

晉 辟雍頌陰

唐 王震墓誌

唐 尉迟迥碑陰

【楷書】

三國吳 走·五年

北魏 李媛墓誌

北魏 元顥平妻墓誌

唐 賈統墓誌

唐 柳偘妻墓誌

唐 王同人墓誌

靚

【隸書】

西漢 馬·老甲

【楷書】

南朝梁 羅浮山銘

唐 顏勤禮碑陰

靜 𩇬

【隸書】

秦 睡80

西漢 馬•老甲

西漢 馬•縱橫

西漢 張•1070

西漢 居新•7709

東漢 曹全碑陰

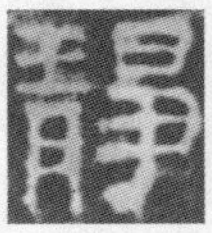
東漢 衡方碑

東漢 禮器碑陰

東漢 石門頌

東漢 西狹頌

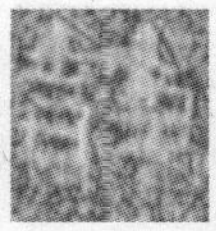
東漢 永壽元年銘

北齊 馬天祥造像

隋 爾朱敞墓誌

隋 姬威墓誌

隋 靜證塔記

隋 馬穉墓誌

隋 口和墓誌

隋 口靜墓誌

隋 吳嚴墓誌

隋 蕭瑾墓誌

隋 張儉及妻墓誌

唐 潘基墓誌

唐 王晉俗墓誌

唐 張翼墓誌

唐 朱君妻王墓誌

【楷書】

魏晉 樓•紙

晉 洛神十三行

北魏 寇演墓誌

北魏 元謐墓誌

北魏 元倖墓誌陰

北魏 鄭黑墓誌

北齊 爾朱元靜墓誌

東魏 淨智塔銘

隋 宋睦墓誌

唐 石經尚書

唐 王惠墓誌

唐 王思訥墓誌

唐 薛君妻墓誌

長部

長

【篆書】

東漢 韓仁銘額

東漢 少室石闕銘

東漢 袁安碑

東漢 張遷碑額

三國魏 霍君神道

三國魏 謝君神道

東魏 長孫囧碑額

北魏 宋靈妃誌蓋

隋 劉珍墓誌

唐 碧落碑

唐 長明燈樓頌

隋 郭達墓誌

唐 李敬碑額

唐 三墳記陽

隋 蘇恒墓誌

唐 蘇洪姿墓誌

唐 峿臺銘

【隸書】

秦 睡 255

秦 睡 267

西漢 馬•縱横

西漢 馬•縱横

西漢 居新•260

西漢 居新•3436

西漢 居新•5722

西漢 居新•7725

西漢 居新•7730

西漢 居新•7735

漢晉 流簡紙

漢晉 流簡紙

東漢 禮器碑

東漢 利水大道記

東漢 造土牛碑

晉 辟雍頌陽

北齊 感孝頌

隋 段濟墓誌

隋 蘇恒墓誌

隋 謝岳墓誌

隋 鄭令妃墓誌

隋 鄭令妃墓誌

唐 庫狄真相墓誌

唐 李神符碑

唐 石臺孝經

唐 石臺孝經

唐 行儼碑

唐 楊孝恭碑

唐 楊孝恭碑

唐 楊孝恭碑

唐 尹尊師碑

唐 尹尊師碑

【楷書】

北魏 元彬墓誌

北齊 南子胤造像

隋 陳叔榮墓誌

隋 皇甫深墓誌

隋 默曹殘碑

隋 張壽墓誌

唐 石經周易

唐 許琮妻墓誌

唐 張騷墓誌

雨部

雨

【篆書】

唐 城隍廟碑

唐 城隍廟碑

唐 城隍廟碑

【隸書】

秦 睡27

秦 西•日書乙

西漢 馬•老甲

西漢 馬•老乙前

西漢 馬•老子甲後

西漢 馬•老子甲後

西漢 馬•縱橫

西漢 張•629

西漢 居新•7669

兩漢 西•馬簡

漢晉 流簡紙

東漢 白石神君碑

東漢 封龍山頌

東漢 華山廟碑陽

東漢 孔宏碑

東漢 禮器碑

東漢 祀三公山碑

東漢 熹平石經易

晉 辟雍頌陽

隋 馬穉墓誌

隋 王榮及妻墓誌

隋 張姜墓誌

【楷書】

北魏 唐雲墓誌

北魏 王元詳題記

東魏 元悰墓誌

隋 陳叔榮墓誌

隋 皇甫深墓誌

隋 張貴男墓誌

隋 張怦墓誌

隋 朱氏墓誌

唐 多寶塔碑

唐 南川縣主墓誌

唐 師弘禮墓誌

唐 石經周易

唐 石經周易

唐 張隴墓誌

東漢 祀三公山碑

雩

【楷書】

唐 包筠墓誌

唐 崔素臣墓誌

雪

【隸書】

西漢 馬•老乙前

東漢 張遷碑陽

北齊 感孝頌

隋 王榮及妻墓誌

隋 張姜墓誌

隋 趙朗墓誌

唐 劉慎墓誌

唐 屈突通墓誌

【楷書】

北魏 王誦墓誌

北魏 元新成妃墓誌

北齊 竇泰墓誌

北齊 無量義經

隋 □悦昂墓誌

隋 皇甫深墓誌

隋 盧文機墓誌

隋 田光山妻墓誌

唐 安思節墓誌

唐 石經五經

唐 石經五經

唐 姚恭墓誌

雲

【篆書】

東漢 祀三公山碑

唐 碧落碑

唐 碧落碑

唐 碧落碑

唐 城隍廟碑

【隸書】

西漢 馬•老甲

西漢 馬•十問

西漢 張•1063

西漢 張•469

西漢 居新•3944

西漢 西•善劍

東漢 曹全碑陽

東漢 朝侯小子碑

東漢 肥致碑

東漢 封龍山頌

東漢 何君閣道銘

東漢 裴岑紀功碑

東漢 太室石闕銘

東漢 行事渡君碑

東漢 許安國題記

東漢 楊震碑

北齊 法懃塔銘

北齊 鏤石班經記

北齊 司馬遵業墓誌

隋 默曹殘碑

隋 任顯及妻誌

隋 申穆及妻墓誌

隋 宋景造像碑

隋 王楚英墓誌

隋 口靜墓誌

隋 元鐘墓誌

隋 張儉及妻墓誌

唐 褚亮碑

唐 行儼碑

唐 楊孝恭碑

【楷書】

晉 黃庭内景經

北魏 爾朱襲墓誌

北魏 淨悟浮圖記

北魏 楊乾墓誌

北魏 元斅墓誌

北齊 僧靜明造像

隋 寶輪禪院記

隋 明雲騰墓誌

隋 衛美墓誌

唐 安孝臣墓誌

唐 柳延宗墓誌

唐 石經尚書

唐 石經周易

唐 楊佰隴墓誌

唐 重藏舍利記

雺

【隸書】

隋 趙朗墓誌

唐 大忍寺碑

【楷書】

北魏 元恭墓誌

唐 李偘偘墓誌

唐 張氏墓誌

雷靁

【隸書】

西漢 馬•天下

西漢 武•少牢甲

漢晉 流簡紙

東漢 蒼山元嘉題記

東漢 禮器碑

東漢 武榮碑

東漢 熹平石經易

三國魏 曹真殘碑陽

隋 符盛及妻墓誌

唐 北獄廟碑

唐 李神符碑

唐 貞一廟碑

【楷書】

三國吳 走•四年

三國吳 走•五年

北魏 爾朱紹墓誌

北魏 元維墓誌

隋 董敬墓誌

隋 元智妻墓誌

唐 石經毛詩

唐 石經尚書
唐 石經尚書
唐 石經五經
唐 石經五經
唐 石經周易
唐 石經周易

電 𩂣

【隸書】

東漢 孟孝琚碑
東漢 武榮碑
東漢 趙寬碑
隋 劉珍墓誌
隋 馬穉墓誌
隋 張儉及妻墓誌

【楷書】

北魏 元貴妃墓誌
北魏 元悌墓誌
北魏 張寧墓誌
北齊 竇泰墓誌
隋 張柙墓誌
唐 劉子墓誌
唐 石經九經
唐 石經九經
唐 石經周易
唐 王才墓誌
後晉 袁從章墓誌

雹

【隸書】

隋 修孔子廟碑
唐 龐履温碑

【楷書】

隋 李肅墓誌
唐 和守陽墓誌

零

【篆書】

東漢 少室石闕銘

【隸書】

東漢 蒼山元嘉題記
東漢 石門闕銘
晉 管洛墓誌陰
隋 任顯及妻誌
隋 任顯及妻誌
隋 宋仲墓誌
隋 張盛墓誌
隋 趙朗墓誌
唐 黃石公祠記
唐 王子麟墓誌

【楷書】

晉 黃庭内景經
北周 盧蘭墓誌
北齊 牛景悦記
隋 皇甫深墓誌
隋 蕭氏墓誌
唐 陳君妻王墓誌
唐 王脩本妻墓誌
唐 韋公妻墓誌

⿱雨卯

【楷書】

唐 王京墓誌

需

【隸書】

唐 張顔墓誌

【楷書】

唐 白羨言墓誌
唐 石經五經
唐 石經周易

霆

【隸書】

三國魏 曹真殘碑陽

【楷書】

北魏 乞伏寶墓誌

隋 劉則墓誌

唐 劉庭訓墓誌

唐 石經五經

唐 尉遲敬德墓誌

後梁 篆新子墻記

霂

【楷書】

唐 石經五經

震

【篆書】

唐 多寶佛塔銘

【隸書】

秦 睡 228

東漢 孔宙碑陰

東漢 尚博殘碑

東漢 武榮碑

東漢 熹平石經易

東漢 熹平石經易

東漢 張遷碑陽

東漢 張遷碑陽

三國魏 王基斷碑

北齊 西門豹碑陽

隋 爾朱敞墓誌

隋 爾朱敞墓誌

隋 爾朱端墓誌

隋 任軌墓誌

唐 褚亮碑

唐 褚亮碑

唐 李神符碑

唐 楊孝恭碑

唐 楊孝恭碑

【楷書】

北魏 穆亮墓誌

北魏 元弼墓誌

北魏 元朗墓誌

北魏 元楨墓誌

北魏 鄭黑墓誌

北齊 竇泰墓誌

北齊 無量義經

隋 王楚英墓誌

唐 桓彥墓誌

唐 石經尚書

唐 石經五經

唐 石經周易

唐 楊吳生墓誌

唐 朱齊之墓誌

後梁 韓仲舉妻墓誌

霄

【隸書】

隋 蕭瑾墓誌

隋 楊真墓誌

唐 張侔墓誌

【楷書】

北魏 元弼墓誌

北魏 元彝墓誌

隋 翟突娑墓誌

唐 白知禮墓誌

唐 高欽德墓誌

唐 能政墓誌

唐 石經五經

唐 張騷墓誌

唐 張叔遵墓誌

唐 鄭氏子墓誌

北魏 元子正墓誌

唐 苻肅墓誌

唐 霍行戚墓誌

唐 姬温墓誌

唐 桑粤墓誌

唐 尉遲敬德墓誌

霍

【篆書】

三國魏 霍君神道

【隸書】

西漢 居新•3306

西漢 霍去病墓字

東漢 趙寬碑

隋 爾朱端墓誌

隋 蕭瑾墓誌

唐 抱腹寺碑

唐 孔子廟碑

唐 行儼碑

【楷書】

北魏 元乂墓誌

霓

【篆書】

唐 碧落碑

【隸書】

北周 華嶽頌

唐 尹尊師碑

【楷書】

北齊 竇泰墓誌

唐 石經五經

唐 姚希直墓誌

霏

【隸書】

隋 趙朗墓誌

【楷書】

隋 段模墓誌

唐 劉通墓誌

唐 張帝墓誌

唐 張騷墓誌

霙

【楷書】

唐 李文獎墓誌

唐 周師墓誌

霖

【隸書】

東漢 郙閣頌

北齊 司馬遵業墓誌

隋 趙朗墓誌

唐 尉迟迥碑陰

【楷書】

三國吳 走•四年

唐 獨孤驤墓誌

唐 楊佰隴墓誌

霅

【楷書】

隋 陳叔明墓誌

霈

【楷書】

唐 神策軍碑

唐 鄭中基墓誌

霑霑

【隸書】

北周 華嶽頌

隋 馬穉墓誌

唐 崔泰之墓誌

唐 史思禮墓誌

唐 徐盼墓誌

【楷書】

北魏 刁遵墓誌

唐 闞師墓誌

唐 姬溫墓誌

唐 景氏墓誌

唐 石經五經

霆

【隸書】

隋 段濟墓誌

霜霜

【隸書】

西漢 馬•老乙前

西漢 西•詔書

東漢 禮器碑

東漢 石門頌

東漢 石門頌

東漢 楊統碑陽

東漢 楊震碑

晉 徐義墓誌陽

隋 任軌墓誌

隋 楊真墓誌

唐 褚亮碑

唐 褚亮碑

唐 李神符碑

唐 楊孝恭碑

唐 楊孝恭碑

【楷書】

北魏 爾朱紹墓誌

北魏 元鷙墓誌

北魏 元文墓誌

北魏 元顯儁墓誌

北齊 竇泰墓誌

隋 賈氏墓誌

隋 張濤妻墓誌

唐 石二娘墓誌

唐 石經周易

唐 石經周易

霞霞

【隸書】

北齊 司馬遵業墓誌

隋 爾朱端墓誌

隋 澧水石橋碑

隋 宋景造像碑

隋 口靜墓誌

唐 白鹿泉碑陰

唐 李貞墓誌

唐 屈突通墓誌

唐 楊孝恭碑

唐 張倂墓誌

【楷書】

晉 鄭道昭題刻

南朝梁 舊館壇碑

北魏 薛慧命墓誌

北齊 竇泰墓誌

北齊 竇泰墓誌

隋 申穆及妻墓誌

唐 呼延章墓誌

唐 敬覺墓誌

唐 柳延宗墓誌

唐 徐德墓誌

唐 楊宇墓誌

唐 姚思忠墓誌

唐 張弘墓誌

後晉 袁從章墓誌

霤

【楷書】

唐 石經五經

霢

【楷書】

唐 石經五經

唐 石經五經

霣

【隸書】

東漢 景君碑陽

東漢 夏承碑

【楷書】

北魏 王翊墓誌

北魏 元文墓誌

隋 姬威墓誌

唐 陳守素妻墓誌

唐 契苾夫人墓誌

唐 石經五經

霧

【隸書】

東漢 許安國題記

三國魏 孔羨碑

北周 華嶽頌

隋 豆盧實墓誌

隋 侯肇墓誌

隋 牛諒墓誌

隋 蘇恒墓誌

隋 王楚英墓誌

隋 張儉及妻墓誌

唐 屈突通墓誌

【楷書】

北魏 山徽墓誌

北魏 元誘墓誌

北齊 司馬遵業墓誌

隋 何氏墓誌

隋 賈通墓誌

隋 張喬墓誌

唐 安延墓誌

唐 康留買墓誌

唐 李徹墓誌

唐 劉達墓誌

隋 盧文構墓誌

唐 石經五經

唐 石經五經

唐 石經五經

唐 石經五經

唐 尉遲敬德墓誌

唐 楊基墓誌

後晉 權君妻崔墓誌

⿱雨執

【楷書】

唐 石經九經

霰

【隸書】

北周 華嶽頌

【楷書】

北齊 婁黑女墓誌

東魏 司馬昇墓誌

唐 李謙墓誌

唐 李震夫人墓誌

唐 石經五經

唐 石經五經

唐 王宣墓誌

唐 韋麟墓誌

霸

【篆書】

唐 三墳記陰

【隸書】

西漢 馬•老子甲後

西漢 馬•事語

西漢 馬•縱橫

西漢 馬•縱橫

西漢 居新•3687

西漢 居新•9078

西漢 居新•9079

西漢 居新•9092

漢晉 流簡紙

東漢 華山廟碑陽

東漢 永壽元年墓記

東漢 趙寬碑

晉 石尠墓誌

隋 豆盧賓墓誌

隋 爾朱端墓誌

隋 姬威墓誌

隋 馬穉墓誌

唐 闞道愛墓誌

唐 李神符碑

唐 行儼碑

唐 鄭忠墓碑

【楷書】

魏晉 樓•紙

北魏 馮季華墓誌

北魏 李媛墓誌

北齊 高淯墓誌

唐 崔千里墓誌

唐 段簡璧墓誌

唐 李肅邕墓誌

唐 石經五經

唐 王孝瑜及妻墓誌

唐 姚功德藏墓誌

唐 越國太妃墓誌

唐 張旼墓誌

露

【隸書】

秦 關周•病方

西漢 居新•4378

西漢 居新•4517

西漢 居新•5015

西漢 習字觚

漢晉 流簡紙

東漢 五瑞圖摩崖

東漢 薌他君題記

晉 徐義墓誌陽

隋 爾朱端墓誌

隋 郭達墓誌

隋 郭王墓誌

隋 李元墓誌

隋 任軌墓誌

隋 王榮及妻墓誌

隋 鄭令妃墓誌

唐 郎國長公主碑

唐 楊孝恭碑

【楷書】

三國吳 走•五年

魏晉 樓•紙

北魏 元悌墓誌

東魏 陸順華墓誌

唐 曹明照墓誌

唐 管思禮墓誌

隋 李則墓誌

隋 盧文構墓誌

隋 宋玉艷墓誌

隋 羊本墓誌

隋 張伏敬墓誌

隋 李則墓誌

唐 史興墓詠

唐 姚恭墓誌

唐 張進及妻誌

唐 張洛墓誌

唐 掌徹墓誌

霹

【楷書】

隋 □悦昂墓誌

霾霾

【隸書】

隋 段濟墓誌

【楷書】

東魏 元睟墓誌

隋 卜鑒墓誌

唐 李賓墓誌

唐 石經五經

唐 源公廟詩刻

唐 張氏墓誌

後梁 謝彥璋墓誌

霽霽

【隸書】

唐 司馬寔墓誌

唐 尉迟迥碑陰

【楷書】

北魏 胡明相墓誌

唐 仵願德墓誌

唐 顔相墓誌

唐 鄭敬墓誌

靂

【楷書】

隋 □悦昂墓誌

靈靈

【篆書】

東漢 祀三公山碑

北魏 嵩高靈廟碑額

隋 賀若誼碑額

唐 碧落碑

唐 碧落碑

唐 多寶佛塔銘

唐 三墳記陰

【隸書】

西漢 張•484

漢晉 流簡紙

東漢 倉頡廟碑側

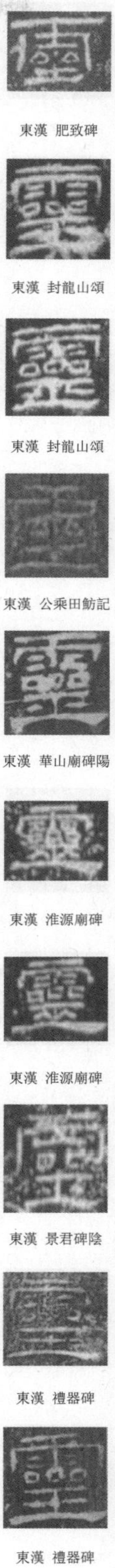

東漢 肥致碑

東漢 封龍山頌

東漢 封龍山頌

東漢 公乘田魴記

東漢 華山廟碑陽

東漢 淮源廟碑

東漢 淮源廟碑

東漢 景君碑陰

東漢 禮器碑

東漢 禮器碑

東漢 朐忍令碑

東漢 石門頌

東漢 史晨後碑

東漢 史晨前碑

東漢 夏承碑

東漢 鮮于璜碑陽

東漢 許阿瞿題記

東漢 趙寬碑

東漢 鄭固碑

東漢 作封記

晉 管洛墓誌陰

北齊 法懃塔銘

北周 華嶽頌

隋 爾朱敞墓誌

隋 符盛及妻墓誌

隋 劉寶及妻墓誌

隋 勝福寺塔銘

隋 勝福寺塔銘

隋 宋仲墓誌

隋 張盛墓誌

唐 告華嶽府君
唐 告華嶽府君
唐 告華嶽府君
唐 李神符碑
唐 李神符碑
唐 唐世榮墓誌
唐 王泠然墓誌
唐 楊孝恭碑
唐 楊孝恭碑
唐 尹尊師碑

唐 張濬墓誌
唐 張叡墓誌
唐 張騷墓誌
唐 張翼墓誌

【楷書】

晉 華芳墓誌陰
南朝陳 劉猛進碑
南朝梁 羅浮山銘
北魏 耿氏墓誌
北魏 胡明相墓誌
北魏 賈景造像記

北魏 寇憑墓誌
北魏 寇霄墓誌
北魏 靈山寺塔額
北魏 盧令媛墓誌
北魏 叔孫協墓誌
北魏 司馬顯姿墓誌
北魏 宋靈妃墓誌
北魏 姚伯多供養碑
北魏 元文墓誌
北魏 元仙墓誌

北魏 元毓墓誌
東魏 道穎造像
東魏 杜文雍造像
北周 賀屯植墓誌
北齊 姜纂造像記
東魏 淨智塔銘
東魏 陸順華墓誌
東魏 王僧墓誌
隋 董美人墓誌
隋 孔神通墓誌

隋 寇奉叔墓誌
隋 寇奉叔墓誌
隋 王楚英墓誌
隋 王世琛墓誌
隋 蕭瑒墓誌
隋 羊本墓誌
隋 楊厲墓誌
隋 姚太墓誌
隋 翟突娑墓誌
隋 張壽墓誌

唐 安延墓誌
唐 長孫盻墓誌
唐 大德超寂墓誌
唐 房光庭墓誌
唐 蓋暢墓誌
唐 迴紇瓊墓誌
唐 寇塄墓誌
唐 李術墓誌
唐 李震墓誌
唐 梁公妻墓誌

唐 陸豐妻墓誌
唐 路玄墓誌
唐 孟頭墓誌
唐 石經九經
唐 石經周易
唐 王宣墓誌
唐 蕭公夫人墓誌
唐 蕭令臣墓誌
唐 薛參墓誌
唐 楊越墓誌

唐 張信墓誌
唐 掌徹墓誌
唐 趙留四墓誌
唐 周紹業墓誌
後唐 康贊羑墓誌
後唐 王璠墓誌
後晉 王君妻闞墓誌
後梁 謝彥璋墓誌

靄 

【隸書】

唐 楊孝恭碑

唐 楊孝恭碑

唐 義福禪師碑

【楷書】

唐 程知節墓誌

唐 唐嘉會墓誌

唐 張肅墓誌

靉

【楷書】

唐 程思義墓誌

唐 郭麗墓誌

非部

非

【篆書】

三國魏 正始石經

三國魏 正始石經

唐 碧落碑

唐 崔暟墓誌陰

唐 峿臺銘

【隸書】

秦 睡 23

西漢 馬•老甲

西漢 馬•縱橫

西漢 張•125

西漢 居新•7483

西漢 居新•7769

漢晉 流簡紙

東漢 孟孝琚碑

東漢 尚博殘碑

東漢 熹平石經易

北齊 馬天祥造像

北齊 司馬遵業墓誌

隋 郭休墓誌

隋 勝福寺塔銘

隋 蘇恒墓誌

隋 蘇恒墓誌

唐 褚亮碑

唐 李神符碑

唐 石臺孝經

唐 石臺孝經

唐 楊孝恭碑

唐 楊孝恭碑

唐 尹尊師碑

【楷書】

北齊 竇泰墓誌

北齊 高湝墓誌

隋 宋景造像碑

唐 石經尚書

唐 石經周易

唐 石經周易

唐 張氏墓誌

靠

【楷書】

唐 竇真墓誌

靡

【篆書】

唐 碧落碑

唐 碧落碑

【隸書】

秦 睡 23

西漢 馬•老乙前

西漢 馬•十問

西漢 馬•天下

西漢 居新•5613

漢晉 流簡紙

東漢 肥致碑

東漢 封龍山頌

東漢 華山廟碑陽

東漢 武榮碑

東漢 夏承碑

東漢 楊震碑

東漢 楊震碑

東漢 楊震碑

三國魏 孔羨碑

三國魏 王基斷碑

隋 豆盧實墓誌

隋 豆盧實墓誌

隋 劉多墓誌

隋 任顯及妻誌

隋 蘇恒墓誌

唐 玄元靈應頌

【楷書】

北魏 檀賓墓誌

北齊 竇泰墓誌

隋 楊厲墓誌

隹部

隼

【隸書】

西漢 馬•老甲

北齊 司馬遵業墓誌

隋 豆盧實墓誌

【楷書】

北齊 司馬遵業墓誌

隋 高緊墓誌

唐 崔公妻墓誌

唐 石經周易

隻

【隸書】

東漢 蒼山元嘉題記

【楷書】

隋 董美人墓誌

唐 曹慶妻祔誌

唐 瀆廟祭器銘

唐 契苾夫人墓誌

唐 契苾夫人墓誌

唐 石經五經

稚

【楷書】

唐 石經五經

雀

【隸書】

東魏 咸會殘石

隋 謝岳墓誌

隋 修孔子廟碑

唐 楊孝恭碑

【楷書】

東魏 劉懿墓誌

隋 吳嚴墓誌

唐 姬温墓誌

唐 石經尚書

雅

【楷書】

唐 石經五經

雄

【隸書】

西漢 馬•病方

西漢 馬•合陰陽

西漢 馬•老甲

西漢 馬•老乙前

西漢 馬•十問

西漢 馬•天下

兩漢 西•醫藥

東漢 曹全碑陽

東漢 朝侯小子碑

東漢 武榮碑

東漢 校官碑

東漢 乙瑛碑

東漢 乙瑛碑

北齊 感孝頌

北齊 司馬遵業墓誌

北齊 西門豹碑陽

隋 爾朱端墓誌

隋 澧水石橋碑

隋 修孔子廟碑

隋 張儉及妻墓誌

唐 蔡君妻墓誌

唐 史思禮墓誌

唐 蘇洪姿墓誌

唐 楊孝恭碑

唐 張翼墓誌

唐 趙冬曦壙誌

【楷書】

三國吳 走•五年

北魏 弔比干文陽

北魏 奚智墓誌

北齊 竇泰墓誌

北齊 竇泰墓誌

北齊 司馬遵業墓誌

隋 高緊墓誌

隋 吳嚴墓誌

隋 元鍾墓誌

隋 張伏敬墓誌

唐 陸日覗妻墓誌

唐 石經五經

雅 䧺

【隸書】

秦 睡 53

西漢 張•134

西漢 張•662

西漢 張•767

東漢 從事馮君碑

東漢 公乘田魴記

東漢 禮器碑側

東漢 石門頌

東漢 史晨後碑

東漢 鳴咽泉題記

東漢 尹宙碑

東漢 張遷碑陽

東漢 張遷碑陰

東漢 趙菿殘碑

東漢 鄭固碑

三國魏 孔羨碑

晉 辟雍頌陽

北齊 法懃塔銘

北齊 司馬遵業墓誌

隋 郭王墓誌

隋 劉寶及妻墓誌

隋 劉多墓誌

隋 牛諒墓誌

隋 任軌墓誌

隋 口和墓誌

隋 謝岳墓誌

唐 李貞墓誌

唐 石臺孝經

唐 石臺孝經

唐 史思禮墓誌

唐 蘇洪姿墓誌

唐 行儼碑

唐 楊孝恭碑

唐 趙冬曦壙誌

【楷書】

北魏 爾朱紹墓誌

北魏 姚伯多供養碑

北魏 于纂墓誌

北魏 元洛神墓誌

東魏 杜文雍造像

隋 暴永墓誌

隋 元鍾墓誌

隋 張壽墓誌

唐 荊肆墓誌

唐 孔君墓誌

唐 孔氏墓誌

唐 石經尚書

唐 元貞墓誌

集 𠍴

【篆書】

唐 碧落碑

唐 三墳記陽

唐 三墳記陰

【隸書】

西漢 居新•2934

西漢 居新•3483

西漢 居新•5674

漢晉 流簡紙

東漢 倉頡廟碑側

東漢 曹全碑陰

東漢 肥致碑

東漢 公乘田魴記

東漢 和平元年記

東漢 華山廟碑陽

東漢 尚博殘碑

東漢 西狹頌

東漢 楊震碑

三國魏 孔羨碑

晉 辟雍頌陽

隋 爾朱端墓誌

隋 澧水石橋碑

隋 宋仲墓誌

隋 蕭瑾墓誌

唐 陳憲墓誌

唐 褚亮碑

唐 史思禮墓誌

唐 趙冬曦壙誌

唐 趙冬曦壙誌

唐 趙冬曦壙誌

【楷書】

晉 華芳墓誌陰

北魏 賈景造像記

北魏 元信墓誌

隋 蕭翹墓誌

唐 崔元二墓誌

唐 敬覺墓誌

雊

【楷書】

唐 石經五經

雇

【隸書】

西漢 張•1154

西漢 張•1160

東漢 趙儀碑

【楷書】

南朝宋 佛女買地券

睢

【隸書】

西漢 馬•縱橫

唐 孔子廟碑

【楷書】

隋 程諧墓誌

唐 馮誠墓誌

唐 石經五經

唐 石經五經

雉

【隸書】

西漢 馬•老子甲後

北魏 上尊號碑

隋 澧水石橋碑

隋 蘇恒墓誌

隋 蕭瑾墓誌

隋 修孔子廟碑

隋 張儉及妻墓誌

唐 徐盼墓誌

【楷書】

北魏 蘇屯墓誌

隋 寇奉叔墓誌

隋 薛保興墓誌

隋 元智墓誌

唐 石經周易

唐 張道墓誌

雊

【隸書】

隋 蘇恒墓誌

【楷書】

唐 石經尚書

唐 石經五經

雍

【篆書】

北魏 温泉頌額

北魏 温泉頌額

【隸書】

秦 睡12

西漢 馬•十問

西漢 馬•縱橫

西漢 張•652

西漢 居新•7554

西漢 武•有司甲

西漢 習字觚

東漢 西•病書

東漢 曹全碑陽

東漢 華山廟碑陽

東漢 淮源廟碑

東漢 孔宙碑陽

東漢 朐忍令碑

東漢 三老刻石

東漢 史晨後碑

東漢 西狹頌

東漢 薌他君題記

晉 辟雍頌額

晉 辟雍頌陽

晉 左棻墓誌陰

隋 郭達墓誌

隋 牛諒墓誌

唐 崔祐甫墓誌

唐 李神符碑

唐 李貞墓誌

唐 王媛墓誌陽

唐 王震墓誌

【楷書】

三國吳 走•四年

晉 黃庭經

晉 黃庭經

北魏 爾朱紹墓誌

北魏 韓顯宗墓誌

北魏 李蕤墓誌

北魏 吐谷渾氏墓誌

北魏 王翊墓誌

北魏 元繼墓誌

北周 獨孤信墓誌

隋 皇甫深墓誌

隋 姬威墓誌

唐 段承宗墓誌

唐 石經九經

唐 石經九經

唐 石經尚書

唐 石經五經

唐 索相兒墓誌

唐 蕭博墓誌

唐 袁仁爽墓誌

後唐 王禹墓誌

雌

【隸書】

西漢 馬•合陰陽

唐 崔沔墓誌陽

唐 史思禮墓誌

【楷書】

北魏 元譚墓誌

唐 執失善光

唐 朱齊之墓誌

雒

【隸書】

西漢 張•472

西漢 張•635

東漢 肥致碑

東漢 禮器碑側

東漢 禮器碑陰

東漢 尚博殘碑

東漢 史晨前碑

東漢 乙瑛碑

隋 豆盧實墓誌

隋 郭達墓誌

	踓	藿		雕	雔	雒	
漢晉 流簡紙	【隸書】	【隸書】	北齊 司馬遵業墓誌	【篆書】	【楷書】	【楷書】	隋 牛暉墓誌
東漢 朝侯小子碑	秦 睡 44	西漢 馬·老乙前	隋 尉富娘墓誌	唐 碧落碑	唐 孫讜墓誌	唐 周思忠墓誌	隋 蘇恒墓誌
東漢 池陽令殘碑	西漢 馬·合陰陽	東漢 池陽令殘碑	唐 李君墓誌	【隸書】	後周 蕭處仁墓誌		【楷書】
東漢 肥致碑	西漢 馬·老甲	【楷書】	唐 李爽墓誌	西漢 張·473			北魏 王蕃墓誌
東漢 郙閣頌	西漢 馬·老子甲後	北周 華嶽頌	唐 李英墓誌	西漢 張·480			東魏 淨智塔銘
東漢 熹平石經易	西漢 馬·老子甲後	東魏 元悰墓誌	唐 石經五經	西漢 張·826			隋 段模墓誌
東漢 薌他君題記	西漢 馬·縱橫	隋 田公墓誌	唐 石經五經	北齊 感孝頌			隋 田光山妻墓誌
東漢 張遷碑陽	西漢 張·735	唐 李愍墓誌	唐 索崇墓誌	隋 叱李綱子墓誌			隋 元鐘墓誌
東漢 趙寬碑	西漢 居新·7483	唐 石經五經	唐 王府君墓誌	隋 劉多墓誌			唐 王大禮墓誌
三國魏 張君殘碑	東漢 西·寇恩		唐 王相兒墓誌	唐 掌徹墓誌			唐 顏襄子銘
	兩漢 西·馬簡			【楷書】			後唐 康贊羑墓誌
				北魏 元顯儁墓誌			
				北齊 婁黑女墓誌			

晉 管洛墓誌陽
北齊 司馬遵業墓誌
隋 豆盧實墓誌
隋 爾朱敞墓誌
隋 蘇恒墓誌
隋 趙朗墓誌
唐 褚亮碑
唐 豆盧建墓誌
唐 石臺孝經
唐 石臺孝經

唐 石臺孝經
唐 石臺孝經
唐 石臺孝經
唐 石臺孝經
唐 石臺孝經
唐 王霞墓誌
唐 行儼碑
唐 楊孝恭碑

【楷書】

魏晉 樓•紙
南朝梁 羅浮山銘

北魏 馮邕妻墓誌
北魏 韓顯宗墓誌
北魏 和醜仁墓誌
北魏 山徽墓誌
北魏 元宥墓誌
北齊 竇泰墓誌
東魏 高盛墓碑
隋 姜敬親墓誌
隋 張怦墓誌
隋 張喬墓誌

隋 張濤妻墓誌
唐 崔淑墓誌
唐 蘭陵蕭氏墓誌
唐 劉基墓誌
唐 石經尚書
唐 石經五經
唐 石經周易
唐 司馬銓墓誌
唐 吳德鄘妻墓誌
唐 浯溪記

唐 薛剛墓誌
唐 楊仲雅墓誌
唐 于士恭墓誌
唐 趙嘉及妻墓誌
後周 段威墓誌
閻 堅牢塔記
後唐 王禹墓誌

雙 雙

【隸書】

西漢 西•善劍
東漢 封龍山頌
東漢 劉漢劉漢
東漢 許安國題記
東漢 張遷碑陽
北齊 感孝頌
北齊 司馬遵業墓誌
隋 叱李綱子墓誌
隋 劉寶及妻墓誌
隋 任軌墓誌

隋 張景略墓誌
唐 蘇洪姿墓誌
唐 楊孝恭碑
唐 楊孝恭碑

【楷書】

三國吳 走•五年
北魏 元茂墓誌
北魏 元悌墓誌
北魏 元文墓誌
北齊 竇泰墓誌
東魏 劉雙周塔記

隋 董暉寶造像
隋 蕭氏墓誌
唐 李敬墓誌
唐 齊朗墓誌
唐 石經五經
唐 王勛墓誌
唐 蕭公夫人墓誌
唐 雁塔聖教序
閻 堅牢塔記

雞

【隸書】

西漢 馬•病方

西漢 馬•十問

西漢 馬•天下

西漢 張•289

西漢 居新•1426

西漢 居新•2900

西漢 居新•3474

西漢 西•善劍

北齊 司馬遵業墓誌

北齊 司馬遵業墓誌

隋 爾朱敞墓誌

唐 豆盧建墓誌

唐 李貞墓誌

唐 王崇禮墓誌

唐 王卿及妻墓誌

【楷書】

北魏 奚真墓誌

北魏 元仙墓誌

北齊 許儁等造像

隋 馬少敏墓誌

隋 張儉及妻墓誌

唐 崔泰之墓誌

東魏 元悰墓誌

隋 陳叔榮墓誌

隋 元鐘墓誌

唐 呼延章墓誌

唐 李皐妻墓誌

唐 劉儉墓誌

唐 文鑒經幢

唐 袁公瑜墓誌

唐 鄭懔墓誌

唐 崔素墓誌

唐 李弘亮墓誌

唐 盧初墓誌

唐 孟孝敏妻墓誌

唐 宋度夫人墓誌

唐 王卿及妻墓誌

雛

【隸書】

東漢 孟孝琚碑

隋 爾朱敞墓誌

【楷書】

南朝陳 劉猛進碑

北魏 元子正墓誌

隋 盧文構墓誌

唐 崔宜之墓誌

唐 韓承墓誌

隋 盧文構墓誌

唐 馬宋應墓誌

唐 南川縣主墓誌

唐 契苾夫人墓誌

唐 騫思哲誌銘

唐 石經五經

唐 王固己墓誌

唐 王傑墓誌

唐 張楚璋墓誌

唐 張威及妻墓誌

唐 支子珪墓誌

雜

【隸書】

秦 睡45

秦 睡66

秦 關周•日書

西漢 馬•老子甲後

西漢 張•200

西漢 張•353

東漢 乙瑛碑

東漢 乙瑛碑

三國魏 孔羨碑

北魏 上尊號碑

北齊 法懃塔銘

隋 段濟墓誌

【楷書】

晉 洛神十三行

北魏 吐谷渾璣墓誌

北魏 元順墓誌

北魏 元彝墓誌

北魏 元瞻墓誌

東魏 李艷華墓誌

唐 匹婁思墓誌

唐 神策軍碑

唐 石經九經

唐 王宏墓誌

唐 越國太妃墓誌

唐 張嵩墓誌

離雞

【篆書】

東漢 祀三公山碑

【隸書】

秦 睡 45

西漢 張•125

西漢 居新•4349

東漢 曹全碑陽

東漢 寬以殘碑

東漢 禮器碑

東漢 孟孝琚碑

東漢 熹平石經易

東漢 薌他君題記

東漢 薌他君題記

東漢 許阿瞿題記

東漢 許安國題記

東漢 許安國題記

東漢 尹宙碑

東漢 永壽元年銘

東漢 作封記

晉 王君侯碑陽

晉 徐義墓誌陽

北齊 司馬遵業墓誌

北齊 西門豹碑陽

隋 李元墓誌

隋 口靜墓誌

隋 趙朗墓誌

唐 石臺孝經

唐 石臺孝經

唐 王子麟墓誌

唐 張顏墓誌

唐 張翼墓誌

【楷書】

魏晉 樓•紙

北魏 高珪墓誌

北魏 元純陁墓誌

東魏 杜文雍造像

隋 申穆及妻墓誌

隋 勝福寺塔銘

隋 王弘墓誌

隋 蕭氏墓誌

唐 楊孝直墓誌

唐 賈隱及妻墓誌

唐 李岐墓誌

唐 石經五經

唐 石經五經

唐 石經周易

唐 孫光墓誌

唐 韋垻墓誌

唐 楊逸墓誌

難

【篆書】

三國魏 正始石經

【隸書】

秦 睡 84

秦 關周•日書

西漢 馬•老甲

西漢 馬•縱橫

西漢 張•774

西漢 居新•6542

漢晉 流簡紙

漢晉 流簡紙

東漢 肥致碑

東漢 郙閣頌

東漢 三老刻石

東漢 石門頌

東漢 石門頌

東漢 石門頌

東漢 王舍人碑

東漢 西狹頌

東漢 圉令趙君碑

東漢 趙寬碑

東漢 子游殘碑

【隸書】

秦 睡120

西漢 馬·縱橫

西漢 居新·7545

【楷書】

南朝陳 衛和墓誌

北魏 元壽安墓誌

唐 李璆墓誌

唐 石經尚書

唐 楊尊墓誌

【楷書】

唐 石經五經

唐 石經尚書

唐 石經周易

唐 孫君妻李墓誌

唐 張去奢墓誌

後梁 韓仲舉妻墓誌

後梁 蕭符墓誌

隋 范安貴墓誌

隋 馬少敏墓誌

隋 明雲騰墓誌

隋 王楚英墓誌

隋 吳嚴墓誌

唐 梁公妻墓誌

唐 藺從則墓誌

唐 明俊墓誌

唐 明希晉墓誌

唐 石經尚書

唐 史思禮墓誌

唐 張翼墓誌

【楷書】

北魏 馮迎男墓誌

北魏 馮邕妻墓誌

北魏 元瞻墓誌

北魏 張安姬墓誌

北齊 竇泰墓誌

東魏 南宗和尚塔銘

東魏 元悰墓誌

隋 成公氏墓誌

晉 辟雍頌陽

晉 郭槐柩記

隋 爾朱敞墓誌

隋 澧水石橋碑

隋 關明墓誌

隋 郭達墓誌

隋 李元墓誌

隋 蘇恒墓誌

隋 趙朗墓誌

唐 李徹墓誌

阜部

阜

【隸書】

隋 茳高墓誌

隋 馬穉墓誌

隋 牛諒墓誌

隋 任顯及妻誌

隋 蕭瑾墓誌

隋 修孔子廟碑

唐 蔡君妻墓誌

唐 孔子廟碑

唐 文宣王廟門碑

唐 貞一廟碑

【楷書】

北魏 爾朱襲墓誌

東魏 元晔墓誌

東魏 元湛墓誌

隋 陳叔明墓誌

隋 高緊墓誌

唐 呼延章墓誌

唐 盧昂墓誌

唐 秦進儀墓誌

唐 吳孝墓誌

唐 昝斌墓誌

唐 張某墓誌

阞

【篆書】

唐 三墳記陰

【楷書】

唐 石經五經

阠

【楷書】

唐 石經五經

阡

【隸書】

北齊 感孝頌

唐 李神符碑

唐 王媛墓誌陰

唐 王震墓誌

唐 王子麟墓誌

【楷書】

北魏 元朗墓誌

唐 爨君墓誌

唐 張京墓誌

阢

【楷書】

唐 李鎬墓誌

阿

【篆書】
唐 阿史那忠碑額
唐 阿育王寺碑額
【隸書】
西漢 張•475
西漢 居新•5748
西漢 居新•5748
東漢 石門頌
東漢 鄐他君記額
晉 石尠墓誌
隋 口隨及妻墓誌
【楷書】
魏晉 樓•紙

阬

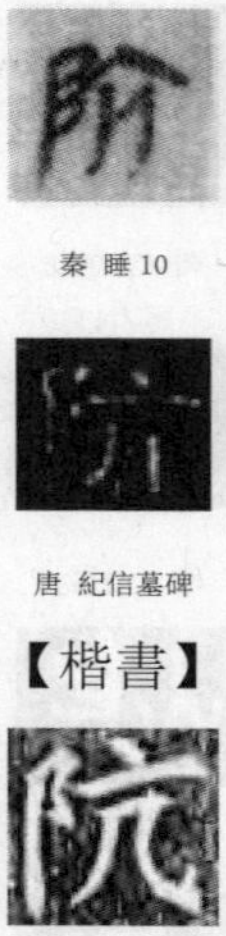

【隸書】
秦 睡10
唐 紀信墓碑
【楷書】
唐 石經五經

防

【隸書】
西漢 居新•8382
兩漢 西•羌律
北齊 婁黑女墓誌
隋 段濟墓誌
隋 趙朗墓誌
唐 王媛墓誌陽
【楷書】
唐 史信墓誌
唐 楊乾光墓誌

阪

【隸書】
秦 睡255
【楷書】
北齊 邢多等造像
唐 秦進儀墓誌
唐 張金才墓誌

阯

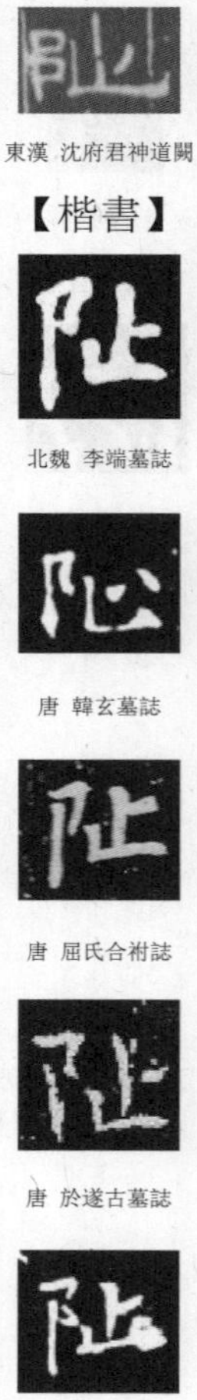

【隸書】
東漢 沈府君神道闕
【楷書】
北魏 李端墓誌
唐 韓玄墓誌
唐 屈氏合祔誌
唐 於遂古墓誌
唐 周藻墓誌

阸

【隸書】
東漢 西狹頌
【楷書】
唐 崔眾甫墓誌
唐 石經五經

阮

【楷書】
北魏 元項墓誌
隋 明雲騰墓誌
唐 崔紹墓誌

阱

【楷書】
唐 石經五經

阼

【隸書】

西漢 武•有司甲

【楷書】

唐 陳利見妻墓誌

唐 石經禮記

唐 石經尚書

【楷書】

魏晉 樓•紙

北魏 于纂墓誌

北魏 元彬墓誌

北魏 元敷墓誌

隋 羊本墓誌

唐 石經尚書

唐 石經周易

唐 張相墓誌

附

【隸書】

西漢 張•344

西漢 張•829

漢晉 流簡紙

東漢 樊敏碑

晉 辟雍頌陽

晉 管洛墓誌陽

晉 郭槐柩記

隋 豆盧賨墓誌

隋 段濟墓誌

隋 張姜墓誌

北周 步孤須蜜多墓誌

東魏 陸順華墓誌

隋 橋紹墓誌

隋 張貴男墓誌

唐 石經尚書

後唐 張稹墓誌

阻

【隸書】

兩漢 西•馬簡

漢晉 流簡紙

東漢 西狹頌

唐 柳偘妻墓誌

唐 王媛墓誌陽

唐 張休光墓誌

唐 張翼墓誌

【楷書】

北魏 穆彥墓誌

北魏 元壽安墓誌

北魏 元液墓誌

阿

北齊 婁黑女墓誌

北齊 牛永福造像

北周 十六佛名號

北周 曇樂造像

東魏 造須弥塔記

唐 楊清墓誌

北魏 楊阿難墓誌

北魏 元倖墓誌陽

北魏 元順墓誌

西魏 陳神姜造像

北齊 竇泰墓誌

北齊 竇泰墓誌

東魏 公孫甑生墓誌

北齊 惠遠造像記

北周 李明顯造象

北周 李元海造像

北魏 常季繁墓誌

北魏 常文遠造像

北魏 高皃造像記

北魏 胡明相墓誌

北魏 李璧墓誌陽

北魏 劉阿素墓誌

北魏 山徽墓誌

北魏 王阿善造像

北魏 王遺女墓誌

北魏 仙和寺造像

陁

【篆書】

唐 彌陀像碑額

唐 姚仲文經幢

【隸書】

隋 劉多墓誌

唐 大忍寺碑

【楷書】

北魏 元純陁墓誌

北齊 無量義經

隋 羅寶奴造像

隋 張信造像

唐 石經五經

唐 周智沖造像

陂

【篆書】

唐 百門陂碑額

【隸書】

隋 豆盧實墓誌

唐 任城橋亭記

【楷書】

隋 李元墓誌

隋 吳嚴墓誌

唐 石經爾雅

唐 石經尚書

唐 石經周易

唐 張伯墓誌

阹

【隸書】

秦 睡100

【楷書】

晉 黃庭内景經

阽

【楷書】

東魏 蕭正表墓誌

唐 張伽墓誌

陋

【隸書】

東漢 三公山碑

東漢 鄭固碑

北齊 司馬遵業墓誌

唐 北獄廟碑

唐 盧宏及妻墓誌

【楷書】

北魏 司馬顯姿墓誌

東魏 蕭正表墓誌

唐 公孫達墓誌

唐 石經五經

降

【篆書】

東漢 祀三公山碑

【隸書】

秦 睡52

西漢 馬•老乙前

西漢 張•556

西漢 張•559

東漢 西•死駒

漢晉 流簡紙

漢晉 流簡紙

東漢 曹全碑陽

東漢 公乘田魴記

東漢 衡方碑

東漢 淮源廟碑

東漢 禮器碑

東漢 朐忍令碑

東漢 五瑞圖摩崖

東漢 西狹頌

東漢 熹平殘石

東漢 楊震碑

東漢 楊震碑

三國魏 王基斷碑

晉 辟雍頌陽

晉 辟雍頌陽

隋 爾朱敞墓誌

隋 爾朱端墓誌

隋 澧水石橋碑

隋 劉多墓誌

隋 宋仲墓誌

隋 修孔子廟碑

隋 張儉及妻墓誌

唐 蔡君妻墓誌

陌	限𨸏	陔	陊				
【隸書】	【隸書】	【篆書】	【隸書】	隋 張伏敬墓誌	北魏 元珽墓誌	北魏 寇演墓誌	唐 闞道愛墓誌
東漢 延熹三年記	三國魏 曹真殘碑陽	唐 碧落碑	隋 馬穉墓誌	唐 劉理墓誌	北魏 元仙墓誌	北魏 穆紹墓誌	唐 李貞墓誌
隋 李元墓誌	【楷書】	唐 碧落碑	【楷書】	唐 柳偘妻墓誌	北魏 元顯魏墓誌	北魏 穆紹墓誌	唐 鄎國長公主碑
【楷書】	三國吳 走•四年	【隸書】	北齊 元賢墓誌	唐 石經尚書	北魏 元毓墓誌	北魏 王基墓誌	唐 楊孝恭碑
北魏 元敷墓誌	三國吳 走•五年	西漢 武•泰射甲	唐 李鳳墓誌	唐 石經五經	北齊 竇泰墓誌	北魏 王普賢墓誌	唐 楊孝恭碑
北齊 高湝墓誌	三國吳 走•五年	【楷書】		唐 思恆墓誌	北齊 高湝墓誌	北魏 元寳月墓誌	唐 尹尊師碑
唐 呂思禮墓誌	魏晉 樓•紙	唐 苻肅墓誌		唐 王惠墓誌	隋 范安貴墓誌	北魏 元崇業墓誌	唐 張濬墓誌
唐 楊康墓誌	晉 洛神十三行			唐 尉遲敬德墓誌	隋 梁瓌墓誌	北魏 元壽光墓誌	【楷書】
	北魏 于景墓誌				隋 王楚英墓誌	北魏 元朗墓誌	晉 華芳墓誌陰
	北魏 元略墓誌				隋 元鐘墓誌	北魏 元戎墓誌	北魏 公孫猗墓誌
	唐 石經周易						北魏 寇慰墓誌
	唐 宋莊墓誌						

陛

【隸書】

西漢 張•694

西漢 西•奏書

隋 蕭瑾墓誌

唐 戴令言墓誌

唐 嵩陽觀碑

唐 行儼碑

【楷書】

北魏 盧令媛墓誌

北魏 王神虎造像

北魏 元延明墓誌

北齊 李稚暈造像

隋 寧贇墓碑

隋 張怦墓誌

唐 崔孝昌墓誌

唐 王蒙恩造像

陝

【隸書】

西漢 馬•天下

西漢 張•287

西漢 張•476

東漢 張遷碑陽

唐 崔沔墓誌陰

唐 崔泰之墓誌

【楷書】

北魏 元恭墓誌

唐 陳昌宗造像

唐 崔孝昌墓誌

唐 高憲墓誌

唐 盧昂墓誌

唐 宋度夫人墓誌

唐 周漢墓誌

陘

【隸書】

秦 睡254

唐 白鹿泉碑陽

【楷書】

唐 獨孤開遠墓誌

唐 李氏娘墓誌

唐 李信墓誌

陣

【隸書】

東漢 伯興妻殘碑

北齊 竇泰墓誌

【楷書】

北魏 爾朱襲墓誌

隋 范安貴墓誌

陟

【篆書】

三國魏 正始石經

三國魏 正始石經

【隸書】

東漢 淮源廟碑

東漢 孔宙碑陽

東漢 朐忍令碑

東漢 朐忍令碑

北魏 上尊號碑

北齊 司馬遵業墓誌

唐 李貞墓誌

唐 王泠然墓誌

唐 趙冬曦壙誌

唐 趙冬曦壙誌

【楷書】

北魏 馮邕妻墓誌

東魏 元湛墓誌

隋 鞏賓墓誌

隋 諸葛子恆碑

唐 姬温墓誌

唐 石經尚書

唐 石經五經

後唐 王璠墓誌

唐 史思禮墓誌

唐 閻肇墓誌

院

【篆書】

唐 多寶佛塔銘

【隸書】

秦 睡68

西漢 張•203

隋 張儉及妻墓誌

唐 修定寺記碑

唐 尹尊師碑

唐 趙冬曦壙誌

【楷書】

北魏 淨悟浮圖記

唐 古衍墓誌

唐 盧初墓誌

【楷書】

北魏 高珪墓誌

北魏 吐谷渾璣墓誌

北魏 王蕃墓誌

北魏 元融墓誌

北齊 竇泰墓誌

北齊 竇泰墓誌

隋 寇遵考墓誌

唐 石經周易

唐 王同人墓誌

唐 張忠義墓誌

隋 爾朱敞墓誌

隋 爾朱敞墓誌

隋 任軌墓誌

隋 任顯及妻誌

隋 蘇恒墓誌

隋 蘇恒墓誌

隋 張儉及妻墓誌

唐 李神符碑

唐 石臺孝經

唐 行儼碑

東漢 史晨後碑

東漢 夏承碑

東漢 鮮于璜碑陽

東漢 鮮于璜碑陽

東漢 楊震碑

東漢 乙瑛碑

東漢 造土牛碑

三國魏 張君殘碑

北齊 司馬遵業墓誌

北齊 司馬遵業墓誌

漢晉 流簡紙

漢晉 流簡紙

東漢 倉頡廟碑側

東漢 蒼山元嘉題記

東漢 曹全碑陽

東漢 朝侯小子碑

東漢 池陽令殘碑

東漢 衡方碑

東漢 舉孝廉殘碑

東漢 少室闕題名

除

【篆書】

東漢 袁安碑

東漢 袁安碑

【隸書】

秦 睡44

西漢 張•42

西漢 張•92

西漢 張•93

西漢 張•982

西漢 居新•7638

西漢 西•候官

兩漢 武•王杖

陗

【篆書】

唐 峿臺銘

【楷書】

唐 石經五經

陸

【篆書】

唐 碧落碑

唐 紀慎妃碑額

唐 三墳記陰

【隸書】

西漢 張•473

兩漢 西•馬簡

東漢 衡方碑

東漢 孔宙碑陰

東漢 禮器碑陰

東漢 任城黃腸石

晉 徐義墓誌陽

北齊 司馬遵業墓誌

隋 段濟墓誌

唐 崔暟墓誌陽

唐 石臺孝經

唐 嵩陽觀碑

唐 楊孝恭碑

【楷書】

北魏 寇治墓誌

北魏 李媛墓誌

北魏 僧達四十人造像

北魏 元固墓誌

北魏 元繼墓誌

北魏 元嵩墓誌

北周 賀屯植墓誌

北齊 牛景悦記

隋 鄧昞墓誌

隋 盧文構墓誌

隋 王弘墓誌

書 安思節墓誌

唐 竇真墓誌

唐 石經尚書

唐 石經尚書

唐 石經五經

唐 石經周易

唐 閻肇墓誌

後梁 韓仲舉妻墓誌

陳

【篆書】

三國吳 天發神讖碑

三國魏 正始石經

三國魏 正始石經

隋 陳茂墓碑額

【隸書】

秦 睡268

秦 關周•病方

西漢 馬•縱橫

西漢 張•1051

西漢 居新•3667

西漢 居新•5557

西漢 居新•7738

東漢 西•紛狀

東漢 封龍山頌

東漢 何君閣道銘

東漢 孔宙碑陽

東漢 孔宙碑陰

東漢 禮器碑陰

東漢 立朝字殘碑

東漢 任城黃腸石

東漢 西狹頌

東漢 楊震碑

東漢 張遷碑陽

三國魏 曹真殘碑陽

隋 爾朱端墓誌

隋 任顯及妻誌

隋 修孔子廟碑

唐 褚亮碑

唐 高元珪墓誌

唐 石臺孝經

唐 石臺孝經

唐 史思禮墓誌

唐 史思禮墓誌

唐 楊孝恭碑

【楷書】

三國吳 走•二年

三國吳 走•四年

三國吳 走•四年

北魏 元端墓誌

北魏 元文墓誌

北魏 張玄墓誌

隋 陳花樹墓誌

隋 田光山妻墓誌

隋 王楚英墓誌

唐 崔弘禮墓誌

唐 李買墓誌

唐 石經五經

唐 王貞墓誌

陬陬

【隸書】

唐 牛氏像龕碑

【楷書】

唐 葛亮祠堂碑

唐 韋頊墓誌

陵陵

【篆書】

東漢 尚博殘碑額

東漢 少室石闕銘

東漢 少室石闕銘

隋 賀若誼碑額

唐 碧落碑

唐 三墳記陰

唐 峿臺銘

【隸書】

秦 關周•曆譜

秦 關周•曆譜

西漢 馬•合陰陽

西漢 馬•縱橫

西漢 馬•縱横

西漢 張•469

西漢 居新•3424

兩漢 武•王杖

漢晉 流簡紙

西漢 霍去病墓字

西漢 王陵塞石

東漢 何君閣道銘

東漢 華山廟碑陽

東漢 淮源廟碑

東漢 景君碑陰

東漢 景君碑陰

東漢 景君碑陰

東漢 景君碑陰

東漢 景君碑陰

東漢 景君碑陰

東漢 孔宙碑陰

東漢 孔宙碑陰

東漢 禮器碑

東漢 禮器碑陰

東漢 楊震碑

東漢 尹宙碑

東漢 趙寬碑

東漢 子游殘碑

三國魏 張君殘碑

晉 辟雍頌陽

晉 楊陽墓闕

晉 左棻墓誌陽

北齊 司馬遵業墓誌

隋 宋景造像碑

隋 吳嚴墓誌

隋 張儉及妻墓誌

唐 褚亮碑

唐 李神符碑

唐 史思禮墓誌

唐 徐盼墓誌

唐 楊孝恭碑

【楷書】

三國吳 走•四年

北魏 胡明相墓誌

北魏 咎雙仁墓誌

北魏 寇憑墓誌

北魏 于仙墓誌

北魏 元恪嬪墓誌

北魏 元倪墓誌

北魏 元文墓誌

東魏 侯海墓誌陰

北周 寇胤哲墓誌

東魏 李艷華墓誌

隋 成公氏墓誌

隋 盧文構墓誌

隋 任顯及妻誌

隋 任顯及妻誌

隋 張濤妻墓誌

唐 獨孤澄墓誌

唐 李超墓誌

唐 李鎬墓誌

唐 李清墓誌

唐 李秀琮墓誌

唐 石經尚書

唐 石經五經

唐 石經周易

唐 石經周易

唐 張餘墓誌

後唐 西方鄴墓誌

陭䧘

【楷書】

隋 張壽墓誌

陼䧢

【楷書】

唐 石經五經

陰陰

【篆書】

東漢 開母廟闕銘

東漢 少室石闕銘

東漢 袁安碑

東漢 張遷碑額

唐 三墳記陰

【隸書】

秦 睡 72

西漢 馬•老乙前

西漢 馬•養生

西漢 馬•縱橫

西漢 馬•縱橫

西漢 張•1051

西漢 張•469

西漢 張•472

西漢 張•808

西漢 居新•4518

兩漢 西•馬簡

漢晉 流簡紙

東漢 白石神君碑

東漢 蕩陰字殘

東漢 高頤闕銘東

東漢 華山廟碑陽

東漢 淮源廟碑

東漢 禮器碑

東漢 禮器碑側

東漢 熹平石經易

東漢 趙寬碑

晉 徐義墓誌陽

隋 爾朱端墓誌

隋 爾朱端墓誌

隋 劉寶及妻墓誌

隋 劉多墓誌

隋 蘇恒墓誌

隋 張儉及妻墓誌

隋 鄭令妃墓誌

唐 安天王廟碑

唐 北獄廟碑

唐 褚亮碑

唐 李彥墓誌

唐 牛氏像龕碑

唐 沈知敏墓誌

陶

【篆書】

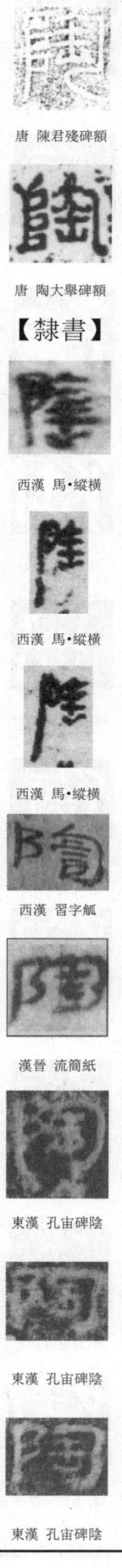

唐 陳君殘碑額

唐 陶大舉碑額

【隸書】

西漢 馬•縱橫

西漢 馬•縱橫

西漢 馬•縱橫

西漢 習字觚

漢晉 流簡紙

東漢 孔宙碑陰

東漢 孔宙碑陰

東漢 孔宙碑陰

唐 武珍妻墓誌

【楷書】

北魏 元愔墓誌

東魏 李憲墓誌

唐 程思義墓誌

唐 李璀墓誌

唐 李信墓誌

唐 契苾夫人墓誌

唐 石經五經

唐 石經孝經

唐 石經周易

唐 孫君妻李墓誌

陷

【隸書】

秦 睡 51

西漢 居新•5906

漢晉 流簡紙

東漢 樊敏碑

三國魏 曹真殘碑陽

晉 石尠墓誌

隋 澧水石橋碑

唐 崔祐甫墓誌

唐 石臺孝經

唐 張休光墓誌

唐 石經五經

唐 石經周易

唐 唐嘉會墓誌

唐 楊贍墓誌

隋 程氏墓誌

隋 高緊墓誌

隋 李氏墓誌

隋 嚴元貴墓誌

唐 竇娘子墓誌

唐 董氏墓誌

唐 李總持墓誌

唐 劉妙姜墓誌

唐 石經尚書

唐 石經五經

北魏 楊範墓誌

北魏 于景墓誌

北魏 元馗墓誌

北魏 元始和墓誌

北魏 元願平妻墓誌

北魏 元周安墓誌

北齊 竇泰墓誌

北齊 司馬遵業墓誌

北齊 姚景等造像

東魏 元均及妻墓誌

唐 史思禮墓誌

唐 唐直墓誌

唐 王媛墓誌陰

唐 王震墓誌

唐 修定寺記碑

唐 張休光墓誌

唐 趙冬曦壙誌

【楷書】

魏晉 樓•紙

北魏 唐耀墓誌

北魏 薛慧命墓誌

隋	陘		陪	陲			
【篆書】 隋 陳茂墓碑額 隋 澧水石橋碑額 隋 賀若誼碑額 【隸書】 秦 睡 152 西漢 馬•老乙前 西漢 馬•老乙前 西漢 張•478 西漢 張•783 西漢 居新•7330 漢晉 流簡紙	【楷書】 唐 石經五經 唐 張去奢墓誌	北齊 司馬遵業墓誌 隋 高緊墓誌 唐 石經九經	【隸書】 東漢 楊震碑 東漢 趙寬碑 東漢 趙寬碑 隋 爾朱端墓誌 隋 郭達墓誌 隋 張姜墓誌 唐 大忍寺碑 唐 李神符碑 【楷書】 晉 華芳墓誌陽 北魏 元誨墓誌	【楷書】 唐 劉庭訓墓誌 後周 蕭處仁墓誌	唐 石經五經 唐 裴冬至墓誌 唐 張詮墓誌 後唐 王璠墓誌	【楷書】 北魏 馮會萇墓誌 北魏 唐耀墓誌 北魏 元欽墓誌 北魏 元熙墓誌 北魏 元新成妃墓誌 北魏 元延明墓誌 隋 陶貴墓誌 唐 崔鞏墓誌 唐 苗弘本墓誌 唐 石經尚書	三國魏 范式碑陽 東魏 宗欣墓誌 隋 段濟墓誌 隋 郭達墓誌 隋 修孔子廟碑 唐 京兆金氏墓誌 唐 李神符碑 唐 劉慎墓誌 唐 修定寺記碑 唐 玄元靈應頌

唐 石經尚書

隅䮋

【隸書】

秦 睡244

西漢 武•特牲甲

隋 王榮及妻墓誌

唐 嵩陽觀碑

唐 楊孝恭碑

唐 楊孝恭碑

唐 張願墓誌

【楷書】

北魏 元乂墓誌

隋 段威墓誌

唐 盧景修墓誌

唐 楊孝恭碑

【楷書】

北魏 長孫子澤墓誌

北魏 郭顯墓誌

隋 高虬墓誌

隋 任軌墓誌

唐 石經尚書

唐 石經周易

唐 王游藝墓誌

唐 魏公韋氏墓誌

唐 張須墓誌

階䧘

【隸書】

西漢 武•少牢甲

東漢 曹全碑陽

東漢 衡方碑

東漢 景君碑陽

晉 辟雍頌陽

晉 辟雍頌陽

隋 蕭瑾墓誌

唐 崔泰之墓誌

唐 告華嶽府君

唐 王媛墓誌陰

隋 王楚英墓誌

隋 王光墓誌

隋 王曜墓誌

隋 楊居誌蓋

隋 元鐘墓誌

唐 呼延章墓誌

唐 裴同墓誌

唐 石經五經

唐 孫嬰墓誌

唐 掌徹墓誌

唐 抱腹寺碑

唐 潘基墓誌

唐 唐世榮墓誌

唐 尹尊師碑

唐 張濬墓誌

【楷書】

隋 獨孤羅墓誌

隋 梁坦墓誌

隋 勝福寺塔銘

隋 田光山妻墓誌

隋 田氏墓誌

隋 劉寶及妻墓誌

隋 申穆及妻墓誌

隋 宋仲墓誌

隋 口和墓誌

隋 吳嚴墓誌

隋 蕭瑾墓誌

隋 修孔子廟碑

隋 張景略墓誌

隋 張盛墓誌

隋 鄭令妃墓誌

隋 叱李綱子墓誌

隋 段濟墓誌

隋 爾朱敞墓誌

隋 爾朱端墓誌

隋 澧水石橋碑

隋 符盛及妻墓誌

隋 闞明墓誌

隋 郭王墓誌

隋 郭王墓誌

隋 郭休墓誌

阜部

隈

【隸書】

北周 華嶽頌

【楷書】

北魏 王誦墓誌

唐 裴琪墓誌

唐 支懷墓誌

陽

【篆書】

東漢 開母廟闕銘

東漢 少室石闕銘

東漢 少室石闕銘

東漢 楊著碑額

東漢 袁安碑

北齊 皇甫琳額

東魏 王令媛誌蓋

東魏 元湛誌蓋

唐 般若臺記

唐 碧落碑

唐 城隍廟碑

唐 謙卦碑

唐 三墳記陰

唐 三墳記陰

唐 文宣王廟碑額

唐 于孝顯碑額

唐 峿臺銘

【隸書】

秦 睡 112

西漢 馬•老乙前

西漢 馬•縱横

西漢 張•476

西漢 張•653

西漢 張•663

西漢 居新•3831

西漢 居新•5716

西漢 居新•7527

西漢 居新•7544

西漢 居新•7627

西漢 居新•7738

西漢 西•詔書

漢晉 流簡紙

漢晉 流簡紙

東漢 封龍山頌

東漢 郭仲理記

東漢 淮源廟碑

東漢 淮源廟碑

東漢 孔宙碑陰

東漢 孔宙碑陰

東漢 孔宙碑陰

東漢 李孟初神祠碑

東漢 禮器碑側

東漢 禮器碑側

東漢 禮器碑陰

東漢 禮器碑陰

東漢 禮器碑陰

東漢 買田約束石

東漢 石門頌

東漢 宋伯望買田券正

東漢 田文成題記

東漢 咸陽田界石

東漢 陽嘉二年記

東漢 楊震碑

東漢 楊震碑

東漢 楊震碑

東漢 永元九年記

東漢 張遷碑陽

三國吳 谷朗碑

晉 郭槐柩記

晉 樂生柩記后

隋 郭王墓誌

隋 郭休墓誌

隋 馬少敏墓誌

隋 任軌墓誌

隋 宋仲墓誌

隋 謝岳墓誌

隋 張景略墓誌

隋 張盛墓誌

唐 褚亮碑

唐 李神符碑

唐 盧君妻墓誌

唐 史思禮墓誌
唐 楊孝恭碑
唐 尹尊師碑

【楷書】

三國吳 走•五年
北魏 爾朱襲墓誌
北魏 山徽墓誌
北魏 司馬氏墓誌
北魏 元敷墓誌
北魏 元融墓誌
北魏 元維墓誌

北魏 元文墓誌
隋 程諧墓誌
隋 田光山妻墓誌
隋 元鍾墓誌
唐 屈突通墓誌
唐 石經尚書
唐 石經五經
唐 石經周易
唐 張騷墓誌
後唐 張滌妻高墓誌

隄

【隸書】

秦 睡35
西漢 張•270
唐 北獄廟碑

【楷書】

北齊 婁黑女墓誌
唐 李崗墓誌

隆

【篆書】

唐 長明燈樓頌

【隸書】

西漢 張•480
西漢 居新•570
西漢 居新•5877
西漢 居新•7644
西漢 居新•7852
兩漢 西•廩食
兩漢 西•廩食
東漢 衡方碑
東漢 孟孝琚碑

東漢 南陽石柱題名
東漢 石門頌
東漢 西狹頌
東漢 西狹頌
晉 辟雍頌額
晉 徐義墓誌陽
北齊 感孝頌
北齊 司馬遵業墓誌
隋 段濟墓誌
隋 爾朱端墓誌

隋 爾朱端墓誌
隋 高虬墓誌
隋 高虬墓誌
隋 口和墓誌
隋 張儉及妻墓誌
隋 趙朗墓誌
唐 劉粲墓誌
唐 屈突通墓誌

【楷書】

魏晉 樓•紙
晉 楊陽墓闕

北魏 司馬顯姿墓誌
北魏 孫秋生造像
北魏 萬福榮造像
北魏 王翊墓誌
北魏 吳光墓誌
北魏 元彬墓誌
北魏 元謐墓誌
北魏 元思墓誌
北齊 竇泰墓誌
北齊 竇泰墓誌

北齊 竇泰墓誌
隋 范安貴墓誌
隋 孔神通墓誌
隋 盧文構墓誌
隋 王世琛墓誌
隋 蕭翹墓誌
隋 蕭餝性墓誌
隋 張濤妻墓誌
唐 喬娥墓誌
唐 石經周易

隃

【隸書】

東漢 曹全碑陽

唐 靖策墓誌

唐 浯溪詩刻

唐 張羊墓誌

隊

【隸書】

西漢 居新•3419

西漢 居新•5646

西漢 居新•7956

西漢 居新•906

漢晉 流簡紙

漢晉 流簡紙

唐 高元珪墓誌

唐 蘇洪姿墓誌

【楷書】

北魏 劉華仁墓誌

隋 橋紹墓誌

隍

【篆書】

唐 城隍廟碑

【隸書】

唐 張休光墓誌

唐 張翼墓誌

【楷書】

東魏 高湛墓誌

唐 石經周易

唐 重藏舍利記

陾

【楷書】

唐 石經尚書

唐 石經五經

隉

【楷書】

唐 李鎬墓誌

唐 石經尚書

唐 石經五經

隗

【楷書】

東魏 隗念天墓誌

隋 任軌墓誌

唐 劉濬墓誌

唐 尉遲敬德墓誌

唐 王素墓誌

唐 宗夫人墓誌

隔

【隸書】

隋 叱李綱子墓誌

唐 朱君妻王墓誌

【楷書】

北魏 于景墓誌

北魏 元暐墓誌

北周 盧蘭墓誌

東魏 元悰墓誌

隋 劉相及妻墓誌

唐 鄧君妻墓誌

唐 彭氏墓誌

唐 顏瓌墓誌

隕

【隸書】

東漢 朝侯小子碑

東漢 從事馮君碑

東漢 衡方碑

東漢 岐子根記

東漢 鮮于璜碑陽

東漢 楊淮表記

東漢 楊統碑陽

東漢 楊著碑陽

東漢 永壽元年銘

東漢 鄭固碑

東漢 子游殘碑

唐 孔子廟碑

唐 王子麟墓誌

唐 尹尊師碑

唐 張休光墓誌

【楷書】

北魏 元暐墓誌

唐 李洪鈞墓誌

唐 石經周易

唐 吳德鄘妻墓誌

隙

【隸書】

隋 爾朱敞墓誌

隋 李元墓誌

隋 馬穉墓誌

隋 吳嚴墓誌

隋 趙朗墓誌

唐 李彥墓誌

唐 劉粲墓誌

唐 嵩陽觀碑

【楷書】

北魏 馮會甚墓誌

北魏 元彥墓誌

東魏 叔孫固墓誌

隋 程諧墓誌

隋 明質墓誌

隋 張貴男墓誌

唐 李賢墓誌

唐 明俊墓誌

唐 石經五經

唐 王脩福墓誌

唐 蕭惠娭墓誌

唐 楊岳墓誌

後晉 權君妻崔墓誌

隒

【楷書】

唐 石經五經

隘

【隸書】

隋 趙朗墓誌

唐 北嶽廟碑

唐 北嶽廟碑

唐 玄元靈應頌

【楷書】

東魏 邑主造石像

唐 龍泉記

唐 楊宇墓誌

障

【隸書】

東漢 楊統碑陽

隋 宋景造像碑

【楷書】

魏晉 樓•紙

隋 羊本墓誌

唐 石經五經

唐 唐嘉會墓誌

際

【隸書】

東漢 曹全碑陽

隋 劉多墓誌

唐 崔沔墓誌陽

唐 李神符碑

唐 尹尊師碑

【楷書】

北魏 元維墓誌

北魏 元文墓誌

北魏 元昭墓誌

北魏 元暐墓誌

隋 宋玉艷墓誌

唐 陳寮墓誌

唐 段萬頃墓誌

唐 石經周易

唐 張君妻田墓誌

後梁 韓仲舉妻墓誌

後梁 山可球造像

後梁 蕭符墓誌

後唐 張滌妻高墓誌

隨

【隸書】

西漢 馬•事語

西漢 張•515

西漢 張•758

西漢 居新•1423

西漢 西•善劍

東漢 西•死駒

漢晉 流簡紙

東漢 蒼山元嘉題記

東漢 蒼山元嘉題記

東漢 孟孝琚碑

東漢 石門頌

東漢 鮮于璜碑陰

東漢 許安國題記

東漢 許安國題記

東漢 許安國題記

東漢 尹宙碑

東漢 張遷碑陽

晉 徐義墓誌陽

北齊 馬天祥造像

隋 豆盧實墓誌

隋 爾朱敞墓誌

隋 爾朱端墓誌

隋 劉寶及妻墓誌

隋 任顯及妻誌

隋 宋景造像碑

隋 王榮及妻墓誌

唐 蔡君妻墓誌

唐 褚亮碑

唐 高元珪墓誌

唐 闞道愛墓誌

唐 盧君妻墓誌

唐 潘基墓誌

唐 楊孝恭碑

唐 楊孝恭碑

【楷書】

晉 蘭亭序真本

北魏 寇憑墓誌

北魏 元暐墓誌

隋 □徹墓誌

隋 賈通墓誌

隋 賈通墓誌

隋 賈玄贊墓誌

隋 申穆及妻墓誌

隋 蕭翹墓誌

隋 楊通墓誌

隋 趙齡墓誌

唐 邊誠夫人墓誌

唐 崔元二墓誌

唐 荀進昌墓誌

唐 李璜墓誌

唐 馬壽墓誌

唐 石經尚書

唐 石經尚書

唐 石經五經

唐 石經周易

唐 惟貞廟碑陽

唐 張騷墓誌

唐 張騷墓誌

隤

【隸書】

西漢 張•435

西漢 居新•628

東漢 郙閣頌

唐 戴令言墓誌

【楷書】

北魏 元詮墓誌

唐 武珍妻墓誌

隝

【楷書】

唐 石經九經

隩

【隸書】

唐 大忍寺碑

唐 李神符碑

【楷書】

唐 石經尚書

唐 石經五經

唐 蘇斌墓誌

隧

【篆書】

三國魏 正始石經

【隸書】

西漢 居新•3121

西漢 居新•4749

西漢 居新•6119

西漢 居新•617

西漢 西•馬牘

漢晉 流簡紙

漢晉 流簡紙

漢晉 流簡紙

東漢 西狹頌

晉 辟雍頌陽

隋 任顯及妻誌

唐 北嶽廟碑

唐 楊孝恭碑

唐 趙冬曦壙誌

【楷書】

北魏 唐耀墓誌

北魏 元崇業墓誌

北魏 元詮墓誌

北魏 元誘妻墓誌

隋 董美人墓誌

隋 申穆及妻墓誌

唐 安靜墓誌

唐 樊廉墓誌

唐 李鳳妃墓誌

唐 李侯七墓誌

唐 李偘偘墓誌

唐 秦朗墓誌

唐 亡宮三品墓誌

唐 雁塔聖教序

後唐 吳君妻曹墓誌

隥

【楷書】

唐 楊康墓誌

險險

【隸書】

- 秦 睡255
- 西漢 馬•老乙前
- 兩漢 西•馬簡
- 漢晉 流簡紙
- 東漢 孔宙碑陽
- 唐 崔泰之墓誌
- 唐 李貞墓誌

【楷書】

- 北齊 竇泰墓誌
- 北齊 竇泰墓誌
- 東魏 馮令華墓誌
- 隋 盧文構墓誌
- 隋 口和墓誌
- 唐 崔孝昌墓誌
- 唐 石經周易

隰隰

【隸書】

- 北齊 司馬遵業墓誌
- 隋 侯肇墓誌
- 隋 任軌墓誌
- 唐 王震墓誌

【楷書】

- 北魏 公孫猗墓誌
- 北魏 姚伯多供養碑
- 東魏 義橋石像碑
- 隋 寧贇墓碑
- 唐 孫審象墓誌

隱隱

【隸書】

- 秦 睡63
- 西漢 馬•事語
- 西漢 張•386
- 西漢 張•636
- 東漢 曹全碑陽
- 東漢 肥致碑
- 東漢 郙閣頌
- 東漢 耿勳碑
- 東漢 孫仲隱墓刻
- 東漢 王舍人碑
- 東漢 許安國題記
- 東漢 張遷碑陽
- 東漢 趙菿殘碑
- 北魏 上尊號碑
- 北齊 馬天祥造像
- 隋 澧水石橋碑
- 隋 郭休墓誌
- 隋 姬威墓誌
- 隋 李元墓誌
- 隋 張儉及妻墓誌
- 唐 庫狄真相墓誌
- 唐 屈突通墓誌
- 唐 石臺孝經
- 唐 韋士逸墓誌
- 唐 楊孝恭碑

【楷書】

- 晉 黃庭内景經
- 晉 黃庭内景經
- 北魏 高珪墓誌
- 北魏 李榘蘭墓誌
- 北魏 元靈曜墓誌
- 北魏 元順墓誌
- 北魏 元暐墓誌
- 東魏 劉目蓮造像
- 東魏 元悰墓誌
- 東魏 元湛墓誌
- 隋 段威墓誌
- 隋 皇甫深墓誌
- 隋 李肅墓誌
- 隋 張波墓誌
- 唐 陳士揀墓誌
- 唐 杜孚墓誌
- 唐 石經五經
- 唐 石經周易
- 唐 王景曜墓誌
- 唐 王仲建墓誌
- 唐 惟貞廟碑陽
- 唐 楊訓墓誌
- 唐 趙本質妻墓誌

隮

【隸書】

唐 豆盧建墓誌

【楷書】

唐 盧伯卿墓誌

唐 石經尚書

唐 石經五經

隳

【隸書】

唐 紀信墓碑

唐 張休光墓誌

【楷書】

隋 張濤妻墓誌

唐 爨君妻端墓誌

唐 李延合祔誌

唐 王公素墓誌

唐 王景之墓誌

唐 楊越墓誌

唐 趙越賓墓誌

唐 鄭逢墓誌

隴 𨻦

【篆書】

東漢 祀三公山碑

唐 房仁裕母碑額

唐 功德碑額

唐 李暎墓誌

唐 李元諒頌額

【隸書】

西漢 張•287

西漢 居新•3009

漢晉 流簡紙

東漢 曹全碑陽

東漢 趙寬碑

北齊 感孝頌

北齊 司馬遵業墓誌

隋 豆盧實墓誌

隋 澧水石橋碑

隋 高虬墓誌

隋 牛諒墓誌

隋 宋仲墓誌

隋 蘇恒墓誌

隋 張盛墓誌

隋 趙朗墓誌

唐 庫狄真相墓誌

唐 李貞墓誌

唐 潘基墓誌

唐 尹尊師碑

唐 趙冬曦壙誌

唐 趙冬曦壙誌

【楷書】

北魏 淨悟浮圖記

北魏 元訶墓誌

北魏 元均之墓誌

北魏 元朗墓誌

北魏 元壽安墓誌

北魏 元悌墓誌

隋 成公氏墓誌

隋 王楚英墓誌

唐 崔撰母墓誌

唐 公祠靈泉記

唐 李壽墓誌

唐 盧嶠墓誌

唐 韋珪墓誌

後梁 李珩墓誌

金部

金金

【篆書】

唐 碧落碑

唐 碧落碑

唐 多寶佛塔銘

唐 李璆妻墓誌

【隸書】

秦 睡122

秦 睡20

秦 睡261

西漢 馬•老甲

西漢 馬•老甲

西漢 馬•縱橫

西漢 張•73

西漢 張•77

西漢 居新•5671

西漢 武•王杖

東漢 西•醫藥

兩漢 西•懸檢

漢晉 流簡紙

漢晉 流簡紙

西漢 楚王墓塞石

東漢 曹全碑陽

東漢 孔彪碑陽

東漢 夏承碑

東漢 楊淮表記

東漢 楊統碑陽

東漢 楊統碑陽

東漢 楊震碑

東漢 尹宙碑

東漢 尹宙碑

東漢 圉令趙君碑

東漢 張遷碑陰

三國魏 何晏墓誌

晉 辟雍頌陽

北齊 法懃塔銘

北齊 感孝頌

北齊 司馬遵業墓誌

北齊 司馬遵業墓誌

隋 爾朱敞墓誌

隋 爾朱端墓誌

隋 符盛及妻墓誌

隋 郭王墓誌

隋 郭休墓誌

隋 任軌墓誌

隋 任顯及妻誌

隋 任顯及妻誌

隋 宋景造像碑

隋 宋景造像碑

隋 宋仲墓誌

隋 吳嚴墓誌

隋 楊真墓誌

唐 高元珪墓誌

唐 史思禮墓誌

唐 行儼碑

唐 徐盼墓誌

唐 楊孝恭碑

唐 楊孝恭碑

唐 尹尊師碑

唐 張翼墓誌

【楷書】

三國吳 走•五年

魏晉 樓•紙

晉 華芳墓誌陰

北魏 韓震墓誌陰

北魏 胡明相墓誌

北魏 山徽墓誌

北魏 元恭墓誌

北魏 元爽墓誌

北魏 元文墓誌

北魏 元熙墓誌

北魏 元纂墓誌

北齊 竇泰墓誌

北周 寇熾墓誌

釵
【楷書】

唐 重藏舍利記

釧
【楷書】

唐 重藏舍利記

鈎
【隸書】

隋 高虬墓誌

唐 司馬寔墓誌
【楷書】

北魏 元朗墓誌

北齊 宋賢伯造像陽

隋 張喬墓誌

釴
【隸書】

唐 倪彬墓誌
【楷書】

唐 石經爾雅

唐 田文雅墓銘

釭
【楷書】

北魏 元秀墓誌

唐 張安墓誌

釜
【隸書】
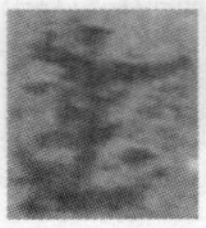
西漢 居新·69

新莽 西·守御器

隋 郭休墓誌

隋 修孔子廟碑

隋 修孔子廟碑

唐 柳偘妻墓誌
【楷書】

北齊 竇泰墓誌

北齊 僂婆姨造像陰

唐 劉如璋墓誌

唐 鄭宇墓誌

隋 元鐘墓誌

隋 張貴男墓誌

唐 宮官司設墓誌

唐 李壽墓誌

唐 石經尚書

唐 石經周易

唐 王海朝墓誌

東魏 廉富造像陽

北齊 宋賢伯造像陽

隋 暴永墓誌

隋 盧旋芷墓誌

隋 馬少敏墓誌

隋 申穆及妻墓誌

隋 口靜墓誌

隋 蕭翹墓誌

隋 薛保與墓誌

隋 楊厲墓誌

鈃

【楷書】

唐 石經五經

鈍鈍

【隸書】

漢晉 流簡紙

東漢 立朝字殘碑

【楷書】

唐 石經五經

鈴鈴

【隸書】

晉 郛休碑陽

北齊 司馬遵業墓誌

唐 李貞墓誌

唐 行儼碑

唐 張休光墓誌

【楷書】

唐 樊廉墓誌

唐 盧璠墓誌

唐 孟秀榮墓誌

唐 石浮圖銘

唐 趙南山墓誌

鈞鈞

【隸書】

秦 睡43

西漢 馬•縱横

西漢 張•1130

西漢 武•泰射甲

三國魏 孔羨碑

唐 京兆金氏墓誌

【楷書】

魏晉 樓•紙

北魏 韓震墓誌陽

北魏 于纂墓誌

唐 史待賓墓誌

唐 俎威墓誌

後梁 蕭符墓誌

鈕鈕

【楷書】

晉 黄庭内景經

唐 楊孝溫墓誌

唐 楊執一墓誌

鉅鉅

【篆書】

三國魏 霍君神道

【隸書】

西漢 張•794

西漢 張•839

東漢 開通褒斜道

東漢 孔宙碑陰

東漢 孔宙碑陰

東漢 禮器碑側

東漢 尚博殘碑

東漢 尹宙碑

北齊 法懃塔銘

唐 崔祐甫墓誌

【楷書】

北魏 耿壽姬墓誌

北魏 韓震墓誌陰

北魏 和醜仁墓誌

北魏 秦洪墓誌

北魏 元壽安墓誌

隋 寇奉叔墓誌

唐 耿文訓墓誌

鈇鈇

【楷書】

東魏 李憲墓誌

唐 石經五經

鈔鈔

【楷書】

唐 石經五經

釿釿

【楷書】

晉 黃庭內景經

鉦鉦

【楷書】

北魏 馮季華墓誌

唐 李壽墓誌

唐 臧懷亮墓誌

唐 張矩墓誌

鉞鉞

【篆書】

東魏 高翻碑額

東魏 高盛墓碑額

東魏 王令媛誌蓋

北魏 元天穆誌蓋

東魏 元湛誌蓋

【隸書】

西漢 馬•老乙前

東漢 白石神君碑

北齊 司馬遵業墓誌

隋 段濟墓誌

隋 段濟墓誌

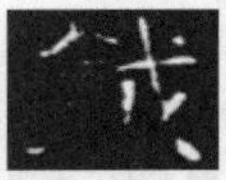
隋 爾朱敞墓誌

隋 劉多墓誌

唐 董虔運墓誌

【楷書】

北魏 元懷墓誌

北魏 元文墓誌

北魏 元彝墓誌

北齊 竇泰墓誌

東魏 王令媛墓誌

唐 李君殘墓誌

唐 李信墓誌

唐 石經五經

唐 鄭仁泰墓誌

鉟

【楷書】

唐 寇章墓誌

鉤

【隸書】

西漢 張•1106

西漢 居新•5866

東漢 史晨前碑

隋 爾朱端墓誌

隋 爾朱端墓誌

唐 史思禮墓誌

【楷書】

北魏 盧令媛墓誌

北魏 元繼墓誌

東魏 元寶建墓誌

隋 伍道進墓誌

鉑

【楷書】

唐 閻子光合葬

鍦

【隸書】

隋 宋仲墓誌

鈿

【楷書】

隋 蕭氏墓誌

鉀

【楷書】

東魏 李挺墓誌

東魏 盧貴蘭墓誌

唐 向清墓誌

鉢

【楷書】

東魏 程哲碑

北齊 道常等造像

唐 楚金禪師碑

後唐 竪立生臺記

鉗

【隸書】

西漢 居新•8792

東漢 熹平元年墓石

【楷書】

唐 張興墓誌

鉥

【隸書】

秦 睡 60

西漢 張•724

【楷書】

唐 崔璘墓誌

唐 張君妻王墓誌

銜

【篆書】

唐 碧落碑

【隸書】

東漢 鮮于璜碑陽

晉 郛休碑陽

北齊 感孝頌

北齊 司馬遵業墓誌

隋 豆盧實墓誌

隋 口和墓誌

唐 龐履温碑

唐 楊孝恭碑

【楷書】

北魏 唐耀墓誌

鋈

【楷書】

唐 石經五經

鈹

【隸書】

西漢 居新•7216

東漢 西•紡狀

【楷書】

唐 楊康墓誌

唐 越國太妃墓誌

鉉

【篆書】

唐 潘基墓誌

【隸書】

東漢 孔彪碑陽

隋 爾朱敞墓誌

隋 高虯墓誌

隋 口和墓誌

隋 蕭瑾墓誌

【楷書】

北魏 和邃墓誌

北魏 元徽墓誌

唐 石經五經

唐 石經周易

鈴

【隸書】

東漢 孟孝琚碑

【楷書】

晉 黄庭内景經

唐 棲巖寺詩刻

鉛

【篆書】

唐 碧落碑

【隸書】

西漢 張•218

北齊 司馬遵業墓誌

北齊 司馬遵業墓誌

隋 賈通墓誌

【楷書】

北魏 元仙墓誌

北齊 司馬遵業墓誌

隋 李氏墓誌

隋 蕭氏墓誌

唐 石經尚書

唐 阿史那貞忠墓誌

唐 執失善光

銼

【隸書】

唐 張倖墓誌

【楷書】

唐 崔弘禮墓誌

鋮

【楷書】

唐 李君妻裴墓誌

鉷

【楷書】

唐 顏勤禮碑

唐 顏勤禮碑陰

鍘

【楷書】

唐 石經五經

鋅

【楷書】

唐 石經五經

隋 宋仲墓誌

【楷書】

北魏 山徽墓誌

北魏 元徽墓誌

北魏 元詮墓誌

唐 多寶塔碑

唐 劉胡墓誌

唐 薛華墓誌

唐 張嬰墓誌

銅 銅

【隸書】

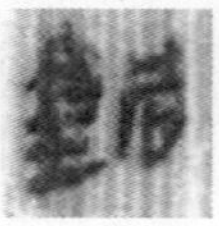

秦 睡 21

西漢 居新•1523

西漢 居新•4546

西漢 居新•7792

西漢 居新•7969

漢晉 流簡紙

漢晉 流簡紙

漢晉 流簡紙

漢晉 流簡紙

隋 默曹殘碑

北魏 元純陁墓誌

隋 田光山妻墓誌

隋 王楚英墓誌

唐 朱光宙墓誌

後梁 崔崇素墓誌

北魏 趙王誌蓋

東魏 祖氏誌蓋

隋 蕭瑾墓誌

唐 陳君妻趙誌蓋

唐 程修己誌蓋

唐 董文萼誌蓋

唐 高可方誌蓋

唐 紀愼妃碑額

唐 賈温誌蓋

唐 李夫人誌蓋

北齊 皇甫琳額

北齊 劉雙仁誌蓋

北魏 穆彦誌蓋

南朝宋 石颿銘額

東魏 王令媛誌蓋

北魏 薛慧命誌蓋

東魏 元光基誌蓋

北魏 元煥誌蓋

東魏 元湛誌蓋

北魏 張寧誌蓋

銘

【篆書】

東漢 韓仁銘額

東漢 景君碑額

東漢 尹宙碑額

三國吴 天發神讖碑

北周 步孤氏誌蓋

東魏 長孫囧碑額

北魏 常氏誌蓋

東魏 封延之誌蓋

北魏 荀景誌蓋

東魏 侯海誌蓋

銖

【隸書】

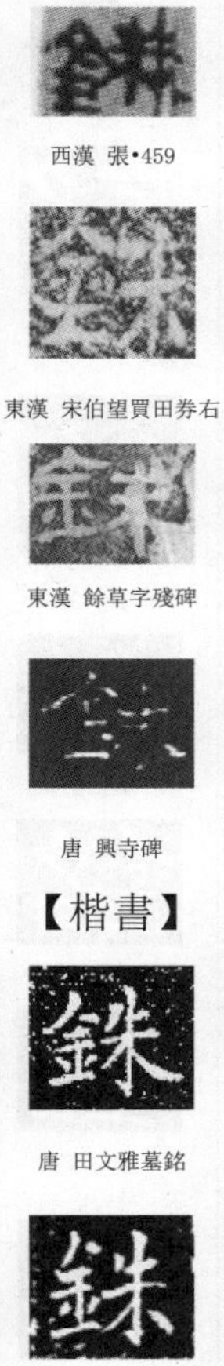

西漢 張•459

東漢 宋伯望買田券右

東漢 餘草字殘碑

唐 興寺碑

【楷書】

唐 田文雅墓銘

唐 周師墓誌

銓

【隸書】

晉 魯詮墓表

唐 崔祐甫墓誌

唐 盧行毅墓誌

【楷書】

晉 魯銓墓表

南朝梁 舊館壇碑

北魏 元壽安墓誌

隋 伍道進墓誌

唐 楊高仁墓誌

鋋

【楷書】

唐 石經五經

鋋

【楷書】

北魏 元悛墓誌

唐 裴氏墓誌

唐 王公素墓誌

銛

【楷書】

唐 崔君妻鄭墓誌

唐 李公妻戴墓誌
唐 李稷及妻
唐 李璆妻墓誌
唐 李溶墓誌
唐 李暎墓誌
唐 梁備禮妻墓誌
唐 劉士準誌蓋
唐 秦朝儉誌蓋
唐 清源縣主誌蓋
唐 王涓墓誌

唐 王明哲誌蓋
唐 王叔寧誌蓋
唐 吳夫人誌蓋
唐 蕭公妻墓誌
唐 許遂忠墓誌
唐 峿臺銘
唐 峿臺銘
唐 峿臺銘
唐 張榮恩誌蓋

【隸書】

東漢 封龍山頌

東漢 華山廟碑陽
東漢 孔宙碑陽
東漢 孔宙碑陽
東漢 岐子根記
東漢 史晨後碑
東漢 王舍人碑
東漢 夏承碑
東漢 鮮于璜碑陽
東漢 楊著碑陽
東漢 張遷碑陽

東漢 鄭固碑
北齊 法懃塔銘
隋 段濟墓誌
隋 爾朱敞墓誌
隋 關明墓誌
隋 關明墓誌
隋 郭達墓誌
隋 郭王墓誌
隋 郭休墓誌
隋 侯肇墓誌

隋 姬威墓誌
隋 牛暉墓誌
隋 橋紹墓誌
隋 任顯及妻誌
隋 蘇恒墓誌
隋 口靜墓誌
隋 張景略墓誌
隋 張景略墓誌
隋 張盛墓誌
唐 高元珪墓誌

唐 潘基墓誌
唐 潘基墓誌
唐 史思禮墓誌
唐 史思禮墓誌
唐 唐世榮墓誌
唐 楊孝恭碑
唐 楊孝恭碑
唐 張翼墓誌

【楷書】

南朝陳 劉猛進碑
北魏 韓顯宗墓誌

北魏 寇憑墓誌
北魏 穆亮墓誌
北魏 元端墓誌
北魏 元馗墓誌
北魏 元爽墓誌
北魏 元文墓誌
北魏 元文墓誌
北魏 元纂墓誌
北齊 竇泰墓誌
北齊 竇泰墓誌

北齊 婁黑女墓誌
北齊 謝歡同葬磚
東魏 元光基墓誌
東魏 元均及妻墓誌
隋 口恱昂墓誌
隋 程諧墓誌
隋 高緊墓誌
隋 申穆及妻墓誌
隋 勝福寺塔銘
隋 田光山妻墓誌

隋 蕭翹墓誌

隋 薛保興墓誌

隋 張怦墓誌

唐 段秀墓誌

唐 孔桃栓墓誌

唐 李超墓誌

唐 李超墓誌

唐 匹婁思墓誌

唐 王玄裕墓誌

唐 鄭恕己墓誌

銚

【隸書】

西漢 張•661

西漢 張•666

唐 豆盧建墓誌

唐 豆盧建墓誌

【楷書】

唐 石經五經

銑

【隸書】

唐 興寺碑

【楷書】

北魏 元順墓誌

東魏 元悰墓誌

唐 唐嘉會墓誌

唐 万俟氏墓誌

銄

【楷書】

北魏 元楨墓誌

銀

【隸書】

西漢 張•457

東漢 鮮于璜碑陰

東漢 尹宙碑

北齊 司馬遵業墓誌

隋 段濟墓誌

隋 符盛及妻墓誌

隋 姬威墓誌

唐 崔暟墓誌陽

唐 崔沔墓誌陽

唐 倪彬墓誌

唐 朱君妻王墓誌

【楷書】

三國吳 走•四年

三國吳 走•五年

北魏 丘哲墓誌

北魏 王翊墓誌

北魏 鮮于仲兒墓誌

北齊 竇泰墓誌

東魏 李艷華墓誌

東魏 元鷙墓誌

隋 寇遵考墓誌

隋 王曜墓誌

唐 高懲墓誌

唐 唐直墓誌

後唐 王禹墓誌

銍

【隸書】

唐 龐履温碑

【楷書】

唐 石經尚書

鋭

【隸書】

隋 馬少敏墓誌

【楷書】

北魏 元延明墓誌

東魏 李挺墓誌

隋 元智墓誌

唐 權順墓誌

銷

【隸書】

西漢 張•458

東漢 朝侯小子碑

北齊 西門豹碑陽

隋 馬穉墓誌

隋 蘇恒墓誌

唐 崔祐甫墓誌

【楷書】

北魏 穆纂墓誌

隋 魏氏墓誌

唐 崔元二墓誌

鋤

【隸書】

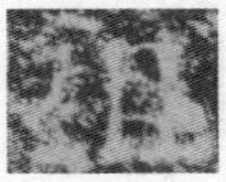

東漢 樊敏碑

【楷書】

魏晉 樓•紙

唐 白知禮墓誌

唐 桑粤墓誌

唐 石經五經

唐 守忠龕塋記

唐 惟岳神道碑

銲

【楷書】

唐 崔銲墓誌

鋗

【楷書】

唐 小娘子太墓誌

鋏

【隸書】

西漢 張•712

【楷書】

北齊 報德像碑

銶

【楷書】

北魏 元廞墓誌

唐 石經五經

鉼

【隸書】

西漢 居新•1900

西漢 居新•5746

西漢 居新•962

西漢 居新•964

【楷書】

唐 石經五經

唐 重藏舍利記

鋈 鋈

【隸書】

秦 睡62

【楷書】

唐 荊從皐墓誌

唐 石經五經

鋪 鋪

【篆書】

唐 碧落碑

唐 多寶佛塔銘

【隸書】

西漢 馬·縱橫

【楷書】

唐 越國太妃墓誌

鋟

【楷書】

唐 石經五經

唐 靖策墓誌

唐 李壽墓誌

唐 楊宇墓誌

後唐 張積墓誌

鋒 鋒

【隸書】

東漢 趙寬碑

隋 爾朱端墓誌

【楷書】

晉 筆陣圖

北魏 元維墓誌

北魏 元鑽遠墓誌

北齊 竇泰墓誌

北周 盧蘭墓誌

隋 囗忸昂墓誌

隋 范安貴墓誌

唐 郭思謨墓誌

鋡

【楷書】

唐 陀羅尼經碑

鋝 鋝

【楷書】

唐 石經五經

鋂 鋂

【楷書】

唐 石經五經

⿱林金

【楷書】

唐 王摩墓誌

錙 錙

【楷書】

唐 蕭勝墓誌

唐 盧萬春墓誌

唐 牛秀墓誌

唐 秦進儀墓誌

錯 錯

【隸書】

秦 睡255

西漢 張•597

西漢 武•特牲甲

漢晉 流簡紙

東漢 孔彪碑陽

東漢 離石題記

隋 宋仲墓誌

唐 盧行毅墓誌

唐 石臺孝經

唐 宴濟瀆序陰額

【楷書】

北魏 姚伯多供養碑

北齊 爾朱元靜墓誌

東魏 盧貴蘭墓誌

東魏 元悰墓誌

隋 程諧墓誌

唐 沈師黃墓誌

唐 石經尚書

唐 石經周易

唐 王佺墓誌

錢 錢

【隸書】

秦 睡30

秦 睡57

秦 關周•日書

西漢 張•263

西漢 張•770

西漢 張•902

西漢 居新•7486

東漢 西•寇恩

東漢 西•寇恩

東漢 西•寇恩

漢晉 流簡紙

東漢 白石神君碑

東漢 蒼山元嘉題記

東漢 蒼山元嘉題記

東漢 曹全碑陽

東漢 大吉山刻石

東漢 肥致碑

東漢 封龍山頌

東漢 買田約束石

東漢 七言摩崖記

東漢 史晨後碑

東漢 史晨前碑

東漢 陶洛殘碑陽

東漢 文叔陽題記

東漢 西狹頌

東漢 薌他君題記

東漢 許安國題記

東漢 乙瑛碑

東漢 造土牛碑

東漢 造土牛碑

東漢 張遷碑陰

東漢 張遷碑陰

東漢 張遷碑陰

東漢 張遷碑陰

東漢 趙儀碑

唐 朱崇慶墓誌

唐 朱君妻王墓誌

【楷書】

三國吳 走•四年

北魏 檀賓墓誌

北魏 姚伯多供養碑

北魏 元鑽遠墓誌

隋 段威墓誌

隋 馬穉墓誌

唐 阿史那貞忠墓誌

唐 韓忠節墓誌

唐 盧翊墓誌

唐 喬進臣地券

闕 造義井記

錡

【隸書】

東漢 買田約束石

唐 董虔運墓誌

唐 柳偘妻墓誌

【楷書】

唐 石經毛詩

唐 執失善光

鎁

【楷書】

唐 安元壽墓誌

錫

【篆書】

三國魏 正始石經

【隸書】

西漢 居新•1523

東漢 景君碑陽

東漢 楊震碑

晉 辟雍頌陽

晉 吕望表

北齊 司馬遵業墓誌

隋 豆盧實墓誌

隋 高虬墓誌

隋 宋景造像碑

唐 沈知敏墓誌

唐 史思禮墓誌

唐 楊孝恭碑

【楷書】

晉 華芳墓誌陰

北魏 苟景墓誌

北魏 昝雙仁墓誌

北魏 王僧男墓誌

北齊 婁黑女墓誌

隋 寇遵考墓誌

隋 盧文機墓誌

隋 志修塔記

唐 李壽墓誌

唐 李修已墓誌

唐 石經公羊傳

唐 石經尚書

唐 石經尚書

唐 石經五經

唐 石經周易

唐 王京墓誌

錁

【楷書】

唐 劉奇秀墓誌

錮

【隸書】

西漢 張•59

西漢 張•612

西漢 張•613

隋 宋仲墓誌

【楷書】

唐 樊庭觀墓誌

唐 孫幼實墓誌

錄

【篆書】

東魏 高盛墓碑額

【隸書】

西漢 居新•7533

西漢 居新•7845

東漢 西•寇恩

漢晉 流簡紙

漢晉 流簡紙

東漢 倉頡廟碑側

東漢 曹全碑陽

東漢 楊震碑

三國魏 受禪碑

鍋

【楷書】

唐 瀆廟祭器銘

錇

【楷書】

北魏 法生造像

鋾

【楷書】

唐 郭克全墓誌

錐

【隸書】

秦 睡 60

西漢 居新•7206

隋 蘇恒墓誌

【楷書】

北齊 雋敬碑

隋 □恱昂墓誌

唐 丁佑及妻合祔誌

錚

【楷書】

唐 王太真墓誌

錭

【楷書】

唐 太君陳氏墓誌

錮

【楷書】

唐 王玄墓誌

唐 張遊藝墓誌

鍥

【楷書】

唐 石經王經

鍊

【隸書】

隋 馬穉墓誌

唐 張頠墓誌

【楷書】

晉 黃庭内景經

唐 侯忠墓誌

唐 劉如璋墓誌

唐 石經五經

北魏 丘哲墓誌

北齊 牛景悦記

隋 劉相及妻墓誌

隋 盧文構墓誌

唐 杜君妻墓誌

唐 王順孫墓誌

錦

【篆書】

隋 宋仲墓誌

【隸書】

秦 睡66

西漢 馬•老子甲後

隋 豆盧實墓誌

隋 吳嚴墓誌

隋 張景略墓誌

唐 崔泰之墓誌

【楷書】

北魏 韓震墓誌陽

北魏 寇演墓誌

鍵

【隸書】

北齊 司馬遵業墓誌

唐 興寺碑

【楷書】

北齊 婁黑女墓誌

北齊 司馬遵業墓誌

唐 李賢墓誌

唐 石經五經

隋 陳花樹墓誌

隋 元鐘墓誌

唐 侯方墓誌

唐 蘇卿墓誌

唐 邢德弼墓誌

唐 楊乾光墓誌

後唐 張積墓誌

唐 王震墓誌

唐 尹文操碑

【楷書】

三國吳 走•五年

晉 華芳墓誌陰

晉 蘭亭序真本

北魏 吐谷渾璣墓誌

北魏 王誦妻元墓誌

北魏 元斌墓誌

北齊 婁黑女墓誌

東魏 叔孫固墓誌

北齊 司馬遵業墓誌

東魏 宗欣墓誌

隋 段濟墓誌

隋 段濟墓誌

隋 爾朱敞墓誌

隋 侯肇墓誌

隋 任軌墓誌

隋 任軌墓誌

唐 崔暟墓誌陰

唐 司馬寔墓誌

鍠鍠

【楷書】

唐 李超墓誌

唐 劉穆墓誌

唐 石經九經

鍐

【楷書】

唐 李壽墓誌

鍬

【楷書】

北魏 元靈曜墓誌

鍛鍛

【楷書】

唐 石經五經

鍤鍤

【楷書】

唐 石經五經

唐 奚弘敬墓誌

唐 新開石室記

鍭

【隸書】

西漢 居新•2752

西漢 居新•7969

漢晉 流簡紙

【楷書】

唐 石經五經

唐 楊會墓誌

鍔

【隸書】

唐 楊孝恭碑

【楷書】

唐 路徹墓誌

唐 慕容瑾墓誌

唐 張道墓誌

鍼鍼

【隸書】

隋 蕭瑾墓誌

【楷書】

北魏 元新成妃墓誌

東魏 杜文雍造像

北齊 婁黑女墓誌

隋 何氏墓誌

隋 蕭餝性墓誌

唐 楊思立墓誌

鎡

【楷書】

後周 寺西塔基記

鍽

【楷書】

唐 張玄封墓誌

鎚

【楷書】

唐 多寶塔碑

鍰

【楷書】

唐 寇章墓誌

唐 石經九經

鍾

隋 尉富娘墓誌

隋 楊厲墓誌

隋 元鐘墓誌

唐 石經五經

北魏 張寧墓誌

北齊 竇泰墓誌

北齊 高僧護墓誌

北齊 婁黑女墓誌

北周 盧蘭墓誌

東魏 元均及妻墓誌

隋 段威墓誌

隋 馬憐造像記

隋 王楚英墓誌

隋 王楚英墓誌

隋 謝岳墓誌

隋 鄭令妃墓誌

唐 李神符碑

唐 李神符碑

唐 史思禮墓誌

唐 行儼碑

【楷書】

北魏 元斌墓誌

北魏 元壽妃墓誌

北魏 元悌墓誌

北魏 元天穆墓誌

鍾

【隸書】

東漢 肥致碑

東漢 景君碑陰

東漢 景君碑陰

東漢 禮器碑

東漢 夏承碑

東漢 校官碑

東漢 楊震碑

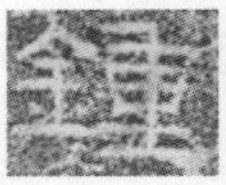
東漢 鄭固碑

隋 姬威墓誌

隋 姬威墓誌

鏠

【楷書】

唐 石經五經

鎖

【隸書】

唐 抱腹寺碑

唐 任城橋亭記

【楷書】

北魏 元天穆墓誌

北齊 無量義經

唐 姚存古墓誌

唐 支子珪墓誌

鎧

【隸書】

西漢 居新•1002

西漢 居新•7530

西漢 居新•985

漢晉 流簡紙

隋 郭休墓誌

【楷書】

北涼 渠安周造像

唐 唐嘉會墓誌

唐 顔勤禮碑

鏌

【楷書】

唐 安元壽墓誌

唐 張登山墓誌

鍚

【隸書】

隋 吳嚴墓誌

【楷書】

唐 石經五經

鍇

【楷書】

唐 沈中黄墓誌

鍒

【篆書】

唐 碧落碑

鍜

【楷書】

唐 石經五經

唐 薛鍜題名

鏃

【隸書】

唐 楊孝恭碑

【楷書】

唐 趙仙童墓誌

鐫

【隸書】

東漢 楊統碑陽

三國魏 王基斷碑

北齊 法懃塔銘

北齊 夫子廟碑

隋 符盛及妻墓誌

隋 李元墓誌

隋 劉珍墓誌

隋 任顯及妻墓誌

隋 修孔子廟碑

隋 趙朗墓誌

隋 鄭令妃墓誌

【楷書】

北魏 侯義墓誌

北魏 胡明相墓誌

北魏 元均之墓誌

北魏 元燮造像記

北魏 元彝墓誌

北齊 婁黑女墓誌

東魏 王僵墓誌

北齊 暈禪師造像陽

隋 李則墓誌

隋 盧文機墓誌

隋 田光山妻墓誌

隋 蕭餝性墓誌

隋 楊通墓誌

唐 房懷亮墓誌

唐 牛阿師墓誌

唐 祁惠墓誌

唐 石經五經

唐 趙肅墓誌

鎔

【篆書】

唐 碧落碑

【隸書】

唐 孔子廟碑

唐 孔子廟碑

【楷書】

北魏 于纂墓誌

隋 王楚英墓誌

唐 葛亮祠堂碑

唐 張思鼎墓誌

鎰

【楷書】

唐 郭克全墓誌

鏄

【楷書】

唐 石經五經

鎮

【篆書】

唐 李元諒頌額

【隸書】

東漢 孔宙碑陰

東漢 南陽石柱題名

東漢 朐忍令碑

三國魏 曹真殘碑陽

北周 華嶽頌

北齊 司馬遵業墓誌

隋 段濟墓誌

隋 爾朱敞墓誌

隋 郭達墓誌

隋 姬威墓誌

隋 姬威墓誌

隋 口墮及妻墓誌

隋 王榮及妻墓誌

隋 口和墓誌

隋 張儉及妻墓誌

唐 崔沔墓誌陽

唐 崔志墓誌

唐 李貞墓誌

唐 沈知敏墓誌

唐 張翼墓誌

【楷書】

北魏 長孫瑱墓誌

北魏 慈慶墓誌

北魏 爾朱紹墓誌

北魏 吐谷渾璣墓誌

北魏 元恭墓誌

北魏 元弘嬪侯墓誌

北魏 元融墓誌

北魏 元暐墓誌

東魏 王偃墓誌

東魏 元鷙墓誌

隋 段模墓誌

隋 王曜墓誌

隋 吳嚴墓誌

隋 元智墓誌

唐 李壽墓誌

唐 馬進朝墓誌

唐 掌徹墓誌

唐 鄭中基墓誌

後唐 毛璋妻墓誌

闔 造義井記

鎗 鎗

【楷書】

北魏 元延明墓誌

隋 鞏賓墓誌

唐 石經五經

鎬 鎬

【隸書】

隋 姬威墓誌

【楷書】

唐 李壽墓誌

唐 張去奢墓誌

鎣

【隸書】

隋 馬穉墓誌

鋻 鋻

【楷書】

唐 李文獎墓誌

唐 劉皓墓誌

鏨鏨

【楷書】

東魏 廉富造像陽

唐 路巖墓誌

鏗

【隸書】

隋 楊真墓誌

唐 懷古詩刻

唐 屈突通墓誌

【楷書】

北魏 元純陁墓誌

北魏 元煥墓誌

北魏 元徽墓誌

北魏 元誘墓誌

隋 卜鑒墓誌

隋 劉則墓誌

唐 姚存古墓誌

鎲鎲

【楷書】

唐 石經五經

鏝鏝

【楷書】

唐 石經爾雅

唐 石經五經

鏘

【隸書】

隋 楊真墓誌

唐 屈突通墓誌

唐 沈知敏墓誌

唐 蘇洪姿墓誌

【楷書】

北魏 元純陁墓誌

北魏 元煥墓誌

北魏 元徽墓誌

北魏 元子正墓誌

北齊 劉忻墓誌

北齊 婁黑女墓誌

隋 鞏賓墓誌

隋 姬威墓誌

隋 劉則墓誌

唐 史興墓誌

唐 孫君妻宋墓誌

唐 張濬墓誌

唐 張肅墓誌

鏤鏤

【隸書】

北魏 元文墓誌

北齊 馬天祥造像

北齊 司馬遵業墓誌

唐 修定寺記碑

唐 義福禪師碑

【楷書】

北魏 陳天寶造像

北魏 楊府君墓誌

北魏 元珍墓誌

北齊 司馬遵業墓誌

北齊 暈禪師造像陽

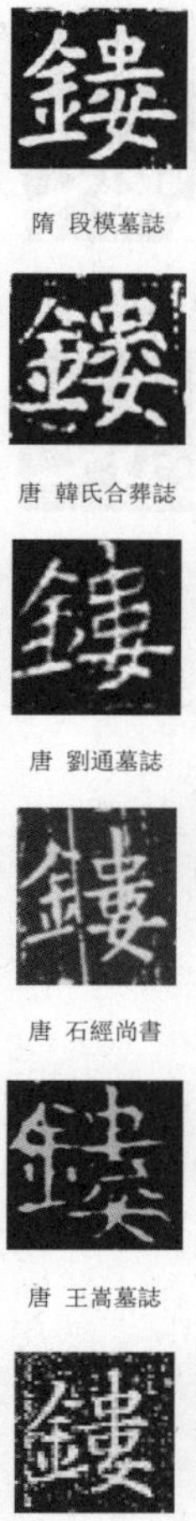

隋 段模墓誌

唐 韓氏合葬誌

唐 劉通墓誌

唐 石經尚書

唐 王嵩墓誌

唐 越國太妃墓誌

鑣

【隸書】

東漢 尹宙碑

北齊 法懃塔銘

唐 張倖墓誌

【楷書】

北魏 韓震墓誌陰

北魏 侯剛墓誌

北魏 秦洪墓誌

北魏 王瑧墓誌

唐 牛阿師墓誌

唐 魏仲連墓誌

唐 胡儼墓誌

唐 閻知誠墓誌

唐 王協墓誌

北魏 王誦妻元墓誌

北魏 元悌墓誌

北魏 元文墓誌

東魏 李艷華墓誌

北齊 王鴨臉造像

隋 王楚英墓誌

隋 蕭餝性墓誌

隋 鄭善妃墓誌

唐 安珍墓誌

唐 多寶塔碑

鏡

【隸書】

北齊 感孝頌

北齊 司馬遵業墓誌

隋 澧水石橋碑

隋 高虬墓誌

隋 郭王墓誌

隋 口巍及妻墓誌

隋 宋景造像碑

隋 謝岳墓誌

【楷書】

北魏 鄯乾墓誌

北魏 叔孫協墓誌

鏞

【楷書】

東魏 馮令華墓誌

唐 石經尚書

鏃

【隸書】

唐 懷古詩刻

鏑

【楷書】

北魏 元天穆墓誌

北周 盧蘭墓誌

隋 劉德墓誌

唐 石經五經

唐 苑玄亮墓誌

鏦

【楷書】

隋 張壽墓誌

唐 裴氏墓誌

鏟

【隸書】

唐 戒壇碑

唐 宴濟瀆序陰額

【楷書】

唐 唐沙墓誌

鐆

【楷書】

唐 石經五經

鏐

【楷書】

唐 何剛之墓誌

吳越 投龍玉簡

鏻

【楷書】

唐 顔家廟碑

鐔

【楷書】

唐 于賁墓誌

唐 張仁師墓誌

鐕

【楷書】

唐 石經五經

鐃

【楷書】

北魏 元壽安墓誌

北齊 婁黑女墓誌

唐 石經五經

唐 楊仲雅墓誌

鐎

【楷書】

唐 唐嘉會墓誌

鐈鐈	鐉鐉	鐙鐙	鏹	鐍鐍	鐩	鐓鐓	鎭
【楷書】  唐 口模墓誌  唐 寇章墓誌	【隸書】  東漢 西狹頌  東漢 西狹頌	【楷書】  隋 董美人墓誌  唐 李紹墓誌	【楷書】  唐 明俊墓誌  唐 孫公乂墓誌	【篆書】  唐 碧落碑 【楷書】  唐 明俊墓誌  唐 顏仁楚墓誌	【楷書】  唐 李鳳妃墓誌	【楷書】  唐 石經五經  唐 石經五經	【楷書】  北魏 李媛墓誌

鐘

【篆書】

唐 三墳記陽

【隸書】

秦 西•日書乙

西漢 馬•老乙前

西漢 馬•老子甲後

東漢 楊著碑陽

北齊 司馬遵業墓誌

北齊 司馬遵業墓誌

隋 爾朱敞墓誌

隋 劉多墓誌

隋 馬穉墓誌

隋 王榮及妻墓誌

唐 張休光墓誌

【楷書】

東魏 李挺墓誌

隋 張喬墓誌

唐 曹氏墓誌

唐 李壽墓誌

唐 石經五經

鐲

【楷書】

唐 石經五經

鐶

【楷書】

晉 華芳墓誌陰

晉 黃庭内景經

唐 盧八墓誌

唐 王叔原墓誌

鐺

【隸書】

隋 鄭令妃墓誌

【楷書】

唐 瀆廟祭器銘

鐸

【隸書】

秦 睡243

東漢 曹全碑陽

隋 宋景造像碑

唐 李彦墓誌

【楷書】

北魏 元繼墓誌

北魏 元乂墓誌

隋 曹海凝墓誌

隋 獨孤羅墓誌

隋 寧贙墓碑

唐 曹乂墓誌

唐 李壽墓誌

鐵

【楷書】

唐 万俟氏墓誌

唐 王士端墓誌
唐 王協墓誌
唐 楊思立墓誌
唐 于尚範墓誌
唐 朱齊之墓誌

隋 成公氏墓誌
隋 田光山妻墓誌
隋 王世琛墓誌
隋 張濤妻墓誌
唐 常開墓誌
唐 樊端墓誌
唐 皇甫璧墓誌
唐 李信墓誌
唐 盧翊墓誌
唐 石經五經

唐 告華嶽府君
唐 司馬寔墓誌
唐 鄭忠墓碑

【楷書】

北魏 慈慶墓誌
北魏 元緊墓誌
北魏 元熙墓誌
北魏 元子正墓誌
北齊 高湝墓誌
東魏 公孫甑生墓誌
隋 卜鑒墓誌

鑒 鋻

【篆書】

唐 碧落碑

【隸書】

東漢 華山廟碑陽

晉 郭槐柩記
晉 徐義墓誌陽
北齊 西門豹碑陽
隋 高虬墓誌
隋 李元墓誌
隋 李元墓誌
隋 謝岳墓誌
唐 告華嶽府君

鑿 鑿

【楷書】

唐 石經五經

唐 盧君妻墓誌

【楷書】

三國吳 走•五年
北魏 元嵚墓誌
北魏 元昭墓誌
北齊 僧靜明造像
北齊 宇文誠墓誌
隋 明質墓誌
唐 石經尚書
唐 石經五經
闕 堅牢塔記

鐵 鐵

【隸書】

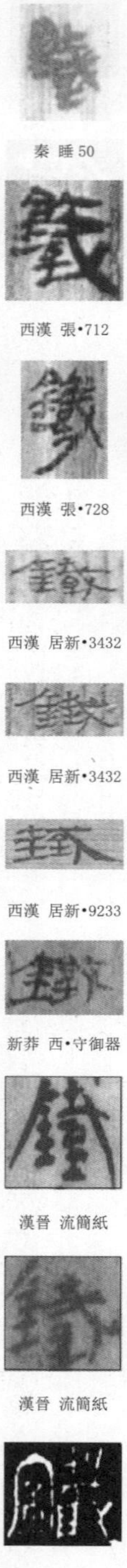

秦 睡 50
西漢 張•712
西漢 張•728
西漢 居新•3432
西漢 居新•3432
西漢 居新•9233
新莽 西•守御器
漢晉 流簡紙
漢晉 流簡紙
隋 宋仲墓誌

鑊 鑊

【楷書】

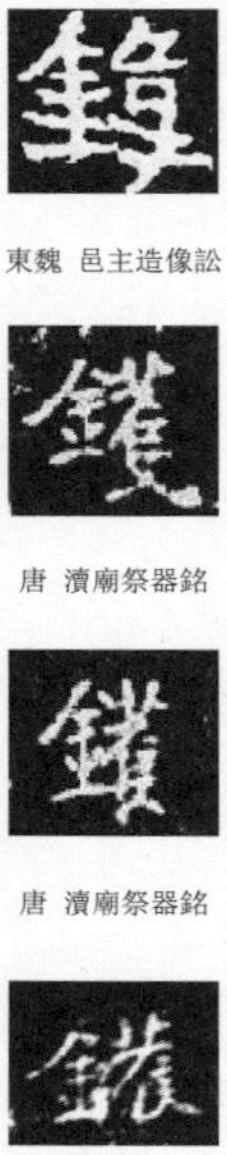

東魏 邑主造像訟
唐 瀆廟祭器銘
唐 瀆廟祭器銘
唐 胡君妻墓誌

鑕

【楷書】

唐 敬昭道墓誌

鑠 (篆)

【隸書】

東漢 鮮于璜碑陽

東漢 楊統碑陽

東漢 尹宙碑

晉 辟雍頌陽

唐 張休光墓誌

【楷書】

北魏 元誨墓誌

唐 成願壽墓誌

唐 石經五經

唐 張弘墓誌

鑢 (篆)

【楷書】

唐 石經五經

隋 蘇豐國造像

唐 韓忠節墓誌

唐 石經五經

唐 尉遲敬德墓誌

鑄 (篆)

【篆書】

西漢 張•229

唐 碧落碑

【隸書】

西漢 居新•7501

東漢 西•四時

東漢 西•四時

唐 玄元靈應頌

【楷書】

北魏 僧暈造像記

北魏 元固墓誌

北魏 元延明墓誌

隋 惠鬱造像記

鑛

【隸書】

唐 崔暟墓誌陽

鑇

【楷書】

唐 鄭鑇墓誌

鑈

【楷書】

唐 白敬宗墓誌

金部

一六七三

鑾

【隸書】

三國魏 何晏墓誌

唐 王崇禮墓誌

唐 修定寺記碑

【楷書】

北魏 慈慶墓誌

北魏 元子正墓誌

隋 獨孤羅墓誌

唐 李弘亮墓誌

鑽

【隸書】

唐 義福禪師碑

【楷書】

北魏 皇甫驎墓誌

北魏 穆紹墓誌

北魏 元延明墓誌

北魏 元鑽遠墓誌

北齊 宋敬業塔頌

唐 周敬本墓誌

鑰

【楷書】

隋 獨孤羅墓誌

隋 申穆及妻墓誌

唐 惟貞廟碑陽

唐 蕭令臣墓誌

鑯

【楷書】

唐 石經五經

唐 執失善光

鑪

【篆書】

唐 三墳記陽

【隸書】

唐 崔沔墓誌陰

唐 豆盧建墓誌

唐 豆盧建墓誌

【楷書】

北魏 穆亮妻墓誌

北魏 元肅墓誌

隋 王楚英墓誌

唐 成順壽墓誌

唐 任智才墓誌

唐 越國太妃墓誌

鑮

【楷書】

唐 石經五經

鑞

【楷書】

唐 石經五經

鑣

【隸書】

隋 馬穉墓誌

唐 闞道愛墓誌

【楷書】

隋 王袞墓誌

唐 高淥娘墓誌

唐 解斯政則墓誌

唐 李信墓誌

唐 石經五經

唐 王惠墓誌

唐 姚弟墓誌

唐 張貞墓誌

鑿鑿

【隸書】

秦 睡 105

秦 睡 192

東漢 郙閣頌

東漢 石門頌

東漢 石門頌

隋 馬穉墓誌

唐 牛氏像龕碑

唐 玄巖銘

【楷書】

南朝陳 衛和墓誌

北魏 元繼墓誌

隋 陳常墓誌

唐 多寶塔碑

唐 觀音像贊

唐 何允墓誌

唐 李麗質墓誌

唐 李信墓誌

唐 柳偘墓誌

唐 石經五經

唐 史懷訓墓誌

害 田在下墓誌

隋 韋略墓誌

唐 張達墓誌

唐 周善持墓誌

闔 堅牢塔記

後唐 張積墓誌

門部

門 门

【篆書】

東漢 馮孺人題記

東漢 太尉府門記

唐 百門陂碑額

唐 多寶佛塔銘

唐 天王碑額

唐 新三門記額

【隸書】

秦 睡 115

秦 睡 40

秦 關周•日書

西漢 馬•老乙

西漢 馬•老子甲後

西漢 馬•事語

西漢 居新•3149

漢晉 流簡紙

漢晉 流簡紙

東漢 封龍山頌

東漢 皇聖卿闕銘

東漢 孔宙碑陰

東漢 馬姜墓記

東漢 石門頌

東漢 司馬長元記

東漢 楊震碑

北齊 司馬遵業墓誌

北齊 司馬遵業墓誌

隋 叱李綱子墓誌

隋 劉珍墓誌

隋 默曹殘碑

唐 高元珪墓誌

唐 石臺孝經

唐 行儼碑

唐 楊孝恭碑

唐 楊孝恭碑

唐 楊孝恭碑

【楷書】

北魏 王翊墓誌

北魏 薛慧命墓誌

北魏 元斆墓誌

東魏 王令媛墓誌

東魏 元湛墓誌

隋 橋紹墓誌

隋 元鐘墓誌

隋 張伏敬墓誌

唐 敬覺墓誌

唐 石經尚書

唐 石經周易

唐 鄭子容墓誌

閉 闭

【隸書】

秦 睡 110

秦 睡 135

秦 關周•日書

西漢 馬•合陰陽

西漢 馬•十問

西漢 張•799

東漢 蒼山元嘉題記

東漢 張遷碑陽

晉 徐義墓誌陽

唐 崔暟墓誌陽

唐 戴令言墓誌

唐 史思禮墓誌

唐 張濬墓誌

唐 張叡墓誌

唐 貞一廟碑

【楷書】

晉 鄭道昭題刻

北魏 秦洪墓誌

北魏 王翊墓誌

北魏 元誨墓誌

北魏 元仙墓誌

唐 張頠墓誌

【楷書】

三國吳 走•四年

三國吳 走•四年

三國吳 走•四年

北魏 元謐墓誌

北魏 元子直墓誌

隋 田光山妻墓誌

唐 劉冰墓誌

唐 石經五經

唐 趙思忠墓誌

閨閨

【篆書】

東漢 袁安碑

【隸書】

秦 睡 101

西漢 居新•1152

西漢 居新•5385

西漢 居新•7485

東漢 西•寇恩

東漢 李冰石像銘

東漢 許安國題記

東漢 張遷碑陰

隋 任顯及妻誌

【楷書】

三國吳 走•四年

魏晉 樓•紙

北魏 元悌墓誌

北魏 元文墓誌

北魏 元熙墓誌

北齊 竇泰墓誌

東魏 元湛墓誌

隋 賈通墓誌

唐 石經周易

唐 王容墓誌

東漢 肥致碑

東漢 封龍山頌

東漢 鄐他君題記

東漢 楊統碑陽

東漢 乙瑛碑

隋 豆盧實墓誌

隋 蕭瑾墓誌

唐 褚亮碑

唐 石臺孝經

唐 趙冬曦壙誌

問問

【隸書】

秦 睡 64

秦 關周•日書

西漢 馬•老乙前

西漢 張•875

西漢 張•881

西漢 居新•7180

西漢 西•候官

東漢 西•死駒

東漢 西•推辟

漢晉 流簡紙

閑閑

【隸書】

隋 姬威墓誌

唐 北嶽廟碑

唐 陳泰墓誌

唐 關道愛墓誌

唐 興寺碑

【楷書】

北魏 元颺墓誌

東魏 叔孫固墓誌

唐 韓長墓誌

唐 楊珽墓誌

北魏 鄭黑墓誌

隋 董敬墓誌

隋 張枰墓誌

隋 張喬墓誌

唐 程思義墓誌

唐 高懲墓誌

唐 桑氏墓誌

唐 僧突墓誌

唐 石經五經

唐 石經周易

閑閑

【隸書】

晉 徐義墓誌陽

隋 叱李綱子墓誌

隋 符盛及妻墓誌

隋 劉多墓誌

隋 任軌墓誌

隋 任顯及妻誌

隋 宋仲墓誌

唐 史思禮墓誌

唐 楊孝恭碑

唐 楊孝恭碑

【楷書】

北魏 薛伯徽墓誌

北齊 道明墓誌

東魏 王令媛墓誌

隋 尉富娘墓誌

隋 元鐘墓誌

唐 陳君妻楊墓誌

唐 竇真墓誌

唐 石經周易

唐 王佺墓誌

開開

【隸書】

秦 睡133

西漢 馬•老乙前

西漢 居新•5270

西漢 居新•5615

西漢 居新•6731

東漢 白石神君碑

東漢 曹全碑陽

東漢 池陽令殘碑

東漢 淮源廟碑

東漢 李孟初神祠碑

東漢 禮器碑陰

東漢 石門頌

東漢 史晨後碑

東漢 楊耿伯題記

東漢 卓異殘碑

三國魏 張君殘碑

晉 辟雍頌陽

晉 辟雍頌陽

北周 華嶽頌

北齊 司馬遵業墓誌

北齊 司馬遵業墓誌

北齊 司馬遵業墓誌

隋 關明墓誌

隋 姬威墓誌

隋 馬長和造像

隋 任軌墓誌

隋 任顯及妻誌

隋 任顯及妻誌

隋 宋仲墓誌

隋 口靜墓誌

隋 吴嚴墓誌

隋 張儉及妻墓誌

隋 張盛墓誌

唐 蔡君妻墓誌

唐 褚亮碑

唐 高元珪墓誌

唐 石臺孝經

唐 石臺孝經

唐 石臺孝經

唐 史思禮墓誌

唐 行儼碑

唐 楊孝恭碑

唐 楊孝恭碑

唐 尹尊師碑

唐 張翼墓誌

【楷書】

三國吳 走•五年

北魏 李媛墓誌

北魏 元斅墓誌

北魏 元思墓誌

北魏 元仙墓誌

北魏 元子直墓誌

隋 暴永墓誌

隋 高緊墓誌

隋 王楚英墓誌

隋 口靜墓誌

隋 楊通墓誌

唐 崔琪墓誌

唐 崔霞墓誌

唐 李超墓誌

唐 石經尚書

唐 石經五經

唐 石經五經

唐 石經周易

唐 玄秘塔碑

唐 于士恭墓誌

唐 張本墓誌

閡

【隸書】

西漢 居新•6554

西漢 居新•7215

唐 北嶽廟碑

【楷書】

三國吳 走•五年

唐 李湍墓誌

唐 許公及妻誌

間

【篆書】

唐 多寶佛塔銘

唐 三墳記陽

唐 峿臺銘

【隸書】

秦 睡 153

西漢 馬•縱横

西漢 張•791

東漢 西•奉例

兩漢 西•羌律

漢晉 流簡紙

漢晉 流簡紙

東漢 曹全碑陽

東漢 造土牛碑

北齊 司馬遵業墓誌

北齊 司馬遵業墓誌

北齊 司馬遵業墓誌

隋 郭休墓誌

隋 宋景造像碑

唐 史思禮墓誌

唐 楊孝恭碑

唐 趙冬曦壙誌

【楷書】

北魏 司馬紹墓誌

北魏 元暐墓誌

北齊 竇泰墓誌

北周 曇樂造像

唐 崔惟悌墓誌

唐 石經五經

唐 宋義及妻墓誌

唐 王君墓誌

唐 吳孝墓誌

唐 楊氏墓誌

悶

【篆書】

唐 峿臺銘

【隸書】

西漢 馬•老甲

西漢 馬•老甲

唐 朱君妻王墓誌

【楷書】

北周 十六佛名號

唐 崔偃墓誌

唐 石經周易

閔

【篆書】

唐 三墳記陰

【隸書】

西漢 馬•事語

西漢 武•泰射甲

東漢 曹全碑陽

東漢 曹全碑陰

東漢 郙閣頌

東漢 華山廟碑陽

東漢 孟孝琚碑

東漢 孟孝琚碑

東漢 石門頌

東漢 永元六年記

東漢 子游殘碑

三國魏 孔羡碑

北齊 感孝頌

【楷書】

北魏 元朗墓誌

北魏 元尚之墓誌

唐 李福墓誌

閱

【隸書】

隋 姬威墓誌

唐 爾道愛墓誌

唐 李彥墓誌

【楷書】

北魏 慈慶墓誌

北魏 爾朱紹墓誌

東魏 侯海墓誌陽

隋 馬少敏墓誌

唐 杜醜墓誌

唐 古弘節墓誌

唐 韓政墓誌

唐 李三墓誌

唐 石經九經

閔

【楷書】

北周 十六佛名號

聞

【篆書】

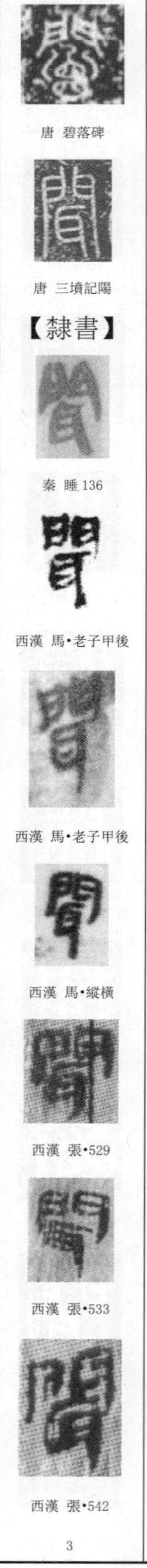

唐 碧落碑

唐 三墳記陽

【隸書】

秦 睡 136

西漢 馬•老子甲後

西漢 馬•老子甲後

西漢 馬•縱橫

西漢 張•529

西漢 張•533

西漢 張•542

西漢 張•54

西漢 居新•1866

西漢 居新•2163

漢晉 流簡紙

漢晉 流簡紙

東漢 肥致碑

東漢 韓仁銘額

東漢 華山廟碑陽

東漢 禮器碑

東漢 尚博殘碑

東漢 鮮于璜碑陽

東漢 鮮于璜碑陰

東漢 楊震碑

東漢 乙瑛碑

晉 徐義墓誌陽

隋 郭休墓誌

隋 侯肇墓誌

隋 姬威墓誌

隋 馬長和造像

隋 勝福寺塔銘

隋 蘇恒墓誌

唐 李神符碑

唐 柳偘妻墓誌

唐 石臺孝經

唐 石臺孝經

唐 石臺孝經

唐 楊孝恭碑

唐 尹尊師碑

唐 趙冬曦壙誌

【楷書】

北魏 李壁墓誌陽

北魏 檀賓墓誌

北魏 薛伯徽墓誌

北齊 竇泰墓誌

北齊 元賢墓誌

隋 暴永墓誌

唐 崔孝昌墓誌

唐 竇真墓誌

唐 李訥妃墓誌

唐 閻知誠墓誌

唐 石經尚書

唐 石經周易

唐 尉迟迥碑陰

唐 楊孝恭碑

【楷書】

三國吴 走•二年

三國吴 走•二年

北魏 元彥墓誌

東魏 李挺墓誌

東魏 劉懿墓誌

東魏 叔孫固墓誌

隋 口靜墓誌

唐 高懲墓誌

隋 劉多墓誌

隋 獸曹殘碑

隋 宋仲墓誌

隋 蕭瑾墓誌

隋 蕭瑾墓誌

隋 張景略墓誌

隋 趙朗墓誌

唐 褚亮碑

唐 李貞墓誌

唐 盧行毅墓誌

閤閤

【篆書】

東漢 馮孺人題記

【隸書】

西漢 西•馬牘

東漢 曹全碑陽

東漢 鄐閣頌

東漢 何君閣道銘

東漢 西狹頌

東漢 薌他君題記

東漢 許安國題記

晉 徐義墓誌陽

隋 段濟墓誌

唐 閻道愛墓誌

唐 王媛墓誌陰

唐 王震墓誌

【楷書】

東魏 張瓘墓誌

唐 李壽墓誌

唐 劉襐墓誌

後晉 權君妻崔墓誌

閭閭

【篆書】

唐 碧落碑

【隸書】

西漢 馬•養生

兩漢 西•羌律

隋 爾朱敞墓誌

隋 澧水石橋碑

隋 王榮及妻墓誌

隋 謝岳墓誌

隋 趙朗墓誌

隋 趙朗墓誌

唐 王卿及妻墓誌

唐 楊孝恭碑

唐 趙冬曦壙誌

【楷書】

北魏 馮邕妻墓誌

北魏 司馬氏墓誌

北魏 奚智墓誌

北魏 元融墓誌

隋 王楚英墓誌

隋 蕭氏墓誌

隋 元氏墓誌

阿 司仗馮氏墓誌

閨閨

【篆書】

唐 碧落碑

【隸書】

東漢 孔宙碑陽

東漢 鮮于璜碑陽

晉 徐義墓誌陽

隋 叱李綱子墓誌

隋 叱李綱子墓誌

隋 牛諒墓誌

隋 謝岳墓誌

隋 楊真墓誌

隋 鄭令妃墓誌

閲		闔	闇	閩	閡	閥	
【隸書】	隋 蕭餝性墓誌	【篆書】	【楷書】	【楷書】	【隸書】	【隸書】	唐 韋頊墓誌
秦 睡66	唐 賈令珪墓誌	唐 碧落碑	唐 鄭守訥墓誌	東魏 蕭正表墓誌	唐 北獄廟碑	北齊 司馬遵業墓誌	唐 楊珽墓誌
秦 睡91	唐 李壽墓誌	【隸書】		唐 侯績墓誌	唐 玄元靈應頌	唐 闞道愛墓誌	唐 張伯墓誌
西漢 馬•老乙前		隋 叱李綱子墓誌		唐 張軫墓誌	【楷書】	唐 李彥墓誌	
西漢 張•530		隋 劉多墓誌			唐 石經五經	唐 劉慎墓誌	
西漢 居新•7530		唐 蘇洪姿墓誌				唐 龐履温碑	
隋 申穆及妻墓誌		唐 王媛墓誌陰				唐 鄭忠墓碑	
唐 陳泰墓誌		唐 張叡墓誌				【楷書】	
唐 李彥墓誌		【楷書】				北魏 元壽安墓誌	
唐 勿部將軍碑		北魏 薛伯徽墓誌				北齊 司馬遵業墓誌	
唐 鄭忠墓碑		北魏 鄭君妻墓誌				唐 呂君妻李墓誌	
		東魏 馮令華墓誌				唐 桑塼墓誌	

閹

【篆書】

西漢 武•柩銘

【隸書】

西漢 馬•老乙前

西漢 馬•老乙前

【楷書】

唐 郭承亨墓誌

閾

【隸書】

東漢 孔宙碑陽

隋 叱李綱子墓誌

唐 蘇洪姿墓誌

唐 張濬墓誌

【楷書】

北魏 趙光墓誌

唐 劉定師墓誌

唐 王君妻薛墓誌

唐 王晛墓誌

闇

【隸書】

隋 張儉及妻墓誌

【楷書】

唐 石經五經

唐 張三英墓記

唐 石經五經

唐 閻士熊墓誌

唐 楊淡造經幢

唐 張樹生墓誌

後唐 行鈞塔銘

閻

【篆書】

唐 多寶佛塔銘

【隸書】

秦 睡 128

西漢 西•馬簽

東漢 祀三公山碑

唐 大忍寺碑

唐 紀信墓碑

【楷書】

北齊 姜纂造像記

唐 敬能經幢

唐 李壽墓誌

唐 能師墓誌

闉

【楷書】

北魏 元弼墓誌

閭

【隸書】

秦 睡 10

秦 關周•病方

東漢 景君碑陰

【楷書】

北魏 元誘墓誌

唐 路巖墓誌

唐 張才墓誌

【楷書】

北魏 元子正墓誌

隋 賈氏墓誌

隋 宋玉艷墓誌

唐 東方朔墓誌

唐 胡明期母墓誌

唐 李清墓誌

唐 王協墓誌

闉

【楷書】

北魏 元羽墓誌

隋 寇奉叔墓誌

唐 杜君妻孫墓誌

唐 石經九經

唐 掌思明墓誌

闌

【隸書】

秦 睡 64

西漢 馬•縱横

西漢 張•544

西漢 張•565

西漢 張•825

【楷書】

唐 靖策墓誌

唐 張某墓誌

唐 支成墓誌

閶

【隸書】

隋 爾朱端墓誌

【楷書】

北魏 弔比干文陽

唐 尉遲敬德墓誌

唐 李賢墓誌

⿰糹閃

【楷書】

唐 石經五經

閼

【隸書】

西漢 張•750

西漢 張•775

【楷書】

北魏 元瞻墓誌

唐 裵婉墓誌

唐 石浮圖銘

唐 石經五經

閵

【隸書】

秦 睡 156

西漢 馬•老乙前

閽

【隸書】

東漢 孔宙碑陽

隋 爾朱端墓誌

唐 龐履温碑

【楷書】

北魏 弔比干文

唐 李爽墓誌

唐 尉遲敬德墓誌

閿

【楷書】

唐 建章墓誌陽

闃

【隸書】

唐 孔子廟碑

【楷書】

北魏 元順墓誌

唐 崔公妻墓誌

唐 李鳳妃墓誌

唐 石經五經

唐 石經周易

唐 孫君妻宋墓誌

唐 浯溪記

唐 翟六娘墓誌

唐 張方墓誌

闇

【隸書】

東漢 韓仁銘

東漢 景君碑陰

隋 段濟墓誌

隋 爾朱敞墓誌

隋 澧水石橋碑

隋 蘇恒墓誌

隋 王榮及妻墓誌

唐 鄭忠墓碑

【楷書】

北魏 吐谷渾氏墓誌

北魏 元彥墓誌

北魏 元周安墓誌

北齊 姜纂造像記

北齊 婁黑女墓誌

北齊 宋敬業塔頌

東魏 王僧墓誌

北魏 元寧墓誌

隋 張伏敬墓誌

闊

【隸書】

漢晉 流簡紙

北齊 竇泰墓誌

北齊 司馬遵業墓誌

唐 崔祐甫墓誌

【楷書】

北魏 慈慶墓誌

北齊 司馬遵業墓誌

唐 高慈墓誌

唐 劉濬墓誌

闈

【隸書】

隋 叱李綱子墓誌

隋 段濟墓誌

隋 牛諒墓誌

隋 蘇恒墓誌

隋 鄭令妃墓誌

【楷書】

晉 華芳墓誌陰

北魏 元崇業墓誌

東魏 盧貴蘭墓誌

隋 王楚英墓誌

隋 朱氏墓誌

唐 宮官司設墓誌

唐 敬覺墓誌

唐 七品亡宮墓誌

闋

【隸書】

東漢 尚博殘碑

東漢 鮮于璜碑陽

唐 崔沔墓誌陰

唐 崔泰之墓誌

唐 趙冬曦壙誌

【楷書】

東魏 元寶建墓誌

唐 崔植墓誌

唐 李昕墓誌

唐 嚴識玄墓誌

闔

【隸書】

西漢 馬•老乙前

西漢 馬•老乙前

東漢 趙儀碑

隋 段濟墓誌

隋 爾朱端墓誌

唐 崔暟墓誌陽

唐 鄭忠墓碑

【楷書】

北魏 弔比干文陽

隋 張盈墓誌

唐 尉遲敬德墓誌

闖闖

【楷書】

唐 石經五經

闐闐

【隸書】

兩漢 西•馬簡

唐 興寺碑

【楷書】

北魏 于仙墓誌

唐 裴漸妻墓誌

唐 張伽墓誌

闓闓

【隸書】

東漢 景君碑陰

東漢 禮器碑

東漢 熹平殘石

闕闕

【篆書】

東漢 祀三公山碑

唐 碧落碑

唐 碧落碑

【隸書】

西漢 馬•老乙前

西漢 馬•老子甲後

東漢 曹全碑陽

東漢 曹全碑陽

東漢 淮源廟碑

東漢 侍御史李公闕

東漢 孫仲陽題記

晉 辟雍頌陽

北齊 司馬遵業墓誌

唐 李神符碑

唐 石臺孝經

唐 史思禮墓誌

唐 王媛墓誌陰

唐 楊孝恭碑

唐 尹尊師碑

【楷書】

北魏 陳天寶造像

北魏 耿氏墓誌

北魏 元寧墓誌

北魏 元仙墓誌

北魏 元宥墓誌

北齊 竇泰墓誌

北齊 竇泰墓誌

東魏 叔孫固墓誌

東魏 元悰墓誌

東魏 元湛墓誌

隋 郭寵墓誌

隋 郭世昌墓誌

隋 張貴男墓誌

唐 陳君妻楊墓誌

唐 段瑋墓誌

唐 衡義整墓誌

唐 李和墓誌

唐 李爽墓誌

唐 李庭訓墓誌

唐 石經五經

唐 蕭遇墓誌

唐 袁仁爽墓誌

唐 越國太妃墓誌

唐 張去奢墓誌

後晉 王君妻闞墓誌

關闗

【篆書】

唐 碧落碑

【隸書】

秦 睡 64

秦 睡 90

西漢 馬•老乙前

西漢 馬•縱橫

西漢 張•331

西漢 張•525

西漢 張•875

西漢 張•97

西漢 居新•2736

西漢 居新•7208

西漢 居新•7505

西漢 居新•7599

西漢 西•馬簡牘

東漢 西•劾狀

兩漢 西•馬簡

兩漢 西•羌律

兩漢 西•懸檢

漢晉 流簡紙

東漢 朐忍令碑

東漢 鮮于璜碑陰

東漢 延光四年殘

東漢 振武將軍碑

晉 辟雍頌陽

晉 劉韜墓志

晉 石尠墓誌

隋 爾朱敞墓誌

隋 爾朱端墓誌

隋 闞明墓誌

隋 郭休墓誌

隋 姬威墓誌

隋 李元墓誌

隋 申穆及妻墓誌

隋 宋仲墓誌

隋 謝岳墓誌

唐 戴令言墓誌

唐 楊孝恭碑

【楷書】

三國吳 走•二年

三國吳 走•四年

南朝陳 劉猛進碑

北魏 王基墓誌

北魏 奚智墓誌

北魏 元誨墓誌

北魏 元壽安墓誌

北魏 元乂墓誌

北魏 元誘墓誌

北齊 婁黑女墓誌

東魏 元鷙墓誌

隋 暴永墓誌

隋 暴永墓誌

隋 范安貴墓誌

隋 盧旋芷墓誌

隋 申穆及妻墓誌

隋 元鐘墓誌

唐 居實墓銘

隋 李玉婍墓誌

隋 梁邕墓誌

唐 契苾夫人墓誌

唐 騫紹業墓誌

唐 石經尚書

唐 石經五經

唐 石經五經

唐 石經周易

唐 孫公乂墓誌

唐 楊吴生墓誌

唐 于士恭墓誌

唐 臧曄墓誌

唐 趙全泰妻墓誌

唐 鄭温球墓誌

闞闞

【隸書】

西漢 居新•228

漢晉 流簡紙

【楷書】

東魏 蔡儁斷碑陰

唐 甘基墓誌

唐 趙本質墓誌

闚

【楷書】

北魏 慈慶墓誌

北魏 穆亮妻墓誌

唐 李震墓誌

唐 石經五經

唐 石經周易

唐 楊溫墓誌

闥

【隸書】

隋 蕭瑾墓誌

唐 崔泰之墓誌

唐 庫狄真相墓誌

【楷書】

北魏 吳光墓誌

北魏 元懷墓誌

唐 李壽墓誌

唐 盧萬春墓誌

唐 宋豐墓誌

闠

【隸書】

唐 李彥墓誌

唐 劉粲墓誌

【楷書】

唐 李修已墓誌

闡

【隸書】

東漢 鮮于璜碑陽

晉 辟雍頌陽

晉 辟雍頌陽

北齊 馬天祥造像

隋 蘇恒墓誌

唐 抱腹寺碑

唐 柳偘妻墓誌

唐 王震墓誌

【楷書】

北魏 吐谷渾璣墓誌

北魏 王普賢墓誌

北魏 元鑒墓誌

北齊 崔頠墓誌

隋 高緊墓誌

隋 宋玉艷墓誌

唐 房懷亮墓誌

唐 石經九經

唐 石經尚書

唐 唐思禮墓誌

唐 玄秘塔碑

唐 玄秘塔碑

闤

【隸書】

唐 李彥墓誌

唐 劉粲墓誌

【楷書】

唐 陳叔度墓誌

唐 李修已墓誌

闢

【隸書】

北齊 司馬遵業墓誌

隋 楊真墓誌

唐 高嶸墓誌

【楷書】

北魏 爾朱紹墓誌

北魏 元敷墓誌

北魏 元仙墓誌

東魏 元均及妻墓誌

隋 賈通墓誌

唐 李三墓誌

唐 李正卿墓誌

唐 石經尚書

唐 田在卞墓誌

唐 元希古墓誌

隶部

隸隸

【隸書】

秦 睡18

秦 睡52

西漢 張•270

西漢 張•576

西漢 張•722

東漢 華岳廟碑陰

東漢 尚博殘碑

東漢 鮮于璜碑陽

東漢 楊淮表記

東漢 楊著碑陽

北齊 感孝頌

隋 口和墓誌

唐 劉慎墓誌

唐 興寺碑

唐 張休光墓誌

【楷書】

北魏 寇猛墓誌

北魏 寇憑墓誌

北魏 王普賢墓誌

北魏 元暐墓誌

北齊 畢文造像

唐 陳宣魯墓誌

唐 郭壽墓誌

唐 李鳳妃墓誌

唐 石經九經

唐 石經五經

唐 石經五經

唐 惟貞廟碑陽

唐 顔勤禮碑

唐 楊孝直墓誌

唐 于士恭墓誌

唐 鄭仁泰墓誌

唐 志晉墓誌

革部

革革

【隸書】

秦 睡46

秦 睡49

西漢 馬·合陰陽

西漢 馬·事語

西漢 馬·縱橫

西漢 張·1038

西漢 居新·5583

西漢 武·少牢甲

漢晉 流簡紙

漢晉 流簡紙

東漢 石門闕銘

晉 辟雍頌陽

晉 辟雍頌陽

隋 段濟墓誌

隋 澧水石橋碑

隋 劉多墓誌

唐 李貞墓誌

唐 張休光墓誌

【楷書】

南朝陳 衛和墓誌

北魏 公孫猗墓誌

北魏 寇臻墓誌

北魏 元緒墓誌

北魏 元遙墓誌

北齊 竇泰墓誌

東魏 高翻碑

隋 薛保興墓誌

隋 張貴男墓誌

唐 阿史那貞忠墓誌

唐 石經尚書

唐 石經周易

唐 修定寺記碑

靮靮

【楷書】

北齊 趙道德墓誌

唐 張渙墓誌

鞈鞈

【楷書】

唐 石經五經

靳靳

【隸書】

秦 睡92

西漢 居新·533

東漢 孔宙碑陰

【楷書】

三國吳 走·四年

南朝陳 衛和墓誌

北齊 殷恭安造像

唐 廣濟橋碑

唐 匹婁思妻墓誌

鞋	鞀	鞃	鞁	鞄	鞅	靾	靶
【楷書】	【楷書】	【楷書】	【楷書】	【楷書】	【隸書】	【楷書】	【楷書】
 唐 聚慶磚誌	 唐 石經五經	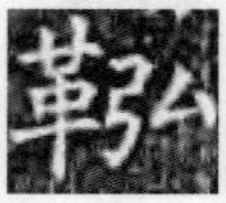 唐 石經五經	 東魏 蕭正表墓誌	 唐 石經五經	 西漢 馬•縱横	 唐 石經五經	 唐 劉穆墓誌
					 西漢 馬•縱横		 唐 申守墓誌
					 漢晉 流簡紙		
					【楷書】		
					 東魏 叔孫固墓誌		
					 隋 皇甫深墓誌		
					 隋 寧贙墓碑		
					 唐 王素墓誌		

鞍

【隸書】

西漢 西•馬牘

【楷書】

北魏 侯剛墓誌

北魏 元純陁墓誌

北齊 高湝墓誌

東魏 叔孫固墓誌

唐 安延墓誌

唐 瀆廟祭器銘

唐 石經五經

後梁 謝彥璋墓誌

鞎

【楷書】

唐 石經爾雅

鞏

【楷書】

北魏 王誦妻元墓誌

唐 劉祿墓誌

唐 盧沆妻墓誌

唐 石經五經

唐 石經五經

唐 石經周易

唐 薛華墓誌

唐 嚴識玄墓誌

唐 楊佰隴墓誌

唐 支懷墓誌

鞘

【楷書】

唐 石經五經

鞔

【楷書】

唐 石經五經

鞗

【楷書】

唐 石經五經

鞠

【隸書】

西漢 張•1142

西漢 張•637

東漢 景君碑陰

唐 蔡君妻墓誌

【楷書】

晉 華芳墓誌陰

北魏 鞠彥雲蓋

北魏 元壽安墓誌

北魏 元鑽遠墓誌

北齊 竇泰墓誌

隋 王世琛墓誌

唐 耿氏墓誌

唐 郭密之妻墓誌

唐 石經尚書

鞞鞞

【隸書】

秦 睡255

西漢 張•762

西漢 張•763

【楷書】

北齊 竇泰墓誌

唐 石經五經

唐 蘇斌墓誌

鞚

【楷書】

北魏 元廞墓誌

鞬鞬

【楷書】

南朝陳 劉猛進碑

北周 普安壯公墓誌

唐 阿史那貞忠墓誌

唐 崔師墓誌

唐 石經五經

鞢

【楷書】

唐 房孚墓誌

鞮鞮

【隸書】

西漢 張•476

西漢 居新•4349

西漢 居新•9233

唐 義福禪師碑

【楷書】

北魏 元保洛墓誌

唐 獨孤開遠墓誌

唐 劉仁墓誌

唐 石經五經

鞫

【隸書】

秦 睡55

西漢 張•134

西漢 張•135

西漢 張•136

西漢 張•167

東漢 簿書殘碑

【楷書】

唐 裴琪墓誌

唐 楊仲嗣墓誌

鞭鞕

【隸書】

北齊 司馬遵業墓誌

隋 郭達墓誌

隋 劉多墓誌

唐 楊孝恭碑

【楷書】

北魏 荀景墓誌

北魏 王翊墓誌

北魏 元繼墓誌

隋 諸葛子恆碑

唐 麻姑仙壇記

唐 石經尚書

唐 真義女碑銘

闕 堅牢塔記

韡

【楷書】

唐 鄭元璲墓誌

鞴

【隸書】

西漢 居新·9060

【楷書】

唐 李霞光墓誌

鞹

【楷書】

唐 石經五經

鞶

【楷書】

隋 張貴男墓誌

唐 石經五經

唐 燕君妻姜墓誌

唐 張素墓誌

後周 石金俊妻合誌

鞻

【楷書】

唐 石經五經

韁

【楷書】

北魏 吊比干文

唐 馬億墓誌

唐 石經五經

頁部

頁

【隸書】

東漢 曹全碑陰

【楷書】

北魏 鄭君妻墓誌

頂

【篆書】

唐 姚仲文經幢

【隸書】

唐 修定寺記碑

【楷書】

北齊 張世寶造塔

隋 馬長和造像

唐 多寶塔碑

頃

【隸書】

秦 睡 12

西漢 馬•天下

西漢 馬•足臂

西漢 張•1028

西漢 張•745

西漢 居新•628

漢晉 流簡紙

東漢 簿書殘碑

東漢 肥致碑

北齊 司馬遵業墓誌

隋 爾朱端墓誌

唐 張休光墓誌

唐 張顏墓誌

【楷書】

三國吳 走•四年

北魏 元悌墓誌

隋 吳嚴墓誌

唐 石經五經

唐 宋義及妻墓誌

唐 顏人墓誌

唐 張騷墓誌

頄

【楷書】

唐 石經五經

唐 石經周易

項

【隸書】

秦 睡 59

西漢 張•1190

西漢 張•794

東漢 禮器碑

東漢 楊震碑

晉 辟雍頌陰

【楷書】

北齊 無量義經

隋 盧文機墓誌

唐 和幹墓誌

唐 石經九經

[illegible]

【楷書】

唐 石經五經

項

【隸書】

三國吳 谷朗碑

北齊 西門豹碑陽

隋 口墮及妻墓誌

【楷書】

北魏 元項墓誌

唐 呼延章墓誌

唐 江璀墓誌

唐 石經尚書

唐 顏家廟碑

北魏 穆彥墓誌

北齊 暢洛生造像

北周 十六佛名號

北齊 司馬遵業墓誌

唐 李君殘墓誌

唐 麻姑仙壇記

唐 石經五經

唐 石經周易

唐 趙南山墓誌

東漢 乙瑛碑

晉 徐義墓誌陽

北齊 司馬遵業墓誌

隋 姬威墓誌

隋 劉多墓誌

唐 盧君妻墓誌

唐 行儼碑

【楷書】

魏晉 樓•紙

魏晉 樓•紙

魏晉 樓•紙

須

【隸書】

秦 睡 93

西漢 張•1122

西漢 張•397

西漢 居新•9052

西漢 居新•920

西漢 西•律令

西漢 西•馬簡牘

東漢 西•醫藥

東漢 肥致碑

東漢 唐公房碑陽

唐 石經五經

唐 石經周易

唐 蘇斌墓誌

唐 姚恭墓誌

後周 智堅塔記

隋 謝岳墓誌

唐 崔沔墓誌陽

唐 石臺孝經

唐 楊孝恭碑

【楷書】

北魏 高珪墓誌

北魏 穆亮墓誌

北魏 元恪嬪墓誌

北魏 元平墓誌

北周 董道生造像

隋 元鐘墓誌

東漢 肥致碑

東漢 淮源廟碑

東漢 孔宙碑陰

東漢 秦君神道刻字

東漢 石門頌

東漢 許安國題記

東漢 楊統碑陽

東漢 永壽元年墓記

三國魏 張君殘碑

晉 郛休碑陰

順

【篆書】

北魏 常氏誌蓋

北齊 皇甫琳額

唐 碧落碑

【隸書】

秦 睡 156

西漢 馬•老乙前

西漢 馬•縱横

西漢 張•1036

西漢 張•750

西漢 居新•5563

東漢 池陽令殘碑

頑

【隸書】

東漢 朝侯小子碑

東漢 立朝字殘碑

東漢 劉熊碑

北魏 上尊號碑

北齊 西門豹碑陽

【楷書】

北魏 元略墓誌

北魏 元襲墓誌

唐 李尚墓誌

唐 石經尚書

唐 石經尚書

頍

【楷書】

唐 石經五經

唐 顏勤禮碑陰

頓

【隸書】

西漢 西•詔書

漢晉 流簡紙

漢晉 流簡紙

漢晉 流簡紙

東漢 華山廟碑陽

東漢 史晨前碑

東漢 鄐他君題記

東漢 乙瑛碑

北魏 王基墓誌

唐 尹文操碑

【楷書】

魏晉 樓•紙

北魏 穆亮墓誌

北齊 竇泰墓誌

東魏 馮令華墓誌

隋 田德元墓誌

唐 多寶塔碑

唐 石經九經

唐 顏璩墓誌

頎

【隸書】

西漢 習字觚

東漢 楊著碑陽

【楷書】

三國吳 走•四年

唐 李湍墓誌

唐 石經五經

頌

【篆書】

東漢 張遷碑額

東魏 凝禪寺碑

北魏 温泉頌額

北齊 西門豹碑額

隋 李氏像碑額

唐 碧落碑

唐 長明燈樓頌

唐 李元諒頌額

唐 楊公碑額

【隸書】

西漢 馬•十問

西漢 張•623

西漢 居新•2367

東漢 景君碑陰

東漢 石門頌

東漢 鮮于璜碑陽

東漢 鮮于璜碑陰

東漢 楊統碑陽

東漢 楊震碑

東漢 尹宙碑

東漢 張遷碑陽

東漢 趙儀碑

晉 辟雍頌陽

北齊 感孝頌

隋 侯肇墓誌

隋 王榮及妻墓誌

隋 修孔子廟碑

唐 白鹿泉碑陰

唐 崔暟墓誌陽

唐 董虔運墓誌

唐 石臺孝經

東漢 乙瑛碑
北魏 上尊號碑
隋 張景略墓誌
唐 石臺孝經
【楷書】
魏晉 樓·紙
北魏 奚智墓誌
北魏 元彬墓誌
北魏 元愔墓誌
隋 王楚英墓誌
唐 韓氏合葬誌

領

【篆書】
東漢 祀三公山碑
唐 三墳記陽
【隸書】
西漢 馬·合陰陽
西漢 馬·老子甲後
西漢 張·800
東漢 西·奉例
兩漢 西·懸簡
漢晉 流簡紙
東漢 鮮于璜碑陰
東漢 乙瑛碑

[山頁]

【楷書】
唐 顔勤禮碑陰

北魏 奚真墓誌
北魏 元肅墓誌
隋 口枍昂墓誌
隋 段威墓誌

預

【隸書】
隋 豆盧實墓誌
隋 豆盧實墓誌
隋 豆盧實墓誌
隋 馬穉墓誌
隋 蕭瑾墓誌
唐 褚亮碑
唐 高元珪墓誌
唐 柳偘妻墓誌
唐 尹尊師碑
【楷書】
北魏 王基墓誌

頏

【隸書】
東漢 張遷碑陽
唐 屈突通墓誌
【楷書】
北齊 婁黑女墓誌
唐 蕭慎墓誌

頌

【楷書】
晉 華芳墓誌陰
北魏 劉阿素墓誌
唐 王士端墓誌
唐 張伯墓誌

唐 鄭忠墓碑
【楷書】
北魏 元倖墓誌陽
東魏 杜文雍造像
隋 張喬墓誌

頠

【楷書】

北齊 崔頠墓誌

唐 裴同墓誌

唐 石經五經

唐 王頠墓誌

頫

【楷書】

唐 石經五經

頜

【楷書】

唐 石經五經

頦

【楷書】

唐 石經五經

頲

【隸書】

唐 盧行毅墓誌

【楷書】

唐 魏公韋氏墓誌

唐 魏叔元墓誌

頡

【隸書】

西漢 居新•2430

東漢 倉頡廟碑

東漢 華山廟碑陽

東漢 張遷碑陽

北齊 西門豹碑陽

唐 屈突通墓誌

【楷書】

三國吳 走•四年

北齊 婁黑女墓誌

唐 王約墓誌

頢

【楷書】

唐 王叔寧墓誌

頗

【隸書】

西漢 張•229

西漢 張•92

西漢 居新•3455

隋 馬穉墓誌

唐 崔祐甫墓誌

唐 辛雲京妻墓誌

【楷書】

北魏 元茂墓誌

北齊 司馬遵業墓誌

隋 尉富娘墓誌

唐 戴令言墓誌

頫

【楷書】

唐 王元明經幢

頭

【隸書】

秦 睡76

秦 關周•病方

西漢 馬•十問

西漢 馬•天下

西漢 張•1141

西漢 張•1173

西漢 張•789

西漢 張•794

西漢 張•832

西漢 居新•1872

西漢 居新•1981

西漢 居新•2213

西漢 居新•2678

西漢 居新•2701

西漢 居新•2952

漢晉 流簡紙

漢晉 流簡紙

漢晉 流簡紙

東漢 簿書殘碑

東漢 韓仁銘

東漢 禮器碑

東漢 乙瑛碑

北魏 涿縣磚刻

隋 王榮及妻墓誌

唐 安天王廟碑

唐 紀信墓碑

【楷書】

魏晉 樓•紙

北魏 元煥墓誌

北齊 僧靜明造像

隋 張伏敬墓誌

頪

【隸書】

秦 睡255

西漢 張•1171

西漢 張•1171

唐 張侔墓誌

【楷書】

北齊 無量義經

隋 張業墓誌

唐 韓曉墓誌

唐 石經周易

頤

【隸書】

西漢 張•1139

西漢 張•1184

西漢 西•律令

東漢 校官碑

東漢 鄭固碑

隋 口靜墓誌

唐 牛氏像龕碑

【楷書】

三國吳 走•五年

北魏 李頤墓誌

北魏 秦洪墓誌

北魏 楊乾墓誌

北魏 張盧墓誌

北齊 高僧護墓誌

隋 呂胡墓誌

唐 耿文訓墓誌

唐 景昭法師碑

唐 李壽墓誌

唐 裵婉墓誌

唐 石經五經

唐 石經周易

唐 宋豐墓誌

唐 顏相墓誌

唐 楊佰隴墓誌

唐 楊佰隴墓誌

唐 祖君妻楊墓誌

頸

【篆書】

唐 峿臺銘

【隸書】

秦 睡 243

西漢 馬•天下

西漢 張•1106

唐 安天王廟碑

【楷書】

北魏 元暐墓誌

北齊 報德像碑

唐 李偘偘墓誌

唐 林寺戒壇銘

後梁 謝彥璋墓誌

頻

【隸書】

西漢 張•464

西漢 西•律令

東漢 尚博殘碑

隋 段濟墓誌

隋 澧水石橋碑

隋 吳嚴墓誌

隋 張儉及妻墓誌

隋 張儉及妻墓誌

唐 史思禮墓誌

唐 司馬寔墓誌

唐 王媛墓誌陽

唐 王震墓誌

唐 尹尊師碑

【楷書】

北魏 元茂墓誌

北魏 元欽墓誌

隋 范安貴墓誌

唐 石經周易

唐 司馬銓墓誌

唐 顏勤禮碑陰

後周 宋彥筠墓誌

頹

【隸書】

西漢 張•786

西漢 張•813

三國魏 王基斷碑

隋 李元墓誌

隋 李元墓誌

隋 馬穉墓誌

隋 牛諒墓誌

隋 宋景造像碑

隋 宋仲墓誌

隋 謝岳墓誌

唐 李神符碑

唐 李貞墓誌

【楷書】

北魏 爾朱紹墓誌

北魏 元寧墓誌

北魏 元子正墓誌

隋 姬威墓誌

隋 王世琛墓誌

唐 賈琁墓誌

唐 石經穀梁傳

唐 真義女碑銘

領

【楷書】

唐 石經五經

唐 石經五經

後唐 毛璋墓誌

穎

【隸書】

西漢 張•479

東漢 白石神君碑

東漢 曹全碑陰

東漢 封龍山頌

東漢 衡方碑

東漢 華山廟碑陽

東漢 禮器碑

東漢 楊淮表記

東漢 楊著碑陽

東漢 尹宙碑

晉 石尠墓誌

晉 石尠墓誌

隋 爾朱端墓誌

隋 口墮及妻墓誌

隋 劉寶及妻墓誌

隋 修孔子廟碑

隋 張盛墓誌

唐 張翼墓誌

【楷書】

晉 華芳墓誌陽

晉 華芳墓誌陰

北魏 封魔奴墓誌

北魏 韓氏墓誌

北魏 元恭墓誌

北魏 元羽墓誌

北魏 元子永墓誌

北魏 元子正墓誌

東魏 叔孫固墓誌

隋 姬威墓誌

隋 明質墓誌

隋 橋紹墓誌

隋 楊厲墓誌

唐 李信墓誌

唐 劉珵墓誌

唐 石經五經

唐 太君陳氏墓誌

唐 田侁墓誌

唐 于士恭墓誌

⿰系頁

【楷書】

唐 石經五經

頵

【篆書】

三國魏 正始石經

【楷書】

晉 辟雍頌陰

唐 石經五經

唐 魏叔元墓誌

唐 顏家廟碑

頣

【楷書】

唐 顏勤禮碑

頴

【楷書】

唐 石經五經

頼

【隸書】

東漢 朝侯小子碑

唐 勿部將軍碑

【楷書】

隋 張軻墓誌

唐 石經五經

唐 磚塔銘殘石

⿰扁頁

【楷書】

唐 石經五經

顒

【隸書】

唐 抱腹寺碑

唐 孔子廟碑

唐 玄元靈應頌

唐 張延賞殘碑

【楷書】

東魏 杜文雍造像

唐 盧知宗墓誌

唐 石經周易

唐 張相墓誌

北魏 笱景墓誌

北魏 姚伯多供養碑

北魏 元斅墓誌

北魏 元斅墓誌

北魏 元煥墓誌

唐 獨孤氏墓誌

唐 韋泂墓誌

唐 向晉妻宋墓誌

唐 顔人墓誌

唐 顔相墓誌

東漢 鮮于璜碑陰

東漢 永元十年記

晉 郭休碑陰

晉 郭槐柩記

晉 徐義墓誌陽

隋 任軌墓誌

唐 劉粲墓誌

【楷書】

三國吳 走•五年

晉 黃庭經

北魏 耿壽姬墓誌

顔

【隸書】

秦 睡 59

西漢 馬•老子甲後

東漢 景君碑陰

東漢 禮器碑

東漢 孟孝琚碑

東漢 任城黃腸石

東漢 史晨後碑

東漢 史晨後碑

東漢 史晨前碑

東漢 鮮于璜碑陰

顏

【楷書】

唐 石經五經

顓

【隸書】

東漢 曹全碑陽

三國吳 谷朗碑

隋 口𩒐及妻墓誌

唐 程俊墓誌

【楷書】

唐 樊说墓誌

唐 石經尚書

唐 朱君妻王墓誌

【楷書】

北魏 穆亮妻墓誌

北齊 竇泰墓誌

隋 田光山妻墓誌

隋 伍道進墓誌

唐 李柔墓誌

唐 劉祿墓誌

唐 張璬墓誌

唐 朱遠墓誌

題

【隸書】

北齊 司馬遵業墓誌

隋 澧水石橋碑

隋 任顯及妻誌

唐 豆盧建墓誌

唐 李神符碑

唐 柳偘妻墓誌

唐 盧君妻墓誌

唐 龐履温碑

唐 楊孝恭碑

唐 楊孝恭碑

額

【篆書】

唐 魏夫人祠碑額

【隸書】

東漢 鮮于璜碑陽

唐 抱腹寺碑

唐 修定寺記碑

【楷書】

北齊 報德像碑

北齊 無量義經

唐 石經尚書

唐 惟貞廟碑陽

顛

【篆書】

唐 碧落碑

【隸書】

秦 關周•病方

西漢 馬•天下

漢晉 流簡紙

東漢 景君碑陽

東漢 朐忍令碑

東漢 石門頌

東漢 西狹頌

東漢 永壽元年銘

東漢 鄭固碑

唐 平鑾頌

唐 王震墓誌

【楷書】

北齊 趙道德墓誌

隋 張濤妻墓誌

唐 蘭陵蕭氏墓誌

唐 禮佛圖陰

唐 齊子墓誌

唐 石經五經

顧

【篆書】

唐 碧落碑

【隸書】

西漢 馬•老子甲後

西漢 馬•縱橫

西漢 馬•縱橫

西漢 馬•縱橫

西漢 馬•縱橫

西漢 馬•縱橫

西漢 馬•縱橫

西漢 居新•7488

兩漢 西•懸檢

漢晉 流簡紙

東漢 肥致碑

東漢 史晨後碑

東漢 夏承碑

東漢 鮮于璜碑陰

東漢 薌他君題記

東漢 楊統碑陽

東漢 造土牛碑

隋 澧水石橋碑

隋 李元墓誌

隋 勝福寺塔銘

隋 張儉及妻墓誌

唐 白鹿泉碑陽

唐 程俊墓誌

唐 大忍寺碑

唐 大忍寺碑

唐 戴令言墓誌

唐 龐履溫碑

唐 王媛墓誌陰

唐 行儼碑

唐 楊孝恭碑

唐 怡亭銘序

唐 尹文操碑

唐 尹尊師碑

唐 張休光墓誌

唐 張休光墓誌

唐 張顏墓誌

【楷書】

魏晉 樓•紙

魏晉 樓•紙

晉 華芳墓誌陰

晉 王君殘墓誌

北魏 賈景造像記

北魏 介休等造像

北魏 萬福榮造像

北魏 元朗墓誌

東魏 成休祖造像

北周 劉敬愛造像

東魏 馬都愛造像

東魏 元悰墓誌

隋 杜相夫造像

隋 橋紹墓誌

唐 崔程墓誌

唐 大德超寂墓誌

唐 李清墓誌

唐 苗善物墓誌

唐 石經尚書

唐 石經五經

唐 石經五經

唐 石經儀禮

唐 石經周易

唐 楊瑩墓誌

唐 張嬰墓誌

後梁 蕭符墓誌

顗

【隸書】

東漢 孔宙碑陰

【楷書】

三國吳 走·四年

北魏 元頊墓誌

唐 朱庭玘墓誌

類

【隸書】

西漢 張·624

西漢 張·745

西漢 張·749

東漢 履和純殘碑

東漢 魏元丕碑

東漢 楊叔恭殘碑

晉 辟雍頌陽

隋 叱李綱子墓誌

隋 豆盧實墓誌

隋 劉多墓誌

隋 馬長和造像

唐 闞道愛墓誌

唐 李貞墓誌

唐 屈突通墓誌

唐 辛雲京妻墓誌

唐 修定寺記碑

【楷書】

晉 華芳墓誌陰

晉 蘭亭序真本

北魏 馮邕妻墓誌

北魏 王神虎造像

北魏 元略墓誌

北魏 元仙墓誌

東魏 杜文雍造像

北齊 姚景等造像

隋 呂胡墓誌

隋 宋玉艷墓誌

隋 王楚英墓誌

隋 口靜墓誌

唐 安元壽墓誌

唐 崔熀墓誌

唐 董葵墓誌

唐 獨孤氏墓誌

唐 何簡墓誌

唐 康威墓誌

唐 寇鈞墓誌

唐 李鳳妃墓誌

唐 李福墓誌

唐 石浮圖銘

唐 石經尚書

唐 石經五經

唐 石經周易

唐 石經周易

隋 宋玉艷墓誌

後唐 康贊羑墓誌

顙

【隸書】

東漢 鮮于璜碑陰

唐 龐履温碑

【楷書】

隋 張濤妻墓誌

唐 僧突墓誌

唐 石經禮記

唐 石經五經

顥

【楷書】

北魏 元顥墓誌

東魏 元均及妻墓誌

唐 慶公神祠碑

唐 顏勤禮碑

唐 顏勤禮碑陰

顦

【隸書】

唐 勿部將軍碑

【楷書】

隋 張軻墓誌

顧

【隸書】

秦 睡 60

西漢 馬•縱横

西漢 張•747

西漢 居新•2163

東漢 西•寇恩

東漢 建安殘石

東漢 靜仁字殘碑

東漢 楊耿伯題記

晉 辟雍頌陽

晉 徐義墓誌陽

北齊 司馬遵業墓誌

北齊 司馬遵業墓誌

北齊 西門豹碑陽

隋 王榮及妻墓誌

隋 蕭瑾墓誌

唐 豆盧建墓誌

唐 高元珪墓誌

唐 告華嶽府君

唐 史思禮墓誌

唐 楊孝恭碑

唐 張翼墓誌

唐 張翼墓誌

【楷書】

魏晉 樓•紙

魏晉 樓•紙

北魏 盧令媛墓誌

北涼 渠安周造像

北魏 宋靈妃墓誌

北魏 元馗墓誌

北齊 竇泰墓誌

北齊 高湝墓誌

隋 成公氏墓誌

隋 王楚英墓誌

隋 義造橋殘碑

隋 元智墓誌

唐 褚朗妻墓誌

唐 僧突墓誌

唐 石經五經

唐 吳孝墓誌

唐 蕭遇墓誌

唐 張濬墓誌

唐 鄭温球墓誌

唐 朱師墓誌

後晉 感夢伽藍記

閩 堅牢塔記

後唐 張滌妻高墓誌

顯 顯

【隸書】

西漢 馬•縱横

漢晉 流簡紙

漢晉 流簡紙

東漢 曹全碑陰

東漢 公乘田魴記

東漢 景君碑陰

東漢 景君碑陰

東漢 孔宙碑陽

東漢 馬姜墓記

東漢 南陽石柱題名

東漢 三老刻石

東漢 石門頌

東漢 楊統碑陽

東漢 楊著碑陽

北齊 馬天祥造像

北齊 司馬遵業墓誌

隋 豆盧實墓誌

隋 爾朱敞墓誌

隋 關明墓誌

隋 郭王墓誌

隋 劉多墓誌

隋 申穆及妻墓誌

隋 勝福寺塔銘

隋 蘇恒墓誌

隋 蕭瑾墓誌

唐 石臺孝經

【楷書】

北魏 成氏墓誌

北魏 郭顯墓誌

北魏 姚伯多供養碑

北魏 元欽墓誌

北魏 元乂墓誌

北魏 元子直墓誌

北齊 竇泰墓誌

東魏 南宗和尚塔銘

東魏 王僧墓誌

東魏 王僧墓誌

隋 成公氏墓誌

唐 董揆墓誌

隋 范安貴墓誌

隋 橋紹墓誌

隋 任顯及妻誌

隋 義造橋殘碑

唐 高慈墓誌

唐 來治安妻墓誌

唐 石經周易

唐 宋莊墓誌

唐 宋莊墓誌

后周 袁彥進墓誌

唐 張羊墓誌

⿰寧頁

【楷書】

唐 陀羅尼經碑

後唐 張思錄經幢

顰 顰

【楷書】

唐 崔素墓誌

面部

面

【隸書】

秦 睡254

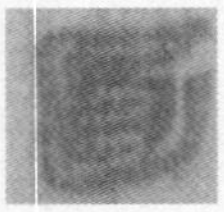
秦 睡69

西漢 馬•合陰陽

西漢 馬•老乙前

西漢 馬•養生

西漢 馬•縱横

西漢 張•1146

西漢 張•779

西漢 張•788

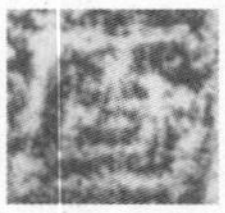
西漢 石墻村刻石

西漢 石墻村刻石

東漢 曹全碑陽

東漢 池陽令殘碑

東漢 西狹頌

東漢 熹平石經易

三國魏 張君殘碑

晉 辟雍頌陽

隋 闞明墓誌

隋 李元墓誌

唐 八都壇碑

唐 北獄廟碑

唐 勿部將軍碑

【楷書】

晉 黃庭內景經

北周 僧和造像記

北齊 無量義經

唐 石經尚書

唐 楊佰隴墓誌

閩 堅牢塔記

靦

【楷書】

唐 報德記

唐 劉珵墓誌

靧

【楷書】

唐 崔慎思墓誌

靨

【楷書】

唐 董師墓誌

唐 張運才墓誌

韭部

韭 韭

【隸書】

秦 睡36

西漢 馬·十問

西漢 武·有司甲

【楷書】

唐 石經五經

骨部

骨 (篆)

【篆書】

唐 三墳記陽

【隸書】

秦 睡250

秦 睡59

西漢 馬•合陰陽

西漢 馬•老乙

西漢 馬•老乙前

西漢 馬•陰陽甲

西漢 馬•足臂

西漢 馬•足臂

西漢 張•829

西漢 張•829

西漢 居新•7164

西漢 居新•7333

漢晉 流簡紙

北魏 上尊號碑

隋 爾朱敞墓誌

隋 李使君墓碑

隋 馬穉墓誌

唐 豆盧建墓誌

唐 史思禮墓誌

唐 尹尊師碑

唐 鄭忠墓碑

【楷書】

北魏 元崇業墓誌

北魏 元端墓誌

北魏 元洛神墓誌

北魏 元文墓誌

北齊 無量義經

隋 段威墓誌

隋 橋紹墓誌

唐 李璀墓誌

唐 楊高仁墓誌

骭 (篆)

【楷書】

唐 石經五經

骯

【楷書】

唐 賈温墓誌

唐 劉士準墓誌

唐 李華墓誌

⿰骨号

【楷書】

唐 石經五經

髂

【楷書】

唐 石經五經

䯉

【隸書】

秦 睡 152

髃

【楷書】

唐 石經五經

髀

【楷書】

唐 石經五經

唐 翟慶全墓誌

骾

【隸書】

東漢 校官碑

【楷書】

北魏 元弼墓誌

骸

【隸書】

唐 北嶽廟碑

唐 闞道愛墓誌

唐 盧君妻墓誌

【楷書】

北魏 淨悟浮圖記

北魏 元鑽遠墓誌

唐 李英墓誌

骼

【楷書】

唐 宗達墓誌

骴

【楷書】

唐 石經五經

䯤

【楷書】

唐 石經五經

唐 李鳳妃墓誌

唐 李辛女墓誌

唐 李修已墓誌

唐 石經周易

唐 寺尼心印記

唐 脩多羅墓誌

唐 姚如衡墓誌

唐 張京墓誌

闕 堅牢塔記

【楷書】

北魏 王瑧墓誌

北魏 王翊墓誌

北魏 元寶月墓誌

北魏 元弼墓誌

北魏 元弼墓誌蓋

北魏 元文墓誌

北魏 元瞻墓誌

北齊 韓山剛造像

北齊 殷恭安造像

隋 元鐘墓誌

隋 劉多墓誌

隋 任顯及妻誌

隋 口和墓誌

隋 張儉及妻墓誌

唐 崔沔墓誌陰

唐 石臺孝經

唐 譚伍墓誌

唐 行儀碑

唐 楊孝恭碑

唐 趙冬曦壙誌

東漢 樊敏碑

東漢 景君碑陽

東漢 熹平石經易

東漢 鮮于璜碑陰

東漢 張遷碑陽

東漢 張壽殘碑

三國魏 張君殘碑

晉 王君侯碑陽

北魏 上尊號碑

北齊 司馬遵業墓誌

體

【隸書】

西漢 馬•老乙前

西漢 馬•老子甲後

西漢 馬•老子甲後

西漢 馬•老子甲後

西漢 馬•十問

西漢 馬•縱橫

西漢 張•48

西漢 張•828

漢晉 流簡紙

東漢 池陽令殘碑

髓

【楷書】

北魏 張安姬墓誌

北齊 無量義經

隋 尉富娘墓誌

唐 董本墓誌

唐 高木盧墓誌

唐 薛穨墓誌

髒

【楷書】

唐 賈温墓誌

唐 李華墓誌

香部

香

【篆書】

隋 宋仲墓誌

唐 碧落碑

【隸書】

漢晉 流簡紙

東漢 華山廟碑陽

東漢 孔宙碑陰

東漢 史晨後碑

北齊 鏤石班經記

隋 爾朱端墓誌

隋 蘇恒墓誌

唐 豆盧建墓誌

唐 李神符碑

唐 牛氏像龕碑

唐 蘇洪姿墓誌

唐 尹尊師碑

唐 貞一廟碑

【楷書】

三國吳 走•五年

北魏 荀景墓誌

北魏 張盧墓誌

隋 樊敬賢造像

唐 麻姑仙壇記

唐 密多心經碑

唐 重藏舍利記

馛

【楷書】

北魏 石婉墓誌

馧

【楷書】

唐 源端墓誌

馥

【篆書】

唐 碧落碑

【隸書】

三國魏 曹真殘碑陰

隋 謝岳墓誌

隋 趙朗墓誌

唐 沈夫人墓誌

唐 尹尊師碑

【楷書】

北魏 劉華仁墓誌

北魏 司馬氏墓誌

東魏 馮令華墓誌

隋 常泰妻墓誌

隋 賈通墓誌

隋 李氏墓誌

隋 陶貴墓誌

隋 陳叔榮墓誌

唐 崔縕墓誌

唐 公孫達墓誌

唐 李瓛墓誌

唐 梁義方墓誌

唐 閻志雄墓誌

唐 張泉墓誌

馨 

【隸書】

東漢 封龍山頌

東漢 華山廟碑陽

三國魏 孔羨碑

唐 黃石公祠記

唐 貞一廟碑

唐 朱君妻王墓誌

【楷書】

北魏 蘭將墓誌

北魏 穆彥墓誌

北魏 吐谷渾璣墓誌

北魏 元定墓誌

北魏 元維墓誌

北魏 元楨墓誌

隋 劉相及妻墓誌

唐 黃郡駱氏墓誌

唐 李松墓誌

唐 盧君妻墓誌

唐 莫義墓誌

唐 石經尚書

唐 鄭逢墓誌

閩 堅牢塔記

鬼部

鬼

【篆書】

唐 謙卦碑

【隸書】

秦 睡135

秦 睡63

西漢 馬•老乙前

西漢 張•155

西漢 居新•2155

東漢 曹全碑陽

東漢 銅山大廟記

唐 崔沔墓誌陽

唐 董虔運墓誌

唐 感孝頌跋

唐 石臺孝經

唐 石臺孝經

唐 石臺孝經

【楷書】

北魏 元子正墓誌

北齊 張子昂造像

唐 霍氏墓誌

唐 羅池廟碑

唐 石經尚書

唐 石經周易

唐 王玄起墓誌

魂

【篆書】

唐 碧落碑

【隸書】

東漢 蒼山元嘉題記

東漢 公乘田魴記

東漢 景君碑陰

東漢 石門闕銘

東漢 夏承碑

東漢 薌他君題記

東漢 許安國題記

東漢 永壽元年銘

東漢 鄭固碑

東漢 作封記

隋 馬穉墓誌

隋 任軌墓誌

隋 張儉及妻墓誌

唐 楊孝恭碑

唐 張顔墓誌

【楷書】

北魏 弔比干文陽

北魏 元端妻墓誌

北魏 元倪墓誌

東魏 王僧墓誌

隋 董美人墓誌

隋 范安貴墓誌

隋 韋略墓誌

唐 崔公妻墓誌

唐 六品亡宮墓誌

唐 裴琪墓誌

唐 薛参墓誌

唐 姚軫墓誌

魁

【隸書】

西漢 張•663

東漢 石門頌

唐 八都壇碑

唐 北嶽廟碑

唐 崔暟墓誌陽

唐 戴令言墓誌

【楷書】

北魏 李璧墓誌陽

北魏 元融墓誌

北齊 婁黑女墓誌

唐 傅思諫墓誌

唐 苗鎮墓誌

唐 石經儀禮

唐 執失善光

魃

【楷書】

唐 石經五經

魄

【隸書】

隋 馬穉墓誌

唐 蔡君妻墓誌

【楷書】

南朝陳 劉猛進碑

北魏 馮會萇墓誌

北魏 元倪墓誌

北魏 元顯儁墓誌

唐 崔公妻墓誌

唐 盧璠墓誌

魅

【隸書】

唐 抱腹寺碑

【楷書】

唐 石經五經

唐 石經五經

唐 袁公瑜墓誌

魏

【篆書】

東漢 魏元丕碑額

北魏 爾朱襲誌蓋

東魏 封延之誌蓋

北魏 公孫猗誌蓋

北魏 李遵誌蓋

北魏 宋靈妃誌蓋

東魏 王令媛誌蓋

東魏 新廟碑額

北魏 楊乾誌蓋

北魏 元壽安誌蓋

北魏 趙王誌蓋

唐 魏夫人祠碑額

【隸書】

西漢 馬•縱橫

西漢 居新•3175

西漢 居新•3340

西漢 居新•4822

西漢 居新•6019

西漢 西•候官

西漢 西•候官

西漢 西•候官

東漢 子游殘碑

北齊 夫子廟碑

隋 口墮及妻墓誌

隋 宋仲墓誌

隋 口靜墓誌

隋 蕭瑾墓誌

隋 張盛墓誌

隋 鄭令妃墓誌

唐 李彥墓誌

唐 潘基墓誌

唐 史思禮墓誌

唐 行儼碑

【楷書】

魏晉 樓•紙

北魏 曹望憘造象

北魏 寇臻墓誌

北魏 石婉墓誌

北魏 于纂墓誌蓋

北魏 元繼墓誌

北魏 張玄墓誌

北齊 水牛山經刻

東魏 曇靜兩題

隋 成公氏墓誌

隋 孔神通墓誌

隋 寇遵考墓誌

隋 囗靜墓誌

隋 羊本墓誌

隋 元鐘墓誌

隋 張波墓誌

唐 陳君妻王墓誌

唐 逯貞墓誌

唐 匹婁思墓誌

唐 蘇斌墓誌

後唐 毛璋墓誌

魌

【楷書】

唐 馮明墓誌

魋

【楷書】

唐 高像護墓誌

魑

【楷書】

唐 袁公瑜墓誌

魔

【隸書】

北齊 師道造象陽
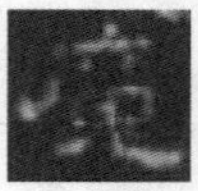
唐 抱腹寺碑

【楷書】

晉 黃庭内景經

隋 龍華碑

隋 志修塔記

唐 敬節塔銘

唐 生成佛經碑

食部

食

【隸書】

秦 睡16

秦 睡70

西漢 馬•病方

西漢 馬•縱横

西漢 張•324

西漢 張•784

西漢 居新•6596

西漢 居新•6773

西漢 居新•7610

西漢 居新•8227

西漢 居新•8755

西漢 居新•9084

秦 西•日書甲

東漢 西•遷補

東漢 西•推辟

兩漢 西•馬簡

漢晉 流簡紙

漢晉 流簡紙

東漢 蒼山元嘉題記

東漢 封龍山頌

東漢 淮源廟碑

新莽 萊子侯刻石

東漢 路公食堂記

東漢 尚博殘碑

東漢 史晨前碑

東漢 文叔陽題記

東漢 薌他君題記

東漢 薌他君題記

隋 段濟墓誌

唐 崔暟墓誌陽

唐 李神符碑

唐 李貞墓誌

唐 石臺孝經

唐 鄎國長公主碑

【楷書】

北魏 元壽安墓誌

北魏 元文墓誌

北齊 竇泰墓誌

北齊 竇泰墓誌

隋 任軌墓誌

隋 任軌墓誌

隋 王楚英墓誌

唐 李敬墓誌

唐 李壽墓誌

唐 李壽墓誌

唐 寗思真墓誌

唐 石經尚書

唐 石經周易

飢

【隸書】

秦 睡92

西漢 馬•老甲

西漢 馬•老乙前

西漢 張•1064

西漢 張•1199

西漢 張•815

東漢 尚博殘碑

北魏 上尊號碑

唐 王媛墓誌陽

【楷書】

晉 華芳墓誌陰

北魏 王誦墓誌

北魏 元壽安墓誌

北齊 雋敬碑

唐 石經尚書

唐 石經五經

唐 孫光墓誌

飤

【楷書】

唐 石經五經

飯

【隸書】

西漢 馬•養生

西漢 馬•養生

西漢 張•1143

西漢 張•1143

西漢 張•313

西漢 張•314

西漢 張•710

西漢 張•717

西漢 居新•3626

西漢 武•特牲甲

兩漢 西•馬簡

東漢 薌他君題記

東漢 趙儀碑

【楷書】

魏晉 樓•紙

北魏 元維墓誌

唐 崔楨墓誌

唐 梁玄敏墓誌

唐 石經九經

飲

【隸書】

秦 睡 139

秦 睡 238

秦 關周•病方

西漢 馬•病方

西漢 馬•病方

西漢 馬•合陰陽

西漢 馬•老乙前

西漢 馬•老子甲後

西漢 馬•十問

西漢 馬•天下

西漢 馬•天下

西漢 馬•養生

西漢 馬•足臂

西漢 張•821

西漢 張•907

西漢 居新•7555

西漢 武•士相見

東漢 西•病書

東漢 西•醫藥

漢晉 流簡紙

東漢 蒼山元嘉題記

東漢 景君碑陽

東漢 熹平石經易

東漢 楊震碑

晉 辟雍頌陽

北齊 感孝頌

隋 豆盧實墓誌

隋 張儉及妻墓誌

唐 劉粲墓誌

唐 史思禮墓誌

唐 王媛墓誌陰

唐 張休光墓誌

【楷書】

北魏 于仙墓誌

北齊 竇泰墓誌

隋 劉尚食墓誌

唐 石經五經

唐 石經五經

唐 石經周易

唐 張信墓誌

飫

【楷書】

唐 陳立行墓誌

唐 石經尚書

唐 石經五經

唐 石經五經

飪

【楷書】

北魏 于纂墓誌

唐 石經周易

唐 許公及妻誌

餝

【隸書】

西漢 馬•老子甲後

西漢 武•士相見

兩漢 西•士相見

唐 戴令言墓誌

唐 楊孝恭碑

【楷書】

唐 柳昱妻墓誌

唐 石經五經

唐 石經五經

唐 王德表墓誌

餀

【楷書】

唐 石經爾雅

飾

【篆書】

唐 碧落碑

【隸書】

西漢 馬•老乙前

東漢 淮源廟碑

東漢 孟孝琚碑

東漢 石門頌

東漢 史晨後碑

晉 郭槐柩記

西魏 陳神姜造像

隋 默曹殘碑

隋 申穆及妻墓誌

隋 宋景造像碑

隋 宋景造像碑

隋 蕭瑾墓誌

唐 北嶽廟碑

唐 崔志墓誌

唐 孔子廟碑

唐 李神符碑

唐 龐履温碑

唐 辛雲京妻墓誌

唐 張濬墓誌

唐 貞一廟碑

【楷書】

北魏 陳天寶造像

北齊 高淯墓誌

隋 暴永墓誌

隋 義造橋殘碑

唐 房孚墓誌

唐 何楚章墓誌

唐 黃羅漢墓誌

唐 李阜妻墓誌

唐 李鎮墓文

唐 棲巖寺詩刻

唐 石經五經

唐 蘇斌墓誌

唐 魏靖墓誌

唐 張敬祖塔銘

唐 張亮墓誌

唐 重藏舍利記

唐 朱萱墓誌

飽

【隸書】

西漢 張•1096

西漢 武•少牢甲

西漢 武•特牲甲

唐 刻石記

【楷書】

晉 黃庭經

唐 杭季棱袝誌

唐 石經周易

唐 王玄起墓誌

餗	餉	餌	餅	飴	飼	飶	飽
【隸書】  東漢 熹平石經易 【楷書】  北魏 元廞墓誌  唐 李壽墓誌  唐 石經五經	【隸書】  唐 戴令言墓誌  唐 戴令言墓誌 【楷書】  魏晉 樓•紙  唐 封揆墓誌  唐 石經五經  唐 石經五經	【隸書】  西漢 馬•縱橫 【楷書】  南朝梁 羅浮山銘  唐 匹婁思墓誌  後梁 蕭符墓誌	【隸書】  西漢 馬•天下  西漢 西•馬簡牘 【楷書】  北魏 元頊墓誌  唐 鄭恭楚墓誌	【隸書】  西漢 馬•老乙前  隋 爾朱敞墓誌 【楷書】  唐 苗君妻劉墓誌	【楷書】  唐 索思禮墓誌	【楷書】  唐 石經五經	【楷書】  唐 竇娘子墓誌  唐 楊媛墓誌

餒

【楷書】

唐 張端墓誌

餕 𩟡

【楷書】

唐 石經九經

唐 石經儀禮

餘 䤾

【篆書】

唐 碧落碑

唐 碧落碑

唐 多寶佛塔銘

唐 峿臺銘

【隸書】

秦 睡 45

秦 關周•病方

西漢 馬•老甲

西漢 張•435

西漢 張•637

西漢 居新•2304

西漢 居新•8925

西漢 西•詔書

東漢 西•寇恩

兩漢 西•醫藥

漢晉 流簡紙

東漢 曹全碑陽

東漢 淮源廟碑

東漢 三老刻石

東漢 史晨後碑

東漢 熹平石經易

東漢 夏承碑

東漢 鮮于璜碑陰

東漢 薌他君題記

東漢 許安國題記

東漢 趙寬碑

東漢 趙儀碑

晉 郭槐柩記

北齊 司馬遵業墓誌

隋 叱李綱子墓誌

隋 豆盧實墓誌

隋 爾朱敞墓誌

隋 高虬墓誌

隋 郭達墓誌

隋 王榮及妻墓誌

隋 修孔子廟碑

隋 趙朗墓誌

唐 關道愛墓誌

唐 石臺孝經

【楷書】

三國吳 走•四年

三國吳 走•五年

北魏 元弼墓誌

北魏 元瞻墓誌

北齊 竇泰墓誌

北齊 婁黑女墓誌

隋 暴永墓誌

隋 段模墓誌

隋 姜敬親墓誌

隋 申穆及妻墓誌

隋 申穆及妻墓誌

唐 樊秀墓誌

唐 石經尚書

唐 石經周易

唐 石經周易

唐 尉遲敬德墓誌

後唐 吳君妻曹墓誌

養

【隸書】

秦 睡69

西漢 馬•合陰陽

西漢 馬•老乙前

西漢 馬•老子甲後

西漢 馬•養生

西漢 張•358

西漢 西•律令

兩漢 武•王杖

漢晉 流簡紙

東漢 曹全碑陽

東漢 肥致碑

東漢 景君碑陽

東漢 孔宙碑陽

東漢 薌他君題記

晉 徐義墓誌陽

北齊 感孝頌

隋 段濟墓誌

隋 澧水石橋碑

隋 高虯墓誌

隋 關明墓誌

隋 口墮及妻墓誌

隋 李元墓誌

隋 劉珍墓誌

隋 王榮及妻墓誌

唐 石臺孝經

唐 石臺孝經

唐 石臺孝經

唐 史思禮墓誌

唐 王崇禮墓誌

唐 王媛墓誌陰

唐 楊孝恭碑

唐 楊孝恭碑

唐 尹尊師碑

唐 趙冬曦壙誌

【楷書】

三國吳 走•五年

北魏 和邃墓誌

西魏 杜魯清造像

北齊 婁黑女墓誌

東魏 元湛墓誌

隋 口靜墓誌

隋 元鐘墓誌

隋 元鐘墓誌

唐 清河張氏墓誌

唐 石經尚書

唐 石經五經

唐 石經周易

唐 蘇斌墓誌

後梁 謝彥璋墓誌

餈

【楷書】

唐 石經五經

餓

【隸書】

西漢 居新•1032

兩漢 西•馬簡

【楷書】

東魏 程榮造像

唐 李正卿墓誌

餐

【隸書】

西漢 居新•6759

晉 徐義墓誌陽

唐 崔暟墓誌陽

唐 貞一廟碑

【楷書】

魏晉 樓•紙

南朝梁 羅浮山銘

北魏 王瑧墓誌

北魏 元顯儁墓誌

隋 口靜墓誌

隋 元智墓誌

隋 張盈墓誌

唐 崔義邕墓誌

唐 董希令墓誌

唐 董義墓誌

唐 荇進昌墓誌

唐 高知行墓誌

唐 敬覺墓誌

唐 任紫宸墓誌

唐 石經九經

唐 王頲墓誌

唐 王則墓誌

唐 張肅珪墓誌

後梁 蕭符墓誌

餚

【楷書】

唐 張洛墓誌

館

【篆書】

唐 碧落碑

【隸書】

西漢 張•480

西漢 張•802

東漢 郭仲理記

東漢 淮源廟碑

東漢 孔宙碑陰

北齊 司馬遵業墓誌

北齊 雲居館題記

隋 闞明墓誌

隋 郭休墓誌

隋 王榮及妻墓誌

隋 蕭瑾墓誌

唐 柳偘妻墓誌

唐 楊孝恭碑

唐 尹尊師碑

【楷書】

南朝梁 舊館壇碑

北魏 爾朱紹墓誌

北魏 元昭墓誌

東魏 元仲英墓誌

隋 賈玄贇墓誌

隋 口鍾葵墓誌

隋 王衮墓誌

唐 石經五經

唐 張安墓誌

後唐 康贊羡墓誌

餞

【楷書】

北魏 檀賓墓誌

隋 楊厲墓誌

唐 崔千里墓誌

餧

【隸書】

東漢 石門頌

【楷書】

唐 封揆墓誌

唐 石經五經

飱	餲	餫	餽	餰	餱	餬	餟
【隸書】  東漢 尚博殘碑 【楷書】  唐 石經五經  唐 石經五經	【楷書】  唐 李德義墓誌  唐 石經爾雅	【楷書】  唐 石經五經  唐 孫成墓誌	【隸書】 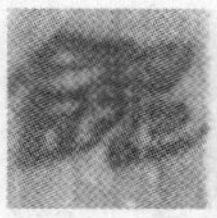 秦 睡63  西漢 張•84  西漢 武•特牲甲 【楷書】  唐 封揆墓誌  唐 劉奇秀墓誌	【楷書】  唐 霍氏墓誌  唐 冉氏墓誌  唐 石經五經	【楷書】  唐 石經五經	【隸書】  唐 崔暟墓誌陽 【楷書】  唐 王玄起墓誌	【隸書】  東漢 肥致碑 【楷書】 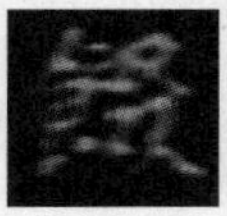 唐 鄭敬墓誌

饋

【楷書】

唐 石經五經

饎

【隸書】

西漢 居新•5869

【楷書】

隋 賈氏墓誌

唐 石經五經

唐 石經五經

饐

【隸書】

西漢 張•816

【楷書】

唐 石經爾雅

饉

【隸書】

東漢 孔彪碑陽

東漢 鮮于璜碑陽

【楷書】

北魏 元詮墓誌

北魏 元壽安墓誌

唐 李皐墓誌

唐 石經九經

唐 韋公妻墓誌

饇

【楷書】

唐 石經五經

餼

【隸書】

三國魏 受禪碑

唐 崔暟墓誌陽

【楷書】

北魏 王蕃墓誌

唐 程知節墓誌

唐 石經五經

餾

【楷書】

唐 石經五經

饁

【隸書】

東漢 孔宙碑陽

【楷書】

唐 邊誠夫人墓誌

唐 石經五經

饒

【隸書】

西漢 張•473

西漢 居新•5370

隋 張儉及妻墓誌

唐 程俊墓誌

唐 龐履温碑

唐 行儼碑

【楷書】

三國吳 走•四年

三國吳 走•五年

北魏 于仙墓誌

北魏 元遙妻梁墓誌

隋 蘇慈墓誌

隋 張濤妻墓誌

唐 崔千里墓誌

唐 房基墓誌

唐 劉皓墓誌

唐 能政墓誌

唐 慶公神祠碑

唐 張璬墓誌

饍

【楷書】

北魏 馮邕妻墓誌

饋

【隸書】

西漢 張•84

隋 王楚英墓誌

唐 戴令言墓誌

唐 庫狄真相墓誌

唐 柳偘妻墓誌

唐 王媛墓誌陽

【楷書】

北魏 慈慶墓誌

北魏 馮會萇墓誌

唐 鄧夫人墓誌

唐 李壽墓誌

唐 秦氏墓誌

唐 桑粤墓誌

唐 石經周易

唐 王君妻墓誌

饌

【隸書】

西漢 武•少牢甲

【楷書】

北齊 宋賢伯造像陽

隋 張喬墓誌

唐 崔芑合袝誌

唐 張餘墓誌

饑

【隸書】

西漢 張•1087

東漢 孔彪碑陽

東漢 祀三公山碑

【楷書】

唐 權葬石表

唐 石經五經

饗

【隸書】

西漢 武•特牲甲

東漢 史晨後碑

東漢 乙瑛碑

東漢 永元六年記

晉 辟雍頌陽

晉 辟雍頌陽

晉 郭槐柩記

隋 爾朱敞墓誌

唐 京兆金氏墓誌

【楷書】

北魏 封魔奴墓誌

北魏 韓震墓誌陽

隋 李元墓誌

隋 王楚英墓誌

唐 胡君妻墓誌

唐 王賓墓誌

饖 饖

【楷書】

唐 閻子光合葬

饘 饘

【隸書】

唐 行儼碑

【楷書】

唐 竇娘子墓誌

唐 石經五經

唐 石經五經

唐 王玄起墓誌

饕 饕

【隸書】

東漢 尚博殘碑

【楷書】

唐 石經五經

唐 張漪墓誌

饔 饔

【楷書】

隋 劉尚食墓誌

唐 石經五經

唐 石經五經

唐 張氏夫人墓誌

饜

【楷書】

唐 梁師亮墓誌

風部

風

【篆書】

唐 碧落碑

唐 碧落碑

唐 碧落碑

唐 城隍廟碑

唐 三墳記陽

【隸書】

秦 睡131

西漢 馬•十問

西漢 馬•天下

西漢 張•1064

西漢 張•789

西漢 居新•1873

東漢 華山廟碑陽

東漢 孟孝琚碑

東漢 三老刻石

東漢 通閣道記

東漢 熹平殘石

東漢 夏承碑

東漢 鮮于璜碑陽

東漢 鮮于璜碑陽

晉 郭槐柩記

北齊 法懃塔銘

隋 叱李綱子墓誌

隋 默曹殘碑

隋 申穆及妻墓誌

隋 蘇恒墓誌

隋 口靜墓誌

唐 褚亮碑

唐 崔泰之墓誌

唐 李神符碑

唐 李神符碑

唐 龐履温碑

唐 屈突通墓誌

唐 石臺孝經

唐 石臺孝經

唐 史思禮墓誌

唐 蘇洪姿墓誌

唐 唐直墓誌

唐 王子麟墓誌

唐 玄元靈應頌

唐 楊孝恭碑

唐 楊孝恭碑

唐 張侔墓誌

唐 張顔墓誌

【楷書】

魏晉 樓•紙

北魏 陳天寶造像

北魏 李蕤墓誌

北魏 盧令媛墓誌

北魏 王基墓誌

北魏 姚伯多供養碑

北魏 元弼墓誌

北齊 張起墓誌

隋 高緊墓誌

隋 任軌墓誌

隋 口靜墓誌

隋 蕭瑒墓誌

唐 八品亡宮墓誌

唐 崔師墓誌

唐 李修已墓誌

唐 騫思玄墓誌

唐 屈澄墓誌

唐 石經九經

唐 石經尚書

唐 石經五經

唐 石經周易

燕 馬淩虛墓誌

颽

【楷書】

東魏 姜夫人墓誌

唐 柳君妻田墓誌

颿

【篆書】

南朝宋 石驤銘額

【楷書】

唐 高慈墓誌

颼

【楷書】

唐 史興墓詠

唐 東良墓誌

唐 張順墓誌

颺

【隸書】

唐 鄭忠墓碑

【楷書】

北魏 元暐墓誌

北魏 元詳墓誌

隋 橋紹墓誌

唐 李賢墓誌

唐 石經尚書

唐 王僧墓誌

唐 支敬倫墓誌

颸

【楷書】

北魏 王基墓誌

唐 李爽墓誌

唐 于賁墓誌

颴

【楷書】

北魏 盧令媛墓誌

颯

【楷書】

北魏 弔比干文陽

北魏 元誘墓誌

唐 段瞶妻墓誌

唐 邢彥褒墓誌

唐 周善持墓誌

𩗗

【隸書】

隋 趙朗墓誌

【楷書】

南朝陳 劉猛進碑

唐 劉府君墓誌

唐 王景之墓誌

颻

【隸書】

隋 趙朗墓誌

【楷書】

南朝陳 劉猛進碑

隋 張濤妻墓誌

唐 高懲墓誌

唐 清河張氏墓誌

唐 王景之墓誌

唐 王君妻墓誌

唐 元瑛墓誌

唐 張德操墓誌

唐 張伽墓誌

唐 張寬墓誌

飆

【隸書】

唐 宴濟瀆序陰額

唐 貞一廟碑

【楷書】

北魏 馮季華墓誌

北魏 元謐墓誌

北魏 元壽安墓誌

北齊 司馬遵業墓誌

隋 段威墓誌

唐 鞏氏墓誌

唐 李三墓誌

唐 苗善物墓誌

飂

【楷書】

東魏 李挺墓誌

唐 蕭思一墓誌

唐 張璥墓誌

隋 龍華碑

唐 房有非及妻墓誌

唐 郭敬墓誌

唐 劉祿墓誌

唐 師弘禮墓誌

唐 萬蘭墓誌

後唐 張稹墓誌

飄

【隸書】

西漢 馬•老甲

東漢 楊著碑陽

唐 平蠻頌

【楷書】

北魏 穆纂墓誌

北魏 司馬氏墓誌

北魏 元固墓誌

北魏 元頊墓誌

北魏 張寧墓誌

北齊 宋賢伯造像陽

唐 郭君妻楊墓誌

飀

【楷書】

唐 公孫杲詩

飃

【楷書】

北魏 吊比干文

北周 盧蘭墓誌

隋 常泰妻墓誌

隋 元智墓誌

唐 李仙蕙志

後唐 王璠墓誌

音部

音

【隸書】

秦 睡248

秦 西•日書乙

西漢 馬•老乙

西漢 馬•老子甲後

西漢 張•831

西漢 居新•5619

西漢 居新•5864

西漢 居新•8806

東漢 西•醫藥

東漢 封龍山頌

東漢 禮器碑

東漢 朐忍令碑

東漢 史晨後碑

東漢 祀三公山碑

東漢 趙寬碑

晉 辟雍頌陽

晉 華芳墓誌陰

晉 徐義墓誌陽

北齊 感孝頌

隋 高虬墓誌

隋 宋景造像碑

唐 高元珪墓誌

唐 李神符碑

唐 柳偘妻墓誌

【楷書】

魏晉 樓•紙

北魏 元朗墓誌

隋 王楚英墓誌

隋 王楚英墓誌

唐 安延墓誌

唐 石經尚書

唐 姚思忠墓誌

韶

【隸書】

晉 郭槐柩記

唐 孔子廟碑

唐 文宣王廟門碑

【楷書】

晉 華芳墓誌陽

北魏 寇霄墓誌

北魏 王僧男墓誌

北魏 元馗墓誌

隋 田德元墓誌

唐 李鳳妃墓誌

唐 李仙蕙志

唐 顏勤禮碑陰

唐 趙君妻李墓誌

韻

【隸書】

北齊 法懃塔銘

北齊 司馬遵業墓誌

隋 澧水石橋碑

隋 李元墓誌

隋 劉寶及妻墓誌

【楷書】

北魏 和醜仁墓誌

北魏 吐谷渾璣墓誌

北魏 元文墓誌

東魏 王令媛墓誌

唐 賈統墓誌

響

【篆書】

東漢 祀三公山碑

【隸書】

東漢 史晨前碑

北齊 夫子廟碑

北周 華嶽頌

隋 暴永墓誌

隋 高虬墓誌

隋 蘇恒墓誌

唐 崔志墓誌

唐 徐盼墓誌

唐 張翼墓誌

【楷書】

北魏 陳天寶造像

北魏 寇憑墓誌

北魏 司馬氏墓誌

北魏 元斆墓誌

北魏 元謐墓誌

北魏 張安姬墓誌

隋 房古墓誌

唐 張道墓誌

唐 張君妻田墓誌

首部

首

【隸書】

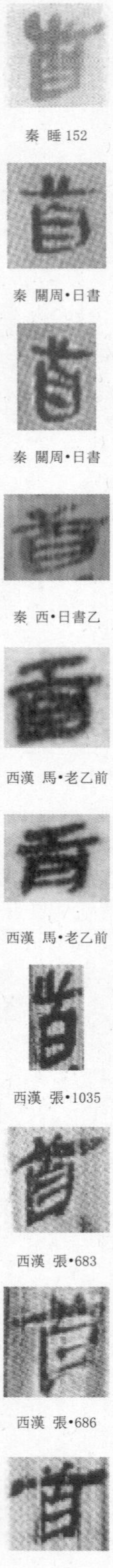

秦 睡152

秦 關周·日書

秦 關周·日書

秦 西·日書乙

西漢 馬·老乙前

西漢 馬·老乙前

西漢 張·1035

西漢 張·683

西漢 張·686

西漢 張·687

西漢 張·769

漢晉 流簡紙

東漢 曹全碑陽

東漢 曹全碑陽

東漢 朝侯小子碑

東漢 樊敏碑

東漢 史晨前碑

東漢 乙瑛碑

東漢 乙瑛碑

三國魏 王基斷碑

晉 辟雍頌陽

晉 王君侯碑陽

隋 高虬墓誌

隋 馬長和造像

隋 張儉及妻墓誌

唐 高元珪墓誌

唐 蘇洪姿墓誌

唐 王泠然墓誌

唐 尹尊師碑

【楷書】

魏晉 樓·紙

北魏 穆亮墓誌

北魏 元朗墓誌

北魏 元子直墓誌

隋 陶貴墓誌

唐 藺從則墓誌

唐 裴沙墓誌

唐 石經九經

唐 石經九經

唐 石經尚書

唐 石經周易

唐 張武哲墓誌

馗 𩠐

【隸書】

東漢 南陽石柱題名

【楷書】

北魏 元[九道]墓誌

北魏 元馗墓誌

唐 吉渾墓誌

唐 李滿藏墓誌

馘 𩠒

【楷書】

唐 梁守謙墓誌

唐 藺元亮誌

唐 石經五經

唐 楊佰隴墓誌

唐 張忠義墓誌

韋部

韋

【篆書】

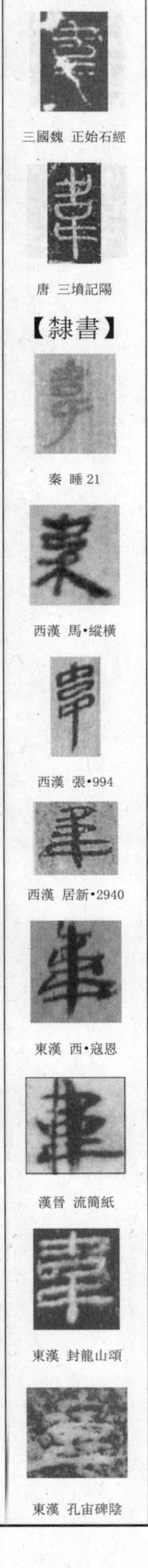

三國魏 正始石經

唐 三墳記陽

【隸書】

秦 睡21

西漢 馬•縱橫

西漢 張•994

西漢 居新•2940

東漢 西•寇恩

漢晉 流簡紙

東漢 封龍山頌

東漢 孔宙碑陰

東漢 禮器碑側

東漢 禮器碑陰

東漢 陽嘉殘碑陰

東漢 陽嘉殘碑陰

東漢 張遷碑陽

東漢 張遷碑陰

東漢 張遷碑陰

東漢 張遷碑陰

晉 辟雍頌陰

隋 爾朱端墓誌

隋 姬威墓誌

唐 石臺孝經

【楷書】

北魏 寇演墓誌

北魏 元乂墓誌

隋 張壽墓誌

唐 建章墓誌陽

唐 掌徹墓誌

鞄

【楷書】

唐 石經五經

韠

【楷書】

唐 石經五經

韐

【楷書】

唐 石經五經

唐 石經儀禮

韓

【篆書】

東漢 韓仁銘額

北魏 韓顯宗額

【隸書】

秦 睡7

西漢 馬•縱橫

西漢 馬•縱橫

西漢 馬•縱橫

西漢 馬•縱橫

西漢 馬•縱橫

西漢 西•馬簽

東漢 禮器碑

韓（續）

東漢 禮器碑

東漢 孟孝琚碑

東漢 尚博殘碑

東漢 石門頌

東漢 行事渡君碑

三國魏 通閣道題名

晉 韓壽墓碣

晉 徐義墓誌陽

東魏 宗欣墓誌

隋 張姜墓誌

隋 趙朗墓誌

隋 趙朗墓誌

唐 戴令言墓誌

唐 告華嶽府君

唐 告華嶽府君

唐 史思禮墓誌

【楷書】

北魏 常文遠造像

北魏 韓氏墓誌

北魏 韓顯宗墓誌

唐 崔嚴墓誌

唐 韓暹墓誌

唐 李謙墓誌

唐 石經五經

唐 石經五經

唐 顏人墓誌

韔

【楷書】

唐 李信墓誌

唐 石經五經

唐 唐嘉會墓誌

韙

【隸書】

唐 崔泰之墓誌

唐 王媛墓誌陽

【楷書】

唐 曹惠琳墓版

唐 盧友度墓誌

唐 師弘禮墓誌

唐 閻士熊墓誌

韞

【篆書】

唐 碧落碑

【隸書】

北齊 司馬遵業墓誌

隋 關明墓誌

【楷書】

北魏 元暐墓誌

隋 王楚英墓誌

唐 韓忠節墓誌

唐 劉珵墓誌

唐 能政墓誌

唐 牛阿師墓誌

韘

【楷書】

唐 寇鈞墓誌

唐 石經五經

韠

【楷書】

唐 石經九經

唐 石經九經

唐 石經儀禮

韡

【楷書】

隋 元智墓誌

唐 樂玄德墓誌

唐 翟慶全墓誌

韝

【楷書】

唐 脩多羅墓誌

韜

【隸書】

晉 辟雍頌陽

晉 劉韜墓志

隋 段濟墓誌

隋 段濟墓誌

隋 爾朱端墓誌

隋 姬威墓誌

唐 戴令言墓誌

唐 高嶸墓誌

唐 李神符碑

唐 李貞墓誌

唐 行儼碑

唐 張休光墓誌

【楷書】

北齊 竇泰墓誌

北齊 梁子彥墓誌

隋 田德元墓誌

唐 崔素臣墓誌

唐 崔虞廷墓誌

唐 馮淹之墓誌

唐 李繼叔墓誌

唐 李君殘墓誌

唐 李其墓誌

唐 李惟一墓誌

唐 慕容曉墓誌

唐 索行墓誌

唐 鄭溫球墓誌

韣

【楷書】

唐 李福墓誌

唐 石經五經

飛部

飛

【篆書】

唐 碧落碑

唐 碧落碑

【隸書】

西漢 馬·老子甲後

東漢 王舍人碑

東漢 夏承碑

三國魏 王基斷碑

晉 辟雍頌陽

晉 郛休碑陽

北齊 法懃塔銘

北齊 感孝頌

隋 爾朱敞墓誌

隋 爾朱敞墓誌

隋 爾朱端墓誌

隋 關明墓誌

隋 姬威墓誌

隋 口靜墓誌

隋 楊真墓誌

唐 史思禮墓誌

唐 玄元靈應頌

唐 楊孝恭碑

唐 楊孝恭碑

唐 楊孝恭碑

唐 尹尊師碑

【楷書】

北魏 李媛墓誌

北魏 穆彥墓誌

北涼 渠安周造像

北魏 元鸞墓誌

北魏 元壽安墓誌

北魏 元子直墓誌

北齊 竇泰墓誌

北齊 竇泰墓誌

北齊 高淯墓誌

北齊 姜纂造像記

東魏 王僧墓誌

北齊 無量義經

隋 段模墓誌

隋 盧文構墓誌

隋 馬少敏墓誌

隋 明雲騰墓誌

隋 蕭氏墓誌

隋 朱氏墓誌

唐 關師墓誌

唐 石經周易

唐 石經周易

唐 石經周易

唐 執失善光

鬥部

【楷書】

隋 義造橋殘碑

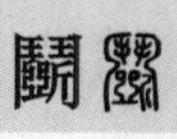

【隸書】

秦 睡 113

秦 睡 59

西漢 張•48

西漢 張•705

西漢 居新•1426

西漢 居新•7168

東漢 趙寬碑

【楷書】

北周 步孤須蜜多墓誌

唐 崔紹墓誌

唐 李偪偪墓誌

唐 石經九經

唐 石經九經

唐 王君妻薛墓誌

髟部

髡	髢	髦		髧	髣	
【楷書】	【楷書】	【隸書】	北魏 元液墓誌	【楷書】	【隸書】	唐 孟大乘墓誌
唐 石經五經	唐 崔蹈規墓誌	東漢 白石神君碑	唐 劉昇朝墓誌	唐 石經五經	東漢 史晨後碑	
唐 張漸墓誌	唐 石經五經	東漢 校官碑	唐 石經五經		三國魏 孔羡碑	
	唐 石經五經	東漢 鄭固碑	唐 惟貞廟碑陽		北齊 大基山題字	
		晉 辟雍頌陽	唐 顏人墓誌		隋 符盛及妻墓誌	
		晉 左棻墓誌陰	唐 張道墓誌		唐 紀信墓碑	
		唐 陳泰墓誌			【楷書】	
		唐 王泠然墓誌			北魏 陳天寶造像	
		【楷書】			北魏 韓震墓誌陽	
		北魏 李媛墓誌			北魏 姚伯多供養碑	
		北魏 元靈曜墓誌			隋 王楚英墓誌	
		北魏 元瑱墓誌			唐 李崗墓誌	

髮

【隸書】

秦 睡 139

秦 睡 59

西漢 馬•天下

西漢 張•1094

西漢 張•719

西漢 張•719

東漢 熹平元年墓石

晉 王君侯碑陽

北周 華嶽頌

隋 王榮及妻墓誌

唐 北嶽廟碑

唐 豆盧建墓誌

唐 石臺孝經

唐 宴濟瀆序陰額

【楷書】

晉 黃庭内景經

北魏 和醜仁墓誌

北魏 淨悟浮圖記

北魏 吐谷渾氏墓誌

北周 晉安壯公墓誌

北齊 無量義經

北齊 元賢墓誌

唐 房惠琳墓誌

唐 高欽德墓誌

唐 建永橋碑

唐 柳偘妻墓誌

唐 麻姑仙壇記

唐 僧突墓誌

唐 石經五經

唐 宋伯康墓誌

唐 王豫墓誌

唐 張軫墓誌

唐 趙璧墓誌

後唐 行鈞塔銘

髯

【楷書】

北齊 報德像碑

唐 阿史那貞忠墓誌

唐 趙本質墓誌

[illegible]

【楷書】

唐 石經五經

髪

【楷書】

唐 崔踣規墓誌

唐 石經五經

髴

【隸書】

東漢 史晨後碑

三國魏 孔羨碑

北齊 大基山題字

隋 符盛及妻墓誌

唐 紀信墓碑

【楷書】

北魏 姚伯多供養碑

北齊 畢文造像

東魏 馮令華墓誌

隋 王楚英墓誌

唐 石經五經

[illegible]	髶	髦	髻	[illegible]		髺	
【楷書】	【楷書】	【隸書】	【隸書】	【楷書】		【隸書】	

[illegible]

【楷書】

唐 梁瓛墓誌

髶

【楷書】

唐 李壽墓誌

髦

【隸書】

漢晉 流簡紙

【楷書】

唐 王大禮墓誌

髻

【隸書】

隋 王榮及妻墓誌

【楷書】

北齊 無量義經

隋 寶輪禪院記

隋 樊氏墓誌

唐 蓋氏墓誌

唐 麻姑仙壇記

[illegible]

【楷書】

唐 石經五經

後唐 吳君妻曹墓誌

後唐 行鈞塔銘

髺

【隸書】

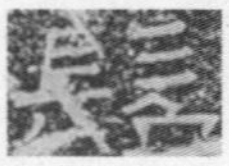

東漢 履和純殘碑

東漢 校官碑

唐 常存法師墓誌

唐 牛氏像龕碑

唐 尹尊師碑

【楷書】

北魏 司馬顯姿墓誌

隋 成公氏墓誌

隋 張壽墓誌

唐 顏相墓誌

唐 于尚範墓誌

唐 亡宮五品墓誌

鬠	鬒	鬋	[illegible]	鬊	鬈	鬀	[illegible]
【楷書】	【楷書】	【楷書】	【楷書】	【楷書】	【楷書】	【楷書】	【楷書】
 唐 梁守謙墓誌	 唐 石經五經	 唐 石經五經	 唐 石經五經	 唐 石經五經	 唐 石經五經	 唐 石經五經	 唐 盧八墓誌 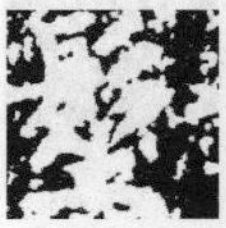 唐 戚高墓誌  唐 石經五經  唐 張亮墓誌

唐 邢德弼墓誌

唐 楊會墓誌

唐 張滿墓誌

唐 執失善光

鬣

【隸書】

晉 郭休碑陽

北齊 感孝頌

【楷書】

北齊 感孝頌

隋 陳叔明墓誌

唐 柳偘妻墓誌

唐 孟頭墓誌

唐 敏之墓誌

唐 石經五經

唐 王豫墓誌

唐 向清墓誌

鬢

【楷書】

北魏 元朗墓誌

北魏 元珍墓誌

隋 蕭氏墓誌

唐 廉元泰墓誌

唐 僧突墓誌

唐 石經五經

唐 浯溪記

鬟

【楷書】

隋 董美人墓誌

鬚

【隸書】

漢晉 流簡紙

【楷書】

北魏 元瞻墓誌

唐 崔載墓誌

鬒

【楷書】

唐 唐思禮墓誌

鬘

【隸書】

隋 張儉及妻墓誌

【楷書】

隋 鄭善妃墓誌

唐 觀音石像銘

鬄

【楷書】

唐 石經五經

馬部

馬

【篆書】

隋 口靜墓誌

唐 陳君殘碑額

唐 馬周碑額

【隸書】

秦 睡 48

西漢 馬•老子甲後

西漢 馬•縱橫

西漢 馬•縱橫

西漢 張•272

西漢 張•781

西漢 居新•1530

西漢 居新•3475

西漢 居新•3530

西漢 居新•6792

西漢 居新•7673

西漢 居新•7675

西漢 居新•7676

西漢 居新•7836

西漢 西•馬牘

漢晉 流簡紙

漢晉 流簡紙

漢晉 流簡紙

東漢 倉頡廟碑側

東漢 蒼山元嘉題記

東漢 蒼山元嘉題記

東漢 馬姜墓記

東漢 史晨後碑

東漢 史晨後碑

東漢 司馬長元記

東漢 鮮于璜碑陽

東漢 陽嘉殘碑陰

晉 辟雍頌陽

隋 暴永墓誌

隋 豆盧實墓誌

隋 姬威墓誌

隋 宋仲墓誌

隋 宋仲墓誌

隋 口靜墓誌

唐 李神符碑

唐 蘇洪姿墓誌

唐 張翼墓誌

【楷書】

北魏 韓震墓誌陽

北魏 穆彥墓誌

北周 賀屯植墓誌

隋 成公氏墓誌

隋 程諧墓誌

隋 高緊墓誌

隋 李則墓誌

隋 馬長和造像

隋 馬少敏墓誌

隋 王楚英墓誌

唐 口滿墓誌

唐 石經周易

後周 安重遇墓誌

後唐 孫拙墓誌

馭

【隸書】

東漢 趙寬碑

北齊 夫子廟碑

北齊 司馬遵業墓誌

唐 修定寺記碑

唐 鄭忠墓碑

【楷書】

北魏 耿氏墓誌

北魏 李璧墓誌陽

北魏 元項墓誌

隋 暴永墓誌

隋 馬少敏墓誌

隋 橋紹墓誌

隋 元鍾墓誌

唐 韓懷墓誌

唐 李壽墓誌

唐 石經尚書

唐 張信墓誌

馮

【篆書】

唐 三墳記陰

【隸書】

西漢 馬•老乙前

西漢 居新•2111

西漢 居新•7153

西漢 居新•7537

西漢 居新•7672

東漢 西•死駒

東漢 白石神君碑

東漢 從事馮君碑

東漢 馮孺人題記

東漢 馮孺人題記

東漢 馮神道闕

東漢 華山廟碑陽

東漢 利水大道記

東漢 少室石闕銘

東漢 乙瑛碑

晉 馮恭石槨字

晉 郛休碑陰

隋 澧水石橋碑

隋 口墮及妻墓誌

唐 高元珪墓誌

唐 紀信墓碑

唐 刻石記

唐 史思禮墓誌

【楷書】

三國吳 走•五年

三國吳 走•五年

北魏 馮邕妻墓誌

北魏 寇演墓誌

北魏 孫秋生造像

北魏 元乂墓誌

隋 高緊墓誌

隋 寇遵考墓誌

隋 王榮及妻墓誌

隋 吳嚴墓誌

隋 嚴元貴墓誌

唐 馮誠墓誌

唐 吉渾墓誌

唐 李勣墓誌

唐 孟十一娘墓誌

後唐 吳君妻曹墓誌

馵

【楷書】

唐 荊從臯墓誌

唐 石經五經

馱

【楷書】

唐 陀羅尼經碑

唐 文鑒經幢

馲

【楷書】

唐 石經五經

馺

【楷書】

唐 王元明經幢

馴

【隸書】

北齊 感孝頌

隋 蘇恒墓誌

隋 蕭瑾墓誌

隋 修孔子廟碑

唐 修定寺記碑

唐 徐盼墓誌

【楷書】

北魏 李媛墓誌

隋 元智墓誌

唐 李訥妃墓誌

唐 屈澄墓誌

唐 石經周易

唐 王瑗達墓誌

馳

【隸書】

西漢 馬•老子甲後

西漢 居新•7168

西漢 居新•8237

西漢 武•王杖

漢晉 流簡紙

東漢 蒼山元嘉題記

東漢 楊著碑陽

北齊 司馬遵業墓誌

北齊 司馬遵業墓誌

北齊 司馬遵業墓誌

隋 豆盧實墓誌

隋 高虬墓誌

隋 郭達墓誌

隋 馬穉墓誌

隋 修孔子廟碑

隋 張儉及妻墓誌

隋 趙朗墓誌

唐 庫狄真相墓誌

唐 王震墓誌

唐 玄元靈應頌

【楷書】

北魏 爾朱襲墓誌

北魏 郭顯墓誌

北魏 元徽墓誌

隋 暴永墓誌

隋 盧文機墓誌

隋 任軌墓誌

唐 房孚墓誌

唐 劉如璋墓誌

馹

【隸書】

隋 趙朗墓誌

唐 嵩陽觀碑

【楷書】

北魏 封魔奴墓誌

東魏 高盛墓碑

唐 王府君墓誌

唐 張信墓誌

駁

【隸書】

東漢 石門頌

唐 石臺孝經

【楷書】

唐 石經五經

駛

【隸書】

隋 趙朗墓誌

【楷書】

北齊 道政造像陰

駉

【楷書】

唐 李氏室女墓誌

唐 石經五經

駔

【楷書】

隋 元智墓誌

唐 石經五經

駓

【楷書】

唐 石經五經

唐 石經五經

騖

【楷書】

唐 黑齒常之墓誌

駜

【楷書】

唐 石經五經

駂

【楷書】

唐 石經五經

駚

【隸書】

秦 睡 51

【楷書】

隋 郭達墓誌

唐 李和墓誌

唐 蘇卿墓誌

唐 裴遵妻墓誌

駐	駝	（駒）	駒	駙	駠	（駟）	駟
【隸書】	【隸書】	【楷書】	【隸書】	【隸書】	【楷書】	北魏 穆纂墓誌	【隸書】
晉 石尠墓誌	漢晉 流簡紙	北魏 元信墓誌	秦 睡 111	前凉 西•木牘	唐 石經五經	北齊 高湝墓誌	秦 睡 139
唐 北嶽廟碑	【楷書】	北魏 元鑽遠墓誌	西漢 居新•7661	唐 豆盧建墓誌		隋 皇甫深墓誌	西漢 張•335
唐 盧行毅墓誌	魏晉 樓•紙	北齊 宋賢伯造像陽	西漢 居新•7676	【楷書】		隋 王楚英墓誌	西漢 張•537
唐 任城橋亭記	北魏 元徽墓誌	隋 劉氏墓誌	西漢 居新•7676	北魏 馮季華墓誌		隋 吳嚴墓誌	西漢 西•候官
【楷書】	唐 范信墓誌	隋 明質墓誌	西漢 居新•8103	北魏 穆彥墓誌		唐 阿史那貞忠墓誌	北齊 司馬遵業墓誌
晉 石尠墓誌	唐 李麗質墓誌	唐 段會墓誌	東漢 西•死駒	隋 趙齡墓誌		唐 傅思諫墓誌	隋 爾朱端墓誌
北魏 李端墓誌	唐 明希晉墓誌	唐 裴咸墓誌	東漢 西•死駒	唐 張翃墓誌		唐 宮人丁氏墓誌	隋 侯肇墓誌
隋 六品宮人墓誌	唐 石經五經	唐 申好墓誌	兩漢 傳馬名籍	唐 執失善光			唐 楊孝恭碑
唐 蘇斌墓誌		唐 蘇斌墓誌	東漢 伯興妻殘碑				唐 張休光墓誌
唐 張亮墓誌		唐 張楚璋墓誌	隋 爾朱敞墓誌				【楷書】
							南朝梁 舊館壇碑

駘

【隸書】

西漢 馬·十問

【楷書】

唐 黑齒常之墓誌

駕

【篆書】

唐 碧落碑

【隸書】

秦 睡 67

西漢 張·116

西漢 張·116

西漢 居新·3596

兩漢 傳馬名籍

兩漢 傳馬名籍

東漢 蒼山元嘉題記

東漢 曹全碑陽

東漢 鮮于璜碑陰

東漢 楊著碑陽

東漢 造土牛碑

隋 豆盧實墓誌

隋 爾朱敞墓誌

隋 爾朱端墓誌

隋 宋景造像碑

隋 張姜墓誌

唐 李神符碑

唐 石臺孝經

唐 尹尊師碑

【楷書】

晉 華芳墓誌陰

北魏 耿伏奴題字

北魏 侯剛墓誌

北魏 元恭墓誌

北齊 司馬遵業墓誌

隋 宋睦墓誌

隋 張貴男墓誌

唐 董希令墓誌

唐 薛參墓誌

駴

【楷書】

唐 石經五經

駰

【楷書】

唐 盧景修墓誌

唐 石經五經

駪

【楷書】

唐 石經五經

駱

【隸書】

漢晉 流簡紙

【楷書】

東魏 馮令華墓誌

唐 高氏墓誌

唐 駱氏墓誌

駭

【隸書】

東漢 尚博殘碑

唐 李神符碑

唐 修定寺記碑

唐 楊孝恭碑

唐 楊孝恭碑

唐 貞一廟碑

【楷書】

北魏 爾朱襲墓誌

北魏 元顥墓誌

北齊 竇泰墓誌

唐 李愍墓誌

唐 張胡墓誌

駮

【楷書】

唐 石經五經

唐 石經孝經

唐 王翼墓誌

唐 玄秘塔碑

駢

【隸書】

唐 白鹿泉碑陰

【楷書】

北周 賀屯植墓誌

東魏 侯海墓誌陽

唐 石經五經

唐 孫君妻李墓誌

唐 唐嘉會墓誌

罵

【隸書】

兩漢 武•王杖

【楷書】

北齊 無量義經

唐 嚴氏玄堂銘

駴

【楷書】

唐 石經五經

駹

【楷書】

唐 石經五經

騁

【隸書】

北齊 司馬遵業墓誌

北齊 司馬遵業墓誌

隋 叱李綱子墓誌

唐 石臺孝經

唐 文宣王廟門碑

【楷書】

北魏 爾朱紹墓誌

北魏 元珽墓誌

北魏 元秀墓誌

北魏 元鑽遠墓誌

東魏 元湛墓誌

駿

【隸書】

西漢 居新•1949

西漢 居新•3557

西漢 居新•7526

西漢 居新•7755

西漢 居新•8011

西漢 西•候官

東漢 西•遷補

東漢 曹全碑陰

東漢 景君碑陰

東漢 尚博殘碑

駺

【楷書】

唐 石經五經

駾

【楷書】

唐 石經五經

騂

【隸書】

西漢 居新•1423

【楷書】

隋 寇遵考墓誌

唐 石經尚書

駼

【楷書】

唐 黑齒常之墓誌

唐 石經五經

駽

【楷書】

唐 石經五經

駻

【楷書】

唐 張楚璋墓誌

隋 陳叔榮墓誌

隋 蕭瑒墓誌

唐 阿史那勿施墓誌

唐 封捺墓誌

唐 石經五經

唐 王公度墓誌

唐 尉遲敬德墓誌

晉 辟雍頌陽
晉 石尠墓誌
晉 徐義墓誌陽
隋 謝岳墓誌
唐 蘇洪姿墓誌

【楷書】

北魏 爾朱襲墓誌
北魏 穆亮墓誌
北魏 王誦墓誌
東魏 劉懿墓誌
東魏 呂覎墓誌

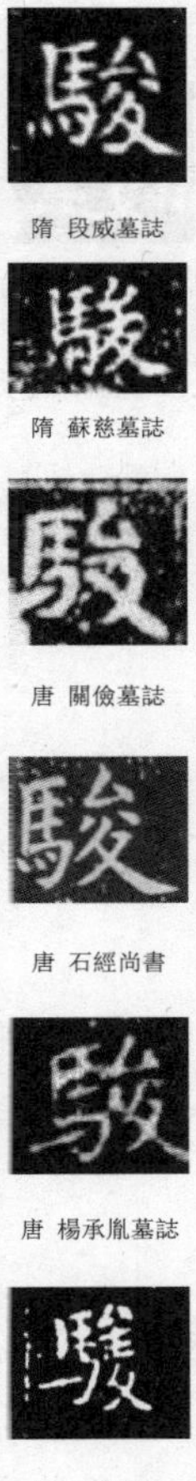

隋 段威墓誌
隋 蘇慈墓誌
唐 闞儉墓誌
唐 石經尚書
唐 楊承胤墓誌
唐 張綱墓誌

駶

【楷書】

唐 申好墓誌

駸

【隸書】

晉 郛休碑陽

【楷書】

北魏 元悛墓誌
隋 程諧墓誌
隋 張壽墓誌
唐 石經五經
唐 孫師歧墓誌

騃

【楷書】

北周 曇樂造像

騎

【篆書】

北魏 温泉頌額
唐 三墳記陽
唐 于孝顯碑額

【隸書】

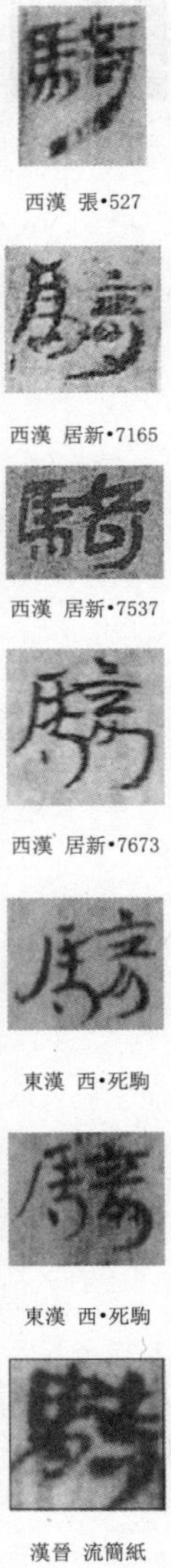

西漢 張•527
西漢 居新•7165
西漢 居新•7537
西漢 居新•7673
東漢 西•死駒
東漢 西•死駒
漢晉 流簡紙

東漢 蒼山元嘉題記
東漢 蒼山元嘉題記
東漢 景君碑陰
東漢 石門頌
東漢 史晨後碑
東漢 西狹頌
東漢 楊統碑陽
晉 楊陽墓闕
北魏 韓君神道碑
北齊 感孝頌

隋 闞明墓誌
隋 郭休墓誌
隋 馬長和造像
隋 蘇恒墓誌
唐 李彥墓誌
唐 行儀碑

【楷書】

三國吳 走•五年
北魏 長孫子澤墓誌
北魏 高珪墓誌
北魏 元融墓誌

北魏 元文墓誌

東魏 邸珍墓碑額

北齊 感孝頌

隋 段威墓誌

隋 高緊墓誌

唐 崔千里墓誌

唐 崔夐墓誌

唐 思恆墓誌

唐 王游藝墓誌

騏

【楷書】

北魏 赫連悅墓誌

北魏 元悛墓誌

北齊 竇泰墓誌

唐 姬溫墓誌

唐 劉慎墓誌

唐 强偉墓誌

唐 索崇墓誌

後梁 蕭符墓誌

騑

【楷書】

北魏 司馬氏墓誌

北魏 元延明墓誌

唐 獨孤開遠墓誌

唐 秦寶墓誌

騊

【楷書】

唐 黑齒常之墓誌

唐 石經五經

騇

【楷書】

唐 石經五經

騄

【楷書】

北魏 爾朱襲墓誌

東魏 元仲英墓誌

唐 强偉墓誌

唐 石經五經

唐 王大禮墓誌

唐 楊承胤墓誌

唐 趙本質墓誌

騜

【楷書】

唐 石經五經

騠

【楷書】

唐 李和墓誌

騖

【隸書】

西漢 馬·合陰陽

唐 劉粲墓誌

唐 張倖墓誌

【楷書】

北魏 封魔奴墓誌

北魏 元諡墓誌

唐 李賢墓誌

唐 唐嘉會墓誌

唐 王長墓誌

唐 徐君通墓誌

唐 姚恭墓誌

唐 楊亮墓誌

唐 張仁楚墓誌

後梁 韓仲舉妻墓誌

騭

【隸書】

隋 段濟墓誌

唐 崔祐甫墓誌

【楷書】

北周 普安壯公墓誌

唐 程騭墓誌

唐 荊從皋墓誌

唐 李道因墓誌

唐 柳正礭墓誌

唐 石經五經

唐 宋伯康墓誌

唐 王宏墓誌

唐 王宏墓誌

唐 楊軌墓誌

唐 張騷墓誌

騷

【隸書】

西漢 馬·天下

西漢 張·790

東漢 曹全碑陽

唐 戴令言墓誌

【楷書】

北魏 赫連悅墓誌

北魏 元弼墓誌

北齊 道明墓誌

唐 韓長墓誌

唐 賈雄墓誌

唐 石經五經

騥

【楷書】

唐 石經五經

騢

【楷書】

唐 石經五經

騤

【隸書】

晉 辟雍頌陽

【楷書】

北魏 郭顯墓誌

唐 石經五經

馬部

驀	騋	騶	騮	⿰馬豈	騕	驊	騖
【隸書】  西漢 張•630 【楷書】  唐 田文雅墓銘	【楷書】  唐 石經五經  唐 石經五經	【隸書】 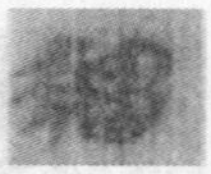 秦 睡95  東漢 禮器碑陰  東漢 張遷碑陰  晉 辟雍頌陽 【楷書】  北魏 元順墓誌  北魏 元昭墓誌  唐 高儼仁墓誌  唐 石經五經  唐 韋泂墓誌  唐 楊寧墓誌	【隸書】  兩漢 傳馬名籍 【楷書】  唐 李福墓誌  唐 張亮墓誌  唐 張湊墓誌	【隸書】 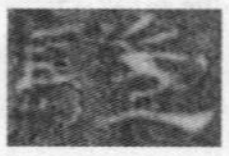 東漢 禮器碑	【楷書】  唐 石經五經	【楷書】  唐 李戢墓誌  唐 王脩福墓誌  唐 王翼墓誌	【隸書】  西漢 張•555 【楷書】  唐 王府君墓誌

騰

【篆書】

唐 碧落碑

【隸書】

秦 睡10

西漢 張•660

西漢 居新•2665

西漢 武•泰射甲

西漢 武•泰射甲

東漢 景君碑陰

東漢 景君碑陰

三國魏 孔羨碑

晉 辟雍頌陽

隋 豆盧實墓誌

隋 澧水石橋碑

隋 馬長和造像

隋 趙朗墓誌

唐 豆盧建墓誌

唐 李神符碑

唐 李神符碑

唐 潘基墓誌

唐 譚伍墓誌

唐 楊孝恭碑

【楷書】

三國吳 走•五年

北魏 寇憑墓誌

北魏 李渠蘭墓誌

北魏 元固墓誌

北魏 元誨墓誌

北齊 司馬遵業墓誌

隋 段威墓誌

隋 盧文機墓誌

唐 郭壽墓誌

唐 李昕墓誌

唐 李修已墓誌

唐 石經五經

唐 惟貞廟碑陽

唐 薛曠墓誌

騫

【隸書】

西漢 習字觚

漢晉 流簡紙

東漢 張遷碑陽

唐 潘基墓誌

唐 屈突通墓誌

唐 尹文操碑

【楷書】

北魏 元朗墓誌

北魏 元悌墓誌

北齊 竇泰墓誌

唐 崔羨墓誌

唐 韓承墓誌

唐 李崗墓誌

唐 張道墓誌

騽

【楷書】

唐 石經五經

驅

【隸書】

秦 睡270

西漢 馬•縱横

兩漢 西•馬簡

東漢 蒼山元嘉題記

北齊 司馬遵業墓誌

隋 劉珍墓誌

隋 張儉及妻墓誌

唐 李神符碑

唐 徐昐墓誌

【楷書】

北魏 侯剛墓誌

驄	騾			驃			
【隸書】	【楷書】	東魏 元悰墓誌	北魏 爾朱襲墓誌	【隸書】	後唐 毛璋墓誌	唐 程知節墓誌	北魏 元延明墓誌
隋 馬穉墓誌	唐 梁元翰墓誌	隋 段威墓誌	北魏 穆亮墓誌	晉 韓壽墓碣		唐 胡肅墓誌	北魏 元瞻墓誌
【楷書】		隋 任顯及妻誌	北魏 司馬紹墓誌	晉 左棻墓誌陰		唐 李鳳妃墓誌	北魏 元昭墓誌
北魏 侯剛墓誌		隋 王光墓誌	北魏 王蕃墓誌	北魏 韓君神道碑		唐 劉儉墓誌	北齊 竇泰墓誌
北魏 于景墓誌		隋 口靜墓誌	北魏 元悌墓誌	北齊 西門豹碑陽		唐 劉彥之墓誌	北齊 竇泰墓誌
唐 李鳳妃墓誌		隋 薛保興墓誌	北魏 元乂墓誌	隋 爾朱敞墓誌		唐 羅池廟碑	隋 范安貴墓誌
唐 石經五經		隋 張波墓誌	北魏 元羽墓誌	隋 任軌墓誌		唐 石經五經	隋 王楚英墓誌
唐 嚴識玄墓誌		隋 張壽墓誌	北周 獨孤信墓誌	隋 蘇恒墓誌		唐 石經周易	隋 王世琛墓誌
		唐 姖推墓誌	北齊 高淯墓誌	隋 王榮及妻墓誌		唐 楊岳墓誌	隋 張濤妻墓誌
			北齊 司馬遵業墓誌	唐 行儼碑		唐 臧懷恪墓碑	唐 安元壽墓誌
				【楷書】			
				晉 華芳墓誌陽			

驪

【楷書】

北魏 元鑽遠墓誌

唐 荀君妻楊墓誌

驂

【隸書】

北齊 感孝頌

北周 華嶽頌

北齊 司馬遵業墓誌

唐 孔子廟碑

【楷書】

北魏 穆紹墓誌

北魏 元秀墓誌

北齊 崔頠墓誌

北齊 司馬遵業墓誌

東魏 元悰墓誌

東魏 元晬墓誌

隋 獨孤羅墓誌

唐 姬温墓誌

唐 李鳳妃墓誌

唐 李俟墓誌

唐 桑氏墓誌

唐 申好墓誌

唐 孫君妻宋墓誌

唐 徐君通墓誌

驍

【篆書】

唐 阿史那忠碑額

【隸書】

隋 段濟墓誌

唐 崔暟墓誌陽

唐 李彥墓誌

【楷書】

北魏 元融墓誌

北魏 元彥墓誌

北魏 元彝墓誌

北齊 竇泰墓誌

隋 范安貴墓誌

隋 高緊墓誌

唐 柏虔玉墓誌

唐 房璟墓誌

唐 皇甫璧墓誌

唐 劉阿延墓誌

唐 張楚璋墓誌

唐 張方墓誌

唐 張士陵墓誌

驒

【楷書】

唐 石經五經

驕

【隸書】

秦 睡192

西漢 馬•老乙前

西漢 馬•老子甲後

唐 石臺孝經

唐 張休光墓誌

【楷書】

晉 黃庭内景經

北魏 元茂墓誌

北魏 元瞻墓誌

北魏 元纂墓誌

北齊 竇泰墓誌

隋 姬威墓誌

隋 盧文構墓誌

隋 明質墓誌

唐 沈士公墓誌

唐 石經周易

唐 王貞墓誌

唐 鄭諶墓誌

驎

【楷書】

北魏 元弼墓誌蓋

北魏 元謐墓誌

北魏 元瞻墓誌

隋 張軻墓誌

唐 石經五經

唐 索崇墓誌

驕

【楷書】

唐 李鳳墓誌

唐 石經五經

驚

【隸書】

西漢 馬•老甲

西漢 馬•老乙前

西漢 馬•陰陽甲

西漢 居新•3785

西漢 居新•3944

新莽 西•守御器

漢晉 流簡紙

東漢 景君碑陽

東漢 尚博殘碑

北齊 法懃塔銘

【楷書】

三國吳 走•五年

北魏 石婉墓誌

北齊 高湝墓誌

東魏 元悰墓誌

隋 馬少敏墓誌

隋 張儉及妻墓誌

唐 竇真墓誌

唐 宮官司設墓誌

唐 李信墓誌

唐 石經尚書

唐 石經周易

唐 掌徵墓誌

後唐 康贊羑墓誌

驖

【楷書】

唐 臧懷亮墓誌

驛

【隸書】

西漢 居新•2247

西漢 居新•7535

西漢 居新•7542

西漢 居新•7670

東漢 西•死駒

東漢 肥致碑

東漢 開通褒斜道

東漢 張壽殘碑

唐 崔泰之墓誌

【楷書】

北魏 元朗墓誌

東魏 馮令華墓誌

唐 阿史那貞忠墓誌

唐 長孫盻墓誌

唐 房懷亮墓誌

唐 蘇斌墓誌

唐 魏靖墓誌

隋 張濬墓誌

⿰馬虞

【楷書】

北魏 吊比干文

驗 (篆)

【隸書】

西漢 馬•老乙前

西漢 居新•1898

西漢 居新•5570

西漢 居新•5669

西漢 居新•7169

西漢 居新•7490

西漢 居新•7612

西漢 居新•7644

西漢 居新•7667

西漢 居新•7668

西漢 居新•7706

西漢 西•候官

東漢 西•寇恩

東漢 西•死駒

東漢 西•推辟

兩漢 西•懸檢

東漢 白石神君碑

東漢 樊敏碑

東漢 肥致碑

東漢 史晨後碑

【楷書】

北魏 王翊墓誌

北魏 奚真墓誌

北魏 元誨墓誌

北魏 元子直墓誌

隋 劉寶及妻墓誌

隋 劉則墓誌

隋 陶貴墓誌

隋 張儉及妻墓誌

唐 包鎬墓誌

唐 多寶塔碑

唐 樊廉墓誌

唐 京兆金氏墓誌

唐 六品亡宮墓誌

唐 吳孝墓誌

唐 支成墓誌

後梁 崔崇素墓誌

驟 (篆)

【隸書】

隋 趙朗墓誌

唐 常存法師墓誌

唐 崔暟墓誌陽

唐 倪彬墓誌

【楷書】

北魏 穆亮妻墓誌

北魏 元顥墓誌

北魏 元靈曜墓誌

北魏 元天穆墓誌

北魏 元襲墓誌

北魏 元宥墓誌

東魏 呂覎墓誌

北齊 司馬遵業墓誌

隋 劉多墓誌

隋 馬穉墓誌

唐 房懷亮墓誌

唐 霍氏墓誌

唐 石經五經

唐 田侁墓誌

⿰馬樂

【隸書】

西漢 馬•事語

驣

【楷書】

唐 董氏墓誌

唐 索達墓誌

唐 向晉妻宋墓誌

驠

【楷書】

唐 石經五經

驢

【隸書】

西漢 西•馬簽

兩漢 西•馬簡

【楷書】

魏晉 樓•紙

北魏 元欽墓誌

唐 李審規墓記

驥

【隸書】

晉 郭休碑陽

隋 口和墓誌

隋 謝岳墓誌

唐 李神符碑

唐 李神符碑

【楷書】

北魏 爾朱襲墓誌

北齊 竇泰墓誌

北齊 石龕門銘

隋 高緊墓誌

唐 姬温墓誌

唐 沈士公墓誌

唐 嚴識玄墓誌

唐 張道墓誌

唐 張璥墓誌

唐 張亮墓誌

後唐 康贊羡墓誌

驡

【篆書】

北魏 李遵誌蓋

北魏 元煥誌蓋

【隸書】

西漢 居新•6584

隋 王榮及妻墓誌

隋 謝岳墓誌

【楷書】

北魏 寇臻墓誌

北魏 元珽墓誌

北魏 元秀墓誌

北魏 張整墓誌

隋 寇遵考墓誌

驩

【隸書】

西漢 西•候官

唐 陳泰墓誌

唐 陳泰墓誌

唐 行儼碑

【楷書】

隋 高緊墓誌

唐 崔踏規墓誌

唐 關師墓誌

唐 石經尚書

唐 石經尚書

唐 張道墓誌

驤

【篆書】

北魏 李遵誌蓋

北魏 元煥誌蓋

隋 孟顯達碑額

【隸書】

隋 李元墓誌

隋 劉寶及妻墓誌

隋 謝岳墓誌

隋 張盛墓誌

唐 董虔運墓誌

【楷書】

北魏 咎雙仁墓誌

北魏 元寧墓誌

北魏 元珽墓誌

北魏 元引墓誌

隋 皇甫深墓誌

隋 蘇慈墓誌

唐 李顯墓誌

唐 楊承胤墓誌

唐 張去奢墓誌

唐 張騷墓誌

唐 張武哲墓誌

後梁 蕭符墓誌

驨

【楷書】

唐 石經五經

驪

【隸書】

隋 段濟墓誌

【楷書】

東魏 公孫甑生墓誌

唐 李鳳妃墓誌

唐 路基妻墓誌

唐 石經五經

唐 王公度墓誌

唐 楊仲雅墓誌

唐 越國太妃墓誌

鬲部

鬲

【篆書】

東漢 祀三公山碑

【隸書】

西漢 武•服傳甲

東漢 石門頌

【楷書】

北齊 定國寺塔碑

唐 朱光宙墓誌

䰜

【楷書】

唐 石經九經

鬴

【隸書】

秦 睡244

【楷書】

唐 石經五經

鬵

【楷書】

唐 石經五經

鬷

【楷書】

唐 董本墓誌

唐 董本墓誌

唐 石經五經

䰝

【楷書】

唐 石經爾雅

唐 石經五經

鬻

【隸書】

秦 闞周•病方

西漢 馬•病方

西漢 馬•老甲

唐 崔暟墓誌陽

【楷書】

北魏 和醜仁墓誌

唐 程思義墓誌

唐 石經穀梁傳

唐 石經五經

【楷書】

唐 石經五經

高部

高 高

【篆書】

東漢 郭夫人題記

東漢 楊著碑額

三國魏 正始石經

東魏 高盛墓碑額

北魏 嵩高靈廟碑額

隋 口怳昂

唐 高可方誌蓋

唐 高元裕碑額

唐 盧仝等題名

唐 馬周碑額

【隸書】

秦 睡135

西漢 馬•老甲

西漢 馬•老乙前

西漢 馬•老子甲後

西漢 馬•縱橫

西漢 張•1063

西漢 居新•4518

西漢 居新•5398

兩漢 傳馬名籍

兩漢 西•醫藥

東漢 蒼山元嘉題記

東漢 從事馮君碑

東漢 封龍山頌

東漢 高頤闕銘西

東漢 公乘田魴記

東漢 孔宙碑陰

東漢 禮器碑側

東漢 禮器碑陰

東漢 石門頌

東漢 夏承碑

東漢 鮮于璜碑陽

東漢 延熹三年記

新莽 羊窩頭刻石

東漢 楊震碑

東漢 乙瑛碑

東漢 張遷碑陽

東漢 張遷碑陰

三國魏 王基斷碑

晉 辟雍頌陰

北魏 涿縣磚刻

隋 豆盧實墓誌

隋 闞明墓誌

隋 郭休墓誌

隋 默曹殘碑

唐 褚亮碑

唐 崔泰之墓誌

唐 高元珪墓誌

唐 李神符碑

唐 石臺孝經

唐 史思禮墓誌

唐 尹尊師碑

【楷書】

三國吳 走•五年

三國吳 走•五年

北魏 王翊墓誌

北齊 竇泰墓誌

北齊 婁黑女墓誌

隋 段威墓誌

隋 郭寵墓誌

隋 王楚英墓誌

隋 元智墓誌

唐 石經九經

唐 石經九經

唐 石經尚書

唐 石經周易

黄部

黄

【篆書】

東魏 高翻碑額

東魏 高盛墓碑額

北魏 元天穆誌蓋

唐 碧落碑

【隸書】

秦 睡15

秦 關周•日書

西漢 馬•老乙前

西漢 馬•十問

西漢 馬•縱橫

西漢 張•788

西漢 居新•7481

西漢 居新•7482

東漢 西•寇恩

東漢 西•寇恩

東漢 西•醫藥

東漢 西•醫藥

漢晉 流簡紙

漢晉 流簡紙

東漢 肥致碑

東漢 景君碑陽

東漢 孟孝琚碑

東漢 史晨前碑

東漢 楊震碑

三國魏 孔羡碑

晉 郭槐柩記

北齊 竇泰墓誌

北齊 司馬遵業墓誌

隋 暴永墓誌

隋 郭休墓誌

隋 郭休墓誌

隋 劉寶及妻墓誌

隋 蘇恒墓誌

隋 吳嚴墓誌

唐 北獄廟碑

唐 李神符碑

唐 盧君妻墓誌

唐 王子麟墓誌

唐 行儼碑

唐 楊孝恭碑

唐 楊孝恭碑

唐 尹尊師碑

【楷書】

三國吳 走•五年

北魏 檀賓墓誌

北魏 元寧墓誌

北魏 元譚墓誌

東魏 元悰墓誌

隋 孔神通墓誌

隋 蕭瑒墓誌

唐 高像護墓誌

唐 李其墓誌

唐 李信墓誌

唐 劉庭訓墓誌

唐 石經尚書

唐 石經五經

唐 石經周易

唐 顔勤禮碑陰

唐 楊宇墓誌

黌

【楷書】

唐 程知節墓誌

唐 郭克全墓誌

唐 祁惠墓誌

麥部

麥		麨	麰	麴	⿰麥慧
【隸書】		【隸書】	【楷書】	【隸書】	【隸書】
 秦 睡113	 隋 段濟墓誌	 漢晉 流簡紙	 唐 重藏舍利記	 西漢 居新•299	 東漢 蒼山元嘉題記
 秦 睡116	【楷書】			 西漢 居新•5869	
 西漢 張•943	 北魏 元顯墓誌			【楷書】	
 西漢 居新•7472	 隋 蕭球墓誌			 北魏 元壽妃墓誌	
 西漢 西•馬簡牘	 唐 梁守謙墓誌			 北齊 姚景等造像	
 西漢 西•馬簡牘	 唐 石經九經			 唐 麴善岳磚誌	
 東漢 西•寇恩	 後唐 張滌妻高墓誌			 唐 趙君妻麴墓誌	
 漢晉 流簡紙					
 漢晉 流簡紙					
 東漢 西狹頌					

鹵部

鹵 鹵

【隸書】

唐 楊孝恭碑

【楷書】

唐 董开墓誌

唐 臧懷亮墓誌

鹹 鹹

【楷書】

唐 崔哲妻墓誌

唐 慶公神祠碑

唐 石經五經

鹺

【楷書】

唐 慶公神祠碑

唐 石經五經

後唐 崔崇素墓誌

鳥部

鳥

【篆書】

隋 宋仲墓誌

唐 碧落碑

【隸書】

秦 睡243

西漢 馬·老甲

西漢 馬·老乙

西漢 馬·天下

西漢 馬·縱橫

西漢 張·1050

東漢 楊震碑

北齊 法懃塔銘

北齊 感孝頌

隋 姬威墓誌

隋 趙朗墓誌

唐 李彥墓誌

【楷書】

北魏 元崇業墓誌

北魏 元悌墓誌

北魏 元顥平妻墓誌

隋 橋紹墓誌

隋 王楚英墓誌

隋 蕭瑒墓誌

唐 董希令墓誌

唐 開承簡墓誌

唐 李壽墓誌

唐 石經尚書

唐 王立墓誌

唐 陽氏合祔誌

鳦

【楷書】

唐 石經五經

鳧

【隸書】

西漢 張·1105

西漢 張·1154

西漢 張·1171

北齊 司馬遵業墓誌

唐 董虔運墓誌

唐 王崇禮墓誌

唐 王震墓誌

【楷書】

隋 元智妻墓誌

唐 紇干承基墓誌

唐 韓政墓誌

唐 皇甫德相墓誌

唐 劉氏墓誌

唐 王才及妻墓誌

唐 王感墓誌

唐 王勖墓誌

唐 王貞墓誌

唐 尉遲敬德墓誌

唐 薛淑墓誌

唐 源端墓誌

鳩

【隸書】

兩漢 武·王杖

漢晉 流簡紙

北魏 上尊號碑

隋 口和墓誌

唐 趙冬曦壙誌

【楷書】

晉 華芳墓誌陰

北魏 程法珠墓誌

北魏 司馬顯姿墓誌

北魏 元新成妃墓誌

北魏 元廞墓誌

漢晉 流簡紙

西漢 買山地記

東漢 倉頡廟碑側

東漢 蒼山元嘉題記

新莽 萊子侯刻石

三國吳 買冢城磚

北齊 司馬遵業墓誌

隋 爾朱端墓誌

隋 爾朱端墓誌

隋 灃水石橋碑

鳳

【篆書】

東漢 馮孺人題記

西漢 張•1037

【隸書】

西漢 居新•1969

西漢 居新•4328

西漢 居新•4332

西漢 居新•5744

西漢 居新•7640

西漢 居新•8423

東漢 西文書

漢晉 流簡紙

唐 盧初墓誌

唐 吕常侍妻墓誌

唐 契苾夫人墓誌

唐 石經周易

唐 支敬倫墓誌

隋 爾朱端墓誌

隋 蘇恒墓誌

【楷書】

三國吳 走•五年

北魏 郭顯墓誌

北齊 婁黑女墓誌

隋 盧文構墓誌

隋 申穆及妻墓誌

隋 張怦墓誌

唐 苻肅墓誌

唐 李眈墓誌

鳴

【篆書】

唐 謙卦碑

唐 謙卦碑

唐 謙卦碑

唐 謙卦碑

【隸書】

西漢 馬•十問

西漢 張•783

西漢 居新•5566

西漢 武•泰射甲

西漢 西•候官

隋 爾朱端墓誌

鳶

【隸書】

秦 睡 242

【楷書】

唐 爨右墓誌

唐 觀音石像銘

唐 石經五經

唐 王思訥墓誌

唐 楊宇墓誌

鳩

【楷書】

南朝陳 劉猛進碑

唐 王景曜墓誌

唐 劉儉墓誌

唐 石經尚書

唐 張達墓誌

唐 張廉穆墓誌

唐 張仁師墓誌

唐 張氏墓誌

唐 掌徹墓誌

後晉 權君妻崔墓誌

(鳳 cont.)

隋 馬稺墓誌
隋 任軌墓誌
隋 張儉及妻墓誌
隋 張景略墓誌
唐 陳泰墓誌
唐 李貞墓誌
唐 史思禮墓誌
唐 楊孝恭碑
唐 楊孝恭碑
唐 楊孝恭碑

【楷書】

三國吳 走•四年
魏晉 樓•紙
南朝梁 羅浮山銘
北魏 王紹墓誌
北魏 王翊墓誌
北魏 元子正墓誌
北齊 竇泰墓誌
東魏 王僧墓誌
隋 暴永墓誌
隋 鳳泉寺塔銘

隋 高緊墓誌
隋 賈玄贊墓誌
隋 劉德墓誌
隋 寧贇墓碑
隋 申穆及妻墓誌
隋 申穆及妻墓誌
隋 口和墓誌
隋 蕭氏墓誌
隋 張達墓誌
唐 獨孤守義墓誌

唐 李和墓誌
唐 權順墓誌
唐 石經九經
唐 石經五經
唐 陽氏合祔誌
唐 元則墓誌
後唐 吳君妻曹墓誌

鳱

【隸書】

唐 趙冬曦壙誌

【楷書】

北魏 元新成妃墓誌
唐 崔君妻朱墓誌
唐 梁皎墓誌
唐 掌徹墓誌
後晉 權君妻崔墓誌

鳺

【楷書】

唐 石經五經

鳽

【楷書】

唐 石經五經

鴈

【篆書】

東漢 鮮于璜碑額
唐 三墳記陰

【隸書】

西漢 武•士相見
東漢 郭仲理記
東漢 衡方碑
東漢 鮮于璜碑陽
隋 元鐘墓誌
唐 崔志墓誌
唐 蘇洪姿墓誌
唐 唐直墓誌

唐 鄭忠墓碑

【楷書】

三國吳 走•四年

晉 華芳墓誌陽

北魏 元顥平妻墓誌

北齊 婁黑女墓誌

隋 段模墓誌

隋 潘善利墓誌

隋 王弘墓誌

唐 崔素臣墓誌

唐 崔哲妻墓誌

唐 道因法師碑

唐 樊康墓誌

唐 郭克全墓誌

唐 韓忠節墓誌

唐 解摩墓誌

唐 荊從阜墓誌

唐 李和墓誌

唐 李敬墓誌

唐 苗善物墓誌

唐 石經五經

唐 蕭公夫人墓誌

唐 楊迥墓誌

唐 張君妻田墓誌

唐 執失善光

唐 朱仁表墓誌

後周 智堅塔記

[illegible]

【楷書】

唐 石經五經

鴥

【楷書】

唐 石經五經

鳻

【楷書】

唐 石經五經

鴇

【楷書】

唐 石經五經

鳩

【楷書】

唐 董懷義墓誌

唐 石經五經

鴝	鴡	鴒	鴩	鴨	鴞	鴔	鳺
【楷書】	【楷書】	【楷書】	【楷書】	【楷書】	【隸書】	【楷書】	【隸書】
 唐 石經五經	 唐 樊廉墓誌	 北魏 元略墓誌	 唐 石經五經	 北齊 道政造像陰	 唐 孔子廟碑	 唐 石經五經	 隋 蘇恒墓誌
	 唐 姬温墓誌	 唐 柳昱墓誌		 北齊 王鴨臉造像	【楷書】		【楷書】
	 唐 慕容知廉墓誌	 唐 盧璠墓誌			 唐 慕容知廉墓誌		 北魏 元毓墓誌
	 唐 石經尚書	 唐 石經五經			 唐 王君殘墓誌		 唐 石經五經
	 唐 石經五經	 唐 張慶之墓誌			 唐 朱光宙墓誌		 唐 王豫墓誌
	 唐 尉遲敬德墓誌	 唐 張叔遵墓誌					

鵜

【楷書】

唐 石經五經

鴿

【楷書】

北齊 宋賢伯造像陽

唐 康智墓誌

唐 吳續墓誌

鵀

【楷書】

唐 李侯墓誌

唐 路巖墓誌

唐 執失善光

鵂

【隸書】

唐 張翼墓誌

鵄

【隸書】

東漢 景君碑陽

【楷書】

東魏 元悰墓誌

唐 內莊宅使牒

唐 王楷墓誌

鵠

【楷書】

北魏 李媛墓誌

鴆

【楷書】

唐 車詵墓誌

鴛

【隸書】

唐 陳泰墓誌

【楷書】

北魏 元鑽遠墓誌

唐 邊氏墓誌

唐 郭麗墓誌

唐 李五娘墓誌

唐 李延合祔誌

唐 沈浩禕墓誌

唐 宋度夫人墓誌

唐 魏公韋氏墓誌

唐 竹妙墓誌

鴻 𣵰

【篆書】

唐 碧落碑

【隸書】

西漢 居新•2513

西漢 居新•2514

西漢 居新•3045

西漢 居新•3703

西漢 居新•3934

東漢 肥致碑

東漢 衡方碑

東漢 景君碑陰

東漢 熹平石經易

東漢 楊統碑陽

東漢 楊震碑

東漢 張遷碑陽

晉 辟雍頌陽

隋 郭王墓誌

隋 蕭瑾墓誌

隋 謝岳墓誌

隋 楊真墓誌

隋 張儉及妻墓誌

唐 大忍寺碑

唐 高元珪墓誌

唐 義福禪師碑

【楷書】

北魏 侯愔墓誌

北魏 寇治墓誌

北魏 檀賓墓誌

北魏 元彥墓誌

北魏 元彝墓誌

北魏 鄭君妻墓誌

北齊 竇泰墓誌

隋 蘇威妻墓誌

隋 王楚英墓誌

唐 趙佺墓誌

䲰

【楷書】

唐 楊康墓誌

䳄

【楷書】

北魏 李媛墓誌

唐 石經五經

鵠 𪃘

【隸書】

隋 高虬墓誌

隋 蘇恒墓誌

【楷書】

北魏 元悛墓誌

北魏 元暐墓誌

北齊 竇泰墓誌

北齊 司馬遵業墓誌

隋 暴永墓誌

隋 明雲騰墓誌

隋 橋紹墓誌

隋 王弘墓誌

唐 石經五經

唐 司馬齊卿墓誌

唐 張茂弘墓誌

唐 張曛墓誌

鵲

【隸書】

北周 盧蘭墓誌

【楷書】

唐 杜文貢墓誌

唐 李福墓誌

唐 王君妻墓誌

唐 王貞墓誌

唐 鄭中基墓誌

後唐 康贊羑墓誌

鴠

【楷書】

唐 狄玄愬墓誌

唐 張君妻田墓誌

鵡

【楷書】

唐 石經禮記

唐 石經五經

鵖

【楷書】

唐 石經五經

鶨

【楷書】

唐 李鳳墓誌

鵒

【楷書】

唐 石經五經

唐 東良墓誌

鵌

【楷書】

唐 王朋墓誌

鵝

【楷書】

唐 林寺戒壇銘

唐 羅池廟碑

唐 石經五經

唐 王景曜墓誌

後唐 王禹墓誌

鵜		鵬	⿰倗鳥	鶂	⿰咒鳥	⿰萁鳥	鶀
【楷書】	 唐 張孝節墓誌	【隸書】	【楷書】	【楷書】	【楷書】	【楷書】	【楷書】
 北魏 李媛墓誌	 唐 朱仁表墓誌	 唐 陳泰墓誌	 唐 蓋暢墓誌	 隋 寧贇墓碑	 北魏 崔懃造像	 唐 石經五經	 唐 石經五經
		 唐 朱崇慶墓誌	 唐 劉子墓誌	 唐 杭季棱袝誌	 唐 東良墓誌		
		【楷書】  北魏 元顥墓誌	 唐 慕容瑾墓誌	 唐 明俊墓誌	 唐 吴守忠墓誌		
		 隋 劉則墓誌	 唐 朱行斌墓誌	 唐 石經五經			
		 唐 崔宜之墓誌		 唐 石經五經			
		 唐 高欽德墓誌		 唐 元超墓誌			
		 唐 盧萬春墓誌		 唐 越國太妃墓誌			
		 唐 馬夫人墓誌					
		 唐 王翼墓誌					

鶉

【隸書】

唐 勿部將軍碑

【楷書】

北魏 耿氏墓誌

北魏 元纂墓誌

隋 寶輪禪院記

隋 張濤妻墓誌

唐 執失善光

鵷

【隸書】

唐 蔡君妻墓誌

唐 楊孝恭碑

【楷書】

北魏 元誨墓誌

北齊 婁黑女墓誌

北周 盧蘭墓誌

唐 淳于氏墓誌

唐 李鳳妃墓誌

唐 李震墓誌

唐 柳昱墓誌

唐 朱貞墓誌

鷗

【楷書】

唐 崔玄藉妻墓誌

唐 盧萬春墓誌

唐 石經五經

唐 張禮墓誌

唐 趙寵墓誌

唐 鄭仁泰墓誌

鶚

【楷書】

唐 王大劍墓誌

唐 魏孝本墓誌

唐 朱庭玘墓誌

鶡

【楷書】

北齊 劉雙仁墓誌

唐 紇干承基墓誌

唐 李英墓誌

唐 神策軍碑

唐 王敏墓誌

鶗

【楷書】

北魏 元維墓誌

鶻

【楷書】

唐 神策軍碑

鶩

【楷書】

後唐 張積墓誌

鶥

【楷書】

唐 石經五經

鶟

【楷書】

唐 石經五經

鶣

【楷書】

唐 包篱墓誌

鶩

【隸書】

唐 李彥墓誌

【楷書】

北魏 元順墓誌

北魏 元液墓誌

鷇

【隸書】

秦 睡 12

【楷書】

唐 多寶塔碑

唐 多寶塔碑

唐 石經五經

鷊

【楷書】

唐 石經五經

鷂

【楷書】

唐 劉漢洌墓誌

唐 王素墓誌

鶬

【楷書】

東魏 劉懿墓誌

唐 石經五經

鶮

【隸書】

東漢 蒼山元嘉題記

【楷書】

三國吳 浩宗買地券

鵿

【楷書】

唐 石經爾雅

唐 越國太妃墓誌

鵤

【楷書】

北魏 元略墓誌

唐 董惟靖墓誌

唐 古弘節墓誌

唐 劉建墓誌

鶱

【楷書】

北魏 王悦及妻墓誌

唐 李鼎墓誌

鶴

【隸書】

隋 段濟墓誌

隋 爾朱端墓誌

隋 爾朱端墓誌

隋 姬威墓誌

隋 牛諒墓誌

隋 蘇恒墓誌

隋 修孔子廟碑

唐 柳偘妻墓誌

唐 王崇禮墓誌

唐 張翼墓誌

【楷書】

南朝梁 羅浮山銘

北魏 秦洪墓誌

東魏 王偃墓誌

隋 董美人墓誌

隋 李文舉墓誌

隋 李元墓誌

隋 六品宮人墓誌

隋 陶貴墓誌

唐 許行本墓誌

唐 張義墓誌

唐 楚金禪師碑

唐 鄧君妻墓誌

唐 范安及墓誌

唐 古衍墓誌

唐 衡義整墓誌

唐 李賓墓誌

唐 李昊墓誌

唐 李壽墓誌

唐 羅池廟碑

唐 師弘禮墓誌

唐 石經五經

唐 王府君墓誌

唐 王君殘墓誌

唐 王朗及妻墓誌

唐 楊基墓誌

唐 張貴墓誌

唐 掌徹墓誌

唐 鄭參墓誌

後唐 王禹墓誌

鷩

【楷書】

東魏 李憲墓誌

唐 石經五經

唐 王素墓誌

鶩

【楷書】

唐 馮暉墓誌

鴿

【楷書】

唐 石經五經

鷕

【楷書】

唐 石經五經

[illegible]

【楷書】

唐 崔訥墓誌

唐 石經五經

鷖

【楷書】

唐 費智海墓誌

鷗

【楷書】

唐 蔡君妻墓誌

鷙

【楷書】

東魏 元鷙墓誌

唐 李皐妻墓誌

唐 李爽墓誌

唐 石經五經

鶯

【楷書】

唐 崔素墓誌

唐 黄季長墓誌

唐 李昕墓誌

唐 沈士公墓誌

唐 石經五經

唐 田通墓誌

唐 張嘉福墓誌

唐 竹妙墓誌

鷚

【楷書】

書 王大禮墓誌

鷦

【楷書】

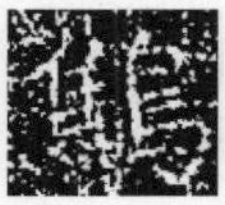

唐 劉惟正墓誌

鷙

【楷書】

北齊 報德像碑

東魏 志朗造像

唐 多寶塔碑

唐 法澄塔銘

唐 雁塔聖教序

鶉

【楷書】

唐 劉惟正墓誌

唐 蕭思亮墓誌

鷺

【隸書】

唐 潘基墓誌

唐 楊孝恭碑

【楷書】

隋 李虎墓誌

唐 張滂墓誌

鷸

【楷書】

唐 崔素墓誌

鸒

【楷書】

唐 石經五經

鸐

【楷書】

晉 洛神十三行

鷙

【楷書】

唐 馮暉墓誌

鷫

【楷書】

北魏 崔懃造像

唐 石經五經

唐 張積善墓誌

唐 張隴墓誌

鷹

【隸書】

晉 辟雍頌陽

北齊 司馬遵業墓誌

隋 劉多墓誌

唐 董虔運墓誌

唐 豆盧建墓誌

【楷書】

北魏 郭顯墓誌

東魏 劉懿墓誌

隋 張伏敬墓誌

唐 崔湛墓誌

鸇

【楷書】

隋 王弘墓誌

唐 程知節墓誌

唐 董本墓誌

唐 李爽墓誌

唐 張積善墓誌

鸃

【楷書】

北齊 婁黑女墓誌

鸒

【楷書】

唐 石經五經

鸚

【楷書】

唐 石經禮記

唐 石經五經

鸛

【楷書】

唐 司馬元禮墓誌

鸜

【楷書】

唐 東良墓誌

鸝

【楷書】

北魏 元純阤墓誌

鸞

【隸書】

漢晉 流簡紙

東漢 華岳廟碑陰

隋 蘇恒墓誌

唐 蔡君妻墓誌

唐 李彥墓誌

【楷書】

北魏 僧暈造像記

北魏 薛慧命墓誌

北魏 元悌墓誌

東魏 田鸞墓磚

隋 衛美墓誌

唐 崔公妻墓誌

唐 斛斯君妻墓誌

唐 陸振墓誌

唐 宋伯康墓誌

唐 魏公韋氏墓誌

唐 許行本合誌

魚部

魚

【隸書】

秦 睡136

西漢 馬•天下

西漢 馬•縱橫

西漢 張•808

西漢 居新•1868

西漢 居新•1873

西漢 居新•7481

西漢 居新•7482

東漢 西•寇恩

東漢 西•寇恩

兩漢 西•醫藥

漢晉 流簡紙

東漢 蒼山元嘉題記

東漢 孔宙碑陰

東漢 孟孝琚碑

東漢 楊震碑

東漢 永元九年記

北魏 上尊號碑

東魏 宗欣墓誌

隋 郭達墓誌

隋 謝岳墓誌

唐 董虔運墓誌

唐 史思禮墓誌

唐 張翼墓誌

【楷書】

晉 華芳墓誌陰

北魏 寇演墓誌

北魏 李頤墓誌

北魏 元純阤墓誌

北魏 元瞻墓誌

北齊 婁黑女墓誌

隋 成公氏墓誌

隋 明雲騰墓誌

隋 王楚英墓誌

隋 吳嚴墓誌

隋 蕭瑒墓誌

唐 崔湛墓誌

唐 樊廉墓誌

唐 高可方蓋

唐 李智墓誌

唐 敏之墓誌

唐 石經尚書

唐 石經周易

唐 史待賓墓誌

唐 王天墓誌

唐 趙保隆墓誌

後漢 買地券

後唐 毛璋墓誌

魯

【隸書】

西漢 馬•事語

西漢 馬•縱橫

西漢 張•541

西漢 張•543

西漢 居新•3645

西漢 買山地記

東漢 建寧元年殘碑

東漢 孔宙碑陰

東漢 禮器碑

東漢 禮器碑側

東漢 禮器碑陰

東漢 禮器碑陰

東漢 秦君神道刻字

東漢 任城黃腸石

東漢 尚博殘碑

東漢 鮮于璜碑陰

東漢 乙瑛碑

東漢 乙瑛碑

三國魏 孔羡碑

晉 辟雍頌陽

晉 徐義墓誌陽
北齊 司馬遵業墓誌
隋 爾朱端墓誌
隋 馬穉墓誌
唐 刻石記
唐 龐履温碑
唐 石臺孝經
唐 王震墓誌
【楷書】
三國吳 走·五年
北魏 檀賓墓誌

北魏 元肅墓誌
北周 襲曹造像
隋 孔神通墓誌
隋 盧文構墓誌
隋 王楚英墓誌
唐 劉庭訓墓誌
唐 魯子謙墓誌
唐 沈士公墓誌
唐 石經尚書
唐 史君妻墓誌

後唐 毛璋墓誌

魴

【隸書】

東漢 公乘田魴記
東漢 鮮于璜碑陽
【楷書】
北魏 元純阤墓誌
唐 李淑姿墓誌
唐 蘇斌墓誌
唐 王京墓誌
唐 越國太妃墓誌

魾

【楷書】

唐 石經五經

鮒

【隸書】

西漢 武·少牢甲
【楷書】
唐 費智海墓誌
唐 石經五經
唐 石經周易
唐 越國太妃墓誌

鮑

【隸書】

兩漢 西·懸檢
東漢 禮器碑陰
東漢 乙瑛碑
三國魏 鮑寄神坐
三國魏 鮑捐神坐
【楷書】
晉 華芳墓誌陽
南朝梁 羅浮山銘
北魏 爾朱紹墓誌
北魏 元昭墓誌
北齊 僧靜明造像
北齊 僧靜明造像

北魏 元昭墓誌
隋 蕭翹墓誌
隋 鮑氏墓誌
唐 楊仲雅墓誌
唐 張順墓誌
唐 趙孝順墓誌
唐 丘蘊墓誌
唐 龐夷遠妻李氏墓誌
唐 王景詮墓誌
唐 明希晉墓誌

鮬	鮆	鮤	鮐	鮀	鮇	鮓	
【楷書】	【楷書】	【楷書】	【楷書】	【楷書】	【楷書】	【楷書】	
 唐 石經五經	 唐 石經五經	 唐 石經五經	 唐 李鳳墓誌  唐 惟岳神道碑	 唐 石經五經	 南朝陳 衛和墓誌	 後唐 張瀚妻高墓誌	 後唐 豎立生臺記

鮮 鮮

【篆書】

東漢 鮮于璜碑額

唐 峿臺銘

【隸書】

秦 睡136

西漢 馬•老乙前

西漢 馬•十問

西漢 居新•7633

東漢 西•文書

兩漢 武•王杖

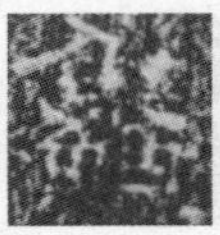

東漢 白石神君碑

東漢 石門頌

鮫 鮫

【楷書】

唐 蕭緝墓誌

鮡 鮡

【楷書】

唐 石經五經

鮥 鮥

【楷書】

唐 石經五經

鮦 鮦

【隸書】

東漢 楊統碑陽

鮇

【楷書】

唐 石經五經

鮪 鮪

【隸書】

東漢 何君閣道銘

【楷書】

唐 石經五經

唐 朱懷智墓誌

鮞 鮞

【楷書】

唐 石經五經

東漢 武榮碑

晉 辟雍頌陽

晉 石尠墓誌

晉 徐義墓誌陽

唐 柳偘妻墓誌

唐 任城橋亭記

唐 徐盼墓誌

【楷書】

北魏 郭法洛造像

北魏 王基墓誌

北魏 鮮于仲兒墓誌

北魏 元暐墓誌

北魏 元乂墓誌

東魏 李挺墓誌

隋 段威墓誌

隋 盧文構墓誌

唐 萇氏誌

唐 陳雅妻墓誌

唐 道因法師碑

唐 石經尚書

唐 孫君妻宋墓誌

唐 王君及妻墓誌

唐 陽濟妻墓誌

唐 張廉穆墓誌

唐 趙通墓誌

鯁

【楷書】

北魏 程法珠墓誌

北魏 郭顯墓誌

隋 王弘墓誌

唐 高慈墓誌

唐 高像護墓誌

唐 盧君妻墓誌

唐 尉遲敬德墓誌

唐 袁公瑜墓誌

唐 趙通墓誌

鯉

【隸書】

東漢 蒼山元嘉題記

唐 王媛墓誌陰

【楷書】

北魏 元瞻墓誌

唐 景公直墓誌

唐 李鳳妃墓誌

後唐 張稹墓誌

鯀

【楷書】

唐 石經尚書

唐 石經尚書

唐 石經五經

鯇

【楷書】

唐 石經五經

鯬

【楷書】

唐 石經五經

鯷

【隸書】

唐 孔子廟碑

【楷書】

唐 韓仁惠墓誌

唐 李爽墓誌

唐 鄭仁泰墓誌

鰋

【楷書】

唐 石經五經

唐 張義墓誌

唐 執失善光

鯨

【隸書】

三國魏 王基斷碑

隋 張儉及妻墓誌

唐 孔子廟碑

【楷書】

北魏 刁遵墓誌

北魏 楊大眼造像

北魏 元融墓誌

東魏 廉富造像陽

唐 李愍墓誌

唐 石經五經

唐 石經五經

鯢

【隸書】

三國魏 王基斷碑

隋 張儉及妻墓誌

【楷書】

北魏 元融墓誌

唐 崔蹈規墓誌

唐 李則政墓誌

唐 石經五經

唐 張仁楚墓誌

唐 張萬善墓誌

鮥

【楷書】

唐 石經五經

⿰魚果

【楷書】

唐 石經五經

鯤

【隸書】

隋 郭達墓誌

【楷書】

隋 王袞墓誌

唐 閻士熊墓誌

唐 周思忠墓誌

唐 祖忠及妻墓誌

徽	鱉	鰩	鰥	鱁	鱀	鰌	鰦
【楷書】	【楷書】	【楷書】	【隸書】	【楷書】	【楷書】	【楷書】	【楷書】
 唐 石經五經	 唐 龍泉記	 南朝宋 石驅銘	 東漢 曹全碑陽  東漢 景君碑陽  唐 石臺孝經 【楷書】  北魏 元昭墓誌  隋 元智墓誌  唐 李鳳墓誌  唐 石經尚書  唐 石經五經  唐 王太真墓誌	 唐 石經五經	 唐 石經五經	 唐 石經五經  唐 史興墓詠	 唐 石經五經

鱄

【楷書】

唐 石經五經

鱏

【楷書】

書 石經五經

鱖

【楷書】

唐 石經五經

鱗

【隸書】

晉 辟雍頌陽

隋 爾朱端墓誌

隋 高虬墓誌

唐 龐履溫碑

唐 修定寺記碑

【楷書】

北魏 爾朱紹墓誌

北魏 元順墓誌

北魏 元暐墓誌

北齊 竇泰墓誌

唐 劉如璋墓誌

唐 南玄暕墓誌

唐 尉遲敬德墓誌

唐 張師墓誌

唐 張壽墓誌

後晉 王君妻關墓誌

鱒

【楷書】

唐 石經五經

鱯

【楷書】

唐 石經五經

鱦

【楷書】

唐 石經五經

鱞	鱓	鱮	鱣	鱛	鱺
【楷書】	【楷書】	【楷書】	【楷書】	【楷書】	【楷書】
 唐 陳守素妻墓誌	 唐 石經五經	 唐 李遇口墓誌	 隋 賈玄贊墓誌	 北魏 李頤墓誌	 唐 石經五經
 唐 李崗墓誌	 唐 楊士墓誌		 唐 孔桃栓墓誌		
 唐 盧璠墓誌			 唐 石經五經		
 唐 石經尚書			 唐 楊客僧墓誌		
 唐 向清墓誌					

麻部

麻麻

【隸書】

秦 睡16

西漢 馬•天下

西漢 張•931

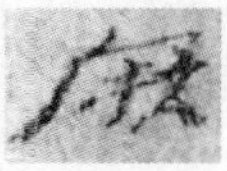
西漢 居新•7993

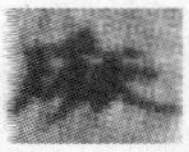
西漢 武•服傳甲

漢晉 流簡紙

漢晉 流簡紙

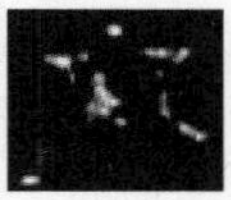
隋 澧水石橋碑

隋 王榮及妻墓誌

【楷書】

北魏 元洛神墓誌

隋 龐畏娘誌蓋

唐 麻姑仙壇記

唐 石經九經

麾

【隸書】

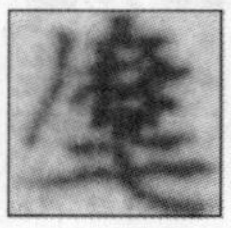
漢晉 流簡紙

北齊 司馬遵業墓誌

隋 口墮及妻墓誌

唐 史思禮墓誌

【楷書】

北魏 爾朱襲墓誌

北齊 竇泰墓誌

隋 暴永墓誌

唐 尉遲敬德墓誌

靡

【楷書】

唐 胡君妻墓誌

鹿部

鹿

【篆書】

三國魏 霍君神道

唐 三墳記陽

【隸書】

西漢 馬•病方

西漢 馬•十問

西漢 馬•縱橫

西漢 張•1115

西漢 武•泰射甲

西漢 武•燕禮甲

東漢 開通褒斜道

東漢 孔宙碑陽

東漢 孔宙碑陰

東漢 孔宙碑陰

東漢 禮器碑

東漢 尚博殘碑

東漢 五瑞圖摩崖

隋 姬威墓誌

唐 史思禮墓誌

唐 行儼碑

唐 楊孝恭碑

【楷書】

三國吳 走•五年

北魏 耿氏墓誌

北魏 元悌墓誌

北魏 元瑱墓誌

隋 馬少敏墓誌

唐 崔素墓誌

唐 侯方墓誌

唐 李湍墓誌

唐 騫紹業墓誌

唐 石經周易

唐 王景秀墓誌

唐 張瓌墓誌

唐 張哲墓誌

麀

【隸書】

唐 修定寺記碑

【楷書】

唐 石經五經

麛

【楷書】

唐 石經五經

麃

【隸書】

秦 睡10

兩漢 西•士相見

西漢 麃孝禹碑

東漢 公乘田魴記

東漢 禮器碑側

東漢 石人胸前字

【楷書】

唐 阿史那貞忠墓誌

唐 石經五經

北齊 馬天祥造像

隋 姬威墓誌

隋 默曹殘碑

隋 王榮及妻墓誌

唐 白鹿泉碑陰

唐 鄎國長公主碑

唐 趙冬曦壙誌

【楷書】

北魏 元崇業墓誌

北魏 元嵩墓誌

北魏 元鑽遠墓誌

麗

【隸書】

秦 睡 143

西漢 張•715

西漢 張•715

西漢 西•律令

西漢 西•律令

西漢 西•律令

東漢 封龍山頌

東漢 石門頌

東漢 熹平殘石

東漢 張遷碑陽

麓

【隸書】

唐 抱腹寺碑

唐 趙冬曦壙誌

【楷書】

三國魏 陳蘊山墓誌

北魏 元恭墓誌

北魏 元詮墓誌

隋 申穆及妻墓誌

唐 李仙蕙志

唐 劉慎墓誌

唐 石經尚書

唐 蘇公殘塔誌

麏

【楷書】

唐 王君妻薛墓誌

麐

【楷書】

唐 石經五經

麌

【楷書】

唐 石經五經

麜

【隸書】

秦 睡 59

西漢 馬•天下

西漢 馬•天下

西漢 張•790

西漢 武•服傳甲

東漢 西•醫藥

東漢 曹全碑陽

東漢 景君碑陽

【楷書】

唐 石經五經

唐 張暈妻墓誌

麔

【楷書】

唐 元超墓誌

北齊 牛景悦記

隋 成公氏墓誌

隋 梁瓌墓誌

隋 尉富娘墓誌

隋 魏氏墓誌

隋 吳嚴墓誌

隋 范高墓誌

唐 劉妙姜墓誌

唐 石經尚書

唐 石經五經

唐 石經周易

唐 孫讓墓誌

唐 王太真墓誌

唐 張振墓誌

唐 掌徹墓誌

後梁 崔崇素墓誌

麒

【楷書】

北魏 元顥平妻墓誌

隋 高緊墓誌

唐 崔訥墓誌

麕

【楷書】

唐 房惠琳墓誌

唐 石經五經

唐 石經五經

麑

【楷書】

唐 石經五經

麐

【楷書】

唐 石經五經

麙

【楷書】

唐 石經五經

麛

【隸書】

唐 修定寺記碑

【楷書】

唐 石經五經

麚	麜	麝	麟

麚
【楷書】

唐 石經五經

麜
【楷書】

唐 石經五經

麝
【楷書】

北魏 元瞻墓誌

唐 段簡璧墓誌

麟
【隸書】

東漢 景君碑陰

東漢 孔宙碑陰

東漢 禮器碑

東漢 史晨前碑

隋 郭王墓誌

隋 默曹殘碑

隋 宋仲墓誌

隋 蘇恒墓誌

隋 蘇恒墓誌

隋 張景略墓誌

唐 崔沔墓誌陽

唐 王子麟墓誌

唐 行儼碑

唐 楊孝恭碑

唐 楊孝恭碑

【楷書】

北魏 韓顯宗墓誌

北魏 元崇業墓誌

北魏 元頊墓誌

隋 高緊墓誌

唐 劉達墓誌

隋 口靜墓誌

唐 安元壽墓誌

唐 石經左傳

唐 惟貞廟碑陽

唐 顏家廟碑

唐 越國太妃墓誌

唐 張騷墓誌

黹部

黻

【隸書】

東漢 楊著碑陽

唐 屈突通墓誌

【楷書】

北魏 元彬墓誌

北魏 元楨墓誌

隋 高緊墓誌

隋 郭寵墓誌

唐 馬君妻董墓誌

隋 王楚英墓誌

隋 蕭餝性墓誌

隋 元智墓誌

唐 尹貞墓誌

隋 張貴男墓誌

唐 房基墓誌

唐 傅交益墓誌

唐 高儼仁墓誌

唐 李護墓誌

唐 潘衡墓誌

唐 石經尚書

唐 石經五經

唐 實照墓誌

唐 楊執一墓誌

唐 元思忠墓誌

唐 趙智侃墓誌

黼

【隸書】

東漢 鮮于璜碑陰

晉 辟雍頌陽

唐 楊孝恭碑

【楷書】

北魏 胡明相墓誌

北魏 元貴妃墓誌

北魏 元信墓誌

隋 暴永墓誌

隋 獨孤羅墓誌

隋 郭寵墓誌

隋 王楚英墓誌

隋 蕭餝性墓誌

唐 李瓛墓誌

唐 盧憕墓誌

唐 馬君妻董墓誌

唐 石經尚書

唐 石經五經

唐 孫備墓誌

唐 楊媛墓誌

唐 張貞墓誌

鼎部

鼎

【篆書】

唐 三墳記陽

【隸書】

西漢 馬•老子甲後
西漢 武•有司甲
西漢 楚王墓塞石
東漢 曹全碑陽
東漢 景君碑陽
東漢 鮮于璜碑陽
東漢 趙菿殘碑
東漢 鄭固碑
三國吳 買冢城磚

隋 爾朱敞墓誌
隋 姬威墓誌
隋 牛諒墓誌
唐 史思禮墓誌
唐 楊孝恭碑
唐 張翼墓誌

【楷書】

北魏 公孫猗墓誌
北魏 李壁墓誌陽
北魏 乞伏寶墓誌
北魏 司馬氏墓誌

北魏 王遺女墓誌
北魏 于纂墓誌
北魏 元[九道]墓誌
北魏 元鸞墓誌
北魏 元寧墓誌
北魏 元順墓誌
北魏 元悅墓誌
北齊 房周陁墓誌
北齊 婁黑女墓誌
北周 普安壯公墓誌

北齊 司馬遵業墓誌
東魏 王令媛墓誌
隋 暴永墓誌
隋 董敬墓誌
隋 爾朱敞墓誌
隋 鞏賓墓誌
隋 賈通墓誌
隋 寇遵考墓誌
隋 梁瓌墓誌
隋 王弘墓誌

隋 口靜墓誌
隋 尉富娘墓誌
隋 鄭令妃墓誌
唐 李鼎墓誌
唐 李修已墓誌
唐 李玄德墓誌
唐 石經九經
唐 尉遲敬德墓誌
唐 尉遲敬德墓誌
唐 張洛墓誌

唐 掌徹墓誌
後梁 崔崇素墓誌
後唐 毛璋妻墓誌

鼒

【隸書】

唐 司馬寔墓誌

【楷書】

南朝梁 報德像碑
隋 伍道進墓誌
唐 王法墓誌
唐 倚多羅墓誌

【楷書】

隋 王袞墓誌

唐 王宏墓誌

唐 王鴻祔藏

黑部

黑

【隸書】

秦 睡254

西漢 馬•老乙前

西漢 馬•縱横

西漢 張•649

西漢 張•760

西漢 居新•1423

西漢 居新•7464

東漢 西•寇恩

東漢 史晨前碑

隋 王楚英墓誌

【楷書】

三國吴 走•四年

魏晉 樓•紙

北魏 和邃墓誌

北魏 鄭黑墓誌

唐 石經尚書

唐 石經五經

唐 王羊仁墓誌

唐 辛驥墓誌

默

【隸書】

隋 默曹殘碑

唐 崔泰之墓誌

唐 王崇禮墓誌

唐 楊孝恭碑

【楷書】

北魏 常季繁墓誌

北魏 郭顯墓誌

北魏 奚真墓誌

北魏 元順墓誌

東魏 王僧墓誌

隋 李則墓誌

唐 崔訥墓誌

唐 韓承墓誌

唐 開承簡墓誌

唐 裴珣妻墓誌

唐 石經五經

唐 王璿造像

後梁 李珩墓誌

黔

【隸書】

西漢 馬•老乙前

西漢 馬•天下

西漢 張•683

西漢 張•690

西漢 張•761

西漢 張•769

東漢 曹全碑陽

【楷書】

北魏 元茂墓誌

北魏 元楨墓誌

唐 石經九經

唐 姚重曒墓誌

唐 張氏墓誌

點

【隸書】

西漢 張•556

西漢 張•557

西漢 張•557

西漢 張•558

唐 龐履温碑

唐 掌徹墓誌

【楷書】

晉 道匠題記

北魏 元維墓誌

隋 梁瓌墓誌

唐 楊貴墓誌

北齊 司馬遵業墓誌
隋 暴永墓誌
隋 申穆及妻墓誌
隋 口靜墓誌
隋 口靜墓誌
唐 崔暟墓誌陽
唐 崔祐甫墓誌
唐 王泠然墓誌
【楷書】
三國吳 走•五年
三國吳 走•五年

黨

【隸書】
西漢 馬•老子甲後
西漢 習字觚
東漢 西•病書
東漢 西•寇恩
漢晉 流簡紙
東漢 禮器碑側
東漢 尚博殘碑
東漢 夏承碑
東漢 乙瑛碑
晉 管洛墓誌陽

黠

【隸書】
西漢 居新•7497
兩漢 西•馬簡
兩漢 西•馬簡
兩漢 西•羌律
東漢 景君碑陽
【楷書】
隋 陳叔榮墓誌
隋 段威墓誌
唐 張弘墓誌
唐 朱庭瑾墓誌

黝

【隸書】
唐 孔子廟碑

黛

【隸書】
唐 豆盧建墓誌
【楷書】
北魏 唐雲墓誌
北魏 元毓墓誌
隋 田氏墓誌

唐 楊温墓誌

黜

【隸書】
東漢 孔彪碑陽
唐 崔沔墓誌陰
唐 崔祐甫墓誌
唐 趙冬曦壙誌
【楷書】
北魏 于纂墓誌
北齊 司馬遵業墓誌
東魏 元均及妻墓誌
隋 蕭翹墓誌
唐 石經尚書
唐 石經尚書

唐 張叡墓誌

唐 朱仁表墓誌

黯

【隸書】

西漢 張•815

唐 崔志墓誌

唐 楊孝恭碑

唐 張滄墓誌

【楷書】

北魏 司馬氏墓誌

隋 鄭善妃墓誌

唐 程君妻墓誌

唐 郭藥師墓誌

唐 桓彥墓誌

唐 顏人墓誌

黮

【楷書】

唐 盧初墓誌

黭

【楷書】

唐 盧初墓誌

黧

【楷書】

唐 石經五經

黤

【楷書】

唐 張怙墓誌

黥

【隸書】

秦 睡59

西漢 張•109

西漢 張•112

西漢 張•121

西漢 張•136

西漢 張•705

西漢 張•84

【楷書】

南朝梁 羅浮山銘

隋 張壽墓誌

唐 石經尚書

北魏 韓震墓誌陰

北魏 宋虎墓誌

北魏 元融墓誌

隋 孔神通墓誌

唐 樊廉墓誌

黲

【楷書】

唐 景公直墓誌

黶

【楷書】

唐 石經五經

黷

【隸書】

唐 崔暟墓誌陽

【楷書】

北齊 高湝墓誌

唐 葛亮祠堂碑

唐 石經五經

唐 蕭令臣墓誌

後唐 西方鄴墓誌

黍部

黍

【隸書】

秦 睡113

秦 睡116

西漢 張•979

西漢 居新•1422

西漢 武•少牢甲

西漢 西•善劍

東漢 白石神君碑

東漢 封龍山頌

東漢 三公山碑

【楷書】

唐 石經五經

唐 温燁妻墓誌

唐 張渙墓誌

唐 周師墓誌

黎

【隸書】

秦 睡45

西漢 馬•天下

東漢 孔宙碑陽

東漢 楊統碑陽

東漢 楊著碑陽

三國魏 受禪碑

北齊 西門豹碑陽

東魏 宗欣墓誌

隋 關明墓誌

唐 程俊墓誌

唐 司馬寔墓誌

唐 義福碑陰

【楷書】

北魏 韓顯宗墓誌

北魏 韓震墓誌陽

北魏 鞠彦雲墓誌

北魏 元願平妻墓誌

東魏 馮令華墓誌

隋 曹海凝墓誌

唐 崔湛墓誌

唐 韓忠節墓誌

唐 李超墓誌

唐 李勣墓誌

唐 李仁德墓誌

唐 石經尚書

唐 石經五經

唐 薛頤墓誌

唐 雁塔聖教序

䵒

【楷書】

唐 石經九經

黏

【楷書】

唐 樊廉墓誌

鼓部

鼓

【隸書】

秦 睡96

西漢 馬•老乙前

西漢 馬•老乙前

西漢 馬•老乙前

西漢 居新•9234

西漢 西•過界

新莽 西•守御器

東漢 禮器碑

東漢 造土牛碑

隋 侯肇墓誌

隋 口和墓誌

隋 蕭瑾墓誌

隋 張儉及妻墓誌

唐 褚亮碑

唐 崔暟墓誌陽

唐 豆盧建墓誌

唐 王崇禮墓誌

唐 楊孝恭碑

唐 張休光墓誌

【楷書】

北魏 元天穆墓誌

北魏 元液墓誌

北魏 元誘墓誌

北齊 竇泰墓誌

北齊 竇泰墓誌

東魏 李憲墓誌

北齊 司馬遵業墓誌

東魏 王令媛墓誌

東魏 邑主造石像

隋 段威墓誌

隋 劉則墓誌

隋 寧贙墓碑

隋 蘇慈墓誌

隋 王楚英墓誌

隋 楊居墓誌

隋 張盈墓誌

唐 安令節墓誌

唐 崔君妻朱墓誌

唐 韓氏墓誌

唐 孔桃栓墓誌

唐 李偘偘墓誌

唐 婁君妻周墓誌

唐 齊子墓誌

唐 石經五經

唐 石經周易

唐 蘇洪姿墓誌

唐 越國太妃墓誌

唐 張忠義墓誌

鼖

【楷書】

唐 石經尚書

唐 石經五經

鼗

【楷書】

北魏 張安姬墓誌

鼛

【楷書】

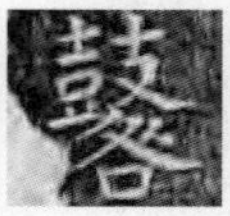

唐 石經五經

鼙

【隸書】

唐 李神符碑

【楷書】

唐 石經五經

唐 朱行墓誌

後周 蕭處仁墓誌

鼜

【楷書】

唐 石經五經

黽部

黽

【隸書】

東漢 五瑞圖摩崖

隋 修孔子廟碑

【楷書】

唐 獨孤開遠墓誌

黿

【楷書】

魏晉 樓•紙

北魏 元欽墓誌

唐 任義和修橋碑

唐 石經五經

鼇

【隸書】

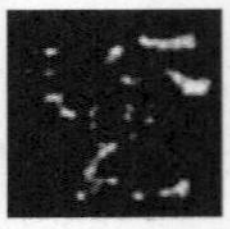

隋 澧水石橋碑

【楷書】

唐 李起宗墓誌

唐 張武墓誌

唐 李琮墓誌

唐 李起宗墓誌

唐 張仁楚墓誌

鼆

【楷書】

唐 石經五經

鼅

【楷書】

唐 石經五經

鼉

【楷書】

北魏 元欽墓誌

唐 石經五經

唐 越國太妃墓誌

鼈

【隸書】

秦 睡 12

西漢 買山地記

【楷書】

唐 斛斯政則墓誌

唐 石經五經

鼠部

鼠

【隸書】

秦 睡266

秦 睡64

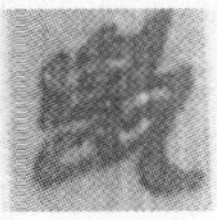
秦 睡65

西漢 馬•天下

西漢 馬•天下

漢晉 流簡紙

東漢 簿書殘碑

唐 崔泰之墓誌

唐 崔祐甫墓誌

【楷書】

三國吳 走•五年

北齊 竇泰墓誌

東魏 李挺墓誌

唐 石經尚書

唐 石經周易

唐 韋塤墓誌

唐 邢彥褒墓誌

唐 張善墓誌

後唐 康贊羑墓誌

鼫

【楷書】

唐 石經周易

鼯

【楷書】

唐 郭實墓誌

鼲

【楷書】

唐 宋五娘墓誌

唐 張士貴墓誌

鼷

【隸書】

秦 睡254

秦 睡65

西漢 張•39

【楷書】

唐 程思義墓誌

唐 執失善光

鼻部

鼻鼻

【隸書】

秦 睡59

西漢 馬•合陰陽

西漢 馬•老子甲後

西漢 張•781

西漢 居新•5583

東漢 西•醫藥

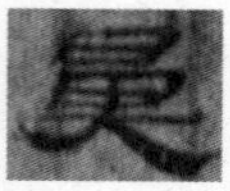
兩漢 傳馬名籍

漢晉 流簡紙

東漢 景君碑陽

隋 鄭令妃墓誌

唐 楊孝恭碑

【楷書】

晉 黃庭内景經

北齊 無量義經

唐 高隆基墓誌

唐 禮佛圖陰

唐 劉文墓誌

唐 僧突墓誌

唐 石經周易

唐 陀羅尼經碑

唐 楊孝弼墓誌

鼽鼽

【隸書】

西漢 張•1127

西漢 張•1174

【楷書】

唐 石經五經

齊部

【篆書】

三國魏 正始石經
三國魏 正始石經
北魏 常氏誌蓋
北齊 皇甫琳額
北齊 劉雙仁誌蓋
隋 郭休墓誌
隋 元鐘墓誌
唐 口禕墓誌
唐 碧落碑
唐 伯夷叔齊碑

【隸書】

秦 睡 255
秦 關周•病方
西漢 馬•縱横
西漢 張•826
兩漢 西•懸檢
東漢 伯興妻殘碑
東漢 曹全碑陽
東漢 蕩陰字殘
東漢 華岳廟碑陰
東漢 淮源廟碑

東漢 景君碑陰
東漢 景君碑陰
東漢 孔宙碑陰
東漢 嗚咽泉題記
東漢 熹平石經殘
東漢 熹平石經易
三國魏 曹真殘碑陽
晉 辟雍頌陽
晉 郭槐柩記
北魏 鞠彥雲墓誌

隋 段濟墓誌
隋 郭休墓誌
隋 劉寶及妻墓誌
隋 劉珍墓誌
隋 宋景造像碑
隋 口靜墓誌
唐 盧君妻墓誌
唐 龐履温碑

【楷書】

魏晉 樓•紙
南朝齊 王敬則造像

北魏 陳天寶造像
北魏 寇治墓誌
北魏 劉阿素墓誌
北魏 薛法紹造像
北魏 姚伯多供養碑
北齊 竇泰墓誌
北齊 房周陁墓誌
北齊 姜瑞雲造像
北齊 李磨侯造像
北齊 婁黑女墓誌

隋 馬長和造像
北齊 王有存妻造像
東魏 郗蓋祛銘
北齊 邢夫人墓誌
隋 李則墓誌
隋 劉淵墓誌
隋 馬少敏墓誌
隋 馬少敏墓誌
隋 橋紹墓誌
隋 宋玉艷墓誌

隋 王楚英墓誌
隋 王曜墓誌
唐 元鐘墓誌
隋 鄭善妃墓誌
唐 景公直墓誌
唐 匹婁思墓誌
唐 石經尚書
唐 石經五經
唐 薛剛墓誌
唐 陽氏合祔誌

唐 楊佰隴墓誌

唐 餘當墓誌

唐 張安墓誌

唐 張弘秀墓誌

唐 張騷墓誌

唐 鄭宇墓誌

後唐 王禹墓誌

齋

【隸書】

西漢 居新•7628

西漢 居新•7629

西漢 居新•7631

西漢 居新•7633

東漢 肥致碑

東漢 淮源廟碑

不詳 食齋祠園記

唐 尹尊師碑

唐 植松柏碑

【楷書】

北魏 元恪嬪墓誌

隋 郭世昌墓誌

唐 范安及墓誌

唐 傅思諫墓誌

唐 李瑱墓誌

唐 石經尚書

唐 王玄墓誌

唐 王豫墓誌

唐 支成墓誌

齍

【楷書】

唐 石經五經

齎

【楷書】

北魏 劉華仁墓誌

唐 石經五經

唐 石經五經

齎

【隸書】

秦 睡 69

西漢 馬•老甲

西漢 馬•縱横

西漢 張•879

西漢 居新•2871

西漢 居新•5282

西漢 居新•7505

【楷書】

北魏 弔比干文陽

唐 石經九經

唐 石經周易

唐 孫備墓誌

齒部

齒

【隸書】

秦 睡153

西漢 馬•陰陽甲

西漢 張•749

西漢 張•778

西漢 居新•2597

西漢 居新•7482

西漢 西•馬簽

兩漢 傳馬名籍

漢晉 流簡紙

晉 辟雍頌陽

晉 辟雍頌陽

隋 段濟墓誌

唐 崔暟墓誌陽

唐 柳偘妻墓誌

【楷書】

北魏 慈慶墓誌

北魏 元馗墓誌

北魏 元延明墓誌

北齊 高湝墓誌

東魏 王僧墓誌

北齊 無量義經

隋 賈玄贊墓誌

隋 田光山妻墓誌

隋 尉富娘墓誌

隋 張濤妻墓誌

唐 安思節墓誌

唐 崔紹墓誌

唐 寇鐈墓誌

唐 石經九經

唐 石經尚書

唐 王宏墓誌

唐 喬崇隱墓誌

後周 宋彥筠墓誌

齔

【隸書】

東漢 曹全碑陽

東漢 鮮于璜碑陽

隋 宋仲墓誌

唐 張伴墓誌

【楷書】

北魏 楊乾墓誌

北魏 于仙墓誌

北魏 元弼墓誌

北魏 元固墓誌

北魏 元瞻墓誌

隋 程諧墓誌

唐 柴少儀妻墓誌

唐 多寶塔碑

唐 多寶塔碑

唐 馬君妻董墓誌

唐 蘇恩妻墓誌

唐 張楚璋墓誌

齕

【隸書】

西漢 馬•縱橫

【楷書】

唐 盧萬春墓誌

唐 蕭煉墓誌

唐 周善持墓誌

齡

【隸書】

晉 管洛墓誌陰

北齊 感孝頌

隋 爾朱敞墓誌

隋 蘇恒墓誌

隋 王榮及妻墓誌

隋 張景略墓誌

隋 趙朗墓誌

隋 鄭令妃墓誌

唐 盧行毅墓誌

唐 王子麟墓誌

唐 張騷墓誌

唐 張翼墓誌

【楷書】

北魏 崔承宗造像

北魏 韓氏墓誌

北魏 檀賓墓誌

北魏 于仙墓誌

北魏 元定墓誌

北魏 元敷墓誌

北魏 元彥墓誌

北魏 元誘妻墓誌

東魏 元晬墓誌

隋 賈氏墓誌

隋 任軌墓誌

隋 蕭翹墓誌

隋 薛保興墓誌

隋 志修塔記

唐 蔡浩妻墓誌

隋 程氏墓誌

唐 鄧君妻墓誌

唐 路基妻墓誌

唐 尉遲敬德墓誌

唐 向晉妻宋墓誌

唐 楊清墓誌

唐 張叡墓誌

唐 張興墓誌

齠

【隸書】

隋 宋仲墓誌

唐 張倖墓誌

唐 趙冬曦壙誌

【楷書】

北魏 鞠彥雲墓誌

北魏 于纂墓誌

北魏 元純陁墓誌

北魏 元仙墓誌

隋 程諧墓誌

唐 房仁愻墓誌

唐 王仲堪墓誌

唐 尉遲敬德墓誌

後唐 康贊羑墓誌

後梁 謝彥璋墓誌

齧

【隸書】

秦 睡 59

西漢 馬•天下

西漢 馬•天下

西漢 馬•天下

西漢 馬•天下

【楷書】

北魏 薛慧命墓誌

齪

【隸書】

唐 崔沔墓誌陰

【楷書】

唐 李華墓誌

齷

【楷書】

唐 李華墓誌

齰

【楷書】

唐 李愍墓誌

龍部

龍

【篆書】

隋 孟顯達碑額

【隸書】

秦 睡 113

西漢 馬•老甲

西漢 馬•老甲

西漢 馬•陰陽甲

西漢 馬•縱橫

西漢 馬•縱橫

西漢 西•馬簡牘

東漢 西•醫藥

漢晉 流簡紙

漢晉 流簡紙

東漢 蒼山元嘉題記

東漢 肥致碑

東漢 封龍山頌

東漢 李冰石像銘

東漢 李孟初神祠碑

東漢 禮器碑

東漢 朐忍令碑

東漢 朐忍令碑

東漢 石門頌

東漢 五瑞圖摩崖

東漢 西狹頌

東漢 熹平石經易

東漢 許安國題記

東漢 楊震碑

東漢 張遷碑陽

晉 辟雍頌額

晉 郛休碑陰

晉 郭槐柩記

晉 王君殘墓誌

北齊 法懃塔銘

北齊 法懃塔銘

東魏 宗欣墓誌

隋 豆盧實墓誌

隋 段濟墓誌

隋 爾朱端墓誌

隋 高虬墓誌

隋 闞明墓誌

隋 馬穉墓誌

隋 任軌墓誌

隋 張盛墓誌

隋 張盛墓誌

唐 董虔運墓誌

唐 潘基墓誌

唐 史思禮墓誌

唐 史思禮墓誌

唐 史思禮墓誌

唐 楊孝恭碑

唐 楊孝恭碑

【楷書】

三國吳 走•二年

三國吳 走•五年

南朝梁 羅浮山銘

南朝梁 羅浮山銘

北魏 郭顯墓誌

北魏 郭顯墓誌

北魏 寇慰墓誌

北魏 李蕤墓誌

北魏 元悌墓誌

北魏 元秀墓誌

北齊 道明墓誌

北齊 竇泰墓誌

東魏 淨智塔銘

東魏 王偃墓誌

隋 暴永墓誌

隋 暴永墓誌

隋 段威墓誌

隋 范安貴墓誌

隋 龍藏寺碑額

隋 申穆及妻墓誌

隋 陶貴墓誌

隋 羊本墓誌

隋 翟突娑墓誌

唐 多寶塔碑

唐 樊廉墓誌

唐 李其墓誌

唐 石經尚書

唐 石經尚書

唐 石經周易

唐 薛華墓誌

唐 楊君妻孫墓誌

唐 張騷墓誌

唐 趙留四墓誌

唐 鄭遷墓誌

後唐 張滌妻高墓誌

龐

【隸書】

西漢 居新•1119

西漢 居新•1873

西漢 居新•5557

隋 修孔子廟碑

唐 龐履温碑

唐 司馬寔墓誌

【楷書】

東魏 惠詮造像記

隋 樊敬賢造像

唐 崔湛墓誌

唐 房惠琳墓誌

唐 姬温墓誌

唐 清河張氏墓誌

唐 石經五經

唐 司馬元禮墓誌

唐 王忠信題名

唐 張君表墓誌

龕

【隸書】

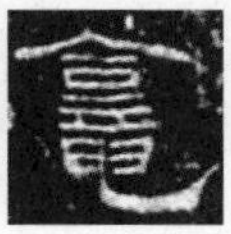
唐 牛氏像龕碑

【楷書】

北魏 韓曳雲造像

北齊 等慈寺塔銘

隋 鞏賓墓誌

隋 黃法暾造像

唐 崔法師龕銘

唐 董法素造像

唐 石經九經

唐 王有口造像

龔

【隸書】

唐 刻石記

【楷書】

三國吳 走•四年

北魏 元悌墓誌

北魏 元液墓誌

唐 姬温墓誌

唐 賈令珪墓誌

唐 王同人墓誌

唐 張洛墓誌

唐 鄭中基墓誌

龠部

龠 龠

【隸書】

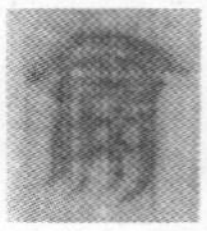
秦 睡 90

西漢 居新•5267

西漢 居新•5688

龢 龢

【隸書】

東漢 魯峻碑陽

東漢 乙瑛碑

東漢 乙瑛碑

三國魏 曹真殘碑陽

【楷書】

唐 賈温墓誌

唐 鄭儉墓誌

龜部

龜

【隸書】

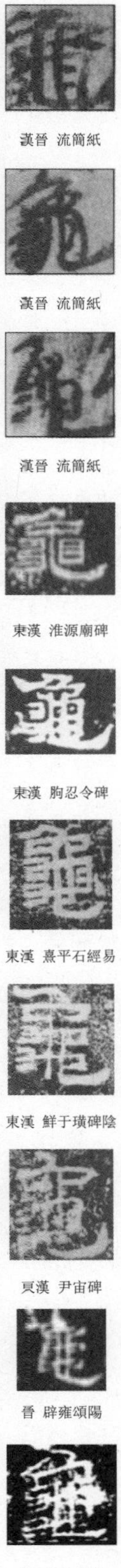

漢晉 流簡紙

漢晉 流簡紙

漢晉 流簡紙

東漢 淮源廟碑

東漢 朐忍令碑

東漢 熹平石經易

東漢 鮮于璜碑陰

東漢 尹宙碑

晉 辟雍頌陽

阿囗和墓誌

唐 蔡君妻墓誌

唐 闞道愛墓誌

唐 王崇禮墓誌

唐 王崇禮墓誌

唐 楊孝恭碑

【楷書】

南朝宋 佛女買地券

北魏 耿壽姬墓誌

北魏 笱景墓誌

北魏 侯剛墓誌

北魏 胡明相墓誌

北魏 盧令媛墓誌

北魏 穆彥墓誌

北魏 唐耀墓誌

北魏 元彬墓誌

北魏 元譿墓誌

北魏 元融墓誌

北魏 元肅墓誌

北魏 元新成妃墓誌

北魏 元颺墓誌

北魏 元彝墓誌

北魏 元乂墓誌

北魏 元周安墓誌

北魏 趙阿歡造像

北魏 鄭黑墓誌

北齊 劉僧息造像

北周 馬龜墓誌

東魏 王僧墓誌

北齊 元賢墓誌

隋 卜鑒墓誌

隋 成公氏墓誌

隋 郭王墓誌

隋 郭王墓誌

隋 李氏墓誌

隋 申穆及妻墓誌

隋 宋玉艷墓誌

唐 白羨言墓誌

唐 蔡浩妻墓誌

唐 陳崇本墓誌

唐 程君妻墓誌

唐 杜君墓誌

唐 房瑒墓誌

唐 蓋氏墓誌

唐 姬温墓誌

唐 荊從皋墓誌

唐 李文奘墓誌

唐 李愍墓誌

唐 藺從則墓誌

唐 劉阿延墓誌

唐 劉定師墓誌

唐 劉暉墓誌

唐 劉通墓誌

唐 柳偘妻墓誌

唐 柳昱妻墓誌

唐 七品亡宮墓誌

唐 桑粤墓誌

唐 石經尚書

唐 石經五經

唐 石經五經

唐 石經周易

唐 陶英妻墓誌

唐 王容墓誌

唐 韋晃墓誌

唐 尉遲敬德墓誌

唐 徐君妻朱墓誌

唐 薛參墓誌

唐 閻肇墓誌

唐 張道墓誌

唐 張方墓誌

唐 張審文墓誌

唐 趙爽墓誌

唐 執失善光

後唐 王璠墓誌

龞

【楷書】

唐 張道墓誌

筆畫檢字表

說明：（一）表中單字按照筆畫數排列，筆畫數相同，則按照筆順的前三筆類型排列，次序爲橫、豎、撇、點、捺、折。

（二）本表包含未列爲字頭的異體字形。例如：『遊』歸入『游』字頭下，在本表十一畫下可找到該字形，其對應頁碼為『七四一』。

（三）附部分形體差異部件對照表，便於對照查檢。

一畫

一 一
乙 三三

二畫

二 一
丁 一
十 三八
七 二
卜 五五
乂 二〇
入 五九
人 五九
八 一二五
几 一四九
九 三三
匕 一四一
卩 一六六
乃 二〇
刀 一七〇
力 一八八
厶 一九八
又 二〇一
了 三四

三畫

三 二
于 三
干 二〇九
才 七八六
工 二一一
土 二一四
士 二一四
下 三
丈 四
大 二五九
兀 一四二
万 一三〇一
寸 二七二
弋 二七二
上 四
小 二七三
口 二七四
巾 三三二
山 三四四
千 三八
乞 三四
川 二〇
丸 二一
勺 一三九
凡 一四九
夕 三九一
及 二一
久 二二
亡 一五〇
之 二八
与 一三六
尸 四四一
弓 四五二
己 四四九
已 四四九
巳 四四九
也 三四
女 四六九
刃 一七〇
叉 二〇一
子 四五九
孑 四六〇

四畫

王 四九七
井 五
元 一四二
天 二五九
夫 二六〇
无 九一二
云 五
弌 一
丐 五
廿 三八
冗 一六一
木 五二四
丏 五
支 五九三
不 五
卅 三九
仄 六〇
太 六一
犬 五九四
五 六
尢 三五
厄 四六
厷 一九八
友 二〇一
屯 七
切 一七〇
牙 六二五
匹 五一
戈 六一五
比 六二四
互 八
巨 五一
瓦 六二六
止 六三〇
攴 六三九
少 二七三
中 一八
曰 五五四
日 六五四
內 五六
午 二〇九
尹 四四一
手 七八六
毛 八三六
气 八三八
片 八四〇
壬 二一五
牛 七九
升 二二
夭 二六一
仁 六〇
什 六〇
仃 六〇
仆 一一五
化 六一
仡 六一
仇 六一
仍 六一
斤 八四二
爪 八四六
反 二〇二
刈 一七一
介 六二
父 八五〇
今 六二
乏 二三
凶 一六四
分 一七一
兮 一二五
爻 二三
公 一二五
匀 一三九
月 八五一
氏 八三五
户 九二九
勿 一三九
丹 二九
卬 一六六
厺 一九八
殳 八九〇
卞 三〇
六 一二六
亢 一五〇
文 八九五
圠 二一五
方 八九七
火 九〇五
斗 九二四
心 九三四
丑 八
尺 四四一
引 四五二
弔 四五二
巴 四五〇
孔 四六〇
防 一六二五
以 六二
允 一四三
叉 二〇二
毌 九九五
予 三五
水 九九〇
幻 四九四
巛 四九六

五畫

式 一
刊 一七一
玉 四九七
未 五二四
示 九九七
邗 一四八五
末 五二四
卉 三九
去 一九八
正 六三〇
邛 一四八五
巧 二一一
功 一八八
世 八
卌 三九
可 二七五
古 二七四
甘 一〇一五
丗 八
艾 一二六六
刉 一七二
本 五二五
朮 五二五
札 五二六
丙 九
匝 五二
叵 七五
左 二一一
丕 一〇
右 二七五
布 三三二
石 一〇一六
犮 五九四
戊 六一五
平 二〇九
打 七八七
匜 五二
戉 一六一五
北 一四一
占 五五
且 一〇
冊 五六
冉 五六
兄 一四三
央 二六一
史 二七五
目 一〇二八
田 一〇〇三
申 一〇四三
甲 一〇四四
由 一〇四四
号 一二五六
叶 二七六
旦 六五五
叱 二七六
只 二七六
囚 三二五
叩 二七七
叫 二七七
叨 二七七
凸 一八
四 三二五
生 一〇六三
矢 一〇六四
失 二六一
乍 二三
禾 一〇六八
丘 一一
代 六四
仕 六四
仗 六五
付 六五
仙 一一八
仟 六五
他 六五
仞 六五
白 一〇八七
卮 二三
斥 八四四
瓜 一〇九二
乎 二三
令 六六
用 五七
氐 八四一
丱 二四
句 二七七
卯 一六六
犯 五九六
外 三九一
冬 三九四
包 一三九
孕 四六〇
尔 一七
主 三〇
市 三三二
庀 三九六
立 一一〇六
玄 一五一
邙 一四八五
半 三一
汁 九九〇
汀 九九〇
氿 九九〇
忉 九三四
穴 一一一一
它 四一二
宄 四一二
厇 九二九
礼 一〇一二
必 九三四
永 六九一
司 二七七
尼 四四二
民 八八一
弗 四五三
弘 四五三
阢 一六二五
阠 一六二五
阡 一六二五
迆 一五一三
奴 四六九
召 二七八
皮 一一二二
加 一八九

弁 二五八　台 二七八　矛 一一二六　母 九九五　幼 四九四　出 一六四

六畫

迂 一五〇九　未 一一二七　邦 一四八五　弍 二　式 二七二　刑 一七二　开 二一〇　戎 六一六　邢 一四八六　圬 二一五　寺 二五二　吉 二七八　老 一一二九　考 一一二九　圭 二一五　均 二一五　圪 二一五　圾 二一六　圯 二一六　地 二一六　圮 二一七　共 一二七　耳 一一三二　芅 一二六六　芋 一二六六　芄 一二六六　芃 一二六七　芍 一二六七　芒 一二六七

芝 一二六七　芊 一二六七　芑 一二六八　朾 五二六　朽 五二六　朴 五八二　机 五二六　朳 五二六　杔 五二七　朹 一二一一　亘 一一　吏 一一　再 五七　西 一一四三　戌 六一六　灰 九〇五　在 二一七　存 四六一　有 八五一　百 一〇八七　而 一一四六　戍 六一七　夸 二六二　列 一七二　死 六〇九　成 六一七　匡 五二　夷 二六二　扦 八〇二　扛 七八七　扗 七八七　扣 七八七　扱 七八七　臣 一七四一　邪 一四八六　邨 五二九　匠 五二

至 一一四八　此 六三一　乱 三五　劣 一八九　尖 二六三　光 一四三　同 二七九　虫 一一五九　吊 四五二　吁 二七九　吐 二八〇　因 三二六　早 六五六　曲 六五六　吒 二八〇　吔 二八〇　吸 二八三　岋 三四五　屼 三四五　回 三二六　帆 三三三　岌 三四五　屹 三四五　屺 三四五　网 一一七九　肉 一一八六　曳 六五六　缶 一一八七　朱 五二七　年 二四　先 一四四　廷 二〇六　舌 一一八九　牝 七七九　竹 一一九一　迄 一五〇九　份 六七

休 六七　伉 六七　伏 六七　伓 六八　仳 六八　伍 六八　伐 六八　延 二〇六　伎 六九　仰 六九　仲 七〇　价 七〇　仵 七〇　任 七〇　仿 七一　伫 七八　伊 七一　伋 七一　向 二八〇　囟 三二七　臼 一二一八　自 一二二二　血 一二二四　似 七一　后 二八〇　行 三六四　彴 三六四　舟 一二二六　全 七一　邠 一四八六　兇 一六四　合 二八一　企 七二　件 七二　危 一六七　印 一六七　刖 一七三

夙 三九一　朵 五二七　肌 八五二　肋 八五二　旬 六五六　旭 六五七　旨 六五七　匈 一四〇　刎 一七三　名 二八一　舛 三九二　多 三九二　各 二八二　夆 三九四　色 一二二九　交 一五一　亦 一五二　衣 一二三〇　充 一四五　亥 一五二　巟 一五三　决 一五八　妄 四六九　邡 一四八七　州 三一　字 四六一　丏 一五八　羊 一二四八　米 一二五四　并 一三二　汏 六九二　污 六九二　汗 六九二　汝 六九二　江 六九三　汋 六九三　汐 六九三

汔 六九三　汎 六九三　汲 六九三　汙 六九四　池 六九四　汜 六九四　冰 一五八　忖 九三五　忏 九三五　忙 九三五　兆 一四五　次 八八三　守 四一二　宇 四一三　宅 四一三　安 四一三　肎 八五三　祁 九九七　邟 一四八七　聿 一二六一　艮 一二六四　那 一四八七　迅 一五〇九　岊 三四五　弛 四五四　阱 一六二六　阮 一六二六　阸 一六二六　阯 一六二六　收 六三九　艸 一二六六　阪 一六二六　防 一六二六　阬 一六二六　丞 一二　奸 四六九　如 四七〇

妃 四七〇　好 四七一　羽 一三四一　牟 七七九　叒 二〇二　糸 一三四八　巡 一五〇九

七畫

弄 二五八　迋 一五〇九　玗 四九八　玖 四九八　玘 四九八　吞 二八二　形 三八六　戒 六一八　玕 四九八　址 二一八　圻 二一八　劫 一八九　孝 四六二　攻 六三九　汞 六九四　走 一三九八　赤 一四〇四　志 九三五　坤 二一八　均 二一八　垉 二一八　坎 二一八　坂 二一八　坍 二一九　坽 二一九　坊 二一九　坑 二一九　克 一四六

邯 一四八七　耴 一一三二　芾 一二六八　芸 一二六八　芚 一二六八　芺 一二六八　芟 一二六八　芣 一二六八　芷 一二六八　芮 一二六九　芼 一二六九　芪 一二六九　芬 一二六九　花 一二六九　芥 一二七〇　芰 一二七〇　芹 一二七〇　芳 一二七〇　苡 一二七〇　芛 一二七〇　芙 一二七一　芭 一二七一　杜 五二七　杕 五二八　杇 五二八　杖 五二八　杌 五二八　材 五二八　杠 五二九　村 五二九　杙 五二九　杏 五二九　杋 五二九　杉 五二九　杓 五二九　杞 五二九　杅 五三〇

杝 五三〇　李 五三〇　求 六九四　更 一三　甫 一三　匣 五二　你 七二　吾 二八二　束 五三〇　車 一四〇六　豆 一四二二　酉 一四二四　郉 一四八七　辰 一四三四　否 二八三　邳 一四八八　厎 四六　巫 二一二　夾 二六三　龙 二七〇　尪 四九八　豕 一四三六　忒 九三六　技 七八七　批 七八七　扼 七八七　抪 七八八　扶 七八八　抄 七八八　折 七八八　投 七八九　抛 七八九　扳 七八九　抵 七九〇　抃 七九〇　抗 七九〇　拉 七九〇

抉 七九〇　把 七九〇　迍 一五一〇　抑 七九一　拒 七九一　巠 二一二　迓 一五一〇　邶 一四八八　步 六三二　些 六三二　妒 四七一　肖 八五二　刪 一七三　助 一八九　旻 四七一　貝 一四四一　見 一四五九　里 一四六五　足 一四六八　邑 一四八四　吠 二八三　呈 二八三　困 三二七　旰 六五七　町 一〇四四　吟 二八三　吽 二八四　吡 二八四　呂 二八四　咆 二八四　吹 二八四　旱 六五七　吭 二八三　吼 二八五　吲 二八五　吳 二八五　男 一〇四四

字	頁
虬	一一五九
兕	一四六
岠	三四五
岐	三四五
岍	三四六
岏	三四六
岑	三四六
抒	七九一
冏	五八
吻	二八五
別	一七三
囷	七四〇
迕	一五一〇
利	一七四
告	二八六
秃	一〇六八
季	二四
牡	七七九
牣	七七九
秀	一〇六八
私	一〇六八
我	六一八
每	九九六
佋	七二
佑	七二
佐	七三
佶	七三
何	七三
兵	一二七
邸	一四八八
邱	一四八八
估	七四
伷	七四
攸	七四
但	七五
佀	七五
佃	七五
伯	七五
佤	七六
低	七六
佚	七六
伽	七六
伶	七六
佞	七六
作	七六
佗	七七
位	七七
伴	七八
住	七八
佇	七八
侅	七九
佛	七九
伺	七九
身	一五〇七
皃	一五四八
皂	一〇八八
近	一五一〇
役	三六五
彷	三六五
走	一五一一
返	一五一一
余	七九
希	三三三
坐	二一九
哥	二五二
含	二八六
孚	四六三
豸	一五四六
伸	八〇
妓	四七一
兌	一四七
谷	一五四五
坌	二二〇
肝	八五二
肚	八五三
肘	八五三
肜	八五三
免	一四七
奂	一七四
劬	一九〇
甸	一〇四五
郇	一四八八
妝	四七一
角	一五五〇
狂	五九四
狖	五九五
狄	五九五
狃	五九五
狁	五九五
卵	一六七
彤	三八六
炙	九〇五
夆	三九四
系	一三四八
迎	一五一一
言	一五五四
亨	一五三
吝	二八七
房	三九六
迒	一五一一
庋	三九六
庇	三九六
序	三九六
疕	一〇九三
辛	一五九六
充	一五三
肓	八五三
忘	九三六
判	一七四
灼	九〇五
牢	七八〇
羌	一二四八
汱	六九五
沌	六九五
汧	六九五
沄	六九五
汰	六九五
汪	六九五
沐	六九六
沘	六九六
沔	六九六
沅	六九六
沛	六九六
沚	六九七
沙	六九七
汩	六九七
汭	六九七
沖	六九七
泛	六九八
次	六九八
沂	六九八
汽	六九八
沒	六九八
沃	六九九
沸	六九九
汾	六九九
汦	七〇〇
沁	七〇〇
汶	七〇〇
沆	七〇〇
沈	七〇〇
汴	七〇一
沉	七〇〇
決	七〇一
沇	七〇一
洢	七〇一
泐	七〇一
忮	九三七
忳	九三七
忪	九三七
忯	九三七
忤	九三七
忻	九三八
忱	九三八
忼	九七六
忬	九三八
忸	九三八
快	九三八
冷	一五八
弟	一二八
冶	一五九
灾	九〇六
宋	四一五
完	四一五
宏	四一五
究	一一一一
良	一二六四
祀	九二九
初	一七四
社	九九七
礿	九九八
祀	九九八
邲	一四八八
罕	一一七九
即	一六七
君	二八七
尾	四四二
局	四四二
制	一七五
改	六四〇
忌	九三八
壯	二二〇
阿	一六二六
陆	一六二八
阽	一六二八
阻	一六二七
附	一六二七
阼	一六二七
陁	一六二八
陂	一六二八
妍	四七二
妣	四七二
妙	四七二
姍	四七二
妖	四七二
妐	四七二
妊	四七三
姊	四七三
妨	四七三
姒	四七三
妤	四七三
邵	一四八八
劭	一九〇
忍	九三九
甬	三五
郚	一四八九
夋	三九四
矣	一〇六四
孜	四六三
災	九〇六

八畫

字	頁
表	一四
武	六三二
盂	一〇五六
青	一六〇〇
玩	四九八
玭	四九九
玞	四九九
玢	四九九
玠	四九九
玫	四九九
玪	四九九
玦	四九九
忝	九三九
郱	一八二
奉	二六三
坳	二二一
亞	一四
卦	五五
佰	八〇
封	一七六
劼	一九〇
者	一一三〇
邽	一四八九
郝	一四八九
長	一六〇二
坷	二二一
坪	二二一
坯	二二一
坥	二一九
坰	二二一
坱	二二一
坤	二二一
坦	二二二
坫	二二二
弢	四五四
担	七九一
坻	二二二
坼	二二二
拘	七九一
幸	二二二
坡	二二二
拇	七九二
直	四〇
其	一二八
取	二〇二
昔	六五七
苻	一一九四
抾	七九二
苛	一二七一
苦	一二七一
茇	一二七二
茂	一二七二
苹	一二七二
苿	一二七二
苗	一二七三
若	一二七三
苪	一二七四
耵	一一三二
苫	一二七四
苒	一二七四
英	一二七四
苴	一二七五
苟	一二七五
茌	一二七六
苶	一二七六
苑	一二七六
苽	一二七六
苞	一二七六
苵	一二七七
苓	一二七七
苾	一二七七
范	一二〇五
耶	一一三二
茅	一二七七
苨	一二七七
苔	一二七七
苐	一二七八
茄	一二七八
苕	一二七八
料	九二七
述	一五一一
杮	五三一
枉	五三一
枑	五三一
枇	五三一
林	五三一
杶	五三二
柜	五三二
枝	五三二
杯	五三二
杪	五三二
杳	五三三
杫	五三三
枊	五三三
板	五三三
枌	五三三
枚	五三三
杵	五三四
枖	五三四
杸	五三四
松	五三四
析	五三四
杭	五三五
枋	五三五
枕	五三五
杻	五三五
杼	五三五
杷	五三六
兩	一五
事	一五
協	四一
刺	一七六
刹	一七七
東	五三六
或	六一九
拖	七九二
臥	一四一
軋	一四〇六
匩	四六
厔	四六
郁	一四八九
矻	一〇一六
屆	四六
來	八〇
刳	一七七
奈	二六四
奇	二六四
奔	二六四
奄	二六五
豖	一四三六
郕	一四八九
殀	六〇九
歿	六一〇
雨	一六〇三
妻	四七四
拓	七九二
抨	七九二
拑	七九二
拔	七九二
拈	七九三
押	七九三
抻	七九三
抽	七九三
拆	七九三
抓	七九三
抱	七九四
抵	七九四
抶	七九四
拊	七九四
招	七九四
殴	一一四一
戔	六一九
披	七九五
抳	七九五
到	一七七
郅	一四八九
拉	七九五
叔	二〇三

非 一六一四　卓 四一　肯 八五三　岐 六三四　虎 一一五一　尚 一三〇　岧 三四六　典 一三〇　具 一三一　果 五三六　杲 五三七　昇 六五八　炅 九〇六　忠 九三九　迪 一五一二　門 一六七六　导 一〇二六　味 二八八　呵 二八八　固 三二七　昊 六五八　昃 六五八　昆 六五九　盰 一〇二八　畀 一〇四五　咀 二八八　呻 二八八　呬 二八八　咒 二八九　昌 六五九　呼 二八九　呱 二八九　帙 三三三　易 六五九　明 六六〇　昕 六六一　昂 六六一

昨 六六二　旻 六六二　昉 六六二　畋 六六二　盷 一〇四五　咏 一五六二　咈 二八九　咄 二九二　岷 三四六　迴 一五一二　岢 三四七　岸 三四七　岵 三四七　岯 三四七　帖 三三三　岫 三四七　岨 三四七　帕 三三四　帔 三三四　沓 七〇一　困 三二七　图 三二七　岡 三四八　罔 一一七九　制 一七七　垂 二二三　郱 一四八九　迭 一五一二　知 一〇六五　氛 八三八　乖 二六　季 四六三　秉 一〇六九　迮 一五一二　牬 七八〇　杜 一〇六九　秆 一〇七五

和 二八九　委 四七四　物 七八〇　牧 七八一　版 八四〇　秅 一〇七〇　竺 一一九一　迤 一五一三　侇 六六　佳 八一　佴 八一　使 八一　侉 八二　侍 八二　供 八三　侀 八三　侄 八三　妛 四七四　岳 三五九　佪 八三　侃 八三　侗 八三　例 八四　仳 九五　岱 三四八　佾 七八　侹 八〇　佹 八四　佺 八四　侜 八四　佻 八四　佮 八四　佸 八四　侁 八四　侐 八五　侈 八五　佩 八五

依 八五　侘 八五　佯 八六　佽 八六　侂 八六　併 一三二　佼 七九　卑 四二　侔 八六　兒 一四七　帛 三三四　臾 一二一八　迫 一五一三　阜 一六二五　的 一〇八八　衃 一二二四　欣 八八三　邸 一四九〇　征 三六五　徂 三六六　往 三六六　彼 三六七　拂 七九五　所 九三〇　看 八五三　金 一六四六　命 二九〇　乳 三五　受 二〇四　采 一五四四　爭 八四六　舍 一一八九　部 一四九〇　斧 八四二　念 九四〇　瓮 六二六　岔 九四〇

周 二九一　胏 八五四　肫 八五四　肱 八五四　服 八五四　昬 六六二　朋 八五五　肣 八五五　胇 八五五　股 八五五　肥 八五六　兔 一四七　郇 一四九〇　曶 六六三　忽 九四〇　狘 五九五　狙 五九五　狎 五九六　狛 五九六　狑 五九六　狗 五九六　狐 五九六　匋 一二一八　狔 五九六　狒 五九七　炙 九〇六　昝 二九二　享 一五三　京 一五四　卒 四二　夜 一五四　兖 一五五　劾 一九〇　瓬 六二六　放 六四〇　郊 一四九〇　効 六四三

迹 一四七二　店 三九七　庙 四〇七　底 三九七　庖 三九七　府 三九七　疚 一〇九三　庚 三九八　妾 四七五　拙 七九五　刻 一七八　育 八五六　氓 八八二　盲 一〇二八　於 八九七　並 一三二　炎 九〇六　炬 九〇七　炊 九〇七　冽 一五九　卷 一六八　券 一七八　邦 一四九〇　羌 一二四八　河 七〇二　泄 七〇二　法 七〇二　沭 七〇三　沽 七〇三　沬 七〇三　沶 七〇三　沫 七〇三　泱 七〇四　況 七〇四　洞 七〇四　油 七〇四　沾 七〇四

泅 七〇四　沮 七〇五　泗 七〇五　泡 七〇五　泆 七〇五　淹 七〇五　沴 七〇五　泒 七〇五　泠 七〇五　沿 七〇六　浮 七〇六　泝 七〇六　泊 七〇六　泭 七〇六　拍 七九六　沱 七〇六　泳 七〇六　注 七〇七　泣 七〇七　泮 七〇七　泫 七〇七　泌 七〇七　泑 七〇八　泥 七〇八　泯 七〇八　沼 七〇八　泓 七〇八　波 七〇八　沸 七〇九　治 七〇九　怙 九四一　怖 九四一　怵 九四一　怯 九四一　怦 九四一　怲 九四一　怔 九四二

怞 九四二　怚 九四二　怛 九四二　怳 九四二　怗 九四二　怏 九四二　怕 九四三　性 九四三　怍 九四三　怜 九八一　怫 九四三　怪 九四三　怓 九四四　怡 九四四　怊 九四四　宕 四一六　定 四一六　宗 四一七　空 一一一一　宙 四一八　宜 四一八　宛 四一六　穸 一一一二　宓 四一六　官 四一九　穹 一一一二　袟 一〇七三　郎 一四九〇　戾 九三一　肩 八五六　房 九三一　祉 九九八　祇 九九九　祈 九九九　祋 九九九　祆 九九九　袚 一二三〇

衫 一二三〇　衯 一〇〇〇　建 二〇七　帚 三三四　刷 一七九　居 四四三　届 四四三　屈 四四四　弧 四五四　弦 四五四　弨 四五四　承 三六　戕 六一九　斨 八四二　陋 一六二八　狀 五九七　牀 九九二　孟 四六四　孤 四六四　降 一六二八　陊 一六二九　陔 一六二九　限 一六二九　帑 三三四　弩 三五四　妹 四七五　姑 四七五　姐 四七五　妷 四七五　姓 四七六　妮 四七三　姆 四七六　始 四七六　姁 四七七　迦 一五一三　迢 一五一三　迨 一五一三

叕 二〇三　陌 一六二九　亟 一六　函 一六五　糾 一三四八

九畫

珊 四九九　契 二六五　奏 二六五　春 六六三　恕 九四四　毒 九九六　珂 五〇〇　珏 五〇〇　祏 一〇〇〇　珇 五〇〇　玷 五〇〇　珀 五〇〇　玳 五〇〇　珍 五〇〇　玲 五〇一　珌 五〇一　玹 五〇一　珈 五〇一　珉 五〇一　型 二二三　柷 五三七　垗 二二三　封 二五二　哉 二九二　政 六四〇　耇 一一三一　郝 一四九一　城 二二四　垣 二二四　垤 二二五

烱 九〇七　炮 九〇八　炫 九〇八　炥 九〇八　炤 九〇八　為 八四七　前 一三三　兹 一三四　差 二一三　姿 四七七　姜 四七八　酋 四二四　迷 一五一六　逆 一五一六　迸 一五一六　送 一五一六　首 一七三四　洹 七一〇　洪 七一一　洒 七一一　洧 七一一　洊 七一一　洿 七一一　洱 七一一　洼 七一二　洟 七一二　洏 七一二　洌 七一二　美 一二四八　洞 七一二　洸 七一二　泚 七一二　洄 七一三　洩 七一三　垍 二二六　派 七一三　洵 七一三

洛 七一三　染 七一四　洫 七一四　洗 七一四　洙 七一四　洽 七一四　活 七一四　洺 七一五　涏 七一五　洮 七一五　洶 七一五　洎 七一五　羑 一二四九　洲 七一五　洨 七一五　洋 七一六　洴 七一六　津 七一六　涂 七一六　泇 七一六　恇 九四六　恑 九四六　恒 九四六　恢 九四六　恃 九四七　恞 九四七　恍 九四七　恫 九四七　恪 九四七　恤 九四七　恂 九四八　恟 九四八　恉 九四八　恰 九四八　恬 九四八　恲 九四八　恨 九四九

恊 四一　剃 一八〇　宧 四二〇　室 四二〇　宥 四二〇　宣 四二一　宬 四二一　突 一一一二　穿 一一一二　窀 一一一二　穽 一一一三　客 四二一　窆 一一一三　窔 四二二　扂 九三二　扁 九三二　扃 九三二　軍 一四〇七　袚 一〇〇〇　祐 一〇〇〇　祛 一〇〇〇　祜 一〇〇〇　祝 一〇〇〇　袂 一〇〇一　祖 一〇〇一　神 一〇〇二　衵 一二三〇　袗 一〇〇三　祇 一〇〇三　祔 一〇〇三　祚 一〇〇四　衿 一二三〇　衹 一二三一　衽 一二三一　祕 一〇七四　祒 一〇〇四　祠 一〇〇四

袂 一二三一　狡 五九七　衵 六六八　既 五二二　郡 一四九三　退 一五一七　叚 二〇四　咫 二九七　屋 四四四　屑 四四四　屎 四四四　屏 四四四　弭 四五五　胥 八五九　眉 一〇三一　陛 一六三〇　韋 一七三五　陜 一六三〇　陘 一六三〇　陣 一六三〇　陟 一六三〇　陏 一六三一　除 一六三一　院 一六三一　娜 四七八　帑 三三六　架 五四三　拏 八〇〇　怒 九四九　姦 四六九　姪 八三　姮 四七八　娃 四七八　姨 四七八　姞 四七八　姻 四七九　姤 四七九

姚 四七九　姝 四七九　姹 四七九　挐 八〇一　姱 四七九　飛 一七三八　盈 一〇五六　勇 一九一　羿 一三四一　臬 五四三　怠 九四九　癸 一一二三　蚤 一一六〇　柔 五四三　矜 一一二六　郷 一四九二　象 四四〇　孩 四六五　孨 四六五　幽 四九四　紂 一三四八　紆 一三四八　紅 一三四九　紂 一三七五　紃 一三四九　級 一三四九　約 一三四九　紇 一三五〇　紈 一三五〇　純 一三五〇　紉 一三五〇　紀 一三五〇　沓 四五一　砅 一〇一七

一〇畫

挈 八〇一

秦 一〇七一　耕 一一二七　耘 一一二七　耗 一一二七　敖 六四三　素 一三五一　珥 五〇一　珛 五〇二　珪 五〇二　珙 五〇二　玼 五〇二　玴 五〇二　珽 五〇二　珠 五〇三　珦 五〇三　珞 五〇三　珣 五〇三　珩 五〇三　珮 五〇四　班 五〇四　珧 五〇四　珫 五〇四　珕 五〇四　珝 五〇五　栧 五四四　栰 五四四　哲 二九七　殷 八九〇　恐 九四九　恚 九五〇　砉 一〇一七　盍 一〇五七　袁 一二三一　貢 一四四二　馬 一七四五　埉 二二六　栽 五四四

埋 二二六　捉 八〇一　埇 二二六　耄 一一三一　垸 二二六　埃 二二七　起 一三九八　剢 一八〇　拳 八〇一　毦 八三六　恧 九五〇　恭 九五〇　都 一四九三　都 一四九三　耶 一四九四　茜 一二七九　䓇 一二八四　茝 一二八四　華 一二八四　莖 一二八五　荸 一二八五　莢 一二八六　莽 一二八六　莆 一二八六　茲 一二八六　梢 五四四　耻 一一三二　莿 一二八〇　莫 一二八六　莧 一二八七　莔 一二八七　莊 一二八七　莓 一二八一　荼 一二八八　莠 一二八八　荷 一二八九　莩 一二八九

茟 一二八九　莝 一二八九　莅 一二八九　莪 一二八九　耽 一一三三　耿 一一三三　茺 一二九〇　扶 一二九〇　莎 一二九〇　莞 一二九〇　莐 一二九〇　莘 一二九〇　恥 一一三二　莬 一二九〇　荾 一二九〇　荵 一二九一　茆 一二〇一　郴 一四九四　桂 五四四　栲 五四五　栖 五四五　桔 五四五　栯 五四五　桓 五四六　栱 五四六　栵 五四六　栻 五四六　桎 五四六　栭 五五〇　桐 五四六　梴 五四七　格 五四七　梃 五四七　桕 五四七　栘 五四七　株 五四七　桁 五四八

桃 五四八　栝 五四八　栴 五四八　核 五四八　校 五四九　桉 五五一　根 五四九　栩 五四九　索 一三五二　述 一五一七　埒 二二七　匪 五三　倅 九五　專 二五三　哥 二九八　或 三八七　栗 五五〇　翅 一三四一　速 一五一八　逜 一五一八　逗 一五一八　逋 一五一八　連 一五一八　鬲 一七六四　軑 一四〇八　軒 一四〇八　軏 一四〇八　酎 一四二五　害 一四〇八　酌 一四二五　軔 一四〇八　配 一四二五　酏 一四二五　厝 四七　唇 二九八　辱 一四三四　厞 四七

真 一三四　夏 三九五　砢 一〇一七　砄 一〇一七　砥 一〇一八　厘 四七　原 四八　剞 一八〇　肂 一二六一　翃 一三四一　陘 一四三六　逐 一五一九　殂 六一一　殉 六一一　殊 六一一　烈 九〇八　匿 五三　郝 一四九四　逝 一五一九　振 八〇一　捄 八〇二　挾 八〇二　捌 八〇二　捍 八〇二　捐 八〇三　挹 八〇三　挫 八〇三　挼 八〇三　挽 八〇三　捊 八〇四　捋 八〇四　叟 一〇四七　捝 八〇四　捃 七九六　搗 八〇四　捘 八〇四　柴 一二五四

剗 一八〇　晉 六六八　貣 一四四二　致 一一四八　逕 一五一九　柴 五五〇　祡 一〇〇五　虔 一一五二　逍 一五一九　剔 一八一　奘 二六六　恩 九五一　盎 一〇五七　貶 一四五九　逞 一五二〇　哺 二九八　哮 二九八　哽 二九八　哢 二九八　圄 三二八　圃 三二八　晅 六六九　晊 六六九　晟 六六九　時 六六九　眛 一〇三一　畢 一〇四七　蚌 一一六〇　財 一四四二　哩 二九八　員 二九九　唄 二九九　哨 二九九　哭 二九九　晃 六七〇　尋 六七〇　蚋 一一六〇

晁 六七〇　眡 一〇三一　眣 一〇三一　眕 一〇三一　畛 一〇四八　蚣 一一六〇　蚝 一一六〇　唁 三〇〇　晏 六七一　眩 一〇三一　畔 一〇四八　蚊 一一六〇　皎 一〇九〇　唧 三〇〇　眠 一〇三一　蚓 一一六〇　蚒 一一六一　貤 一四四三　崇 一〇〇五　豈 一四二二　峽 三四九　峿 三四九　峌 三四九　罟 一一八〇　峭 三四九　峴 三四九　罛 一一八〇　罝 一一八〇　峨 三四九　峰 三五〇　罠 一一八〇　峯 三五〇　帨 三三六　峻 三五〇　罣 一一八〇　剛 一八一　烝 九〇八

眚 一〇三二　氤 八三八　氣 八三八　缺 一一八七　梨 五五〇　乘 一〇七二　郰 一四九五　造 一五二〇　透 一五二〇　特 七八一　秼 一〇七二　秠 一〇七二　秝 一〇七二　秸 一〇七三　牰 七八二　租 一〇七三　牷 七八二　秩 一〇七三　秘 一〇七四　舐 一一九〇　秤 一〇七四　笄 一一九二　笠 一一九二　唎 三〇〇　笑 一一九二　第 一一九二　笏 一一九二　笒 一一九三　笄 一一九三　傳 九五　俴 九五　倖 九五　倒 九五　倰 九五　倀 九五　倩 九六　借 九六

倚 九六　值 九六　脩 九六　倡 九八　俱 九八　個 九八　倬 九八　俶 九八　捕 八〇四　條 五五〇　倕 九九　倜 九九　倭 九九　俾 九九　倏 九九　倫 九九　倪 一〇〇　恁 九五二　候 一〇〇　倦 一〇〇　倣 一〇〇　倓 一〇一　俯 一〇一　倍 一〇一　雋 九三　隼 一六一六　隻 一六一六　倨 一〇一　健 一〇一　射 二五三　師 三三六　島 三五一　烏 九〇九　息 九五二　郎 一四九五　郟 一四九五　躬 一五〇七

皋 一〇九〇　臬 一二二三　臭 一二二三　虒 一一五二　徒 三七〇　徑 三七一　徐 三七一　殷 八九〇　翌 一〇一八　皰 一〇九二　般 一二二六　航 一二二六　舫 一二二七　釗 一八一　欲 八八四　殺 八九一　烓 九〇九　釜 一六四七　倉 一〇一　㽞 一四一　奚 二六六　智 一〇三八　䍃 一一八七　舀 一二一八　豻 一五四六　豺 一五四六　豹 一五四六　飢 一七一八　翁 一三四一　途 一五二一　脊 八五九　衮 一二三一　飤 一七一九　冢 一六二　胹 八六〇　胯 八六〇　胭 八六〇

脆 八六〇　胻 八六〇　胸 八六〇　朓 八六〇　脂 八六一　脃 八六一　脡 八六一　胳 八六一　脈 八五八　朕 八六一　胶 八六一　胼 八六二　唏 三〇〇　狻 五九八　卿 一六九　逖 一五二一　狾 五九七　狹 五九八　狷 五九八　狶 五九八　狼 五九八　猛 五九八　桀 五五一　留 一〇四八　盌 一〇五七　狸 五九九　逢 一五二一　芻 一四〇　衺 一二三一　這 一五二二　訐 一五五五　討 一五五五　訌 一五五五　訏 一五五五　訕 一五五六　訖 一五五六　訓 一五五六

託 一五五六　涒 七一六　訒 一五五七　訊 一五五七　記 一五五七　毫 一五六　勍 一九二　畝 一〇四九　衷 一二三二　衰 一二三二　郭 一四九五　高 一七六六　唐 三〇〇　席 三三七　庮 四〇一　桊 五五一　效 六四三　恣 九五二　衮 一二三二　紊 一三五二　遊 七四一　庫 四〇一　庬 四〇一　疴 一〇九四　病 一〇九四　疽 一〇九四　痁 一〇九四　疻 一〇九五　座 四〇一　疹 一〇九五　疾 一〇九五　疰 一〇九六　疲 一〇九六　剖 一八一　旄 八三六　旁 八九九　部 一四九六

捎 八〇五　竛 一一〇六　竝 一三二　欬 八八四　畜 一〇四九　旅 九〇〇　旆 九〇〇　旂 九〇〇　旃 九〇一　眙 一〇三二　敉 六四三　烘 九〇九　烟 九一六　俸 一〇二　涌 七四四　兼 一三五　凊 一五九　凍 一五九　凌 一五九　娑 四八〇　瓶 六二六　拳 八〇五　朔 八六二　料 九二七　恙 九五三　益 一〇五七　酒 一四二五　涑 七一六　浹 七一七　浯 七一七　浙 七一七　涇 七一七　浦 七一七　泰 七一七　粃 一二五四　浞 七一八　消 七一八

涍 七一八　浿 七一八　浥 七一九　涓 七一九　涉 七一九　涅 七一九　浴 七一九　浰 七二〇　涂 七二〇　涗 七二〇　浛 七二〇　浩 七二〇　浮 七二〇　海 七二一　浼 七二二　羖 一二四九　粉 一二五四　浣 七二二　浪 七二二　涕 七二二　流 七二二　羔 一二五〇　涊 七二三　浸 七二三　涘 七二三　浚 七二三　羞 一二五〇　悑 九四一　悚 九五三　悗 九五三　悟 九五三　悄 九五三　悍 九五三　悃 九五四　悁 九五四　悒 九五四　悝 九五四

悎 九五四　悕 九五四　悔 九五四　悇 九五五　悅 九五五　恨 九五五　悋 九五五　悌 九五五　悛 九五五　悀 九六七　凋 一五九　剡 一八一　瓷 六二七　郯 一四九六　悖 九五六　案 五五一　害 四二二　宧 四二三　宸 四二三　家 四二三　宵 四二二　宮 四二二　宲 四二四　宴 四二四　窅 一一一三　容 四二五　窌 一一一四　窄 一一一四　宰 四二五　宭 四二五　窋 一一一四　窈 一一一四　冥 一六二　朗 八六三　扃 九三二　扆 九三二　扇 九三二

晒 一〇三二　祏 一二三三　袪 一二三三　袜 一二四五　袓 一二三三　袖 一二三三　神 一二三三　祧 一〇〇五　祪 一〇〇五　袍 一二三三　裺 一二三四　袗 一二三四　袟 一〇七三　祥 一〇〇五　袨 一二三四　袢 一二三四　袉 一二三四　衸 一二三四　被 一二三四　冤 一六三　書 六七二　帬 一二三七　展 四四五　屑 四四五　屖 四四五　弱 四五五　陸 一六三二　陳 一六三二　陬 一六三三　陵 一六三三　陭 一六三四　孫 四六五　牂 九九四　畔 一〇三二　蚩 一一六一　陼 一六三四　陰 一六三四

陷 一六三五　陶 一六三五　陲 一六三六　破 一〇一八　陪 一六三六　烝 九〇九　娠 四八〇　挐 八〇五　恕 九五六　姬 四八〇　娙 四八〇　抔 八〇五　娌 四八〇　娗 四八一　娉 四八一　娟 四八一　娛 四八一　娩 四八一　娥 四八一　娣 四八一　娘 四八二　娴 四八二　娭 四八二　哿 三〇一　虒 一一五二　脅 八六三　畚 一〇五〇　翌 一三四二　能 八六三　通 一五二二　逡 一五二二　務 一九二　桑 五五二　剝 一八二　紘 一三五二　紜 一三五三　紑 一三五三

純 一三五三　紕 一三五三　納 一三五三　紗 一三五四　紝 一三五四　紙 一三五四　紒 一三五四　紛 一三五四　紡 一三五五　紋 一三五五　紞 一三五五　紖 一三五五　紐 一三五五　紓 一三五五　胥 八六四　邕 一四九六

十一畫

琄 五〇五　彗 四四〇　鄄 一四九三　粔 一一二七　舂 一二一九　匭 五三　動 一九二　彭 三八七　責 一四四三　琟 一六一六　球 五〇五　理 五〇五　現 五〇五　琁 五〇五　琇 五〇六　琅 五〇六　琉 五〇六　規 一四五九　珸 五〇六

堊 二二七　教 六四三　焉 九一〇　逵 一五二三　域 二二七　堵 二二八　埴 二二八　娵 四八二　堈 二二八　堒 二二八　埵 二二七　埳 二二八　埠 二二八　堆 二二九　堋 二二九　埶 二三二　赦 一四〇四　執 二二九　培 二二九　埤 二三〇　埭 二三〇　赧 一四〇四　乾 三六　剫 一八二　勘 一九二　勒 一九二　堇 二三〇　基 二三〇　娶 四八二　梵 五五二　棻 五五二　黄 一七六七　菶 一二九一　萇 一二九一　菆 一二九一　著 一二九一　敼 一二九二

葑 一二九二　萋 一二九二　萊 一二九二　菁 一二九三　萁 一二九三　菴 一二九三　菱 一二九三　聃 一一三三　菖 一二九三　菲 一二九三　菽 一二九三　萌 一二九四　菋 一二九四　菌 一二九四　聆 一一三四　聊 一一三四　萎 一二九四　菊 一二九四　萑 一二九四　萸 一二九五　菟 一二九五　菜 一二九五　萏 一二九五　萉 一二九五　菸 一二九五　菼 一二九五　萃 一二九六　菩 一二九六　菀 一二九六　菅 一二九六　菧 一二九六　菏 一二九六　萍 一二九七　菡 一二九七　菰 一二九七　幕 一二九七　菉 一二九七

菑 一二九七　彬 三八七　婪 四八二　桼 五五三　麥 一七六八　梧 五四五　械 五五三　梪 五五三　梐 五五三　梜 五五三　梗 五五三　梀 五五三　梄 五三二　梩 五四七　桯 五五四　梣 五五四　桷 五五四　桴 五五四　桵 五五四　梅 五五四　梏 五五四　梡 五四八　梯 五五四　梓 五五五　梳 五五五　梫 五五五　梭 五五五　救 六四四　埻 二三〇　偵 一〇二　副 一八二　專 二五四　梟 五五五　或 六二〇　敕 六四四　斬 八四三　票 一〇〇五

郪 一四九七　曹 六七三　軏 一四〇八　軓 一四〇八　軛 一四〇九　軟 一四〇九　軝 一四〇九　酗 一四二六　軏 一四〇九　酖 一四二六　匏 二六七　脣 二九八　帶 三三八　戛 六二〇　戚 六二〇　厠 四〇四　硞 一〇一八　硌 一〇一八　瓠 一〇九二　爽 二六七　奢 二六七　盛 一〇五八　厩 四〇四　殑 六一一　豣 一四三六　殍 六一二　豝 一四三六　雩 一六〇三　雪 一六〇三　頂 一六九五　頃 一六九五　晧 一〇九〇　捷 八〇五　措 八〇六　掎 八〇六　掩 八〇六　捧 八〇六

捺 八一一　掉 八〇六　排 八〇六　捫 八一二　掏 八〇五　掀 八〇七　捼 八〇七　掄 八〇七　掬 八〇七　掘 八〇七　掤 八〇七　捨 八〇七　捶 八〇八　推 八〇八　採 八〇八　授 八〇八　捻 八一一　捲 八〇九　掊 八〇九　捽 八〇九　掫 八〇九　掞 八〇九　捥 八〇九　探 八一〇　掠 八一〇　掖 八一〇　控 八一〇　接 八一〇　掯 八一二　捷 八一一　掇 八一一　据 八一一　掃 八一一　區 五三　堅 二三〇　敔 六四五　鄖 一四九七

殹 八九二　离 五五　鹵 一七六九　皆 一〇三二　逴 一五二三　彪 一一五二　處 一一五三　虖 一一五四　虘 一一五四　雀 一六一六　敝 六四五　堂 二三一　常 三三八　逷 一五二一　崟 三五一　匐 一四〇　匙 一四一　敗 六四五　累 一三五五　貫 一四四三　郰 一四九七　鄂 一四九七　唵 三〇二　哪 三〇二　啉 三〇二　唶 三〇二　啄 三〇二　啞 三〇二　國 三二八　圉 三二九　晤 六七三　晨 六七四　晡 六七四　異 一〇五〇　跂 一四六八　趺 一四六九　距 一四六九

閉 一六七六　閈 一六七七　唱 三〇二　婁 四八二　晛 六七四　曼 六七四　患 九五六　趾 一四六九　問 一六七七　唫 三〇二　啗 三〇三　唯 三〇三　唾 三〇三　啁 三〇三　晞 六七〇　晚 六七〇　冕 六七五　晦 六七五　眺 一〇三二　脈 一〇三二　眗 一〇三三　略 一〇五〇　蚚 一一六一　蚳 一一六一　販 一四四四　貶 一四四四　唳 三〇一　啖 三〇三　啐 三〇三　唼 三〇四　⿱日畀 六五七　⿰日良 六七五　晥 六七六　蛇 一一六一　啜 三〇四　晙 六七一　眼 一〇三三

笓	時	秺	移	牿	犕	秸	牼	犂	動	毬	牾	過	圈	崛	罙	崆	崪	崤	崢	崩	崥	崘	崔	帷	崗	崐	崇	罣	崦	崖	崎	崚	帳	畚	野	眸
一一九三	一〇五一	一〇七五	一〇七四	七八二	七八二	一〇七四	七八二	七八二	一九三	八三六	三〇四	一五二三	三二九	三五四	一一八一	三五四	三五四	三五四	三五四	三五三	三五三	三五三	三五三	三三九	三五二	三五二	三五一	一一八一	三五一	三五一	三五一	三三九	三三九	三五三	一四六六	一〇三三

偊	傁	偑	傀	偟	悠	偈	偲	側	偶	偒	偔	猖	逶	鄋	袋	偕	偪	偰	偃	敏	笲	筊	笥	第	第	笞	笳	笱	笭	符	笣	笙	笮	笛	理	笴
一〇四	一〇四	一〇四	一〇四	九〇	九五六	一〇四	一〇三	一〇三	一〇三	一〇三	一〇三	五九九	一五二三	一四九七	一二三五	一〇三	一〇二	一〇二	一〇二	六四六	一一九六	一一九六	一一九六	一一九六	一一九五	一一九五	一一九五	一一九四	一一九四	一一九四	一一九三	一一九三	一一九三	一一九三	五〇六	一一九三

釵	釧	釣	釴	釭	悆	斜	欷	敘	舲	船	舶	舳	衒	從	得	徜	徘	徙	術	徠	徛	皎	郰	傜	偉	假	偓	進	售	傞	偏	偯	偽	停	偫	貨
一六四七	一六四七	一六四七	一六四七	一六四七	九五七	九二七	八八四	六四六	一二二七	一二二七	一二二七	一二二七	三七五	三七四	三七三	三七三	三七二	三七二	三七二	三七一	三七一	一〇九〇	一四九七	一〇六	一〇六	一〇五	一〇五	一五二四	三〇四	一〇五	一〇五	一〇五	一〇四	一〇四	一〇四	一四四四

觖	猛	凰	猑	猇	猗	猜	惄	斛	兜	魚	逸	象	脞	脟	脕	脢	脫	猘	猧	畦	脯	脛	脥	脤	脴	脙	鳥	豚	彫	翎	欲	鄃	貧	覓	貪	彩
一五五〇	五九九	一四九	五九九	五九九	五九九	五九九	九五七	九二七	一四八	一七八六	一五二四	一四三六	八六六	八六五	八六五	八六五	八六五	五九八	五九九	一〇五一	八六五	八六五	八六五	八六四	八六四	八六四	一七七〇	一四三六	三八八	一三四二	八八四	一四九七	一四四五	一四六〇	一四四四	三八七

痑	庳	庾	梱	痌	痍	疵	痏	庶	凔	鹿	麻	產	庨	烹	毫	孰	訣	訪	訧	羜	訩	訟	設	訛	訞	訢	許	訮	訥	訬	訦	詎	訝	旎	猊	祭
一〇九六	四〇二	四〇二	五五五	一〇九六	一〇九六	一〇九六	一〇九六	四〇二	一七二三	一七九六	一七九五	一〇六三	四〇一	九一一	八三六	四六六	一五六〇	一五六〇	一五六〇	一二五〇	一五六〇	一五五九	一五五九	一五五九	一五五九	一五五九	一五五八	一五五八	一五五八	一五五八	一五五八	一五五七	一五五七	九〇一	六〇〇	一〇〇六

淒	渠	淶	涯	淹	添	清	淅	淇	済	渶	涷	眷	惄	逞	烽	粕	粗	粘	旌	旋	族	衺	望	牽	竫	竟	章	翊	商	商	率	痕	康	庸	廊	痊
七二六	七二六	七二六	七二五	七二五	七二五	七二四	七二四	七二四	七二四	七二四	七二四	一〇三三	九五七	二三二	九一一	一二五五	一二五四	一二五四	九〇二	九〇二	九〇一	一二三五	八六六	七八三	一一〇八	一一〇七	一一〇六	一三四二	一五六	一五六	一五六	一〇九七	四〇三	四〇三	四〇三	一〇九七

淳	液	淤	淀	湥	淬	涼	深	瓻	淮	淿	淪	淨	淫	淘	淊	淆	淰	涹	淝	淠	淟	混	淑	淖	淉	涸	渦	埸	淜	涿	渚	渏	渃	淋	淺	淩
七三三	七三三	七三三	七三三	七三三	七三二	七三二	七三一	一二五〇	七三一	七三一	七三〇	七三〇	七三〇	七三〇	七三〇	七三〇	七二九	七二九	七二九	七二九	七二九	七二九	七二八	七二八	七二八	七二八	七二八	二三二	七二八	七二八	七二七	七二七	七二七	七二七	七二七	七二六

悉	偷	惙	惓	惇	惔	惋	悰	悾	悴	惚	悸	惆	惟	惛	惧	惕	悼	惈	㥏	悱	悽	悵	惜	情	惏	剪	涵	淥	淄	梁	粒	淙	淡	淯	淚	涪
九六一	一〇七	九六一	九六一	九六一	九六一	九六〇	九六〇	九六〇	九六〇	九六七	九六〇	九六〇	九五九	九五九	九九〇	九五九	九五八	九五八	九五八	九五八	七二六	九五八	九五八	九五七	九五七	一八二	七三五	七三五	七三四	五五六	一二五五	七三四	七三四	七三四	七三四	七三三

張	婬	婟	屝	婼	屠	尉	敢	逮	晝	袽	祲	袛	袷	袼	䘠	裀	袴	袺	袿	視	扈	啟	鄆	啓	逾	窕	密	寁	宿	寂	室	寁	寅	寇	寄	逭
四五五	四八三	四八三	四四五	四八三	四四五	二五四	六四六	一五二五	六七一	一二三六	一〇〇六	一二三一	一二三六	一二三六	一〇〇六	一二三五	一二三五	一二三五	一二三五	一四六〇	九三三	三〇四	一四九八	三〇四	一四七六	一一二四	四二七	一一二四	四二九	四二八	一一一四	四二八	四二七	四二六	四二六	一五二五

翏	習	翑	眭	䞣	袈	婦	婞	婉	婢	婚	婫	媧	婌	婥	婕	娬	婭	頄	婓	婆	隊	隍	陾	陧	隗	隆	隄	陽	隈	隅	將	階	隋	陿	鄖	弸
一三四三	一三四二	一三四二	一〇三三	一七三四	一二三六	四八五	四八五	四八五	四八四	四八四	四八四	四八四	四八四	四八四	四八四	四八三	四八三	一六九五	四八三	四八三	一六四〇	一六四〇	一六四〇	一六四〇	一六四〇	一六三九	一六三九	一六三八	一六三八	一六三七	九九二	一六三七	一六三六	一六三六	一四九八	四五六

翌 一三四三　參 一九九　叁 二　隃 一六四○　鄉 一四九八　勖 一九三　紱 一三五六　繼 一三五六　紺 一三五六　紳 一三五六　組 一三五七　紬 一三五七　細 一三五七　絁 一三五七　紩 一三五八　終 一三五八　絇 一三五九　紾 一三五九　紵 一三五九　紽 一三五九　絃 一三五九　絆 一三五九　硨 一○一八　紿 一三五九　絀 一三六○　紹 一三六○　紭 一三六○　紼 一三六○　巢 一四九六

一二畫

貳 一四四五　絜 一三六○　琛 五○六　琳 五○七　琫 五○七　琙 五○七

琠 五○七　琪 五○七　琦 五○七　琊 五○七　琡 五○八　琨 五○八　琥 五○八　琱 五○八　琴 五○八　琯 五○八　琮 五○八　琬 五○九　琰 五○九　奝 六七六　雅 一六一六　替 六七六　斑 五○九　椀 五五六　琢 五○九　琲 五○九　棲 五四五　堦 一六三七　博 四四　喜 三○五　彭 三八八　瓿 六二七　款 八八四　煮 九一一　惡 九六一　蛩 一一六一　截 一一六二　葴 一一八六　裁 一二三六　賁 一四四五　達 一五二五　項 一六九五　堪 二三二

堞 二三二　塔 二三二　堰 二三三　堧 二三三　堙 二三三　堯 二三三　耋 一一三一　越 一三九九　堣 二三三　堤 二三三　場 二三三　塄 二三四　强 四五六　揌 八一二　揚 八一二　趄 一四○○　塊 二三四　趁 一四○○　趀 一四○○　堩 二三四　報 二三四　壹 二三五　堷 二三五　壺 二三五　超 一四○○　馭 一七四五　堉 四八八　募 一九四　喪 三○五　聚 五五六　戡 六二○　戟 六二○　敬 六四七　散 六四八　斯 八四三　斮 八四三　朝 八六七

欺 八八五　惎 九六二　惹 九六二　貰 一四四五　鄭 一四九九　鄐 一四九九　瑛 五一○　期 八六八　蒇 一二九七　葑 一二九八　葉 一二九八　葚 一二九八　葽 一二九八　葳 一二九九　葍 一二九九　萰 一二九九　葬 一二九九　葞 一三○○　葝 一三○○　萬 一三○一　葺 一三○一　蒀 一三○二　葸 一三○二　葶 一三○二　葛 一三○二　聒 一一三四　葼 一三○二　萠 一三○二　葰 一三○三　萩 一三○三　蒐 一三○三　董 一三○三　萬 一三○三　葩 一三○四　葆 一三○四　莌 一三○四　靮 一六九○

葱 一三一五　蒂 一三○四　葥 一三○四　葷 一三○四　萹 一三○四　葖 一三○五　落 一三○五　萱 一三○五　葊 一三○五　葦 一三○五　葭 一三○五　葵 一三○六　葴 一三○六　菓 一三○六　棗 五五七　焚 九一一　棧 五五七　棱 五五七　棖 五五七　棟 五五七　棼 五五七　植 五五八　棷 五五八　椅 五五八　棒 五五八　棋 五五八　椓 五五八　楛 五五九　棕 五五九　棫 五五九　森 五五九　楮 五五九　椇 五五九　棹 五五九　椒 五五九　楔 五六○　椑 五六○

椆 五六○　椎 五六○　痤 一○九七　棜 五四三　棺 五六○　椌 五六○　棓 五六○　椁 五六一　棣 五六一　楗 五六一　椔 五六一　極 五六一　椐 五六二　棘 五六二　腎 八六八　盡 一○五八　逼 一五二六　惠 九六二　惑 九六三　覃 一一四四　軻 一四○九　軷 一四○九　酤 一四二六　酣 一四二六　虛 一五四　軸 一四○九　軹 一四一○　堠 二三六　軼 一四一○　軵 一四一○　軥 一四一○　軨 一四一○　軫 一四一○　酏 一四二七　酢 一四二七　粟 一二五五　酡 一四二七

軩 一四一○　軺 一四一一　猋 六○○　硤 一○一九　硯 一○一九　硠 一○一九　厥 四八　敧 五九三　欹 八八五　尰 二七○　裂 一二三六　雄 一六一六　殘 六一二　殖 六一二　殗 六一二　殑 六一二　貌 一四三七　殜 六一三　殛 六一三　鄏 一四九九　揭 八一二　雲 一六○四　雩 一六○四　揔 一三八七　揳 八一三　揩 八一三　揲 八一三　搓 八一三　揖 八一三　提 八一三　揣 八一四　搥 八一四　握 八一四　掾 八一四　搜 八一五　援 八一五　換 八一五

揜 八一六　揮 八一六　揃 八一六　揆 八一六　搔 八一六　痡 一一四九　雅 一六一七　插 八一七　棐 五六二　斐 八九六　悲 九六三　紫 一三六○　覘 一四六○　揉 八一七　颮 一一五五　業 一九　㲋 二七三　敞 六四九　甞 六二七　堂 六三四　棠 五六二　喝 三○六　喻 三五四　晬 六七六　啼 三○七　咢 三五四　戢 六二一　最 六七六　擊 八一七　昫 九一二　睪 九二八　晙 一○五一　貽 一四四六　貴 一四四六　量 一四六六　遏 一五二六　遇 一五二六

鼎 一八○一　勛 一九六　喈 三○七　喃 三○七　缚 三○七　喋 三○七　喫 三○七　暑 六七七　晴 六七七　晻 六七七　蛙 一一六二　蛭 一一六二　蛸 一一六二　跚 一四六九　跋 一四六九　跖 一四六九　閏 一六七七　閑 一六七八　開 一六七八　閎 一六七九　喘 三○七　單 三○七　喟 三○八　晫 六七七　晰 六七七　晶 六七七　蚰 一一六二　貺 一四四六　跕 一四七○　間 一六七九　喻 三○八　啾 三○八　喤 三○八　喉 三○八　喚 三○八　晷 六七七　睋 一○三三

睎 一○三三　蜓 一一六二　蛛 一一六二　貾 一四四七　跌 一四七○　跗 一四七○　閒 一六七九　嗟 三○九　暗 三○九　喧 三○九　景 六七八　揥 八一七　睆 一○三四　睇 一○三四　蛟 一一六二　貯 一四四七　跎 一四七○　閟 一六七九　閔 一六七九　喙 三○九　嘅 三一六　蜓 一一六三　蛑 一一六三　跛 一四七○　跏 一四七○　凱 一四九　買 一四四七　鄖 一四九九　遄 一五二七　崴 六三四　幌 三三九　幅 三四○　嵌 三五四　帽 三四○　崿 三五五　嵎 三五五　崱 三五五

罥 一一八一　嵐 三五五　嵏 三五五　嵬 三五五　暀 六七八　罦 一一八一　嵯 三五五　嵫 三五五　幃 三四〇　幄 三四〇　嵕 三五六　黑 一八〇三　骭 一七一〇　嵑 三五六　愀 九六四　圍 三二九　智 六七八　掣 八一七　無 九一二　短 一〇六六　甥 一〇六三　毳 八三六　毯 八三七　兟 一四八　黍 一八〇七　犆 七八三　牋 八四〇　稖 一〇七五　犅 七八三　稈 一〇七五　程 一〇七五　稍 一〇七五　牌 八四〇　稅 一〇七六　稌 一〇七六　稃 一〇七六　稀 一〇七六

犉 七八三　犈 七八三　稊 一〇七六　犍 七八三　喬 三一〇　稛 一〇七六　瘥 一〇九七　策 一一九六　等 一一九七　筐 一一九八　筑 一二〇八　筥 一一九八　箏 一一九八　筍 一一九八　答 一一九八　筏 一一九九　筌 一一九九　筵 一一九九　筋 一一九九　筳 一一九九　笵 一一九九　筊 一一九九　筆 一二〇〇　頌 一六九五　堡 二三六　傣 一〇七　傿 一〇七　傎 一〇七　傔 一〇七　備 一〇七　傳 一〇八　貸 一四四七　儵 一三四三　順 一六九六　條 一三六一　傑 一〇九　傲 一〇九

傒 一〇九　儁 九三　傚 一〇九　傍 一〇九　焦 九一三　慫 九六四　集 一六一七　剴 一八二　鄔 一五〇〇　遑 一五二七　郾 一五〇〇　粵 一二五六　奧 二六九　揞 八一七　皓 一〇九〇　舃 一二一九　衆 一二二四　遁 一五二七　街 三七五　衕 三七五　徨 三七五　御 三七五　循 三七七　復 三七七　假 三七九　須 一六九六　弒 二七二　欽 八八五　殽 八九二　畬 一〇五一　鈃 一六四八　鈍 一六四八　鈇 一六四九　鈔 一六四九　痢 一〇九七　鈴 一六四八　鈞 一六四八

鈎 一六五〇　鈕 一六四八　鉅 一六四八　創 一八二　番 一〇五一　雊 一六一八　爲 八四七　飯 一七一九　飲 一七一九　飫 一七一九　飪 一七二〇　舜 八四八　貂 一五四六　貀 一五四七　舒 一一九〇　翕 一三四三　釿 一六四九　禽 一一〇　猬 六〇〇　腕 八六八　運 一五二七　腊 八六八　猾 六〇〇　腆 八六八　腢 八六九　腓 八六九　腍 八六九　脾 八六九　腴 八六九　腑 八六九　腋 八六九　勝 八七〇　腒 八七〇　腏 八七〇　臭 二六八　猴 六〇〇　欿 八八五

猨 六〇二　猥 六〇一　猲 六〇一　猩 六〇一　睍 一〇三四　獀 六〇一　觚 一五五〇　觝 一五五〇　猶 六〇一　猱 六〇二　然 九一三　貿 一四四七　鄒 一五〇〇　痗 一〇九七　詈 一五六〇　評 一五六〇　詁 一五六一　訶 一五六一　詛 一五六一　診 一五六一　詾 一五六一　詆 一五六一　訴 一五六一　詐 一五六二　詠 一五六二　註 一五六二　詃 一五六二　詞 一五六二　詔 一五六三　詖 一五六三　詒 一五六三　詘 一五六八　就 二七〇　敦 六四九　郶 一五〇〇　廋 四〇三　褎 一二三六

裒 一二三六　粢 一二五五　廂 四〇四　斌 八九六　痡 一〇九七　豱 一五四七　廁 四〇四　痟 一〇九七　廆 四〇四　飭 一七二〇　幈 三四〇　廄 四〇四　痠 一〇九八　痾 一〇九八　痛 一〇九八　啻 三一〇　戠 六二一　竦 一一〇八　童 一一〇八　竳 一一〇八　竢 一一〇八　竣 一一〇九　棄 五六三　鄗 一五〇〇　旐 九〇三　掌 八一七　粞 一二五五　揄 八一八　羨 一二五〇　焜 九一四　焯 九一四　焰 九一五　焱 九一五　焞 九一五　焠 九一五　割 一八三　凓 一五九

尊 二五五　奠 二六八　孳 四六六　普 六七九　盜 一〇五八　翔 一三四三　遂 一五二八　道 一五二八　遒 一五三〇　馮 一七四六　湅 七三五　湎 七三五　港 七三五　湊 七三五　滋 七三五　減 七三五　渫 七三六　渤 七三六　湛 七三六　湖 七三六　漊 七三六　湘 七三七　湮 七三七　湏 七〇三　渭 七三七　湜 七三七　渺 七三七　渴 七三七　湯 七三七　測 七三八　湍 七三八　温 七三八　涍 七三九　滑 七三九　湞 七三九　渙 七三九　滰 七三九

渝 七三九　湫 七三九　湲 七三九　溆 七四〇　溲 七四〇　淵 七四〇　湌 一七二三　善 三一〇　溠 七四一　湆 七四一　湙 七四一　游 七四一　渡 七四二　湔 七四二　滋 七四二　渾 七四三　渟 七四三　粧 一二五五　湝 七四三　湪 七四三　湑 七四三　湄 七四三　渥 七四四　湧 七四四　溉 七四四　滁 七四四　曾 六七九　愜 九六四　慌 九六四　惰 九六四　愐 九六四　惐 九六四　愊 九六五　愕 九六五　惴 九六五　愒 九六五　慍 九六五

惻 九六五　愎 九六六　愧 九六六　愂 九六六　愉 九六六　惶 九六六　惲 九六六　愘 九六六　愔 九六七　愇 九六七　惛 九六七　惱 九六七　慅 九六七　慨 九六七　惸 九六七　勞 一九四　欻 八八六　惌 九六八　寒 四二九　富 四三〇　寋 四三〇　寓 四二九　寎 四三〇　寐 四三〇　寔 四三一　寓 四三一　窗 一一一五　窘 一一一五　棨 五六三　遍 一五三〇　雇 一六一八　扉 九三三　鄆 一五〇〇　禇 一〇〇六　祺 一〇〇六　補 一二三七　祼 一〇〇七

禍 一〇〇七　睅 一〇三九　禂 一〇〇七　裕 一二三七　祿 一〇〇七　裙 一二三七　塈 二三六　尋 二五六　畫 一〇五二　遐 一五三〇　孱 四六六　犀 七八三　巽 四五一　粥 一二五六　費 一四四八　弼 四五七　弽 四五七　疏 一一二〇　隔 一六四一　隕 一六四一　昦 六八〇　隙 一六四一　隒 一六四一　隘 一六四一　媄 四八六　絛 一三六一　媒 四八六　娟 四七五　媢 四八五　媼 四八六　媞 四八六　媚 四八六　媛 四八六　媫 四八七　嫂 四八七　媮 四八七　媿 九六六

嬀 四八七　嫱 四八七　媁 四八七　媚 四八七　婿 四八八　賀 一四四八　夆 一四一一　登 一一二三　發 一一二四　婺 四八八　喬 一一二六　稍 一一二六　嵍 三五六　欻 八八六　紙 一三五四　毳 四四〇　違 一五三一　淼 七四四　幾 四九五　組 一三六二　結 一三六二　絓 一三六二　絝 一三六二　絨 一三六三　經 一三六三　絏 一三六三　絪 一三六三　絑 一三六三　給 一三六三　絳 一三六四　絢 一三六四　綖 一三六四　絡 一三六四　統 一三六四　琚 五一〇　絲 一三六五　絕 一三六五

一三畫

遨 一五三一　勑 一一二七　勣 一九五　嫯 六〇二　遘 一五三一　頊 一六九六　瑚 五一〇　瑊 五一〇　瑟 五一〇　瑕 五一〇　瑒 五一一　瑞 五一一　瑁 五一一　⿰王追 五一一　⿰王侯 五一一　瑪 五一一　瑗 五一一　瑝 五一二　瑜 五一二　瑳 五一二　瑖 五一二　瑋 五一二　瑑 五一二　頑 一六九七　瑙 五一二　魂 一七一五　瑰 五一三　勘 一七八九　塓 二三六　勢 一九四　彀 四五七　肆 一二六一　截 一四二七　遠 一五三二　彝 一七四六

鼓 一八〇八　填 二三六　搏 八一八　蒜 一三〇六　載 一四一一　髡 一七四〇　馱 一七四六　塌 二三七　塏 二三七　塤 二三七　墟 二三七　塢 二三七　絁 一四〇五　馲 一七四六　馺 一七四七　馴 一七四七　壺 二三七　塉 二三七　墎 二三八　塘 二三八　塙 二三八　趑 一四〇一　碌 一〇一九　髦 一七四〇　馳 一七四七　蒯 一八三　勤 一九五　斡 二一〇　幕 三四〇　夢 三九三　朝 八七〇　歌 八八六　斟 九二八　聖 一一三四　蕐 一四一二　鄢 一五〇〇　遾 一五三三

辜 一五九六　墓 二三八　蓮 一三〇六　蓁 一三〇六　蓍 一三〇六　蓫 一三〇七　蓐 一三〇七　蔽 一三〇七　蓋 一三〇七　蒲 一三〇八　聘 一一三五　蒔 一三〇八　華 一三〇八　蓾 一三〇八　椶 五六三　睔 一〇三七　蒼 一三〇八　蒁 一三〇九　蓊 一三〇九　蓲 一三〇九　蒨 一三〇九　蒤 一三〇九　蔓 一三〇九　蒩 一三〇九　蒭 一三〇九　蒵 一三一〇　蓧 一三一〇　蓬 一三一〇　靲 一六九〇　靳 一六九〇　⿰山重 一四七六　蒙 一三一〇　蒹 一三一一　萑 一三一一　蓄 一三一一　蒺 一三一一　蔀 一三一一

蒲 一三一二　蒿 一三一二　蓎 一三一二　蒐 一三一二　蓉 一三一二　蓑 一三一二　蓂 一三一三　楹 五六三　蔭 一三一三　蓻 一三一三　蓀 一三一三　蒸 一三一三　蒢 一三一四　靶 一六九一　畜 三一一　想 九六八　郄 一五〇一　楅 五六四　椿 五六四　楚 五六四　楷 五六五　椹 五六五　禁 一〇〇八　㮙 五六五　楞 五六五　楫 五六五　楬 五六五　椯 五六六　楊 五六六　楨 五六六　榀 五六六　楯 五六六　楸 五六七　楥 五六七　榆 五六七　楀 五六七　楓 五六七

槐 五六七　楢 五六八　楎 五六八　楧 五六八　槎 五六八　椸 五六八　楄 五六九　椵 五二七　椽 五六八　概 五六八　楳 五六九　楣 五六九　楙 九八五　剸 一八三　剽 一八三　甄 六二七　畺 一〇五二　賈 一四四八　鄍 一五〇一　鄂 一五〇一　頍 一六九七　輊 一四一二　軾 一四一二　睨 一〇三四　輇 一四一二　輈 一四一二　輅 一四一二　軿 一四一二　較 一四一二　酬 一四二七　鄞 一五〇一　毻 八三七　蜃 一一六三　感 九六八　碏 一〇一九　碑 一〇一九　碎 一〇二〇

晅 六八〇　豥 一四三七　匯 五四　雷 一六〇四　電 一六〇五　雹 一六〇五　零 一六〇五　雱 一六〇五　搢 八一八　搞 八一八　摸 八一八　損 八一九　搬 八一九　搶 八一九　搖 八一九　搯 八一九　摛 八一九　搕 八二〇　搉 八二〇　搦 八二〇　頓 一六九七　幌 三四一　裘 一二三七　督 一〇三四　觜 一五五〇　訾 一五六三　楔 五六九　歲 六三四　敫 一〇九一　貲 一四四九　溴 七四四　業 五六九　虜 一一五五　虞 一一五五　掣 八二〇　隝 一七七〇　當 一〇五二

嗃 三一一　挈 八二〇　歇 八八六　照 九一五　煦 九一五　輮 一〇五三　盟 一〇五三　號 一一五九　裝 一二三六　農 一四三七　鄙 一五〇五　遣 一五〇一　雎 一六三八　黽 一八一〇　歇 八一二　豊 一四二三　嗜 三一二　嗑 三一二　園 三二九　暕 六八〇　睞 一〇三五　晻 一〇三五　睦 一〇三五　畸 一〇五三　蛺 一一六三　蛵 一一六三　蜅 一一六三　賄 一四四九　賊 一四四九　跬 一四七〇　跨 一四七〇　跱 一四七一　嗤 三一二　喿 三一二　嗣 三一二　圓 三三〇　暘 六八〇

暇 六八〇　愚 九六八　蛸 一一六三　蜆 一一六三　嗂 三一三　鳴 三一三　嗅 三一三　暖 六八一　睥 一〇三五　睢 一〇三六　蜉 一一六四　蛾 一一六四　蜂 一一六四　蛻 一一六四　賂 一四四九　跣 一四七一　跧 一四七一　路 一四七一　跳 一四七二　跪 一四七二　嗌 三一三　嗛 三一三　暗 六八一　暆 六八一　暈 六八一　暉 六八一　暄 六八一　睟 一〇三六　畹 一〇五三　跡 一四七二　閟 一六八〇　鬧 一七三九　嗁 三一三　暐 六八二　睽 六八二　歆 八八七　罣 一〇三六

蜀 一一六四　遝 一五三三　嗷 三一四　署 一一八一　置 一一八一　罭 一一八二　幙 三四〇　罩 一一八二　罪 一一八二　嵠 三五六　幎 三四一　嵩 三五六　罨 一一八三　睫 一〇三六　瞥 四五七　睹 一〇三六　觥 一七一〇　雉 一六一八　氳 八三九　毷 六二七　愁 九六九　牒 八四〇　稜 一〇七七　稙 一〇七七　稑 一〇七七　猽 七八四　稠 一〇七七　稔 一〇七七　稗 一〇七七　稚 一〇七七　辟 一五九八　猳 七八四　歃 八八七　筮 一二〇〇　筠 一二〇〇　筭 一二〇三　筯 一二〇〇

筲 一二〇〇
筱 一二〇〇
箮 一二〇一
筦 一二〇一
箒 一二〇一
節 一二〇一
倘 一一〇
債 一一〇
傿 一一〇
傳 一一〇
僧 一一一
僦 一一一
僅 一一一
僄 一一一
與 一三六
傈 一一一
僂 一一二
傾 一一二
像 一一二
傺 一一三
僬 一一三
傷 一一三
賃 一四四九
楻 五七〇
傪 一一四
傭 一一四
僇 一一四
奧 二六九
毀 八九二
斞 九二八
粵 一二五六
鳧 一七七〇
鼠 一八一一
皐 一一八二
舅 一二一九
魁 一七一五
猷 六〇二

頎 一六九七
愆 九六九
遞 一五三三
衙 三七九
微 三七九
徯 三八〇
覛 一四六〇
艅 一二二七
僉 一一四
會 六八二
覜 一四六一
鉦 一六四九
鉞 一六四九
鉟 一六四九
鉥 一六五〇
鉗 一六五〇
鉢 一六五〇
鉀 一六五〇
鈿 一六五〇
鉈 一六五〇
鉑 一六五〇
鉤 一六五〇
鉛 一六五一
鈴 一六五一
鉉 一六五一
鈹 一六五一
亂 三七
傴 一一四
愛 九六九
遙 一五三四
貊 一五四七
餀 一七二〇
貉 一五四七
豿 一五四七
貅 一五四七
飾 一七二〇
飽 一七二〇

飿 一七二一
飶 一七二一
飼 一七二一
頌 一六九七
頒 一六九八
愈 九七〇
飴 一七二一
腷 八七一
腰 八七一
膆 八七一
牒 八七一
腜 八七一
腸 八七一
腨 八七一
腥 八七二
腯 八七二
腳 八七二
腹 八七二
詹 一五六四
滕 八七二
膝 八七二
腦 八七三
腛 八七三
雊 一六一九
嘌 三一四
猿 六〇二
肄 一二六一
觥 一五五一
颮 一七三〇
解 一五五一
黽 一二五四
煞 九一六
傕 一一四
詧 一五六四
詼 一五六四
詰 一五六四
試 一五六四

誄 一五六五
誇 一五六五
詩 一五六五
誠 一五六五
詘 一五六六
詥 一五六六
詮 一五六六
詬 一五六六
話 一五六六
誕 一五六六
詢 一五六七
詻 一五六七
誅 一五六七
詵 一五六七
詭 一五六七
詣 一五六八
諍 一五六八
詳 一五六八
該 一五六八
詑 一五六九
詶 一五六九
詡 一五六九
亶 一五七
稾 一〇七八
裏 一二三八
稟 一〇七八
斛 九二八
粲 一二五六
鄜 一五〇一
鄘 一五〇一
頏 一六九八
鄣 一五〇二
廅 四〇四
廙 四〇四
廈 四〇四
瘏 一〇九八
痼 一〇九九

痹 一〇九九
痱 一〇九九
裔 一二三八
痺 一〇九九
痿 一〇九九
痰 一〇九九
麀 一七九六
廊 四〇五
廉 四〇五
瘖 一〇九九
瘁 一〇九九
廆 四〇五
廌 四〇五
剷 一八三
新 八四三
歆 八八七
意 九七〇
靖 一六〇〇
雍 一六一九
旒 九〇三
塑 二三九
皙 一〇九一
糒 一二五七
嗥 三一四
粮 一二五七
煎 九一六
煉 九一六
煙 九一六
煩 九一七
煴 九一七
煬 九一七
煜 九一七
煨 九一七
焆 九一七
煌 九一七
煥 九一八
煢 九一八

煒 九一八
塞 二三九
塗 二四〇
猷 六〇二
慈 九七一
粱 一二五七
豢 一四三七
滓 七四四
漣 七四四
漠 七四五
溥 七四五
溽 七四五
溝 七四五
溧 七四五
滇 七四六
源 七四六
漭 七四六
溤 七四六
溘 七四六
溱 七四七
滅 七四七
滆 七四七
溍 七四七
滉 七四八
溷 七四八
溠 七四八
準 七四八
溪 七四八
滌 七四八
滔 七四八
溜 七四九
溵 七四九
滫 七四九
滏 七四九
滄 七四九
義 一二五〇
溢 七四九

溓 七五〇
滀 七五〇
滓 七五〇
溟 七五〇
漷 七五〇
溶 七五一
漓 七五一
滂 七五一
溺 七五一
慔 九七二
慎 九七二
慄 九七二
慠 九七三
慱 四四
愷 九七三
慆 九七三
慥 九七三
愴 九七三
愾 九七三
慊 九七三
慉 九七四
塋 二四〇
資 一四五〇
裟 一二三八
寞 四三一
寘 四三二
窠 一一一五
窨 一一一五
窟 一一一五
寖 四三二
窣 一一一五
福 一〇〇八
禖 一〇〇九
禋 一〇〇九
禊 一〇〇九
褚 一二三九
裿 一二三九

鼎 一六三
禓 一〇一〇
禎 一〇一〇
褐 一二三九
裨 一二三九
裯 一二三九
裾 一二三九
禔 一〇一〇
禘 一〇一〇
裨 一二三九
裧 一二三九
禒 一〇一〇
禕 一〇一〇
盝 一〇五九
群 一二五一
肅 一二六二
殿 八九三
辟 一五九七
暋 六八二
愍 九七四
徭 三八〇
楩 五七〇
遜 一五三四
際 一六四二
傰 一一四
障 一六四二
媾 四八八
嫐 四八六
媿 四八八
嫄 四八八
嫌 四八九
嫁 四八九
嫉 四八九
嫋 四八九
碱 一〇二〇
勠 一九五
戮 六二一

棨 五七〇
預 一六九八
鳩 一七七〇
彙 四四〇
綠 一三六六
經 一三六六
綆 一三六七
綒 一三六七
綀 一三六七
緦 一三六六
絹 一三六七
綃 一三六八
綌 一三六八
綏 一三六八
絺 一三六八
綄 一三六八
綈 一三六八
綅 一三六九
勦 一九六
剿 一九六

一四畫

瑨 五一三
耤 一一二八
摯 八二七
愿 九七四
碧 一〇二〇
瑾 五一三
璉 五一三
瑣 五一三
瑤 五一四
瑲 五一四
璃 五一四
瑢 五一四
瑭 五一四
瑠 五一四
瑱 五一五

嫠 四八九
塽 二四〇
墁 二四〇
墋 二四一
劂 一八四
堨 二〇〇
墊 二四一
壽 二四一
境 二四二
嘉 三一四
截 六二一
穀 八九三
臺 一一四九
蜑 一一六六
翥 一三四三
覡 一四六一
鋈 一六五一
遮 一三八九
墆 二四二
墐 二四二
塼 二四三
彄 四五八
赫 一四〇五
墟 二四五
趙 一四〇一
駟 一七四七
髦 一七四〇
駁 一七四七
墉 二四三
髮 一七四〇
髣 一七四〇
駃 一七四八
兢 一四八
勱 一九六
嘏 三一五
甍 六二八
暮 六八三

蓼	蕬	蔘	睽	蔟	蔗	蔍	蔏	蕖	聡	鞄	蔦	蔡	蓰	蓯	蔥	榦	鞅	蔑	蔓	蔣	蔞	薖	藺	蔺	蔖	靻	蔌	蔕	蓷	蔽	蔧	慕	摹	綦	聚	斡
一三一七	一三一七	一三一七	一〇三六	一三一七	一三一七	一三一七	一三一七	一三一六	一一三七	一六九一	一三一六	一三一六	一三一六	一三一六	一三一五	五七〇	一六九一	一三一五	一三一五	一三一五	一三一五	一三一五	一三一五	一三一五	一三一四	一六九一	一三一四	一三一四	一三一四	一三一四	一三一四	九七四	八二〇	一三六九	一一三五	九二八

影	僰	匰	瘥	榠	榷	槉	樆	梓	榜	槨	榱	榹	槌	榽	榝	槍	榣	榭	槄	樤	榻	棧	榼	構	榛	楷	榎	欅	模	槢	槀	韶	鞃	鞁	薌	蔚
三八八	一一五	五四	一一〇〇	五七五	五七四	五七四	五七四	五七四	五七四	五七四	五七四	五七四	五七三	五七三	五七三	五七三	五七三	五七三	五七三	五七三	五七二	五七二	五七二	五七一	五七一	五七一	五七一	五七一	五七一	五七一	五七〇	一六九一	一六九一	一六九一	一三一八	一三一七

戴	槁	愿	磋	磎	磓	磝	碣	碩	碤	碭	鹹	厭	厲	遭	醁	酳	酸	酹	酷	輓	醒	酺	輕	輔	輒	塹	竪	鳩	遭	遫	緊	豎	脊	殼	摯	甄
二六八	五七五	一七〇四	一〇二二	一〇二一	一〇二一	一〇二一	一〇二一	一〇二一	一〇一七	一〇二一	八七三	五〇	四九	一五三五	一四二八	一四二八	一四二八	一四二八	一四二八	一四一四	一四二七	一四二七	一四一三	一四一三	一四一三	二四三	一四二二	一七七一	一五三四	一五三四	一三六九	一一六六	一〇三六	八九三	八二〇	六二八

翡	裴	蜚	鳶	戩	監	熙	匱	摻	摭	摲	搶	摘	摝	踵	摐	撖	摧	撾	撋	撦	摜	摳	摶	撕	摕	摽	誓	霆	需	豨	殞	臧	翕	獋	奪	爾
一三四三	一二四〇	一一六四	一七七一	六二二	一〇五九	九一八	五四	八二三	八二三	八二三	八二二	八二二	八二二	一〇五三	八二二	八二二	八二二	八二二	八二一	八二一	八二一	八二一	八二一	八二一	八二一	八二一	一五六九	一六〇六	一六〇五	一四三八	六一三	六二一	二六八	六〇三	二六八	一七

暍	暇	暟	幔	踈	嘆	嘑	閨	聞	踂	賑	蜻	蝀	蜥	蜙	蜡	曄	團	嘒	嘔	嗽	鳴	頔	鄲	摡	暢	墅	嵸	嘈	嗎	蜂	裳	嘗	對	嘖	雌	睿
一〇五三	一〇三八	六八三	三四一	一一二〇	八八七	二八九	一六八一	一六八〇	一四七三	一四五〇	一一六五	一一六五	一一六五	一一六五	一一六四	六八三	三三〇	三一五	三一五	三一五	一七七一	一六九八	一五〇二	八二三	六八三	二四三	三五六	三一五	三一五	一一六〇	一二四〇	六八三	二五七	三一五	一六一九	一〇三七

鉼	製	舞	睺	骻	暱	罰	嶂	裹	圖	嶇	幘	塸	踊	踞	踻	蝸	暾	閿	蜿	暄	瞑	嗾	閦	閤	閥	閣	賒	蜩	蛒	蜺	蜷	雉	瞍	噞	閩	閭
六二六	一七七	三九三	一〇三七	一七一〇	六八六	一一八三	三五七	三五七	三三〇	三五六	三四一	二四三	一四七七	一四七三	一四七三	一一六六	三一六	一六八二	一一六六	一〇三七	六八四	三一六	一六八〇	一六八一	一六八二	一六八一	一四五〇	一一六六	一一六五	一一六五	一一六五	一一六五	一〇三七	三一六	一六八二	一六八一

傳	僧	僮	潴	僥	僑	僶	僓	僕	僤	僖	僭	僘	僚	毓	箓	管	箑	箙	箇	箘	箎	箕	算	箸	箑	箋	箝	膀	犒	稯	種	稱	𤛮	犦	馘	熏
一一七	一一七	一一七	七五一	一一六	一一六	一一六	一一六	一一五	一一五	四九一	一一五	一一五	一一五	九九六	一二〇四	一二〇四	一二〇四	一二〇四	一二〇四	一二〇三	一二〇三	一二〇三	一二〇三	一二〇二	一二〇二	一二〇二	一二〇二	八四一	七八四	一〇八〇	一〇七九	一〇七九	七八四	七八四	一七一三	九一九

貌	貍	領	鄱	鄢	銀	鉼	錚	鉤	銑	銚	銘	銖	銓	鋌	鋋	銛	銍	鋜	鋮	鉷	鉶	鉼	銅	槃	慇	銜	嵘	魅	鼻	魄	魃	歍	甑	僎	嘧	僛
一五四八	一五四七	一六九八	一五〇二	一五〇二	一六五五	一六五六	一六六〇	一六五五	一六五五	一六五五	一六五三	一六五三	一六五三	一六五三	一六五三	一六五三	一六五五	一六五二	一六五二	一六五二	一六五二	一六五二	一六五二	一〇六〇	八九〇	一六五一	三五七	一七一六	一八一二	一七一六	一七一六	八八七	六二八	一一七	三一六	一一七

誥	說	誐	誨	誑	誚	誤	語	誙	誌	誧	誡	誣	誟	歉	塾	敲	貪	鄧	獏	獄	鯀	雒	疑	夐	膗	腦	獐	膊	鳳	鴉	綮	夥	餉	餌	蝕	餅
一五七二	一五七二	一五七二	一五七二	一五七二	一五七一	一五七一	一五七一	一五七一	一五七〇	一五七〇	一五七〇	一五七〇	一五六九	八八七	二四三	六五〇	三九三	一五〇二	六〇三	六〇三	五五二	一六一九	一一二〇	一三九五	八七三	八七三	五九八	八七三	一七七一	一七四八	一三六九	三九三	一七二一	一七二一	一一六六	一七二一

齊	膂	韶	孱	鬲	竭	端	颯	適	歊	彰	廖	瘖	瘏	瘣	瘉	瘦	瘑	瘕	瘧	瘍	廙	廎	廣	廑	遮	腐	廕	麼	塵	豪	裹	毃	膏	誦	認	誘
一八一三	八七四	一七三二	一一〇九	六八四	一一〇九	一一〇九	一七三〇	一五三五	八八七	三八八	四〇七	一一〇一	一一〇一	一一〇〇	一一〇〇	一一〇〇	九〇四	一一〇〇	一一〇〇	一一〇〇	四〇七	四〇六	四〇六	四〇六	一五三五	一一八六	九七五	四九五	二四三	一四三八	一二四〇	八九三	八七三	一五七三	一五七三	一五七三

旗 九〇四　摺 八二三　碬 一〇二二　鄰 一五〇二　粼 一二五七　粺 一二五七　嫛 四八九　膋 八七四　煒 九一九　煽 九一九　熒 九一九　熇 九一九　僨 一一七　栔 五七五　滎 七五一　愬 九七五　鄐 一五〇三　鄭 一五〇三　漧 七五一　漱 七五一　漸 七五二　漚 七五二　溥 七五二　滯 七五二　滿 七五二　潢 七五三　漂 七五三　漢 七五三　漆 七五四　漬 七五四　漕 七五五　精 一二五七　漫 七五五　漼 七五五　滹 七五五　漯 七五五　滮 七五五

漗 七五五　漁 七五六　漪 七五六　漄 七五六　滸 七五六　漾 七五六　滴 七五六　演 七五六　漉 七五七　漳 七五七　粹 一二五八　滲 七五七　漻 七五七　漅 七五七　漏 七五七　漲 七五八　弊 二五八　幣 三四一　慛 九七五　慳 九七五　慬 九七五　慱 九七五　慚 九七八　慺 九七六　慢 九七六　慟 九七六　慵 九七六　慊 九七六　慴 九七六　慘 九七七　憀 九七七　榮 五七五　犖 七八四　搴 八二三　僊 一一八　寨 五七六　蜜 一一六六

賓 一四五一　寡 四三二　寬 四三二　窶 一一一六　寠 四三三　實 四三四　寢 四三五　寤 四三六　察 四三六　窬 一一一六　寧 四三三　窨 一一一六　寥 四三七　賔 一四五一　肇 一二六二　複 三七七　禛 一〇一〇　福 一二四〇　褐 一二四〇　褛 一〇八一　褫 一〇一一　褕 一二四一　褓 一三七八　禠 一〇一〇　禚 一〇一一　褊 一二四一　禒 一二四一　禕 一二四一　劃 一八四　暨 六八四　盡 一〇五九　鳲 一七七二　屢 四四六　屣 四四六　僘 一一八　墮 二四四　隋 三五七

愻 九七七　隨 一六四二　鞄 一七三五　韍 一七三五　隤 一六四三　隔 一六四三　隩 一六四三　墜 二四四　隧 一六四三　隥 一六四三　嫣 四八九　嫕 四八九　嫗 四九〇　嫮 四九〇　嫖 四九〇　嫜 四九〇　嫡 四九〇　頗 一六九九　鼐 一八〇一　翍 六三五　頖 一六九九　翟 一三四四　翠 一三四四　翣 一三四四　熊 九二〇　態 九七七　鄧 一五〇四　緅 一三六九　緒 一三六九　綫 一三七〇　緎 一三七〇　綾 一三七〇　綪 一三七〇　綝 一三七〇　綺 一三七〇　緋 一三七〇　緺 一三七〇

網 一三七一　綽 一三七一　綱 一三七一　緆 一三七二　緄 一三七二　綬 一三七二　緌 一三七二　綵 一三七二　綯 一三七三　綢 一三七三　緍 一三七三　維 一三七三　綿 一三七三　綸 一三七四　総 一三八七　綜 一三七四　綣 一三七五　綰 一三七五　綷 一三七五　綟 一三七五　綹 一三七五　緇 一三七五　綴 一三七六　綠 一三七六

一五畫

瑽 五一五　惷 九七七　慧 九七七　耦 一一二八　駜 一七四八　漦 七五八　璂 五一五　璜 五一五　瑾 五一五　璀 五一五　璟 五一五

蝎 一六六六　靚 一六〇〇　璁 五一六　璡 五一六　璋 五一六　碾 一〇二二　輦 一四一四　鴃 一七七二　鴈 一七七二　璊 五一六　璆 五一六　樗 五七六　漀 七五八　摯 八二三　熱 九二〇　慤 九七八　穀 一〇八〇　賣 一四五一　賣 一四五一　頡 一六九九　駑 一七四八　覩 一〇三六　墳 二四五　趚 一四〇二　趣 一四〇二　赭 一四〇五　髮 一七四一　駓 一七四八　墠 二四五　堈 二四五　髯 一七四一　駔 一七四八　駉 一七四八　駛 一七四八　駟 一七四九　墦 二四五　趡 一四〇二

駠 一七四九　駙 一七四九　駒 一七四九　駈 一七五七　增 二四五　駝 一七四九　駐 一七四九　墀 二四六　髳 一七四一　髲 一七四一　髴 一七四一　髻 一七四二　駘 一七五〇　歎 八八七　鄚 一五〇四　邁 一五三六　[illegible] 九七八　蕈 一三一八　蕆 一三一八　蕀 一三一八　蕙 一三一八　蕤 一三一八　蕢 一三一八　蕨 一三一九　蕘 一三一九　蕢 一三一九　鞋 一六九一　蕞 一三一九　蓳 一三一九　薁 一三一九　蕭 一三一九　䰰 一一三六　蓫 一三一六　蕪 一三一九　蕣 一三二〇　蕛 一三二〇　蔦 一三二〇

蕉 一三二〇　蕃 一三二〇　蕕 一三二一　蕩 一三二一　蕫 一三二一　蕰 一三二一　蕾 一三二一　蕊 一三二一　鞍 一六九二　蔬 一三二二　蔆 一三二二　鞎 一六九二　槧 五七六　賨 一四五一　鼒 一八〇二　樞 五七六　樠 五七六　樴 五七七　横 五七七　槾 五七七　槬 五七七　標 五七七　槿 五七八　槭 五七八　槽 五七八　槠 五七八　樓 五七八　樏 五七九　麩 一七六八　樅 五七九　橡 五七九　樊 五七九　槔 五七九　樟 五七九　樀 五七九　樣 五八四　樛 五八〇

樔 五八〇　鞏 一六九二　敷 六五〇　暫 六八四　慙 九七八　遷 一五三六　輤 一四一四　輚 一四一四　醋 一四二八　醃 一四二八　醆 一四二九　輠 一四一四　輪 一四一四　輖 一四一五　輬 一四一五　輨 一四一五　醉 一四二九　醇 一四二九　霂 一六〇六　輜 一四一五　輟 一四一五　醊 一四二九　檛 五七五　憂 九七八　磊 一〇二二　磑 一〇二二　磌 一〇二二　磔 一〇二二　磅 一〇二二　確 一〇二三　鴈 一七七二　㕒 五〇　賚 一四五二　[illegible] 一七七三　遼 一五三八　奭 二六九　匳 五四

殣 六一三　豬 一四三八　殤 六一三　震 一六〇六　霄 一六〇六　霈 一六〇七　霅 一六〇七　甌 六二八　漿 七五八　撿 七九五　撢 八二三　撻 八二四　撓 八二四　撲 八二四　撐 八二四　撮 八二四　撖 八二八　撟 八二四　撝 八二四　撫 八二五　擒 八二五　播 八二五　撤 八二六　歐 八八八　毆 八九四　豎 一四二二　扐 八二六　撰 八二六　撥 八二六　劌 一八四　豊 一五〇二　輩 一四一五　鬧 一七三九　齒 一八一五　敹 六五〇　劇 一八四　膚 八七四

歔 八八八　慮 九七九　賢 一四五二　鄰 一五〇四　輝 一四一六　賞 一四五三　蝶 一一六七　影 三八九　獎 六〇三　數 六五〇　鄵 一五〇四　遺 一五三八　嘹 三一六　㗩 三一六　噴 三一六　噎 三一七　嘵 三一七　嘲 三一七　嘻 三一七　暴 六八五　暵 六八五　瞋 一〇三八　蝘 一一六七　賤 一四五三　賦 一四五三　踐 一四七三　踦 一四七四　踖 一四七四　嘿 三一七　噓 三一七　嶕 三五七　蝦 一一六七　蜎 一一六七　賜 一四五四　踏 一四七四　踧 一四七四　踞 一四七四

踝 一四七四　闍 一六八二　噍 三一七　噏 三一七　暤 六八五　蝯 一一六七　蝗 一一六七　蝓 一一六七　蝮 一一六八　賙 一四五四　踟 一四七四　踥 一四七五　閱 一六八二　噂 三一八　噒 三一八　噌 三五七　暶 六八五　暲 六八六　睢 一〇三八　蝤 一一六八　蝣 一一六八　踩 一四五〇　踤 一四五四　踠 一四七五　踡 一四七五　踣 一四七五　闇 一六八二　閬 一六八三　閑 一六八三　睫 六八六　曓 六八六　蝑 一一六八　幩 三四一　嶤 三五七　罳 一一八四　幝 三四一　幡 三四二

幠 三四二　嶔 三五七　嶲 三五八　嶓 三五八　嶠 三五八　罶 一一八四　幢 三四二　幟 三四二　嶙 三五八　罷 一一八四　墫 二四六　瞑 一〇三八　墨 二四六　遲 六八六　骴 一七一一　骼 一七一一　骸 一七一一　感 九七九　靠 一六一四　頲 一六九九　黎 一八〇七　稽 一〇八一　積 一〇八一　稷 一〇八一　稻 一〇八二　牖 八四一　稼 一〇八二　箱 一二〇四　範 一二〇五　箴 一二〇六　篋 一二〇六　箭 一二〇六　篌 一二〇六　篁 一二〇六　篠 一二〇六　艘 一二二七　篇 一二〇七

篪 一二〇七　箭 一二〇七　篆 一二〇七　篠 一二〇八　僨 一一八　價 一一八　嘬 三一八　儇 一一八　譽 九六九　儌 一一九　儉 一一九　僾 一一九　儀 一一九　僵 一二〇　億 一二〇　緜 一三七三　皚 一〇九一　皛 一〇九一　馭 一七七三　質 一四五四　德 三八〇　徵 三八二　衝 三八三　徹 三八三　衛 三八三　頦 一六九九　磐 一〇二三　盤 一〇六〇　艎 一二二八　艘 一二二八　劍 一八四　領 一六九九　錄 一六五六　鋏 一六五六　鋪 一六五七　鋗 一六五六　銲 一六五六

鋤 一六五六　銷 一六五六　銳 一六五六　鋂 一六五七　鋝 一六五七　鋊 一六五七　鋒 一六五七　鋟 一六五七　號 一一五七　頫 一六九九　貓 一五四八　餗 一七二一　餝 一七二〇　餒 一七二二　餕 一七二二　鴆 一七七三　劊 一八五　鄶 一五〇五　慾 九八〇　餘 一七二二　鴇 一七七三　膝 八七四　膘 八七五　膞 八七五　膢 八七五　滕 七五八　膟 八七五　膠 八七五　魯 一七八六　獠 六〇三　魴 一七八七　獝 六〇四　劉 一八五　潁 七五八　皺 一一二二　養 一七二三　諆 一五七三

諏 一五七三　諸 一五七三　諾 一五七四　諓 一五七四　請 一五七四　誹 一五七五　課 一五七五　誰 一五七五　諛 一五七六　論 一五七六　諗 一五七六　詾 一五七六　調 一五七六　諂 一五七七　誼 一五七七　諒 一五七七　談 一五七七　誶 一五七八　稾 一〇八二　傾 一六九九　撎 八二七　熟 九二〇　僻 一二一　螌 一一六八　褒 一二四一　賡 一四五五　褎 一二三三　褏 一二三三　嘶 三一八　廝 四〇七　廟 四〇七　廚 四〇八　瘨 一一〇一　瘞 一一〇一　瘱 一一〇一　瘼 一一〇一　廦 一七九六

廛 四〇八　瘵 一一〇二　厥 四〇八　廡 四〇八　瘕 一一〇二　瘡 一一〇二　麾 一七九五　摩 八二七　瘚 一一〇二　瘠 一一〇二　麃 一七九六　廢 四〇八　慶 四〇九　凜 一六〇　甂 六二八　敵 六五一　毅 八九四　蝱 一一六八　憧 九八〇　遴 一五三九　糊 一二五八　糋 一二五二　糈 一二五八　糔 一二五八　獘 六〇四　禜 一〇一一　親 一四六一　熯 九二〇　熛 九二〇　熠 九二〇　熮 九二一　冪 一六三　導 二五七　翦 一三四四　遵 一五三九　鋈 一六五七　潔 七五九

潓 七五九　潦 七五九　潸 七五九　澒 七五九　潛 七六〇　澍 七六〇　澬 七六〇　潭 七六〇　澐 七六一　澎 七六一　潮 七六一　澌 七六一　澆 七六一　潰 七六一　澂 七六一　澖 七六二　澗 七六二　潤 七六二　濎 七六二　糏 一二五二　潒 七六二　潗 七六三　潟 七六三　潘 七六三　澳 七六三　潼 七六三　澈 七六三　潾 七六三　潯 七六四　潏 七六四　澄 七六四　潺 七六四　糅 一二五八　憖 九八〇　憉 九八〇　憯 九八〇　憒 九八〇

憬 九八〇　憫 九八一　憚 九八一　憍 九八一　憮 九八一　懊 九八一　憔 九八一　憐 九八一　憎 九八二　憕 九八二　㥝 九八二　瑩 五一六　餈 一七二三　戭 六二二　賓 一四五五　頞 一七〇〇　寯 一六九二　寮 四三七　窴 一一一六　審 四三七　寫 四三八　窱 一一一六　窮 一一一六　窳 一一一七　窰 一一一七　翩 一三四四　褥 一二四二　褫 一二四二　褔 一二四二　褵 一二四二　鴂 一七七三　禩 九九八　勥 一八六　憨 九八二　蝨 一一六八　馠 一七三五　犟 七八四

熨 九二一　遲 一五三九　鴂 一七七四　履 四四六　慰 九八二　層 四四七　選 一五四〇　彈 四五八　險 一六四四　嬌 四九〇　嬈 四九一　嬉 四九一　嫺 四九一　嬋 四九一　餓 一七二三　駕 一七五〇　熲 九二一　勰 一九六　戮 六二二　翨 一三四五　翫 一三四五　翬 一三四五　雒 一六二〇　蝥 一一六八　適 一五四〇　豫 一四三八　甄 六二八　儋 一二一　畿 一〇五三　緬 一三七六　緤 一三七六　緘 一三七六　練 一三七六　緗 一三七七　緼 一三七七　緦 一三七七　緝 一三七七

憑 九八三　褱 一二四二　諫 一五七八　諧 一五七八　謀 一五七八　諴 一五七九　諜 一五七九　諶 一五七九　諲 一五七九　謁 一五七九　謂 一五八〇　諤 一五八〇　諟 一五八〇　謔 一五八〇　認 一五八一　諷 一五八一　諠 一五八一　諼 一五八一　諭 一五八一　諛 一五八一　謚 一五八六　諮 一五八一　諦 一五八二　諳 一五八二　諺 一五八二　諠 一五八二　諞 一五八二　諱 一五八二　諝 一五八三　憨 九八四　遭 一五四一　凝 一六〇　磨 一〇二三　瘽 一一〇二　廥 四一〇　廨 四一〇　廩 四一〇

廬 四一〇　瘵 一一〇二　癃 一一〇三　親 一四六一　龍 一八一八　辨 一五九七　辦 一五九八　劑 一八六　壅 二四八　嬴 四九一　瘳 一一〇三　甌 六二八　糗 一二五八　瞀 一〇三九　罃 一一八七　褮 一二四二　燌 九二二　燂 九二二　燒 九二二　燎 九二二　燀 九二二　燃 九二三　燋 九二三　燔 九二三　燴 九二三　燉 九二三　營 九二三　燐 九二四　熾 九二四　燧 九二四　螢 一一七一　燈 九二四　燠 九二四　憲 九八四　濛 七六四　澾 七六四　濩 七六五

濫 七六五　澣 七六五　精 一二五九　澡 七六五　濁 七六五　潞 七六五　澤 七六五　澠 七六六　濃 七六六　濊 七六六　澯 七六六　濉 七六六　澥 七六七　激 七六七　澮 七六七　澳 七六七　澹 七六七　澨 七六七　羲 一二五二　曈 六八七　濨 七六八　澶 七六八　甎 六二九　憾 九八四　懆 九八五　懌 九八五　憸 九八五　憺 九八五　懈 九八五　懍 九八五　憶 九八五　縈 一三八二　褰 一二四三　鴻 一七七五　窺 一一一七　寰 四三八　窿 一一一七

窶 一一一七　禫 一〇一一　禧 一〇一一　禪 一〇一一　禨 一〇一一　褶 一二四三　賷 一四五五　頵 一七〇二　墼 二四八　壓 二四八　壁 二四八　幦 三四二　嬖 四九一　避 一五四一　墩 二二七　彌 一七六四　隰 一六四四　隱 一六四四　嬙 四九一　嬐 四九一　獩 六〇五　嶲 一三四六　氈 八三七　隮 一六四五　頯 七〇三　縛 一三八二　縉 一三八二　緻 一三八二　縟 一三八三　縓 一三八三　縺 一三八三　縝 一三八三　縜 一三八三　縐 一三八三　縫 一三八三　綷 一三八二　縭 一三八三

繯 一三八四　縊 一三八四　縞 一三八四　縑 一三八四　睫 一〇五四

一七畫

贅 一四五六　覯 一四六二　璦 五一八　璨 五一八　璩 五一八　璐 五一八　璫 五一八　環 五一八　璪 五一九　璵 五一九　黿 一八一〇　戴 六二三　毅 八九四　轂 八九四　盩 一〇六一　聲 一一三六　螌 一一七一　蟄 一一七一　罄 一一八七　褺 一二四三　縶 一三八四　鵠 一七七五　樲 五八五　驌 一七五一　騩 一七五一　趨 一四〇二　鬐 一七四二　騁 一七五一　騂 一七五二　駽 一七五二

壥 二四八　櫛 五八五　趨 一四〇二　鬃 一七四三　騐 一七五二　壙 二四八　壕 二四九　鬀 一七四三　騂 一七五二　駾 一七五二　騄 一七五二　擢 八三一　駿 一七五二　騧 一七五三　騣 一七五三　駷 一七五三　舊 一二二〇　艱 一二六四　賽 一四五六　藿 一六二〇　藍 一三二八　藺 一三二八　薹 一三二八　藏 一三二九　謨 一五八三　蔚 一三二九　薱 一三二九　聰 一一三七　藒 一三二九　薿 一三三〇　藐 一三三〇　蕹 一三三〇　薰 一三三〇　鞠 一六九二　鞞 一六九三　擲 八三一　藃 一三三〇

蕐 一三三〇　藉 一三三〇　藁 一三三三　蕹 一三三三　鞚 一六九三　藻 一三三七　聯 一一三八　藋 一三三一　藎 一三三一　蕼 一三三一　鞬 一六九三　韓 一七三五　懋 九八五　隸 一六八九　榦 五八五　檉 五八五　檣 五八五　櫃 五八五　檈 五七二　檡 五八六　檢 五八六　檐 五八六　檄 五八六　檓 五八六　檀 五八六　檥 五八七　彝 一七六八　檕 五八七　擊 八三一　轅 一四一七　醢 一四三〇　餔 一七六四　轁 一四一八　轄 一四一八　醨 一四三〇　殭 六一四　碣 一〇二四

磯 一〇二四　翳 一三四六　緊 一三八四　壓 二四九　鄰 一五〇五　磽 一〇二四　磾 一〇二四　磻 一〇二四　磷 一〇二四　磳 一〇二四　瞵 一〇三九　磴 一〇二五　磿 一〇二五　壐 五二〇　斢 九二八　邇 一五四二　黜 一七八八　殮 六一四　貕 一四三九　霜 一六〇八　霞 一六〇八　擣 八三二　擬 八三二　擿 八三二　擯 八三二　擠 八三二　臨 一一四二　鴂 一七七五　壑 二四九　紫 一七八八　齔 一八一五　戲 六二三　虞 一五五七　虧 一五五七　黻 一八〇〇　蟊 一一七一　甓 六二九

瞽 一〇三九　覬 一四六二　雖 一六二〇　嚇 三二〇　矇 六八七　瞫 一〇三九　瞭 一〇三九　螼 一一七一　蟥 一一七一　賻 一四五六　購 一四五六　闌 一六八四　闉 一六八四　韔 一七三六　嬰 四九二　曙 六八八　曑 六八八　螻 一一七二　螺 一一七二　蟃 一一七二　蹋 一四七七　蹕 一四七八　闃 一六八五　曒 六八八　瞬 一〇三九　蟋 一一七二　蹌 一四七八　蹈 一四七八　蹊 一四七八　嚌 三二〇　瞳 一〇五四　螭 一一七二　蟀 一一七二　蹐 一四七八　闇 一六八五　闊 一六八五　瞪 一〇三九

瞷 一〇四一　闈 一六八五　闋 一六八五　斀 六五二　歜 八八八　豳 一四三九　覬 一四六二　幬 三四三　幭 三四三　罽 一一八四　嶷 三五九　嶽 三五九　嶺 三六〇　嶸 三六〇　罿 一一八五　點 一八〇三　黜 一八〇四　黝 一八〇四　髀 一七一一　輿 一四一八　矯 一〇六六　矰 一〇六七　魏 一七一六　穖 一〇八四　穗 一〇八四　穛 一〇四〇　穟 一〇八四　穜 一〇八四　穉 一〇八四　篡 一二一〇　簪 一二一〇　簦 一二一〇　簣 一二一〇　簧 一二一〇　篋 一二一〇　篴 一二一一　簇 一二一一

篋一二一一 篸一二一一 繁一三八四 優一二二 舉七六八 歟八八八 鵂一七七五 黛一八〇四 頣一七〇二 黏一八〇七 儢一二二 鯈一七八八 償一二三 雋一七七五 儲一二三 儦一二三 擊八三二 鼀一八二一 魌一七一七 皤一〇九一 魋一七一七 斃一九七 聳一一三八 徽三八五 衛三八五 艘一二二八 斂六五二 棃一二五九 鴿一七七五 鍊一六六一 鍥一六六一 鍼一六六二 鍇一六六四 鍔一六六二 鍭一六六二 錇一六六二 鍛一六六二

鍬一六六二 鎪一六六二 鍠一六六二 鍾一六六三 鍰一六六三 鎚一六六三 鍽一六六三 鎡一六六三 鍜一六六四 鍒一六六四 鍪一一七二 邈一五四二 谿一五四五 餬一七二五 爵八四九 貌一五四八 餱一七二五 衘一七二五 餽一七二五 餫一七二五 懇九八六 龠一八二〇 錫一六六四 曖六八八 塹二五〇 餲一七二五 膻八七六 膳八七六 膴八七六 膿八七七 臅八七七 臊八七七 膽八七七 臉八七七 膾八七七 臆八七七 膹八七八

鼂一八六 鮬一七八八 鮞一七八九 鮪一七八九 燦九二四 鮇一七八九 鮦一七八九 鮥一七八九 鮏一七八九 鮫一七八九 鮮一七八九 獮六〇六 獷六〇六 颸一七三〇 斳八四四 臒一三三一 獯六〇六 螽一一七二 頿一七〇二 褻一二四三 謌八八六 講一五八三 謹一五八四 謏一五八四 謝一五八四 謅一五八四 謠一五八五 謐一五八五 謙一五八五 謚一五八六 謗一五八六 謞一五八六 氈八三七 襄一二四三 膺八七八 應九八六 麋一二五九

麋一三八五 穎一七〇二 褭一二四一 癘一一〇三 療一一〇三 癉一一〇三 麐一七九七 麇一七九七 癈一一〇三 甕六二九 麈一一七三 擩八三二 齋一八一四 鴾一七七五 燹六一四 嚳一四三〇 燥九二五 燬九二五 燭九二六 濿一〇一七 鴻一七七六 濡七六八 濔七六八 濍七六八 濤七六八 濫七六九 糟一二五九 鹹一七三四 濬七六九 濕七六九 冀一二五九 濮七六九 濞七七〇 濘七七〇 濟七七〇 濱七七一 濠七七一

糠一二五九 澀七七一 濰七七一 瀡七七一 濯七七一 糝一二五九 盪一〇六一 懱九八七 懠九八七 燮二〇五 懦九八七 邃一五四二 豁一五四五 謇一五八六 寱四三七 窾一一一八 窺一一一八 竉一一一八 蹇一四七八 顄一七〇二 覬一四六二 襋一二四四 禮一〇一二 襌一二四四 襛一二四四 襘一〇一三 襚一二四四 襆一二四四 襁一三八九 壓四九二 檗五八七 歗八八九 擘八三三 臂八七八 臀八七八 嬚四九二 屨四四七

屨四四七 彌四五八 檽五八七 隳一六四五 孺四六七 牆九九四 螿一一七三 嬉四九二 嬪四九二 翼一三四六 繇一三八五 嚮三二一 罋一一七三 績一三八五 縹一三八六 縳一三八六 縲一三八六 縵一三八六 縷一三八六 縱一三八六 總一三八七 縮一三八八 繂一三八八 繽一三八八 縿一三八八 繼一三八九 繆一三八九 繅一三八九 雛一六一九

一八畫

鼇一四六七 瓍五一九 瓀五一九 璹五一九 璿五一九 瓊五一九

瞽一〇四〇 燾九二五 翹一三四六 贅一四五六 蕤一八〇八 騎一七五三 騏一七五四 壝二五〇 擺八三三 騑一七五四 騊一七五四 騇一七五四 鬈一七四三 騄一七五四 爇九二五 蹔一一七三 賾一四五六 覲一四六二 鄿一五〇五 聶一一三九 薑一一七三 藝一三三二 藕一三三二 鞢一六九三 瓆一一三九 藘一三三二 薾一三三二 藪一三三二 藟一三三三 鞮一六九三 藜一三三三 藥一三三三 藤一三三三 鞫一六九三 鞭一六九三 職一一三九 藩一三三四

藨一三三四 蘊一三三四 檮五八七 檻五八七 檯五八八 櫅五八八 櫂五八八 檵五八八 磬一〇二五 塹六八四 覆一一四四 轉一四一八 轊一四一九 醩一四三一 醻一四三一 霤一六〇九 霢一六〇九 轆一四一九 醪一四三一 檿五八八 礎一〇二五 甓一四七九 磁一〇二五 鵃一七七六 餮一七二五 豵一四三九 殯六一四 貊一四三九 貐一四三九 霣一六〇九 霧一六〇九 擾八三三 攄八三三 鹽一〇六一 醫一四三一 鶩一七六四 豐一四二三

礐一〇二五 覷一四六二 齕一八一五 叢二〇五 懟九八七 虩一一五八 蹛一四七九 瞼一〇四〇 壘二五〇 甖六二九 蟲一一七三 題一七〇三 韙一七三六 嚏三二一 矇一〇四〇 蟪一一七三 躇一四七九 闔一六八五 闖一六八六 闐一六八六 嚜三二一 瞿一〇四〇 蟬一一七四 蹀一四七九 闓一六八六 嚟三二一 曛六八八 瞻一〇四〇 蟠一一七四 蟦一一七四 蟾一一七四 蹤一四七九 蹠一四八〇 蹗一四八〇 蹢一四八〇 闕一六八四 曜六八八

顓一七〇三 巀三六〇 巂三六〇 曠六八〇 黠一八〇四 鵙一七七六 髃一七一一 䯊一七一一 骼一七一一 籆一〇六七 鎛一一八八 鵠一七七六 穡一〇八五 穫一〇八五 穠一〇八五 穢一〇八五 馧一七一三 馥一七一三 簟一二一一 簿一二一一 簪一二一一 簝一二一二 簋一二一二 簞一二一二 簡一二一二 簣一二一三 簽一二一六 簜一二一三 簩一二一三 鵜一七七七 鄭一五〇五 礜一〇二五 儵一二三 儭一二三 雙一六二一 歸六三六 軀一五〇八

嗷 一〇九一　騟 一七七一　顗 一七〇三　鏌 一六六四　鎛 一六六五　鎧 一六六四　鎖 一六六四　鏠 一六六四　鎩 一六六五　鎸 一六六五　鎗 一六六六　鎔 一六六五　鎰 一六六五　鎬 一六六六　翻 一三四七　徽 一五四五　鴰 一七七七　雞 一六二二　貙 一五四八　鎑 一七二六　餾 一七二六　鎮 一六六五　餼 一七二六　玃 六〇二　臑 八七八　臕 八七八　臏 八七九　鯁 一七九〇　鯉 一七九〇　鯀 一七九〇　鯇 一七九〇　颸 一七三〇　颺 一七三〇　觴 一五五二　颼 一七三〇　玁 六〇六　雛 一六二二

讀 一五八六　謹 一五八六　謳 一五八七　謙 一五八七　謾 一五八七　謼 一五八七　謫 一五八八　謶 一五八八　謬 一五八八　雜 一六二二　離 一六二三　癀 一一〇三　麌 一七九七　旛 九〇四　旋 九〇四　瘻 一一〇四　廖 一七九七　癖 一一〇四　磨 一七九七　顏 一七〇三　邊 一五四二　鼫 一八一一　翻 一三四七　播 一二五三　燿 九二五　燼 九二五　顒 一七〇三　鵜 一七七七　濾 九八七　鎏 一六六六　糧 一二五七　瀫 七七一　瀆 七七二　懵 九八七　瀑 七七二　濺 七七二　瀏 七七二

瀋 七七二　瀅 七七二　瀍 七七二　瀉 七七三　濼 七七三　懪 九八七　憒 九八八　懰 九八八　鎣 一六六六　額 一七〇四　竅 一一一八　竄 一一一八　竆 一一一六　禱 一〇一三　襧 一〇一三　襟 一二四四　襗 一二四四　襛 一二四五　襡 一二四五　襘 一二四五　襢 一二四五　縈 一三八九　屩 四四七　鴨 一七七七　韞 一七三六　璧 五二〇　醬 一四三二　韘 一七三六　隴 一六四五　嬼 四九三　彝 四四〇　斷 八四四　繞 一三八九　繐 一三九〇　繚 一三九〇　繢 一三九〇

繒 一三九〇　繕 一三九〇　織 一三九〇　繙 一三九一　繾 一三九一

一九畫

騜 一七五四　鵪 一七七七　璯 五二〇　鴉 一七七七　鵲 一七七七　嚭 二五〇　飄 一七三〇　黿 一一六二　鬐 一七四三　鬐 一七四三　壚 二五〇　騠 一七五四　趫 一四〇三　壞 二五〇　鬍 一七四三　騤 一七五五　騢 一七五五　騤 一七五五　騷 一七五五　勸 一九七　孽 四六八　難 一六二三　鵙 一七七八　鵝 一七七八　藿 一三三四　蘀 一三三四　蕵 一三三五　韡 一六九四　韝 一六九四　蘉 一三三五

蘆 一三三五　蘧 一三三五　蘋 一三三五　蘄 一三三五　蘅 一三三五　蘇 一三三六　蕣 一三三六　蘷 一三三六　蘍 一三三六　藹 一三三七　藻 一三三七　鞹 一六九四　藺 一三三七　攀 八三三　麓 一七九七　櫌 五八八　櫝 五八八　櫖 五八八　櫟 五八九　櫓 五八九　櫜 五八九　螌 一一七四　鏨 一六六七　麗 一七九七　繫 一三九一　轑 一四一九　轒 一四一九　霦 一六〇九　轐 一四二〇　覈 一一四五　轔 一四二〇　轓 一四二〇　轎 一四二〇　醮 一四三二　鷇 一七六四　轍 一四二〇　醢 一四三二

顛 一七〇四　磜 一〇二五　礪 一〇二六　礙 一〇二六　願 一七〇四　麴 一七六八　璽 五二〇　獶 一四四〇　獱 一四四〇　鄰 一五〇五　攏 八三三　翽 一三四七　黼 一八〇〇　獸 六〇六　覞 一四六三　鶅 一七七八　疇 一〇五四　蠅 一一七四　蟃 一一七五　賺 一四五七　蹶 一四八〇　闚 一六八八　嚧 三二一　嚴 三二一　嚬 三二二　曝 六八九　蟾 一一七五　蹻 一四八〇　蹯 一四八〇　嚨 三二二　矌 一〇四一　蟻 一一七五　蟺 一一七五　贈 一四五七　蹴 一四八〇　蹲 一四八〇　闞 一六八七

闞 一六八七　曜 六八八　翾 一三四七　顗 一七〇五　飄 一七三〇　嶝 三四三　巆 三六〇　巄 三六〇　羆 一一八五　羅 一一八五　黿 一一六二　犧 七八五　贊 一四五七　鰲 一七九〇　犢 七八五　牘 八四一　犪 七八五　穩 一〇八五　穧 一〇八五　穫 一〇八六　簳 一二一三　籢 一二一三　簬 一二一三　籤 一二一三　籀 一二一四　簵 一二一四　簷 一二一四　簿 一二一四　簾 一二一四　簫 一二一四　儳 一二三　鴭 一七七八　魑 一七一七　職 一一三九　懲 九八八　鞶 一六九四　艧 一二二八

艤 一二二八　鏗 一六六七　鏜 一六六七　鏝 一六六七　鏘 一六六七　鏤 一六六七　鏦 一六六八　鏑 一六六八　鏃 一六六八　鏞 一六六八　鏡 一六六八　鏈 一六六八　鏟 一六六九　鏉 一六六九　鏐 一六六九　覼 一四六三　辭 一五九八　鼗 一八〇八　饇 一七二六　饉 一七二六　飆 一七三一　襞 一二六〇　鵬 一七七八　鵬 一七七八　臘 八七九　鯤 一七九一　鯸 一七九一　鰫 一七九一　鯢 一七九一　鯨 一七九一　蟹 一一七五　獺 六〇七　觶 一五五二　颾 一七三一　鵪 一七七八　邀 一五四三　警 一五八八

譆 一五八八　譖 一五八八　譚 一五八八　譙 一五八九　譜 一五八九　識 一五八九　證 一五九〇　譎 一五九〇　譔 一五九〇　譏 一五九〇　鶉 一七七九　靡 一六一四　龐 一八一九　麒 一七九八　廬 四一〇　麕 一七九八　旝 九〇四　癡 一一〇四　魔 一七九八　麿 一七九八　癢 一一〇四　壟 二五一　韻 一七三二　瓣 一〇九二　蠃 一一七五　羸 一二五三　鼀 一八一四　旟 九〇四　羶 一二五三　爆 九二五　爍 九二五　類 一七〇五　瀚 七七三　瀨 七七三　瀝 七七三　瀟 七七三　灖 七七三

瀨 七七四　瀘 七七四　瀠 七七四　瀛 七七四　羹 一二五三　䍽 一二五三　懭 九八八　懷 九八八　鵴 一七七九　寶 四三九　寵 四三五　襪 一二四五　襦 一二四六　襩 一二四六　襘 一二四六　韠 一七三六　䙡 一二四六　繄 一三九一　疆 一〇五四　韁 一七三七　韡 一七三七　韝 一七三七　韜 一七三七　騖 一七五五　嬿 四九三　歠 八八九　顡 一七〇六　鶩 一七五五　繩 一三九一　繰 一三九二　繹 一三九二　繾 一三九二　繳 一三九二　繪 一三九二　繶 一三九二　繵 一三九二　繡 一三九二

二〇畫

騖 一七五六　瓏 五二一　翿 一三四七　馨 一七一四　鬢 一七四三　鬐 一七四三　騂 一七五六　䭾 一七四四　騣 一七五六　騃 一七五六　騮 一七五六　騶 一七五六　騄 一七五六　壤 二五一　驀 一七五六　蘦 一三三七　蘮 一三三八　韃 一六九四　蘩 一三三八　蘞 一三三八　蘗 一三三八　蘥 一三三八　蘤 一三三八　藍 一三三八　蘪 一三三八　蘯 一〇六一　蘰 一三三九　蘭 一三三九　櫪 五八九　櫨 五八九　櫳 五八九　櫬 五八九　謳 一〇五五　罌 一一八八　飄 一七三一　轚 一四二〇

轘 一四二〇　醳 一四三二　醴 一四三二　醲 一四三二　醿 一四三三　礌 一〇二六　礫 一〇二六　礎 一〇二六　霰 一六〇九　攕 八三四　攙 八三四　攘 八三四　甗 六二九　鹹 一七六九　齡 一八一六　齠 一八一六　獻 六〇七　鷗 一七七九　耀 一三四七　黨 一八〇四　鶚 一七七九　懸 九八九　矍 一〇四一　罌 一一八八　鶡 一七七九　鶗 一七七九　蠕 一一七六　闥 一六八八　嚵 三二二　嚶 三二二　躁 一四八一　躅 一四八一　闠 一六八八　闡 一六八八　嚼 三二三　矘 一〇四一　贍 一四五八

躃 一四八一　曦 六八九　曨 六八九　蠑 一一七六　蠙 一一七六　酃 一五〇五　酆 一五〇五　巍 三六一　巉 三六二　巇 三六二　黤 一八〇五　黥 一八〇五　鶻 一七〇九　斆 六五三　嚳 三二三　鶩 一七七九　黧 一八〇五　穭 一〇八五　犧 七八五　穮 一〇八六　纂 一三九三　籋 一二一五　籍 一二一五　籄 一二一五　籌 一二一五　籊 一二一五　覺 一四六三　譽 一五九〇　豐 一八七　皪 一〇九一　齬 一八一一　鶘 一七八〇　鐔 一六六九　鐕 一六六九　鐃 一六六九　鐎 一六六九　鐈 一六七〇

鏻 一六六九　鐨 一六七〇　鐓 一六七〇　鐩 一六七〇　鐍 一六七〇　鐳 一六七〇　鐙 一六七〇　鐉 一六七〇　釋 一五四四　饐 一七二六　饎 一七二六　饙 一七二六　饒 一七二七　饍 一七二七　鐘 一六七一　饋 一七二七　饌 一七二七　饑 一七二七　臚 八七九　騰 一七五七　鰋 一七九一　鯷 一七九一　鰦 一七九二　鰌 一七九二　觸 一五五二　飂 一七三一　獼 六〇七　譍 一五九一　護 一五九一　譴 一五九一　譯 一五九一　譟 一五九二　譣 一五九二　譈 一五九二　議 一五九二　譩 一五九二　讁 一五八八

龐 四一一　辮 一三九三　魔 一七一七　農 一七九八　癖 四一一　瘵 一一〇四　霹 一七九八　霞 一七九九　競 一一一〇　贏 八七九　齋 一八一四　糲 一二六〇　爐 九二六　灆 七七四　灌 七七四　灂 七七五　瀴 七七五　瀾 七七五　瀹 七七五　瀸 七七五　瀲 七七五　瀼 七七六　瀵 七七六　瀷 七七六　瀰 七七六　懽 八八九　懺 九八九　懷 九九〇　騫 一七五七　鶏 一七八〇　寶 四三九　竇 一一一八　鶮 一七八〇　襮 一二四六　鱀 一七九二　譬 一五九二　孀 四九三

孅 四九三　孃 四九三　鶩 一七八〇　饗 一七二七　響 一七三三　繻 一三九三　纀 一三九三　纁 一三九四　繽 一三九四　纊 一三九四　繼 一三九四

二一畫

蠢 一一七六　齧 一八一六　騽 一七五七　瓘 五二一　瓔 五二一　瓓 五二一　驅 一七五七　驃 一七五八　鬘 一七四四　騾 一七五八　驄 一七五八　鼛 一八〇九　鼙 一八〇九　驪 一七五九　驂 一七五九　歡 八八九　酈 一五〇六　藏 一三三九　蘿 一三三九　蠡 一一七六　檻 五八九　權 五九〇　櫺 五九〇　欄 五九〇

櫻 五九一　欃 五九一　櫰 五九一　糲 一二六〇　櫚 五九一　辮 一三九五　鷇 一七八〇　覽 一四六三　鶂 一七八〇　轞 一四二一　醹 一四三三　醻 一四二七　轛 一四二一　蠡 一一七六　礴 一〇二六　礸 一七〇八　覼 一四六四　飆 一七三一　殲 六一四　霸 一六一〇　露 一六一〇　霹 一六一一　攝 八三四　攜 八三四　鹺 一七六九　罍 一一八八　纍 一三九五　顥 一七〇六　囀 三二三　囉 三二三　贓 一四五八　躊 一四八一　囂 三二三　贔 一四五八　闤 一六八八　囊 六八九　躑 一四八一

躋 一四八一　躍 一四八一　闢 一六八八　巋 三六二　黰 一八〇五　黮 一八〇五　黯 一八〇五　髒 一七一二　髓 一七一二　酇 一五〇六　儹 一一二三　儼 一二四　儷 一二四　轟 一四一八　顦 一七〇六　鐵 一六七二　鐲 一六七一　鐶 一六七一　鐺 一六七一　鐸 一六七一　鑯 一六七一　黐 一三四七　鷂 一七八〇　鶬 一七八〇　雞 一六二二　饖 一七二八　鑊 一六七二　臞 八七九　鰟 一七九二　鰥 一七九二　鰩 一七九二　觼 一五五三　飈 一七三一　譸 一五九三　鶮 一七八一　癧 一一〇四　虆 一七九九

魔 一七九九　礱 一〇二七　辯 五九九　齎 一八一四　纇 一三九五　鶒 一七八一　爟 九二六　爛 九二六　爝 九二六　爚 九二六　劘 一八七　夔 三九五　灄 七七六　灃 七七六　灕 七七六　瀍 七〇二　灘 七七六　懾 九九〇　懼 九九〇　鶺 一七八一　饘 一七二八　鶱 一七八一　竈 一一一八　顧 一七〇六　襴 一〇一四　襪 一〇一四　鶴 一七八一　屬 四四七　蠡 一一七六　續 一三九五　纆 一三九五　纏 一三九五

二二畫

瓏 五二一　懿 九九〇　覿 一四六四

鷔 一七八二　鬢 一七四四　驍 一七五九　驛 一七五九　鬚 一七四四　驕 一七五九　驎 一七六〇　驈 一七六〇　鼘 一八〇九　蠥 一一七六　糱 一二六〇　驚 一七六〇　聽 一一四〇　蘻 一三三九　韁 一六九四　蘿 一三四〇　蘱 一三四〇　蘼 一三四〇　欇 五九一　攤 八三五　囊 三二三　彲 三八九　邐 一五四三　鑿 一六七二　鷗 一七八二　轢 一四二一　醽 一七六四　鷖 一七八二　鷞 一七八二　霾 一六一一　霽 一六一一　攦 八三五　攞 八三五　攢 八三五　齪 一八一六　灑 七七七　鑒 一六七二

鷩 一七九二 鷥 一七八二 矔 一〇四一 贖 一四五八 囉 三二四 疊 一〇五五 躓 一四八二 躔 一四八二 躕 一四八二 躐 一四八二 巒 三六二 邏 一五四三 巔 三六二 羇 一一八五 巖 三六二 巑 三六三 體 一七一二 䯤 一七一二 穰 一〇八六 籟 一二一五 籜 一二一六 籙 一二一六 籛 一二一六 籠 一二一六 儻 一二四 籧 一二一六 韠 一八一一 艫 一二二八 龕 一八一九 鑈 一六七三 鑄 一六七三 鑑 一六七二 鑇 一六七三 鑛 一六七三 鷊 一七八二 穌 一八二〇 纙 一二六〇

獵 六〇八 饕 一七二八 臞 八七九 鱄 一七九三 黴 一七九二 颾 一七三一 觻 一五五三 讀 一五九三 譿 一五九三 鷔 一七八二 癭 一一〇四 癬 一一〇四 聾 一一四〇 襲 一二四六 龔 一八一九 蠪 一一七七 饔 一七二八 驚 一七八二 鶩 一七八三 灑 七七七 灘 七七七 灒 七七七 㦡 九九一 竊 一一一九 畫 一〇六一 鬻 一七六四 韣 一七三七 鸐 一七八三 孿 四六八 彎 四五八 孌 四九三 䜌 一四二一 纑 一三九六

二三畫

龞 一八一〇 瓚 五二一

驖 一七六〇 攫 八三五 驛 一七六〇 驢 一七六一 驗 一七六一 戁 九九一 韈 一二四五 蘵 一三四〇 虋 一三四〇 欏 五九一 醮 六七一 饜 一七二八 攬 八三五 齰 一八一七 顯 一七〇七 曬 六八九 蠸 一一七七 蠱 一一七七 蠰 一一七七 巘 三六三 鑵 一一八八 雜 一六二四 籥 一二一六 籤 一二一六 䰇 一八一一 鵻 一七八三 饉 一六二四 躚 一四八二 鑢 一六七三 鑠 一六七三 鑕 一六七三 鑣 一六七四 鑞 一六七四 鱏 一七九三 鱖 一七九三 玃 六〇八 鱗 一七九三

鱒 一七九三 讍 一五九三 鷲 一七八三 癯 一一〇五 麢 一七九五 麟 一七九九 癰 一一〇五 讐 一五九三 纗 一三九六 顰 一七〇七 蠲 一一七七 灡 七七五 灙 七七七 灜 七七四 戃 九九一 鼷 一八一〇 襽 一二四七 欑 五九一 蠭 一一七七 欒 五九一 變 六五三 攣 八三五 戀 九九一 纓 一三九六 纖 一三九六 纔 一三九七

二四畫

鬭 一七三九 瓛 五二一 驟 一七六一 鬢 一七四四 鬟 一七四四 觀 一四六四 藹 一三四〇 蘘 一三四〇 蠹 一一七七

釀 一四三三 礹 一〇二七 矗 四五 靨 一七〇八 鷂 一七八三 靂 一六一一 靈 一六一一 靄 一六一三 攬 八三五 鹽 一〇六一 蠶 一一七八 艷 一四二三 顬 一七〇七 齷 一八一七 贙 一一五八 矙 一〇四二 鷺 一七八三 囓 三二四 囕 三二四 矖 一〇四二 蠵 一一七八 躞 一四八二 覊 一一八五 羉 一一八五 黲 一八〇六 囑 三二四 鼉 一八一〇 鶮 一七八三 籧 一二一七 籲 一二一七 籬 一二一七 鷽 一七八三 鸒 一七八四 鸃 一七八四 衢 三八五 鑮 一六七四 鑪 一六七四

貛 一五四九 鱯 一七九三 鱦 一七九三 鱞 一七九四 鱓 一七九四 鱮 一七九四 鱣 一七九四 讒 一五九三 讖 一五九三 讓 一五九三 鸇 一七八四 鷹 一七八四 廳 四一一 奮 八九六 贛 一四五八 灞 七七七 灠 七七七 禷 一〇一四 蠹 一二二五 鸏 一七八四 屭 四四八 鬻 一七六五 纕 一三九七

二五畫

纛 一三九七 驜 一七六一 鬣 一七四四 驖 一七六二 羈 一一八六 欘 五九二 韊 一四二一 靉 一六一三 鬬 一七三九 鼉 一八一〇 蠣 一一七八 躡 一四八二

曯 六八九 欒 七八五 贙 一七六七 鑯 一六七四 鑰 一六七四 鱠 一七九四 鸑 一七八四 觿 一五五三 讙 一五九四 爥 九二六 灣 七七八 鼈 一八一〇 斸 八四五 鸛 一七八四 蠻 一一七八 欝 一一八六 纚 一三九七 纘 一三九七

二六畫

驠 一七六二 驢 一七六二 驥 一七六二 驡 一七六二 䵴 一七六八 轥 一四二一 釃 一四三三 黶 一八〇六 齇 一一五八 躪 一四八三 矚 一〇四二 籯 一二一七 釁 一八七 讚 一五九四 糷 一二六〇

二七畫

驩 一七六二 驤 一七六二 蠡 一一七八 躩 一四八三 黷 一八〇六 韡 七八五 灨 七七八 鑽 一六七四 貜 一五四九 讞 一五九四 讜 一五九四 鑾 一六七四

二八畫

驨 一七六三 鸚 一七八五 豔 一四二三 鑿 一六七五 戇 九九一 鼉 一八二二

二九畫

驪 一七六三 鸛 一七八五 虋 一三四〇 鬱 三八九 鸜 一七八五 讟 一五九五

三〇畫

鸝 一七八五 爨 九二六 鱺 一七九四 鸞 一七八五

三一畫

灩 七七七

三三畫

鱻 一七八九 麤 一二五四

差異部件		例字
贊	賛	纘纉
䍃	䍃	搖摇
衮	袞	滾滚
青	靑	清淸
艮	皀	既旣
昷	𥁕	溫温
黄	黃	橫横
衆	眾	潨潨
录	彔	祿禄
奂	奐	換换
争	爭	靜静
吴	吳	娛娱
𢦏	𢦔	纖纎
真	眞	鎭鎮
兑	兌	悅悦
袁	𧘂	遠遠
刀	⺈	絕絶
幵	开	硏研
呂	吕	侶侣
产	产	彥彦
句	勾	鉤鈎
朮	术	述述
八	丷	尙尚
彑	彐	綠緑

文獻來源表

一、簡紙類

（一）甘肅文物研究所等編：《居延新簡·甲渠候官》（上下冊），北京：中華書局，一九九四年。

（二）馬建華主編：《河西簡牘》，重慶：重慶出版社，二〇〇三年。

（三）汪濤等編：《英國國家圖書館藏斯坦因所獲未刊漢文簡牘》，上海：上海辭書出版社，二〇〇七年。

（四）湖北省荊州市周良玉遺址博物館：《關沮秦漢墓簡牘》，北京：中華書局，二〇〇一年。

（五）香港中文大學中國文化研究所：《秦漢簡帛資料庫》，漢達古籍資料庫中心出版。含：馬王堆漢墓帛書、武威漢簡、武威漢代醫簡、銀雀山漢墓竹簡、居延漢簡、睡虎地秦墓竹簡等。

（六）彭浩主編：《張家山漢墓竹簡》，武漢：湖北美術出版社，二〇〇二年。

（七）長沙市文物考古研究所等：《長沙走馬樓三國吳簡·嘉禾吏民田家莂》（上下冊），北京：文物出版社，一九九九年。

（八）長沙市文物考古研究所等：《長沙走馬樓三國吳簡·竹簡》（壹），北京：文物出版社，二〇〇三年。

（九）長沙市文物考古研究所等：《長沙走馬樓三國吳簡·竹簡》（貳），北京：文物出版社，二〇〇六年。

（十）王國維編：《流沙墜簡》，北京：中華書局，一九九九年。

（十一）侯燦、楊代欣編：《樓蘭漢文簡紙文書集成》，成都：天地出版社，一九九九年

二、石刻類（附石刻文獻表）

（一）北京圖書館金石組編：《北京圖書館藏中國歷代石刻拓本彙編》，鄭州：中州古籍出版社，一九九七年。

（二）高峽主編：《西安碑林全集》及附錄《陝西碑石菁華》，廣州：廣東經濟出版社，一九九九年。

（三）中國文物研究所等單位編：《新中國出土墓誌》（河南卷上、下冊，陝西卷上、下冊，重慶卷一冊），北京：文物出版社，二〇〇四年。

（四）王其禕，周曉薇編著：《隋代墓誌銘匯考》（全六冊），北京：線裝書局，二〇〇七年。

（五）徐玉立主編：《漢碑全集》（全六冊），鄭州：河南美術出版社，二〇〇六年。

附：石刻文獻表

注：原拓殘缺字用「□」代替。

兩漢

時代	名稱	字形數
西漢	楚王墓塞石	三七
西漢	麃孝禹碑	七
西漢	霍去病墓字	九
西漢	李后墓塞石	二九
西漢	買山地記	一五
西漢	石墻村刻石	一六
西漢	王陵塞石	三
東漢	白石碑額	四
東漢	白石神君碑	一三九
東漢	比干墓刻石	二
東漢	伯興妻殘碑	一三
東漢	簿書殘碑	四二
東漢	倉頡廟碑	二一
東漢	倉頡廟碑側	八八
東漢	蒼山元嘉題記	一八二
東漢	曹全碑陽	四二二
東漢	曹全碑陰	九三
東漢	朝侯小子碑	九八
東漢	成奴題字	三
東漢	池陽令殘碑	九〇
東漢	從事馮君碑	一二二
東漢	大吉山刻石	一三
東漢	黨錮殘碑	九
東漢	蕩陰字殘	一一
東漢	鄧景達題記	二
東漢	樊敏碑	九六
東漢	樊敏碑額	四
東漢	肥致碑	二一四
東漢	封龍山頌	一四一
東漢	馮孺人題記	三一
東漢	馮神道闕	二
東漢	鳳凰刻石	二
東漢	郙閣頌	八九
東漢	高頤闕銘東	四

時代	名稱	字形數
東漢	高頤闕銘西	五
東漢	耿勳碑	七
東漢	公乘田魴記	七八
東漢	觀音廟殘碑	二
東漢	郭夫人題記	八
東漢	郭仲理記	一一
東漢	韓仁銘	三三
東漢	韓仁銘額	一〇
東漢	何君閣道銘	三八
東漢	和平元年記	一三
東漢	衡方碑	七二
東漢	華山廟碑額	六
東漢	華山廟碑陽	二六四
東漢	華岳廟碑陰	一八
東漢	淮源廟碑	二八八
東漢	桓孨食堂記	一七
東漢	桓孨食堂記	一八
東漢	皇女殘碑	四
東漢	皇聖卿闕銘	四
東漢	霍去病墓字	二
後漢	祭瀆記	一一
東漢	建安殘石	四
東漢	建初四年記	三
東漢	建初元年記	三
東漢	建和三年記	四
東漢	建寧殘碑	六
東漢	建寧三年殘碑	五〇
東漢	建寧元年殘碑	二三
東漢	建墻刻石	三
東漢	景君碑額	八
東漢	景君碑陽	二〇二
東漢	景君碑陰	二一六
東漢	靜仁字殘碑	三
東漢	舉孝廉殘碑	一二

時代	名稱	字形數
東漢	開母廟闕銘	一一
東漢	開通褒斜道	三〇
東漢	孔彪碑陽	二七
東漢	孔德讓碑	六
東漢	孔宏碑	一〇
東漢	孔宙碑額	九
東漢	孔宙碑陽	一七九
東漢	孔宙碑陰	一五五
東漢	寬以殘碑	九
東漢	樂安利殘碑	一
東漢	離石題記	一
東漢	李冰石像銘	一一
東漢	李孟初神祠碑	三三
東漢	禮器碑	二〇八
東漢	禮器碑側	一三一
東漢	禮器碑陰	一二四
東漢	立朝字殘碑	一三
東漢	利水大道記	二三
東漢	劉漢劉漢	四
東漢	劉君殘碑	六
東漢	劉君石柱殘	三
東漢	劉熊碑	二〇
東漢	魯峻碑陽	二七
東漢	路公食堂記	八
東漢	履和純殘碑	三
東漢	洛陽黃腸石	四
東漢	馬姜墓記	六四
東漢	買田約東石	六三
東漢	門生字殘碑	二
東漢	孟孝琚碑	一三九
東漢	繆字墓誌	二八
東漢	南陽石柱題名	一四
東漢	牛公產題記	三
東漢	裴岑紀功碑	一六

時代	名稱	字形數
東漢	毗上字殘碑	三
東漢	七言摩崖記	一五
東漢	岐子根記	一六
東漢	虔恭字殘碑	九
東漢	秦君神道刻字	二七
東漢	請雨銘	九
東漢	朐忍令碑	一七八
東漢	群臣上醻碑	九
東漢	任城黄腸石	三二
東漢	三公山碑	二一
東漢	三老刻石	一三八
東漢	三老石堂記	一七
東漢	善言者題刻	三
東漢	尚博殘碑	七一
東漢	尚博殘碑	九三
東漢	尚博殘碑額	四
東漢	少室闕題名	五
東漢	少室石闕銘	五二
東漢	沈府君神道闕	八
東漢	石門闕銘	三五
東漢	石門頌	四一二
東漢	石人胸前字	二
東漢	史晨後碑	二三一
東漢	史晨前碑	一一〇
東漢	侍御史李公闕	八
東漢	是吾殘碑	七
東漢	司馬長元記	九
東漢	四神刻石	七
東漢	祀三公山碑	八八
東漢	宋伯望買田券	五
東漢	孫琮題記	三
東漢	孫大壽碑額	四
東漢	孫仲陽題記	八
東漢	孫仲隱墓刻	八
東漢	太室石闕銘	一五
東漢	太尉府門記	三
東漢	唐公房碑陽	一三
東漢	陶洛殘碑陽	一八
東漢	田文成題記	一二

時代	名稱	字形數
東漢	通閣道記	一五
東漢	銅山大廟記	四
東漢	王得元題記	四
東漢	王暉石棺銘	一六
東漢	王景信題記	二
東漢	王舍人碑	六七
東漢	王稚子闕	四
東漢	魏元丕碑	一三
東漢	魏元丕碑額	七
東漢	温江墓門記	四
東漢	文叔陽題記	一九
東漢	嗚咽泉題記	三〇
東漢	五瑞圖摩崖	一六
東漢	武榮碑	四六
東漢	西狹頌	三三八
東漢	西狹頌額	三
東漢	熹平殘石	一八
東漢	熹平石經殘	六
東漢	熹平石經易	七八
東漢	熹平元年墓石	五
東漢	夏承碑	二一七
東漢	鮮于璜碑額	八
東漢	鮮于璜碑陽	三五九
東漢	鮮于璜碑陰	一四五
東漢	咸陽田界石	二
東漢	薌他君記額	九
東漢	薌他君題記	一九八
東漢	校官碑	四六
東漢	行事渡君碑	四二
東漢	徐無令題記	七
東漢	許阿瞿題記	一八
東漢	許安國題記	一七九
東漢	延光四年殘	九
東漢	延平元年記	一二
東漢	延熹二年記	三
東漢	延熹三年記	一八
東漢	陽嘉殘碑陽	一〇
東漢	陽嘉殘碑陰	二一
東漢	陽嘉二年記	七

時代	名稱	字形數
東漢	楊德安題記	一七
東漢	楊耿伯題記	一六
東漢	楊淮表記	四〇
東漢	楊叔恭碑側	二
東漢	楊叔恭殘碑	二九
東漢	楊統碑陽	一五四
東漢	楊元昭題記	二
東漢	楊震碑	三三八
東漢	楊著碑額	二
東漢	楊著碑陽	一七八
東漢	楊子興題記	七
東漢	楊宗闕	三
東漢	乙瑛碑	二九四
東漢	尹武孫題記	二
東漢	尹宙碑	一一三
東漢	尹宙碑額	二
東漢	永和二年記	一四
東漢	永和一年記	五
東漢	永和元年記	二
東漢	永平四年記	二三
東漢	永平元年記	二
東漢	永壽元年銘	二五
東漢	永壽元年墓記	四七
東漢	永元九年記	一一
東漢	永元六年記	一四
東漢	永元十年記	五
東漢	餘草字殘碑	四
東漢	圉令趙君碑	五五
東漢	元初五年記	二
東漢	元和三年記	八
東漢	元嘉三年記	一〇
東漢	袁安碑	八九
東漢	袁敞殘碑	八
東漢	造土牛碑	一三〇
東漢	張角字殘碑	六
東漢	張遷碑額	一一
東漢	張遷碑陽	二〇九
東漢	張遷碑陰	二九
東漢	張壽殘碑	二九

時代	名稱	字形數
東漢	張文思題記	一五
東漢	趙菿殘碑	四一
東漢	趙菿殘碑額	八
東漢	趙寬碑	二三七
東漢	趙儀碑	五三
東漢	振武將軍碑	七
東漢	正直殘碑	七

時代	名稱	字形數
東漢	鄭固碑	九九
東漢	鄭季宣碑	六
東漢	終郭鄉題記	二
東漢	著懿殘石	二
東漢	卓異殘碑	五
東漢	子游殘碑	四七
東漢	佐孟機題記	二五

時代	名稱	字形數
東漢	作封記	三五
新莽	羊竇頭刻石	一〇
新莽	禳盜刻石	三六
新莽	蘇馬灣刻石	一四
新莽	萊子侯刻石	一三

三國兩晉

時代	名稱	字形數
三國魏	呂猛妻磚誌	二
三國魏	鮑捐神坐	六
三國魏	曹真殘碑陽	四九
三國魏	曹真殘碑陰	二六
三國魏	范式碑額	八
三國魏	范式碑陽	九
三國魏	管寧墓誌	一六
三國魏	何晏墓誌	二九
三國魏	黃初殘碑	二
三國魏	霍君神道	一〇
三國魏	鮑寄神坐	五
三國魏	孔羨碑	一三五
三國魏	咸熙元年題字	三
三國魏	受禪碑	二七
三國魏	通閣道題名	八
三國魏	王基斷碑	一六八
三國魏	五官掾功碑	三
三國魏	上尊號碑額	五
三國魏	正始石經	二一〇
三國魏	張君殘碑	一一一
三國魏	謝君神道	一四
三國吳	買冢城磚	二一

時代	名稱	字形數
三國吳	浩宗買地券	六
三國吳	天發神□碑	一三六
三國吳	谷朗碑	一六
晉	管洛碑額	三
晉	黃庭經	四七
晉	華芳墓誌陰	一五六
晉	華芳墓誌陽	五〇
晉	和國仁墓碑	六
晉	韓壽墓碣	三
晉	郭槐柩記	一二二
晉	管洛墓誌陰	二一
晉	郛休碑陰	四四
晉	成晃碑額	七
晉	黃庭内景經	一三五
晉	辟雍頌額	九
晉	辟雍頌陽	五八八
晉	辟雍頌陰	二七
晉	郛休碑陰	一六
晉	郛休碑陽	八八
晉	馮恭石槨字	一〇
晉	爨寶子碑	二
晉	管洛墓誌陽	四六

時代	名稱	字形數
晉	石尠墓誌	一六二
晉	左棻墓誌陽	一三
晉	鄭道昭題刻	三
晉	張伯通造像	三
晉	楊陽墓闕	一六
晉	徐義墓誌陰	三
晉	徐義墓誌陽	二二五
晉	徐文墓碣	九
晉	王君侯碑陽	二三
晉	樂生柩記后	六
晉	孫氏碑額	二
晉	蘭亭序真本	一九
晉	洛神十三行	三一
晉	呂望表額	二
晉	呂望表陽	四二
晉	魯詮墓表	二〇
晉	左棻墓誌陰	一六
晉	劉韜墓志	三
晉	筆陣圖	一一
晉	王君殘墓誌	三三

北朝

時代	名稱	字形數
北魏	馬振拜造像	四
北魏	□知造像	二
北魏	劉江女磚誌	四

時代	名稱	字形數
北魏	劉雄造像	四
北魏	劉璿造像記	九
北魏	劉玉墓誌	一三

時代	名稱	字形數
北魏	龍泉古井銘	六
北魏	盧令媛墓誌	四一
北魏	陸紹墓誌	一八

時代	名稱	字形數
北魏	劉根造像記	一三
北魏	馬口造像記	三
北魏	劉阿素墓誌	二五
北魏	孟敬訓墓誌	二
北魏	孟元華墓誌	八
北魏	穆夫人墓誌	九
北魏	穆亮墓誌	六〇
北魏	穆亮妻墓誌	三五
北魏	穆紹墓誌	二七
北魏	穆彥墓誌	二七
北魏	穆彥誌蓋	八
北魏	穆纂墓誌	四九
北魏	論經書詩	六
北魏	李端墓誌	一九
北魏	寇猛墓誌	一四
北魏	寇憑墓誌	六四
北魏	寇慰墓誌	四一
北魏	寇霄墓誌	四一
北魏	寇演墓誌	六五
北魏	寇臻墓誌	四八
北魏	寇治墓誌	四八
北魏	蘭將墓誌	一八
北魏	劉華仁墓誌	二八
北魏	李超墓誌	二〇
北魏	秦洪墓誌	四四
北魏	李榘蘭墓誌	五〇
北魏	李謀墓誌	一三
北魏	李蕤墓誌	二一
北魏	李頤墓誌	二五
北魏	李元姜墓誌	七
北魏	李媛墓誌	五八
北魏	李遵墓誌	一四
北魏	李遵誌蓋	一二
北魏	靈山寺塔銘	七
北魏	李璧墓誌陽	三七
北魏	王基墓誌	九〇
北魏	檀賓墓誌	八六
北魏	唐耀墓誌	三一
北魏	唐雲墓誌	一二

時代	名稱	字形數
北魏	吐谷渾璣墓誌	七二
北魏	吐谷渾氏墓誌	二六
北魏	萬福榮造像	一八
北魏	王阿善造像	三
北魏	王瑑墓誌	四一
北魏	甯懋墓誌	七
北魏	王蕃墓誌	二六
北魏	蘇屯墓誌	一四
北魏	王普賢墓誌	二一
北魏	王僧男墓誌	二六
北魏	王紹墓誌	一三
北魏	王神虎造像	一二
北魏	王誦墓誌	三六
北魏	王誦妻墓誌	六
北魏	王誦妻元墓誌	二四
北魏	王遺女墓誌	六
北魏	王翊墓誌	九七
北魏	王昌墓誌	六
北魏	石婉墓誌	三五
北魏	鞠彥雲墓誌	一六
北魏	丘哲墓誌	四二
北魏	冗從僕射記	二
北魏	僧達等造像	五
北魏	僧暈造像記	七
北魏	山暉墓誌	二一
北魏	山徽墓誌	四六
北魏	鄯乾墓誌	二七
北魏	鄯月光磚誌	三
北魏	孫秋生造像	四
北魏	石門銘	二
北魏	孫寶憘造像	二
北魏	叔孫協墓誌	二〇
北魏	司馬紹墓誌	一九
北魏	司馬氏墓誌	七〇
北魏	司馬顯姿墓誌	三七
北魏	嵩高靈廟碑額	八
北魏	宋虎墓誌	二八
北魏	宋靈妃墓誌	二七
北魏	宋靈妃誌蓋	一二

時代	名稱	字形數
北魏	乞伏寶墓誌	二九
北魏	上尊號碑	一〇四
北魏	馮會萇墓誌	四五
北魏	杜文慶造像	二
北魏	段峻德墓誌	七
北魏	爾朱紹墓誌	九二
北魏	爾朱襲墓誌	七一
北魏	爾朱襲誌蓋	七
北魏	法生造像	四
北魏	樊奴子造像	六
北魏	範國仁造像	五
北魏	高貞碑	二
北魏	封昕墓誌	一二
北魏	吊比干文	九
北魏	馮季華墓誌	二八
北魏	馮迎男墓誌	二七
北魏	馮迎男妻墓誌	四
北魏	馮邕妻墓誌	九四
北魏	高廣墓誌	一一
北魏	高珪墓誌	六一
北魏	高樹造像記	七
北魏	高兇造像記	二
北魏	寇偘墓誌	二五
北魏	封魔奴墓誌	五〇
北魏	慈慶墓誌	一〇四
北魏	安定太守墓誌	二
北魏	曹天度造像	六
北魏	曹望憘造象	五
北魏	長孫瑱墓誌	一九
北魏	長孫子澤墓誌	三〇
北魏	常季繁墓誌	一五
北魏	常氏誌蓋	一〇
北魏	常文遠造像	九
北魏	陳天寶造像	四三
北魏	董偉墓誌	四
北魏	程法珠墓誌	一〇
北魏	東巡碑額	五
北魏	慈香惠造像	一六
北魏	崔承宗造像	九

時代	名稱	字形數
北魏	崔懃造像	六
北魏	大般若經	六
北魏	帝寺造像	二
北魏	刁遵墓誌	四
北魏	弔比干文額	七
北魏	弔比干文陽	六五
北魏	耿伏奴題字	二
北魏	成氏墓誌	一一
北魏	濟南王誌蓋	四
北魏	侯剛墓誌	五二
北魏	侯太妃墓誌	五
北魏	侯太妃造像	九
北魏	侯義墓誌	八
北魏	侯愔墓誌	一九
北魏	胡明相墓誌	八六
北魏	胡屯進墓誌	三
北魏	皇甫驎墓誌	四
北魏	高英墓誌	四
北魏	惠詮造像記	三
北魏	和邃墓誌	三〇
北魏	賈瑾墓誌	八
北魏	賈景造像記	七
北魏	賈良造像記	九
北魏	介休等造像	七
北魏	淨悟浮圖記	三一
北魏	敬羽高衡造像	八
北魏	昝雙仁墓誌	一八
北魏	鞠彥雲蓋	二
北魏	王禎墓誌	一八
北魏	暉福寺碑	二
北魏	韓君神道碑	三
北魏	耿氏墓誌	二八
北魏	耿壽姬墓誌	一〇
北魏	公孫猗墓誌	四三
北魏	公孫猗誌蓋	六
北魏	宮內司楊墓誌	一七
北魏	鞏伏龍造像	八
北魏	笱景墓誌	五六
北魏	笱景誌蓋	八

時代	名稱	字形數
北魏	觀海童詩	三
北魏	洪懋造象銘	二
北魏	郭顯墓誌	八五
北魏	赫連悅墓誌	三七
北魏	韓氏墓誌	一八
北魏	韓顯宗額	八
北魏	韓顯宗墓誌	三四
北魏	韓顯祖造像	六
北魏	韓曳雲造像	五
北魏	韓震墓誌陽	二四
北魏	韓震墓誌陰	二〇
北魏	和醜仁墓誌	五六
北魏	康健墓誌	二〇
北魏	郭法洛造像	一一
北魏	元廞墓誌	三〇
北魏	元襲墓誌	三五
北魏	元仙墓誌	四〇
北魏	元顯儁墓誌	二五
北魏	元顯魏墓誌	三〇
北魏	元詳墓誌	一一
北魏	元勰墓誌	一二
北魏	元燮題記	二
北魏	元遙妻梁墓誌	二
北魏	元新成妃墓誌	三八
北魏	元暐墓誌	三三
北魏	元信墓誌	一八
北魏	元秀墓誌	四六
北魏	元項墓誌	七一
北魏	元緒墓誌	二一
北魏	元延明墓誌	六五
北魏	元演墓誌	一七
北魏	元彥墓誌	三五
北魏	元颺墓誌	一九
北魏	元欽墓誌	五二
北魏	元爕造像記	二
北魏	元嵩墓誌	二七
北魏	王元詳題記	六
北魏	元詮墓誌	三九
北魏	元融墓誌	七八

時代	名稱	字形數
北魏	元尚之墓誌	二六
北魏	元始和墓誌	二一
北魏	元壽安墓誌	一〇三
北魏	元壽安誌蓋	八
北魏	元壽妃墓誌	一一
北魏	元爽墓誌	一七
北魏	元熙墓誌	三三
北魏	元思墓誌	三五
北魏	元文墓誌	一六三
北魏	元肅墓誌	二五
北魏	元譚墓誌	三〇
北魏	元悌墓誌	一〇三
北魏	元天穆墓誌	五三
北魏	元天穆誌蓋	一五
北魏	元珽墓誌	二八
北魏	元珽誌蓋	四
北魏	元維墓誌	六五
北魏	元液墓誌	三九
北魏	元順墓誌	六五
北魏	張整墓誌	一九
北魏	袁超造像記	四
北魏	翟普林造像	二三
北魏	張安姬墓誌	二四
北魏	張好郎造像	二
北魏	張盧墓誌	二五
北魏	張猛龍碑陽	二
北魏	張寧墓誌	三一
北魏	張寧誌蓋	四
北魏	元遙墓誌	一一
北魏	張元祖妻記	四
北魏	元子直墓誌	五五
北魏	趙口造像	三
北魏	趙充華墓誌	二一
北魏	趙光墓誌	八
北魏	趙王誌蓋	八
北魏	鄭道忠墓誌	三
北魏	鄭黑墓誌	四六
北魏	鄭君妻墓誌	三一
北魏	鄭羲上碑	二

時代	名稱	字形數
北魏	莊伯墓誌	四
北魏	張玄墓誌	五一
北魏	元瞻墓誌	一二〇
北魏	元彝墓誌	五〇
北魏	元乂墓誌	九〇
北魏	元愔墓誌	二四
北魏	元引墓誌	一三
北魏	元宥墓誌	二〇
北魏	元誘墓誌	七九
北魏	元誘妻墓誌	二三
北魏	元羽墓誌	二一
北魏	元毓墓誌	二一
北魏	元纂墓誌	三一
北魏	元悅墓誌	七
北魏	元鑽遠墓誌	四三
北魏	元湛墓誌	三一
北魏	元昭墓誌	四四
北魏	元珍墓誌	二四
北魏	元楨墓誌	三四
北魏	元周安墓誌	一七
北魏	元暐墓誌	五〇
北魏	元子永墓誌	二一
北魏	元子正墓誌	八四
北魏	元平墓誌	三一
北魏	元願平妻墓誌	三三
北魏	于仙墓誌	二六
北魏	楊範墓誌	一一
北魏	楊府君墓誌	一五
北魏	楊乾墓誌	四六
北魏	楊乾誌蓋	七
北魏	楊泰墓誌	七
北魏	楊胤墓誌	九
北魏	姚伯多供養碑	七二
北魏	尹愛姜造像	三
北魏	元斌墓誌	四三
北魏	于景誌蓋	八
北魏	楊阿難墓誌	三
北魏	于纂墓誌	八六
北魏	于纂墓誌蓋	三

時代	名稱	字形數
北魏	欲會造像記	二
北魏	元馗墓誌	五
北魏	元保洛墓誌	二〇
北魏	元寶月墓誌	六六
北魏	元弼墓誌	四六
北魏	元弼墓誌蓋	一一
北魏	元悛墓誌	二六
北魏	于景墓誌	三八
北魏	謝伯違造像	五
北魏	涿縣磚刻	一四
北魏	尉遲氏造像	一一
北魏	温泉頌額	三一
北魏	吳高黎墓誌	四
北魏	吳光墓誌	二一
北魏	吳屯造像記	三
北魏	五十四人造像	三
北魏	奚真墓誌	三五
北魏	奚智墓誌	三五
北魏	楊大眼造像	九
北魏	鮮于仲兒墓誌	三〇
北魏	楊保元妻墓誌	二
北魏	兄弟姐妹記	二
北魏	薛伯徽墓誌	四一
北魏	薛法紹造像	一〇
北魏	薛慧命墓誌	三八
北魏	薛慧命誌蓋	九
北魏	薛孝通券	一四
北魏	嚴震墓誌	一三
北魏	元崇業墓誌	五四
北魏	仙和寺造像	二
北魏	元略墓誌	四六
北魏	元簡殘石	一六
北魏	元舉墓誌	二六
北魏	元均及妻墓誌	三
北魏	元均之墓誌	一一
北魏	元恪嬪墓誌	一七
北魏	元馗墓誌	五〇
北魏	元朗墓誌	七二
北魏	元禮之墓誌	七

時代	名稱	字形數
北魏	元彬墓誌	三七
北魏	元鸞墓誌	二〇
北魏	元譿墓誌	一八
北魏	元洛神墓誌	四七
北魏	元茂墓誌	三九
北魏	元孟輝墓誌	五
北魏	元謐墓誌	四八
北魏	元侔墓誌陽	一二
北魏	元侔墓誌陰	七
北魏	元□墓誌	四
北魏	元倪墓誌	一八
北魏	元寧墓誌	四七
北魏	元靈曜墓誌	三五
北魏	元顯墓誌	五八
北魏	元純陁墓誌	一〇五
北魏	元誕墓誌	一四
北魏	元定墓誌	一六
北魏	元端墓誌	三七
北魏	元端妻墓誌	六
北魏	元恩墓誌	二八
北魏	元昉墓誌	二一
北魏	元敷墓誌	一七四
北魏	元恭墓誌	七五
北魏	元鑒墓誌	一八
北魏	元貴妃墓誌	二〇
北魏	元繼墓誌	六九
北魏	元弘嬪侯墓誌	一六
北魏	元華光墓誌	一六
北魏	元懷墓誌	一九
北魏	元煥墓誌	三五
北魏	元煥誌蓋	二三
北魏	元暉墓誌	一五
北魏	元徽墓誌	四三
北魏	元誨墓誌	八三
北魏	王悅及妻墓誌	八
北魏	元固墓誌	三〇
東魏	劉懿墓誌	三一
東魏	戎愛洛造像	三
東魏	姜夫人墓誌	七

時代	名稱	字形數
東魏	淨智塔銘	四〇
東魏	李次明造像	六
東魏	李挺墓誌	七六
東魏	李憲墓誌	三七
東魏	李艷華墓誌	二三
東魏	廉富造像	二六
東魏	惠究道通造像	二
東魏	劉雙周塔記	八
東魏	惠好等造像	五
東魏	龍華浮圖銘	七
東魏	盧貴蘭墓誌	二八
東魏	陸順華墓誌	五六
東魏	呂覎墓誌	三〇
東魏	馬都愛造像	一五
東魏	穆子巖墓誌	八
東魏	南宗和尚塔銘	三八
東魏	尼曇會題記	二
東魏	凝禪寺碑	九
東魏	長孫囧碑額	九
東魏	劉目蓮造像	八
東魏	高翻碑	一〇
東魏	長孫囧墓碑	二
東魏	成休祖造像	八
東魏	程榮造像	二
東魏	程哲碑	一〇
東魏	道奣造像	四
東魏	道穎造像	一七
東魏	邸珍墓碑額	二
東魏	杜文雍造像	四一
東魏	法香建塔記	六
東魏	惠詮造像記	三
東魏	馮令華墓誌	六四
東魏	滎遷等造像	四
東魏	高翻碑額	一三
東魏	高歸彥造像	三
東魏	高盛墓碑	五二
東魏	高湛墓誌	八
東魏	公孫甑生墓誌	三〇
東魏	侯海墓誌	八

時代	名稱	字形數
東魏	侯海墓誌陽	一二
東魏	侯海墓誌陰	五
東魏	侯海誌蓋	六
東魏	封延之誌蓋	一五
東魏	源磨耶壙志	三
東魏	檻仟造像	三
東魏	元光基墓誌	一七
東魏	元光基誌蓋	九
東魏	元均及妻墓誌	四六
東魏	元賥墓誌	三三
東魏	元顯墓誌	八
東魏	元湛墓誌	八四
東魏	元湛誌蓋	一一
東魏	元鷙墓誌	二〇
東魏	元寶建墓誌	三三
東魏	員光造像記	七
東魏	義橋石像碑	八
東魏	造須弥塔記	三
東魏	張瓘墓誌	三四
東魏	張滿墓誌	一七
東魏	張僧安造像	二
東魏	張願德造像	三
東魏	趙暉等造像	二
東魏	志朗造像	五
東魏	朱舍造寺記	二
東魏	宗欣墓誌	六四
東魏	宗欣誌蓋	七
東魏	元仲英墓誌	四四
東魏	王僧墓誌	五二
東魏	僧崇題名	三
東魏	叔孫固墓誌	六〇
東魏	司馬昇墓誌	八
東魏	孫妃造像記	二
東魏	孫思賓造像	三
東魏	唐小虎造像	三
東魏	田鸞墓磚	三
東魏	王蓋周造像	一二
東魏	王惠略造像	二
東魏	元悰墓誌	一一

時代	名稱	字形數
		八
東魏	王令媛誌蓋	七
東魏	祖氏誌蓋	九
東魏	土偃墓誌	四〇
東魏	隗念天墓誌	三
東魏	吳叔悅造像	六
東魏	郗蓋祛銘	五
東魏	蕭正表墓誌	一七
東魏	新廟碑額	二
東魏	修孔子廟碑陽	三
東魏	楊顯叔造像	二
東魏	邑主造石像	二
東魏	邑主造像訟	七
東魏	王令媛墓誌	五一
西魏	任氏墓誌	二
西魏	靈巖寺沙門	二
西魏	介媚光造像	四
西魏	合邑造像記	五
西魏	杜照賢造像	二
西魏	杜魯清造像	二
西魏	鄧君墓誌	一二
西魏	陳神姜造像	五
北齊	劉雙仁墓誌	二五
北齊	乞伏保達墓誌	二
北齊	和紹隆墓誌	二
北齊	皇甫琳額	八
北齊	惠遠造像記	二
北齊	紀僧諮造像	二
北齊	賈致和造像	二
北齊	姜瑞雲造像	二
北齊	姜纂造像記	二三
北齊	雋敬碑	一五
北齊	李稚暈造像	二
北齊	梁子彥墓誌	二〇
北齊	高淯墓誌	一三六
北齊	劉僧信造像	四
北齊	高僧護墓誌	一九
北齊	劉雙仁誌蓋	八
北齊	劉忻墓誌	四

時代	名稱	字形數
北齊	婁黑女墓誌	五
北齊	婁黑女墓誌	一四五
北齊	鏤石班經記	三四
北齊	魯彦昌造像	二
北齊	馬天祥造像	七一
北齊	牛景悦記	一八
北齊	牛永福造像	四
北齊	歐伯羅造像	七
北齊	口德造像	三
北齊	劉碑造像銘	六
北齊	邸明玉造像	二
北齊	報德像碑	二〇
北齊	畢文造像	二七
北齊	暢洛生造像	一三
北齊	出涅槃經	三
北齊	淳于元皓墓誌	五
北齊	崔棠造像	二
北齊	崔頠墓誌	一四
北齊	大基山題字	二
北齊	道常等造像	二
北齊	道明墓誌	四〇
北齊	道榮造像	四
北齊	韓山剛造像	一六
北齊	等慈寺塔銘	一一
北齊	二十五佛名	一一
北齊	定國寺塔碑	一五
北齊	董桃樹造像	一二
北齊	董淵造像	二
北齊	竇泰墓誌	七一〇
北齊	爾朱元靜墓誌	一四
北齊	法懃塔銘	一三八
北齊	房周陁墓誌	二五
北齊	夫子廟碑	二五
北齊	傅隆顯墓誌	三
北齊	感孝頌	二七一
北齊	道政造像陰	七
北齊	張龍伯造像	四
北齊	彭城寺碑陽	六
北齊	邑義等造像	七

時代	名稱	字形數
北齊	義橋石像碑	二
北齊	殷恭安造像	一一
北齊	優婆姨造像陽	一二
北齊	優婆姨造像陰	七
北齊	宇文誠墓誌	一三
北齊	元賢墓誌	八六
北齊	雲峯山題記	一〇
北齊	雲居館題記	三
北齊	暈禪師造像陽	八
北齊	顔玉光墓誌	四
北齊	張景暈造像	三
北齊	許儁等造像	二四
北齊	張起墓誌	八
北齊	張世寶造塔	九
北齊	張思文造像	六
北齊	張子昂造像	三
北齊	趙道德墓誌	一九
北齊	趙桃椒妻造像	一一
北齊	趙振題字	四
北齊	鄭天柱山銘	九
北齊	智靜等造像	二
北齊	朱岱林墓誌	二
北齊	朱氏等造像	二
北齊	張景林造像	三
北齊	王鴨臉造像	九
北齊	僧道建造象	二
北齊	僧靜明造像	六三
北齊	僧訢造像記	三
北齊	師道造象陽	七
北齊	石奪門銘	六
北齊	水牛山經刻	三
北齊	司馬遵業墓誌	七二四
北齊	宋敬業塔頌	一七
北齊	宋買伯造像側	四
北齊	宋買伯造像陽	一六
北齊	宋買伯造像陰	四
北齊	姚景等造像	一一
北齊	王福芝造像	六
北齊	朱曇思造塔	一〇

時代	名稱	字形數
北齊	王有存妻造像	五
北齊	王子椿經刻	三
北齊	維摩經碑	七
北齊	維那四十人造像	四
北齊	吳洛族造像	六
北齊	無量義經	九三
北齊	西門豹碑額	三
北齊	西門豹碑陽	一〇六
北齊	西門豹碑陰	二
北齊	邢多等造像	四
北齊	邢夫人墓誌	一五
北齊	孫旿等造像	三
北周	郭賢造象	二
北周	白景造像	二
北周	寇胤哲墓誌	一三
北周	寇嶠妻蓋	二
北周	寇熾墓誌	一六
北周	華嶽頌額	六
北周	李雄墓誌	五
北周	賀屯植墓誌	三九
北周	李元海造像	四
北周	高妙儀墓誌	八
北周	輔蘭意造像	二
北周	獨孤信墓誌	一二
北周	董道生造像	九
北周	步孤須蜜多墓誌	三
北周	步孤氏誌蓋	九
北周	華嶽頌	一七一
北周	僧和造像記	五
北周	文帝廟造像碑	五
北周	田元族造像	二
北周	曇樂造像	五
北周	時珍墓誌	一五
北周	十六佛名號	六
北周	李明顯造象	六
北周	邵道生造像	二
北周	夏侯純造像	二
北周	祁令和造像	三
北周	普安壯公墓誌	二九

時代	名稱	字形數
北周	匹婁歡誌蓋	一〇
北周	馬龜墓誌	一七
北周	盧蘭墓誌	五六

時代	名稱	字形數
北周	劉敬愛造像	五
北周	神通摩崖	三
北涼	渠安周造像	一八

時代	名稱	字形數
後秦	呂憲墓表陽	五
後秦	呂憲墓表額	二

南朝

時代	名稱	字形數
南朝宋	□熊造像記	三
南朝宋	佛女買地券	八
南朝宋	湖城縣界石	三
南朝宋	劉懷民墓誌	五
南朝宋	石颿銘	二〇
南朝宋	石颿銘額	三
南朝宋	義明塔記	二

時代	名稱	字形數
南朝齊	王敬則造像	二
南朝梁	報德像碑	二
南朝梁	陳寶齊造像	九
南朝梁	慧影造像	二
南朝梁	舊館壇碑	六三
南朝梁	羅浮山銘	六六
南朝梁	喬進臣地券	四

時代	名稱	字形數
南朝梁	宋念造像記	二
南朝梁	太祖建陵記	四
南朝梁	天監造像	三
南朝梁	楊公則誌	七
南朝陳	劉猛進碑	四二
南朝陳	衛和墓誌	二七
南朝陳	巡狩碑	三

隋

時代	名稱	字形數
隋	□惢昂墓誌	五八
隋	□徹墓誌	三三
隋	白仵貴墓誌	五
隋	寶輪禪院記	一六
隋	暴永墓誌	一五七
隋	鮑氏墓誌	七
隋	卞鑒墓誌	二
隋	卜鑒墓誌	二五
隋	卜氏墓誌	四
隋	曹海凝墓誌	三七
隋	常德將墓誌	一三
隋	常泰妻墓誌	一四
隋	陳常墓誌	二三
隋	陳黑闥造像	四
隋	陳花樹墓誌	四三
隋	陳君妻王墓誌	三
隋	陳茂墓碑額	八
隋	陳氏墓誌	九
隋	陳叔明墓誌	三四
隋	陳叔榮墓誌	三二
隋	成公氏墓誌	六九
隋	程氏墓誌	七
隋	程諧墓誌	六〇

時代	名稱	字形數
隋	叱李綱子墓誌	七八
隋	鄧昞墓誌	二三
隋	鄧州塔銘	一二
隋	丁氏墓誌	一〇
隋	董暉賓造像	三
隋	董敬墓誌	二九
隋	董美人墓誌	四一
隋	董穆墓誌	二
隋	豆盧實墓誌	四一六
隋	豆盧氏墓誌	三
隋	獨孤羅墓誌	三四
隋	杜相夫造像	五
隋	段濟墓誌	二四七
隋	段模墓誌	五八
隋	段威墓誌	一〇二
隋	爾朱敞墓誌	三八三
隋	爾朱端墓誌	二八〇
隋	樊敬賢造像	一四
隋	樊尚造像	三
隋	樊氏墓誌	三〇
隋	范安貴墓誌	一一三
隋	范高墓誌	一三
隋	房□墓誌	三

時代	名稱	字形數
隋	封依德墓誌	三
隋	灃水石橋碑	二四〇
隋	灃水石橋碑額	一〇
隋	鳳泉寺塔銘	二
隋	符盛及妻墓誌	九七
隋	傅叔墓誌	六
隋	高緊墓誌	一三一
隋	高虯墓誌	一五三
隋	鞏賓墓誌	二四
隋	關明墓誌	一四五
隋	郭寵墓誌	一三
隋	郭達墓誌	一四一
隋	郭世昌墓誌	一七
隋	郭王墓誌	一〇八
隋	郭休墓誌	一八四
隋	何氏墓誌	二二
隋	賀若誼碑額	一八
隋	侯氏墓誌	七
隋	侯肇墓誌	一二五
隋	皇甫深墓誌	九二
隋	惠鬱造像記	一二
隋	姬威墓誌	二八八
隋	賈氏墓誌	六

隋代	名稱	字形數
	賈通墓誌	八一
	賈玄贊墓誌	三七
	姜敬親墓誌	二七
	靜證塔記	六
	孔神通墓誌	四七
	□隋及妻墓誌	六九
	□鍾葵墓誌	九
	寇奉叔墓誌	四九
	寇遵考墓誌	四一
	李虎墓誌	九
	李須萬造像	四
	李欽墓誌	三
	李使君墓碑	二八
	李氏墓誌	一八
	李氏像碑額	四
	李肅墓誌	二五
	李元墓誌	一四七
	李則墓誌	四二
	李則誌蓋	三
	梁環墓誌	三九
	梁坦墓誌	三〇
	梁邕墓誌	五
	劉賓及妻墓誌	一二二
	劉德墓誌	一九
	劉多墓誌	一五三
	劉明及妻墓誌	一六
	劉尚食墓誌	一五
	劉氏墓誌	一五
	劉相及妻墓誌	一一
	劉淵墓誌	一八
	劉則墓誌	二九
	劉珍墓誌	六一
	六品宮人墓誌	四
	龍藏寺碑額	六
	龍華碑	四
	盧文構墓誌	七二
	盧文機墓誌	四五
	盧旋芷墓誌	二三
	呂胡墓誌	二七

隋代	名稱	字形數
隋	羅寶奴造像	六
隋	馬長和造像	一〇二
隋	馬稱心墓誌	六
隋	馬憐造像記	八
隋	馬少敏墓誌	一二八
隋	馬穉墓誌	二〇〇
隋	孟顯達碑額	一七
隋	孟孝敏妻墓誌	二
隋	明雲騰墓誌	三九
隋	明質墓誌	一四
隋	默曹殘碑	八〇
隋	甯贙墓碑	三四
隋	牛方大墓誌	四
隋	牛暉墓誌	二五
隋	牛諒墓誌	一二二
隋	潘善利墓誌	二三
隋	龐畏娘墓誌	三
隋	橋紹墓誌	一九
隋	任軌墓誌	二四一
隋	任顯及妻誌	一七八
隋	申穆及妻墓誌	二一九
隋	沈氏墓誌	二四
隋	勝福寺塔銘	八六
隋	宋景造像碑	二八三
隋	宋睦墓誌	一五
隋	宋永貴墓誌	二
隋	宋玉豔墓誌	六九
隋	宋仲墓誌	二五八
隋	蘇慈墓誌	三一
隋	蘇豐國造像	三
隋	蘇恒墓誌	二六九
隋	蘇威妻墓誌	九
隋	孫先造像	四
隋	唐氏墓誌	四
隋	陶貴墓誌	四九
隋	田德元墓誌	二七
隋	田光山妻墓誌	五九
隋	田氏墓誌	五
隋	王成墓誌	二

隋代	名稱	字形數
隋	王楚英墓誌	一三四
隋	王伏榮造像	三
隋	王光墓誌	三九
隋	王袞墓誌	四九
隋	王弘墓誌	三七
隋	王榮及妻墓誌	一七九
隋	王善來墓誌	六
隋	王世琛墓誌	六一
隋	王通墓誌	二
隋	王阡造像	三
隋	王曜墓誌	一三
隋	□和墓誌	一六六
隋	□靜墓誌	一八四
隋	韋略墓誌	一一
隋	韋氏墓誌	二
隋	韋載造像記	二
隋	尉富娘墓誌	三九
隋	衛美墓誌	一二
隋	魏氏墓誌	一四
隋	吳嚴墓誌	一七六
隋	伍道進墓誌	四七
隋	席氏墓誌	四
隋	蕭濱墓誌	三
隋	蕭瑒墓誌	六三
隋	蕭沈墓誌	三
隋	蕭瑾墓誌	二七三
隋	蕭翹墓誌	七五
隋	蕭球墓誌	九
隋	蕭氏墓誌	五四
隋	蕭鎔性墓誌	三三
隋	謝岳墓誌	一七三
隋	修梵石室誌	六
隋	修孔子廟碑	二四一
隋	徐氏墓誌	三
隋	薛保興墓誌	四二
隋	嚴元貴墓誌	二六
隋	羊本墓誌	二二
隋	羊瑋墓誌	一一
隋	楊居墓誌	四六

時代	名稱	字形數
隋	楊厲墓誌	九五
隋	楊氏墓誌	二
隋	楊通墓誌	二三
隋	楊真墓誌	七七
隋	姚伯兒造像	六
隋	姚長寬造像	三
隋	姚太墓誌	二六
隋	義造橋殘碑	一八
隋	殷洪纂造像	五
隋	元氏墓誌	二三
隋	元智墓誌	六三
隋	元智妻墓誌	一六
隋	元鐘墓誌	二〇三
隋	臧質墓誌	六
隋	翟突娑墓誌	三〇

時代	名稱	字形數
隋	張波墓誌	二四
隋	張達墓誌	六
隋	張伏敬墓誌	六二
隋	張貴男墓誌	七一
隋	張儉及妻墓誌	二七一
隋	張姜墓誌	八三
隋	張景略墓誌	一〇五
隋	張濬墓誌	一〇
隋	張軻墓誌	三二
隋	張禮墓誌	一五
隋	張伻墓誌	三九
隋	張虔墓誌	二八
隋	張喬墓誌	六八
隋	張僧殷墓銘	六
隋	張盛墓誌	一三〇

時代	名稱	字形數
隋	張壽墓誌	八四
隋	張濤妻墓誌	四八
隋	張業墓誌	八
隋	張盈墓誌	二六
隋	趙朗墓誌	一二五
隋	趙齡墓誌	六
隋	鄭道育墓誌	一
隋	鄭令妃墓誌	一二四
隋	鄭善妃墓誌	七六
隋	志修塔記	九
隋	朱氏墓誌	八
隋	諸葛子恆碑	二六

唐

時代	名稱	字形數
唐	□滿墓誌	一二
唐	□模墓誌	九
唐	□殷墓誌	二
唐	阿史那勿施墓誌	三
唐	阿史那哲墓誌	四
唐	阿史那貞忠墓誌	七二
唐	阿史那忠碑額	一二
唐	阿育王寺碑額	八
唐	安度墓誌	三
唐	安靜墓誌	一三
唐	安令節墓誌	三
唐	安師墓誌	二
唐	安思節墓誌	一八
唐	安天王廟碑	四二
唐	安孝臣墓誌	五
唐	安延墓誌	一三
唐	安元壽墓誌	四一
唐	安珍墓誌	五
唐	八都壇碑	五三
唐	八品亡宮墓誌	一〇
唐	白公濟墓誌	三

時代	名稱	字形數
唐	白光倩墓誌	四
唐	白敬宗墓誌	三
唐	白鹿泉碑陽	四八
唐	白鹿泉碑陰	二八
唐	白敏中墓誌	一九
唐	白羨言墓誌	四
唐	白義寶墓誌	二
唐	白知禮墓誌	二二
唐	百門陂碑額	四
唐	柏虔玉墓誌	八
唐	柏善德妻墓誌	二
唐	般若臺記	二一
唐	包箹墓誌	一七
唐	寶娘子墓誌	一九
唐	抱腹寺碑	四二
唐	報德記	一一
唐	暴賢墓誌	一七
唐	暴莊墓誌	四
唐	北獄廟碑	二四〇
唐	畢正義墓誌	六
唐	碧落碑	五一〇

時代	名稱	字形數
唐	邊誠夫人墓誌	八
唐	邊夫人墓誌	二
唐	邊敏墓誌	二
唐	邊氏墓誌	一一
唐	伯夷叔齊碑	六
唐	卜璀墓誌	一三
唐	卜素墓誌	七
唐	蔡浩妻墓誌	四
唐	蔡君妻墓誌	九七
唐	蔡元雪妻墓誌	五
唐	殘塔銘	四
唐	曹惠琳墓版	八
唐	曹琳墓誌	三
唐	曹謙墓誌	三
唐	曹欽墓誌	七
唐	曹慶妻祔誌	一〇
唐	曹氏墓誌	一四
唐	曹乂墓誌	六
唐	柴少儀妻墓誌	二
唐	禪師方墳記	七
唐	禪師之塔銘	六

時代	名稱	字形數
唐	長樂縣君墓誌	二
唐	長明燈樓頌	一六
唐	長孫安墓誌	五
唐	長孫□墓誌	一四
唐	常存法師墓誌	一八
唐	常德妻墓誌	二
唐	常舉墓誌	三
唐	常協墓誌	八
唐	萇氏誌	三
唐	暢懷禎墓誌	二
唐	車夫人墓誌	二
唐	車詵墓誌	七
唐	車益墓誌	九
唐	陳察墓誌	三
唐	陳崇本墓誌	七
唐	陳恭墓誌	二
唐	陳皆墓誌	一〇
唐	陳君殘碑額	八
唐	陳君妻王墓誌	一五
唐	陳君妻楊墓誌	六
唐	陳君妻趙誌蓋	六
唐	陳立行墓誌	四
唐	陳利見妻墓誌	三
唐	陳守素妻墓誌	二二
唐	陳叔度墓誌	八
唐	陳思墓誌	二
唐	陳泰墓誌	四四
唐	陳憲墓誌	三〇
唐	陳秀墓誌	二
唐	陳宣魯墓誌	三
唐	陳雅妻墓誌	四
唐	陳懿妻墓誌	六
唐	陳諭墓誌	二
唐	陳智妻墓誌	三
唐	陳周子墓誌	三
唐	陳諸墓誌	四
唐	成朗墓誌	五
唐	成淑墓誌	五
唐	成循墓誌	四

時代	名稱	字形數
唐	成願壽墓誌	六
唐	城隍廟碑	五八
唐	乘著墓誌	二
唐	程君妻墓誌	七
唐	程俊墓誌	一五
唐	程俊墓誌陰	一二
唐	程思義墓誌	二八
唐	程希詮墓誌	五
唐	程修己誌蓋	八
唐	程知節墓誌	四一
唐	程鷺墓誌	四
唐	程鍾墓誌	二
唐	仇氏墓誌	二
唐	楚金禪師碑	一七
唐	褚朗妻墓誌	二
唐	褚亮碑	一八三
唐	傳法碑額	八
唐	淳于氏墓誌	三
唐	爨君墓誌	四
唐	爨君妻端墓誌	二
唐	爨右墓誌	七
唐	崔長先墓誌	二
唐	崔徹墓誌	三
唐	崔程墓誌	五
唐	崔寵妻墓誌	二
唐	崔澹墓誌	三
唐	崔蹈規墓誌	六
唐	崔公妻墓誌	二七
唐	崔光嗣墓誌	三
唐	崔漢衡題名	五
唐	崔鍔墓誌	八
唐	崔弘禮墓誌	一一
唐	崔翬墓誌	二三
唐	崔傑墓誌	二
唐	崔眷妻墓誌	一三
唐	崔珏墓誌	四
唐	崔君妻李墓誌	二
唐	崔君妻鄭墓誌	二
唐	崔君妻朱墓誌	一一

時代	名稱	字形數
唐	崔暟墓誌陽	一二三
唐	崔暟墓誌陰	二六
唐	崔克讓妻墓誌	三
唐	崔揆母墓誌	三
唐	崔璘墓誌	五
唐	崔泌墓誌	二
唐	崔沔墓誌陽	五八
唐	崔沔墓誌陰	五九
唐	崔訥墓誌	一一
唐	崔琪墓誌	四一
唐	崔齊榮墓誌	一一
唐	崔芑合祔誌	一二
唐	崔千里墓誌	三四
唐	崔璆墓誌	一〇
唐	崔紹墓誌	二五
唐	崔慎思墓誌	六
唐	崔師墓誌	二四
唐	崔守約墓誌	四
唐	崔淑墓誌	一一
唐	崔恕墓誌	二
唐	崔順墓誌	三
唐	崔素臣墓誌	一二
唐	崔素墓誌	二六
唐	崔隋妻墓誌	八
唐	崔泰之墓誌	七八
唐	崔泰之妻墓誌	二
唐	崔廷妻墓誌	一一
唐	崔惟悌墓誌	一一
唐	崔文修墓誌	四
唐	崔霞墓誌	四
唐	崔羨墓誌	五
唐	崔孝昌墓誌	二〇
唐	崔夐墓誌	五
唐	崔勗墓誌	三
唐	崔玄藉墓誌	三
唐	崔玄藉妻墓誌	一〇
唐	崔延墓誌	一八
唐	崔嚴墓誌	一〇
唐	崔偃墓誌	六

時代	名稱	字形數
唐	崔楊墓誌	五
唐	崔夷甫墓誌	七
唐	崔宜之墓誌	八
唐	崔倚墓誌	一二
唐	崔巉妻合誌	一三
唐	崔義邕墓誌	二
唐	崔祐甫墓誌	一六九
唐	崔虞延墓誌	四
唐	崔元二墓誌	三〇
唐	崔煜墓誌	六
唐	崔緼墓誌	一二
唐	崔載墓誌	二二
唐	崔詹墓誌	七
唐	崔湛墓誌	二六
唐	崔哲妻墓誌	一九
唐	崔植墓誌	一〇
唐	崔志墓誌	五一
唐	崔智墓誌	四
唐	崔眾甫墓誌	三
唐	崔眾甫誌蓋	二
唐	大長公主墓誌	三
唐	大德超寂墓誌	一一
唐	大忍寺碑	七三
唐	大周智惠墓誌	二
唐	戴令言墓誌	一三七
唐	戴瀟墓誌	二
唐	道因法師碑	一六
唐	燈功德經幢	三
唐	等慈寺碑額	八
唐	鄧夫人墓誌	一六
唐	鄧君妻墓誌	八
唐	狄玄愬墓誌	六
唐	狄知愻碑額	八
唐	帝祠宇榜書	三
唐	疊綵山題記	九
唐	丁貴娘墓誌	三
唐	丁佑及妻合祔誌	七
唐	東方朔畫讚	三
唐	東方朔墓誌	七

時代	名稱	字形數
唐	董本墓誌	一一
唐	董□夫人墓誌	五
唐	董懷義墓誌	三
唐	董幵墓誌	五
唐	董葵墓誌	九
唐	董力墓誌	二
唐	董明墓誌	四
唐	董虔運墓誌	八七
唐	董師墓誌	三
唐	董氏墓誌	七
唐	董惟靖墓誌	一四
唐	董文蕚誌蓋	五
唐	董希令墓誌	二五
唐	豆盧建墓誌	一四七
唐	豆盧妻薛墓誌	六
唐	豆盧遜墓誌	二
唐	竇誕墓誌	四
唐	竇季餘墓誌	四
唐	竇氏墓誌	四
唐	竇叔向墓誌額	一一
唐	竇真墓誌	三五
唐	獨孤澄墓誌	九
唐	獨孤開遠墓誌	二二
唐	獨孤氏墓誌	一〇
唐	獨孤驥墓誌	一六
唐	瀆廟祭器銘	二五
唐	杜醜墓誌	二
唐	杜德墓誌	四
唐	杜孚墓誌	七
唐	杜濟墓誌	四
唐	杜舉墓誌	二
唐	杜君墓誌	四
唐	杜君妻墓誌	一〇
唐	杜君妻孫墓誌	三
唐	杜令姿墓誌	四
唐	杜日榮墓誌	九
唐	杜文貢墓誌	四
唐	杜行方墓誌	三
唐	杜忠良墓誌	五

時代	名稱	字形數
唐	妬神祠碑額	三
唐	段承宗墓誌	二〇
唐	段慈順墓誌	七
唐	段淙墓誌	二
唐	段干木廟碑	二
唐	段會墓誌	八
唐	段簡璧墓誌	一二
唐	段洽墓誌	四
唐	段瓊墓誌	二
唐	段萬頃墓誌	三
唐	段瑋墓誌	二
唐	段文絢墓誌	二
唐	段秀墓誌	六
唐	段晏墓誌	三
唐	段賾妻墓誌	八
唐	段志玄碑額	一〇
唐	多寶佛塔銘	九〇
唐	多寶塔碑	一三七
唐	二品昭儀誌	六
唐	法藏塔銘	六
唐	法澄塔銘	一三
唐	法果寺碑額	一二
唐	法玩塔銘	一三
唐	樊端墓誌	七
唐	樊君妻墓誌	四
唐	樊君誌蓋	二
唐	樊廉墓誌	三八
唐	樊涚墓誌	一三
唐	樊庭觀墓誌	三
唐	樊秀墓誌	五
唐	樊玄紀墓誌	二
唐	范安及墓誌	一三
唐	范信墓誌	六
唐	范重明墓誌	五
唐	房瑒墓誌	六
唐	房誕墓誌	二
唐	房孚墓誌	九
唐	房光庭墓誌	六
唐	房懷亮墓誌	二〇

時代	名稱	字形數
唐	房惠琳墓誌	一三
唐	房基墓誌	一〇
唐	房敬墓誌	一四
唐	房仁愻墓誌	三
唐	房有非及妻墓誌	一四
唐	房有非墓誌	三
唐	費智海墓誌	四
唐	封抱墓誌	八
唐	封揆墓誌	七
唐	封温墓誌	六
唐	封無遣墓誌	二
唐	馮安墓誌	一二
唐	馮誠墓誌	五
唐	馮暉墓誌	八
唐	馮廓墓誌	三
唐	馮名墓誌	二
唐	馮明墓誌	六
唐	馮審中墓誌	六
唐	馮僊師墓誌	五
唐	馮淹之墓誌	五
唐	馮貞墓誌	五
唐	佛頂經幢	四
唐	夫子殘碑	四
唐	夫子廟堂碑	二九
唐	苻進昌墓誌	七
唐	苻肅墓誌	一四
唐	苻載妻墓誌	三
唐	傅交益墓誌	三
唐	傅思諫墓誌	一九
唐	蓋暢墓誌	二四
唐	蓋氏墓誌	七
唐	甘基墓誌	七
唐	甘朗墓誌	二
唐	感孝頌跋	五
唐	高岑墓誌	六
唐	高誠墓誌	五
唐	高懲墓誌	一七
唐	高慈墓誌	一四
唐	高達墓誌	四

時代	名稱	字形數
唐	高德墓誌	六
唐	高瀚墓誌	五
唐	高君墓誌	二
唐	高可方誌蓋	六
唐	高靈勝詩刻	七
唐	高隆基墓誌	五
唐	高邈墓誌	六
唐	高木盧墓誌	一二
唐	高捧墓誌	四
唐	高漆娘墓誌	四
唐	高欽德墓誌	六
唐	高嶸墓誌	三一
唐	高如詮墓誌	二
唐	高氏墓誌	五
唐	高婉墓誌	四
唐	高憲墓誌	五
唐	高像護墓誌	六
唐	高儼仁墓誌	一三
唐	高彥墓誌	五
唐	高義忠墓誌	七
唐	高應墓誌	三
唐	高元珪墓誌	一四二
唐	高元裕碑額	一九
唐	高知行墓誌	四
唐	告華嶽府君	一〇一
唐	紇干承基墓誌	一二
唐	葛亮祠堂碑	四六
唐	葛路墓誌	二
唐	耿氏墓誌	五
唐	耿文訓墓誌	八
唐	公祠靈泉記	六
唐	公孫達墓誌	四
唐	功德碑額	一二
唐	供養嶽靈文	二
唐	宮人丁氏墓誌	三
唐	宮官司設墓誌	一九
唐	鞏氏墓誌	六
唐	鞏氏造像記	四
唐	古弘節墓誌	七

時代	名稱	字形數
唐	古衍墓誌	四
唐	故笄女誌蓋	八
唐	故尼明遠銘	二
唐	故亡宮九品墓誌	三
唐	關道愛墓誌	一四
唐	關儉墓誌	一〇
唐	關師墓誌	一六
唐	觀音石像銘	六
唐	光福寺額勑	九
唐	廣惠塔銘	七
唐	廣濟橋碑	九
唐	歸唐表刻石	二
唐	郭阿口墓誌	五
唐	郭班墓誌	三
唐	郭賓墓誌	一〇
唐	郭超岸墓誌	三
唐	郭傳則墓誌	六
唐	郭濛及妻墓誌	二
唐	郭豐登題名	二
唐	郭敬墓記	一一
唐	郭敬墓誌	三
唐	郭君妻墓誌	九
唐	郭克勤墓誌	四
唐	郭克全墓誌	一六
唐	郭麗墓誌	六
唐	郭密之妻墓誌	三
唐	郭壽墓誌	七
唐	郭順墓誌	四
唐	郭五墓誌	八
唐	郭宣墓誌	五
唐	郭瑤墓誌	五
唐	郭藥師墓誌	二
唐	郭通墓誌	一二五
唐	郭邕墓誌	二
唐	寒亭記	一〇
唐	韩積墓志	二
唐	韓長墓誌	一三
唐	韓昶自爲墓誌	二
唐	韓承墓誌	一五

時代	名稱	字形數
唐	韓恆墓誌	七
唐	韓懷墓誌	七
唐	韓傑墓誌	二
唐	韓邏墓誌	七
唐	韓仁惠墓誌	七
唐	韓神墓誌	七
唐	韓氏合葬誌	一三
唐	韓思墓誌	五
唐	韓通墓誌	三
唐	韓曉墓誌	六
唐	韓玄墓誌	七
唐	韓宥經幢額	六
唐	韓政墓誌	八
唐	韓忠節墓誌	一五
唐	韓子墓誌	三
唐	杭季棱袝誌	八
唐	何楚章墓誌	六
唐	何戴墓誌	三
唐	何剛之墓誌	七
唐	何簡墓誌	三
唐	何行感造像	四
唐	何允墓誌	四
唐	和幹墓誌	九
唐	和守陽墓誌	一七
唐	河東柳氏墓誌	二
唐	河南元氏墓誌	七
唐	賀蘭君妻墓誌	二
唐	黑齒常之墓誌	七
唐	黑齒俊墓誌	三
唐	衡義整墓誌	三
唐	洪君妻墓誌	三
唐	侯方墓誌	一一
唐	侯績墓誌	三
唐	侯敬忠墓誌	二
唐	侯智元妻墓誌	三
唐	侯忠墓誌	五
唐	呼延章墓誌	二三
唐	胡君妻墓誌	九
唐	胡明期母墓誌	七

時代	名稱	字形數
唐	胡肅墓誌	八
唐	胡儼墓誌	三
唐	斛斯君妻墓誌	七
唐	斛斯政則墓誌	一二
唐	扈小沖墓誌	二
唐	懷古詩刻	二七
唐	桓表墓誌	四
唐	桓琮妻墓誌	四
唐	桓銳墓誌	四
唐	桓彥墓誌	六
唐	桓義成墓誌	二
唐	桓尊師碑額	四
唐	皇甫璧墓誌	九
唐	皇甫誕碑	二三
唐	皇甫德相墓誌	八
唐	皇甫弘敬墓誌	五
唐	皇甫君妻墓誌	三
唐	皇甫慎墓誌	二
唐	皇甫瑤墓誌	七
唐	黃攜妻龕銘	三
唐	黃石公祠記	一五
唐	黃季長墓誌	二
唐	黃郡駱氏墓誌	一〇
唐	黃羅漢墓誌	一二
唐	迴紇瓊墓誌	七
唐	慧堅碑額	一二
唐	慧炬寺碑額	七
唐	慧照塔銘	五
唐	霍達墓誌	四
唐	霍氏墓誌	一五
唐	霍行戚墓誌	一三
唐	姬溫墓誌	三八
唐	吉渾墓誌	一三
唐	紀德碑額	一一
唐	紀慎妃碑額	九
唐	紀信墓碑	五九
唐	紀信墓碑額	六
唐	寂照墓碑額	九
唐	賈楚墓誌	二

時代	名稱	字形數
唐	賈從贇墓誌	一一
唐	賈府君墓誌	五
唐	賈令珪墓誌	五
唐	賈令琬墓誌	一九
唐	賈欽惠墓誌	四
唐	賈統墓誌	七
唐	賈溫墓誌	九
唐	賈溫誌蓋	三
唐	賈雄墓誌	七
唐	賈琁墓誌	四
唐	賈循謁祠記	三
唐	賈隱及妻墓誌	二四
唐	賈元恭墓誌	三
唐	賈政墓誌	六
唐	建永橋碑	四
唐	建章墓誌陽	三
唐	劍閣詩刻	二
唐	江璀墓誌	七
唐	蔣氏子墓記	二
唐	蔣婉墓誌	三
唐	焦松墓誌	二
唐	焦真機造像	二
唐	解進墓誌	二
唐	解摩墓誌	三
唐	戒壇碑	二四
唐	京兆金氏墓誌	一一三
唐	荊從臯墓誌	二四
唐	荊肆墓誌	一二
唐	景公直墓誌	二〇
唐	景教碑	二
唐	景氏墓誌	八
唐	景昭法師碑	五
唐	淨善塔銘	四
唐	敬節塔銘	八
唐	敬覺墓誌	二五
唐	敬能經幢	一四
唐	敬氏墓誌	二
唐	敬昭道墓誌	二
唐	敬之廟碑陽	二

時代	名稱	字形數
唐	靖策墓誌	八
唐	靖徹墓誌	四
唐	九成宮銘	二
唐	九品亡宮墓誌	九
唐	居實墓銘	一一
唐	姖推墓誌	六
唐	俱慈順墓誌	五
唐	開承簡墓誌	六
唐	開國殘石	二
唐	開休元墓誌	二
唐	康留買墓誌	四
唐	康威墓誌	三
唐	康悊墓誌	三
唐	康智墓誌	一一
唐	刻石記	二七
唐	空塔銘	二
唐	孔君墓誌	七
唐	孔氏墓誌	四
唐	孔桃栓墓誌	一八
唐	孔元墓誌	二
唐	孔子廟碑	一七九
唐	寇堮墓誌	一一
唐	寇鈞墓誌	三
唐	寇鐈墓誌	七
唐	寇章墓誌	一三
唐	庫狄真相墓誌	五六
唐	來香兒墓誌	二
唐	來治安妻墓誌	四
唐	蘭達墓誌	四
唐	蘭陵蕭氏墓誌	七
唐	朗寧公主墓誌	六
唐	樂昇進墓誌	三
唐	樂玄德墓誌	三
唐	樂陟墓誌	三
唐	黎幹墓誌	一五
唐	李表墓誌	三
唐	李實墓誌	三
唐	李蟾墓誌	四
唐	李超墓誌	二一

時代	名稱	字形數
唐	李徹墓誌	一二
唐	李承乾墓誌	一〇
唐	李沖墓誌	六
唐	李從證墓誌	一三
唐	李琮墓誌	五
唐	李璀墓誌	九
唐	李眈墓誌	一三
唐	李道因墓誌	三〇
唐	李德孫墓誌	三
唐	李德義墓誌	四
唐	李鼎墓誌	一四
唐	李萼墓誌	一八
唐	李萼妻墓誌	六
唐	李兒墓誌	四
唐	李鳳妃墓誌	七五
唐	李鳳墓誌	三六
唐	李夫人誌蓋	九
唐	李符妻摯墓誌	五
唐	李福墓誌	三五
唐	李輔光墓誌	二
唐	李崗墓誌	一二
唐	李臯墓誌	六
唐	李臯妻墓誌	八
唐	李鎬墓誌	二六
唐	李公妻戴墓誌	七
唐	李公政墓誌	一一
唐	李灌頂墓誌	二
唐	李昊墓誌	九
唐	李和墓誌	七
唐	李弘禮墓誌	四
唐	李弘亮墓誌	二五
唐	李宏墓誌	七
唐	李洪鈞墓誌	一〇
唐	李侯墓誌	一三
唐	李侯七墓誌	二
唐	李護墓誌	六
唐	李華墓誌	四
唐	李畫墓誌	四
唐	李瓛墓誌	二二

時代	名稱	字形數
唐	李彙墓誌	六
唐	李勣碑	二七
唐	李勣墓誌	二九
唐	李戢墓誌	六
唐	李稷及妻	五
唐	李稷墓誌	四
唐	李繼叔墓誌	三
唐	李嘉珍墓誌	二
唐	李頡及妻墓誌	四
唐	李金墓誌	七
唐	李僅墓誌	四
唐	李景陽墓誌	一一
唐	李敬碑額	八
唐	李敬墓誌	二九
唐	李敬實墓誌	一二
唐	李敬瑜墓誌	三
唐	李君殘墓誌	六
唐	李君墓誌	八
唐	李君妻裴墓誌	一〇
唐	李君妻田墓誌	四
唐	李佀佀墓誌	一五
唐	李立言墓誌	一六
唐	李麗質墓誌	六
唐	李令崇墓誌	三
唐	李買墓誌	二
唐	李滿藏墓誌	三
唐	李滿墓誌	四
唐	李孟姜墓誌	八
唐	李密墓誌	九
唐	李睦墓誌	四
唐	李難墓誌	二
唐	李訥妃墓誌	一八
唐	李潘墓誌	五
唐	李岐墓誌	三
唐	李其墓誌	九
唐	李起宗墓誌	五
唐	李謙墓誌	一三
唐	李翹墓誌	五
唐	李清禪墓誌	四

時代	名稱	字形數
唐	李清墓誌	一〇
唐	李璆墓誌	一二
唐	李璆妻墓誌	七
唐	李仁德墓誌	四
唐	李溶墓誌	六
唐	李柔墓誌	二
唐	李三墓誌	一三
唐	李三十三娘墓誌	八
唐	李贍墓銘	三
唐	李紹墓誌	二二
唐	李神符碑	四二八
唐	李審規墓記	一六
唐	李氏殘墓誌	二
唐	李氏娘墓誌	五
唐	李氏室女墓誌	九
唐	李壽墓誌	一四五
唐	李叔夏墓誌	七
唐	李淑姿墓誌	一三
唐	李術墓誌	七
唐	李鉥程氏誌蓋	三
唐	李鉥夫人墓誌	七
唐	李爽墓誌	二四
唐	李思貞墓誌	五
唐	李嗣莊墓誌	五
唐	李松墓誌	三
唐	李肅邕墓誌	六
唐	李孫孫墓誌	二
唐	李濤墓誌	五
唐	李瑱墓誌	二四
唐	李庭訓墓誌	六
唐	李庭玉改葬誌	八
唐	李侹妻韋墓誌	二
唐	李通進墓誌	三
唐	李通墓誌	二
唐	李湍墓誌	四
唐	李推賢墓誌	七
唐	李惟一墓誌	一一
唐	李文獎墓誌	九
唐	李系墓誌	二

時代	名稱	字形數
唐	李霞光墓誌	四
唐	李仙蕙志	五二
唐	李賢墓誌	四三
唐	李獻墓誌	七
唐	李孝同碑額	一五
唐	李辛女墓誌	三
唐	李昕墓誌	九
唐	李信墓誌	二九
唐	李休墓誌	六
唐	李修已墓誌	四〇
唐	李秀琮墓誌	二
唐	李虛中墓誌	六
唐	李諝墓誌	二
唐	李玄德墓誌	九
唐	李玄福墓誌	七
唐	李雅墓誌	四
唐	李延合祔誌	三
唐	李彥崇墓誌	二
唐	李彥墓誌	一三五
唐	李翼墓誌	八
唐	李愍墓誌	三六
唐	李英墓誌	九
唐	李盈墓誌	九
唐	李暎墓誌	七
唐	李邕墓誌	八
唐	李泳夫人墓銘	四
唐	李遇□墓誌	八
唐	李元簡墓誌	三
唐	李元瓛墓誌	八
唐	李元諒頌額	一九
唐	李元確墓誌	二
唐	李遠墓誌	五
唐	李月相墓誌	六
唐	李則政墓誌	四
唐	李澤墓誌	三
唐	李招兒墓誌	一一
唐	李貞墓誌	一七一
唐	李震夫人墓誌	三
唐	李震墓誌	一七

時代	名稱	字形數
唐	李正卿墓誌	一七
唐	李植題名	二
唐	李智墓誌	一〇
唐	李仲绚墓志	三
唐	李顗墓誌	八
唐	李總持墓誌	一四
唐	禮佛圖陰	一一
唐	廉元泰墓誌	四
唐	梁備禮妻墓誌	六
唐	梁公妻墓誌	一二
唐	梁渙墓誌	四
唐	梁瞰墓誌	三
唐	梁令珣墓誌	五
唐	梁令直墓誌	三
唐	梁師亮墓誌	六
唐	梁守謙墓誌	一四
唐	梁无量墓誌	四
唐	梁秀墓誌	八
唐	梁玄敏墓誌	二
唐	梁義方墓誌	五
唐	梁有意墓誌	九
唐	梁璵墓誌	四
唐	梁元翰墓誌	九
唐	林寺戒壇銘	七
唐	臨終□授銘	四
唐	藺從則墓誌	六
唐	藺夫人龕銘	四
唐	藺元亮誌	二
唐	陵季子廟碑	七
唐	留仵造像記	二
唐	劉阿延墓誌	九
唐	劉冰墓誌	一三
唐	劉粲墓誌	六〇
唐	劉珵墓誌	一二
唐	劉達墓誌	七
唐	劉定師墓誌	七
唐	劉府君墓誌	一四
唐	劉公綽墓誌	四
唐	劉廣威蓋	五

時代	名稱	字形數
唐	劉珪墓誌	二
唐	劉皓墓誌	二
唐	劉洪預墓誌	四
唐	劉胡墓誌	一三
唐	劉暉墓誌	六
唐	劉基墓誌	三
唐	劉寂墓誌	七
唐	劉儉墓誌	七
唐	劉建墓誌	五
唐	劉揩妻墓誌	七
唐	劉景嗣墓誌	五
唐	劉君妻王墓誌	五
唐	劉濬墓誌	二三
唐	劉攬墓誌	四
唐	劉祿墓誌	三一
唐	劉茂貞墓誌	四
唐	劉密墓誌	二
唐	劉密妻崔墓誌	一四
唐	劉妙姜墓誌	一五
唐	劉穆墓誌	三
唐	劉娘子墓誌	八
唐	劉栖楚墓誌	六
唐	劉奇秀墓誌	一〇
唐	劉仁墓誌	三
唐	劉如璋墓誌	一四
唐	劉慎墓誌	五一
唐	劉昇朝墓誌	三
唐	劉士準誌蓋	八
唐	劉庭訓墓誌	二一
唐	劉通墓誌	四三
唐	劉通妻墓誌	二
唐	劉惟正墓誌	三
唐	劉玄豹妻墓誌	二
唐	劉延壽墓誌	三
唐	劉彥之墓誌	一八
唐	劉益錢墓誌	二
唐	劉裕墓誌	五
唐	劉元超墓誌	三
唐	劉智墓誌	一七

時代	名稱	字形數
唐	劉子墓誌	一八
唐	柳君妻田墓誌	二
唐	柳偘墓誌	二
唐	柳偘妻墓誌	一四五
唐	柳老師墓誌	二
唐	柳默然墓誌	四
唐	柳婆歸墓誌	二
唐	柳尚遠妻墓誌	二
唐	柳延宗墓誌	一七
唐	柳昱墓誌	四五
唐	柳昱妻墓誌	一四
唐	柳正確墓誌	五
唐	六品亡宮墓誌	六
唐	龍泉記	四〇
唐	婁敬墓誌	二
唐	婁君妻周墓誌	九
唐	盧昂墓誌	二六
唐	盧八墓誌	八
唐	盧伯卿墓誌	一〇
唐	盧伯卿妻墓誌	三
唐	盧岑改葬墓誌	五
唐	盧承業墓誌	二
唐	盧憕墓誌	四
唐	盧初墓誌	二三
唐	盧當墓誌	五
唐	盧璠墓誌	二〇
唐	盧梵兒墓誌	九
唐	盧公則墓誌	七
唐	盧含墓誌	八
唐	盧宏及妻墓誌	七六
唐	盧懷俊墓誌	二
唐	盧緘妻墓誌	一三
唐	盧踐言墓誌	二
唐	盧嶠墓誌	一六
唐	盧景修墓誌	六
唐	盧就墓誌	二
唐	盧君妻崔墓誌	八
唐	盧君妻墓誌	九九
唐	盧君妻墓誌	七

時代	名稱	字形數
唐	盧全操墓誌	八
唐	盧縈娘墓誌	三
唐	盧贍妻墓誌	四
唐	盧士瓊墓誌	八
唐	盧思莊墓誌	三
唐	盧嗣治墓誌	三
唐	盧倜墓誌	六
唐	盧仝等題名	九
唐	盧萬春墓誌	二五
唐	盧行毅墓誌	七八
唐	盧沇妻墓誌	一一
唐	盧翊墓誌	一九
唐	盧友度墓誌	五
唐	盧珍墓誌	六
唐	盧正道勅	二
唐	盧知宗墓誌	二一
唐	盧直墓誌	一〇
唐	盧子謩妻墓誌	六
唐	盧子鷙墓誌	五
唐	盧自省墓誌	四
唐	魯郡夏氏墓誌	七
唐	魯謙墓誌	一三
唐	陸日娊妻墓誌	七
唐	陸紹墓誌	三
唐	陸思本妻墓誌	三
唐	陸英墓誌	二
唐	陸振墓誌	八
唐	陸衆夫人墓誌	二
唐	逯貞墓誌	一〇
唐	路徹墓誌	一〇
唐	路基妻墓誌	七
唐	路全交墓誌	五
唐	路玄墓誌	二
唐	路巖墓誌	一五
唐	閭丘氏墓誌	四
唐	閭知誠墓誌	八
唐	呂常侍妻墓誌	一五
唐	呂氏墓誌	七
唐	呂德妻墓誌	四

時代	名稱	字形數
唐	呂君妻李墓誌	七
唐	呂讓墓誌	二
唐	呂思禮墓誌	八
唐	呂行端墓誌	三
唐	羅池廟碑	二九
唐	羅端墓誌	四
唐	駱氏墓誌	五
唐	麻姑仙壇記	三九
唐	馬夫人墓誌	四
唐	馬公亮墓誌	三
唐	馬浩墓誌	六
唐	馬進朝墓誌	一一
唐	馬徹墓誌	六
唐	馬君妻董墓誌	二三
唐	馬壽墓誌	九
唐	馬宋應墓誌	二
唐	馬攸墓誌	五
唐	馬周碑額	五
唐	毛鳳敬墓誌	五
唐	毛公夫人	二
唐	孟秤墓誌	二
唐	孟俊墓誌	二
唐	孟普墓誌	二
唐	孟師墓誌	五
唐	孟十一娘墓誌	二
唐	孟頭墓誌	一三
唐	孟維墓誌	二
唐	孟孝立墓誌	六
唐	孟孝敏妻墓誌	一〇
唐	孟秀榮墓誌	四
唐	孟玄一墓誌	四
唐	孟貞墓誌	二
唐	彌陀像碑額	六
唐	密多心經碑	一一
唐	苗藩墓誌	五
唐	苗蕃妻墓誌	七
唐	苗弘本墓誌	二四
唐	苗君妻劉墓誌	六
唐	苗君妻楊墓誌	四

時代	名稱	字形數
唐	苗善物墓誌	二三
唐	苗鎮墓誌	六
唐	敏之墓誌	一八
唐	明俊墓誌	一八
唐	明希晉墓誌	九
唐	明演塔銘	四
唐	莫義墓誌	五
唐	慕容瑾墓誌	八
唐	慕容君妻墓誌	二
唐	慕容麗墓誌	三
唐	慕容思廉墓誌	七
唐	慕容曉墓誌	六
唐	慕容宣徹墓誌	二
唐	慕容知廉墓誌	三
唐	內莊宅使牒	一六
唐	那提墓誌	一五
唐	南川縣主墓誌	一〇
唐	南玄暕墓誌	五
唐	能師墓誌	六
唐	能政墓誌	八
唐	尼金氏柩銘	一七
唐	倪彬墓誌	四二
唐	廿九女墓誌	六
唐	甯思真墓誌	一〇
唐	牛阿師墓誌	一三
唐	牛氏像龕碑	三二
唐	牛秀墓誌	一四
唐	牛延宗墓誌	二
唐	歐陽瑛妻墓誌	四
唐	潘衡墓誌	一〇
唐	潘基墓誌	九七
唐	潘氏墓誌	五
唐	潘孝基墓誌	三
唐	潘智昭墓誌	二
唐	龐履溫碑	一一
唐	裴遘妻墓誌	八
唐	裴滸妻墓誌	二
唐	裴撝墓誌	八
唐	裴簡妻墓誌	二

時代	名稱	字形數
唐	裴瑾墓誌	一三
唐	裴涓墓誌	五
唐	裴琪墓誌	七
唐	裴沙墓誌	一二
唐	裴氏墓誌	七
唐	裴首兒墓誌	一〇
唐	裴同墓誌	六
唐	裴銑墓誌	二
唐	裴咸墓誌	九
唐	裴行著墓誌	三
唐	裴昭墓誌	六
唐	裒阿八墓誌	三
唐	裒适墓誌	二
唐	裒婉墓誌	八
唐	彭國太妃墓誌	三
唐	彭氏墓誌	一三
唐	毗伽特勤墓誌	二六
唐	匹婁淨德墓誌	三
唐	匹婁思墓誌	二二
唐	匹婁思妻墓誌	八
唐	平昌孟氏墓誌	五
唐	平鑾頌	一六
唐	七品宮人墓誌	三
唐	七品亡宮墓誌	一四
唐	戚高墓誌	六
唐	棲巖寺詩刻	一四
唐	祁惠墓誌	三二
唐	祁日進墓誌	四
唐	岐慈墓誌	二
唐	齊朗墓誌	六
唐	齊子墓誌	一六
唐	契苾夫人墓誌	四七
唐	契苾夫人誌蓋	二
唐	契苾李墓誌	四
唐	契苾明碑額	一四
唐	謙卦碑	一九六
唐	騫紹業墓誌	一〇
唐	騫思泰墓誌	九
唐	騫思玄墓誌	一四

時代	名稱	字形數
唐	寯思哲誌銘	九
唐	强君妻杜墓誌	五
唐	强偉墓誌	九
唐	喬崇敬墓誌	五
唐	喬崇隱墓誌	八
唐	喬娥墓誌	六
唐	喬進臣地券	九
唐	秦寶墓誌	五
唐	秦朝儉誌蓋	四
唐	秦沖墓誌	二
唐	秦公夫人墓誌	一一
唐	秦暕墓誌	五
唐	秦進儀墓誌	一六
唐	秦君夫人墓誌	三
唐	秦朗墓誌	一〇
唐	秦利見墓誌	三
唐	秦氏墓誌	五
唐	清河張氏墓誌	二六
唐	清源縣主誌蓋	九
唐	清真殘塔銘	三
唐	清真寺碑	一一
唐	慶公神祠碑	二七
唐	曲元縝墓誌	三
唐	曲元縝妻墓誌	八
唐	屈澄墓誌	八
唐	屈氏合祔誌	五
唐	屈突通妻墓誌	三
唐	屈元壽墓誌	一〇
唐	麴善岳磚誌	三
唐	權奉常墓誌	八
唐	權開善墓誌	六
唐	權順墓誌	一四
唐	權葬石表	九
唐	冉氏墓誌	五
唐	任傪墓誌	二
唐	任城橋亭記	五一
唐	任德墓誌	六
唐	任君妻王墓誌	六
唐	任明墓誌	二
唐	任四郎妻造像	二
唐	任紫宸墓誌	九
唐	榮行富墓碑	二
唐	榮脩墓誌	三
唐	如願律師墓誌	七
唐	茹氏墓誌	五
唐	三墳記陽	一七五
唐	三墳記陰	一七二
唐	三門碑額	五
唐	三品亡宮墓誌	五
唐	三品亡尼墓誌	五
唐	桑口墓誌	一四
唐	桑氏墓誌	六
唐	桑貞墓誌	一一
唐	僧突墓誌	二一
唐	沙陁公妻墓誌	四
唐	剡國長公主墓誌	五
唐	善悟塔銘	九
唐	尚弘簡墓誌	三
唐	尚明墓誌	五
唐	邵才志墓誌	三
唐	申恭墓誌	三
唐	申好墓誌	一〇
唐	申守墓誌	四
唐	申屠君及妻墓誌	三
唐	申屠義墓誌	二
唐	神策軍碑	二〇
唐	神瞻影塔銘	三
唐	沈夫人墓誌	二四
唐	沈浩禕墓誌	一一
唐	沈師黃墓誌	一六
唐	沈士公墓誌	三六
唐	沈知敏墓誌	三四
唐	沈中黃墓誌	一五
唐	勝陁羅尼經	八
唐	師弘禮墓誌	二三
唐	師全介墓誌	五
唐	詩書碑額	六
唐	石崇俊墓誌	二
唐	石二娘墓誌	五
唐	石浮圖銘	三三
唐	石經爾雅	七二
唐	石經公羊傳	一四
唐	石經穀梁傳	一一
唐	石經九經	四二二
唐	石經禮記	二三
唐	石經毛詩	八
唐	石經尚書	一七八
唐	石經五經	三二〇七
唐	石經孝經	五
唐	石經儀禮	三四
唐	石經周易	一〇六三
唐	石經左傳	八
唐	石臺孝經	七五四
唐	石忠政墓誌	二
唐	實照墓誌	八
唐	史從慶墓誌	九
唐	史待賓墓誌	一九
唐	史懷訓墓誌	二一
唐	史君妻墓誌	七
唐	史思禮墓誌	三九六
唐	史信墓誌	七
唐	史興墓詠	二四
唐	守忠龕塋記	三
唐	束良墓誌	一五
唐	司馬和銘墓誌	四
唐	司馬齊卿墓誌	三
唐	司馬銓墓誌	一二
唐	司馬寔墓誌	九二
唐	司馬元禮墓誌	九
唐	司製何氏墓誌	四
唐	思恆墓誌	二六
唐	四望山題記	七
唐	寺尼心印記	六
唐	嵩陽觀碑	七二
唐	宋伯康墓誌	九
唐	宋度夫人墓誌	一四
唐	宋豐墓誌	五

時代	名稱	字形數
唐	宋君妻王墓誌	五
唐	宋練墓誌	五
唐	宋山墓誌	八
唐	宋守一墓誌	三
唐	宋五娘墓誌	三
唐	宋儼墓誌	四
唐	宋遙墓誌	二
唐	宋義及妻墓誌	一二
唐	宋璋墓誌	二
唐	宋莊墓誌	一四
唐	蘇斌墓誌	八二
唐	蘇恩妻墓誌	二〇
唐	蘇公殘塔誌	四
唐	蘇洪姿墓誌	一二五
唐	蘇卿墓誌	八
唐	蘇日榮墓誌	三
唐	蘇氏墓誌	二
唐	蘇嗣君墓誌	一六
唐	蘇興墓誌	五
唐	蘇兗墓誌	四
唐	孫備墓誌	一一
唐	孫成墓誌	四
唐	孫讜墓誌	二六
唐	孫公夫人墓誌	一〇
唐	孫公妻墓誌	六
唐	孫公乂墓誌	二一
唐	孫光墓誌	一七
唐	孫惠及妻墓誌	二
唐	孫管墓誌	四
唐	孫君妻李墓誌	三一
唐	孫君妻盧墓誌	七
唐	孫君妻宋墓誌	八
唐	孫君妻張墓誌	四
唐	孫壬林碑額	七
唐	孫審象墓誌	六
唐	孫師歧墓誌	六
唐	孫氏女墓誌	四
唐	孫嗣初妻墓誌	一七
唐	孫文任墓誌	四

時代	名稱	字形數
唐	孫嬰墓誌	六
唐	孫幼實墓誌	五
唐	索崇墓誌	二〇
唐	索思禮墓誌	三
唐	索相兒墓誌	九
唐	索玄墓誌	二
唐	索義弘墓誌	四
唐	太君陳氏墓誌	六
唐	太上老君像	七
唐	談昕墓誌	七
唐	譚伍墓誌	六〇
唐	唐嘉會墓誌	五五
唐	唐儉墓誌	六
唐	唐沙墓誌	五
唐	唐世榮墓誌	二五
唐	唐思禮墓誌	九
唐	唐思禮妻墓誌	三
唐	唐小姑墓誌	二
唐	唐直墓誌	六〇
唐	趟莊墓誌	三
唐	陶大舉碑額	一〇
唐	陶後興墓誌	七
唐	陶英妻墓誌	一五
唐	陶禹墓誌	六
唐	天王碑額	七
唐	田仁墓誌	七
唐	田侁墓誌	一八
唐	田侁妻祔誌	四
唐	田嵩墓誌	三
唐	田通墓誌	五
唐	田文雅墓銘	七
唐	田信墓誌	二
唐	田在卞墓誌	七
唐	田志承墓誌	六
唐	同光塔銘	五
唐	屠暉光墓誌	一三
唐	陀羅尼經碑	二三
唐	万俟氏墓誌	四
唐	萬蘭墓誌	二

時代	名稱	字形數
唐	萬壽寺記	二三
唐	亡宮五品墓誌	三
唐	亡宮墓誌	七
唐	亡宮七品墓誌	二
唐	亡宮三品墓誌	七
唐	亡尼七品誌	三
唐	王賓墓誌	四
唐	王才賓塔頌	二
唐	王才及妻墓誌	九
唐	王才墓誌	五
唐	王長墓誌	二
唐	土崇禮墓誌	六三
唐	土玭墓誌	二
唐	土從政墓誌	三
唐	土大劍墓誌	二六
唐	土大禮墓誌	一九
唐	王大禮墓誌	二
唐	王待徵墓誌	六
唐	王德表墓誌	六
唐	王端墓誌	五
唐	王法墓誌	一〇
唐	王方大墓誌	三
唐	王芳媚墓誌	一三
唐	王府君墓誌	二八
唐	王感墓誌	四
唐	王感墓誌	七
唐	王公度墓誌	一〇
唐	王公墓誌	二
唐	王公妻墓誌	三
唐	王公素墓誌	一七
唐	王恭墓誌	二
唐	王海朝墓誌	一八
唐	王恆汎墓誌	三
唐	王宏墓誌	三七
唐	王鴻祔藏	六
唐	王懷璧墓誌	二
唐	王綏墓誌	四
唐	王惠墓誌	二三
唐	王積善墓誌	六

時代	名稱	字形數
	王及德墓誌	四
	王季初墓誌	八
	王嘉墓誌	四
	王建墓誌	四
	王傑墓誌	五
	王晉俗墓誌	二〇
	王進墓誌	四
	王京墓誌	九
	王景秀墓誌	四
	王景曜墓誌	七
	王景之墓誌	一三
	王敬仲墓誌	三
	王涓墓誌	七
	王君殘墓誌	八
	王君及妻墓誌	一一
	王君墓誌	五
	王君妻墓誌	一三
	王君妻薛墓誌	一三
	王寬墓誌	六
	王禮墓誌	六
	王立墓誌	八
	王鍊墓誌	八
	王林墓誌	二
	王泠然墓誌	五四
	王令墓誌	四
	王隆業造像	二
	王履清墓碑	七
	王敏墓誌	五
	王明墓誌	二
	王明哲誌蓋	八
	王郯墓誌	三
	王凝華墓誌	二
	王朋墓誌	三
	王平墓誌	二
	王齊丘墓誌	一二
	王秦客墓誌	二
	王卿及妻墓誌	一二
	王慶墓碣	八
	王慶祚墓誌	二

時代	名稱	字形數
唐	王佺墓誌	四
唐	王仁口墓誌	三
唐	王仁墓誌	五
唐	王仁淑墓誌	五
唐	王仁則墓誌	二
唐	王容墓誌	二五
唐	王僧墓誌	七
唐	王韶墓誌	二
唐	王審知碑額	八
唐	王慎疑妻墓誌	八
唐	王師墓誌	九
唐	王士端墓誌	七
唐	王士林墓誌	八
唐	王氏殘墓誌	二
唐	王氏墓誌	七
唐	王守質墓誌	八
唐	王叔寧墓誌	六
唐	王叔寧誌蓋	五
唐	王叔原墓誌	二
唐	王爽墓誌	四
唐	王順孫墓誌	三
唐	王思訥墓誌	九
唐	王思齊墓誌	一〇
唐	王嵩墓誌	七
唐	王素臣墓誌	一〇
唐	王素墓誌	六
唐	王素墓誌	四八
唐	王太貞墓誌	四
唐	王太真墓誌	八
唐	王韜墓誌	二
唐	王逖墓誌	一二
唐	王天墓誌	三
唐	王通墓誌	三
唐	王同人墓誌	一二
唐	王望之墓誌	二
唐	王頎墓誌	一四
唐	王希俊墓誌	二
唐	王晛墓誌	七
唐	王相兒墓誌	三

時代	名稱	字形數
唐	王孝瑜及妻墓誌	七
唐	王協墓誌	五一
唐	王信威墓誌	二
唐	王行果殘碑	三
唐	王行果墓誌	一二
唐	王脩本妻墓誌	七
唐	王脩福墓誌	一〇
唐	王勛墓誌	四
唐	王宣墓誌	八
唐	王軒等題名	五
唐	王玄墓誌	一〇
唐	王玄起墓誌	一三
唐	王玄裕墓誌	九
唐	王詢墓誌	六
唐	王訓墓誌	四
唐	王訓妻墓誌	五
唐	王延墓誌	七
唐	王羊仁墓誌	五
唐	王養及妻墓誌	三
唐	王怡墓誌	四
唐	王怡政夫人墓誌	九
唐	王翼墓誌	一一
唐	王永嘗妻墓誌	五
唐	王游藝墓誌	一四
唐	王有口造像	七
唐	王宥等題名	三
唐	王豫墓誌	二五
唐	王元明經幢	六
唐	王媛墓誌陽	三〇
唐	王媛墓誌陰	七五
唐	王瑗達墓誌	三
唐	王約墓誌	六
唐	王則墓誌	八
唐	王貞墓誌	二三
唐	王振墓誌	六
唐	王震墓誌	一四四
唐	王之渙墓誌	一〇
唐	王智本墓誌	二
唐	王忠信題名	二

時代	名稱	字形數
唐	王仲建墓誌	三
唐	王仲堪墓誌	一一
唐	王子麟墓誌	九三
唐	往生社碑	六
唐	韋公妻墓誌	八
唐	韋珪墓誌	七
唐	韋晃墓誌	七
唐	韋洞墓誌	四
唐	韋君妻齊墓誌	二
唐	韋麟墓誌	三
唐	韋孟明墓誌	七
唐	韋敏妻墓誌	一〇
唐	韋士逸墓誌	四六
唐	韋行懿墓誌	二
唐	韋塤墓誌	二三
唐	韋豫墓誌	七
唐	惟岳神道碑	一四
唐	惟貞廟碑陽	五二
唐	尉迟迴碑陰	一七
唐	尉遲敬德墓誌	一〇八
唐	衛義妻墓誌	五
唐	魏稱繼妻墓誌	二
唐	魏處旻造像	二
唐	魏德墓誌	九
唐	魏夫人祠碑額	九
唐	魏公韋氏墓誌	一九
唐	魏公先廟碑	二
唐	魏靖墓誌	一六
唐	魏君墓誌	三
唐	魏君妻雷墓誌	二
唐	魏叔元墓誌	四
唐	魏體玄墓誌	四
唐	魏孝本墓誌	一一
唐	魏仲連墓誌	三
唐	魏仲俛墓誌	七
唐	温佶墓碑額	九
唐	温煒妻墓誌	二一
唐	文鑒經幢	二四
唐	文宣王廟碑額	一一
唐	文宣王廟門碑	四七
唐	吴達墓誌	七
唐	吴夫人誌蓋	七
唐	吴惎陰堂誌	三
唐	吴孝墓誌	二六
唐	吴續墓誌	二
唐	吴德鄘妻墓誌	一一
唐	吴守忠墓誌	四
唐	浯溪記	二九
唐	浯溪詩刻	二
唐	無上道誌	二四
唐	五品亡宮墓誌	三
唐	仵顧德墓誌	五
唐	武嬰母殘碑	二
唐	武珍妻墓誌	五
唐	勿部將軍碑	五九
唐	西河藺氏墓誌	四
唐	奚弘敬墓誌	五
唐	郾國長公主碑	九二
唐	細人孫氏墓誌	四
唐	夏侯氏墓誌	一一
唐	夏侯絢墓誌	二
唐	夏侯昣墓誌	五
唐	仙宮銘	九
唐	鮮于氏墓誌	四
唐	祥應記額	二
唐	向晉妻宋墓誌	一一
唐	向清墓誌	一二
唐	蕭博墓誌	四
唐	蕭公夫人墓誌	二四
唐	蕭公妻墓誌	七
唐	蕭惠媄墓誌	一四
唐	蕭季江墓誌	三
唐	蕭俱興墓誌	二
唐	蕭君妻柳墓誌	四
唐	蕭煉墓誌	四
唐	蕭令臣墓誌	一三
唐	蕭繕墓誌	二
唐	蕭慎墓誌	五
唐	蕭思一墓誌	[illegible]
唐	蕭言思墓誌	[illegible]
唐	蕭遇墓誌	[illegible]
唐	蕭元慎造像	[illegible]
唐	蕭貞亮墓誌	[illegible]
唐	小娘子太墓誌	[illegible]
唐	効姬墓誌	[illegible]
唐	辛驥墓誌	[illegible]
唐	辛庭墓誌	[illegible]
唐	辛雲京妻墓誌	三[illegible]
唐	新開石室記	[illegible]
唐	新三門記額	[illegible]
唐	興寺碑	八[illegible]
唐	行儼碑	二三[illegible]
唐	邢德弼墓誌	一[illegible]
唐	邢芳墓誌	[illegible]
唐	邢思賢墓誌	[illegible]
唐	邢仙姖墓誌	[illegible]
唐	邢彥褒墓誌	二[illegible]
唐	修定寺記碑	一三[illegible]
唐	脩多羅墓誌	二[illegible]
唐	徐承嗣墓誌	[illegible]
唐	徐德墓誌	[illegible]
唐	徐漢墓誌	[illegible]
唐	徐及及妻墓誌	[illegible]
唐	徐君妻朱墓誌	[illegible]
唐	徐君通墓誌	[illegible]
唐	徐買墓誌	[illegible]
唐	徐明墓誌	[illegible]
唐	徐盼墓誌	七[illegible]
唐	徐思倩墓誌	一[illegible]
唐	許琮妻墓誌	[illegible]
唐	許公及妻誌	[illegible]
唐	許公妻墓誌	[illegible]
唐	許君妻樊墓誌	[illegible]
唐	許摳墓誌	一[illegible]
唐	許遂忠墓誌	[illegible]
唐	許遂忠墓誌	[illegible]
唐	許行本合誌	[illegible]

時代	名稱	字形數
	許緒墓誌	二
	許義誠墓誌	三
	玄秘塔碑	六五
	玄巖銘	一四
	玄元靈應頌	七二
	薛參墓誌	二六
	薛豆盧夫人墓誌	九
	薛剛墓誌	四
	薛華墓誌	三一
	薛君妻柳墓誌	二
	薛君妻墓誌	五
	薛君繡墓誌	二
	薛世感墓誌	七
	薛淑墓誌	五
	薛文昭墓誌	一一
	薛迅墓誌	九
	薛巽墓誌	四
	薛瑤華墓誌	九
	薛賾墓誌	二八
	荀懷節墓誌	五
	荀君妻楊墓誌	三
	言禪師塔銘	三
	閻肇墓誌	一七
	閻基墓誌	三
	閻虔福墓誌	二
	閻士熊墓誌	六
	閻志雄墓誌	九
	閻子光合葬	五
	顏瓌墓誌	九
	顏家廟碑	三四
	顏勤禮碑	二三
	顏勤禮碑陰	二九
	顏人墓誌	二七
	顏仁楚墓誌	一三
	顏惟貞廟碑	三
	顏相墓誌	二五
	顏襄子銘	四
	顏元貞墓誌	五
	嚴令元墓誌	九
唐	嚴明府夫人墓誌	五
唐	嚴識玄墓誌	三三
唐	嚴氏玄堂銘	一一
唐	嚴穎再窆碑	二
唐	彥芬妻墓誌	三
唐	宴濟瀆序陽	一二
唐	宴濟瀆序陰額	六七
唐	雁塔聖教序	二三
唐	燕君妻姜墓誌	九
唐	陽濟墓誌	一五
唐	陽濟妻墓誌	六
唐	陽氏合祔誌	一五
唐	陽昕墓誌	一〇
唐	楊佰隴墓誌	四二
唐	楊承福墓誌	一〇
唐	楊承胤墓誌	二一
唐	楊達墓誌	一二
唐	楊淡造經幢	一一
唐	楊道綱墓誌	五
唐	楊蕚墓誌	六
唐	楊高仁墓誌	二
唐	楊公碑額	八
唐	楊貴墓誌	一二
唐	楊會墓誌	一四
唐	楊基墓誌	四
唐	楊瑊墓誌	二
唐	楊迴墓誌	七
唐	楊君墓誌	二
唐	楊君妻墓誌	三
唐	楊君妻孫墓誌	一二
唐	楊康墓誌	一二
唐	楊客僧墓誌	二
唐	楊亮墓誌	六
唐	楊魯士妻墓誌	三
唐	楊寧墓誌	四
唐	楊乾光墓誌	二四
唐	楊清墓誌	一八
唐	楊贍墓誌	四
唐	楊昇墓誌	四
唐	楊士墓誌	七
唐	楊氏墓誌	七
唐	楊順墓誌	二
唐	楊思立墓誌	三六
唐	楊思玄墓誌	二
唐	楊頌墓誌	二
唐	楊珽墓誌	二三
唐	楊萬榮墓誌	六
唐	楊溫墓誌	三
唐	楊吳生墓誌	一三
唐	楊孝弼墓誌	六
唐	楊孝恭碑	一〇五一
唐	楊孝直墓誌	七
唐	楊玄略墓誌	六
唐	楊訓墓誌	一一
唐	楊瑤墓誌	三
唐	楊曜生墓誌	一三
唐	楊逸墓誌	五
唐	楊瑩墓誌	四
唐	楊宇墓誌	三〇
唐	楊媛墓誌	二
唐	楊岳墓誌	二
唐	楊越墓誌	九
唐	楊擇文墓誌	二
唐	楊知退妻墓誌	七
唐	楊執一墓誌	七一
唐	楊智積墓誌	三
唐	楊仲嗣墓誌	五
唐	楊仲雅墓誌	一四
唐	姚常一墓誌	三
唐	姚存古墓誌	一六
唐	姚弟墓誌	九
唐	姚功德藏墓誌	二
唐	姚恭墓誌	二一
唐	姚君妻墓誌	一六
唐	姚如衡墓誌	七
唐	姚思忠墓誌	三
唐	姚希直墓誌	九
唐	姚珝墓誌	二

時代	名稱	字形數
唐	姚暅墓誌	五
唐	姚義墓誌	二
唐	姚軫墓誌	一〇
唐	姚忠節墓誌	四
唐	姚仲文經幢	一四
唐	姚重曒墓誌	六
唐	謁嶽廟文	二
唐	怡亭銘序	九
唐	義福碑陰	二三
唐	義福禪師碑	七八
唐	瘞琴銘	一四
唐	陰客墓誌	六
唐	尹善幹墓誌	二
唐	尹文操碑	七七
唐	尹尊師碑	二九二
唐	嬰殤女墓誌	一六
唐	雍如珪墓誌	一三
唐	幼覺大師墓誌	四
唐	于賁墓誌	六
唐	于季文墓誌	五
唐	于君妻墓誌	二
唐	于尚範墓誌	一五
唐	于士恭墓誌	二六
唐	于孝顯碑額	九
唐	於遂古墓誌	一四
唐	餘當墓誌	三
唐	宇文氏墓誌	一〇
唐	峿臺銘	一七七
唐	元超墓誌	四
唐	元伏和墓誌	一二
唐	元瓌墓誌	二
唐	元罕墓誌	二
唐	元郁墓誌	三
唐	元結墓碑陽	三
唐	元濬墓誌	三
唐	元思忠墓誌	七
唐	元婉墓誌	一七
唐	元希古墓誌	一五
唐	元玄慶墓誌	二

時代	名稱	字形數
唐	元瑛墓誌	一一
唐	元勇墓誌	七
唐	元貞墓誌	三
唐	元真墓誌	五
唐	元振墓誌	七
唐	元鐘墓誌	二九
唐	袁承嘉墓誌	二
唐	袁公瑜墓誌	一三
唐	袁弘毅墓誌	三
唐	袁景慎墓誌	六
唐	袁君墓誌	六
唐	袁仁墓誌	六
唐	袁仁爽墓誌	六
唐	袁相墓誌	三
唐	袁秀巖墓誌	五
唐	圓濟塔銘	七
唐	源端墓誌	三
唐	源公廟詩刻	八
唐	源光乘墓誌	四
唐	源光俗妻墓誌	六
唐	源君妻墓誌	六
唐	苑玄亮墓誌	一二
唐	越國太妃墓誌	九五
唐	雲居寺殘碑	八
唐	昝斌墓誌	七
唐	臧懷恪墓碑	二七
唐	臧懷亮墓誌	一七
唐	臧懷亮誌蓋	一三
唐	臧協妻墓誌	二
唐	臧曄墓誌	一一
唐	造石仙宮銘	三
唐	翟惠隱墓誌	四
唐	翟六娘墓誌	四
唐	翟慶全墓誌	六
唐	张崇墓誌	一一
唐	張安都墓誌	二
唐	張安墓誌	三〇
唐	張本墓誌	八
唐	張崈墓誌	一七

時代	名稱	字形數
唐	張伯墓誌	[illegible]
唐	張伯通墓誌	[illegible]
唐	張才墓誌	[illegible]
唐	張嬋墓誌	[illegible]
唐	張琛墓誌	[illegible]
唐	張臣合墓誌	
唐	張乘運墓誌	
唐	張楚墓誌	
唐	張楚璋墓誌	二
唐	張從古墓誌	
唐	張琮墓誌額	
唐	張達墓誌	
唐	張道墓誌	二
唐	張道昇墓誌	一
唐	張德操墓誌	
唐	張登山墓誌	
唐	張點墓誌	
唐	張端墓誌	
唐	張法真墓誌	
唐	張方墓誌	一
唐	張方仁墓誌	
唐	張伽墓誌	一
唐	張綱墓誌	
唐	張公佐墓誌	
唐	張炅墓誌	
唐	張貴墓誌	
唐	張海墓誌	
唐	張弘墓誌	
唐	張弘秀墓誌	
唐	張翊墓誌	一
唐	張侯墓誌	一
唐	張怙墓誌	一
唐	張懷文墓誌	
唐	張渙墓誌	一
唐	張暉墓誌	
唐	張惠墓誌	
唐	張積善墓誌	
唐	張季戎墓誌	
唐	張嘉福墓誌	

時代	名稱	字形數
	張漸墓誌	三
	張皎墓誌	四
	張璥墓誌	一三
	張金剛墓誌	二
	張進及妻誌	四
	張京墓誌	一四
	張景之墓誌	三
	張敬忠謝表	四
	張敬祖塔銘	七
	張九齡碑額	一〇
	張矩墓誌	四
	張君表墓誌	五
	張君妻墓誌	二
	張君妻齊墓誌	二
	張君妻田墓誌	一二
	張俊墓誌	三
	張儁及妻誌	二
	張濬墓誌	八七
	張客墓誌	二
	張寬墓誌	六
	張禮墓誌	四
	張利賓墓誌	四
	張帘墓誌	四
	張廉穆墓誌	一三
	張亮墓誌	一二
	張隴墓誌	九
	張洛墓誌	三一
	張滿墓誌	五
	張茂弘墓誌	一二
	張侔墓誌	四三
	張某墓誌	一九
	張難墓誌	九
	張嵒妻墓誌	六
	張滂墓誌	二四
	張謙墓誌	三
	張慶之墓誌	三
	張去奢墓誌	五五
	張去逸墓誌	一二
	張泉墓誌	三

時代	名稱	字形數
唐	張詮墓誌	四
唐	張仁楚墓誌	四
唐	張仁墓誌	三
唐	張仁師墓誌	三
唐	張榮恩誌蓋	九
唐	張柔範墓誌	九
唐	張叡墓誌	九六
唐	張三英墓記	八
唐	張騷墓誌	八七
唐	張善墓誌	四
唐	張詵妻墓誌	四
唐	張審文墓誌	二七
唐	張盛墓誌	二
唐	張師墓誌	二
唐	張時譽墓誌	八
唐	張士貴墓誌	一一
唐	張士陵墓誌	八
唐	張士龍墓誌	四
唐	張氏夫人墓誌	七
唐	張氏墓誌	三一
唐	張氏女殤墓誌	三
唐	張壽墓誌	三
唐	張叔遵墓誌	一九
唐	張樹生墓誌	五
唐	張順墓誌	七
唐	張思鼎墓誌	一五
唐	張素墓誌	一七
唐	張肅珪墓誌	五
唐	張肅墓誌	一一
唐	張萬善墓誌	七
唐	張威墓誌	四
唐	張惟妻合誌	六
唐	張文珪墓誌	三
唐	張五墓誌	三
唐	張武墓誌	三
唐	張武哲墓誌	四
唐	張先墓誌	一〇
唐	張相墓誌	八
唐	張翔墓誌	五

時代	名稱	字形數
唐	張信墓誌	一四
唐	張興墓誌	一五
唐	張休光墓誌	一一九
唐	張須墓誌	一九
唐	張玄弼墓誌	三
唐	張玄封墓誌	五
唐	張曛墓誌	三
唐	張延賞殘碑	一二
唐	張顏墓誌	五五
唐	張羊墓誌	九
唐	張漪墓誌	八
唐	張逸墓誌	五
唐	張義墓誌	一六
唐	張翼墓誌	一九八
唐	張胤墓碑額	八
唐	張英墓誌	四
唐	張嬰墓誌	六
唐	張遊恪墓誌	七
唐	張遊藝墓誌	三
唐	張餘墓誌	一一
唐	張昱墓誌	二
唐	張元墓誌	九
唐	張願墓誌	三
唐	張運才墓誌	九
唐	張暈妻墓誌	七
唐	張宰墓誌	一〇
唐	張澤墓誌	一六
唐	張哲墓誌	二
唐	張貞墓誌	五
唐	張貞慎墓誌	三
唐	張袗墓誌	二
唐	張軫墓誌	一八
唐	張振墓誌	四
唐	張之緒妻墓誌	二
唐	張智慧墓誌	三
唐	張忠義墓誌	一〇
唐	張仲暉墓誌	二
唐	張自然墓誌	二
唐	掌徹墓誌	七四

時代	名稱	字形數
唐	掌思明墓誌	八
唐	掌闐麻氏墓誌	二
唐	趙安墓誌	四
唐	趙保隆墓誌	五
唐	趙本質墓誌	一五
唐	趙璧墓誌	六
唐	趙冬曦壙誌	二七一
唐	趙珪墓誌	八
唐	趙慧墓誌	二
唐	趙貨墓誌	五
唐	趙嘉及妻墓誌	一〇
唐	趙進墓誌	四
唐	趙君妻李墓誌	八
唐	趙君妻麴墓誌	二
唐	趙君妻張墓誌	二
唐	趙君旨墓誌	三
唐	趙克廉墓誌	五
唐	趙令則墓誌	三
唐	趙留四墓誌	二三
唐	趙南山墓誌	九
唐	趙岯墓誌	二
唐	趙虔章墓誌	二
唐	趙全泰妻墓誌	三
唐	趙佺墓誌	八
唐	趙仁表磚誌	五
唐	趙睿墓誌	二
唐	趙叡沖碑	五四
唐	趙爽墓誌	四
唐	趙思忠墓誌	二
唐	趙肅墓誌	四
唐	趙通墓誌	五
唐	趙五娘墓誌	二
唐	趙仙童墓誌	三
唐	趙孝顒墓誌	五
唐	趙益墓誌	三
唐	趙元粲墓誌	二
唐	趙元智墓誌	二
唐	趙越賓墓誌	五
唐	趙知慎墓誌	六

時代	名稱	字形數
唐	趙智侃墓誌	二
唐	趙仲子墓誌	二
唐	趙宗祐墓誌	五
唐	趙宗墓誌	七
唐	貞一廟碑	九六
唐	貞隱子墓誌	二
唐	真義女碑銘	一五
唐	鄭堡墓誌	三
唐	鄭參墓誌	五
唐	鄭諶墓誌	五
唐	鄭党五墓誌	二
唐	鄭道妻墓誌	二
唐	鄭法明妻墓誌	三
唐	鄭逢墓誌	一七
唐	鄭遘墓誌	四
唐	鄭琯合祔誌	六
唐	鄭過真墓誌	二
唐	鄭鏻墓誌	五
唐	鄭儉墓誌	一二
唐	鄭金墓誌	二
唐	鄭進墓誌	三
唐	鄭瑨墓誌	二
唐	鄭憬墓誌	八
唐	鄭敬墓誌	八
唐	鄭君妻李墓誌	三
唐	鄭君妻盧墓誌	六
唐	鄭君妻趙墓誌	四
唐	鄭魯墓誌	六
唐	鄭滿墓誌	二
唐	鄭濆墓誌	一六
唐	鄭虔題名	三
唐	鄭仁泰墓誌	三一
唐	鄭仁穎墓誌	六
唐	鄭戎墓誌	一〇
唐	鄭氏子墓誌	四
唐	鄭淑墓誌	二
唐	鄭恕己墓誌	五
唐	鄭温球墓誌	二四
唐	鄭偓佺妻墓誌	三

時代	名稱	字形數
唐	鄭秀實墓誌	
唐	鄭宇墓誌	一
唐	鄭元璲墓誌	
唐	鄭珍墓誌	一
唐	鄭知賢墓誌	
唐	鄭志題名	
唐	鄭中基墓誌	二
唐	鄭忠墓碑	七
唐	鄭仲連墓誌	
唐	鄭準墓誌	
唐	鄭子容墓誌	
唐	支成墓誌	二
唐	支懷墓誌	一
唐	支敬倫墓誌	
唐	支訥墓誌	
唐	支訢妻墓誌	一
唐	支子珪墓誌	一
唐	支子璋墓誌	
唐	執失奉節墓誌	
唐	執失善光墓誌	七
唐	植松柏碑	三
唐	職名殘石	
唐	志口墓誌	
唐	智悟墓誌	
唐	重藏舍利記	四
唐	周村造像	
唐	周公祠碑額	
唐	周惠墓誌	一
唐	周敬本墓誌	二
唐	周履潔墓誌	
唐	周孟瑤墓誌	
唐	周善持墓誌	
唐	周紹業墓誌	一
唐	周師墓誌	
唐	周思忠墓誌	
唐	周亡尼銘	
唐	周義墓誌	
唐	周藻墓誌	一
唐	朱崇慶墓誌	二

時代	名稱	字形數
	朱光宙墓誌	九
	朱懷智墓誌	三
	朱簡墓誌	一二
	朱君妻王墓誌	八二
	朱君妻趙墓誌	八
	朱齊之墓誌	一八
	朱清墓誌	六
	朱仁表墓誌	一三
	朱師墓誌	三
	朱庭瑾墓誌	一一

時代	名稱	字形數
唐	朱庭玘墓誌	一一
唐	朱行斌墓誌	一三
唐	朱行墓誌	四
唐	朱萱墓誌	五
唐	朱瞻墓誌	六
唐	朱照墓誌	九
唐	朱貞墓誌	六
唐	諸葛澄墓誌	三
唐	竹妙墓誌	八
唐	磚塔銘殘石	二

時代	名稱	字形數
唐	宗達墓誌	二
唐	宗夫人墓誌	一六
唐	聚慶磚誌	三
唐	俎威墓誌	一三
唐	祖君妻楊墓誌	三
唐	祖忠及妻墓誌	二
唐	左光胤墓誌	一二
唐	左太君墓誌	二

時代	名稱	字形數
梁	蕭符墓誌	五二
梁	惠光舍利塔銘	一四
梁	築新子墻記	六
梁	賈邠墓誌	五
梁	謝彦璋墓誌	三〇
梁	韓仲舉妻墓誌	一九
梁	穆君弘墓誌	六
梁	崔崇素墓誌	二五
梁	國礵誌銘	八
梁	山可球造像	一〇
梁	李珩墓誌	七
唐	毛璋墓誌	二六
唐	竪立生臺記	二〇
唐	毛璋妻墓誌	三三
唐	吳君妻曹墓誌	二五

五代

時代	名稱	字形數
後唐	康贊羑墓誌	四八
後唐	孫拙墓誌	一六
後唐	王禹墓誌	三四
後唐	張滌妻高墓誌	三三
後唐	張思錄經幢	一九
後唐	王璠墓誌	三八
後唐	張稹墓誌	三三
後唐	崔崇素墓誌	八
後唐	行鈞塔銘	八
後唐	西方鄴墓誌	三三
後晉	權君妻崔墓誌	一八
後晉	袁從章墓誌	二一
後晉	王君妻闞墓誌	二〇
後晉	世尊經殘石	六
後晉	感夢伽藍記	七

時代	名稱	字形數
後漢	祭瀆記	一一
後周	智堅塔記	一四
後周	舍利塔磚記	二
後周	石金俊妻合誌	五
後周	蕭處仁墓誌	一七
後周	李公妻朱墓誌	一三
後周	安重遇墓誌	八
後周	王進威墓誌	六
後周	宋彦筠墓誌	一〇
後周	勅不停廢記	三
後蜀	蜀石經	三
閩	堅牢塔記	四〇
閩	造義井記	五

色部

色 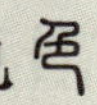

【隸書】

秦 睡136

秦 睡136

西漢 馬•老子甲後

西漢 馬•老子甲後

漢晉 流簡紙

東漢 蒼山元嘉題記

東漢 樊敏碑

東漢 史晨後碑

東漢 行事渡君碑

東漢 許安國題記

東漢 楊震碑

東漢 尹宙碑

東漢 張遷碑陽

晉 石尠墓誌

北魏 翟普林造像

隋 爾朱端墓誌

隋 郭休墓誌

隋 宋仲墓誌

隋 口和墓誌

隋 謝岳墓誌

唐 楊孝恭碑

唐 楊孝恭碑

【楷書】

北魏 李渠蘭墓誌

北魏 嚴震墓誌

北魏 元恭墓誌

北魏 元平墓誌

北魏 元融墓誌

北周 步孤須蜜多墓誌

隋 伍道進墓誌

隋 張壽墓誌

唐 賈從贊墓誌

唐 九品亡宮墓誌

唐 石浮圖銘

唐 石經尚書

衣部

衣

【隸書】

秦 睡21

秦 睡77

西漢 馬•老乙前

西漢 馬•老子甲後

西漢 張•710

西漢 居新•3572

西漢 居新•9052

漢晉 流簡紙

漢晉 流簡紙

東漢 楊著碑陽

東漢 永壽元年墓記

晉 辟雍頌陽

晉 徐義墓誌陽

北齊 感孝頌

隋 澧水石橋碑

隋 申穆及妻墓誌

隋 修孔子廟碑

唐 石臺孝經

唐 尹尊師碑

【楷書】

晉 黃庭内景經

隋 王楚英墓誌

唐 呼延章墓誌

唐 顏家廟碑

唐 楊仲雅墓誌

衱

【楷書】

唐 石經爾雅

衫

【楷書】

唐 劉君妻王墓誌

衵

【楷書】

唐 石經五經

衿

【隸書】

隋 吳嚴墓誌

唐 屈突通墓誌

【楷書】

北魏 山暉墓誌

北魏 元斌墓誌

北魏 元信墓誌

北魏 元項墓誌

東魏 李挻墓誌

東魏 元悰墓誌

唐 馮廓墓誌

唐 周藻墓誌

裦

【楷書】

唐 石經五經

衾

【隸書】

西漢 張•1212

唐 石臺孝經

【楷書】

唐 崔公妻墓誌

唐 高儼仁墓誌

唐 苗善物墓誌

唐 石經五經

唐 石經五經

唐 薛參墓誌

唐 薛華墓誌

唐 張澤墓誌

隋 王楚英墓誌

【楷書】

魏晉 樓•紙

北魏 袁超造像記

東魏 叔孫固墓誌

北齊 宋賢伯造像側

唐 賈隱及妻墓誌

袁

【篆書】

東漢 袁安碑

【隸書】

西漢 馬•老子甲後

西漢 馬•老子甲後

西漢 馬•老子甲後

東漢 華山廟碑陽

東漢 華山廟碑陽

東漢 華山廟碑陽

東漢 圉令趙君碑

晉 王君殘墓誌

隋 爾朱敞墓誌

袂

【隸書】

西漢 武•少牢甲

西漢 武•特牲甲

漢晉 流簡紙

唐 孔子廟碑

【楷書】

北魏 唐雲墓誌

北魏 元壽安墓誌

東魏 元均及妻墓誌

唐 高木盧墓誌

唐 元勇墓誌

唐 越國太妃墓誌

唐 王素臣墓誌

唐 雁塔聖教序

衽

【隸書】

秦 睡 246

東漢 楊統碑陽

北齊 司馬遵業墓誌

隋 澧水石橋碑

隋 蕭瑾墓誌

唐 王媛墓誌陽

【楷書】

北魏 元誨墓誌

唐 裴沙墓誌

唐 契苾李墓誌

唐 石經五經

衹

【楷書】

唐 石經五經

衷

【隸書】

西漢 馬•天下

西漢 張•1157

東漢 何君閣道銘

東漢 楊統碑陽

唐 北獄廟碑

【楷書】

北魏 馮邕妻墓誌

北魏 元舉墓誌

北魏 元欽墓誌

北魏 元楨墓誌

隋 皇甫深墓誌

隋 王弘墓誌

唐 李侹妻韋墓誌

唐 李惟一墓誌

唐 盧昂墓誌

唐 盧㮚娘墓誌

唐 石經尚書

唐 石經五經

唐 同光塔銘

唐 邢思賢墓誌

唐 張肅墓誌

唐 鄭珍墓誌

[illegible]

【篆書】

東漢 祀三公山碑

【隸書】

西漢 馬•老乙前

西漢 馬•縱横

西漢 馬•縱横

西漢 張•873

東漢 史晨前碑

東漢 薌他君題記

東漢 作封記

三國魏 孔羡碑

隋 豆盧實墓誌

隋 豆盧實墓誌

隋 馬穉墓誌

唐 闞道愛墓誌

【楷書】

北魏 慈慶墓誌

北魏 丘哲墓誌

北魏 吐谷渾氏墓誌

隋 明雲騰墓誌

隋 韋略墓誌

隋 張達墓誌

唐 陳諸墓誌

唐 賈琁墓誌

唐 權奉常墓誌

唐 石經五經

唐 張茂弘墓誌

唐 張氏墓誌

唐 宗夫人墓誌

衮

【隸書】

隋 爾朱敞墓誌

隋 姬威墓誌

唐 趙叡沖碑

【楷書】

北魏 穆亮墓誌

北魏 王瑛墓誌

北魏 元弼墓誌蓋

北魏 元誨墓誌

北魏 元緦墓誌

北魏 元廞墓誌

北魏 元羽墓誌

北周 盧蘭墓誌

東魏 穆子巖墓誌

東魏 元湛墓誌

東魏 元鷙墓誌

隋 段濟墓誌

唐 李翹墓誌

唐 李壽墓誌

唐 劉禄墓誌

唐 石經五經

唐 臧懷亮墓誌

(續)

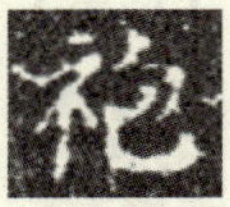
唐 盧嗣冶墓誌

後唐 西方鄴墓誌

袍

【隸書】

西漢 張•1214

西漢 張•439

西漢 張•439

西漢 居新•4735

【楷書】

北魏 元仙墓誌

東魏 李挺墓誌

唐 白知禮墓誌

唐 毗伽特勤墓誌

唐 玄秘塔碑

袡

【楷書】

唐 石經五經

(續)

唐 崔程墓誌

唐 弥姐亮墓誌

唐 石經五經

唐 石經五經

袖

【隸書】

秦 睡 72

隋 劉多墓誌

隋 謝岳墓誌

唐 李彥墓誌

唐 石臺孝經

【楷書】

北魏 元崇業墓誌

北魏 元維墓誌

隋 橋紹墓誌

隋 王楚英墓誌

隋 張怦墓誌

袓

【隸書】

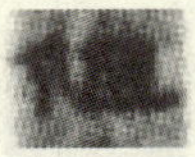
西漢 武•燕禮甲

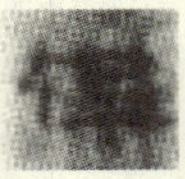
西漢 武•燕禮甲

東漢 景君碑陰

【楷書】

隋 高緊墓誌

唐 楊執一墓誌

袪

【楷書】

北魏 元子正墓誌

唐 石經九經

袥

【楷書】

唐 李戢墓誌

唐 石經五經

東漢 薌他君題記

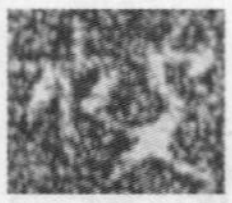
東漢 許安國題記

東漢 許安國題記

東漢 圉令趙君碑

晉 辟雍頌陽

晉 辟雍頌陽

隋 劉珍墓誌

隋 馬穉墓誌

隋 宋景造像碑

隋 王榮及妻墓誌

被

【隸書】

秦 睡 138

西漢 馬•老甲

西漢 馬•老乙

西漢 馬•十問

西漢 馬•十問

西漢 居新•5395

西漢 西•詔書

漢晉 流簡紙

東漢 蒼山元嘉題記

東漢 朝侯小子碑

衸

【楷書】

唐 石經爾雅

袉

【楷書】

唐 石經九經

袢

【楷書】

唐 石經五經

袨

【楷書】

北魏 元純陁墓誌

唐 獨孤澄墓誌

唐 皇甫誕碑

袗

【楷書】

唐 石經五經

袘

【楷書】

唐 石經五經

【楷書】

唐 北獄廟碑

唐 李貞墓誌

唐 趙冬曦壙誌

唐 朱君妻王墓誌

【楷書】

魏晉 樓•紙

北魏 茍景墓誌

北魏 陸紹墓誌

東魏 王令媛墓誌

隋 盧文構墓誌

隋 任軌墓誌

隋 任顯及妻誌

隋 王楚英墓誌

隋 張景略墓誌

唐 和幹墓誌

唐 石經尚書

唐 蘇斌墓誌

袋

【隸書】

唐 安天王廟碑

唐 嵩陽觀碑

唐 張休光墓誌

【楷書】

唐 申屠君及妻墓誌

唐 孫公夫人墓誌

唐 王脩福墓誌

唐 玄秘塔碑

後漢 祭濆記

袠

【隸書】

秦 睡 19

西漢 張•902

西漢 張•902

西漢 張•983

西漢 居新•5013

唐 北獄廟碑

【楷書】

唐 石經五經

唐 王法墓誌

袿

【楷書】

晉 洛神十三行

北魏 元華光墓誌

唐 李仙蕙志

唐 石經五經

袺

【楷書】

唐 石經五經

袸

【楷書】

唐 石經爾雅

裀

【隸書】

唐 陳泰墓誌

袁

【篆書】

唐 謙卦碑

【隸書】

唐 王震墓誌

【楷書】

隋 孔神通墓誌

唐 郭君妻墓誌

唐 蕭慎墓誌

袤

【楷書】

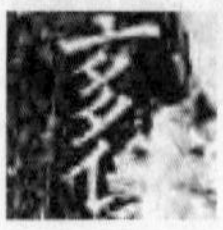
唐 石經五經

裂 䅖

【隸書】

秦 睡 59

西漢 張•793

唐 陳泰墓誌

【楷書】

北魏 吳光墓誌

北魏 元平墓誌

北魏 元欽墓誌

隋 口靜墓誌

唐 李信墓誌

唐 王仲建墓誌

唐 重藏舍利記

裁 𢧵

【隸書】

漢晉 流簡紙

北齊 法懃塔銘

隋 關明墓誌

【楷書】

北魏 石婉墓誌

北魏 司馬氏墓誌

北魏 元譓墓誌

隋 盧文構墓誌

唐 石經尚書

唐 石經五經

唐 王法墓誌

袈

【楷書】

唐 景教碑

袽

【楷書】

唐 石經五經

袷 𧙗

【楷書】

唐 石經五經

唐 張肅珪墓誌

袼

【楷書】

唐 石經五經